刑法要义指引

中华人民共和国刑法规范逻辑整理

孙 强 ◎ 主编

最高人民检察院《法律手册》编委会 ◎ 编

XINGFA YAOYI ZHIYIN
ZHONGHUA RENMIN GONGHEGUO
XINGFA GUIFAN LUOJI ZHENGLI

中国检察出版社

《刑法要义指引：中华人民共和国刑法规范逻辑整理》编委会

主　编　孙　强

副主编　张　蕾　许晓冰

编　委（以编写章节先后为序）

　　　　陈丽莎　孙　强　张　蕾
　　　　孔　崴　许晓冰　刘　磊

为"懒人"编一本刑法适用工具书
（前言）

随着我国刑事法治的进步，尤其是司法改革的不断深化，刑事案件的办理程序愈发细化，办理要求越发繁杂，对承办人的专业化、精准化要求越来越高，由此导致的结果则是，承办人实际分配到个案具体办理环节的有效时间相对缩短，业务工作任务多，引经据典找法时间少，承办人也看似变得越来越"懒"。如何为"懒人"们"量体裁衣"式地编写一本收录全面、高效易用的刑法规范，是编者近三年来持续思考的问题，而本书正是努力的结果。

为确保本书紧贴实务、高效易用，我个人前期做了两项调研：一是面向刑事司法实务的一线工作人员进行调研，从多个角度总结了"战友"的现实需要；二是到中国政法大学研究生院图书馆、北京西单图书大厦翻阅查看，借鉴同类畅销书籍及我国台湾地区法律汇编的有效经验。在此基础上，确定了"一个假设、两个角度、三个层面、多个照顾"的编写思路，并将这种思路努力贯彻在本书的角角落落。详言之，就是在具体编写过程中，编者始终假设自己是"读者"，目光会不断在读者和编者两个角度来回变换，充分考虑读者作为行政领导、普通承办人、专家学者三个层面的差异与雷同，以便利案件办理过程中的快速、精准查阅为核心，同时照顾在集体讨论、论文写作、研究学习、请示汇报、竞赛辩论、课堂讲授、复习备考等多个场合实际需要。

本书具有如下特点：

1. 主题性、体系性。本书贯彻"问题导向"的编写思路，在刑法典的每个法条之下，首先将相关司法解释等做纵向拆分，然后再以小标题为引领，对主题相同的司法解释等做横向组合，实现了司法解释的主题化、模块化，极大提高了法条查阅速度。例如，关于刑法第二百六十三条第一款抢劫罪"入户抢劫"的认定问题，从2000年至今，16年间共有4个司法解释、指导性案例对该问题加以规定，如果使用以往的法条汇编，读者的目光往往要在6—10页的纸张间来回穿梭，至少要经过全文粗略阅读才能最终圈定有效信息，即便如此，也难以保证自己查找到的相关司法解释的全面性。本书则将主题相同的司法解释等按生效日期做"阵地式"的紧密排列，随时等待读者集中检阅。这种模块化、主题化的编写方法，有效拉近了刑事规范与刑事司法实践的距离。此外，本书体系清晰、完整，尤其是分则部分的编写，紧扣"立案追诉标准—定罪—量刑"的总框架。在"定罪"之下，尊重刑法典本身对于相关词句的表述顺序，并结合传统刑法学四要件的犯罪构成理论，对小标题进行排序，确保本书各部分的内部逻辑也紧密流畅。

2. 专业性、务实性。本书的编写人员，均为刑事司法实践一线的法官、检察官、律师，均接受过全日制刑事法学研究生的严格学术训练，参加过教育部社科基金项目、最高人民检察院、民政部、国土资源部、中国法学会、国家检察官学院、北京市法学会项目等19个科研项目的写作调研，在《政治与法律》（CSSCI）、《人民检察》、《人民司法》等期刊发表论文20余篇，一定程度上确保了编写人员的专业性。在具体编写过程中，还受到我的好友，北京大学法学院、中国人民大学法学院、中国政法大学刑事司法学院、西南政法大学、中国人民公安大学法学院、中央民族大学法学院、上海政法学院、南京大学法学院部分青年教师的详细指导，提高了本书的准确性。在标题拟定等方面，本书始终面向司法实务，结合编者一直以来的司法实务工作经历，从实务的角度，以实务的口吻对小标题进行归纳，确保本书与实务的"兼容性"。本书对法条本身不做人为归纳，读者在司法实务中可以直接引用小标题下的司法解释、指导性案例，而无需为其原文样貌担惊受怕。

3. 全面性、时效性。本书收录了2016年11月15日最高人民法院《关于办理减刑、假释案件具体应用法律的规定》、2016年11月28日"两高"《关于办理非法采矿、破坏性采矿刑事案件适用法律若干问题的解释》、2016年12月23日"两高"《关于办理环境污染刑事案件适用法律若干问题的解释》等最新刑法条文、修正案、立法解释、司法解释、"两高"指导案例、会议纪要等，根据2015年10月30日"两高"《关于执行〈中华人民共和国刑法〉确定罪名的补充规定（六）》在刑法典分则标注了罪名。本书完全忠于法律规范原文，在"问答式"的编写体例中，除小标题为编者总结外，不对法律规范本身进行任何人为归纳。

在本书的编写过程中，个别同仁提出，刑法学中存在"体系解释"的解释方法，本书这种拆分、组合的编写思路容易使得单个司法解释的完整体系变得"支离破碎"，从而限制读者对个别词句完整含义的准确探寻。这种想法具有一定的科学性，但对于本书而言却是个"伪命题"。"体系解释"的作用主要是使刑法条文之间、此罪与彼罪之间保持协调①，因此，"体系解释"更多的是发生在不同罪名的刑法典条文之间，或者是刑法与其他法律之间，而本书并没有破坏刑法典条文的体系性，不会妨碍"体系解释"方法在本书中的使用。反观司法实务，真正需要"体系解释"的时候少之又少。编者的这种认识，也得到了部分高校刑法学教师，以及最高人民检察院法律政策研究室部分参与司法解释起草工作的同志的认可。

顺便需要交代的是，"加重量刑数额（情节）"的认定本应属于"量刑"范畴，但囿于部分法条将本罪的加重量刑情节与入罪门槛〔即基本量刑数额（情节）〕往往同时表述，不宜机械拆分，故而将部分"加重量刑数额（情节）"的问题纳入"定罪"部分，这当然也是尊重读者思维习惯的结果。例如，2013年4月2日"两高"《关于办理盗窃刑事案件适用法律若干问题的解释》（2013年4月4日）第1条第1款规定："盗窃公私财物价值一千元至三千元以上、三万元至十万元以上、三十万元至五十万元以上的，应当分别认定为刑法第二百六十四条规定的'数额较大'、'数额巨大'、'数额特别巨大'。"从理论上讲，'数额较大'的认定属于定罪问题，而'数额巨大'、'数额特别巨大'的认定则只能属于量刑问题，但是由于不宜对原司法解释强行拆分，所以对于这条司法解释只拟定"'数额较大'、'数额巨大'、'数额特别巨大'的认定"一个标题，并放在"定罪"部分。

本书首先由主编谋划思路、拟定大纲，然后分配给具体人员编写，最后再由主编编辑、统稿，副主编协助主编完成了部分编务工作。本书的具体分工如下：

第一编第一章、第二章、第三章、第四章、第五章；第二编第一章、第二章：陈丽莎、孙强；

第二编第三章：张蕾；

第二编第四章、第五章：孔崴；

第二编第六章：许晓冰；

第二编第七章、第八章、第九章、第十章；附则：刘磊。

鉴于编写初衷，本书的基本使用对象为法官、检察官、人民警察、律师；考虑到编写体例，尤其是对我国刑事司法解释做了主题化、模块化的全面梳理，本书也完全满足教学科研人员、司法考试应试者、研究生入学考试考生的现实需要。

---

① 参见张明楷：《刑法分则的解释原理（第2版）》，中国人民大学出版社2011年版，第54~71页。

特别感谢本书编辑李健女士,她为本书的出版付出了大量心血。感谢李健百博士、李怀胜博士、田刚博士、于冲博士对本书编写给予的有效帮助。感谢中国人民大学法学院、中国政法大学研究生院、西北政法大学刑事法学院对本书诸位编者给予的学术训练,这种训练让编者的理论素养不断积淀。更要感谢纷繁芜杂的刑事司法实践,本书肇始于司法实践的现实需要,是对这种需要的努力关照,但也必然要接受实践的检验。

孙 强

2017 年 1 月 2 日

目 录

第一编 总 则

第一章 刑法的任务、基本原则和适用范围 ……………………（2）

- 第一条 【立法目的与根据】…………………………………（2）
- 第二条 【刑法的任务】………………………………………（2）
- 第三条 【罪刑法定原则】……………………………………（3）
- 第四条 【适用刑法人人平等原则】…………………………（3）
- 第五条 【罪责刑相适应原则】………………………………（3）
- 第六条 【属地管辖】…………………………………………（3）
- 第七条 【属人管辖】…………………………………………（3）
- 第八条 【保护管辖】…………………………………………（3）
- 第九条 【普遍管辖】…………………………………………（4）
- 第十条 【域外刑事判决的消极承认】………………………（4）
- 第十一条 【外交豁免】………………………………………（4）
- 第十二条 【刑法的溯及力】…………………………………（4）

第二章 犯 罪

第一节 犯罪和刑事责任 ……………………………………（9）

- 第十三条 【犯罪概念】………………………………………（9）
- 第十四条 【故意犯罪】………………………………………（12）
- 第十五条 【过失犯罪】………………………………………（12）
- 第十六条 【不可抗力、意外事件】…………………………（12）
- 第十七条 【刑事责任年龄】…………………………………（12）

第十七条之一　【老年人犯罪的刑事责任】…………………（18）
　　第十八条　【精神障碍与刑事责任】…………………………（18）
　　第十九条　【又聋又哑的人、盲人犯罪的刑事责任】………（19）
　　第二十条　【正当防卫】………………………………………（19）
　　第二十一条　【紧急避险】……………………………………（20）
　第二节　犯罪的预备、未遂和中止 ………………………………（21）
　　第二十二条　【犯罪预备】……………………………………（21）
　　第二十三条　【犯罪未遂】……………………………………（21）
　　第二十四条　【犯罪中止】……………………………………（21）
　第三节　共同犯罪 …………………………………………………（21）
　　第二十五条　【共同犯罪概念】………………………………（21）
　　第二十六条　【主犯】…………………………………………（21）
　　第二十七条　【从犯】…………………………………………（24）
　　第二十八条　【胁从犯】………………………………………（24）
　　第二十九条　【教唆犯】………………………………………（24）
　第四节　单位犯罪 …………………………………………………（24）
　　第三十条　【单位负刑事责任的范围】………………………（24）
　　第三十一条　【单位犯罪的处罚】……………………………（26）
第三章　刑　罚 ………………………………………………………（28）
　第一节　刑罚的种类 ………………………………………………（28）
　　第三十二条　【刑罚种类】……………………………………（28）
　　第三十三条　【主刑种类】……………………………………（28）
　　第三十四条　【附加刑种类】…………………………………（28）
　　第三十五条　【驱逐出境】……………………………………（29）
　　第三十六条　【赔偿经济损失、民事优先原则】……………（31）
　　第三十七条　【免予刑事处罚、非刑罚处罚措施】…………（32）
　　第三十七条之一　【从业禁止】………………………………（33）

目 录

第二节 管　制 …………………………………………………（34）

　　第三十八条　【管制的期限、禁止令与社区矫正】…………（34）

　　第三十九条　【管制犯的义务、劳动报酬】…………………（42）

　　第四十条　【管制期满解除】…………………………………（42）

　　第四十一条　【管制刑期的计算、折抵】……………………（42）

第三节 拘　役 …………………………………………………（44）

　　第四十二条　【拘役的期限】…………………………………（44）

　　第四十三条　【拘役的执行】…………………………………（44）

　　第四十四条　【拘役刑期的计算、折抵】……………………（44）

第四节 有期徒刑、无期徒刑 …………………………………（44）

　　第四十五条　【有期徒刑的期限】……………………………（44）

　　第四十六条　【有期徒刑、无期徒刑的执行】………………（44）

　　第四十七条　【有期徒刑刑期的计算、折抵】………………（44）

第五节 死　刑 …………………………………………………（45）

　　第四十八条　【死刑的适用对象、核准程序】………………（45）

　　第四十九条　【死刑适用对象的限制】………………………（47）

　　第五十条　【死缓的法律后果】………………………………（48）

　　第五十一条　【死缓期间及减为有期徒刑的刑期计算】……（50）

第六节 罚　金 …………………………………………………（50）

　　第五十二条　【罚金数额的确定根据】………………………（50）

　　第五十三条　【罚金的缴纳、减免】…………………………（52）

第七节 剥夺政治权利 …………………………………………（53）

　　第五十四条　【剥夺政治权利的范围】………………………（53）

　　第五十五条　【剥夺政治权利的期限】………………………（53）

　　第五十六条　【剥夺政治权利的适用】………………………（53）

　　第五十七条　【对死刑、无期徒刑罪犯剥夺政治权利的适用】……（54）

　　第五十八条　【剥夺政治权利的刑期计算、效力与执行】………（54）

·3·

第八节 没收财产 （54）

第五十九条 【没收财产的范围】 （54）

第六十条 【正当债务的偿还】 （55）

第四章 刑罚的具体运用 （56）

第一节 量刑 （59）

第六十一条 【量刑根据】 （68）

第六十二条 【从重处罚、从轻处罚】 （69）

第六十三条 【减轻处罚】 （69）

第六十四条 【犯罪所得之物、所用之物的处理】 （69）

第二节 累犯 （71）

第六十五条 【一般累犯】 （71）

第六十六条 【特别累犯】 （72）

第三节 自首和立功 （73）

第六十七条 【自首与坦白】 （73）

第六十八条 【立功】 （78）

第四节 数罪并罚 （83）

第六十九条 【判决宣告前一人犯数罪的并罚】 （83）

第七十条 【判决宣告后发现漏罪的并罚】 （83）

第七十一条 【判决宣告后又犯新罪的并罚】 （85）

第五节 缓刑 （86）

第七十二条 【缓刑的条件、禁止令与附加刑的执行】 （86）

第七十三条 【缓刑考验期限】 （89）

第七十四条 【不适用缓刑的对象】 （89）

第七十五条 【缓刑犯应遵守的规定】 （89）

第七十六条 【社区矫正、缓刑考验合格的处理】 （89）

第七十七条 【缓刑考验不合格的处理】 （90）

第六节 减刑 （91）

第七十八条 【减刑的条件、限度】 （91）

第七十九条 【减刑的程序】 （99）

第八十条　【无期徒刑减刑的刑期计算】……………………(108)

第七节　假　释……………………………………………………(109)

　　第八十一条　【假释的条件】………………………………(109)

　　第八十二条　【假释的程序】………………………………(112)

　　第八十三条　【假释考验期限与计算】……………………(113)

　　第八十四条　【假释犯应遵守的规定】……………………(113)

　　第八十五条　【社区矫正、假释考验合格的处理】………(113)

　　第八十六条　【假释考验不合格的处理】…………………(113)

第八节　时　效……………………………………………………(114)

　　第八十七条　【追诉期限】…………………………………(114)

　　第八十八条　【不受追诉期限限制的情形】………………(117)

　　第八十九条　【追诉期限的计算与中断】…………………(117)

第五章　其他规定……………………………………………………(118)

　　第九十条　【民族自治地方刑法适用的变通、补充】……(118)

　　第九十一条　【公共财产的范围】…………………………(118)

　　第九十二条　【公民私人所有财产的范围】………………(118)

　　第九十三条　【国家工作人员的含义】……………………(118)

　　第九十四条　【司法工作人员的含义】……………………(121)

　　第九十五条　【重伤的含义】………………………………(121)

　　第九十六条　【违反国家规定的含义】……………………(121)

　　第九十七条　【首要分子的含义】…………………………(122)

　　第九十八条　【告诉才处理的含义】………………………(122)

　　第九十九条　【以上、以下、以内的界定】………………(122)

　　第一百条　【前科报告制度】………………………………(122)

　　第一百零一条　【总则的效力】……………………………(125)

· 5 ·

第二编 分 则

第一章 危害国家安全罪 …………………………………（126）

第一百零二条 【背叛国家罪】…………………………（126）

第一百零三条 【分裂国家罪】【煽动分裂国家罪】………（126）

第一百零四条 【武装叛乱、暴乱罪】……………………（129）

第一百零五条 【颠覆国家政权罪】【煽动颠覆国家政权罪】…（129）

第一百零六条 【与境外勾结的从重处罚】………………（130）

第一百零七条 【资助危害国家安全犯罪活动罪】………（130）

第一百零八条 【投敌叛变罪】……………………………（130）

第一百零九条 【叛逃罪】…………………………………（130）

第一百一十条 【间谍罪】…………………………………（131）

第一百一十一条 【为境外窃取、刺探、收买、非法提供国家秘密、情报罪】………………………………（131）

第一百一十二条 【资敌罪】………………………………（133）

第一百一十三条 【本章犯罪死刑、没收财产的适用】……（133）

第二章 危害公共安全罪 …………………………………（134）

第一百一十四条 【放火罪】【决水罪】【爆炸罪】【投放危险物质罪】【以危险方法危害公共安全罪】……（134）

第一百一十五条 【放火罪】【决水罪】【爆炸罪】【投放危险物质罪】【以危险方法危害公共安全罪】【失火罪】【过失决水罪】【过失爆炸罪】【过失投放危险物质罪】【过失以危险方法危害公共安全罪】……………………………………………（138）

第一百一十六条 【破坏交通工具罪】……………………（139）

第一百一十七条 【破坏交通设施罪】……………………（139）

第一百一十八条 【破坏电力设备罪】【破坏易燃易爆设备罪】…（139）

目 录

第一百一十九条 【破坏交通工具罪】【破坏交通设施罪】【破坏电力设备罪】【破坏易燃易爆设备罪】【过失损坏交通工具罪】【过失损坏交通设施罪】【过失损坏电力设备罪】【过失损坏易燃易爆设备罪】 …………………………………… (139)

第一百二十条 【组织、领导、参加恐怖组织罪】………… (141)

第一百二十条之一 【帮助恐怖活动罪】……………… (144)

第一百二十条之二 【准备实施恐怖活动罪】………… (145)

第一百二十条之三 【宣扬恐怖主义、极端主义、煽动实施恐怖活动罪】……………………………… (146)

第一百二十条之四 【利用极端主义破坏法律实施罪】………… (146)

第一百二十条之五 【强制穿戴宣扬恐怖主义、极端主义服饰、标志罪】…………………………… (146)

第一百二十条之六 【非法持有宣扬恐怖主义、极端主义物品罪】………………………………… (146)

第一百二十一条 【劫持航空器罪】……………………… (146)

第一百二十二条 【劫持船只、汽车罪】………………… (146)

第一百二十三条 【暴力危及飞行安全罪】……………… (146)

第一百二十四条 【破坏广播电视设施、公用电信设施罪】【过失损坏广播电视设施、公用电信设施罪】…… (147)

第一百二十五条 【非法制造、买卖、运输、邮寄、储存枪支、弹药、爆炸物罪】【非法制造、买卖、运输、储存危险物质罪】………………… (152)

第一百二十六条 【违规制造、销售枪支罪】…………… (158)

第一百二十七条 【盗窃、抢夺枪支、弹药、爆炸物、危险物质罪】【抢劫枪支、弹药、爆炸物、危险物质罪】【盗窃、抢夺枪支、弹药、爆炸物罪】
………………………………………………… (159)

第一百二十八条 【非法持有、私藏枪支、弹药罪】【非法出租、出借枪支罪】【非法出租、出借枪支罪】 …………………………………………………… (160)

第一百二十九条 【丢失枪支不报罪】 …………………………… (162)

第一百三十条 【非法携带枪支、弹药、管制刀具、危险物品危及公共安全罪】 ……………………………………… (163)

第一百三十一条 【重大飞行事故罪】 …………………………… (164)

第一百三十二条 【铁路运营安全事故罪】 ……………………… (164)

第一百三十三条 【交通肇事罪】 ………………………………… (166)

第一百三十三条之一 【危险驾驶罪】 …………………………… (169)

第一百三十四条 【重大责任事故罪】【强令违章冒险作业罪】 ……………………………………………………… (171)

第一百三十五条 【重大劳动安全事故罪】 ……………………… (177)

第一百三十五条之一 【大型群众性活动重大安全事故罪】 …… (178)

第一百三十六条 【危险物品肇事罪】 …………………………… (179)

第一百三十七条 【工程重大安全事故罪】 ……………………… (180)

第一百三十八条 【教育设施重大安全事故罪】 ………………… (181)

第一百三十九条 【消防责任事故罪】 …………………………… (183)

第一百三十九条之一 【不报、谎报安全事故罪】 ……………… (184)

第三章 破坏社会主义市场经济秩序罪 (187)

第一节 生产、销售伪劣商品罪 (187)

第一百四十条 【生产、销售伪劣产品罪】 ……………………… (187)

第一百四十一条 【生产、销售假药罪】 ………………………… (196)

第一百四十二条 【生产、销售劣药罪】 ………………………… (201)

第一百四十三条 【生产、销售不符合安全标准的食品罪】 …… (204)

第一百四十四条 【生产、销售有毒、有害食品罪】 …………… (208)

第一百四十五条 【生产、销售不符合标准的医用器材罪】 …… (216)

第一百四十六条 【生产、销售不符合安全标准的产品罪】 …… (219)

目 录

第一百四十七条 【生产、销售伪劣农药、兽药、化肥、种子罪】 …………………………………………… (220)

第一百四十八条 【生产、销售不符合卫生标准的化妆品罪】…… (221)

第一百四十九条 【本节法条的适用】………………………… (222)

第一百五十条 【单位犯本节之罪的处罚】…………………… (223)

第二节 走私罪 ………………………………………………………… (223)

第一百五十一条 【走私武器、弹药罪】【走私核材料罪】【走私假币罪】【走私文物罪】【走私贵重金属罪】【走私珍贵动物、珍贵动物制品罪】【走私国家禁止进出口的货物、物品罪】…… (228)

第一百五十二条 【走私淫秽物品罪】【走私废物罪】……… (236)

第一百五十三条 【走私普通货物、物品罪】………………… (239)

第一百五十四条 【走私普通货物、物品罪】………………… (243)

第一百五十五条 【间接走私】…………………………………… (244)

第一百五十六条 【走私罪的共犯】……………………………… (245)

第一百五十七条 【武装掩护走私、抗拒缉私的处罚】………… (245)

第三节 妨害对公司、企业的管理秩序罪 …………………………… (246)

第一百五十八条 【虚报注册资本罪】…………………………… (246)

第一百五十九条 【虚假出资、抽逃出资罪】…………………… (247)

第一百六十条 【欺诈发行股票、债券罪】…………………… (248)

第一百六十一条 【违规披露、不披露重要信息罪】………… (249)

第一百六十二条 【妨害清算罪】………………………………… (250)

第一百六十二条之一 【隐匿、故意销毁会计凭证、会计账簿、财务会计报告罪】………………………… (250)

第一百六十二条之二 【虚假破产罪】………………………… (251)

第一百六十三条 【非国家工作人员受贿罪】………………… (252)

第一百六十四条 【对非国家工作人员行贿罪】【对外国公职人员、国际公共组织官员行贿罪】………… (255)

第一百六十五条 【非法经营同类营业罪】…………………… (257)

第一百六十六条 【为亲友非法牟利罪】……………………… (257)

第一百六十七条 【签订、履行合同失职被骗罪】…………… (258)

第一百六十八条 【国有公司、企业人员失职罪】【国有公司、企业人员滥用职权罪】【国有事业单位人员失职罪】【国有事业单位人员滥用职权罪】…… (259)

第一百六十九条 【徇私舞弊低价折股、出售国有资产罪】… (261)

第一百六十九条之一 【背信损害上市公司利益罪】………… (263)

第四节 破坏金融管理秩序罪 …………………………………… (264)

第一百七十条 【伪造货币罪】………………………………… (264)

第一百七十一条 【出售、购买、运输假币罪】【金融工作人员购买假币、以假币换取货币罪】【伪造货币罪】…………………………………………… (268)

第一百七十二条 【持有、使用假币罪】……………………… (271)

第一百七十三条 【变造货币罪】……………………………… (271)

第一百七十四条 【擅自设立金融机构罪】【伪造、变造、转让金融机构经营许可证、批准文件罪】…… (272)

第一百七十五条 【高利转贷罪】……………………………… (273)

第一百七十五条之一 【骗取贷款、票据承兑、金融票证罪】… (273)

第一百七十六条 【非法吸收公众存款罪】…………………… (274)

第一百七十七条 【伪造、变造金融票证罪】………………… (280)

第一百七十七条之一 【妨害信用卡管理罪】【窃取、收买、非法提供信用卡信息罪】………………… (282)

第一百七十八条 【伪造、变造国家有价证券罪】【伪造、变造股票、公司、企业债券罪】…………… (284)

第一百七十九条 【擅自发行股票、公司、企业债券罪】…… (284)

第一百八十条 【内幕交易、泄露内幕信息罪】【利用未公开信息交易罪】………………………………… (286)

目　录

第一百八十一条　【编造并传播证券、期货交易虚假信息罪】
　　　　　　　　【诱骗投资者买卖证券、期货合约罪】……（291）
第一百八十二条　【操纵证券、期货市场罪】………………（292）
第一百八十三条　【职务侵占罪】【贪污罪】…………………（293）
第一百八十四条　【非国家工作人员受贿罪】【受贿罪】………（293）
第一百八十五条　【挪用资金罪】【挪用公款罪】……………（294）
第一百八十五条之一　【背信运用受托财产罪】【违法运用资
　　　　　　　　金罪】………………………………………（294）
第一百八十六条　【违法发放贷款罪】…………………………（295）
第一百八十七条　【吸收客户资金不入账罪】…………………（296）
第一百八十八条　【违规出具金融票证罪】……………………（297）
第一百八十九条　【对违法票据承兑、付款、保证罪】………（298）
第一百九十条　【逃汇罪】………………………………………（298）
第一百九十条之一　【骗购外汇罪】……………………………（300）
第一百九十一条　【洗钱罪】……………………………………（301）
第五节　金融诈骗罪……………………………………………（304）
第一百九十二条　【集资诈骗罪】………………………………（305）
第一百九十三条　【贷款诈骗罪】………………………………（308）
第一百九十四条　【票据诈骗罪】【金融凭证诈骗罪】………（309）
第一百九十五条　【信用证诈骗罪】……………………………（310）
第一百九十六条　【信用卡诈骗罪】……………………………（311）
第一百九十七条　【有价证券诈骗罪】…………………………（314）
第一百九十八条　【保险诈骗罪】………………………………（315）
第一百九十九条　【已删除】……………………………………（316）
第二百条　【单位犯集资诈骗罪、票据诈骗罪、信用证诈骗罪
　　　　　的处罚】………………………………………………（316）
第六节　危害税收征管罪………………………………………（316）
第二百零一条　【逃税罪】………………………………………（316）

第二百零二条　【抗税罪】……………………………………（318）

第二百零三条　【逃避追缴欠税罪】…………………………（319）

第二百零四条　【骗取出口退税罪】【逃税罪】【骗取出口退税罪】……………………………………………………（320）

第二百零五条　【虚开增值税专用发票、用于骗取出口退税、抵扣税款发票罪】……………………………（322）

第二百零五条之一　【虚开发票罪】…………………………（324）

第二百零六条　【伪造、出售伪造的增值税专用发票罪】…（325）

第二百零七条　【非法出售增值税专用发票罪】……………（326）

第二百零八条　【非法购买增值税专用发票、购买伪造的增值税专用发票罪】…………………………………（327）

第二百零九条　【非法制造、出售非法制造的用于骗取出口退税、抵扣税款发票罪】【非法制造、出售非法制造的发票罪】【非法出售用于骗取出口退税、抵扣税款发票罪】【非法出售发票罪】……………（328）

第二百一十条　【盗窃罪】【诈骗罪】…………………………（329）

第二百一十条之一　【持有伪造的发票罪】…………………（330）

第二百一十一条　【单位犯本节之罪的处罚】………………（330）

第二百一十二条　【追缴税款、所骗取的出口退税款优先】……（330）

第七节　侵犯知识产权罪……………………………………（330）

第二百一十三条　【假冒注册商标罪】………………………（333）

第二百一十四条　【销售假冒注册商标的商品罪】…………（336）

第二百一十五条　【非法制造、销售非法制造的注册商标标识罪】……………………………………………（339）

第二百一十六条　【假冒专利罪】……………………………（342）

第二百一十七条　【侵犯著作权罪】…………………………（343）

第二百一十八条　【销售侵权复制品罪】……………………（348）

第二百一十九条　【侵犯商业秘密罪】………………………（350）

第二百二十条 【单位犯本节之罪的处罚】……………… (351)

第八节　扰乱市场秩序罪 ……………………………………… (351)

第二百二十一条 【损害商业信誉、商品声誉罪】………… (351)

第二百二十二条 【虚假广告罪】…………………………… (352)

第二百二十三条 【串通投标罪】…………………………… (354)

第二百二十四条 【合同诈骗罪】…………………………… (355)

第二百二十四条之一 【组织、领导传销活动罪】………… (356)

第二百二十五条 【非法经营罪】…………………………… (359)

第二百二十六条 【强迫交易罪】…………………………… (375)

第二百二十七条 【伪造、倒卖伪造的有价票证罪】【倒卖车票、船票罪】……………………………………… (377)

第二百二十八条 【非法转让、倒卖土地使用权罪】……… (378)

第二百二十九条 【提供虚假证明文件罪】【出具证明文件重大失实罪】……………………………………… (380)

第二百三十条 【逃避商检罪】……………………………… (382)

第二百三十一条 【单位犯本节之罪的处罚】……………… (382)

第四章　侵犯公民人身权利、民主权利罪 ……………………… (383)

第二百三十二条 【故意杀人罪】…………………………… (383)

第二百三十三条 【过失致人死亡罪】……………………… (393)

第二百三十四条 【故意伤害罪】…………………………… (394)

第二百三十四条之一 【组织出卖人体器官罪】…………… (401)

第二百三十五条 【过失致人重伤罪】……………………… (401)

第二百三十六条 【强奸罪】………………………………… (401)

第二百三十七条 【强制猥亵、侮辱罪】【猥亵儿童罪】… (409)

第二百三十八条 【非法拘禁罪】…………………………… (411)

第二百三十九条 【绑架罪】………………………………… (414)

第二百四十条 【拐卖妇女、儿童罪】……………………… (417)

第二百四十一条 【收买被拐卖的妇女、儿童罪】【强奸罪】
　　　　　　　　【拐卖妇女、儿童罪】 ………………………………（427）
第二百四十二条 【妨害公务罪】【聚众阻碍解救被收买的妇
　　　　　　　　女、儿童罪】 ……………………………………（430）
第二百四十三条 【诬告陷害罪】 ………………………………………（431）
第二百四十四条 【强迫劳动罪】 ………………………………………（431）
第二百四十四条之一 【雇用童工从事危重劳动罪】 ……………（432）
第二百四十五条 【非法搜查罪】【非法侵入住宅罪】 ………………（432）
第二百四十六条 【侮辱罪】【诽谤罪】 ………………………………（433）
第二百四十七条 【刑讯逼供罪】【暴力取证罪】 ……………………（437）
第二百四十八条 【虐待被监管人员罪】 ………………………………（438）
第二百四十九条 【煽动民族仇恨、民族歧视罪】 ……………………（440）
第二百五十条 【出版歧视、侮辱少数民族作品罪】 …………………（442）
第二百五十一条 【非法剥夺公民宗教信仰自由罪】【侵犯少
　　　　　　　　数民族风俗习惯罪】 ……………………………（442）
第二百五十二条 【侵犯通信自由罪】 …………………………………（442）
第二百五十三条 【私自开拆、隐匿、毁弃邮件、电报罪】
　　　　　　　　【盗窃罪】 …………………………………………（442）
第二百五十三条之一 【侵犯公民个人信息罪】 …………………（443）
第二百五十四条 【报复陷害罪】 ………………………………………（445）
第二百五十五条 【打击报复会计、统计人员罪】 ……………………（446）
第二百五十六条 【破坏选举罪】 ………………………………………（446）
第二百五十七条 【暴力干涉婚姻自由罪】 ……………………………（447）
第二百五十八条 【重婚罪】 ……………………………………………（448）
第二百五十九条 【破坏军婚罪】【强奸罪】 …………………………（449）
第二百六十条 【虐待罪】 ………………………………………………（451）
第二百六十条之一 【虐待被监护、看护人罪】 ……………………（453）
第二百六十一条 【遗弃罪】 ……………………………………………（453）

目 录

第二百六十二条 【拐骗儿童罪】 …………………………（455）

第二百六十二条之一 【组织残疾人、儿童乞讨罪】 ………（455）

第二百六十二条之二 【组织未成年人进行违反治安管理活动罪】 ……………………………………………（455）

第五章 侵犯财产罪 …………………………………………（457）

第二百六十三条 【抢劫罪】 …………………………………（457）

第二百六十四条 【盗窃罪】 …………………………………（470）

第二百六十五条 【盗窃罪】 …………………………………（483）

第二百六十六条 【诈骗罪】 …………………………………（484）

第二百六十七条 【抢夺罪】【抢劫罪】 ……………………（491）

第二百六十八条 【聚众哄抢罪】 ……………………………（495）

第二百六十九条 【转化型抢劫】 ……………………………（496）

第二百七十条 【侵占罪】 ……………………………………（497）

第二百七十一条 【职务侵占罪】【贪污罪】 ………………（498）

第二百七十二条 【挪用资金罪】【挪用公款罪】 …………（501）

第二百七十三条 【挪用特定款物罪】 ………………………（504）

第二百七十四条 【敲诈勒索罪】 ……………………………（505）

第二百七十五条 【故意毁坏财物罪】 ………………………（509）

第二百七十六条 【破坏生产经营罪】 ………………………（510）

第二百七十六条之一 【拒不支付劳动报酬罪】 ……………（511）

第六章 妨害社会管理秩序罪 ………………………………（515）

第一节 扰乱公共秩序罪 ……………………………………（515）

第二百七十七条 【妨害公务罪】 ……………………………（515）

第二百七十八条 【煽动暴力抗拒法律实施罪】 ……………（517）

第二百七十九条 【招摇撞骗罪】 ……………………………（518）

· 15 ·

第二百八十条 【伪造、变造、买卖国家机关公文、证件、印章罪】【盗窃、抢夺、毁灭国家机关公文、证件、印章罪】【伪造公司、企业、事业单位、人民团体印章罪】【伪造、变造、买卖身份证件罪】……………………………… (518)

第二百八十条之一 【使用虚假身份证件、盗用身份证件罪】…… (522)

第二百八十一条 【非法生产、买卖警用装备罪】……………… (523)

第二百八十二条 【非法获取国家秘密罪】【非法持有国家绝密、机密文件、资料、物品罪】……… (523)

第二百八十三条 【非法生产、销售专用间谍器材、窃听、窃照专用器材罪】……………… (524)

第二百八十四条 【非法使用窃听、窃照专用器材罪】………… (524)

第二百八十四条之一 【组织考试作弊罪】【非法出售、提供试题、答案罪】【代替考试罪】………… (524)

第二百八十五条 【非法侵入计算机信息系统罪】【非法获取计算机信息系统数据、非法控制计算机信息系统罪】【提供侵入、非法控制计算机信息系统程序、工具罪】……………… (525)

第二百八十六条 【破坏计算机信息系统罪】………………… (528)

第二百八十六条之一 【拒不履行信息网络安全管理义务罪】…… (532)

第二百八十七条 【利用计算机实施犯罪的提示性规定】……… (532)

第二百八十七条之一 【非法利用信息网络罪】………………… (532)

第二百八十七条之二 【帮助信息网络犯罪活动罪】…………… (533)

第二百八十八条 【扰乱无线电通讯管理秩序罪】…………… (533)

第二百八十九条 【对聚众"打砸抢"定罪处刑的规定】……… (534)

第二百九十条 【聚众扰乱社会秩序罪】【聚众冲击国家机关罪】【扰乱国家机关工作秩序罪】【组织、资助非法聚集罪】……………… (534)

· 16 ·

目 录

第二百九十一条 【聚众扰乱公共场所秩序、交通秩序罪】……（535）

第二百九十一条之一 【投放虚假危险物质罪】【编造、故意传播虚假恐怖信息罪】【编造、故意传播虚假信息罪】……………………（535）

第二百九十二条 【聚众斗殴罪】【故意伤害罪】【故意杀人罪】…（539）

第二百九十三条 【寻衅滋事罪】…………………………（540）

第二百九十四条 【组织、领导、参加黑社会性质组织罪】【入境发展黑社会组织罪】【包庇、纵容黑社会性质组织罪】……………………（545）

第二百九十五条 【传授犯罪方法罪】……………………（559）

第二百九十六条 【非法集会、游行、示威罪】……………（560）

第二百九十七条 【非法携带武器、管制刀具、爆炸物参加集会、游行、示威罪】……………………（560）

第二百九十八条 【破坏集会、游行、示威罪】……………（560）

第二百九十九条 【侮辱国旗、国徽罪】……………………（561）

第三百条 【组织、利用会道门、邪教组织、利用迷信破坏法律实施罪】【组织、利用会道门、邪教组织、利用迷信致人重伤、死亡罪】……………………（561）

第三百零一条 【聚众淫乱罪】【引诱未成年人聚众淫乱罪】…（571）

第三百零二条 【盗窃、侮辱、故意毁坏尸体、尸骨、骨灰罪】……………………（571）

第三百零三条 【赌博罪】【开设赌场罪】……………………（571）

第三百零四条 【故意延误投递邮件罪】……………………（578）

第二节 妨害司法罪……………………………………………（578）

第三百零五条 【伪证罪】……………………………………（578）

第三百零六条 【辩护人、诉讼代理人毁灭证据、伪造证据、妨害作证罪】……………………（579）

第三百零七条 【妨害作证罪】【帮助毁灭、伪造证据罪】……（579）

·17·

第三百零七条之一 【虚假诉讼罪】……………………（580）

第三百零八条 【打击报复证人罪】………………………（580）

第三百零八条之一 【泄露不应公开的案件信息罪】【披露、报道不应公开的案件信息罪】……（580）

第三百零九条 【扰乱法庭秩序罪】………………………（581）

第三百一十条 【窝藏、包庇罪】…………………………（581）

第三百一十一条 【拒绝提供间谍犯罪、恐怖主义犯罪、极端主义犯罪证据罪】………………（581）

第三百一十二条 【掩饰、隐瞒犯罪所得、犯罪所得收益罪】……（581）

第三百一十三条 【拒不执行判决、裁定罪】……………（589）

第三百一十四条 【非法处置查封、扣押、冻结的财产罪】……（592）

第三百一十五条 【破坏监管秩序罪】……………………（593）

第三百一十六条 【脱逃罪】【劫夺被押解人员罪】………（593）

第三百一十七条 【组织越狱罪】【暴动越狱罪】【聚众持械劫狱罪】………………………………（594）

第三节 妨害国（边）境管理罪……………………（594）

第三百一十八条 【组织他人偷越国（边）境罪】………（595）

第三百一十九条 【骗取出境证件罪】……………………（596）

第三百二十条 【提供伪造、变造的出入境证件罪】【出售出入境证件罪】…………………………（597）

第三百二十一条 【运送他人偷越国（边）境罪】………（598）

第三百二十二条 【偷越国（边）境罪】…………………（598）

第三百二十三条 【破坏界碑、界桩罪】【破坏永久性测量标志罪】………………………………（599）

第四节 妨害文物管理罪……………………………（599）

第三百二十四条 【故意损毁文物罪】【故意损毁名胜古迹罪】【过失损毁文物罪】………………（601）

第三百二十五条 【非法向外国人出售、赠送珍贵文物罪】……（603）

目　录

第三百二十六条　【倒卖文物罪】……………………………………（603）

第三百二十七条　【非法出售、私赠文物藏品罪】…………………（605）

第三百二十八条　【盗掘古文化遗址、古墓葬罪】【盗掘古人
　　　　　　　　　类化石、古脊椎动物化石罪】……………………（605）

第三百二十九条　【抢夺、窃取国有档案罪】【擅自出卖、转
　　　　　　　　　让国有档案罪】………………………………………（606）

第五节　危害公共卫生罪……………………………………………………（607）

第三百三十条　【妨害传染病防治罪】…………………………………（607）

第三百三十一条　【传染病菌种、毒种扩散罪】………………………（608）

第三百三十二条　【妨害国境卫生检疫罪】……………………………（608）

第三百三十三条　【非法组织卖血罪】【强迫卖血罪】………………（608）

第三百三十四条　【非法采集、供应血液、制作、供应血液制
　　　　　　　　　品罪】【采集、供应血液、制作、供应血液
　　　　　　　　　制品事故罪】…………………………………………（609）

第三百三十五条　【医疗事故罪】………………………………………（613）

第三百三十六条　【非法行医罪】【非法进行节育手术罪】…………（614）

第三百三十七条　【妨害动植物防疫、检疫罪】………………………（618）

第六节　破坏环境资源保护罪………………………………………………（618）

第三百三十八条　【污染环境罪】………………………………………（618）

第三百三十九条　【非法处置进口的固体废物罪】【擅自进口
　　　　　　　　　固体废物罪】…………………………………………（623）

第三百四十条　【非法捕捞水产品罪】…………………………………（625）

第三百四十一条　【非法猎捕、杀害珍贵、濒危野生动物罪】
　　　　　　　　　【非法收购、运输、出售珍贵、濒危野生动
　　　　　　　　　物、珍贵、濒危野生动物制品罪】【非法狩
　　　　　　　　　猎罪】…………………………………………………（626）

第三百四十二条　【非法占用农用地罪】………………………………（632）

第三百四十三条　【非法采矿罪】【破坏性采矿罪】…………………（635）

・19・

第三百四十四条 【非法采伐、毁坏国家重点保护植物罪】
【非法收购、运输、加工、出售国家重点保护植物、国家重点保护植物制品罪】……(639)

第三百四十五条 【盗伐林木罪】【滥伐林木罪】【非法收购、运输盗伐、滥伐的林木罪】……(641)

第三百四十六条 【单位犯本节之罪的处罚】……(645)

第七节 走私、贩卖、运输、制造毒品罪……(646)

第三百四十七条 【走私、贩卖、运输、制造毒品罪】……(660)

第三百四十八条 【非法持有毒品罪】……(670)

第三百四十九条 【包庇毒品犯罪分子罪】【窝藏、转移、隐瞒毒品、毒赃罪】【包庇毒品犯罪分子罪】……(672)

第三百五十条 【非法生产、买卖、运输制毒物品、走私制毒物品罪】……(674)

第三百五十一条 【非法种植毒品原植物罪】……(681)

第三百五十二条 【非法买卖、运输、携带、持有毒品原植物种子、幼苗罪】……(682)

第三百五十三条 【引诱、教唆、欺骗他人吸毒罪】【强迫他人吸毒罪】……(683)

第三百五十四条 【容留他人吸毒罪】……(683)

第三百五十五条 【非法提供麻醉药品、精神药品罪】……(684)

第三百五十六条 【毒品犯罪的再犯】……(686)

第三百五十七条 【毒品的范围、数量计算】……(686)

第八节 组织、强迫、引诱、容留、介绍卖淫罪……(687)

第三百五十八条 【组织卖淫罪】【强迫卖淫罪】【协助组织卖淫罪】……(687)

第三百五十九条 【引诱、容留、介绍卖淫罪】【引诱幼女卖淫罪】……(689)

第三百六十条 【传播性病罪】…………………………(689)

第三百六十一条 【特定单位的人员组织、强迫、引诱、容留、介绍卖淫的处罚】………………………(690)

第三百六十二条 【特定单位人员构成包庇罪的处罚】………(690)

第九节 制作、贩卖、传播淫秽物品罪 ……………(690)

第三百六十三条 【制作、复制、出版、贩卖、传播淫秽物品牟利罪】【为他人提供书号出版淫秽书刊罪】…(690)

第三百六十四条 【传播淫秽物品罪】【组织播放淫秽音像制品罪】………………………………………(698)

第三百六十五条 【组织淫秽表演罪】………………………(702)

第三百六十六条 【单位犯本节规定之罪的处罚】…………(702)

第三百六十七条 【淫秽物品的范围】………………………(702)

第七章 危害国防利益罪 ……………………………(704)

第三百六十八条 【阻碍军人执行职务罪】【阻碍军事行动罪】…(704)

第三百六十九条 【破坏武器装备、军事设施、军事通信罪】【过失损坏武器装备、军事设施、军事通信罪】……………………………………(704)

第三百七十条 【故意提供不合格武器装备、军事设施罪】【过失提供不合格武器装备、军事设施罪】…(706)

第三百七十一条 【聚众冲击军事禁区罪】【聚众扰乱军事管理区秩序罪】…………………………………(707)

第三百七十二条 【冒充军人招摇撞骗罪】……………………(707)

第三百七十三条 【煽动军人逃离部队罪】【雇用逃离部队军人罪】……………………………………………(708)

第三百七十四条 【接送不合格兵员罪】………………………(708)

· 21 ·

第三百七十五条 【伪造、变造、买卖武装部队公文、证件、印章罪】【盗窃、抢夺武装部队公文、证件、印章罪】【非法生产、买卖武装部队制式服装罪】【伪造、盗窃、买卖、非法提供、非法使用武装部队专用标志罪】……… (709)

第三百七十六条 【战时拒绝、逃避征召、军事训练罪】【战时拒绝、逃避服役罪】…………………………… (711)

第三百七十七条 【战时故意提供虚假敌情罪】………… (712)

第三百七十八条 【战时造谣扰乱军心罪】……………… (712)

第三百七十九条 【战时窝藏逃离部队军人罪】………… (712)

第三百八十条 【战时拒绝、故意延误军事订货罪】…… (712)

第三百八十一条 【战时拒绝军事征收、征用罪】……… (713)

第八章 贪污贿赂罪 …………………………………… (714)

第三百八十二条 【贪污罪】……………………………… (715)

第三百八十三条 【贪污罪的处罚】……………………… (721)

第三百八十四条 【挪用公款罪】………………………… (724)

第三百八十五条 【受贿罪】……………………………… (731)

第三百八十六条 【受贿罪的处罚】……………………… (741)

第三百八十七条 【单位受贿罪】………………………… (743)

第三百八十八条 【受贿罪】……………………………… (744)

第三百八十八条之一 【利用影响力受贿罪】…………… (744)

第三百八十九条 【行贿罪】……………………………… (745)

第三百九十条 【行贿罪的处罚】………………………… (748)

第三百九十条之一 【对有影响力的人行贿罪】………… (751)

第三百九十一条 【对单位行贿罪】……………………… (751)

第三百九十二条 【介绍贿赂罪】………………………… (752)

第三百九十三条 【单位行贿罪】………………………… (753)

第三百九十四条 【贪污罪】……………………………… (754)

目　录

第三百九十五条　【巨额财产来源不明罪】【隐瞒境外存款罪】 … （754）

第三百九十六条　【私分国有资产罪】【私分罚没财物罪】 …… （756）

第九章　渎职罪 ………………………………………………… （758）

第三百九十七条　【滥用职权罪】【玩忽职守罪】 …………… （762）

第三百九十八条　【故意泄露国家秘密罪】【过失泄露国家秘
　　　　　　　　　密罪】 …………………………………… （769）

第三百九十九条　【徇私枉法罪】【民事、行政枉法裁判罪】
　　　　　　　　　【执行判决、裁定失职罪】【执行判决、裁
　　　　　　　　　定滥用职权罪】 ………………………… （772）

第三百九十九条之一　【枉法仲裁罪】 ………………………… （775）

第四百条　【私放在押人员罪】【失职致使在押人员脱逃罪】 … （775）

第四百零一条　【徇私舞弊减刑、假释、暂予监外执行罪】 … （777）

第四百零二条　【徇私舞弊不移交刑事案件罪】 ……………… （778）

第四百零三条　【滥用管理公司、证券职权罪】 ……………… （780）

第四百零四条　【徇私舞弊不征、少征税款罪】 ……………… （781）

第四百零五条　【徇私舞弊发售发票、抵扣税款、出口退税
　　　　　　　　罪】【违法提供出口退税凭证罪】 ………… （782）

第四百零六条　【国家机关工作人员签订、履行合同失职被
　　　　　　　　骗罪】 ………………………………………… （784）

第四百零七条　【违法发放林木采伐许可证罪】 ……………… （785）

第四百零八条　【环境监管失职罪】 …………………………… （787）

第四百零八条之一　【食品监管渎职罪】 ……………………… （788）

第四百零九条　【传染病防治失职罪】 ………………………… （790）

第四百一十条　【非法批准征收、征用、占用土地罪】【非法
　　　　　　　　低价出让国有土地使用权罪】 …………… （791）

第四百一十一条　【放纵走私罪】 ……………………………… （796）

第四百一十二条　【商检徇私舞弊罪】【商检失职罪】 ……… （798）

· 23 ·

第四百一十三条 【动植物检疫徇私舞弊罪】【动植物检疫失
职罪】……………………………………………… (799)

第四百一十四条 【放纵制售伪劣商品犯罪行为罪】……… (801)

第四百一十五条 【办理偷越国（边）境人员出入境证件罪】
【放行偷越国（边）境人员罪】……………… (803)

第四百一十六条 【不解救被拐卖、绑架妇女、儿童罪】【阻
碍解救被拐卖、绑架妇女、儿童罪】………… (804)

第四百一十七条 【帮助犯罪分子逃避处罚罪】……………… (805)

第四百一十八条 【招收公务员、学生徇私舞弊罪】………… (806)

第四百一十九条 【失职造成珍贵文物损毁、流失罪】……… (807)

第十章 军人违反职责罪 ……………………………………… (809)

第四百二十条 【军人违反职责罪的定义】………………… (809)

第四百二十一条 【战时违抗命令罪】………………………… (809)

第四百二十二条 【隐瞒、谎报军情罪】【拒传、假传军令罪】… (810)

第四百二十三条 【投降罪】…………………………………… (811)

第四百二十四条 【战时临阵脱逃罪】………………………… (811)

第四百二十五条 【擅离、玩忽军事职守罪】………………… (811)

第四百二十六条 【阻碍执行军事职务罪】…………………… (812)

第四百二十七条 【指使部属违反职责罪】…………………… (813)

第四百二十八条 【违令作战消极罪】………………………… (814)

第四百二十九条 【拒不救援友邻部队罪】…………………… (815)

第四百三十条 【军人叛逃罪】………………………………… (815)

第四百三十一条 【非法获取军事秘密罪】【为境外窃取、刺
探、收买、非法提供军事秘密罪】…………… (816)

第四百三十二条 【故意泄露军事秘密罪】【过失泄露军事秘
密罪】…………………………………………… (817)

第四百三十三条 【战时造谣惑众罪】………………………… (818)

第四百三十四条 【战时自伤罪】……………………………… (818)

第四百三十五条　【逃离部队罪】 …………………………………（819）

第四百三十六条　【武器装备肇事罪】 ……………………………（820）

第四百三十七条　【擅自改变武器装备编配用途罪】 ……………（821）

第四百三十八条　【盗窃、抢夺武器装备、军用物资罪】【盗
　　　　　　　　窃、抢夺枪支、弹药、爆炸物罪】 …………（822）

第四百三十九条　【非法出卖、转让武器装备罪】 ………………（822）

第四百四十条　【遗弃武器装备罪】 ………………………………（823）

第四百四十一条　【遗失武器装备罪】 ……………………………（824）

第四百四十二条　【擅自出卖、转让军队房地产罪】 ……………（824）

第四百四十三条　【虐待部属罪】 …………………………………（825）

第四百四十四条　【遗弃伤病军人罪】 ……………………………（826）

第四百四十五条　【战时拒不救治伤病军人罪】 …………………（826）

第四百四十六条　【战时残害居民、掠夺居民财物罪】 …………（826）

第四百四十七条　【私放俘虏罪】 …………………………………（827）

第四百四十八条　【虐待俘虏罪】 …………………………………（827）

第四百四十九条　【战时缓刑】 ……………………………………（828）

第四百五十条　【本章适用对象】 …………………………………（828）

第四百五十一条　【战时的界定】 …………………………………（828）

附　则

第四百五十二条　【生效日期】 ……………………………………（829）

附件一 …………………………………………………………………（830）

附件二 …………………………………………………………………（831）

参考文献 ………………………………………………………………（832）

索　　引 ………………………………………………………………（834）

中华人民共和国刑法

1979 年 7 月 1 日第五届全国人民代表大会第二次会议通过。

1997 年 3 月 14 日第八届全国人民代表大会第五次会议修订，1997 年 3 月 14 日中华人民共和国主席令第 83 号公布，自 1997 年 10 月 1 日起施行。

1998 年 12 月 29 日第九届全国人民代表大会常务委员会第六次会议《关于惩治骗购外汇、逃汇和非法买卖外汇犯罪的决定》、1999 年 12 月 25 日第九届全国人民代表大会常务委员会第十三次会议《中华人民共和国刑法修正案》、2001 年 8 月 31 日第九届全国人民代表大会常务委员会第二十三次会议《中华人民共和国刑法修正案（二）》、2001 年 12 月 29 日第九届全国人民代表大会常务委员会第二十五次会议《中华人民共和国刑法修正案（三）》、2002 年 12 月 28 日第九届全国人民代表大会常务委员会第三十一次会议《中华人民共和国刑法修正案（四）》、2005 年 2 月 28 日第十届全国人民代表大会常务委员会第十四次会议《中华人民共和国刑法修正案（五）》、2006 年 6 月 29 日第十届全国人民代表大会常务委员会第二十二次会议《中华人民共和国刑法修正案（六）》、2009 年 2 月 28 日第十一届全国人民代表大会常务委员会第七次会议《中华人民共和国刑法修正案（七）》、2009 年 8 月 27 日第十一届全国人民代表大会常务委员会第十次会议《关于修改部分法律的决定》、2011 年 2 月 25 日第十一届全国人民代表大会常务委员会第十九次会议《中华人民共和国刑法修正案（八）》、2015 年 8 月 29 日第十二届全国人民代表大会常务委员会第十六次会议《中华人民共和国刑法修正案（九）》对部分条款进行了修正。

第一编 总 则

第一章 刑法的任务、基本原则和适用范围

第一条【立法目的与根据】 为了惩罚犯罪，保护人民，根据宪法，结合我国同犯罪作斗争的具体经验及实际情况，制定本法。

要点及关联法规

修正前后刑法条文在裁判文书中的表述

★最高人民法院《关于在裁判文书中如何表述修正前后刑法条文的批复》（2012年6月1日）（节录）

一、根据案件情况，裁判文书引用1997年3月14日第八届全国人民代表大会第五次会议修订的刑法条文，应当根据具体情况分别表述：

（一）有关刑法条文在修订的刑法施行后未经修正，或者经过修正，但引用的是现行有效条文，表述为"《中华人民共和国刑法》第××条"。

（二）有关刑法条文经过修正，引用修正前的条文，表述为"1997年修订的《中华人民共和国刑法》第××条"。

（三）有关刑法条文经两次以上修正，引用经修正、且为最后一次修正前的条文，表述为"经××××年《中华人民共和国刑法修正案（×）》修正的《中华人民共和国刑法》第××条"。

二、根据案件情况，裁判文书引用1997年3月14日第八届全国人民代表大会第五次会议修订前的刑法条文，应当表述为"1979年《中华人民共和国刑法》第××条"。

三、根据案件情况，裁判文书引用有关单行刑法条文，应当直接引用相应该条例、补充规定或者决定的具体条款。

四、最高人民法院《关于在裁判文书中如何引用修订前、后刑法名称的通知》（法〔1997〕192号）、最高人民法院《关于在裁判文书中如何引用刑法修正案的批复》（法释〔2007〕7号）不再适用。

第二条【刑法的任务】 中华人民共和国刑法的任务，是用刑罚同一切犯罪行为作斗争，以保卫国家安全，保卫人民民主专政的政权和社会主义制度，保护国有财产和劳动群众集体所有的财产，保护公民私人所有的财产，保护公民的人身权利、民主权利和其他权利，维护社会秩序、经济秩序，保障社会主义建设事业的顺利进行。

第一章 刑法的任务、基本原则和适用范围

第三条【罪刑法定原则】 法律明文规定为犯罪行为的，依照法律定罪处刑；法律没有明文规定为犯罪行为的，不得定罪处刑。

◀ 要点及关联法规 ▶

1. 司法解释应当以法律为依据

★最高人民检察院《司法解释工作规定》（2006年4月18日通过，2015年12月16日修订，2016年1月12日施行）（节录）

第三条　司法解释应当以法律为依据，不得违背和超越法律规定。

第四条【适用刑法人人平等原则】 对任何人犯罪，在适用法律上一律平等。不允许任何人有超越法律的特权。

第五条【罪责刑相适应原则】 刑罚的轻重，应当与犯罪分子所犯罪行和承担的刑事责任相适应。

第六条【属地管辖】 凡在中华人民共和国领域内犯罪的，除法律有特别规定的以外，都适用本法。

凡在中华人民共和国船舶或者航空器内犯罪的，也适用本法。

犯罪的行为或者结果有一项发生在中华人民共和国领域内的，就认为是在中华人民共和国领域内犯罪。

◀ 要点及关联法规 ▶

1. 外国人、无国籍人拐卖外国妇女到我国境内的法律适用

★最高人民法院《关于审理拐卖妇女案件适用法律有关问题的解释》（2000年1月25日）（节录）

第二条　外国人或者无国籍人拐卖外国妇女到我国境内被查获的，应当根据刑法第六条的规定，适用我国刑法定罪处罚。

第七条【属人管辖】 中华人民共和国公民在中华人民共和国领域外犯本法规定之罪的，适用本法，但是按本法规定的最高刑为三年以下有期徒刑的，可以不予追究。

中华人民共和国国家工作人员和军人在中华人民共和国领域外犯本法规定之罪的，适用本法。

第八条【保护管辖】 外国人在中华人民共和国领域外对中华人民共和国国家或者公民犯罪，而按本法规定的最低刑为三年以上有期徒刑的，可以适用本法，但是按照犯罪地的法律不受处罚的除外。

要点及关联法规

1 对我国领域外犯罪的刑事管辖权

★《中华人民共和国反恐怖主义法》（2016年1月1日）（节录）

第十一条 对在中华人民共和国领域外对中华人民共和国国家、公民或者机构实施的恐怖活动犯罪，或者实施的中华人民共和国缔结、参加的国际条约所规定的恐怖活动犯罪，中华人民共和国行使刑事管辖权，依法追究刑事责任。

第九条【普遍管辖】对于中华人民共和国缔结或者参加的国际条约所规定的罪行，中华人民共和国在所承担条约义务的范围内行使刑事管辖权的，适用本法。

第十条【域外刑事判决的消极承认】凡在中华人民共和国领域外犯罪，依照本法应当负刑事责任的，虽然经过外国审判，仍然可以依照本法追究，但是在外国已经受过刑罚处罚的，可以免除或者减轻处罚。

第十一条【外交豁免】享有外交特权和豁免权的外国人的刑事责任，通过外交途径解决。

第十二条【刑法的溯及力】中华人民共和国成立以后本法施行以前的行为，如果当时的法律不认为是犯罪的，适用当时的法律；如果当时的法律认为是犯罪的，依照本法总则第四章第八节的规定应当追诉的，按照当时的法律追究刑事责任，但是如果本法不认为是犯罪或者处刑较轻的，适用本法。

本法施行以前，依照当时的法律已经作出的生效判决，继续有效。

要点及关联法规

1 "处刑较轻"的认定

★最高人民法院《关于适用刑法第十二条几个问题的解释》（1998年1月13日）（节录）

第一条 刑法第十二条规定的"处刑较轻"，是指刑法对某种犯罪规定的刑罚即法定刑比修订前刑法轻。法定刑较轻是指法定最高刑较轻；如果法定最高刑相同，则指法定最低刑较轻。

第二条 如果刑法规定的某一犯罪只有一个法定刑幅度，法定最高刑或者最低刑是指该法定刑幅度的最高刑或者最低刑；如果刑法规定的某一犯罪有两个以上的法定刑幅度，法定最高刑或者最低刑是指具体犯罪行为应当适用的法定刑幅度的最高刑或者最低刑。

2 从旧兼从轻原则

★最高人民法院《关于适用刑法时间效力规定若干问题的解释》（1997年10月1日）（节录）

第一章 刑法的任务、基本原则和适用范围

为正确适用刑法，现就人民法院 1997 年 10 月 1 日以后审理的刑事案件，具体适用修订前的刑法或者修订后的刑法的有关问题规定如下：

第一条 对于行为人 1997 年 9 月 30 日以前实施的犯罪行为，在人民检察院、公安机关、国家安全机关立案侦查或者在人民法院受理案件以后，行为人逃避侦查或者审判，超过追诉期限或者被害人在追诉期限内提出控告，人民法院、人民检察院、公安机关应当立案而不予立案，超过追诉期限的，是否追究行为人的刑事责任，适用修订前的刑法第七十七条①的规定。

第二条 犯罪分子 1997 年 9 月 30 日以前犯罪，不具有法定减轻处罚情节，但是根据案件的具体情况需要在法定刑以下判处刑罚的，适用修订前的刑法第五十九条第二款②的规定。

第三条 前罪判处的刑罚已经执行完毕或者赦免，在 1997 年 9 月 30 日以前又犯应当判处有期徒刑以上刑罚之罪，是否构成累犯，适用修订前的刑法第六十一条③的规定；1997 年 10 月 1 日以后又犯应当判处有期徒刑以上刑罚之罪的，是否构成累犯，适用刑法第六十五条的规定。

第四条 1997 年 9 月 30 日以前被采取强制措施的犯罪嫌疑人、被告人或者 1997 年 9 月 30 日以前犯罪，1997 年 10 月 1 日以后仍在服刑的罪犯，如实供述司法机关还未掌握的本人其他罪行的，适用刑法第六十七条第二款的规定。

第五条 1997 年 9 月 30 日以前犯罪的犯罪分子，有揭发他人犯罪行为，或者提供重要线索，从而得以侦破其他案件等立功表现的，适用刑法第六十八条的规定。

第六条 1997 年 9 月 30 日以前犯罪被宣告缓刑的犯罪分子，在 1997 年 10 月 1 日以后的缓刑考验期间又犯新罪、被发现漏罪或者违反法律、行政法规或者国务院公安部门有关缓刑的监督管理规定，情节严重的，适用刑法第七十七条的规定，撤销缓刑。

★**最高人民检察院《关于检察工作中具体适用修订刑法第十二条若干问题的通知》**
（1997 年 10 月 6 日）（节录）

根据修订刑法第十二条的规定，现对发生在 1997 年 9 月 30 日以前，1997 年 10 月 1 日后尚未处理或者正在处理的行为如何适用法律的若干问题通知如下：

一、如果当时的法律（包括 1979 年刑法，中华人民共和国惩治军人违反职责罪暂行条

---

① 1979 年《刑法》第七十七条："在人民法院、人民检察院、公安机关采取强制措施以后，逃避侦查或者审判的，不受追诉期限的限制。"

② 1979 年《刑法》第五十九条（第 2 款）："犯罪分子虽然不具有本法规定的减轻处罚情节，如果根据案件的具体情况，判处法定刑的最低刑还是过重的，经人民法院审判委员会决定，也可以在法定刑以下判处刑罚。"

③ 1979 年《刑法》第六十一条："被判处有期徒刑以上刑罚的犯罪分子，刑罚执行完毕或者赦免以后，在三年以内再犯应当判处有期徒刑以上刑罚之罪的，是累犯，应当从重处罚；但是过失犯罪除外。前款规定的期限，对于被假释的犯罪分子，从假释期满之日起计算。"

例,全国人大常委会关于刑事法律的决定、补充规定,民事、经济、行政法律中"依照"、"比照"刑法有关条款追究刑事责任的法律条文,下同),司法解释认为是犯罪,修订刑法不认为是犯罪的,依法不再追究刑事责任。已经立案、侦查的,撤销案件;已批准逮捕的,撤销批准逮捕决定,并建议公安机关撤销案件;审查起诉的,作出不起诉决定;已经起诉的,建议人民法院退回案件,予以撤销;已经抗诉的,撤回抗诉。

二、如果当时的法律、司法解释认为是犯罪,修订刑法也认为是犯罪的,按从旧兼从轻的原则依法追究刑事责任:

1. 罪名、构成要件、情节以及法定刑没有变化的,适用当时的法律追究刑事责任。

2. 罪名、构成要件、情节以及法定刑已经变化的,根据从轻原则,确定适用当时的法律或者修订刑法追究刑事责任。

三、如果当时的法律不认为是犯罪,修订刑法认为是犯罪的,适用当时的法律;但行为连续或者继续到1997年10月1日以后的,对10月1日以后构成犯罪的行为适用修订刑法追究刑事责任。

★最高人民法院《关于适用刑法第十二条几个问题的解释》(1998年1月13日)(节录)

第三条 一九九七年十月一日以后审理一九九七年九月三十日以前发生的刑事案件,如果刑法规定的定罪处刑标准、法定刑与修订前刑法相同的,应当适用修订前的刑法。

▶3 假释的时间效力

★最高人民法院《关于适用刑法时间效力规定若干问题的解释》(1997年10月1日)(节录)

第七条 1997年9月30日以前犯罪,1997年10月1日以后仍在服刑的犯罪分子,因特殊情况,需要不受执行刑期限制假释的,适用刑法第八十一条第一款的规定,报经最高人民法院核准。

第八条 1997年9月30日以前犯罪,1997年10月1日以后仍在服刑的累犯以及因杀人、爆炸、抢劫、强奸、绑架等暴力性犯罪被判处十年以上有期徒刑、无期徒刑的犯罪分子,适用修订前的刑法第七十三条①的规定,可以假释。

第九条 1997年9月30日以前被假释的犯罪分子,在1997年10月1日以后的假释考验期内,又犯新罪、被发出漏罪或者违反法律、行政法规或者国务院公安部门有关假释的监督管理规定的,适用刑法第八十六条的规定,撤销假释。

★最高人民法院研究室《关于假释时间效力法律适用问题的答复》(2011年7月15日)(节录)

一、根据刑法第十二条的规定,应当以行为实施时,而不是审判时,作为新旧法选择适用的判断基础。故《最高人民法院关于适用刑法时间效力规定若干问题的解释》第八条

---

① 1979年《刑法》第七十三条:"被判处有期徒刑的犯罪分子,执行原判刑期二分之一以上,被判处无期徒刑的犯罪分子,实际执行十年以上,如果确有悔改表现,不致再危害社会,可以假释。如果有特殊情节,可以不受上述执行刑期的限制。"

规定的"1997年9月30日以前犯罪,1997年10月1日以后仍在服刑的累犯以及因杀人、爆炸、抢劫、强奸、绑架等暴力性犯罪被判处十年以上有期徒刑、无期徒刑的犯罪分子",包括1997年9月30日以前犯罪,已被羁押尚未判决的犯罪分子。

▶4 按照审判监督程序重新审判的案件,适用行为时的法律

★最高人民法院《关于认真学习宣传贯彻修订的〈中华人民共和国刑法〉的通知》(1997年3月25日)(节录)

三、修订的刑法实施后,各级人民法院必须坚决贯彻执行。对于修订的刑法实施前发生的行为,10月1日实施后尚未处理或者正在处理的案件,依照修订的刑法第十二条的规定办理;对于修订的刑法施行前,人民法院已审结的案件,实施后人民法院按照审判监督程序重新审理的,适用原审结时的有关法律规定。

★最高人民法院《关于适用刑法时间效力规定若干问题的解释》(1997年10月1日)(节录)

第十条 按照审判监督程序重新审判的案件,适用行为时的法律。

▶5 1997年《刑法》实施前,法院审判案件仍依照现行刑法、有关规定及司法解释办理

★最高人民法院《关于认真学习宣传贯彻修订的〈中华人民共和国刑法〉的通知》(1997年3月25日)(节录)

四、修订的刑法实施前,人民法院审判刑法案件仍然应当依照现行刑法和人大常委会修改、补充刑法的有关决定、补充规定及最高人民法院的有关司法解释,并应遵守刑事诉讼法有关程序和期限的规定。

▶6 跨法犯罪的时间效力

★最高人民检察院《关于对跨越修订刑法施行日期的继续犯罪、连续犯罪以及其他同种数罪应如何具体适用刑法问题的批复》(1998年12月2日)(节录)

对于开始于1997年9月30日以前,继续或者连续到1997年10月1日以后的行为,以及在1997年10月1日前后分别实施的同种类数罪,如果原刑法和修订刑法都认为是犯罪并且应当追诉,按照下列原则决定如何适用法律:

一、对于开始于1997年9月30日以前,继续到1997年10月1日以后终了的继续犯罪,应当适用修订刑法一并进行追诉。

二、对于开始于1997年9月30日以前,连续到1997年10月1日以后的连续犯罪,或者在1997年10月1日前后分别实施同种类数罪,其中罪名、构成要件、情节以及法定刑均没有变化的,应当适用修订刑法,一并进行追诉;罪名、构成要件、情节以及法定刑已经变化的,也应当适用修订刑法,一并进行追诉,但是修订刑法比原刑法所规定的构成要件和情节较为严格,或者法定刑较重的,在提起公诉时应当提出酌情从轻处理意见。

▶7 司法解释的时间效力

★最高人民法院《关于认真学习宣传贯彻修订的〈中华人民共和国刑法〉的通知》(1997年3月25日)(节录)

五、修订的刑法实施后,对已明令废止的全国人大常委会有关决定和补充规定,最高

人民法院原作出的有关司法解释不再适用。但是如果修订的刑法有关条文实质内容没有变化的，人民法院在刑事审判工作中，在没有新的司法解释前，可参照执行。其他对于与修订的刑法规定相抵触的司法解释，不再适用。

★最高人民法院、最高人民检察院《关于适用刑事司法解释时间效力问题的规定》（2001年12月17日）（节录）

一、司法解释是最高人民法院对审判工作中具体应用法律问题和最高人民检察院对检察工作中具体应用法律问题所作的具有法律效力的解释，自发布或者规定之日起施行，效力适用于法律的施行期间。

二、对于司法解释实施前发生的行为，行为时没有相关司法解释，司法解释施行后尚未处理或者正在处理的案件，依照司法解释的规定办理。

三、对于新的司法解释实施前发生的行为，行为时已有相关司法解释，依照行为时的司法解释办理，但适用新的司法解释对犯罪嫌疑人、被告人有利的，适用新的司法解释。

四、对于在司法解释施行前已办结的案件，按照当时的法律和司法解释，认定事实和适用法律没有错误的，不再变动。

★最高人民法院《关于九七刑法实施后发生的非法买卖枪支案件，审理时新的司法解释尚未作出，是否可以参照1995年9月20日最高人民法院〈关于办理非法制造、买卖、运输非军用枪支、弹药刑事案件适用法律问题的解释〉的规定审理案件请示的复函》（2003年7月29日）（节录）

原审被告人侯磊非法买卖枪支的行为发生在修订后的《刑法》实施以后，而该案审理时《最高人民法院关于审理非法制造、买卖、运输枪支、弹药、爆炸物等刑事案件具体应用法律若干问题的解释》① 尚未颁布，因此，依照我院法发〔1997〕3号《关于认真学习宣传贯彻修订的〈中华人民共和国刑法〉的通知》的精神，该案应参照1995年9月20日最高人民法院法发〔1995〕20号《关于办理非法制造、买卖、运输非军用枪支、弹药刑事案件适用法律问题的解释》的规定办理。

---

① 该解释于2001年5月10日由最高人民法院审判委员会第1174次会议通过，2009年11月9日最高人民法院审判委员会第1476次会议修改。

第二章 犯　　罪

第一节　犯罪和刑事责任

第十三条【犯罪概念】一切危害国家主权、领土完整和安全，分裂国家、颠覆人民民主专政的政权和推翻社会主义制度，破坏社会秩序和经济秩序，侵犯国有财产或者劳动群众集体所有的财产，侵犯公民私人所有的财产，侵犯公民的人身权利、民主权利和其他权利，以及其他危害社会的行为，依照法律应当受刑罚处罚的，都是犯罪，但是情节显著轻微危害不大的，不认为是犯罪。

◀要点及关联法规▶

▶ "刑事和解"的法律适用

★最高人民检察院《关于办理当事人达成和解的轻微刑事案件的若干意见》（2011年1月29日）（节录）

一、指导思想和基本原则

人民检察院办理当事人达成和解的轻微刑事案件的指导思想是：按照中央关于深入推进三项重点工作的总体要求，正确贯彻宽严相济刑事政策，充分发挥检察机关在化解社会矛盾和构建社会主义和谐社会中的职能作用，维护社会公平正义、促进社会和谐稳定。

办理当事人达成和解的轻微刑事案件，必须坚持以下原则：

1. 依法办案与化解矛盾并重；
2. 惩罚犯罪与保障人权并重；
3. 实现法律效果与社会效果的有机统一。

二、关于适用范围和条件

对于依法可能判处三年以下有期徒刑、拘役、管制或者单处罚金的刑事公诉案件，可以适用本意见。

上述范围内的刑事案件必须同时符合下列条件：

1. 属于侵害特定被害人的故意犯罪或者有直接被害人的过失犯罪；
2. 案件事实清楚，证据确实、充分；
3. 犯罪嫌疑人、被告人真诚认罪，并且已经切实履行和解协议。对于和解协议不能即时履行的，已经提供有效担保或者调解协议经人民法院确认；
4. 当事人双方就赔偿损失、恢复原状、赔礼道歉、精神抚慰等事项达成和解；
5. 被害人及其法定代理人或者近亲属明确表示对犯罪嫌疑人、被告人予以谅解，要求或者同意对犯罪嫌疑人、被告人依法从宽处理。

以下案件不适用本意见：

1. 严重侵害国家、社会公共利益，严重危害公共安全或者危害社会公共秩序的犯罪案件；

2. 国家工作人员职务犯罪案件；

3. 侵害不特定多数人合法权益的犯罪案件。

三、关于当事人和解的内容

当事人双方可以就赔偿损失、恢复原状、赔礼道歉、精神抚慰等民事责任事项进行和解，并且可以就被害人及其法定代理人或者近亲属是否要求或者同意公安、司法机关对犯罪嫌疑人、被告人依法从宽处理达成一致，但不得对案件的事实认定、证据和法律适用、定罪量刑等依法属于公安、司法机关职权范围的事宜进行协商。

双方当事人或者其法定代理人有权达成和解，当事人的近亲属、聘请的律师以及其他受委托的人，可以代为进行协商和解等事宜。双方达成和解的，应当签订书面协议，并且必须得到当事人或者其法定代理人的确认。犯罪嫌疑人、被告人必须当面或者书面向被害人一方赔礼道歉、真诚悔罪。

和解协议中的损害赔偿一般应当与其承担的法律责任和对被害人造成的损害相适应，并且可以酌情考虑犯罪嫌疑人、被告人及其法定代理人的赔偿、补救能力。

四、关于当事人达成和解的途径与检调对接

当事人双方的和解，包括当事人双方自行达成和解，也包括经人民调解委员会、基层自治组织、当事人所在单位或者同事、亲友等组织或者个人调解后达成和解。

人民检察院应当与人民调解组织积极沟通、密切配合，建立工作衔接机制，及时告知双方当事人申请委托人民调解的权利、申请方法和操作程序以及达成调解协议后的案件处理方式，支持配合人民调解组织的工作。

人民检察院对于符合本意见适用范围和条件的下列案件，可以建议当事人进行和解，并告知相应的权利义务，必要时可以提供法律咨询：

1. 由公安机关立案侦查的刑事诉讼法第一百七十条第二项①规定的案件；

2. 未成年人、在校学生犯罪的轻微刑事案件；

3. 七十周岁以上老年人犯罪的轻微刑事案件。

犯罪嫌疑人、被告人或者其亲友、辩护人以暴力、威胁、欺骗或者其他非法方法强迫、引诱被害人和解，或者在协议履行完毕之后威胁、报复被害人的，不适用有关不捕不诉的规定，已经作出不逮捕或者不起诉决定的，人民检察院应当撤销原决定，依法对犯罪嫌疑人、被告人逮捕或者提起公诉。

犯罪嫌疑人、被告人或者其亲友、辩护人实施前款行为情节严重的，依法追究其法律责任。

五、关于对当事人和解协议的审查

人民检察院对当事人双方达成的和解协议，应当重点从以下几个方面进行审查：

---

① 1996年《刑事诉讼法》第一百七十条（第2项）："（二）被害人有证据证明的轻微刑事案件。"

第二章 犯罪·第一节 犯罪和刑事责任

1. 当事人双方是否自愿；
2. 加害方的经济赔偿数额与其所造成的损害是否相适应，是否酌情考虑其赔偿能力。犯罪嫌疑人、被告人是否真诚悔罪并且积极履行和解协议或者是否为协议履行提供有效担保或者调解协议经人民法院确认；
3. 被害人及其法定代理人或者近亲属是否明确表示对犯罪嫌疑人、被告人予以谅解；
4. 是否符合法律规定；
5. 是否损害国家、集体和社会公共利益或者他人的合法权益；
6. 是否符合社会公德。

审查时，应当当面听取当事人双方对和解的意见、告知被害人刑事案件可能从轻处理的法律后果和双方的权利义务，并记录在案。

六、关于检察机关对当事人达成和解案件的处理

对于公安机关提请批准逮捕的案件，符合本意见规定的适用范围和条件的，应当作为无逮捕必要的重要因素予以考虑，一般可以作出不批准逮捕的决定；已经批准逮捕，公安机关变更强制措施通知人民检察院的，应当依法实行监督；审查起诉阶段，在不妨碍诉讼顺利进行的前提下，可以依法变更强制措施。

对于公安机关立案侦查并移送审查起诉的刑事诉讼法第一百七十条第二项规定的轻微刑事案件，符合本意见规定的适用范围和条件的，一般可以决定不起诉。

对于其他轻微刑事案件，符合本意见规定的适用范围和条件的，作为犯罪情节轻微，不需要判处刑罚或者免除刑罚的重要因素予以考虑，一般可以决定不起诉。对于依法必须提起公诉的，可以向人民法院提出在法定幅度范围内从宽处理的量刑建议。

对被不起诉人需要给予行政处罚、行政处分或者需要没收其违法所得的，应当提出检察意见，移送有关主管机关处理。

对于当事人双方达成和解、决定不起诉的案件，在宣布不起诉决定前应当再次听取双方当事人对和解的意见，并且查明犯罪嫌疑人是否真诚悔罪、和解协议是否履行或者为协议履行提供有效担保或者调解协议经人民法院确认。

对于依法可能判处三年以上有期徒刑刑罚的案件，当事人双方达成和解协议的，在提起公诉时，可以向人民法院提出在法定幅度范围内从宽处理的量刑建议。对于情节特别恶劣，社会危害特别严重的犯罪，除了考虑和解因素，还应注重发挥刑法的教育和预防作用。

七、依法规范当事人达成和解案件的办理工作

人民检察院适用本意见办理案件，应当遵守《中华人民共和国刑事诉讼法》、《人民检察院刑事诉讼规则》等有关办案期限的规定。

根据本意见，拟对当事人达成和解的轻微刑事案件作出不批准逮捕或者不起诉决定的，应当由检察委员会讨论决定。

人民检察院应当加强对审查批捕、审查起诉工作中办理当事人达成和解案件的监督检查，发现违法违纪，情节轻微的，应当给予批评教育；情节严重的，应当根据有关规定给予组织处理或者纪律处分；构成犯罪的，依法追究刑事责任。

第十四条【故意犯罪】明知自己的行为会发生危害社会的结果,并且希望或者放任这种结果发生,因而构成犯罪的,是故意犯罪。

故意犯罪,应当负刑事责任。

第十五条【过失犯罪】应当预见自己的行为可能发生危害社会的结果,因为疏忽大意而没有预见,或者已经预见而轻信能够避免,以致发生这种结果的,是过失犯罪。

过失犯罪,法律有规定的才负刑事责任。

第十六条【不可抗力、意外事件】行为在客观上虽然造成了损害结果,但是不是出于故意或者过失,而是由于不能抗拒或者不能预见的原因所引起的,不是犯罪。

第十七条【刑事责任年龄】已满十六周岁的人犯罪,应当负刑事责任。

已满十四周岁不满十六周岁的人,犯故意杀人、故意伤害致人重伤或者死亡、强奸、抢劫、贩卖毒品、放火、爆炸、投毒罪①的,应当负刑事责任。

已满十四周岁不满十八周岁的人犯罪,应当从轻或者减轻处罚。

因不满十六周岁不予刑事处罚的,责令他的家长或者监护人加以管教;在必要的时候,也可以由政府收容教养②。

———— 要点及关联法规 ————

1 "未成年人刑事案件"的认定

★最高人民法院《关于审理未成年人刑事案件具体应用法律若干问题的解释》(2006年1月23日)(节录)

第一条 本解释所称未成年人刑事案件,是指被告人实施被指控的犯罪时已满十四周岁不满十八周岁的案件。

第二条 刑法第十七条规定的"周岁",按照公历的年、月、日计算,从周岁生日的第二天起算。

第三条 审理未成年人刑事案件,应当查明被告人实施被指控的犯罪时的年龄。裁判文书中应当写明被告人出生的年、月、日。

第四条 对于没有充分证据证明被告人实施被指控的犯罪时已经达到法定刑事责任年

---

① 2001年12月29日《刑法修正案(三)》已将《刑法》第一百一十四条、第一百一十五条中的投毒罪改为投放危险物质罪。

② 应当注意,收容教养不同于劳动教养。2013年11月15日《中共中央关于全面深化改革若干重大问题的决定》提出"废止劳动教养制度",同年12月28日全国人民代表大会常务委员会通过了《关于废止有关劳动教养法律规定的决定》,废除了劳动教养制度。

龄且确实无法查明的,应当推定其没有达到相应法定刑事责任年龄。

相关证据足以证明被告人实施被指控的犯罪时已经达到法定刑事责任年龄,但是无法准确查明被告人具体出生日期的,应当认定其达到相应法定刑事责任年龄。

★最高人民检察院《关于人民检察院办理未成年人刑事案件的规定》(2013 年 12 月 27 日)(节录)

第七十九条 本规定所称未成年人刑事案件,是指犯罪嫌疑人、被告人实施涉嫌犯罪行为时已满十四周岁、未满十八周岁的刑事案件,但在有关未成年人诉讼权利和体现对未成年人程序上特殊保护的条文中所称的未成年人,是指在诉讼过程中未满十八周岁的人。犯罪嫌疑人实施涉嫌犯罪行为时未满十八周岁,在诉讼过程中已满十八周岁的,人民检察院可以根据案件的具体情况适用本规定。

第八十条 实施犯罪行为的年龄,一律按公历的年、月、日计算。从周岁生日的第二天起,为已满××周岁。

2 未成年人刑事案件定罪的一般规定

★全国人民代表大会常务委员会法制工作委员会《关于已满十四周岁不满十六周岁的人承担刑事责任范围问题的答复意见》(2002 年 7 月 24 日)(节录)

刑法第十七条第二款规定的八种犯罪,是指具体犯罪行为而不是具体罪名。对于刑法第十七条中规定的"犯故意杀人、故意伤害致人重伤或者死亡",是指只要故意实施了杀人、伤害行为并且造成了致人重伤、死亡后果的,都应负刑事责任。而不是指只有犯故意杀人罪、故意伤害罪的,才负刑事责任,绑架撕票的,不负刑事责任。对司法实践中出现的已满十四周岁不满十六周岁的人绑架人质后杀害被绑架人、拐卖妇女、儿童而故意造成被拐卖妇女、儿童重伤或死亡的行为,依据刑法是应当追究其刑事责任的。

★最高人民检察院法律政策研究室《关于相对刑事责任年龄的人承担刑事责任范围有关问题的答复》(2003 年 4 月 18 日)(节录)

一、相对刑事责任年龄的人实施了刑法第十七条第二款规定的行为,应当追究刑事责任,其罪名应当根据所触犯的刑法分则具体条文认定。对于绑架后杀害被绑架人的,其罪名应认定为绑架罪。

二、相对刑事责任年龄的人实施了刑法第二百六十九条规定的行为的,应当依照刑法第二百六十三条的规定,以抢劫罪追究刑事责任。但对情节显著轻微,危害不大的,可根据刑法第十三条的规定,不予追究刑事责任。

★最高人民法院《关于审理未成年人刑事案件具体应用法律若干问题的解释》(2006 年 1 月 23 日)(节录)

第五条 已满十四周岁不满十六周岁的人实施刑法第十七条第二款规定以外的行为,如果同时触犯了刑法第十七条第二款规定的,应当依照刑法第十七条第二款的规定确定罪名,定罪处罚。

第六条 已满十四周岁不满十六周岁的人偶尔与幼女发生性行为,情节轻微、未造成严重后果的,不认为是犯罪。

第七条 已满十四周岁不满十六周岁的人使用轻微暴力或者威胁,强行索要其他未成年人随身携带的生活、学习用品或者钱财数量不大，且未造成被害人轻微伤以上或者不敢正常到校学习、生活等危害后果的，不认为是犯罪。

已满十六周岁不满十八周岁的人具有前款规定情形的，一般也不认为是犯罪。

第八条 已满十六周岁不满十八周岁的人出于以大欺小、以强凌弱或者寻求精神刺激，随意殴打其他未成年人、多次对其他未成年人强拿硬要或者任意损毁公私财物，扰乱学校及其他公共场所秩序，情节严重的，以寻衅滋事罪定罪处罚。

第九条 已满十六周岁不满十八周岁的人实施盗窃行为未超过三次，盗窃数额虽已达到"数额较大"标准，但案发后能如实供述全部盗窃事实并积极退赃，且具有下列情形之一的，可以认定为"情节显著轻微危害不大"，不认为是犯罪：

（一）系又聋又哑的人或者盲人；

（二）在共同盗窃中起次要或者辅助作用，或者被胁迫；

（三）具有其他轻微情节的。

已满十六周岁不满十八周岁的人盗窃未遂或者中止的，可不认为是犯罪。

已满十六周岁不满十八周岁的人盗窃自己家庭或者近亲属财物，或者盗窃其他亲属财物但其他亲属要求不予追究的，可不按犯罪处理。

第十条 已满十四周岁不满十六周岁的人盗窃、诈骗、抢夺他人财物，为窝藏赃物、抗拒抓捕或者毁灭罪证，当场使用暴力，故意伤害致人重伤或者死亡，或者故意杀人的，应当分别以故意伤害罪或者故意杀人罪定罪处罚。

已满十六周岁不满十八周岁的人犯盗窃、诈骗、抢夺罪，为窝藏赃物、抗拒抓捕或者毁灭罪证而当场使用暴力或者以暴力相威胁的，应当依照刑法第二百六十九条的规定定罪处罚；情节轻微的，可不以抢劫罪定罪处罚。

▶3 未成年人刑事案件量刑的一般规定

★最高人民法院《关于审理未成年人刑事案件具体应用法律若干问题的解释》（2006年1月23日）（节录）

第十一条 对未成年罪犯适用刑罚，应当充分考虑是否有利于未成年罪犯的教育和矫正。

对未成年罪犯量刑应当依照刑法第六十一条的规定，并充分考虑未成年人实施犯罪行为的动机和目的、犯罪时的年龄、是否初次犯罪、犯罪后的悔罪表现、个人成长经历和一贯表现等因素。对符合管制、缓刑、单处罚金或者免予刑事处罚适用条件的未成年罪犯，应当依法适用管制、缓刑、单处罚金或者免予刑事处罚。

第十二条 行为人在达到法定刑事责任年龄前后均实施了危害社会的行为，只能依法追究其达到法定刑事责任年龄后实施的危害社会行为的刑事责任。

行为人在年满十八周岁前后实施了不同种犯罪行为，对其年满十八周岁以前实施的犯罪应当依法从轻或者减轻处罚。行为人在年满十八周岁前后实施了同种犯罪行为，在量刑时应当考虑对年满十八周岁以前实施的犯罪，适当给予从轻或者减轻处罚。

第十三条 未成年人犯罪只有罪行极其严重的，才可以适用无期徒刑。对已满十四周岁不满十六周岁的人犯罪一般不判处无期徒刑。

第十四条 除刑法规定"应当"附加剥夺政治权利外,对未成年罪犯一般不判处附加剥夺政治权利。

如果对未成年罪犯判处附加剥夺政治权利的,应当依法从轻判处。

对实施被指控犯罪时未成年、审判时已成年的罪犯判处附加剥夺政治权利,适用前款的规定。

第十五条 对未成年罪犯实施刑法规定的"并处"没收财产或者罚金的犯罪,应当依法判处相应的财产刑;对未成年罪犯实施刑法规定的"可以并处"没收财产或者罚金的犯罪,一般不判处财产刑。

对未成年罪犯判处罚金刑时,应当依法从轻或者减轻判处,并根据犯罪情节,综合考虑其缴纳罚金的能力,确定罚金数额。但罚金的最低数额不得少于五百元人民币。

对被判处罚金刑的未成年罪犯,其监护人或者其他人自愿代为垫付罚金的,人民法院应当允许。

第十六条 对未成年罪犯符合刑法第七十二条第一款规定的,可以宣告缓刑。如果同时具有下列情形之一,对其适用缓刑确实不致再危害社会的,应当宣告缓刑:

(一)初次犯罪;

(二)积极退赃或赔偿被害人经济损失;

(三)具备监护、帮教条件。

第十七条 未成年罪犯根据其所犯罪行,可能被判处拘役、三年以下有期徒刑,如果悔罪表现好,并具有下列情形之一的,应当依照刑法第三十七条的规定免予刑事处罚:

(一)系又聋又哑的人或者盲人;

(二)防卫过当或者避险过当;

(三)犯罪预备、中止或者未遂;

(四)共同犯罪中从犯、胁从犯;

(五)犯罪后自首或者有立功表现;

(六)其他犯罪情节轻微不需要判处刑罚的。

第十八条 对未成年罪犯的减刑、假释,在掌握标准上可以比照成年罪犯依法适度放宽。

未成年罪犯能认罪服法,遵守监规,积极参加学习、劳动的,即可视为"确有悔改表现"予以减刑,其减刑的幅度可以适当放宽,间隔的时间可以相应缩短。符合刑法第八十一条第一款规定的,可以假释。

未成年罪犯在服刑期间已经成年的,对其减刑、假释可以适用上述规定[①]。

★最高人民法院《关于贯彻宽严相济刑事政策的若干意见》(2010年2月8日)(节录)

[①] 最高人民法院《关于办理减刑、假释案件具体应用法律若干问题的规定》(2012年1月17日)第十九条(第3款)规定:"前两款所称未成年罪犯,是指减刑时不满十八周岁的罪犯。"与本款的规定不一致。

20. 对于未成年人犯罪，在具体考虑其实施犯罪的动机和目的、犯罪性质、情节和社会危害程度的同时，还要充分考虑其是否属于初犯，归案后是否悔罪，以及个人成长经历和一贯表现等因素，坚持"教育为主、惩罚为辅"的原则和"教育、感化、挽救"的方针进行处理。对于偶尔盗窃、抢夺、诈骗，数额刚达到较大的标准，案发后能如实交代并积极退赃的，可以认定为情节显著轻微，不作为犯罪处理。对于罪行较轻的，可以依法适当多适用缓刑或者判处管制、单处罚金等非监禁刑；依法可免予刑事处罚的，应当免予刑事处罚。对于犯罪情节严重的未成年人，也应当依照刑法第十七条第三款的规定予以从轻或者减轻处罚。对于已满十四周岁不满十六周岁的未成年犯罪人，一般不判处无期徒刑。

★最高人民法院《关于常见犯罪的量刑指导意见》（2013年12月23日）（节录）

1. 对于未成年人犯罪，应当综合考虑未成年人对犯罪的认识能力、实施犯罪行为的动机和目的、犯罪时的年龄、是否初犯、偶犯、悔罪表现、个人成长经历和一贯表现等情况，予以从宽处罚。

（1）已满十四周岁不满十六周岁的未成年人犯罪，减少基准刑的30%~60%；

（2）已满十六周岁不满十八周岁的未成年人犯罪，减少基准刑的10%~50%。

4 未成年人刑事案件中的不批捕、不起诉

★《中华人民共和国刑事诉讼法》（2012年修正）（节录）

第二百七十一条　对于未成年人涉嫌刑法分则第四章、第五章、第六章规定的犯罪，可能判处一年有期徒刑以下刑罚，符合起诉条件，但有悔罪表现的，人民检察院可以作出附条件不起诉的决定。人民检察院在作出附条件不起诉的决定以前，应当听取公安机关、被害人的意见。

对附条件不起诉的决定，公安机关要求复议、提请复核或者被害人申诉的，适用本法第一百七十五条、第一百七十六条的规定。

未成年犯罪嫌疑人及其法定代理人对人民检察院决定附条件不起诉有异议的，人民检察院应当作出起诉的决定。

★最高人民检察院《关于人民检察院办理未成年人刑事案件的规定》（2013年12月27日）（节录）

第二条　人民检察院办理未成年人刑事案件，实行教育、感化、挽救的方针，坚持教育为主、惩罚为辅和特殊保护的原则。在严格遵守法律规定的前提下，按照最有利于未成年人和适合未成年人身心特点的方式进行，充分保障未成年人合法权益。

第十九条　对于罪行较轻，具备有效监护条件或者社会帮教措施，没有社会危险性或者社会危险性较小，不逮捕不致妨害诉讼正常进行的未成年犯罪嫌疑人，应当不批准逮捕。

对于罪行比较严重，但主观恶性不大，有悔罪表现，具备有效监护条件或者社会帮教措施，具有下列情形之一，不逮捕不致妨害诉讼正常进行的未成年犯罪嫌疑人，可以不批准逮捕：

（一）初次犯罪、过失犯罪的；

（二）犯罪预备、中止、未遂的；

（三）有自首或者立功表现的；

第二章 犯罪·第一节 犯罪和刑事责任

（四）犯罪后如实交待罪行，真诚悔罪，积极退赃，尽力减少和赔偿损失，被害人谅解的；

（五）不属于共同犯罪的主犯或者集团犯罪中的首要分子的；

（六）属于已满十四周岁不满十六周岁的未成年人或者系在校学生的；

（七）其他可以不批准逮捕的情形。

对于不予批准逮捕的案件，应当说明理由，连同案卷材料送达公安机关执行。需要补充侦查的，应当同时通知公安机关。必要时可以向被害方作说明解释。

第二十六条 对于犯罪情节轻微，具有下列情形之一，依照刑法规定不需要判处刑罚或者免除刑罚的未成年犯罪嫌疑人，一般应当依法作出不起诉决定：

（一）被胁迫参与犯罪的；

（二）犯罪预备、中止、未遂的；

（三）在共同犯罪中起次要或者辅助作用的；

（四）系又聋又哑的人或者盲人的；

（五）因防卫过当或者紧急避险过当构成犯罪的；

（六）有自首或者立功表现的；

（七）其他依照刑法规定不需要判处刑罚或者免除刑罚的情形。

第二十七条 对于未成年人实施的轻伤害案件、初次犯罪、过失犯罪、犯罪未遂的案件以及被诱骗或者被教唆实施的犯罪案件等，情节轻微，犯罪嫌疑人确有悔罪表现，当事人双方自愿就民事赔偿达成协议并切实履行或者经被害人同意并提供有效担保，符合刑法第三十七条规定的，人民检察院可以依照刑事诉讼法第一百七十三条第二款的规定作出不起诉决定，并可以根据案件的不同情况，予以训诫或者责令具结悔过、赔礼道歉、赔偿损失，或者由主管部门予以行政处罚。

第二十九条 对于犯罪时已满十四周岁不满十八周岁的未成年人，同时符合下列条件的，人民检察院可以作出附条件不起诉决定：

（一）涉嫌刑法分则第四章、第五章、第六章规定的犯罪；

（二）根据具体犯罪事实、情节，可能被判处一年有期徒刑以下刑罚的；

（三）犯罪事实清楚，证据确实、充分，符合起诉条件；

（四）具有悔罪表现。

第四十条 人民检察院决定附条件不起诉的，应当确定考验期。考验期为六个月以上一年以下，从人民检察院作出附条件不起诉的决定之日起计算。考验期不计入案件审查起诉期限。

考验期的长短应当与未成年犯罪嫌疑人所犯罪行的轻重、主观恶性的大小和人身危险性的大小、一贯表现及帮教条件等相适应，根据未成年犯罪嫌疑人在考验期的表现，可以在法定期限范围内适当缩短或者延长。

第四十一条 被附条件不起诉的未成年犯罪嫌疑人，应当遵守下列规定：

（一）遵守法律法规，服从监督；

（二）按照考察机关的规定报告自己的活动情况；

（三）离开所居住的市、县或者迁居，应当报经考察机关批准；

（四）按照考察机关的要求接受矫治和教育。

第四十二条 人民检察院可以要求被附条件不起诉的未成年犯罪嫌疑人接受下列矫治和教育：

（一）完成戒瘾治疗、心理辅导或者其他适当的处遇措施；

（二）向社区或者公益团体提供公益劳动；

（三）不得进入特定场所，与特定的人员会见或者通信，从事特定的活动；

（四）向被害人赔偿损失、赔礼道歉等；

（五）接受相关教育；

（六）遵守其他保护被害人安全以及预防再犯的禁止性规定。

第四十五条 考验期届满，办案人员应当制作附条件不起诉考察意见书，提出起诉或者不起诉的意见，经部门负责人审核，报请检察长决定。

人民检察院应当在审查起诉期限内作出起诉或者不起诉的决定。

作出附条件不起诉决定的案件，审查起诉期限自人民检察院作出附条件不起诉决定之日起中止计算，自考验期限届满之日起或者人民检察院作出撤销附条件不起诉决定之日起恢复计算。

第四十六条 被附条件不起诉的未成年犯罪嫌疑人，在考验期内有下列情形之一的，人民检察院应当撤销附条件不起诉的决定，提起公诉：

（一）实施新的犯罪的；

（二）发现决定附条件不起诉以前还有其他犯罪需要追诉的；

（三）违反治安管理规定，造成严重后果，或者多次违反治安管理规定的；

（四）违反考察机关有关附条件不起诉的监督管理规定，造成严重后果，或者多次违反考察机关有关附条件不起诉的监督管理规定的。

第十七条之一【老年人犯罪的刑事责任】 已满七十五周岁的人故意犯罪的，可以从轻或者减轻处罚；过失犯罪的，应当从轻或者减轻处罚。

第十八条【精神障碍与刑事责任】 精神病人在不能辨认或者不能控制自己行为的时候造成危害结果，经法定程序鉴定确认的，不负刑事责任，但是应当责令他的家属或者监护人严加看管和医疗；在必要的时候，由政府强制医疗。

间歇性的精神病人在精神正常的时候犯罪，应当负刑事责任。

尚未完全丧失辨认或者控制自己行为能力的精神病人犯罪的，应当负刑事责任，但是可以从轻或者减轻处罚。

醉酒的人犯罪，应当负刑事责任。

◀ 要点及关联法规 ▶

1 强制医疗的范围、程序

★《中华人民共和国刑事诉讼法》（2012年修正）（节录）

第二百八十四条　实施暴力行为，危害公共安全或者严重危害公民人身安全，经法定程序鉴定依法不负刑事责任的精神病人，有继续危害社会可能的，可以予以强制医疗。

第二百八十五条　根据本章规定对精神病人强制医疗的，由人民法院决定。

公安机关发现精神病人符合强制医疗条件的，应当写出强制医疗意见书，移送人民检察院。对于公安机关移送的或者在审查起诉过程中发现的精神病人符合强制医疗条件的，人民检察院应当向人民法院提出强制医疗的申请。人民法院在审理案件过程中发现被告人符合强制医疗条件的，可以作出强制医疗的决定。

对实施暴力行为的精神病人，在人民法院决定强制医疗前，公安机关可以采取临时的保护性约束措施。

第十九条【又聋又哑的人、盲人犯罪的刑事责任】又聋又哑的人或者盲人犯罪，可以从轻、减轻或者免除处罚。

第二十条【正当防卫】为了使国家、公共利益、本人或者他人的人身、财产和其他权利免受正在进行的不法侵害，而采取的制止不法侵害的行为，对不法侵害人造成损害的，属于正当防卫，不负刑事责任。

正当防卫明显超过必要限度造成重大损害的，应当负刑事责任，但是应当减轻或者免除处罚。

对正在进行行凶、杀人、抢劫、强奸、绑架以及其他严重危及人身安全的暴力犯罪，采取防卫行为，造成不法侵害人伤亡的，不属于防卫过当，不负刑事责任。

◀ 要点及关联法规 ▶

1 人民警察的正当防卫

★最高人民法院、最高人民检察院、公安部、国家安全部、司法部《人民警察执行职务中实行正当防卫的具体规定》（1983年9月14）（节录）

一、遇有下列情形之一，人民警察必须采取正当防卫行为，使正在进行不法侵害行为的人丧失侵害能力或者中止侵害行为：

（一）暴力劫持或控制飞机、船舰、火车、电车、汽车等交通工具，危害公共安全时；

（二）驾驶交通工具蓄意危害公共安全时；

（三）正在实施纵火、爆炸、凶杀、抢劫以及其他严重危害公共安全、人身安全和财产安全的行为时；

（四）人民警察保卫的特定对象、目标受到暴力侵袭或者有受到暴力侵袭的紧迫危险时；

（五）执行收容、拘留、逮捕、审讯、押解人犯和追捕逃犯，遇有以暴力抗拒、抢夺武器、行凶等非常情况时；

（六）聚众劫狱或看守所、拘役所、拘留所、监狱和劳改、劳教场所的被监管人员暴动、行凶、抢夺武器时；

（七）人民警察遭到暴力侵袭，或佩带的枪支、警械被抢夺时。

二、人民警察执行职务中实行正当防卫，可以按照 1980 年 7 月 5 日国务院批准的《人民警察使用武器和警械的规定》，使用警械直至开枪射击。

三、遇有下列情形之一时，应当停止防卫行为：

（一）不法侵害行为已经结束；

（二）不法侵害行为确已自动中止；

（三）不法侵害人已经被制服，或者已经丧失侵害能力。

四、人民警察在必须实行正当防卫行为的时候，放弃职守，致使公共财产、国家和人民利益遭受严重损失的，依法追究刑事责任；后果轻微的，由主管部门酌情给予行政处分。

五、人民警察采取的正当防卫行为，不负刑事责任。防卫超过必要限度造成不应有的危害的，应当负刑事责任，但是应当酌情减轻或者免除处罚。

六、人民警察在使用武器或者其他警械实施防卫时，必须注意避免伤害其他人。

七、本规定也适用于国家审判机关、检察机关、公安机关、国家安全机关和司法行政机关其他依法执行职务的人员。

❷ 对家暴的正当防卫

★最高人民法院、最高人民检察院、公安部、司法部《关于依法办理家庭暴力犯罪案件的意见》（2015 年 3 月 2 日）（节录）

19. 准确认定对家庭暴力的正当防卫。为了使本人或者他人的人身权利免受不法侵害，对正在进行的家庭暴力采取制止行为，只要符合刑法规定的条件，就应当依法认定为正当防卫，不负刑事责任。防卫行为造成施暴人重伤、死亡，且明显超过必要限度，属于防卫过当，应当负刑事责任，但是应当减轻或者免除处罚。

认定防卫行为是否"明显超过必要限度"，应当以足以制止并使防卫人免受家庭暴力不法侵害的需要为标准，根据施暴人正在实施家庭暴力的严重程度、手段的残忍程度、防卫人所处的环境、面临的危险程度、采取的制止暴力的手段、造成施暴人重大损害的程度，以及既往家庭暴力的严重程度等进行综合判断。

第二十一条【紧急避险】 为了使国家、公共利益、本人或者他人的人身、财产和其他权利免受正在发生的危险，不得已采取的紧急避险行为，造成损害的，不负刑事责任。

紧急避险超过必要限度造成不应有的损害的，应当负刑事责任，但是应当减轻或者免除处罚。

第一款中关于避免本人危险的规定，不适用于职务上、业务上负有特定责任的人。

第二节　犯罪的预备、未遂和中止

第二十二条【犯罪预备】 为了犯罪，准备工具、制造条件的，是犯罪预备。

对于预备犯，可以比照既遂犯从轻、减轻处罚或者免除处罚。

第二十三条【犯罪未遂】 已经着手实行犯罪，由于犯罪分子意志以外的原因而未得逞的，是犯罪未遂。

对于未遂犯，可以比照既遂犯从轻或者减轻处罚。

要点及关联法规

1. 未遂犯的量刑规则

★最高人民法院《关于常见犯罪的量刑指导意见》（2013年12月23日）（节录）

2. 对于未遂犯，综合考虑犯罪行为的实行程度、造成损害的大小、犯罪未得逞的原因等情况，可以比照既遂犯减少基准刑的50%以下。

2. 数额犯中"部分既遂、部分未遂"的量刑

★最高人民法院《关于发布第13批指导性案例的通知》（2016年6月30日）（节录）

王新明合同诈骗案（指导案例62号）

裁判要点：在数额犯中，犯罪既遂部分与未遂部分分别对应不同法定刑幅度的，应当先决定对未遂部分是否减轻处罚，确定未遂部分对应的法定刑幅度，再与既遂部分对应的法定刑幅度进行比较，选择适用处罚较重的法定刑幅度，并酌情从重处罚；二者在同一量刑幅度的，以犯罪既遂酌情从重处罚。

第二十四条【犯罪中止】 在犯罪过程中，自动放弃犯罪或者自动有效地防止犯罪结果发生的，是犯罪中止。

对于中止犯，没有造成损害的，应当免除处罚；造成损害的，应当减轻处罚。

第三节　共同犯罪

第二十五条【共同犯罪概念】 共同犯罪是指二人以上共同故意犯罪。

二人以上共同过失犯罪，不以共同犯罪论处；应当负刑事责任的，按照他们所犯的罪分别处罚。

第二十六条【主犯】 组织、领导犯罪集团进行犯罪活动的或者在共同犯罪中起主要作用的，是主犯。

三人以上为共同实施犯罪而组成的较为固定的犯罪组织，是犯罪集团。

对组织、领导犯罪集团的首要分子，按照集团所犯的全部罪行处罚。

对于第三款规定以外的主犯，应当按照其所参与的或者组织、指挥的全部犯罪处罚。

要点及关联法规

1 共犯处理的一般规定

★最高人民法院、最高人民检察院、公安部《关于当前办理集团犯罪案件中具体应用法律的若干问题的解答》(1984年6月15日)(节录)

一、怎样办理团伙犯罪的案件?

办理团伙犯罪案件,凡其中符合刑事犯罪集团基本特征的,应按犯罪集团处理;不符合犯罪集团基本特征的,就按一般共同犯罪处理,并根据其共同犯罪的事实和情节,该重判的重判,该轻判的轻判。

对犯罪团伙既要坚决打击,又必须打准。不要把三人以上共同犯罪,但罪行较轻、危害较小的案件当作犯罪团伙,进而当作"犯罪集团"来严厉打击。

二、在办案实践中怎样认定刑事犯罪集团?

刑事犯罪集团一般应具备下列基本特征:

(1) 人数较多(三人以上),重要成员固定或基本固定。

(2) 经常纠集一起进行一种或数种严重的刑事犯罪活动。

(3) 有明显的首要分子。有的首要分子是在纠集过程中形成的,有的首要分子在纠集开始时就是组织者和领导者。

(4) 有预谋地实施犯罪活动。

(5) 不论作案次数多少,对社会造成的危害或其具有的危险性都很严重。

刑事犯罪集团的首要分子,是指在该集团中起组织、策划、指挥作用的犯罪分子(见刑法第二十三条、第八十六条)。首要分子可以是一名,也可以不止一名。首要分子应对该集团经过预谋、有共同故意的全部罪行负责。集团的其他成员,应按其地位和作用,分别对其参与实施的具体罪行负责。如果某个成员实施了该集团共同故意犯罪范围以外的其他犯罪,则应由他个人负责。

对单一的犯罪集团,应按其所犯的罪定性;对一个犯罪集团犯多种罪的,应按其主罪定性;犯罪集团成员或一般共同犯罪的共犯,犯数罪的,分别按数罪并罚的原则处罚。

三、为什么对共同犯罪的案件必须坚持全案审判?

办理共同犯罪案件特别是集团犯罪案件,除其中已逃跑的成员可以另案处理外,一定要把全案的事实查清,然后对应当追究刑事责任的同案人,全案起诉,全案判处。切不要全案事实还没有查清,就急于杀掉首要分子或主犯,或者把案件拆散,分开处理。这样做,不仅可能造成定罪不准,量刑失当,而且会造成死无对证,很容易漏掉同案成员的罪行,甚至漏掉罪犯,难以做到依法"从重从快,一网打尽"。

四、办理犯罪集团和一般共同犯罪中的重大案件,怎样执行党的政策,做到区别对待?

办理上述两类案件,应根据犯罪分子在犯罪活动中的地位、作用及危害大小,依照党的政策和刑法、全国人大常委会有关决定的规定,实行区别对待。

对犯罪集团的首要分子和其他主犯,一般共同犯罪中的重大案件的主犯,应依法从重严惩,其中罪行特别严重、不杀不足以平民愤的,应依法判处死刑。

上述两类案件的从犯,应根据其不同的犯罪情节,比照主犯依法从轻、减轻或者免除刑罚。对于胁从犯，应比照从犯依法减轻处罚或免除处罚。犯罪情节轻微，不需要追究刑事责任的，可以免予起诉或由公安部门作其他处理。

对于同犯罪集团成员有一搬来往，而无犯罪行为的人，不要株连。

五、有些犯罪分子参加几起共同犯罪活动，应如何办理这些案件？

对这类案件，应分案判处，不能凑合成一案处理。某罪主要参加那个案件的共同犯罪活动，就列入那个案件去处理（在该犯参加的其他案件中可注明该犯已另案处理）。

❷ 共同犯罪中的宽严相济刑事政策

★最高人民法院《关于贯彻宽严相济刑事政策的若干意见》（2010 年 2 月 8 日）（节录）

30. 对于恐怖组织犯罪、邪教组织犯罪、黑社会性质组织犯罪和进行走私、诈骗、贩毒等犯罪活动的犯罪集团，在处理时要分别情况，区别对待：对犯罪组织或集团中的为首组织、指挥、策划者和骨干分子，要依法从严惩处，该判处重刑或死刑的要坚决判处重刑或死刑；对受欺骗、胁迫参加犯罪组织、犯罪集团或只是一般参加者，在犯罪中起次要、辅助作用的从犯，依法应当从轻或减轻处罚，符合缓刑条件的，可以适用缓刑。

对于群体性事件中发生的杀人、放火、抢劫、伤害等犯罪案件，要注意重点打击其中的组织、指挥、策划者和直接实施犯罪行为的积极参与者；对因被煽动、欺骗、裹胁而参加，情节较轻，经教育确有悔改表现的，应当依法从宽处理。

31. 对于一般共同犯罪案件，应当充分考虑各被告人在共同犯罪中的地位和作用，以及在主观恶性和人身危险性方面的不同，根据事实和证据能分清主从犯的，都应当认定主从犯。有多名主犯的，应在主犯中进一步区分出罪行最为严重者。对于多名被告人共同致死一名被害人的案件，要进一步分清各被告人的作用，准确确定各被告人的罪责，以做到区别对待；不能以分不清主次为由，简单地一律判处重刑。

33. 在共同犯罪案件中，对于主犯或首要分子检举、揭发同案地位、作用较次犯罪分子构成立功的，从轻或者减轻处罚应当从严掌握，如果从轻处罚可能导致全案量刑失衡的，一般不予从轻处罚；如果检举、揭发的是其他犯罪案件中罪行同样严重的犯罪分子，或者协助抓获的是同案中的其他主犯、首要分子的，原则上应予依法从轻或者减轻处罚。对于从犯或犯罪集团中的一般成员立功，特别是协助抓获主犯、首要分子的，应当充分体现政策，依法从轻、减轻或者免除处罚。

❸ 未成年人和成年人共同犯罪案件的分案处理

★最高人民检察院《关于印发第五批指导性案例的通知》（2014 年 9 月 15 日）（节录）

张某、沈某等七人抢劫案（检例第 19 号）

要旨：一是关于未成年和成年人共同犯罪案件分案处理。办理未成年人与成年人共同犯罪案件，一般应当将未成年人与成年人分案起诉，但对于未成年人系犯罪集团的组织者或者其他共同犯罪中的主犯，或者具有其他不宜分案起诉情形的，可以不分案起诉。二是关于未成年罪犯的量刑问题。办理未成年人与成年人共同犯罪案件，应当根据未成年人在共同犯罪中的地位、作用，综合考量未成年人实施犯罪行为的动机和目的、犯罪时的年龄、是否属于初犯、偶犯、犯罪后悔罪表现、个人成长经历和一贯表现等因素，依法从轻或者减轻处罚。三是未成年人犯罪不构成累犯。

第二十七条【从犯】 在共同犯罪中起次要或者辅助作用的,是从犯。

对于从犯,应当从轻、减轻处罚或者免除处罚。

◀ 要点及关联法规 ▶

1 从犯的量刑规则

★最高人民法院《关于常见犯罪的量刑指导意见》(2013年12月23日)(节录)

3. 对于从犯,应当综合考虑其在共同犯罪中的地位、作用,以及是否实施犯罪行为等情况,予以从宽处罚,减少基准刑的20%～50%;犯罪较轻的,减少基准刑的50%以上或者依法免除处罚。

第二十八条【胁从犯】 对于被胁迫参加犯罪的,应当按照他的犯罪情节减轻处罚或者免除处罚。

第二十九条【教唆犯】 教唆他人犯罪的,应当按照他在共同犯罪中所起的作用处罚。教唆不满十八周岁的人犯罪的,应当从重处罚。

如果被教唆的人没有犯被教唆的罪,对于教唆犯,可以从轻或者减轻处罚。

第四节　单位犯罪

第三十条【单位负刑事责任的范围】 公司、企业、事业单位、机关、团体实施的危害社会的行为,法律规定为单位犯罪的,应当负刑事责任。

◀ 要点及关联法规 ▶

1 "单位犯罪"的定义

★最高人民法院《全国法院审理金融犯罪案件工作座谈会纪要》(2001年1月21日)(节录)

二、(一)关于单位犯罪问题

根据刑法和《最高人民法院关于审理单位犯罪案件具体应用法律有关问题的解释》的规定,以单位名义实施犯罪,违法所得归单位所有的,是单位犯罪。

2 "公司、企业、事业单位"的认定

★最高人民法院《关于审理单位犯罪案件具体应用法律有关问题的解释》(1999年7月3日)(节录)

第一条　刑法第三十条规定的公司、企业、事业单位,既包括国有、集体所有的公司、企业、事业单位,也包括依法设立的合资经营、合作经营企业和具有法人资格的独资、私营等公司、企业、事业单位。

★最高人民法院研究室《关于外国公司、企业、事业单位在我国领域内犯罪如何适用

法律问题的答复》（2003年10月15日）（节录）

符合我国法人资格条件的外国公司、企业、事业单位，在我国领域内实施危害社会的行为，依照我国《刑法》构成犯罪的，应当依照我国《刑法》关于单位犯罪的规定追究刑事责任。

▶3 单位分支机构、内设机构、部门实施犯罪行为的处理

★最高人民法院《全国法院审理金融犯罪案件工作座谈会纪要》（2001年1月21日）（节录）

二、（一）关于单位犯罪问题

1. 单位的分支机构或者内设机构、部门实施犯罪行为的处理。以单位的分支机构或者内设机构、部门的名义实施犯罪，违法所得亦归分支机构或者内设机构、部门所有的，应认定为单位犯罪。不能因为单位的分支机构或者内设机构、部门没有可供执行罚金的财产，就不将其认定为单位犯罪，而按照个人犯罪处理。

▶4 对未作为单位犯罪起诉的单位犯罪案件的处理

★最高人民法院《全国法院审理金融犯罪案件工作座谈会纪要》（2001年1月21日）（节录）

二、（一）关于单位犯罪问题

3. 对未作为单位犯罪起诉的单位犯罪案件的处理。对于应当认定为单位犯罪的案件，检察机关只作为自然人犯罪案件起诉的，人民法院应及时与检察机关协商，建议检察机关对犯罪单位补充起诉。如检察机关不补充起诉的，人民法院仍应依法审理，对被起诉的自然人根据指控的犯罪事实、证据及庭审查明的事实，依法按单位犯罪中的直接负责的主管人员或者其他直接责任人员追究刑事责任，并应引用刑罚分则关于单位犯罪追究直接负责的主管人员和其他直接责任人员刑事责任的有关条款。

▶5 企业被合并后刑事责任的处理

★最高人民法院研究室《关于企业犯罪后被合并应如何追究刑事责任问题的答复》（1998年11月18日）（节录）

人民检察院起诉时该犯罪企业已被合并到一个新企业的，仍应依法追究原犯罪企业及其直接负责的主管人员和其他直接人员的刑事责任。人民法院审判时，对被告单位应列原犯罪企业名称，但注明已被并入新的企业，对被告单位所判处的罚金数额以其并入新的企业的财产及收益为限。

▶6 单位法律主体资格消失后的追诉问题

★最高人民检察院《关于涉嫌犯罪单位被撤销、注销、吊销营业执照或者宣告破产的应如何进行追诉问题的批复》（2002年7月4日）（节录）

涉嫌犯罪的单位被撤销、注销、吊销营业执照或者宣告破产的，应当根据刑法关于单位犯罪的相关规定，对实施犯罪行为的该单位直接负责的主管人员和其他直接责任人员追究刑事责任，对该单位不再追诉。

▶7 单位共同犯罪

★最高人民法院《全国法院审理金融犯罪案件工作座谈会纪要》（2001年1月21日）

（节录）

二、（一）关于犯罪问题

4. 单位共同犯罪的处理。两个以上单位以共同故意实施的犯罪，应根据各单位在共同犯罪中的地位、作用大小，确定犯罪单位。

▶8 不以单位犯罪论处

★最高人民法院《关于审理单位犯罪案件具体应用法律有关问题的解释》（1999年7月3日）（节录）

第二条 个人为进行违法犯罪活动而设立的公司、企业、事业单位实施犯罪的，或者公司、企业、事业单位设立后，以实施犯罪为主要活动的，不以单位犯罪论处。

第三条 盗用单位名义实施犯罪，违法所得由实施犯罪的个人私分的，依照刑法有关自然人犯罪的规定定罪处罚。

★最高人民法院研究室《关于外国公司、企业、事业单位在我国领域内犯罪如何适用法律问题的答复》（2003年10月15日）（节录）

个人为在我国领域内进行违法犯罪活动而设立的外国公司、企业、事业单位实施犯罪的，或者外国公司、企业、事业单位设立后在我国领域内以实施违法犯罪为主要活动的，不以单位犯罪论处。

★全国人民代表大会常务委员会《关于〈中华人民共和国刑法〉第三十条的解释》（2014年4月24日）（节录）

公司、企业、事业单位、机关、团体等单位实施刑法规定的危害社会的行为，刑法分则和其他法律未规定追究单位的刑事责任的，对组织、策划、实施该危害社会行为的人依法追究刑事责任。

第三十一条【单位犯罪的处罚】 单位犯罪的，对单位判处罚金，并对其直接负责的主管人员和其他直接责任人员判处刑罚。本法分则和其他法律另有规定的，依照规定。

◀ 要点及关联法规 ▶

▶直接负责的主管人员和其他直接责任人员的认定、区分

★最高人民法院《关于审理单位犯罪案件对其直接负责的主管人员和其他直接责任人员是否区分主犯、从犯问题的批复》（2000年10月10日）（节录）

在审理单位故意犯罪案件时，对其直接负责的主管人员和其他直接责任人员，可不区分主犯、从犯，按照其在单位犯罪中所起的作用判处刑罚。

★最高人民法院《全国法院审理金融犯罪案件工作座谈会纪要》（2001年1月21日）（节录）

二、（一）关于单位犯罪问题

2. 单位犯罪直接负责的主管人员和其他直接责任人员的认定：直接负责的主管人员，是在单位实施的犯罪中起决定、批准、授意、纵容、指挥等作用的人员，一般是单位的主管负责人，包括法定代表人。其他直接责任人员，是在单位犯罪中具体实施犯罪并起较大

作用的人员，既可以是单位的经营管理人员，也可以是单位的职工，包括聘任、雇佣的人员。应当注意的是，在单位犯罪中，对于受单位领导指派或奉命而参与实施了一定犯罪行为的人员，一般不宜作为直接责任人员追究刑事责任。对单位犯罪中的直接负责的主管人员和其他直接责任人员，应根据其在单位犯罪中的地位、作用和犯罪情节，分别处以相应的刑罚，主管人员与直接责任人员，在个案中，不是当然的主、从犯关系，有的案件，主管人员与直接责任人员在实施犯罪行为的主从关系不明显的，可不分主、从犯。但具体案件可以分清主、从犯，且不分清主、从犯，在同一法定刑档次、幅度内量刑无法做到罪刑相适应的，应当分清主、从犯，依法处罚。

第三章 刑　　罚

第一节　刑罚的种类

第三十二条【刑罚种类】 刑罚分为主刑和附加刑。

第三十三条【主刑种类】 主刑的种类如下：
（一）管制；
（二）拘役；
（三）有期徒刑；
（四）无期徒刑；
（五）死刑。

第三十四条【附加刑种类】 附加刑的种类如下：
（一）罚金；
（二）剥夺政治权利；
（三）没收财产。
附加刑也可以独立适用。

———— 要点及关联法规 ————

1 上诉案件附加刑的适用

★最高人民法院《关于刑事第二审判决改变第一审判决认定的罪名后能否加重附加刑的批复》（2008年6月12日）（节录）

根据刑事诉讼法第一百九十条①的规定，第二审人民法院审判被告人或者他的法定代理人、辩护人、近亲属上诉的案件，不得加重被告人的刑罚。因此，第一审人民法院没有判处附加刑的，第二审人民法院判决改变罪名后，不得判处附加刑；第一审人民法院原判附加刑较轻的，第二审人民法院不得改判较重的附加刑，也不得以事实不清或者证据不足发回第一审人民法院重新审理；必须依法改判的，应当在第二审判决、裁定生效后，按照审判监督程序重新审判。

---

① 1996年《刑事诉讼法》第一百九十条："第二审人民法院审判被告人或者他的法定代理人、辩护人、近亲属上诉的案件，不得加重被告人的刑罚。人民检察院提出抗诉或者自诉人提出上诉的，不受前款规定的限制。"

第三十五条【驱逐出境】 对于犯罪的外国人，可以独立适用或者附加适用驱逐出境。

◀ 要点及关联法规 ▶

1 强制外国人出境的执行办法的规定

★最高人民法院、最高人民检察院、公安部、外交部、司法部、财政部《关于强制外国人出境的执行办法的规定》（1992年7月31日）

一、适用范围

有下列情形之一需要强制出境的外国人，均按本规定执行：

（一）依据我国刑法的规定，由人民法院对犯罪的外国人判处独立适用或者附加适用驱逐出境刑罚的；

（二）依据《中华人民共和国外国人入境出境管理法》的规定，由公安部对违法的外国人处以限期出境或者驱逐出境的；

（三）依据《中华人民共和国外国人入境出境管理法》以及其他有关法律的规定，由公安机关决定遣送出境或者缩短停留期限、取消居留资格的外国人，未在指定的期限内自动离境，需强制出境的；

（四）我国政府已按照国际条约或《中华人民共和国外交特权与豁免条例》的规定，对享有外交或领事特权和豁免的外国人宣布为不受欢迎的人或者不可接受并拒绝承认其外交或领事人员身份，责令限期出境的人，无正当理由逾期不自动出境的。

二、执行机关

执行和监视强制外国人出境的工作，由公安机关依据有关法律文书或者公文进行：

（一）对判处独立适用驱逐出境刑罚的外国人，人民法院应当自该判决生效之日起十五日内，将对该犯的刑事判决书、执行通知书的副本交付所在地省级公安机关，由省级公安机关指定的公安机关执行。

（二）被判处徒刑的外国人，其主刑执行期满后应执行驱逐出境附加刑的，应在主刑刑期届满的一个月前，由原羁押监狱的主管部门将该犯的原判决书、执行通知书副本或者复印本送交所在地省级公安机关，由省级公安机关指定的公安机关执行。

（三）被公安部处以驱逐出境、限期出境的外国人，凭公安部出入境管理处罚裁决书，由当地的公安机关执行。

（四）被公安机关决定遣送出境、缩短停留期限或者取消居留资格的外国人，由当地公安机关凭决定书执行。

被缩短停留期限或取消居留资格的外国人，也可以由接待单位安排出境，公安机关凭决定书负责监督。

（五）我国政府已按照国际条约或《中华人民共和国外交特权与豁免条例》的规定，对享有外交或领事特权和豁免的外国人宣布为不受欢迎的人或者不可接受并拒绝承认其外交或领事人员身份，责令限期出境的人，无正当理由逾期不自动出境的，凭外交部公文由公安部指定的公安机关负责执行或者监督执行。

三、执行前的准备工作

（一）对被强制出境的外国人持有的准予在我国居留的证件，一律收缴。对护照上的签证应当缩短有效期，加盖不准延期章，或者予以注销。

（二）凡被驱逐出境的外国人，均须列入不准入境者名单，具体办法按照公安部制订的《关于通报不准外籍人入境者名单的具体办法》（〈1989〉公境字87号）执行。对其他强制出境的外国人，需要列入不准入境者名单的，按规定报批。

凡被列入不准入境者名单的外国人，执行的公安机关应当在执行前向其宣布不准入境年限。

（三）对被强制出境的外国人，执行机关必须查验其本人的有效护照或者其他替代护照的身份证件，以及过境国家或者地区的有效签证。

不具备上述签证或者证件的，应事先同其本国驻华使、领馆联系，由使、领馆负责办理。在华有接待单位的，由接待单位同使、领馆联系。没有接待单位的，由公安部出入境管理局或者领馆所在地公安机关同使、领馆联系。在华无使、领馆或者使、领馆不予配合的，应层报外交部或公安部，通过外交途径解决。

对与我毗邻国家的公民从边境口岸或者通道出境的，可以不办理对方的证件或者签证。

（四）被强制出境的外国人应当办妥离境的机票、车票、船票，费用由本人负担。本人负担不了的，也不属于按协议由我有关单位提供旅费的，须由其本国使、领馆负责解决（同使、领馆联系解决的办法，与前项相同）。对使、领馆拒绝承担费用或者在华无使、领馆的，由我国政府承担。

（五）对已被决定强制出境的外国人，事由和日期是否需要通知其驻华使、领馆，可由当地外事部门请示外交部决定。

（六）对有可能引起外交交涉或者纷争的案件，主管机关应及时将有关案情和商定的对外表态的口径等通知当地外事部门。需对外报道的，须经公安部、外交部批准。

四、执行期限

负责具体执行的公安机关、应当按照交付机关确定的期限立即执行。如有特殊情况，需要延期执行的，报省、自治区、直辖市公安厅、局核准。

五、出境口岸

（一）对被强制出境的外国人，其出境的口岸，应事先确定，就近安排。

（二）如果被强制出境的外国人前往与我国接壤的国家，也可以安排从边境口岸出境。

（三）执行机关应当事先与出境口岸公安机关和边防检查站联系，通报被强制出境人员的情况，抵达口岸时间、交通工具班次、出境乘用的航班号、车次、时间，以及其他与协助执行有关的事项。出境口岸公安机关和边防检查站应当协助安排有关出境事项。

（四）出境时间应当尽可能安排在抵达口岸的当天。无法在当天出境的，口岸所在地公安机关应当协助采取必要的监护措施。

六、执行方式及有关事项

（一）被人民法院判决独立适用驱逐出境和被公安部处以驱逐出境的外国人，由公安机关看守所武警和外事民警共同押送；对主刑执行期满后再驱逐出境的外国人由原羁押监狱的管教干警、看守武警和公安机关外事民警共同押送。对上述两类人员押送途中确有必要时，可以使用手铐。对其他被责令出境的外国人，需要押送的，由执行机关派外事民警押送；不需要押送的，可以在离境时派出外事民警，临场监督。

（二）执行人员的数量视具体情况而定，原则上应不少于2人。

（三）押送人员应提高警惕，保障安全，防止发生逃逸、行凶、自杀、自伤等事故。

（四）边防检查站凭对外国人强制出境的执行通知书、决定书或者裁决书以及被强制出境人的护照、证件安排放行。

（五）执行人员要监督被强制出境的外国人登上交通工具并离境后方可离开。从边境通道出境的，要监督其离开我国国境后方可离开。

（六）对被驱逐出境的外国人入出境交通工具等具体情况，应拍照，有条件的也可录像存查。

七、经费

执行强制外国人出境所需的费用（包括押送人员食宿、交通费，以及其本人无力承担费用而驻华使、领馆拒不承担或者在华没有使、领馆的外国人在中国境内的住宿、交通费、临时看押场所的租赁费、国际旅费等），应当按照现行财政体制，由办案地财政部门负责解决。

八、执行强制出境任务的人民警察和工作人员，要仪表庄重、严于职守、讲究文明、遵守外事纪律。

今后有关强制外国人出境的执行工作，统一遵照本规定执行。

第三十六条【赔偿经济损失、民事优先原则】 由于犯罪行为而使被害人遭受经济损失的，对犯罪分子除依法给予刑事处罚外，并应根据情况判处赔偿经济损失。

承担民事赔偿责任的犯罪分子，同时被判处罚金，其财产不足以全部支付的，或者被判处没收财产的，应当先承担对被害人的民事赔偿责任。

◀ 要点及关联法规 ▶

1 刑事附带民事诉讼的受案范围

★最高人民法院《全国法院维护农村稳定刑事审判工作座谈会纪要》（1999年10月27日）（节录）

三、（五）关于刑事附带民事诉讼问题

人民法院审理附带民事诉讼案件的受案范围，应只限于被害人因人身权利受到犯罪行为侵犯和财物被犯罪行为损毁而遭受的物质损失，不包括因犯罪分子非法占有、处置被害人财产而使其遭受的物质损失。对因犯罪分子非法占有、处置被害人财产而使其遭受的物质损失，应当根据刑法第六十四条的规定处理，即应通过追缴赃款赃物、责令退赔的途径解决。如赃款赃物尚在的，应一律追缴；已被用掉、毁坏或挥霍的，应责令退赔。无法退赃的，在决定刑罚时，应作为酌定从重处罚的情节予以考虑。

关于附带民事诉讼的赔偿范围，在没有司法解释规定之前，应注意把握以下原则：一是要充分运用现有法律规定，在法律许可的范围内最大限度地补偿被害人因被告人的犯罪行为而遭受的物质损失。物质损失应包括已造成的损失，也包括将来必然遭受的损失。二是赔偿只限于犯罪行为直接造成的物质损失，不包括精神损失和间接造成的物质损失。三是要适当考虑被告人的赔偿能力。被告人的赔偿能力包括现在的赔偿能力和将来的赔偿能力，对未成年被告人还应考虑到其监护人的赔偿能力，以避免数额过大的空判引起的负面效应，被告人的民事赔偿情况可作为量刑的酌定情节……

★最高人民法院《关于适用〈中华人民共和国刑事诉讼法〉的解释》（2013年1月1日）（节录）

第一百三十八条　被害人因人身权利受到犯罪侵犯或者财物被犯罪分子毁坏而遭受物质损失的，有权在刑事诉讼过程中提起附带民事诉讼；被害人死亡或者丧失行为能力的，其法定代理人、近亲属有权提起附带民事诉讼。

因受到犯罪侵犯，提起附带民事诉讼或者单独提起民事诉讼要求赔偿精神损失的，人民法院不予受理。

▶2 刑事附带民事诉讼赔偿责任的分配

★最高人民法院《全国法院维护农村稳定刑事审判工作座谈会纪要》（1999年10月27日）（节录）

三、（五）关于刑事附带民事诉讼问题

关于附带民事诉讼的赔偿范围，在没有司法解释规定之前，应注意把握以下原则：……四是要切实维护被害人的合法权益。附带民事原告人提出起诉的，对于没有构成犯罪的共同致害人，也要追究其民事赔偿责任。未成年致害人由其法定代理人或者监护人承担赔偿责任。但是，在逃的同案犯不应列为附带民事诉讼的被告人。关于赔偿责任的分担：共同致害人应当承担连带赔偿责任；在学校等单位内部发生犯罪造成受害人损失，在管理上有过错责任的学校等单位有赔偿责任，但不承担连带赔偿责任；交通肇事犯罪的车辆所有人（单位）在犯罪分子无赔偿能力的情况下，承担代为赔偿或者垫付的责任。

▶3 刑事附带民事诉讼未成年被告人民事赔偿责任的承担

★最高人民法院《关于审理未成年人刑事案件具体应用法律若干问题的解释》（2006年1月23日）（节录）

第十九条　刑事附带民事案件的未成年被告人有个人财产的，应当由本人承担民事赔偿责任，不足部分由监护人予以赔偿，但单位担任监护人的除外。

被告人对被害人物质损失的赔偿情况，可以作为量刑情节予以考虑。

第三十七条【免予刑事处罚、非刑罚处罚措施】 对于犯罪情节轻微不需要判处刑罚的，可以免予刑事处罚，但是可以根据案件的不同情况，予以训诫或者责令具结悔过、赔礼道歉、赔偿损失，或者由主管部门予以行政处罚或者行政处分。

要点及关联法规

1 免予刑事处罚的范围

★最高人民法院《关于贯彻宽严相济刑事政策的若干意见》（2010年2月8日）（节录）

15. 被告人的行为已经构成犯罪，但犯罪情节轻微，或者未成年人、在校学生实施的较轻犯罪，或者被告人具有犯罪预备、犯罪中止、从犯、胁从犯、防卫过当、避险过当等情节，依法不需要判处刑罚的，可以免予刑事处罚。对免予刑事处罚的，应当根据刑法第三十七条规定，做好善后、帮教工作或者交由有关部门进行处理，争取更好的社会效果。

2 未成年罪犯适用免予刑事处罚的情形

★最高人民法院《关于审理未成年人刑事案件具体应用法律若干问题的解释》（2006年1月23日）（节录）

第十七条　未成年罪犯根据其所犯罪行，可能被判处拘役、三年以下有期徒刑，如果悔罪表现好，并具有下列情形之一的，应当依照刑法第三十七条的规定免予刑事处罚：

（一）系又聋又哑的人或者盲人；

（二）防卫过当或者避险过当；

（三）犯罪预备、中止或者未遂；

（四）共同犯罪中从犯、胁从犯；

（五）犯罪后自首或者有立功表现；

（六）其他犯罪情节轻微不需要判处刑罚的。

第三十七条之一[①]【从业禁止】因利用职业便利实施犯罪，或者实施违背职业要求的特定义务的犯罪被判处刑罚的，人民法院可以根据犯罪情况和预防再犯罪的需要，禁止其自刑罚执行完毕之日或者假释之日起从事相关职业，期限为三年至五年。

被禁止从事相关职业的人违反人民法院依照前款规定作出的决定的，由公安机关依法给予处罚；情节严重的，依照本法第三百一十三条的规定定罪处罚。

其他法律、行政法规对其从事相关职业另有禁止或者限制性规定的，从其规定。

要点及关联法规

1 危害生产安全犯罪中的从业禁止

★最高人民法院、最高人民检察院《关于办理危害生产安全刑事案件适用法律若干问题的解释》（2015年12月16日）（节录）

第十六条　对于实施危害生产安全犯罪适用缓刑的犯罪分子，可以根据犯罪情况，禁止其在缓刑考验期限内从事与安全生产相关联的特定活动；对于被判处刑罚的犯罪分子，

[①] 本条系根据2015年8月29日《刑法修正案（九）》第一条增设。

可以根据犯罪情况和预防再犯罪的需要,禁止其自刑罚执行完毕之日或者假释之日起三年至五年内从事与安全生产相关的职业。

2 时间效力问题

★最高人民法院《关于〈中华人民共和国刑法修正案(九)〉时间效力问题的解释》(2015年11月1日)(节录)

第一条 对于2015年10月31日以前因利用职业便利实施犯罪,或者实施违背职业要求的特定义务的犯罪的,不适用修正后刑法第三十七条之一第一款的规定。其他法律、行政法规另有规定的,从其规定。

第二节 管 制

第三十八条【管制的期限、禁止令与社区矫正】 管制的期限,为三个月以上二年以下。

判处管制,可以根据犯罪情况,同时禁止犯罪分子在执行期间从事特定活动,进入特定区域、场所,接触特定的人。

对判处管制的犯罪分子,依法实行社区矫正。

违反第二款规定的禁止令的,由公安机关依照《中华人民共和国治安管理处罚法》的规定处罚。

◆ 要点及关联法规 ◆

1 禁止令的适用

★最高人民法院、最高人民检察院、公安部、司法部《关于对判处管制、宣告缓刑的犯罪分子适用禁止令有关问题的规定(试行)》(2011年5月1日)

第一条 对判处管制、宣告缓刑的犯罪分子,人民法院根据犯罪情况,认为从促进犯罪分子教育矫正、有效维护社会秩序的需要出发,确有必要禁止其在管制执行期间、缓刑考验期限内从事特定活动,进入特定区域、场所,接触特定人的,可以根据刑法第三十八条第二款、第七十二条第二款的规定,同时宣告禁止令。

第二条 人民法院宣告禁止令,应当根据犯罪分子的犯罪原因、犯罪性质、犯罪手段、犯罪后的悔罪表现、个人一贯表现等情况,充分考虑与犯罪分子所犯罪行的关联程度,有针对性地决定禁止其在管制执行期间、缓刑考验期限内"从事特定活动,进入特定区域、场所,接触特定的人"的一项或者几项内容。

第三条 人民法院可以根据犯罪情况,禁止判处管制、宣告缓刑的犯罪分子在管制执行期间、缓刑考验期限内从事以下一项或者几项活动:

(一)个人为进行违法犯罪活动而设立公司、企业、事业单位或者在设立公司、企业、事业单位后以实施犯罪为主要活动的,禁止设立公司、企业、事业单位;

(二)实施证券犯罪、贷款犯罪、票据犯罪、信用卡犯罪等金融犯罪的,禁止从事证券交易、申领贷款、使用票据或者申领、使用信用卡等金融活动;

（三）利用从事特定生产经营活动实施犯罪的，禁止从事相关生产经营活动；

（四）附带民事赔偿义务未履行完毕，违法所得未追缴、退赔到位，或者罚金尚未足额缴纳的，禁止从事高消费活动；

（五）其他确有必要禁止从事的活动。

第四条 人民法院可以根据犯罪情况，禁止判处管制、宣告缓刑的犯罪分子在管制执行期间、缓刑考验期限内进入以下一类或者几类区域、场所：

（一）禁止进入夜总会、酒吧、迪厅、网吧等娱乐场所；

（二）未经执行机关批准，禁止进入举办大型群众性活动的场所；

（三）禁止进入中小学校区、幼儿园园区及周边地区，确因本人就学、居住等原因，经执行机关批准的除外；

（四）其他确有必要禁止进入的区域、场所。

第五条 人民法院可以根据犯罪情况，禁止判处管制、宣告缓刑的犯罪分子在管制执行期间、缓刑考验期限内接触以下一类或者几类人员：

（一）未经对方同意，禁止接触被害人及其法定代理人、近亲属；

（二）未经对方同意，禁止接触证人及其法定代理人、近亲属；

（三）未经对方同意，禁止接触控告人、批评人、举报人及其法定代理人、近亲属；

（四）禁止接触同案犯；

（五）禁止接触其他可能遭受其侵害、滋扰的人或者可能诱发其再次危害社会的人。

第六条 禁止令的期限，既可以与管制执行、缓刑考验的期限相同，也可以短于管制执行、缓刑考验的期限，但判处管制的，禁止令的期限不得少于三个月，宣告缓刑的，禁止令的期限不得少于二个月。

判处管制的犯罪分子在判决执行以前先行羁押以致管制执行的期限少于三个月的，禁止令的期限不受前款规定的最短期限的限制。

禁止令的执行期限，从管制、缓刑执行之日起计算。

第七条 人民检察院在提起公诉时，对可能判处管制、宣告缓刑的被告人可以提出宣告禁止令的建议。当事人、辩护人、诉讼代理人可以就应否对被告人宣告禁止令提出意见，并说明理由。

公安机关在移送审查起诉时，可以根据犯罪嫌疑人涉嫌犯罪的情况，就应否宣告禁止令及宣告何种禁止令，向人民检察院提出意见。

第八条 人民法院对判处管制、宣告缓刑的被告人宣告禁止令的，应当在裁判文书主文部分单独作为一项予以宣告。

第九条 禁止令由司法行政机关指导管理的社区矫正机构负责执行。

第十条 人民检察院对社区矫正机构执行禁止令的活动实行监督。发现有违反法律规定的情况，应当通知社区矫正机构纠正。

第十一条 判处管制的犯罪分子违反禁止令，或者被宣告缓刑的犯罪分子违反禁止令尚不属情节严重的，由负责执行禁止令的社区矫正机构所在地的公安机关依照《中华人民共和国治安管理处罚法》第六十条的规定处罚。

第十二条 被宣告缓刑的犯罪分子违反禁止令,情节严重的,应当撤销缓刑,执行原判刑罚。原作出缓刑裁判的人民法院应当自收到当地社区矫正机构提出的撤销缓刑建议书之日起一个月内依法作出裁定。人民法院撤销缓刑的裁定一经作出,立即生效。

违反禁止令,具有下列情形之一的,应当认定为"情节严重":

(一)三次以上违反禁止令的;

(二)因违反禁止令被治安管理处罚后,再次违反禁止令的;

(三)违反禁止令,发生较为严重危害后果的;

(四)其他情节严重的情形。

第十三条 被宣告禁止令的犯罪分子被依法减刑时,禁止令的期限可以相应缩短,由人民法院在减刑裁定中确定新的禁止令期限。

★《正确适用禁止令相关规定 确保非监禁刑执行效果——最高人民法院、最高人民检察院、公安部、司法部有关负责人就〈关于对判处管制、宣告缓刑的犯罪分子适用禁止令有关问题的规定(试行)〉答记者问》① (载《人民法院报》2011年5月4日第3版)

问:如何准确把握禁止令的适用条件?

答:根据刑法第三十八条第二款、第七十二条第二款的规定,对判处管制、宣告缓刑的犯罪分子,人民法院根据犯罪情况,可以同时作出禁止令,而不是一律必须宣告禁止令。为防止禁止令的不当适用,《规定》② 第一条对禁止令的宣告条件作了进一步明确,规定"人民法院根据犯罪,认为从促进犯罪分子教育矫正、有效维护社会秩序的需要出发,确有必要禁止其在管制执行期间、缓刑考验期限内从事特定活动,进入特定区域、场所,接触特定人的",可以依法宣告禁止令。

适用中应注意,从立法精神看,禁止令的主要目的在于强化对犯罪分子的有效监管,促进其教育矫正,防止其再次危害社会。因此,在斟酌是否宣告禁止令时,要根据对犯罪分子的犯罪情况和个人情况的综合分析,准确判断其有无再次危害社会的人身危险性,进而作出决定,而不能片面依据其所犯罪行客观危害的大小决定是否适用禁止令。

问:如何确定禁止令的具体内容?

答:《规定》第二条对确定禁止令具体内容的原则作了规定,第三、四、五条对禁止"从事特定活动"、"进入特定区域、场所"、"接触特定的人"的具体理解作了进一步明确。适用中应注意把握以下几点:

一是禁止令应当具有针对性。应当根据犯罪分子的犯罪原因、犯罪性质、犯罪手段、犯罪后的悔罪表现、个人一贯表现等情况,充分考虑与犯罪分子所犯罪行的关联程度,有针对性地决定禁止其在管制执行期间、缓刑考验期限内"从事特定活动,进入特定区域、

---

① 本文当然不具有强制执行力,但有利于读者对禁止令如何适用问题的准确把握,故此收录。

② 即最高人民法院、最高人民检察院、公安部、司法部《关于对判处管制、宣告缓刑的犯罪分子适用禁止令有关问题的规定(试行)》(2011年5月1日)。

场所,接触特定的人"的一项或者几项内容。例如,犯罪分子是因长期在网吧上网,形成网瘾,进而走上犯罪道路的,可作出禁止其进入网吧的决定;如果犯罪分子是因为在夜总会、酒吧沾染恶习实施犯罪的,则可作出禁止其进入夜总会、酒吧的决定;犯罪分子在犯罪前后有滋扰证人行为的,可作出禁止其接触证人的决定;犯罪分子是在酒后犯罪,且有酗酒习性的,可作出禁止其饮酒的决定,等等。

二是禁止令应当具有可行性。禁止令的内容必须具有可行性,不能根本无从执行,也不能妨害犯罪分子的正常生活。例如,不能作出"禁止进入公共场所"等决定。

三是对于有关法律法规已经明确禁止的内容,不能再通过禁止令的形式予以禁止。例如,根据有关法律规定,任何人均不得吸食毒品,因此,不能作出"禁止吸食毒品"的禁止令;又如,相关法律已经规定,违反道路交通安全法律、法规的规定,发生重大交通事故,构成犯罪的,依法追究刑事责任,并由公安机关交通管理部门吊销机动车驾驶证,因此,对因犯相关罪行被判处管制、宣告缓刑的犯罪分子,也不能作出"禁止驾驶机动车"的禁止令。

问:如何把握适用禁止令的裁判文书格式?

答:考虑到禁止令在性质上属于管制、缓刑的执行监管措施,《规定》第八条明确规定,宣告禁止令的,应当在裁判文书主文部分单独作为一项予以宣告。对此,要注意把握如下几点:一是宣告禁止令的,不能在裁判文书之外另行制作禁止令文书,而是应当作为裁判文书主文部分的单独一项内容,具体表述应采取以下方式:

"一、被告人×××犯××罪,判处……(写明主刑、附加刑)。(刑期从判决执行之日起计算。判决以前先行羁押的,羁押一日折抵刑期一日,即自××××年××月××日起至××××年××月××日止)。"

"二、禁止被告人×××在×个月内……(写明禁止从事的活动,进入的区域、场所,接触的人)(禁止令期限从判决生效之日起计算)。"

二是宣告禁止令的,裁判文书应当援引相关法律和司法解释条文,并说明理由。

问:在适用禁止令的过程中,人民法院、人民检察院、公安机关、司法行政机关如何分工负责,互相配合,互相制约?

答:人民法院、人民检察院、公安机关、司法行政机关分工负责,互相配合,互相制约,以确保《规定》的相关内容落到实处,确保禁止令的正确适用,确保管制、缓刑等非监禁刑的执行效果。

人民法院可以根据犯罪情况,同时禁止判处管制、宣告缓刑的犯罪分子在执行期间从事特定活动,进入特定区域、场所,接触特定的人。判决生效后,人民法院应将裁判文书及时送达社区矫正机构,并抄送同级人民检察院。

人民检察院在提起公诉时,对可能判处管制、宣告缓刑的被告人可以同时提出适用禁止令的建议。同时,对社区矫正机构执行禁止令的活动实行监督。发现有违反法律规定的情况,应当通知社区矫正机构纠正。

公安机关在移送审查起诉时,可以根据犯罪嫌疑人涉嫌犯罪的情况,就应否宣告禁止令及宣告何种禁止令,向人民检察院提出意见。对违反禁止令的管制犯,或者违反禁止令

· 37 ·

但情节不严重的缓刑犯，应当依照《中华人民共和国治安管理处罚法》第六十条的规定给予处罚。

司法行政机关指导管理的社区矫正机构负责禁止令的执行，对被宣告禁止令的犯罪分子依法监督管理。对违反禁止令，情节严重的缓刑犯，应当依法提请撤销缓刑，执行原判刑罚。原作出缓刑裁判的人民法院应当自收到当地社区矫正机构提出的撤销缓刑建议书之日起一个月内依法作出裁定。人民法院撤销缓刑的裁定一经作出，立即生效。

★最高人民法院《关于发布第四批指导性案例的通知》（2013年1月31日）（节录）

董某某、宋某某抢劫案（指导案例14号）

裁判要点：对判处管制或者宣告缓刑的未成年被告人，可以根据其犯罪的具体情况以及禁止事项与所犯罪行的关联程度，对其适用"禁止令"。对于未成年人因上网诱发犯罪的，可以禁止其在一定期限内进入网吧等特定场所。

2 社区矫正的适用

★《中华人民共和国刑事诉讼法》（2012年修正）（节录）

第二百五十八条 对被判处管制、宣告缓刑、假释或者暂予监外执行的罪犯，依法实行社区矫正，由社区矫正机构负责执行。

★最高人民法院、最高人民检察院、公安部、司法部《社区矫正实施办法》（2012年3月1日）（节录）

第二条 司法行政机关负责指导管理、组织实施社区矫正工作。

人民法院对符合社区矫正适用条件的被告人、罪犯依法作出判决、裁定或者决定。

人民检察院对社区矫正各执法环节依法实行法律监督。

公安机关对违反治安管理规定和重新犯罪的社区矫正人员及时依法处理。

第三条 县级司法行政机关社区矫正机构对社区矫正人员进行监督管理和教育帮助。司法所承担社区矫正日常工作。

社会工作者和志愿者在社区矫正机构的组织指导下参与社区矫正工作。

有关部门、村（居）民委员会、社区矫正人员所在单位、就读学校、家庭成员或者监护人、保证人等协助社区矫正机构进行社区矫正。

第四条 人民法院、人民检察院、公安机关、监狱对拟适用社区矫正的被告人、罪犯，需要调查其对所居住社区影响的，可以委托县级司法行政机关进行调查评估。

受委托的司法行政机关应当根据委托机关的要求，对被告人或者罪犯的居所情况、家庭和社会关系、一贯表现、犯罪行为的后果和影响、居住地村（居）民委员会和被害人意见、拟禁止的事项等进行调查了解，形成评估意见，及时提交委托机关。

第十一条 社区矫正人员应当定期向司法所报告遵纪守法、接受监督管理、参加教育学习、社区服务和社会活动的情况。发生居所变化、工作变动、家庭重大变故以及接触对其矫正产生不利影响人员的，社区矫正人员应当及时报告。

保外就医的社区矫正人员还应当每个月向司法所报告本人身体情况，每三个月向司法所提交病情复查情况。

第十二条 对于人民法院禁止令确定需经批准才能进入的特定区域或者场所，社区矫正人员确需进入的,应当经县级司法行政机关批准,并告知人民检察院。

第十三条 社区矫正人员未经批准不得离开所居住的市、县(旗)。

社区矫正人员因就医、家庭重大变故等原因,确需离开所居住的市、县(旗),在七日以内的,应当报经司法所批准;超过七日的,应当由司法所签署意见后报经县级司法行政机关批准。返回居住地时,应当立即向司法所报告。社区矫正人员离开所居住市、县(旗)不得超过一个月。

第十四条 社区矫正人员未经批准不得变更居住的县(市、区、旗)。

社区矫正人员因居所变化确需变更居住地的,应当提前一个月提出书面申请,由司法所签署意见后报经县级司法行政机关审批。县级司法行政机关在征求社区矫正人员新居住地县级司法行政机关的意见后作出决定。

经批准变更居住地的,县级司法行政机关应当自作出决定之日起三个工作日内,将有关法律文书和矫正档案移交新居住地县级司法行政机关。有关法律文书应当抄送现居住地及新居住地县级人民检察院和公安机关。社区矫正人员应当自收到决定之日起七日内到新居住地县级司法行政机关报到。

第十五条 社区矫正人员应当参加公共道德、法律常识、时事政策等教育学习活动,增强法制观念、道德素质和悔罪自新意识。社区矫正人员每月参加教育学习时间不少于八小时。

第十六条 有劳动能力的社区矫正人员应当参加社区服务,修复社会关系,培养社会责任感、集体观念和纪律意识。社区矫正人员每月参加社区服务时间不少于八小时。

第十七条 根据社区矫正人员的心理状态、行为特点等具体情况,应当采取有针对性的措施进行个别教育和心理辅导,矫正其违法犯罪心理,提高其适应社会能力。

第十八条 司法行政机关应当根据社区矫正人员的需要,协调有关部门和单位开展职业培训和就业指导,帮助落实社会保障措施。

第十九条 司法所应当根据社区矫正人员个人生活、工作及所处社区的实际情况,有针对性地采取实地检查、通讯联络、信息化核查等措施及时掌握社区矫正人员的活动情况。重点时段、重大活动期间或者遇有特殊情况,司法所应当及时了解掌握社区矫正人员的有关情况,可以根据需要要求社区矫正人员到办公场所报告、说明情况。

社区矫正人员脱离监管的,司法所应当及时报告县级司法行政机关组织追查。

第二十三条 社区矫正人员有下列情形之一的,县级司法行政机关应当给予警告,并出具书面决定:

(一)未按规定时间报到的;

(二)违反关于报告、会客、外出、居住地变更规定的;

(三)不按规定参加教育学习、社区服务等活动,经教育仍不改正的;

(四)保外就医的社区矫正人员无正当理由不按时提交病情复查情况,或者未经批准进行就医以外的社会活动且经教育仍不改正的;

(五)违反人民法院禁止令,情节轻微的;

(六)其他违反监督管理规定的。

第一编 总 则

第二十四条 社区矫正人员违反监督管理规定或者人民法院禁止令，依法应予治安管理处罚的，县级司法行政机关应当及时提请同级公安机关依法给予处罚。公安机关应当将处理结果通知县级司法行政机关。

第二十五条 缓刑、假释的社区矫正人员有下列情形之一的，由居住地同级司法行政机关向原裁判人民法院提出撤销缓刑、假释建议书并附相关证明材料，人民法院应当自收到之日起一个月内依法作出裁定：

（一）违反人民法院禁止令，情节严重的；

（二）未按规定时间报到或者接受社区矫正期间脱离监管，超过一个月的；

（三）因违反监督管理规定受到治安管理处罚，仍不改正的；

（四）受到司法行政机关三次警告仍不改正的；

（五）其他违反有关法律、行政法规和监督管理规定，情节严重的。

司法行政机关撤销缓刑、假释的建议书和人民法院的裁定书同时抄送社区矫正人员居住地同级人民检察院和公安机关。

第二十八条 社区矫正人员符合法定减刑条件的，由居住地县级司法行政机关提出减刑建议书并附相关证明材料，经地（市）级司法行政机关审核同意后提请社区矫正人员居住地的中级人民法院裁定。人民法院应当自收到之日起一个月内依法裁定；暂予监外执行罪犯的减刑，案情复杂或者情况特殊的，可以延长一个月。司法行政机关减刑建议书和人民法院减刑裁定书副本，应当同时抄送社区矫正人员居住地同级人民检察院和公安机关。

第三十条 社区矫正人员矫正期满，司法所应当组织解除社区矫正宣告。宣告由司法所工作人员主持，按照规定程序公开进行。

司法所应当针对社区矫正人员不同情况，通知有关部门、村（居）民委员会、群众代表、社区矫正人员所在单位、社区矫正人员的家庭成员或者监护人、保证人参加宣告。

宣告事项应当包括：宣读对社区矫正人员的鉴定意见；宣布社区矫正期限届满，依法解除社区矫正；对判处管制的，宣布执行期满，解除管制；对宣告缓刑的，宣布缓刑考验期满，原判刑罚不再执行；对裁定假释的，宣布考验期满，原判刑罚执行完毕。

县级司法行政机关应当向社区矫正人员发放解除社区矫正证明书，并书面通知决定机关，同时抄送县级人民检察院和公安机关。

暂予监外执行的社区矫正人员刑期届满的，由监狱、看守所依法为其办理刑满释放手续。

第三十二条 对于被判处剥夺政治权利在社会上服刑的罪犯，司法行政机关配合公安机关，监督其遵守刑法第五十四条的规定，并及时掌握有关信息。被剥夺政治权利的罪犯可以自愿参加司法行政机关组织的心理辅导、职业培训和就业指导活动。

第三十三条 对未成年人实施社区矫正，应当遵循教育、感化、挽救的方针，按照下列规定执行：

（一）对未成年人的社区矫正应当与成年人分开进行；

（二）对未成年社区矫正人员给予身份保护，其矫正宣告不公开进行，其矫正档案应当保密；

（三）未成年社区矫正人员的矫正小组应当有熟悉青少年成长特点的人员参加；

（四）针对未成年人的年龄、心理特点和身心发育需要等特殊情况，采取有益于其身心健康发展的监督管理措施；

（五）采用易为未成年人接受的方式，开展思想、法制、道德教育和心理辅导；

（六）协调有关部门为未成年社区矫正人员就学、就业等提供帮助；

（七）督促未成年社区矫正人员的监护人履行监护职责，承担抚养、管教等义务；

（八）采取其他有利于未成年社区矫正人员改过自新、融入正常社会生活的必要措施。

犯罪的时候不满十八周岁被判处五年有期徒刑以下刑罚的社区矫正人员，适用前款规定。

第三十六条 社区矫正人员的人身安全、合法财产和辩护、申诉、控告、检举以及其他未被依法剥夺或者限制的权利不受侵犯。社区矫正人员在就学、就业和享受社会保障等方面，不受歧视。

司法工作人员应当认真听取和妥善处理社区矫正人员反映的问题，依法维护其合法权益。

第四十条 本办法自2012年3月1日起施行。最高人民法院、最高人民检察院、公安部、司法部之前发布的有关社区矫正的规定与本办法不一致的，以本办法为准。

▶3 禁止令的时间效力问题

★最高人民法院《关于〈中华人民共和国刑法修正案（八）〉时间效力问题的解释》（2011年5月1日）（节录）

第一条 对于2011年4月30日以前犯罪，依法应当判处管制或者宣告缓刑的，人民法院根据犯罪情况，认为确有必要同时禁止犯罪分子在管制期间或者缓刑考验期内从事特定活动，进入特定区域、场所，接触特定人的，适用修正后刑法第三十八条第二款或者第七十二条第二款[①]的规定。

犯罪分子在管制期间或者缓刑考验期内，违反人民法院判决中的禁止令的，适用修正后刑法第三十八条第四款或者第七十七条第二款[②]的规定。

[①] 1997年《刑法》第七十二条（第2款）："宣告缓刑，可以根据犯罪情况，同时禁止犯罪分子在缓刑考验期限内从事特定活动，进入特定区域、场所，接触特定的人。"

[②] 1997年《刑法》第七十七条（第2款）："被宣告缓刑的犯罪分子，在缓刑考验期限内，违反法律、行政法规或者国务院有关部门关于缓刑的监督管理规定，或者违反人民法院判决中的禁止令，情节严重的，应当撤销缓刑，执行原判刑罚。"

第三十九条【管制犯的义务、劳动报酬】 被判处管制的犯罪分子,在执行期间,应当遵守下列规定:

(一) 遵守法律、行政法规,服从监督;

(二) 未经执行机关批准,不得行使言论、出版、集会、结社、游行、示威自由的权利;

(三) 按照执行机关规定报告自己的活动情况;

(四) 遵守执行机关关于会客的规定;

(五) 离开所居住的市、县或者迁居,应当报经执行机关批准。

对于被判处管制的犯罪分子,在劳动中应当同工同酬。

要点及关联法规

管制犯可否担任企业领导问题

★最高人民法院、最高人民检察院、公安部、劳人部《关于被判处管制、剥夺政治权利和宣告缓刑、假释的犯罪分子能否外出经商等问题的通知》(1986年11月8日)(节录)

一、对被判处管制、剥夺政治权利和宣告缓刑、假释的犯罪分子,公安机关和有关单位要依法对其实行经常性的监督改造或考察。被管制、假释的犯罪分子,不能外出经商;被剥夺政治权利和宣告缓刑的犯罪分子,按现行规定,属于允许经商范围之内的,如外出经商,需事先经公安机关允许。

二、犯罪分子在被管制、剥夺政治权利、缓刑、假释期间,若原所在单位确有特殊情况不能安排工作的,在不影响对其实行监督考察的情况下,经工商管理部门批准,可以在常住户口所在地自谋生计;家在农村的,亦可就地从事或承包一些农副业生产。

三、犯罪分子在被管制、剥夺政治权利、缓刑、假释期间,不能担任国营或集体企事业单位的领导职务。

★最高人民检察院《关于被判处管制、剥夺政治权利和宣告缓刑、假释的犯罪分子能否担任中外合资、合作经营企业领导职务问题的答复》(1991年9月25日)(节录)

最高人民法院、最高人民检察院、公安部、劳动人事部〔86〕高检会(三)字第2号《关于被判处管制、剥夺政治权利和宣告缓刑、假释的犯罪分子能否外出经商等问题的通知》第三条所规定的不能担任领导职务的原则,可适用于中外合资、中外合作企业(包括我方与港、澳、台客商合资、合作企业)。

第四十条【管制期满解除】 被判处管制的犯罪分子,管制期满,执行机关应即向本人和其所在单位或者居住地的群众宣布解除管制。

第四十一条【管制刑期的计算、折抵】 管制的刑期,从判决执行之日起计算;判决执行以前先行羁押的,羁押一日折抵刑期二日。

第三章 刑罚·第二节 管制

要点及关联法规

1 刑期折抵问题

★最高人民法院《关于劳动教养日期可否折抵刑期问题的批复》（1981年7月6日）（节录）

如果被告人被判处刑罚的犯罪行为和被劳动教养的行为系同一行为，其被劳动教养的日期可以折抵刑期；至于折抵办法，应以劳动教养一日折抵有期徒刑或拘役的刑期一日，折抵管制的刑期二日。在本批复下达以前，已判处有期徒刑、拘役和管制的罪犯，劳动教养日期没有折抵刑期，现仍在服刑的，可补行折抵；已服刑期满的，即不必再作变动。

★最高人民法院研究室《关于因错判在服刑期"脱逃"后确有犯罪其错判服刑期限可否与后判刑期折抵问题的电话答复》（1983年8月31日）（节录）

对被错判徒刑的在服刑期间"脱逃"的行为，可不以脱逃论罪判刑；但在脱逃期间犯罪的，应依法定罪判刑；对被错判已服刑的日期与后来犯罪所判处的刑期不宜折抵，可在量刑时酌情考虑从轻或减轻处罚。

★最高人民法院研究室《关于行政拘留日期折抵刑期问题的电话答复》（1988年2月23日）（节录）

我院1957年法研字第20358号批复规定："如果被告人被判处刑罚的犯罪行为和以前受行政拘留处分的行为系同一行为，其被拘留的日期，应予折抵刑期。"这里所说的"同一行为"，既可以是判决认定同一性质的全部犯罪行为，也可以是同一性质的部分犯罪行为。只要是以前受行政拘留处分的行为，后又作为犯罪事实的全部或者一部分加以认定，其行政拘留的日期即应予折抵刑期。

★《中华人民共和国刑事诉讼法》（2012年修正）（节录）

第七十四条　指定居所监视居住的期限应当折抵刑期。被判处管制的，监视居住一日折抵刑期一日；被判处拘役、有期徒刑的，监视居住二日折抵刑期一日。

2 刑期起止日期在判决书中的表述

★最高人民法院《关于刑事裁判文书中刑期起止日期如何表述问题的批复》（2000年2月29日）（节录）

根据刑法第四十一条、第四十四条、第四十七条和《法院刑事诉讼文书样式》（样本）的规定，判处管制、拘役、有期徒刑的，应当在刑事裁判文书中写明刑种、刑期和主刑刑期的起止日期及折抵办法。刑期从判决执行之日起计算。判决执行以前先行羁押的，羁押一日折抵刑期一日〈判处管制刑的，羁押一日折抵刑期二日〉，即自××××年××月××日〈羁押之日〉起至××××年××月××日止。羁押期间取保候审的，刑期的终止日顺延。

3 终审判决、裁定的生效日期

★最高人民法院《关于刑事案件终审判决和裁定何时发生法律效力问题的批复》（2004年7月29日）（节录）

根据《中华人民共和国刑事诉讼法》第一百六十三条、第一百九十五条和第二百零八条规定的精神，终审的判决和裁定自宣告之日起发生法律效力。

第三节 拘 役

第四十二条【拘役的期限】 拘役的期限,为一个月以上六个月以下。

第四十三条【拘役的执行】 被判处拘役的犯罪分子,由公安机关就近执行。

在执行期间,被判处拘役的犯罪分子每月可以回家一天至两天;参加劳动的,可以酌量发给报酬。

第四十四条【拘役刑期的计算、折抵】 拘役的刑期,从判决执行之日起计算;判决执行以前先行羁押的,羁押一日折抵刑期一日。

第四节 有期徒刑、无期徒刑

第四十五条【有期徒刑的期限】 有期徒刑的期限,除本法第五十条、第六十九条规定外,为六个月以上十五年以下。

第四十六条【有期徒刑、无期徒刑的执行】 被判处有期徒刑、无期徒刑的犯罪分子,在监狱或者其他执行场所执行;凡有劳动能力的,都应当参加劳动,接受教育和改造。

要点及关联法规

1 未成年犯罪无期徒刑的适用

★最高人民法院《关于审理未成年人刑事案件具体应用法律若干问题的解释》(2006年1月23日)(节录)

第十三条 未成年人犯罪只有罪行极其严重的,才可以适用无期徒刑。对已满十四周岁不满十六周岁的人犯罪一般不判处无期徒刑。

2 无期徒刑的执行场所

★《中华人民共和国刑事诉讼法》(2012年修正)(节录)

第二百五十三条 罪犯被交付执行刑罚的时候,应当由交付执行的人民法院在判决生效后十日以内将有关的法律文书送达公安机关、监狱或者其他执行机关。

对被判处死刑缓期二年执行、无期徒刑、有期徒刑的罪犯,由公安机关依法将该罪犯送交监狱执行刑罚。对被判处有期徒刑的罪犯,在被交付执行刑罚前,剩余刑期在三个月以下的,由看守所代为执行。对被判处拘役的罪犯,由公安机关执行。

对未成年犯应当在未成年犯管教所执行刑罚。

执行机关应当将罪犯及时收押,并且通知罪犯家属。

第四十七条【有期徒刑刑期的计算、折抵】 有期徒刑的刑期,从判决执行之日起计算;判决执行以前先行羁押的,羁押一日折抵刑期一日。

━━━◆ 要点及关联法规 ◆━━━

1 **无期徒刑、有期徒刑的转换、折抵**

★最高人民法院《关于人民法院办理接收在台湾地区服刑的大陆居民回大陆服刑案件的规定》(2016年5月1日)(节录)

第五条 人民法院应当在立案后一个月内就是否准予接收被判刑人作出裁定,情况复杂、特殊的,可以延长一个月。

人民法院裁定准予接收的,应当依据台湾地区法院判决认定的事实并参考其所定罪名,根据刑法就相同或者最相似犯罪行为规定的法定刑,按照下列原则对台湾地区法院确定的无期徒刑或者有期徒刑予以转换:

(一)原判处刑罚未超过刑法规定的最高刑,包括原判处刑罚低于刑法规定的最低刑的,以原判处刑罚作为转换后的刑罚;

(二)原判处刑罚超过刑法规定的最高刑的,以刑法规定的最高刑作为转换后的刑罚;

(三)转换后的刑罚不附加适用剥夺政治权利。

前款所称的最高刑,如台湾地区法院认定的事实依据刑法应当认定为一个犯罪的,是指刑法对该犯罪规定的最高刑;如应当认定为多个犯罪的,是指刑法对数罪并罚规定的最高刑。

对人民法院立案前,台湾地区有关业务主管部门对被判刑人在服刑期间作出的减轻刑罚决定,人民法院应当一并予以转换,并就最终应当执行的刑罚作出裁定。

第六条 被判刑人被接收回大陆服刑前被实际羁押的期间,应当以一日折抵转换后的刑期一日。

第五节 死 刑

第四十八条【死刑的适用对象、核准程序】死刑只适用于罪行极其严重的犯罪分子。对于应当判处死刑的犯罪分子,如果不是必须立即执行的,可以判处死刑同时宣告缓期二年执行。

死刑除依法由最高人民法院判决的以外,都应当报请最高人民法院核准。死刑缓期执行的,可以由高级人民法院判决或者核准。

━━━◆ 要点及关联法规 ◆━━━

1 **死刑只适用于罪行极其严重的犯罪分子**

★最高人民检察院《关于印发〈最高人民检察院第五批指导性案例〉的通知》(2014年9月15日)(节录)

郭明先参加黑社会性质组织、故意杀人、故意伤害案(检例第18号)

要旨:死刑依法只适用于罪行极其严重的犯罪分子。对故意杀人、故意伤害、绑架、爆炸等涉黑、涉恐、涉暴刑事案件中罪行极其严重,严重危害国家安全和公共安全、严重危害公民生命权,或者严重危害社会秩序的被告人,依法应当判处死刑,人民法院未判处死刑的，人民检察院应当依法提出抗诉。
▶2 办理死刑案件应当遵循的原则
★最高人民法院、最高人民检察院、公安部、司法部《关于进一步严格依法办案确保办理死刑案件质量的意见》（2007年3月9日）（节录）

二、办理死刑案件应当遵循的原则要求

（一）坚持惩罚犯罪与保障人权相结合

3. 我国目前正处于全面建设小康社会、加快推进社会主义现代化建设的重要战略机遇期，同时又是人民内部矛盾凸显、刑事犯罪高发、对敌斗争复杂的时期，维护社会和谐稳定的任务相当繁重，必须继续坚持"严打"方针，正确运用死刑这一刑罚手段同严重刑事犯罪作斗争，有效遏制犯罪活动猖獗和蔓延势头。同时，要全面落实"国家尊重和保障人权"宪法原则，切实保障犯罪嫌疑人、被告人的合法权益。坚持依法惩罚犯罪和依法保障人权并重，坚持罪刑法定、罪刑相适应、适用刑法人人平等和审判公开、程序法定等基本原则，真正做到有罪依法惩处，无罪不受刑事追究。

（二）坚持保留死刑，严格控制和慎重适用死刑

4. "保留死刑，严格控制死刑"是我国的基本死刑政策。实践证明，这一政策是完全正确的，必须继续贯彻执行。要完整、准确地理解和执行"严打"方针，依法严厉打击严重刑事犯罪，对极少数罪行极其严重的犯罪分子，坚决依法判处死刑。我国现在还不能废除死刑，但应逐步减少适用，凡是可杀可不杀的，一律不杀。办理死刑案件，必须根据构建社会主义和谐社会和维护社会稳定的要求，严谨审慎，既要保证根据证据正确认定案件事实，杜绝冤错案件的发生，又要保证定罪准确，量刑适当，做到少杀、慎杀。

（三）坚持程序公正与实体公正并重，保障犯罪嫌疑人、被告人的合法权利

5. 人民法院、人民检察院和公安机关进行刑事诉讼，既要保证案件实体处理的正确性，也要保证刑事诉讼程序本身的正当性和合法性。在侦查、起诉、审判等各个阶段，必须始终坚持依法进行诉讼，坚决克服重实体、轻程序，重打击、轻保护的错误观念，尊重犯罪嫌疑人、被告人的诉讼地位，切实保障犯罪嫌疑人、被告人充分行使辩护权等诉讼权利，避免因剥夺或者限制犯罪嫌疑人、被告人的合法权利而导致冤错案件的发生。

（四）坚持证据裁判原则，重证据、不轻信口供

6. 办理死刑案件，要坚持重证据、不轻信口供的原则。只有被告人供述，没有其他证据的，不能认定被告人有罪；没有被告人供述，其他证据确实充分的，可以认定被告人有罪。对刑讯逼供取得的犯罪嫌疑人供述、被告人供述和以暴力、威胁等非法方法收集的被害人陈述、证人证言，不能作为定案的根据。对被告人作出有罪判决的案件，必须严格按照刑事诉讼法第一百六十二条的规定，做到"事实清楚，证据确实、充分"。证据不足，不能认定被告人有罪的，应当作出证据不足、指控的犯罪不能成立的无罪判决。

（五）坚持宽严相济的刑事政策

7. 对死刑案件适用刑罚时，既要防止重罪轻判，也要防止轻罪重判，做到罪刑相当，罚当其罪，重罪重判，轻罪轻判，无罪不罚。对罪行极其严重的被告人必须依法严惩处，严厉打击；对具有法律规定"应当"从轻、减轻或者免除处罚情节的被告人，依法从宽处

理；对具有法律规定"可以"从轻、减轻或者免除处罚情节的被告人，如果没有其他特殊情节，原则上依法从宽处理；对具有酌定从宽处罚情节的也依法予以考虑。

四、准确把握和正确适用宽严"相济"的政策要求

29. 要准确理解和严格执行"保留死刑，严格控制和慎重适用死刑"的政策。对于罪行极其严重的犯罪分子，论罪应当判处死刑的，要坚决依法判处死刑。要依法严格控制死刑的适用，统一死刑案件的裁判标准，确保死刑只适用于极少数罪行极其严重的犯罪分子。拟判处死刑的具体案件定罪或者量刑的证据必须确实、充分，得出唯一结论。对于罪行极其严重，但只要是依法可不立即执行的，就不应当判处死刑立即执行。

❸ 死刑的执行

★《中华人民共和国刑事诉讼法》（2012年修正）（节录）

第二百五十二条　人民法院在交付执行死刑前，应当通知同级人民检察院派员临场监督。

死刑采用枪决或者注射等方法执行。

死刑可以在刑场或者指定的羁押场所内执行。

指挥执行的审判人员，对罪犯应当验明正身，讯问有无遗言、信札，然后交付执行人员执行死刑。在执行前，如果发现可能有错误，应当暂停执行，报请最高人民法院裁定。

执行死刑应当公布，不应示众。

执行死刑后，在场书记员应当写成笔录。交付执行的人民法院应当将执行死刑情况报告最高人民法院。

执行死刑后，交付执行的人民法院应当通知罪犯家属。

第四十九条【死刑适用对象的限制】犯罪的时候不满十八周岁的人和审判的时候怀孕的妇女，不适用死刑。

审判的时候已满七十五周岁的人，不适用死刑，但以特别残忍手段致人死亡的除外。

◀ 要点及关联法规 ▶

❶ "审判的时候怀孕的妇女"的认定

★最高人民法院研究室《关于如何理解"审判的时候怀孕的妇女不适用死刑"问题的电话答复》（1991年3月18日）（节录）

在羁押期间已是孕妇的被告人，无论其怀孕是否属于违反国家计划生育政策，也不论其是否自然流产或者经人工流产以及流产后移送起诉或审判期间的长短，仍应执行我院〔83〕法研字第18号《关于人民法院审判严重刑事犯罪案件中具体应用法律的若干问题的答复》中对第三个问题的答复："对于这类案件，应当按照刑法第四十四条①和刑事诉讼法

---

① 1979年《刑法》第四十四条："犯罪的时候不满十八岁的人和审判的时候怀孕的妇女，不适用死刑。已满十六岁不满十八岁的，如果所犯罪行特别严重，可以判处死刑缓期二年执行。"

第一百五十四条①的规定办理，即：人民法院对'审判的时候怀孕的妇女，不适用死刑'。如果人民法院在审判时发现，在羁押受审时已是孕妇的，仍应依照上述法律规定，不适用死刑。"

★最高人民法院《关于对怀孕妇女在羁押期间自然流产审判时是否可以适用死刑问题的批复》（1998年8月7日）（节录）

怀孕妇女因涉嫌犯罪在羁押期间自然流产后，又因同一事实被起诉、交付审判的，应当视为"审判的时候怀孕的妇女"，依法不适用死刑。

第五十条【死缓的法律后果】 判处死刑缓期执行的，在死刑缓期执行期间，如果没有故意犯罪，二年期满以后，减为无期徒刑；如果确有重大立功表现，二年期满以后，减为二十五年有期徒刑；如果故意犯罪，情节恶劣的，报请最高人民法院核准后执行死刑；对于故意犯罪未执行死刑的，死刑缓期执行的期间重新计算，并报最高人民法院备案。②

对被判处死刑缓期执行的累犯以及因故意杀人、强奸、抢劫、绑架、放火、爆炸、投放危险物质或者有组织的暴力性犯罪被判处死刑缓期执行的犯罪分子，人民法院根据犯罪情节等情况可以同时决定对其限制减刑。

▶ 要点及关联法规 ◀

1 死缓的法律后果

★《中华人民共和国刑事诉讼法》（2012年修正）（节录）

第二百五十条（第2款） 条被判处死刑缓期二年执行的罪犯，在死刑缓期执行期间，如果没有故意犯罪，死刑缓期执行期满，应当予以减刑，由执行机关提出书面意见，报请高级人民法院裁定；如果故意犯罪，查证属实，应当执行死刑，由高级人民法院报请最高人民法院核准。

2 死缓期间限制减刑的审理程序

★最高人民法院《关于死刑缓期执行限制减刑案件审理程序若干问题的规定》（2011

---

① 1979年《刑事诉讼法》第一百五十四条："下级人民法院接到最高人民法院执行死刑的命令后，应当在七日以内交付执行。但是发现有下列情形之一的，应当停止执行，并且立即报告最高人民法院，由最高人民法院作出裁定：（一）在执行前发现判决可能有错误的；（二）罪犯正在怀孕。前款第一项停止执行的原因消失后，必须报请最高人民法院院长再签发执行死刑的命令才能执行；由于前款第二项原因停止执行的，应当报请最高人民法院依法改判。"

② 2015年8月29日《刑法修正案（九）》第二条将本条第一款中原"如果故意犯罪，查证属实的，由最高人民法院核准，执行死刑"修正为"如果故意犯罪，情节恶劣的，报请最高人民法院核准后执行死刑；对于故意犯罪未执行死刑的，死刑缓期执行的期间重新计算，并报最高人民法院备案。"

年5月1日）（节录）

第一条 根据刑法第五十条第二款的规定，对被判处死刑缓期执行的累犯以及因故意杀人、强奸、抢劫、绑架、放火、爆炸、投放危险物质或者有组织的暴力性犯罪被判处死刑缓期执行的犯罪分子，人民法院根据犯罪情节、人身危险性等情况，可以在作出裁判的同时决定对其限制减刑。

第二条 被告人对第一审人民法院作出的限制减刑判决不服的，可以提出上诉。被告人的辩护人和近亲属，经被告人同意，也可以提出上诉。

第三条 高级人民法院审理或者复核判处死刑缓期执行并限制减刑的案件，认为原判对被告人判处死刑缓期执行适当，但判决限制减刑不当的，应当改判，撤销限制减刑。

第四条 高级人民法院审理判处死刑缓期执行没有限制减刑的上诉案件，认为原判事实清楚、证据充分，但应当限制减刑的，不得直接改判，也不得发回重新审判。确有必要限制减刑的，应当在第二审判决、裁定生效后，按照审判监督程序重新审判。

高级人民法院复核判处死刑缓期执行没有限制减刑的案件，认为应当限制减刑的，不得以提高审级等方式对被告人限制减刑。

第五条 高级人民法院审理判处死刑的第二审案件，对被告人改判死刑缓期执行的，如果符合刑法第五十条第二款的规定，可以同时决定对其限制减刑。

高级人民法院复核判处死刑后没有上诉、抗诉的案件，认为应当改判死刑缓期执行并限制减刑的，可以提审或者发回重新审判。

第六条 最高人民法院复核死刑案件，认为对被告人可以判处死刑缓期执行并限制减刑的，应当裁定不予核准，并撤销原判，发回重新审判。

一案中两名以上被告人被判处死刑，最高人民法院复核后，对其中部分被告人改判死刑缓期执行的，如果符合刑法第五十条第二款的规定，可以同时决定对其限制减刑。

第七条 人民法院对被判处死刑缓期执行的被告人所作的限制减刑决定，应当在判决书主文部分单独作为一项予以宣告。

第八条 死刑缓期执行限制减刑案件审理程序的其他事项，依照刑事诉讼法和有关司法解释的规定执行。

3 时间效力问题

★最高人民法院关于《〈中华人民共和国刑法修正案（八）〉时间效力问题的解释》（2011年5月1日）（节录）

第二条 2011年4月30日以前犯罪，判处死刑缓期执行的，适用修正前刑法第五十条的规定。

被告人具有累犯情节，或者所犯之罪是故意杀人、强奸、抢劫、绑架、放火、爆炸、投放危险物质或者有组织的暴力性犯罪，罪行极其严重，根据修正前刑法判处死刑缓期执行不能体现罪刑相适应原则，而根据修正后刑法判处死刑缓期执行同时决定限制减刑可以罚当其罪的，适用修正后刑法第五十条第二款的规定。

★最高人民法院《关于〈中华人民共和国刑法修正案（九）〉时间效力问题的解释》（2015年11月1日）（节录）

第一编 总 则

第二条 对于被判处死刑缓期执行的犯罪分子,在死刑缓期执行期间,且在2015年10月31日以前故意犯罪的,适用修正后刑法第五十条第一款的规定。

第五十一条【死缓期间及减为有期徒刑的刑期计算】 死刑缓期执行的期间,从判决确定之日起计算。死刑缓期执行减为有期徒刑的刑期,从死刑缓期执行期满之日起计算。

第六节 罚 金

第五十二条【罚金数额的确定根据】 判处罚金,应当根据犯罪情节决定罚金数额。

◀ 要点及关联法规 ▶

1 罚金刑适用的一般规定

★最高人民法院《全国法院维护农村稳定刑事审判工作座谈会纪要》(1999年10月27日)(节录)

三、(四)关于财产刑问题

凡法律规定并处罚金或者没收财产的,均应依法并处,被告人的执行能力不能作为是否判处财产刑的依据。确实无法执行或不能执行的,可以依法执行终结或者减免。对法律规定主刑有死刑、无期徒刑和有期徒刑,同时并处没收财产或罚金的,如决定判处死刑,只能并处没收财产;判处无期徒刑的,可以并处没收财产,也可以并处罚金;判处有期徒刑的,只能并处罚金。

对于法律规定有罚金刑的犯罪,罚金的具体数额应根据犯罪的情节确定。刑法和司法解释有明确规定的,按规定判处;没有规定的,各地可依照法律规定的原则和具体情况,在总结审判经验的基础上统一规定参照执行的数额标准。

对自由刑与罚金刑均可选择适用的案件,如盗窃罪,在决定刑罚时,既要避免以罚金刑代替自由刑,又要克服机械执法只判处自由刑的倾向。对于可执行财产刑且罪行又不严重的初犯、偶犯、从犯等,可单处罚金刑。对于应当并处罚金刑的犯罪,如被告人能积极缴纳罚金,认罪态度较好,且判处的罚金数量较大,自由刑可适当从轻,或考虑宣告缓刑。这符合罪刑相适应原则,因为罚金刑也是刑罚。

被告人犯数罪的,应避免判处罚金刑的同时,判处没收部分财产。对于判处没收全部财产,同时判处罚金刑的,应决定执行没收全部财产,不再执行罚金刑。

★最高人民法院《关于适用财产刑若干问题的规定》(2000年12月19日)(节录)

第一条 刑法规定"并处"没收财产或者罚金的犯罪,人民法院在对犯罪分子判处主刑的同时,必须依法判处相应的财产刑;刑法规定"可以并处"没收财产或者罚金的犯罪,人民法院应当根据案件具体情况及犯罪分子的财产状况,决定是否适用财产刑。

第二条 人民法院应当根据犯罪情节,如违法所得数额、造成损失的大小等,并综合考虑犯罪分子缴纳罚金的能力,依法判处罚金。刑法没有明确规定罚金数额标准的,罚金的最低数额不能少于一千元。

对未成年人犯罪应当从轻或者减轻判处罚金，但罚金的最低数额不能少于五百元。

第三条 依法对犯罪分子所犯数罪分别判处罚金的，应当实行并罚，将所判处的罚金数额相加，执行总和数额。

一人犯数罪依法应同时并处罚金和没收财产的，应当合并执行；但并处没收全部财产的，只执行没收财产刑。

第四条 犯罪情节较轻，适用单处罚金不致再危害社会并具有下列情形之一的，可以依法单处罚金：

（一）偶犯或者初犯；

（二）自首或者有立功表现的；

（三）犯罪时不满十八周岁的；

（四）犯罪预备、中止或者未遂的；

（五）被胁迫参加犯罪的；

（六）全部退赃并有悔罪表现的；

（七）其他可以依法单处罚金的情形。

第八条 罚金刑的数额应当以人民币为计算单位。

第九条 人民法院认为依法应当判处被告人财产刑的，可以在案件审理过程中，决定扣押或者冻结被告人的财产。

第十条 财产刑由第一审人民法院执行。

犯罪分子的财产在异地的，第一审人民法院可以委托财产所在地人民法院代为执行。

第十一条 自判决指定的期限届满第二日起，人民法院对于没有法定减免事由不缴纳罚金的，应当强制其缴纳。

对于隐藏、转移、变卖、损毁已被扣押、冻结财产情节严重的，依照刑法第三百一十四条的规定追究刑事责任。

▎2 未成年人犯罪案件中罚金刑的适用

★最高人民法院《关于审理未成年人刑事案件具体应用法律若干问题的解释》（2006年1月23日）（节录）

第十五条 对未成年罪犯实施刑法规定的"并处"没收财产或者罚金的犯罪，应当依法判处相应的财产刑；对未成年罪犯实施刑法规定的"可以并处"没收财产或者罚金的犯罪，一般不判处财产刑。

对未成年罪犯判处罚金刑时，应当依法从轻或者减轻判处，并根据犯罪情节，综合考虑其缴纳罚金的能力，确定罚金数额。但罚金的最低数额不得少于五百元人民币。

对被判处罚金刑的未成年罪犯，其监护人或者其他人自愿代为垫付罚金的，人民法院应当允许。

第五十三条【罚金的缴纳、减免】 罚金在判决指定的期限内一次或者分期缴纳。期满不缴纳的，强制缴纳。对于不能全部缴纳罚金的，人民法院在任何时候发现被执行人有可以执行的财产，应当随时追缴。

由于遭遇不能抗拒的灾祸等原因缴纳确实有困难的，经人民法院裁定，可以延期缴纳、酌情减少或者免除。①

◆要点及关联法规◆

1 "判决指定的期限"的确定

★最高人民法院《关于适用财产刑若干问题的规定》（2000年12月19日）（节录）

第五条 刑法第五十三条规定的"判决指定的期限"应当在判决书中予以确定；"判决指定的期限"应为从判决发生法律效力第二日起最长不超过三个月。

2 罚金刑的减免

★最高人民法院《关于适用财产刑若干问题的规定》（2000年12月19日）（节录）

第六条 刑法第五十三条规定的"由于遭遇不能抗拒的灾祸缴纳确实有困难的"，主要是指因遭受火灾、水灾、地震等灾祸而丧失财产；罪犯因重病、伤残等而丧失劳动能力，或者需要罪犯抚养的近亲属患有重病，需支付巨额医药费等，确实没有财产可供执行的情形。

具有刑法第五十三条规定"可以酌情减少或者免除"事由的，由罪犯本人、亲属或者犯罪单位向负责执行的人民法院提出书面申请，并提供相应的证明材料。人民法院审查以后，根据实际情况，裁定减少或者免除应当缴纳的罚金数额。

第八条 罚金刑的数额应当以人民币为计算单位。

3 罚金刑的缴纳

★最高人民法院《关于适用财产刑若干问题的规定》（2000年12月19日）（节录）

第八条 罚金刑的数额应当以人民币为计算单位。

第九条 人民法院认为依法应当判处被告人财产刑的，可以在案件审理过程中，决定扣押或者冻结被告人的财产。

第十条 财产刑由第一审人民法院执行。

犯罪分子的财产在异地的，第一审人民法院可以委托财产所在地人民法院代为执行。

第十一条 自判决指定的期限届满第二日起，人民法院对于没有法定减免事由不缴纳罚金的，应当强制其缴纳。

对于隐藏、转移、变卖、损毁已被扣押、冻结财产情节严重的，依照刑法第三百一十四条的规定追究刑事责任。

---

① 2015年8月29日《刑法修正案（九）》第三条将原条文"如果由于遭遇不能抗拒的灾祸缴纳确实困难的，可以酌情减少或者免除"修订并独立为当前的第二款。

第七节 剥夺政治权利

第五十四条 【剥夺政治权利的范围】 剥夺政治权利是剥夺下列权利：
（一）选举权和被选举权；
（二）言论、出版、集会、结社、游行、示威自由的权利；
（三）担任国家机关职务的权利；
（四）担任国有公司、企业、事业单位和人民团体领导职务的权利。

第五十五条 【剥夺政治权利的期限】 剥夺政治权利的期限，除本法第五十七条规定外，为一年以上五年以下。

判处管制附加剥夺政治权利的，剥夺政治权利的期限与管制的期限相等，同时执行。

第五十六条 【剥夺政治权利的适用】 对于危害国家安全的犯罪分子应当附加剥夺政治权利；对于故意杀人、强奸、放火、爆炸、投毒、抢劫等严重破坏社会秩序的犯罪分子，可以附加剥夺政治权利。

独立适用剥夺政治权利的，依照本法分则的规定。

▰ 要点及关联法规 ▰

❶ 剥夺政治权利的适用范围

★最高人民法院《关于对故意伤害、盗窃等严重破坏社会秩序的犯罪分子能否附加剥夺政治权利问题的批复》（1998年1月13日）（节录）

根据刑法第五十六条规定，对于故意杀人、强奸放火、爆炸、投毒、抢劫等严重破坏社会秩序的犯罪分子，可以附加剥夺政治权利。对故意伤害、盗窃等其他严重破坏社会秩序的犯罪，犯罪分子主观恶性较深、犯罪情节恶劣、罪行严重的，也可以依法附加剥夺政治权利。

❷ 未成年人犯罪案件中剥夺政治权利的适用

★最高人民法院《关于审理未成年人刑事案件具体应用法律若干问题的解释》（2006年1月23日）（节录）

第十四条　除刑法规定"应当"附加剥夺政治权利外，对未成年罪犯一般不判处附加剥夺政治权利。

如果对未成年罪犯判处附加剥夺政治权利的，应当依法从轻判处。

对实施被指控犯罪时未成年、审判时已成年的罪犯判处附加剥夺政治权利，适用前款的规定。

❸ 被羁押的人和正在服刑的罪犯可行使选举权

★全国人民代表大会常务委员会《关于县级以下人民代表大会代表直接选举的若干规定》（1983年3月5日）（节录）

五、下列人员准予行使选举权利：

（一）被判处有期徒刑、拘役，管制而没有附加剥夺政治权利的。

★全国人大常委会法制工作委员会、最高人民法院、最高人民检察院、公安部、司法部、民政部《关于正在服刑的罪犯和被羁押的人的选举权问题的联合通知》（1984年3月4日）（节录）

五、对准予行使选举权利的被羁押的人和正在服刑的罪犯，经选举委员会和执行羁押、监禁的机关共同决定，可以在原户口所在地参加选举，也可以在劳改场所参加选举；可以在流动票箱投票，也可以委托有选举权的亲属或者其他选民代为投票。

第五十七条【对死刑、无期徒刑罪犯剥夺政治权利的适用】 对于被判处死刑、无期徒刑的犯罪分子，应当剥夺政治权利终身。

在死刑缓期执行减为有期徒刑或者无期徒刑减为有期徒刑的时候，应当把附加剥夺政治权利的期限改为三年以上十年以下。

第五十八条【剥夺政治权利的刑期计算、效力与执行】 附加剥夺政治权利的刑期，从徒刑、拘役执行完毕之日或者从假释之日起计算；剥夺政治权利的效力当然施用于主刑执行期间。

被剥夺政治权利的犯罪分子，在执行期间，应当遵守法律、行政法规和国务院公安部门有关监督管理的规定，服从监督；不得行使本法第五十四条规定的各项权利。

第八节 没收财产

第五十九条【没收财产的范围】 没收财产是没收犯罪分子个人所有财产的一部或者全部。没收全部财产的，应当对犯罪分子个人及其扶养的家属保留必需的生活费用。

在判处没收财产的时候，不得没收属于犯罪分子家属所有或者应有的财产。

▷ 要点及关联法规 ◁

1 没收财产适用的一般规定

（参见第五十二条：【要点及关联法规】：1. 罚金刑适用的一般规定，P50）

2 未成年人犯罪案件中没收财产的适用

（参见第五十二条：【要点及关联法规】：2. 未成年人犯罪案件中罚金刑的适用，P51）

3 刑事裁判涉财产部分的内容规定

★最高人民法院《关于刑事裁判涉财产部分执行的若干规定》（2014年11月6日）（节录）

第六条 刑事裁判涉财产部分的裁判内容，应当明确、具体。涉案财物或者被害人人数较多，不宜在判决主文中详细列明的，可以概括叙明并另附清单。

判处没收部分财产的，应当明确没收的具体财物或者金额。

判处追缴或者责令退赔的，应当明确追缴或者退赔的金额或财物的名称、数量等相关情况。

第九条 判处没收财产的，应当执行刑事裁判生效时被执行人合法所有的财产。

执行没收财产或罚金刑，应当参照被扶养人住所地政府公布的上年度当地居民最低生活费标准，保留被执行人及其所扶养家属的生活必需费用。

第六十条【正当债务的偿还】 没收财产以前犯罪分子所负的正当债务，需要以没收的财产偿还的，经债权人请求，应当偿还。

◀━━━ 要点及关联法规 ━━━▶

1 "没收财产以前犯罪分子所负的正当债务"的认定

★最高人民法院《关于适用财产刑若干问题的规定》（2000年12月19日）（节录）

第七条 刑法第六十条规定的"没收财产以前犯罪分子所负的正当债务"，是指犯罪分子在判决生效前所负他人的合法债务。

2 民事赔偿责任优先

★最高人民法院《关于财产刑执行问题的若干规定》（2010年6月1日）（节录）

第六条 被判处罚金或者没收财产，同时又承担刑事附带民事诉讼赔偿责任的被执行人，应当先履行对被害人的民事赔偿责任。

判处财产刑之前被执行人所负正当债务，应当偿还的，经债权人请求，先行予以偿还。

第一编 总 则

第四章 刑罚的具体运用

本章要点及关联法规

1 宽严相济刑事政策

★最高人民检察院《关于在检察工作中贯彻宽严相济刑事司法政策的若干意见》（2007年1月15日）（节录）

4. 检察机关贯彻宽严相济的刑事司法政策应当坚持以下原则：

全面把握。宽严相济刑事司法政策中的宽与严是一个有机统一的整体，二者相辅相成，必须全面理解，全面把握，全面落实。既要防止只讲严而忽视宽，又要防止只讲宽而忽视严，防止一个倾向掩盖另一个倾向。

区别对待。宽严相济刑事司法政策的核心是区别对待。应当综合考虑犯罪的社会危害性（包括犯罪侵害的客体、情节、手段、后果等）、犯罪人的主观恶性（包括犯罪时的主观方面、犯罪后的态度、平时表现等）以及案件的社会影响，根据不同时期、不同地区犯罪与社会治安的形势，具体情况具体分析，依法予以从宽或者从严处理。

严格依法。贯彻宽严相济的刑事司法政策，必须坚持罪刑法定、罪刑相适应、法律面前人人平等原则，实现政策指导与严格执法的有机统一，宽要有节，严要有度，宽和严都必须严格依照法律，在法律范围内进行，做到宽严合法，于法有据。

注重效果。贯彻宽严相济的刑事司法政策，应当做到惩治犯罪与保障人权的有机统一，法律效果与社会效果的有机统一，保护犯罪嫌疑人、被告人的合法权利与保护被害人的合法权益的有机统一，特殊预防与一般预防的有机统一，执法办案与化解矛盾的有机统一，以有利于维护稳定，化解矛盾，减少对抗，促进和谐。

★最高人民法院《关于贯彻宽严相济刑事政策的若干意见》（2010年2月8日）（节录）

一、贯彻宽严相济刑事政策的总体要求

1. 贯彻宽严相济刑事政策，要根据犯罪的具体情况，实行区别对待，做到该宽则宽，当严则严，宽严相济，罚当其罪，打击和孤立极少数，教育、感化和挽救大多数，最大限度地减少社会对立面，促进社会和谐稳定，维护国家长治久安。

2. 要正确把握宽与严的关系，切实做到宽严并用。既要注意克服重刑主义思想影响，防止片面从严，也要避免受轻刑化思想影响，一味从宽。

二、准确把握和正确适用依法从"严"的政策要求

6. 宽严相济刑事政策中的从"严"，主要是指对于罪行十分严重、社会危害性极大、依法应当判处重刑或死刑的，要坚决地判处重刑或死刑；对于社会危害大或者具有法定、酌定从重处罚情节，以及主观恶性深、人身危险性大的被告人，要依法从严惩处。在审判活动中通过体现依法从"严"的政策要求，有效震慑犯罪分子和社会不稳定分子，达到有

第四章 刑罚的具体运用

效遏制犯罪、预防犯罪的目的。

7. 贯彻宽严相济刑事政策，必须毫不动摇地坚持依法严惩严重刑事犯罪的方针。对于危害国家安全犯罪、恐怖组织犯罪、邪教组织犯罪、黑社会性质组织犯罪、恶势力犯罪、故意危害公共安全犯罪等严重危害国家政权稳固和社会治安的犯罪，故意杀人、故意伤害致人死亡、强奸、绑架、拐卖妇女儿童、抢劫、重大抢夺、重大盗窃等严重暴力犯罪和严重影响人民群众安全感的犯罪，走私、贩卖、运输、制造毒品等毒害人民健康的犯罪，要作为严惩的重点，依法从重处罚。尤其对于极端仇视国家和社会，以不特定人为侵害对象，所犯罪行特别严重的犯罪分子，该重判的要坚决依法重判，该判处死刑的要坚决依法判处死刑。

8. 对于国家工作人员贪污贿赂、滥用职权、失职渎职的严重犯罪，黑恶势力犯罪、重大安全责任事故、制售伪劣食品药品所涉及的国家工作人员职务犯罪，发生在社会保障、征地拆迁、灾后重建、企业改制、医疗、教育、就业等领域严重损害群众利益、社会影响恶劣、群众反映强烈的国家工作人员职务犯罪，发生在经济社会建设重点领域、重点行业的严重商业贿赂犯罪等，要依法从严惩处。

对于国家工作人员职务犯罪和商业贿赂犯罪中性质恶劣、情节严重、涉案范围广、影响面大的，或者案发后隐瞒犯罪事实、毁灭证据、订立攻守同盟、负案潜逃等拒不认罪悔罪的，要坚决依法从严惩处。

对于被告人犯罪所得数额不大，但对国家财产和人民群众利益造成重大损失、社会影响极其恶劣的职务犯罪和商业贿赂犯罪案件，也应依法从严惩处。

要严格掌握职务犯罪法定减轻处罚情节的认定标准与减轻处罚的幅度，严格控制依法减轻处罚后判处三年以下有期徒刑适用缓刑的范围，切实规范职务犯罪缓刑、免予刑事处罚的适用。

9. 当前和今后一段时期，对于集资诈骗、贷款诈骗、制贩假币以及扰乱、操纵证券、期货市场等严重危害金融秩序的犯罪，生产、销售假药、劣药、有毒有害食品等严重危害食品药品安全的犯罪，走私等严重侵害国家经济利益的犯罪，造成严重后果的重大安全责任事故犯罪，重大环境污染、非法采矿、盗伐林木等各种严重破坏环境资源的犯罪等，要依法从严惩处，维护国家的经济秩序，保护广大人民群众的生命健康安全。

10. 严惩严重刑事犯罪，必须充分考虑被告人的主观恶性和人身危险性。对于事先精心预谋、策划犯罪的被告人，具有惯犯、职业犯等情节的被告人，或者因故意犯罪受过刑事处罚、在缓刑、假释考验期内又犯罪的被告人，要依法严惩，以实现刑罚特殊预防的功能。

12. 要注重综合运用多种刑罚手段，特别是要重视依法适用财产刑，有效惩治犯罪。对于法律规定有附加财产刑的，要依法适用。对于侵财型和贪利型犯罪，更要注重通过依法适用财产刑使犯罪分子受到经济上的惩罚，剥夺其重新犯罪的能力和条件。要切实加大财产刑的执行力度，确保刑罚的严厉性和惩罚功能得以实现。被告人非法占有、处置被害人财产不能退赔的，在决定刑罚时，应作为重要情节予以考虑，体现从严处罚的精神。

三、准确把握和正确适用依法从"宽"的政策要求

14. 宽严相济刑事政策中的从"宽",主要是指对于情节较轻、社会危害性较小的犯罪,或者罪行虽然严重,但具有法定、酌定从宽处罚情节,以及主观恶性相对较小、人身危险性不大的被告人,可以依法从轻、减轻或者免除处罚;对于具有一定社会危害性,但情节显著轻微危害不大的行为,不作为犯罪处理;对于依法可不监禁的,尽量适用缓刑或者判处管制、单处罚金等非监禁刑。

16. 对于所犯罪行不重、主观恶性不深、人身危险性较小、有悔改表现、不致再危害社会的犯罪分子,要依法从宽处理。对于其中具备条件的,应当依法适用缓刑或者管制、单处罚金等非监禁刑。同时配合做好社区矫正,加强教育、感化、帮教、挽救工作。

19. 对于较轻犯罪的初犯、偶犯,应当综合考虑其犯罪的动机、手段、情节、后果和犯罪时的主观状态,酌情予以从宽处罚。对于犯罪情节轻微的初犯、偶犯,可以免予刑事处罚;依法应当予以刑事处罚的,也应当尽量适用缓刑或者判处管制、单处罚金等非监禁刑。

20. 对于未成年人犯罪,在具体考虑其实施犯罪的动机和目的、犯罪性质、情节和社会危害程度的同时,还要充分考虑其是否属于初犯,归案后是否悔罪,以及个人成长经历和一贯表现等因素,坚持"教育为主、惩罚为辅"的原则和"教育、感化、挽救"的方针进行处理。对于偶尔盗窃、抢夺、诈骗,数额刚达到较大的标准,案发后能如实交代并积极退赃的,可以认定为情节显著轻微,不作为犯罪处理。对于罪行较轻的,可以依法适当多适用缓刑或者判处管制、单处罚金等非监禁刑;依法可免予刑事处罚的,应当免予刑事处罚。对于犯罪情节严重的未成年人,也应当依照刑法第十七条第三款的规定予以从轻或者减轻处罚。对于已满十四周岁不满十六周岁的未成年犯罪人,一般不判处无期徒刑。

21. 对于老年人犯罪,要充分考虑其犯罪的动机、目的、情节、后果以及悔罪表现等,并结合其人身危险性和再犯可能性,酌情予以从宽处罚。

22. 对于因恋爱、婚姻、家庭、邻里纠纷等民间矛盾激化引发的犯罪,因劳动纠纷、管理失当等原因引发、犯罪动机不属恶劣的犯罪,因被害方过错或者基于义愤引发的或者具有防卫因素的突发性犯罪,应酌情从宽处罚。

23. 被告人案发后对被害人积极进行赔偿,并认罪、悔罪的,依法可以作为酌定量刑情节予以考虑。因婚姻家庭等民间纠纷激化引发的犯罪,被害人及其家属对被告人表示谅解的,应当作为酌定量刑情节予以考虑。犯罪情节轻微,取得被害人谅解的,可以依法从宽处理,不需判处刑罚的,可以免予刑事处罚。

四、准确把握和正确适用宽严"相济"的政策要求

25. 宽严相济刑事政策中的"相济",主要是指在对各类犯罪依法处罚时,要善于综合运用宽和严两种手段,对不同的犯罪和犯罪分子区别对待,做到严中有宽、宽以济严;宽中有严、严以济宽。

26. 在对严重刑事犯罪依法从严惩处的同时,对被告人具有自首、立功、从犯等法定或酌定从宽处罚情节的,还要注意宽以济严,根据犯罪的具体情况,依法应当或可以从宽的,都应当在量刑上予以充分考虑。

27. 在对较轻刑事犯罪依法从轻处罚的同时，要注意严以济宽，充分考虑被告人是否具有屡教不改、严重滋扰社会、群众反映强烈等酌定从严处罚的情况，对于不从严不足以有效惩戒者，也应当在量刑上有所体现，做到济之以严，使犯罪分子受到应有处罚，切实增强改造效果。

28. 对于被告人同时具有法定、酌定从严和法定、酌定从宽处罚情节的案件，要在全面考察犯罪的事实、性质、情节和对社会危害程度的基础上，结合被告人的主观恶性、人身危险性、社会治安状况等因素，综合作出分析判断，总体从严，或者总体从宽。

32. 对于过失犯罪，如安全责任事故犯罪等，主要应当根据犯罪造成危害后果的严重程度、被告人主观罪过的大小以及被告人案发后的表现等，综合掌握处罚的宽严尺度。对于过失犯罪后积极抢救、挽回损失或者有效防止损失进一步扩大的，要依法从宽。对于造成的危害后果虽然不是特别严重，但情节特别恶劣或案发后故意隐瞒案情，甚至逃逸，给及时查明事故原因和迅速组织抢救造成贻误的，则要依法从重处罚。

34. 对于危害国家安全犯罪、故意危害公共安全犯罪、严重暴力犯罪、涉众型经济犯罪等严重犯罪；恐怖组织犯罪、邪教组织犯罪、黑恶势力犯罪等有组织犯罪的领导者、组织者和骨干分子；毒品犯罪再犯的严重犯罪者；确有执行能力而拒不依法积极主动缴付财产执行财产刑或确有履行能力而不积极主动履行附带民事赔偿责任的，在依法减刑、假释时，应当从严掌握。对累犯减刑时，应当从严掌握。拒不交代真实身份或对减刑、假释材料弄虚作假，不符合减刑、假释条件的，不得减刑、假释。

对于因犯故意杀人、爆炸、抢劫、强奸、绑架等暴力犯罪，致人死亡或严重残疾而被判处死刑缓期二年执行或无期徒刑的罪犯，要严格控制减刑的频度和每次减刑的幅度，要保证其相对较长的实际服刑期限，维护公平正义，确保改造效果。

对于未成年犯、老年犯、残疾罪犯、过失犯、中止犯、胁从犯、积极主动缴付财产执行财产刑或履行民事赔偿责任的罪犯、因防卫过当或避险过当而判处徒刑的罪犯以及其他主观恶性不深、人身危险性不大的罪犯，在依法减刑、假释时，应当根据悔改表现予以从宽掌握。对认罪服法，遵守监规，积极参加学习、劳动，确有悔改表现的，依法予以减刑，减刑的幅度可以适当放宽，间隔的时间可以相应缩短。符合刑法第八十一条第一款规定的假释条件的，应当依法多适用假释。

第一节　量　刑

◁ 本节要点及关联法规 ▷

▶ **1 量刑规范化**

★最高人民法院《关于实施量刑规范化工作的通知》（2013年12月23日）（节录）

二、认真研究，制定实施细则

《量刑指导意见》对量刑的基本方法、常见量刑情节的适用、常见犯罪的量刑起点幅度、增加刑罚量的根据等内容作了原则性规定，但具体实施还必须由高级人民法院结合本地区案件审判工作的实际制定实施细则。各高级人民法院要高度重视，加强领导，抽调审

· 59 ·

判经验丰富、熟悉量刑规范化工作的中级、基层人民法院的业务骨干，组织专门班子，认真研究、制定符合法律、司法解释和本地实际，具有可操作性的实施细则。重点是对常见量刑情节的适用部分和常见犯罪增加刑罚量的情形、各种从重、从轻处罚情节进行细化。对《量刑指导意见》尚未规定的其他量刑情节，可以参照类似量刑情节确定适当的调节幅度。实施细则经审判委员会讨论，报最高人民法院审查备案后正式实施。

五、实施中应当注意的问题

（1）关于实施的案件范围。这次实施的案件范围，是经过多年试行的交通肇事罪、故意伤害罪、强奸罪、非法拘禁罪、抢劫罪、盗窃罪、诈骗罪、抢夺罪、职务侵占罪、敲诈勒索罪、妨害公务罪、聚众斗殴罪、寻衅滋事罪、掩饰、隐瞒犯罪所得、犯罪所得收益罪以及走私、贩卖、运输、制造毒品罪等十五种犯罪判处有期徒刑、拘役的案件。对于依法应当判处无期徒刑以上刑罚、共同犯罪的主犯依法应当判处无期徒刑以上刑罚的案件，以及故意伤害、强奸、抢劫等故意犯罪致人死亡的案件均不属于本指导意见规范的范围。

（2）关于量刑的基本方法。量刑规范化改变了单纯定性分析的传统量刑方法，将定量分析引入量刑机制，量刑时对犯罪事实和量刑情节进行定性分析和定量分析，从而准确定被告人应负的刑事责任。在量刑过程中，定性分析始终是主要的，是基础，要在定性分析的基础上，结合定量分析，依次确定量刑起点、基准刑和宣告刑。具体案件是否适用《量刑指导意见》，首先要综合全案犯罪事实和量刑情节进行定性分析，对于依法应当判处无期徒刑以上刑罚或者管制、单处附加刑、免刑的，则不予适用。在确定量刑起点、增加刑罚量确定基准刑、宣告刑过程中，均应以定性分析为主导，结合定量分析，作出符合罪责刑相适应原则的裁判。

（3）关于裁判说理。裁判文书要充分说明量刑理由。但不要将具体量刑步骤、量刑建议以及量刑情节的调节幅度和调节过程在裁判文书中表述。可针对控辩双方所提量刑情节采纳与否及从重、从轻处罚的理由进行阐述。宣判后，可根据是否上诉、抗诉等情况，在庭后释明量刑过程。

在实施过程中，遇到重大疑难问题，要及时层报最高人民法院，确保量刑规范化工作全面、顺利实施。

2 常见犯罪的量刑

★最高人民法院《关于常见犯罪的量刑指导意见》（2014 年 1 月 1 日）（节录）

一、量刑的指导原则

1. 量刑应当以事实为根据，以法律为准绳，根据犯罪的事实、性质、情节和对于社会的危害程度，决定判处的刑罚。

2. 量刑既要考虑被告人所犯罪行的轻重，又要考虑被告人应负刑事责任的大小，做到罪责刑相适应，实现惩罚和预防犯罪的目的。

3. 量刑应当贯彻宽严相济的刑事政策，做到该宽则宽，当严则严，宽严相济，罚当其罪，确保裁判法律效果和社会效果的统一。

4. 量刑要客观、全面把握不同时期不同地区的经济社会发展和治安形势的变化，确保刑法任务的实现；对于同一地区同一时期、案情相似的案件，所判处的刑罚应当基本均衡。

二、量刑的基本方法

量刑时,应在定性分析的基础上,结合定量分析,依次确定量刑起点、基准刑和宣告刑。

1. 量刑步骤

(1) 根据基本犯罪构成事实在相应的法定刑幅度内确定量刑起点;

(2) 根据其他影响犯罪构成的犯罪数额、犯罪次数、犯罪后果等犯罪事实,在量刑起点的基础上增加刑罚量确定基准刑;

(3) 根据量刑情节调节基准刑,并综合考虑全案情况,依法确定宣告刑。

2. 调节基准刑的方法

(1) 具有单个量刑情节的,根据量刑情节的调节比例直接调节基准刑。

(2) 具有多个量刑情节的,一般根据各个量刑情节的调节比例,采用同向相加、逆向相减的方法调节基准刑;具有未成年人犯罪、老年人犯罪、限制行为能力的精神病人犯罪、又聋又哑的人或者盲人犯罪、防卫过当、避险过当、犯罪预备、犯罪未遂、犯罪中止,从犯、胁从犯和教唆犯等量刑情节的,先适用该量刑情节对基准刑进行调节,在此基础上,再适用其他量刑情节进行调节。

(3) 被告人犯数罪,同时具有适用于各个罪的立功、累犯等量刑情节的,先适用该量刑情节调节个罪的基准刑,确定个罪所应判处的刑罚,再依法实行数罪并罚,决定执行的刑罚。

3. 确定宣告刑的方法

(1) 量刑情节对基准刑的调节结果在法定刑幅度内,且罪责刑相适应的,可以直接确定为宣告刑;如果具有应当减轻处罚情节的,应依法在法定最低刑以下确定宣告刑。

(2) 量刑情节对基准刑的调节结果在法定最低刑以下,具有法定减轻处罚情节,且罪责刑相适应的,可以直接确定为宣告刑;只有从轻处罚情节的,可以依法确定法定最低刑为宣告刑;但是根据案件的特殊情况,经最高人民法院核准,也可以在法定刑以下判处刑罚。

(3) 量刑情节对基准刑的调节结果在法定最高刑以上的,可以依法确定法定最高刑为宣告刑。

(4) 综合考虑全案情况,独任审判员或合议庭可以在20%的幅度内对调节结果进行调整,确定宣告刑。当调节后的结果仍不符合罪责刑相适应原则的,应提交审判委员会讨论,依法确定宣告刑。

(5) 综合全案犯罪事实和量刑情节,依法应当判处无期徒刑以上刑罚、管制或者单处附加刑、缓刑、免刑的,应当依法适用。

三、常见量刑情节的适用

量刑时要充分考虑各种法定和酌定量刑情节,根据案件的全部犯罪事实以及量刑情节的不同情形,依法确定量刑情节的适用及其调节比例。对严重暴力犯罪、毒品犯罪等严重危害社会治安犯罪,在确定从宽的幅度时,应当从严掌握;对犯罪情节较轻的犯罪,应当充分体现从宽。具体确定各个量刑情节的调节比例时,应当综合平衡调节幅度与实际增减刑罚量的关系，确保罪责刑相适应。

1. 对于未成年人犯罪，应当综合考虑未成年人对犯罪的认识能力、实施犯罪行为的动机和目的、犯罪时的年龄、是否初犯、偶犯、悔罪表现、个人成长经历和一贯表现等情况，予以从宽处罚。

（1）已满十四周岁不满十六周岁的未成年人犯罪，减少基准刑的30%~60%；

（2）已满十六周岁不满十八周岁的未成年人犯罪，减少基准刑的10%~50%。

2. 对于未遂犯，综合考虑犯罪行为的实行程度、造成损害的大小、犯罪未得逞的原因等情况，可以比照既遂犯减少基准刑的50%以下。

3. 对于从犯，应当综合考虑其在共同犯罪中的地位、作用，以及是否实施犯罪行为等情况，予以从宽处罚，减少基准刑的20%~50%；犯罪较轻的，减少基准刑的50%以上或者依法免除处罚。

4. 对于自首情节，综合考虑自首的动机、时间、方式、罪行轻重、如实供述罪行的程度以及悔罪表现等情况，可以减少基准刑的40%以下；犯罪较轻的，可以减少基准刑的40%以上或者依法免除处罚。恶意利用自首规避法律制裁等不足以从宽处罚的除外。

5. 对于立功情节，综合考虑立功的大小、次数、内容、来源、效果以及罪行轻重等情况，确定从宽的幅度。

（1）一般立功的，可以减少基准刑的20%以下；

（2）重大立功的，可以减少基准刑的20%~50%；犯罪较轻的，减少基准刑的50%以上或者依法免除处罚。

6. 对于坦白情节，综合考虑如实供述罪行的阶段、程度、罪行轻重以及悔罪程度等情况，确定从宽的幅度。

（1）如实供述自己罪行的，可以减少基准刑的20%以下；

（2）如实供述司法机关尚未掌握的同种较重罪行的，可以减少基准刑的10%~30%；

（3）因如实供述自己罪行，避免特别严重后果发生的，可以减少基准刑的30%~50%。

7. 对于当庭自愿认罪的，根据犯罪的性质、罪行的轻重、认罪程度以及悔罪表现等情况，可以减少基准刑的10%以下。依法认定自首、坦白的除外。

8. 对于退赃、退赔的，综合考虑犯罪性质，退赃、退赔行为对损害结果所能弥补的程度、退赃、退赔的数额及主动程度等情况，可以减少基准刑的30%以下；其中抢劫等严重危害社会治安犯罪的应从严掌握。

9. 对于积极赔偿被害人经济损失并取得谅解的，综合考虑犯罪性质、赔偿数额、赔偿能力以及认罪、悔罪程度等情况，可以减少基准刑的40%以下；积极赔偿但没有取得谅解的，可以减少基准刑的30%以下；尽管没有赔偿，但取得谅解的，可以减少基准刑的20%以下；其中抢劫、强奸等严重危害社会治安犯罪的应从严掌握。

10. 对于当事人根据刑事诉讼法第二百七十七条达成刑事和解协议的，综合考虑犯罪性质、赔偿数额、赔礼道歉以及真诚悔罪等情况，可以减少基准刑的50%以下；犯罪较轻的，可以减少基准刑的50%以上或者依法免除处罚。

11. 对于累犯，应当综合考虑前后罪的性质、刑罚执行完毕或赦免以后至再犯罪时间的长短以及前后罪罪行轻重等情况，增加基准刑的10%~40%，一般不少于3个月。

12. 对于有前科的，综合考虑前科的性质、时间间隔长短、次数、处罚轻重等情况，可以增加基准刑的10%以下。前科犯罪为过失犯罪和未成年人犯罪的除外。

13. 对于犯罪对象为未成年人、老年人、残疾人、孕妇等弱势人员的，综合考虑犯罪的性质、犯罪的严重程度等情况，可以增加基准刑的20%以下。

14. 对于在重大自然灾害、预防、控制突发传染病疫情等灾害期间犯罪的，根据案件的具体情况，可以增加基准刑的20%以下。

四、常见犯罪的量刑

（一）交通肇事罪

1. 构成交通肇事罪的，可以根据下列不同情形在相应的幅度内确定量刑起点：

（1）致人重伤、死亡或者使公私财产遭受重大损失的，可以在二年以下有期徒刑、拘役幅度内确定量刑起点。

（2）交通运输肇事后逃逸或者有其他特别恶劣情节的，可以在三年至五年有期徒刑幅度内确定量刑起点。

（3）因逃逸致一人死亡的，可以在七年至十年有期徒刑幅度内确定量刑起点。

2. 在量刑起点的基础上，可以根据事故责任、致人重伤、死亡的人数或者财产损失的数额以及逃逸等其他影响犯罪构成的犯罪事实增加刑罚量，确定基准刑。

（二）故意伤害罪

1. 构成故意伤害罪的，可以根据下列不同情形在相应的幅度内确定量刑起点：

（1）故意伤害致一人轻伤的，可以在二年以下有期徒刑、拘役幅度内确定量刑起点。

（2）故意伤害致一人重伤的，可以在三年至五年有期徒刑幅度内确定量刑起点。

（3）以特别残忍手段故意伤害致一人重伤，造成六级严重残疾的，可以在十年至十三年有期徒刑幅度内确定量刑起点。依法应当判处无期徒刑以上刑罚的除外。

2. 在量刑起点的基础上，可以根据伤害后果、伤残等级、手段残忍程度等其他影响犯罪构成的犯罪事实增加刑罚量，确定基准刑。

故意伤害致人轻伤的，伤残程度可在确定量刑起点时考虑，或者作为调节基准刑的量刑情节。

（三）强奸罪

1. 构成强奸罪的，可以根据下列不同情形在相应的幅度内确定量刑起点：

（1）强奸妇女一人的，可以在三年至五年有期徒刑幅度内确定量刑起点。

奸淫幼女一人的，可以在四年至七年有期徒刑幅度内确定量刑起点。

（2）有下列情形之一的，可以在十年至十三年有期徒刑幅度内确定量刑起点：强奸妇女、奸淫幼女情节恶劣的；强奸妇女、奸淫幼女三人的；在公共场所当众强奸妇女的；二人以上轮奸妇女的；强奸致被害人重伤或者造成其他严重后果的。依法应当判处无期徒刑以上刑罚的除外。

2. 在量刑起点的基础上，可以根据强奸妇女、奸淫幼女情节恶劣程度、强奸人数、致人伤害后果等其他影响犯罪构成的犯罪事实增加刑罚量,确定基准刑。

强奸多人多次的,以强奸人数作为增加刑罚量的事实,强奸次数作为调节基准刑的量刑情节。

(四)非法拘禁罪

1. 构成非法拘禁罪的,可以根据下列不同情形在相应的幅度内确定量刑起点:

(1)犯罪情节一般的,可以在一年以下有期徒刑、拘役幅度内确定量刑起点。

(2)致一人重伤的,可以在三年至五年有期徒刑幅度内确定量刑起点。

(3)致一人死亡的,可以在十年至十三年有期徒刑幅度内确定量刑起点。

2. 在量刑起点的基础上,可以根据非法拘禁人数、拘禁时间、致人伤亡后果等其他影响犯罪构成的犯罪事实增加刑罚量,确定基准刑。

非法拘禁多人多次的,以非法拘禁人数作为增加刑罚量的事实,非法拘禁次数作为调节基准刑的量刑情节。

3. 有下列情节之一的,可以增加基准刑的10%~20%:

(1)具有殴打、侮辱情节的(致人重伤、死亡的除外);

(2)国家机关工作人员利用职权非法扣押、拘禁他人的。

(五)抢劫罪

1. 构成抢劫罪的,可以根据下列不同情形在相应的幅度内确定量刑起点:

(1)抢劫一次的,可以在三年至六年有期徒刑幅度内确定量刑起点。

(2)有下列情形之一的,可以在十年至十三年有期徒刑幅度内确定量刑起点:入户抢劫的;在公共交通工具上抢劫的;抢劫银行或者其他金融机构的;抢劫三次或者抢劫数额达到数额巨大起点的;抢劫致一人重伤的;冒充军警人员抢劫的;持枪抢劫的;抢劫军用物资或者抢险、救灾、救济物资的。依法应当判处无期徒刑以上刑罚的除外。

2. 在量刑起点的基础上,可以根据抢劫情节严重程度、抢劫次数、数额、致人伤害后果等其他影响犯罪构成的犯罪事实增加刑罚量,确定基准刑。

(六)盗窃罪

1. 构成盗窃罪的,可以根据下列不同情形在相应的幅度内确定量刑起点:

(1)达到数额较大起点的,两年内三次盗窃的,入户盗窃的,携带凶器盗窃的,或者扒窃的,可以在一年以下有期徒刑、拘役幅度内确定量刑起点。

(2)达到数额巨大起点或者有其他严重情节的,可以在三年至四年有期徒刑幅度内确定量刑起点。

(3)达到数额特别巨大起点或者有其他特别严重情节的,可以在十年至十二年有期徒刑幅度内确定量刑起点。依法应当判处无期徒刑的除外。

2. 在量刑起点的基础上,可以根据盗窃数额、次数、手段等其他影响犯罪构成的犯罪事实增加刑罚量,确定基准刑。

多次盗窃,数额达到较大以上的,以盗窃数额确定量刑起点,盗窃次数可作为调节基准刑的量刑情节;数额未达到较大的,以盗窃次数确定量刑起点,超过三次的次数作为增加刑罚量的事实。

第四章 刑罚的具体运用·第一节 量刑

（七）诈骗罪

1. 构成诈骗罪的，可以根据下列不同情形在相应的幅度内确定量刑起点：

（1）达到数额较大起点的，可以在一年以下有期徒刑、拘役幅度内确定量刑起点。

（2）达到数额巨大起点或者有其他严重情节的，可以在三年至四年有期徒刑幅度内确定量刑起点。

（3）达到数额特别巨大起点或者有其他特别严重情节的，可以在十年至十二年有期徒刑幅度内确定量刑起点。依法应当判处无期徒刑的除外。

2. 在量刑起点的基础上，可以根据诈骗数额等其他影响犯罪构成的犯罪事实增加刑罚量，确定基准刑。

（八）抢夺罪

1. 构成抢夺罪的，可以根据下列不同情形在相应的幅度内确定量刑起点：

（1）达到数额较大起点的，可以在一年以下有期徒刑、拘役幅度内确定量刑起点。

（2）达到数额巨大起点或者有其他严重情节的，可以在三年至四年有期徒刑幅度内确定量刑起点。

（3）达到数额特别巨大起点或者有其他特别严重情节的，可以在十年至十二年有期徒刑幅度内确定量刑起点。依法应当判处无期徒刑的除外。

2. 在量刑起点的基础上，可以根据抢夺数额等其他影响犯罪构成的犯罪事实增加刑罚量，确定基准刑。

（九）职务侵占罪

1. 构成职务侵占罪的，可以根据下列不同情形在相应的幅度内确定量刑起点：

（1）达到数额较大起点的，可以在二年以下有期徒刑、拘役幅度内确定量刑起点。

（2）达到数额巨大起点的，可以在五年至六年有期徒刑幅度内确定量刑起点。

2. 在量刑起点的基础上，可以根据职务侵占数额等其他影响犯罪构成的犯罪事实增加刑罚量，确定基准刑。

（十）敲诈勒索罪

1. 构成敲诈勒索罪的，可以根据下列不同情形在相应的幅度内确定量刑起点：

（1）达到数额较大起点的，或者两年内三次敲诈勒索的，可以在一年以下有期徒刑、拘役幅度内确定量刑起点。

（2）达到数额巨大起点或者有其他严重情节的，可以在三年至五年有期徒刑幅度内确定量刑起点。

（3）达到数额特别巨大起点或者有其他特别严重情节的，可以在十年至十二年有期徒刑幅度内确定量刑起点。

2. 在量刑起点的基础上，可以根据敲诈勒索数额、次数、犯罪情节严重程度等其他影响犯罪构成的犯罪事实增加刑罚量，确定基准刑。

多次敲诈勒索，数额达到较大以上的，以敲诈勒索数额确定量刑起点，敲诈勒索次数可作为调节基准刑的量刑情节；数额未达到较大的，以敲诈勒索次数确定量刑起点，超过三次的次数作为增加刑罚量的事实。

（十一）妨害公务罪

1. 构成妨害公务罪的，可以在二年以下有期徒刑、拘役幅度内确定量刑起点。

2. 在量刑起点的基础上，可以根据妨害公务造成的后果、犯罪情节严重程度等其他影响犯罪构成的犯罪事实增加刑罚量，确定基准刑。

（十二）聚众斗殴罪

1. 构成聚众斗殴罪的，可以根据下列不同情形在相应的幅度内确定量刑起点：

（1）犯罪情节一般的，可以在二年以下有期徒刑、拘役幅度内确定量刑起点。

（2）有下列情形之一的，可以在三年至五年有期徒刑幅度内确定量刑起点：聚众斗殴三次的；聚众斗殴人数多，规模大，社会影响恶劣的；在公共场所或者交通要道聚众斗殴，造成社会秩序严重混乱的；持械聚众斗殴的。

2. 在量刑起点的基础上，可以根据聚众斗殴人数、次数、手段严重程度等其他影响犯罪构成的犯罪事实增加刑罚量，确定基准刑。

（十三）寻衅滋事罪

1. 构成寻衅滋事罪的，可以根据下列不同情形在相应的幅度内确定量刑起点：

（1）寻衅滋事一次的，可以在三年以下有期徒刑、拘役幅度内确定量刑起点。

（2）纠集他人三次寻衅滋事（每次都构成犯罪），严重破坏社会秩序的，可以在五年至七年有期徒刑幅度内确定量刑起点。

2. 在量刑起点的基础上，可以根据寻衅滋事次数、伤害后果、强拿硬要他人财物或任意损毁、占用公私财物数额等其他影响犯罪构成的犯罪事实增加刑罚量，确定基准刑。

（十四）掩饰、隐瞒犯罪所得、犯罪所得收益罪

1. 构成掩饰、隐瞒犯罪所得、犯罪所得收益罪的，可以根据下列不同情形在相应的幅度内确定量刑起点：

（1）犯罪情节一般的，可以在一年以下有期徒刑、拘役幅度内确定量刑起点。

（2）情节严重的，可以在三年至四年有期徒刑幅度内确定量刑起点。

2. 在量刑起点的基础上，可以根据犯罪数额等其他影响犯罪构成的犯罪事实增加刑罚量，确定基准刑。

（十五）走私、贩卖、运输、制造毒品罪

1. 构成走私、贩卖、运输、制造毒品罪的，可以根据下列不同情形在相应的幅度内确定量刑起点：

（1）走私、贩卖、运输、制造鸦片一千克，海洛因、甲基苯丙胺五十克或者其他毒品数量达到数量大起点的，量刑起点为十五年有期徒刑。依法应当判处无期徒刑以上刑罚的除外。

（2）走私、贩卖、运输：制造鸦片二百克，海洛因、甲基苯丙胺十克或者其他毒品数量达到数量较大起点的，可以在七年至八年有期徒刑幅度内确定量刑起点。

（3）走私、贩卖、运输、制造鸦片不满二百克，海洛因、甲基苯丙胺不满十克或其他少量毒品的，可以在三年以下有期徒刑、拘役幅度内确定量刑起点；情节严重的，可以在三年至四年有期徒刑幅度内确定量刑起点。

2. 在量刑起点的基础上，可以根据毒品犯罪次数、人次、毒品数量等其他影响犯罪构成的犯罪事实增加刑罚量，确定基准刑。

3. 有下列情节之一的，可以增加基准刑的 10%～30%：

（1）利用、教唆未成年人走私、贩卖、运输、制造毒品的；

（2）向未成年人出售毒品的；

（3）毒品再犯。

4. 有下列情节之一的，可以减少基准刑的 30% 以下：

（1）受雇运输毒品的；

（2）毒品含量明显偏低的；

（3）存在数量引诱情形的。

五、附则

1. 本指导意见仅规范上列十五种犯罪判处有期徒刑、拘役的案件。

2. 各高级人民法院应当结合当地实际制定实施细则。

3 量刑程序

★最高人民法院、最高人民检察院、公安部、国家安全部、司法部《关于规范量刑程序若干问题的意见（试行）》（2010 年 10 月 1 日）

第一条　人民法院审理刑事案件，应当保障量刑活动的相对独立性。

第二条　侦查机关、人民检察院应当依照法定程序，收集能够证实犯罪嫌疑人、被告人犯罪情节轻重以及其他与量刑有关的各种证据。

人民检察院提起公诉的案件，对于量刑证据材料的移送，依照有关规定进行。

第三条　对于公诉案件，人民检察院可以提出量刑建议。量刑建议一般应当具有一定的幅度。

人民检察院提出量刑建议，一般应当制作量刑建议书，与起诉书一并移送人民法院；根据案件的具体情况，人民检察院也可以在公诉意见书中提出量刑建议。对于人民检察院不派员出席法庭的简易程序案件，应当制作量刑建议书，与起诉书一并移送人民法院。

量刑建议书中一般应当载明人民检察院建议对被告人处以刑罚的种类、刑罚幅度、刑罚执行方式及其理由和依据。

第四条　在诉讼过程中，当事人和辩护人、诉讼代理人可以提出量刑意见，并说明理由。

第五条　人民检察院以量刑建议书方式提出量刑建议的，人民法院在送达起诉书副本时，将量刑建议书一并送达被告人。

第六条　对于公诉案件，特别是被告人不认罪或者对量刑建议有争议的案件，被告人因经济困难或者其他原因没有委托辩护人的，人民法院可以通过法律援助机构指派律师为其提供辩护。

第七条　适用简易程序审理的案件，在确定被告人对起诉书指控的犯罪事实和罪名没有异议，自愿认罪且知悉认罪的法律后果后，法庭审理可以直接围绕量刑问题进行。

第八条　对于适用普通程序审理的被告人认罪案件，在确认被告人了解起诉书指控的

第一编 总 则

犯罪事实和罪名,自愿认罪且知悉认罪的法律后果后,法庭审理主要围绕量刑和其他有争议的问题进行。

第九条 对于被告人不认罪或者辩护人做无罪辩护的案件,在法庭调查阶段,应当查明有关的量刑事实。在法庭辩论阶段,审判人员引导控辩双方先辩论定罪问题。在定罪辩论结束后,审判人员告知控辩双方可以围绕量刑问题进行辩论,发表量刑建议或意见,并说明理由和依据。

第十条 在法庭调查过程中,人民法院应当查明对被告人适用特定法定刑幅度以及其他从重、从轻、减轻或免除处罚的法定或者酌定量刑情节。

第十一条 人民法院、人民检察院、侦查机关或者辩护人委托有关方面制作涉及未成年人的社会调查报告的,调查报告应当在法庭上宣读,并接受质证。

第十二条 在法庭审理过程中,审判人员对量刑证据有疑问的,可以宣布休庭,对证据进行调查核实,必要时也可以要求人民检察院补充调查核实。人民检察院应当补充调查核实有关证据,必要时可以要求侦查机关提供协助。

第十三条 当事人和辩护人、诉讼代理人申请人民法院调取在侦查、审查起诉中收集的量刑证据材料,人民法院认为确有必要的,应当依法调取。人民法院认为不需要调取有关量刑证据材料的,应当说明理由。

第十四条 量刑辩论活动按照以下顺序进行:
(一) 公诉人、自诉人及其诉讼代理人发表量刑建议或意见;
(二) 被害人(或者附带民事诉讼原告人)及其诉讼代理人发表量刑意见;
(三) 被告人及其辩护人进行答辩并发表量刑意见。

第十五条 在法庭辩论过程中,出现新的量刑事实,需要进一步调查的,应当恢复法庭调查,待事实查清后继续法庭辩论。

第十六条 人民法院的刑事裁判文书中应当说明量刑理由。量刑理由主要包括:
(一) 已经查明的量刑事实及其对量刑的作用;
(二) 是否采纳公诉人、当事人和辩护人、诉讼代理人发表的量刑建议、意见的理由;
(三) 人民法院量刑的理由和法律依据。

第十七条 对于开庭审理的二审、再审案件的量刑活动,依照有关法律规定进行。法律没有规定的,参照本意见进行。

对于不开庭审理的二审、再审案件,审判人员在阅卷、讯问被告人、听取其他当事人、辩护人、诉讼代理人的意见时,应当注意审查量刑事实和证据。

第六十一条【量刑根据】对于犯罪分子决定刑罚的时候,应当根据犯罪的事实、犯罪的性质、情节和对于社会的危害程度,依照本法的有关规定判处。

◀ 要点及关联法规 ▶

▶ 参见【本章要点及关联法规】、【本节要点及关联法规】,P56、P59

第四章　刑罚的具体运用·第一节　量刑

> 第六十二条【从重处罚、从轻处罚】犯罪分子具有本法规定的从重处罚、从轻处罚情节的，应当在法定刑的限度以内判处刑罚。

◀ 要点及关联法规 ▶

1 参见【本章要点及关联法规】、【本节要点及关联法规】，P56、P59

> 第六十三条【减轻处罚】犯罪分子具有本法规定的减轻处罚情节的，应当在法定刑以下判处刑罚；本法规定有数个量刑幅度的，应当在法定量刑幅度的下一个量刑幅度内判处刑罚。
> 犯罪分子虽然不具有本法规定的减轻处罚情节，但是根据案件的特殊情况，经最高人民法院核准，也可以在法定刑以下判处刑罚。

◀ 要点及关联法规 ▶

1 参见【本章要点及关联法规】、【本节要点及关联法规】，P56、P59

2 "在法定刑以下判处刑罚"的认定

★最高人民法院《关于适用刑法时间效力规定若干问题的解释》（1997年10月1日）（节录）

第二条　犯罪分子1997年9月30日以前犯罪，不具有法定减轻处罚情节，但是根据案件的具体情况需要在法定刑以下判处刑罚的，适用修订前的刑法第五十九条第二款①的规定。

★最高人民法院研究室《关于如何理解"在法定刑以下判处刑罚"问题的答复》（2012年5月30日）（节录）

刑法第六十三条第一款规定的"在法定刑以下判处刑罚"，是指在法定量刑幅度的最低刑以下判处刑罚。刑法分则中规定的"处十年以上有期徒刑、无期徒刑或者死刑"，是一个量刑幅度，而不是"十年以上有期徒刑"、"无期徒刑"和"死刑"三个量刑幅度。

> 第六十四条【犯罪所得之物、所用之物的处理】犯罪分子违法所得的一切财物，应当予以追缴或者责令退赔；对被害人的合法财产，应当及时返还；违禁品和供犯罪所用的本人财物，应当予以没收。没收的财物和罚金，一律上缴国库，不得挪用和自行处理。

◀ 要点及关联法规 ▶

1 参见【本章要点及关联法规】、【本节要点及关联法规】，P56、P59

2 对涉案财物的处理

---

① 1979年《刑法》第五十九条第二款："犯罪分子虽然不具有本法规定的减轻处罚情节，如果根据案件的具体情况，判处法定刑的最低刑还是过重的，经人民法院审判委员会决定，也可以在法定刑以下判处刑罚。"

第一编 总 则

★最高人民法院《关于适用刑法第六十四条有关问题的批复》（2013年10月21日）（节录）

根据刑法第六十四条和《最高人民法院关于适用〈中华人民共和国刑事诉讼法〉的解释》第一百三十八条①、第一百三十九条②的规定，被告人非法占有、处置被害人财产的，应当依法予以追缴或者责令退赔。据此，追缴或者责令退赔的具体内容，应当在判决主文中写明；其中，判决前已经发还被害人的财产，应当注明。被害人提起附带民事诉讼，或者另行提起民事诉讼请求返还被非法占有、处置的财产的，人民法院不予受理。

★最高人民法院《关于刑事裁判涉财产部分执行的若干规定》（2014年11月6日）（节录）

第六条 刑事裁判涉财产部分的裁判内容，应当明确、具体。涉案财物或者被害人人数较多，不宜在判决主文中详细列明的，可以概括叙明并另附清单。

判处没收部分财产的，应当明确没收的具体财物或者金额。

判处追缴或者责令退赔的，应当明确追缴或者退赔的金额或财物的名称、数量等相关情况。

第十条 对赃款赃物及其收益，人民法院应当一并追缴。

被执行人将赃款赃物投资或者置业，对因此形成的财产及其收益，人民法院应予追缴。

被执行人将赃款赃物与其他合法财产共同投资或者置业，对因此形成的财产中与赃款赃物对应的份额及其收益，人民法院应予追缴。

对于被害人的损失，应当按照刑事裁判认定的实际损失予以发还或者赔偿。

第十一条 被执行人将刑事裁判认定为赃款赃物的涉案财物用于清偿债务、转让或者设置其他权利负担，具有下列情形之一的，人民法院应予追缴：

（一）第三人明知是涉案财物而接受的；

（二）第三人无偿或者以明显低于市场的价格取得涉案财物的；

（三）第三人通过非法债务清偿或者违法犯罪活动取得涉案财物的；

（四）第三人通过其他恶意方式取得涉案财物的。

第三人善意取得涉案财物的，执行程序中不予追缴。作为原所有人的被害人对该涉案财物主张权利的，人民法院应当告知其通过诉讼程序处理。

---

① 最高人民法院《关于适用〈中华人民共和国刑事诉讼法〉的解释》（2013年1月1日）第一百三十八条："被害人因人身权利受到犯罪侵犯或者财物被犯罪分子毁坏而遭受物质损失的，有权在刑事诉讼过程中提起附带民事诉讼；被害人死亡或者丧失行为能力的，其法定代理人、近亲属有权提起附带民事诉讼。因受到犯罪侵犯，提起附带民事诉讼或者单独提起民事诉讼要求赔偿精神损失的，人民法院不予受理。"

② 最高人民法院《关于适用〈中华人民共和国刑事诉讼法〉的解释》（2013年1月1日）第一百三十九条："被告人非法占有、处置被害人财产的，应当依法予以追缴或者责令退赔。被害人提起附带民事诉讼的，人民法院不予受理。追缴、退赔的情况，可以作为量刑情节考虑。"

3 被告人亲属主动退缴赃款问题

★最高人民法院《关于被告人亲属主动为被告人退缴赃款应如何处理的批复》（1987年8月26日）（节录）

一、被告人是成年人，其违法所得都由自己挥霍，无法追缴的，应责令被告人退赔，其家属没有代为退赔的义务。

被告人在家庭共同财产中有其个人应有部分的，只能在其个人应有部分的范围内，责令被告人退赔。

二、如果被告人的违法所得有一部分用于家庭日常生活，对这部分违法所得，被告人和家属均有退赔义务。

三、如果被告人对责令其本人退赔的违法所得已无实际上的退赔能力，但其亲属应被告人的请求，或者主动提出并征得被告人同意，自愿代被告人退赔部分或者全部违法所得的，法院也可考虑其具体情况，收下其亲属自愿代被告人退赔的款项，并视为被告人主动退赔的款项。

四、属于以上三种情况，已作了退赔的，均可视为被告人退赃较好，可以依法适用从宽处罚。

五、如果被告人的罪行应当判处死刑，并必须执行，属于以上第一、二两种情况的，法院可以接收退赔的款项；属于以上第三种情况的，其亲属自愿代为退赔的款项，法院不应接收。

4 诈骗后用以抵债的赃款应当追缴

★最高人民法院研究室《关于对诈骗后抵债的赃款能否判决追缴问题的电话答复》（1992年8月26日）（节录）

犯罪分子以诈骗手段，非法骗取的赃款，即使用以抵债归还了债权人的，也应依法予以追缴。追缴赃款赃物的方式法律规定有多种，判决追缴只是其中一种。根据最高人民法院、最高人民检察院、公安部、财政部1965年12月1日〔65〕法研字第40号《关于没收和处理赃款赃物若干问题的暂行规定》第三条关于"检察院、公安机关依法移送人民法院判处案件的赃款赃物，应该随案移送，由人民法院在判决时一并作出决定"的规定，人民法院对需要追缴的赃款赃物，通过判决予以追缴符合法律规定的原则。

第二节 累　犯

第六十五条【一般累犯】 被判处有期徒刑以上刑罚的犯罪分子，刑罚执行完毕或者赦免以后，在五年以内再犯应当判处有期徒刑以上刑罚之罪的，是累犯，应当从重处罚，但是过失犯罪和不满十八周岁的人犯罪的除外。

前款规定的期限，对于被假释的犯罪分子，从假释期满之日起计算。

第一编 总 则

▶ 要点及关联法规 ◀

1 参见【本章要点及关联法规】，P56

2 量刑规则

★最高人民法院《关于常见犯罪的量刑指导意见》（2014年1月1日）（节录）

11. 对于累犯，应当综合考虑前后罪的性质、刑罚执行完毕或赦免以后至再犯罪时间的长短以及前后罪罪行轻重等情况，增加基准刑的10%～40%，一般不少于3个月。

3 时间效力问题

★最高人民法院《关于适用刑法时间效力规定若干问题的解释》（1997年10月1日）（节录）

第三条 前罪判处的刑罚已经执行完毕或者赦免，在1997年9月30日以前又犯应当判处有期徒刑以上刑罚之罪，是否构成累犯，适用修订前的刑法第六十一条的规定；1997年10月1日以后又犯应当判处有期徒刑以上刑罚之罪的，是否构成累犯，适用刑法第六十五条的规定。

★最高人民法院《关于〈中华人民共和国刑法修正案（八）〉时间效力问题的解释》（2011年5月1日）（节录）

第三条（第1款） 被判处有期徒刑以上刑罚，刑罚执行完毕或者赦免以后，在2011年4月30日以前再犯应当判处有期徒刑以上刑罚之罪的，是否构成累犯，适用修正前刑法第六十五条的规定；但是，前罪实施时不满十八周岁的，是否构成累犯，适用修正后刑法第六十五条的规定。

第六十六条【特别累犯】 危害国家安全犯罪、恐怖活动犯罪、黑社会性质的组织犯罪的犯罪分子，在刑罚执行完毕或者赦免以后，在任何时候再犯上述任一类罪的，都以累犯论处。

▶ 要点及关联法规 ◀

1 参见【本章要点及关联法规】，P56

2 宽严相济刑事政策

★最高人民法院《关于贯彻宽严相济刑事政策的若干意见》（2010年2月8日）（节录）

11. 要依法从严惩处累犯和毒品再犯。凡是依法构成累犯和毒品再犯的，即使犯罪情节较轻，也要体现从严惩处的精神。尤其是对于前罪为暴力犯罪或被判处重刑的累犯，更要依法从严惩处。

3 时间效力问题

★最高人民法院关于《〈中华人民共和国刑法修正案（八）〉时间效力问题的解释》（2011年5月1日）（节录）

第三条（第2款） 曾犯危害国家安全犯罪，刑罚执行完毕或者赦免以后，在2011年4月30日以前再犯危害国家安全犯罪的，是否构成累犯，适用修正前刑法第六十六条的规定。

（第3款） 曾被判处有期徒刑以上刑罚，或者曾犯危害国家安全犯罪、恐怖活动犯罪、黑社会性质的组织犯罪，在 2011 年 5 月 1 日以后再犯罪的，是否构成累犯，适用修正后刑法第六十五条、第六十六条的规定。

第三节　自首和立功

第六十七条【自首与坦白】 犯罪以后自动投案，如实供述自己的罪行的，是自首。对于自首的犯罪分子，可以从轻或者减轻处罚。其中，犯罪较轻的，可以免除处罚。

被采取强制措施的犯罪嫌疑人、被告人和正在服刑的罪犯，如实供述司法机关还未掌握的本人其他罪行的，以自首论。

犯罪嫌疑人虽不具有前两款规定的自首情节，但是如实供述自己罪行的，可以从轻处罚；因其如实供述自己罪行，避免特别严重后果发生的，可以减轻处罚。

━━━━◆ 要点及关联法规 ◆━━━━

① 参见【本章要点及关联法规】，P56
② "自动投案"的认定

★最高人民法院《关于处理自首和立功具体应用法律若干问题的解释》（1998 年 5 月 9 日）（节录）

第一条　根据刑法第六十七条第一款的规定，犯罪以后自动投案，如实供述自己的罪行的，是自首。

（一）自动投案，是指犯罪事实或者犯罪嫌疑人未被司法机关发觉，或者虽被发觉，但犯罪嫌疑人尚未受到讯问、未被采取强制措施时，主动、直接向公安机关、人民检察院或者人民法院投案。

犯罪嫌疑人向其所在单位、城乡基层组织或者其他有关负责人员投案的；犯罪嫌疑人因病、伤或者为了减轻犯罪后果，委托他人先代为投案，或者先以信电投案的；罪行未被司法机关发觉，仅因形迹可疑被有关组织或者司法机关盘问、教育后，主动交代自己的罪行的；犯罪后逃跑，在被通缉、追捕过程中，主动投案的；经查实确已准备去投案，或者正在投案途中，被公安机关捕获的，应当视为自动投案。

并非出于犯罪嫌疑人主动，而是经亲友规劝、陪同投案的；公安机关通知犯罪嫌疑人的亲友，或者亲友主动报案后，将犯罪嫌疑人送去投案的，也应当视为自动投案。

犯罪嫌疑人自动投案后又逃跑的，不能认定为自首。

★最高人民法院、最高人民检察院《关于办理职务犯罪案件认定自首、立功等量刑情节若干问题的意见》（2009 年 3 月 12 日）（节录）

一、关于自首的认定和处理

根据刑法第六十七条第一款的规定，成立自首需同时具备自动投案和如实供述自己的罪行两个要件。犯罪事实或者犯罪分子未被办案机关掌握，或者虽被掌握，但犯罪分子尚未受到调查谈话、讯问，或者未被宣布采取调查措施或者强制措施时，向办案机关投案的，是自动投案。在此期间如实交代自己的主要犯罪事实的，应当认定为自首。

犯罪分子向所在单位等办案机关以外的单位、组织或者有关负责人员投案的，应当视为自动投案。

没有自动投案，在办案机关调查谈话、讯问、采取调查措施或者强制措施期间，犯罪分子如实交代办案机关掌握的线索所针对的事实的，不能认定为自首。

没有自动投案，但具有以下情形之一的，以自首论：（1）犯罪分子如实交代办案机关未掌握的罪行，与办案机关已掌握的罪行属不同种罪行的；（2）办案机关所掌握线索针对的犯罪事实不成立，在此范围外犯罪分子交代同种罪行的。

单位犯罪案件中，单位集体决定或者单位负责人决定而自动投案，如实交代单位犯罪事实的，或者单位直接负责的主管人员自动投案，如实交代单位犯罪事实的，应当认定为单位自首。单位自首的，直接负责的主管人员和直接责任人员未自动投案，但如实交代自己知道的犯罪事实的，可以视为自首；拒不交代自己知道的犯罪事实或者逃避法律追究的，不应当认定为自首。单位没有自首，直接责任人员自动投案并如实交代自己知道的犯罪事实的，对该直接责任人员应当认定为自首。

对于具有自首情节的犯罪分子，办案机关移送案件时应当予以说明并移交相关证据材料。

对于具有自首情节的犯罪分子，应当根据犯罪的事实、性质、情节和对于社会的危害程度，结合自动投案的动机、阶段、客观环境，交代犯罪事实的完整性、稳定性以及悔罪表现等具体情节，依法决定是否从轻、减轻或者免除处罚以及从轻、减轻处罚的幅度。

★最高人民法院《关于处理自首和立功若干具体问题的意见》（2010年12月22日）（节录）

一、关于"自动投案"的具体认定

《解释》第一条第（一）项规定七种应当视为自动投案的情形，体现了犯罪嫌疑人投案的主动性和自愿性。根据《解释》第一条第（一）项的规定，犯罪嫌疑人具有以下情形之一的，也应当视为自动投案：1. 犯罪后主动报案，虽未表明自己是作案人，但没有逃离现场，在司法机关询问时交代自己罪行的；2. 明知他人报案而在现场等待，抓捕时无拒捕行为，供认犯罪事实的；3. 在司法机关未确定犯罪嫌疑人，尚在一般性排查询问时主动交代自己罪行的；4. 因特定违法行为被采取劳动教养、行政拘留、司法拘留、强制隔离戒毒等行政、司法强制措施期间，主动向执行机关交代尚未被掌握的犯罪行为的；5. 其他符合立法本意，应当视为自动投案的情形。

罪行未被有关部门、司法机关发觉，仅因形迹可疑被盘问、教育后，主动交代了犯罪事实的，应当视为自动投案，但有关部门、司法机关在其身上、随身携带的物品、驾乘的交通工具等处发现与犯罪有关的物品的，不能认定为自动投案。

交通肇事后保护现场、抢救伤者，并向公安机关报告的，应认定为自动投案，构成自首的，因上述行为同时系犯罪嫌疑人的法定义务，对其是否从宽、从宽幅度要适当从严掌握。交通肇事逃逸后自动投案，如实供述自己罪行的，应认定为自首，但应依法以较重法定刑为基准，视情决定对其是否从宽处罚以及从宽处罚的幅度。

犯罪嫌疑人被亲友采用捆绑等手段送到司法机关，或者在亲友带领侦查人员前来抓捕时无拒捕行为，并如实供认犯罪事实的，虽然不能认定为自动投案，但可以参照法律对自首的有关规定酌情从轻处罚。

▶3 "如实供述自己的罪行"的认定

★最高人民法院《关于处理自首和立功具体应用法律若干问题的解释》（1998年5月9日）（节录）

第一条 （二）如实供述自己的罪行，是指犯罪嫌疑人自动投案后，如实交代自己的主要犯罪事实。

犯有数罪的犯罪嫌疑人仅如实供述所犯数罪中部分犯罪的，只对如实供述部分犯罪的行为，认定为自首。

共同犯罪案件中的犯罪嫌疑人，除如实供述自己的罪行，还应当供述所知的同案犯，主犯则应当供述所知其他同案的共同犯罪事实，才能认定为自首。

犯罪嫌疑人自动投案并如实供述自己的罪行后又翻供的，不能认定为自首，但在一审判决前又能如实供述的，应当认定为自首。

第二条 根据刑法第六十七条第二款的规定，被采取强制措施的犯罪嫌疑人、被告人和已宣判的罪犯，如实供述司法机关尚未掌握的罪行，与司法机关已掌握的或者判决确定的罪行属不同种罪行的，以自首论。

★最高人民法院《关于处理自首和立功若干具体问题的意见》（2010年12月22日）（节录）

二、关于"如实供述自己的罪行"的具体认定

《解释》第一条第（二）项①规定如实供述自己的罪行，除供述自己的主要犯罪事实外，还应包括姓名、年龄、职业、住址、前科等情况。犯罪嫌疑人供述的身份等情况与真实情况虽有差别，但不影响定罪量刑的，应认定为如实供述自己的罪行。犯罪嫌疑人自动投案后隐瞒自己的真实身份等情况，影响对其定罪量刑的，不能认定为如实供述自己的罪行。

犯罪嫌疑人多次实施同种罪行的，应当综合考虑已交代的犯罪事实与未交代的犯罪事实的危害程度，决定是否认定为如实供述主要犯罪事实。虽然投案后没有交代全部犯罪事实，但如实交代的犯罪情节重于未交代的犯罪情节，或者如实交代的犯罪数额多于未交代的犯罪数额，一般应认定为如实供述自己的主要犯罪事实。无法区分已交代的与未交代的犯罪情节的严重程度，或者已交代的犯罪数额与未交代的犯罪数额相当，一般不认定为如实供述自己的主要犯罪事实。

犯罪嫌疑人自动投案时虽然没有交代自己的主要犯罪事实，但在司法机关掌握其主要犯罪事实之前主动交代的，应认定为如实供述自己的罪行。

▶4 "司法机关还未掌握的本人其他罪行"、"不同种罪行"的认定

★最高人民法院《关于处理自首和立功若干具体问题的意见》（2010年12月22日）

---

① 即最高人民法院《关于处理自首和立功具体应用法律若干问题的解释》（1998年5月9日）。

（节录）

三、关于"司法机关还未掌握的本人其他罪行"和"不同种罪行"的具体认定

犯罪嫌疑人、被告人在被采取强制措施期间，向司法机关主动如实供述本人的其他罪行，该罪行能否认定为司法机关已掌握，应根据不同情形区别对待。如果该罪行已被通缉，一般应以该司法机关是否在通缉令发布范围内作出判断，不在通缉令发布范围内的，应认定为还未掌握，在通缉令发布范围内的，应视为已掌握；如果该罪行已录入全国公安信息网络在逃人员信息数据库，应视为已掌握。如果该罪行未被通缉、也未录入全国公安信息网络在逃人员信息数据库，应以该司法机关是否已实际掌握该罪行为标准。

犯罪嫌疑人、被告人在被采取强制措施期间如实供述本人其他罪行，该罪行与司法机关已掌握的罪行属同种罪行还是不同种罪行，一般应以罪名区分。虽然如实供述的其他罪行的罪名与司法机关已掌握犯罪的罪名不同，但如实供述的其他犯罪与司法机关已掌握的犯罪属选择性罪名或者在法律、事实上密切关联，如因受贿被采取强制措施后，又交代因受贿为他人谋取利益行为，构成滥用职权罪的，应认定为同种罪行。

5 被告人对行为性质的辩解不影响自首的成立

★最高人民法院《关于被告人对行为性质的辩解是否影响自首成立问题的批复》（2004年4月1日）

根据刑法第六十七条第一款和最高人民法院《关于处理自首和立功具体应用法律若干问题的解释》第一条的规定，犯罪以后自动投案，如实供述自己的罪行的，是自首。被告人对行为性质的辩解不影响自首的成立。

6 自首、立功证据材料的审查

★最高人民法院《关于处理自首和立功若干具体问题的意见》（2010年12月22日）（节录）

七、关于自首、立功证据材料的审查

人民法院审查的自首证据材料，应当包括被告人投案经过、有罪供述以及能够证明其投案情况的其他材料。投案经过的内容一般应包括被告人投案时间、地点、方式等。证据材料应加盖接受被告人投案的单位的印章，并有接受人员签名。

人民法院审查的立功证据材料，一般应包括被告人检举揭发材料及证明其来源的材料、司法机关的调查核实材料、被检举揭发人的供述等。被检举揭发案件已立案、侦破，被检举揭发人被采取强制措施、公诉或者审判的，还应审查相关的法律文书。证据材料应加盖接收被告人检举揭发材料的单位的印章，并有接受人员签名。

人民法院经审查认为证明被告人自首、立功的材料不规范、不全面的，应当由检察机关、侦查机关予以完善或者提供补充材料。

上述证据材料在被告人被指控的犯罪一、二审审理时已形成的，应当经庭审质证。

7 自首对量刑的影响

★最高人民法院《关于处理自首和立功具体应用法律若干问题的解释》（1998年5月9日）（节录）

第三条　根据刑法第六十七条第一款的规定，对于自首的犯罪分子，可以从轻或者减

· 76 ·

轻处罚；对于犯罪较轻的，可以免除处罚。具体确定从轻、减轻还是免除处罚，应当根据犯罪轻重，并考虑自首的具体情节。

第四条 被采取强制措施的犯罪嫌疑人、被告人和已宣判的罪犯，如实供述司法机关尚未掌握的罪行，与司法机关已掌握的或者判决确定的罪行属同种罪行的，可以酌情从轻处罚；如实供述的同种罪行较重的，一般应当从轻处罚。

★最高人民法院《关于贯彻宽严相济刑事政策的若干意见》（2010年2月8日）（节录）

17. 对于自首的被告人，除了罪行极其严重、主观恶性极深、人身危险性极大，或者恶意地利用自首规避法律制裁者以外，一般均应当依法从宽处罚。

对于亲属以不同形式送被告人归案或协助司法机关抓获被告人而认定为自首的，原则上都应当依法从宽处罚；有的虽然不能认定为自首，但考虑到被告人亲属支持司法机关工作，促使被告人到案、认罪、悔罪，在决定对被告人具体处罚时，也应当予以充分考虑。

★最高人民法院《关于处理自首和立功若干具体问题的意见》（2010年12月22日）（节录）

八、关于对自首、立功的被告人的处罚

对具有自首、立功情节的被告人是否从宽处罚、从宽处罚的幅度，应当考虑其犯罪事实、犯罪性质、犯罪情节、危害后果、社会影响、被告人的主观恶性和人身危险性等。自首的还应考虑投案的主动性、供述的及时性和稳定性等。立功的还应考虑检举揭发罪行的轻重、被检举揭发的人可能或者已经被判处的刑罚、提供的线索对侦破案件或者协助抓捕其他犯罪嫌疑人所起作用的大小等。

具有自首或者立功情节的，一般应依法从轻、减轻处罚；犯罪情节较轻的，可以免除处罚。类似情况下，对具有自首情节的被告人的从宽幅度要适当宽于具有立功情节的被告人。

虽然具有自首或者立功情节，但犯罪情节特别恶劣、犯罪后果特别严重、被告人主观恶性深、人身危险性大，或者在犯罪前即为规避法律、逃避处罚而准备自首、立功的，可以不从宽处罚。

对于被告人具有自首、立功情节，同时又有累犯、毒品再犯等法定从重处罚情节的，既要考虑自首、立功的具体情节，又要考虑被告人的主观恶性、人身危险性等因素，综合分析判断，确定从宽或者从严处罚。累犯的前罪为非暴力犯罪的，一般可以从宽处罚，前罪为暴力犯罪或者前、后罪为同类犯罪的，可以不从宽处罚。

在共同犯罪案件中，对具有自首、立功情节的被告人的处罚，应注意共同犯罪人以及首要分子、主犯、从犯之间的量刑平衡。犯罪集团的首要分子、共同犯罪的主犯检举揭发或者协助司法机关抓捕同案地位、作用较次的犯罪分子的，从宽处罚与否应当从严掌握，如果从轻处罚可能导致全案量刑失衡的，一般不从轻处罚；如果检举揭发或者协助司法机关抓捕的是其他案件中罪行同样严重的犯罪分子，一般应依法从宽处罚。对于犯罪集团的一般成员、共同犯罪的从犯立功的，特别是协助抓捕首要分子、主犯的，应当充分体现政策，依法从宽处罚。

★最高人民法院《关于常见犯罪的量刑指导意见》（2014年1月1日）（节录）

三、常见量刑情节的适用

4. 对于自首情节，综合考虑自首的动机、时间、方式、罪行轻重、如实供述罪行的程度以及悔罪表现等情况，可以减少基准刑的40%以下；犯罪较轻的，可以减少基准刑的40%以上或者依法免除处罚。恶意利用自首规避法律制裁等不足以从宽处罚的除外。

6. 对于坦白情节，综合考虑如实供述罪行的阶段、程度、罪行轻重以及悔罪程度等情况，确定从宽的幅度。

（1）如实供述自己罪行的，可以减少基准刑的20%以下；

（2）如实供述司法机关尚未掌握的同种较重罪行的，可以减少基准刑的10%～30%；

（3）因如实供述自己罪行，避免特别严重后果发生的，可以减少基准刑的30%～50%。

8 坦白对量刑的影响

★最高人民法院、最高人民检察院《关于办理职务犯罪案件认定自首、立功等量刑情节若干问题的意见》（2009年3月12日）（节录）

三、关于如实交代犯罪事实的认定和处理

犯罪分子依法不成立自首，但如实交代犯罪事实，有下列情形之一的，可以酌情从轻处罚：（1）办案机关掌握部分犯罪事实，犯罪分子交代了同种其他犯罪事实的；（2）办案机关掌握的证据不充分，犯罪分子如实交代有助于收集定案证据的。

犯罪分子如实交代犯罪事实，有下列情形之一的，一般应当从轻处罚：（1）办案机关仅掌握小部分犯罪事实，犯罪分子交代了大部分未被掌握的同种犯罪事实的；（2）如实交代对于定案证据的收集有重要作用的。

9 时间效力问题

★最高人民法院《关于适用刑法时间效力规定若干问题的解释》（1997年10月1日）（节录）

第四条 1997年9月30日以前被采取强制措施的犯罪嫌疑人、被告人或者1997年9月30日以前犯罪，1997年10月1日以后仍在服刑的罪犯，如实供述司法机关还未掌握的本人其他罪行的，适用刑法第六十七条第二款的规定。

★最高人民法院《关于〈中华人民共和国刑法修正案（八）〉时间效力问题的解释》（2011年5月1日）（节录）

第四条 2011年4月30日以前犯罪，虽不具有自首情节，但是如实供述自己罪行的，适用修正后刑法第六十七条第三款的规定。

第六十八条【立功】 犯罪分子有揭发他人犯罪行为，查证属实的，或者提供重要线索，从而得以侦破其他案件等立功表现的，可以从轻或者减轻处罚；有重大立功表现的，可以减轻或者免除处罚。

━━━━▶ 要点及关联法规

1 参见【本章要点及关联法规】，P56

❷ 立功的认定、处理

★最高人民法院《关于处理自首和立功具体应用法律若干问题的解释》（1998年5月9日）（节录）

第五条 根据刑法第六十八条第一款的规定，犯罪分子到案后有检举、揭发他人犯罪行为，包括共同犯罪案件中的犯罪分子揭发同案犯共同犯罪以外的其他犯罪，经查证属实；提供侦破其他案件的重要线索，经查证属实；阻止他人犯罪活动；协助司法机关抓捕其他犯罪嫌疑人（包括同案犯）；具有其他有利于国家和社会的突出表现的，应当认定为有立功表现。

第六条 共同犯罪案件的犯罪分子到案后，揭发同案犯共同犯罪事实的，可以酌情予以从轻处罚。

第七条 根据刑法第六十八条第一款的规定，犯罪分子有检举、揭发他人重大犯罪行为，经查证属实；提供侦破其他重大案件的重要线索，经查证属实；阻止他人重大犯罪活动；协助司法机关抓捕其他重大犯罪嫌疑人（包括同案犯）；对国家和社会有其他重大贡献等表现的，应当认定为有重大立功表现。

前款所称"重大犯罪"、"重大案件"、"重大犯罪嫌疑人"的标准，一般是指犯罪嫌疑人、被告人可能被判处无期徒刑以上刑罚或者案件在本省、自治区、直辖市或者全国范围内有较大影响等情形。

★最高人民法院《关于处理自首和立功若干具体问题的意见》（2010年12月22日）（节录）

五、关于"协助抓捕其他犯罪嫌疑人"的具体认定

犯罪分子具有下列行为之一，使司法机关抓获其他犯罪嫌疑人的，属于《解释》① 第五条规定的"协助司法机关抓捕其他犯罪嫌疑人"：1. 按照司法机关的安排，以打电话、发信息等方式将其他犯罪嫌疑人（包括同案犯）约至指定地点的；2. 按照司法机关的安排，当场指认、辨认其他犯罪嫌疑人（包括同案犯）的；3. 带领侦查人员抓获其他犯罪嫌疑人（包括同案犯）的；4. 提供司法机关尚未掌握的其他案件犯罪嫌疑人的联络方式、藏匿地址的，等等。

犯罪分子提供同案犯姓名、住址、体貌特征等基本情况，或者提供犯罪前、犯罪中掌握、使用的同案犯联络方式、藏匿地址，司法机关据此抓捕同案犯的，不能认定为协助司法机关抓捕同案犯。

★最高人民法院、最高人民检察院《关于办理职务犯罪案件认定自首、立功等量刑情节若干问题的意见》（2009年3月12日）（节录）

二、关于立功的认定和处理

立功必须是犯罪分子本人实施的行为。为使犯罪分子得到从轻处理，犯罪分子的亲友直接向有关机关揭发他人犯罪行为，提供侦破其他案件的重要线索，或者协助司法机关抓捕其他犯罪嫌疑人的，不应当认定为犯罪分子的立功表现。

---

① 即最高人民法院《关于处理自首和立功具体应用法律若干问题的解释》（1998年5月9日）。

据以立功的他人罪行材料应当指明具体犯罪事实；据以立功的线索或者协助行为对于侦破案件或者抓捕犯罪嫌疑人要有实际作用。犯罪分子揭发他人犯罪行为时没有指明具体犯罪事实的；揭发的犯罪事实与查实的犯罪事实不具有关联性的；提供的线索或者协助行为对于其他案件的侦破或者其他犯罪嫌疑人的抓捕不具有实际作用的，不能认定为立功表现。

犯罪分子揭发他人犯罪行为，提供侦破其他案件重要线索的，必须经查证属实，才能认定为立功。审查是否构成立功，不仅要审查办案机关的说明材料，还要审查有关事实和证据以及与案件定性处罚相关的法律文书，如立案决定书、逮捕决定书、侦查终结报告、起诉意见书、起诉书或者判决书等。

据以立功的线索、材料来源有下列情形之一的，不能认定为立功：（1）本人通过非法手段或者非法途径获取的；（2）本人因原担任的查禁犯罪等职务获取的；（3）他人违反监管规定向犯罪分子提供的；（4）负有查禁犯罪活动职责的国家机关工作人员或者其他国家工作人员利用职务便利提供的。

犯罪分子检举、揭发的他人犯罪，提供侦破其他案件的重要线索，阻止他人的犯罪活动，或者协助司法机关抓捕的其他犯罪嫌疑人，犯罪嫌疑人、被告人依法可能被判处无期徒刑以上刑罚的，应当认定为有重大立功表现。其中，可能被判处无期徒刑以上刑罚，是指根据犯罪行为的事实、情节可能判处无期徒刑以上刑罚。案件已经判决的，以实际判处的刑罚为准。但是，根据犯罪行为的事实、情节应当判处无期徒刑以上刑罚，因被判刑人有法定情节经依法从轻、减轻处罚后判处有期徒刑的，应当认定为重大立功。

▶3 立功线索来源的认定、查证

★最高人民法院《关于处理自首和立功若干具体问题的意见》（2010年12月22日）（节录）

四、关于立功线索来源的具体认定

犯罪分子通过贿买、暴力、胁迫等非法手段，或者被羁押后与律师、亲友会见过程中违反监管规定，获取他人犯罪线索并"检举揭发"的，不能认定为有立功表现。

犯罪分子将本人以往查办犯罪职务活动中掌握的，或者从负有查办犯罪、监管职责的国家工作人员处获取的他人犯罪线索予以检举揭发的，不能认定为有立功表现。

犯罪分子亲友为使犯罪分子"立功"，向司法机关提供他人犯罪线索、协助抓捕犯罪嫌疑人的，不能认定为犯罪分子有立功表现。

六、关于立功线索的查证程序和具体认定

被告人在一、二审审理期间检举揭发他人犯罪行为或者提供侦破其他案件的重要线索，人民法院经审查认为该线索内容具体、指向明确的，应及时移交有关人民检察院或者公安机关依法处理。

侦查机关出具材料，表明在三个月内还不能查证并抓获被检举揭发的人，或者不能查实的，人民法院审理案件可不再等待查证结果。

被告人检举揭发他人犯罪行为或者提供侦破其他案件的重要线索经查证不属实，又重复提供同一线索，且没有提出新的证据材料的，可以不再查证。

根据被告人检举揭发破获的他人犯罪案件,如果已有审判结果,应当依据判决确认的事实认定是否查证属实;如果被检举揭发的他人犯罪案件尚未进入审判程序,可以依据侦查机关提供的书面查证情况认定是否查证属实。检举揭发的线索经查确有犯罪发生,或者确定了犯罪嫌疑人,可能构成重大立功,只是未能将犯罪嫌疑人抓获归案的,对可能判处死刑的被告人一般要留有余地,对其他被告人原则上应酌情从轻处罚。

被告人检举揭发或者协助抓获的人的行为构成犯罪,但因法定事由不追究刑事责任、不起诉、终止审理的,不影响对被告人立功表现的认定;被告人检举揭发或者协助抓获的人的行为应判处无期徒刑以上刑罚,但因具有法定、酌定从宽情节,宣告刑为有期徒刑或者更轻刑罚的,不影响对被告人重大立功表现的认定。

七、关于自首、立功证据材料的审查(参见第六十七条:【要点及关联法规】:6. 自首、立功证据材料的审查,P76)

▶ 4 立功对量刑的影响

★最高人民法院、最高人民检察院《关于办理职务犯罪案件认定自首、立功等量刑情节若干问题的意见》(2009 年 3 月 12 日)(节录)

二、关于立功的认定和处理

对于具有立功情节的犯罪分子,应当根据犯罪的事实、性质、情节和对于社会的危害程度,结合立功表现所起作用的大小、所破获案件的罪行轻重、所抓获犯罪嫌疑人可能判处的法定刑以及立功的时机等具体情节,依法决定是否从轻、减轻或者免除处罚以及从轻、减轻处罚的幅度。

★最高人民法院《关于贯彻宽严相济刑事政策的若干意见》(2010 年 2 月 8 日)(节录)

18. 对于被告人检举揭发他人犯罪构成立功的,一般均应当依法从宽处罚。对于犯罪情节不是十分恶劣,犯罪后果不是十分严重的被告人立功的,从宽处罚的幅度应当更大。

★最高人民法院《关于处理自首和立功若干具体问题的意见》(2010 年 12 月 22 日)(节录)

(参见第六十七条:【要点及关联法规】:7. 自首对量刑的影响,P76)

★最高人民法院《关于常见犯罪的量刑指导意见》(2014 年 1 月 1 日)(节录)

5. 对于立功情节,综合考虑立功的大小、次数、内容、来源、效果以及罪行轻重等情况,确定从宽的幅度。

(1) 一般立功的,可以减少基准刑的 20% 以下;

(2) 重大立功的,可以减少基准刑的 20%~50%;犯罪较轻的,减少基准刑的 50% 以上或者依法免除处罚。

▶ 5 毒品案件立功的认定

★最高人民法院《全国部分法院审理毒品犯罪案件工作座谈会纪要》(2008 年 12 月 1 日)(节录)

七、毒品案件的立功问题

共同犯罪中同案犯的基本情况,包括同案犯姓名、住址、体貌特征、联络方式等信息,属于被告人应当供述的范围。公安机关根据被告人供述抓获同案犯的,不应认定其有立功表现。被告人在公安机关抓获同案犯过程中确实起到协助作用的,例如,经被告人现场指认、辨认抓获了同案犯;被告人带领公安人员抓获了同案犯;被告人提供了不为有关机关掌握或者有关机关按照正常工作程序无法掌握的同案犯藏匿的线索,有关机关据此抓获了同案犯;被告人交代了与同案犯的联系方式,又按要求与对方联络,积极协助公安机关抓获了同案犯等,属于协助司法机关抓获同案犯,应认定为立功。

关于立功从宽处罚的把握,应以功是否足以抵罪为标准。在毒品共同犯罪案件中,毒枭、毒品犯罪集团首要分子、共同犯罪的主犯、职业毒犯、毒品惯犯等,由于掌握同案犯、从犯、马仔的犯罪情况和个人信息,被抓获后往往能协助抓捕同案犯,获得立功或者重大立功。对其是否从宽处罚以及从宽幅度的大小,应当主要看功是否足以抵罪,即应结合被告人罪行的严重程度、立功大小综合考虑。要充分注意毒品共同犯罪人以及上、下家之间的量刑平衡。对于毒枭等严重毒品犯罪分子立功的,从轻或者减轻处罚应当从严掌握。如果其罪行极其严重,只有一般立功表现,功不足以抵罪的,可不予从轻处罚;如果其检举、揭发的是其他犯罪案件中罪行同样严重的犯罪分子,或者协助抓获的是同案中的其他首要分子、主犯,功足以抵罪的,原则上可以从轻或者减轻处罚;如果协助抓获的只是同案中的从犯或者马仔,功不足以抵罪,或者从轻处罚后全案处刑明显失衡的,不予从轻处罚。相反,对于从犯、马仔立功,特别是协助抓获毒枭、首要分子、主犯的,应当从轻处罚,直至依法减轻或者免除处罚。

被告人亲属为了使被告人得到从轻处罚,检举、揭发他人犯罪或者协助司法机关抓捕其他犯罪人的,不能视为被告人立功。同监犯将本人或者他人尚未被司法机关掌握的犯罪事实告知被告人,由被告人检举揭发的,如经查证属实,虽可认定被告人立功,但是否从宽处罚、从宽幅度大小,应与通常的立功有所区别。通过非法手段或者非法途径获取他人犯罪信息,如从国家工作人员处贿买他人犯罪信息,通过律师、看守人员等非法途径获取他人犯罪信息,由被告人检举揭发的,不能认定为立功,也不能作为酌情从轻处罚情节。

▶6 时间效力问题

★最高人民法院《关于〈中华人民共和国刑法修正案(八)〉时间效力问题的解释》(2011年5月1日)(节录)

第五条 2011年4月30日以前犯罪,犯罪后自首又有重大立功表现的,适用修正前刑法第六十八条第二款①的规定。

---

① 1997年《刑法》第六十八条第二款:"犯罪后自首又有重大立功表现的,应当减轻或者免除处罚。"

第四节 数罪并罚

第六十九条【判决宣告前一人犯数罪的并罚】判决宣告以前一人犯数罪的,除判处死刑和无期徒刑的以外,应当在总和刑期以下、数刑中最高刑期以上,酌情决定执行的刑期,但是管制最高不能超过三年,拘役最高不能超过一年,有期徒刑总和刑期不满三十五年的,最高不能超过二十年,总和刑期在三十五年以上的,最高不能超过二十五年。

数罪中有判处有期徒刑和拘役的,执行有期徒刑。数罪中有判处有期徒刑和管制,或者拘役和管制的,有期徒刑、拘役执行完毕后,管制仍须执行。①

数罪中有判处附加刑的,附加刑仍须执行,其中附加刑种类相同的,合并执行,种类不同的,分别执行。

◀要点及关联法规▶

① 参见【本章要点及关联法规】,P56
② 时间效力问题

★最高人民法院《关于〈中华人民共和国刑法修正案(八)〉时间效力问题的解释》(2011年5月1日)(节录)

第六条 2011年4月30日以前一人犯数罪,应当数罪并罚的,适用修正前刑法第六十九条②的规定;2011年4月30日前后一人犯数罪,其中一罪发生在2011年5月1日以后的,适用修正后刑法第六十九条的规定。

★最高人民法院《关于〈中华人民共和国刑法修正案(九)〉时间效力问题的解释》(2015年11月1日)(节录)

第三条 对于2015年10月31日以前一人犯数罪,数罪中有判处有期徒刑和拘役,有期徒刑和管制,或者拘役和管制的,予以数罪并罚的,适用修正后刑法第六十九条第二款的规定。

第七十条【判决宣告后发现漏罪的并罚】判决宣告以后,刑罚执行完毕以前,发现被判刑的犯罪分子在判决宣告以前还有其他罪没有判决的,应当对新发现的罪作出判决,把前后两个判决所判处的刑罚,依照本法第六十九条的规定,决定执行的刑罚。已经执行的刑期,应当计算在新判决决定的刑期以内。

---

① 本条第二款系2015年8月29日《刑法修正案(九)》第四条增设,原第二款改为目前的第三款。

② 1997年《刑法》第六十九条:"判决宣告以前一人犯数罪的,除判处死刑和无期徒刑以外,应当在总和刑期以下、数刑中最高刑期以上,酌情决定执行的刑期,但是管制最高不能超过三年,拘役最高不能超过一年,有期徒刑最高不能超过二十年。如果数罪中有判处附加刑的,附加刑仍须执行。"

要点及关联法规

1 参见【本章要点及关联法规】，P56

2 判决宣告后发现漏罪的处理

★最高人民法院《关于判决宣告后又发现被判刑的犯罪分子的同种漏罪是否实行数罪并罚问题的批复》（1993年4月16日）（节录）

人民法院的判决宣告并已发生法律效力以后，刑罚还没有执行完毕以前，发现被判刑的犯罪分子在判决宣告以前还有其他罪没有判决的，不论新发现的罪与原判决的罪是否属于同种罪，都应当依照刑法第六十五条的规定实行数罪并罚。但如果在第一审人民法院的判决宣告以后，被告人提出上诉或者人民检察院提出抗诉，判决尚未发生法律效力的，第二审人民法院在审理期间，发现原审被告人在第一审判决宣告以前还有同种漏罪没有判决的，第二审人民法院应当依照刑事诉讼法第一百三十六条第（三）项的规定，裁定撤销原判，发回原审人民法院重新审判，第一审人民法院重新审判时，不适用刑法关于数罪并罚的规定。

★最高人民法院《关于办理减刑、假释案件具体应用法律的规定》（2017年1月1日）（节录）

第三十五条 被判处死刑缓期执行的罪犯，在死刑缓期执行期内被发现漏罪，依据刑法第七十条规定数罪并罚，决定执行死刑缓期执行的，死刑缓期执行期间自新判决确定之日起计算，已经执行的死刑缓期执行期间计入新判决的死刑缓期执行期间内，但漏罪被判处死刑缓期执行的除外。

第三十六条 被判处死刑缓期执行的罪犯，在死刑缓期执行期满后被发现漏罪，依据刑法第七十条规定数罪并罚，决定执行死刑缓期执行的，交付执行时对罪犯实际执行无期徒刑，死缓考验期不再执行，但漏罪被判处死刑缓期执行的除外。

在无期徒刑减为有期徒刑时，前罪死刑缓期执行减为无期徒刑之日起至新判决生效之日止已经实际执行的刑期，应当计算在减刑裁定决定执行的刑期以内。

原减刑裁定减去的刑期依照本规定第三十四条处理。

第三十七条 被判处无期徒刑的罪犯在减为有期徒刑后因发现漏罪，依据刑法第七十条规定数罪并罚，决定执行无期徒刑的，前罪无期徒刑生效之日起至新判决生效之日止已经实际执行的刑期，应当在新判决的无期徒刑减为有期徒刑时，在减刑裁定决定执行的刑期内扣减。

无期徒刑罪犯减为有期徒刑后因发现漏罪判处三年有期徒刑以下刑罚，数罪并罚决定执行无期徒刑的，在新判决生效后执行一年以上，符合减刑条件的，可以减为有期徒刑，减刑幅度依照本规定第八条、第九条的规定执行。

原减刑裁定减去的刑期依照本规定第三十四条处理。

3 服刑罪犯发明创造构成立功、重大立功的，不能作为追诉漏罪的法定量刑情节考虑

★最高人民法院研究室《关于罪犯在刑罚执行期间的发明创造能否按照重大立功表现作为对其漏罪审判时的量刑情节问题的答复》（2011年6月14日）（节录）

罪犯在服刑期间的发明创造构成立功或者重大立功的,可以作为依法减刑的条件予以考虑,但不能作为追诉漏罪的法定量刑情节考虑。

❹ 罪犯因漏罪、新罪并罚时原减刑裁定的处理

★最高人民法院《关于罪犯因漏罪、新罪数罪并罚时原减刑裁定应如何处理的意见》(2012年1月18日)(节录)

罪犯被裁定减刑后,因被发现漏罪或者又犯新罪而依法进行数罪并罚时,经减刑裁定减去的刑期不计入已经执行的刑期。

在此后对因漏罪数罪并罚的罪犯依法减刑,决定减刑的频次、幅度时,应当对其原经减刑裁定减去的刑期酌予考虑。

★最高人民法院《关于办理减刑、假释案件具体应用法律的规定》(2017年1月1日)(节录)

第三十三条　罪犯被裁定减刑后,刑罚执行期间因故意犯罪而数罪并罚时,经减刑裁定减去的刑期不计入已经执行的刑期。原判死刑缓期执行减为无期徒刑、有期徒刑,或者无期徒刑减为有期徒刑的裁定继续有效。

第三十四条　罪犯被裁定减刑后,刑罚执行期间因发现漏罪而数罪并罚的,原减刑裁定自动失效。如漏罪系罪犯主动交代的,对其原减去的刑期,由执行机关报请有管辖权的人民法院重新作出减刑裁定,予以确认;如漏罪系有关机关发现或者他人检举揭发的,由执行机关报请有管辖权的人民法院,在原减刑裁定减去的刑期总和之内,酌情重新裁定。

第七十一条【判决宣告后又犯新罪的并罚】判决宣告以后,刑罚执行完毕以前,被判刑的犯罪分子又犯罪的,应当对新犯的罪作出判决,把前罪没有执行的刑罚和后罪所判处的刑罚,依照本法第六十九条的规定,决定执行的刑罚。

━━━ 要点及关联法规 ━━━

❶ 参见【本章要点及关联法规】,P56

❷ 在执行剥夺政治权利期间又犯新罪的处理

★最高人民法院《关于在执行附加刑剥夺政治权利期间犯新罪应如何处理的批复》(2009年6月10日)(节录)

一、对判处有期徒刑并处剥夺政治权利的罪犯,主刑已执行完毕,在执行附加刑剥夺政治权利期间又犯新罪,如果所犯新罪无须附加剥夺政治权利的,依照刑法第七十一条的规定数罪并罚。

二、前罪尚未执行完毕的附加刑剥夺政治权利的刑期从新罪的主刑有期徒刑执行之日起停止计算,并依照刑法第五十八条规定从新罪的主刑有期徒刑执行完毕之日或者假释之日起继续计算;附加刑剥夺政治权利的效力施用于新罪的主刑执行期间。

三、对判处有期徒刑的罪犯,主刑已执行完毕,在执行附加刑剥夺政治权利期间又犯新罪,如果所犯新罪也剥夺政治权利的,依照刑法第五十五条、第五十七条、第七十一条的规定并罚。

3 对再审改判前因犯罪被加刑的罪犯，再审时执行刑罚的确定

★最高人民法院研究室《关于对再审改判前因犯新罪被加刑的罪犯再审时如何确定执行的刑罚问题的电话答复》（1989年5月24日）（节录）

对于再审改判前因犯新罪被加刑的罪犯，在对其前罪再审时，应当将罪犯犯新罪时的判决中关于前罪与新罪并罚的内容撤销，并把经再审改判后的前罪没有执行完的刑罚和新罪已判处的刑罚，按照刑法第六十六条①的规定依法数罪并罚。关于原前罪与新罪并罚的判决由哪个法院撤销，应视具体情况确定：如果再审法院是对新罪作出判决的法院的上级法院，或者是对新罪作出判决的同一法院，可以由再审法院撤销；否则，应由对新罪作出判决的法院撤销。对于前罪经再审改判为无罪或者免予刑事处分的，其已执行的刑期可以折抵新罪的刑期。执行本答复中遇有新的情况或问题，请及时报告我们。

第五节 缓 刑

第七十二条【缓刑的条件、禁止令与附加刑的执行】 对于被判处拘役、三年以下有期徒刑的犯罪分子，同时符合下列条件的，可以宣告缓刑，对其中不满十八周岁的人、怀孕的妇女和已满七十五周岁的人，应当宣告缓刑：

（一）犯罪情节较轻；
（二）有悔罪表现；
（三）没有再犯罪的危险；
（四）宣告缓刑对所居住社区没有重大不良影响。

宣告缓刑，可以根据犯罪情况，同时禁止犯罪分子在缓刑考验期限内从事特定活动，进入特定区域、场所，接触特定的人。

被宣告缓刑的犯罪分子，如果被判处附加刑，附加刑仍须执行。

◀ 要点及关联法规 ▶

1 参见【本章要点及关联法规】，P56

2 数罪并罚刑期为三年以下有期徒刑的犯罪分子可适用缓刑

★最高人民检察院法律政策研究室《关于对数罪并罚决定执行刑期为三年以下有期徒刑的犯罪分子能否适用缓刑问题的复函》（1998年9月17日）（节录）

根据刑法第七十二条的规定，可以适用缓刑的对象是被判处拘役、三年以下有期徒刑的犯罪分子；条件是根据犯罪分子的犯罪情节和悔罪表现，适用缓刑确实不致再危害社会。对于判决宣告以前犯数罪的犯罪分子，只要判决执行的刑罚为拘役、三年以下有期徒刑，

---

① 1979年《刑法》第六十六条："判决宣告以后，刑罚还没有执行完毕以前，被判刑的犯罪分子又犯罪的，应当对新犯的罪作出判决，把前罪没有执行的刑罚和后罪所判处的刑罚，依照本法第六十四条的规定，决定执行的刑罚。"

且符合根据犯罪分子的犯罪情节和悔罪表现,适用缓刑确实不致再危害社会的案件,依法可以适用缓刑。

3 未成年人犯罪案件中缓刑的适用

★最高人民法院《关于审理未成年人刑事案件具体应用法律若干问题的解释》(2006年1月23日)(节录)

第十六条 对未成年罪犯符合刑法第七十二条第一款规定的,可以宣告缓刑。如果同时具有下列情形之一,对其适用缓刑确实不致再危害社会的,应当宣告缓刑:

(一)初次犯罪;

(二)积极退赃或赔偿被害人经济损失;

(三)具备监护、帮教条件。

4 农民犯罪案件中缓刑的适用

★最高人民法院《全国法院维护农村稳定刑事审判工作座谈会纪要》(1999年10月27日)(节录)

三、(二)关于对农民被告人依法判处缓刑、管制、免予刑事处罚问题

对农民被告人适用刑罚,既要严格遵循罪刑相适应的原则,又要充分考虑到农民犯罪主体的特殊性。要依靠当地党委做好相关部门的工作,依法适当多适用非监禁刑罚。对于已经构成犯罪,但不需要判处刑罚的,或者法律规定有管制刑的,应当依法免予刑事处罚或判处管制刑。对于罪行较轻且认罪态度好,符合宣告缓刑条件的,应当依法适用缓刑。

要努力配合有关部门落实非监禁刑的监管措施。在监管措施落实问题上可以探索多种有效的方式,如在城市应加强与适用缓刑的犯罪人原籍的政府和基层组织联系落实帮教措施;在农村应通过基层组织和被告人亲属、家属、好友做好帮教工作等等。

5 危害生产安全刑事案件中缓刑的适用

★最高人民法院《关于进一步加强危害生产安全刑事案件审判工作的意见》(2011年12月30日)(节录)

17. 对于危害后果较轻,在责任事故中不负主要责任,符合法律有关缓刑适用条件的,可以依法适用缓刑,但应注意根据案件具体情况,区别对待,严格控制,避免适用不当造成的负面影响。

18. 对于具有下列情形的被告人,原则上不适用缓刑:

(一)具有本意见第14条、第15条所规定的情形的;

(二)数罪并罚的。

19. 宣告缓刑,可以根据犯罪情况,同时禁止犯罪分子在缓刑考验期限内从事与安全生产有关的特定活动。

6 职务犯罪案件中的缓刑适用

★最高人民法院、最高人民检察院《关于办理职务犯罪案件严格适用缓刑、免予刑事处罚若干问题的意见》(2012年8月8日)

为进一步规范贪污贿赂、渎职等职务犯罪案件缓刑、免予刑事处罚的适用,确保办理职务犯罪案件的法律效果和社会效果,根据刑法有关规定并结合司法工作实际,就职务犯

罪案件缓刑、免予刑事处罚的具体适用问题，提出以下意见：

一、严格掌握职务犯罪案件缓刑、免予刑事处罚的适用。职务犯罪案件的刑罚适用直接关系反腐败工作的实际效果。人民法院、人民检察院要深刻认识职务犯罪的严重社会危害性，正确贯彻宽严相济刑事政策，充分发挥刑罚的惩治和预防功能。要在全面把握犯罪事实和量刑情节的基础上严格依照刑法规定的条件适用缓刑、免予刑事处罚，既要考虑从宽情节，又要考虑从严情节；既要做到刑罚与犯罪相当，又要做到刑罚执行方式与犯罪相当，切实避免缓刑、免予刑事处罚不当适用造成的消极影响。

二、具有下列情形之一的职务犯罪分子，一般不适用缓刑或者免予刑事处罚：

（一）不如实供述罪行的；

（二）不予退缴赃款赃物或者将赃款赃物用于非法活动的；

（三）属于共同犯罪中情节严重的主犯的；

（四）犯有数个职务犯罪依法实行并罚或者以一罪处理的；

（五）曾因职务违纪违法行为受过行政处分的；

（六）犯罪涉及的财物属于救灾、抢险、防汛、优抚、扶贫、移民、救济、防疫等特定款物的；

（七）受贿犯罪中具有索贿情节的；

（八）渎职犯罪中徇私舞弊情节或者滥用职权情节恶劣的；

（九）其他不应适用缓刑、免予刑事处罚的情形。

三、不具有本意见第二条规定的情形，全部退缴赃款赃物，依法判处三年有期徒刑以下刑罚，符合刑法规定的缓刑适用条件的贪污、受贿犯罪分子，可以适用缓刑；符合刑法第三百八十三条第一款第（三）项的规定，依法不需要判处刑罚的，可以免予刑事处罚。

不具有本意见第二条所列情形，挪用公款进行营利活动或者超过三个月未还构成犯罪，一审宣判前已将公款归还，依法判处三年有期徒刑以下刑罚，符合刑法规定的缓刑适用条件的，可以适用缓刑；在案发前已归还，情节轻微，不需要判处刑罚的，可以免予刑事处罚。

四、人民法院审理职务犯罪案件时应当注意听取检察机关、被告人、辩护人提出的量刑意见，分析影响性案件案发前后的社会反映，必要时可以征求案件查办等机关的意见。对于情节恶劣、社会反映强烈的职务犯罪案件，不得适用缓刑、免予刑事处罚。

五、对于具有本意见第二条规定的情形之一，但根据全案事实和量刑情节，检察机关认为确有必要适用缓刑或者免予刑事处罚并据此提出量刑建议的，应经检察委员会讨论决定；审理法院认为确有必要适用缓刑或者免予刑事处罚的，应经审判委员会讨论决定。

7 禁止令

★最高人民法院《关于〈中华人民共和国刑法修正案（八）〉时间效力问题的解释》（2011年5月1日）（节录）

第一条（第1款） 对于2011年4月30日以前犯罪，依法应当判处管制或者宣告缓刑的，人民法院根据犯罪情况，认为确有必要同时禁止犯罪分子在管制期间或者缓刑考验期内从事特定活动，进入特定区域、场所，接触特定人的，适用修正后刑法第三十八条第二款或者第七十二条第二款的规定。

★最高人民法院、最高人民检察院、公安部、司法部《关于对判处管制、宣告缓刑的犯罪分子适用禁止令有关问题的规定（试行）》（2011年5月1日）（节录）

（参见第三十八条：【要点及关联法规】：1. 禁止令的适用，P34）

8 时间效力

★最高人民法院《关于适用刑法时间效力规定若干问题的解释》（1997年10月1日）（节录）

第六条 1997年9月30日以前犯罪被宣告缓刑的犯罪分子，在1997年10月1日以后的缓刑考验期间又犯新罪、被发现漏罪或者违反法律、行政法规或者国务院公安部门有关缓刑的监督管理规定，情节严重的，适用刑法第七十七条的规定，撤销缓刑。

第七十三条【缓刑考验期限】拘役的缓刑考验期限为原判刑期以上一年以下，但是不能少于二个月。

有期徒刑的缓刑考验期限为原判刑期以上五年以下，但是不能少于一年。

缓刑考验期限，从判决确定之日起计算。

────── 要点及关联法规 ──────

▶ 参见【本章要点及关联法规】，P56

第七十四条【不适用缓刑的对象】对于累犯和犯罪集团的首要分子，不适用缓刑。

────── 要点及关联法规 ──────

▶ 参见【本章要点及关联法规】，P56

第七十五条【缓刑犯应遵守的规定】被宣告缓刑的犯罪分子，应当遵守下列规定：

（一）遵守法律、行政法规，服从监督；
（二）按照考察机关的规定报告自己的活动情况；
（三）遵守考察机关关于会客的规定；
（四）离开所居住的市、县或者迁居，应当报经考察机关批准。

────── 要点及关联法规 ──────

▶ 参见【本章要点及关联法规】，P56

第七十六条【社区矫正、缓刑考验合格的处理】对宣告缓刑的犯罪分子，在缓刑考验期限内，依法实行社区矫正，如果没有本法第七十七条规定的情形，缓刑考验期满，原判的刑罚就不再执行，并公开予以宣告。

▶ 要点及关联法规 ◀

① 参见【本章要点及关联法规】
② 社区矫正的适用
（参见第三十八条：【要点及关联法规】：2. 社区矫正的适用，P38）

第七十七条 【缓刑考验不合格的处理】 被宣告缓刑的犯罪分子，在缓刑考验期限内犯新罪或者发现判决宣告以前还有其他罪没有判决的，应当撤销缓刑，对新犯的罪或者新发现的罪作出判决，把前罪和后罪所判处的刑罚，依照本法第六十九条的规定，决定执行的刑罚。

被宣告缓刑的犯罪分子，在缓刑考验期限内，违反法律、行政法规或者国务院有关部门关于缓刑的监督管理规定，或者违反人民法院判决中的禁止令，情节严重的，应当撤销缓刑，执行原判刑罚。

▶ 要点及关联法规 ◀

① 参见【本章要点及关联法规】，P56
② 应当撤销缓刑的情形
★中央社会治安综合治理委员会办公室、最高人民法院、最高人民检察院、公安部、司法部《关于加强和规范监外执行工作的意见》（2009年6月25日）（节录）

15. 被宣告缓刑、假释的罪犯在缓刑、假释考验期间有下列情形之一的，由与原裁判人民法院同级的执行地公安机关提出撤销缓刑、假释的建议：

（1）人民法院、监狱、看守所已书面告知罪犯应当按时到执行地公安机关报到，罪犯未在规定的时间内报到，脱离监管三个月以上的；

（2）未经执行地公安机关批准擅自离开所居住的市、县或者迁居，脱离监管三个月以上的；

（3）未按照执行地公安机关的规定报告自己的活动情况或者不遵守执行机关关于会客等规定，经过三次教育仍然拒不改正的；

（4）有其他违反法律、行政法规或者国务院公安部门有关缓刑、假释的监督管理规定行为，情节严重的。

③ 撤销缓刑时罪犯在宣告缓刑前羁押的时间应当折抵刑期
★最高人民法院《关于撤销缓刑时罪犯在宣告缓刑前羁押的时间能否折抵刑期问题的批复》（2002年4月10日）（节录）

根据刑法第七十七条的规定，对被宣告缓刑的犯罪分子撤销缓刑执行原判刑罚的，对其在宣告缓刑前羁押的时间应当折抵刑期。

④ 缓刑期间违反禁止令的处理
★最高人民法院《关于〈中华人民共和国刑法修正案（八）〉时间效力问题的解释》（2011年5月1日）（节录）

第一条（第2款） 犯罪分子在管制期间或者缓刑考验期内，违反人民法院判决中的禁止令的，适用修正后刑法第三十八条第四款或者第七十七条第二款的规定。

第六节 减 刑

第七十八条【减刑的条件、限度】 被判处管制、拘役、有期徒刑、无期徒刑的犯罪分子，在执行期间，如果认真遵守监规，接受教育改造，确有悔改表现的，或者有立功表现的，可以减刑；有下列重大立功表现之一的，应当减刑：

（一）阻止他人重大犯罪活动的；
（二）检举监狱内外重大犯罪活动，经查证属实的；
（三）有发明创造或者重大技术革新的；
（四）在日常生产、生活中舍己救人的；
（五）在抗御自然灾害或者排除重大事故中，有突出表现的；
（六）对国家和社会有其他重大贡献的。

减刑以后实际执行的刑期不能少于下列期限：
（一）判处管制、拘役、有期徒刑的，不能少于原判刑期的二分之一；
（二）判处无期徒刑的，不能少于十三年；
（三）人民法院依照本法第五十条第二款规定限制减刑的死刑缓期执行的犯罪分子，缓期执行期满后依法减为无期徒刑的，不能少于二十五年，缓期执行期满后依法减为二十五年有期徒刑的，不能少于二十年。

◀ 要点及关联法规 ▶

▶❶ 参见【本章要点及关联法规】，P56
▶❷ 减刑的条件

★最高人民法院研究室《关于罪犯在刑罚执行期间的发明创造能否按照重大立功表现作为对其漏罪审判时的量刑情节问题的答复》（2011年6月14日）（节录）

罪犯在服刑期间的发明创造构成立功或者重大立功的，可以作为依法减刑的条件予以考虑，但不能作为追诉漏罪的法定量刑情节考虑。

★最高人民法院《关于办理减刑、假释案件具体应用法律若干问题的规定》（2012年1月17日）（节录）

第一条 根据刑法第七十八条第一款的规定，被判处管制、拘役、有期徒刑、无期徒刑的犯罪分子，在执行期间，认真遵守监规，接受教育改造，确有悔改表现的，或者有立功表现的，可以减刑；有重大立功表现的，应当减刑。

★最高人民法院《关于办理减刑、假释案件具体应用法律的规定》（2017年1月1日）（节录）

第二条 对于罪犯符合刑法第七十八条第一款规定"可以减刑"条件的案件，在办理时应当综合考察罪犯犯罪的性质和具体情节、社会危害程度、原判刑罚及生效裁判中财产性判项的履行情况、交付执行后的一贯表现等因素。

3 "确有悔改表现"的认定

★最高人民法院《关于办理减刑、假释案件具体应用法律若干问题的规定》（2012年1月17日）（节录）

第二条 "确有悔改表现"是指同时具备以下四个方面情形：认罪悔罪；认真遵守法律法规及监规，接受教育改造；积极参加思想、文化、职业技术教育；积极参加劳动，努力完成劳动任务。

对罪犯在刑罚执行期间提出申诉的，要依法保护其申诉权利，对罪犯申诉不应不加分析地认为是不认罪悔罪。

罪犯积极执行财产刑和履行附带民事赔偿义务的，可视为有认罪悔罪表现，在减刑、假释时可以从宽掌握；确有执行、履行能力而不执行、不履行的，在减刑、假释时应当从严掌握。

★最高人民法院《关于办理减刑、假释案件具体应用法律的规定》（2017年1月1日）（节录）

第三条 "确有悔改表现"是指同时具备以下条件：

（一）认罪悔罪；

（二）遵守法律法规及监规，接受教育改造；

（三）积极参加思想、文化、职业技术教育；

（四）积极参加劳动，努力完成劳动任务。

对职务犯罪、破坏金融管理秩序和金融诈骗犯罪、组织（领导、参加、包庇、纵容）黑社会性质组织犯罪等罪犯，不积极退赃、协助追缴赃款赃物、赔偿损失，或者服刑期间利用个人影响力和社会关系等不正当手段意图获得减刑、假释的，不认定其"确有悔改表现"。

罪犯在刑罚执行期间的申诉权利应当依法保护，对其正当申诉不能不加分析地认为是不认罪悔罪。

4 "立功表现"、"重大立功表现"的认定

★最高人民法院《关于办理减刑、假释案件具体应用法律若干问题的规定》（2012年1月17日）（节录）

第三条 具有下列情形之一的，应当认定为有"立功表现"：

（一）阻止他人实施犯罪活动的；

（二）检举、揭发监狱内外犯罪活动，或者提供重要的破案线索，经查证属实的；

（三）协助司法机关抓捕其他犯罪嫌疑人（包括同案犯）的；

（四）在生产、科研中进行技术革新，成绩突出的；

（五）在抢险救灾或者排除重大事故中表现突出的；

（六）对国家和社会有其他贡献的。

第四条 具有下列情形之一的，应当认定为有"重大立功表现"：

（一）阻止他人实施重大犯罪活动的；
（二）检举监狱内外重大犯罪活动，经查证属实的；
（三）协助司法机关抓捕其他重大犯罪嫌疑人（包括同案犯）的；
（四）有发明创造或者重大技术革新的；
（五）在日常生产、生活中舍己救人的；
（六）在抗御自然灾害或者排除重大事故中，有特别突出表现的；
（七）对国家和社会有其他重大贡献的。

★最高人民法院《关于办理减刑、假释案件具体应用法律的规定》（2017年1月1日）（节录）

第四条 具有下列情形之一的，可以认定为有"立功表现"：
（一）阻止他人实施犯罪活动的；
（二）检举、揭发监狱内外犯罪活动，或者提供重要的破案线索，经查证属实的；
（三）协助司法机关抓捕其他犯罪嫌疑人的；
（四）在生产、科研中进行技术革新，成绩突出的；
（五）在抗御自然灾害或者排除重大事故中，表现积极的；
（六）对国家和社会有其他较大贡献的。

第（四）项、第（六）项中的技术革新或者其他较大贡献应当由罪犯在刑罚执行期间独立或者为主完成，并经省级主管部门确认。

第五条 具有下列情形之一的，应当认定为有"重大立功表现"：
（一）阻止他人实施重大犯罪活动的；
（二）检举监狱内外重大犯罪活动，经查证属实的；
（三）协助司法机关抓捕其他重大犯罪嫌疑人的；
（四）有发明创造或者重大技术革新的；
（五）在日常生产、生活中舍己救人的；
（六）在抗御自然灾害或者排除重大事故中，有突出表现的；
（七）对国家和社会有其他重大贡献的。

第（四）项中的发明创造或者重大技术革新应当是罪犯在刑罚执行期间独立或者为主完成并经国家主管部门确认的发明专利，且不包括实用新型专利和外观设计专利；第（七）项中的其他重大贡献应当由罪犯在刑罚执行期间独立或者为主完成，并经国家主管部门确认。

5 管制、拘役、剩余刑期不满二年的罪犯的减刑

★最高人民法院《关于办理减刑、假释案件具体应用法律若干问题的规定》（2012年1月17日）（节录）

第十一条 判处管制、拘役的罪犯，以及判决生效后剩余刑期不满一年有期徒刑的罪犯，符合减刑条件的，可以酌情减刑，其实际执行的刑期不能少于原判刑期的二分之一。

★最高人民法院《关于办理减刑、假释案件具体应用法律的规定》（2017年1月1日）（节录）

第十条 被判处死刑缓期执行的罪犯减为无期徒刑后，符合减刑条件的，执行三年以上方可减刑。减刑幅度为：确有悔改表现或者有立功表现的，可以减为二十五年有期徒刑；确有悔改表现并有立功表现的，可以减为二十四年以上二十五年以下有期徒刑；有重大立功表现的，可以减为二十三年以上二十四年以下有期徒刑；确有悔改表现并有重大立功表现的，可以减为二十二年以上二十三年以下有期徒刑。

被判处死刑缓期执行的罪犯减为有期徒刑后再减刑时，比照本规定第八条的规定办理。

第十一条 对被判处死刑缓期执行的职务犯罪罪犯，破坏金融管理秩序和金融诈骗犯罪罪犯，组织、领导、参加、包庇、纵容黑社会性质组织犯罪罪犯，危害国家安全犯罪罪犯，恐怖活动犯罪罪犯，毒品犯罪集团的首要分子及毒品再犯，累犯以及因故意杀人、强奸、抢劫、绑架、放火、爆炸、投放危险物质或者有组织的暴力性犯罪的罪犯，确有履行能力而不履行或者不全部履行生效裁判中财产性判项的罪犯，数罪并罚被判处死刑缓期执行的罪犯，减为无期徒刑后，符合减刑条件的，执行三年以上方可减刑，一般减为二十五年有期徒刑，有立功表现或者重大立功表现的，可以比照本规定第十条减为二十三年以上二十五年以下有期徒刑；减为有期徒刑后再减刑时，减刑幅度比照本规定第六条从严掌握，一次不超过一年有期徒刑，两次减刑之间应当间隔二年以上。

第十二条 被判处死刑缓期执行的罪犯经过一次或者几次减刑后，其实际执行的刑期不得少于十五年，死刑缓期执行期间不包括在内。

死刑缓期执行罪犯在缓期执行期间不服从监管、抗拒改造，尚未构成犯罪的，在减为无期徒刑后再减刑时应当适当从严。

第十三条 被限制减刑的死刑缓期执行罪犯，减为无期徒刑后，符合减刑条件的，执行五年以上方可减刑。减刑间隔时间和减刑幅度依照本规定第九条的规定执行。

第十四条 被限制减刑的死刑缓期执行罪犯，减为有期徒刑后再减刑时，一次减刑不超过六个月有期徒刑，两次减刑间隔时间不得少于二年。有重大立功表现的，间隔时间可以适当缩短，但一次减刑不超过一年有期徒刑。

第十五条 对被判处终身监禁的罪犯，在死刑缓期执行期满依法减为无期徒刑的裁定中，应当明确终身监禁，不得再减刑或者假释。

❻ 有期徒刑的减刑

★最高人民法院《关于办理减刑、假释案件具体应用法律若干问题的规定》（2012年1月17日）（节录）

第五条 有期徒刑罪犯在刑罚执行期间，符合减刑条件的，减刑幅度为：确有悔改表现，或者有立功表现的，一次减刑一般不超过一年有期徒刑；确有悔改表现并有立功表现，或者有重大立功表现的，一次减刑一般不超过二年有期徒刑。

第六条 有期徒刑罪犯的减刑起始时间和间隔时间为：被判处五年以上有期徒刑的罪犯，一般在执行一年六个月以上方可减刑，两次减刑之间一般应当间隔一年以上。被判处不满五年有期徒刑的罪犯，可以比照上述规定，适当缩短起始和间隔时间。

确有重大立功表现的，可以不受上述减刑起始和间隔时间的限制。

有期徒刑的减刑起始时间自判决执行之日起计算。

★最高人民法院《关于办理减刑、假释案件具体应用法律的规定》（2017年1月1日）（节录）

第六条　被判处有期徒刑的罪犯减刑起始时间为：不满五年有期徒刑的，应当执行一年以上方可减刑；五年以上不满十年有期徒刑的，应当执行一年六个月以上方可减刑；十年以上有期徒刑的，应当执行二年以上方可减刑。有期徒刑减刑的起始时间自判决执行之日起计算。

确有悔改表现或者有立功表现的，一次减刑不超过九个月有期徒刑；确有悔改表现并有立功表现的，一次减刑不超过一年有期徒刑；有重大立功表现的，一次减刑不超过一年六个月有期徒刑；确有悔改表现并有重大立功表现的，一次减刑不超过二年有期徒刑。

被判处不满十年有期徒刑的罪犯，两次减刑间隔时间不得少于一年；被判处十年以上有期徒刑的罪犯，两次减刑间隔时间不得少于一年六个月。减刑间隔时间不得低于上次减刑减去的刑期。

罪犯有重大立功表现的，可以不受上述减刑起始时间和间隔时间的限制。

第七条　对符合减刑条件的职务犯罪罪犯、破坏金融管理秩序和金融诈骗犯罪罪犯，组织、领导、参加、包庇、纵容黑社会性质组织犯罪罪犯，危害国家安全犯罪罪犯，恐怖活动犯罪罪犯，毒品犯罪集团的首要分子及毒品再犯，累犯，确有履行能力而不履行或者不全部履行生效裁判中财产性判项的罪犯，被判处十年以下有期徒刑，执行二年以上方可减刑，减刑幅度应当比照本规定第六条从严掌握，一次减刑不超过一年有期徒刑，两次减刑之间应当间隔一年以上。

对被判处十年以上有期徒刑的前款罪犯，以及因故意杀人、强奸、抢劫、绑架、放火、爆炸、投放危险物质或者有组织的暴力性犯罪被判处十年以上有期徒刑的罪犯，数罪并罚且其中两罪以上被判处十年以上有期徒刑的罪犯，执行二年以上方可减刑，减刑幅度应当比照本规定第六条从严掌握，一次减刑不超过一年有期徒刑，两次减刑之间应当间隔一年六个月以上。

罪犯有重大立功表现的，可以不受上述减刑起始时间和间隔时间的限制。

第四十条　本规定所称"判决执行之日"，是指罪犯实际送交刑罚执行机关之日。

本规定所称"减刑间隔时间"，是指前一次减刑裁定送达之日起至本次减刑报请之日止的期间。

7 无期徒刑的减刑

★最高人民法院《关于办理减刑、假释案件具体应用法律若干问题的规定》（2012年1月17日）（节录）

第七条　无期徒刑罪犯在刑罚执行期间，确有悔改表现，或者有立功表现的，服刑二年以后，可以减刑。减刑幅度为：确有悔改表现，或者有立功表现的，一般可以减为二十年以上二十二年以下有期徒刑；有重大立功表现的，可以减为十五年以上二十年以下有期徒刑。

第八条　无期徒刑罪犯经过一次或几次减刑后，其实际执行的刑期不能少于十三年，起始时间应当自无期徒刑判决确定之日起计算。

★最高人民法院《关于办理减刑、假释案件具体应用法律的规定》(2017年1月1日)(节录)

第八条　被判处无期徒刑的罪犯在刑罚执行期间，符合减刑条件的，执行二年以上，可以减刑。减刑幅度为：确有悔改表现或者有立功表现的，可以减为二十二年有期徒刑；确有悔改表现并有立功表现的，可以减为二十一年以上二十二年以下有期徒刑；有重大立功表现的，可以减为二十年以上二十一年以下有期徒刑；确有悔改表现并有重大立功表现的，可以减为十九年以上二十年以下有期徒刑。无期徒刑罪犯减为有期徒刑后再减刑时，减刑幅度依照本规定第六条的规定执行。两次减刑间隔时间不得少于二年。

罪犯有重大立功表现的，可以不受上述减刑起始时间和间隔时间的限制。

第九条　对被判处无期徒刑的职务犯罪罪犯，破坏金融管理秩序和金融诈骗犯罪罪犯，组织、领导、参加、包庇、纵容黑社会性质组织犯罪罪犯，危害国家安全犯罪罪犯，恐怖活动犯罪罪犯，毒品犯罪集团的首要分子及毒品再犯，累犯以及因故意杀人、强奸、抢劫、绑架、放火、爆炸、投放危险物质或者有组织的暴力性犯罪的罪犯，确有履行能力而不履行或者不全部履行生效裁判中财产性判项的罪犯，数罪并罚被判处无期徒刑的罪犯，符合减刑条件的，执行三年以上方可减刑，减刑幅度应当比照本规定第八条从严掌握，减刑后的刑期最低不得少于二十年有期徒刑；减为有期徒刑后再减刑时，减刑幅度比照本规定第六条从严掌握，一次不超过一年有期徒刑，两次减刑之间应当间隔二年以上。

罪犯有重大立功表现的，可以不受上述减刑起始时间和间隔时间的限制。

8 死缓的减刑

★最高人民法院《关于办理减刑、假释案件具体应用法律若干问题的规定》(2012年1月17日)(节录)

第九条　死刑缓期执行罪犯减为无期徒刑后，确有悔改表现，或者有立功表现的，服刑二年以后可以减为二十五年有期徒刑；有重大立功表现的，服刑二年以后可以减为二十三年有期徒刑。

死刑缓期执行罪犯经过一次或几次减刑后，其实际执行的刑期不能少于十五年，死刑缓期执行期间不包括在内。

死刑缓期执行罪犯在缓期执行期间抗拒改造，尚未构成犯罪的，此后减刑时可以适当从严。

第十条　被限制减刑的死刑缓期执行罪犯，缓期执行期满后依法被减为无期徒刑的，或者因有重大立功表现而被减为二十五年有期徒刑的，应当比照未被限制减刑的死刑缓期执行罪犯在减刑的起始时间、间隔时间和减刑幅度上从严掌握。

9 减刑时附加剥夺政治权利的期限

★最高人民法院《关于办理减刑、假释案件具体应用法律若干问题的规定》(2012年7月1日)(节录)

第十二条　有期徒刑罪犯减刑时，对附加剥夺政治权利的期限可以酌减。酌减后剥夺政治权利的期限，不能少于一年。

★最高人民法院《关于办理减刑、假释案件具体应用法律的规定》(2017年1月1日)

(节录)

第十七条　被判处有期徒刑罪犯减刑时,对附加剥夺政治权利的期限可以酌减。酌减后剥夺政治权利的期限,不得少于一年。

被判处死刑缓期执行、无期徒刑的罪犯减为有期徒刑时,应当将附加剥夺政治权利的期限减为七年以上十年以下,经过一次或者几次减刑后,最终剥夺政治权利的期限不得少于三年。

10 拘役、三年以下有期徒刑并宣告缓刑的罪犯的减刑

★最高人民法院《关于办理减刑、假释案件具体应用法律若干问题的规定》(2012年7月1日)(节录)

第十三条　判处拘役或者三年以下有期徒刑并宣告缓刑的罪犯,一般不适用减刑。

前款规定的罪犯在缓刑考验期限内有重大立功表现的,可以参照刑法第七十八条的规定,予以减刑,同时应依法缩短其缓刑考验期限。拘役的缓刑考验期限不能少于二个月,有期徒刑的缓刑考验期限不能少于一年。

★最高人民法院《关于办理减刑、假释案件具体应用法律的规定》(2017年1月1日)(节录)

第十八条　被判处拘役或者三年以下有期徒刑,并宣告缓刑的罪犯,一般不适用减刑。

前款规定的罪犯在缓刑考验期内有重大立功表现的,可以参照刑法第七十八条的规定予以减刑,同时应当依法缩减其缓刑考验期。缩减后,拘役的缓刑考验期限不得少于二个月,有期徒刑的缓刑考验期限不得少于一年。

11 在刑罚执行期间故意犯罪的减刑限制

★最高人民法院《关于办理减刑、假释案件具体应用法律的规定》(2017年1月1日)(节录)

第二十一条　被判处有期徒刑、无期徒刑的罪犯在刑罚执行期间又故意犯罪,新罪被判处有期徒刑的,自新罪判决确定之日起三年内不予减刑;新罪被判处无期徒刑的,自新罪判决确定之日起四年内不予减刑。

罪犯在死刑缓期执行期间又故意犯罪,未被执行死刑的,死刑缓期执行的期间重新计算,减为无期徒刑后,五年内不予减刑。

被判处死刑缓期执行罪犯减刑后,在刑罚执行期间又故意犯罪的,依照第一款规定处理。

12 未成年罪犯的减刑

★最高人民法院《关于办理减刑、假释案件具体应用法律若干问题的规定》(2012年1月17日)(节录)

第十九条　未成年罪犯的减刑、假释,可以比照成年罪犯依法适当从宽。

未成年罪犯能认罪悔罪,遵守法律法规及监规,积极参加学习、劳动的,应视为确有悔改表现,减刑的幅度可以适当放宽,起始时间、间隔时间可以相应缩短。符合刑法第八十一条第一款规定的,可以假释。

前两款所称未成年罪犯,是指减刑时不满十八周岁的罪犯。

★最高人民法院《关于办理减刑、假释案件具体应用法律的规定》（2017 年 1 月 1 日）（节录）

第十九条　对在报请减刑前的服刑期间不满十八周岁，且所犯罪行不属于刑法第八十一条第二款规定情形的罪犯，认罪悔罪，遵守法律法规及监规，积极参加学习、劳动，应当视为确有悔改表现。

对上述罪犯减刑时，减刑幅度可以适当放宽，或者减刑起始时间、间隔时间可以适当缩短，但放宽的幅度和缩短的时间不得超过本规定中相应幅度、时间的三分之一。

★最高人民法院《关于办理减刑、假释案件具体应用法律的规定》（2017 年 1 月 1 日）（节录）

第二十条　老年罪犯、患严重疾病罪犯或者身体残疾罪犯减刑时，应当主要考察其认罪悔罪的实际表现。

对基本丧失劳动能力，生活难以自理的上述罪犯减刑时，减刑幅度可以适当放宽，或者减刑起始时间、间隔时间可以适当缩短，但放宽的幅度和缩短的时间不得超过本规定中相应幅度、时间的三分之一。

第三十九条　本规定所称"老年罪犯"，是指报请减刑、假释时年满六十五周岁的罪犯。

本规定所称"患严重疾病罪犯"，是指因患有重病，久治不愈，而不能正常生活、学习、劳动的罪犯。

本规定所称"身体残疾罪犯"，是指因身体有肢体或者器官残缺、功能不全或者丧失功能，而基本丧失生活、学习、劳动能力的罪犯，但是罪犯犯罪后自伤致残的除外。

对刑罚执行机关提供的证明罪犯患有严重疾病或者有身体残疾的证明文件，人民法院应当审查，必要时可以委托有关单位重新诊断、鉴定。

13 老年、身体残疾、患严重疾病罪犯的减刑

★最高人民法院《关于办理减刑、假释案件具体应用法律若干问题的规定》（2012 年 1 月 17 日）（节录）

第二十条　老年、身体残疾（不含自伤致残）、患严重疾病罪犯的减刑、假释，应当主要注重悔罪的实际表现。

基本丧失劳动能力、生活难以自理的老年、身体残疾、患严重疾病的罪犯，能够认真遵守法律法规及监规，接受教育改造，应视为确有悔改表现，减刑的幅度可以适当放宽，起始时间、间隔时间可以相应缩短。假释后生活确有着落的，除法律和本解释规定不得假释的情形外，可以依法假释。

对身体残疾罪犯和患严重疾病罪犯进行减刑、假释，其残疾、疾病程度应由法定鉴定机构依法作出认定。

14 危害生产安全犯罪的减刑

★最高人民法院《关于进一步加强危害生产安全刑事案件审判工作的意见》（2011 年 12 月 30 日）（节录）

20. 办理与危害生产安全犯罪相关的减刑、假释案件，要严格执行刑法、刑事诉讼法

和有关司法解释规定。是否决定减刑、假释,既要看罪犯服刑期间的悔改表现,还要充分考虑原判认定的犯罪事实、性质、情节、社会危害程度等情况。

15 宽严相济刑事政策

★最高人民法院《关于贯彻宽严相济刑事政策的若干意见》(2010年2月8日)(节录)

34.(第2款)对于因犯故意杀人、爆炸、抢劫、强奸、绑架等暴力犯罪,致人死亡或严重残疾而被判处死刑缓期二年执行或无期徒刑的罪犯,要严格控制减刑的频度和每次减刑的幅度,要保证其相对较长的实际服刑期限,维护公平正义,确保改造效果。

16 时间效力问题

★最高人民法院关于《〈中华人民共和国刑法修正案(八)〉时间效力问题的解释》(2011年5月1日)(节录)

第七条 2011年4月30日以前犯罪,被判处无期徒刑的罪犯,减刑以后或者假释前实际执行的刑期,适用修正前刑法第七十八条第二款、第八十一条第一款的规定。

第七十九条 【减刑的程序】 对于犯罪分子的减刑,由执行机关向中级以上人民法院提出减刑建议书。人民法院应当组成合议庭进行审理,对确有悔改或者立功事实的,裁定予以减刑。非经法定程序不得减刑。

◆◆◆ 要点及关联法规 ◆◆◆

1 参见【本章要点及关联法规】,P56

2 人民法院办理减刑的程序

★最高人民法院《关于适用〈中华人民共和国刑事诉讼法〉的解释》(2012年12月20日)(节录)

第四百四十八条 被判处死刑缓期执行的罪犯,在死刑缓期执行期间,没有故意犯罪的,死刑缓期执行期满后,应当裁定减刑;死刑缓期执行期满后,尚未裁定减刑前又犯罪的,应当依法减刑后对其所犯新罪另行审判。

第四百四十九条 对减刑、假释案件,应当按照下列情形分别处理:

(一)对被判处死刑缓期执行的罪犯的减刑,由罪犯服刑地的高级人民法院根据同级监狱管理机关审核同意的减刑建议书裁定;

(二)对被判处无期徒刑的罪犯的减刑、假释,由罪犯服刑地的高级人民法院,在收到同级监狱管理机关审核同意的减刑、假释建议书后一个月内作出裁定,案情复杂或者情况特殊的,可以延长一个月;

(三)对被判处有期徒刑和被减为有期徒刑的罪犯的减刑、假释,由罪犯服刑地的中级人民法院,在收到执行机关提出的减刑、假释建议书后一个月内作出裁定,案情复杂或者情况特殊的,可以延长一个月;

(四)对被判处拘役、管制的罪犯的减刑,由罪犯服刑地中级人民法院,在收到同级执行机关审核同意的减刑、假释建议书后一个月内作出裁定。

对暂予监外执行罪犯的减刑,应当根据情况,分别适用前款的有关规定。

第四百五十条 受理减刑、假释案件,应当审查执行机关移送的材料是否包括下列内容:

(一) 减刑、假释建议书;

(二) 终审法院的裁判文书、执行通知书、历次减刑裁定书的复制件;

(三) 证明罪犯确有悔改、立功或者重大立功表现具体事实的书面材料;

(四) 罪犯评审鉴定表、奖惩审批表等;

(五) 罪犯假释后对所居住社区影响的调查评估报告;

(六) 根据案件情况需要移送的其他材料。

经审查,材料不全的,应当通知提请减刑、假释的执行机关补送。

第四百五十一条 审理减刑、假释案件,应当审查财产刑和附带民事裁判的执行情况,以及罪犯退赃、退赔情况。罪犯积极履行判决确定的义务的,可以认定有悔改表现,在减刑、假释时从宽掌握;确有履行能力而不履行的,在减刑、假释时从严掌握。

第四百五十二条 审理减刑、假释案件,应当对以下内容予以公示:

(一) 罪犯的姓名、年龄等个人基本情况;

(二) 原判认定的罪名和刑期;

(三) 罪犯历次减刑情况;

(四) 执行机关的减刑、假释建议和依据。

公示应当写明公示期限和提出意见的方式。公示地点为罪犯服刑场所的公共区域;有条件的地方,可以面向社会公示。

第四百五十三条 审理减刑、假释案件,应当组成合议庭,可以采用书面审理的方式,但下列案件应当开庭审理:

(一) 因罪犯有重大立功表现提请减刑的;

(二) 提请减刑的起始时间、间隔时间或者减刑幅度不符合一般规定的;

(三) 社会影响重大或者社会关注度高的;

(四) 公示期间收到投诉意见的;

(五) 人民检察院有异议的;

(六) 有必要开庭审理的其他案件。

第四百五十四条 人民法院作出减刑、假释裁定后,应当在七日内送达提请减刑、假释的执行机关、同级人民检察院以及罪犯本人。人民检察院认为减刑、假释裁定不当,在法定期限内提出书面纠正意见的,人民法院应当在收到意见后另行组成合议庭审理,并在一个月内作出裁定。

第四百五十五条 减刑、假释裁定作出前,执行机关书面提请撤回减刑、假释建议的,是否准许,由人民法院决定。

第四百五十六条 人民法院发现本院已经生效的减刑、假释裁定确有错误的,应当另行组成合议庭审理;发现下级人民法院已经生效的减刑、假释裁定确有错误的,可以指令下级人民法院另行组成合议庭审理。

★最高人民法院《关于减刑、假释案件审理程序的规定》(2014年4月23日)

为进一步规范减刑、假释案件的审理程序，确保减刑、假释案件审理的合法、公正，根据《中华人民共和国刑法》《中华人民共和国刑事诉讼法》有关规定，结合减刑、假释案件审理工作实际，制定本规定。

第一条 对减刑、假释案件，应当按照下列情形分别处理：

（一）对被判处死刑缓期执行的罪犯的减刑，由罪犯服刑地的高级人民法院在收到同级监狱管理机关审核同意的减刑建议书后一个月内作出裁定；

（二）对被判处无期徒刑的罪犯的减刑、假释，由罪犯服刑地的高级人民法院在收到同级监狱管理机关审核同意的减刑、假释建议书后一个月内作出裁定，案情复杂或者情况特殊的，可以延长一个月；

（三）对被判处有期徒刑和被减为有期徒刑的罪犯的减刑、假释，由罪犯服刑地的中级人民法院在收到执行机关提出的减刑、假释建议书后一个月内作出裁定，案情复杂或者情况特殊的，可以延长一个月；

（四）对被判处拘役、管制的罪犯的减刑，由罪犯服刑地中级人民法院在收到同级执行机关审核同意的减刑、假释建议书后一个月内作出裁定。

对暂予监外执行罪犯的减刑，应当根据情况，分别适用前款的有关规定。

第二条 人民法院受理减刑、假释案件，应当审查执行机关移送的下列材料：

（一）减刑或者假释建议书；

（二）终审法院裁判文书、执行通知书、历次减刑裁定书的复印件；

（三）罪犯确有悔改或者立功、重大立功表现的具体事实的书面证明材料；

（四）罪犯评审鉴定表、奖惩审批表等；

（五）其他根据案件审理需要应予移送的材料。

报请假释的，应当附有社区矫正机构或者基层组织关于罪犯假释后对所居住社区影响的调查评估报告。

人民检察院对报请减刑、假释案件提出检察意见的，执行机关应当一并移送受理减刑、假释案件的人民法院。

经审查，材料齐备的，应当立案；材料不齐的，应当通知执行机关在三日内补送，逾期未补送的，不予立案。

第三条 人民法院审理减刑、假释案件，应当在立案后五日内将执行机关报请减刑、假释的建议书等材料依法向社会公示。

公示内容应当包括罪犯的个人情况、原判认定的罪名和刑期、罪犯历次减刑情况、执行机关的建议及依据。

公示应当写明公示期限和提出意见的方式。公示期限为五日。

第四条 人民法院审理减刑、假释案件，应当依法由审判员或者由审判员和人民陪审员组成合议庭进行。

第五条 人民法院审理减刑、假释案件，除应当审查罪犯在执行期间的一贯表现外，还应当综合考虑犯罪的具体情节、原判刑罚情况、财产刑执行情况、附带民事裁判履行情况、罪犯退赃退赔等情况。

第一编 总 则

人民法院审理假释案件，除应当审查第一款所列情形外，还应当综合考虑罪犯的年龄、身体状况、性格特征、假释后生活来源以及监管条件等影响再犯罪的因素。

执行机关以罪犯有立功表现或重大立功表现为由提出减刑的，应当审查立功或重大立功表现是否属实。涉及发明创造、技术革新或者其他贡献的，应当审查该成果是否系罪犯在执行期间独立完成，并经有关主管机关确认。

第六条 人民法院审理减刑、假释案件，可以采取开庭审理或者书面审理的方式。但下列减刑、假释案件，应当开庭审理：

（一）因罪犯有重大立功表现报请减刑的；

（二）报请减刑的起始时间、间隔时间或者减刑幅度不符合司法解释一般规定的；

（三）公示期间收到不同意见的；

（四）人民检察院有异议的；

（五）被报请减刑、假释罪犯系职务犯罪罪犯，组织（领导、参加、包庇、纵容）黑社会性质组织犯罪罪犯，破坏金融管理秩序和金融诈骗犯罪罪犯及其他在社会上有重大影响或社会关注度高的；

（六）人民法院认为其他应当开庭审理的。

第七条 人民法院开庭审理减刑、假释案件，应当通知人民检察院、执行机关及被报请减刑、假释罪犯参加庭审。

人民法院根据需要，可以通知证明罪犯确有悔改表现或者立功、重大立功表现的证人，公示期间提出不同意见的人，以及鉴定人、翻译人员等其他人员参加庭审。

第八条 开庭审理应当在罪犯刑罚执行场所或者人民法院确定的场所进行。有条件的人民法院可以采取视频开庭的方式进行。

在社区执行刑罚的罪犯因重大立功被报请减刑的，可以在罪犯服刑地或者居住地开庭审理。

第九条 人民法院对于决定开庭审理的减刑、假释案件，应当在开庭三日前将开庭的时间、地点通知人民检察院、执行机关、被报请减刑、假释罪犯和有必要参加庭审的其他人员，并于开庭三日前进行公告。

第十条 减刑、假释案件的开庭审理由审判长主持，应当按照以下程序进行：

（一）审判长宣布开庭，核实被报请减刑、假释罪犯的基本情况；

（二）审判长宣布合议庭组成人员、检察人员、执行机关代表及其他庭审参加人；

（三）执行机关代表宣读减刑、假释建议书，并说明主要理由；

（四）检察人员发表检察意见；

（五）法庭对被报请减刑、假释罪犯确有悔改表现或立功表现、重大立功表现的事实以及其他影响减刑、假释的情况进行调查核实；

（六）被报请减刑、假释罪犯作最后陈述；

（七）审判长对庭审情况进行总结并宣布休庭评议。

第十一条 庭审过程中，合议庭人员对报请理由有疑问的，可以向被报请减刑、假释罪犯、证人、执行机关代表、检察人员提问。

庭审过程中，检察人员对报请理由有疑问的，在经审判长许可后，可以出示证据，申请证人到庭，向被报请减刑、假释罪犯及证人提问并发表意见。被报请减刑、假释罪犯对报请理由有疑问的，在经审判长许可后，可以出示证据，申请证人到庭，向证人提问并发表意见。

第十二条　庭审过程中，合议庭对证据有疑问需要进行调查核实，或者检察人员、执行机关代表提出申请的，可以宣布休庭。

第十三条　人民法院开庭审理减刑、假释案件，能够当庭宣判的应当当庭宣判；不能当庭宣判的，可以择期宣判。

第十四条　人民法院书面审理减刑、假释案件，可以就被报请减刑、假释罪犯是否符合减刑、假释条件进行调查核实或听取有关方面意见。

第十五条　人民法院书面审理减刑案件，可以提讯被报请减刑罪犯；书面审理假释案件，应当提讯被报请假释罪犯。

第十六条　人民法院审理减刑、假释案件，应当按照下列情形分别处理：

（一）被报请减刑、假释罪犯符合法律规定的减刑、假释条件的，作出予以减刑、假释的裁定；

（二）被报请减刑的罪犯符合法律规定的减刑条件，但执行机关报请的减刑幅度不适当的，对减刑幅度作出相应调整后作出予以减刑的裁定；

（三）被报请减刑、假释罪犯不符合法律规定的减刑、假释条件的，作出不予减刑、假释的裁定。

在人民法院作出减刑、假释裁定前，执行机关书面申请撤回减刑、假释建议的，是否准许，由人民法院决定。

第十七条　减刑、假释裁定书应当写明罪犯原判和历次减刑情况，确有悔改表现或者立功、重大立功表现的事实和理由，以及减刑、假释的法律依据。

裁定减刑的，应当注明刑期的起止时间；裁定假释的，应当注明假释考验期的起止时间。

裁定调整减刑幅度或者不予减刑、假释的，应当在裁定书中说明理由。

第十八条　人民法院作出减刑、假释裁定后，应当在七日内送达报请减刑、假释的执行机关、同级人民检察院以及罪犯本人。作出假释裁定的，还应当送达社区矫正机构或者基层组织。

第十九条　减刑、假释裁定书应当通过互联网依法向社会公布。

第二十条　人民检察院认为人民法院减刑、假释裁定不当，在法定期限内提出书面纠正意见的，人民法院应当在收到纠正意见后另行组成合议庭审理，并在一个月内作出裁定。

第二十一条　人民法院发现本院已经生效的减刑、假释裁定确有错误的，应当依法重新组成合议庭进行审理并作出裁定；上级人民法院发现下级人民法院已经生效的减刑、假释裁定确有错误的，应当指令下级人民法院另行组成合议庭审理，也可以自行依法组成合议庭进行审理并作出裁定。

第二十二条　最高人民法院以前发布的司法解释和规范性文件，与本规定不一致的，

第一编 总　　则

以本规定为准。

3 人民检察院办理减刑的程序

★最高人民检察院《人民检察院办理减刑、假释案件规定》（2014 年 8 月 1 日）

第一条　为了进一步加强和规范减刑、假释法律监督工作，确保刑罚变更执行合法、公正，根据《中华人民共和国刑法》、《中华人民共和国刑事诉讼法》和《中华人民共和国监狱法》等有关规定，结合检察工作实际，制定本规定。

第二条　人民检察院依法对减刑、假释案件的提请、审理、裁定等活动是否合法实行法律监督。

第三条　人民检察院办理减刑、假释案件，应当按照下列情形分别处理：

（一）对减刑、假释案件提请活动的监督，由对执行机关承担检察职责的人民检察院负责；

（二）对减刑、假释案件审理、裁定活动的监督，由人民法院的同级人民检察院负责；同级人民检察院对执行机关不承担检察职责的，可以根据需要指定对执行机关承担检察职责的人民检察院派员出席法庭；下级人民检察院发现减刑、假释裁定不当的，应当及时向作出减刑、假释裁定的人民法院的同级人民检察院报告。

第四条　人民检察院办理减刑、假释案件，依照规定实行统一案件管理和办案责任制。

第五条　人民检察院收到执行机关移送的下列减刑、假释案件材料后，应当及时进行审查：

（一）执行机关拟提请减刑、假释意见；

（二）终审法院裁判文书、执行通知书、历次减刑裁定书；

（三）罪犯确有悔改表现、立功表现或者重大立功表现的证明材料；

（四）罪犯评审鉴定表、奖惩审批表；

（五）其他应当审查的案件材料。

对拟提请假释案件，还应当审查社区矫正机构或者基层组织关于罪犯假释后对所居住社区影响的调查评估报告。

第六条　具有下列情形之一的，人民检察院应当进行调查核实：

（一）拟提请减刑、假释罪犯系职务犯罪罪犯，破坏金融管理秩序和金融诈骗犯罪罪犯，黑社会性质组织犯罪罪犯，严重暴力恐怖犯罪罪犯，或者其他在社会上有重大影响、社会关注度高的罪犯；

（二）因罪犯有立功表现或者重大立功表现拟提请减刑的；

（三）拟提请减刑、假释罪犯的减刑幅度大、假释考验期长、起始时间早、间隔时间短或者实际执行刑期短的；

（四）拟提请减刑、假释罪犯的考核计分高、专项奖励多或者鉴定材料、奖惩记录有疑点的；

（五）收到控告、举报的；

（六）其他应当进行调查核实的。

第七条 人民检察院可以采取调阅复制有关材料、重新组织诊断鉴别、进行文证鉴定、召开座谈会、个别询问等方式，对下列情况进行调查核实：

（一）拟提请减刑、假释罪犯在服刑期间的表现情况；

（二）拟提请减刑、假释罪犯的财产刑执行、附带民事裁判履行、退赃退赔等情况；

（三）拟提请减刑罪犯的立功表现、重大立功表现是否属实，发明创造、技术革新是否系罪犯在服刑期间独立完成并经有关主管机关确认；

（四）拟提请假释罪犯的身体状况、性格特征、假释后生活来源和监管条件等影响再犯罪的因素；

（五）其他应当进行调查核实的情况。

第八条 人民检察院可以派员列席执行机关提请减刑、假释评审会议，了解案件有关情况，根据需要发表意见。

第九条 人民检察院发现罪犯符合减刑、假释条件，但是执行机关未提请减刑、假释的，可以建议执行机关提请减刑、假释。

第十条 人民检察院收到执行机关抄送的减刑、假释建议书副本后，应当逐案进行审查，可以向人民法院提出书面意见。发现减刑、假释建议不当或者提请减刑、假释违反法定程序的，应当在收到建议书副本后十日以内，依法向审理减刑、假释案件的人民法院提出书面意见，同时将检察意见书副本抄送执行机关。案情复杂或者情况特殊的，可以延长十日。

第十一条 人民法院开庭审理减刑、假释案件的，人民检察院应当指派检察人员出席法庭，发表检察意见，并对法庭审理活动是否合法进行监督。

第十二条 出席法庭的检察人员不得少于二人，其中至少一人具有检察官职务。

第十三条 检察人员应当在庭审前做好下列准备工作：

（一）全面熟悉案情，掌握证据情况，拟定法庭调查提纲和出庭意见；

（二）对执行机关提请减刑、假释有异议的案件，应当收集相关证据，可以建议人民法院通知相关证人出庭作证。

第十四条 庭审开始后，在执行机关代表宣读减刑、假释建议书并说明理由之后，检察人员应当发表检察意见。

第十五条 庭审过程中，检察人员对执行机关提请减刑、假释有疑问的，经审判长许可，可以出示证据，申请证人出庭作证，要求执行机关代表出示证据或者作出说明，向被提请减刑、假释的罪犯及证人提问并发表意见。

第十六条 法庭调查结束时，在被提请减刑、假释罪犯作最后陈述之前，经审判长许可，检察人员可以发表总结性意见。

第十七条 庭审过程中，检察人员认为需要进一步调查核实案件事实、证据，需要补充鉴定或者重新鉴定，或者需要通知新的证人到庭的，应当建议休庭。

第十八条 检察人员发现法庭审理活动违反法律规定的，应当在庭审后及时向本院检察长报告，依法向人民法院提出纠正意见。

第十九条 人民检察院收到人民法院减刑、假释裁定书副本后，应当及时审查下列内容：

（一）人民法院对罪犯裁定予以减刑、假释，以及起始时间、间隔时间、实际执行刑期、减刑幅度或者假释考验期是否符合有关规定；

（二）人民法院对罪犯裁定不予减刑、假释是否符合有关规定；

（三）人民法院审理、裁定减刑、假释的程序是否合法；

（四）按照有关规定应当开庭审理的减刑、假释案件，人民法院是否开庭审理；

（五）人民法院减刑、假释裁定书是否依法送达执行并向社会公布。

第二十条 人民检察院经审查认为人民法院减刑、假释裁定不当的，应当在收到裁定书副本后二十日以内，依法向作出减刑、假释裁定的人民法院提出书面纠正意见。

第二十一条 人民检察院对人民法院减刑、假释裁定提出纠正意见的，应当监督人民法院在收到纠正意见后一个月以内重新组成合议庭进行审理并作出最终裁定。

第二十二条 人民检察院发现人民法院已经生效的减刑、假释裁定确有错误的，应当向人民法院提出书面纠正意见，提请人民法院按照审判监督程序依法另行组成合议庭重新审理并作出裁定。

第二十三条 人民检察院收到控告、举报或者发现司法工作人员在办理减刑、假释案件中涉嫌违法的，应当依法进行调查，并根据情况，向有关单位提出纠正违法意见，建议更换办案人，或者建议予以纪律处分；构成犯罪的，依法追究刑事责任。

第二十四条 人民检察院办理职务犯罪罪犯减刑、假释案件，按照有关规定实行备案审查。

第二十五条 本规定自发布之日起施行。最高人民检察院以前发布的有关规定与本规定不一致的，以本规定为准。

▶ 4 有期徒刑犯减刑后又改判的，原减刑裁定撤销后减刑手续的办理

★最高人民法院研究室《关于有期徒刑犯减刑后又改判的原减刑裁定撤销后应如何办理减刑手续问题的电话答复》（1990年4月5日）（节录）

被判处有期徒刑的罪犯在服刑期间依法减刑后，原审人民法院发现原判决确有错误，应当按照审判监督程序给予改判，对已执行的刑期在改判后的刑期中予以折抵，并将改判的判决书送达罪犯所在的劳改执行机关和作出原减刑裁定的人民法院，由作出原减刑裁定的人民法院撤销原减刑裁定。然后，由有关的劳改机关和人民法院依照刑法第七十一条①的规定，并参照最高人民法院、最高人民检察院、司法部、公安部1980年12月26日《关于罪犯减刑、假释和又犯罪等案件的管辖和处理程序问题的通知》，重新考虑是否减刑及办理有关手续。

▶ 5 有期徒刑犯减刑后又改判时的刑期确定

★最高人民法院研究室《关于有期徒刑罪犯减刑后又改判应如何确定执行刑期问题的答复》（1994年6月14日）（节录）

关于有期徒刑罪犯减刑后又改判应如何确定执行刑期的问题，请参照我院1964年2月

---

① 现为1997年《刑法》第七十八条。

20 日〔64〕法研字第 16 号《关于劳改犯减刑后又改判应如何确定执行刑期问题的批复》办理。即：对原判有期徒刑的罪犯，已经法院裁定宣布减刑后，原审法院发现原判决确有错误，需要改判的，可将本来打算改判的刑期减去已裁定减刑的刑期，确定为应改判的刑期，并在改判的法律文书中说明改判的刑期已经扣除了改判前裁定减刑的刑期。

6 有期徒刑犯减刑后又经再审改判无期时的刑期确定

★最高人民法院研究室《关于原判有期徒刑的罪犯被裁定减刑后又经再审改判为无期徒刑应如何确定执行刑期问题的答复》（1995 年 12 月 25 日）（节录）

一、原判处有期徒刑并已被裁定减刑的罪犯经再审改判为无期徒刑，再审法院应当将改判的判决书副本送达作出减刑裁定的人民法院，由该院依法裁定撤销原减刑裁定。如果罪犯在改判后符合无期徒刑减刑条件的，应当重新依法报请减刑。

二、再审改判无期徒刑的执行期间从再审判决确定之日起算。对改判前已执行的刑期，应在对无期徒刑裁定减刑时，折抵为无期徒刑已实际执行的刑期。

7 无期徒刑犯减刑后原审法院予以改判，原减刑裁定应否撤销的问题

★最高人民法院《关于对无期徒刑犯减刑后原审法院发现原判决确有错误予以改判原减刑裁定应否撤销问题的批复》（1989 年 1 月 3 日）（节录）

被判处无期徒刑的罪犯由服刑地的高级人民法院依法裁定减刑后，原审人民法院发现原判决确有错误，并按照审判监督程序改判为有期徒刑的，应当将改判的判决书送达罪犯所在的劳改部门和罪犯服刑地的高级人民法院，按照改判的刑期执行，并由罪犯服刑地的高级人民法院裁定撤销原减刑裁定。如果罪犯在原判执行期间确有悔改或者立功表现，还需要依法减刑的，应当重新办理对改判后有期徒刑减刑的法律手续。

★最高人民法院研究室《关于原判无期徒刑的罪犯经减刑后又改判应如何处理减刑问题的电话答复》（1992 年 1 月 20 日）（节录）

对原判无期徒刑的罪犯，经两次减刑后，现法院拟将原判改判，对减刑应如何处理的问题，经研究，我们认为，对上述问题，请你们按照我院 1989 年法〔研〕复〔1989〕2 号《关于对无期徒刑犯减刑后又改判，原减刑裁定应否撤销问题的批复》的规定办理……

★最高人民法院研究室《关于死缓犯和无期徒刑犯经几次减刑后又改判原减刑裁定是否均应撤销问题的电话答复》（1992 年 4 月 1 日）（节录）

对原判死缓或者无期徒刑的犯罪分子，经几次减刑后，现按照审判监督程序将原判改为有期徒刑的，应当将原所有的减刑裁定一并撤销。如果根据罪犯已实际服刑的刑期或者他在原判执行期间的表现，应予以释放，或者还需要依法减刑、假释的，应当按照改判有期徒刑后的刑期再办理释放、重新减刑或者假释的法律手续。

★最高人民法院研究室《关于对无期徒刑犯减刑后原审法院发现原判决有错误予以改判，原减刑裁定应如何适用法律条款予以撤销问题的答复》（1994 年 11 月 7 日）（节录）

被判处无期徒刑的罪犯由服刑地的高级人民法院依法裁定减刑后，原审人民法院发现原判决确有错误并依照审判监督程序改判为有期徒刑的，应当依照我院法〔研〕复〔1989〕2 号批复撤销原减刑裁定。鉴于原减刑裁定是在无期徒刑基础上的减刑，既然原判无期徒刑已被认定为错判，那么原减刑裁定在认定事实和适用法律上亦应视为确有错误。

· 107 ·

由此，由罪犯服刑地的高级人民法院根据刑事诉讼法第一百四十九条第一款的规定，按照审判监督程序撤销原减刑裁定是适宜的。

★最高人民法院《关于刘文占减刑一案的答复》（2007年8月11日）

河北省高级人民法院：

你院〔1999〕冀刑执字第486号减刑裁定，没有法定程序、法定理由撤销。罪犯刘文占犯盗窃罪被判处无期徒刑，减为有期徒刑十八年之后，发现其在判决宣告之前犯有强奸罪、抢劫罪。沧州市中级人民法院作出新的判决，对刘文占以强奸罪、抢劫罪分别定罪量刑，数罪并罚，决定对罪犯刘文占执行无期徒刑是正确的。

现监狱报请为罪犯刘文占减刑，你院在计算刑期时，应将罪犯刘文占第一次减为有期徒刑十八年之后至漏罪判决之间已经执行的刑期予以扣除。

▶8 重新审理的案件中原减刑裁定的效力

★最高人民法院《关于办理减刑、假释案件具体应用法律若干问题的规定》（2012年1月17日）（节录）

第二十三条 人民法院按照审判监督程序重新审理的案件，维持原判决、裁定的，原减刑、假释裁定效力不变；改变原判决、裁定的，应由刑罚执行机关依照再审裁判情况和原减刑、假释情况，提请有管辖权的人民法院重新作出减刑、假释裁定。

★最高人民法院《关于办理减刑、假释案件具体应用法律的规定》（2017年1月1日）（节录）

第三十二条 人民法院按照审判监督程序重新审理的案件，裁定维持原判决、裁定的，原减刑、假释裁定继续有效。

再审裁判改变原判决、裁定的，原减刑、假释裁定自动失效，执行机关应当及时报请有管辖权的人民法院重新作出是否减刑、假释的裁定。重新作出减刑裁定时，不受本规定有关减刑起始时间、间隔时间和减刑幅度的限制。重新裁定时应综合考虑各方面因素，减刑幅度不得超过原裁定减去的刑期总和。

再审改判为死刑缓期执行或者无期徒刑的，在新判决减为有期徒刑之时，原判决已经实际执行的刑期一并扣减。

再审裁判宣告无罪的，原减刑、假释裁定自动失效。

第八十条【无期徒刑减刑的刑期计算】无期徒刑减为有期徒刑的刑期，从裁定减刑之日起计算。

◁━━━▶ 要点及关联法规 ◀━━━▷

▶1 参见【本章要点及关联法规】，P56

▶2 无期徒刑减为有期徒刑后发现漏罪的处理

★最高人民法院《关于办理减刑、假释案件具体应用法律的规定》（2017年1月1日）（节录）

第三十七条 被判处无期徒刑的罪犯在减为有期徒刑后因发现漏罪，依据刑法第七十条规定数罪并罚，决定执行无期徒刑的，前罪无期徒刑生效之日起至新判决生效之日止已经实际执行的刑期,应当在新判决的无期徒刑减为有期徒刑时,在减刑裁定决定执行的刑期内扣减。

无期徒刑罪犯减为有期徒刑后因发现漏罪判处三年有期徒刑以下刑罚,数罪并罚决定执行无期徒刑的,在新判决生效后执行一年以上,符合减刑条件的,可以减为有期徒刑,减刑幅度依照本规定第八条、第九条的规定执行。

原减刑裁定减去的刑期依照本规定第三十四条处理。

第七节 假 释

第八十一条【假释的条件】 被判处有期徒刑的犯罪分子,执行原判刑期二分之一以上,被判处无期徒刑的犯罪分子,实际执行十三年以上,如果认真遵守监规,接受教育改造,确有悔改表现,没有再犯罪的危险的,可以假释。如果有特殊情况,经最高人民法院核准,可以不受上述执行刑期的限制。

对累犯以及因故意杀人、强奸、抢劫、绑架、放火、爆炸、投放危险物质或者有组织的暴力性犯罪被判处十年以上有期徒刑、无期徒刑的犯罪分子,不得假释。

对犯罪分子决定假释时,应当考虑其假释后对所居住社区的影响。

要点及关联法规

1 参见【本章要点及关联法规】,P56

2 假释的刑期条件

★最高人民法院《关于办理减刑、假释案件具体应用法律若干问题的规定》(2012年1月17日)(节录)

第十六条 有期徒刑罪犯假释,执行原判刑期二分之一以上的起始时间,应当从判决执行之日起计算,判决执行以前先行羁押的,羁押一日折抵刑期一日。

★最高人民法院《关于办理减刑、假释案件具体应用法律的规定》(2017年1月1日)(节录)

第二十三条 被判处有期徒刑的罪犯假释时,执行原判刑期二分之一的时间,应当从判决执行之日起计算,判决执行以前先行羁押的,羁押一日折抵刑期一日。

被判处无期徒刑的罪犯假释时,刑法中关于实际执行刑期不得少于十三年的时间,应当从判决生效之日起计算。判决生效以前先行羁押的时间不予折抵。

第四十条 本规定所称"判决执行之日",是指罪犯实际送交刑罚执行机关之日。

3 "没有再犯罪的危险"的认定

★最高人民法院《关于办理减刑、假释案件具体应用法律若干问题的规定》(2012年1月17日)(节录)

第十五条 办理假释案件,判断"没有再犯罪的危险",除符合刑法第八十一条规定的情形外,还应根据犯罪的具体情节、原判刑罚情况,在刑罚执行中的一贯表现,罪犯的年龄、身体状况、性格特征、假释后生活来源以及监管条件等因素综合考虑。

★最高人民法院《关于办理减刑、假释案件具体应用法律的规定》（2017年1月1日）（节录）

第二十二条 办理假释案件，认定"没有再犯罪的危险"，除符合刑法第八十一条规定的情形外，还应当根据犯罪的具体情节、原判刑罚情况，在刑罚执行中的一贯表现，罪犯的年龄、身体状况、性格特征，假释后生活来源以及监管条件等因素综合考虑。

▶4 "特殊情况"的认定

★最高人民法院《关于办理减刑、假释案件具体应用法律若干问题的规定》（2012年1月17日）（节录）

第十七条 刑法第八十一条第一款规定的"特殊情况"，是指与国家、社会利益有重要关系的情况。

★最高人民法院《关于办理减刑、假释案件具体应用法律的规定》（2017年1月1日）（节录）

第二十四条 刑法第八十一条第一款规定的"特殊情况"，是指有国家政治、国防、外交等方面特殊需要的情况。

▶5 "暴力性犯罪"的认定

★最高人民法院研究室《关于假释时间效力法律适用问题的答复》（2011年7月15日）（节录）

二、经《中华人民共和国刑法修正案（八）》修正前刑法第八十一条第二款规定的"暴力性犯罪"，不仅包括杀人、爆炸、抢劫、强奸、绑架五种，也包括故意伤害等其他暴力性犯罪。

▶6 对部分罪犯适用假释时可以从宽掌握

★最高人民法院《关于办理减刑、假释案件具体应用法律的规定》（2017年1月1日）（节录）

第二十六条 对下列罪犯适用假释时可以依法从宽掌握：

（一）过失犯罪的罪犯、中止犯罪的罪犯、被胁迫参加犯罪的罪犯；

（二）因防卫过当或者紧急避险过当而被判处有期徒刑以上刑罚的罪犯；

（三）犯罪时未满十八周岁的罪犯；

（四）基本丧失劳动能力、生活难以自理，假释后生活确有着落的老年罪犯、患严重疾病罪犯或者身体残疾罪犯；

（五）服刑期间改造表现特别突出的罪犯；

（六）具有其他可以从宽假释情形的罪犯。

第三十九条 本规定所称"老年罪犯"，是指报请减刑、假释时年满六十五周岁的罪犯。

本规定所称"患严重疾病罪犯"，是指因患有重病，久治不愈，而不能正常生活、学习、劳动的罪犯。

本规定所称"身体残疾罪犯"，是指因身体有肢体或者器官残缺、功能不全或者丧失功能，而基本丧失生活、学习、劳动能力的罪犯，但是罪犯犯罪后自伤致残的除外。

对刑罚执行机关提供的证明罪犯患有严重疾病或者有身体残疾的证明文件，人民法院应当审查，必要时可以委托有关单位重新诊断、鉴定。

▶7 不得假释的范围

★最高人民法院《关于办理减刑、假释案件具体应用法律若干问题的规定》（2012年1月17日）（节录）

第十八条　对累犯以及因故意杀人、强奸、抢劫、绑架、放火、爆炸、投放危险物质或者有组织的暴力性犯罪被判处十年以上有期徒刑、无期徒刑的罪犯，不得假释。

因前款情形和犯罪被判处死刑缓期执行的罪犯，被减为无期徒刑、有期徒刑后，也不得假释。

★最高人民法院《关于办理减刑、假释案件具体应用法律的规定》（2017年1月1日）（节录）

第二十五条　对累犯以及因故意杀人、强奸、抢劫、绑架、放火、爆炸、投放危险物质或者有组织的暴力性犯罪被判处十年以上有期徒刑、无期徒刑的罪犯，不得假释。

因前款情形和犯罪被判处死刑缓期执行的罪犯，被减为无期徒刑、有期徒刑后，也不得假释。

第二十七条　对于生效裁判中有财产性判项，罪犯确有履行能力而不履行或者不全部履行的，不予假释。

▶8 未成年罪犯的假释

（参见刑法第七十八条：【要点及关联法规】：12. 未成年罪犯的减刑，P97）

▶9 老年、身体残疾、患严重疾病罪犯的假释

★最高人民法院《关于办理减刑、假释案件具体应用法律若干问题的规定》（2012年1月17日）（节录）

（参见刑法第七十八条：【要点及关联法规】：13. 老年、身体残疾、患严重疾病罪犯的减刑，P98）

★最高人民法院《关于办理减刑、假释案件具体应用法律的规定》（2017年1月1日）（节录）

第三十一条　年满八十周岁、身患疾病或者生活难以自理、没有再犯罪危险的罪犯，既符合减刑条件，又符合假释条件的，优先适用假释；不符合假释条件的，参照本规定第二十条有关的规定从宽处理。

▶10 死缓犯减为无期徒刑或有期徒刑后也可假释

★最高人民法院《关于办理减刑、假释案件具体应用法律若干问题的规定》（2012年1月17日）（节录）

第二十一条　对死刑缓期执行罪犯减为无期徒刑或者有期徒刑后，符合刑法第八十一条第一款和本规定第九条第二款、第十八条规定的，可以假释。

▶11 减刑后又假释的时间间隔

★最高人民法院《关于办理减刑、假释案件具体应用法律的规定》（2012年

1月17日）（节录）

第二十二条　罪犯减刑后又假释的间隔时间，一般为一年；对一次减去二年有期徒刑后，决定假释的，间隔时间不能少于二年。

罪犯减刑后余刑不足二年，决定假释的，可以适当缩短间隔时间。

★最高人民法院《关于办理减刑、假释案件具体应用法律的规定》（2017年1月1日）（节录）

第二十八条　罪犯减刑后又假释的，间隔时间不得少于一年；对一次减去一年以上有期徒刑后，决定假释的，间隔时间不得少于一年六个月。

罪犯减刑后余刑不足二年，决定假释的，可以适当缩短间隔时间。

12 时间效力问题

★最高人民法院《关于〈中华人民共和国刑法修正案（八）〉时间效力问题的解释》（2011年5月1日）（节录）

第七条　2011年4月30日以前犯罪，被判处无期徒刑的罪犯，减刑以后或者假释前实际执行的刑期，适用修正前刑法第七十八条第二款①、第八十一条第一款②的规定。

第八条　2011年4月30日以前犯罪，因具有累犯情节或者系故意杀人、强奸、抢劫、绑架、放火、爆炸、投放危险物质或者有组织的暴力性犯罪并被判处十年以上有期徒刑、无期徒刑的犯罪分子，2011年5月1日以后仍在服刑的，能否假释，适用修正前刑法第八十一条第二款的规定；2011年4月30日以前犯罪，因其他暴力性犯罪被判处十年以上有期徒刑、无期徒刑的犯罪分子，2011年5月1日以后仍在服刑的，能否假释，适用修正后刑法第八十一条第二款、第三款的规定。

第八十二条【假释的程序】对于犯罪分子的假释，依照本法第七十九条规定的程序进行。非经法定程序不得假释。

◆ 要点及关联法规 ◆

▶ 1 参见【本章要点及关联法规】，P56

▶ 2 人民法院办理假释的程序

（参见第七十九条：【要点及关联法规】：2. 人民法院办理减刑的程序，P99）

▶ 3 人民检察院办理假释的程序

（参见第七十九条：【要点及关联法规】：3. 人民检察院办理减刑的程序，P104）

---

①　1997年《刑法》第七十八条（第2款）："减刑以后实际执行的刑期，判处管制、拘役、有期徒刑的，不能少于原判刑期的二分之一；判处无期徒刑的，不能少于十年。"

②　1997年《刑法》第八十一条（第1款）："被判处有期徒刑的犯罪分子，执行原判刑期二分之一以上，被判处无期徒刑的犯罪分子，实际执行十年以上，如果认真遵守监规，接受教育改造，确有悔改表现，假释后不致再危害社会的，可以假释。如果有特殊情况，经最高人民法院核准，可以不受上述执行刑期的限制。"

第八十三条【假释考验期限与计算】有期徒刑的假释考验期限，为没有执行完毕的刑期；无期徒刑的假释考验期限为十年。

假释考验期限，从假释之日起计算。

◀ 要点及关联法规 ▶

① 参见【本章要点及关联法规】，P56

第八十四条【假释犯应遵守的规定】被宣告假释的犯罪分子，应当遵守下列规定：

（一）遵守法律、行政法规，服从监督；
（二）按照监督机关的规定报告自己的活动情况；
（三）遵守监督机关关于会客的规定；
（四）离开所居住的市、县或者迁居，应当报经监督机关批准。

◀ 要点及关联法规 ▶

① 参见【本章要点及关联法规】，P56

第八十五条【社区矫正、假释考验合格的处理】对假释的犯罪分子，在假释考验期限内，依法实行社区矫正，如果没有本法第八十六条规定的情形，假释考验期满，就认为原判刑罚已经执行完毕，并公开予以宣告。

◀ 要点及关联法规 ▶

① 参见【本章要点及关联法规】，P56

第八十六条【假释考验不合格的处理】被假释的犯罪分子，在假释考验期限内犯新罪，应当撤销假释，依照本法第七十一条的规定实行数罪并罚。

在假释考验期限内，发现被假释的犯罪分子在判决宣告以前还有其他罪没有判决的，应当撤销假释，依照本法第七十条的规定实行数罪并罚。

被假释的犯罪分子，在假释考验期限内，有违反法律、行政法规或者国务院有关部门关于假释的监督管理规定的行为，尚未构成新的犯罪的，应当依照法定程序撤销假释，收监执行未执行完毕的刑罚。

◀ 要点及关联法规 ▶

① 参见【本章要点及关联法规】，P56
② 假释考验期内犯新罪、漏罪或者违反有关规定的处理

★最高人民法院《关于适用刑法时间效力规定若干问题的解释》(1997年10月1日)（节录）

第九条 1997年9月30日以前被假释的犯罪分子，在1997年10月1日以后的假释考验期内，又犯新罪、被发出漏罪或者违反法律、行政法规或者国务院公安部门有关假释的监督管理规定的，适用刑法第八十六条的规定，撤销假释。

★最高人民法院《关于办理减刑、假释案件具体应用法律的规定》（2017年1月1日）（节录）

第二十九条 罪犯在假释考验期内违反法律、行政法规或者国务院有关部门关于假释的监督管理规定的，作出假释裁定的人民法院，应当在收到报请机关或者检察机关撤销假释建议书后及时审查，作出是否撤销假释的裁定，并送达报请机关，同时抄送人民检察院、公安机关和原刑罚执行机关。

罪犯在逃的，撤销假释裁定书可以作为对罪犯进行追捕的依据。

第三十条 依照刑法第八十六条规定被撤销假释的罪犯，一般不得再假释。但依照该条第二款被撤销假释的罪犯，如果罪犯对漏罪曾作如实供述但原判未予认定，或者漏罪系其自首，符合假释条件的，可以再假释。

被撤销假释的罪犯，收监后符合减刑条件的，可以减刑，但减刑起始时间自收监之日起计算。

3 在监狱内犯罪，假释期间被发现的处理

★最高人民法院、最高人民检察院、公安部、司法部《关于监狱办理刑事案件有关问题的规定》（2014年8月11日）（节录）

三、罪犯在监狱内犯罪，假释期间被发现的，由审判新罪的人民法院撤销假释，并书面通知原裁定假释的人民法院和社区矫正机构。撤销假释的决定作出前，根据案件情况需要逮捕的，由人民检察院或者人民法院批准或者决定逮捕，公安机关执行逮捕，并将被逮捕人送监狱所在地看守所羁押，同时通知社区矫正机构。

刑满释放后被发现，需要逮捕的，由监狱提请人民检察院审查批准逮捕，公安机关执行逮捕后，将被逮捕人送监狱所在地看守所羁押。

第八节 时　效

第八十七条【追诉期限】犯罪经过下列期限不再追诉：
（一）法定最高刑为不满五年有期徒刑的，经过五年；
（二）法定最高刑为五年以上不满十年有期徒刑的，经过十年；
（三）法定最高刑为十年以上有期徒刑的，经过十五年；
（四）法定最高刑为无期徒刑、死刑的，经过二十年。如果二十年以后认为必须追诉的，须报请最高人民检察院核准。

◆ 要点及关联法规 ◆

1 参见【本章要点及关联法规】，P56

2 核准追诉案件的办理

★最高人民检察院《关于办理核准追诉案件若干问题的规定》（2012年8月21日）（节录）

第三条 法定最高刑为无期徒刑、死刑的犯罪，已过二十年追诉期限的，不再追诉。

如果认为必须追诉的,须报请最高人民检察院核准。

第四条 须报请最高人民检察院核准追诉的案件在核准之前,侦查机关可以依法对犯罪嫌疑人采取强制措施。

侦查机关报请核准追诉并提请逮捕犯罪嫌疑人,人民检察院经审查认为必须追诉而且符合法定逮捕条件的,可以依法批准逮捕,同时要求侦查机关在报请核准追诉期间不停止对案件的侦查。

未经最高人民检察院核准,不得对案件提起公诉。

第五条 报请核准追诉的案件应当同时符合下列条件:

(一)有证据证明存在犯罪事实,且犯罪事实是犯罪嫌疑人实施的;

(二)涉嫌犯罪的行为应当适用的法定量刑幅度的最高刑为无期徒刑或者死刑的;

(三)涉嫌犯罪的性质、情节和后果特别严重,虽然已过二十年追诉期限,但社会危害性和影响依然存在,不追诉会严重影响社会稳定或者产生其他严重后果,而必须追诉的;

(四)犯罪嫌疑人能够及时到案接受追诉的。

第六条 侦查机关报请核准追诉的案件,由同级人民检察院受理并层报最高人民检察院审查决定。

第十条 对已经批准逮捕的案件,侦查羁押期限届满不能做出是否核准追诉决定的,应当依法对犯罪嫌疑人变更强制措施或者延长侦查羁押期限。

第十一条 最高人民检察院决定核准追诉的案件,最初受理案件的人民检察院应当监督侦查机关及时开展侦查取证。

最高人民检察院决定不予核准追诉,侦查机关未及时撤销案件的,同级人民检察院应当予以监督纠正。犯罪嫌疑人在押的,应当立即释放。

第十二条 人民检察院直接立案侦查的案件报请最高人民检察院核准追诉的,参照本规定办理。

③ 不再追诉去台人员在特定历史时期的犯罪行为

★最高人民法院、最高人民检察院《关于不再追诉去台人员在中华人民共和国成立前的犯罪行为的公告》(1988年3月14日)

台湾同胞来祖国大陆探亲旅游的日益增多。这对于促进海峡两岸的"三通"和实现祖国和平统一大业将起到积极的作用。为此,对去台人员中在中华人民共和国成立前在大陆犯有罪行的,根据《中华人民共和国刑法》第七十六条①关于对犯罪追诉时效的规定的精神,决定对其当时所犯罪行不再追诉。

来祖国大陆的台湾同胞应遵守国家的法律,其探亲、旅游、贸易、投资等正当活动,均受法律保护。

★最高人民法院、最高人民检察院《关于不再追诉去台人员在中华人民共和国成立后当地人民政权建立前的犯罪行为的公告》(1989年9月7日)

最高人民法院、最高人民检察院1988年3月14日《关于不再追诉去台人员在中华人

---

① 现行1997年《刑法》第八十七条。

民共和国成立前的犯罪行为的公告》发布以后，引起各方面的积极反响。为了进一步发展祖国大陆与台湾地区的经济、文化交流和人员往来，促进祖国和平统一大业，现根据《中华人民共和国刑法》的规定、再次公告如下：

一、对去台人员在中华人民共和国成立后，犯罪地地方人民政权建立前所犯历史罪行，不再追诉。

二、去台人员在中华人民共和国成立后、犯罪地地方人民政权建立前犯有罪行，并连续或继续到当地人民政权建立后的，追诉期限从犯罪行为终了之日起计算。凡符合《中华人民共和国刑法》第七十六条规定的，不再追诉。其中法定最高刑为无期徒刑、死刑的，经过二十年，也不再追诉。如果认为必须追诉的，由最高人民险察院核准。

三、对于去海外其他地方的人员在中华人民共和国成立前，或者在中华人民共和国成立后、犯罪地地方人民政权建立前所犯的罪行，分别按照最高人民法院、最高人民检察院《关于不再追诉去台人员在中华人民共和国成立前的犯罪行为的公告》精神和本公告第一条、第二条的规定办理。

4 经过二十年追诉期限，是否予以追诉的认定

★最高人民检察院《关于印发最高人民检察院第六批指导性案例的通知》（2015年7月3日）（节录）

马世龙（抢劫）核准追诉案（检例第20号）

要旨：故意杀人、抢劫、强奸、绑架、爆炸等严重危害社会治安的犯罪，经过二十年追诉期限，仍然严重影响人民群众安全感，被害方、案发地群众、基层组织等强烈要求追究犯罪嫌疑人刑事责任，不追诉可能影响社会稳定或者产生其他严重后果的，对犯罪嫌疑人应当追诉。

★最高人民检察院《关于印发最高人民检察院第六批指导性案例的通知》（2015年7月3日）（节录）

丁国山等（故意伤害）核准追诉案（检例第21号）

要旨：涉嫌犯罪情节恶劣、后果严重，并且犯罪后积极逃避侦查，经过二十年追诉期限，犯罪嫌疑人没有明显悔罪表现，也未通过赔礼道歉、赔偿损失等获得被害方谅解，犯罪造成的社会影响没有消失，不追诉可能影响社会稳定或者产生其他严重后果的，对犯罪嫌疑人应当追诉。

★最高人民检察院《关于印发最高人民检察院第六批指导性案例的通知》（2015年7月3日）（节录）

杨菊云（故意杀人）不核准追诉案（检例第22号）

要旨：

1. 因婚姻家庭等民间矛盾激化引发的犯罪，经过二十年追诉期限，犯罪嫌疑人没有再犯危险性，被害人及其家属对犯罪嫌疑人表示谅解，不追诉有利于化解社会矛盾、恢复正常社会秩序，同时不会影响社会稳定或者产生其他严重后果的，对犯罪嫌疑人可以不再追诉。

2. 须报请最高人民检察院核准追诉的案件，侦查机关在核准之前可以依法对犯罪嫌疑人采取强制措施。侦查机关报请核准追诉并提请逮捕犯罪嫌疑人，人民检察院经审查认为

必须追诉而且符合法定逮捕条件的，可以依法批准逮捕。

★最高人民检察院《关于印发最高人民检察院第六批指导性案例的通知》（2015 年 7 月 3 日）（节录）

蔡金星、陈国辉等（抢劫）不核准追诉案（检例第 23 号）

要旨：

1. 涉嫌犯罪已过二十年追诉期限，犯罪嫌疑人没有再犯罪危险性，并且通过赔礼道歉、赔偿损失等方式积极消除犯罪影响，被害方对犯罪嫌疑人表示谅解，犯罪破坏的社会秩序明显恢复，不追诉不会影响社会稳定或者产生其他严重后果的，对犯罪嫌疑人可以不再追诉。

2. 1997 年 9 月 30 日以前实施的共同犯罪，已被司法机关采取强制措施的犯罪嫌疑人逃避侦查或者审判的，不受追诉期限限制。司法机关在追诉期限内未发现或者未采取强制措施的犯罪嫌疑人，应当受追诉期限限制；涉嫌犯罪应当适用的法定量刑幅度的最高刑为无期徒刑、死刑，犯罪行为发生二十年以后认为必须追诉的，须报请最高人民检察院核准。

第八十八条【不受追诉期限限制的情形】 在人民检察院、公安机关、国家安全机关立案侦查或者在人民法院受理案件以后，逃避侦查或者审判的，不受追诉期限的限制。

被害人在追诉期限内提出控告，人民法院、人民检察院、公安机关应当立案而不予立案的，不受追诉期限的限制。

◀ 要点及关联法规 ▶

▶ 参见【本章要点及关联法规】，P56

第八十九条【追诉期限的计算与中断】 追诉期限从犯罪之日起计算；犯罪行为有连续或者继续状态的，从犯罪行为终了之日起计算。

在追诉期限以内又犯罪的，前罪追诉的期限从犯后罪之日起计算。

◀ 要点及关联法规 ▶

▶ 参见【本章要点及关联法规】，P56

第五章 其他规定

第九十条【民族自治地方刑法适用的变通、补充】 民族自治地方不能全部适用本法规定的，可以由自治区或者省的人民代表大会根据当地民族的政治、经济、文化的特点和本法规定的基本原则，制定变通或者补充的规定，报请全国人民代表大会常务委员会批准施行。

第九十一条【公共财产的范围】 本法所称公共财产，是指下列财产：

（一）国有财产；

（二）劳动群众集体所有的财产；

（三）用于扶贫和其他公益事业的社会捐助或者专项基金的财产。

在国家机关、国有公司、企业、集体企业和人民团体管理、使用或者运输中的私人财产，以公共财产论。

第九十二条【公民私人所有财产的范围】 本法所称公民私人所有的财产，是指下列财产：

（一）公民的合法收入、储蓄、房屋和其他生活资料；

（二）依法归个人、家庭所有的生产资料；

（三）个体户和私营企业的合法财产；

（四）依法归个人所有的股份、股票、债券和其他财产。

第九十三条【国家工作人员的含义】 本法所称国家工作人员，是指国家机关中从事公务的人员。

国有公司、企业、事业单位、人民团体中从事公务的人员和国家机关、国有公司、企业、事业单位委派到非国有公司、企业、事业单位、社会团体从事公务的人员，以及其他依照法律从事公务的人员，以国家工作人员论。

要点及关联法规

1 国家机关工作人员的认定

★最高人民检察院《对〈关于中国证监会主体认定的请示〉的答复函》（2000年4月30日）（节录）

根据国办〔1998〕131号文件的规定，中国证券监督管理委员会为国务院直属事业单位，是全国证券期货市场的主管部门。其主要职责是统一管理证券期货市场，按规定对证券期货监管机构实行垂直领导，所以，它是具有行政职责的事业单位。据此，北京证券监

第五章 其他规定

督管理委员会干部应视同为国家机关工作人员。

★最高人民法院《全国法院审理经济犯罪案件工作座谈会纪要》（2003年11月13日）（节录）

一、关于贪污贿赂犯罪和渎职罪的主体

（一）国家机关工作人员的认定

刑法中所称的国家机关工作人员，是指在国家机关中从事公务的人员，包括在各级国家权力机关、行政机关、司法机关和军事机关中从事公务的人员。

根据有关立法解释的规定，在依照法律、法规规定行使国家行政管理职权的组织中从事公务的人员，或者在受国家机关委托代表国家行使职权的组织中从事公务的人员，或者虽未列入国家机关人员编制但在国家机关中从事公务的人员，视为国家机关工作人员。在乡（镇）以上中国共产党机关、人民政协机关中从事公务的人员，司法实践中也应当视为国家机关工作人员。

▶2 "以国家工作人员论"的情形

★最高人民法院研究室《关于国家工作人员在农村合作基金会兼职从事管理工作如何认定身份问题的答复》（2000年6月29日）（节录）

国家工作人员自行到农村合作基金会兼职从事管理工作的，因其兼职工作与国家工作人员身份无关，应认定为农村合作基金会一般从业人员；国家机关、国有公司、企业、事业单位委派到农村合作基金会兼职从事管理工作的人员，以国家工作人员论。

★最高人民法院《全国法院审理经济犯罪案件工作座谈会纪要》（2003年11月13日）（节录）

一、关于贪污贿赂犯罪和渎职罪的主体

（二）国家机关、国有公司、企业、事业单位委派到非国有公司、企业、事业单位、社会团体从事公务的人员的认定

所谓委派，即委任、派遣，其形式多种多样，如任命、指派、提名、批准等。不论被委派的人身份如何，只要是接受国家机关、国有公司、企业、事业单位委派，代表国家机关、国有公司、企业、事业单位在非国有公司、企业、事业单位、社会团体中从事组织、领导、监督、管理等工作，都可以认定为国家机关、国有公司、企业、事业单位委派到非国有公司、企业、事业单位、社会团体从事公务的人员——如国家机关、国有公司、企业、事业单位委派在国有控股或者参股的股份有限公司从事组织、领导、监督、管理等工作的人员，应当以国家工作人员论；国有公司、企业改制为股份有限公司后原国有公司、企业的工作人员和股份公司新任命的人员中，除代表国有投资主体行使监督、管理职权的人外不以国家工作人员论。

★最高人民检察院法律政策研究室《关于国家机关、国有公司、企业委派到非国有公司、企业从事公务但尚未依照规定程序获取该单位职务的人员是否适用刑法第九十三条第二款问题的答复》（2004年11月3日）（节录）

对于国家机关、国有公司、企业委派到非国有公司、企业从事公务但尚未依照规定程序获取该单位职务的人员，涉嫌职务犯罪的，可以依照刑法第九十三条第款关于"国家机

· 119 ·

关、国有公司、企业委派到非国有公司、企业、事业单位、社会团体从事公务的人员"，"以国家工作人员论"的规定追究刑事责任。

▶3 "其他依照法律从事公务的人员"的认定

★全国人民代表大会常务委员会《关于〈中华人民共和国刑法〉第九十三条第二款的解释》（2000 年 4 月 29 日）

全国人民代表大会常务委员会讨论了村民委员会等村基层组织人员在从事哪些工作时属于刑法第九十三条第二款规定的"其他依照法律从事公务的人员"，解释如下：

村民委员会等村基层组织人员协助人民政府从事下列行政管理工作时，属于刑法第九十三条第二款规定的"其他依照法律从事公务的人员"：

（一）救灾、抢险、防汛、优抚、扶贫、移民、救济款物的管理；
（二）社会捐助公益事业款物的管理；
（三）国有土地的经营和管理；
（四）土地征收、征用①补偿费用的管理；
（五）代征、代缴税款；
（六）有关计划生育、户籍、征兵工作；
（七）协助人民政府从事的其他行政管理工作。

村民委员会等村基层组织人员从事前款规定的公务，利用职务上的便利，非法占有公共财物、挪用公款、索取他人财物或者非法收受他人财物，构成犯罪的，适用刑法第三百八十二条和第三百八十三条贪污罪、第三百八十四条挪用公款罪、第三百八十五条和第三百八十六条受贿罪的规定。

★最高人民检察院《关于贯彻执行全国人民代表大会常务委员会关于〈中华人民共和国刑法〉第九十三条第二款的解释的通知》（2000 年 6 月 5 日）（节录）

三、各级检察机关在依法查处村民委员会等村基层组织人员贪污、受贿、挪用公款犯罪案件过程中，要根据《解释》和其他有关法律的规定，严格把握界限，准确认定村民委员会等村基层组织人员的职务活动是否属于协助人民政府从事《解释》所规定的行政管理工作，并正确把握刑法第三百八十二条、第三百八十三条贪污罪、第三百八十四条挪用公款罪和第三百八十五条、第三百八十六条受贿罪的构成要件。对村民委员会等村基层组织人员从事属于村民自治范围的经营、管理活动不能适用《解释》的规定。

★最高人民检察院《全国人民代表大会常务委员会关于〈中华人民共和国刑法〉第九十三条第二款的解释的时间效力的批复》（2000 年 6 月 29 日）（节录）

《全国人民代表大会常务委员会关于〈中华人民共和国刑法〉第九十三条第二款的解释》是对刑法第九十三条第二款关于"其他依照法律从事公务的人员"规定的进一步明确，并不是对刑法的修改。因此，该《解释》的效力适用于修订刑法的施行日期，其溯及力适用修订刑法第 12 条的规定。

---

① 2009 年 8 月 27 日《关于修改部分法律的决定》将本解释的"征用"修改为"征收、征用"。

第五章 其他规定

★最高人民法院《全国法院审理经济犯罪案件工作座谈会纪要》(2003年11月13日)(节录)

一、关于贪污贿赂犯罪和渎职罪的主体

(三)"其他依照法律从事公务的人员"的认定

刑法第九十三条第二款规定的"其他依照法律从事公务的人员"应当具有两个特征:一是在特定条件下行使国家管理职能;二是依照法律规定从事公务。具体包括:(1)依法履行职责的各级人民代表大会代表;(2)依法履行审判职责的人民陪审员;(3)协助乡镇人民政府、街道办事处从事行政管理工作的村民委员会、居民委员会等农村和城市基层组织人员;(4)其他由法律授权从事公务的人员。

▶4 "从事公务"的认定

★最高人民法院《全国法院审理经济犯罪案件工作座谈会纪要》(2003年11月13日)(节录)

一、关于贪污贿赂犯罪和渎职罪的主体

(四)关于"从事公务"的理解

从事公务,是指代表国家机关、国有公司、企业事业单位、人民团体等履行组织、领导、监督、管理等职责。公务主要表现为与职权相联系的公共事务以及监督、管理国有财产的职务活动。如国家机关工作人员依法履行职责,国有公司的董事、经理、监事、会计、出纳人员等管理、监督国有财产等活动,属于从事公务。那些不具备职权内容的劳务活动、技术服务工作,如售货员、售票员等所从事的工作,一般不认为是公务。

第九十四条【司法工作人员的含义】本法所称司法工作人员,是指有侦查、检察、审判、监管职责的工作人员。

第九十五条【重伤的含义】本法所称重伤,是指有下列情形之一的伤害:
(一)使人肢体残废或者毁人容貌的;
(二)使人丧失听觉、视觉或者其他器官机能的;
(三)其他对于人身健康有重大伤害的。

第九十六条【违反国家规定的含义】本法所称违反国家规定,是指违反全国人民代表大会及其常务委员会制定的法律和决定,国务院制定的行政法规、规定的行政措施、发布的决定和命令。

▶ 要点及关联法规 ◀

▶1 "国家规定"的认定

★最高人民法院《关于准确理解和适用刑法中"国家规定"的有关问题的通知》(2011年4月8日)(节录)

一、根据刑法第九十六的规定,刑法中的"国家规定"是指,全国人民代表大会及其常务委员会制定的法律和决定,国务院制定的行政法规、规定的行政措施、发布的决定和命令。其中,"国务院规定的行政措施"应当由国务院决定,通常以行政法规或者国务院制发文件的形式加以规定。以国务院办公厅名义制发的文件，符合以下条件的，亦应视为刑法中的"国家规定"：(1) 有明确的法律依据或者同相关行政法规不相抵触；(2) 经国务院常务会议讨论通过或者经国务院批准；(3) 在国务院公报上公开发布。

二、各级人民法院在刑事审判工作中，对有关案件所涉及的"违反国家规定"的认定，要依照相关法律、行政法规及司法解释的规定准确把握。对于规定不明确的，要按照本通知的要求审慎认定。对于违反地方性法规、部门规章的行为，不得认定为"违反国家规定"。对被告人的行为是否"违反国家规定"存在争议的，应当作为法律适用问题，逐级向最高人民法院请示。

三、各级人民法院审理非法经营犯罪案件，要依法严格把握刑法第二百二十五条第（四）的适用范围。对被告人的行为是否属于刑法第二百二十五条第（四）规定的"其他严重扰乱市场秩序的非法经营行为"，有关司法解释未作明确规定的，应当作为法律适用问题，逐级向最高人民法院请示。

第九十七条【首要分子的含义】 本法所称首要分子，是指在犯罪集团或者聚众犯罪中起组织、策划、指挥作用的犯罪分子。

第九十八条【告诉才处理的含义】 本法所称告诉才处理，是指被害人告诉才处理。如果被害人因受强制、威吓无法告诉的，人民检察院和被害人的近亲属也可以告诉。

第九十九条【以上、以下、以内的界定】 本法所称以上、以下、以内，包括本数。

第一百条【前科报告制度】 依法受过刑事处罚的人，在入伍、就业的时候，应当如实向有关单位报告自己曾受过刑事处罚，不得隐瞒。

犯罪的时候不满十八周岁被判处五年有期徒刑以下刑罚的人，免除前款规定的报告义务。

▶ **要点及关联法规** ◀

▶ 未成年人刑事案件中的犯罪记录封存制度

★《中华人民共和国刑事诉讼法》（2012 年修正）（节录）

第二百七十五条 犯罪的时候不满十八周岁，被判处五年有期徒刑以下刑罚的，应当对相关犯罪记录予以封存。

犯罪记录被封存的，不得向任何单位和个人提供，但司法机关为办案需要或者有关单位根据国家规定进行查询的除外。依法进行查询的单位，应当对被封存的犯罪记录的情况予以保密。

★最高人民检察院《关于人民检察院办理未成年人刑事案件的规定》（2013 年 12 月 27 日）（节录）

第六十二条 犯罪的时候不满十八周岁，被判处五年有期徒刑以下刑罚的，人民检察

第五章 其他规定

院应当在收到人民法院生效判决后,对犯罪记录予以封存。

对于二审案件,上级人民检察院封存犯罪记录时,应当通知下级人民检察院对相关犯罪记录予以封存。

第六十三条 人民检察院应当将拟封存的未成年人犯罪记录、卷宗等相关材料装订成册,加密保存,不予公开,并建立专门的未成年人犯罪档案库,执行严格的保管制度。

第六十四条 除司法机关为办案需要或者有关单位根据国家规定进行查询的以外,人民检察院不得向任何单位和个人提供封存的犯罪记录,并不得提供未成年人有犯罪记录的证明。

司法机关或者有关单位需要查询犯罪记录的,应当向封存犯罪记录的人民检察院提出书面申请,人民检察院应当在七日以内作出是否许可的决定。

第六十五条 对被封存犯罪记录的未成年人,符合下列条件之一的,应当对其犯罪记录解除封存:

(一) 实施新的犯罪,且新罪与封存记录之罪数罪并罚后被决定执行五年有期徒刑以上刑罚的;

(二) 发现漏罪,且漏罪与封存记录之罪数罪并罚后被决定执行五年有期徒刑以上刑罚的。

第六十六条 人民检察院对未成年犯罪嫌疑人作出不起诉决定后,应当对相关记录予以封存。具体程序参照本规定第六十二条至第六十五条规定办理。

2 犯罪记录制度

★**最高人民法院、最高人民检察院、公安部、国家安全部、司法部《关于建立犯罪人员犯罪记录制度的意见》**(2012年5月10日)

犯罪记录是国家专门机关对犯罪人员情况的客观记载。犯罪记录制度是现代社会管理制度中的一项重要内容。为适应新时期经济社会发展的需要,进一步推进社会管理创新,维护社会稳定,促进社会和谐,现就建立我国犯罪人员犯罪记录制度提出如下意见。

一、建立犯罪人员犯罪记录制度的重要意义和基本要求

建立犯罪人员犯罪记录制度,对犯罪人员信息进行合理登记和有效管理,既有助于国家有关部门充分掌握与运用犯罪人员信息,适时制定和调整刑事政策及其他公共政策,改进和完善相关法律法规,有效防控犯罪,维护社会秩序,也有助于保障有犯罪记录的人的合法权利,帮助其顺利回归社会。

近年来,我国犯罪人员犯罪记录工作取得较大进展,有关部门为建立犯罪人员犯罪记录制度进行了积极探索。认真总结并推广其中的有益做法,在全国范围内开展犯罪人员信息的登记和管理工作,逐步建立和完善犯罪记录制度,对司法工作服务大局,促进社会矛盾化解,推进社会管理机制创新,具有重要意义。

建立犯罪人员犯罪记录制度,开展有关犯罪记录的工作,要按照深入贯彻落实科学发展观和构建社会主义和谐社会的总体要求,在司法体制和工作机制改革的总体框架内,全面落实宽严相济刑事政策,促进社会和谐稳定,推动经济社会健康发展。要立足国情,充分考虑现阶段我国经济社会发展的状况和人民群众的思想观念,注意与现有法律法规和其

他制度的衔接。要充分认识我国的犯罪记录制度以及有关工作尚处于起步阶段这一现状，抓住重点，逐步推进，确保此项工作能够稳妥、有序开展，为进一步完善我国犯罪记录制度，健全犯罪记录工作机制创造条件。

二、犯罪人员犯罪记录制度的主要内容

（一）建立犯罪人员信息库

为加强对犯罪人员信息的有效管理，依托政法机关现有网络和资源，由公安机关、国家安全机关、人民检察院、司法行政机关分别建立有关记录信息库，并实现互联互通，待条件成熟后建立全国统一的犯罪信息库。

犯罪人员信息登记机关录入的信息应当包括以下内容：犯罪人员的基本情况、检察机关（自诉人）和审判机关的名称、判决书编号、判决确定日期、罪名、所判处刑罚以及刑罚执行情况等。

（二）建立犯罪人员信息通报机制

人民法院应当及时将生效的刑事裁判文书以及其他有关信息通报犯罪人员信息登记机关。

监狱、看守所应当及时将《刑满释放人员通知书》寄送被释放人员户籍所在地犯罪人员信息登记机关。

县级司法行政机关应当及时将《社区服刑人员矫正期满通知书》寄送被解除矫正人员户籍所在地犯罪人员信息登记机关。

国家机关基于办案需要，向犯罪人员信息登记机关查询有关犯罪信息，有关机关应当予以配合。

（三）规范犯罪人员信息查询机制

公安机关、国家安全机关、人民检察院和司法行政机关分别负责受理、审核和处理有关犯罪记录的查询申请。

上述机关在向社会提供犯罪信息查询服务时，应当严格依照法律法规关于升学、入伍、就业等资格、条件的规定进行。

辩护律师为依法履行辩护职责，要求查询本案犯罪嫌疑人、被告人的犯罪记录的，应当允许，涉及未成年人的犯罪记录被执法机关依法封存的除外。

（四）建立未成年人犯罪记录封存制度

为深入贯彻落实党和国家对违法犯罪未成年人的"教育、感化、挽救"方针和"教育为主、惩罚为辅"原则，切实帮助失足青少年回归社会，根据刑事诉讼法的有关规定，结合我国未成年人保护工作的实际，建立未成年人轻罪犯罪记录封存制度，对于犯罪时不满十八周岁，被判处五年有期徒刑以下刑罚的未成年人的犯罪记录，应当予以封存。犯罪记录被封存后，不得向任何单位和个人提供，但司法机关为办案需要或者有关单位根据国家规定进行查询的除外。依法进行查询的单位，应当对被封存的犯罪记录的情况予以保密。

执法机关对未成年人的犯罪记录可以作为工作记录予以保存。

（五）明确违反规定处理犯罪人员信息的责任

负责提供犯罪人员信息的部门及其工作人员应当及时、准确地向犯罪人员信息登记机关提供有关信息。不按规定提供信息，或者故意提供虚假、伪造信息，情节严重或者造成严重后果的，应当依法追究相关人员的责任。

负责登记和管理犯罪人员信息的部门及其工作人员应当认真登记、妥善管理犯罪人员信息。不按规定登记犯罪人员信息、提供查询服务，或者违反规定泄露犯罪人员信息，情节严重或者造成严重后果的，应当依法追究相关人员的责任。

使用犯罪人员信息的单位和个人应当按照查询目的使用有关信息并对犯罪人员信息予以保密。不按规定使用犯罪人员信息，情节严重或者造成严重后果的，应当依法追究相关人员的责任。

三、扎实推进犯罪人员犯罪记录制度的建立与完善

犯罪记录制度是我国一项崭新的法律制度，在建立和实施过程中不可避免地会遇到各种各样的问题和困难，有关部门要高度重视，精心组织，认真实施，并结合自身工作的性质和特点，研究制定具体实施办法或实施细则，循序渐进，在实践中不断健全、完善，确保取得实效。

犯罪记录制度的建立是一个系统工程，各有关部门要加强协调，互相配合，处理好在工作起步以及推进中可能遇到的各种问题。要充分利用政法网以及各部门现有的网络基础设施，逐步实现犯罪人员信息的网上录入、查询和文件流转，实现犯罪人员信息的共享。要处理好犯罪人员信息与被劳动教养、治安管理处罚、不起诉人员信息以及其他信息库之间的关系。要及时总结，适时调整工作思路和方法，保障犯罪记录工作的顺利展开，推动我国犯罪记录制度的发展与完善。

第一百零一条【总则的效力】本法总则适用于其他有刑罚规定的法律，但是其他法律有特别规定的除外。

第二编 分 则

第一章 危害国家安全罪

第一百零二条【背叛国家罪】 勾结外国，危害中华人民共和国的主权、领土完整和安全的，处无期徒刑或者十年以上有期徒刑。

与境外机构、组织、个人相勾结，犯前款罪的，依照前款的规定处罚。

关联法条： 第一百一十三条

第一百零三条【分裂国家罪】 组织、策划、实施分裂国家、破坏国家统一的，对首要分子或者罪行重大的，处无期徒刑或者十年以上有期徒刑；对积极参加的，处三年以上十年以下有期徒刑；对其他参加的，处三年以下有期徒刑、拘役、管制或者剥夺政治权利。

【煽动分裂国家罪】 煽动分裂国家、破坏国家统一的，处五年以下有期徒刑、拘役、管制或者剥夺政治权利；首要分子或者罪行重大的，处五年以上有期徒刑。

关联法条： 第一百零六条、第一百一十三条

◁ 定　　罪 ▷

1 利用互联网煽动分裂国家行为的定性

★全国人民代表大会常务委员会《关于维护互联网安全的决定》（2000年12月28日）（节录）

二、为了维护国家安全和社会稳定，对有下列行为之一，构成犯罪的，依照刑法有关规定追究刑事责任：

（一）利用互联网造谣、诽谤或者发表、传播其他有害信息，煽动颠覆国家政权、推翻社会主义制度，或者煽动分裂国家、破坏国家统一；

2 出版、印刷、复制、发行、传播载有煽动分裂国家内容出版物行为的定性

★最高人民法院《关于审理非法出版物刑事案件具体应用法律若干问题的解释》（1998年12月23日）（节录）

第一条　明知出版物中载有煽动分裂国家、破坏国家统一或者煽动颠覆国家政权、推翻社会主义制度的内容，而予以出版、印刷、复制、发行、传播的，依照刑法第一百零三条第二款或者第一百零五条第二款的规定，以煽动分裂国家罪或者煽动颠覆国家政权罪定

罪处罚。

3 组织、利用邪教组织，分裂国家、煽动分裂国家行为的定性

★最高人民法院、最高人民检察院《关于办理组织和利用邪教组织犯罪案件具体应用法律若干问题的解释》（1999年10月9日）（节录）

第七条　组织和利用邪教组织，组织、策划、实施、煽动分裂国家、破坏国家统一或者颠覆国家政权、推翻社会主义制度的，分别依照刑法第一百零三条、第一百零五条、第一百一十三条的规定定罪处罚。

4 制作、传播邪教宣传品，煽动分裂国家行为的定性

★最高人民法院、最高人民检察院《关于办理组织和利用邪教组织犯罪案件具体应用法律若干问题的解释（二）》（2011年6月11日）（节录）

第二条　制作、传播邪教宣传品，煽动分裂国家、破坏国家统一，或者煽动颠覆国家政权、推翻社会主义制度的，依照刑法第一百零三条第二款、第一百零五条第二款的规定，以煽动分裂国家罪或者煽动颠覆国家政权罪定罪处罚。

5 利用突发传染病疫情等灾害，制造、传播谣言，煽动分裂国家行为的定性

★最高人民法院、最高人民检察院《关于办理妨害预防、控制突发传染病疫情等灾害的刑事案件具体应用法律若干问题的解释》（2003年5月15日）（节录）

第十条（第2款）　利用突发传染病疫情等灾害，制造、传播谣言，煽动分裂国家、破坏国家统一，或者煽动颠覆国家政权、推翻社会主义制度的，依照刑法第一百零三条第二款、第一百零五条第二款的规定，以煽动分裂国家罪或者煽动颠覆国家政权罪定罪处罚。

第十八条　本解释所称"突发传染病疫情等灾害"，是指突然发生，造成或者可能造成社会公众健康严重损害的重大传染病疫情、群体性不明原因疾病以及其他严重影响公众健康的灾害。

6 暴力恐怖、宗教极端刑事案件中煽动分裂国家行为的定性

★最高人民法院、最高人民检察院、公安部《关于办理暴力恐怖和宗教极端刑事案件适用法律若干问题的意见》（2014年9月9日）（节录）

二、准确认定案件性质

（三）实施下列行为之一，煽动分裂国家、破坏国家统一的，以煽动分裂国家罪定罪处罚：

1. 组织、纠集他人，宣扬、散布、传播宗教极端、暴力恐怖思想的；

2. 出版、印刷、复制、发行载有宣扬宗教极端、暴力恐怖思想内容的图书、期刊、音像制品、电子出版物或者制作、印刷、复制载有宣扬宗教极端、暴力恐怖思想内容的传单、图片、标语、报纸的；

3. 通过建立、开办、经营、管理网站、网页、论坛、电子邮件、博客、微博、即时通讯工具、群组、聊天室、网络硬盘、网络电话、手机应用软件及其他网络应用服务，或者利用手机、移动存储介质、电子阅读器等登载、张贴、复制、发送、播放、演示载有宗教极端、暴力恐怖思想内容的图书、文稿、图片、音频、视频、音像制品及相关网址，宣扬、散布、传播宗教极端、暴力恐怖思想的；

4. 制作、编译、编撰、编辑、汇编或者从境外组织、机构、个人、网站直接获取载有宣扬宗教极端、暴力恐怖思想内容的图书、文稿、图片、音像制品等,供他人阅读、观看、收听、出版、印刷、复制、发行、传播的;

5. 设计、制造、散发、邮寄、销售、展示含有宗教极端、暴力恐怖思想内容的标识、标志物、旗帜、徽章、服饰、器物、纪念品的;

6. 以其他方式宣扬宗教极端、暴力恐怖思想的。

实施上述行为,煽动民族仇恨、民族歧视,情节严重的,以煽动民族仇恨、民族歧视罪定罪处罚。同时构成煽动分裂国家罪的,依照处罚较重的规定定罪处罚。

7 共同犯罪

★最高人民法院、最高人民检察院、公安部《关于办理暴力恐怖和宗教极端刑事案件适用法律若干问题的意见》(2014年9月9日)(节录)

二、准确认定案件性质

(六)明知图书、文稿、图片、音像制品、移动存储介质、电子阅读器中载有利用宗教极端、暴力恐怖思想煽动分裂国家、破坏国家统一或者煽动民族仇恨、民族歧视的内容,而提供仓储、邮寄、投递、运输、传输及其他服务的,以煽动分裂国家罪或者煽动民族仇恨、民族歧视罪的共同犯罪定罪处罚。

虽不明知图书、文稿、图片、音像制品、移动存储介质、电子阅读器中载有利用宗教极端、暴力恐怖思想煽动分裂国家、破坏国家统一或者煽动民族仇恨、民族歧视的内容,但出于营利或其他目的,违反国家规定,予以出版、印刷、复制、发行、传播或者提供仓储、邮寄、投递、运输、传输等服务的,按照其行为所触犯的具体罪名定罪处罚。

(七)网站、网页、论坛、电子邮件、博客、微博、即时通讯工具、群组、聊天室、网络硬盘、网络电话、手机应用软件及其他网络应用服务的建立、开办、经营、管理者,明知他人散布、宣扬利用宗教极端、暴力恐怖思想煽动分裂国家、破坏国家统一或者煽动民族仇恨、民族歧视的内容,允许或者放任他人在其网站、网页、论坛、电子邮件、博客、微博、即时通讯工具、群组、聊天室、网络硬盘、网络电话、手机应用软件及其他网络应用服务上发布的,以煽动分裂国家罪或者煽动民族仇恨、民族歧视罪的共同犯罪定罪处罚。

8 一罪与数罪

★最高人民法院、最高人民检察院《关于办理组织和利用邪教组织犯罪案件具体应用法律若干问题的解释(二)》(2011年6月11日)(节录)

第四条 制作、传播的邪教宣传品具有煽动分裂国家、破坏国家统一,煽动颠覆国家政权、推翻社会主义制度,侮辱、诽谤他人,严重危害社会秩序和国家利益,或者破坏国家法律、行政法规实施等内容,其行为同时触犯刑法第一百零三条第二款、第一百零五条第二款、第二百四十六条、第三百条第一款等规定的,依照处罚较重的规定定罪处罚。

第一百零四条【武装叛乱、暴乱罪】 组织、策划、实施武装叛乱或者武装暴乱的,对首要分子或者罪行重大的,处无期徒刑或者十年以上有期徒刑;对积极参加的,处三年以上十年以下有期徒刑;对其他参加的,处三年以下有期徒刑、拘役、管制或者剥夺政治权利。

策动、胁迫、勾引、收买国家机关工作人员、武装部队人员、人民警察、民兵进行武装叛乱或者武装暴乱的,依照前款的规定从重处罚。

关联法条: 第一百零六条、第一百一十三条

第一百零五条【颠覆国家政权罪】 组织、策划、实施颠覆国家政权、推翻社会主义制度的,对首要分子或者罪行重大的,处无期徒刑或者十年以上有期徒刑;对积极参加的,处三年以上十年以下有期徒刑;对其他参加的,处三年以下有期徒刑、拘役、管制或者剥夺政治权利。

【煽动颠覆国家政权罪】 以造谣、诽谤或者其他方式煽动颠覆国家政权、推翻社会主义制度的,处五年以下有期徒刑、拘役、管制或者剥夺政治权利;首要分子或者罪行重大的,处五年以上有期徒刑。

关联法条: 第一百零六条

定 罪

1 利用互联网煽动颠覆国家政权行为的定性

★全国人民代表大会常务委员会《关于维护互联网安全的决定》(2000年12月28日)(节录)

二、为了维护国家安全和社会稳定,对有下列行为之一,构成犯罪的,依照刑法有关规定追究刑事责任:

(一)利用互联网造谣、诽谤或者发表、传播其他有害信息,煽动颠覆国家政权、推翻社会主义制度,或者煽动分裂国家、破坏国家统一;

2 出版、印刷、复制、发行、传播载有煽动颠覆国家政权内容出版物行为的定性

★最高人民法院《关于审理非法出版物刑事案件具体应用法律若干问题的解释》(1998年12月23日)(节录)

第一条 明知出版物中载有煽动分裂国家、破坏国家统一或者煽动颠覆国家政权、推翻社会主义制度的内容,而予以出版、印刷、复制、发行、传播的,依照刑法第一百零三条第二款或者第一百零五条第二款的规定,以煽动分裂国家罪或者煽动颠覆国家政权罪定罪处罚。

3 组织、利用邪教组织,颠覆国家政权、煽动颠覆国家政权行为的定性

★最高人民法院、最高人民检察院《关于办理组织和利用邪教组织犯罪案件具体应用法律若干问题的解释》(1999年10月9日)(节录)

第七条 组织和利用邪教组织,组织、策划、实施、煽动分裂国家、破坏国家统一或者颠覆国家政权、推翻社会主义制度的,分别依照刑法第一百零三条、第一百零五条、第

一百一十三条的规定定罪处罚。

▶4 制作、传播邪教宣传品，煽动颠覆国家政权行为的定性

★最高人民法院、最高人民检察院《关于办理组织和利用邪教组织犯罪案件具体应用法律若干问题的解释（二）》（2011年6月11日）（节录）

第二条 制作、传播邪教宣传品，煽动分裂国家、破坏国家统一，或者煽动颠覆国家政权、推翻社会主义制度的，依照刑法第一百零三条第二款、第一百零五条第二款的规定，以煽动分裂国家罪或者煽动颠覆国家政权罪定罪处罚。

▶5 利用突发传染病疫情等灾害，制造、传播谣言，煽动颠覆国家政权行为的定性

★最高人民法院、最高人民检察院《关于办理妨害预防、控制突发传染病疫情等灾害的刑事案件具体应用法律若干问题的解释》（2003年5月15日）（节录）

第十条（第2款） 利用突发传染病疫情等灾害，制造、传播谣言，煽动分裂国家、破坏国家统一，或者煽动颠覆国家政权、推翻社会主义制度的，依照刑法第一百零三条第二款、第一百零五条第二款的规定，以煽动分裂国家罪或者煽动颠覆国家政权罪定罪处罚。

▶6 一罪与数罪

★最高人民法院、最高人民检察院《关于办理组织和利用邪教组织犯罪案件具体应用法律若干问题的解释（二）》（2011年6月11日）（节录）

第四条 制作、传播的邪教宣传品具有煽动分裂国家、破坏国家统一，煽动颠覆国家政权、推翻社会主义制度，侮辱、诽谤他人，严重危害社会秩序和国家利益，或者破坏国家法律、行政法规实施等内容，其行为同时触犯刑法第一百零三条第二款、第一百零五条第二款、第二百四十六条、第三百条第一款等规定的，依照处罚较重的规定定罪处罚。

第一百零六条【与境外勾结的从重处罚】 与境外机构、组织、个人相勾结，实施本章第一百零三条、第一百零四条、第一百零五条规定之罪的，依照各该条的规定从重处罚。

第一百零七条【资助危害国家安全犯罪活动罪】 境内外机构、组织或者个人资助实施本章第一百零二条、第一百零三条、第一百零四条、第一百零五条规定之罪的，对直接责任人员，处五年以下有期徒刑、拘役、管制或者剥夺政治权利；情节严重的，处五年以上有期徒刑。

第一百零八条【投敌叛变罪】 投敌叛变的，处三年以上十年以下有期徒刑；情节严重或者带领武装部队人员、人民警察、民兵投敌叛变的，处十年以上有期徒刑或者无期徒刑。

关联法条：第一百一十三条

第一百零九条【叛逃罪】 国家机关工作人员在履行公务期间，擅离岗位，叛逃境外或者在境外叛逃的，处五年以下有期徒刑、拘役、管制或者剥夺政治权利；情节严重的，处五年以上十年以下有期徒刑。

掌握国家秘密的国家工作人员叛逃境外或者在境外叛逃的，依照前款的规定从重处罚。

第一章 危害国家安全罪

第一百一十条【间谍罪】 有下列间谍行为之一，危害国家安全的，处十年以上有期徒刑或者无期徒刑；情节较轻的，处三年以上十年以下有期徒刑：

（一）参加间谍组织或者接受间谍组织及其代理人的任务的；

（二）为敌人指示轰击目标的。

关联法条： 第一百一十三条

第一百一十一条【为境外窃取、刺探、收买、非法提供国家秘密、情报罪】 为境外的机构、组织、人员窃取、刺探、收买、非法提供国家秘密或者情报的，处五年以上十年以下有期徒刑；情节特别严重的，处十年以上有期徒刑或者无期徒刑；情节较轻的，处五年以下有期徒刑、拘役、管制或者剥夺政治权利。

关联法条： 第一百一十三条

◀ 定　　罪 ▶

❶"国家秘密"、"情报"的认定、鉴定

★最高人民法院《关于审理为境外窃取、刺探、收买、非法提供国家秘密、情报案件具体应用法律若干问题的解释》（2001年1月22日）（节录）

第一条 刑法第一百一十一条规定的"国家秘密"，是指《中华人民共和国保守国家秘密法》第二条、第八条以及《中华人民共和国保守国家秘密法实施办法》第四条确定的事项。

刑法第一百一十一条规定的"情报"，是指关系国家安全和利益、尚未公开或者依照有关规定不应公开的事项。

对为境外机构、组织、人员窃取、刺探、收买、非法提供国家秘密之外的情报的行为，以为境外窃取、刺探、收买、非法提供情报罪定罪处罚。

第七条 审理为境外窃取、刺探、收买、非法提供国家秘密案件，需要对有关事项是否属于国家秘密以及属于何种密级进行鉴定的，由国家保密工作部门或者省、自治区、直辖市保密工作部门鉴定。

★最高人民法院、国家保密局《关于执行〈关于审理为境外窃取、刺探、收买、非法提供国家秘密、情报案件具体应用法律若干问题的解释〉有关问题的通知》（2001年8月22日）（节录）

人民法院审理为境外窃取、刺探、收买、非法提供情报案件，需要对有关事项是否属于情报进行鉴定的，由国家保密工作部门或者省、自治区、直辖市保密工作部门鉴定。

❷"情节特别严重"、一般情节、"情节较轻"的认定

★最高人民法院《关于审理为境外窃取、刺探、收买、非法提供国家秘密、情报案件具体应用法律若干问题的解释》（2001年1月22日）（节录）

第二条 为境外窃取、刺探、收买、非法提供国家秘密或者情报，具有下列情形之一的，属于"情节特别严重"，处十年以上有期徒刑、无期徒刑，可以并处没收财产：

（一）为境外窃取、刺探、收买、非法提供绝密级国家秘密的；

（二）为境外窃取、刺探、收买、非法提供三项以上机密级国家秘密的；

（三）为境外窃取、刺探、收买、非法提供国家秘密或者情报，对国家安全和利益造成其他特别严重损害的。

实施前款行为，对国家和人民危害特别严重、情节特别恶劣的，可以判处死刑，并处没收财产。

第三条 为境外窃取、刺探、收买、非法提供国家秘密或者情报，具有下列情形之一的，处五年以上十年以下有期徒刑，可以并处没收财产：

（一）为境外窃取、刺探、收买、非法提供机密级国家秘密的；

（二）为境外窃取、刺探、收买、非法提供三项以上秘密级国家秘密的；

（三）为境外窃取、刺探、收买、非法提供国家秘密或者情报，对国家安全和利益造成其他严重损害的。

第四条 为境外窃取、刺探、收买、非法提供秘密级国家秘密或者情报，属于"情节较轻"，处五年以下有期徒刑、拘役、管制或者剥夺政治权利，可以并处没收财产。

③ 窃取、刺探、收买、非法提供没有标明密级事项行为的定性

★最高人民法院《关于审理为境外窃取、刺探、收买、非法提供国家秘密、情报案件具体应用法律若干问题的解释》（2001年1月22日）（节录）

第五条 行为人知道或者应当知道没有标明密级的事项关系国家安全和利益，而为境外窃取、刺探、收买、非法提供的，依照刑法第一百一十一条的规定以为境外窃取、刺探、收买、非法提供国家秘密罪定罪处罚。

④ 通过互联网为境外提供国家秘密、情报行为的定性

★全国人民代表大会常务委员会《关于维护互联网安全的决定》（2000年12月28日）（节录）

二、为了维护国家安全和社会稳定，对有下列行为之一，构成犯罪的，依照刑法有关规定追究刑事责任：

（二）通过互联网窃取、泄露国家秘密、情报或者军事秘密；

★最高人民法院《关于审理为境外窃取、刺探、收买、非法提供国家秘密、情报案件具体应用法律若干问题的解释》（2001年1月22日）（节录）

第六条 通过互联网将国家秘密或者情报非法发送给境外的机构、组织、个人的，依照刑法第一百一十一条的规定定罪处罚；将国家秘密通过互联网予以发布，情节严重的，依照刑法第三百九十八条的规定定罪处罚。

⑤ 邪教组织人员为境外窃取、刺探、收买、非法提供国家秘密、情报行为的定性

★最高人民法院、最高人民检察院《关于办理组织和利用邪教组织犯罪案件具体应用法律若干问题的解释（二）》（2001年6月11日）（节录）

第八条 邪教组织人员为境外窃取、刺探、收买、非法提供国家秘密、情报的，以窃取、刺探、收买方法非法获取国家秘密的，非法持有国家绝密、机密文件、资料、物品拒

第一章　危害国家安全罪

不说明来源与用途的,或者泄露国家秘密情节严重的,分别依照刑法第一百一十一条为境外窃取、刺探、收买、非法提供国家秘密、情报罪,第二百八十二条第一款非法获取国家秘密罪,第二百八十二条第二款非法持有国家绝密、机密文件、资料、物品罪,第三百九十八条故意泄露国家秘密罪、过失泄露国家秘密罪的规定定罪处罚。

第一百一十二条【资敌罪】战时供给敌人武器装备、军用物资资敌的,处十年以上有期徒刑或者无期徒刑;情节较轻的,处三年以上十年以下有期徒刑。

关联法条：第一百一十三条

第一百一十三条【本章犯罪死刑、没收财产的适用】本章上述危害国家安全罪行中,除第一百零三条第二款、第一百零五条、第一百零七条、第一百零九条外,对国家和人民危害特别严重、情节特别恶劣的,可以判处死刑。

犯本章之罪的,可以并处没收财产。

第二章 危害公共安全罪

第一百一十四条 【放火罪】【决水罪】【爆炸罪】【投放危险物质罪】【以危险方法危害公共安全罪】 放火、决水、爆炸以及投放毒害性、放射性、传染病病原体等物质或者以其他危险方法危害公共安全，尚未造成严重后果的，处三年以上十年以下有期徒刑。

◆ 立案追诉标准 ▶

★国家林业局、公安部《关于森林和陆生野生动物刑事案件管辖及立案标准》（2001年5月9日）（节录）

一、森林公安机关管辖在其辖区内发生的刑法规定的下列森林和陆生野生动物刑事案件

（六）放火案件中，故意放火烧毁森林或者其他林木的案件（第一百四十一条、第一百一十五条第一款）；

二、森林和陆生野生动物刑事案件的立案标准

（六）放火案

凡故意放火造成森林或者其他林木火灾的都应当立案；过火有林地面积2公顷以上为重大案件；过火有林地面积10公顷以上，或者致人重伤、死亡的，为特别重大案件。

◆ 定 罪 ▶

1 邪教组织人员以自焚、自爆或者其他危险方法危害公共安全行为的定性

★最高人民法院、最高人民检察院《关于办理组织和利用邪教组织犯罪案件具体应用法律若干问题的解释（二）》（2001年6月11日）（节录）

第十条 邪教组织人员以自焚、自爆或者其他危险方法危害公共安全的，分别依照刑法第一百一十四条、第一百一十五条第一款以危险方法危害公共安全罪等规定定罪处罚。

2 在预防、控制突发传染病疫情等灾害中危害公共安全行为的定性

★最高人民法院、最高人民检察院《关于办理妨害预防、控制突发传染病疫情等灾害的刑事案件具体应用法律若干问题的解释》（2003年5月15日）（节录）

第一条 故意传播突发传染病病原体，危害公共安全的，依照刑法第一百一十四条、第一百一十五条第一款的规定，按照以危险方法危害公共安全罪定罪处罚。

患有突发传染病或者疑似突发传染病而拒绝接受检疫、强制隔离或者治疗，过失造成传染病传播，情节严重，危害公共安全的，依照刑法第一百一十五条第二款的规定，按照过失以危险方法危害公共安全罪定罪处罚。

第十七条 人民法院、人民检察院办理有关妨害预防、控制突发传染病疫情等灾害的刑事案件，对于有自首、立功等悔罪表现的，依法从轻、减轻、免除处罚或者依法作出不

起诉决定。

第十八条 本解释所称"突发传染病疫情等灾害",是指突然发生,造成或者可能造成社会公众健康严重损害的重大传染病疫情、群体性不明原因疾病以及其他严重影响公众健康的灾害。

3 醉酒驾车危害公共安全,造成重大伤亡行为的定性

★最高人民法院《关于醉酒驾车犯罪法律适用问题的意见》(2009年9月11日)(节录)

一、准确适用法律,依法严惩醉酒驾车犯罪

刑法规定,醉酒的人犯罪,应当负刑事责任。行为人明知酒后驾车违法、醉酒驾车会危害公共安全,却无视法律醉酒驾车,特别是在肇事后继续驾车冲撞,造成重大伤亡,说明行为人主观上对持续发生的危害结果持放任态度,具有危害公共安全的故意。对此类醉酒驾车造成重大伤亡的,应依法以以危险方法危害公共安全罪定罪。

2009年9月8日公布的两起醉酒驾车犯罪案件中,被告人黎景全和被告人孙伟铭都是在严重醉酒状态下驾车肇事,连续冲撞,造成重大伤亡。其中,黎景全驾车肇事后,不顾伤者及劝阻他的众多村民的安危,继续驾车行驶,致2人死亡,1人轻伤;孙伟铭长期无证驾驶,多次违反交通法规,在醉酒驾车与其他车辆追尾后,为逃逸继续驾车超限速行驶,先后与4辆正常行驶的轿车相撞,造成4人死亡、1人重伤。被告人黎景全和被告人孙伟铭在醉酒驾车发生交通事故后,继续驾车冲撞行驶,其主观上对他人伤亡的危害结果明显持放任态度,具有危害公共安全的故意。二被告人的行为均已构成以危险方法危害公共安全罪。

三、统一法律适用,充分发挥司法审判职能作用

为依法严肃处理醉酒驾车犯罪案件,遏制酒后和醉酒驾车对公共安全造成的严重危害,警示、教育潜在违规驾驶人员,今后,对醉酒驾车,放任危害结果的发生,造成重大伤亡的,一律按照本意见规定,并参照附发的典型案例,依法以以危险方法危害公共安全罪定罪量刑。

为维护生效裁判的既判力,稳定社会关系,对于此前已经处理过的将特定情形的醉酒驾车认定为交通肇事罪的案件,应维持终审裁判,不再变动。

附:有关醉酒驾车犯罪案例

一、被告人黎景全以危险方法危害公共安全案

被告人黎景全,男,汉族,1964年4月30日生于广东省佛山市,初中文化,佛山市个体运输司机。1981年12月11日因犯抢劫罪、故意伤害罪被判处有期徒刑4年6个月。2006年9月17日因本案被刑事拘留,同月28日被逮捕。

2006年9月16日18时50分许,被告人黎景全大量饮酒后,驾驶车牌号为粤A1J374的面包车由南向北行驶至广东省佛山市南海区盐步碧华村新路治安亭附近路段时,从后面将骑自行车的被害人李洁霞及其搭乘的儿子陈柏宇撞倒,致陈柏宇轻伤。撞人后,黎景全继续开车前行,撞坏治安亭前的铁闸及旁边的柱子,又掉头由北往南向穗盐路方向快速行驶,车轮被卡在路边花地上。被害人梁锡全(系黎景全的好友)及其他村民上前救助伤者

并劝阻黎景全,黎景全加大油门驾车冲出花地,碾过李洁霞后撞倒梁锡全,致李洁霞、梁锡全死亡。黎景全驾车驶出路面外被治安队员及民警抓获。经检验,黎景全案发时血液中检出乙醇成分,含量为369.9毫克/100毫升。

被告人黎景全在医院被约束至酒醒后,对作案具体过程无记忆,当得知自己撞死二人、撞伤一人时,十分懊悔。虽然其收入微薄,家庭生活困难,但仍多次表示要积极赔偿被害人亲属的经济损失。

广东省佛山市人民检察院指控被告人黎景全犯以危险方法危害公共安全罪,向佛山市中级人民法院提起公诉。佛山市中级人民法院于2007年2月7日以〔2007〕佛刑一初字第1号刑事附带民事判决,认定被告人黎景全犯以危险方法危害公共安全罪,判处死刑,剥夺政治权利终身。宣判后,黎景全提出上诉。广东省高级人民法院于2008年9月17日以〔2007〕粤高法刑一终字第131号刑事裁定,驳回上诉,维持原判,并依法报请最高人民法院核准。

最高人民法院复核认为,被告人黎景全酒后驾车撞倒他人后,仍继续驾驶,冲撞人群,其行为已构成以危险方法危害公共安全罪。黎景全醉酒驾车撞人,致二人死亡、一人轻伤,犯罪情节恶劣,后果特别严重,应依法惩处。鉴于黎景全是在严重醉酒状态下犯罪,属间接故意犯罪,与蓄意危害公共安全的直接故意犯罪有所不同;且其归案后认罪、悔罪态度较好,依法可不判处死刑。第一审判决、第二审裁定认定的事实清楚,证据确实、充分,定罪准确,审判程序合法,但量刑不当。依照《中华人民共和国刑事诉讼法》第一百九十九条和《最高人民法院关于复核死刑案件若干问题的规定》第四条的规定,裁定不核准被告人黎景全死刑,撤销广东省高级人民法院〔2007〕粤高法刑一终字第131号刑事裁定,发回广东省高级人民法院重新审判。

广东省高级人民法院重审期间,与佛山市中级人民法院一同做了大量民事调解工作。被告人黎景全的亲属倾其所有,筹集15万元赔偿给被害方。

广东省高级人民法院审理认为,被告人黎景全醉酒驾车撞倒李洁霞所骑自行车后,尚知道驾驶车辆掉头行驶;在车轮被路边花地卡住的情况下,知道将车辆驾驶回路面,说明其案发时具有辨认和控制能力。黎景全撞人后,置被撞人员于不顾,也不顾在车前对其进行劝阻和救助伤者的众多村民,仍继续驾车企图离开现场,撞向已倒地的李洁霞和救助群众梁锡全,致二人死亡,说明其主观上对在场人员伤亡的危害结果持放任态度,具有危害公共安全的间接故意。因此,其行为已构成以危险方法危害公共安全罪。黎景全犯罪的情节恶劣,后果严重。但鉴于黎景全系间接故意犯罪,与蓄意危害公共安全的直接故意犯罪相比,主观恶性不是很深,人身危险性不是很大;犯罪时处于严重醉酒状态,辨认和控制能力有所减弱;归案后认罪、悔罪态度较好,积极赔偿了被害方的经济损失,依法可从轻处罚。据此,于2009年9月8日作出〔2007〕粤高法刑一终字第131—1号刑事判决,认定被告人黎景全犯以危险方法危害公共安全罪,判处无期徒刑,剥夺政治权利终身。

二、被告人孙伟铭以危险方法危害公共安全案

被告人孙伟铭,男,汉族,1979年5月9日出生于西藏自治区,高中文化,成都奔腾电子信息技术有限公司员工。2008年12月15日被刑事拘留,同月26日被逮捕。

第二章　危害公共安全罪

2008年5月，被告人孙伟铭购买一辆车牌号为川A43K66的别克轿车。之后，孙伟铭在未取得驾驶证的情况下长期驾驶该车，并多次违反交通法规。同年12月14日中午，孙伟铭与其父母为亲属祝寿，大量饮酒。当日17时许，孙伟铭驾驶其别克轿车行至四川省成都市成龙路"蓝谷地"路口时，从后面撞向与其同向行驶的车牌号为川A9T332的一辆比亚迪轿车尾部。肇事后，孙伟铭继续驾车超限速行驶，行至成龙路"卓锦城"路段时，越过中心黄色双实线，先后与对面车道正常行驶的车牌号分别为川AUZ872的长安奔奔轿车、川AK1769的长安奥拓轿车、川AVD241的福特蒙迪欧轿车、川AMC337的奇瑞QQ轿车等4辆轿车相撞，造成车牌号为川AUZ872的长安奔奔轿车上的张景全、尹国辉夫妇和金亚民、张成秀夫妇死亡，代玉秀重伤，以及公私财产损失5万余元。经鉴定，孙伟铭驾驶的车辆碰撞前瞬间的行驶速度为134—138公里/小时；孙伟铭案发时血液中的乙醇含量为135.8毫克/100毫升。案发后，孙伟铭的亲属赔偿被害人经济损失11.4万元。

四川省成都市人民检察院指控被告人孙伟铭犯以危险方法危害公共安全罪，向成都市中级人民法院提起公诉。成都市中级人民法院于2009年7月22日以〔2009〕成刑初字第158号刑事判决，认定被告人孙伟铭犯以危险方法危害公共安全罪，判处死刑，剥夺政治权利终身。宣判后，孙伟铭提出上诉。

四川省高级人民法院审理期间，被告人孙伟铭之父孙林表示愿意代为赔偿被害人的经济损失，社会各界人士也积极捐款帮助赔偿。经法院主持调解，孙林代表孙伟铭与被害方达成民事赔偿协议，并在身患重病、家庭经济并不宽裕的情况下，积极筹款赔偿了被害方经济损失，取得被害方一定程度的谅解。

四川省高级人民法院审理认为，被告人孙伟铭无视交通法规和公共安全，在未取得驾驶证的情况下，长期驾驶机动车辆，多次违反交通法规，且在醉酒驾车发生交通事故后，继续驾车超限速行驶，冲撞多辆车辆，造成数人伤亡的严重后果，说明其主观上对危害结果的发生持放任态度，具有危害公共安全的间接故意，其行为已构成以危险方法危害公共安全罪。孙伟铭犯罪情节恶劣，后果严重。但鉴于孙伟铭是间接故意犯罪，不希望、也不积极追求危害后果发生，与直接故意驾车撞击车辆、行人的犯罪相比，主观恶性不是很深，人身危险性不是很大；犯罪时处于严重醉酒状态，其对自己行为的辨认和控制能力有所减弱；案发后，真诚悔罪，并通过亲属积极筹款赔偿被害方的经济损失，依法可从轻处罚。据此，四川省高级人民法院于2009年9月8日作出〔2009〕川刑终字第690号刑事判决，认定被告人孙伟铭犯以危险方法危害公共安全罪，判处无期徒刑，剥夺政治权利终身。

▶ 4 一罪与数罪

★最高人民法院《关于审理破坏野生动物资源刑事案件具体应用法律若干问题的解释》（2000年12月11日）（节录）

第七条　使用爆炸、投毒、设置电网等危险方法破坏野生动物资源，构成非法猎捕、杀害珍贵、濒危野生动物罪或者非法狩猎罪，同时构成刑法第一百一十四条或者第一百一十五条规定之罪的，依照处罚较重的规定定罪处罚。

第二编 分　则

量　刑

1 醉酒驾车危害公共安全，造成重大伤亡行为的量刑

★最高人民法院《关于醉酒驾车犯罪法律适用问题的意见》（2009年9月11日）（节录）

二、贯彻宽严相济刑事政策，适当裁量刑罚

根据刑法第一百一十五条第一款的规定，醉酒驾车，放任危害结果发生，造成重大伤亡事故，构成以危险方法危害公共安全罪的，应处以十年以上有期徒刑、无期徒刑或者死刑。具体决定对被告人的刑罚时，要综合考虑此类犯罪的性质、被告人的犯罪情节、危害后果及其主观恶性、人身危险性。一般情况下，醉酒驾车构成本罪的，行为人在主观上并不希望、也不追求危害结果的发生，属于间接故意犯罪，行为的主观恶性与以制造事端为目的而恶意驾车撞人并造成重大伤亡后果的直接故意犯罪有所不同，因此，在决定刑罚时，也应当有所区别。此外，醉酒状态下驾车，行为人的辨认和控制能力实际有所减弱，量刑时也应酌情考虑。

被告人黎景全和被告人孙伟铭醉酒驾车犯罪案件，依法没有适用死刑，而是分别判处无期徒刑，主要考虑到二被告人均系间接故意犯罪，与直接故意犯罪相比，主观恶性不是很深，人身危险性不是很大；犯罪时驾驶车辆的控制能力有所减弱；归案后认罪、悔罪态度较好，积极赔偿被害方的经济损失，一定程度上获得了被害方的谅解。广东省高级人民法院和四川省高级人民法院的终审裁判对二被告人的量刑是适当的。

第一百一十五条【放火罪】【决水罪】【爆炸罪】【投放危险物质罪】【以危险方法危害公共安全罪】 放火、决水、爆炸以及投放毒害性、放射性、传染病病原体等物质或者以其他危险方法致人重伤、死亡或者使公私财产遭受重大损失的，处十年以上有期徒刑、无期徒刑或者死刑。

【失火罪】【过失决水罪】【过失爆炸罪】【过失投放危险物质罪】【过失以危险方法危害公共安全罪】 过失犯前款罪的，处三年以上七年以下有期徒刑；情节较轻的，处三年以下有期徒刑或者拘役。

关联法条： 第九十五条

立案追诉标准

★国家林业局、公安部《关于森林和陆生野生动物刑事案件管辖及立案标准》（2001年5月9日）（节录）

一、森林公安机关管辖在其辖区内发生的刑法规定的下列森林和陆生野生动物刑事案件

（七）失火案件中，过失烧毁森林或者其他林木的案件（第一百一十五条第二款）；

二、森林和陆生野生动物刑事案件的立案标准

（七）失火案

失火造成森林火灾，过火有林地面积2公顷以上，或者致人重伤、死亡的应当立案；

过火有林地面积10公顷以上,或者致人死亡、重伤5人以上的为重大案件;过火有林地面积50公顷以上,或者死亡2人以上的为特别重大案件。

★最高人民检察院、公安部《关于公安机关管辖的刑事案件立案追诉标准的规定(一)》(2008年6月25日)(节录)

第一条[失火案(刑法第一百一十五条第二款)]过失引起火灾,涉嫌下列情形之一的,应予立案追诉:

(一)造成死亡一人以上,或者重伤三人以上的;

(二)造成公共财产或者他人财产直接经济损失五十万元以上的;

(三)造成十户以上家庭的房屋以及其他基本生活资料烧毁的;

(四)造成森林火灾,过火有林地面积二公顷以上,或者过火疏林地、灌木林地、未成林地、苗圃地面积四公顷以上的;

(五)其他造成严重后果的情形。

本条和本规定第十五条规定的"有林地"、"疏林地"、"灌木林地"、"未成林地"、"苗圃地",按照国家林业主管部门的有关规定确定。

第一百一十六条【破坏交通工具罪】破坏火车、汽车、电车、船只、航空器,足以使火车、汽车、电车、船只、航空器发生倾覆、毁坏危险,尚未造成严重后果的,处三年以上十年以下有期徒刑。

第一百一十七条【破坏交通设施罪】破坏轨道、桥梁、隧道、公路、机场、航道、灯塔、标志或者进行其他破坏活动,足以使火车、汽车、电车、船只、航空器发生倾覆、毁坏危险,尚未造成严重后果的,处三年以上十年以下有期徒刑。

第一百一十八条【破坏电力设备罪】【破坏易燃易爆设备罪】破坏电力、燃气或者其他易燃易爆设备,危害公共安全,尚未造成严重后果的,处三年以上十年以下有期徒刑。

第一百一十九条【破坏交通工具罪】【破坏交通设施罪】【破坏电力设备罪】【破坏易燃易爆设备罪】破坏交通工具、交通设施、电力设备、燃气设备、易燃易爆设备,造成严重后果的,处十年以上有期徒刑、无期徒刑或者死刑。

【过失损坏交通工具罪】【过失损坏交通设施罪】【过失损坏电力设备罪】【过失损坏易燃易爆设备罪】过失犯前款罪的,处三年以上七年以下有期徒刑;情节较轻的,处三年以下有期徒刑或者拘役。

━━━━━━◁ 定　　罪 ▷━━━━━━

▶ "电力设备"的认定

★最高人民法院《关于审理破坏电力设备刑事案件具体应用法律若干问题的解释》(2007年8月21日)(节录)

第四条 本解释所称电力设备,是指处于运行、应急等使用中的电力设备;已经通电使用,只是由于枯水季节或电力不足等原因暂停使用的电力设备;已经交付使用但尚未通电的电力设备。不包括尚未安装完毕,或者已经安装完毕但尚未交付使用的电力设备。

❷ 第一款"造成严重后果"的认定

★最高人民法院、最高人民检察院《关于办理盗窃油气、破坏油气设备等刑事案件具体应用法律若干问题的解释》(2007年1月19日)(节录)

第二条 实施本解释第一条规定的行为,具有下列情形之一的,属于刑法第一百一十九条第一款规定的"造成严重后果",依照刑法第一百一十九条第一款的规定定罪处罚:
(一)造成一人以上死亡、三人以上重伤或者十人以上轻伤的;
(二)造成井喷或者重大环境污染事故的;
(三)造成直接经济损失数额在五十万元以上的;
(四)造成其他严重后果的。

★最高人民法院《关于审理破坏电力设备刑事案件具体应用法律若干问题的解释》(2007年8月21日)(节录)

第一条 破坏电力设备,具有下列情形之一的,属于刑法第一百一十九条第一款规定的"造成严重后果",以破坏电力设备罪判处十年以上有期徒刑、无期徒刑或者死刑:
(一)造成一人以上死亡、三人以上重伤或者十人以上轻伤的;
(二)造成一万以上用户电力供应中断六小时以上,致使生产、生活受到严重影响的;
(三)造成直接经济损失一百万元以上的;
(四)造成其他危害公共安全严重后果的。

第二条 过失损坏电力设备,造成本解释第一条规定的严重后果的,依照刑法第一百一十九条第二款的规定,以过失损坏电力设备罪判处三年以上七年以下有期徒刑;情节较轻的,处三年以下有期徒刑或者拘役。

❸ 盗窃、破坏铁路、油田、电力、通讯等器材设备行为的定性

★最高人民法院、最高人民检察院、公安部《关于严厉打击盗窃、破坏铁路、油田、电力、通讯等器材设备的犯罪活动的通知》(1993年12月1日)(节录)

二、加强侦查破案,依法从重从快惩处犯罪分子。公安机关对发生的此类案件要及时立案,迅速侦破;同时要通过清理整顿废旧金属收购业,及时发现可疑线索,深挖犯罪团伙,对查获的犯罪分子,只要基本事实清楚,基本证据确凿,公安机关要及时移送检察机关,检察机关要及时批捕、起诉,人民法院要依法从重从快判处。凡盗窃、破坏正在使用中的电力设备的,应以破坏电力设备罪追究刑事责任;盗窃、破坏铁路线路上的器材或者行车设施的零件、部件,危及行车安全的,应以破坏交通设施罪追究刑事责任;盗窃、破坏正在使用中的油田机器设备的,应以破坏易燃易爆设备罪追究刑事责任;盗窃通讯设备价值数额不大,但危害公共安全已构成破坏通讯设备罪的,或者盗窃通讯设备造成严重后果的,应以破坏通讯设备罪追究刑事责任;盗窃通讯设备情节特别严重,罪该判处无期徒刑或者死刑的,按照《全国人民代表大会常务委员会关于严惩严重破坏经济的罪犯的决定》第一条第(一)项的规定,以盗窃罪处罚。处理这类案件,要防止处罚偏轻的现象,更不得以治安处罚代替刑事制裁。

★最高人民法院、最高人民检察院《关于办理盗窃油气、破坏油气设备等刑事案件具

体应用法律若干问题的解释》(2007 年 1 月 19 日)(节录)

第一条 在实施盗窃油气等行为过程中,采用切割、打孔、撬砸、拆卸、开关等手段破坏正在使用的油气设备的,属于刑法第一百一十八条规定的"破坏燃气或者其他易燃易爆设备"的行为;危害公共安全,尚未造成严重后果的,依照刑法第一百一十八条的规定定罪处罚。

第八条 本解释所称的"油气",是指石油、天然气。其中,石油包括原油、成品油;天然气包括煤层气。

本解释所称"油气设备",是指用于石油、天然气生产、储存、运输等易燃易爆设备。

4 一罪与数罪

★最高人民法院、最高人民检察院《关于办理盗窃油气、破坏油气设备等刑事案件具体应用法律若干问题的解释》(2007 年 1 月 19 日)(节录)

第三条(第 1 款) 盗窃油气或者正在使用的油气设备,构成犯罪,但未危害公共安全的,依照刑法第二百六十四条的规定,以盗窃罪定罪处罚。

第四条 盗窃油气同时构成盗窃罪和破坏易燃易爆设备罪的,依照刑法处罚较重的规定定罪处罚。

★最高人民法院《关于审理破坏电力设备刑事案件具体应用法律若干问题的解释》(2007 年 8 月 21 日)(节录)

第三条 盗窃电力设备,危害公共安全,但不构成盗窃罪的,以破坏电力设备罪定罪处罚;同时构成盗窃罪和破坏电力设备罪的,依照刑法处罚较重的规定定罪处罚。

盗窃电力设备,没有危及公共安全,但应当追究刑事责任的,可以根据案件的不同情况,按照盗窃罪等犯罪处理。

> **第一百二十条【组织、领导、参加恐怖组织罪】** 组织、领导恐怖活动组织的,处十年以上有期徒刑或者无期徒刑,并处没收财产;积极参加的,处三年以上十年以下有期徒刑,并处罚金;其他参加的,处三年以下有期徒刑、拘役、管制或者剥夺政治权利,可以并处罚金。[①]
>
> 犯前款罪并实施杀人、爆炸、绑架等犯罪的,依照数罪并罚的规定处罚。

◁ 定　　罪 ▷

1 恐怖主义、恐怖活动、恐怖活动组织、恐怖活动人员、恐怖事件的认定

★《中华人民共和国反恐怖主义法》(2016 年 1 月 1 日)(节录)

第三条 本法所称恐怖主义,是指通过暴力、破坏、恐吓等手段,制造社会恐慌、危害公共安全、侵犯人身财产,或者胁迫国家机关、国际组织,以实现其政治、意识形态等目的的主张和行为。

本法所称恐怖活动,是指恐怖主义性质的下列行为:

(一)组织、策划、准备实施、实施造成或者意图造成人员伤亡、重大财产损失、公

---

① 2015 年 8 月 29 日《刑法修正案(九)》第五条在本条第一款中增设了"可以并处罚金"的规定。

共设施损坏、社会秩序混乱等严重社会危害的活动的；

（二）宣扬恐怖主义，煽动实施恐怖活动，或者非法持有宣扬恐怖主义的物品，强制他人在公共场所穿戴宣扬恐怖主义的服饰、标志的；

（三）组织、领导、参加恐怖活动组织的；

（四）为恐怖活动组织、恐怖活动人员、实施恐怖活动或者恐怖活动培训提供信息、资金、物资、劳务、技术、场所等支持、协助、便利的；

（五）其他恐怖活动。

本法所称恐怖活动组织，是指三人以上为实施恐怖活动而组成的犯罪组织。

本法所称恐怖活动人员，是指实施恐怖活动的人和恐怖活动组织的成员。

本法所称恐怖事件，是指正在发生或者已经发生的造成或者可能造成重大社会危害的恐怖活动。

2 办理暴力恐怖、宗教极端刑事案件的基本原则

★最高人民法院、最高人民检察院、公安部《关于办理暴力恐怖和宗教极端刑事案件适用法律若干问题的意见》（2014年9月9日）（节录）

一、正确把握办理案件的基本原则

（一）坚持严格依法办案。坚持以事实为依据、以法律为准绳，全面审查犯罪嫌疑人、被告人的犯罪动机、主观目的、客观行为和危害后果，正确把握罪与非罪、此罪与彼罪、一罪与数罪的界限。严格依照法定程序，及时、全面收集、固定证据。对造成重大人员伤亡和财产损失，严重危害国家安全、公共安全、社会稳定和民族团结的重特大、敏感案件，坚持分工负责、互相配合、互相制约的刑事诉讼基本原则，做到既准确、及时固定证据、查明事实，又讲求办案效率。

（二）坚持宽严相济、区别对待。对犯罪嫌疑人、被告人的处理，要结合主观恶性大小、行为危害程度以及在案件中所起的作用等因素，切实做到区别对待。对组织、策划、实施暴力恐怖、宗教极端违法犯罪活动的首要分子、骨干成员、罪行重大者，以及曾因实施暴力恐怖、宗教极端违法犯罪活动受到行政、刑事处罚或者免予刑事处罚又实施暴力恐怖、宗教极端犯罪活动的，依法从重处罚。对具有自首、立功等法定从宽处罚情节的，依法从宽处罚。对情节较轻、危害不大、未造成严重后果，且认罪悔罪的初犯、偶犯，受裹胁蒙蔽参与犯罪、在犯罪中作用较小，以及其他犯罪情节轻微不需要判处刑罚的，可以依法免予刑事处罚。

（三）坚持执行宗教、民族政策。要严格区分宗教极端违法犯罪与正常宗教活动的区别，严格执行党和国家的宗教、民族政策，保护正常宗教活动，维护民族团结，严禁歧视信教群众和少数民族群众，严禁干涉公民信仰宗教和不信仰宗教的自由，尊重犯罪嫌疑人、被告人的人格尊严、宗教信仰和民族习俗。

★最高人民法院《关于充分发挥审判职能作用切实维护公共安全的若干意见》（2015年9月16日）（节录）

二、依法严惩严重刑事犯罪，有效维护社会稳定

3. 依法严惩暴力恐怖犯罪活动。暴力恐怖犯罪严重危害广大人民群众的生命财产安

第二章 危害公共安全罪

全,严重危害社会和谐稳定。对暴力恐怖犯罪活动,要坚持严打方针不动摇,对首要分子、骨干成员、罪行重大者,该判处重刑乃至死刑的应当依法判处;要立足打早打小打苗头,对已经构成犯罪的一律依法追究刑事责任,对因被及时发现、采取预防措施而没有造成实际损害的暴恐分子,只要符合犯罪构成条件的,该依法重判的也要依法重判;要注意区别对待,对自动投案、检举揭发,特别是主动交代、协助抓捕幕后指使的,要体现政策依法从宽处理。要通过依法裁判,树立法治威严,坚决打掉暴恐分子的嚣张气焰,有效维护人民权益和社会安宁。

▶3 常见行为方式

★最高人民法院、最高人民检察院、公安部《关于办理暴力恐怖和宗教极端刑事案件适用法律若干问题的意见》(2014 年 9 月 9 日)(节录)

二、准确认定案件性质

(一) 为制造社会恐慌、危害公共安全或者胁迫国家机关、国际组织,组织、纠集他人,策划、实施下列行为之一,造成或者意图造成人员伤亡、重大财产损失、公共设施损坏、社会秩序混乱的,以组织、领导、参加恐怖组织罪定罪处罚:

3. 在恐怖活动组织成立以后,利用宗教极端、暴力恐怖思想控制组织成员,指挥组织成员进行恐怖活动的;

4. 对特定或者不特定的目标进行爆炸、放火、杀人、伤害、绑架、劫持、恐吓、投放危险物质及其他暴力活动的;

5. 制造、买卖、运输、储存枪支、弹药、爆炸物的;

6. 设计、制造、散发、邮寄、销售、展示含有暴力恐怖思想内容的标识、标志物、旗帜、徽章、服饰、器物、纪念品的;

(二) 参加或者纠集他人参加恐怖活动组织的,或者为参加恐怖活动组织、接受其训练,出境或者组织、策划、煽动、拉拢他人出境,或者在境内跨区域活动,进行犯罪准备行为的,以参加恐怖组织罪定罪处罚。

三、明确认定标准

(一) 对涉案宣传品的内容不作鉴定,由公安机关全面审查并逐一标注或者摘录,与扣押、移交物品清单及涉案宣传品原件一并移送人民检察院审查。因涉及宗教专门知识或者语言文字等原因无法自行审查的,可商请宗教、民族、新闻出版等部门提供审读意见,经审查后与涉案宣传品原件一并移送人民检察院审查。需要对涉案宣传品出版、印刷、制作、发行的合法性进行鉴定的,由公安机关委托新闻出版主管部门出具鉴定意见。人民检察院、人民法院应当全面审查作为证据使用的涉案宣传品的内容。

▶4 一罪与数罪

★最高人民法院、最高人民检察院、公安部《关于办理暴力恐怖和宗教极端刑事案件适用法律若干问题的意见》(2014 年 9 月 9 日)(节录)

二、准确认定案件性质

(一) ……

组织、领导、参加恐怖活动组织,同时实施杀人、放火、爆炸、非法制造爆炸物、绑架、抢劫等犯罪的,以组织、领导、参加恐怖组织罪和故意杀人罪、放火罪、爆炸罪、非法制造爆炸物罪、绑架罪、抢劫罪等数罪并罚。

第二编 分　　则

罪与非罪

★最高人民法院、最高人民检察院、公安部《关于办理暴力恐怖和宗教极端刑事案件适用法律若干问题的意见》(2014年9月9日)(节录)

二、准确认定案件性质

(十)对实施本意见规定行为但不构成犯罪的,依照治安管理、宗教事务管理以及互联网、印刷、出版管理等法律、法规,予以行政处罚或者进行教育、训诫,责令停止活动。对其持有的涉案物品依法予以收缴。

第一百二十条之一① **【帮助恐怖活动罪】** 资助恐怖活动组织、实施恐怖活动的个人的,或者资助恐怖活动培训的,处五年以下有期徒刑、拘役、管制或者剥夺政治权利,并处罚金；情节严重的,处五年以上有期徒刑,并处罚金或者没收财产。

为恐怖活动组织、实施恐怖活动或者恐怖活动培训招募、运送人员的,依照前款的规定处罚。

单位犯前两款罪的,对单位判处罚金,并对其直接负责的主管人员和其他直接责任人员,依照第一款的规定处罚。

立案追诉标准

★最高人民检察院、公安部《关于公安机关管辖的刑事案件立案追诉标准的规定(二)》(2010年5月7日)(节录)

第一条(第1款)[资助恐怖活动案(刑法第一百二十条之一)]资助恐怖活动组织或者实施恐怖活动的个人的,应予立案追诉。

定　　罪

"资助"、"实施恐怖活动的个人"的认定

★最高人民法院《关于审理洗钱等刑事案件具体应用法律若干问题的解释》(2009年11月11日)(节录)

第五条　刑法第一百二十条之一规定的"资助",是指为恐怖活动组织或者实施恐怖活动的个人筹集、提供经费、物资或者提供场所以及其他物质便利的行为。

刑法第一百二十条之一规定的"实施恐怖活动的个人",包括预谋实施、准备实施和实际实施恐怖活动的个人。

★最高人民检察院、公安部《关于公安机关管辖的刑事案件立案追诉标准的规定(二)》(2010年5月7日)(节录)

第一条(第2款)　本条规定的"资助",是指为恐怖活动组织或者实施恐怖活动的个人筹集、提供经费、物资或者提供场所以及其他物质便利的行为。"实施恐怖活动的个

---

① 2015年8月29日《刑法修正案(九)》第六条在第一款中增设了"资助恐怖活动培训",增设了目前的第二款,并将原第二款改为目前的第三款。

· 144 ·

人",包括预谋实施、准备实施和实际实施恐怖活动的个人。

▶2 "明知"的认定

★最高人民检察院、最高人民法院、公安部《关于办理暴力恐怖和宗教极端刑事案件适用法律若干问题的意见》(2014年9月9日)(节录)

三、明确认定标准

(二)对是否"明知"的认定,应当结合案件具体情况,坚持重证据,重调查研究,以行为人实施的客观行为为基础,结合其一贯表现、具体行为、程度、手段、事后态度,以及年龄、认知和受教育程度、所从事的职业等综合判断。曾因实施暴力恐怖、宗教极端违法犯罪行为受到行政、刑事处罚、免予刑事处罚,或者被责令改正后又实施的,应当认定为明知。其他共同犯罪嫌疑人、被告人或者其他知情人供认、指证,行为人不承认其主观上"明知",但又不能作出合理解释的,依据其行为本身和认知程度,足以认定其确实"明知"或者应当"明知"的,应当认定为明知。

▶3 常见行为方式

★最高人民检察院、最高人民法院、公安部《关于办理暴力恐怖和宗教极端刑事案件适用法律若干问题的意见》(2014年9月9日)(节录)

二、准确认定案件性质

(四)明知是恐怖活动组织或者实施恐怖活动人员而为其提供经费,或者提供器材、设备、交通工具、武器装备等物质条件,或者提供场所以及其他物质便利的,以资助恐怖活动罪定罪处罚。

通过收取宗教课税募捐,为暴力恐怖、宗教极端犯罪活动筹集经费的,以相应犯罪的共同犯罪定罪处罚;构成资助恐怖活动罪的,以资助恐怖活动罪定罪处罚。

▶4 罪与非罪

★最高人民检察院、最高人民法院、公安部《关于办理暴力恐怖和宗教极端刑事案件适用法律若干问题的意见》(2014年9月9日)(节录)

(十)对实施本意见规定行为但不构成犯罪的,依照治安管理、宗教事务管理以及互联网、印刷、出版管理等法律、法规,予以行政处罚或者进行教育、训诫,责令停止活动。对其持有的涉案物品依法予以收缴。

第一百二十条之二[①]【准备实施恐怖活动罪】有下列情形之一的,处五年以下有期徒刑、拘役、管制或者剥夺政治权利,并处罚金;情节严重的,处五年以上有期徒刑,并处罚金或者没收财产:
(一)为实施恐怖活动准备凶器、危险物品或者其他工具的;
(二)组织恐怖活动培训或者积极参加恐怖活动培训的;
(三)为实施恐怖活动与境外恐怖活动组织或者人员联络的;
(四)为实施恐怖活动进行策划或者其他准备的。
有前款行为,同时构成其他犯罪的,依照处罚较重的规定定罪处罚。

---

① 本条系2015年8月29日《刑法修正案(九)》第七条增设。

第二编 分　则

第一百二十条之三[①]【宣扬恐怖主义、极端主义、煽动实施恐怖活动罪】以制作、散发宣扬恐怖主义、极端主义的图书、音频视频资料或者其他物品，或者通过讲授、发布信息等方式宣扬恐怖主义、极端主义的，或者煽动实施恐怖活动的，处五年以下有期徒刑、拘役、管制或者剥夺政治权利，并处罚金；情节严重的，处五年以上有期徒刑，并处罚金或者没收财产。

第一百二十条之四[②]【利用极端主义破坏法律实施罪】利用极端主义煽动、胁迫群众破坏国家法律确立的婚姻、司法、教育、社会管理等制度实施的，处三年以下有期徒刑、拘役或者管制，并处罚金；情节严重的，处三年以上七年以下有期徒刑，并处罚金；情节特别严重的，处七年以上有期徒刑，并处罚金或者没收财产。

第一百二十条之五[③]【强制穿戴宣扬恐怖主义、极端主义服饰、标志罪】以暴力、胁迫等方式强制他人在公共场所穿着、佩戴宣扬恐怖主义、极端主义服饰、标志的，处三年以下有期徒刑、拘役或者管制，并处罚金。

第一百二十条之六[④]【非法持有宣扬恐怖主义、极端主义物品罪】明知是宣扬恐怖主义、极端主义的图书、音频视频资料或者其他物品而非法持有，情节严重的，处三年以下有期徒刑、拘役或者管制，并处或者单处罚金。

第一百二十一条【劫持航空器罪】以暴力、胁迫或者其他方法劫持航空器的，处十年以上有期徒刑或者无期徒刑；致人重伤、死亡或者使航空器遭受严重破坏的，处死刑。

关联法条： 第九十五条

第一百二十二条【劫持船只、汽车罪】以暴力、胁迫或者其他方法劫持船只、汽车的，处五年以上十年以下有期徒刑；造成严重后果的，处十年以上有期徒刑或者无期徒刑。

第一百二十三条【暴力危及飞行安全罪】对飞行中的航空器上的人员使用暴力，危及飞行安全，尚未造成严重后果的，处五年以下有期徒刑或者拘役；造成严重后果的，处五年以上有期徒刑。

---

① 本条系 2015 年 8 月 29 日《刑法修正案（九）》第七条增设。
② 本条系 2015 年 8 月 29 日《刑法修正案（九）》第七条增设。
③ 本条系 2015 年 8 月 29 日《刑法修正案（九）》第七条增设。
④ 本条系 2015 年 8 月 29 日《刑法修正案（九）》第七条增设。

第二章 危害公共安全罪

第一百二十四条【破坏广播电视设施、公用电信设施罪】 破坏广播电视设施、公用电信设施，危害公共安全的，处三年以上七年以下有期徒刑；造成严重后果的，处七年以上有期徒刑。

【过失损坏广播电视设施、公用电信设施罪】 过失犯前款罪的，处三年以上七年以下有期徒刑；情节较轻的，处三年以下有期徒刑或者拘役。

◀ 定　　罪 ▶

1 入罪情节

★最高人民法院《关于审理破坏广播电视设施等刑事案件具体应用法律若干问题的解释》（2011年6月13日）（节录）

第一条　采取拆卸、毁坏设备，剪割缆线，删除、修改、增加广播电视设备系统中存储、处理、传输的数据和应用程序，非法占用频率等手段，破坏正在使用的广播电视设施，具有下列情形之一的，依照刑法第一百二十四条第一款的规定，以破坏广播电视设施罪处三年以上七年以下有期徒刑：

（一）造成救灾、抢险、防汛和灾害预警等重大公共信息无法发布的；

（二）造成县级、地市（设区的市）级广播电视台中直接关系节目播出的设施无法使用，信号无法播出的；

（三）造成省级以上广播电视传输网内的设施无法使用，地市（设区的市）级广播电视传输网内的设施无法使用三小时以上，县级广播电视传输网内的设施无法使用十二小时以上，信号无法传输的；

（四）其他危害公共安全的情形。

2 "危害公共安全"的认定

★最高人民法院《关于审理破坏公用电信设施刑事案件具体应用法律若干问题的解释》（2005年1月11日）（节录）

第一条　采用截断通信线路、损毁通信设备或者删除、修改、增加电信网计算机信息系统中存储、处理或者传输的数据和应用程序等手段，故意破坏正在使用的公用电信设施，具有下列情形之一的，属于刑法第一百二十四条规定的"危害公共安全"，依照刑法第一百二十四条第一款规定，以破坏公用电信设施罪处三年以上七年以下有期徒刑：

（一）造成火警、匪警、医疗急救、交通事故报警、救灾、抢险、防汛等通信中断或者严重障碍，并因此贻误救助、救治、救灾、抢险等，致使人员死亡一人、重伤三人以上或者造成财产损失三十万元以上的；

（二）造成二千以上不满一万用户通信中断一小时以上，或者一万以上用户通信中断不满一小时的；

（三）在一个本地网范围内，网间通信全阻，关口局至某一局向全部中断或网间某一业务全部中断不满二小时或者直接影响范围不满五万（用户×小时）的；

（四）造成网间通信严重障碍，一日内累计二小时以上不满十二小时的；

（五）其他危害公共安全的情形。

3 "造成严重后果"的认定

★最高人民法院《关于审理破坏公用电信设施刑事案件具体应用法律若干问题的解释》(2005年1月11日)(节录)

第二条 实施本解释第一条规定的行为,具有下列情形之一的,属于刑法第一百二十四条第一款规定的"严重后果",以破坏公用电信设施罪处七年以上有期徒刑:

(一)造成火警、匪警、医疗急救、交通事故报警、救灾、抢险、防汛等通信中断或者严重障碍,并因此贻误救助、救治、救灾、抢险等,致使人员死亡二人以上、重伤六人以上或者造成财产损失六十万元以上的;

(二)造成一万以上用户通信中断一小时以上的;

(三)在一个本地网范围内,网间通信全阻、关口局至某一局向全部中断或网间某一业务全部中断二小时以上或者直接影响范围五万(用户×小时)以上的;

(四)造成网间通信严重障碍,一日内累计十二小时以上的;

(五)造成其他严重后果的。

第五条 本解释中规定的公用电信设施的范围、用户数、通信中断和严重障碍的标准和时间长度,依据国家电信行业主管部门的有关规定确定。

★最高人民法院《关于审理破坏广播电视设施等刑事案件具体应用法律若干问题的解释》(2011年6月13日)(节录)

第二条 实施本解释第一条规定的行为,具有下列情形之一的,应当认定为刑法第一百二十四条第一款规定的"造成严重后果",以破坏广播电视设施罪处七年以上有期徒刑:

(一)造成救灾、抢险、防汛和灾害预警等重大公共信息无法发布,因此贻误排除险情或者疏导群众,致使一人以上死亡、三人以上重伤或者财产损失五十万元以上,或者引起严重社会恐慌、社会秩序混乱的;

(二)造成省级以上广播电视台中直接关系节目播出的设施无法使用,信号无法播出的;

(三)造成省级以上广播电视传输网内的设施无法使用三小时以上,地市(设区的市)级广播电视传输网内的设施无法使用十二小时以上,县级广播电视传输网内的设施无法使用四十八小时以上,信号无法传输的;

(四)造成其他严重后果的。

第三条(第1款) 过失损坏正在使用的广播电视设施,造成本解释第二条规定的严重后果的,依照刑法第一百二十四条第二款的规定,以过失损坏广播电视设施罪处三年以上七年以下有期徒刑;情节较轻的,处三年以下有期徒刑或者拘役。

第八条 本解释所称广播电视台中直接关系节目播出的设施、广播电视传输网内的设施,参照国家广播电视行政主管部门和其他相关部门的有关规定确定。

4 非法使用"伪基站"设备干扰公用电信网络信号,危害公共安全行为的认定

★最高人民法院、最高人民检察院、公安部、国家安全部《关于依法办理非法生产销售使用"伪基站"设备案件的意见》(2014年3月14日)(节录)

第二章 危害公共安全罪

一、准确认定行为性质

（二）非法使用"伪基站"设备干扰公用电信网络信号，危害公共安全的，依照《刑法》第一百二十四条第一款的规定，以破坏公用电信设施罪追究刑事责任；同时构成虚假广告罪、非法获取公民个人信息罪、破坏计算机信息系统罪、扰乱无线电通讯管理秩序罪的，依照处罚较重的规定追究刑事责任。

除法律、司法解释另有规定外，利用"伪基站"设备实施诈骗等其他犯罪行为，同时构成破坏公用电信设施罪的，依照处罚较重的规定追究刑事责任。

（三）明知他人实施非法生产、销售"伪基站"设备，或者非法使用"伪基站"设备干扰公用电信网络信号等犯罪，为其提供资金、场所、技术、设备等帮助的，以共同犯罪论处。

5 共同犯罪

★最高人民法院《关于审理破坏公用电信设施刑事案件具体应用法律若干问题的解释》（2005年1月11日）（节录）

第四条 指使、组织、教唆他人实施本解释规定的故意犯罪行为的，按照共犯定罪处罚。

6 一罪与数罪

★最高人民法院《关于审理破坏公用电信设施刑事案件具体应用法律若干问题的解释》（2005年1月11日）（节录）

第三条 故意破坏正在使用的公用电信设施尚未危害公共安全，或者故意毁坏尚未投入使用的公用电信设施，造成财物损失，构成犯罪的，依照刑法第二百七十五条规定，以故意毁坏财物罪定罪处罚。

盗窃公用电信设施价值数额不大，但是构成危害公共安全犯罪的，依照刑法第一百二十四条的规定定罪处罚；盗窃公用电信设施同时构成盗窃罪和破坏公用电信设施罪的，依照处罚较重的规定定罪处罚。

第五条 本解释中规定的公用电信设施的范围、用户数、通信中断和严重障碍的标准和时间长度，依据国家电信行业主管部门的有关规定确定。

★最高人民法院《关于审理破坏广播电视设施等刑事案件具体应用法律若干问题的解释》（2011年6月13日）（节录）

第五条 盗窃正在使用的广播电视设施，尚未构成盗窃罪，但具有本解释第一条、第二条规定情形的，以破坏广播电视设施罪定罪处罚；同时构成盗窃罪和破坏广播电视设施罪的，依照处罚较重的规定定罪处罚。

第六条 破坏正在使用的广播电视设施未危及公共安全，或者故意毁坏尚未投入使用的广播电视设施，造成财物损失数额较大或者有其他严重情节的，以故意毁坏财物罪定罪处罚。

第七条 实施破坏广播电视设施犯罪，并利用广播电视设施实施煽动分裂国家、煽动颠覆国家政权、煽动民族仇恨、民族歧视或者宣扬邪教等行为，同时构成其他犯罪的，依照处罚较重的规定定罪处罚。

7 公用电信设施损坏经济损失的计算

★最高人民法院、最高人民检察院、工业和信息化部、公安部《公用电信设施损坏经济损失计算方法》(2014年8月28日)

第一条 为保障公用电信设施安全稳定运行，规范公用电信设施损坏经济损失计算，制定本方法。

第二条 中华人民共和国境内由于盗窃、破坏等因素造成公用电信设施损坏所带来的经济损失，根据本方法计算。

第三条 本方法中公用电信设施主要包括：

（一）通信线路类：包括光（电）缆、电力电缆等；交接箱、分（配）线盒等；管道、槽道、人井（手孔）；电杆、拉线、吊线、挂钩等支撑加固和保护装置；标石、标志标牌、井盖等附属配套设施。

（二）通信设备类：包括基站、中继站、微波站、直放站、室内分布系统、无线局域网（WLAN）系统、有线接入设备、公用电话终端等。

（三）其他配套设备类：包括通信铁塔、收发信天（馈）线；公用电话亭；用于维系通信设备正常运转的通信机房、空调、蓄电池、开关电源、不间断电源（UPS）、太阳能电池板、油机、变压器、接地铜排、消防设备、安防设备、动力环境设备等附属配套设施。

（四）电信主管部门认定的其他电信设施。

第四条 公用电信设施损坏经济损失，主要包括公用电信设施修复损失、阻断通信业务损失和阻断通信其他损失。

公用电信设施修复损失，是指公用电信设施损坏后临时抢修、正式恢复所需各种修复费用总和，包括人工费、机具使用费、仪表使用费、调遣费、赔补费、更换设施设备费用等。

阻断通信业务损失，是指公用电信设施损坏造成通信中断所带来的业务损失的总和，包括干线光传送网阻断通信损失、城域/本地光传送网阻断通信损失和接入网阻断通信损失。

阻断通信其他损失，是指公用电信设施损坏造成通信中断所带来的除通信业务损失以外的其他损失的总和，包括基础电信企业依法向电信用户支付的赔偿费用等损失。

第五条 公用电信设施修复损失计算

公用电信设施损坏后临时检修、正式修复所需费用按照《关于发布〈通信建设工程概算、预算编制办法及相关定额〉的通知》（工信部〔2008〕75号）核实确定。

公用电信设施损坏后通过设置应急通信设备、使用备份设备或迂回路由等方式临时抢修产生的费用，可由当地通信管理局确定。

第六条 阻断通信业务损失计算

阻断通信业务损失＝阻断通信时间×单位时间通信业务价值。

阻断通信时间，是指自该类业务通信阻断发生时始，至该类业务修复后经测试验证后通信可用时止的时间长度。

单位时间通信业务价值，是指阻断通信时间段前三十天对应时段内的平均业务量与业务单价的乘积。

各类业务单价可在该类业务标价和套餐折合最低价之间取值，具体由当地通信管理局

第二章　危害公共安全罪

根据当地实际情况确定。

（一）干线光传送网阻断通信损失

干线光传送网，按照阻断通信的使用带宽进行计算，即：

干线光传送网阻断通信损失＝阻断通信时间（分钟）×前三十天对应时段内平均使用带宽（Mbps）×单位带宽价格（元/Mbps/分钟）。

单位带宽价格按基础电信企业向当地通信管理局资费备案的互联网100Mb-ps专线接入（当地静态路由接入方式）价格的百分之一计算。

（二）城域/本地光传送网阻断通信损失

城域/本地光传送网阻断通信损失参照干线光传送网阻断通信损失计算。

（三）接入网阻断通信损失

接入网可明确区分不同业务类型，应分别计算该网络内不同业务实际阻断通信时间内的损失，并将不同业务类型损失进行叠加。

接入网阻断通信损失包括固定和移动语音业务损失、固定数据业务损失、移动数据业务损失、固定和移动专线出租电路损失、短信业务损失和增值电信业务损失。

固定和移动语音业务损失包括国际长途、国内长途和本地通话三类业务损失，每类业务损失计算公式为：固定和移动语音业务损失＝前三十天对应时段内平均通话时长（分钟）×单价（元/分钟）。

固定数据业务损失计算公式为：固定数据业务损失＝阻断通信时间（分钟）×月均固定数据业务资费/当月分钟数（元/分钟）。

移动数据业务损失计算公式为：移动数据业务损失＝前三十天对应时段内平均数据流量（MB/秒）×阻断时长（秒）×单价（元/MB）。

固定和移动专线出租电路损失根据基础电信企业和党、政、军机关、事业单位、企业等签订的专线电路租用合同相关条款进行计算。

短信业务损失计算公式为：短信业务阻断损失＝前三十天对应时段内平均短信量（条）×单价（元/条）。

增值电信业务损失可由当地通信管理局确定。

第七条　专用电信设施损坏经济损失计算可参照本方法执行。

第八条　各省、自治区、直辖市通信管理局可根据本规定，结合具体情况制定适合本行政区域内的公用电信设施损坏经济损失计算方法。

第九条　本方法由工业和信息化部负责解释。

第十条　本规定自印发之日起实施。

◁　量　刑　▷

酌情从宽处罚

★最高人民法院《关于审理破坏广播电视设施等刑事案件具体应用法律若干问题的解释》（2011年6月13日）（节录）

第三条（第2款）　过失损坏广播电视设施构成犯罪，但能主动向有关部门报告，积极赔偿损失或者修复被损坏设施的，可以酌情从宽处罚。

第二编 分 则

第一百二十五条【非法制造、买卖、运输、邮寄、储存枪支、弹药、爆炸物罪】 非法制造、买卖、运输、邮寄、储存枪支、弹药、爆炸物的，处三年以上十年以下有期徒刑；情节严重的，处十年以上有期徒刑、无期徒刑或者死刑。

【非法制造、买卖、运输、储存危险物质罪】 非法制造、买卖、运输、储存毒害性、放射性、传染病病原体等物质，危害公共安全的，依照前款的规定处罚。

单位犯前两款罪的，对单位判处罚金，并对其直接负责的主管人员和其他直接责任人员，依照第一款的规定处罚。

◆ 立案追诉标准 ◆

★最高人民检察院、公安部《关于公安机关管辖的刑事案件立案追诉标准的规定（一）》（2008年6月25日）（节录）

第二条 ［非法制造、买卖、运输、储存危险物质案（刑法第一百二十五条第二款）］非法制造、买卖、运输、储存毒害性、放射性、传染病病原体等物质，危害公共安全，涉嫌下列情形之一的，应予立案追诉：

（一）造成人员重伤或者死亡的；

（二）造成直接经济损失十万元以上的；

（三）非法制造、买卖、运输、储存毒鼠强、氟乙酰胺、氟乙酰钠、毒鼠硅、甘氟原粉、原液、制剂五十克以上，或者饵料二千克以上的；

（四）造成急性中毒、放射性疾病或者造成传染病流行、暴发的；

（五）造成严重环境污染的；

（六）造成毒害性、放射性、传染病病原体等危险物质丢失、被盗、被抢或者被他人利用进行违法犯罪活动的；

（七）其他危害公共安全的情形。

◆ 定 罪 ◆

▶ 入罪数额、入罪情节

★最高人民法院《关于审理非法制造、买卖、运输枪支、弹药、爆炸物等刑事案件具体应用法律若干问题的解释》（2001年5月15日公布，2009年11月9日修改）（节录）

第一条（第1款） 个人或者单位非法制造、买卖、运输、邮寄、储存枪支、弹药、爆炸物，具有下列情形之一的，依照刑法第一百二十五条第一款的规定，以非法制造、买卖、运输、邮寄、储存枪支、弹药、爆炸物罪定罪处罚：

（一）非法制造、买卖、运输、邮寄、储存军用枪支一支以上的；

（二）非法制造、买卖、运输、邮寄、储存以火药为动力发射枪弹的非军用枪支一支以上或者以压缩气体等为动力的其他非军用枪支二支以上的；

（三）非法制造、买卖、运输、邮寄、储存军用子弹十发以上、气枪铅弹五百发以上或者其他非军用子弹一百发以上的；

（四）非法制造、买卖、运输、邮寄、储存手榴弹一枚以上的；

（五）非法制造、买卖、运输、邮寄、储存爆炸装置的；

（六）非法制造、买卖、运输、邮寄、储存炸药、发射药、黑火药一千克以上或者烟火药三千克以上，雷管三十枚以上或者导火索、导爆索三十米以上的；

（七）具有生产爆炸物品资格的单位不按照规定的品种制造，或者具有销售、使用爆炸物品资格的单位超过限额买卖炸药、发射药、黑火药十千克以上或烟火药三十千克以上，雷管三百枚以上或者导火索、导爆索三百米以上的；

（八）多次非法制造、买卖、运输、邮寄、储存弹药、爆炸物的；

（九）虽未达到上述最低数量标准，但具有造成严重后果等其他恶劣情节的。

第十条　实施非法制造、买卖、运输、邮寄、储存、盗窃、抢夺、持有、私藏其他弹药、爆炸物品等行为，参照本解释有关条文规定的定罪量刑标准处罚。

★最高人民法院、最高人民检察院《关于办理非法制造、买卖、运输、储存毒鼠强等禁用剧毒化学品刑事案件具体应用法律若干问题的解释》（2003年10月1日）（节录）

第一条　非法制造、买卖、运输、储存毒鼠强等禁用剧毒化学品，危害公共安全，具有下列情形之一的，依照刑法第一百二十五条的规定，以非法制造、买卖、运输、储存危险物质罪，处三年以上十年以下有期徒刑：

（一）非法制造、买卖、运输、储存原粉、原液、原药制剂50克以上，或者饵料2千克以上的；

（二）在非法制造、买卖、运输、储存过程中致人重伤、死亡或者造成公私财产损失10万元以上的。

第六条　本解释所称"毒鼠强等禁用剧毒化学品"，是指国家明令禁止的毒鼠强、氟乙酰胺、氟乙酸钠、毒鼠硅、甘氟。

▶2 "非法储存"的认定

★最高人民法院《关于审理非法制造、买卖、运输枪支、弹药、爆炸物等刑事案件具体应用法律若干问题的解释》（2001年5月15日公布，2009年11月9日修改）（节录）

第八条（第1款）　刑法第一百二十五条第一款规定的"非法储存"，是指明知是他人非法制造、买卖、运输、邮寄的枪支、弹药而为其存放的行为，或者非法存放爆炸物的行为。

▶3 "毒害性"物质、"非法买卖"毒害性物质的认定

★最高人民法院《关于发布第四批指导性案例的通知》（2013年1月31日）（节录）
王召成等非法买卖、储存危险物质案（指导案例13号）

裁判要点：

1. 国家严格监督管理的氰化钠等剧毒化学品，易致人中毒或者死亡，对人体、环境具有极大的毒害性和危险性，属于刑法第一百二十五条第二款规定的"毒害性"物质。

2. "非法买卖"毒害性物质，是指违反法律和国家主管部门规定，未经有关主管部门批准许可，擅自购买或者出售毒害性物质的行为，并不需要兼有买进和卖出的行为。

▶4 非法制造、买卖、运输、邮寄、储存枪支、弹药、爆炸物"情节严重"的认定

★最高人民法院《关于审理非法制造、买卖、运输枪支、弹药、爆炸物等刑事案件具

体应用法律若干问题的解释》(2001年5月15日公布,2009年11月9日修改)(节录)

第二条 非法制造、买卖、运输、邮寄、储存枪支、弹药、爆炸物,具有下列情形之一的,属于刑法第一百二十五条第一款规定的"情节严重":

(一)非法制造、买卖、运输、邮寄、储存枪支、弹药、爆炸物的数量达到本解释第一条第(一)、(二)、(三)、(六)、(七)项规定的最低数量标准五倍以上的;

(二)非法制造、买卖、运输、邮寄、储存手榴弹三枚以上的;

(三)非法制造、买卖、运输、邮寄、储存爆炸装置,危害严重的;

(四)达到本解释第一条规定的最低数量标准,并具有造成严重后果等其他恶劣情节的。

第九条 因筑路、建房、打井、整修宅基地和土地等正常生产、生活需要,以及因从事合法的生产经营活动而非法制造、买卖、运输、邮寄、储存爆炸物,数量达到本解释第一条规定标准,没有造成严重社会危害,并确有悔改表现的,可依法从轻处罚;情节轻微的,可以免除处罚。

具有前款情形,数量虽达到本解释第二条规定标准的,也可以不认定为刑法第一百二十五条第一款规定的"情节严重"。

在公共场所、居民区等人员集中区域非法制造、买卖、运输、邮寄、储存爆炸物,或者因非法制造、买卖、运输、邮寄、储存爆炸物三年内受到两次以上行政处罚又实施上述行为,数量达到本解释规定标准的,不适用前两款量刑的规定。

第十条 实施非法制造、买卖、运输、邮寄、储存、盗窃、抢夺、持有、私藏其他弹药、爆炸物品等行为,参照本解释有关条文规定的定罪量刑标准处罚。

5 非法制造、买卖、运输、储存危险物质"情节严重"的认定

★最高人民法院、最高人民检察院《关于办理非法制造、买卖、运输、储存毒鼠强等禁用剧毒化学品刑事案件具体应用法律若干问题的解释》(2003年10月1日)(节录)

第二条 非法制造、买卖、运输、储存毒鼠强等禁用剧毒化学品,具有下列情形之一的,属于刑法第一百二十五条规定的"情节严重",处十年以上有期徒刑、无期徒刑或者死刑:

(一)非法制造、买卖、运输、储存原粉、原液、制剂500克以上,或者饵料20千克以上的;

(二)在非法制造、买卖、运输、储存过程中致3人以上重伤、死亡,或者造成公私财产损失20万元以上的;

(三)非法制造、买卖、运输、储存原粉、原药、制剂50克以上不满500克,或者饵料2千克以上不满20千克,并具有其他严重情节的。

第三条 单位非法制造、买卖、运输、储存毒鼠强等禁用剧毒化学品的,依照本解释第一条、第二条规定的定罪量刑标准执行。

第六条 本解释所称"毒鼠强等禁用剧毒化学品",是指国家明令禁止的毒鼠强、氟乙酰胺、氟乙酸钠、毒鼠硅、甘氟。

6 枪支数量的认定

★最高人民法院《关于审理非法制造、买卖、运输枪支、弹药、爆炸物等刑事案件具

体应用法律若干问题的解释》（2001 年 5 月 15 日公布，2009 年 11 月 9 日修改）（节录）

第七条 非法制造、买卖、运输、邮寄、储存、盗窃、抢夺、持有、私藏、携带成套枪支散件的，以相应数量的枪支计；非成套枪支散件以每三十件为一成套枪支散件计。

7 非法制造、买卖、运输、储存以火药为动力发射弹药的大口径武器行为的定性

★最高人民检察院法律政策研究室《关于非法制造、买卖、运输、储存以火药为动力发射弹药的大口径武器的行为如何适用法律问题的答复》（2004 年 11 月 3 日）（节录）

对于非法制造、买卖、运输、储存以火药为动力发射弹药的大口径武器的行为，应当依照刑法第一百二十五条第一款的规定，以非法制造、买卖、运输、储存枪支罪追究刑事责任。

8 非法生产经营烟花爆竹及相关行为的定性

★最高人民法院、最高人民检察院、公安部、国家安全监管总局《关于依法加强对涉嫌犯罪的非法生产经营烟花爆竹行为刑事责任追究的通知》（2012 年 9 月 6 日）（节录）

一、非法生产、经营烟花爆竹及相关行为涉及非法制造、买卖、运输、邮寄、储存黑火药、烟火药，构成非法制造、买卖、运输、邮寄、储存爆炸物罪的，应当依照刑法第一百二十五条的规定定罪处罚；非法生产、经营烟花爆竹及相关行为涉及生产、销售伪劣产品或不符合安全标准产品，构成生产、销售伪劣产品罪或生产、销售不符合安全标准产品罪的，应当依照刑法第一百四十条、第一百四十六条的规定定罪处罚；非法生产、经营烟花爆竹及相关行为构成非法经营罪的，应当依照刑法第二百二十五条的规定定罪处罚。上述非法生产经营烟花爆竹行为的定罪量刑和立案追诉标准，分别按照《最高人民法院关于审理非法制造、买卖、运输枪支、弹药、爆炸物等刑事案件具体应用法律若干问题的解释》（法释〔2009〕18 号）、《最高人民法院最高人民检察院关于办理生产、销售伪劣商品刑事案件具体应用法律若干问题的解释》（法释〔2001〕10 号）、《最高人民检察院、公安部关于公安机关管辖的刑事案件立案追诉标准的规定（一）》（公通字〔2008〕36 号）、《最高人民检察院、公安部关于公安机关管辖的刑事案件立案追诉标准的规定（二）》（公通字〔2010〕23 号）等有关规定执行。

9 共同犯罪

★最高人民法院《关于审理非法制造、买卖、运输枪支、弹药、爆炸物等刑事案件具体应用法律若干问题的解释》（2001 年 5 月 10 日，2009 年 11 月 9 日修订）（节录）

第一条（第 2 款） 介绍买卖枪支、弹药、爆炸物的，以买卖枪支、弹药、爆炸物罪的共犯论处。

10 涉案枪支弹药性能的鉴定

★公安部《公安机关涉案枪支弹药性能鉴定工作规定》（2010 年 12 月 7 日）

为规范对涉案枪支、弹药的鉴定工作，确保鉴定合法、准确、公正，特制定本规定。

一、鉴定范围。公安机关在办理涉枪刑事案件中需要鉴定涉案枪支、弹药性能的，适用本规定。

本规定所称制式枪支、弹药，是指按照国家标准或公安部、军队下达的战术技术指标要求，经国家有关部门或军队批准定型，由合法企业生产的各类枪支、弹药，包括国外制

造和历史遗留的各类旧杂式枪支、弹药。

本规定所称非制式枪支、弹药,是指未经有关部门批准定型或不符合国家标准的各类枪支、弹药,包括自制、改制的枪支、弹药和枪支弹药生产企业研制工作中的中间产品。

二、鉴定机关。涉案枪支、弹药的鉴定由地(市)级公安机关负责,当事人或者办案机关有异议的,由省级公安机关复检一次。各地可委托公安机关现有刑事技术鉴定部门开展枪支、弹药的鉴定工作。

三、鉴定标准。

(一)凡是制式枪支、弹药,无论是否能够完成击发动作,一律认定为枪支、弹药。

(二)凡是能发射制式弹药的非制式枪支(包括自制、改制枪支),一律认定为枪支。对能够装填制式弹药,但因缺少个别零件或锈蚀不能完成击发,经加装相关零件或除锈后能够发射制式弹药的非制式枪支,一律认定为枪支。

(三)对不能发射制式弹药的非制式枪支,按照《枪支致伤力的法庭科学鉴定判据》(GA/T718—2007)的规定,当所发射弹丸的枪口比动能大于等于1.8焦耳/平方厘米时,一律认定为枪支。

(四)对制式枪支、弹药专用散件(零部件),能够由制造厂家提供相关零部件图样(复印件)和件号的,一律认定为枪支、弹药散件(零部件)。

(五)对非制式枪支、弹药散件(零部件),如具备与制式枪支、弹药专用散件(零部件)相同功能的,一律认定为枪支、弹药散件(零部件)。

四、鉴定程序。对枪支弹药的鉴定需经过鉴定、复核两个步骤,并应当由不同的人员分别进行。复核人应当按照鉴定操作流程的全过程进行复核,防止发生错误鉴定。鉴定完成后,应当制作《枪支、弹药鉴定书》。《枪支、弹药鉴定书》中的鉴定结论应当准确、简明,同时应当标明鉴定人、复核人身份并附有本人签名,加盖鉴定单位印章。《枪支、弹药鉴定书》应附检材、样本照片等附件。

五、鉴定时限。一般的鉴定和复检应当在十五日内完成。疑难复杂的,应当在三十日内完成。

11 罪与非罪

★最高人民法院、最高人民检察院《关于办理非法制造、买卖、运输、储存毒鼠强等禁用剧毒化学品刑事案件具体应用法律若干问题的解释》(2003年10月1日)(节录)

第五条(第1款) 本解释施行以前,确因生产、生活需要而非法制造、买卖、运输、储存毒鼠强等禁用剧毒化学品饵料自用,没有造成严重社会危害的,可以依照刑法第十三条的规定,不作为犯罪处理。

12 时间效力问题

★最高人民法院《关于处理涉枪、涉爆申诉案件有关问题的通知》(2003年1月15日)

各省、自治区、直辖市高级人民法院,解放军军事法院,新疆维吾尔自治区高级人民法院生产建设兵团分院:

我院于2001年9月17日发出《对执行〈关于审理非法制造、买卖、运输枪支、弹药、爆炸物等刑事案件具体应用法律若干问题的解释》有关问题的通知》①（以下简称《通知》）后，一些高级人民法院向我院请示，对于符合《通知》的要求，但是已经依照我院于2001年5月16日公布的《关于审理非法制造、买卖、运输枪支、弹药、爆炸物等刑事案件具体应用法律若干问题的解释》（以下简称《解释》）作出生效裁判的案件，当事人提出申诉的，人民法院能否根据《通知》精神再审改判等问题。为准确适用法律和司法解释，现就有关问题通知如下：

《解释》公布后，人民法院经审理并已作出生效裁判的非法制造、买卖、运输枪支、弹药、爆炸物等刑事案件，当事人依法提出申诉，经审查认为生效裁判不符合《通知》规定的，人民法院可以根据案件的具体情况，按照审判监督程序重新审理，并依照《通知》规定的精神予以改判。

★最高人民法院《关于九七刑法实施后发生的非法买卖枪支案件，审理时新的司法解释尚未作出，是否可以参照1995年9月20日最高人民法院〈关于办理非法制造、买卖、运输非军用枪支、弹药刑事案件适用法律问题的解释〉的规定审理案件请示的复函》（2003年7月29日）（节录）

原审被告人侯磊非法买卖枪支的行为发生在修订后的《刑法》实施以后，而该案审理时《最高人民法院关于审理非法制造、买卖、运输枪支、弹药、爆炸物等刑事案件具体应用法律若干问题的解释》尚未颁布，因此，依照我院法发〔1997〕3号《关于认真学习宣传贯彻修订的〈中华人民共和国刑法〉的通知》的精神，该案应参照1995年9月20日最高人民法院法发〔1995〕20号《关于办理非法制造、买卖、运输非军用枪支、弹药刑事案件适用法律问题的解释》的规定办理。

◆──── 量　　刑 ────◆

▶ 1 减轻、免除处罚

★最高人民法院、最高人民检察院《关于办理非法制造、买卖、运输、储存毒鼠强等禁用剧毒化学品刑事案件具体应用法律若干问题的解释》（2003年10月1日）（节录）

第五条（第2款） 本解释施行以后，确因生产、生活需要而非法制造、买卖、运输、储存毒鼠强等禁用剧毒化学品饲料自用，构成犯罪，但没有造成严重社会危害，经教育确有悔改表现的，可以依法从轻、减轻或者免除处罚。

★最高人民法院《关于审理非法制造、买卖、运输枪支、弹药、爆炸物等刑事案件具体应用法律若干问题的解释》（2001年5月10日公布，2009年11月9日修订）（节录）

第九条 因筑路、建房、打井、整修宅基地和土地等正常生产、生活需要，以及因从事合法的生产经营活动而非法制造、买卖、运输、邮寄、储存爆炸物，数量达到本解释第一条规定标准，没有造成严重社会危害，并确有悔改表现的，可依法从轻处罚；情节轻微

---

① 该解释2001年5月10日由最高人民法院审判委员会第1174次会议通过，2009年11月9日最高人民法院审判委员会第1476次会议修改。

的，可以免除处罚。

具有前款情形，数量虽达到本解释第二条规定标准的，也可以不认定为刑法第一百二十五条第一款规定的"情节严重"。

在公共场所、居民区等人员集中区域非法制造、买卖、运输、邮寄、储存爆炸物，或者因非法制造、买卖、运输、邮寄、储存爆炸物三年内受到两次以上行政处罚又实施上述行为，数量达到本解释规定标准的，不适用前两款量刑的规定。

第一百二十六条【违规制造、销售枪支罪】 依法被指定、确定的枪支制造企业、销售企业，违反枪支管理规定，有下列行为之一的，对单位判处罚金，并对其直接负责的主管人员和其他直接责任人员，处五年以下有期徒刑；情节严重的，处五年以上十年以下有期徒刑；情节特别严重的，处十年以上有期徒刑或者无期徒刑：

（一）以非法销售为目的，超过限额或者不按照规定的品种制造、配售枪支的；

（二）以非法销售为目的，制造无号、重号、假号的枪支的；

（三）非法销售枪支或者在境内销售为出口制造的枪支的。

◆ 立案追诉标准 ◆

★最高人民检察院、公安部《关于公安机关管辖的刑事案件立案追诉标准的规定（一）》（2008年6月25日）（节录）

第三条 [违规制造、销售枪支案（刑法第一百二十六条）] 依法被指定、确定的枪支制造企业、销售企业，违反枪支管理规定，以非法销售为目的，超过限额或者不按照规定的品种制造、配售枪支，或者以非法销售为目的，制造无号、重号、假号的枪支，或者非法销售枪支或者在境内销售为出口制造的枪支，涉嫌下列情形之一的，应予立案追诉：

（一）违规制造枪支五支以上的；

（二）违规销售枪支二支以上的；

（三）虽未达到上述数量标准，但具有造成严重后果等其他恶劣情节的。

本条和本规定第四条、第七条规定的"枪支"，包括枪支散件。成套枪支散件，以相应数量的枪支计；非成套枪支散件，以每三十件为一成套枪支散件计。

◆ 定　　罪 ◆

▶ 入罪情节

★最高人民法院《关于审理非法制造、买卖、运输枪支、弹药、爆炸物等刑事案件具体应用法律若干问题的解释》（2001年5月15日公布，2009年11月9日修改）（节录）

第三条（第1款）　依法被指定或者确定的枪支制造、销售企业，实施刑法第一百二十六条规定的行为，具有下列情形之一的，以违规制造、销售枪支罪定罪处罚：

（一）违规制造枪支五支以上的；

（二）违规销售枪支二支以上的；

（三）虽未达到上述最低数量标准，但具有造成严重后果等其他恶劣情节的。

▶2 "情节严重"、"情节特别严重"的认定

★最高人民法院《关于审理非法制造、买卖、运输枪支、弹药、爆炸物等刑事案件具体应用法律若干问题的解释》（2001年5月15日公布，2009年11月9日修改）（节录）

第三条（第2款） 具有下列情形之一的，属于刑法第一百二十六条规定的"情节严重"：

（一）违规制造枪支二十支以上的；

（二）违规销售枪支十支以上的；

（三）达到本条第一款规定的最低数量标准，并具有造成严重后果等其他恶劣情节的。

（第3款） 具有下列情形之一的，属于刑法第一百二十六条规定的"情节特别严重"：

（一）违规制造枪支五十支以上的；

（二）违规销售枪支三十支以上的；

（三）达到本条第二款规定的最低数量标准，并具有造成严重后果等其他恶劣情节的。

第一百二十七条【盗窃、抢夺枪支、弹药、爆炸物、危险物质罪】 盗窃、抢夺枪支、弹药、爆炸物的，或者盗窃、抢夺毒害性、放射性、传染病病原体等物质，危害公共安全的，处三年以上十年以下有期徒刑；情节严重的，处十年以上有期徒刑、无期徒刑或者死刑。

【抢劫枪支、弹药、爆炸物、危险物质罪】【盗窃、抢夺枪支、弹药、爆炸物罪】 抢劫枪支、弹药、爆炸物的，或者抢劫毒害性、放射性、传染病病原体等物质，危害公共安全的，或者盗窃、抢夺国家机关、军警人员、民兵的枪支、弹药、爆炸物的，处十年以上有期徒刑、无期徒刑或者死刑。

◆━━━━◆ 定　罪 ◆━━━━◆

▶1 盗窃、抢夺枪支、弹药、爆炸物罪的入罪数额

★最高人民法院《关于审理非法制造、买卖、运输枪支、弹药、爆炸物等刑事案件具体应用法律若干问题的解释》（2001年5月15日公布，2009年11月9日修改）（节录）

第四条（第1款） 盗窃、抢夺枪支、弹药、爆炸物，具有下列情形之一的，依照刑法第一百二十七条第一款的规定，以盗窃、抢夺枪支、弹药、爆炸物罪定罪处罚：

（一）盗窃、抢夺以火药为动力的发射枪弹非军用枪支一支以上或者以压缩气体等为动力的其他非军用枪支二支以上的；

（二）盗窃、抢夺军用子弹十发以上、气枪铅弹五百发以上或者其他非军用子弹一百发以上的；

（三）盗窃、抢夺爆炸装置的；

（四）盗窃、抢夺炸药、发射药、黑火药一千克以上或者烟火药三千克以上、雷管三十枚以上或者导火索、导爆索三十米以上的；

（五）虽未达到上述最低数量标准，但具有造成严重后果等其他恶劣情节的。

第七条 非法制造、买卖、运输、邮寄、储存、盗窃、抢夺、持有、私藏、携带成套枪支散件的，以相应数量的枪支计；非成套枪支散件以每三十件为一成套枪支散件计。

第十条 实施非法制造、买卖、运输、邮寄、储存、盗窃、抢夺、持有、私藏其他弹药、爆炸物品等行为，参照本解释有关条文规定的定罪量刑标准处罚。

2 "情节严重"的认定

★最高人民法院《关于审理非法制造、买卖、运输枪支、弹药、爆炸物等刑事案件具体应用法律若干问题的解释》（2001年5月15日公布，2009年11月9日修改）（节录）

第四条（第2款） 具有下列情形之一的，属于刑法第一百二十七条第一款规定的"情节严重"：

（一）盗窃、抢夺枪支、弹药、爆炸物的数量达到本条第一款规定的最低数量标准五倍以上的；

（二）盗窃、抢夺军用枪支的；

（三）盗窃、抢夺手榴弹的；

（四）盗窃、抢夺爆炸装置，危害严重的；

（五）达到本条第一款规定的最低数量标准，并具有造成严重后果等其他恶劣情节的。

第一百二十八条【非法持有、私藏枪支、弹药罪】违反枪支管理规定，非法持有、私藏枪支、弹药的，处三年以下有期徒刑、拘役或者管制；情节严重的，处三年以上七年以下有期徒刑。

【非法出租、出借枪支罪】依法配备公务用枪的人员，非法出租、出借枪支的，依照前款的规定处罚。

【非法出租、出借枪支罪】依法配置枪支的人员，非法出租、出借枪支，造成严重后果的，依照第一款的规定处罚。

单位犯第二款、第三款罪的，对单位判处罚金，并对其直接负责的主管人员和其他直接责任人员，依照第一款的规定处罚。

立案追诉标准

★最高人民检察院、公安部《关于公安机关管辖的刑事案件立案追诉标准的规定（一）》（2008年6月25日）（节录）

第四条（第1款）[非法持有、私藏枪支、弹药案（刑法第一百二十八条第一款）] 违反枪支管理规定，非法持有、私藏枪支、弹药，涉嫌下列情形之一的，应予立案追诉：

（一）非法持有、私藏军用枪支一支以上的；

（二）非法持有、私藏以火药为动力发射枪弹的非军用枪支一支以上，或者以压缩气体等为动力的其他非军用枪支二支以上的；

（三）非法持有、私藏军用子弹二十发以上、气枪铅弹一千发以上或者其他非军用子弹二百发以上的；

（四）非法持有、私藏手榴弹、炸弹、地雷、手雷等具有杀伤性弹药一枚以上的；

第二章　危害公共安全罪

（五）非法持有、私藏的弹药造成人员伤亡、财产损失的。

第五条　[非法出租、出借枪支案（刑法第一百二十八条第二、三、四款）]　依法配备公务用枪的人员或单位，非法将枪支出租、出借给未取得公务用枪配备资格的人员或单位，或者将公务用枪用作借债质押物的，应予立案追诉。

依法配备公务用枪的人员或单位，非法将枪支出租、出借给具有公务用枪配备资格的人员或单位，以及依法配置民用枪支的人员或单位，非法出租、出借民用枪支，涉嫌下列情形之一的，应予立案追诉：

（一）造成人员轻伤以上伤亡事故的；

（二）造成枪支丢失、被盗、被抢的；

（三）枪支被他人利用进行违法犯罪活动的；

（四）其他造成严重后果的情形。

━━━━◆　定　　罪　◆━━━━

❶ 非法持有、私藏枪支、弹药罪的入罪数额

★最高人民法院《关于审理非法制造、买卖、运输枪支、弹药、爆炸物等刑事案件具体应用法律若干问题的解释》（2001年5月15日公布，2009年11月9日修改）（节录）

第五条（第1款）　具有下列情形之一的，依照刑法第一百二十八条第一款的规定，以非法持有、私藏枪支、弹药罪定罪处罚：

（一）非法持有、私藏军用枪支一支的；

（二）非法持有、私藏以火药为动力发射枪弹的非军用枪支一支或者以压缩气体等为动力的其他非军用枪支二支以上的；

（三）非法持有、私藏军用子弹二十发以上，气枪铅弹一千发以上或者其他非军用子弹二百发以上的；

（四）非法持有、私藏手榴弹一枚以上的；

（五）非法持有、私藏的弹药造成人员伤亡、财产损失的。

第七条　非法制造、买卖、运输、邮寄、储存、盗窃、抢夺、持有、私藏、携带成套枪支散件的，以相应数量的枪支计；非成套枪支散件以每三十件为一成套枪支散件计。

第十条　实施非法制造、买卖、运输、邮寄、储存、盗窃、抢夺、持有、私藏其他弹药、爆炸物品等行为，参照本解释有关条文规定的定罪量刑标准处罚。

❷ "非法持有"、"私藏"的认定

★最高人民法院《关于审理非法制造、买卖、运输枪支、弹药、爆炸物等刑事案件具体应用法律若干问题的解释》（2001年5月15日公布，2009年11月9日修改）（节录）

第八条（第2款）　刑法第一百二十八条第一款规定的"非法持有"，是指不符合配备、配置枪支、弹药条件的人员，违反枪支管理法律、法规的规定，擅自持有枪支、弹药的行为。

（第3款）　刑法第一百二十八条第一款规定的"私藏"，是指依法配备、配置枪支、弹药的人员，在配备、配置枪支、弹药的条件消除后，违反枪支管理法律、法规的规定，

私自藏匿所配备、配置的枪支、弹药且拒不交出的行为。

★最高人民检察院、公安部《关于公安机关管辖的刑事案件立案追诉标准的规定（一）》（2008年6月25日）（节录）

第四条（第2款） 本条规定的"非法持有"，是指不符合配备、配置枪支、弹药条件的人员，擅自持有枪支、弹药的行为；"私藏"，是指依法配备、配置枪支、弹药的人员，在配备、配置枪支、弹药的条件消除后，私自藏匿所配备、配置的枪支、弹药且拒不交出的行为。

3 "情节严重"的认定

★最高人民法院《关于审理非法制造、买卖、运输枪支、弹药、爆炸物等刑事案件具体应用法律若干问题的解释》（2001年5月15日公布，2009年11月9日修改）（节录）

第五条（第2款） 具有下列情形之一的，属于刑法第一百二十八条第一款规定的"情节严重"：

（一）非法持有、私藏军用枪支二支以上的；

（二）非法持有、私藏以火药为动力发射枪弹的非军用枪支二支以上或者以压缩气体等为动力的其他非军用枪支五支以上的；

（三）非法持有、私藏军用子弹一百发以上，气枪铅弹五千发以上或者其他非军用子弹一千发以上的；

（四）非法持有、私藏手榴弹三枚以上的；

（五）达到本条第一款规定的最低数量标准，并具有造成严重后果等其他恶劣情节的。

4 依法配备公务用枪人员将公务用枪用作质押物行为的定性

★最高人民检察院《关于将公务用枪用作借债质押的行为如何适用法律问题的批复》（1998年11月3日）（节录）

依法配备公务用枪的人员，违反法律规定，将公务用枪用作借债质押物，使枪支处于非依法持枪人的控制、使用之下，严重危害公共安全，是刑法第一百二十八条第二款所规定的非法出借枪支行为的一种形式，应以非法出借枪支罪追究刑事责任；对接受枪支质押的人员，构成犯罪的，根据刑法第一百二十八条第一款的规定，应以非法持有枪支罪追究其刑事责任。

第一百二十九条【丢失枪支不报罪】依法配备公务用枪的人员，丢失枪支不及时报告，造成严重后果的，处三年以下有期徒刑或者拘役。

◀ 立案追诉标准 ▶

★最高人民检察院、公安部《关于公安机关管辖的刑事案件立案追诉标准的规定（一）》（2008年6月25日）（节录）

第六条［丢失枪支不报案（刑法第一百二十九条）］依法配备公务用枪的人员，丢失枪支不及时报告，涉嫌下列情形之一的，应予立案追诉：

（一）丢失的枪支被他人使用造成人员轻伤以上伤亡事故的；

（二）丢失的枪支被他人利用进行违法犯罪活动的；

（三）其他造成严重后果的情形。

第一百三十条【非法携带枪支、弹药、管制刀具、危险物品危及公共安全罪】 非法携带枪支、弹药、管制刀具或者爆炸性、易燃性、放射性、毒害性、腐蚀性物品，进入公共场所或者公共交通工具，危及公共安全，情节严重的，处三年以下有期徒刑、拘役或者管制。

◀ 立案追诉标准 ▶

★最高人民检察院、公安部《关于公安机关管辖的刑事案件立案追诉标准的规定（一）》（2008年6月25日）（节录）

第七条［非法携带枪支、弹药、管制刀具、危险物品危及公共安全案（刑法第一百三十条）］非法携带枪支、弹药、管制刀具或者爆炸性、易燃性、放射性、毒害性、腐蚀性物品，进入公共场所或者公共交通工具，危及公共安全，涉嫌下列情形之一的，应予立案追诉：

（一）携带枪支一支以上或者手榴弹、炸弹、地雷、手雷等具有杀伤性弹药一枚以上的；

（二）携带爆炸装置一套以上的；

（三）携带炸药、发射药、黑火药五百克以上或者烟火药一千克以上、雷管二十枚以上或者导火索、导爆索二十米以上，或者虽未达到上述数量标准，但拒不交出的；

（四）携带的弹药、爆炸物在公共场所或者公共交通工具上发生爆炸或者燃烧，尚未造成严重后果的；

（五）携带管制刀具二十把以上，或者虽未达到上述数量标准，但拒不交出，或者用来进行违法活动尚未构成其他犯罪的；

（六）携带的爆炸性、易燃性、放射性、毒害性、腐蚀性物品在公共场所或者公共交通工具上发生泄漏、遗洒，尚未造成严重后果的；

（七）其他情节严重的情形。

◀ 定　　罪 ▶

入罪情节

★最高人民法院《关于审理非法制造、买卖、运输枪支、弹药、爆炸物等刑事案件具体应用法律若干问题的解释》（2001年5月15日公布，2009年11月9日修改）（节录）

第六条　非法携带枪支、弹药、爆炸物进入公共场所或者公共交通工具，危及公共安全，具有下列情形之一的，属于刑法第一百三十条规定的"情节严重"：

（一）携带枪支或者手榴弹的；

（二）携带爆炸装置的；

（三）携带炸药、发射药、黑火药五百克以上或者烟火药一千克以上、雷管二十枚以上或者导火索、导爆索二十米以上的；

（四）携带的弹药、爆炸物在公共场所或者公共交通工具上发生爆炸或者燃烧，尚未造成严重后果的；

（五）具有其他严重情节的。

行为人非法携带本条第一款第（三）项规定的爆炸物进入公共场所或者公共交通工具，虽未达到上述数量标准，但拒不交出的，依照刑法第一百三十条的规定定罪处罚；携带的数量达到最低数量标准，能够主动、全部交出的，可不以犯罪论处。

第七条 非法制造、买卖、运输、邮寄、储存、盗窃、抢夺、持有、私藏、携带成套枪支散件的，以相应数量的枪支计；非成套枪支散件以每三十件为一成套枪支散件计。

2 非法携带枪支、弹药、管制器具、危险物品进入医疗机构行为的定性

★最高人民法院、最高人民检察院、公安部、司法部、国家卫生和计划生育委员会《关于依法惩处涉医违法犯罪维护正常医疗秩序的意见》（2014年4月22日）（节录）

二、严格依法惩处涉医违法犯罪

（五）非法携带枪支、弹药、管制器具或者爆炸性、放射性、毒害性、腐蚀性物品进入医疗机构的，依照治安管理处罚法第三十条、第三十二条的规定处罚；危及公共安全情节严重，构成非法携带枪支、弹药、管制刀具、危险物品危及公共安全罪的，依照刑法的有关规定定罪处罚。

第一百三十一条【重大飞行事故罪】 航空人员违反规章制度，致使发生重大飞行事故，造成严重后果的，处三年以下有期徒刑或者拘役；造成飞机坠毁或者人员死亡的，处三年以上七年以下有期徒刑。

第一百三十二条【铁路运营安全事故罪】 铁路职工违反规章制度，致使发生铁路运营安全事故，造成严重后果的，处三年以下有期徒刑或者拘役；造成特别严重后果的，处三年以上七年以下有期徒刑。

◀ 定 罪 ▶

1 "造成严重后果"的认定

★最高人民法院、最高人民检察院《关于办理危害生产安全刑事案件适用法律若干问题的解释》（2015年12月16日）（节录）

第六条（第1款） 实施刑法第一百三十二条、第一百三十四条第一款、第一百三十五条、第一百三十五条之一、第一百三十六条、第一百三十九条规定的行为，因而发生安全事故，具有下列情形之一的，应当认定为"造成严重后果"或者"发生重大伤亡事故或者造成其他严重后果"，对相关责任人员，处三年以下有期徒刑或者拘役：

（一）造成死亡一人以上，或者重伤三人以上的；

（二）造成直接经济损失一百万元以上的；

（三）其他造成严重后果或者重大安全事故的情形。

2 "造成特别严重后果"的情形

★最高人民法院、最高人民检察院《关于办理危害生产安全刑事案件适用法律若干问题的解释》（2015年12月16日）（节录）

第二章 危害公共安全罪

第七条（第1款） 实施刑法第一百三十二条、第一百三十四条第一款、第一百三十五条、第一百三十五条之一、第一百三十六条、第一百三十九条规定的行为，因而发生安全事故，具有下列情形之一的，对相关责任人员，处三年以上七年以下有期徒刑：

（一）造成死亡三人以上或者重伤十人以上，负事故主要责任的；

（二）造成直接经济损失五百万元以上，负事故主要责任的；

（三）其他造成特别严重后果、情节特别恶劣或者后果特别严重的情形。

3 一罪与数罪

★最高人民法院、最高人民检察院《关于办理危害生产安全刑事案件适用法律若干问题的解释》（2015年12月16日）（节录）

第十四条 国家工作人员违反规定投资入股生产经营，构成本解释规定的有关犯罪的，或者国家工作人员的贪污、受贿犯罪行为与安全事故发生存在关联性的，从重处罚；同时构成贪污、受贿犯罪和危害生产安全犯罪的，依照数罪并罚的规定处罚。

量　　刑

1 从重处罚

★最高人民法院、最高人民检察院《关于办理危害生产安全刑事案件适用法律若干问题的解释》（2015年12月16日）（节录）

第十二条 实施刑法第一百三十二条、第一百三十四条至第一百三十九条之一规定的犯罪行为，具有下列情形之一的，从重处罚：

（一）未依法取得安全许可证件或者安全许可证件过期、被暂扣、吊销、注销后从事生产经营活动的；

（二）关闭、破坏必要的安全监控和报警设备的；

（三）已经发现事故隐患，经有关部门或者个人提出后，仍不采取措施的；

（四）一年内曾因危害生产安全违法犯罪活动受过行政处罚或者刑事处罚的；

（五）采取弄虚作假、行贿等手段，故意逃避、阻挠负有安全监督管理职责的部门实施监督检查的；

（六）安全事故发生后转移财产意图逃避承担责任的；

（七）其他从重处罚的情形。

实施前款第五项规定的行为，同时构成刑法第三百八十九条规定的犯罪的，依照数罪并罚的规定处罚。

2 酌情从轻处罚

★最高人民法院、最高人民检察院《关于办理危害生产安全刑事案件适用法律若干问题的解释》（2015年12月16日）（节录）

第十三条 实施刑法第一百三十二条、第一百三十四条至第一百三十九条之一规定的犯罪行为，在安全事故发生后积极组织、参与事故抢救，或者积极配合调查、主动赔偿损失的，可以酌情从轻处罚。

3 禁止令

★最高人民法院、最高人民检察院《关于办理危害生产安全刑事案件适用法律若干问题的解释》（2015年12月16日）（节录）

第二编 分　则

第十六条　对于实施危害生产安全犯罪适用缓刑的犯罪分子，可以根据犯罪情况，禁止其在缓刑考验期限内从事与安全生产相关联的特定活动；对于被判处刑罚的犯罪分子，可以根据犯罪情况和预防再犯罪的需要，禁止其自刑罚执行完毕之日或者假释之日起三年至五年内从事与安全生产相关的职业。

第一百三十三条【交通肇事罪】 违反交通运输管理法规，因而发生重大事故，致人重伤、死亡或者使公私财产遭受重大损失的，处三年以下有期徒刑或者拘役；交通运输肇事后逃逸或者有其他特别恶劣情节的，处三年以上七年以下有期徒刑；因逃逸致人死亡的，处七年以上有期徒刑。

关联法条：第九十五条

定　罪

1 入罪情节

★最高人民法院《关于审理交通肇事刑事案件具体应用法律若干问题的解释》（2000年11月21日）（节录）

第一条　从事交通运输人员或者非交通运输人员，违反交通运输管理法规发生重大交通事故，在分清事故责任的基础上，对于构成犯罪的，依照刑法第一百三十三条的规定定罪处罚。

第二条　交通肇事具有下列情形之一的，处三年以下有期徒刑或者拘役：
（一）死亡一人或者重伤三人以上，负事故全部或者主要责任的；
（二）死亡三人以上，负事故同等责任的；
（三）造成公共财产或者他人财产直接损失，负事故全部或者主要责任，无能力赔偿数额在三十万元以上的。

交通肇事致一人以上重伤，负事故全部或者主要责任，并具有下列情形之一的，以交通肇事罪定罪处罚：
（一）酒后、吸食毒品后驾驶机动车辆的；
（二）无驾驶资格驾驶机动车辆的；
（三）明知是安全装置不全或者安全机件失灵的机动车辆而驾驶的；
（四）明知是无牌证或者已报废的机动车辆而驾驶的；
（五）严重超载驾驶的；
（六）为逃避法律追究逃离事故现场的。

第七条　单位主管人员、机动车辆所有人或者机动车辆承包人指使、强令他人违章驾驶造成重大交通事故，具有本解释第二条规定情形之一的，以交通肇事罪定罪处罚。

2 本罪定义

★最高人民检察院侦查监督厅《关于印发部分罪案〈审查逮捕证据参考标准（试行）〉的通知》（2003年11月27日）（节录）

十、交通肇事罪案审查逮捕证据参考标准

交通肇事罪，是指触犯《刑法》第133条的规定，违反交通运输管理法规，因而发生重大事故，致人重伤、死亡或者造成公私财产遭受重大损失的行为……

3 "交通运输肇事后逃逸"的认定

★最高人民法院《关于审理交通肇事刑事案件具体应用法律若干问题的解释》（2000年11月21日）（节录）

第三条 "交通运输肇事后逃逸"，是指行为人具有本解释第二条第一款规定和第二款第（一）至（五）项规定的情形之一，在发生交通事故后，为逃避法律追究而逃跑的行为。

4 "有其他特别恶劣情节"的认定

★最高人民法院《关于审理交通肇事刑事案件具体应用法律若干问题的解释》（2000年11月21日）（节录）

第四条 交通肇事具有下列情形之一的，属于"有其他特别恶劣情节"，处三年以上七年以下有期徒刑：

（一）死亡二人以上或者重伤五人以上，负事故全部或者主要责任的；

（二）死亡六人以上，负事故同等责任的；

（三）造成公共财产或者他人财产直接损失，负事故全部或者主要责任，无能力赔偿数额在六十万元以上的。

5 "因逃逸致人死亡"的认定

★最高人民法院《关于审理交通肇事刑事案件具体应用法律若干问题的解释》（2000年11月21日）（节录）

第五条 "因逃逸致人死亡"，是指行为人在交通肇事后为逃避法律追究而逃跑，致使被害人因得不到救助而死亡的情形。

交通肇事后，单位主管人员、机动车辆所有人、承包人或者乘车人指使肇事人逃逸，致使被害人因得不到救助而死亡的，以交通肇事罪的共犯论处。

6 单位主管人员、机动车辆所有人、承包人、乘车人交通肇事的认定

★最高人民法院《关于审理交通肇事刑事案件具体应用法律若干问题的解释》（2000年11月21日）（节录）

第七条 单位主管人员、机动车辆所有人或者机动车辆承包人指使、强令他人违章驾驶造成重大交通事故，具有本解释第二条规定情形之一的，以交通肇事罪定罪处罚。

★最高人民检察院侦查监督厅《关于印发部分罪案〈审查逮捕证据参考标准（试行）〉的通知》（2003年11月27日）（节录）

十、交通肇事罪案审查逮捕证据参考标准

交通肇事罪，是指触犯《刑法》第133条的规定，违反交通运输管理法规，因而发生重大事故，致人重伤、死亡或者造成公私财产遭受重大损失的行为。其他以交通肇事罪定罪处罚的有：（1）交通肇事后，单位主管人员、机动车辆所有人、承包人或者乘车人指使肇事人逃逸，致使被害人因得不到救助而死亡的；（2）单位主管人员、机动车辆所有人或者机动车辆承包人指使、强令他人违章驾驶造成重大交通事故的。

7 赔偿责任、赔偿范围

★最高人民法院研究室《关于遇害者下落不明的水上交通肇事案件应如何适用法律问

第二编 分 则

题的电话答复》（1992年10月30日）（节录）

在水上交通肇事案件中，如有遇害者下落不明的，不能推定其已经死亡，而应根据被告人的行为造成被害人下落不明的案件事实，依照刑法定罪处刑，民事诉讼应另行提起，并经过宣告失踪人死亡程序后，根据法律和事实处理赔偿等民事纠纷。

★最高人民法院《关于交通事故中的财产损失是否包括被损车辆停运损失问题的批复》（1999年2月13日）（节录）

《中华人民共和国民法通则》第一百一十七条第二款、第三款规定："损坏国家的、集体的财产或者他人财产的，应当恢复原状或者折价赔偿。"、"受害人因此遭受其他重大损失的，侵害人并应当赔偿损失。"因此，在交通事故损害赔偿案件中，如果受害人以被损车辆正用于货物运输或者旅客运输经营活动，要求赔偿被损车辆修复期间的停运损失的，交通事故责任者应当予以赔偿。

★最高人民法院《关于被盗机动车辆肇事后由谁承担损害赔偿责任问题的批复》（1999年7月3日）（节录）

使用盗窃的机动车辆肇事，造成被害人物质损失的，肇事人应当依法承担损害赔偿责任，被盗机动车辆的所有人不承担损害赔偿责任。

★最高人民法院《关于购买人使用分期付款购买的车辆从事运输因交通事故造成他人财产损失保留车辆所有权的出卖方不应承担民事责任的批复》（2000年12月8日）（节录）

采取分期付款方式购车，出卖方在购买方付清全部车款前保留车辆所有权的，购买方以自己名义与他人订立货物运输合同并使用该车运输时，因交通事故造成他人财产损失的，出卖方不承担民事责任。

★最高人民法院研究室《关于交通肇事刑事案件附带民事赔偿范围问题的答复》（2014年2月24日）（节录）

根据刑事诉讼法第九十九条、第一百零一条和《最高人民法院关于适用〈中华人民共和国刑事诉讼法〉的解释》第一百五十五条的规定，交通肇事刑事案件的附带民事诉讼当事人未能就民事赔偿问题达成调解、和解协议的，无论附带民事诉讼被告人是否投保机动车第三者强制责任保险，均可将死亡赔偿金、残疾赔偿金纳入判决赔偿的范围。

▶ 8 此罪与彼罪

★最高人民法院《关于审理交通肇事刑事案件具体应用法律若干问题的解释》（2000年11月21日）（节录）

第六条 行为人在交通肇事后为逃避法律追究，将被害人带离事故现场后隐藏或者遗弃，致使被害人无法得到救助而死亡或者严重残疾的，应当分别依照刑法第二百三十二条、第二百三十四条第二款的规定，以故意杀人罪或者故意伤害罪定罪处罚。

第八条 在实行公共交通管理的范围内发生重大交通事故的，依照刑法第一百三十三条和本解释的有关规定办理。

在公共交通管理的范围外，驾驶机动车辆或者使用其他交通工具致人伤亡或者致使公共财产或者他人财产遭受重大损失，构成犯罪的，分别依照刑法第一百三十四条、第一百三十五条、第二百三十三条等规定定罪处罚。

第二章 危害公共安全罪

9 刑事判决既判力的维持

★最高人民法院《关于醉酒驾车犯罪法律适用问题的意见》(2009年8月11日)(节录)

为维护生效裁判的既判力,稳定社会关系,对于此前已经处理过的将特定情形的醉酒驾车认定为交通肇事罪的案件,应维持终审裁判,不再变动。

━━━━◆ 量　　刑 ◆━━━━

1 量刑起点、基准刑的确定

★最高人民法院《关于常见犯罪的量刑指导意见》(2014年1月1日)(节录)

四、常见犯罪的量刑

(一)交通肇事罪

1. 构成交通肇事罪的,可以根据下列不同情形在相应的幅度内确定量刑起点:

(1)致人重伤、死亡或者使公私财产遭受重大损失的,可以在二年以下有期徒刑、拘役幅度内确定量刑起点。

(2)交通运输肇事后逃逸或者有其他特别恶劣情节的,可以在三年至五年有期徒刑幅度内确定量刑起点。

(3)因逃逸致一人死亡的,可以在七年至十年有期徒刑幅度内确定量刑起点。

2. 在量刑起点的基础上,可以根据事故责任、致人重伤、死亡的人数或者财产损失的数额以及逃逸等其他影响犯罪构成的犯罪事实增加刑罚量,确定基准刑。

第一百三十三条之一[①]【危险驾驶罪】在道路上驾驶机动车,有下列情形之一的,处拘役,并处罚金:

(一)追逐竞驶,情节恶劣的;

(二)醉酒驾驶机动车的;

(三)从事校车业务或者旅客运输,严重超过额定乘员载客,或者严重超过规定时速行驶的;

(四)违反危险化学品安全管理规定运输危险化学品,危及公共安全的。

机动车所有人、管理人对前款第三项、第四项行为负有直接责任的,依照前款的规定处罚。

有前两款行为,同时构成其他犯罪的,依照处罚较重的规定定罪处罚。

━━━━◆ 定　　罪 ◆━━━━

1 "追逐竞驶"、"情节恶劣"的认定

★最高人民法院《关于发布第八批指导性案例的通知》(2014年12月18日)(节录)

---

① 2015年8月29日《刑法修正案(九)》第八条增设了本条第一款中的第(三)、(四)项,增设了目前的第二款,将原第二款改为目前的第三款。

张某某、金某危险驾驶案（指导案例 32 号）

裁判要点：

1. 机动车驾驶人员出于竞技、追求刺激、斗气或者其他动机，在道路上曲折穿行、快速追赶行驶的，属于《中华人民共和国刑法》第一百三十三条之一规定的"追逐竞驶"。

2. 追逐竞驶虽未造成人员伤亡或财产损失，但综合考虑超过限速、闯红灯、强行超车、抗拒交通执法等严重违反道路交通安全法的行为，足以威胁他人生命、财产安全的，属于危险驾驶罪中"情节恶劣"的情形。

❷ "醉酒驾驶机动车"标准的认定

★最高人民法院、最高人民检察院、公安部《关于办理醉酒驾驶机动车刑事案件适用法律若干问题的意见》（2013 年 12 月 18 日）（节录）

一、在道路上驾驶机动车，血液酒精含量达到 80 毫克/100 毫升以上的，属于醉酒驾驶机动车，依照刑法第一百三十三条之一第一款的规定，以危险驾驶罪定罪处罚。

前款规定的"道路"、"机动车"，适用道路交通安全法的有关规定。

五、公安机关在查处醉酒驾驶机动车的犯罪嫌疑人时，对查获经过、呼气酒精含量检验和抽取血样过程应当制作记录；有条件的，应当拍照、录音或者录像；有证人的，应当收集证人证言。

六、血液酒精含量检验鉴定意见是认定犯罪嫌疑人是否醉酒的依据。犯罪嫌疑人经呼气酒精含量检验达到本意见第一条规定的醉酒标准，在抽取血样之前脱逃的，可以以呼气酒精含量检验结果作为认定其醉酒的依据。

犯罪嫌疑人在公安机关依法检查时，为逃避法律追究，在呼气酒精含量检验或者抽取血样前又饮酒，经检验其血液酒精含量达到本意见第一条规定的醉酒标准的，应当认定为醉酒。

❸ 一罪与数罪

★最高人民法院、最高人民检察院、公安部《关于办理醉酒驾驶机动车刑事案件适用法律若干问题的意见》（2013 年 12 月 18 日）（节录）

三、醉酒驾驶机动车，以暴力、威胁方法阻碍公安机关依法检查，又构成妨害公务罪等其他犯罪的，依照数罪并罚的规定处罚。

──◆ 量　　刑 ◆──

❶ 从重处罚

★最高人民法院、最高人民检察院、公安部《关于办理醉酒驾驶机动车刑事案件适用法律若干问题的意见》（2013 年 12 月 18 日）（节录）

二、醉酒驾驶机动车，具有下列情形之一的，依照刑法第一百三十三条之一第一款的规定，从重处罚：

（一）造成交通事故且负事故全部或者主要责任，或者造成交通事故后逃逸，尚未构成其他犯罪的；

（二）血液酒精含量达到 200 毫克/100 毫升以上的；

（三）在高速公路、城市快速路上驾驶的；

（四）驾驶载有乘客的营运机动车的；

（五）有严重超员、超载或者超速驾驶，无驾驶资格驾驶机动车，使用伪造或者变造的机动车牌证等严重违反道路交通安全法的行为的；

（六）逃避公安机关依法检查，或者拒绝、阻碍公安机关依法检查尚未构成其他犯罪的；

（七）曾因酒后驾驶机动车受过行政处罚或者刑事追究的；

（八）其他可以从重处罚的情形。

2 罚金数额的确定

★最高人民法院、最高人民检察院、公安部《关于办理醉酒驾驶机动车刑事案件适用法律若干问题的意见》（2013 年 12 月 18 日）（节录）

四、对醉酒驾驶机动车的被告人判处罚金，应当根据被告人的醉酒程度、是否造成实际损害、认罪悔罪态度等情况，确定与主刑相适应的罚金数额。

第一百三十四条【重大责任事故罪】 在生产、作业中违反有关安全管理的规定，因而发生重大伤亡事故或者造成其他严重后果的，处三年以下有期徒刑或者拘役；情节特别恶劣的，处三年以上七年以下有期徒刑。

【强令违章冒险作业罪】 强令他人违章冒险作业，因而发生重大伤亡事故或者造成其他严重后果的，处五年以下有期徒刑或者拘役；情节特别恶劣的，处五年以上有期徒刑。

◀ 定　　罪 ▶

1 犯罪主体的认定

★最高人民法院、最高人民检察院《关于办理危害生产安全刑事案件适用法律若干问题的解释》（2015 年 12 月 16 日）（节录）

第一条　刑法第一百三十四条第一款规定的犯罪主体，包括对生产、作业负有组织、指挥或者管理职责的负责人、管理人员、实际控制人、投资人等人员，以及直接从事生产、作业的人员。

第二条　刑法第一百三十四条第二款规定的犯罪主体，包括对生产、作业负有组织、指挥或者管理职责的负责人、管理人员、实际控制人、投资人等人员。

2 "发生重大伤亡事故或者造成其他严重后果"的认定

★最高人民法院、最高人民检察院《关于办理危害生产安全刑事案件适用法律若干问题的解释》（2015 年 12 月 16 日）（节录）

第六条（第 1 款）　实施刑法第一百三十二条、第一百三十四条第一款、第一百三十五条、第一百三十五条之一、第一百三十六条、第一百三十九条规定的行为，因而发生安全事故，具有下列情形之一的，应当认定为"造成严重后果"或者"发生重大伤亡事故或

者造成其他严重后果",对相关责任人员,处三年以下有期徒刑或者拘役:

(一) 造成死亡一人以上,或者重伤三人以上的;

(二) 造成直接经济损失一百万元以上的;

(三) 其他造成严重后果或者重大安全事故的情形。

(第2款) 实施刑法第一百三十四条第二款规定的行为,因而发生安全事故,具有本条第一款规定情形的,应当认定为"发生重大伤亡事故或者造成其他严重后果",对相关责任人员,处五年以下有期徒刑或者拘役。

3 "强令他人违章冒险作业"的认定

★最高人民法院、最高人民检察院《关于办理危害生产安全刑事案件适用法律若干问题的解释》(2015年12月16日)(节录)

第五条 明知存在事故隐患、继续作业存在危险,仍然违反有关安全管理的规定,实施下列行为之一的,应当认定为刑法第一百三十四条第二款规定的"强令他人违章冒险作业":

(一) 利用组织、指挥、管理职权,强制他人违章作业的;

(二) 采取威逼、胁迫、恐吓等手段,强制他人违章作业的;

(三) 故意掩盖事故隐患,组织他人违章作业的;

(四) 其他强令他人违章作业的行为。

4 "情节特别恶劣"的情形

★最高人民法院、最高人民检察院《关于办理危害生产安全刑事案件适用法律若干问题的解释》(2015年12月16日)(节录)

第七条(第1款) 实施刑法第一百三十二条、第一百三十四条第一款、第一百三十五条、第一百三十五条之一、第一百三十六条、第一百三十九条规定的行为,因而发生安全事故,具有下列情形之一的,对相关责任人员,处三年以上七年以下有期徒刑:

(一) 造成死亡三人以上或者重伤十人以上,负事故主要责任的;

(二) 造成直接经济损失五百万元以上,负事故主要责任的;

(三) 其他造成特别严重后果、情节特别恶劣或者后果特别严重的情形。

(第2款) 实施刑法第一百三十四条第二款规定的行为,因而发生安全事故,具有本条第一款规定情形的,对相关责任人员,处五年以上有期徒刑。

5 非矿山生产安全事故中犯罪主体、犯罪情节的认定

★最高人民法院《关于进一步加强危害生产安全刑事案件审判工作的意见》(2011年12月30日)(节录)

四、准确适用法律

12. 非矿山生产安全事故中,认定"直接负责的主管人员和其他直接责任人员"、"负有报告职责的人员"的主体资格,认定构成"重大伤亡事故或者其他严重后果"、"情节特别恶劣",不报、谎报事故情况,贻误事故抢救,"情节严重"、"情节特别严重"等,可参照最高人民法院、最高人民检察院《关于办理危害矿山生产安全刑事案件具体应用法律若干问题的解释》的相关规定。

6 在公共交通管理的范围外发生重大责任事故的处罚

★最高人民法院《关于审理交通肇事刑事案件具体应用法律若干问题的解释》(2000年11月21日)(节录)

第八条 在实行公共交通管理的范围内发生重大交通事故的,依照刑法第一百三十三条和本解释的有关规定办理。

在公共交通管理的范围外,驾驶机动车辆或者使用其他交通工具致人伤亡或者致使公共财产或者他人财产遭受重大损失,构成犯罪的,分别依照刑法第一百三十四条、第一百三十五条、第二百三十三条等规定定罪处罚。

7 一罪与数罪

★最高人民法院《关于进一步加强危害生产安全刑事案件审判工作的意见》(2011年12月30日)(节录)

四、准确适用法律

9. 严格把握危害生产安全犯罪与以其他危险方法危害公共安全罪的界限,不应将生产经营中违章违规的故意不加区别地视为对危害后果发生的故意。

10. 以行贿方式逃避安全生产监督管理,或者非法、违法生产、作业,导致发生重大生产安全事故,构成数罪的,依照数罪并罚的规定处罚。

违反安全生产管理规定,非法采矿、破坏性采矿或排放、倾倒、处置有害物质严重污染环境,造成重大伤亡事故或者其他严重后果,同时构成危害生产安全犯罪和破坏环境资源保护犯罪的,依照数罪并罚的规定处罚。

11. 安全事故发生后,负有报告职责的国家工作人员不报或者谎报事故情况,贻误事故抢救,情节严重,构成不报、谎报安全事故罪,同时构成职务犯罪或其他危害生产安全犯罪的,依照数罪并罚的规定处罚。

★最高人民法院、最高人民检察院《关于办理危害生产安全刑事案件适用法律若干问题的解释》(2015年12月16日)(节录)

第十四条 国家工作人员违反规定投资入股生产经营,构成本解释规定的有关犯罪的,或者国家工作人员的贪污、受贿犯罪行为与安全事故发生存在关联性的,从重处罚;同时构成贪污、受贿犯罪和危害生产安全犯罪的,依照数罪并罚的规定处罚。

8 此罪与彼罪

★最高人民法院研究室《关于对重大责任事故和玩忽职守案件造成经济损失需追究刑事责任的数额标准应否做出规定问题的电话答复》(1987年10月20日)(节录)

一、重大责任事故和玩忽职守这两类案件的案情往往比较复杂,二者造成经济损失的数额标准只是定罪量刑的重要依据之一,不宜以此作为定罪的唯一依据。在实践中,因重大责任事故和玩忽职守所造成的严重损失,既有经济损失、人身伤亡,也有的还造成政治上的不良影响。其中,有些是不能仅仅用经济数额来衡量的。在审理这两类案件时,应当根据每个案件的情况作具体分析,认定是否构成犯罪。

二、虽然玩忽职守和重大责任事故案件你省检察机关的立案数额标准不同于法院判刑的标准,但法院不宜以此为理由拒绝收案。法院是否收案以及如何判处,要根据具体案情,认真研究，慎重决定。

9 危害生产安全刑事案件的审判原则、政策

★最高人民法院《关于进一步加强危害生产安全刑事案件审判工作的意见》（2011年12月30日）（节录）

二、危害生产安全刑事案件审判工作的原则

3. 严格依法，从严惩处。对严重危害生产安全犯罪，尤其是相关职务犯罪，必须始终坚持严格依法、从严惩处。对于人民群众广泛关注、社会反映强烈的案件要及时审结，回应人民群众关切，维护社会和谐稳定。

4. 区分责任，均衡量刑。危害生产安全犯罪，往往涉案人员较多，犯罪主体复杂，既包括直接从事生产、作业的人员，也包括对生产、作业负有组织、指挥或者管理职责的负责人、管理人员、实际控制人、投资人等，有的还涉及国家机关工作人员渎职犯罪。对相关责任人的处理，要根据事故原因、危害后果、主体职责、过错大小等因素，综合考虑全案，正确划分责任，做到罪责刑相适应。

5. 主体平等，确保公正。审理危害生产安全刑事案件，对于所有责任主体，都必须严格落实法律面前人人平等的刑法原则，确保刑罚适用公正，确保裁判效果良好。

三、正确确定责任

6. 审理危害生产安全刑事案件，政府或相关职能部门依法对事故原因、损失大小、责任划分作出的调查认定，经庭审质证后，结合其他证据，可作为责任认定的依据。

7. 认定相关人员是否违反有关安全管理规定，应当根据相关法律、行政法规，参照地方性法规、规章及国家标准、行业标准，必要时可参见公认的惯例和生产经营单位制定的安全生产规章制度、操作规程。

8. 多个原因行为导致生产安全事故发生的，在区分直接原因与间接原因的同时，应当根据原因行为在引发事故中所具作用的大小，分清主要原因与次要原因，确认主要责任和次要责任，合理确定罪责。

一般情况下，对生产、作业负有组织、指挥或者管理职责的负责人、管理人员、实际控制人、投资人，违反有关安全生产管理规定，对重大生产安全事故的发生起决定性、关键性作用的，应当承担主要责任。

对于直接从事生产、作业的人员违反安全管理规定，发生重大生产安全事故的，要综合考虑行为人的从业资格、从业时间、接受安全生产教育培训情况、现场条件、是否受到他人强令作业、生产经营单位执行安全生产规章制度的情况等因素认定责任，不能将直接责任简单等同于主要责任。

对于负有安全生产管理、监督职责的工作人员，应根据其岗位职责、履职依据、履职时间等，综合考察工作职责、监管条件、履职能力、履职情况等，合理确定罪责。

五、准确把握宽严相济刑事政策

13. 审理危害生产安全刑事案件，应综合考虑生产安全事故所造成的伤亡人数、经济损失、环境污染、社会影响、事故原因与被告人职责的关联程度、被告人主观过错大小、事故发生后被告人的施救表现、履行赔偿责任情况等，正确适用刑罚，确保裁判法律效果

和社会效果相统一。

★最高人民法院《关于充分发挥审判职能作用切实维护公共安全的若干意见》（2015年9月16日）（节录）

三、依法惩治危害安全生产犯罪，促进安全生产形势根本好转

6. 加大对危害安全生产犯罪的惩治力度。坚持发展是第一要务，安全是第一保障。针对近年来非法、违法生产，忽视生产安全的现象十分突出，造成群死群伤的重特大生产安全责任事故屡有发生的严峻形势，充分发挥刑罚的惩罚和预防功能，加大对各类危害安全生产犯罪的惩治力度，用严肃、严格、严厉的责任追究和法律惩罚，推动安全生产责任制的有效落实，促进安全生产形势根本好转，确保人民生命财产安全。

7. 准确把握打击重点。结合当前形势并针对犯罪原因，既要重点惩治发生在危险化学品、民爆器材、烟花爆竹、电梯、煤矿、非煤矿山、油气运送管道、建筑施工、消防、粉尘涉爆等重点行业领域企业，以及港口、码头、人员密集场所等重点部位的危害安全生产犯罪，更要从严惩治发生在这些犯罪背后的国家机关工作人员贪污贿赂和渎职犯罪。既要依法追究直接造成损害的从事生产、作业的责任人员，更要依法从严惩治对生产、作业负有组织、指挥或者管理职责的负责人、管理人、实际控制人、投资人。既要加大对各类安全生产犯罪的惩治力度，更要从严惩治因安全生产条件不符合国家规定被处罚而又违规生产，关闭或者故意破坏安全警示设备，事故发生后不积极抢救人员或者毁灭、伪造、隐藏影响事故调查证据，通过行贿非法获取相关生产经营资质等情节的危害安全生产的犯罪。

8. 依法妥善审理与重大责任事故有关的赔偿案件。对当事人因重大责任事故遭受人身、财产损失而提起诉讼要求赔偿的，应当依法及时受理，保障当事人诉权。对两人以上实施危及他人人身、财产安全的行为，其中一人或者数人的行为造成他人损害，能够确定具体责任人的，由责任人承担赔偿责任，不能确定具体责任人的，由行为人承担连带责任。被告人因重大责任事故既承担刑事、行政责任，又承担民事责任的，其财产应当优先承担民事责任。原告因重大责任事故遭受损失而无法及时履行赡养、抚养等义务，申请先予执行的，应当依法支持。

◁ 量　刑 ▷

1 酌情从轻处罚

（参见第一百三十二条：【量刑】：2. 酌情从轻处罚，P165）

2 禁止令

（参见第一百三十二条：【量刑】：3. 禁止令，P165）

3 从重处罚

★最高人民法院《关于进一步加强危害生产安全刑事案件审判工作的意见》（2011年12月30日）（节录）

五、准确把握宽严相济刑事政策

15. 相关犯罪中，具有以下情形之一的，依法从重处罚：

（一）国家工作人员违反规定投资入股生产经营企业，构成危害生产安全犯罪的；

（二）贪污贿赂行为与事故发生存在关联性的；

（三）国家工作人员的职务犯罪与事故存在直接因果关系的；

（四）以行贿方式逃避安全生产监督管理，或者非法、违法生产、作业的；

（五）生产安全事故发生后，负有报告职责的国家工作人员不报或者谎报事故情况，贻误事故抢救，尚未构成不报、谎报安全事故罪的；

（六）事故发生后，采取转移、藏匿、毁灭遇难人员尸体，或者毁灭、伪造、隐藏影响事故调查的证据，或者转移财产，逃避责任的；

（七）曾因安全生产设施或者安全生产条件不符合国家规定，被监督管理部门处罚或责令改正，一年内再次违规生产致使发生重大生产安全事故的。

★最高人民法院、最高人民检察院《关于办理危害生产安全刑事案件适用法律若干问题的解释》（2015年12月16日）（节录）

第十二条 实施刑法第一百三十二条、第一百三十四条至第一百三十九条之一规定的犯罪行为，具有下列情形之一的，从重处罚：

（一）未依法取得安全许可证件或者安全许可证件过期、被暂扣、吊销、注销后从事生产经营活动的；

（二）关闭、破坏必要的安全监控和报警设备的；

（三）已经发现事故隐患，经有关部门或者个人提出后，仍不采取措施的；

（四）一年内曾因危害生产安全违法犯罪活动受过行政处罚或者刑事处罚的；

（五）采取弄虚作假、行贿等手段，故意逃避、阻挠负有安全监督管理职责的部门实施监督检查的；

（六）安全事故发生后转移财产意图逃避承担责任的；

（七）其他从重处罚的情形。

实施前款第五项规定的行为，同时构成刑法第三百八十九条规定的犯罪的，依照数罪并罚的规定处罚。

4 从宽处罚

★最高人民法院《关于进一步加强危害生产安全刑事案件审判工作的意见》（2011年12月30日）（节录）

五、准确把握宽严相济刑事政策

16. 对于事故发生后，积极施救，努力挽回事故损失，有效避免损失扩大；积极配合调查，赔偿受害人损失的，可依法从宽处罚。

5 缓刑、减刑、假释的适用

★最高人民法院《关于进一步加强危害生产安全刑事案件审判工作的意见》（2011年12月30日）（节录）

六、依法正确适用缓刑和减刑、假释

17. 对于危害后果较轻，在责任事故中不负主要责任，符合法律有关缓刑适用条件的，可以依法适用缓刑，但应注意根据案件具体情况，区别对待，严格控制，避免适用不当造

第二章　危害公共安全罪

成的负面影响。

18. 对于具有下列情形的被告人，原则上不适用缓刑：

（一）具有本意见第 14 条、第 15 条所规定的情形的；

（二）数罪并罚的。

19. 宣告缓刑，可以根据犯罪情况，同时禁止犯罪分子在缓刑考验期限内从事与安全生产有关的特定活动。

20. 办理与危害生产安全犯罪相关的减刑、假释案件，要严格执行刑法、刑事诉讼法和有关司法解释规定。是否决定减刑、假释，既要看罪犯服刑期间的悔改表现，还要充分考虑原判认定的犯罪事实、性质、情节、社会危害程度等情况。

第一百三十五条【重大劳动安全事故罪】 安全生产设施或者安全生产条件不符合国家规定，因而发生重大伤亡事故或者造成其他严重后果的，对直接负责的主管人员和其他直接责任人员，处三年以下有期徒刑或者拘役；情节特别恶劣的，处三年以上七年以下有期徒刑。

◆ 定　罪 ◆

1 "发生重大伤亡事故或者造成其他严重后果"的认定

★最高人民法院、最高人民检察院《关于办理危害生产安全刑事案件适用法律若干问题的解释》（2015 年 12 月 16 日）（节录）

第六条（第 1 款） 实施刑法第一百三十二条、第一百三十四条第一款、第一百三十五条、第一百三十五条之一、第一百三十六条、第一百三十九条规定的行为，因而发生安全事故，具有下列情形之一的，应当认定为"造成严重后果"或者"发生重大伤亡事故或者造成其他严重后果"，对相关责任人员，处三年以下有期徒刑或者拘役：

（一）造成死亡一人以上，或者重伤三人以上的；

（二）造成直接经济损失一百万元以上的；

（三）其他造成严重后果或者重大安全事故的情形。

2 "直接负责的主管人员和其他直接责任人员"的认定

★最高人民法院、最高人民检察院《关于办理危害生产安全刑事案件适用法律若干问题的解释》（2015 年 12 月 16 日）（节录）

第三条 刑法第一百三十五条规定的"直接负责的主管人员和其他直接责任人员"，是指对安全生产设施或者安全生产条件不符合国家规定负有直接责任的生产经营单位负责人、管理人员、实际控制人、投资人，以及其他对安全生产设施或者安全生产条件负有管理、维护职责的人员。

3 "情节特别恶劣"的情形

★最高人民法院、最高人民检察院《关于办理危害生产安全刑事案件适用法律若干问题的解释》（2015 年 12 月 16 日）（节录）

第七条（第 1 款） 实施刑法第一百三十二条、第一百三十四条第一款、第一百三十五条、第一百三十五条之一、第一百三十六条、第一百三十九条规定的行为，因而发生安全事故，具有下列情形之一的，对相关责任人员，处三年以上七年以下有期徒刑：

（一）造成死亡三人以上或者重伤十人以上，负事故主要责任的；

（二）造成直接经济损失五百万元以上，负事故主要责任的；

（三）其他造成特别严重后果、情节特别恶劣或者后果特别严重的情形。

4 用人单位职业病危害预防设施不合格，因而发生重大伤亡事故行为的定性

★最高人民法院研究室《关于被告人阮某重大劳动安全事故案有关法律适用问题的答复》（2009年12月25日）（节录）

用人单位违反职业病防治法的规定，职业病危害预防设施不符合国家规定，因而发生重大伤亡事故或者造成其他严重后果的，对直接负责的主管人员和其他直接责任人员，可以依照刑法第一百三十五条的规定，以重大劳动安全事故罪定罪处罚。

5 在公共交通管理领域外发生重大劳动安全事故的处罚

（参见第一百三十四条：【定罪】：6. 在公共交通管理的范围外发生重大责任事故的处罚，P173）

6 一罪与数罪

（参见第一百三十二条：【定罪】：3. 一罪与数罪，P165）

7 重大劳动安全事故刑事案件的审判原则、政策

（参见第一百三十四条：【定罪】：9. 危害生产安全刑事案件的审判原则、政策，P174）

◀ 量　刑 ▶

1 从重处罚

（参见第一百三十二条：【量刑】：1. 从重处罚，P165）

2 酌情从轻处罚

（参见第一百三十二条：【量刑】：2. 酌情从轻处罚，P165）

3 禁止令

（参见第一百三十二条：【量刑】：3. 禁止令，P165）

第一百三十五条之一【大型群众性活动重大安全事故罪】 举办大型群众性活动违反安全管理规定，因而发生重大伤亡事故或者造成其他严重后果的，对直接负责的主管人员和其他直接责任人员，处三年以下有期徒刑或者拘役；情节特别恶劣的，处三年以上七年以下有期徒刑。

◀ 定　罪 ▶

1 "发生重大伤亡事故或者造成其他严重后果"的认定

★最高人民法院、最高人民检察院《关于办理危害生产安全刑事案件适用法律若干问题的解释》（2015年12月16日）（节录）

第六条（第1款）　实施刑法第一百三十二条、第一百三十四条第一款、第一百三十五条、第一百三十五条之一、第一百三十六条、第一百三十九条规定的行为，因而发生安全事故，具有下列情形之一的，应当认定为"造成严重后果"或者"发生重大伤亡事故或

者造成其他严重后果",对相关责任人员,处三年以下有期徒刑或者拘役:

(一) 造成死亡一人以上,或者重伤三人以上的;

(二) 造成直接经济损失一百万元以上的;

(三) 其他造成严重后果或者重大安全事故的情形。

▶2 "情节特别恶劣"的情形

★最高人民法院、最高人民检察院《关于办理危害生产安全刑事案件适用法律若干问题的解释》(2015年12月16日)(节录)

第七条(第1款) 实施刑法第一百三十二条、第一百三十四条第一款、第一百三十五条、第一百三十五条之一、第一百三十六条、第一百三十九条规定的行为,因而发生安全事故,具有下列情形之一的,对相关责任人员,处三年以上七年以下有期徒刑:

(一) 造成死亡三人以上或者重伤十人以上,负事故主要责任的;

(二) 造成直接经济损失五百万元以上,负事故主要责任的;

(三) 其他造成特别严重后果、情节特别恶劣或者后果特别严重的情形。

▶3 一罪与数罪

(参见第一百三十二条:【定罪】:3. 一罪与数罪,P165)

◀ 量 刑 ▶

▶1 从重处罚

(参见第一百三十二条:【量刑】:1. 从重处罚,P165)

▶2 酌情从轻处罚

(参见第一百三十二条:【量刑】:2. 酌情从轻处罚,P165)

▶3 禁止令

(参见第一百三十二条:【量刑】:3. 禁止令,P165)

第一百三十六条【危险物品肇事罪】 违反爆炸性、易燃性、放射性、毒害性、腐蚀性物品的管理规定,在生产、储存、运输、使用中发生重大事故,造成严重后果的,处三年以下有期徒刑或者拘役;后果特别严重的,处三年以上七年以下有期徒刑。

◀ 定 罪 ▶

▶1 "造成严重后果"的认定

★最高人民法院、最高人民检察院《关于办理危害生产安全刑事案件适用法律若干问题的解释》(2015年12月16日)

第六条(第1款) 实施刑法第一百三十二条、第一百三十四条第一款、第一百三十五条、第一百三十五条之一、第一百三十六条、第一百三十九条规定的行为,因而发生安全事故,具有下列情形之一的,应当认定为"造成严重后果"或者"发生重大伤亡事故或者造成其他严重后果",对相关责任人员,处三年以下有期徒刑或者拘役:

(一) 造成死亡一人以上,或者重伤三人以上的;

（二）造成直接经济损失一百万元以上的；

（三）其他造成严重后果或者重大安全事故的情形。

▶2 "后果特别严重"的情形

★最高人民法院、最高人民检察院《关于办理危害生产安全刑事案件适用法律若干问题的解释》（2015年12月16日）（节录）

第七条（第1款） 实施刑法第一百三十二条、第一百三十四条第一款、第一百三十五条、第一百三十五条之一、第一百三十六条、第一百三十九条规定的行为，因而发生安全事故，具有下列情形之一的，对相关责任人员，处三年以上七年以下有期徒刑：

（一）造成死亡三人以上或者重伤十人以上，负事故主要责任的；

（二）造成直接经济损失五百万元以上，负事故主要责任的；

（三）其他造成特别严重后果、情节特别恶劣或者后果特别严重的情形。

▶3 一罪与数罪

（参见第一百三十二条：【定罪】：3. 一罪与数罪，P165）

◀ 量　　刑 ▶

▶1 从重处罚

（参见第一百三十二条：【量刑】：1. 从重处罚，P165）

▶2 酌情从轻处罚

（参见第一百三十二条：【量刑】：2. 酌情从轻处罚，P165）

▶3 禁止令

（参见第一百三十二条：【量刑】：3. 禁止令，P165）

第一百三十七条【工程重大安全事故罪】 建设单位、设计单位、施工单位、工程监理单位违反国家规定，降低工程质量标准，造成重大安全事故的，对直接责任人员，处五年以下有期徒刑或者拘役，并处罚金；后果特别严重的，处五年以上十年以下有期徒刑，并处罚金。

关联法条： 第九十六条

◀ 定　　罪 ▶

▶1 "造成重大安全事故"的认定

★最高人民法院、最高人民检察院《关于办理危害生产安全刑事案件适用法律若干问题的解释》（2015年12月16日）（节录）

第六条（第1款） 实施刑法第一百三十二条、第一百三十四条第一款、第一百三十五条、第一百三十五条之一、第一百三十六条、第一百三十九条规定的行为，因而发生安全事故，具有下列情形之一的，应当认定为"造成严重后果"或者"发生重大伤亡事故或者造成其他严重后果"，对相关责任人员，处三年以下有期徒刑或者拘役：

（一）造成死亡一人以上，或者重伤三人以上的；

（二）造成直接经济损失一百万元以上的；

（三）其他造成严重后果或者重大安全事故的情形。

（第 3 款） 实施刑法第一百三十七条规定的行为，因而发生安全事故，具有本条第一款规定情形的，应当认定为"造成重大安全事故"，对直接责任人员，处五年以下有期徒刑或者拘役，并处罚金。

▶2 "后果特别严重"的情形

★最高人民法院、最高人民检察院《关于办理危害生产安全刑事案件适用法律若干问题的解释》（2015 年 12 月 16 日）（节录）

第七条（第 1 款） 实施刑法第一百三十二条、第一百三十四条第一款、第一百三十五条、第一百三十五条之一、第一百三十六条、第一百三十九条规定的行为，因而发生安全事故，具有下列情形之一的，对相关责任人员，处三年以上七年以下有期徒刑：

（一）造成死亡三人以上或者重伤十人以上，负事故主要责任的；

（二）造成直接经济损失五百万元以上，负事故主要责任的；

（三）其他造成特别严重后果、情节特别恶劣或者后果特别严重的情形。

（第 3 款） 实施刑法第一百三十七条规定的行为，因而发生安全事故，具有本条第一款规定情形的，对直接责任人员，处五年以上十年以下有期徒刑，并处罚金。

▶3 一罪与数罪

（参见第一百三十二条：【定罪】：3. 一罪与数罪，P165）

◀ 量　刑 ▶

▶1 从重处罚

（参见第一百三十二条：【量刑】：1. 从重处罚，P165）

▶2 酌情从轻处罚

（参见第一百三十二条：【量刑】：2. 酌情从轻处罚，P165）

▶3 禁止令

（参见第一百三十二条：【量刑】：3. 禁止令，P165）

第一百三十八条【教育设施重大安全事故罪】 明知校舍或者教育教学设施有危险，而不采取措施或者不及时报告，致使发生重大伤亡事故的，对直接责任人员，处三年以下有期徒刑或者拘役；后果特别严重的，处三年以上七年以下有期徒刑。

◀ 立案追诉标准 ▶

★最高人民检察院、公安部《关于公安机关管辖的刑事案件立案追诉标准的规定（一）》（2008 年 6 月 25 日）（节录）

第十四条 [教育设施重大安全事故案（刑法第一百三十八条）] 明知校舍或者教育教学设施有危险，而不采取措施或者不及时报告，涉嫌下列情形之一的，应予立案追诉：

（一）造成死亡一人以上、重伤三人以上或者轻伤十人以上的；①

（二）其他致使发生重大伤亡事故的情形。

◆ 定　　罪 ◆

1 "发生重大伤亡事故"的认定

★最高人民法院、最高人民检察院《关于办理危害生产安全刑事案件适用法律若干问题的解释》（2015年12月16日）（节录）

第六条（第1款）　实施刑法第一百三十二条、第一百三十四条第一款、第一百三十五条、第一百三十五条之一、第一百三十六条、第一百三十九条规定的行为，因而发生安全事故，具有下列情形之一的，应当认定为"造成严重后果"或者"发生重大伤亡事故或者造成其他严重后果"，对相关责任人员，处三年以下有期徒刑或者拘役：

（一）造成死亡一人以上，或者重伤三人以上的；

（二）造成直接经济损失一百万元以上的；

（三）其他造成严重后果或者重大安全事故的情形。

（第4款）　实施刑法第一百三十八条规定的行为，因而发生安全事故，具有本条第一款第一项规定情形的，应当认定为"发生重大伤亡事故"，对直接责任人员，处三年以下有期徒刑或者拘役。

2 "后果特别严重"的情形

★最高人民法院、最高人民检察院《关于办理危害生产安全刑事案件适用法律若干问题的解释》（2015年12月16日）（节录）

第七条（第4款）　实施刑法第一百三十八条规定的行为，因而发生安全事故，具有下列情形之一的，对直接责任人员，处三年以上七年以下有期徒刑：

（一）造成死亡三人以上或者重伤十人以上，负事故主要责任的；

（二）具有本解释第六条第一款第一项规定情形，同时造成直接经济损失五百万元以上并负事故主要责任的，或者同时造成恶劣社会影响的。

3 一罪与数罪

（参见第一百三十二条：【定罪】：3. 一罪与数罪，P165）

◆ 量　　刑 ◆

1 从重处罚

（参见第一百三十二条：【量刑】：1. 从重处罚，P165）

2 酌情从轻处罚

（参见第一百三十二条：【量刑】：2. 酌情从轻处罚，P165）

---

① 最高人民法院、最高人民检察院《关于办理危害生产安全刑事案件适用法律若干问题的解释》（2015年12月16日）第六条未明确将"轻伤十人以上"规定为属于"发生重大伤亡事故"的情形之一。

3 禁止令

(参见第一百三十二条:【量刑】: 3. 禁止令, P165)

第一百三十九条【消防责任事故罪】 违反消防管理法规,经消防监督机构通知采取改正措施而拒绝执行,造成严重后果的,对直接责任人员,处三年以下有期徒刑或者拘役;后果特别严重的,处三年以上七年以下有期徒刑。

立案追诉标准

★最高人民检察院、公安部《关于公安机关管辖的刑事案件立案追诉标准的规定(一)》(2008年6月25日)(节录)

第十五条 [消防责任事故案(刑法第一百三十九条)] 违反消防管理法规,经消防监督机构通知采取改正措施而拒绝执行,涉嫌下列情形之一的,应予立案追诉:①

(一)造成死亡一人以上,或者重伤三人以上;

(二)造成直接经济损失五十万元以上的;

(三)造成森林火灾,过火有林地面积二公顷以上,或者过火疏林地、灌木林地、未成林地、苗圃地面积四公顷以上的;

(四)其他造成严重后果的情形。

定　　罪

1 "造成严重后果"的认定

★最高人民法院、最高人民检察院《关于办理危害生产安全刑事案件适用法律若干问题的解释》(2015年12月16日)(节录)

第六条(第1款) 实施刑法第一百三十二条、第一百三十四条第一款、第一百三十五条、第一百三十五条之一、第一百三十六条、第一百三十九条规定的行为,因而发生安全事故,具有下列情形之一的,应当认定为"造成严重后果"或者"发生重大伤亡事故或者造成其他严重后果",对相关责任人员,处三年以下有期徒刑或者拘役:

(一)造成死亡一人以上,或者重伤三人以上的;

(二)造成直接经济损失一百万元以上的;

(三)其他造成严重后果或者重大安全事故的情形。

2 "后果特别严重"的情形

★最高人民法院、最高人民检察院《关于办理危害生产安全刑事案件适用法律若干问题的解释》(2015年12月16日)(节录)

第七条(第1款) 实施刑法第一百三十二条、第一百三十四条第一款、第一百三十五条、第一百三十五条之一、第一百三十六条、第一百三十九条规定的行为,因而发生安

---

① 最高人民法院、最高人民检察院《关于办理危害生产安全刑事案件适用法律若干问题的解释》(2015年12月16日)第六条未将该标准第(三)项规定为"造成严重后果"的情形之一,而且将直接经济损失从50万元提高到100万元。

全事故，具有下列情形之一的，对相关责任人员，处三年以上七年以下有期徒刑：

（一）造成死亡三人以上或者重伤十人以上，负事故主要责任的；

（二）造成直接经济损失五百万元以上，负事故主要责任的；

（三）其他造成特别严重后果、情节特别恶劣或者后果特别严重的情形。

3 一罪与数罪

（参见第一百三十二条：【定罪】：3. 一罪与数罪，P165）

◆ 量　刑 ◆

1 从重处罚

（参见第一百三十二条：【量刑】：1. 从重处罚，P165）

2 酌情从轻处罚

（参见第一百三十二条：【量刑】：2. 酌情从轻处罚，P165）

3 禁止令

（参见第一百三十二条：【量刑】：3. 禁止令，P165）

第一百三十九条之一【不报、谎报安全事故罪】 在安全事故发生后，负有报告职责的人员不报或者谎报事故情况，贻误事故抢救，情节严重的，处三年以下有期徒刑或者拘役；情节特别严重的，处三年以上七年以下有期徒刑。

◆ 定　罪 ◆

1 "负有报告职责的人员"的认定

★最高人民法院、最高人民检察院《关于办理危害生产安全刑事案件适用法律若干问题的解释》（2015年12月16日）（节录）

第四条 刑法第一百三十九条之一规定的"负有报告职责的人员"，是指负有组织、指挥或者管理职责的负责人、管理人员、实际控制人、投资人，以及其他负有报告职责的人员。

2 "情节严重"、"情节特别严重"的认定

★最高人民法院、最高人民检察院《关于办理危害生产安全刑事案件适用法律若干问题的解释》（2015年12月16日）（节录）

第八条 在安全事故发生后，负有报告职责的人员不报或者谎报事故情况，贻误事故抢救，具有下列情形之一的，应当认定为刑法第一百三十九条之一规定的"情节严重"：

（一）导致事故后果扩大，增加死亡一人以上，或者增加重伤三人以上，或者增加直接经济损失一百万元以上的；

（二）实施下列行为之一，致使不能及时有效开展事故抢救的：

1. 决定不报、迟报、谎报事故情况或者指使、串通有关人员不报、迟报、谎报事故情况的；

2. 在事故抢救期间擅离职守或者逃匿的；

3. 伪造、破坏事故现场，或者转移、藏匿、毁灭遇难人员尸体，或者转移、藏匿受伤

第二章 危害公共安全罪

人员的;

4. 毁灭、伪造、隐匿与事故有关的图纸、记录、计算机数据等资料以及其他证据的;

(三) 其他情节严重的情形。

具有下列情形之一的,应当认定为刑法第一百三十九条之一规定的"情节特别严重":

(一) 导致事故后果扩大,增加死亡三人以上,或者增加重伤十人以上,或者增加直接经济损失五百万元以上的;

(二) 采用暴力、胁迫、命令等方式阻止他人报告事故情况,导致事故后果扩大的;

(三) 其他情节特别严重的情形。

3 非矿山生产安全事故中相关主体资格、情节的认定

★最高人民法院《关于进一步加强危害生产安全刑事案件审判工作的意见》(2011年12月30日)(节录)

四、准确适用法律

12. 非矿山生产安全事故中,认定"直接负责的主管人员和其他直接责任人员"、"负有报告职责的人员"的主体资格,认定构成"重大伤亡事故或者其他严重后果"、"情节特别恶劣",不报、谎报事故情况,贻误事故抢救,"情节严重"、"情节特别严重"等,可参照最高人民法院、最高人民检察院《关于办理危害矿山生产安全刑事案件具体应用法律若干问题的解释》的相关规定。

4 共同犯罪

★最高人民法院、最高人民检察院《关于办理危害生产安全刑事案件适用法律若干问题的解释》(2015年12月16日)(节录)

第九条 在安全事故发生后,与负有报告职责的人员串通,不报或者谎报事故情况,贻误事故抢救,情节严重的,依照刑法第一百三十九条之一的规定,以共犯论处。

5 一罪与数罪

★最高人民法院《关于进一步加强危害生产安全刑事案件审判工作的意见》(2011年12月30日)(节录)

四、准确适用法律

11. 安全事故发生后,负有报告职责的国家工作人员不报或者谎报事故情况,贻误事故抢救,情节严重,构成不报、谎报安全事故罪,同时构成职务犯罪或其他危害生产安全犯罪的,依照数罪并罚的规定处罚。

★最高人民法院、最高人民检察院《关于办理危害生产安全刑事案件适用法律若干问题的解释》(2015年12月16日)(节录)

第十四条 国家工作人员违反规定投资入股生产经营,构成本解释规定的有关犯罪的,或者国家工作人员的贪污、受贿犯罪行为与安全事故发生存在关联性的,从重处罚;同时构成贪污、受贿犯罪和危害生产安全犯罪的,依照数罪并罚的规定处罚。

第二编 分　　则

◢ 量　刑 ◣

▶1 从重处罚

（参见第一百三十二条：【量刑】：1. 从重处罚，P165）

▶2 酌情从轻处罚

（参见第一百三十二条：【量刑】：2. 酌情从轻处罚，P165）

▶3 禁止令

（参见第一百三十二条：【量刑】：3. 禁止令，P165）

第三章 破坏社会主义市场经济秩序罪

第一节 生产、销售伪劣商品罪

> **第一百四十条【生产、销售伪劣产品罪】** 生产者、销售者在产品中掺杂、掺假，以假充真，以次充好或者以不合格产品冒充合格产品，销售金额五万元以上不满二十万元的，处二年以下有期徒刑或者拘役，并处或者单处销售金额百分之五十以上二倍以下罚金；销售金额二十万元以上不满五十万元的，处二年以上七年以下有期徒刑，并处销售金额百分之五十以上二倍以下罚金；销售金额五十万元以上不满二百万元的，处七年以上有期徒刑，并处销售金额百分之五十以上二倍以下罚金；销售金额二百万元以上的，处十五年有期徒刑或者无期徒刑，并处销售金额百分之五十以上二倍以下罚金或者没收财产。
>
> 关联法条：第一百五十条

◀ 立案追诉标准 ▶

★最高人民检察院、公安部《关于公安机关管辖的刑事案件立案追诉标准的规定（一）》（2008年6月25日）（节录）

第十六条（第1款） 生产者、销售者在产品中掺杂、掺假，以假充真，以次充好或者以不合格产品冒充合格产品，涉嫌下列情形之一的，应予立案追诉：

（一）伪劣产品销售金额五万元以上的；

（二）伪劣产品尚未销售，货值金额十五万元以上的；

（三）伪劣产品销售金额不满五万元，但将已销售金额乘以三倍后，与尚未销售的伪劣产品货值金额合计十五万元以上的。

第一百条 本规定中的立案追诉标准，除法律、司法解释另有规定的以外，适用于相关的单位犯罪。

第一百零一条 本规定中的"以上"，包括本数。

◀ 定 罪 ▶

▶1 "在产品中掺杂、掺假"、"以假充真"、"以次充好"、"不合格产品"的认定

★最高人民法院、最高人民检察院《关于办理生产、销售伪劣商品刑事案件具体应用法律若干问题的解释》（2001年4月10日）（节录）

第一条 刑法第一百四十条规定的"在产品中掺杂、掺假"，是指在产品中掺入杂质或者异物，致使产品质量不符合国家法律、法规或者产品明示质量标准规定的质量要求，降低、失去应有使用性能的行为。

刑法第一百四十条规定的"以假充真",是指以不具有某种使用性能的产品冒充具有该种使用性能的产品的行为。

刑法第一百四十条规定的"以次充好",是指以低等级、低档次产品冒充高等级、高档次产品,或者以残次、废旧零配件组合、拼装后冒充正品或者新产品的行为。

刑法第一百四十条规定的"不合格产品",是指不符合《中华人民共和国产品质量法》第二十六条第二款规定的质量要求的产品。

对本条规定的上述行为难以确定的,应当委托法律、行政法规规定的产品质量检验机构进行鉴定。

★最高人民法院《关于审理生产、销售伪劣商品刑事案件有关鉴定问题的通知》(2001年5月21日)(节录)

一、对于提起公诉的生产、销售伪劣产品、假冒商标、非法经营等严重破坏社会主义市场经济秩序的犯罪案件,所涉生产、销售的产品是否属于"以假充真"、"以次充好"、"以不合格产品冒充合格产品"难以确定的,应当根据《解释》① 第一条第五款的规定,由公诉机关委托法律、行政法规规定的产品质量检验机构进行鉴定。

★最高人民检察院、公安部《关于公安机关管辖的刑事案件立案追诉标准的规定(一)》(2008年6月25日)(节录)

第十六条（第2款） 本条规定的"在产品中掺杂、掺假",是指在产品中掺入杂质或者异物,致使产品质量不符合国家法律、法规或者产品明示质量标准规定的质量要求,降低、失去应有使用性能的行为;"以假充真",是指以不具有某种使用性能的产品冒充具有该种使用性能的产品的行为;"以次充好",是指以低等级、低档次产品冒充高等级、高档次产品,或者以残次、废旧零配件组合、拼装后冒充正品或者新产品的行为;"不合格产品",是指不符合《中华人民共和国产品质量法》第二十六条第二款规定的质量要求的产品。

（第3款） 对本条规定的上述行为难以确定的,应当委托法略、行政法规规定的产品质量检验机构进行鉴定……

2 "销售金额"的认定

★最高人民法院、最高人民检察院《关于办理生产、销售伪劣商品刑事案件具体应用法律若干问题的解释》(2001年4月10日)(节录)

第二条 刑法第一百四十条、第一百四十九条规定的"销售金额",是指生产者、销售者出售伪劣产品后所得和应得的全部违法收入。

伪劣产品尚未销售,货值金额达到刑法第一百四十条规定的销售金额三倍以上的,以生产、销售伪劣产品罪（未遂）定罪处罚。

货值金额以违法生产、销售的伪劣产品的标价计算;没有标价的,按照同类合格产品的市场中间价格计算;货值金额难以确定的,按照国家计划内委员会、最高人民法院、最

---

① 最高人民法院、最高人民检察院《关于办理非法生产、销售烟草专卖品等刑事案件具体应用法律若干问题的解释》(2001年4月10日)。

高人民检察院、公安部1997年4月22日联合发布的《扣押、追缴、没收物品估价管理办法》的规定,委托指定的估价机构确定。

多次实施生产、销售伪劣产品行为,未经处理的,伪劣产品的销售金额或者货值金额累计计算。

★最高人民检察院、公安部《关于公安机关管辖的刑事案件立案追诉标准的规定(一)》(2008年6月25日)(节录)

第十六条(第3款) ……本条规定的"销售金额",是指生产者、销售者出售伪劣产品后所得和应得的全部违法收入;"货值金额",以违法生产、销售的伪劣产品的标价计算;没有标价的,按照同类合格产品的市场中间价格计算。货值金额难以确定的,按照《扣押、追缴、没收物品估价管理办法》的规定,委托估价机构进行确定。

❸ 生产、销售伪劣烟草制品行为的定性

★最高人民法院、最高人民检察院、公安部、国家烟草专卖局《关于办理假冒伪劣烟草制品等刑事案件适用法律问题座谈会纪要》(2003年12月23日)(节录)

一、关于生产、销售伪劣烟草制品行为适用法律问题

(一)关于生产伪劣烟草制品尚未销售或者尚未完全销售行为定罪量刑问题

根据刑法第一百四十条的规定,生产、销售伪劣烟草制品,销售金额在五万元以上的,构成生产、销售伪劣产品罪。

根据《最高人民法院、最高人民检察院关于办理生产、销售伪劣商品刑事案件具体应用法律若干问题的解释》的有关规定,销售金额是指生产者、销售者出售伪劣烟草制品后所得和应得的全部违法收入。伪劣烟草制品尚未销售,货值金额达到刑法第一百四十条规定的销售金额三倍(十五万元)以上的,以生产、销售伪劣产品罪(未遂)定罪处罚。货值金额以违法生产、销售的伪劣产品的标价计算;没有标价的,按照同类合格产品的市场中间价格计算。货值金额难以确定的,按照国家计划委员会、最高人民法院、最高人民检察院、公安部1997年4月22日联合发布的《扣押、追缴、没收物品估价管理办法》的规定,委托指定的估价机构确定。

伪劣烟草制品尚未销售,货值金额分别达到十五万元以上不满二十万元、二十万元以上不满五十万元、五十万元以上不满二百万元、二百万元以上的,分别依照刑法第一百四十条规定的各量刑档次定罪处罚。

……

十、关于鉴定问题

假冒伪劣烟草制品的鉴定工作,由国家烟草专卖行政主管部门授权的省级以上烟草产品质量监督检验机构,按照国家烟草专卖局制定的假冒伪劣卷烟鉴别检验管理办法和假冒伪劣卷烟鉴别检验规程等有关规定进行。

假冒伪劣烟草专用机械的鉴定由国家质量监督部门,或其委托的国家烟草质量监督检验中心,根据烟草行业的有关技术标准进行。

十一、关于烟草制品、卷烟的范围

本纪要所称烟草制品指卷烟、雪茄烟、烟丝、复烤烟叶、烟叶、卷烟纸、滤嘴棒、烟

用丝束。

本纪要所称卷烟包括散支烟和成品烟。

★**最高人民法院、最高人民检察院《关于办理非法生产、销售烟草专卖品等刑事案件具体应用法律若干问题的解释》**（2010年3月26日）（节录）

第一条 生产、销售伪劣卷烟、雪茄烟等烟草专卖品，销售金额在五万元以上的，依照刑法第一百四十条的规定，以生产、销售伪劣产品罪定罪处罚。

未经卷烟、雪茄烟等烟草专卖品注册商标所有人许可，在卷烟、雪茄烟等烟草专卖品上使用与其注册商标相同的商标，情节严重的，依照刑法第二百一十三条的规定，以假冒注册商标罪定罪处罚。

销售明知是假冒他人注册商标的卷烟、雪茄烟等烟草专卖品，销售金额较大的，依照刑法第二百一十四条的规定，以销售假冒注册商标的商品罪定罪处罚。

伪造、擅自制造他人卷烟、雪茄烟注册商标标识或者销售伪造、擅自制造的卷烟、雪茄烟注册商标标识，情节严重的，依照刑法第二百一十五条的规定，以非法制造、销售非法制造的注册商标标识罪定罪处罚。

违反国家烟草专卖管理法律法规，未经烟草专卖行政主管部门许可，无烟草专卖生产企业许可证、烟草专卖批发企业许可证、特种烟草专卖经营企业许可证、烟草专卖零售许可证等许可证明，非法经营烟草专卖品，情节严重的，依照刑法第二百二十五条的规定，以非法经营罪定罪处罚。

第四条 非法经营烟草专卖品，能够查清销售或者购买价格的，按照其销售或者购买的价格计算非法经营数额。无法查清销售或者购买价格的，按照下列方法计算非法经营数额：

（一）查获的卷烟、雪茄烟的价格，有品牌的，按照该品牌卷烟、雪茄烟的查获地省级烟草专卖行政主管部门出具的零售价格计算；无品牌的，按照查获地省级烟草专卖行政主管部门出具的上年度卷烟平均零售价格计算；

（二）查获的复烤烟叶、烟叶的价格按照查获地省级烟草专卖行政主管部门出具的上年度烤烟调拨平均基准价格计算；

（三）烟丝的价格按照第（二）项规定价格计算标准的一点五倍计算；

（四）卷烟辅料的价格，有品牌的，按照该品牌辅料的查获地省级烟草专卖行政主管部门出具的价格计算；无品牌的，按照查获地省级烟草专卖行政主管部门出具的上年度烟草行业生产卷烟所需该类卷烟辅料的平均价格计算；

（五）非法生产、销售、购买烟草专用机械的价格按照国务院烟草专卖行政主管部门下发的全国烟草专用机械产品指导价格目录进行计算；目录中没有该烟草专用机械的，按照省级以上烟草专卖行政主管部门出具的目录中同类烟草专用机械的平均价格计算。

第七条 办理非法生产、销售烟草专卖品等刑事案件，需要对伪劣烟草专卖品鉴定的，应当委托国务院产品质量监督管理部门和省、自治区、直辖市人民政府产品质量监督管理部门指定的烟草质量检测机构进行。

第九条 本解释所称"烟草专卖品"，是指卷烟、雪茄烟、烟丝、复烤烟叶、烟叶、卷烟纸、滤嘴棒、烟用丝束、烟草专用机械。

本解释所称"卷烟辅料",是指卷烟纸、滤嘴棒、烟用丝束。

本解释所称"烟草专用机械",是指由国务院烟草专卖行政主管部门烟草专用机械名录所公布的,在卷烟、雪茄烟、烟丝、复烤烟叶、烟叶、卷烟纸、滤嘴棒、烟用丝束的生产加工过程中,能够完成一项或者多项特定加工工序,可以独立操作的机械设备。

本解释所称"同类烟草专用机械",是指在卷烟、雪茄烟、烟丝、复烤烟叶、烟叶、卷烟纸、滤嘴棒、烟用丝束的生产加工过程中,能够完成相同加工工序的机械设备。

▶4 生产、销售"地沟油"行为的定性

★最高人民法院、最高人民检察院、公安部《关于依法严惩"地沟油"犯罪活动的通知》(2012年1月9日)(节录)

二、准确理解法律规定、严格区分犯罪界限

(四)虽无法查明"食用油"是否系利用"地沟油"生产、加工,但犯罪嫌疑人、被告人明知该"食用油"来源可疑而予以销售的,应分别情形处理:经鉴定,检出有毒、有害成分的,依照刑法第144条销售有毒、有害食品罪的规定追究刑事责任;属于不符合安全标准的食品的,依照刑法第143条销售不符合安全标准的食品罪追究刑事责任;属于以假充真、以次充好、以不合格产品冒充合格产品或者假冒注册商标,构成犯罪的,依照刑法第140条销售伪劣产品罪或者第213条假冒注册商标罪、第214条销售假冒注册商标的商品罪追究刑事责任。

★最高人民检察院《关于印发第四批指导性案例的通知》(2014年2月20日)(节录)

柳立国等人生产、销售有毒、有害食品,生产、销售伪劣产品案(检例第12号)

要旨:明知对方是食用油经销者,仍将用餐厨废弃油(俗称"地沟油")加工而成的劣质油脂销售给对方,导致劣质油脂流入食用油市场供人食用的,构成生产、销售有毒、有害食品罪;明知油脂经销者向饲料生产企业和药品生产企业等单位销售豆油等食用油,仍将用餐厨废弃油加工而成的劣质油脂销售给对方,导致劣质油脂流向饲料生产企业和药品生产企业等单位的,构成生产、销售伪劣产品罪。

▶5 生产、销售不符合食品安全标准的食品添加剂,用于食品的包装材料、容器、洗涤剂、消毒剂,或者用于食品生产经营的工具、设备等行为的定性

★最高人民法院、最高人民检察院《关于办理危害食品安全刑事案件适用法律若干问题的解释》(2013年5月4日)(节录)

第十条 生产、销售不符合食品安全标准的食品添加剂,用于食品的包装材料、容器、洗涤剂、消毒剂,或者用于食品生产经营的工具、设备等,构成犯罪的,依照刑法第一百四十条的规定以生产、销售伪劣产品罪定罪处罚。

▶6 非法生产、拼装、销售烟草专用机械行为的定性

★最高人民法院、最高人民检察院、公安部、国家烟草专卖局《关于办理假冒伪劣烟草制品等刑事案件适用法律问题座谈会纪要》(2003年12月23日)(节录)

一、关于生产、销售伪劣烟草制品行为适用法律问题

(二)关于非法生产、拼装、销售烟草专用机械行为定罪处罚问题

非法生产、拼装、销售烟草专用机械行为，依照刑法第一百四十条的规定，以生产、销售伪劣产品罪追究刑事责任。

7 生产、经营烟花爆竹行为的定性

★最高人民法院、最高人民检察院、公安部、安监局《关于依法加强对涉嫌犯罪的非法生产经营烟花爆竹行为刑事责任追究的通知》（2012年9月6日）（节录）

一、非法生产、经营烟花爆竹及相关行为涉及非法制造、买卖、运输、邮寄、储存黑火药、烟火药，构成非法制造、买卖、运输、邮寄、储存爆炸物罪的，应当依照刑法第一百二十五条的规定定罪处罚；非法生产、经营烟花爆竹及相关行为涉及生产、销售伪劣产品或不符合安全标准产品，构成生产、销售伪劣产品罪或生产、销售不符合安全标准产品罪的，应当依照刑法第一百四十条、第一百四十六条的规定定罪处罚；非法生产、经营烟花爆竹及相关行为构成非法经营罪的，应当依照刑法第二百二十五条的规定定罪处罚。上述非法生产经营烟花爆竹行为的定罪量刑和立案追诉标准，分别按照《最高人民法院关于审理非法制造、买卖、运输枪支、弹药、爆炸物等刑事案件具体应用法律若干问题的解释》（法释〔2009〕18号）、《最高人民法院最高人民检察院关于办理生产、销售伪劣商品刑事案件具体应用法律若干问题的解释》（法释〔2001〕10号）、《最高人民检察院、公安部关于公安机关管辖的刑事案件立案追诉标准的规定（一）》（公通字〔2008〕36号）、《最高人民检察院、公安部关于公安机关管辖的刑事案件立案追诉标准的规定（二）》（公通字〔2010〕23号）等有关规定执行。

8 以非碘盐充当碘盐、以非食盐充当食盐进行非法经营行为的定性

★最高人民检察院《关于办理非法经营食盐刑事案件具体应用法律若干问题的解释》（2002年9月13日）（节录）

第四条 以非碘盐充当碘盐或者以工业用盐等非食盐充当食盐进行非法经营，同时构成非法经营罪和生产、销售伪劣产品罪、生产、销售不符合卫生标准的食品罪、生产、销售有毒、有害食品罪等其他犯罪的，依照处罚较重的规定追究刑事责任。

9 既遂与未遂

★最高人民法院、最高人民检察院、公安部、国家烟草专卖局《关于办理假冒伪劣烟草制品等刑事案件适用法律问题座谈会纪要》（2003年12月23日）（节录）

一、关于生产、销售伪劣烟草制品行为适用法律问题

（一）关于生产伪劣烟草制品尚未销售或者尚未完全销售行为定罪量刑问题

……

伪劣烟草制品的销售金额不满五万元，但与尚未销售的伪劣烟草制品的货值金额合计达到十五万元以上的，以生产、销售伪劣产品罪（未遂）定罪处罚。

生产伪劣烟草制品尚未销售，无法计算货值金额，有下列情形之一的，以生产、销售伪劣产品罪（未遂）定罪处罚：

1. 生产伪劣烟用烟丝数量在1000公斤以上的；
2. 生产伪劣烟用烟叶数量在1500公斤以上的。

★最高人民法院、最高人民检察院《关于办理非法生产、销售烟草专卖品等刑事案件

具体应用法律若干问题的解释》(2010年3月26日)（节录)

第二条 伪劣卷烟、雪茄烟等烟草专卖品尚未销售，货值金额达到刑法第一百四十条规定的销售金额定罪起点数额标准的三倍以上的，或者销售金额未达到五万元，但与未销售货值金额合计达到十五万元以上的，以生产、销售伪劣产品罪（未遂）定罪处罚。

销售金额和未销售货值金额分别达到不同的法定刑幅度或者均达到同一法定刑幅度的，在处罚较重的法定刑幅度内酌情从重处罚。

查获的未销售的伪劣卷烟、雪茄烟，能够查清销售价格的，按照实际销售价格计算。无法查清实际销售价格，有品牌的，按照该品牌卷烟、雪茄烟的查获地省级烟草专卖行政主管部门出具的零售价格计算；无品牌的，按照查获地省级烟草专卖行政主管部门出具的上年度卷烟平均零售价格计算。

10 共同犯罪

★最高人民法院、最高人民检察院《关于办理生产、销售伪劣商品刑事案件具体应用法律若干问题的解释》(2001年4月10日)（节录)

第九条 知道或者应当知道他人实施生产、销售伪劣商品犯罪，而为其提供贷款、资金、账号、发票、证明、许可证件，或者提供生产、经营场所或者运输、仓储、保管、邮寄等便利条件，或者提供制假生产技术的，以生产、销售伪劣商品犯罪的共犯论处。

★最高人民法院、最高人民检察院、公安部、国家烟草专卖局《关于办理假冒伪劣烟草制品等刑事案件适用法律问题座谈会纪要》(2003年12月23日)（节录)

四、关于共犯的问题

知道或者应当知道他人实施本《纪要》第一条至第三条规定的犯罪行为，仍实施下列行为之一的，应认定为共犯，依法追究刑事责任：

1. 直接参与生产、销售假冒伪劣烟草制品或者销售假冒烟用注册商标的烟草制品或者直接参与非法经营烟草制品并在其中起主要作用的；

2. 提供房屋、场地、设备、车辆、贷款、资金、账号、发票、证明、技术等设施和条件，用于帮助生产、销售、储存、运输假冒伪劣烟草制品、非法经营烟草制品的；

3. 运输假冒伪劣烟草制品的。

上述人员中有检举他人犯罪经查证属实，或者提供重要线索，有立功表现的，可以从轻或减轻处罚；有重大立功表现的，可以减轻或者免除处罚。

★最高人民法院、最高人民检察院《关于办理非法生产、销售烟草专卖品等刑事案件具体应用法律若干问题的解释》(2010年3月26日)（节录)

第六条 明知他人实施本解释第一条所列犯罪，而为其提供贷款、资金、账号、发票、证明、许可证件，或者提供生产、经营场所、设备、运输、仓储、保管、邮寄、代理进出口等便利条件，或者提供生产技术、卷烟配方的，应当按照共犯追究刑事责任。

11 一罪与数罪

★最高人民法院、最高人民检察院《关于办理生产、销售伪劣商品刑事案件具体应用法律若干问题的解释》(2001年4月10日)（节录)

第十条 实施生产、销售伪劣商品犯罪，同时构成侵犯知识产权、非法经营等其他犯罪的，依照处罚较重的规定定罪处罚。

第十一条 实施刑法第一百四十条至第一百四十八条规定的犯罪,又以暴力、威胁方法抗拒查处,构成其他犯罪的,依照数罪并罚的规定处罚。

★最高人民法院、最高人民检察院、公安部、国家烟草专卖局《关于办理假冒伪劣烟草制品等刑事案件适用法律问题座谈会纪要》(2003年12月23日)(节录)

六、关于一罪与数罪问题

行为人的犯罪行为同时构成生产、销售伪劣产品罪,销售假冒注册商标的商品罪,非法经营罪等罪的,依照处罚较重的规定定罪处罚。

★最高人民法院、最高人民检察院《关于办理非法生产、销售烟草专卖品等刑事案件具体应用法律若干问题的解释》(2010年3月26日)(节录)

第五条 行为人实施非法生产、销售烟草专卖品犯罪,同时构成生产、销售伪劣产品罪、侵犯知识产权犯罪、非法经营罪的,依照处罚较重的规定定罪处罚。

★最高人民法院《关于审理生产、销售伪劣商品刑事案件有关鉴定问题的通知》(2011年5月21日)(节录)

三、经鉴定确系伪劣商品,被告人的行为既构成生产、销售伪劣产品罪,又构成生产、销售假药罪或者生产、销售不符合卫生标准的食品罪①,或者同时构成侵犯知识产权、非法经营等其他犯罪的,根据刑法第一百四十九条第二款和《解释》② 第十条的规定,应当依照处罚较重的规定定罪处罚。

★最高人民法院、最高人民检察院《关于办理危害食品安全刑事案件适用法律若干问题的解释》(2013年5月4日)(节录)

第十一条 以提供给他人生产、销售食品为目的,违反国家规定,生产、销售国家禁止用于食品生产、销售的非食品原料,情节严重的,依照刑法第二百二十五条的规定以非法经营罪定罪处罚。

违反国家规定,生产、销售国家禁止生产、销售、使用的农药、兽药、饲料、饲料添加剂,或者饲料原料、饲料添加剂原料,情节严重的,依照前款的规定定罪处罚。

实施前两款行为,同时又构成生产、销售伪劣产品罪,生产、销售伪劣农药、兽药罪等其他犯罪的,依照处罚较重的规定定罪处罚。

第十三条(第2款) 生产、销售不符合食品安全标准的食品,无证据证明足以造成严重食物中毒事故或者其他严重食源性疾病,不构成生产、销售不符合安全标准的食品罪,但是构成生产、销售伪劣产品罪等其他犯罪的,依照该其他犯罪定罪处罚。

第十九条 单位实施本解释规定的犯罪的,依照本解释规定的定罪量刑标准处罚。

★最高人民检察院《关于印发第四批指导性案例的通知》(2014年2月20日)(节录)

胡林贵等人生产、销售有毒、有害食品,行贿;骆梅等人销售伪劣产品;朱伟全等人

---

① 该罪名已改为"生产、销售不符合安全标准的食品罪"。
② 两高《关于办理非法生产、销售烟草专卖品等刑事案件具体应用法律若干问题的解释》(2001年4月10日)。

生产、销售伪劣产品；黎达文等人受贿，食品监管渎职案（检例第 15 号）

要旨：实施生产、销售有毒、有害食品犯罪，为逃避查处向负有食品安全监管职责的国家工作人员行贿的，应当以生产、销售有毒、有害食品罪和行贿罪实行数罪并罚。

负有食品安全监督管理职责的国家机关工作人员，滥用职权，向生产、销售有毒、有害食品的犯罪分子通风报信，帮助逃避处罚的，应当认定为食品监管渎职罪；在渎职过程中受贿的，应当以食品监管渎职罪和受贿罪实行数罪并罚。

★最高人民法院、最高人民检察院《关于办理危害药品安全刑事案件适用法律若干问题的解释》（2014 年 12 月 1 日）（节录）

第七条（第 2 款） 以提供给他人生产、销售药品为目的，违反国家规定，生产、销售不符合药用要求的非药品原料、辅料，情节严重的，依照刑法第二百二十五条的规定以非法经营罪定罪处罚。

（第 4 款） 实施本条第二款行为，同时又构成生产、销售伪劣产品罪、以危险方法危害公共安全罪等犯罪的，依照处罚较重的规定定罪处罚。

第十条 实施生产、销售假药、劣药犯罪，同时构成生产、销售伪劣产品、侵犯知识产权、非法经营、非法行医、非法采供血等犯罪的，依照处罚较重的规定定罪处罚。

◆ 量　　刑 ◆

1 从重处罚

★最高人民法院、最高人民检察院《关于办理生产、销售伪劣商品刑事案件具体应用法律若干问题的解释》（2001 年 4 月 10 日）（节录）

第十二条 国家机关工作人员参与生产、销售伪劣商品犯罪的，从重处罚。

★最高人民法院、最高人民检察院《关于办理妨害预防、控制突发传染病疫情等灾害的刑事案件具体应用法律若干问题的解释》（2003 年 5 月 15 日）（节录）

第二条 在预防、控制突发传染病疫情等灾害期间，生产、销售伪劣的防治、防护产品、物资，或者生产、销售用于防治传染病的假药、劣药，构成犯罪的，分别依照刑法第一百四十条、第一百四十一条、第一百四十二条的规定，以生产、销售伪劣产品罪，生产、销售假药罪或者生产、销售劣药罪定罪，依法从重处罚。

★最高人民法院、最高人民检察院、公安部、国家烟草专卖局《关于办理假冒伪劣烟草制品等刑事案件适用法律问题座谈会纪要》（2003 年 12 月 23 日）（节录）

五、国家机关工作人员参与实施本纪要第一条至第三条规定的犯罪行为的处罚问题

根据《最高人民法院、最高人民检察院关于办理生产、销售伪劣商品刑事案件具体应用法律若干问题的解释》的规定，国家机关工作人员参与实施本纪要第一条至第三条规定的犯罪行为的，从重处罚。

2 从宽处罚

★最高人民法院、最高人民检察院《关于办理妨害预防、控制突发传染病疫情等灾害的刑事案件具体应用法律若干问题的解释》（2003 年 5 月 15 日）（节录）

第十七条 人民法院、人民检察院办理有关妨害预防、控制突发传染病疫情等灾害的刑事案件，对于有自首、立功等悔罪表现的，依法从轻、减轻、免除处罚或者依法作出不

起诉决定。

第一百四十一条【生产、销售假药罪】 生产、销售假药的,处三年以下有期徒刑或者拘役,并处罚金;对人体健康造成严重危害或者有其他严重情节的,处三年以上十年以下有期徒刑,并处罚金;致人死亡或者有其他特别严重情节的,处十年以上有期徒刑、无期徒刑或者死刑,并处罚金或者没收财产。

本条所称假药,是指依照《中华人民共和国药品管理法》的规定属于假药和按假药处理的药品、非药品。

关联法条:第一百四十九条、第一百五十条

立案追诉标准

★最高人民检察院、公安部《关于公安机关管辖的刑事案件立案追诉标准的规定(一)》(2008年6月25日)(节录)

第十七条[生产、销售假药案(刑法第一百四十一条)]生产(包括配制)、销售假药,涉嫌下列情形之一的,应予立案追诉:

(一)含有超标准的有毒有害物质的;

(二)不含所标明的有效成份,可能贻误诊治的;

(三)所标明的适应症或者功能主治超出规定范围,可能造成贻误诊治的;

(四)缺乏所标明的急救必需的有效成份的;

(五)其他足以严重危害人体健康或者对人体健康造成严重危害的情形。

本条规定的"假药",是指依照《中华人民共和国药品管理法》的规定属于假药和按假药处理的药品、非药品。

第一百条 本规定中的立案追诉标准,除法律、司法解释另有规定的以外,适用于相关的单位犯罪。

定 罪

1 "生产"、"销售"的认定

★最高人民法院、最高人民检察院《关于办理危害药品安全刑事案件适用法律若干问题的解释》(2014年12月1日)(节录)

第六条 以生产、销售假药、劣药为目的,实施下列行为之一的,应当认定为刑法第一百四十一条、第一百四十二条规定的"生产":

(一)合成、精制、提取、储存、加工炮制药品原料的行为;

(二)将药品原料、辅料、包装材料制成成品过程中,进行配料、混合、制剂、储存、包装的行为;

(三)印制包装材料、标签、说明书的行为。

医疗机构、医疗机构工作人员明知是假药、劣药而有偿提供给他人使用,或者为出售而购买、储存的行为,应当认定为刑法第一百四十一条、第一百四十二条规定的"销售"。

❷ "假药"的认定

★**最高人民法院《关于审理生产、销售伪劣商品刑事案件有关鉴定问题的通知》**（2011年5月21日）（节录）

二、根据《解释》第三条和第四条的规定，人民法院受理的生产、销售假药犯罪案件和生产、销售不符合卫生标准的食品犯罪案件，均需有"省级以上药品监督管理部门设置或者确定的药品检验机构"和"省级以上卫生行政部门确定的机构"出具的鉴定结论。

★**最高人民法院、最高人民检察院《关于办理危害药品安全刑事案件适用法律若干问题的解释》**（2014年12月1日）（节录）

第十四条　是否属于刑法第一百四十一条、第一百四十二条规定的"假药"、"劣药"难以确定的，司法机关可以根据地市级以上药品监督管理部门出具的认定意见等相关材料进行认定。必要时，可以委托省级以上药品监督管理部门设置或者确定的药品检验机构进行检验。

★**《中华人民共和国药品管理法》**（2015年4月24日）（节录）

第四十八条　禁止生产（包括配制，下同）、销售假药。

有下列情形之一的，为假药：

（一）药品所含成份与国家药品标准规定的成份不符的；

（二）以非药品冒充药品或者以他种药品冒充此种药品的。

有下列情形之一的药品，按假药论处：

（一）国务院药品监督管理部门规定禁止使用的；

（二）依照本法必须批准而未经批准生产、进口，或者依照本法必须检验而未经检验即销售的；

（三）变质的；

（四）被污染的；

（五）使用依照本法必须取得批准文号而未取得批准文号的原料药生产的；

（六）所标明的适应症或者功能主治超出规定范围的。

❸ "对人体健康造成严重危害"的认定

★**最高人民法院、最高人民检察院《关于办理生产、销售伪劣商品刑事案件具体应用法律若干问题的解释》**（2001年4月10日）（节录）

第三条（第2款）　生产、销售的假药被使用后，造成轻伤、重伤或者其他严重后果的，应认定为"对人体健康造成严重危害"①。

★**最高人民法院、最高人民检察院《关于办理危害药品安全刑事案件适用法律若干问题的解释》**（2014年12月1日）（节录）

第二条　生产、销售假药，具有下列情形之一的，应当认定为刑法第一百四十一条规

---

① 本规定系《刑法修正案（八）》之前作出，应结合《刑法修正案（八）》理解、适用。

定的"对人体健康造成严重危害":

（一）造成轻伤或者重伤的；

（二）造成轻度残疾或者中度残疾的；

（三）造成器官组织损伤导致一般功能障碍或者严重功能障碍的；

（四）其他对人体健康造成严重危害的情形。

第十六条 本解释规定的"轻伤"、"重伤"按照《人体损伤程度鉴定标准》进行鉴定。

本解释规定的"轻度残疾"、"中度残疾"、"重度残疾"按照相关伤残等级评定标准进行评定。

4 "其他严重情节"的认定

★最高人民法院、最高人民检察院《关于办理危害药品安全刑事案件适用法律若干问题的解释》（2014年12月1日）（节录）

第三条 生产、销售假药，具有下列情形之一的，应当认定为刑法第一百四十一条规定的"其他严重情节"：

（一）造成较大突发公共卫生事件的；

（二）生产、销售金额二十万元以上不满五十万元的；

（三）生产、销售金额十万元以上不满二十万元，并具有本解释第一条规定情形之一的；

（四）根据生产、销售的时间、数量、假药种类等，应当认定为情节严重的。

第十五条 本解释所称"生产、销售金额"，是指生产、销售假药、劣药所得和可得的全部违法收入。

5 "其他特别严重情节"的认定

★最高人民法院、最高人民检察院《关于办理危害药品安全刑事案件适用法律若干问题的解释》（2014年12月1日）（节录）

第四条 生产、销售假药，具有下列情形之一的，应当认定为刑法第一百四十一条规定的"其他特别严重情节"：

（一）致人重度残疾的；

（二）造成三人以上重伤、中度残疾或者器官组织损伤导致严重功能障碍的；

（三）造成五人以上轻度残疾或者器官组织损伤导致一般功能障碍的；

（四）造成十人以上轻伤的；

（五）造成重大、特别重大突发公共卫生事件的；

（六）生产、销售金额五十万元以上的；

（七）生产、销售金额二十万元以上不满五十万元，并具有本解释第一条规定情形之一的；

（八）根据生产、销售的时间、数量、假药种类等，应当认定为情节特别严重的。

第十五条 本解释所称"生产、销售金额"，是指生产、销售假药、劣药所得和可得的全部违法收入。

第三章 破坏社会主义市场经济秩序罪·第一节 生产、销售伪劣商品罪

6 共同犯罪

★最高人民法院、最高人民检察院《关于办理生产、销售伪劣商品刑事案件具体应用法律若干问题的解释》(2001年4月10日)(节录)

第九条 知道或者应当知道他人实施生产、销售伪劣商品犯罪,而为其提供贷款、资金、账号、发票、证明、许可证件,或者提供生产、经营场所或者运输、仓储、保管、邮寄等便利条件,或者提供制假生产技术的,以生产、销售伪劣商品犯罪的共犯论处。

★最高人民法院、最高人民检察院《关于办理危害药品安全刑事案件适用法律若干问题的解释》(2014年12月1日)(节录)

第八条 明知他人生产、销售假药、劣药,而有下列情形之一的,以共同犯罪论处:
(一)提供资金、贷款、账号、发票、证明、许可证件的;
(二)提供生产、经营场所、设备或者运输、储存、保管、邮寄、网络销售渠道等便利条件的;
(三)提供生产技术或者原料、辅料、包装材料、标签、说明书的;
(四)提供广告宣传等帮助行为的。

7 一罪与数罪

★最高人民法院、最高人民检察院《关于办理生产、销售伪劣商品刑事案件具体应用法律若干问题的解释》(2001年4月10日)(节录)

第十条 实施生产、销售伪劣商品犯罪,同时构成侵犯知识产权、非法经营等其他犯罪的,依照处罚较重的规定定罪处罚。

第十一条 实施刑法第一百四十条至第一百四十八条规定的犯罪,又以暴力、威胁方法抗拒查处,构成其他犯罪的,依照数罪并罚的规定处罚。

★最高人民法院、最高人民检察院《关于办理危害药品安全刑事案件适用法律若干问题的解释》(2014年12月1日)(节录)

第七条 违反国家药品管理法律法规,未取得或者使用伪造、变造的药品经营许可证,非法经营药品,情节严重的,依照刑法第二百二十五条的规定以非法经营罪定罪处罚。

以提供给他人生产、销售药品为目的,违反国家规定,生产、销售不符合药用要求的非药品原料、辅料,情节严重的,依照刑法第二百二十五条的规定以非法经营罪定罪处罚。

实施前两款行为,非法经营数额在十万元以上,或者违法所得数额在五万元以上的,应当认定为刑法第二百二十五条规定的"情节严重";非法经营数额在五十万元以上,或者违法所得数额在二十五万元以上的,应当认定为刑法第二百二十五条规定的"情节特别严重"。

实施本条第二款行为,同时又构成生产、销售伪劣产品罪、以危险方法危害公共安全罪等犯罪的,依照处罚较重的规定定罪处罚。

第十条 实施生产、销售假药、劣药犯罪,同时构成生产、销售伪劣产品、侵犯知识产权、非法经营、非法行医、非法采供血等犯罪的,依照处罚较重的规定定罪处罚。

8 罪与非罪

★最高人民法院、最高人民检察院《关于办理危害药品安全刑事案件适用法律若干问

题的解释》(2014年12月1日)(节录)

第十一条(第2款) 销售少量根据民间传统配方私自加工的药品,或者销售少量未经批准进口的国外、境外药品,没有造成他人伤害后果或者延误诊治,情节显著轻微危害不大的,不认为是犯罪。

◆ 量 刑 ◆

1 从重处罚

★最高人民法院、最高人民检察院《关于办理生产、销售伪劣商品刑事案件具体应用法律若干问题的解释》(2001年4月10日)(节录)

第十二条 国家机关工作人员参与生产、销售伪劣商品犯罪的,从重处罚。

★最高人民法院、最高人民检察院《关于办理妨害预防、控制突发传染病疫情等灾害的刑事案件具体应用法律若干问题的解释》(2003年5月15日)(节录)

第二条 在预防、控制突发传染病疫情等灾害期间,生产、销售伪劣的防治、防护产品、物资,或者生产、销售用于防治传染病的假药、劣药,构成犯罪的,分别依照刑法第一百四十条、第一百四十一条、第一百四十二条的规定,以生产、销售伪劣产品罪,生产、销售假药罪或者生产、销售劣药罪定罪,依法从重处罚。

★最高人民法院、最高人民检察院《关于办理危害药品安全刑事案件适用法律若干问题的解释》(2014年12月1日)(节录)

第一条 生产、销售假药,具有下列情形之一的,应当酌情从重处罚:
(一)生产、销售的假药以孕产妇、婴幼儿、儿童或者危重病人为主要使用对象的;
(二)生产、销售的假药属于麻醉药品、精神药品、医疗用毒性药品、放射性药品、避孕药品、血液制品、疫苗的;
(三)生产、销售的假药属于注射剂药品、急救药品的;
(四)医疗机构、医疗机构工作人员生产、销售假药的;
(五)在自然灾害、事故灾难、公共卫生事件、社会安全事件等突发事件期间,生产、销售用于应对突发事件的假药的;
(六)两年内曾因危害药品安全违法犯罪活动受过行政处罚或者刑事处罚的;
(七)其他应当酌情从重处罚的情形。

2 从宽处罚

★最高人民法院、最高人民检察院《关于办理妨害预防、控制突发传染病疫情等灾害的刑事案件具体应用法律若干问题的解释》(2003年5月15日)(节录)

第十七条 人民法院、人民检察院办理有关妨害预防、控制突发传染病疫情等灾害的刑事案件,对于有自首、立功等悔罪表现的,依法从轻、减轻、免除处罚或者依法作出不起诉决定。

3 罚金

★最高人民法院、最高人民检察院《关于办理危害药品安全刑事案件适用法律若干问题的解释》(2014年12月1日)(节录)

第十二条　犯生产、销售假药罪的，一般应当依法判处生产、销售金额二倍以上的罚金。共同犯罪的，对各共同犯罪人合计判处的罚金应当在生产、销售金额的二倍以上。

第十三条　单位犯本解释规定之罪的，对单位判处罚金，并对直接负责的主管人员和其他直接责任人员，依照本解释规定的自然人犯罪的定罪量刑标准处罚。

第十五条　本解释所称"生产、销售金额"，是指生产、销售假药、劣药所得和可得的全部违法收入。

4 缓刑、免予刑事处罚、禁止令

★最高人民法院、最高人民检察院《关于办理危害药品安全刑事案件适用法律若干问题的解释》（2014年12月1日）（节录）

第十一条（第1款）　对实施本解释规定之犯罪的犯罪分子，应当依照刑法规定的条件，严格缓刑、免予刑事处罚的适用。对于适用缓刑的，应当同时宣告禁止令，禁止犯罪分子在缓刑考验期内从事药品生产、销售及相关活动。

第一百四十二条【生产、销售劣药罪】生产、销售劣药，对人体健康造成严重危害的，处三年以上十年以下有期徒刑，并处销售金额百分之五十以上二倍以下罚金；后果特别严重的，处十年以上有期徒刑或者无期徒刑，并处销售金额百分之五十以上二倍以下罚金或者没收财产。

本条所称劣药，是指依照《中华人民共和国药品管理法》的规定属于劣药的药品。

关联法条：第一百四十九条、第一百五十条

立案追诉标准

★最高人民检察院、公安部《关于公安机关管辖的刑事案件立案追诉标准的规定（一）》（2008年6月25日）（节录）

第十八条［生产、销售劣药案（刑法第一百四十二条）］　生产（包括配制）、销售劣药，涉嫌下列情形之一的，应予立案追诉：

（一）造成人员轻伤、重伤或者死亡的；

（二）其他对人体健康造成严重危害的情形。

本条规定的劣药，是指依照《中华人民共和国药品管理法》的规定，药品成份的含量不符合国家药品标准的药品和按劣药论处的药品。

第一百条　本规定中的立案追诉标准，除法律、司法解释另有规定的以外，适用于相关的单位犯罪。

定　　罪

1 "劣药"的认定

★《中华人民共和国药品管理法》（2015年4月24日）（节录）

第四十九条　禁止生产、销售劣药。

药品成份的含量不符合国家药品标准的，为劣药。

有下列情形之一的药品,按劣药论处:
(一) 未标明有效期或者更改有效期的;
(二) 不注明或者更改生产批号的;
(三) 超过有效期的;
(四) 直接接触药品的包装材料和容器未经批准的;
(五) 擅自添加着色剂、防腐剂、香料、矫味剂及辅料的;
(六) 其他不符合药品标准规定的。

▶2 "生产"、"销售"的认定

(参见第一百四十一条:【定罪】:1."生产"、"销售"的认定,P196)

▶3 "对人体健康造成严重危害"、"后果特别严重"的认定

★最高人民法院、最高人民检察院《关于办理危害药品安全刑事案件适用法律若干问题的解释》(2014年12月1日)(节录)

第五条(第1款) 生产、销售劣药,具有本解释第二条规定情形之一的,应当认定为刑法第一百四十二条规定的"对人体健康造成严重危害"。

(第2款) 生产、销售劣药,致人死亡,或者具有本解释第四条第一项至第五项规定情形之一的,应当认定为刑法第一百四十二条规定的"后果特别严重"。

第二条 生产、销售假药,具有下列情形之一的,应当认定为刑法第一百四十一条规定的"对人体健康造成严重危害":
(一) 造成轻伤或者重伤的;
(二) 造成轻度残疾或者中度残疾的;
(三) 造成器官组织损伤导致一般功能障碍或者严重功能障碍的;
(四) 其他对人体健康造成严重危害的情形。

第四条 生产、销售假药,具有下列情形之一的,应当认定为刑法第一百四十一条规定的"其他特别严重情节":
(一) 致人重度残疾的;
(二) 造成三人以上重伤、中度残疾或者器官组织损伤导致严重功能障碍的;
(三) 造成五人以上轻度残疾或者器官组织损伤导致一般功能障碍的;
(四) 造成十人以上轻伤的;
(五) 造成重大、特别重大突发公共卫生事件的……

▶4 "生产、销售金额"的认定

★最高人民法院、最高人民检察院《关于办理危害药品安全刑事案件适用法律若干问题的解释》(2014年12月1日)(节录)

第十五条 本解释所称"生产、销售金额",是指生产、销售假药、劣药所得和可得的全部违法收入。

▶5 共同犯罪

(参见第一百四十一条:【定罪】:6.共同犯罪,P199)

6 一罪与数罪

(参见第一百四十一条:【定罪】:7. 一罪与数罪,P199)

量 刑

1 从重处罚

★最高人民法院、最高人民检察院《关于办理生产、销售伪劣商品刑事案件具体应用法律若干问题的解释》(2001年4月10日)(节录)

第十二条 国家机关工作人员参与生产、销售伪劣商品犯罪的,从重处罚。

★最高人民法院、最高人民检察院《关于办理妨害预防、控制突发传染病疫情等灾害的刑事案件具体应用法律若干问题的解释》(2003年5月15日)

第二条 在预防、控制突发传染病疫情等灾害期间,生产、销售伪劣的防治、防护产品、物资,或者生产、销售用于防治传染病的假药、劣药,构成犯罪的,分别依照刑法第一百四十条、第一百四十一条、第一百四十二条的规定,以生产、销售伪劣产品罪,生产、销售假药罪或者生产、销售劣药罪定罪,依法从重处罚。

★最高人民法院、最高人民检察院《关于办理危害药品安全刑事案件适用法律若干问题的解释》(2014年12月1日)(节录)

第一条 生产、销售假药,具有下列情形之一的,应当酌情从重处罚:

(一)生产、销售的假药以孕产妇、婴幼儿、儿童或者危重病人为主要使用对象的;

(二)生产、销售的假药属于麻醉药品、精神药品、医疗用毒性药品、放射性药品、避孕药品、血液制品、疫苗的;

(三)生产、销售的假药属于注射剂药品、急救药品的;

(四)医疗机构、医疗机构工作人员生产、销售假药的;

(五)在自然灾害、事故灾难、公共卫生事件、社会安全事件等突发事件期间,生产、销售用于应对突发事件的假药的;

(六)两年内曾因危害药品安全违法犯罪活动受过行政处罚或者刑事处罚的;

(七)其他应当酌情从重处罚的情形。

第五条(第3款) 生产、销售劣药,具有本解释第一条规定情形之一的,应当酌情从重处罚。

2 从宽处罚

★最高人民法院、最高人民检察院《关于办理妨害预防、控制突发传染病疫情等灾害的刑事案件具体应用法律若干问题的解释》(2003年5月15日)

第十七条 人民法院、人民检察院办理有关妨害预防、控制突发传染病疫情等灾害的刑事案件,对于有自首、立功等悔罪表现的,依法从轻、减轻、免除处罚或者依法作出不起诉决定。

第二编 分 则

> **第一百四十三条【生产、销售不符合安全标准的食品罪】**生产、销售不符合食品安全标准的食品,足以造成严重食物中毒事故或者其他严重食源性疾病的,处三年以下有期徒刑或者拘役,并处罚金;对人体健康造成严重危害或者有其他严重情节的,处三年以上七年以下有期徒刑,并处罚金;后果特别严重的,处七年以上有期徒刑或者无期徒刑,并处罚金或者没收财产。

关联法条:第一百四十九条、第一百五十条

──── 立案追诉标准 ────

★最高人民检察院、公安部《关于公安机关管辖的刑事案件立案追诉标准的规定(一)》(2008年6月25日)(节录)

第十九条[生产、销售不符合卫生标准的食品案(刑法第一百四十三条)] 生产、销售不符合卫生标准的食品,涉嫌下列情形之一的,应予立案追诉:

(一)含有可能导致严重食物中毒事故或者其他严重食源性疾患的超标准的有害细菌的;

(二)含有可能导致严重食物中毒事故或者其他严重食源性疾患的超标准的其他污染物的。

本条规定的"不符合卫生标准的食品",由省级以上卫生行政部门确定的机构进行鉴定。

第一百条 本规定中的立案追诉标准,除法律、司法解释另有规定的以外,适用于相关的单位犯罪。

──── 定 罪 ────

▶ 1 "足以造成严重食物中毒事故或者其他严重食源性疾患"的认定

★最高人民法院、最高人民检察院《关于办理生产、销售伪劣商品刑事案件具体应用法律若干问题的解释》(2001年4月10日)(节录)

第四条(第1款) 经省级以上卫生行政部门确定的机构鉴定,食品中含有可能导致严重食物中毒事故或者其他严重食源性疾患的超标准的有害细菌或者其他污染物的,应认定为刑法第一百四十三条规定的"足以造成严重食物中毒事故或者其他严重食源性疾患"。

★最高人民法院、最高人民检察院《关于办理危害食品安全刑事案件适用法律若干问题的解释》(2013年5月4日)(节录)

第一条 生产、销售不符合食品安全标准的食品,具有下列情形之一的,应当认定为刑法第一百四十三条规定的"足以造成严重食物中毒事故或者其他严重食源性疾病":

(一)含有严重超出标准限量的致病性微生物、农药残留、兽药残留、重金属、污染物质以及其他危害人体健康的物质的;

(二)属于病死、死因不明或者检验检疫不合格的畜、禽、兽、水产动物及其肉类、肉类制品的;

(三)属于国家为防控疾病等特殊需要明令禁止生产、销售的;

(四)婴幼儿食品中生长发育所需营养成分严重不符合食品安全标准的;

（五）其他足以造成严重食物中毒事故或者严重食源性疾病的情形。

第十九条 单位实施本解释规定的犯罪的，依照本解释规定的定罪量刑标准处罚。

第二十一条 "足以造成严重食物中毒事故或者其他严重食源性疾病"、"有毒、有害非食品原料"难以确定的，司法机关可以根据检验报告并结合专家意见等相关材料进行认定。必要时，人民法院可以依法通知有关专家出庭作出说明。

2 "对人体健康造成严重危害或者有其他严重情节"的认定

★最高人民法院、最高人民检察院《关于办理生产、销售伪劣商品刑事案件具体应用法律若干问题的解释》（2001年4月10日）（节录）

第四条（第2款） 生产、销售不符合卫生标准的食品被食用后，造成轻伤、重伤或者其他严重后果的，应认定为"对人体健康造成严重危害"。

★最高人民法院、最高人民检察院《关于办理危害食品安全刑事案件适用法律若干问题的解释》（2013年5月4日）（节录）

第二条 生产、销售不符合食品安全标准的食品，具有下列情形之一的，应当认定为刑法第一百四十三条规定的"对人体健康造成严重危害"：

（一）造成轻伤以上伤害的；
（二）造成轻度残疾或者中度残疾的；
（三）造成器官组织损伤导致一般功能障碍或者严重功能障碍的；
（四）造成十人以上严重食物中毒或者其他严重食源性疾病的；
（五）其他对人体健康造成严重危害的情形。

第三条 生产、销售不符合食品安全标准的食品，具有下列情形之一的，应当认定为刑法第一百四十三条规定的"其他严重情节"：

（一）生产、销售金额二十万元以上的；
（二）生产、销售金额十万元以上不满二十万元，不符合食品安全标准的食品数量较大或者生产、销售持续时间较长的；
（三）生产、销售金额十万元以上不满二十万元，属于婴幼儿食品的；
（四）生产、销售金额十万元以上不满二十万元，一年内曾因危害食品安全违法犯罪活动受过行政处罚或者刑事处罚的；
（五）其他情节严重的情形。

3 "后果特别严重"的认定

★最高人民法院、最高人民检察院《关于办理生产、销售伪劣商品刑事案件具体应用法律若干问题的解释》（2001年4月10日）（节录）

第四条（第3款） 生产、销售不符合卫生标准的食品被食用后，致人死亡、严重残疾、三人以上重伤，十人以上轻伤或者造成其他特别严重后果的。应认定为"后果特别严重"。

★最高人民法院、最高人民检察院《关于办理危害食品安全刑事案件适用法律若干问题的解释》（2013年5月4日）（节录）

第四条 生产、销售不符合食品安全标准的食品，具有下列情形之一的，应当认定为

刑法第一百四十三条规定的"后果特别严重":

(一) 致人死亡或者重度残疾的;

(二) 造成三人以上重伤、中度残疾或者器官组织损伤导致严重功能障碍的;

(三) 造成十人以上轻伤、五人以上轻度残疾或者器官组织损伤导致一般功能障碍的;

(四) 造成三十人以上严重食物中毒或者其他严重食源性疾病的;

(五) 其他特别严重的后果。

▶4 滥用食品添加剂行为的定性

★最高人民法院、最高人民检察院《关于办理危害食品安全刑事案件适用法律若干问题的解释》(2013年5月4日) (节录)

第八条 在食品加工、销售、运输、贮存等过程中,违反食品安全标准,超限量或者超范围滥用食品添加剂,足以造成严重食物中毒事故或者其他严重食源性疾病的,依照刑法第一百四十三条的规定以生产、销售不符合安全标准的食品罪定罪处罚。

在食用农产品种植、养殖、销售、运输、贮存等过程中,违反食品安全标准,超限量或者超范围滥用添加剂、农药、兽药等,足以造成严重食物中毒事故或者其他严重食源性疾病的,适用前款的规定定罪处罚。

▶5 共同犯罪

★最高人民法院、最高人民检察院《关于办理生产、销售伪劣商品刑事案件具体应用法律若干问题的解释》(2001年4月10日) (节录)

第九条 知道或者应当知道他人实施生产、销售伪劣商品犯罪,而为其提供贷款、资金、账号、发票、证明、许可证件,或者提供生产、经营场志或者运输、仓储、保管、邮寄等便利条件,或者提供人制假生产技术的,以生产、销售伪劣商品犯罪的共犯论处。

★最高人民法院、最高人民检察院《关于办理危害食品安全刑事案件适用法律若干问题的解释》(2013年5月4日) (节录)

第十四条 明知他人生产、销售不符合食品安全标准的食品,有毒、有害食品,具有下列情形之一的,以生产、销售不符合安全标准的食品罪或者生产、销售有毒、有害食品罪的共犯论处:

(一) 提供资金、贷款、账号、发票、证明、许可证件的;

(二) 提供生产、经营场所或者运输、贮存、保管、邮寄、网络销售渠道等便利条件的;

(三) 提供生产技术或者食品原料、食品添加剂、食品相关产品的;

(四) 提供广告等宣传的。

▶6 一罪与数罪

★最高人民法院、最高人民检察院《关于办理生产、销售伪劣商品刑事案件具体应用法律若干问题的解释》(2001年4月10日) (节录)

第十条 实施生产、销售为伪劣商品犯罪,同时构成侵犯知识产权、非法经营等其他犯罪的,依照处罚较重的规定定罪处罚。

第十一条 实施刑法第一百四十条至第一百四十八条规定的犯罪,又以暴力、威胁方法抗拒查处,构成其他犯罪的,依照数罪并罚的规定处罚。

★最高人民检察院《关于办理非法经营食盐刑事案件具体应用法律若干问题的解释》(2002年9月13日)(节录)

第四条 以非碘盐充当碘盐或者以工业用盐等非食盐充当食盐进行非法经营,同时构成非法经营罪和生产、销售伪劣产品罪、生产、销售不符合卫生标准的食品罪、生产、销售有毒、有害食品罪等其他犯罪的,依照处罚较重的规定追究刑事责任。

★最高人民法院、最高人民检察院、公安部《关于依法严惩"地沟油"犯罪活动的通知》(2012年1月9日)(节录)

二、准确理解法律规定、严格区分犯罪界限

(四)虽无法查明"食用油"是否系利用"地沟油"生产、加工,但犯罪嫌疑人、被告人明知该"食用油"来源可疑而予以销售的,应分别情形处理:经鉴定,检出有毒、有害成分的,依照刑法第144条销售有毒、有害食品罪的规定追究刑事责任;属于不符合安全标准的食品的,依照刑法第143条销售不符合安全标准的食品罪追究刑事责任;属于以假充真、以次充好、以不合格产品冒充合格产品或者假冒注册商标,构成犯罪的,依照刑法第140条销售伪劣产品罪或者第213条假冒注册商标罪、第214条销售假冒注册商标的商品罪追究刑事责任。

★最高人民法院、最高人民检察院《关于办理危害食品安全刑事案件适用法律若干问题的解释》(2013年5月4日)(节录)

第十三条 生产、销售不符合食品安全标准的食品,有毒、有害食品,符合刑法第一百四十三条、第一百四十四条规定的,以生产、销售不符合安全标准的食品罪或者生产、销售有毒、有害食品罪定罪处罚。同时构成其他犯罪的,依照处罚较重的规定定罪处罚。

生产、销售不符合食品安全标准的食品,无证据证明足以造成严重食物中毒事故或者其他严重食源性疾病,不构成生产、销售不符合安全标准的食品罪,但是构成生产、销售伪劣产品罪等其他犯罪的,依照该其他犯罪定罪处罚。

第十六条(第3款) 负有食品安全监督管理职责的国家机关工作人员与他人共谋,利用其职务行为帮助他人实施危害食品安全犯罪行为,同时构成渎职犯罪和危害食品安全犯罪共犯的,依照处罚较重的规定定罪处罚。

7 司法鉴定

★最高人民法院《关于审理生产、销售伪劣商品刑事案件有关鉴定问题的通知》(2011年5月21日)(节录)

二、根据《解释》第三条和第四条的规定,人民法院受理的生产、销售假药犯罪案件和生产、销售不符合卫生标准的食品犯罪案件,均需有"省级以上药品监督管理部门设置或者确定的药品检验机构"和"省级以上卫生行政部门确定的机构"出具的鉴定结论。

量 刑

1 从重处罚

★最高人民法院、最高人民检察院《关于办理生产、销售伪劣商品刑事案件具体应用

法律若干问题的解释》(2001 年 4 月 10 日)(节录)

第十二条 国家机关工作人员参与生产、销售伪劣商品犯罪的,从重处罚。

2 罚金

★最高人民法院、最高人民检察院《关于办理危害食品安全刑事案件适用法律若干问题的解释》(2013 年 5 月 4 日)(节录)

第十七条 犯生产、销售不符合安全标准的食品罪,生产、销售有毒、有害食品罪,一般应当依法判处生产、销售金额二倍以上的罚金。

3 禁止令

★最高人民法院、最高人民检察院《关于办理危害食品安全刑事案件适用法律若干问题的解释》(2013 年 5 月 4 日)(节录)

第十八条 对实施本解释规定之犯罪的犯罪分子,应当依照刑法规定的条件严格适用缓刑、免予刑事处罚。根据犯罪事实、情节和悔罪表现,对于符合刑法规定的缓刑适用条件的犯罪分子,可以适用缓刑,但是应当同时宣告禁止令,禁止其在缓刑考验期限内从事食品生产、销售及相关活动。

第一百四十四条【生产、销售有毒、有害食品罪】在生产、销售的食品中掺入有毒、有害的非食品原料的,或者销售明知掺有有毒、有害的非食品原料的食品的,处五年以下有期徒刑,并处罚金;对人体健康造成严重危害或者有其他严重情节的,处五年以上十年以下有期徒刑,并处罚金;致人死亡或者有其他特别严重情节的,依照本法第一百四十一条的规定处罚。

关联法条:第一百四十九条、第一百五十条

立案追诉标准

★最高人民检察院、公安部《关于公安机关管辖的刑事案件立案追诉标准的规定(一)》(2008 年 6 月 25 日)(节录)

第二十条 [生产、销售有毒、有害食品案(刑法第一百四十四条)] 在生产、销售的食品中掺入有毒、有害的非食品原料的,或者销售明知掺有有毒、有害的非食品原料的食品的,应予立案追诉。

使用盐酸克仑特罗(俗称"瘦肉精")等禁止在饲料和动物饮用水中使用的药品或者含有该类药品的饲料养殖供人食用的动物,或者销售明知是使用该类药品或者含有该类药品的饲料养殖的供人食用的动物的,应予立案追诉。

明知是使用盐酸克仑特罗等禁止在饲料和动物饮用水中使用的药品或者含有该类药品的饲料养殖的供人食用的动物,而提供屠宰等加工服务,或者销售其制品的,应予立案追诉。

第一百条 本规定中的立案追诉标准,除法律、司法解释另有规定的以外,适用于相关的单位犯罪。

第三章 破坏社会主义市场经济秩序罪·第一节 生产、销售伪劣商品罪

定 罪

1 "有毒、有害的非食品原料"的认定

★最高人民法院、最高人民检察院《关于办理危害食品安全刑事案件适用法律若干问题的解释》（2013年5月4日）（节录）

第二十条 下列物质应当认定为"有毒、有害的非食品原料"：

（一）法律、法规禁止在食品生产经营活动中添加、使用的物质；

（二）国务院有关部门公布的《食品中可能违法添加的非食用物质名单》《保健食品中可能非法添加的物质名单》上的物质；

（三）国务院有关部门公告禁止使用的农药、兽药以及其他有毒、有害物质；

（四）其他危害人体健康的物质。

第二十一条 "足以造成严重食物中毒事故或者其他严重食源性疾病""有毒、有害非食品原料"难以确定的，司法机关可以根据检验报告并结合专家意见等相关材料进行认定。必要时，人民法院可以依法通知有关专家出庭作出说明。

2 "对人体健康造成严重危害"的认定

★最高人民法院、最高人民检察院《关于办理生产、销售伪劣商品刑事案件具体应用法律若干问题的解释》（2001年4月10日）（节录）

第五条（第1款） 生产、销售的有毒、有害食品被食用后，造成轻伤、重伤或者其他严重后果的，应认定为刑法第一百四十四条规定的"对人体健康造成严重危害"。

★最高人民法院、最高人民检察院《关于办理危害食品安全刑事案件适用法律若干问题的解释》（2013年5月4日）（节录）

第二条 生产、销售不符合食品安全标准的食品，具有下列情形之一的，应当认定为刑法第一百四十三条规定的"对人体健康造成严重危害"：

（一）造成轻伤以上伤害的；

（二）造成轻度残疾或者中度残疾的；

（三）造成器官组织损伤导致一般功能障碍或者严重功能障碍的；

（四）造成十人以上严重食物中毒或者其他严重食源性疾病的；

（五）其他对人体健康造成严重危害的情形。

第五条 生产、销售有毒、有害食品，具有本解释第二条规定情形之一的，应当认定为刑法第一百四十四条规定的"对人体健康造成严重危害"。

3 "其他严重情节"的认定

★最高人民法院、最高人民检察院《关于办理危害食品安全刑事案件适用法律若干问题的解释》（2013年5月4日）（节录）

第六条 生产、销售有毒、有害食品，具有下列情形之一的，应当认定为刑法第一百四十四条规定的"其他严重情节"：

（一）生产、销售金额二十万元以上不满五十万元的；

（二）生产、销售金额十万元以上不满二十万元，有毒、有害食品的数量较大或者生产、销售持续时间较长的；

（三）生产、销售金额十万元以上不满二十万元，属于婴幼儿食品的；

（四）生产、销售金额十万元以上不满二十万元，一年内曾因危害食品安全违法犯罪活动受过行政处罚或者刑事处罚的；

（五）有毒、有害的非食品原料毒害性强或者含量高的；

（六）其他情节严重的情形。

4 "致人死亡或者有其他特别严重情节"的认定

★最高人民法院、最高人民检察院《关于办理危害食品安全刑事案件适用法律若干问题的解释》（2013年5月4日）（节录）

第四条　生产、销售不符合食品安全标准的食品，具有下列情形之一的，应当认定为刑法第一百四十三条规定的"后果特别严重"：

（一）致人死亡或者重度残疾的；

（二）造成三人以上重伤、中度残疾或者器官组织损伤导致严重功能障碍的；

（三）造成十人以上轻伤、五人以上轻度残疾或者器官组织损伤导致一般功能障碍的；

（四）造成三十人以上严重食物中毒或者其他严重食源性疾病的；

（五）其他特别严重的后果。

第七条　生产、销售有毒、有害食品，生产、销售金额五十万元以上，或者具有本解释第四条规定的情形之一的，应当认定为刑法第一百四十四条规定的"致人死亡或者有其他特别严重情节"。

5 涉及禁止在饲料和动物饮用水中使用药品的行为的定性

★最高人民法院、最高人民检察院《关于办理非法生产、销售、使用禁止在饲料和动物饮用水中使用的药品等刑事案件具体应用法律若干问题的解释》（2002年8月23日）（节录）

第三条　使用盐酸克仑特罗等禁止在饲料和动物饮用水中使用的药品或者含有该类药品的饲料养殖供人食用的动物，或者销售明知是使用该类药品或者含有该类药品的饲料养殖的供人食用的动物的，依照刑法第一百四十四条的规定，以生产、销售有毒、有害食品罪追究刑事责任。

第四条　明知是使用盐酸克仑特罗等禁止在饲料和动物饮用水中使用的药品或者含有该类药品的饲料养殖的供人食用的动物，而提供屠宰等加工服务，或者销售其制品的，依照刑法第一百四十四条的规定，以生产、销售有毒、有害食品罪追究刑事责任。

第五条　实施本解释规定的行为，同时触犯刑法规定的两种以上犯罪的，依照处罚较重的规定追究刑事责任。

第六条　禁止在饲料和动物饮用水中使用的药品，依照国家有关部门公告的禁止在饲料和动物饮用水中使用的药物品种目录确定。

附：农业部、卫生部、国家药品监督管理局公告的《禁止在饲料和动物饮用水中使用的药物品种目录》

一、肾上腺素受体激动剂

1. 盐酸克仑特罗（ClenbuterolHydrochloride）：中华人民共和国药典（以下简称药典）

2000年二部P605。β2肾上腺素受体激动药。

2. 沙丁胺醇（Salbutamol）：药典2000年二部P316。β2肾上腺素受体激动药。

3. 硫酸沙丁胺醇（SalbutamolSulfate）：药典2000年二部P870。β2肾上腺素受体激动药。

4. 莱克多巴胺（Ractopamine）：一种β兴奋剂，美国食品和药物管理局（FDA）已批准，中国未批准。

5. 盐酸多巴胺（DopamineHydrochloride）：药典2000年二部P591。多巴胺受体激动药。

6. 西巴特罗（Cimaterol）：美国氰胺公司开发的产品，一种β兴奋剂，FDA未批准。

7. 硫酸特布他林（TerbutalineSulfate）：药典2000年二部P890。β2肾上腺素受体激动药。

二、性激素

8. 己烯雌酚（Diethylstibestrol）：药典2000年二部P42。雌激素类药。

9. 雌二醇（Estradiol）：药典2000年二部P1005。雌激素类药。

10. 戊酸雌二醇（EstradiolValcrate）：药典2000年二部P124。雌激素类药。

11. 苯甲酸雌二醇（EstradiolBenzoate）：药典2000年二部P369。雌激素类药。中华人民共和国兽药典（以下简称兽药典）2000年版一部P109。雌激素类药。用于发情不明显动物的催情及胎衣滞留、死胎的排除。

12. 氯烯雌醚（Chlorotrianisene）药典2000年二部P919。

13. 炔诺醇（Ethinylestradiol）药典2000年二部P422。

14. 炔诺醚（Quinestrol）药典2000年二部P424。

15. 醋酸氯地孕酮（Chlormadinoneacetate）药典2000年二部P1037。

16. 左炔诺孕酮（Levonorgestrel）药典2000年二部P107。

17. 炔诺酮（Norethisterone）药典2000年二部P420。

18. 绒毛膜促性腺激素（绒促性素）（ChorionicConadotro-phin）：药典2000年二部P534。促性腺激素药。兽药典2000年版一部P146。激素类药。用于性功能障碍、习惯性流产及卵巢囊肿等。

19. 促卵泡生长激素（尿促性素主要含卵泡刺激FSHT和黄体生成素LH）（Menotropins）：药典2000年二部P321。促性腺激素类药。

三、蛋白同化激素。

20. 碘化酪蛋白（IodinatedCasein）：蛋白同化激素类，为甲状腺素的前驱物质，具有类似甲状腺素的生理作用。

21. 苯丙酸诺龙及苯丙酸诺龙注射液（Nandrolonephenylpro-pionate）药典2000年二部P365。

四、精神药品

22. （盐酸）氯丙嗪（ChlorpromazineHydrochloride）：药典2000年二部P676。抗精神病药。兽药典2000年版一部P177。镇静药。用于强化麻醉以及使动物安静等。

23. 盐酸异丙嗪（PromethazineHydrochloride）：药典2000年二部P602。抗组胺药。兽药典2000年版一部P164。抗组胺药。用于变态反应性疾病，如荨麻疹、血清病等。

24. 安定（地西泮）（Diazepam）：药典 2000 年二部 P214。抗焦虑药、抗惊厥药。兽药典 2000 年版一部 P61。镇静药、抗惊厥药。

25. 苯巴比妥（Phenobarbital）：药典 2000 年二部 P362。镇静催眠药、抗惊厥药。兽药典 2000 年版一部 P103。巴比妥类药。缓解脑炎、破伤风、士的宁中毒所致的惊厥。

26. 苯巴比妥钠（PhenobarbitalSodium）。兽药典 2000 年版一部 P105。巴比妥类药。缓解脑炎、破伤风、士的宁中毒所致的惊厥。

27. 巴比妥（Barbital）：兽药典 2000 年版一部 P27。中枢抑制和增强解热镇痛。

28. 异戊巴比妥（Amobarbital）：药典 2000 年二部 P252。催眠药、抗惊厥药。

29. 异戊巴比妥钠（AmobarbitalSodium）：兽药典 2000 年版一部 P82。巴比妥类药。用于小动物的镇静、抗惊厥和麻醉。

30. 利血平（Reserpine）：药典 2000 年二部 P304。抗高血压药。

31. 艾司唑仑（Estazolam）。

32. 甲丙氨脂（Mcprobamate）。

33. 咪达唑仑（Midazolam）。

34. 硝西泮（Nitrazepam）。

35. 奥沙西泮（Oxazcpam）。

36. 匹莫林（Pemoline）。

37. 三唑仑（Triazolam）。

38. 唑吡旦（Zolpidem）。

39. 其他国家管制的精神药品。

五、各种抗生素滤渣

40. 抗生素滤渣：该类物质是抗生素类产品生产过程中产生的工业三废，因含有微量抗生素成份，在饲料和饲养过程中使用后对动物有一定的促生长作用。但对养殖业的危害很大，一是容易引起耐药性，二是由于未做安全性试验，存在各种安全隐患。

★最高人民检察院《关于印发第四批指导性案例的通知》（2014 年 2 月 20 日）（节录）

孙建亮等人生产、销售有毒、有害食品案（检例第 14 号）

要旨：明知盐酸克伦特罗（俗称"瘦肉精"）是国家禁止在饲料和动物饮用水中使用的药品，而用以养殖供人食用的动物并出售的，应当认定为生产、销售有毒、有害食品罪。明知盐酸克伦特罗是国家禁止在饲料和动物饮用水中使用的药品，而买卖和代买盐酸克伦特罗片，供他人用以养殖供人食用的动物的，应当认定为生产、销售有毒、有害食品罪的共犯。

6 "地沟油"犯罪的处罚

★最高人民法院、最高人民检察院、公安部《关于依法严惩"地沟油"犯罪活动的通知》（2012 年 1 月 9 日）（节录）

一、依法严惩"地沟油"犯罪，切实维护人民群众食品安全

"地沟油"犯罪，是指用餐厨垃圾、废弃油脂、各类肉及肉制品加工废弃物等非食品原料，生产、加工"食用油"，以及明知是利用"地沟油"生产、加工的油脂而作为食用

第三章　破坏社会主义市场经济秩序罪·第一节　生产、销售伪劣商品罪

油销售的行为。"地沟油"犯罪严重危害人民群众身体健康和生命安全，严重影响国家形象，损害党和政府的公信力。各级公安机关、检察机关、人民法院要认真贯彻《刑法修正案（八）》对危害食品安全犯罪从严打击的精神，依法严惩"地沟油"犯罪，坚决打击"地沟油"进入食用领域的各种犯罪行为，坚决保护人民群众切身利益。对于涉及多地区的"地沟油"犯罪案件，各地公安机关、检察机关、人民法院要在案件管辖、调查取证等方面通力合作，形成打击合力，切实维护人民群众食品安全。

二、准确理解法律规定、严格区分犯罪界限

（一）对于利用"地沟油"生产"食用油"的，依照刑法第144条生产有毒、有害食品罪的规定追究刑事责任。

（二）明知是利用"地沟油"生产的"食用油"而予以销售的，依照刑法第144条销售有毒、有害食品罪的规定追究刑事责任。认定是否"明知"，应当结合犯罪嫌疑人、被告人的认知能力，犯罪嫌疑人、被告人及其同案人的供述和辩解，证人证言，产品质量，进货渠道及进货价格、销售渠道及销售价格等主、客观因素予以综合判断。

（三）对于利用"地沟油"生产的"食用油"，已经销售出去没有实物，但是有证据证明系已被查实生产、销售有毒、有害食品犯罪事实的上线提供的，依照刑法第144条销售有毒、有害食品罪的规定追究刑事责任。

（四）虽无法查明"食用油"是否系利用"地沟油"生产、加工，但犯罪嫌疑人、被告人明知该"食用油"来源可疑而予以销售的，应分别情形处理：经鉴定，检出有毒、有害成分的，依照刑法第144条销售有毒、有害食品罪的规定追究刑事责任；属于不符合安全标准的食品的，依照刑法第143条销售不符合安全标准的食品罪追究刑事责任；属于以假充真、以次充好、以不合格产品冒充合格产品或者假冒注册商标，构成犯罪的，依照刑法第140条销售伪劣产品罪或者第213条假冒注册商标罪、第214条销售假冒注册商标的商品罪追究刑事责任。

（五）知道或应当知道他人实施以上第（一）、（二）、（三）款犯罪行为，而为其掏捞、加工、贩运"地沟油"，或者提供贷款、资金、账号、发票、证明、许可证件，或者提供技术、生产、经营场所、运输、仓储、保管等便利条件的，依照本条第（一）、（二）、（三）款犯罪的共犯论处。

（六）对违反有关规定，掏捞、加工、贩运"地沟油"，没有证据证明用于生产"食用油"的，交由行政部门处理。

（七）对于国家工作人员在食用油安全监管和查处"地沟油"违法犯罪活动中滥用职权、玩忽职守、徇私枉法，构成犯罪的，依照刑法有关规定追究刑事责任。

三、准确把握宽严相济刑事政策在食品安全领域的适用

在对"地沟油"犯罪定罪量刑时，要充分考虑犯罪数额、犯罪分子主观恶性及其犯罪手段、犯罪行为对人民群众生命安全和身体健康的危害、对市场经济秩序的破坏程度、恶劣影响等。对于具有累犯、前科、共同犯罪的主犯、集团犯罪的首要分子等情节，以及犯罪数额巨大、情节恶劣、危害严重，群众反映强烈，给国家和人民利益造成重大损失的犯罪分子，依法严惩，罪当判处死刑的，要坚决依法判处死刑。对在同一条生产销售链上的

犯罪分子,要在法定刑幅度内体现严惩源头犯罪的精神,确保生产环节与销售环节量刑的整体平衡。对于明知是"地沟油"而非法销售的公司、企业,要依法从严追究有关单位和直接责任人员的责任。对于具有自首、立功、从犯等法定情节的犯罪分子,可以依法从宽处理。要严格把握适用缓刑、免予刑事处罚的条件。对依法必须适用缓刑的,一般同时宣告禁止令,禁止其在缓刑考验期内从事与食品生产、销售等有关的活动。

★最高人民检察院《关于印发第四批指导性案例的通知》(2014年2月20日)(节录)

柳立国等人生产、销售有毒、有害食品,生产、销售伪劣产品案(检例第12号)

要旨:明知对方是食用油经销者,仍将用餐厨废弃油(俗称"地沟油")加工而成的劣质油脂销售给对方,导致劣质油脂流入食用油市场供人食用的,构成生产、销售有毒、有害食品罪;明知油脂经销者向饲料生产企业和药品生产企业等单位销售豆油等食用油,仍将用餐厨废弃油加工而成的劣质油脂销售给对方,导致劣质油脂流向饲料生产企业和药品生产企业等单位的,构成生产、销售伪劣产品罪。

7 在食品中添加有毒、有害的非食品原料,或者使用有毒、有害的非食品原料加工食品行为的定性

★最高人民法院、最高人民检察院《关于办理危害食品安全刑事案件适用法律若干问题的解释》(2013年5月4日)(节录)

第九条 在食品加工、销售、运输、贮存等过程中,掺入有毒、有害的非食品原料,或者使用有毒、有害的非食品原料加工食品的,依照刑法第一百四十四条的规定以生产、销售有毒、有害食品罪定罪处罚。

在食用农产品种植、养殖、销售、运输、贮存等过程中,使用禁用农药、兽药等禁用物质或者其他有毒、有害物质的,适用前款的规定定罪处罚。

在保健食品或者其他食品中非法添加国家禁用药物等有毒、有害物质的,适用第一款的规定定罪处罚。

★最高人民检察院《关于印发第四批指导性案例的通知》(2014年2月20日)(节录)

徐孝伦等人生产、销售有害食品案(检例第13号)

要旨:在食品加工过程中,使用有毒、有害的非食品原料加工食品并出售的,应当认定为生产、销售有毒、有害食品罪;明知是他人使用有毒、有害的非食品原料加工出的食品仍然购买并出售的,应当认定为销售有毒、有害食品罪。

8 共同犯罪

★最高人民法院、最高人民检察院《关于办理生产、销售伪劣商品刑事案件具体应用法律若干问题的解释》(2001年4月10日)(节录)

第九条 知道或者应当知道他人实施生产、销售伪劣商品犯罪,而为其提供贷款、资金、账号、发票、证明、许可证件,或者提供生产、经营场志或者运输、仓储、保管、邮寄等便利条件,或者提供人制假生产技术的,以生产、销售伪劣商品犯罪的共犯论处。

9 一罪与数罪

★最高人民法院、最高人民检察院《关于办理生产、销售伪劣商品刑事案件具体应用

法律若干问题的解释》(2001 年 4 月 10 日)(节录)

第十条 实施生产、销售为伪劣商品犯罪,同时构成侵犯知识产权、非法经营等其他犯罪的,依照处罚较重的规定定罪处罚。

第十一条 实施刑法第一百四十条至第一百四十八条规定的犯罪,又以暴力、威胁方法抗拒查处,构成其他犯罪的,依照数罪并罚的规定处罚。

★最高人民检察院《关于办理非法经营食盐刑事案件具体应用法律若干问题的解释》(2002 年 9 月 13 日)(节录)

第四条 以非碘盐充当碘盐或者以工业用盐等非食盐充当食盐进行非法经营,同时构成非法经营罪和生产、销售伪劣产品罪、生产、销售不符合卫生标准的食品罪、生产、销售有毒、有害食品罪等其他犯罪的,依照处罚较重的规定追究刑事责任。

★最高人民法院、最高人民检察院《关于办理危害食品安全刑事案件适用法律若干问题的解释》(2013 年 5 月 4 日)(节录)

第十三条 生产、销售不符合食品安全标准的食品,有毒、有害食品,符合刑法第一百四十三条、第一百四十四条规定的,以生产、销售不符合安全标准的食品罪或者生产、销售有毒、有害食品罪定罪处罚。同时构成其他犯罪的,依照处罚较重的规定定罪处罚。

生产、销售不符合食品安全标准的食品,无证据证明足以造成严重食物中毒事故或者其他严重食源性疾病,不构成生产、销售不符合安全标准的食品罪,但是构成生产、销售伪劣产品罪等其他犯罪的,依照该其他犯罪定罪处罚。

★最高人民检察院《关于印发第四批指导性案例的通知》(2014 年 2 月 20 日)(节录)

胡林贵等人生产、销售有毒、有害食品,行贿;骆梅等人销售伪劣产品;朱伟全等人生产、销售伪劣产品;黎达文等人受贿,食品监管渎职案(检例第 15 号)

要旨:实施生产、销售有毒、有害食品犯罪,为逃避查处向负有食品安全监管职责的国家工作人员行贿的,应当以生产、销售有毒、有害食品罪和行贿罪实行数罪并罚。

负有食品安全监督管理职责的国家机关工作人员,滥用职权,向生产、销售有毒、有害食品的犯罪分子通风报信,帮助逃避处罚的,应当认定为食品监管渎职罪;在渎职过程中受贿的,应当以食品监管渎职罪和受贿罪实行数罪并罚。

———— 量 刑 ————

▶1 从重处罚

★最高人民法院、最高人民检察院《关于办理生产、销售伪劣商品刑事案件具体应用法律若干问题的解释》(2001 年 4 月 10 日)(节录)

第十二条 国家机关工作人员参与生产、销售伪劣商品犯罪的,从重处罚。

▶2 刑种的适用

★最高人民法院《关于进一步加大力度,依法严惩危害食品安全及相关职务犯罪的通知》(2011 年 5 月 27 日)(节录)

被告人实施危害食品安全的行为同时构成危害食品安全犯罪和生产、销售伪劣产品、侵犯知识产权、非法经营等犯罪的，依照处罚较重的规定定罪处罚。要综合考虑犯罪分子的主观恶性、犯罪手段、犯罪数额、危害后果、恶劣影响等因素，依法准确裁量刑罚。对于致人死亡或者有其他特别严重情节，罪当判处死刑的，要坚决依法判处死刑。要加大财产刑的判处力度，用足、用好罚金、没收财产等刑罚手段，剥夺犯罪分子再次犯罪的能力。要从严把握对危害食品安全的犯罪分子及相关职务犯罪分子适用缓免刑的条件。对依法必须适用缓刑的犯罪分子，可以同时宣告禁止令，禁止其在缓刑考验期内从事与食品生产、销售等有关的活动。

★最高人民法院《关于充分发挥审判职能作用切实维护公共安全的若干意见》（2015年9月16日）（节录）

四、做好涉民生案件审判工作，切实保障人民群众合法权益

10. 依法惩治危害食品药品安全犯罪。食品药品安全形势不容乐观，重大、恶性食品药品安全犯罪案件时有发生，党中央高度关注，人民群众反映强烈。要以"零容忍"的态度，坚持最严厉的处罚、最严肃的问责，依法严惩生产、销售有毒、有害食品、不符合卫生标准的食品，以及生产、销售假药、劣药等犯罪。要充分认识此类犯罪的严重社会危害，严格缓刑、免刑等非监禁刑的适用。要采取有效措施依法追缴违法犯罪所得，充分适用财产刑，坚决让犯罪分子在经济上无利可图、得不偿失。要依法适用禁止令，有效防范犯罪分子再次危害社会。

第一百四十五条【生产、销售不符合标准的医用器材罪】 生产不符合保障人体健康的国家标准、行业标准的医疗器械、医用卫生材料，或者销售明知是不符合保障人体健康的国家标准、行业标准的医疗器械、医用卫生材料，足以严重危害人体健康的，处三年以下有期徒刑或者拘役，并处销售金额百分之五十以上二倍以下罚金；对人体健康造成严重危害的，处三年以上十年以下有期徒刑，并处销售金额百分之五十以上二倍以下罚金；后果特别严重的，处十年以上有期徒刑或者无期徒刑，并处销售金额百分之五十以上二倍以下罚金或者没收财产。

关联法条：第一百四十九条、第一百五十条

立案追诉标准

★最高人民检察院、公安部《关于公安机关管辖的刑事案件立案追诉标准的规定（一）》（2008年6月25日）（节录）

第二十一条[生产、销售不符合标准的医用器材案（刑法第一百四十五条）] 生产不符合保障人体健康的国家标准、行业标准的医疗器械、医用卫生材料，或者销售明知是不符合保障人体健康的国家标准、行业标准的医疗器械、医用卫生材料，涉嫌下列情形之一的，应予立案追诉：

（一）进入人体的医疗器械的材料中含有超过标准的有毒有害物质的；

（二）进入人体的医疗器械的有效性指标不符合标准要求，导致治疗、替代、调节、补偿功能部分或者全部丧失，可能造成贻误诊治或者人体严重损伤的；

第三章　破坏社会主义市场经济秩序罪·第一节　生产、销售伪劣商品罪

（三）用于诊断、监护、治疗的有源医疗器械的安全指标不合符强制性标准要求，可能对人体构成伤害或者潜在危害的；

（四）用于诊断、监护、治疗的有源医疗器械的主要性能指标不合格，可能造成贻误诊治或者人体严重损伤的；

（五）未经批准，擅自增加功能或者适用范围，可能造成贻误诊治或者人体严重损伤的；

（六）其他足以严重危害人体健康或者对人体健康造成严重危害的情形。

医疗机构或者个人知道或者应当知道是不符合保障人体健康的国家标准、行业标准的医疗器械、医用卫生材料而购买并有偿使用的，视为本条规定的"销售"。

第一百条　本规定中的立案追诉标准，除法律、司法解释另有规定的以外，适用于相关的单位犯罪。

定　罪

▶1 "对人体健康造成严重危害"、"后果特别严重"的认定

★最高人民法院、最高人民检察院《关于办理生产、销售伪劣商品刑事案件具体应用法律若干问题的解释》（2001年4月10日）（节录）①

第六条　生产、销售不符合标准的医疗器、械、医用卫生材料，致人轻伤或者其他严重后果的，应认定为刑法第一百四十五条规定的"对人体健康造成严重危害"。

生产、销售不符合标准的医疗器械、医用卫生材料，造成感染病毒性肝炎等难以治愈的疾病，一个以上重伤、三人以上轻伤或者其他严重后果的，应认定为"后果特别严重"。

生产、销售不符合标准的医疗器械、医用卫生材料，致人死亡、严重残疾、感染艾滋病、三人以上重伤、十人以上轻伤或者造成其他特别严重后果的，应认定为"情节特别恶劣"。

医疗机构或者个人、知者或者应当知道是不符合保障人体健康的国家标准、行业标准的医疗器械、医用卫生材料而购买、使用，对人体健康造成严重危害的，以销售不符合标准的医用器材罪定罪处罚。

没有国家标准、行业标准的医疗器械、注册产品标准可视为"保障人体健康的行业标准"。

▶2 购买并有偿使用不符合国家标准、行业标准的医疗器械、医用卫生材料行为的定性

★最高人民法院、最高人民检察院《关于办理妨害预防、控制突发传染病疫情等灾害的刑事案件具体应用法律若干问题的解释》（2003年5月15日）（节录）

第三条（第2款）　医疗机构或者个人，知道或者应当知道系前款规定的不符合保障

---

① 本司法解释在2002年《刑法修正案（四）》之前作出，故部分内容如"情节特别恶劣"已不适用。

人体健康的国家标准、行业标准的医疗器械、医用卫生材料而购买并有偿使用的,以销售不符合标准的医用器材罪定罪,依法从重处罚。

3 共同犯罪

★最高人民法院、最高人民检察院《关于办理生产、销售伪劣商品刑事案件具体应用法律若干问题的解释》(2001年4月10日)(节录)

第九条 知道或者应当知道他人实施生产、销售伪劣商品犯罪,而为其提供贷款、资金、账号、发票、证明、许可证件,或者提供生产、经营场志或者运输、仓储、保管、邮寄等便利条件,或者提供人制假生产技术的,以生产、销售伪劣商品犯罪的共犯论处。

4 一罪与数罪

★最高人民法院、最高人民检察院《关于办理生产、销售伪劣商品刑事案件具体应用法律若干问题的解释》(2001年4月10日)(节录)

第十条 实施生产、销售为伪劣商品犯罪,同时构成侵犯知识产权、非法经营等其他犯罪的,依照处罚较重的规定定罪处罚。

第十一条 实施刑法第一百四十条至第一百四十八条规定的犯罪,又以暴力、威胁方法抗拒查处,构成其他犯罪的,依照数罪并罚的规定处罚。

量 刑

1 从重处罚

★最高人民法院、最高人民检察院《关于办理生产、销售伪劣商品刑事案件具体应用法律若干问题的解释》(2001年4月10日)(节录)

第十二条 国家机关工作人员参与生产、销售伪劣商品犯罪的,从重处罚。

★最高人民法院、最高人民检察院《关于办理妨害预防、控制突发传染病疫情等灾害的刑事案件具体应用法律若干问题的解释》(2003年5月14日)(节录)

第三条(第1款) 在预防、控制突发传染病疫情等灾害期间,生产用于防治传染病的不符合保障人体健康的国家标准、行业标准的医疗器械、医用卫生材料,或者销售明知是用于防治传染病的不符合保障人体健康的国家标准、行业标准的医疗器械、医用卫生材料,不具有防护、救治功能,足以严重危害人体健康的,依照刑法第一百四十五条的规定,以生产、销售不符合标准的医用器材罪定罪,依法从重处罚。

2 从宽处罚

★最高人民法院、最高人民检察院《关于办理妨害预防、控制突发传染病疫情等灾害的刑事案件具体应用法律若干问题的解释》(2003年5月14日)(节录)

第十七条 人民法院、人民检察院办理有关妨害预防、控制突发传染病疫情等灾害的刑事案件,对于有自首、立功等悔罪表现的,依法从轻、减轻、免除处罚或者依法作出不起诉决定。

第一百四十六条【生产、销售不符合安全标准的产品罪】 生产不符合保障人身、财产安全的国家标准、行业标准的电器、压力容器、易燃易爆产品或者其他不符合保障人身、财产安全的国家标准、行业标准的产品，或者销售明知是以上不符合保障人身、财产安全的国家标准、行业标准的产品，造成严重后果的，处五年以下有期徒刑，并处销售金额百分之五十以上二倍以下罚金；后果特别严重的，处五年以上有期徒刑，并处销售金额百分之五十以上二倍以下罚金。

关联法条：第一百四十九条、第一百五十条

◁ 立案追诉标准 ▷

★最高人民检察院、公安部《关于公安机关管辖的刑事案件立案追诉标准的规定（一）》（2008年6月25日）（节录）

第二十二条 [生产、销售不符合安全标准的产品案（刑法第一百四十六条）] 生产不符合保障人身、财产安全的国家标准、行业标准的电器、压力容器、易燃易爆或者其他不符合保障人身、财产安全的国家标准、行业标准的产品，或者销售明知是以上不符合保障人身、财产安全的国家标准、行业标准的产品，涉嫌下列情形之一的，应予立案追诉：

（一）造成人员重上或者死亡的；
（二）造成直接经济损失十万元以上的；
（三）其他造成严重后果的情形。

第一百条 本规定中的立案追诉标准，除法律、司法解释另有规定的以外，适用于相关的单位犯罪。

第一百零一条 本规定中的"以上"，包括本数。

◁ 定　罪 ▷

1 涉及烟花爆竹行为的定性

（参见第一百四十条：【定罪】：7. 生产、经营烟花爆竹行为的定性，P192）

2 生产、销售不符合标准的安全设备的定性

★最高人民法院、最高人民检察院《关于办理危害生产安全刑事案件适用法律若干问题的解释》（2015年12月16日）（节录）

第十一条 生产不符合保障人身、财产安全的国家标准、行业标准的安全设备，或者明知安全设备不符合保障人身、财产安全的国家标准、行业标准而进行销售，致使发生安全事故，造成严重后果的，依照刑法第一百四十六条的规定，以生产、销售不符合安全标准的产品罪定罪处罚。

3 共同犯罪

★最高人民法院、最高人民检察院《关于办理生产、销售伪劣商品刑事案件具体应用法律若干问题的解释》（2001年4月10日）（节录）

第二编 分 则

第九条 知道或者应当知道他人实施生产、销售伪劣商品犯罪,而为其提供贷款、资金、账号、发票、证明、许可证件,或者提供生产、经营场志或者运输、仓储、保管、邮寄等便利条件,或者提供人制假生产技术的,以生产、销售伪劣商品犯罪的共犯论处。

▶ 4 一罪与数罪

★最高人民法院、最高人民检察院《关于办理生产、销售伪劣商品刑事案件具体应用法律若干问题的解释》(2001年4月10日)(节录)

第十条 实施生产、销售为伪劣商品犯罪,同时构成侵犯知识产权、非法经营等其他犯罪的,依照处罚较重的规定定罪处罚。

第十一条 实施刑法第一百四十条至第一百四十八条规定的犯罪,又以暴力、威胁方法抗拒查处,构成其他犯罪的,依照数罪并罚的规定处罚。

◆ 量 刑 ◆

▶ 1 从重处罚

★最高人民法院、最高人民检察院《关于办理生产、销售伪劣商品刑事案件具体应用法律若干问题的解释》(2001年4月10日)(节录)

第十二条 国家机关工作人员参与生产、销售伪劣商品犯罪的,从重处罚。

第一百四十七条【生产、销售伪劣农药、兽药、化肥、种子罪】 生产假农药、假兽药、假化肥,销售明知是假的或者失去使用效能的农药、兽药、化肥、种子,或者生产者、销售者以不合格的农药、兽药、化肥、种子冒充合格的农药、兽药、化肥、种子,使生产遭受较大损失的,处三年以下有期徒刑或者拘役,并处或者单处销售金额百分之五十以上二倍以下罚金;使生产遭受重大损失的,处三年以上七年以下有期徒刑,并处销售金额百分之五十以上二倍以下罚金;使生产遭受特别重大损失的,处七年以上有期徒刑或者无期徒刑,并处销售金额百分之五十以上二倍以下罚金或者没收财产。

关联法条:第一百四十九条、第一百五十条

◆ 立案追诉标准 ◆

★最高人民检察院、公安部《关于公安机关管辖的刑事案件立案追诉标准的规定(一)》(2008年6月25日)(节录)

第二十三条 [生产、销售伪劣农药、兽药、化肥、种子案(刑法第一百四十七条)] 生产假农药、假兽药、假化肥,销售明知是假的或者失去使用效能的农药、兽药、化肥、种子,或者生产者、销售者以不合格的农药、兽药、化肥、种子冒充合格的农药、兽药、化肥、种子,涉嫌下列情形之一的,应予立案追诉:

(一)使生产遭受损失二万元以上的;

(二)其他使生产遭受较大损失的情形。

第一百条 本规定中的立案追诉标准,除法律、司法解释另有规定以外,适用于相

第三章 破坏社会主义市场经济秩序罪·第一节 生产、销售伪劣商品罪

关的单位犯罪。

第一百零一条 本规定中的"以上",包括本数。

━━━◀ 定　　罪 ▶━━━

1 "较大损失"、"重大损失"、"特别重大损失"的认定

★最高人民法院、最高人民检察院《关于办理生产、销售伪劣商品刑事案件具体应用法律若干问题的解释》(2001年4月10日)(节录)

第七条 刑法第一百四十七条规定的生产、销售伪劣农药、兽药、化肥、种子罪中"使生产遭受较大损失",一般以二万元为起点;"重大损失",一般以十万元为起点;"特别重大损失",一般以五十万元为起点。

2 共同犯罪

★最高人民法院、最高人民检察院《关于办理生产、销售伪劣商品刑事案件具体应用法律若干问题的解释》(2001年4月10日)(节录)

第九条 知道或者应当知道他人实施生产、销售伪劣商品犯罪,而为其提供贷款、资金、账号、发票、证明、许可证件,或者提供生产、经营场志或者运输、仓储、保管、邮寄等便利条件,或者提供人制假生产技术的,以生产、销售伪劣商品犯罪的共犯论处。

3 一罪与数罪

★最高人民法院、最高人民检察院《关于办理生产、销售伪劣商品刑事案件具体应用法律若干问题的解释》(2001年4月10日)(节录)

第十条 实施生产、销售为伪劣商品犯罪,同时构成侵犯知识产权、非法经营等其他犯罪,依照处罚较重的规定定罪处罚。

第十一条 实施刑法第一百四十条至第一百四十八条规定的犯罪,又以暴力、威胁方法抗拒查处,构成其他犯罪的,依照数罪并罚的规定处罚。

━━━◀ 量　　刑 ▶━━━

1 从重处罚

★最高人民法院、最高人民检察院《关于办理生产、销售伪劣商品刑事案件具体应用法律若干问题的解释》(2001年4月10日)(节录)

第十二条 国家机关工作人员参与生产、销售伪劣商品犯罪的,从重处罚。

第一百四十八条【生产、销售不符合卫生标准的化妆品罪】 生产不符合卫生标准的化妆品,或者销售明知是不符合卫生标准的化妆品,造成严重后果的,处三年以下有期徒刑或者拘役,并处或者单处销售金额百分之五十以上二倍以下罚金。

关联法条:第一百四十九条、第一百五十条

━━━◀ 立案追诉标准 ▶━━━

★最高人民检察院、公安部《关于公安机关管辖的刑事案件立案追诉标准的规定

（一）》（2008年6月25日）（节录）

第二十四条 [生产、销售不符合卫生标准的化妆品案（刑法第一百四十八条）] 生产不符合卫生标准的化妆品，或者销售明知是不符合卫生标准的化妆品，涉嫌下列情形之一的，应予立案追诉：

（一）造成他人容貌毁损或者皮肤严重损伤的；

（二）造成他人器官组织损伤导致严重功能障碍的；

（三）致使他人精神失常或者自杀、自残造成重伤、死亡的；

（四）其他造成严重后果的情形。

第一百条 本规定中的立案追诉标准，除法律、司法解释另有规定的以外，适用于相关的单位犯罪。

◀ 定　　罪 ▶

▶1 共同犯罪

★最高人民法院、最高人民检察院《关于办理生产、销售伪劣商品刑事案件具体应用法律若干问题的解释》（2001年4月10日）（节录）

第九条 知道或者应当知道他人实施生产、销售伪劣商品犯罪，而为其提供贷款、资金、账号、发票、证明、许可证件，或者提供生产、经营场志或者运输、仓储、保管、邮寄等便利条件，或者提供人制假生产技术的，以生产、销售伪劣商品犯罪的共犯论处。

▶2 一罪与数罪

★最高人民法院、最高人民检察院《关于办理生产、销售伪劣商品刑事案件具体应用法律若干问题的解释》（2001年4月10日）（节录）

第十条 实施生产、销售为伪劣商品犯罪，同时构成侵犯知识产权、非法经营等其他犯罪的，依照处罚较重的规定定罪处罚。

第十一条 实施刑法第一百四十条至第一百四十八条规定的犯罪，又以暴力、威胁方法抗拒查处，构成其他犯罪的，依照数罪并罚的规定处罚。

◀ 量　　刑 ▶

▶1 从重处罚

★最高人民法院、最高人民检察院《关于办理生产、销售伪劣商品刑事案件具体应用法律若干问题的解释》（2001年4月10日）（节录）

第十二条 国家机关工作人员参与生产、销售伪劣商品犯罪的，从重处罚。

第一百四十九条【本节法条的适用】 生产、销售本节第一百四十一条至第一百四十八条所列产品，不构成各该条规定的犯罪，但是销售金额在五万元以上的，依照本节第一百四十条的规定定罪处罚。

生产、销售本节第一百四十一条至第一百四十八条所列产品，构成各该条规定的犯罪，同时又构成本节第一百四十条规定之罪的，依照处罚较重的规定定罪处罚。

第三章 破坏社会主义市场经济秩序罪·第二节 走私罪

▶ 定 罪 ◀

▶**1** "销售金额"的认定

（参见第一百四十条：【定罪】：2. "销售金额"的认定，P188）

▶**2** 一罪与数罪

★最高人民法院《关于审理生产、销售伪劣商品刑事案件有关鉴定问题的通知》（2001年5月21日）（节录）

三、经鉴定确系伪劣商品，被告人的行为既构成生产、销售伪劣产品罪，又构成生产、销售假药罪或者生产、销售不符合卫生标准的食品罪，或者同时构成侵犯知识产权、非法经营等其他犯罪的，根据刑法第一百四十九条第二款和《解释》①第十条的规定，应当依照处罚较重的规定定罪处罚

第一百五十条 【单位犯本节之罪的处罚】 单位犯本节第一百四十条至第一百四十八条规定之罪的，对单位判处罚金，并对其直接负责的主管人员和其他直接责任人员，依照各该条的规定处罚。

第二节 走 私 罪

▶ 本节罪名定罪问题的总体规定 ◀

▶**1** 案件管辖

★最高人民法院、最高人民检察院、海关总署《办理走私刑事案件适用法律若干问题的意见》（2002年7月8日）（节录）

一、关于走私犯罪案件的管辖问题

根据刑事诉讼法的规定，走私犯罪案件由犯罪地的走私犯罪侦查机关立案侦查。走私犯罪案件复杂，环节多，其犯罪地可能涉及多个犯罪行为发生地，包括货物、物品的进口（境）地、出口（境）地、报关地、核销地等。如果发生刑法第一百五十四条、第一百五十五条规定的走私犯罪行为的，走私货物、物品的销售地、运输地、收购地和贩卖地均属于犯罪行为的发生地。对有多个走私犯罪行为发生地的，由最初受理的走私犯罪侦查机关或者由主要犯罪地的走私犯罪侦查机关管辖。对管辖有争议的，由共同的上级走私犯罪侦查机关指定管辖。

对发生在海（水）上的走私犯罪案件由该辖区的走私犯罪侦查机关管辖，但对走私船舶有跨辖区连续追缉情形的，由缉获走私船舶的走私犯罪侦查机关管辖。

人民检察院受理走私犯罪侦查机关提请批准逮捕、移送审查起诉的走私犯罪案件，人民法院审理人民检察院提起公诉的走私犯罪案件，按照《最高人民法院、最高人民检察院、公安部、司法部、海关总署关于走私犯罪侦查机关办理走私犯罪案件适用刑事诉讼程

---

① 即最高人民法院、最高人民检察院《关于办理生产、销售伪劣商品刑事案件具体应用法律若干问题的解释》（2001年4月10日）。

序若干问题的通知》(署侦〔1998〕742号)的有关规定执行。

❷ 犯罪嫌疑人、被告人主观故意的认定
★最高人民法院、最高人民检察院、海关总署《办理走私刑事案件适用法律若干问题的意见》(2002年7月8日)(节录)

五、关于走私犯罪嫌疑人、被告人主观故意的认定问题

行为人明知自己的行为违反国家法律法规,逃避海关监管,偷逃进出境货物、物品的应缴税额,或者逃避国家有关进出境的禁止性管理,并且希望或者放任危害结果发生的,应认定为具有走私的主观故意。

走私主观故意中的"明知"是指行为人知道或者应当知道所从事的行为是走私行为。具有下列情形之一的,可以认定为"明知",但有证据证明属被蒙骗的除外:

(一)逃避海关监管,运输、携带、邮寄国家禁止进出境的货物、物品的;

(二)用特制的设备或者运输工具走私货物、物品的;

(三)未经海关同意,在非设关的码头、海(河)岸、陆路边境等地点,运输(驳载)、收购或者贩卖非法进出境货物、物品的;

(四)提供虚假的合同、发票、证明等商业单证委托他人办理通关手续的;

(五)以明显低于货物正常进(出)口的应缴税额委托他人代理进(出)口业务的;

(六)曾因同一种走私行为受过刑事处罚或者行政处罚的;

(七)其他有证据证明的情形。

❸ 行为人对其走私的具体对象不明确的案件的处理
★最高人民法院、最高人民检察院、海关总署《办理走私刑事案件适用法律若干问题的意见》(2002年7月8日)(节录)

六、关于行为人对其走私的具体对象不明确的案件的处理问题

走私犯罪嫌疑人主观上具有走私犯罪故意,但对其走私的具体对象不明确的,不影响走私犯罪构成,应当根据实际的走私对象定罪处罚。但是,确有证据证明行为人因受蒙骗而对走私对象发生认识错误的,可以从轻处罚。

❹ 伪报价格走私犯罪案件中实际成交价格的认定
★最高人民法院、最高人民检察院、海关总署《办理走私刑事案件适用法律若干问题的意见》(2002年7月8日)(节录)

十一、关于伪报价格走私犯罪案件中实际成交价格的认定问题

走私犯罪案件中的伪报价格行为,是指犯罪嫌疑人、被告人在进出口货物、物品时,向海关申报进口或者出口的货物、物品的价格低于或者高于进出口货物的实际成交价格。

对实际成交价格的认定,在无法提取真、伪两套合同、发票等单证的情况下,可以根据犯罪嫌疑人、被告人的付汇渠道、资金流向、会计账册、境内外收发货人的真实交易方式,以及其他能够证明进出口货物实际成交价格的证据材料综合认定。

❺ 出售走私货物已缴纳的增值税不应从走私偷逃应缴税额中扣除
★最高人民法院、最高人民检察院、海关总署《办理走私刑事案件适用法律若干问题

的意见》（2002年7月8日）（节录）

十二、关于出售走私货物已缴纳的增值税应否从走私偷逃应缴税额中扣除的问题

走私犯罪嫌疑人为出售走私货物而开具增值税专用发票并缴纳增值税，是其走私行为既遂后在流通领域获违法所得的一种手段，属于非法开具增值税专用发票。对走私犯罪嫌疑人因出售走私货物而实际缴纳走私货物增值税的，在核定走私货物偷逃应缴税额时，不应当将其已缴纳的增值税额从其走私偷逃应缴税额中扣除。

6 单位走私犯罪案件诉讼代表人的确定及其相关问题

★最高人民法院、最高人民检察院、海关总署《办理走私刑事案件适用法律若干问题的意见》（2002年7月8日）（节录）

十七、关于单位走私犯罪案件诉讼代表人的确定及其相关问题

单位走私犯罪案件的诉讼代表人，应当是单位的法定代表人或者主要负责人。单位的法定代表人或者主要负责人被依法追究刑事责任或者因其他原因无法参与刑事诉讼的，人民检察院应当另行确定被告单位的其他负责人作为诉讼代表人参加诉讼。

接到出庭通知的被告单位的诉讼代表人应当出庭应诉。拒不出庭的，人民法院在必要的时候，可以拘传到庭。

对直接负责的主管人员和其他直接责任人员均无法归案的单位走私犯罪案件，只要单位走私犯罪的事实清楚、证据确实充分，且能够确定诉讼代表人代表单位参与刑事诉讼活动的，可以先行追究该单位的刑事责任。

被告单位没有合适人选作为诉讼代表人出庭的，因不具备追究该单位刑事责任的诉讼条件，可按照单位犯罪的条款先行追究单位犯罪中直接负责的主管人员或者其他直接责任人员的刑事责任。人民法院在对单位犯罪中直接负责的主管人员或者直接责任人员进行判决时，对于扣押、冻结的走私货物、物品、违法所得以及属于犯罪单位所有的走私犯罪工具，应当一并判决予以追缴、没收。

7 单位走私犯罪及其直接负责的主管人员和直接责任人员的认定

★最高人民法院、最高人民检察院、海关总署《办理走私刑事案件适用法律若干问题的意见》（2002年7月8日）（节录）

十八、关于单位走私犯罪及其直接负责的主管人员和直接责任人员的认定问题

具备下列特征的，可以认定为单位走私犯罪：（1）以单位的名义实施走私犯罪，即由单位集体研究决定，或者由单位的负责人或者被授权的其他人员决定、同意；（2）为单位谋取不正当利益或者违法所得大部分归单位所有。

依照《最高人民法院关于审理单位犯罪案件具体应用法律有关问题的解释》第二条的规定，个人为进行违法犯罪活动而设立的公司、企业、事业单位实施犯罪的，或者个人设立公司、企业、事业单位后，以实施犯罪为主要活动的，不以单位犯罪论处。单位是否以实施犯罪为主要活动，应根据单位实施走私行为的次数、频度、持续时间、单位进行合法经营的状况等因素综合考虑认定。

根据单位人员在单位走私犯罪活动中所发挥的不同作用，对其直接负责的主管人员和其他直接责任人员，可以确定为一人或者数人。对于受单位领导指派而积极参与实施走私

犯罪行为的人员,如果其行为在走私犯罪的主要环节起重要作用的,可以认定为单位犯罪的直接责任人员。

▶8 单位走私犯罪后发生变更的刑事责任追究

★最高人民法院、最高人民检察院、海关总署《办理走私刑事案件适用法律若干问题的意见》(2002年7月8日)(节录)

十九、关于单位走私犯罪后发生分立、合并或者其他资产重组情形以及单位被依法注销、宣告破产等情况下,如何追究刑事责任的问题

单位走私犯罪后,单位发生分立、合并或者其他资产重组等情况的,只要承受该单位权利义务的单位存在,应当追究单位走私犯罪的刑事责任。走私单位发生分立、合并或者其他资产重组后,原单位名称发生更改的,仍以原单位(名称)作为被告单位。承受原单位权利义务的单位法定代表人或者负责人为诉讼代表人。

单位走私犯罪后,发生分立、合并或者其他资产重组情形,以及被依法注销、宣告破产等情况的,无论承受该单位权利义务的单位是否存在,均应追究原单位直接负责的主管人员和其他直接责任人员的刑事责任。

人民法院对原走私单位判处罚金的,应当将承受原单位权利义务的单位作为被执行人。罚金超出新单位所承受的财产的,可在执行中予以减除。

▶9 单位自首的认定

★最高人民法院、最高人民检察院、海关总署《办理走私刑事案件适用法律若干问题的意见》(2002年7月8日)(节录)

二十一、关于单位走私犯罪案件自首的认定问题

在办理单位走私犯罪案件中,对单位集体决定自首的,或者单位直接负责的主管人员自首的,应当认定单位自首。认定单位自首后,如实交代主要犯罪事实的单位负责的其他主管人员和其他直接责任人员,可视为自首,但对拒不交代主要犯罪事实或逃避法律追究的人员,不以自首论。

▶10 走私货物、物品、走私违法所得以及走私犯罪工具的处理

★最高人民法院、最高人民检察院、海关总署《办理走私刑事案件适用法律若干问题的意见》(2002年7月8日)(节录)

二十三、关于走私货物、物品、走私违法所得以及走私犯罪工具的处理问题

在办理走私犯罪案件过程中,对发现的走私货物、物品、走私违法所得以及属于走私犯罪分子所有的犯罪工具,走私犯罪侦查机关应当及时追缴,依法予以查扣、冻结。在移送审查起诉时应当将扣押物品文件清单、冻结存款证明文件等材料随案移送,对于扣押的危险品或者鲜活、易腐、易失效、易贬值等不宜长期保存的货物、物品,已经依法先行变卖、拍卖的,应当随案移送变卖、拍卖物品清单以及原物的照片或者录像资料;人民检察院在提起公诉时应当将上述扣押物品文件清单、冻结存款证明和变卖、拍卖物品清单一并移送;人民法院在判决走私罪案件时,应当对随案清单、证明文件中载明的款、物审查确认并依法判决予以追缴、没收;海关根据人民法院的判决和海关法的有关规定予以处理,上缴中央国库。

第三章 破坏社会主义市场经济秩序罪·第二节 走私罪

11 走私货物、物品无法扣押或者不便扣押情况下走私违法所得的追缴

★最高人民法院、最高人民检察院、海关总署《办理走私刑事案件适用法律若干问题的意见》（2002年7月8日）（节录）

二十四、关于走私货物、物品无法扣押或者不便扣押情况下走私违法所得的追缴问题

在办理走私普通货物、物品犯罪案件中，对于走私货物、物品因流入国内市场或者投入使用，致使走私货物、物品无法扣押或者不便扣押的，应当按照走私货物、物品的进出口完税价格认定违法所得予以追缴；走私货物、物品实际销售价格高于进出口完税价格的，应当按照实际销售价格认定违法所得予以追缴。

12 走私多种物品的定性

★最高人民法院、最高人民检察院《关于办理走私刑事案件适用法律若干问题的解释》（2014年9月10日）（节录）

第二十二条 在走私的货物、物品中藏匿刑法第一百五十一条、第一百五十二条、第三百四十七条、第三百五十条规定的货物、物品，构成犯罪的，以实际走私的货物、物品定罪处罚；构成数罪的，实行数罪并罚。

13 一罪与数罪

★最高人民法院《关于审理发生在我国管辖海域相关案件若干问题的规定（二）》（2016年8月2日）（节录）

第八条（第2款） 有破坏海洋资源犯罪行为，又实施走私、妨害公务等犯罪的，依照数罪并罚的规定处理。

14 走私既遂

★最高人民法院、最高人民检察院《关于办理走私刑事案件适用法律若干问题的解释》（2014年9月10日）（节录）

第二十三条 实施走私犯罪，具有下列情形之一的，应当认定为犯罪既遂：

（一）在海关监管现场被查获的；

（二）以虚假申报方式走私，申报行为实施完毕的；

（三）以保税货物或者特定减税、免税进口的货物、物品为对象走私，在境内销售的，或者申请核销行为实施完毕的。

◆ 本节罪名量刑问题的总体规定 ◆

1 共同走私犯罪案件中罚金刑的判处

★最高人民法院、最高人民检察院、海关总署《办理走私刑事案件适用法律若干问题的意见》（2002年7月8日）（节录）

二十二、关于共同走私犯罪案件如何判处罚金刑问题

审理共同走私犯罪案件时，对各共同犯罪人判处罚金的总额应掌握在共同走私行为偷逃应缴税额的一倍以上五倍以下。

2 涉案款物的没收

★最高人民法院《关于严格执行有关走私案件涉案财物处理规定的通知》（2006年4

月 30 日）（节录）

关于刑事案件赃款赃物的处理问题，相关法律、司法解释已经规定的很明确。《海关法》第九十二条规定，"海关依法扣留的货物、物品、运输工具，在人民法院判决或者海关处罚决定作出之前，不得处理"；"人民法院判决没收或者海关决定没收的走私货物、物品、违法所得、走私运输工具、特制设备，由海关依法统一处理，所得价款和海关决定处以的罚款，全部上缴中央国库。"《最高人民法院、最高人民检察院、海关总署关于办理走私刑事案件适用法律若干问题的意见》第二十三条规定，"人民法院在判决走私罪案件时，应当对随案清单、证明文件中载明的款、物审查确认并依法判决予以追缴、没收；海关根据人民法院的判决和海关法的有关规定予以处理，上缴中央国库。"

据此，地方各级人民法院在审理走私犯罪案件时，对涉案的款、物等，应当严格遵循并切实执行上述法律、司法解释的规定，依法作出追缴、没收的判决。对于在审理走私犯罪案件中遇到的新情况、新问题，要加强与海关等相关部门的联系和协调，对于遇到的适用法律的新问题，应当及时报告最高人民法院。

第一百五十一条【走私武器、弹药罪】【走私核材料罪】【走私假币罪】 走私武器、弹药、核材料或者伪造的货币的，处七年以上有期徒刑，并处罚金或者没收财产；情节特别严重的，处无期徒刑，并处没收财产；情节较轻的，处三年以上七年以下有期徒刑，并处罚金。①

【走私文物罪】【走私贵重金属罪】【走私珍贵动物、珍贵动物制品罪】 走私国家禁止出口的文物、黄金、白银和其他贵重金属或者国家禁止进出口的珍贵动物及其制品的，处五年以上十年以下有期徒刑，并处罚金；情节特别严重的，处十年以上有期徒刑或者无期徒刑，并处没收财产；情节较轻的，处五年以下有期徒刑，并处罚金。

【走私国家禁止进出口的货物、物品罪】 走私珍稀植物及其制品等国家禁止进出口的其他货物、物品的，处五年以下有期徒刑或者拘役，并处或者单处罚金；情节严重的，处五年以上有期徒刑，并处罚金。

单位犯本条规定之罪的，对单位判处罚金，并对其直接负责的主管人员和其他直接责任人员，依照本条各款的规定处罚。

关联法条：第一百五十五条、第一百五十六条、第一百五十七条

▶ 立案追诉标准 ◀

★最高人民检察院、公安部《关于公安机关管辖的刑事案件立案追诉标准的规定（二）》（2010 年 5 月 7 日）（节录）

第二条［走私假币案（刑法第一百五十一条第一款）］走私伪造的货币，总面额在二

---

① 2015 年 8 月 29 日《刑法修正案（九）》第九条删除了本条第一款中原来的死刑规定。

千元以上或者币量在二百张（枚）以上的，应予立案追诉。

★**国家林业局、公安部《关于森林和陆生野生动物刑事案件管辖及立案标准》**（2001年5月9日）（节录）

二、森林和陆生野生动物刑事案件的立案标准

（五）走私珍稀植物、珍稀植物制品案

走私国家禁止进出口的珍稀植物、珍稀植物制品的应当立案；走私珍稀植物2株以上、珍稀植物制品价值在2万元以上的，为重大案件；走私珍稀植物10株以上、珍稀植物制品价值在10万元以上的，为特别重大案件。

（十一）走私珍贵动物、珍贵动物制品案

走私国家重点保护和《濒危野生动植物种国际贸易公约》附录一、附录二的陆生野生动物及其制品的应当立案；走私国家重点保护的陆生野生动物重大案件和特别重大案件按附表的标准执行。

走私国家重点保护和《濒危野生动植物种国际贸易公约》附录一、附录二的陆生野生动物制品价值10万元以上的，应当立为重大案件；走私国家重点保护和《濒危野生动植物种国际贸易公约》附录一、附录二的陆生野生动物制品价值20万元以上的，应当立为特别重大案件。

定　　罪

❶ 参见【本节罪名定罪问题的总体规定】，P223

❷ 走私国家禁止进出口的货物、物品行为的入罪数额

★**最高人民法院、最高人民检察院《关于办理走私刑事案件适用法律若干问题的解释》**（2014年9月10日）（节录）

第十一条　走私国家禁止进出口的货物、物品，具有下列情形之一的，依照刑法第一百五十一条第三款的规定处五年以下有期徒刑或者拘役，并处或者单处罚金：

（一）走私国家一级保护野生植物五株以上不满二十五株，国家二级保护野生植物十株以上不满五十株，或者珍稀植物、珍稀植物制品数额在二十万元以上不满一百万元的；

（二）走私重点保护古生物化石或者未命名的古生物化石不满十件，或者一般保护古生物化石十件以上不满五十件的；

（三）走私禁止进出口的有毒物质一吨以上不满五吨，或者数额在二万元以上不满十万元的；

（四）走私来自境外疫区的动植物及其产品五吨以上不满二十五吨，或者数额在五万元以上不满二十五万元的；

（五）走私木炭、硅砂等妨害环境、资源保护的货物、物品十吨以上不满五十吨，或者数额在十万元以上不满五十万元的；

（六）走私旧机动车、切割车、旧机电产品或者其他禁止进出口的货物、物品二十吨以上不满一百吨，或者数额在二十万元以上不满一百万元的；

（七）数量或者数额未达到本款第一项至第六项规定的标准，但属于犯罪集团的首要

分子,使用特种车辆从事走私活动,造成环境严重污染,或者引起甲类传染病传播、重大动植物疫情等情形的。

具有下列情形之一的,应当认定为刑法第一百五十一条第三款规定的"情节严重":

(一) 走私数量或者数额超过前款第一项至第六项规定的标准的;

(二) 达到前款第一项至第六项规定的标准,且属于犯罪集团的首要分子,使用特种车辆从事走私活动,造成环境严重污染,或者引起甲类传染病传播、重大动植物疫情等情形的。

▶3 第一款"武器、弹药"的认定

★最高人民法院、最高人民检察院《关于办理走私刑事案件适用法律若干问题的解释》(2014 年 9 月 10 日)(节录)

第二条 刑法第一百五十一条第一款规定的"武器、弹药"的种类,参照《中华人民共和国进口税则》及《中华人民共和国禁止进出境物品表》的有关规定确定。

▶4 第一款"货币"的认定

★最高人民法院、最高人民检察院《关于办理走私刑事案件适用法律若干问题的解释》(2014 年 9 月 10 日)(节录)

第七条 刑法第一百五十一条第一款规定的"货币",包括正在流通的人民币和境外货币。伪造的境外货币数额,折合成人民币计算。

▶5 第二款"国家禁止出口的文物"的认定

★《中华人民共和国文物保护法》(2015 年 4 月 24 日)(节录)

第六十条 国有文物、非国有文物中的珍贵文物和国家规定禁止出境的其他文物,不得出境;但是依照本法规定出境展览或者因特殊需要经国务院批准出境的除外。

★最高人民法院、最高人民检察院《关于办理妨害文物管理等刑事案件适用法律若干问题的解释》(2016 年 1 月 1 日)(节录)

第一条(第1款) 刑法第一百五十一条规定的"国家禁止出口的文物",依照《中华人民共和国文物保护法》规定的"国家禁止出境的文物"的范围认定。

▶6 第二款"珍贵动物"的认定

★最高人民法院、最高人民检察院《关于办理走私刑事案件适用法律若干问题的解释》(2014 年 9 月 10 日)(节录)

第十条 刑法第一百五十一条第二款规定的"珍贵动物",包括列入《国家重点保护野生动物名录》中的国家一、二级保护野生动物,《濒危野生动植物种国际贸易公约》附录Ⅰ、附录Ⅱ中的野生动物,以及驯养繁殖的上述动物。

走私本解释附表中未规定的珍贵动物的,参照附表中规定的同属或者同科动物的数量标准执行。

走私本解释附表中未规定珍贵动物的制品的,按照《最高人民法院、最高人民检察院、国家林业局、公安部、海关总署关于破坏野生动物资源刑事案件中涉及 CITES 附录Ⅰ和附录Ⅱ所列陆生野生动物制品价值核定问题的通知》(林濒发〔2012〕239 号)的有关规定核定价值。

7 第三款"珍稀植物"的认定

★最高人民法院、最高人民检察院《关于办理走私刑事案件适用法律若干问题的解释》(2014年9月10日)(节录)

第十二条 刑法第一百五十一条第三款规定的"珍稀植物",包括列入《国家重点保护野生植物名录》《国家重点保护野生药材物种名录》《国家珍贵树种名录》中的国家一、二级保护野生植物、国家重点保护的野生药材、珍贵树木,《濒危野生动植物种国际贸易公约》附录Ⅰ附录Ⅱ中的野生植物,以及人工培育的上述植物。

本解释规定的"古生物化石",按照《古生物化石保护条例》的规定予以认定。走私具有科学价值的古脊椎动物化石、古人类化石,构成犯罪的,依照刑法第一百五十一条第二款的规定,以走私文物罪定罪处罚。

8 走私武器弹药"情节较轻"、"情节特别严重"的认定

★最高人民法院、最高人民检察院《关于办理走私刑事案件适用法律若干问题的解释》(2014年9月10日)(节录)

第一条 走私武器、弹药,具有下列情形之一的,可以认定为刑法第一百五十一条第一款规定的"情节较轻":

(一)走私以压缩气体等非火药为动力发射枪弹的枪支二支以上不满五支的;

(二)走私气枪铅弹五百发以上不满二千五百发,或者其他子弹十发以上不满五十发的;

(三)未达到上述数量标准,但属于犯罪集团的首要分子,使用特种车辆从事走私活动,或者走私的武器、弹药被用于实施犯罪等情形的;

(四)走私各种口径在六十毫米以下常规炮弹、手榴弹或者枪榴弹等分别或者合计不满五枚的。

具有下列情形之一的,依照刑法第一百五十一条第一款的规定处七年以上有期徒刑,并处罚金或者没收财产:

(一)走私以火药为动力发射枪弹的枪支一支,或者以压缩气体等非火药为动力发射枪弹的枪支五支以上不满十支的;

(二)走私第一款第二项规定的弹药,数量在该项规定的最高数量以上不满最高数量五倍的;

(三)走私各种口径在六十毫米以下常规炮弹、手榴弹或者枪榴弹等分别或者合计达到五枚以上不满十枚,或者各种口径超过六十毫米以上常规炮弹合计不满五枚的;

(四)达到第一款第一、二、四项规定的数量标准,且属于犯罪集团的首要分子,使用特种车辆从事走私活动,或者走私的武器、弹药被用于实施犯罪等情形的。

具有下列情形之一的,应当认定为刑法第一百五十一条第一款规定的"情节特别严重":

(一)走私第二款第一项规定的枪支,数量超过该项规定的数量标准的;

(二)走私第一款第二项规定的弹药,数量在该项规定的最高数量标准五倍以上的;

(三)走私第二款第三项规定的弹药,数量超过该项规定的数量标准,或者走私具有巨大杀伤力的非常规炮弹一枚以上的;

（四）达到第二款第一项至第三项规定的数量标准，且属于犯罪集团的首要分子，使用特种车辆从事走私活动，或者走私的武器、弹药被用于实施犯罪等情形的。

走私其他武器、弹药，构成犯罪的，参照本条各款规定的标准处罚。

❾ 走私伪造货币"情节较轻"、"情节特别严重"的认定

★最高人民法院、最高人民检察院《关于办理走私刑事案件适用法律若干问题的解释》（2014年9月10日）（节录）

第六条 走私伪造的货币，数额在二千元以上不满二万元，或者数量在二百张（枚）以上不满二千张（枚）的，可以认定为刑法第一百五十一条第一款规定的"情节较轻"。

具有下列情形之一的，依照刑法第一百五十一条第一款的规定处七年以上有期徒刑，并处罚金或者没收财产：

（一）走私数额在二万元以上不满二十万元，或者数量在二千张（枚）以上不满二万张（枚）的；

（二）走私数额或者数量达到第一款规定的标准，且具有走私的伪造货币流入市场等情节的。

具有下列情形之一的，应当认定为刑法第一百五十一条第一款规定的"情节特别严重"：

（一）走私数额在二十万元以上，或者数量在二万张（枚）以上的；

（二）走私数额或者数量达到第二款第一项规定的标准，且属于犯罪集团的首要分子，使用特种车辆从事走私活动，或者走私的伪造货币流入市场等情形的。

❿ 走私文物"情节较轻"、"情节特别严重"的认定

★最高人民法院、最高人民检察院《关于办理走私刑事案件适用法律若干问题的解释》（2014年9月10日）（节录）

第八条 走私国家禁止出口的三级文物二件以下的，可以认定为刑法第一百五十一条第二款规定的"情节较轻"。

具有下列情形之一的，依照刑法第一百五十一条第二款的规定处五年以上十年以下有期徒刑，并处罚金：

（一）走私国家禁止出口的二级文物不满三件，或者三级文物三件以上不满九件的；

（二）走私国家禁止出口的三级文物不满三件，且具有造成文物严重毁损或者无法追回等情节的。

具有下列情形之一的，应当认定为刑法第一百五十一条第二款规定的"情节特别严重"：

（一）走私国家禁止出口的一级文物一件以上，或者二级文物三件以上，或者三级文物九件以上的；

（二）走私国家禁止出口的文物达到第二款第一项规定的数量标准，且属于犯罪集团的首要分子，使用特种车辆从事走私活动，或者造成文物严重毁损、无法追回等情形的。

★最高人民法院、最高人民检察院《关于办理妨害文物管理等刑事案件适用法律若干

问题的解释》(2016年1月1日)(节录)

第一条（第2款） 走私国家禁止出口的二级文物的，应当依照刑法第一百五十一条第二款的规定，以走私文物罪处五年以上十年以下有期徒刑，并处罚金；走私国家禁止出口的一级文物的，应当认定为刑法第一百五十一条第二款规定的"情节特别严重"；走私国家禁止出口的三级文物的，应当认定为刑法第一百五十一条第二款规定的"情节较轻"。

（第3款） 走私国家禁止出口的文物，无法确定文物等级，或者按照文物等级定罪量刑明显过轻或者过重的，可以按照走私的文物价值定罪量刑。走私的文物价值在二十万元以上不满一百万元的，应当依照刑法第一百五十一条第二款的规定，以走私文物罪处五年以上十年以下有期徒刑，并处罚金；文物价值在一百万元以上的，应当认定为刑法第一百五十一条第二款规定的"情节特别严重"；文物价值在五万元以上不满二十万元的，应当认定为刑法第一百五十一条第二款规定的"情节较轻"。

11 走私珍贵动物制品"情节较轻"、"情节特别严重"的认定

★最高人民法院、最高人民检察院《关于办理走私刑事案件适用法律若干问题的解释》(2014年9月10日)(节录)

第九条 走私国家一、二级保护动物未达到本解释附表中（一）规定的数量标准，或者走私珍贵动物制品数额不满二十万元的，可以认定为刑法第一百五十一条第二款规定的"情节较轻"。

具有下列情形之一的，依照刑法第一百五十一条第二款的规定处五年以上十年以下有期徒刑，并处罚金：

（一）走私国家一、二级保护动物达到本解释附表中（一）规定的数量标准的；

（二）走私珍贵动物制品数额在二十万元以上不满一百万元的；

（三）走私国家一、二级保护动物未达到本解释附表中（一）规定的数量标准，但具有造成该珍贵动物死亡或者无法追回等情节的。

具有下列情形之一的，应当认定为刑法第一百五十一条第二款规定的"情节特别严重"：

（一）走私国家一、二级保护动物达到本解释附表中（二）规定的数量标准的；

（二）走私珍贵动物制品数额在一百万元以上的；

（三）走私国家一、二级保护动物达到本解释附表中（一）规定的数量标准，且属于犯罪集团的首要分子，使用特种车辆从事走私活动，或者造成该珍贵动物死亡、无法追回等情形的。

不以牟利为目的，为留作纪念而走私珍贵动物制品进境，数额不满十万元的，可以免予刑事处罚；情节显著轻微的，不作为犯罪处理。

12 走私枪支散件行为的定性

★最高人民法院、最高人民检察院《关于办理走私刑事案件适用法律若干问题的解释》(2014年9月10日)(节录)

第三条 走私枪支散件，构成犯罪的，依照刑法第一百五十一条第一款的规定，以走私武器罪定罪处罚。成套枪支散件以相应数量的枪支计，非成套枪支散件以每三十件为一套枪支散件计。

13 ▶ 走私弹头、弹壳行为的定性

★最高人民法院、最高人民检察院《关于办理走私刑事案件适用法律若干问题的解释》（2014年9月10日）（节录）

第四条　走私各种弹药的弹头、弹壳，构成犯罪的，依照刑法第一百五十一条第一款的规定，以走私弹药罪定罪处罚。具体的定罪量刑标准，按照本解释第一条规定的数量标准的五倍执行。

走私报废或者无法组装并使用的各种弹药的弹头、弹壳，构成犯罪的，依照刑法第一百五十三条的规定，以走私普通货物、物品罪定罪处罚；属于废物的，依照刑法第一百五十二条第二款的规定，以走私废物罪定罪处罚。

弹头、弹壳是否属于前款规定的"报废或者无法组装并使用"或者"废物"，由国家有关技术部门进行鉴定。

14 ▶ 走私仿真枪、管制刀具行为的定性

★最高人民法院、最高人民检察院《关于办理走私刑事案件适用法律若干问题的解释》（2014年9月10日）（节录）

第五条　走私国家禁止或者限制进出口的仿真枪、管制刀具，构成犯罪的，依照刑法第一百五十一条第三款的规定，以走私国家禁止进出口的货物、物品罪定罪处罚。具体的定罪量刑标准，适用本解释第十一条第一款第六、七项和第二款的规定。

走私的仿真枪经鉴定为枪支，构成犯罪的，依照刑法第一百五十一条第一款的规定，以走私武器罪定罪处罚。不以牟利或者从事违法犯罪活动为目的，且无其他严重情节的，可以依法从轻处罚；情节轻微不需要判处刑罚的，可以免予刑事处罚。

15 ▶ "具有科学价值的古脊椎动物化石、古人类化石"与文物同等保护

★全国人民代表大会常务委员会《关于〈中华人民共和国刑法〉有关文物的规定适用于具有科学价值的古脊椎动物化石、古人类化石的解释》（2005年12月30日）（节录）

刑法有关文物的规定，适用于具有科学价值的古脊椎动物化石、古人类化石。

16 ▶ 未经许可进出口国家限制进出口的货物、物品行为的定性

★最高人民法院、最高人民检察院《关于办理走私刑事案件适用法律若干问题的解释》（2014年9月10日）（节录）

第二十一条　未经许可进出口国家限制进出口的货物、物品，构成犯罪的，应当依照刑法第一百五十一条、第一百五十二条的规定，以走私国家禁止进出口的货物、物品罪等罪名定罪处罚；偷逃应缴税额，同时又构成走私普通货物、物品罪的，依照处罚较重的规定定罪处罚。

取得许可，但超过许可数量进出口国家限制进出口的货物、物品，构成犯罪的，依照刑法第一百五十三条的规定，以走私普通货物、物品罪定罪处罚。

租用、借用或者使用购买的他人许可证，进出口国家限制进出口的货物、物品的，适用本条第一款的规定定罪处罚。

17 ▶ 针对不可移动文物整体实施走私的定罪量刑

★最高人民法院、最高人民检察院《关于办理妨害文物管理等刑事案件适用法律若干

问题的解释》(2016年1月1日)(节录)

第十二条　针对不可移动文物整体实施走私、盗窃、倒卖等行为的,根据所属不可移动文物的等级,依照本解释第一条、第二条、第六条的规定定罪量刑:

(一)尚未被确定为文物保护单位的不可移动文物,适用一般文物的定罪量刑标准;

(二)市、县级文物保护单位,适用三级文物的定罪量刑标准;

(三)全国重点文物保护单位、省级文物保护单位,适用二级以上文物的定罪量刑标准。

针对不可移动文物中的建筑构件、壁画、雕塑、石刻等实施走私、盗窃、倒卖等行为的,根据建筑构件、壁画、雕塑、石刻等文物本身的等级或者价值,依照本解释第一条、第二条、第六条的规定定罪量刑。建筑构件、壁画、雕塑、石刻等所属不可移动文物的等级,应当作为量刑情节予以考虑。

18 文物价值的认定

★最高人民法院、最高人民检察院《关于办理妨害文物管理等刑事案件适用法律若干问题的解释》(2016年1月1日)(节录)

第十三条　案件涉及不同等级的文物的,按照高级别文物的量刑幅度量刑;有多件同级文物的,五件同级文物视为一件高一级文物,但是价值明显不相当的除外。

第十四条　依照文物价值定罪量刑的,根据涉案文物的有效价格证明认定文物价值;无有效价格证明,或者根据价格证明认定明显不合理的,根据销赃数额认定,或者结合本解释第十五条规定的鉴定意见、报告认定。

第十五条　在行为人实施有关行为前,文物行政部门已对涉案文物及其等级作出认定的,可以直接对有关案件事实作出认定。

对案件涉及的有关文物鉴定、价值认定等专门性问题难以确定的,由司法鉴定机构出具鉴定意见,或者由国务院文物行政部门指定的机构出具报告。其中,对于文物价值,也可以由有关价格认证机构作出价格认证并出具报告。

19 走私具有科学价值的古脊椎动物化石、古人类化石的处理

★最高人民法院、最高人民检察院《关于办理妨害文物管理等刑事案件适用法律若干问题的解释》(2016年1月1日)(节录)

第十七条　走私、盗窃、损毁、倒卖、盗掘或者非法转让具有科学价值的古脊椎动物化石、古人类化石的,依照刑法和本解释的有关规定定罪量刑。

20 单位犯罪

★最高人民法院、最高人民检察院《关于办理走私刑事案件适用法律若干问题的解释》(2014年9月10日)(节录)

第二十四条(第1款)　单位犯刑法第一百五十一条、第一百五十二条规定之罪,依照本解释规定的标准定罪处罚。

★最高人民法院、最高人民检察院《关于办理妨害文物管理等刑事案件适用法律若干问题的解释》(2016年1月1日)(节录)

第十一条(第1款)　单位实施走私文物、倒卖文物等行为,构成犯罪的,依照本解

释规定的相应自然人犯罪的定罪量刑标准，对直接负责的主管人员和其他直接责任人员定罪处罚，并对单位判处罚金。

21 罪与非罪

★最高人民法院、最高人民检察院、海关总署《办理走私刑事案件适用法律若干问题的意见》（2002年7月8日）（节录）

七、关于走私珍贵动物制品行为的处罚问题

走私珍贵动物制品的，应当根据刑法第一百五十一条第二、四、五款和《最高人民法院关于审理走私刑事案件具体应用法律若干问题的解释》①（以下简称《解释》）第四条的有关规定予以处罚，但同时具有下列情形，情节较轻的，一般不以犯罪论处：

（一）珍贵动物制品购买地允许交易；

（二）入境人员为留作纪念或者作为礼品而携带珍贵动物制品进境，不具有牟利目的的。

同时具有上述两种情形，达到《解释》第四条第三款规定的量刑标准的，一般处五年以下有期徒刑，并处罚金；达到《解释》第四条第四款规定的量刑标准的，一般处五年以上有期徒刑，并处罚金。

◆ 量 刑 ◆

1 参见【本节罪名量刑问题的总体规定】，P227

2 从宽处罚

★最高人民法院、最高人民检察院《关于办理妨害文物管理等刑事案件适用法律若干问题的解释》（2016年1月1日）（节录）

第十六条（第1款） 实施本解释第一条、第二条、第六条至第九条规定的行为，虽已达到应当追究刑事责任的标准，但行为人系初犯，积极退回或者协助追回文物，未造成文物损毁，并确有悔罪表现的，可以认定为犯罪情节轻微，不起诉或者免予刑事处罚。

第一百五十二条【走私淫秽物品罪】 以牟利或者传播为目的，走私淫秽的影片、录像带、录音带、图片、书刊或者其他淫秽物品的，处三年以上十年以下有期徒刑，并处罚金；情节严重的，处十年以上有期徒刑或者无期徒刑，并处罚金或者没收财产；情节较轻的，处三年以下有期徒刑、拘役或者管制，并处罚金。

【走私废物罪】 逃避海关监管将境外固体废物、液态废物和气态废物运输进境，情节严重的，处五年以下有期徒刑，并处或者单处罚金；情节特别严重的，处五年以上有期徒刑，并处罚金。

单位犯前两款罪的，对单位判处罚金，并对其直接负责的主管人员和其他直接责任人员，依照前两款的规定处罚。

关联法条：第一百五十五条、第一百五十六条、第一百五十七条

---

① 该解释已废止。

第三章 破坏社会主义市场经济秩序罪·第二节 走私罪

立案追诉标准

★最高人民检察院、公安部《关于公安机关管辖的刑事案件立案追诉标准的规定（一）》（2008年6月25日）（节录）

第二十五条 ［走私淫秽物品案（刑法第一百五十二条第一款）］以牟利或者传播为目的，走私淫秽的影片、录像带、录音带、图片、书刊或者其他通过文字、声音、形象等形式表现淫秽内容的影碟、音碟、电子出版物等物品，涉嫌下列情形之一的，应予立案追诉：

（一）走私淫秽录像带、影碟五十盘（张）以上的；

（二）走私淫秽录音带、音碟一百盘（张）以上的；

（三）走私淫秽扑克、书刊、画册一百副（册）以上的；

（四）走私淫秽照片、画片五百张以上的；

（五）走私其他淫秽物品相当于上述数量的；

（六）走私淫秽物品数量虽未达到本条第（一）项至第（四）项规定标准，但分别达到其中两项以上标准的百分之五十以上的。

定 罪

▶**1** 参见【本节罪名定罪问题的总体规定】，P223

▶**2** **走私淫秽物品"情节较轻"、"情节严重"认定**

★最高人民法院、最高人民检察院《关于办理走私刑事案件适用法律若干问题的解释》（2014年9月10日）（节录）

第十三条 以牟利或者传播为目的，走私淫秽物品，达到下列数量之一的，可以认定为刑法第一百五十二条第一款规定的"情节较轻"：

（一）走私淫秽录像带、影碟五十盘（张）以上不满一百盘（张）的；

（二）走私淫秽录音带、音碟一百盘（张）以上不满二百盘（张）的；

（三）走私淫秽扑克、书刊、画册一百副（册）以上不满二百副（册）的；

（四）走私淫秽照片、画片五百张以上不满一千张的；

（五）走私其他淫秽物品相当于上述数量的。

走私淫秽物品在前款规定的最高数量以上不满最高数量五倍的，依照刑法第一百五十二条第一款的规定处三年以上十年以下有期徒刑，并处罚金。

走私淫秽物品在第一款规定的最高数量五倍以上，或者在第一款规定的最高数量以上不满五倍，但属于犯罪集团的首要分子，使用特种车辆从事走私活动等情形的，应当认定为刑法第一百五十二条第一款规定的"情节严重"。

▶**3** **走私废物"情节严重"、"情节特别严重"的认定**

★最高人民法院、最高人民检察院《关于办理走私刑事案件适用法律若干问题的解释》（2014年9月10日）（节录）

第十四条 走私国家禁止进口的废物或者国家限制进口的可用作原料的废物，具有下列情形之一的，应当认定为刑法第一百五十二条第二款规定的"情节严重"：

（一）走私国家禁止进口的危险性固体废物、液态废物分别或者合计达到一吨以上不满五吨的；

（二）走私国家禁止进口的非危险性固体废物、液态废物分别或者合计达到五吨以上不满二十五吨的；

（三）走私国家限制进口的可用作原料的固体废物、液态废物分别或者合计达到二十吨以上不满一百吨的；

（四）未达到上述数量标准，但属于犯罪集团的首要分子，使用特种车辆从事走私活动，或者造成环境严重污染等情形的。

具有下列情形之一的，应当认定为刑法第一百五十二条第二款规定的"情节特别严重"：

（一）走私数量超过前款规定的标准的；

（二）达到前款规定的标准，且属于犯罪集团的首要分子，使用特种车辆从事走私活动，或者造成环境严重污染等情形的；

（三）未达到前款规定的标准，但造成环境严重污染且后果特别严重的。

走私置于容器中的气态废物，构成犯罪的，参照前两款规定的标准处罚。

第十五条　国家限制进口的可用作原料的废物的具体种类，参照国家有关部门的规定确定。

4 未经许可进出口国家限制进出口的货物、物品行为的定性

★最高人民法院、最高人民检察院《关于办理走私刑事案件适用法律若干问题的解释》（2014年9月10日）（节录）

第二十一条　未经许可进出口国家限制进出口的货物、物品，构成犯罪的，应当依照刑法第一百五十一条、第一百五十二条的规定，以走私国家禁止进出口的货物、物品罪等罪名定罪处罚；偷逃应缴税额，同时又构成走私普通货物、物品罪的，依照处罚较重的规定定罪处罚。

取得许可，但超过许可数量进出口国家限制进出口的货物、物品，构成犯罪的，依照刑法第一百五十三条的规定，以走私普通货物、物品罪定罪处罚。

租用、借用或者使用购买的他人许可证，进出口国家限制进出口的货物、物品的，适用本条第一款的规定定罪处罚。

5 单位犯罪

★最高人民法院、最高人民检察院《关于办理走私刑事案件适用法律若干问题的解释》（2014年9月10日）（节录）

第二十四条（第1款）　单位犯刑法第一百五十一条、第一百五十二条规定之罪，依照本解释规定的标准定罪处罚。

量　刑

1 参见【本节罪名量刑问题的总体规定】，P227

第一百五十三条 【走私普通货物、物品罪】 走私本法第一百五十一条、第一百五十二条、第三百四十七条规定以外的货物、物品的，根据情节轻重，分别依照下列规定处罚：

（一）走私货物、物品偷逃应缴税额较大或者一年内曾因走私被给予二次行政处罚后又走私的，处三年以下有期徒刑或者拘役，并处偷逃应缴税额一倍以上五倍以下罚金。

（二）走私货物、物品偷逃应缴税额巨大或者有其他严重情节的，处三年以上十年以下有期徒刑，并处偷逃应缴税额一倍以上五倍以下罚金。

（三）走私货物、物品偷逃应缴税额特别巨大或者有其他特别严重情节的，处十年以上有期徒刑或者无期徒刑，并处偷逃应缴税额一倍以上五倍以下罚金或者没收财产。

单位犯前款罪的，对单位判处罚金，并对其直接负责的主管人员和其他直接责任人员，处三年以下有期徒刑或者拘役；情节严重的，处三年以上十年以下有期徒刑；情节特别严重的，处十年以上有期徒刑。

对多次走私未经处理的，按照累计走私货物、物品的偷逃应缴税额处罚。

关联法条： 第一百五十四条、第一百五十五条、第一百五十六条、第一百五十七条

▶ 定　罪 ◀

❶ 参见【本节罪名定罪问题的总体规定】，P223

❷ 时间效力

★最高人民法院《关于审理走私犯罪案件适用法律有关问题的通知》（2011年4月26日）（节录）

《中华人民共和国刑法修正案（八）》（以下简称《刑法修正案（八）》）将于2011年5月1日起施行。《刑法修正案（八）》对走私犯罪作了较大修改。为切实做好走私犯罪审判工作，现就审理走私犯罪案件适用法律的有关问题通知如下：

一、《刑法修正案（八）》取消了走私普通货物、物品罪定罪量刑的数额标准，《刑法修正案（八）》施行后，新的司法解释出台前，各地人民法院在审理走私普通货物、物品犯罪案件时，可参照适用修正前的刑法及《最高人民法院关于审理走私刑事案件具体应用法律若干问题的解释》①（法释〔2000〕30号）规定的数额标准。

二、对于一年内曾因走私被给予二次行政处罚后又走私需要追究刑事责任的，具体的定罪量刑标准可由各地人民法院结合案件具体情况和本地实际确定。各地人民法院要依法审慎稳妥把握好案件的法律适用和政策适用，争取社会效果和法律效果的统一。

---

① 该解释已废止。

3 第一款"偷逃应缴税额较大"、"偷逃应缴税额巨大"、"偷逃应缴税额特别巨大"的认定

★最高人民法院、最高人民检察院《关于办理走私刑事案件适用法律若干问题的解释》（2014年9月10日）（节录）

第十六条（第1款） 走私普通货物、物品，偷逃应缴税额在十万元以上不满五十万元的，应当认定为刑法第一百五十三条第一款规定的"偷逃应缴税额较大"；偷逃应缴税额在五十万元以上不满二百五十万元的，应当认定为"偷逃应缴税额巨大"；偷逃应缴税额在二百五十万元以上的，应当认定为"偷逃应缴税额特别巨大"。

4 第一款"其他严重情节"、"其他特别严重情节"的认定

★最高人民法院、最高人民检察院《关于办理走私刑事案件适用法律若干问题的解释》（2014年9月10日）（节录）

第十六条（第2款） 走私普通货物、物品，具有下列情形之一，偷逃应缴税额在三十万元以上不满五十万元的，应当认定为刑法第一百五十三条第一款规定的"其他严重情节"；偷逃应缴税额在一百五十万元以上不满二百五十万元的，应当认定为"其他特别严重情节"：

（一）犯罪集团的首要分子；
（二）使用特种车辆从事走私活动的；
（三）为实施走私犯罪，向国家机关工作人员行贿的；
（四）教唆、利用未成年人、孕妇等特殊人群走私的；
（五）聚众阻挠缉私的。

5 第一款第（一）项"一年内曾因走私被给予二次行政处罚后又走私"的认定

★最高人民法院、最高人民检察院《关于办理走私刑事案件适用法律若干问题的解释》（2014年9月10日）（节录）

第十七条 刑法第一百五十三条第一款规定的"一年内曾因走私被给予二次行政处罚后又走私"中的"一年内"，以因走私第一次受到行政处罚的生效之日与"又走私"行为实施之日的时间间隔计算确定；"被给予二次行政处罚"的走私行为，包括走私普通货物、物品以及其他货物、物品；"又走私"行为仅指走私普通货物、物品。

6 第一款"应缴税额"的认定

★最高人民法院、最高人民检察院、海关总署《办理走私刑事案件适用法律若干问题的意见》（2002年7月8日）（节录）

三、关于办理走私普通货物、物品刑事案件偷逃应缴税额的核定问题

在办理走私普通货物、物品刑事案件中，对走私行为人涉嫌偷逃应缴税额的核定，应当由走私犯罪案件管辖地的海关出具《涉嫌走私的货物、物品偷逃税款海关核定证明书》（以下简称《核定证明书》）。海关出具的《核定证明书》，经走私犯罪侦查机关、人民检察院、人民法院审查确认，可以作为办案的依据和定罪量刑的证据。

走私犯罪侦查机关、人民检察院和人民法院对《核定证明书》提出异议或者因核定偷逃税额的事实发生变化，认为需要补充核定或者重新核定的，可以要求原出具《核定证明书》的海关补充核定或者重新核定。

第三章 破坏社会主义市场经济秩序罪·第二节 走私罪

走私犯罪嫌疑人、被告人或者辩护人对《核定证明书》有异议，向走私犯罪侦查机关、人民检察院或者人民法院提出重新核定申请的，经走私犯罪侦查机关、人民检察院或者人民法院同意，可以重新核定。重新核定应当另行指派专人进行。

★最高人民法院、最高人民检察院《关于办理走私刑事案件适用法律若干问题的解释》（2014年9月10日）（节录）

第十八条（第1款）　刑法第一百五十三条规定的"应缴税额"，包括进出口货物、物品应当缴纳的进出口关税和进口环节海关代征税的税额。应缴税额以走私行为实施时的税则、税率、汇率和完税价格计算；多次走私的，以每次走私行为实施时的税则、税率、汇率和完税价格逐票计算；走私行为实施时间不能确定的，以案发时的税则、税率、汇率和完税价格计算。

7 第二款"情节严重"、"情节特别严重"的认定

★最高人民法院、最高人民检察院《关于办理走私刑事案件适用法律若干问题的解释》（2014年9月10日）（节录）

第二十四条（第2款）　单位犯走私普通货物、物品罪，偷逃应缴税额在二十万元以上不满一百万元的，应当依照刑法第一百五十三条第二款的规定，对单位判处罚金，并对其直接负责的主管人员和其他直接责任人员，处三年以下有期徒刑或者拘役；偷逃应缴税额在一百万元以上不满五百万元的，应当认定为"情节严重"；偷逃应缴税额在五百万元以上的，应当认定为"情节特别严重"。

8 第三款"多次走私未经处理"的含义

★最高人民法院、最高人民检察院《关于办理走私刑事案件适用法律若干问题的解释》（2014年9月10日）（节录）

第十八条（第2款）　刑法第一百五十三条第三款规定的"多次走私未经处理"，包括未经行政处理和刑事处理。

9 超过许可数量进出口国家限制进出口的货物、物品行为的定性

★最高人民法院、最高人民检察院《关于办理走私刑事案件适用法律若干问题的解释》（2014年9月10日）（节录）

第二十一条　未经许可进出口国家限制进出口的货物、物品，构成犯罪的，应当依照刑法第一百五十一条、第一百五十二条的规定，以走私国家禁止进出口的货物、物品罪等罪名定罪处罚；偷逃应缴税额，同时又构成走私普通货物、物品罪的，依照处罚较重的规定定罪处罚。

取得许可，但超过许可数量进出口国家限制进出口的货物、物品，构成犯罪的，依照刑法第一百五十三条的规定，以走私普通货物、物品罪定罪处罚。

租用、借用或者使用购买的他人许可证，进出口国家限制进出口的货物、物品的，适用本条第一款的规定定罪处罚。

10 走私旧汽车、切割车等货物、物品行为的定性

★最高人民法院、最高人民检察院、海关总署《办理走私刑事案件适用法律若干问题的意见》（2002年7月8日）（节录）

八、关于走私旧汽车、切割车等货物、物品的行为的定罪问题

走私刑法第一百五十一条、第一百五十二条、第三百四十七条、第三百五十条规定的货物、物品以外的,已被国家明令禁止进出口的货物、物品,例如旧汽车、切割车、侵犯知识产权的货物、来自疫区的动植物及其产品等,应当依照刑法第一百五十三条的规定,以走私普通货物、物品罪追究刑事责任。

11 利用涉税单证进口货物行为的定性

★最高人民法院、最高人民检察院、海关总署《办理走私刑事案件适用法律若干问题的意见》(2002年7月8日)(节录)

九、关于利用购买的加工贸易登记手册、特定减免税批文等税单证进口货物的定性处理问题

加工贸易登记手册、特定减免税批文等涉税单证是海关根据国家法律法规以及有关政策性规定,给予特定企业用于保税货物经营管理和减免税优惠待遇的凭证。利用购买的加工贸易登记手册、特定减免税批文等涉税单证进口货物,实质是将一般贸易货物伪报为加工贸易保税货物或者特定减免税货物进口,以达到偷逃应缴税款的目的,应当适用刑法第一百五十三条以走私普通货物、物品罪定罪处罚。如果行为人与走私分子通谋出售上述涉税单证,或者在出卖批文后又以提供印章、向海关伪报保税货物、特定减免税货物等方式帮助买方办理进口通关手续的,对卖方依照刑法第一百五十六条以走私罪共犯定罪处罚。买卖上述涉税单证情节严重尚未进口货物的,依照刑法第二百八十条的规定定罪处罚。

12 在加工贸易活动中骗取海关核销行为的定性

★最高人民法院、最高人民检察院、海关总署《办理走私刑事案件适用法律若干问题的意见》(2002年7月8日)(节录)

十、关于在加工贸易活动中骗取海关核销行为的认定问题

在加工贸易经营活动中,以假出口、假结转或者利用虚假单证等方式骗取海关核销,致使保税货物、物品脱离海关监管,造成国家税款流失,情节严重的,依照刑法第一百五十三条的规定,以走私普通货物、物品罪追究刑事责任。但有证据证明因不可抗力原因导致保税货物脱离海关监管,经营人无法办理正常手续而骗取海关核销的,不认定为走私犯罪。

13 单位与个人共同走私普通货物、物品案件的处理

★最高人民法院、最高人民检察院、海关总署《办理走私刑事案件适用法律若干问题的意见》(2002年7月8日)(节录)

二十、关于单位与个人共同走私普通货物、物品案件的处理问题

单位和个人(不包括单位直接负责的主管人员和其他直接责任人员)共同走私的,单位和个人均应对共同走私所偷逃应缴税额负责。

对单位和个人共同走私偷逃应缴税额为5万元以上不满25万元的,应当根据其在案件中所起的作用,区分不同情况做出处理。单位起主要作用的,对单位和个人均不追究刑事责任,由海关予以行政处理;个人起主要作用的,对个人依照刑法有关规定追究刑事责任,对单位由海关予以行政处理。无法认定单位或个人起主要作用的,对个人和单位分别按个

人犯罪和单位犯罪的标准处理。

单位和个人共同走私偷逃应缴税额超过25万元且能区分主、从犯的，应当按照刑法关于主、从犯的有关规定，对从犯从轻、减轻处罚或者免除处罚。

▶14 擅自销售进料加工保税货物行为的定性

★最高人民检察院《关于擅自销售进料加工保税货物的行为法律适用问题的解释》（2000年10月16日）（节录）

保税货物是指经海关批准未办理纳税手续进境，在境内储存、加工、装配后复运出境的货物。经海关批准进口的进料加工的货物属于保税货物。未经海关许可并且未补缴应缴税额，擅自将批准进口的进料加工的原材料、零件、制成品、设备等保税货物，在境内销售牟利，偷逃应缴税额在五万元以上的，依照刑法第一百五十四条、第一百五十三条的规定，以走私普通货物、物品罪追究刑事责任。

◀ 量 刑 ▶

▶1 参见【本节罪名量刑问题的总体规定】，P227

第一百五十四条【走私普通货物、物品罪】 下列走私行为，根据本节规定构成犯罪的，依照本法第一百五十三条的规定定罪处罚：

（一）未经海关许可并且未补缴应缴税额，擅自将批准进口的来料加工、来件装配、补偿贸易的原材料、零件、制成品、设备等保税货物，在境内销售牟利的；

（二）未经海关许可并且未补缴应缴税额，擅自将特定减税、免税进口的货物、物品，在境内销售牟利的。

关联法条：第一百五十六条、第一百五十七条

◀ 定 罪 ▶

▶1 参见【本节罪名定罪问题的总体规定】，P223

▶2 "保税货物"的认定

★最高人民法院、最高人民检察院《关于办理走私刑事案件适用法律若干问题的解释》（2014年9月10日）（节录）

第十九条 刑法第一百五十四条规定的"保税货物"，是指经海关批准，未办理纳税手续进境，在境内储存、加工、装配后应予复运出境的货物，包括通过加工贸易、补偿贸易等方式进口的货物，以及在保税仓库、保税工厂、保税区或者免税商店内等储存、加工、寄售的货物。

▶3 "销售牟利"的认定

★最高人民法院、最高人民检察院、海关总署《办理走私刑事案件适用法律若干问题的意见》（2002年7月8日）（节录）

十三、关于刑法第一百五十四条规定的"销售牟利"的理解问题

刑法第一百五十四条（一）、（二）项规定的"销售牟利"，是指行为人主观上为了牟取非法利益而擅自销售海关监管的保税货物、特定减免税货物。该种行为是否构成犯罪，应当根据偷逃的应缴税额是否达到刑法第一百五十三条及相关司法解释规定的数额标准予以认定。实际获利与否或者获利多少并不影响其定罪。

▶**4 擅自销售进料加工保税货物行为的定性**

★最高人民检察院《关于擅自销售进料加工保税货物的行为法律适用问题的解释》（2000年10月16日）（节录）

保税货物是指经海关批准未办理纳税手续进境，在境内储存、加工、装配后复运出境的货物。经海关批准进口的进料加工的货物属于保税货物。未经海关许可并且未补缴应缴税额，擅自将批准进口的进料加工的原材料、零件、制成品、设备等保税货物，在境内销售牟利，偷逃应缴税额在五万元以上的，依照刑法第一百五十四条、第一百五十三条的规定，以走私普通货物、物品罪追究刑事责任。

量 刑

▶**1 参见【本节罪名量刑问题的总体规定】，P227**

第一百五十五条【间接走私】下列行为，以走私罪论处，依照本节的有关规定处罚：

（一）直接向走私人非法收购国家禁止进口物品的，或者直接向走私人非法收购走私进口的其他货物、物品，数额较大的；

（二）在内海、领海、界河、界湖运输、收购、贩卖国家禁止进出口物品的，或者运输、收购、贩卖国家限制进出口货物、物品，数额较大，没有合法证明的。

关联法条：第一百五十六条、第一百五十七条

定 罪

▶**1 参见【本节罪名定罪问题的总体规定】，P223**

▶**2 "内海"的认定**

★最高人民法院、最高人民检察院《关于办理走私刑事案件适用法律若干问题的解释》（2014年9月10日）（节录）

第二十条（第2款） 刑法第一百五十五条第二项规定的"内海"，包括内河的入海口水域。

▶**3 海上走私运输人、收购人或者贩卖人的刑事责任**

★最高人民法院、最高人民检察院、海关总署《办理走私刑事案件适用法律若干问题的意见》（2002年7月8日）（节录）

十四、关于海上走私犯罪案件如何追究运输人的刑事责任问题

对刑法第一百五十五条第（二）项规定的实施海上走私犯罪行为的运输人、收购人或

者贩卖人应当追究刑事责任。对运输人，一般追究运输工具的负责人或者主要责任人的刑事责任，但对于事先通谋的、集资走私的、或者使用特殊的走私运输工具从事走私犯罪活动的，可以追究其他参与人员的刑事责任。

▶❹ 一罪与数罪

★最高人民法院、最高人民检察院《关于办理走私刑事案件适用法律若干问题的解释》（2014年9月10日）（节录）

第二十条（第1款） 直接向走私人非法收购走私进口的货物、物品，在内海、领海、界河、界湖运输、收购、贩卖国家禁止进出口的物品，或者没有合法证明，在内海、领海、界河、界湖运输、收购、贩卖国家限制进出口的货物、物品，构成犯罪的，应当按照走私货物、物品的种类，分别依照刑法第一百五十一条、第一百五十二条、第一百五十三条、第三百四十七条、第三百五十条的规定定罪处罚。

◀━━ 量　　刑 ━━▶

▶❶ 参见【本节罪名量刑问题的总体规定】，P227

第一百五十六条【走私罪的共犯】 与走私罪犯通谋，为其提供贷款、资金、账号、发票、证明，或者为其提供运输、保管、邮寄或者其他方便的，以走私罪的共犯论处。

◀━━ 定　　罪 ━━▶

▶❶ 参见【本节罪名定罪问题的总体规定】，P223

▶❷ "与走私罪犯通谋"的认定

★最高人民法院、最高人民检察院、海关总署《办理走私刑事案件适用法律若干问题的意见》（2002年7月8日）（节录）

十五、关于刑法第一百五十六条规定的"与走私罪犯通谋"的理解问题

通谋是指犯罪行为人之间事先或者事中形成的共同的走私故意。下列情形可以认定为通谋：

（一）对明知他人从事走私活动而同意为其提供贷款、资金、账号、发票、证明、海关单证，提供运输、保管、邮寄或者其他方便的；

（二）多次为同一走私犯罪分子的走私行为提供前项帮助的。

◀━━ 量　　刑 ━━▶

▶❶ 参见【本节罪名量刑问题的总体规定】，P227

第一百五十七条【武装掩护走私、抗拒缉私的处罚】 武装掩护走私的，依照本法第一百五十一条第一款的规定从重处罚。

以暴力、威胁方法抗拒缉私的，以走私罪和本法第二百七十七条规定的阻碍国家机关工作人员依法执行职务罪，依照数罪并罚的规定处罚。

第二编 分　　则

第三节　妨害对公司、企业的管理秩序罪

第一百五十八条【虚报注册资本罪】 申请公司登记使用虚假证明文件或者采取其他欺诈手段虚报注册资本，欺骗公司登记主管部门，取得公司登记，虚报注册资本数额巨大、后果严重或者有其他严重情节的，处三年以下有期徒刑或者拘役，并处或者单处虚报注册资本金额百分之一以上百分之五以下罚金。

单位犯前款罪的，对单位判处罚金，并对其直接负责的主管人员和其他直接责任人员，处三年以下有期徒刑或者拘役。

◆━━━ 立案追诉标准 ━━━◆

★最高人民检察院、公安部《关于公安机关管辖的刑事案件立案追诉标准的规定（二）》（2010年5月7日）

第三条［虚报注册资本案（刑法第一百五十八条）］申请公司登记使用虚假证明文件或者采取其他欺诈手段虚报注册资本，欺骗公司登记主管部门，取得公司登记，涉嫌下列情形之一的，应予立案追诉：

（一）超过法定出资期限，实缴注册资本不足法定注册资本最低限额，有限责任公司虚报数额在三十万元以上并占其应缴出资数额百分之六十以上的，股份有限公司虚报数额在三百万元以上并占其应缴出资数额百分之三十以上的；

（二）超过法定出资期限，实缴注册资本达到法定注册资本最低限额，但仍虚报注册资本，有限责任公司虚报数额在一百万元以上并占其应缴出资数额百分之六十以上的，股份有限公司虚报数额在一千万元以上并占其应缴出资数额百分之三十以上的；

（三）造成投资者或者其他债权人直接经济损失累计数额在十万元以上的；

（四）虽未达到上述数额标准，但具有下列情形之一的：

1. 两年内因虚报注册资本受过行政处罚二次以上，又虚报注册资本的；
2. 向公司登记主管人员行贿的；
3. 为进行违法活动而注册的。

（五）其他后果严重或者有其他严重情节的情形。

第八十八条　本规定中的"虽未达到上述数额标准"，是指接近上述数额标准且已达到该数额的百分之八十以上的。

第九十条　本规定中的立案追诉标准，除法律、司法解释、本规定中另有规定的以外，适用于相应的单位犯罪。

第九十一条　本规定中的"以上"，包括本数。

◆━━━ 定　　罪 ━━━◆

▶ **1 犯罪主体**

★全国人民代表大会常务委员会《关于〈中华人民共和国刑法〉第一百五十八条、第一百五十九条的解释》（2014年4月24日）

第三章 破坏社会主义市场经济秩序罪·第三节 妨害对公司、企业的管理秩序罪

全国人民代表大会常务委员会讨论了公司法修改后刑法第一百五十八条、第一百五十九条对实行注册资本实缴登记制、认缴登记制的公司的适用范围问题,解释如下:

刑法第一百五十八条、第一百五十九条的规定,只适用于依法实行注册资本实缴登记制的公司。

2 罪与非罪

★最高人民检察院、公安部《关于严格依法办理虚报注册资本和虚假出资抽逃出资刑事案件的通知》(2014年5月20日)(节录)

二、严格把握罪与非罪的界限。根据新修改的公司法和全国人大常委会立法解释,自2014年3月1日起,除依法实行注册资本实缴登记制的公司(参见《国务院关于印发注册资本登记制度改革方案的通知》(国发〔2014〕7号))以外,对申请公司登记的单位和个人不得以虚报注册资本罪追究刑事责任;对公司股东、发起人不得以虚假出资、抽逃出资罪追究刑事责任。对依法实行注册资本实缴登记制的公司涉嫌虚报注册资本和虚假出资、抽逃出资犯罪的,各级公安机关、检察机关依照刑法和《立案追诉标准(二)》的相关规定追究刑事责任时,应当认真研究行为性质和危害后果,确保执法办案的法律效果和社会效果。

3 跨时限案件的处理

★最高人民检察院、公安部《关于严格依法办理虚报注册资本和虚假出资抽逃出资刑事案件的通知》(2014年5月20日)(节录)

三、依法妥善处理跨时限案件。各级公安机关、检察机关对发生在2014年3月1日以前尚未处理或者正在处理的虚报注册资本和虚假出资、抽逃出资刑事案件,应当按照刑法第十二条规定的精神处理:除依法实行注册资本实缴登记制的公司以外,依照新修改的公司法不再符合犯罪构成要件的案件,公安机关已经立案侦查的,应当撤销案件;检察机关已经批准逮捕的,应当撤销批准逮捕决定,并监督公安机关撤销案件;检察机关审查起诉的,应当作出不起诉决定;检察机关已经起诉的,应当撤回起诉并作出不起诉决定;检察机关已经抗诉的,应当撤回抗诉。

第一百五十九条【虚假出资、抽逃出资罪】公司发起人、股东违反公司法的规定未交付货币、实物或者未转移财产权,虚假出资,或者在公司成立后又抽逃其出资,数额巨大、后果严重或者有其他严重情节的,处五年以下有期徒刑或者拘役,并处或者单处虚假出资金额或者抽逃出资金额百分之二以上百分之十以下罚金。

单位犯前款罪的,对单位判处罚金,并对其直接负责的主管人员和其他直接责任人员,处五年以下有期徒刑或者拘役。

立案追诉标准

★最高人民检察院、公安部《关于公安机关管辖的刑事案件立案追诉标准的规定(二)》(2010年5月7日)(节录)

第四条 [虚假出资、抽逃出资案(刑法第一百五十九条)] 公司发起人、股东违反公司法的规定未交付货币、实物或者未转移财产权,虚假出资,或者在公司成立后又抽逃其

第二编 分　　则

出资，涉嫌下列情形之一的，应予立案追诉：

（一）超过法定出资期限，有限责任公司股东虚假出资数额在三十万元以上并占其应缴出资数额百分之六十以上的，股份有限公司发起人、股东虚假出资数额在三百万元以上并占其应缴出资数额百分之三十以上的；

（二）有限责任公司股东抽逃出资数额在三十万元以上并占其实缴出资数额百分之六十以上的，股份有限公司发起人、股东抽逃出资数额在三百万元以上并占其实缴出资数额百分之三十以上的；

（三）造成公司、股东、债权人的直接经济损失累计数额在十万元以上的；

（四）虽未达到上述数额标准，但具有下列情形之一的：

1. 致使公司资不抵债或者无法正常经营的；
2. 公司发起人、股东合谋虚假出资、抽逃出资的；
3. 两年内因虚假出资、抽逃出资受过行政处罚二次以上，又虚假出资、抽逃出资的；
4. 利用虚假出资、抽逃出资所得资金进行违法活动的。

（五）其他严重后果或者有其他严重情节的情形。

第八十八条 本规定中的"虽未达到上述数额标准"，是指接近上述数额标准且已达到该数额的百分之八十以上的。

第九十条 本规定中的立案追诉标准，除法律、司法解释、本规定中另有规定的以外，适用于相应的单位犯罪。

第九十一条 本规定中的"以上"，包括本数。

定　　罪

① 犯罪主体

（参见第一百五十八条：【定罪】：1. 犯罪主体，P246）

② 罪与非罪

（参见第一百五十八条：【定罪】：2. 罪与非罪，P247）

③ 跨时限案件的处理

（参见第一百五十八条：【定罪】：3. 跨时限案件的处理，P247）

第一百六十条【欺诈发行股票、债券罪】 在招股说明书、认股书、公司、企业债券募集办法中隐瞒重要事实或者编造重大虚假内容，发行股票或者公司、企业债券，数额巨大、后果严重或者有其他严重情节的，处五年以下有期徒刑或者拘役，并处或者单处非法募集资金金额百分之一以上百分之五以下罚金。

单位犯前款罪的，对单位判处罚金，并对其直接负责的主管人员和其他直接责任人员，处五年以下有期徒刑或者拘役。

第三章　破坏社会主义市场经济秩序罪·第三节　妨害对公司、企业的管理秩序罪

◀ 立案追诉标准 ▶

★最高人民检察院、公安部《关于公安机关管辖的刑事案件立案追诉标准的规定（二）》（2010年5月7日）（节录）

第五条　[欺诈发行股票、债券案（刑法第一百六十条）]　在招股说明书、认股书、公司、企业债券募集办法中隐瞒重要事实或者编造重大虚假内容，发行股票或者公司、企业债券，涉嫌下列情形之一的，应予立案追诉：

（一）发行数额在五百万元以上的；

（二）伪造、变造国家机关公文、有效证明文件或者相关凭证、单据的；

（三）利用募集的资金进行违法活动的；

（四）转移或者隐瞒所募集资金的；

（五）其他后果严重或者有其他严重情节的情形。

第九十条　本规定中的立案追诉标准，除法律、司法解释、本规定中另有规定的以外，适用于相应的单位犯罪。

第九十一条　本规定中的"以上"，包括本数。

第一百六十一条　【违规披露、不披露重要信息罪】依法负有信息披露义务的公司、企业向股东和社会公众提供虚假的或者隐瞒重要事实的财务会计报告，或者对依法应当披露的其他重要信息不按照规定披露，严重损害股东或者其他人利益，或者有其他严重情节的，对其直接负责的主管人员和其他直接责任人员，处三年以下有期徒刑或者拘役，并处或者单处二万元以上二十万元以下罚金。

◀ 立案追诉标准 ▶

★最高人民检察院、公安部《关于公安机关管辖的刑事案件立案追诉标准的规定（二）》（2010年5月7日）（节录）

第六条　[违规披露、不披露重要信息案（刑法第一百六十一条）]　依法负有信息披露义务的公司、企业向股东和社会公众提供虚假的或者隐瞒重要事实的财务会计报告，或者对依法应当披露的其他重要信息不按照规定披露，涉嫌下列情形之一的，应予立案追诉：

（一）造成股东、债权人或者其他人直接经济损失数额累计在五十万元以上的；

（二）虚增或者虚减资产达到当期披露的资产总额百分之三十以上的；

（三）虚增或者虚减利润达到当期披露的利润总额百分之三十以上的；

（四）未按照规定披露的重大诉讼、仲裁、担保、关联交易或者其他重大事项所涉及的数额或者连续十二个月的累计数额占净资产百分之五十以上的；

（五）致使公司发行的股票、公司债券或者国务院依法认定的其他证券被终止上市交易或者多次被暂停上市交易的；

（六）致使不符合发行条件的公司、企业骗取发行核准并且上市交易的；

（七）在公司财务会计报告中将亏损披露为盈利，或者将盈利披露为亏损的；

（八）多次提供虚假的或者隐瞒重要事实的财务会计报告，或者多次对依法应当披露

的其他重要信息不按照规定披露的;

(九) 其他严重损害股东、债权人或者其他人利益,或者有其他严重情节的情形。

第九十一条 本规定中的"以上",包括本数。

第一百六十二条 【妨害清算罪】 公司、企业进行清算时,隐匿财产,对资产负债表或者财产清单作虚伪记载或者在未清偿债务前分配公司、企业财产,严重损害债权人或者其他人利益的,对其直接负责的主管人员和其他直接责任人员,处五年以下有期徒刑或者拘役,并处或者单处二万元以上二十万元以下罚金。

◁ 立案追诉标准 ▷

★最高人民检察院、公安部《关于公安机关管辖的刑事案件立案追诉标准的规定(二)》(2010年5月7日)(节录)

第七条 [妨害清算案(刑法第一百六十二条)] 公司、企业进行清算时,隐匿财产,对资产负债表或者财产清单作虚伪记载或者在未清偿债务前分配公司、企业财产,涉嫌下列情形之一的,应予立案追诉:

(一) 隐匿财产价值在五十万元以上的;

(二) 对资产负债表或者财产清单作虚伪记载涉及金额在五十万元以上的;

(三) 在未清偿债务前分配公司、企业财产价值在五十万元以上的;

(四) 造成债权人或者其他人直接经济损失数额累计在十万元以上的;

(五) 虽未达到上述数额标准,但应清偿的职工的工资、社会保险费用和法定补偿金得不到及时清偿,造成恶劣社会影响的;

(六) 其他严重损害债权人或者其他人利益的情形。

第八十八条 本规定中的"虽未达到上述数额标准",是指接近上述数额标准且已达到该数额的百分之八十以上的。

第九十一条 本规定中的"以上",包括本数。

第一百六十二条之一 【隐匿、故意销毁会计凭证、会计账簿、财务会计报告罪】 隐匿或者故意销毁依法应当保存的会计凭证、会计账簿、财务会计报告,情节严重的,处五年以下有期徒刑或者拘役,并处或者单处二万元以上二十万元以下罚金。

单位犯前款罪的,对单位判处罚金,并对其直接负责的主管人员和其他直接责任人员,依照前款的规定处罚。

◁ 立案追诉标准 ▷

★最高人民检察院、公安部《关于公安机关管辖的刑事案件立案追诉标准的规定(二)》(2010年5月7日)(节录)

第八条 [隐匿、故意销毁会计凭证、会计账簿、财务会计报告案(刑法第一百六十二条之一)] 隐匿或者故意销毁依法应当保存的会计凭证、会计账簿、财务会计报告,涉嫌

下列情形之一的,应予立案追诉:

(一) 隐匿、故意销毁的会计凭证、会计账簿、财务会计报告涉及金额在五十万元以上的;

(二) 依法应当向司法机关、行政机关、有关主管部门等提供而隐匿、故意销毁或者拒不交出会计凭证、会计账簿、财务会计报告的;

(三) 其他情节严重的情形。

第九十条　本规定中的立案追诉标准,除法律、司法解释、本规定中另有规定的以外,适用于相应的单位犯罪。

第九十一条　本规定中的"以上",包括本数。

◆ 定　　罪 ◆

1 犯罪主体

★全国人民代表大会常务委员会法制工作委员会《关于对"隐匿、销毁会计凭证、会计账簿、财务会计报告构成犯罪的主体范围"问题的答复意见》(2002年1月14日)(节录)

根据全国人大常委会1999年12月25日刑法修正案第一条的规定,任何单位和个人在办理会计事务时对依法应当保存的会计凭证、会计账簿、财务会计报告,进行隐匿、销毁,情节严重的,构成犯罪,应当依法追究其刑事责任。

第一百六十二条之二【虚假破产罪】公司、企业通过隐匿财产、承担虚构的债务或者以其他方法转移、处分财产,实施虚假破产,严重损害债权人或者其他人利益的,对其直接负责的主管人员和其他直接责任人员,处五年以下有期徒刑或者拘役,并处或者单处二万元以上二十万元以下罚金。

◆ 立案追诉标准 ◆

★最高人民检察院、公安部《关于公安机关管辖的刑事案件立案追诉标准的规定(二)》(2010年5月7日)(节录)

第九条 [虚假破产案(刑法第一百六十二条之二)] 公司、企业通过隐匿财产、承担虚构的债务或者以其他方法转移、处分财产,实施虚假破产,涉嫌下列情形之一的,应予立案追诉:

(一) 隐匿财产价值在五十万元以上的;

(二) 承担虚构的债务涉及金额在五十万元以上的;

(三) 以其他方法转移、处分财产价值在五十万元以上的;

(四) 造成债权人或者其他人直接经济损失数额累计在十万元以上的;

(五) 虽未达到上述数额标准,但应清偿的职工的工资、社会保险费用和法定补偿金得不到及时清偿,造成恶劣社会影响的;

(六) 其他严重损害债权人或者其他人利益的情形。

第八十八条　本规定中的"虽未达到上述数额标准",是指接近上述数额标准且已达到该数额的百分之八十以上的。

第九十条　本规定中的立案追诉标准,除法律、司法解释、本规定中另有规定的以外,适用于相应的单位犯罪。

第九十一条 本规定中的"以上",包括本数。

第一百六十三条【非国家工作人员受贿罪】 公司、企业或者其他单位的工作人员利用职务上的便利,索取他人财物或者非法收受他人财物,为他人谋取利益,数额较大的,处五年以下有期徒刑或者拘役;数额巨大的,处五年以上有期徒刑,可以并处没收财产。

公司、企业或者其他单位的工作人员在经济往来中,利用职务上的便利,违反国家规定,收受各种名义的回扣、手续费,归个人所有的,依照前款的规定处罚。

国有公司、企业或者其他国有单位中从事公务的人员和国有公司、企业或者其他国有单位委派到非国有公司、企业以及其他单位从事公务的人员有前两款行为的,依照本法第三百八十五条、第三百八十六条的规定定罪处罚。

关联法条:第九十六条、第一百八十四条

─────◀ 定　罪 ▶─────

❶ "其他单位"、"公司、企业或者其他单位的工作人员"的认定

★最高人民法院、最高人民检察院《关于办理商业贿赂刑事案件适用法律若干问题的意见》(2008年11月20日)(节录)

二、刑法第一百六十三条、第一百六十四条规定的"其他单位",既包括事业单位、社会团体、村民委员会、居民委员会、村民小组等常设性的组织,也包括为组织体育赛事、文艺演出或者其他正当活动而成立的组委会、筹委会、工程承包队等非常设性的组织。

三、刑法第一百六十三条、第一百六十四条规定的"公司、企业或者其他单位的工作人员",包括国有公司、企业以及其他国有单位中的非国家工作人员。

❷ "为他人谋取利益"的认定

★最高人民法院、最高人民检察院《关于办理贪污贿赂刑事案件适用法律若干问题的解释》(2016年4月18日)(节录)

第十三条 具有下列情形之一的,应当认定为"为他人谋取利益",构成犯罪的,应当依照刑法关于受贿犯罪的规定定罪处罚:

(一)实际或者承诺为他人谋取利益的;

(二)明知他人有具体请托事项的;

(三)履职时未被请托,但事后基于该履职事由收受他人财物的。

国家工作人员索取、收受具有上下级关系的下属或者具有行政管理关系的被管理人员的财物价值三万元以上,可能影响职权行使的,视为承诺为他人谋取利益。

❸ "数额较大"、"数额巨大"的认定

★最高人民法院、最高人民检察院《关于办理贪污贿赂刑事案件适用法律若干问题的解释》(2016年4月18日)(节录)

第十一条(第1款) 刑法第一百六十三条规定的非国家工作人员受贿罪、第二百七十一条规定的职务侵占罪中的"数额较大"、"数额巨大"的数额起点，按照本解释关于受贿罪、贪污罪相对应的数额标准规定的二倍、五倍执行。

第一条（第1款） 贪污或者受贿数额在三万元以上不满二十万元的，应当认定为刑法第三百八十三条第一款规定的"数额较大"，依法判处三年以下有期徒刑或者拘役，并处罚金。

第二条（第1款） 贪污或者受贿数额在二十万元以上不满三百万元的，应当认定为刑法第三百八十三条第一款规定的"数额巨大"，依法判处三年以上十年以下有期徒刑，并处罚金或者没收财产。

▶4 "国有控股、参股公司中国有公司、企业人员"的定性

★最高人民法院《关于如何认定国有控股、参股股份有限公司中的国有公司、企业人员的解释》（2005年8月11日）（节录）

国有公司、企业委派到国有控股、参股公司从事公务的人员，以国有公司、企业人员论。

▶5 受贿数额的认定

★最高人民法院、最高人民检察院《关于办理商业贿赂刑事案件适用法律若干问题的意见》（2008年11月20日）（节录）

七、商业贿赂中的财物，既包括金钱和实物，也包括可以用金钱计算数额的财产性利益，如提供房屋装修、含有金额的会员卡、代币卡（券）、旅游费用等。具体数额以实际支付的资费为准。

八、收受银行卡的，不论受贿人是否实际取出或者消费，卡内的存款数额一般应全额认定为受贿数额。使用银行卡透支的，如果由给予银行卡的一方承担还款责任，透支数额也应当认定为受贿数额。

▶6 贿赂、馈赠的区分

★最高人民法院、最高人民检察院《关于办理商业贿赂刑事案件适用法律若干问题的意见》（2008年11月20日）（节录）

十、办理商业贿赂犯罪案件，要注意区分贿赂与馈赠的界限。主要应当结合以下因素全面分析、综合判断：

（1）发生财物往来的背景，如双方是否存在亲友关系及历史上交往的情形和程度；

（2）往来财物的价值；

（3）财物往来的缘由、时机和方式，提供财物方对于接受方有无职务上的请托；

（4）接受方是否利用职务上的便利为提供方谋取利益。

▶7 非国家工作人员与国家工作人员共同收受他人财物行为的定性

★最高人民法院、最高人民检察院《关于办理商业贿赂刑事案件适用法律若干问题的意见》（2008年11月20日）（节录）

十一、非国家工作人员与国家工作人员通谋，共同收受他人财物，构成共同犯罪的，根据双方利用职务便利的具体情形分别定罪追究刑事责任：

（1）利用国家工作人员的职务便利为他人谋取利益的，以受贿罪追究刑事责任。

（2）利用非国家工作人员的职务便利为他人谋取利益的，以非国家工作人员受贿罪追

究刑事责任。

（3）分别利用各自的职务便利为他人谋取利益的，按照主犯的犯罪性质追究刑事责任，不能分清主从犯的，可以受贿罪追究刑事责任。

❽ 一罪与数罪

★最高人民法院、最高人民检察院《关于办理商业贿赂刑事案件适用法律若干问题的意见》（2008年11月20日）（节录）

四、医疗机构中的国家工作人员，在药品、医疗器械、医用卫生材料等医药产品采购活动中，利用职务上的便利，索取销售方财物，或者非法收受销售方财物，为销售方谋取利益，构成犯罪的，依照刑法第三百八十五条的规定，以受贿罪定罪处罚。

医疗机构中的非国家工作人员，有前款行为，数额较大的，依照刑法第一百六十三条的规定，以非国家工作人员受贿罪定罪处罚。

医疗机构中的医务人员，利用开处方的职务便利，以各种名义非法收受药品、医疗器械、医用卫生材料等医药产品销售方财物，为医药产品销售方谋取利益，数额较大的，依照刑法第一百六十三条的规定，以非国家工作人员受贿罪定罪处罚。

五、学校及其他教育机构中的国家工作人员，在教材、教具、校服或者其他物品的采购等活动中，利用职务上的便利，索取销售方财物，或者非法收受销售方财物，为销售方谋取利益，构成犯罪的，依照刑法第三百八十五条的规定，以受贿罪定罪处罚。

学校及其他教育机构中的非国家工作人员，有前款行为，数额较大的，依照刑法第一百六十三条的规定，以非国家工作人员受贿罪定罪处罚。

学校及其他教育机构中的教师，利用教学活动的职务便利，以各种名义非法收受教材、教具、校服或者其他物品销售方财物，为教材、教具、校服或者其他物品销售方谋取利益，数额较大的，依照刑法第一百六十三条的规定，以非国家工作人员受贿罪定罪处罚。

六、依法组建的评标委员会、竞争性谈判采购中谈判小组、询价采购中询价小组的组成人员，在招标、政府采购等事项的评标或者采购活动中，索取他人财物或非法收受他人财物，为他人谋取利益，数额较大的，依照刑法第一百六十三条的规定，以非国家工作人员受贿罪定罪处罚。

依法组建的评标委员会、竞争性谈判采购中谈判小组、询价采购中询价小组中国家机关或者其他国有单位的代表有前款行为的，依照刑法第三百八十五条的规定，以受贿罪定罪处罚。

★最高人民法院、最高人民检察院《关于办理贪污贿赂刑事案件适用法律若干问题的解释》（2016年4月18日）（节录）

第十七条　国家工作人员利用职务上的便利，收受他人财物，为他人谋取利益，同时构成受贿罪和刑法分则第三章第三节、第九章规定的渎职犯罪的，除刑法另有规定外，以受贿罪和渎职犯罪数罪并罚。

❾ 违法所得的处理

★最高人民法院、最高人民检察院《关于办理贪污贿赂刑事案件适用法律若干问题的

解释》(2016年4月18日)(节录)

第十八条 贪污贿赂犯罪分子违法所得的一切财物,应当依照刑法第六十四条的规定予以追缴或者责令退赔,对被害人的合法财产应当及时返还。对尚未追缴到案或者尚未足额退赔的违法所得,应当继续追缴或者责令退赔。

第一百六十四条【对非国家工作人员行贿罪】 为谋取不正当利益,给予公司、企业或者其他单位的工作人员以财物,数额较大的,处三年以下有期徒刑或者拘役,并处罚金;数额巨大的,处三年以上十年以下有期徒刑,并处罚金。①

【对外国公职人员、国际公共组织官员行贿罪】 为谋取不正当商业利益,给予外国公职人员或者国际公共组织官员以财物的,依照前款的规定处罚。

单位犯前两款罪的,对单位判处罚金,并对其直接负责的主管人员和其他直接责任人员,依照第一款的规定处罚。

行贿人在被追诉前主动交待行贿行为的,可以减轻处罚或者免除处罚。

◀ 立案追诉标准 ▶

★最高人民检察院、公安部《关于公安机关管辖的刑事案件立案追诉标准的规定(二)的补充规定》(2011年11月21日)(节录)

一、在《最高人民检察院、公安部关于公安机关管辖的刑事案件立案追诉标准的规定(二)》(以下简称《立案追诉标准(二)》)中增加第十一条之一:[对外国公职人员、国际公共组织官员行贿案(刑法第一百六十四条第二款)]

为谋取不正当商业利益,给予外国公职人员或者国际公共组织官员以财物,个人行贿数额在一万元以上的,单位行贿数额在二十万元以上的,应予立案追诉。

◀ 定　　罪 ▶

1 "谋取不正当利益"的认定

★最高人民法院、最高人民检察院《关于办理商业贿赂刑事案件适用法律若干问题的意见》(2008年11月20日)(节录)

九、在行贿犯罪中,"谋取不正当利益",是指行贿人谋取违反法律、法规、规章或者政策规定的利益,或者要求对方违反法律、法规、规章、政策、行业规范的规定提供帮助或者方便条件。

在招标投标、政府采购等商业活动中,违背公平原则,给予相关人员财物以谋取竞争优势的,属于"谋取不正当利益"。

2 "其他单位"、"公司、企业或者其他单位的工作人员"的认定

★最高人民法院、最高人民检察院《关于办理商业贿赂刑事案件适用法律若干问题的

---

① 2015年8月29日《刑法修正案(九)》第十条对于本条第一款中的"数额较大"增设了"并处罚金"。

意见》（2008 年 11 月 20 日）（节录）

二、刑法第一百六十三条、第一百六十四条规定的"其他单位"，既包括事业单位、社会团体、村民委员会、居民委员会、村民小组等常设性的组织，也包括为组织体育赛事、文艺演出或者其他正当活动而成立的组委会、筹委会、工程承包队等非常设性的组织。

三、刑法第一百六十三条、第一百六十四条规定的"公司、企业或者其他单位的工作人员"，包括国有公司、企业以及其他国有单位中的非国家工作人员。

3 "财物"的认定

★最高人民法院、最高人民检察院《关于办理贪污贿赂刑事案件适用法律若干问题的解释》（2016 年 4 月 18 日）（节录）

第十二条　贿赂犯罪中的"财物"，包括货币、物品和财产性利益。财产性利益包括可以折算为货币的物质利益如房屋装修、债务免除等，以及需要支付货币的其他利益如会员服务、旅游等。后者的犯罪数额，以实际支付或者应当支付的数额计算。

4 "数额较大"、"数额巨大"的认定

★最高人民法院、最高人民检察院《关于办理贪污贿赂刑事案件适用法律若干问题的解释》（2016 年 4 月 18 日）（节录）

第十一条（第 3 款）　刑法第一百六十四条第一款规定的对非国家工作人员行贿罪中的"数额较大"、"数额巨大"的数额起点，按照本解释第七条、第八条第一款关于行贿罪的数额标准规定的二倍执行。

第七条　为谋取不正当利益，向国家工作人员行贿，数额在三万元以上的，应当依照刑法第三百九十条的规定以行贿罪追究刑事责任。

行贿数额在一万元以上不满三万元，具有下列情形之一的，应当依照刑法第三百九十条的规定以行贿罪追究刑事责任：

（一）向三人以上行贿的；

（二）将违法所得用于行贿的；

（三）通过行贿谋取职务提拔、调整的；

（四）向负有食品、药品、安全生产、环境保护等监督管理职责的国家工作人员行贿，实施非法活动的；

（五）向司法工作人员行贿，影响司法公正的；

（六）造成经济损失数额在五十万元以上不满一百万元的。

第八条（第 1 款）　犯行贿罪，具有下列情形之一的，应当认定为刑法第三百九十条第一款规定的"情节严重"：

（一）行贿数额在一百万元以上不满五百万元的；

（二）行贿数额在五十万元以上不满一百万元，并具有本解释第七条第二款第一项至第五项规定的情形之一的；

（三）其他严重的情节。

5 受贿数额的认定

★最高人民法院、最高人民检察院《关于办理商业贿赂刑事案件适用法律若干问题的

意见》（2008年11月20日）（节录）

七、商业贿赂中的财物，既包括金钱和实物，也包括可以用金钱计算数额的财产性利益，如提供房屋装修、含有金额的会员卡、代币卡（券）、旅游费用等。具体数额以实际支付的资费为准。

八、收受银行卡的，不论受贿人是否实际取出或者消费，卡内的存款数额一般应全额认定为受贿数额。使用银行卡透支的，如果由给予银行卡的一方承担还款责任，透支数额也应当认定为受贿数额。

◆ 贿赂、馈赠的区分

★ 最高人民法院、最高人民检察院《关于办理商业贿赂刑事案件适用法律若干问题的意见》（2008年11月20日）（节录）

十、办理商业贿赂犯罪案件，要注意区分贿赂与馈赠的界限。主要应当结合以下因素全面分析、综合判断：

（1）发生财物往来的背景，如双方是否存在亲友关系及历史上交往的情形和程度；

（2）往来财物的价值；

（3）财物往来的缘由、时机和方式，提供财物方对于接受方有无职务上的请托；

（4）接受方是否利用职务上的便利为提供方谋取利益。

第一百六十五条【非法经营同类营业罪】 国有公司、企业的董事、经理利用职务便利，自己经营或者为他人经营与其所任职公司、企业同类的营业，获取非法利益，数额巨大的，处三年以下有期徒刑或者拘役，并处或者单处罚金；数额特别巨大的，处三年以上七年以下有期徒刑，并处罚金。

◆ 立案追诉标准

★ 最高人民检察院、公安部《关于公安机关管辖的刑事案件立案追诉标准的规定（二）》（2010年5月7日）（节录）

第十二条 [非法经营同类营业案（刑法第一百六十五条）] 国有公司、企业的董事、经理利用职务便利，自己经营或者为他人经营与其所任职公司、企业同类的营业，获取非法利益，数额在十万元以上的，应予立案追诉。

第九十一条 本规定中的"以上"，包括本数。

第一百六十六条【为亲友非法牟利罪】 国有公司、企业、事业单位的工作人员，利用职务便利，有下列情形之一，使国家利益遭受重大损失的，处三年以下有期徒刑或者拘役，并处或者单处罚金；致使国家利益遭受特别重大损失的，处三年以上七年以下有期徒刑，并处罚金：

（一）将本单位的盈利业务交由自己的亲友进行经营的；

（二）以明显高于市场的价格向自己的亲友经营管理的单位采购商品或者以明显低于市场的价格向自己的亲友经营管理的单位销售商品的；

（三）向自己的亲友经营管理的单位采购不合格商品的。

第二编 分 则

──── 立案追诉标准 ────

★最高人民检察院、公安部《关于公安机关管辖的刑事案件立案追诉标准的规定（二）》（2010年5月7日）（节录）

第十三条　[为亲友非法牟利案（刑法第一百六十六条）]　国有公司、企业、事业单位的工作人员，利用职务便利，为亲友非法牟利，涉嫌下列情形之一的，应予立案追诉：

（一）造成国家直接经济损失数额在十万元以上的；

（二）使其亲友非法获利数额在二十万元以上的；

（三）造成有关单位破产，停业、停产六个月以上，或者被吊销许可证和营业执照、责令关闭、撤销、解散的；

（四）其他致使国家利益遭受重大损失的情形。

第九十一条　本规定中的"以上"，包括本数。

第一百六十七条　【签订、履行合同失职被骗罪】国有公司、企业、事业单位直接负责的主管人员，在签订、履行合同过程中，因严重不负责任被诈骗，致使国家利益遭受重大损失的，处三年以下有期徒刑或者拘役；致使国家利益遭受特别重大损失的，处三年以上七年以下有期徒刑。

──── 立案追诉标准 ────

★最高人民检察院、公安部《关于公安机关管辖的刑事案件立案追诉标准的规定（二）》（2010年5月7日）（节录）

第十四条　[签订、履行合同失职被骗案（刑法第一百六十七条）]　国有公司、企业、事业单位直接负责的主管人员，在签订、履行合同过程中，因严重不负责任被诈骗，涉嫌下列情形之一的，应予立案追诉：

（一）造成国家直接经济损失数额在五十万元以上的；

（二）造成有关单位破产，停业、停产六个月以上，或者被吊销许可证和营业执照、责令关闭、撤销、解散的；

（三）其他致使国家利益遭受重大损失的情形。

金融机构、从事对外贸易经营活动的公司、企业的工作人员严重不负责任，造成一百万美元以上外汇被骗购或者逃汇一千万美元以上的，应予立案追诉。

本条规定的"诈骗"，是指对方当事人的行为已经涉嫌诈骗犯罪，不以对方当事人已经被人民法院判决构成诈骗犯罪作为立案追诉的前提。

第九十一条　本规定中的"以上"，包括本数。

──── 定　罪 ────

1 严重不负责任造成大量外汇被骗购或者逃汇，致使国家利益遭受重大损失的定性

★全国人民代表大会常务委员会《关于惩治骗购外汇、逃汇和非法买卖外汇犯罪的决定》（1998年12月29日）（节录）

第三章 破坏社会主义市场经济秩序罪·第三节 妨害对公司、企业的管理秩序罪

七、金融机构、从事对外贸易经营活动的公司、企业的工作人员严重不负责任,造成大量外汇被骗购或者逃汇,致使国家利益遭受重大损失的,依照刑法第一百六十七条的规定定罪处罚。

第一百六十八条【国有公司、企业人员失职罪】【国有公司、企业人员滥用职权罪】 国有公司、企业的工作人员,由于严重不负责任或者滥用职权,造成国有公司、企业破产或者严重损失,致使国家利益遭受重大损失的,处三年以下有期徒刑或者拘役;致使国家利益遭受特别重大损失的,处三年以上七年以下有期徒刑。

【国有事业单位人员失职罪】【国有事业单位人员滥用职权罪】 国有事业单位的工作人员有前款行为,致使国家利益遭受重大损失的,依照前款的规定处罚。

国有公司、企业、事业单位的工作人员,徇私舞弊,犯前两款罪的,依照第一款的规定从重处罚。

━━━━◆ 立案追诉标准 ◆━━━━

★最高人民检察院、公安部《关于公安机关管辖的刑事案件立案追诉标准的规定(二)》(2010年5月7日)(节录)

第十五条 [国有公司、企业、事业单位人员失职案(刑法第一百六十八条)] 国有公司、企业、事业单位的工作人员,严重不负责任,涉嫌下列情形之一的,应予立案追诉:

(一)造成国家直接经济损失数额在五十万元以上的;

(二)造成有关单位破产、停业、停产一年以上,或者被吊销许可证和营业执照、责令关闭、撤销、解散的;

(三)其他致使国家利益遭受重大损失的情形。

第十六条 [国有公司、企业、事业单位人员滥用职权案(刑法第一百六十八条)] 国有公司、企业、事业单位的工作人员,滥用职权,涉嫌下列情形之一的,应予立案追诉:

(一)造成国家直接经济损失数额在三十万元以上的;

(二)造成有关单位破产、停业、停产六个月以上,或者被吊销许可证和营业执照、责令关闭、撤销、解散的;

(三)其他致使国家利益遭受重大损失的情形。

第九十一条 本规定中的"以上",包括本数。

━━━━◆ 定　　罪 ◆━━━━

1 "国有控股、参股公司中国有公司、企业人员"的定性

★最高人民法院《关于如何认定国有控股、参股股份有限公司中的国有公司、企业人员的解释》(2005年8月11日)(节录)

国有公司、企业委派到国有控股、参股公司从事公务的人员,以国有公司、企业人

· 259 ·

员论。

② 国有电信企业人员严重不负责任或者滥用职权行为的定性

★最高人民法院《关于审理扰乱电信市场管理秩序案件具体应用法律若干问题的解释》(2000年5月24日)(节录)

第六条 国有电信企业的工作人员,由于严重不负责任或者滥用职权,造成国有电信企业破产或者严重损失,致使国家利益遭受重大损失的,依照刑法第一百六十八条的规定定罪处罚。

③ 农业发展银行及其分支机构的工作人员严重不负责任或者滥用职权行为的定性

★最高人民检察院研究室《关于中国农业发展银行及其分支机构的工作人员法律适用问题的答复》(2002年9月23日)(节录)

中国农业发展银行及其分支机构的工作人员严重不负责任或者滥用职权,构成犯罪的,应当依照刑法第一百六十八条的规定追究刑事责任。

④ 在预防、控制灾害的工作中严重不负责任或者滥用职权行为的定性

★最高人民法院、最高人民检察院《关于办理妨害预防、控制突发传染病疫情等灾害的刑事案件具体应用法律若干问题的解释》(2003年5月15日)(节录)

第四条 国有公司、企业、事业单位的工作人员,在预防、控制突发传染病疫情等灾害的工作中,由于严重不负责任或者滥用职权,造成国有公司、企业破产或者严重损失,致使国家利益遭受重大损失的,依照刑法第一百六十八条的规定,以国有公司、企业、事业单位人员失职罪或者国有公司、企业、事业单位人员滥用职权罪定罪处罚。

第十七条 人民法院、人民检察院办理有关妨害预防、控制突发传染病疫情等灾害的刑事案件,对于有自首、立功等悔罪表现的,依法从轻、减轻、免除处罚或者依法作出不起诉决定。

⑤ 国家工作人员在企业改制、国有资产处置过程中失职行为的定性

★最高人民法院、最高人民检察院《关于办理国家出资企业中职务犯罪案件具体应用法律若干问题的意见》(2010年12月2日)(节录)

一、关于国家出资企业工作人员在改制过程中隐匿公司、企业财产归个人持股的改制后公司、企业所有的行为的处理

……

在企业改制过程中未采取低估资产、隐瞒债权、虚设债务、虚构产权交易等方式故意隐匿公司、企业财产的,一般不应当认定为贪污;造成国有资产重大损失,依法构成刑法第一百六十八条或者第一百六十九条规定的犯罪的,依照该规定定罪处罚。

四、关于国家工作人员在企业改制过程中的渎职行为的处理

国家出资企业中的国家工作人员在公司、企业改制或者国有资产处置过程中严重不负责任或者滥用职权,致使国家利益遭受重大损失的,依照刑法第一百六十八条的规定,以国有公司、企业人员失职罪或者国有公司、企业人员滥用职权罪定罪处罚。

……

国家出资企业中的国家工作人员因实施第一款、第二款行为收受贿赂,同时又构成刑

法第三百八十五条规定之罪的,依照处罚较重的规定定罪处罚。

六、关于国家出资企业中国家工作人员的认定

经国家机关、国有公司、企业、事业单位提名、推荐、任命、批准等,在国有控股、参股公司及其分支机构中从事公务的人员,应当认定为国家工作人员。具体的任命机构和程序,不影响国家工作人员的认定。

经国家出资企业中负有管理、监督国有资产职责的组织批准或者研究决定,代表其在国有控股、参股公司及其分支机构中从事组织、领导、监督、经营、管理工作的人员,应当认定为国家工作人员。

国家出资企业中的国家工作人员,在国家出资企业中持有个人股份或者同时接受非国有股东委托的,不影响其国家工作人员身份的认定。

七、关于国家出资企业的界定

本意见所称"国家出资企业",包括国家出资的国有独资公司、国有独资企业,以及国有资本控股公司、国有资本参股公司。

是否属于国家出资企业不清楚的,应遵循"谁投资、谁拥有产权"的原则进行界定。企业注册登记中的资金来源与实际出资不符的,应根据实际出资情况确定企业的性质。企业实际出资情况不清楚的,可以综合工商注册、分配形式、经营管理等因素确定企业的性质。

第一百六十九条【徇私舞弊低价折股、出售国有资产罪】国有公司、企业或者其上级主管部门直接负责的主管人员,徇私舞弊,将国有资产低价折股或者低价出售,致使国家利益遭受重大损失的,处三年以下有期徒刑或者拘役;致使国家利益遭受特别重大损失的,处三年以上七年以下有期徒刑。

◀ 立案追诉标准 ▶

★最高人民检察院、公安部《关于公安机关管辖的刑事案件立案追诉标准的规定(二)》(2010年5月7日)(节录)

第十七条[徇私舞弊低价折股、出售国有资产案(刑法第一百六十九条)]国有公司、企业或者其上级主管部门直接负责的主管人员,徇私舞弊,将国有资产低价折股或者低价出售,涉嫌下列情形之一的,应予立案追诉:

(一)造成国家直接经济损失数额在三十万元以上的;

(二)造成有关单位破产、停业、停产六个月以上,或者被吊销许可证和营业执照、责令关闭、撤销、解散的;

(三)其他致使国家利益遭受重大损失的情形。

第九十一条 本规定中的"以上",包括本数。

◀ 定　　罪 ▶

1 国家工作人员在企业改制、国有资产处置过程中徇私舞弊行为的定性

★最高人民法院、最高人民检察院《关于办理国家出资企业中职务犯罪案件具体应用

法律若干问题的意见》(2010年12月2日)(节录)

一、关于国家出资企业工作人员在改制过程中隐匿公司、企业财产归个人持股的改制后公司、企业所有的行为的处理

……

在企业改制过程中未采取低估资产、隐瞒债权、虚设债务、虚构产权交易等方式故意隐匿公司、企业财产的,一般不应当认定为贪污;造成国有资产重大损失,依法构成刑法第一百六十八条或者第一百六十九条规定的犯罪的,依照该规定定罪处罚。

四、关于国家工作人员在企业改制过程中的渎职行为的处理

……

国家出资企业中的国家工作人员在公司、企业改制或者国有资产处置过程中徇私舞弊,将国有资产低价折股或者低价出售给其本人未持有股份的公司、企业或者其他个人,致使国家利益遭受重大损失的,依照刑法第一百六十九条的规定,以徇私舞弊低价折股、出售国有资产罪定罪处罚。

……

国家出资企业中的国家工作人员因实施第一款、第二款行为收受贿赂,同时又构成刑法第三百八十五条规定之罪的,依照处罚较重的规定定罪处罚。

六、关于国家出资企业中国家工作人员的认定

经国家机关、国有公司、企业、事业单位提名、推荐、任命、批准等,在国有控股、参股公司及其分支机构中从事公务的人员,应当认定为国家工作人员。具体的任命机构和程序,不影响国家工作人员的认定。

经国家出资企业中负有管理、监督国有资产职责的组织批准或者研究决定,代表其在国有控股、参股公司及其分支机构中从事组织、领导、监督、经营、管理工作的人员,应当认定为国家工作人员。

国家出资企业中的国家工作人员,在国家出资企业中持有个人股份或者同时接受非国有股东委托的,不影响其国家工作人员身份的认定。

七、关于国家出资企业的界定

本意见所称"国家出资企业",包括国家出资的国有独资公司、国有独资企业,以及国有资本控股公司、国有资本参股公司。

是否属于国家出资企业不清楚的,应遵循"谁投资、谁拥有产权"的原则进行界定。企业注册登记中的资金来源与实际出资不符的,应根据实际出资情况确定企业的性质。企业实际出资情况不清楚的,可以综合工商注册、分配形式、经营管理等因素确定企业的性质。

第三章 破坏社会主义市场经济秩序罪·第三节 妨害对公司、企业的管理秩序罪

第一百六十九条之一【背信损害上市公司利益罪】上市公司的董事、监事、高级管理人员违背对公司的忠实义务，利用职务便利，操纵上市公司从事下列行为之一，致使上市公司利益遭受重大损失的，处三年以下有期徒刑或者拘役，并处或者单处罚金；致使上市公司利益遭受特别重大损失的，处三年以上七年以下有期徒刑，并处罚金：

（一）无偿向其他单位或者个人提供资金、商品、服务或者其他资产的；

（二）以明显不公平的条件，提供或者接受资金、商品、服务或者其他资产的；

（三）向明显不具有清偿能力的单位或者个人提供资金、商品、服务或者其他资产的；

（四）为明显不具有清偿能力的单位或者个人提供担保，或者无正当理由为其他单位或者个人提供担保的；

（五）无正当理由放弃债权、承担债务的；

（六）采用其他方式损害上市公司利益的。

上市公司的控股股东或者实际控制人，指使上市公司董事、监事、高级管理人员实施前款行为的，依照前款的规定处罚。

犯前款罪的上市公司的控股股东或者实际控制人是单位的，对单位判处罚金，并对其直接负责的主管人员和其他直接责任人员，依照第一款的规定处罚。

◆ **立案追诉标准** ◆

★最高人民检察院、公安部《关于公安机关管辖的刑事案件立案追诉标准的规定（二）》（2010年5月7日）（节录）

第十八条［背信损害上市公司利益案（刑法第一百六十九条之一）］上市公司的董事、监事、高级管理人员违背对公司的忠实义务，利用职务便利，操纵上市公司从事损害上市公司利益的行为，以及上市公司的控股股东或者实际控制人，指使上市公司董事、监事、高级管理人员实施损害上市公司利益的行为，涉嫌下列情形之一的，应予立案追诉：

（一）无偿向其他单位或者个人提供资金、商品、服务或者其他资产，致使上市公司直接经济损失数额在一百五十万元以上的；

（二）以明显不公平的条件，提供或者接受资金、商品、服务或者其他资产，致使上市公司直接经济损失数额在一百五十万元以上的；

（三）向明显不具有清偿能力的单位或者个人提供资金、商品、服务或者其他资产，致使上市公司直接经济损失数额在一百五十万元以上的；

（四）为明显不具有清偿能力的单位或者个人提供担保，或者无正当理由为其他单位

或者个人提供担保，致使上市公司直接经济损失数额在一百五十万元以上的；

（五）无正当理由放弃债权、承担债务，致使上市公司直接经济损失数额在一百五十万元以上的；

（六）致使公司发行的股票、公司债券或者国务院依法认定的其他证券被终止上市交易或者多次被暂停上市交易的；

（七）其他致使上市公司利益遭受重大损失的情形。

第九十一条　本规定中的"以上"，包括本数。

第四节　破坏金融管理秩序罪

第一百七十条[①]【伪造货币罪】伪造货币的，处三年以上十年以下有期徒刑，并处罚金；有下列情形之一的，处十年以上有期徒刑或者无期徒刑，并处罚金或者没收财产：

（一）伪造货币集团的首要分子；

（二）伪造货币数额特别巨大的；

（三）有其他特别严重情节的。

关联法条：第一百七十一条（第三款）

◁　立案追诉标准　▷

★最高人民检察院、公安部《关于公安机关管辖的刑事案件立案追诉标准的规定（二）》（2010年5月7日）（节录）

第十九条［伪造货币案（刑法第一百七十条）］伪造货币，涉嫌下列情形之一的，应予立案追诉：

（一）伪造货币，总面额在二千元以上或者币量在二百张（枚）以上的；

（二）制造货币版样或者为他人伪造货币提供版样的；

（三）其他伪造货币应予追究刑事责任的情形。

本规定中的"货币"是指流通的以下货币：

（一）人民币（含普通纪念币、贵金属纪念币）、港元、澳门元、新台币；

（二）其他国家及地区的法定货币。

贵金属纪念币的面额以中国人民银行授权中国金币总公司的初始发售价格为准。

第九十一条　本规定中的"以上"，包括本数。

── 定　　罪 ──

▶ **1　入罪数额**

★最高人民法院《关于审理伪造货币等案件具体应用法律若干问题的解释》（2000年

[①] 2015年8月29日《刑法修正案（九）》第十一条删除了本条关于死刑的规定，删除了对罚金刑"五万元以上五十万元以下"的限制。

9月8日)(节录)

第一条(第1款) 伪造货币的总面额在二千元以上不满三万元或者币量在二百张(枚)以上不足三千张(枚)的,依照刑法第一百七十条的规定,处三年以上十年以下有期徒刑,并处五万元以上五十万元以下罚金。

2 本罪定义

★最高人民检察院侦查监督厅《关于印发部分罪案〈审查逮捕证据参考标准(试行)〉的通知》(2003年11月27日)(节录)

九、伪造货币罪案审查逮捕证据参考标准

伪造货币罪,是指触犯《刑法》第170条的规定,仿照人民币或者外币的面额、图案、色彩、质地、式样、规格等,使用各种方法,非法制造假货币、冒充真货币的行为。其他以伪造货币罪定罪处罚的有:行为人销售、伪造货币版样或者与他人事前通谋、为他人伪造货币提供版样的。

……

3 "货币"的认定及数额计算

★最高人民法院《关于审理伪造货币等案件具体应用法律若干问题的解释》(2000年9月8日)(节录)

第七条 本解释所称"货币"是指可在国内市场流通或者兑换的人民币和境外货币。

货币面额应当以人民币计算,其他币种以案发时国家外汇管理机关公布的外汇牌价折算成人民币。

★最高人民法院《关于审理伪造货币等案件具体应用法律若干问题的解释(二)》(2010年11月3日)(节录)

第三条 以正在流通的境外货币为对象的假币犯罪,依照刑法第一百七十条至第一百七十三条的规定定罪处罚。

境外货币犯罪的数额,按照案发当日中国外汇交易中心或者中国人民银行授权机构公布的人民币对该货币的中间价折合成人民币计算。中国外汇交易中心或者中国人民银行授权机构未公布汇率中间价的境外货币,按照案发当日境内银行人民币对该货币的中间价折算成人民币,或者该货币在境内银行、国际外汇市场对美元汇率,与人民币对美元汇率中间价进行套算。

4 "伪造货币"的认定

★最高人民法院《关于审理伪造货币等案件具体应用法律若干问题的解释(二)》(2010年11月3日)(节录)

第一条(第1款) 仿照真货币的图案、形状、色彩等特征非法制造假币、冒充真币的行为,应当认定为刑法第一百七十条规定的"伪造货币"。

5 "伪造货币数额特别巨大"的认定

★最高人民法院《关于审理伪造货币等案件具体应用法律若干问题的解释》(2000年9月8日)

第一条(第2款) 伪造货币的总面额在三万元以上的,属于"伪造货币数额特别巨大"。

6 管辖

★最高人民法院、最高人民检察院、公安部《关于严厉打击假币犯罪活动的通知》(2009年9月15日)(节录)

二、密切配合,强化合力。……

根据刑事诉讼法的有关规定,假币犯罪案件的地域管辖应当遵循以犯罪地管辖为主,犯罪嫌疑人居住地管辖为辅的原则。假币犯罪案件中的犯罪地,既包括犯罪预谋地、行为发生地,也包括运输假币的途经地。假币犯罪案件中的犯罪嫌疑人居住地,不仅包括犯罪嫌疑人经常居住地和户籍所在地,也包括其临时居住地。几个公安机关都有权管辖的假币犯罪案件,由最初立案地或者主要犯罪地公安机关管辖;对管辖有争议或者情况特殊的,由共同的上级公安机关指定管辖。如需人民检察院、人民法院指定管辖的,公安机关要及时提出相关建议。经审查需要指定的,人民检察院、人民法院要依法指定管辖。

7 制造、非法提供货币样板行为的定性

★最高人民法院《关于审理伪造货币等案件具体应用法律若干问题的解释》(2000年9月8日)

第一条(第3款) 行为人制造货币版样或者与他人事前通谋,为他人伪造货币提供版样的,依照刑法第一百七十条的规定定罪处罚。

8 制造、出售伪造的台币行为的定性

★最高人民法院《全国法院审理金融犯罪案件工作座谈会纪要》(2001年1月21日)(节录)

二、(二)关于破坏金融管理秩序罪

2. 关于假币犯罪

……

制造或者出售伪造的台币行为的处理。对于伪造台币的,应当以伪造货币罪定罪处罚;出售伪造的台币的,应当以出售假币罪定罪处罚。

9 制造真伪拼凑货币行为的定性

★最高人民法院《关于审理伪造货币等案件具体应用法律若干问题的解释(二)》(2010年11月3日)(节录)

第二条 同时采用伪造和变造手段,制造真伪拼凑货币的行为,依照刑法第一百七十条的规定,以伪造货币罪定罪处罚。

10 以央行发行的普通纪念币、贵金属纪念币为对象的假币犯罪的定性及数额计算

★最高人民法院《关于审理伪造货币等案件具体应用法律若干问题的解释(二)》(2010年11月3日)(节录)

第四条 以中国人民银行发行的普通纪念币和贵金属纪念币为对象的假币犯罪,依照刑法第一百七十条至第一百七十三条的规定定罪处罚。

假普通纪念币犯罪的数额,以面额计算;假贵金属纪念币犯罪的数额,以贵金属纪念币的初始发售价格计算。

11 一罪与数罪

★最高人民法院《全国法院审理金融犯罪案件工作座谈会纪要》(2001年1月21日)(节录)

二、(二)关于破坏金融管理秩序罪

2. 关于假币犯罪

……

假币犯罪罪名的确定。假币犯罪案件中犯罪分子实施数个相关行为的,在确定罪名时应把握以下原则:

(1)对同一宗假币实施了法律规定为选择性罪名的行为,应根据行为人所实施的数个行为,按相关罪名刑法规定的排列顺序并列确定罪名,数额不累计计算,不实行数罪并罚。

(2)对不同宗假币实施法律规定选择性罪名的行为,并列确定罪名,数额按全部假币面额累计计算,不实行数罪并罚。

(3)对同一宗假币实施了刑法没有规定为选择性罪名的数个犯罪行为,择一重罪从重处罚。如伪造货币或者购买假币后使用的,以伪造货币罪或购买假币罪定罪,从重处罚。

(4)对不同宗假币实施了刑法没有规定为选择性罪名的数个犯罪行为,分别定罪,数罪并罚。

……

12 此罪与彼罪

★最高人民法院《全国法院审理金融犯罪案件工作座谈会纪要》(2001年1月21日)(节录)

二、(二)关于破坏金融管理秩序罪

2. 关于假币犯罪

假币犯罪的认定。假币犯罪是一种严重破坏金融管理秩序的犯罪。只要有证据证明行为人实施了出售、购买、运输、使用假币行为,且数额较大,就构成犯罪。伪造货币的,只要实施了伪造行为,不论是否完成全部印制工序,即构成伪造货币罪;对于尚未制造出成品,无法计算伪造、销售假币面额的,或者制造、销售用于伪造货币的版样的,不认定犯罪数额,依据犯罪情节决定刑罚。明知是伪造的货币而持有,数额较大,根据现有证据不能认定行为人是为了进行其他假币犯罪的,以持有假币罪定罪处罚;如果有证据证明其持有的假币已构成其他假币犯罪的,应当以其他假币犯罪定罪处罚。

……

第二编 分 则

第一百七十一条【出售、购买、运输假币罪】出售、购买伪造的货币或者明知是伪造的货币而运输，数额较大的，处三年以下有期徒刑或者拘役，并处二万元以上二十万元以下罚金；数额巨大的，处三年以上十年以下有期徒刑，并处五万元以上五十万元以下罚金；数额特别巨大的，处十年以上有期徒刑或者无期徒刑，并处五万元以上五十万元以下罚金或者没收财产。

【金融工作人员购买假币、以假币换取货币罪】银行或者其他金融机构的工作人员购买伪造的货币或者利用职务上的便利，以伪造的货币换取货币的，处三年以上十年以下有期徒刑，并处二万元以上二十万元以下罚金；数额巨大或者有其他严重情节的，处十年以上有期徒刑或者无期徒刑，并处二万元以上二十万元以下罚金或者没收财产；情节较轻的，处三年以下有期徒刑或者拘役，并处或者单处一万元以上十万元以下罚金。

【伪造货币罪】伪造货币并出售或者运输伪造的货币的，依照本法第一百七十条的规定定罪从重处罚。

◁ 立案追诉标准 ▷

★最高人民检察院、公安部《关于公安机关管辖的刑事案件立案追诉标准的规定（二）》（2010年5月7日）（节录）

第二十条 ［出售、购买、运输假币案（刑法第一百七十一条第一款）］出售、购买伪造的货币或者明知是伪造的货币而运输，总面额在四千元以上或者币量在四百张（枚）以上的，应予立案追诉。

在出售假币时被抓获的，除现场查获的假币应认定为出售假币的数额外，现场之外在行为人住所或者其他藏匿地查获的假币，也应认定为出售假币的数额。

第二十一条 ［金融工作人员购买假币、以假币换取货币案（刑法第一百七十一条第二款）］银行或者其他金融机构的工作人员购买伪造的货币或者利用职务上的便利，以伪造的货币换取货币，总面额在二千元以上或者币量在二百张（枚）以上的，应予立案追诉。

第九十一条 本规定中的"以上"，包括本数。

◁ 定 罪 ▷

▶ 入罪数额

★最高人民法院《关于审理伪造货币等案件具体应用法律若干问题的解释》（2000年9月8日）（节录）

第三条 出售、购买假币或者明知是假币而运输，总面额在四千元以上不满五万元的，属于"数额较大"……

第四条 银行或者其他金融机构的工作人员购买假币或者利用职务上的便利，以假币换取货币，总面额在四千元以上不满五万元或者币量在四百张（枚）以上不足五千张（枚）的，处三年以上十年以下有期徒刑，并处二万元以上二十万元以下罚金……

· 268 ·

第三章　破坏社会主义市场经济秩序罪·第四节　破坏金融管理秩序罪

▶**2** "货币"的认定及数额计算

（参见第一百七十条：【定罪】：3. "货币"的认定及数额计算，P265）

▶**3** 第一款"数额巨大"、"数额特别巨大"的认定

★最高人民法院《关于审理伪造货币等案件具体应用法律若干问题的解释》（2000年9月8日）（节录）

第三条　出售、购买假币或者明知是假币而运输……总面额在五万元以上不满二十万元的，属于"数额巨大"；总面额在二十万元以上的，属于"数额特别巨大"，依照刑法第一百七十一条第一款的规定定罪处罚。

▶**4** 第二款"数额巨大"、"情节较轻"的认定

★最高人民法院《关于审理伪造货币等案件具体应用法律若干问题的解释》（2000年9月8日）（节录）

第四条　银行或者其他金融机构的工作人员购买假币或者利用职务上的便利，以假币换取货币……总面额在五万元以上或者币量在五千张（枚）以上或者有其他严重情节的，处十年以上有期徒刑或者无期徒刑，并处二万元以上二十万元以下罚金或者没收财产；总面额不满人民币四千元或者币量不足四百张（枚）或者具有其他情节较轻情形的，处三年以下有期徒刑或者拘役，并处或者单处一万元以上十万元以下罚金。

▶**5** 出售假币被查获部分的处理

★最高人民法院《全国法院审理金融犯罪案件工作座谈会纪要》（2001年1月21日）（节录）

二、（二）关于破坏金融管理秩序罪

2. 关于假币犯罪

……

出售假币被查获部分的处理。在出售假币时被抓获的，除现场查获的假币应认定为出售假币的犯罪数额外，现场之外在行为人住所或者其他藏匿地查获的假币，亦应认定为出售假币的犯罪数额。但有证据证实后者是行为人有实施其他假币犯罪的除外。

……

▶**6** 制造或者出售伪造的台币行为的定性

★最高人民法院《全国法院审理金融犯罪案件工作座谈会纪要》（2001年1月21日）（节录）

二、（二）关于破坏金融管理秩序罪

2. 关于假币犯罪

……

制造或者出售伪造的台币行为的处理。对于伪造台币的，应当以伪造货币罪定罪处罚；出售伪造的台币的，应当以出售假币罪定罪处罚。

▶**7** 以央行发行的普通纪念币、贵金属纪念币为对象的假币犯罪的定性及数额计算

（参见第一百七十条：【定罪】：10. 以央行发行的普通纪念币、贵金属纪念币为对象的

假币犯罪的定性及数额计算，P266）

▌8 农村合作基金会从业人员是否属于金融机构工作人员

★最高人民法院《关于农村合作基金会从业人员犯罪如何定性问题的批复》（2000年5月12日）（节录）

农村合作基金会从业人员，除具有金融机构现职工作人员身份的以外，不属于金融机构工作人员。对其实施的犯罪行为，应当依照刑法的有关规定定罪处罚。

▌9 一罪与数罪

★最高人民法院《关于审理伪造货币等案件具体应用法律若干问题的解释》（2000年9月8日）（节录）

第二条（第2款） 行为人出售、运输假币构成犯罪，同时有使用假币行为的，依照刑法第一百七十一条、第一百七十二条的规定，实行数罪并罚。

★最高人民法院《全国法院审理金融犯罪案件工作座谈会纪要》（2001年1月21日）（节录）

二、（二）关于破坏金融管理秩序罪

2. 关于假币犯罪

……

假币犯罪罪名的确定。假币犯罪案件中犯罪分子实施数个相关行为的，在确定罪名时应把握以下原则：

（1）对同一宗假币实施了法律规定为选择性罪名的行为，应根据行为人所实施的数个行为，按相关罪名刑法规定的排列顺序并列确定罪名，数额不累计计算，不实行数罪并罚。

（2）对不同宗假币实施法律规定选择性罪名的行为，并列确定罪名，数额按全部假币面额累计计算，不实行数罪并罚。

（3）对同一宗假币实施了刑法没有规定为选择性罪名的数个犯罪行为，择一重罪从重处罚。如伪造货币或者购买假币后使用的，以伪造货币罪或购买假币罪定罪，从重处罚。

（4）对不同宗假币实施了刑法没有规定为选择性罪名的数个犯罪行为，分别定罪，数罪并罚。

……

▌10 此罪与彼罪

（参见第一百七十条：【定罪】：12. 此罪与彼罪，P267）

———◀ 量　　刑 ▶———

▌1 从重处罚

★最高人民法院《关于审理伪造货币等案件具体应用法律若干问题的解释》（2000年9月8日）（节录）

第二条（第1款） 行为人购买假币后使用，构成犯罪的，依照刑法第一百七十一条的规定，以购买假币罪定罪，从重处罚。

第一百七十二条 【持有、使用假币罪】 明知是伪造的货币而持有、使用，数额较大的，处三年以下有期徒刑或者拘役，并处或者单处一万元以上十万元以下罚金；数额巨大的，处三年以上十年以下有期徒刑，并处二万元以上二十万元以下罚金；数额特别巨大的，处十年以上有期徒刑，并处五万元以上五十万元以下罚金或者没收财产。

◀ 立案追诉标准 ▶

★最高人民检察院、公安部《关于公安机关管辖的刑事案件立案追诉标准的规定（二）》（2010年5月7日）（节录）

第二十二条 ［持有、使用假币案（刑法第一百七十二条）］ 明知是伪造的货币而持有、使用，总面额在四千元以上或者币量在四百张（枚）以上的，应予立案追诉。

第九十一条 本规定中的"以上"，包括本数。

◀ 定 罪 ▶

1 "货币"的认定及数额计算

（参见第一百七十条：【定罪】：3."货币"的认定及数额计算，P265）

2 "数额较大"、"数额巨大"、"数额特别巨大"的认定

★最高人民法院《关于审理伪造货币等案件具体应用法律若干问题的解释》（2000年9月8日）（节录）

第五条 明知是假币而持有、使用，总面额在四千元以上不满五万元的，属于"数额较大"；总面额在五万元以上不满二十万元的，属于"数额巨大"；总面额在二十万元以上的，属于"数额特别巨大"，依照刑法第一百七十二条的规定定罪处罚。

3 以央行发行的普通纪念币、贵金属纪念币为对象的假币犯罪的定性及数额计算

（参见第一百七十条：【定罪】：10. 以央行发行的普通纪念币、贵金属纪念币为对象的假币犯罪的定性及数额计算，P266）

4 一罪与数罪

★最高人民法院《关于审理伪造货币等案件具体应用法律若干问题的解释》（2000年9月8日）（节录）

第二条（第2款） 行为人出售、运输假币构成犯罪，同时有使用假币行为的，依照刑法第一百七十一条、第一百七十二条的规定，实行数罪并罚。

5 此罪与彼罪

（参见第一百七十条：【定罪】：12. 此罪与彼罪，P267）

第一百七十三条 【变造货币罪】 变造货币，数额较大的，处三年以下有期徒刑或者拘役，并处或者单处一万元以上十万元以下罚金；数额巨大的，处三年以上十年以下有期徒刑，并处二万元以上二十万元以下罚金。

第二编 分 则

▶ 立案追诉标准 ◀

★最高人民检察院、公安部《关于公安机关管辖的刑事案件立案追诉标准的规定（二）》（2010年5月7日）（节录）

第二十三条 [变造货币案（刑法第一百七十三条）] 变造货币，总面额在二千元以上或者币量在二百张（枚）以上的，应予立案追诉。

第九十一条 本规定中的"以上"，包括本数。

▶ 定 罪 ◀

1 "货币"的认定及数额计算

（参见第一百七十条：【定罪】：3."货币"的认定及数额计算，P265）

2 "数额较大"、"数额巨大"的认定

★最高人民法院《关于审理伪造货币等案件具体应用法律若干问题的解释》（2000年9月8日）（节录）

第六条 变造货币的总面额在二千元以上不满三万元的，属于"数额较大"；总面额在三万元以上的，属于"数额巨大"，依照刑法第一百七十三条的规定定罪处罚。

3 "变造货币"的认定

★最高人民法院《关于审理伪造货币等案件具体应用法律若干问题的解释（二）》（2010年11月3日）（节录）

第一条（第2款） 对真货币采用剪贴、挖补、揭层、涂改、移位、重印等方法加工处理，改变真币形态、价值的行为，应当认定为刑法第一百七十三条规定的"变造货币"。

4 以央行发行的普通纪念币、贵金属纪念币为对象的假币犯罪的定性及数额计算

（参见第一百七十条：【定罪】：10.以央行发行的普通纪念币、贵金属纪念币为对象的假币犯罪的定性及数额计算，P266）

第一百七十四条【擅自设立金融机构罪】 未经国家有关主管部门批准，擅自设立商业银行、证券交易所、期货交易所、证券公司、期货经纪公司、保险公司或者其他金融机构的，处三年以下有期徒刑或者拘役，并处或者单处二万元以上二十万元以下罚金；情节严重的，处三年以上十年以下有期徒刑，并处五万元以上五十万元以下罚金。

【伪造、变造、转让金融机构经营许可证、批准文件罪】 伪造、变造、转让商业银行、证券交易所、期货交易所、证券公司、期货经纪公司、保险公司或者其他金融机构的经营许可证或者批准文件的，依照前款的规定处罚。

单位犯前两款罪的，对单位判处罚金，并对其直接负责的主管人员和其他直接责任人员，依照第一款的规定处罚。

▶ 立案追诉标准 ◀

★最高人民检察院、公安部《关于公安机关管辖的刑事案件立案追诉标准的规定

（二）》（2010年5月7日）（节录）

第二十四条 ［擅自设立金融机构案（刑法第一百七十四条第一款）］ 未经国家有关主管部门批准，擅自设立金融机构，涉嫌下列情形之一的，应予立案追诉：

（一）擅自设立商业银行、证券交易所、期货交易所、证券公司、期货公司、保险公司或者其他金融机构的；

（二）擅自设立商业银行、证券交易所、期货交易所、证券公司、期货公司、保险公司或者其他金融机构筹备组织的。

第二十五条 ［伪造、变造、转让金融机构经营许可证、批准文件案（刑法第一百七十四条第二款）］ 伪造、变造、转让商业银行、证券交易所、期货交易所、证券公司、期货公司、保险公司或者其他金融机构的经营许可证或者批准文件的，应予立案追诉。

第九十条 本规定中的立案追诉标准，除法律、司法解释、本规定中另有规定的以外，适用于相应的单位犯罪。

第九十一条 本规定中的"以上"，包括本数。

第一百七十五条【高利转贷罪】以转贷牟利为目的，套取金融机构信贷资金高利转贷他人，违法所得数额较大的，处三年以下有期徒刑或者拘役，并处违法所得一倍以上五倍以下罚金；数额巨大的，处三年以上七年以下有期徒刑，并处违法所得一倍以上五倍以下罚金。

单位犯前款罪的，对单位判处罚金，并对其直接负责的主管人员和其他直接责任人员，处三年以下有期徒刑或者拘役。

◁ 立案追诉标准 ▷

★最高人民检察院、公安部《关于公安机关管辖的刑事案件立案追诉标准的规定（二）》（2010年5月7日）（节录）

第二十六条 ［高利转贷案（刑法第一百七十五条）］ 以转贷牟利为目的，套取金融机构信贷资金高利转贷他人，涉嫌下列情形之一的，应予立案追诉：

（一）高利转贷，违法所得数额在十万元以上的；

（二）虽未达到上述数额标准，但两年内因高利转贷受过行政处罚二次以上，又高利转贷的。

第九十条 本规定中的立案追诉标准，除法律、司法解释、本规定中另有规定的以外，适用于相应的单位犯罪。

第九十一条 本规定中的"以上"，包括本数。

第一百七十五条之一【骗取贷款、票据承兑、金融票证罪】以欺骗手段取得银行或者其他金融机构贷款、票据承兑、信用证、保函等，给银行或者其他金融机构造成重大损失或者有其他严重情节的，处三年以下有期徒刑或者拘役，并处或者单处罚金；给银行或者其他金融机构造成特别重大损失或者有其他特别严重情节的，处三年以上七年以下有期徒刑，并处罚金。

单位犯前款罪的，对单位判处罚金，并对其直接负责的主管人员和其他直接责任人员，依照前款的规定处罚。

第二编 分　则

◢ 立案追诉标准 ◣

★最高人民检察院、公安部《关于公安机关管辖的刑事案件立案追诉标准的规定（二）》（2010年5月7日）（节录）

第二十七条　［骗取贷款、票据承兑、金融票证案（刑法第一百七十五条之一）］以欺骗手段取得银行或者其他金融机构贷款、票据承兑、信用证、保函等，涉嫌下列情形之一的，应予立案追诉：

（一）以欺骗手段取得贷款、票据承兑、信用证、保函等，数额在一百万元以上的；

（二）以欺骗手段取得贷款、票据承兑、信用证、保函等，给银行或者其他金融机构造成直接经济损失数额在二十万元以上的；

（三）虽未达到上述数额标准，但多次以欺骗手段取得贷款、票据承兑、信用证、保函等的；

（四）其他给银行或者其他金融机构造成重大损失或者有其他严重情节的情形。

第九十条　本规定中的立案追诉标准，除法律、司法解释、本规定中另有规定的以外，适用于相应的单位犯罪。

第九十一条　本规定中的"以上"，包括本数。

第一百七十六条【非法吸收公众存款罪】 非法吸收公众存款或者变相吸收公众存款，扰乱金融秩序的，处三年以下有期徒刑或者拘役，并处或者单处二万元以上二十万元以下罚金；数额巨大或者有其他严重情节的，处三年以上十年以下有期徒刑，并处五万元以上五十万元以下罚金。

单位犯前款罪的，对单位判处罚金，并对其直接负责的主管人员和其他直接责任人员，依照前款的规定处罚。

◢ 立案追诉标准 ◣

★最高人民检察院、公安部《关于公安机关管辖的刑事案件立案追诉标准的规定（二）》（2010年5月7日）（节录）

第二十八条　［非法吸收公众存款案（刑法第一百七十六条）］非法吸收公众存款或者变相吸收公众存款，扰乱金融秩序，涉嫌下列情形之一的，应予立案追诉：

（一）个人非法吸收或者变相吸收公众存款数额在二十万元以上的，单位非法吸收或者变相吸收公众存款数额在一百万元以上的；

（二）个人非法吸收或者变相吸收公众存款三十户①以上的，单位非法吸收或者变相吸收公众存款一百五十户以上的；

（三）个人非法吸收或者变相吸收公众存款给存款人造成直接经济损失数额在十万元以上的，单位非法吸收或者变相吸收公众存款给存款人造成直接经济损失数额在五十万元以上的；

---

① 根据最高人民法院《关于审理非法集资刑事案件具体应用法律若干问题的解释》（2011年1月4日）第三条（第一款）的规定，应以"人"计算，而非"户"。

第三章 破坏社会主义市场经济秩序罪·第四节 破坏金融管理秩序罪

（四）造成恶劣社会影响的；
（五）其他扰乱金融秩序情节严重的情形。

第九十条 本规定中的立案追诉标准，除法律、司法解释、本规定中另有规定的以外，适用于相应的单位犯罪。

第九十一条 本规定中的"以上"，包括本数。

◆━━━ 定　　罪 ━━━◆

▶ 1 入罪数额、入罪情节

★最高人民法院《全国法院审理金融犯罪案件工作座谈会纪要》（2001年1月21日）（节录）

二、（二）关于破坏金融管理秩序罪
4. 破坏金融管理秩序相关犯罪数额和情节的认定
……
关于非法吸收公众存款罪。非法吸收或者变相吸收公众存款的，要从非法吸收公众存款的数额、范围以及给存款人造成的损失等方面来判定扰乱金融秩序造成危害的程序。根据司法实践，具有下列情形之一的，可以按非法吸收公众存款罪定罪处罚：

（1）个人非法吸收或者变相吸收公众存款20万元以上的，单位非法吸收或者变相吸收公众存款100万元以上的；

（2）个人非法吸收或者变相吸收公众存款30户以上的，单位非法吸收或者变相吸收公众存款150户以上的；

（3）个人非法吸收或者变相吸收公众存款给存款人造成损失10万元以上的，单位非法吸收或者变相吸收公众存款给存款人造成损失50万元以上的，或者造成其他严重后果的。个人非法吸收或者变相吸收公众存款100万元以上，单位非法吸收或者变相吸收公众存款500万元以上的，可以认定为"数额巨大"。

……

由于各地经济发展不平衡，各省、自治区、直辖市高级人民法院可参照上述数额标准或幅度，根据本地的具体情况，确定在本地区掌握的具体标准。

★最高人民法院《关于审理非法集资刑事案件具体应用法律若干问题的解释》（2011年1月4日）（节录）

第三条（第1款） 非法吸收或者变相吸收公众存款，具有下列情形之一的，应当依法追究刑事责任：

（一）个人非法吸收或者变相吸收公众存款，数额在20万元以上的，单位非法吸收或者变相吸收公众存款，数额在100万元以上的；

（二）个人非法吸收或者变相吸收公众存款对象30人以上的，单位非法吸收或者变相吸收公众存款对象150人以上的；

（三）个人非法吸收或者变相吸收公众存款，给存款人造成直接经济损失数额在10万元以上的，单位非法吸收或者变相吸收公众存款，给存款人造成直接经济损失数额在50万元以上的；

· 275 ·

第二编 分　　则

（四）造成恶劣社会影响或者其他严重后果的。

❷ "非法吸收公众存款或者变相吸收公众存款"的认定

★最高人民法院《关于审理非法集资刑事案件具体应用法律若干问题的解释》（2011年1月4日）（节录）

第一条　违反国家金融管理法律规定，向社会公众（包括单位和个人）吸收资金的行为，同时具备下列四个条件的，除刑法另有规定的以外，应当认定为刑法第一百七十六条规定的"非法吸收公众存款或者变相吸收公众存款"：

（一）未经有关部门依法批准或者借用合法经营的形式吸收资金；

（二）通过媒体、推介会、传单、手机短信等途径向社会公开宣传；

（三）承诺在一定期限内以货币、实物、股权等方式还本付息或者给付回报；

（四）向社会公众即社会不特定对象吸收资金。

未向社会公开宣传，在亲友或者单位内部针对特定对象吸收资金的，不属于非法吸收或者变相吸收公众存款。

第二条　实施下列行为之一，符合本解释第一条第一款规定的条件的，应当依照刑法第一百七十六条的规定，以非法吸收公众存款罪定罪处罚：

（一）不具有房产销售的真实内容或者不以房产销售为主要目的，以返本销售、售后包租、约定回购、销售房产份额等方式非法吸收资金的；

（二）以转让林权并代为管护等方式非法吸收资金的；

（三）以代种植（养殖）、租种植（养殖）、联合种植（养殖）等方式非法吸收资金的；

（四）不具有销售商品、提供服务的真实内容或者不以销售商品、提供服务为主要目的，以商品回购、寄存代售等方式非法吸收资金的；

（五）不具有发行股票、债券的真实内容，以虚假转让股权、发售虚构债券等方式非法吸收资金的；

（六）不具有募集基金的真实内容，以假借境外基金、发售虚构基金等方式非法吸收资金的；

（七）不具有销售保险的真实内容，以假冒保险公司、伪造保险单据等方式非法吸收资金的；

（八）以投资入股的方式非法吸收资金的；

（九）以委托理财的方式非法吸收资金的；

（十）利用民间"会"、"社"等组织非法吸收资金的；

（十一）其他非法吸收资金的行为。

★最高人民法院、最高人民检察院、公安部《关于办理非法集资刑事案件适用法律若干问题的意见》（2014年3月25日）（节录）

二、关于"向社会公开宣传"的认定问题

《最高人民法院关于审理非法集资刑事案件具体应用法律若干问题的解释》第一条第一款第二项中的"向社会公开宣传"，包括以各种途径向社会公众传播吸收资金的信息，以及明知吸收资金的信息向社会公众扩散而予以放任等情形。

三、关于"社会公众"的认定问题

下列情形不属于《最高人民法院关于审理非法集资刑事案件具体应用法律若干问题的解释》第一条第二款规定的"针对特定对象吸收资金"的行为，应当认定为向社会公众吸收资金：

（一）在向亲友或者单位内部人员吸收资金的过程中，明知亲友或者单位内部人员向不特定对象吸收资金而予以放任的；

（二）以吸收资金为目的，将社会人员吸收为单位内部人员，并向其吸收资金的。

③ "数额巨大或者有其他严重情节"的认定

★最高人民法院《关于审理非法集资刑事案件具体应用法律若干问题的解释》（2011年1月4日）（节录）

第三条（第2款） 具有下列情形之一的，属于刑法第一百七十六条规定的"数额巨大或者有其他严重情节"：

（一）个人非法吸收或者变相吸收公众存款，数额在100万元以上的，单位非法吸收或者变相吸收公众存款，数额在500万元以上的；

（二）个人非法吸收或者变相吸收公众存款对象100人以上的，单位非法吸收或者变相吸收公众存款对象500人以上的；

（三）个人非法吸收或者变相吸收公众存款，给存款人造成直接经济损失数额在50万元以上的，单位非法吸收或者变相吸收公众存款，给存款人造成直接经济损失数额在250万元以上的；

（四）造成特别恶劣社会影响或者其他特别严重后果的。

④ 犯罪数额的计算

★最高人民法院《关于审理非法集资刑事案件具体应用法律若干问题的解释》（2011年1月4日）（节录）

第三条（第3款） 非法吸收或者变相吸收公众存款的数额，以行为人所吸收的资金全额计算。案发前后已归还的数额，可以作为量刑情节酌情考虑。

⑤ 擅自发行证券行为的定性

★最高人民法院、最高人民检察院、公安部、中国证券监督管理委员会《关于整治非法证券活动有关问题的通知》（2008年1月2日）（节录）

二、明确法律政策界限，依法打击非法证券活动

（二）关于擅自发行证券的责任追究。未经依法核准，擅自发行证券，涉嫌犯罪的，依照《刑法》第一百七十九条之规定，以擅自发行股票、公司、企业债券罪追究刑事责任。未经依法核准，以发行证券为幌子，实施非法证券活动，涉嫌犯罪的，依照《刑法》第一百七十六条、第一百九十二条等规定，以非法吸收公众存款罪、集资诈骗罪等罪名追究刑事责任。未构成犯罪的，依照《证券法》和有关法律的规定给予行政处罚。

⑥ 共同犯罪

★最高人民法院《关于审理非法集资刑事案件具体应用法律若干问题的解释》（2011年1月4日）（节录）

第八条 广告经营者、广告发布者违反国家规定,利用广告为非法集资活动相关的商品或者服务作虚假宣传,具有下列情形之一的,依照刑法第二百二十二条的规定,以虚假广告罪定罪处罚:

(一) 违法所得数额在10万元以上的;

(二) 造成严重危害后果或者恶劣社会影响的;

(三) 二年内利用广告作虚假宣传,受过行政处罚二次以上的;

(四) 其他情节严重的情形。

明知他人从事欺诈发行股票、债券,非法吸收公众存款,擅自发行股票、债券,集资诈骗或者组织、领导传销活动等集资犯罪活动,为其提供广告等宣传的,以相关犯罪的共犯论处。

★最高人民法院、最高人民检察院、公安部《关于办理非法集资刑事案件适用法律若干问题的意见》(2014年3月25日)(节录)

四、关于共同犯罪的处理问题

为他人向社会公众非法吸收资金提供帮助,从中收取代理费、好处费、返点费、佣金、提成等费用,构成非法集资共同犯罪的,应当依法追究刑事责任。能够及时退缴上述费用的,可依法从轻处罚;其中情节轻微的,可以免除处罚;情节显著轻微、危害不大的,不作为犯罪处理。

▶7 罪与非罪

★最高人民法院《关于审理非法集资刑事案件具体应用法律若干问题的解释》(2011年1月4日)(节录)

第三条(第4款) 非法吸收或者变相吸收公众存款,主要用于正常的生产经营活动,能够及时清退所吸收资金,可以免予刑事处罚;情节显著轻微的,不作为犯罪处理。

▶8 非法集资的性质认定

★最高人民法院《关于非法集资刑事案件性质认定问题的通知》(2011年8月18日)

各省、自治区、直辖市高级人民法院,解放军军事法院,新疆维吾尔自治区高级人民法院生产建设兵团分院:

为依法、准确、及时审理非法集资刑事案件,现就非法集资性质认定的有关问题通知如下:

一、行政部门对于非法集资的性质认定,不是非法集资案件进入刑事程序的必经程序。行政部门未对非法集资作出性质认定的,不影响非法集资刑事案件的审判。

二、人民法院应当依照刑法和《最高人民法院关于审理非法集资刑事案件具体应用法律若干问题的解释》等有关规定认定案件事实的性质,并认定相关行为是否构成犯罪。

三、对于案情复杂、性质认定疑难的案件,人民法院可以在有关部门关于是否符合行业技术标准的行政认定意见的基础上,根据案件事实和法律规定作出性质认定。

四、非法集资刑事案件的审判工作涉及领域广、专业性强,人民法院在审理此类案件当中要注意加强与有关行政主（监）管部门以及公安机关、人民检察院的配合。审判工作中遇到重大问题难以解决的，请及时报告最高人民法院。

★最高人民法院、最高人民检察院、公安部《关于办理非法集资刑事案件适用法律若干问题的意见》（2014年3月25日）（节录）

一、关于行政认定的问题

行政部门对于非法集资的性质认定，不是非法集资刑事案件进入刑事诉讼程序的必经程序。行政部门未对非法集资作出性质认定的，不影响非法集资刑事案件的侦查、起诉和审判。

公安机关、人民检察院、人民法院应当依法认定案件事实的性质，对于案情复杂、性质认定疑难的案件，可参见有关部门的认定意见，根据案件事实和法律规定作出性质认定。

9 涉案财物的追缴、处置

★最高人民法院、最高人民检察院、公安部《关于办理非法集资刑事案件适用法律若干问题的意见》（2014年3月25日）（节录）

五、关于涉案财物的追缴和处置问题

向社会公众非法吸收的资金属于违法所得。以吸收的资金向集资参与人支付的利息、分红等回报，以及向帮助吸收资金人员支付的代理费、好处费、返点费、佣金、提成等费用，应当依法追缴。集资参与人本金尚未归还的，所支付的回报可予折抵本金。

将非法吸收的资金及其转换财物用于清偿债务或者转让给他人，有下列情形之一的，应当依法追缴：

（一）他人明知是上述资金及财物而收取的；

（二）他人无偿取得上述资金及财物的；

（三）他人以明显低于市场的价格取得上述资金及财物的；

（四）他人取得上述资金及财物系源于非法债务或者违法犯罪活动的；

（五）其他依法应当追缴的情形。

查封、扣押、冻结的易贬值及保管、养护成本较高的涉案财物，可以在诉讼终结前依照有关规定变卖、拍卖。所得价款由查封、扣押、冻结机关予以保管，待诉讼终结后一并处置。

查封、扣押、冻结的涉案财物，一般应在诉讼终结后，返还集资参与人。涉案财物不足全部返还的，按照集资参与人的集资额比例返还。

10 证据的收集

★最高人民法院、最高人民检察院、公安部《关于办理非法集资刑事案件适用法律若干问题的意见》（2014年3月25日）（节录）

六、关于证据的收集问题

办理非法集资刑事案件中，确因客观条件的限制无法逐一收集集资参与人的言词证据的，可结合已收集的集资参与人的言词证据和依法收集并查证属实的书面合同、银行账户交易记录、会计凭证及会计账簿、资金收付凭证、审计报告、互联网电子数据等证据，综合认定非法集资对象人数和吸收资金数额等犯罪事实。

11 涉及民事案件的处理

★最高人民法院、最高人民检察院、公安部《关于办理非法集资刑事案件适用法律若干问题的意见》（2014年3月25日）（节录）

七、关于涉及民事案件的处理问题

对于公安机关、人民检察院、人民法院正在侦查、起诉、审理的非法集资刑事案件，有关单位或者个人就同一事实向人民法院提起民事诉讼或者申请执行涉案财物的，人民法院应当不予受理，并将有关材料移送公安机关或者检察机关。

人民法院在审理民事案件或者执行过程中，发现有非法集资犯罪嫌疑的，应当裁定驳回起诉或者中止执行，并及时将有关材料移送公安机关或者检察机关。

公安机关、人民检察院、人民法院在侦查、起诉、审理非法集资刑事案件中，发现与人民法院正在审理的民事案件属同一事实，或者被申请执行的财物属于涉案财物的，应当及时通报相关人民法院。人民法院经审查认为确属涉嫌犯罪的，依照前款规定处理。

12 跨区域案件的管辖

★最高人民法院、最高人民检察院、公安部《关于办理非法集资刑事案件适用法律若干问题的意见》（2014年3月25日）（节录）

八、关于跨区域案件的处理问题

跨区域非法集资刑事案件，在查清犯罪事实的基础上，可以由不同地区的公安机关、人民检察院、人民法院分别处理。

对于分别处理的跨区域非法集资刑事案件，应当按照统一制定的方案处置涉案财物。

国家机关工作人员违反规定处置涉案财物，构成渎职等犯罪的，应当依法追究刑事责任。

第一百七十七条【伪造、变造金融票证罪】 有下列情形之一，伪造、变造金融票证的，处五年以下有期徒刑或者拘役，并处或者单处二万元以上二十万元以下罚金；情节严重的，处五年以上十年以下有期徒刑，并处五万元以上五十万元以下罚金；情节特别严重的，处十年以上有期徒刑或者无期徒刑，并处五万元以上五十万元以下罚金或者没收财产：

（一）伪造、变造汇票、本票、支票的；

（二）伪造、变造委托收款凭证、汇款凭证、银行存单等其他银行结算凭证的；

（三）伪造、变造信用证或者附随的单据、文件的；

（四）伪造信用卡的。

单位犯前款罪的，对单位判处罚金，并对其直接负责的主管人员和其他直接责任人员，依照前款的规定处罚。

--- 立案追诉标准 ---

★最高人民检察院、公安部《关于公安机关管辖的刑事案件立案追诉标准的规定

(二)》(2010年5月7日)(节录)

第二十九条 [伪造、变造金融票证案（刑法第一百七十七条）] 伪造、变造金融票证，涉嫌下列情形之一的，应予立案追诉：

（一）伪造、变造汇票、本票、支票，或者伪造、变造委托收款凭证、汇款凭证、银行存单等其他银行结算凭证，或者伪造、变造信用证或者附随的单据、文件，总面额在一万元以上或者数量在十张以上的；

（二）伪造信用卡一张以上，或者伪造空白信用卡十张以上的。

第九十条 本规定中的立案追诉标准，除法律、司法解释、本规定中另有规定的以外，适用于相应的单位犯罪。

第九十一条 本规定中的"以上"，包括本数。

定　罪

▶1 "信用卡"的认定

★全国人民代表大会常务委员会《关于〈中华人民共和国刑法〉有关信用卡规定的解释》(2004年12月29日)(节录)

刑法规定的"信用卡"，是指由商业银行或者其他金融机构发行的具有消费支付、信用贷款、转账结算、存取现金等全部功能或者部分功能的电子支付卡。

▶2 "伪造信用卡"的认定

★最高人民法院、最高人民检察院《关于办理妨害信用卡管理刑事案件具体应用法律若干问题的解释》(2009年12月16日)(节录)

第一条 复制他人信用卡、将他人信用卡信息资料写入磁条介质、芯片或者其他方法伪造信用卡1张以上的，应当认定为刑法第一百七十七条第一款第（四）项规定的"伪造信用卡"，以伪造金融票证罪定罪处罚。

伪造空白信用卡10张以上的，应当认定为刑法第一百七十七条第一款第（四）项规定的"伪造信用卡"，以伪造金融票证罪定罪处罚。

伪造信用卡，有下列情形之一的，应当认定为刑法第一百七十七条规定的"情节严重"：

（一）伪造信用卡5张以上不满25张的；

（二）伪造的信用卡内存款余额、透支额度单独或者合计数额在20万元以上不满100万元的；

（三）伪造空白信用卡50张以上不满250张的；

（四）其他情节严重的情形。

伪造信用卡，有下列情形之一的，应当认定为刑法第一百七十七条规定的"情节特别严重"：

（一）伪造信用卡25张以上的；

（二）伪造的信用卡内存款余额、透支额度单独或者合计数额在100万元以上的；

（三）伪造空白信用卡250张以上的；

（四）其他情节特别严重的情形。

本条所称"信用卡内存款余额、透支额度",以信用卡被伪造后发卡行记录的最高存款余额、可透支额度计算。

第八条 单位犯本解释第一条、第七条规定的犯罪的,定罪量刑标准依照各该条的规定执行。

第一百七十七条之一【妨害信用卡管理罪】 有下列情形之一,妨害信用卡管理的,处三年以下有期徒刑或者拘役,并处或者单处一万元以上十万元以下罚金;数量巨大或者有其他严重情节的,处三年以上十年以下有期徒刑,并处二万元以上二十万元以下罚金:

(一)明知是伪造的信用卡而持有、运输的,或者明知是伪造的空白信用卡而持有、运输,数量较大的;

(二)非法持有他人信用卡,数量较大的;

(三)使用虚假的身份证明骗领信用卡的;

(四)出售、购买、为他人提供伪造的信用卡或者以虚假的身份证明骗领的信用卡的。

【窃取、收买、非法提供信用卡信息罪】 窃取、收买或者非法提供他人信用卡信息资料的,依照前款规定处罚。

银行或者其他金融机构的工作人员利用职务上的便利,犯第二款罪的,从重处罚。

立案追诉标准

★最高人民检察院、公安部《关于公安机关管辖的刑事案件立案追诉标准的规定(二)》(2010年5月7日)(节录)

第三十条 [妨害信用卡管理案(刑法第一百七十七条之一第一款)]妨害信用卡管理,涉嫌下列情形之一的,应予立案追诉:

(一)明知是伪造的信用卡而持有、运输的;

(二)明知是伪造的空白信用卡而持有、运输,数量累计在十张以上的;

(三)非法持有他人信用卡,数量累计在五张以上的;

(四)使用虚假的身份证明骗领信用卡的;

(五)出售、购买、为他人提供伪造的信用卡或者以虚假的身份证明骗领的信用卡的。

违背他人意愿,使用其居民身份证、军官证、士兵证、港澳居民往来内地通行证、台湾居民来往大陆通行证、护照等身份证明申领信用卡的,或者使用伪造、变造的身份证明申领信用卡的,应当认定为"使用虚假的身份证明骗领信用卡"。

第三十一条 [窃取、收买、非法提供信用卡信息案(刑法第一百七十七条之一第二款)]窃取、收买或者非法提供他人信用卡信息资料,足以伪造可进行交易的信用卡,或者足以使他人以信用卡持卡人名义进行交易,涉及信用卡一张以上的,应予立案追诉。

第九十一条 本规定中的"以上",包括本数。

定 罪

❶ "信用卡"的认定

(参见第一百七十七条:【定罪】:1."信用卡"的认定,P281)

❷ 第一款第（一）项、第（二）项"数量较大"的认定

★最高人民法院、最高人民检察院《关于办理妨害信用卡管理刑事案件具体应用法律若干问题的解释》（2009年12月16日）（节录）

第二条（第1款） 明知是伪造的空白信用卡而持有、运输10张以上不满100张的,应当认定为刑法第一百七十七条之一第一款第（一）项规定的"数量较大";非法持有他人信用卡5张以上不满50张的,应当认定为刑法第一百七十七条之一第一款第（二）项规定的"数量较大"。

❸ 第一款"数量巨大"的认定

★最高人民法院、最高人民检察院《关于办理妨害信用卡管理刑事案件具体应用法律若干问题的解释》（2009年12月16日）（节录）

第二条（第2款） 下列情形之一的,应当认定为刑法第一百七十七条之一第一款规定的"数量巨大":

（一）明知是伪造的信用卡而持有、运输10张以上的;

（二）明知是伪造的空白信用卡而持有、运输100张以上的;

（三）非法持有他人信用卡50张以上的;

（四）使用虚假的身份证明骗领信用卡10张以上的;

（五）出售、购买、为他人提供伪造的信用卡或者以虚假的身份证明骗领的信用卡10张以上的。

❹ 第一款第（三）项"使用虚假的身份证明骗领信用卡"的认定

★最高人民法院、最高人民检察院《关于办理妨害信用卡管理刑事案件具体应用法律若干问题的解释》（2009年12月16日）（节录）

第二条（第3款） 违背他人意愿,使用其居民身份证、军官证、士兵证、港澳居民往来内地通行证、台湾居民来往大陆通行证、护照等身份证明申领信用卡的,或者使用伪造、变造的身份证明申领信用卡的,应当认定为刑法第一百七十七条之一第一款第（三）项规定的"使用虚假的身份证明骗领信用卡"。

❺ 非法获取他人信用卡信息,足以伪造信用卡,或足以以持卡人名义交易行为的定性

★最高人民法院、最高人民检察院《关于办理妨害信用卡管理刑事案件具体应用法律若干问题的解释》（2009年12月16日）（节录）

第三条 窃取、收买、非法提供他人信用卡信息资料,足以伪造可进行交易的信用卡,或者足以使他人以信用卡持卡人名义进行交易,涉及信用卡1张以上不满5张的,

依照刑法第一百七十七条之一第二款的规定,以窃取、收买、非法提供信用卡信息罪定罪处罚;涉及信用卡5张以上的,应当认定为刑法第一百七十七条之一第一款规定的"数量巨大"。

第一百七十八条【伪造、变造国家有价证券罪】伪造、变造国库券或者国家发行的其他有价证券,数额较大的,处三年以下有期徒刑或者拘役,并处或者单处二万元以上二十万元以下罚金;数额巨大的,处三年以上十年以下有期徒刑,并处五万元以上五十万元以下罚金;数额特别巨大的,处十年以上有期徒刑或者无期徒刑,并处五万元以上五十万元以下罚金或者没收财产。

【伪造、变造股票、公司、企业债券罪】伪造、变造股票或者公司、企业债券,数额较大的,处三年以下有期徒刑或者拘役,并处或者单处一万元以上十万元以下罚金;数额巨大的,处三年以上十年以下有期徒刑,并处二万元以上二十万元以下罚金。

单位犯前两款罪的,对单位判处罚金,并对其直接负责的主管人员和其他直接责任人员,依照前两款的规定处罚。

◁ 立案追诉标准 ▷

★最高人民检察院、公安部《关于公安机关管辖的刑事案件立案追诉标准的规定(二)》(2010年5月7日)(节录)

第三十二条 [伪造、变造国家有价证券案(刑法第一百七十八条第一款)] 伪造、变造国库券或者国家发行的其他有价证券,总面额在二千元以上的,应予立案追诉。

第三十三条 [伪造、变造股票、公司、企业债券案(刑法第一百七十八条第二款)] 伪造、变造股票或者公司、企业债券,总面额在五千元以上的,应予立案追诉。

第九十条 本规定中的立案追诉标准,除法律、司法解释、本规定中另有规定的以外,适用于相应的单位犯罪。

第九十一条 本规定中的"以上",包括本数。

第一百七十九条【擅自发行股票、公司、企业债券罪】未经国家有关主管部门批准,擅自发行股票或者公司、企业债券,数额巨大、后果严重或者有其他严重情节的,处五年以下有期徒刑或者拘役,并处或者单处非法募集资金金额百分之一以上百分之五以下罚金。

单位犯前款罪的,对单位判处罚金,并对其直接负责的主管人员和其他直接责任人员,处五年以下有期徒刑或者拘役。

◁ 立案追诉标准 ▷

★最高人民检察院、公安部《关于公安机关管辖的刑事案件立案追诉标准的规定(二)》(2010年5月7日)(节录)

第三十四条 [擅自发行股票、公司、企业债券案(刑法第一百七十九条)] 未经国家

有关主管部门批准,擅自发行股票或者公司、企业债券,涉嫌下列情形之一的,应予立案追诉:

(一) 发行数额在五十万元以上的;

(二) 虽未达到上述数额标准,但擅自发行致使三十人以上的投资者购买了股票或者公司、企业债券的;

(三) 不能及时清偿或者清退的;

(四) 其他后果严重或者有其他严重情节的情形。

第九十条 本规定中的立案追诉标准,除法律、司法解释、本规定中另有规定的以外,适用于相应的单位犯罪。

第九十一条 本规定中的"以上",包括本数。

◀ 定　　罪 ▶

1 "擅自发行股票或者公司、企业债券"的认定

★最高人民法院《关于审理非法集资刑事案件具体应用法律若干问题的解释》(2011年1月4日)(节录)

第六条 未经国家有关主管部门批准,向社会不特定对象发行、以转让股权等方式变相发行股票或者公司、企业债券,或者向特定对象发行、变相发行股票或者公司、企业债券累计超过200人的,应当认定为刑法第一百七十九条规定的"擅自发行股票、公司、企业债券"。构成犯罪的,以擅自发行股票、公司、企业债券罪定罪处罚。

2 公司及其股东向社会公众擅自转让股票行为的定性

★最高人民法院、最高人民检察院、公安部、中国证券监督管理委员会《关于整治非法证券活动有关问题的通知》(2008年1月2日)(节录)

二、明确法律政策界限,依法打击非法证券活动

(一) 关于公司及其股东向社会公众擅自转让股票行为的性质认定。《证券法》第十条第三款规定:"非公开发行证券,不得采用广告、公开劝诱和变相公开方式。"国办发99号文规定:"严禁任何公司股东自行或委托他人以公开方式向社会公众转让股票。向特定对象转让股票,未依法报经证监会核准的,转让后,公司股东累计不得超过200人。"公司、公司股东违反上述规定,擅自向社会公众转让股票,应当追究其擅自发行股票的责任。公司与其股东合谋,实施上述行为的,公司与其股东共同承担责任。

3 以发行证券为幌子,实施非法证券活动的定性

★最高人民法院、最高人民检察院、公安部、中国证券监督管理委员会《关于整治非法证券活动有关问题的通知》(2008年1月2日)(节录)

二、明确法律政策界限,依法打击非法证券活动

(二) 关于擅自发行证券的责任追究。未经依法核准,擅自发行证券,涉嫌犯罪的,依照《刑法》第一百七十九条之规定,以擅自发行股票、公司、企业债券罪追究刑事责任。未经依法核准,以发行证券为幌子,实施非法证券活动,涉嫌犯罪的,依照《刑法》第一百七十六条、第一百九十二条等规定,以非法吸收公众存款罪、集资诈骗罪

等罪名追究刑事责任。未构成犯罪的，依照《证券法》和有关法律的规定给予行政处罚。

▶4 中介机构所代理的非上市公司涉嫌擅自发行股票行为的定性

★最高人民法院、最高人民检察院、公安部、中国证券监督管理委员会《关于整治非法证券活动有关问题的通知》（2008年1月2日）（节录）

二、明确法律政策界限，依法打击非法证券活动

（三）关于非法经营证券业务的责任追究。任何单位和个人经营证券业务，必须经证监会批准。未经批准的，属于非法经营证券业务，应予以取缔；涉嫌犯罪的，依照《刑法》第二百二十五条之规定，以非法经营罪追究刑事责任。对于中介机构非法代理买卖非上市公司股票，涉嫌犯罪的，应当依照《刑法》第二百二十五条之规定，以非法经营罪追究刑事责任；所代理的非上市公司涉嫌擅自发行股票，构成犯罪的，应当依照《刑法》第一百七十九条之规定，以擅自发行股票罪追究刑事责任。非上市公司和中介机构共谋擅自发行股票，构成犯罪的，以擅自发行股票罪的共犯论处。未构成犯罪的，依照《证券法》和有关法律的规定给予行政处罚。

第一百八十条【内幕交易、泄露内幕信息罪】 证券、期货交易内幕信息的知情人员或者非法获取证券、期货交易内幕信息的人员，在涉及证券的发行，证券、期货交易或者其他对证券、期货交易价格有重大影响的信息尚未公开前，买入或者卖出该证券，或者从事与该内幕信息有关的期货交易，或者泄露该信息，或者明示、暗示他人从事上述交易活动，情节严重的，处五年以下有期徒刑或者拘役，并处或者单处违法所得一倍以上五倍以下罚金；情节特别严重的，处五年以上十年以下有期徒刑，并处违法所得一倍以上五倍以下罚金。

单位犯前款罪的，对单位判处罚金，并对其直接负责的主管人员和其他直接责任人员，处五年以下有期徒刑或者拘役。

内幕信息、知情人员的范围，依照法律、行政法规的规定确定。

【利用未公开信息交易罪】 证券交易所、期货交易所、证券公司、期货经纪公司、基金管理公司、商业银行、保险公司等金融机构的从业人员以及有关监管部门或者行业协会的工作人员，利用因职务便利获取的内幕信息以外的其他未公开的信息，违反规定，从事与该信息相关的证券、期货交易活动，或者明示、暗示他人从事相关交易活动，情节严重的，依照第一款的规定处罚。

◀ 立案追诉标准 ▶

★最高人民检察院、公安部《关于公安机关管辖的刑事案件立案追诉标准的规定（二）》（2010年5月7日）（节录）

第三十五条 [内幕交易、泄露内幕信息案（刑法第一百八十条第一款）] 证券、期货交易内幕信息的知情人员、单位或者非法获取证券、期货交易内幕信息的人员、单位，在

涉及证券的发行，证券、期货交易或者其他对证券、期货交易价格有重大影响的信息尚未公开前，买入或者卖出该证券，或者从事与该内幕信息有关的期货交易，或者泄露该信息，或者明示、暗示他人从事上述交易活动，涉嫌下列情形之一的，应予立案追诉：

（一）证券交易成交额累计在五十万元以上的；

（二）期货交易占用保证金数额累计在三十万元以上的；

（三）获利或者避免损失数额累计在十五万元以上的；

（四）多次进行内幕交易、泄露内幕信息的；

（五）其他情节严重的情形。

第三十六条 ［利用未公开信息交易案（刑法第一百八十条第四款）］证券交易所、期货交易所、证券公司、期货公司、基金管理公司、商业银行、保险公司等金融机构的从业人员以及有关监管部门或者行业协会的工作人员，利用因职务便利获取的内幕信息以外的其他未公开的信息，违反规定，从事与该信息相关的证券、期货交易活动，或者明示、暗示他人从事相关交易活动，涉嫌下列情形之一的，应予立案追诉：

（一）证券交易成交额累计在五十万元以上的；

（二）期货交易占用保证金数额累计在三十万元以上的；

（三）获利或者避免损失数额累计在十五万元以上的；

（四）多次利用内幕信息以外的其他未公开信息进行交易活动的；

（五）其他情节严重的情形。

第九十条 本规定中的立案追诉标准，除法律、司法解释、本规定中另有规定的以外，适用于相应的单位犯罪。

第九十一条 本规定中的"以上"，包括本数。

◆━━━━ 定　　罪 ━━━━◆

▶ "证券、期货交易内幕信息的知情人员"、"非法获取证券、期货交易内幕信息的人员"的认定

★最高人民法院、最高人民检察院《关于办理内幕交易、泄露内幕信息刑事案件具体应用法律若干问题的解释》（2012年6月1日）（节录）

第一条 下列人员应当认定为刑法第一百八十条第一款规定的"证券、期货交易内幕信息的知情人员"：

（一）证券法第七十四条规定的人员；

（二）期货交易管理条例第八十五条第十二项规定的人员。

第二条 具有下列行为的人员应当认定为刑法第一百八十条第一款规定的"非法获取证券、期货交易内幕信息的人员"：

（一）利用窃取、骗取、套取、窃听、利诱、刺探或者私下交易等手段获取内幕信息的；

（二）内幕信息知情人员的近亲属或者其他与内幕信息知情人员关系密切的人员，在内幕信息敏感期内，从事或者明示、暗示他人从事，或者泄露内幕信息导致他人从事与该内幕信息有关的证券、期货交易，相关交易行为明显异常，且无正当理由或者正当信息来

源的;

(三)在内幕信息敏感期内,与内幕信息知情人员联络、接触,从事或者明示、暗示他人从事,或者泄露内幕信息导致他人从事与该内幕信息有关的证券、期货交易,相关交易行为明显异常,且无正当理由或者正当信息来源的。

第三条 本解释第二条第二项、第三项规定的"相关交易行为明显异常",要综合以下情形,从时间吻合程度、交易背离程度和利益关联程度等方面予以认定:

(一)开户、销户、激活资金账户或者指定交易(托管)、撤销指定交易(转托管)的时间与该内幕信息形成、变化、公开时间基本一致的;

(二)资金变化与该内幕信息形成、变化、公开时间基本一致的;

(三)买入或者卖出与内幕信息有关的证券、期货合约时间与内幕信息的形成、变化和公开时间基本一致的;

(四)买入或者卖出与内幕信息有关的证券、期货合约时间与获悉内幕信息的时间基本一致的;

(五)买入或者卖出证券、期货合约行为明显与平时交易习惯不同的;

(六)买入或者卖出证券、期货合约行为,或者集中持有证券、期货合约行为与该证券、期货公开信息反映的基本面明显背离的;

(七)账户交易资金进出与该内幕信息知情人员或者非法获取人员有关联或者利害关系的;

(八)其他交易行为明显异常情形。

第五条 本解释所称"内幕信息敏感期"是指内幕信息自形成至公开的期间。

证券法第六十七条第二款所列"重大事件"的发生时间,第七十五条规定的"计划"、"方案"以及期货交易管理条例第八十五条第十一项规定的"政策"、"决定"等的形成时间,应当认定为内幕信息的形成之时。

影响内幕信息形成的动议、筹划、决策或者执行人员,其动议、筹划、决策或者执行初始时间,应当认定为内幕信息的形成之时。

内幕信息的公开,是指内幕信息在国务院证券、期货监督管理机构指定的报刊、网站等媒体披露。

★《中华人民共和国证券法》(2014 年 8 月 31 日)(节录)

第七十四条 证券交易内幕信息的知情人包括:

(一)发行人的董事、监事、高级管理人员;

(二)持有公司百分之五以上股份的股东及其董事、监事、高级管理人员,公司的实际控制人及其董事、监事、高级管理人员;

(三)发行人控股的公司及其董事、监事、高级管理人员;

(四)由于所任公司职务可以获取公司有关内幕信息的人员;

(五)证券监督管理机构工作人员以及由于法定职责对证券的发行、交易进行管理的其他人员;

(六)保荐人、承销的证券公司、证券交易所、证券登记结算机构、证券服务机构的有关人员；

（七）国务院证券监督管理机构规定的其他人。

❷ "从事与内幕信息有关的证券、期货交易"的认定

★最高人民法院、最高人民检察院《关于办理内幕交易、泄露内幕信息刑事案件具体应用法律若干问题的解释》（2012年6月1日）（节录）

第四条　具有下列情形之一的，不属于刑法第一百八十条第一款规定的从事与内幕信息有关的证券、期货交易：

（一）持有或者通过协议、其他安排与他人共同持有上市公司百分之五以上股份的自然人、法人或者其他组织收购该上市公司股份的；

（二）按照事先订立的书面合同、指令、计划从事相关证券、期货交易的；

（三）依据已被他人披露的信息而交易的；

（四）交易具有其他正当理由或者正当信息来源的。

❸ "情节严重"的认定

★最高人民法院、最高人民检察院《关于办理内幕交易、泄露内幕信息刑事案件具体应用法律若干问题的解释》（2012年6月1日）（节录）

第六条　在内幕信息敏感期内从事或者明示、暗示他人从事或者泄露内幕信息导致他人从事与该内幕信息有关的证券、期货交易，具有下列情形之一的，应当认定为刑法第一百八十条第一款规定的"情节严重"：

（一）证券交易成交额在五十万元以上的；

（二）期货交易占用保证金数额在三十万元以上的；

（三）获利或者避免损失数额在十五万元以上的；

（四）三次以上的；

（五）具有其他严重情节的。

❹ "情节特别严重"的认定

★最高人民法院、最高人民检察院《关于办理内幕交易、泄露内幕信息刑事案件具体应用法律若干问题的解释》（2012年6月1日）（节录）

第七条　在内幕信息敏感期内从事或者明示、暗示他人从事或者泄露内幕信息导致他人从事与该内幕信息有关的证券、期货交易，具有下列情形之一的，应当认定为刑法第一百八十条第一款规定的"情节特别严重"：

（一）证券交易成交额在二百五十万元以上的；

（二）期货交易占用保证金数额在一百五十万元以上的；

（三）获利或者避免损失数额在七十五万元以上的；

（四）具有其他特别严重情节的。

❺ 犯罪数额的计算

★最高人民法院、最高人民检察院《关于办理内幕交易、泄露内幕信息刑事案件具体应用法律若干问题的解释》（2012年6月1日）（节录）

第八条　二次以上实施内幕交易或者泄露内幕信息行为，未经行政处理或者刑事处理

的，应当对相关交易数额依法累计计算。

第九条 同一案件中，成交额、占用保证金额、获利或者避免损失额分别构成情节严重、情节特别严重的，按照处罚较重的数额定罪处罚。

构成共同犯罪的，按照共同犯罪行为人的成交总额、占用保证金总额、获利或者避免损失总额定罪处罚，但判处各被告人罚金的总额应掌握在获利或者避免损失总额的一倍以上五倍以下。

6 "违法所得"的认定

★最高人民法院、最高人民检察院《关于办理内幕交易、泄露内幕信息刑事案件具体应用法律若干问题的解释》（2012年6月1日）（节录）

第十条 刑法第一百八十条第一款规定的"违法所得"，是指通过内幕交易行为所获利益或者避免的损失。

内幕信息的泄露人员或者内幕交易的明示、暗示人员未实际从事内幕交易的，其罚金数额按照因泄露而获悉内幕信息人员或者被明示、暗示人员从事内幕交易的违法所得计算。

7 单位犯罪

★最高人民法院、最高人民检察院《关于办理内幕交易、泄露内幕信息刑事案件具体应用法律若干问题的解释》（2012年6月1日）（节录）

第十一条 单位实施刑法第一百八十条第一款规定的行为，具有本解释第六条规定情形之一的，按照刑法第一百八十条第二款的规定定罪处罚。

量　　刑

1 对第四款援引法定刑的理解

★最高人民检察院《关于印发最高人民检察院第七批指导性案例的通知》（2016年5月31日）（节录）

马乐利用未公开信息交易案（检例第24号）

要旨：刑法第一百八十条第四款利用未公开信息交易罪为援引法定刑的情形，应当是对第一款法定刑的全部援引。其中，"情节严重"是入罪标准，在处罚上应当依照本条第一款内幕交易、泄露内幕信息罪的全部法定刑处罚，即区分不同情形分别依照第一款规定的"情节严重"和"情节特别严重"两个量刑档次处罚。

★最高人民法院《关于发布第13批指导性案例的通知》（2016年6月30日）（节录）

马乐利用未公开信息交易案（指导案例61号）

裁判要点：刑法第一百八十条第四款规定的利用未公开信息交易罪援引法定刑的情形，应当是对第一款内幕交易、泄露内幕信息罪全部法定刑的引用，即利用未公开信息交易罪应有"情节严重""情节特别严重"两种情形和两个量刑档次。

第一百八十一条 【编造并传播证券、期货交易虚假信息罪】 编造并且传播影响证券、期货交易的虚假信息，扰乱证券、期货交易市场，造成严重后果的，处五年以下有期徒刑或者拘役，并处或者单处一万元以上十万元以下罚金。

【诱骗投资者买卖证券、期货合约罪】 证券交易所、期货交易所、证券公司、期货经纪公司的从业人员，证券业协会、期货业协会或者证券期货监督管理部门的工作人员，故意提供虚假信息或者伪造、变造、销毁交易记录，诱骗投资者买卖证券、期货合约，造成严重后果的，处五年以下有期徒刑或者拘役，并处或者单处一万元以上十万元以下罚金；情节特别恶劣的，处五年以上十年以下有期徒刑，并处二万元以上二十万元以下罚金。

单位犯前两款罪的，对单位判处罚金，并对其直接负责的主管人员和其他直接责任人员，处五年以下有期徒刑或者拘役。

立案追诉标准

★最高人民检察院、公安部《关于公安机关管辖的刑事案件立案追诉标准的规定（二）》（2010年5月7日）（节录）

第三十七条 ［编造并传播证券、期货交易虚假信息案（刑法第一百八十一条第一款）］编造并且传播影响证券、期货交易的虚假信息，扰乱证券、期货交易市场，涉嫌下列情形之一的，应予立案追诉：

（一）获利或者避免损失数额累计在五万元以上的；

（二）造成投资者直接经济损失数额在五万元以上的；

（三）致使交易价格和交易量异常波动的；

（四）虽未达到上述数额标准，但多次编造并传播影响证券、期货交易的虚假信息的；

（五）其他造成严重后果的情形。

第三十八条 ［诱骗投资者买卖证券、期货合约案（刑法第一百八十一条第二款）］证券交易所、期货交易所、证券公司、期货公司的从业人员，证券业协会、期货业协会或者证券期货监督管理部门的工作人员，故意提供虚假信息或者伪造、变造、销毁交易记录，诱骗投资者买卖证券、期货合约，涉嫌下列情形之一的，应予立案追诉：

（一）获利或者避免损失数额累计在五万元以上的；

（二）造成投资者直接经济损失数额在五万元以上的；

（三）致使交易价格和交易量异常波动的；

（四）其他造成严重后果的情形。

第九十条 本规定中的立案追诉标准，除法律、司法解释、本规定中另有规定的以外，适用于相应的单位犯罪。

第九十一条 本规定中的"以上"，包括本数。

第二编 分 则

定 罪

1. 利用互联网编造并传播证券、期货交易虚假信息行为的定性

★全国人民代表大会常务委员会《关于维护互联网安全的决定》（2000年12月28日）（节录）

第三条 为了维护社会主义市场经济秩序和社会管理秩序，对有下列行为之一，构成犯罪的，依照刑法有关规定追究刑事责任：

（四）利用互联网编造并传播影响证券、期货交易或者其他扰乱金融秩序的虚假信息。

第一百八十二条【操纵证券、期货市场罪】 有下列情形之一，操纵证券、期货市场，情节严重的，处五年以下有期徒刑或者拘役，并处或者单处罚金；情节特别严重的，处五年以上十年以下有期徒刑，并处罚金：

（一）单独或者合谋，集中资金优势、持股或者持仓优势或者利用信息优势联合或者连续买卖，操纵证券、期货交易价格或者证券、期货交易量的；

（二）与他人串通，以事先约定的时间、价格和方式相互进行证券、期货交易，影响证券、期货交易价格或者证券、期货交易量的；

（三）在自己实际控制的账户之间进行证券交易，或者以自己为交易对象，自买自卖期货合约，影响证券、期货交易价格或者证券、期货交易量的；

（四）以其他方法操纵证券、期货市场的。

单位犯前款罪的，对单位判处罚金，并对其直接负责的主管人员和其他直接责任人员，依照前款的规定处罚。

立案追诉标准

★最高人民检察院、公安部《关于公安机关管辖的刑事案件立案追诉标准的规定（二）》（2010年5月7日）（节录）

第三十九条［操纵证券、期货市场案（刑法第一百八十二条）］操纵证券、期货市场，涉嫌下列情形之一的，应予立案追诉：

（一）单独或者合谋，持有或者实际控制证券的流通股份数达到该证券的实际流通股份总量百分之三十以上，且在该证券连续二十个交易日内联合或者连续买卖股份数累计达到该证券同期总成交量百分之三十以上的；

（二）单独或者合谋，持有或者实际控制期货合约的数量超过期货交易所业务规则限定的持仓量百分之五十以上，且在该期货合约连续二十个交易日内联合或者连续买卖期货合约数累计达到该期货合约同期总成交量百分之三十以上的；

（三）与他人串通，以事先约定的时间、价格和方式相互进行证券或者期货合约交易，且在该证券或者期货合约连续二十个交易日内成交量累计达到该证券或者期货合约同期总成交量百分之二十以上的；

（四）在自己实际控制的账户之间进行证券交易，或者以自己为交易对象，自买自卖

期货合约,且在该证券或者期货合约连续二十个交易日内成交量累计达到该证券或者期货合约同期总成交量百分之二十以上的;

(五)单独或者合谋,当日连续申报买入或者卖出同一证券、期货合约并在成交前撤回申报,撤回申报量占当日该种证券总申报量或者该种期货合约总申报量百分之五十以上的;

(六)上市公司及其董事、监事、高级管理人员、实际控制人、控股股东或者其他关联人单独或者合谋,利用信息优势,操纵该公司证券交易价格或者证券交易量的;

(七)证券公司、证券投资咨询机构、专业中介机构或者从业人员,违背有关从业禁止的规定,买卖或者持有相关证券,通过对证券或者其发行人、上市公司公开作出评价、预测或者投资建议,在该证券的交易中谋取利益,情节严重的;

(八)其他情节严重的情形。

第九十条 本规定中的立案追诉标准,除法律、司法解释、本规定中另有规定的以外,适用于相应的单位犯罪。

第九十一条 本规定中的"以上",包括本数。

第一百八十三条 【职务侵占罪】 保险公司的工作人员利用职务上的便利,故意编造未曾发生的保险事故进行虚假理赔,骗取保险金归自己所有的,依照本法第二百七十一条的规定定罪处罚。

【贪污罪】 国有保险公司工作人员和国有保险公司委派到非国有保险公司从事公务的人员有前款行为的,依照本法第三百八十二条、第三百八十三条的规定定罪处罚。

第一百八十四条 【非国家工作人员受贿罪】 银行或者其他金融机构的工作人员在金融业务活动中索取他人财物或者非法收受他人财物,为他人谋取利益的,或者违反国家规定,收受各种名义的回扣、手续费,归个人所有的,依照本法第一百六十三条的规定定罪处罚。

【受贿罪】 国有金融机构工作人员和国有金融机构委派到非国有金融机构从事公务的人员有前款行为的,依照本法第三百八十五条、第三百八十六条的规定定罪处罚。

关联法条:第九十六条

━━━━◆ 定　　罪 ◆━━━━

▶ **农村合作基金会从业人员的定性**

★最高人民法院《关于农村合作基金会从业人员犯罪如何定性问题的批复》(2000年5月12日)(节录)

农村合作基金会从业人员,除具有金融机构现职工作人员身份的以外,不属于金融机构工作人员。对其实施的犯罪行为,应当依照刑法的有关规定定罪处罚。

· 293 ·

第一百八十五条【挪用资金罪】 商业银行、证券交易所、期货交易所、证券公司、期货经纪公司、保险公司或者其他金融机构的工作人员利用职务上的便利,挪用本单位或者客户资金的,依照本法第二百七十二条的规定定罪处罚。

【挪用公款罪】 国有商业银行、证券交易所、期货交易所、证券公司、期货经纪公司、保险公司或者其他国有金融机构的工作人员和国有商业银行、证券交易所、期货交易所、证券公司、期货经纪公司、保险公司或者其他国有金融机构委派到前款规定中的非国有机构从事公务的人员有前款行为的,依照本法第三百八十四条的规定定罪处罚。

第一百八十五条之一【背信运用受托财产罪】 商业银行、证券交易所、期货交易所、证券公司、期货经纪公司、保险公司或者其他金融机构,违背受托义务,擅自运用客户资金或者其他委托、信托的财产,情节严重的,对单位判处罚金,并对其直接负责的主管人员和其他直接责任人员,处三年以下有期徒刑或者拘役,并处三万元以上三十万元以下罚金;情节特别严重的,处三年以上十年以下有期徒刑,并处五万元以上五十万元以下罚金。

【违法运用资金罪】 社会保障基金管理机构、住房公积金管理机构等公众资金管理机构,以及保险公司、保险资产管理公司、证券投资基金管理公司,违反国家规定运用资金的,对其直接负责的主管人员和其他直接责任人员,依照前款的规定处罚。

关联法条:第九十六条

◁ 立案追诉标准 ▷

★最高人民检察院、公安部《关于公安机关管辖的刑事案件立案追诉标准的规定(二)》(2010年5月7日)(节录)

第四十条 [背信运用受托财产案(刑法第一百八十五条之一第一款)] 商业银行、证券交易所、期货交易所、证券公司、期货公司、保险公司或者其他金融机构,违背受托义务,擅自运用客户资金或者其他委托、信托的财产,涉嫌下列情形之一的,应予立案追诉:

(一)擅自运用客户资金或者其他委托、信托的财产数额在三十万元以上的;

(二)虽未达到上述数额标准,但多次擅自运用客户资金或者其他委托、信托的财产,或者擅自运用多个客户资金或者其他委托、信托的财产的;

(三)其他情节严重的情形。

第四十一条 [违法运用资金案(刑法第一百八十五条之一第二款)] 社会保障基金管理机构、住房公积金管理机构等公众资金管理机构,以及保险公司、保险资产管理公司、证券投资基金管理公司,违反国家规定运用资金,涉嫌下列情形之一的,应予立案追诉:

(一)违反国家规定运用资金数额在三十万元以上的;

(二)虽未达到上述数额标准,但多次违反国家规定运用资金的;

(三)其他情节严重的情形。

第九十一条 本规定中的"以上",包括本数。

第一百八十六条【违法发放贷款罪】银行或者其他金融机构的工作人员违反国家规定发放贷款,数额巨大或者造成重大损失的,处五年以下有期徒刑或者拘役,并处一万元以上十万元以下罚金;数额特别巨大或者造成特别重大损失的,处五年以上有期徒刑,并处二万元以上二十万元以下罚金。

银行或者其他金融机构的工作人员违反国家规定,向关系人发放贷款的,依照前款的规定从重处罚。

单位犯前两款罪的,对单位判处罚金,并对其直接负责的主管人员和其他直接责任人员,依照前两款的规定处罚。

关系人的范围,依照《中华人民共和国商业银行法》和有关金融法规确定。

关联法条:第九十六条

◆立案追诉标准◆

★最高人民检察院、公安部《关于公安机关管辖的刑事案件立案追诉标准的规定(二)》(2010年5月7日)(节录)

第四十二条[违法发放贷款案(刑法第一百八十六条)] 银行或者其他金融机构及其工作人员违反国家规定发放贷款,涉嫌下列情形之一的,应予立案追诉:

(一)违法发放贷款,数额在一百万元以上的;

(二)违法发放贷款,造成直接经济损失数额在二十万元以上的。

第九十条 本规定中的立案追诉标准,除法律、司法解释、本规定中另有规定的以外,适用于相应的单位犯罪。

第九十一条 本规定中的"以上",包括本数。

◆定 罪◆

1 "关系人"的认定

★《中华人民共和国商业银行法》(2015年10月1日)(节录)

第四十条 商业银行不得向关系人发放信用贷款;向关系人发放担保贷款的条件不得优于其他借款人同类贷款的条件。

前款所称关系人是指:

(一)商业银行的董事、监事、管理人员、信贷业务人员及其近亲属;

(二)前项所列人员投资或者担任高级管理职务的公司、企业和其他经济组织。

2 "造成重大损失"、"造成特别重大损失"的认定

★最高人民法院《全国法院审理金融犯罪案件工作座谈会纪要》(2001年1月21日)(节录)

二、(二)关于破坏金融管理秩序罪

4.破坏金融管理秩序相关犯罪数额和情节的认定

……

关于违法发放贷款罪。银行或者其他金融机构工作人员违反法律、行政法规规定,向关系人以外的其他人发放贷款,造成50—100万元以上损失的,可以认定为"造成重大损失";造成300—500万元以上损失的,可以认定为"造成特别重大损失"。

……

对于单位实施违法发放贷款和用帐外客户资金非法拆借、发放贷款造成损失构成犯罪的数额标准,可按个人实施上述犯罪的数额标准二至四倍掌握。

由于各地经济发展不平衡,各省、自治区、直辖市高级人民法院可参照上述数额标准或幅度,根据本地的具体情况,确定在本地区掌握的具体标准。

第一百八十七条【吸收客户资金不入账罪】 银行或者其他金融机构的工作人员吸收客户资金不入账,数额巨大或者造成重大损失的,处五年以下有期徒刑或者拘役,并处二万元以上二十万元以下罚金;数额特别巨大或者造成特别重大损失的,处五年以上有期徒刑,并处五万元以上五十万元以下罚金。

单位犯前款罪的,对单位判处罚金,并对其直接负责的主管人员和其他直接责任人员,依照前款的规定处罚。

◀ 立案追诉标准 ▶

★最高人民检察院、公安部《关于公安机关管辖的刑事案件立案追诉标准的规定(二)》(2010年5月7日)(节录)

第四十三条 [吸收客户资金不入账案(刑法第一百八十七条)] 银行或者其他金融机构及其工作人员吸收客户资金不入账,涉嫌下列情形之一的,应予立案追诉:

(一)吸收客户资金不入账,数额在一百万元以上的;

(二)吸收客户资金不入账,造成直接经济损失数额在二十万元以上的。

第九十条 本规定中的立案追诉标准,除法律、司法解释、本规定中另有规定的以外,适用于相应的单位犯罪。

第九十一条 本规定中的"以上",包括本数。

◀ 定　　罪 ▶

▶1 "吸收客户资金不入账"的认定

★最高人民法院《全国法院审理金融犯罪案件工作座谈会纪要》(2001年1月21日)(节录)

二、(二)关于破坏金融管理秩序罪

3. 用账外客户资金非法拆借、发放贷款行为的认定和处罚

……吸收客户资金不入帐,是指不记入金融机构的法定存款账目,以逃避国家金融监管,至于是否记入法定账目以外设立的账目,不影响该罪成立。

……对于利用职务上便利,挪用已经记入金融机构法定存款帐户的客户资金归个人使用的,或者吸收客户资金不入账,却给客户开具银行存单,客户也认为将款已存入银行,

该款却被行为人以个人名义借贷给他人的，均应认定为挪用公款罪或者挪用资金罪。

▶2 "造成重大损失"、"造成特别重大损失"的认定

★最高人民法院《全国法院审理金融犯罪案件工作座谈会纪要》（2001年1月21日）（节录）

二、（二）关于破坏金融管理秩序罪

4. 破坏金融管理秩序相关犯罪数额和情节的认定

……

关于用账外客户资金非法拆借、发放贷款罪。对于银行或者其他金融机构工作人员以牟利为目的，采取吸收客户资金不入账的方式，将资金用于非法拆借、发放贷款，造成50-100万元以上损失的，可以认定为"造成重大损失"；造成300—500万元以上损失的，可以认定为"造成特别重大损失"。

对于单位实施违法发放贷款和用帐外客户资金非法拆借、发放贷款造成损失构成犯罪的数额标准，可按个人实施上述犯罪的数额标准二至四倍掌握。

由于各地经济发展不平衡，各省、自治区、直辖市高级人民法院可参照上述数额标准或幅度，根据本地的具体情况，确定在本地区掌握的具体标准。

> **第一百八十八条【违规出具金融票证罪】** 银行或者其他金融机构的工作人员违反规定，为他人出具信用证或者其他保函、票据、存单、资信证明，情节严重的，处五年以下有期徒刑或者拘役；情节特别严重的，处五年以上有期徒刑。
>
> 单位犯前款罪的，对单位判处罚金，并对其直接负责的主管人员和其他直接责任人员，依照前款的规定处罚。

◀ 立案追诉标准 ▶

★最高人民检察院、公安部《关于公安机关管辖的刑事案件立案追诉标准的规定（二）》（2010年5月7日）（节录）

第四十四条 [违规出具金融票证案（刑法第一百八十八条）] 银行或者其他金融机构及其工作人员违反规定，为他人出具信用证或者其他保函、票据、存单、资信证明，涉嫌下列情形之一的，应予立案追诉：

（一）违反规定为他人出具信用证或者其他保函、票据、存单、资信证明，数额在一百万元以上的；

（二）违反规定为他人出具信用证或者其他保函、票据、存单、资信证明，造成直接经济损失数额在二十万元以上的；

（三）多次违规出具信用证或者其他保函、票据、存单、资信证明的；

（四）接受贿赂违规出具信用证或者其他保函、票据、存单、资信证明的；

（五）其他情节严重的情形。

第九十条 本规定中的立案追诉标准，除法律、司法解释、本规定中另有规定的以外，

适用于相应的单位犯罪。

第九十一条　本规定中的"以上",包括本数。

第一百八十九条【对违法票据承兑、付款、保证罪】银行或者其他金融机构的工作人员在票据业务中,对违反票据法规定的票据予以承兑、付款或者保证,造成重大损失的,处五年以下有期徒刑或者拘役;造成特别重大损失的,处五年以上有期徒刑。

单位犯前款罪的,对单位判处罚金,并对其直接负责的主管人员和其他直接责任人员,依照前款的规定处罚。

◁ 立案追诉标准 ▷

★最高人民检察院、公安部《关于公安机关管辖的刑事案件立案追诉标准的规定(二)》(2010年5月7日)(节录)

第四十五条［对违法票据承兑、付款、保证案（刑法第一百八十九条）］银行或者其他金融机构及其工作人员在票据业务中,对违反票据法规定的票据予以承兑、付款或者保证,造成直接经济损失数额在二十万元以上的,应予立案追诉。

第九十条　本规定中的立案追诉标准,除法律、司法解释、本规定中另有规定的以外,适用于相应的单位犯罪。

第九十一条　本规定中的"以上",包括本数。

第一百九十条【逃汇罪】公司、企业或者其他单位,违反国家规定,擅自将外汇存放境外,或者将境内的外汇非法转移到境外,数额较大的,对单位判处逃汇数额百分之五以上百分之三十以下罚金,并对其直接负责的主管人员和其他直接责任人员处五年以下有期徒刑或者拘役;数额巨大或者有其他严重情节的,对单位判处逃汇数额百分之五以上百分之三十以下罚金,并对其直接负责的主管人员和其他直接责任人员处五年以上有期徒刑。

关联法条：第九十六条

◁ 立案追诉标准 ▷

★最高人民检察院、公安部《关于公安机关管辖的刑事案件立案追诉标准的规定(二)》(2010年5月7日)(节录)

第四十六条［逃汇案（刑法第一百九十条）］公司、企业或者其他单位,违反国家规定,擅自将外汇存放境外,或者将境内的外汇非法转移到境外,单笔在二百万美元以上或者累计数额在五百万美元以上的,应予立案追诉。

第九十一条　本规定中的"以上",包括本数。

第三章 破坏社会主义市场经济秩序罪·第四节 破坏金融管理秩序罪

定 罪

1 时间效力

★最高人民法院、最高人民检察院、公安部《关于办理骗汇、逃汇犯罪案件联席会议纪要》（1999年3月16日）（节录）

二、全国人大常委会《关于惩治骗购外汇、逃汇和非法买卖外汇犯罪的决定》（以下简称《决定》）公布施行后发生的犯罪行为，应当依照《决定》办理；对于《决定》公布施行前发生的公布后尚未处理或者正在处理的行为，依照修订后的刑法第十二条第一款规定的原则办理。

最高人民法院1998年8月28日发布的《关于审理骗购外汇、非法买卖外汇刑事案件具体应用法律若干问题的解释》（以下简称《解释》），是对具体应用修订后的刑法有关问题的司法解释，适用于依照修订后的刑法判处的案件。各执法部门对于《解释》应当准确理解，严格执行。

……

2 一罪与数罪

★最高人民法院《关于审理骗购外汇、非法买卖外汇刑事案件具体应用法律若干问题的解释》（1998年9月1日）（节录）

第一条 以进行走私、逃汇、洗钱、骗税等犯罪活动为目的，使用虚假、无效的凭证、商业单据或者采取其他手段向外汇指定银行骗购外汇的，应当分别按照刑法分则第三章第二节、第一百九十条、第一百九十一条和第二百零四条等规定定罪处罚。

3 逃汇案件的管辖、查办

★最高人民法院、最高人民检察院、公安部《关于办理骗汇、逃汇犯罪案件联席会议纪要》（1999年3月16日）（节录）

三、公安机关侦查骗汇、逃汇犯罪案件中涉及人民检察院管辖的贪污贿赂、渎职犯罪案件的，应当将贪污贿赂、渎职犯罪案件材料移送有管辖权的人民检察院审查。对管辖交叉的案件，可以分别立案，共同工作。如果涉嫌主罪属于公安机关管辖，由公安机关为主侦查，人民检察院予以配合；如果涉嫌主罪属于人民检察院管辖，由人民检察院为主侦查，公安机关予以配合。双方意见有较大分歧的，要协商解决，并及时向当地党委、政法委和上级主管机关请示。

四、公安机关侦查骗汇、逃汇犯罪案件，要及时全面收集和固定犯罪证据，抓紧缉捕犯罪分子。人民检察院和人民法院对正在办理的骗汇、逃汇犯罪案件，只要基本犯罪事实清楚，基本证据确实充分，应当及时依法起诉、审判。主犯在逃或者骗购外汇所需人民币资金的来源无法彻底查清，但证明在案的其他犯罪嫌疑人实施犯罪的基本证据确实充分的，为在法定时限内结案，可以对在案的其他犯罪嫌疑人先行处理。对于已收集到外汇指定银行汇出凭证和境外收汇银行收款凭证等证据，能够证明所骗购外汇确已汇至港澳台地区或国外的，应视为骗购外汇既遂。

第二编　分　则

第一百九十条之一　【骗购外汇罪】[①]　有下列情形之一，骗购外汇，数额较大的，处五年以下有期徒刑或者拘役，并处骗购外汇数额百分之五以上百分之三十以下罚金；数额巨大或者有其他严重情节的，处五年以上十年以下有期徒刑，并处骗购外汇数额百分之五以上百分之三十以下罚金；数额特别巨大或者有其他特别严重情节的，处十年以上有期徒刑或者无期徒刑，并处骗购外汇数额百分之五以上百分之三十以下罚金或者没收财产：

（一）使用伪造、变造的海关签发的报关单、进口证明、外汇管理部门核准件等凭证和单据的；

（二）重复使用海关签发的报关单、进口证明、外汇管理部门核准件等凭证和单据的；

（三）以其他方式骗购外汇的。

伪造、变造海关签发的报关单、进口证明、外汇管理部门核准件等凭证和单据，并用于骗购外汇的，依照前款的规定从重处罚。

明知用于骗购外汇而提供人民币资金的，以共犯论处。

单位犯前三款罪的，对单位依照第一款的规定判处罚金，并对其直接负责的主管人员和其他直接责任人员，处五年以下有期徒刑或者拘役；数额巨大或者有其他严重情节的，处五年以上十年以下有期徒刑；数额特别巨大或者有其他特别严重情节的，处十年以上有期徒刑或者无期徒刑。

◀ 立案追诉标准 ▶

★最高人民检察院、公安部《关于公安机关管辖的刑事案件立案追诉标准的规定（二）》（2010年5月7日）（节录）

第四十七条　[骗购外汇案（全国人民代表大会常务委员会《关于惩治骗购外汇、逃汇和非法买卖外汇犯罪的决定》第一条）]　骗购外汇，数额在五十万美元以上的，应予立案追诉。

第九十条　本规定中的立案追诉标准，除法律、司法解释、本规定中另有规定的以外，适用于相应的单位犯罪。

第九十一条　本规定中的"以上"，包括本数。

◀ 定　　罪 ▶

1 犯罪数额的计算

★最高人民法院《关于审理骗购外汇、非法买卖外汇刑事案件具体应用法律若干问题

[①] "第一百九十条之一"的说法非法律规定，而是编者根据1998年12月29日全国人民代表大会常务委员会《关于惩治骗购外汇、逃汇和非法买卖外汇犯罪的决定》第一条拟定，司法实务中引用本条文时，应注明引用"《关于惩治骗购外汇、逃汇和非法买卖外汇犯罪的决定》第一条"，而非"第一百九十条之一"。

第三章 破坏社会主义市场经济秩序罪·第四节 破坏金融管理秩序罪

的解释》（1998年9月1日）（节录）

第八条 骗购、非法买卖不同币种的外汇的，以案发时国家外汇管理机关制定的统一折算率折合后依照本解释处罚。

▶2 骗购外汇案件的管辖和查办

（参见第一百九十条：【定罪】：3. 逃汇案件的管辖、查办，P298）

▶3 违法所得的处理

★最高人民法院《关于审理骗购外汇、非法买卖外汇刑事案件具体应用法律若干问题的解释》（1998年9月1日）（节录）

第七条 根据刑法第六十四条规定，骗购外汇、非法买卖外汇的，其违法所得予以追缴，用于骗购外汇、非法买卖外汇的资金予以没收，上缴国库。

◀ 量　　刑 ▶

▶1 从重处罚

★最高人民法院《关于审理骗购外汇、非法买卖外汇刑事案件具体应用法律若干问题的解释》（1998年9月1日）（节录）

第五条 海关、银行、外汇管理机关工作人员与骗购外汇的行为人通谋，为其提供购买外汇的有关凭证，或者明知是伪造、变造的凭证和商业单据而出售外汇，构成犯罪的，按照刑法的有关规定从重处罚。

★全国人民代表大会常务委员会《关于惩治骗购外汇、逃汇和非法买卖外汇犯罪的决定》（1998年12月29日）

五、海关、外汇管理部门以及金融机构、从事对外贸易经营活动的公司、企业或者其他单位的工作人员与骗购外汇或者逃汇的行为人通谋，为其提供购买外汇的有关凭证或者其他便利的，或者明知是伪造、变造的凭证和单据而售汇、付汇的，以共犯论，依照本决定从重处罚。

第一百九十一条【洗钱罪】明知是毒品犯罪、黑社会性质的组织犯罪、恐怖活动犯罪、走私犯罪、贪污贿赂犯罪、破坏金融管理秩序犯罪、金融诈骗犯罪的所得及其产生的收益，为掩饰、隐瞒其来源和性质，有下列行为之一的，没收实施以上犯罪的所得及其产生的收益，处五年以下有期徒刑或者拘役，并处或者单处洗钱数额百分之五以上百分之二十以下罚金；情节严重的，处五年以上十年以下有期徒刑，并处洗钱数额百分之五以上百分之二十以下罚金：

（一）提供资金账户的；

（二）协助将财产转换为现金、金融票据、有价证券的；

（三）通过转账或者其他结算方式协助资金转移的；

（四）协助将资金汇往境外的；

（五）以其他方法掩饰、隐瞒犯罪所得及其收益的来源和性质的。

单位犯前款罪的，对单位判处罚金，并对其直接负责的主管人员和其他直接责任人员，处五年以下有期徒刑或者拘役；情节严重的，处五年以上十年以下有期徒刑。

第二编 分　则

◆ 立案追诉标准 ◆

★最高人民检察院、公安部《关于公安机关管辖的刑事案件立案追诉标准的规定（二）》（2010年5月7日）（节录）

第四十八条　[洗钱案（刑法第一百九十一条）]　明知是毒品犯罪、黑社会性质的组织犯罪、恐怖活动犯罪、走私犯罪、贪污贿赂犯罪、破坏金融管理秩序犯罪、金融诈骗犯罪的所得及其产生的收益，为掩饰、隐瞒其来源和性质，涉嫌下列情形之一的，应予立案追诉：

（一）提供资金账户的；

（二）协助将财产转换为现金、金融票据、有价证券的；

（三）通过转账或者其他结算方式协助资金转移的；

（四）协助将资金汇往境外的；

（五）以其他方法掩饰、隐瞒犯罪所得及其收益的来源和性质的。

第九十条　本规定中的立案追诉标准，除法律、司法解释、本规定中另有规定的以外，适用于相应的单位犯罪。

第九十一条　本规定中的"以上"，包括本数。

◆ 定　罪 ◆

▌"明知"的认定

★最高人民法院《关于审理洗钱等刑事案件具体应用法律若干问题的解释》（2009年11月11日）（节录）

第一条（第1款）　刑法第一百九十一条、第三百一十二条规定的"明知"，应当结合被告人的认知能力，接触他人犯罪所得及其收益的情况、犯罪所得及其收益的种类、数额，犯罪所得及其收益的转换、转移方式以及被告人的供述等主、客观因素进行认定。

具有下列情形之一的，可以认定被告人明知系犯罪所得及其收益，但有证据证明确实不知道的除外：

（一）知道他人从事犯罪活动，协助转换或者转移财物的；

（二）没有正当理由，通过非法途径协助转换或者转移财物的；

（三）没有正当理由，以明显低于市场的价格收购财物的；

（四）没有正当理由，协助转换或者转移财物，收取明显高于市场的"手续费"的；

（五）没有正当理由，协助他人将巨额现金散存于多个银行账户或者在不同银行账户之间频繁划转的；

（六）协助近亲属或者其他关系密切的人转换或者转移与其职业或者财产状况明显不符的财物的；

（七）其他可以认定行为人明知的情形。

被告人将刑法第一百九十一条规定的某一上游犯罪的犯罪所得及其收益误认为刑法第一百九十一条规定的上游犯罪范围内的其他犯罪所得及其收益的，不影响刑法第一百九十一条规定的"明知"的认定。

2 "以其他方法掩饰、隐瞒犯罪所得及其收益的来源和性质"的认定

★最高人民法院《关于审理洗钱等刑事案件具体应用法律若干问题的解释》（2009年11月11日）（节录）

第二条 具有下列情形之一的，可以认定为刑法第一百九十一条第一款第（五）项规定的"以其他方法掩饰、隐瞒犯罪所得及其收益的来源和性质"：

（一）通过典当、租赁、买卖、投资等方式，协助转移、转换犯罪所得及其收益的；

（二）通过与商场、饭店、娱乐场所等现金密集型场所的经营收入相混合的方式，协助转移、转换犯罪所得及其收益的；

（三）通过虚构交易、虚设债权债务、虚假担保、虚报收入等方式，协助将犯罪所得及其收益转换为"合法"财物的；

（四）通过买卖彩票、奖券等方式，协助转换犯罪所得及其收益的；

（五）通过赌博方式，协助将犯罪所得及其收益转换为赌博收益的；

（六）协助将犯罪所得及其收益携带、运输或者邮寄出入境的；

（七）通过前述规定以外的方式协助转移、转换犯罪所得及其收益的。

3 一罪与数罪

★最高人民法院《关于审理骗购外汇、非法买卖外汇刑事案件具体应用法律若干问题的解释》（1998年9月1日）（节录）

第一条（第1款） 以进行走私、逃汇、洗钱、骗税等犯罪活动为目的，使用虚假、无效的凭证、商业单据或者采取其他手段向外汇指定银行骗购外汇的，应当分别按照刑法分则第三章第二节、第一百九十条、第一百九十一条和第二百零四条等规定定罪处罚。

★最高人民法院《关于审理洗钱等刑事案件具体应用法律若干问题的解释》（2009年11月11日）（节录）

第三条 明知是犯罪所得及其产生的收益而予以掩饰、隐瞒，构成刑法第三百一十二条规定的犯罪，同时又构成刑法第一百九十一条或者第三百四十九条规定的犯罪的，依照处罚较重的规定定罪处罚。

4 与上游犯罪的关系

★最高人民法院《关于审理洗钱等刑事案件具体应用法律若干问题的解释》（2009年11月11日）（节录）

第四条 刑法第一百九十一条、第三百一十二条、第三百四十九条规定的犯罪，应当以上游犯罪事实成立为认定前提。上游犯罪尚未依法裁判，但查证属实的，不影响刑法第一百九十一条、第三百一十二条、第三百四十九条规定的犯罪的审判。

上游犯罪事实可以确认，因行为人死亡等原因依法不予追究刑事责任的，不影响刑法第一百九十一条、第三百一十二条、第三百四十九条规定的犯罪的认定。

上游犯罪事实可以确认，依法以其他罪名定罪处罚的，不影响刑法第一百九十一条、第三百一十二条、第三百四十九条规定的犯罪的认定。

本条所称"上游犯罪"，是指产生刑法第一百九十一条、第三百一十二条、第三百四十九条规定的犯罪所得及其收益的各种犯罪行为。

第五节 金融诈骗罪

本节罪名定罪问题的总体规定

1 "以非法占有为目的"的认定

★最高人民法院《全国法院审理金融犯罪案件工作座谈会纪要》(2001年1月21日)(节录)

二、(三) 关于金融诈骗罪

1. 金融诈骗罪中非法占有目的的认定。金融诈骗犯罪都是以非法占有为目的的犯罪。在司法实践中,认定是否具有非法占有为目的,应当坚持主客观相一致的原则,既要避免单纯根据损失结果客观归罪,也不能仅凭被告人自己的供述,而应当根据案件具体情况具体分析。根据司法实践,对于行为人通过诈骗的方法非法获取资金,造成数额较大资金不能归还,并具有下列情形之一的,可以认定为具有非法占有的目的:(1) 明知没有归还能力而大量骗取资金的;(2) 非法获取资金后逃跑的;(3) 肆意挥霍骗取资金的;(4) 使用骗取的资金进行违法犯罪活动的;(5) 抽逃、转移资金、隐匿财产,以逃避返还资金的;(6) 隐匿、销毁账目,或者搞假破产、假倒闭,以逃避返还资金的;(7) 其他非法占有资金、拒不返还的行为。但是,在处理具体案件的时候,对于有证据证明行为人不具有非法占有目的的,不能单纯以财产不能归还就按金融诈骗罪处罚。

2 犯罪数额的计算

★最高人民法院《全国法院审理金融犯罪案件工作座谈会纪要》(2001年1月21日)(节录)

二、(三) 关于金融诈骗罪

4. 金融诈骗犯罪定罪量刑的数额标准和犯罪数额的计算。金融诈骗的数额不仅是定罪的重要标准,也是量刑的主要依据。在没有新的司法解释之前,可参照1996年《最高人民法院关于审理诈骗案件具体应用法律的若干问题的解释》①的规定执行。在具体认定金融诈骗犯罪的数额时,应当以行为人实际骗取的数额计算。对于行为人为实施金融诈骗活动而支付的中介费、手续费、回扣等,或者用于行贿、赠与等费用,均应计入金融诈骗的犯罪数额。但应当将案发前已归还的数额扣除。

本节罪名量刑问题的总体规定

1 财产刑的适用

★最高人民法院《全国法院审理金融犯罪案件工作座谈会纪要》(2001年1月21日)(节录)

---

① 该解释已被2013年1月14日最高人民法院《关于废止1980年1月1日至1997年6月30日期间发布的部分司法解释和司法解释性文件(第九批)的决定》废止。

二、(五) 财产刑的适用

金融犯罪是图利型犯罪，惩罚和预防此类犯罪，应当注重同时从经济上制裁犯罪分子。刑法对金融犯罪都规定了财产刑，人民法院应当严格依法判处。罚金的数额，应当根据被告人的犯罪情节，在法律规定的数额幅度内确定。对于具有从轻、减轻或者免除处罚情节的被告人，对于本应并处的罚金刑原则上也应当从轻、减轻或者免除。

单位金融犯罪中直接负责的主管人员和其他直接责任人员，是否适用罚金刑，应当根据 刑法 的具体规定。刑法 分则条文规定有罚金刑，并规定对单位犯罪中直接负责的主管人员和其他直接责任人员依照自然人犯罪条款处罚的，应当判处罚金刑，但是对直接负责的主管人员和其他直接责任人员判处罚金的数额，应当低于对单位判处罚金的数额；刑法 分则条文明确规定对单位犯罪中直接负责的主管人员和其他直接责任人员只判处自由刑的，不能附加判处罚金刑。

第一百九十二条【集资诈骗罪】以非法占有为目的，使用诈骗方法非法集资，数额较大的，处五年以下有期徒刑或者拘役，并处二万元以上二十万元以下罚金；数额巨大或者有其他严重情节的，处五年以上十年以下有期徒刑，并处五万元以上五十万元以下罚金；数额特别巨大或者有其他特别严重情节的，处十年以上有期徒刑或者无期徒刑，并处五万元以上五十万元以下罚金或者没收财产。

关联法条：第二百条、第二百八十七条

◀ 立案追诉标准 ▶

★最高人民检察院、公安部《关于公安机关管辖的刑事案件立案追诉标准的规定（二）》(2010年5月7日)（节录）

第四十九条 [集资诈骗案（刑法第一百九十二条）] 以非法占有为目的，使用诈骗方法非法集资，涉嫌下列情形之一的，应予立案追诉：

（一）个人集资诈骗，数额在十万元以上的；

（二）单位集资诈骗，数额在五十万元以上的。

第九十一条 本规定中的"以上"，包括本数。

◀ 定　　罪 ▶

❶ 参见【本节罪名定罪问题的总体规定】，P304

❷ "以非法占有为目的"的认定

★最高人民法院《关于审理非法集资刑事案件具体应用法律若干问题的解释》(2011年1月4日)（节录）

第四条（第2款） 使用诈骗方法非法集资，具有下列情形之一的，可以认定为"以非法占有为目的"：

（一）集资后不用于生产经营活动或者用于生产经营活动与筹集资金规模明显不成比例，致使集资款不能返还的；

（二）肆意挥霍集资款，致使集资款不能返还的；

（三）携带集资款逃匿的；

（四）将集资款用于违法犯罪活动的；

（五）抽逃、转移资金、隐匿财产，逃避返还资金的；

（六）隐匿、销毁账目，或者搞假破产、假倒闭，逃避返还资金的；

（七）拒不交代资金去向，逃避返还资金的；

（八）其他可以认定非法占有目的的情形。

集资诈骗罪中的非法占有目的，应当区分情形进行具体认定。行为人部分非法集资行为具有非法占有目的的，对该部分非法集资行为所涉集资款以集资诈骗罪定罪处罚；非法集资共同犯罪中部分行为人具有非法占有目的，其他行为人没有非法占有集资款的共同故意和行为的，对具有非法占有目的的行为人以集资诈骗罪定罪处罚。

③ "数额较大"、"数额巨大"、"数额特别巨大"的认定

★最高人民法院《关于审理非法集资刑事案件具体应用法律若干问题的解释》（2011年1月4日）（节录）

第五条（第1款） 个人进行集资诈骗，数额在10万元以上的，应当认定为"数额较大"；数额在30万元以上的，应当认定为"数额巨大"；数额在100万元以上的，应当认定为"数额特别巨大"。

（第2款） 单位进行集资诈骗，数额在50万元以上的，应当认定为"数额较大"；数额在150万元以上的，应当认定为"数额巨大"；数额在500万元以上的，应当认定为"数额特别巨大"。

④ 集资诈骗数额的计算

★最高人民法院《关于审理非法集资刑事案件具体应用法律若干问题的解释》（2011年1月4日）（节录）

第五条（第3款） 集资诈骗的数额以行为人实际骗取的数额计算，案发前已归还的数额应予扣除。行为人为实施集资诈骗活动而支付的广告费、中介费、手续费、回扣，或者用于行贿、赠与等费用，不予扣除。行为人为实施集资诈骗活动而支付的利息，除本金未归还可予折抵本金以外，应当计入诈骗数额。

⑤ 与非法吸收公众存款罪的关系

★最高人民法院《关于审理非法集资刑事案件具体应用法律若干问题的解释》（2011年1月4日）（节录）

第二条 实施下列行为之一，符合本解释第一条第一款规定的条件的，应当依照刑法第一百七十六条的规定，以非法吸收公众存款罪定罪处罚：

（一）不具有房产销售的真实内容或者不以房产销售为主要目的，以返本销售、售后包租、约定回购、销售房产份额等方式非法吸收资金的；

（二）以转让林权并代为管护等方式非法吸收资金的；

（三）以代种植（养殖）、租种植（养殖）、联合种植（养殖）等方式非法吸收资

金的；

（四）不具有销售商品、提供服务的真实内容或者不以销售商品、提供服务为主要目的，以商品回购、寄存代售等方式非法吸收资金的；

（五）不具有发行股票、债券的真实内容，以虚假转让股权、发售虚构债券等方式非法吸收资金的；

（六）不具有募集基金的真实内容，以假借境外基金、发售虚构基金等方式非法吸收资金的；

（七）不具有销售保险的真实内容，以假冒保险公司、伪造保险单据等方式非法吸收资金的；

（八）以投资入股的方式非法吸收资金的；

（九）以委托理财的方式非法吸收资金的；

（十）利用民间"会"、"社"等组织非法吸收资金的；

（十一）其他非法吸收资金的行为。

第四条（第1款） 以非法占有为目的，使用诈骗方法实施本解释第二条规定所列行为的，应当依照刑法第一百九十二条的规定，以集资诈骗罪定罪处罚。

6 以发行证券为幌子实施诈骗行为的定性

★最高人民法院、最高人民检察院、公安部、中国证券监督管理委员会《关于整治非法证券活动有关问题的通知》（2008年1月2日）（节录）

二、明确法律政策界限，依法打击非法证券活动

（二）关于擅自发行证券的责任追究。未经依法核准，擅自发行证券，涉嫌犯罪的，依照《刑法》第一百七十九条之规定，以擅自发行股票、公司、企业债券罪追究刑事责任。未经依法核准，以发行证券为幌子，实施非法证券活动，涉嫌犯罪的，依照《刑法》第一百七十六条、第一百九十二条等规定，以非法吸收公众存款罪、集资诈骗罪等罪名追究刑事责任。未构成犯罪的，依照《证券法》和有关法律的规定给予行政处罚。

7 此罪与彼罪

★最高人民法院《全国法院审理金融犯罪案件工作座谈会纪要》（2001年1月21日）（节录）

二、（三）关于金融诈骗罪

3.集资诈骗罪的认定和处理。集资诈骗罪和欺诈发行股票、债券罪、非法吸收公众存款罪在客观上均表现为向社会公众非法募集资金。区别的关键在于行为人是否具有非法占有的目的。对于以非法占有为目的而非法集资，或者在非法集资过程中产生了非法占有他人资金的故意，均构成集资诈骗罪。但是，在处理具体案件时要注意以下两点：一是不能仅凭较大数额的非法集资款不能返还的结果，推定行为人具有非法占有的目的；二是行为人将大部分资金用于投资或生产经营活动，而将少量资金用于个人消费或挥霍的，不应仅以此便认定具有非法占有的目的。

第二编 分　　则

量　　刑

▶❶ 参见【本节罪名量刑问题的总体规定】，P304

第一百九十三条 【贷款诈骗罪】有下列情形之一，以非法占有为目的，诈骗银行或者其他金融机构的贷款，数额较大的，处五年以下有期徒刑或者拘役，并处二万元以上二十万元以下罚金；数额巨大或者有其他严重情节的，处五年以上十年以下有期徒刑，并处五万元以上五十万元以下罚金；数额特别巨大或者有其他特别严重情节的，处十年以上有期徒刑或者无期徒刑，并处五万元以上五十万元以下罚金或者没收财产：

（一）编造引进资金、项目等虚假理由的；
（二）使用虚假的经济合同的；
（三）使用虚假的证明文件的；
（四）使用虚假的产权证明作担保或者超出抵押物价值重复担保的；
（五）以其他方法诈骗贷款的。

关联法条：第二百八十七条

立案追诉标准

★最高人民检察院、公安部《关于公安机关管辖的刑事案件立案追诉标准的规定（二）》（2010年5月7日）（节录）

第五十条 ［贷款诈骗案（刑法第一百九十三条）］以非法占有为目的，诈骗银行或者其他金融机构的贷款，数额在二万元以上的，应予立案追诉。

第九十一条 本规定中的"以上"，包括本数。

定　　罪

▶❶ 参见【本节罪名定罪问题的总体规定】，P304
▶❷ 贷款诈骗与贷款纠纷的区分

★最高人民法院《全国法院审理金融犯罪案件工作座谈会纪要》（2001年1月21日）（节录）

二、（三）关于金融诈骗罪

2. 贷款诈骗罪的认定和处理。贷款诈骗犯罪是目前案发较多的金融诈骗犯罪之一。审理贷款诈骗犯罪案件，应当注意以下两个问题：

……

二是要严格区分贷款诈骗与贷款纠纷的界限。对于合法取得贷款后，没有按规定的用途使用贷款，到期没有归还贷款的，不能以贷款诈骗罪定罪处罚；对于确有证据证明行为人不具有非法占有的目的，因不具备贷款的条件而采取了欺骗手段获取贷款，案发时有能力履行还贷义务，或者案发时不能归还贷款是因为意志以外的原因，如因经营不善、被骗、市场风险等，不应以贷款诈骗罪定罪处罚。

❸ 单位实施贷款诈骗的处理

★最高人民法院《全国法院审理金融犯罪案件工作座谈会纪要》（2001年1月21日）（节录）

二、（三）关于金融诈骗罪

2. 贷款诈骗罪的认定和处理。贷款诈骗犯罪是目前案发较多的金融诈骗犯罪之一。审理贷款诈骗犯罪案件，应当注意以下两个问题：

一是单位不能构成贷款诈骗罪。根据刑法第三十条和第一百九十三条的规定，单位不构成贷款诈骗罪。对于单位实施的贷款诈骗行为，不能以贷款诈骗罪定罪处罚，也不能以贷款诈骗罪追究直接负责的主管人员和其他直接责任人员的刑事责任①。但是，在司法实践中，对于单位十分明显地以非法占有为目的，利用签订、履行借款合同诈骗银行或其他金融机构贷款符合刑法第二百二十四条规定的合同诈骗罪构成要件的，应当以合同诈骗罪定罪处罚。

……

量　刑

❶ 参见【本节罪名量刑问题的总体规定】，P304

第一百九十四条【票据诈骗罪】 有下列情形之一，进行金融票据诈骗活动，数额较大的，处五年以下有期徒刑或者拘役，并处二万元以上二十万元以下罚金；数额巨大或者有其他严重情节的，处五年以上十年以下有期徒刑，并处五万元以上五十万元以下罚金；数额特别巨大或者有其他特别严重情节的，处十年以上有期徒刑或者无期徒刑，并处五万元以上五十万元以下罚金或者没收财产：

（一）明知是伪造、变造的汇票、本票、支票而使用的；

（二）明知是作废的汇票、本票、支票而使用的；

（三）冒用他人的汇票、本票、支票的；

（四）签发空头支票或者与其预留印鉴不符的支票，骗取财物的；

（五）汇票、本票的出票人签发无资金保证的汇票、本票或者在出票时作虚假记载，骗取财物的。

【金融凭证诈骗罪】 使用伪造、变造的委托收款凭证、汇款凭证、银行存单等其他银行结算凭证的，依照前款的规定处罚。

关联法条： 第二百条、第二百八十七条

---

① 全国人民代表大会常务委员会《关于〈中华人民共和国刑法〉第三十条的解释》（2014年4月24日）规定："公司、企业、事业单位、机关、团体等单位实施刑法规定的危害社会的行为，刑法分则和其他法律未规定追究单位的刑事责任的，对组织、策划、实施该危害社会行为的人依法追究刑事责任。""不能以贷款诈骗罪追究直接负责的主管人员和其他直接责任人员的刑事责任"与上述立法解释矛盾。

立案追诉标准

★最高人民检察院、公安部《关于公安机关管辖的刑事案件立案追诉标准的规定（二）》（2010年5月7日）（节录）

第五十一条［票据诈骗案（刑法第一百九十四条第一款）］进行金融票据诈骗活动，涉嫌下列情形之一的，应予立案追诉：

（一）个人进行金融票据诈骗，数额在一万元以上的；

（二）单位进行金融票据诈骗，数额在十万元以上的。

第五十二条［金融凭证诈骗案（刑法第一百九十四条第二款）］使用伪造、变造的委托收款凭证、汇款凭证、银行存单等其他银行结算凭证进行诈骗活动，涉嫌下列情形之一的，应予立案追诉：

（一）个人进行金融凭证诈骗，数额在一万元以上的；

（二）单位进行金融凭证诈骗，数额在十万元以上的。

第九十一条 本规定中的"以上"，包括本数。

定 罪

▶参见【本节罪名定罪问题的总体规定】，P304

量 刑

▶参见【本节罪名量刑问题的总体规定】，P304

第一百九十五条【信用证诈骗罪】 有下列情形之一，进行信用证诈骗活动的，处五年以下有期徒刑或者拘役，并处二万元以上二十万元以下罚金；数额巨大或者有其他严重情节的，处五年以上十年以下有期徒刑，并处五万元以上五十万元以下罚金；数额特别巨大或者有其他特别严重情节的，处十年以上有期徒刑或者无期徒刑，并处五万元以上五十万元以下罚金或者没收财产：

（一）使用伪造、变造的信用证或者附随的单据、文件的；

（二）使用作废的信用证的；

（三）骗取信用证的；

（四）以其他方法进行信用证诈骗活动的。

关联法条：第二百条、第二百八十七条

立案追诉标准

★最高人民检察院、公安部《关于公安机关管辖的刑事案件立案追诉标准的规定（二）》（2010年5月7日）（节录）

第五十三条［信用证诈骗案（刑法第一百九十五条）］进行信用证诈骗活动，涉嫌下列情形之一的，应予立案追诉：

（一）使用伪造、变造的信用证或者附随的单据、文件的；

（二）使用作废的信用证的；

（三）骗取信用证的；

（四）以其他方法进行信用证诈骗活动的。

第三章 破坏社会主义市场经济秩序罪·第五节 金融诈骗罪

第九十条 本规定中的立案追诉标准,除法律、司法解释、本规定中另有规定的以外,适用于相应的单位犯罪。

第九十一条 本规定中的"以上",包括本数。

———————◀ 定　　罪 ▶———————

▶ 参见【本节罪名定罪问题的总体规定】,P304

———————◀ 量　　刑 ▶———————

▶ 参见【本节罪名量刑问题的总体规定】,P304

第一百九十六条【信用卡诈骗罪】 有下列情形之一,进行信用卡诈骗活动,数额较大的,处五年以下有期徒刑或者拘役,并处二万元以上二十万元以下罚金;数额巨大或者有其他严重情节的,处五年以上十年以下有期徒刑,并处五万元以上五十万元以下罚金;数额特别巨大或者有其他特别严重情节的,处十年以上有期徒刑或者无期徒刑,并处五万元以上五十万元以下罚金或者没收财产:

(一)使用伪造的信用卡,或者使用以虚假的身份证明骗领的信用卡的;

(二)使用作废的信用卡的;

(三)冒用他人信用卡的;

(四)恶意透支的。

前款所称恶意透支,是指持卡人以非法占有为目的,超过规定限额或者规定期限透支,并且经发卡银行催收后仍不归还的行为。

盗窃信用卡并使用的,依照本法第二百六十四条的规定定罪处罚。

关联法条:第二百八十七条

———————◀ 立案追诉标准 ▶———————

★最高人民检察院、公安部《关于公安机关管辖的刑事案件立案追诉标准的规定(二)》(2010年5月7日)(节录)

第五十四条[信用卡诈骗案(刑法第一百九十六条)] 进行信用卡诈骗活动,涉嫌下列情形之一的,应予立案追诉:

(一)使用伪造的信用卡,或者使用以虚假的身份证明骗领的信用卡,或者使用作废的信用卡,或者冒用他人信用卡,进行诈骗活动,数额在五千元以上的;

(二)恶意透支,数额在一万元以上的。

本条规定的"恶意透支",是指持卡人以非法占有为目的,超过规定限额或者规定期限透支,并且经发卡银行两次催收后超过三个月仍不归还的。

恶意透支,数额在一万元以上不满十万元的,在公安机关立案前已偿还全部透支款息,情节显著轻微的,可以依法不追究刑事责任。

第二编 分　　则

第九十一条　本规定中的"以上",包括本数。

▶ 定　　罪 ◀

❶ 参见【本节罪名定罪问题的总体规定】,P304

❷ "信用卡"的认定

　　★全国人民代表大会常务委员会《关于〈中华人民共和国刑法〉有关信用卡规定的解释》(2004年12月29日)(节录)

　　刑法规定的"信用卡",是指由商业银行或者其他金融机构发行的具有消费支付、信用贷款、转账结算、存取现金等全部功能或者部分功能的电子支付卡。

❸ "数额较大"、"数额巨大"、"数额特别巨大"的认定

　　★最高人民法院、最高人民检察院《关于办理妨害信用卡管理刑事案件具体应用法律若干问题的解释》(2009年12月16日)(节录)

　　第五条（第1款）　使用伪造的信用卡、以虚假的身份证明骗领的信用卡、作废的信用卡或者冒用他人信用卡,进行信用卡诈骗活动,数额在5000元以上不满5万元的,应当认定为刑法第一百九十六条规定的"数额较大";数额在5万元以上不满50万元的,应当认定为刑法第一百九十六条规定的"数额巨大";数额在50万元以上的,应当认定为刑法第一百九十六条规定的"数额特别巨大"。

❹ "冒用他人信用卡"的认定

　　★最高人民法院、最高人民检察院《关于办理妨害信用卡管理刑事案件具体应用法律若干问题的解释》(2009年12月16日)(节录)

　　第五条（第2款）　刑法第一百九十六条第一款第（三）项所称"冒用他人信用卡",包括以下情形：

　　（一）拾得他人信用卡并使用的；

　　（二）骗取他人信用卡并使用的；

　　（三）窃取、收买、骗取或者以其他非法方式获取他人信用卡信息资料,并通过互联网、通讯终端等使用的；

　　（四）其他冒用他人信用卡的情形。

❺ "恶意透支"的认定、处罚

　　★最高人民法院、最高人民检察院《关于办理妨害信用卡管理刑事案件具体应用法律若干问题的解释》(2009年12月16日)(节录)

　　第六条　持卡人以非法占有为目的,超过规定限额或者规定期限透支,并且经发卡银行两次催收后超过3个月仍不归还的,应当认定为刑法第一百九十六条规定的"恶意透支"。

　　有以下情形之一的,应当认定为刑法第一百九十六条第二款规定的"以非法占有为目的"：

　　（一）明知没有还款能力而大量透支,无法归还的；

　　（二）肆意挥霍透支的资金,无法归还的；

　　（三）透支后逃匿、改变联系方式,逃避银行催收的；

（四）抽逃、转移资金，隐匿财产，逃避还款的；

（五）使用透支的资金进行违法犯罪活动的；

（六）其他非法占有资金，拒不归还的行为。

恶意透支，数额在1万元以上不满10万元的，应当认定为刑法第一百九十六条规定的"数额较大"；数额在10万元以上不满100万元的，应当认定为刑法第一百九十六条规定的"数额巨大"；数额在100万元以上的，应当认定为刑法第一百九十六条规定的"数额特别巨大"。

恶意透支的数额，是指在第一款规定的条件下持卡人拒不归还的数额或者尚未归还的数额。不包括复利、滞纳金、手续费等发卡银行收取的费用。

恶意透支应当追究刑事责任，但在公安机关立案后人民法院判决宣告前已偿还全部透支款息的，可以从轻处罚，情节轻微的，可以免除处罚。恶意透支数额较大，在公安机关立案前已偿还全部透支款息，情节显著轻微的，可以依法不追究刑事责任。

★最高人民法院研究室《关于信用卡犯罪法律适用若干问题的复函》（2010年7月5日）（节录）

一、对于一人持有多张信用卡进行恶意透支，每张信用卡透支数额均未达到1万元的立案追诉标准的，原则上可以累计数额进行追诉。但考虑到一人办多张信用卡的情况复杂，如累计透支数额不大的，应分别不同情况慎重处理。

二、发卡银行的"催收"应有电话录音、持卡人或其家属签字等证据证明。"两次催收"一般应分别采用电话、信函、上门等两种以上催收形式。

三、若持卡人在透支大额款项后，仅向发卡行偿还远低于最低还款额的欠款，具有非法占有目的的，可以认定为"恶意透支"；行为人确实不具有非法占有目的的，不能认定为"恶意透支"。

四、非法套现犯罪的证据规格，仍应遵循刑事诉讼法规定的证据确实、充分的证明标准。原则上应向各持卡人询问并制作笔录。如因持卡人数量众多、下落不明等客观原因导致无法取证，且其他证据已能确实、充分地证明使用信用卡非法套现的犯罪事实及套现数额的，则可以不向所有持卡人询问并制作笔录。

6 拾得信用卡并在ATM机上使用行为的定性

★最高人民检察院《关于拾得他人信用卡并在自动柜员机（ATM机）上使用的行为如何定性问题的批复》（2008年5月7日）（节录）

拾得他人信用卡并在自动柜员机（ATM机）上使用的行为，属于刑法第一百九十六条第一款第（三）项规定的"冒用他人信用卡"的情形，构成犯罪的，以信用卡诈骗罪追究刑事责任。

7 非法套现行为的定性

★最高人民法院、最高人民检察院《关于办理妨害信用卡管理刑事案件具体应用法律若干问题的解释》（2009年12月16日）（节录）

第七条　违反国家规定，使用销售点终端机具（POS机）等方法，以虚构交易、虚开价格、现金退货等方式向信用卡持卡人直接支付现金，情节严重的，应当依据刑法第二百二十五条的规定,以非法经营罪定罪处罚。

实施前款行为,数额在100万元以上的,或者造成金融机构资金20万元以上逾期未还的,或者造成金融机构经济损失10万元以上的,应当认定为刑法第二百二十五条规定的"情节严重";数额在500万元以上的,或者造成金融机构资金100万元以上逾期未还的,或者造成金融机构经济损失50万元以上的,应当认定为刑法第二百二十五条规定的"情节特别严重"。

持卡人以非法占有为目的,采用上述方式恶意透支,应当追究刑事责任的,依照刑法第一百九十六条的规定,以信用卡诈骗罪定罪处罚。

8 管辖的确定

★最高人民法院、最高人民检察院《关于信用卡诈骗犯罪管辖有关问题的通知》(2011年8月8日)(节录)

近年来,信用卡诈骗流窜作案逐年增多,受害人在甲地申领的信用卡,被犯罪嫌疑人在乙地盗取了信用卡信息,并在丙地被提现或消费。犯罪嫌疑人企图通过空间的转换逃避刑事打击。为及时有效打击此类犯罪,现就有关案件管辖问题通知如下:

对以窃取、收买等手段非法获取他人信用卡信息资料后在异地使用的信用卡诈骗犯罪案件,持卡人信用卡申领地的公安机关、人民检察院、人民法院可以依法立案侦查、起诉、审判。

量 刑

1 参见【本节罪名量刑问题的总体规定】,P304

第一百九十七条【有价证券诈骗罪】 使用伪造、变造的国库券或者国家发行的其他有价证券,进行诈骗活动,数额较大的,处五年以下有期徒刑或者拘役,并处二万元以上二十万元以下罚金;数额巨大或者有其他严重情节的,处五年以上十年以下有期徒刑,并处五万元以上五十万元以下罚金;数额特别巨大或者有其他特别严重情节的,处十年以上有期徒刑或者无期徒刑,并处五万元以上五十万元以下罚金或者没收财产。

关联法条:第二百八十七条

立案追诉标准

★最高人民检察院、公安部《关于公安机关管辖的刑事案件立案追诉标准的规定(二)》(2010年5月7日)(节录)

第五十五条 [有价证券诈骗案(刑法第一百九十七条)] 使用伪造、变造的国库券或者国家发行的其他有价证券进行诈骗活动,数额在一万元以上的,应予立案追诉。

第九十一条 本规定中的"以上",包括本数。

定 罪

1 参见【本节罪名定罪问题的总体规定】,P304

◀ 量　　刑 ▶

1 参见【本节罪名量刑问题的总体规定】，P304

第一百九十八条【保险诈骗罪】有下列情形之一，进行保险诈骗活动，数额较大的，处五年以下有期徒刑或者拘役，并处一万元以上十万元以下罚金；数额巨大或者有其他严重情节的，处五年以上十年以下有期徒刑，并处二万元以上二十万元以下罚金；数额特别巨大或者有其他特别严重情节的，处十年以上有期徒刑，并处二万元以上二十万元以下罚金或者没收财产：

（一）投保人故意虚构保险标的，骗取保险金的；

（二）投保人、被保险人或者受益人对发生的保险事故编造虚假的原因或者夸大损失的程度，骗取保险金的；

（三）投保人、被保险人或者受益人编造未曾发生的保险事故，骗取保险金的；

（四）投保人、被保险人故意造成财产损失的保险事故，骗取保险金的；

（五）投保人、受益人故意造成被保险人死亡、伤残或者疾病，骗取保险金的。

有前款第四项、第五项所列行为，同时构成其他犯罪的，依照数罪并罚的规定处罚。

单位犯第一款罪的，对单位判处罚金，并对其直接负责的主管人员和其他直接责任人员，处五年以下有期徒刑或者拘役；数额巨大或者有其他严重情节的，处五年以上十年以下有期徒刑；数额特别巨大或者有其他特别严重情节的，处十年以上有期徒刑。

保险事故的鉴定人、证明人、财产评估人故意提供虚假的证明文件，为他人诈骗提供条件的，以保险诈骗的共犯论处。

关联法条：第二百八十七条

◀ 立案追诉标准 ▶

★最高人民检察院、公安部《关于公安机关管辖的刑事案件立案追诉标准的规定（二）》（2010年5月7日）（节录）

第五十六条［保险诈骗案（刑法第一百九十八条）］进行保险诈骗活动，涉嫌下列情形之一的，应予立案追诉：

（一）个人进行保险诈骗，数额在一万元以上的；

（二）单位进行保险诈骗，数额在五万元以上的。

第九十一条　本规定中的"以上"，包括本数。

◀ 定　　罪 ▶

1 参见【本节罪名定罪问题的总体规定】，P304

2 保险诈骗未遂

★最高人民检察院研究室《关于保险诈骗未遂能否按犯罪处理问题的答复》（1998年11月27日）（节录）

行为人已经着手实施保险诈骗行为，但由于其意志以外的原因未能获得保险赔偿的，是诈骗未遂，情节严重的，应依法追究刑事责任。

量　刑

▶ 参见【本节罪名量刑问题的总体规定】，P304

第一百九十九条[1]【已删除】

第二百条【单位犯集资诈骗罪、票据诈骗罪、信用证诈骗罪的处罚】单位犯本节第一百九十二条、第一百九十四条、第一百九十五条规定之罪的，对单位判处罚金，并对其直接负责的主管人员和其他直接责任人员，处五年以下有期徒刑或者拘役，可以并处罚金；数额巨大或者有其他严重情节的，处五年以上十年以下有期徒刑，并处罚金；数额特别巨大或者有其他特别严重情节的，处十年以上有期徒刑或者无期徒刑，并处罚金。

关联法条：第二百八十七条

定　罪

▶ 参见【本节罪名定罪问题的总体规定】，P304

量　刑

▶ 参见【本节罪名量刑问题的总体规定】，P304

第六节　危害税收征管罪

第二百零一条【逃税罪】纳税人采取欺骗、隐瞒手段进行虚假纳税申报或者不申报，逃避缴纳税款数额较大并且占应纳税额百分之十以上的，处三年以下有期徒刑或者拘役，并处罚金；数额巨大并且占应纳税额百分之三十以上的，处三年以上七年以下有期徒刑，并处罚金。

扣缴义务人采取前款所列手段，不缴或者少缴已扣、已收税款，数额较大的，依照前款的规定处罚。

对多次实施前两款行为，未经处理的，按照累计数额计算。

有第一款行为，经税务机关依法下达追缴通知后，补缴应纳税款，缴纳滞纳金，已受行政处罚的，不予追究刑事责任；但是，五年内因逃避缴纳税款受过刑事处罚或者被税务机关给予二次以上行政处罚的除外。

关联法条：第二百零四条、第二百一十一条、第二百一十二条

---

[1] 2015年8月29日《刑法修正案（九）》第十二条将本条删除。

立案追诉标准

★最高人民检察院、公安部《关于公安机关管辖的刑事案件立案追诉标准的规定（二）》（2010年5月7日）（节录）

第五十七条 [逃税案（刑法第二百零一条）] 逃避缴纳税款，涉嫌下列情形之一的，应予立案追诉：

（一）纳税人采取欺骗、隐瞒手段进行虚假纳税申报或者不申报，逃避缴纳税款，数额在五万元以上并且占各税种应纳税总额百分之十以上，经税务机关依法下达追缴通知后，不补缴应纳税款、不缴纳滞纳金或者不接受行政处罚的；

（二）纳税人五年内因逃避缴纳税款受过刑事处罚或者被税务机关给予二次以上行政处罚，又逃避缴纳税款，数额在五万元以上并且占各税种应纳税总额百分之十以上的；

（三）扣缴义务人采取欺骗、隐瞒手段，不缴或者少缴已扣、已收税款，数额在五万元以上的。

纳税人在公安机关立案后再补缴应纳税款、缴纳滞纳金或者接受行政处罚的，不影响刑事责任的追究。

第九十一条 本规定中的"以上"，包括本数。

定 罪

1 "纳税人"、"扣缴义务人"的认定

★《中华人民共和国税收征收管理法》（2015年4月24日）（节录）

第四条 法律、行政法规规定负有纳税义务的单位和个人为纳税人。

法律、行政法规规定负有代扣代缴、代收代缴税款义务的单位和个人为扣缴义务人。

纳税人、扣缴义务人必须依照法律、行政法规的规定缴纳税款、代扣代缴、代收代缴税款。

2 "应纳税额"的认定

★公安部《关于如何理解〈刑法〉第二百零一条规定的"应纳税额"问题的批复》（1999年11月23日）（节录）

《刑法》第二百零一条规定的"应纳税额"是指某一法定纳税期限或者税务机关依法核定的纳税期间内应纳税额的总和。偷税行为涉及两个以上税种的，只要其中一个税种的偷税数额、比例达到法定标准的，即构成偷税罪，其他税种的偷税数额累计计算。

3 "虚假的纳税申报"、"未经处理"、逃税数额、应纳税额百分比的参照认定

★最高人民法院《关于审理偷税抗税刑事案件具体应用法律若干问题的解释》[①]（2002年11月7日）（节录）

第二条（第3款） 刑法第二百零一条第一款规定的"虚假的纳税申报"，是指纳税

[①] 应当在《刑法修正案（七）》第三条的基础上对本司法解释的内容选择性适用。

第二编　分　则

人或者扣缴义务人向税务机关报送虚假的纳税申报表、财务报表、代扣代缴、代收代缴税款报告表或者其他纳税申报资料，如提供虚假申请，编造减税、免税、抵税、先征收后退还税款等虚假资料等。

（第4款）　刑法第二百零一条第三款规定的"未经处理"，是指纳税人或者扣缴义务人在五年内多次实施偷税行为，但每次偷税数额均未达到刑法第二百零一条规定的构成犯罪的数额标准，且未受行政处罚的情形。

（第5款）　纳税人、扣缴义务人因同一偷税犯罪行为受到行政处罚，又被移送起诉的，人民法院应当依法受理。依法定罪并判处罚金的，行政罚款折抵罚金。

第三条　偷税数额，是指在确定的纳税期间，不缴或者少缴各税种税款的总额。

偷税数额占应纳税额的百分比，是指一个纳税年度中的各税种偷税总额与该纳税年度应纳税总额的比例。不按纳税年度确定纳税期的其他纳税人，偷税数额占应纳税额的百分比，按照行为人最后一次偷税行为发生之日前一年中各税种偷税总额与该年纳税总额的比例确定。纳税义务存续期间不足一个纳税年度的，偷税数额占应纳税额的百分比，按照各税种偷税总额与实际发生纳税义务期间应当缴纳税款总额的比例确定。

偷税行为跨越若干个纳税年度，只要其中一个纳税年度的偷税数额及百分比达到刑法第二百零一条第一款规定的标准，即构成偷税罪。各纳税年度的偷税数额应当累计计算，偷税百分比应当按照最高的百分比确定。

第二百零二条　【抗税罪】以暴力、威胁方法拒不缴纳税款的，处三年以下有期徒刑或者拘役，并处拒缴税款一倍以上五倍以下罚金；情节严重的，处三年以上七年以下有期徒刑，并处拒缴税款一倍以上五倍以下罚金。

关联法条：第二百一十二条

◀ 立案追诉标准 ▶

★最高人民检察院、公安部《关于公安机关管辖的刑事案件立案追诉标准的规定（二）》（2010年5月7日）（节录）

第五十八条　[抗税案（刑法第二百零二条）]　以暴力、威胁方法拒不缴纳税款，涉嫌下列情形之一的，应予立案追诉：

（一）造成税务工作人员轻微伤以上的；

（二）以给税务工作人员及其亲友的生命、健康、财产等造成损害为威胁，抗拒缴纳税款的；

（三）聚众抗拒缴纳税款的；

（四）以其他暴力、威胁方法拒不缴纳税款的。

◀ 定　罪 ▶

1 "情节严重"的认定

★最高人民法院《关于审理偷税抗税刑事案件具体应用法律若干问题的解释》（2002年11月7日）（节录）

第五条　实施抗税行为具有下列情形之一的，属于刑法第二百零二条规定的"情节严重"：

（一）聚众抗税的首要分子；

（二）抗税数额在十万元以上的；

（三）多次抗税的；

（四）故意伤害致人轻伤的；

（五）具有其他严重情节。

❷ 抗税行为致人重伤、死亡的定性

★最高人民法院《关于审理偷税抗税刑事案件具体应用法律若干问题的解释》（2002年11月7日）（节录）

第六条（第1款）　实施抗税行为致人重伤、死亡，构成故意伤害罪、故意杀人罪的，分别依照刑法第二百三十四条第二款、第二百三十二条的规定定罪处罚。

❸ 共同犯罪

★最高人民法院《关于审理偷税抗税刑事案件具体应用法律若干问题的解释》（2002年11月7日）（节录）

第六条（第2款）　与纳税人或者扣缴义务人共同实施抗税行为的，以抗税罪的共犯依法处罚。

第二百零三条　【逃避追缴欠税罪】 纳税人欠缴应纳税款，采取转移或者隐匿财产的手段，致使税务机关无法追缴欠缴的税款，数额在一万元以上不满十万元的，处三年以下有期徒刑或者拘役，并处或者单处欠缴税款一倍以上五倍以下罚金；数额在十万元以上的，处三年以上七年以下有期徒刑，并处欠缴税款一倍以上五倍以下罚金。

关联法条：第二百一十一条、第二百一十二条

━━◁ 立案追诉标准 ▷━━

★最高人民检察院、公安部《关于公安机关管辖的刑事案件立案追诉标准的规定（二）》（2010年5月7日）（节录）

第五十九条　[逃避追缴欠税案（刑法第二百零三条）]　纳税人欠缴应纳税款，采取转移或者隐匿财产的手段，致使税务机关无法追缴欠缴的税款，数额在一万元以上的，应予立案追诉。

第九十条　本规定中的立案追诉标准，除法律、司法解释、本规定中另有规定的以外，适用于相应的单位犯罪。

第九十一条　本规定中的"以上"，包括本数。

第二百零四条【骗取出口退税罪】以假报出口或者其他欺骗手段,骗取国家出口退税款,数额较大的,处五年以下有期徒刑或者拘役,并处骗取税款一倍以上五倍以下罚金;数额巨大或者有其他严重情节的,处五年以上十年以下有期徒刑,并处骗取税款一倍以上五倍以下罚金;数额特别巨大或者有其他特别严重情节的,处十年以上有期徒刑或者无期徒刑,并处骗取税款一倍以上五倍以下罚金或者没收财产。

【逃税罪】纳税人缴纳税款后,采取前款规定的欺骗方法,骗取所缴纳的税款的,依照本法第二百零一条的规定定罪处罚;**【骗取出口退税罪】**骗取税款超过所缴纳的税款部分,依照前款的规定处罚。

关联法条:第二百一十一条、第二百一十二条

◀ 立案追诉标准 ▶

★最高人民检察院、公安部《关于公安机关管辖的刑事案件立案追诉标准的规定(二)》(2010 年 5 月 7 日)(节录)

第六十条 [骗取出口退税案(刑法第二百零四条第一款)] 以假报出口或者其他欺骗手段,骗取国家出口退税款,数额在五万元以上的,应予立案追诉。

第九十条 本规定中的立案追诉标准,除法律、司法解释、本规定中另有规定的以外,适用于相应的单位犯罪。

第九十一条 本规定中的"以上",包括本数。

◀ 定　　罪 ▶

▶ "假报出口或者其他欺骗手段"的认定

★最高人民法院《关于审理骗取出口退税刑事案件具体应用法律若干问题的解释》(2002 年 9 月 23 日)(节录)

第一条 刑法第二百零四条规定的"假报出口",是指以虚构已税货物出口事实为目的,具有下列情形之一的行为:

(一)伪造或者签订虚假的买卖合同;

(二)以伪造、变造或者其他非法手段取得出口货物报关单、出口收汇核销单、出口货物专用缴款书等有关出口退税单据、凭证;

(三)虚开、伪造、非法购买增值税专用发票或者其他可以用于出口退税的发票;

(四)其他虚构已税货物出口事实的行为。

第二条 具有下列情形之一的,应当认定为刑法第二百零四条规定的"其他欺骗手段":

(一)骗取出口货物退税资格的;

(二)将未纳税或者免税货物作为已税货物出口的;

(三)虽有货物出口,但虚构该出口货物的品名、数量、单价等要素,骗取未实际纳税部分出口退税款的;

(四)以其他手段骗取出口退税款的。

② "数额较大"、"数额巨大"、"数额特别巨大"的认定

★最高人民法院《关于审理骗取出口退税刑事案件具体应用法律若干问题的解释》(2002年9月23日)(节录)

第三条 骗取国家出口退税款5万元以上的,为刑法第二百零四条规定的"数额较大";骗取国家出口退税款50万元以上的,为刑法第二百零四条规定的"数额巨大";骗取国家出口退税款250万元以上的,为刑法第二百零四条规定的"数额特别巨大"。

③ "其他严重情节"的认定

★最高人民法院《关于审理骗取出口退税刑事案件具体应用法律若干问题的解释》(2002年9月23日)(节录)

第四条 具有下列情形之一的,属于刑法第二百零四条规定的"其他严重情节":

(一) 造成国家税款损失30万元以上并且在第一审判决宣告前无法追回的;

(二) 因骗取国家出口退税行为受过行政处罚,两年内又骗取国家出口退税款数额在30万元以上的;

(三) 情节严重的其他情形。

④ "其他特别严重情节"的认定

★最高人民法院《关于审理骗取出口退税刑事案件具体应用法律若干问题的解释》(2002年9月23日)(节录)

第五条 具有下列情形之一的,属于刑法第二百零四条规定的"其他特别严重情节":

(一) 造成国家税款损失150万元以上并且在第一审判决宣告前无法追回的;

(二) 因骗取国家出口退税行为受过行政处罚,两年内又骗取国家出口退税款数额在150万元以上的;

(三) 情节特别严重的其他情形。

⑤ 允许他人自带客户、货源、汇票并自行报关骗取国家出口退税款行为的定性

★最高人民法院《关于审理骗取出口退税刑事案件具体应用法律若干问题的解释》(2002年9月23日)(节录)

第六条 有进出口经营权的公司、企业,明知他人意欲骗取国家出口退税款,仍违反国家有关进出口经营的规定,允许他人自带客户、自带货源、自带汇票并自行报关,骗取国家出口退税款的,依照刑法第二百零四条第一款、第二百一十一条的规定定罪处罚。

⑥ 为骗税而使用虚假、无效的凭证向外汇指定银行骗购外汇行为的定性

★最高人民法院《关于审理骗购外汇、非法买卖外汇刑事案件具体应用法律若干问题的解释》(1998年9月1日)(节录)

第一条 以进行走私、逃汇、洗钱、骗税等犯罪活动为目的,使用虚假、无效的凭证、商业单据或者采取其他手段向外汇指定银行骗购外汇的,应当分别按照刑法分则第三章第二节、第一百九十条、第一百九十一条和第二百零四条等规定定罪处罚。

非国有公司、企业或者其他单位,与国有公司、企业或者其他国有单位勾结逃汇的,以逃汇罪的共犯处罚。

第五条 海关、银行、外汇管理机关工作人员与骗购外汇的行为人通谋,为其提供购买外汇的有关凭证,或者明知是伪造、变造的凭证和商业单据而出售外汇,构成犯罪的,

按照刑法的有关规定从重处罚。

第六条 实施本解释规定的行为，同时触犯二个以上罪名的，择一重罪从重处罚。

第七条 根据刑法第六十四条规定，骗购外汇、非法买卖外汇的，其违法所得予以追缴，用于骗购外汇、非法买卖外汇的资金予以没收，上缴国库。

第八条 骗购、非法买卖不同币种的外汇的，以案发时国家外汇管理机关制定的统一折算率折合后依照本解释处罚。

7 一罪与数罪

★最高人民法院《关于审理骗取出口退税刑事案件具体应用法律若干问题的解释》（2002年9月23日）（节录）

第九条 实施骗取出口退税犯罪，同时构成虚开增值税专用发票罪等其他犯罪的，依照刑法处罚较重的规定定罪处罚。

▶ 量 刑 ◀

1 从重处罚

★最高人民法院《关于审理骗取出口退税刑事案件具体应用法律若干问题的解释》（2002年9月23日）（节录）

第八条 国家工作人员参与实施骗取出口退税犯罪活动的，依照刑法第二百零四条第一款的规定从重处罚。

2 从轻、减轻处罚

★最高人民法院《关于审理骗取出口退税刑事案件具体应用法律若干问题的解释》（2002年9月23日）（节录）

第七条 实施骗取国家出口退税行为，没有实际取得出口退税款的，可以比照既遂犯从轻或者减轻处罚。

第二百零五条【虚开增值税专用发票、用于骗取出口退税、抵扣税款发票罪】虚开增值税专用发票或者虚开用于骗取出口退税、抵扣税款的其他发票的，处三年以下有期徒刑或者拘役，并处二万元以上二十万元以下罚金；虚开的税款数额较大或者有其他严重情节的，处三年以上十年以下有期徒刑，并处五万元以上五十万元以下罚金；虚开的税款数额巨大或者有其他特别严重情节的，处十年以上有期徒刑或者无期徒刑，并处五万元以上五十万元以下罚金或者没收财产。

单位犯本条规定之罪的，对单位判处罚金，并对其直接负责的主管人员和其他直接责任人员，处三年以下有期徒刑或者拘役；虚开的税款数额较大或者有其他严重情节的，处三年以上十年以下有期徒刑；虚开的税款数额巨大或者有其他特别严重情节的，处十年以上有期徒刑或者无期徒刑。

虚开增值税专用发票或者虚开用于骗取出口退税、抵扣税款的其他发票，是指有为他人虚开、为自己虚开、让他人为自己虚开、介绍他人虚开行为之一的。

关联法条：第二百一十二条

第三章 破坏社会主义市场经济秩序罪·第六节 危害税收征管罪

立案追诉标准

★最高人民检察院、公安部《关于公安机关管辖的刑事案件立案追诉标准的规定(二)》(2010年5月7日)(节录)

第六十一条 [虚开增值税专用发票、用于骗取出口退税、抵扣税款发票案（刑法第二百零五条）] 虚开增值税专用发票或者虚开用于骗取出口退税、抵扣税款的其他发票，虚开的税款数额在一万元以上或者致使国家税款被骗数额在五千元以上的，应予立案追诉。

第九十条 本规定中的立案追诉标准，除法律、司法解释、本规定中另有规定的以外，适用于相应的单位犯罪。

第九十一条 本规定中的"以上"，包括本数。

★最高人民法院《关于适用〈全国人民代表大会常务委员会关于惩治虚开、伪造和非法出售增值专用发票犯罪的决定〉的若干问题的解释》(1996年10月17日)(节录)

一、……

虚开税款数额1万元以上的或者虚开增值税专用发票致使国家税款被骗取5000元以上的，应当依法定罪处罚。

……

定 罪

1. "虚开增值税专用发票"的认定

★最高人民法院《关于适用〈全国人民代表大会常务委员会关于惩治虚开、伪造和非法出售增值专用发票犯罪的决定〉的若干问题的解释》(1996年10月17日)(节录)

一、根据《决定》第一条规定，虚开增值税专用发票的，构成虚开增值税专用发票罪。

具有下列行为之一的，属于"虚开增值税专用发票"：（1）没有货物购销或者没有提供或接受应税劳务而为他人、为自己、让他人为自己、介绍他人开具增值税专用发票；（2）有货物购销或者提供或接受了应税劳务但为他人、为自己、让他人为自己、介绍他人开具数量或者金额不实的增值税专用发票；（3）进行了实际经营活动，但让他人为自己代开增值税专用发票。

……

2. "出口退税、抵扣税款的其他发票"的认定

★全国人民代表大会常务委员会《关于〈中华人民共和国刑法〉有关出口退税、抵扣税款的其他发票规定的解释》(2005年12月30日)(节录)

刑法规定的"出口退税、抵扣税款的其他发票"，是指除增值税专用发票以外的，具有出口退税、抵扣税款功能的收付款凭证或者完税凭证。

3. "虚开的税款数额较大"、"有其他严重情节"、"虚开的税款数额巨大"、"有其他特别严重情节"的认定

★最高人民法院《关于适用〈全国人民代表大会常务委员会关于惩治虚开、伪造和非法出售增值专用发票犯罪的决定〉的若干问题的解释》(1996年10月17日)(节录)

一、……

虚开税款数额10万元以上的,属于"虚开的税款数额较大";具有下列情形之一的,属于"有其他严重情节":(1)因虚开增值税专用发票致使国家税款被骗取5万元以上的;(2)具有其他严重情节的。

虚开税款数额50万元以上的,属于"虚开的税款数额巨大";具有下列情形之一的,属于"有其他特别严重情节":(1)因虚开增值税专用发票致使国家税款被骗取30万元以上的;(2)虚开的税款数额接近巨大并有其他严重情节的;(3)具有其他特别严重情节的。

……

▶4 "高开低征"、"开大征小"等违规开具增值税专用发票行为的定性

★最高人民法院《关于对〈审计署关于咨询虚开增值税专用发票罪问题的函〉的复函》(2001年10月17日)(节录)

地方税务机关实施"高开低征"或者"开大征小"等违规开具增值税专用发票的行为,不属于刑法第二百零五条规定的虚开增值税专用发票的犯罪行为,造成国家税款重大损失的,对有关主管部门的国家机关工作人员,应当根据刑法有关渎职罪的规定追究刑事责任。

第二百零五条之一【虚开发票罪】 虚开本法第二百零五条规定以外的其他发票,情节严重的,处二年以下有期徒刑、拘役或者管制,并处罚金;情节特别严重的,处二年以上七年以下有期徒刑,并处罚金。

单位犯前款罪的,对单位判处罚金,并对其直接负责的主管人员和其他直接责任人员,依照前款的规定处罚。

◀ 立案追诉标准 ▶

★最高人民检察院、公安部《关于公安机关管辖的刑事案件立案追诉标准的规定(二)的补充规定》(2011年11月21日)(节录)

二、在《立案追诉标准(二)》中增加第六十一条之一:[虚开发票案(刑法第二百零五条之一)]虚开刑法第二百零五条规定以外的其他发票,涉嫌下列情形之一的,应予立案追诉:

(一)虚开发票一百份以上或者虚开金额累计在四十万元以上的;

(二)虽未达到上述数额标准,但五年内因虚开发票行为受过行政处罚二次以上,又虚开发票的;

(三)其他情节严重的情形。

第九十条 本规定中的立案追诉标准,除法律、司法解释、本规定中另有规定的以外,适用于相应的单位犯罪。

第九十一条 本规定中的"以上",包括本数。

第二百零六条【伪造、出售伪造的增值税专用发票罪】伪造或者出售伪造的增值税专用发票的,处三年以下有期徒刑、拘役或者管制,并处二万元以上二十万元以下罚金;数量较大或者有其他严重情节的,处三年以上十年以下有期徒刑,并处五万元以上五十万元以下罚金;数量巨大或者有其他特别严重情节的,处十年以上有期徒刑或者无期徒刑,并处五万元以上五十万元以下罚金或者没收财产。

单位犯本条规定之罪的,对单位判处罚金,并对其直接负责的主管人员和其他直接责任人员,处三年以下有期徒刑、拘役或者管制;数量较大或者有其他严重情节的,处三年以上十年以下有期徒刑;数量巨大或者有其他特别严重情节的,处十年以上有期徒刑或者无期徒刑。

━━━━◆ 立案追诉标准 ◆━━━━

★最高人民检察院、公安部《关于公安机关管辖的刑事案件立案追诉标准的规定(二)》(2010年5月7日)(节录)

第六十二条 [伪造、出售伪造的增值税专用发票案(刑法第二百零六条)] 伪造或者出售伪造的增值税专用发票二十五份以上或者票面额累计在十万元以上的,应予立案追诉。

第九十条 本规定中的立案追诉标准,除法律、司法解释、本规定中另有规定的以外,适用于相应的单位犯罪。

第九十一条 本规定中的"以上",包括本数。

━━━━◆ 定　　罪 ◆━━━━

▌1 入罪数额

★最高人民法院《关于适用〈全国人民代表大会常务委员会关于惩治虚开、伪造和非法出售增值专用发票犯罪的决定〉的若干问题的解释》(1996年10月17日)(节录)

二、根据《决定》第二条规定,伪造或者出售伪造的增值税专用发票的,构成伪造、出售伪造的增值税专用发票罪。

伪造或者出售伪造的增值税专用发票25份以上或者票面额(百元版以每份100元,千元版以每份1000元,万元版以每份1万元计算,以此类推。下同)累计10万元以上的应当依法定罪处罚……

伪造并出售同一宗增值税专用发票的,数量或者票面额不重复计算。

变造增值税专用发票的,按照伪造增值税专用发票行为处理。

▌2 "数量较大或者有其他严重情节"、"数量巨大或者有其他特别严重情节"的认定

★最高人民法院《关于适用〈全国人民代表大会常务委员会关于惩治虚开、伪造和非法出售增值专用发票犯罪的决定〉的若干问题的解释》(1996年10月17日)(节录)

二、……

伪造或者出售伪造的增值税专用发票100份以上或者票面额累计50万元以上的,属于

"数量较大";具有下列情形之一的,属于"有其他严重情节":(1)违法所得数额在 1 万元以上的;(2)伪造并出售伪造的增值税专用发票 60 份以上或者票面额累计 30 万元以上的;(3)造成严重后果或者具有其他严重情节的。

伪造或者出售伪造的增值税专用发票 500 份以上或者票面额累计 250 万元以上的,属于"数量巨大";具有下列情形之一的,属于"有其他特别严重情节":(1)违法所得数额在 5 万元以上的;(2)伪造并出售伪造的增值税专用发票 300 份以上或者票面额累计 200 万元以上的;(3)伪造或者出售伪造的增值税专用发票接近"数量巨大"并有其他严重情节的;(4)造成特别严重后果或者具有其他特别严重情节的。

伪造并出售伪造的增值税专用发票 1000 份以上或者票面额累计 1000 万元以上的,属于"伪造并出售伪造的增值税专用发票数量特别巨大";具有下列情形之一的,属于"情节特别严重":(1)违法所得数额在 5 万元以上的;(2)因伪造、出售伪造的增值税专用发票致使国家税款被骗取 100 万元以上的;(3)给国家税款造成实际损失 50 万元以上的;(4)具有其他特别严重情节的。对于伪造并出售伪造的增值税专用发票数量达到特别巨大,又具有特别严重情节,严重破坏经济秩序的,应当依照《决定》第二条第二款的规定处罚。

……

第二百零七条【非法出售增值税专用发票罪】非法出售增值税专用发票的,处三年以下有期徒刑、拘役或者管制,并处二万元以上二十万元以下罚金;数量较大的,处三年以上十年以下有期徒刑,并处五万元以上五十万元以下罚金;数量巨大的,处十年以上有期徒刑或者无期徒刑,并处五万元以上五十万元以下罚金或者没收财产。

关联法条:第二百一十一条

◀ 立案追诉标准 ▶

★最高人民检察院、公安部《关于公安机关管辖的刑事案件立案追诉标准的规定(二)》(2010 年 5 月 7 日)(节录)

第六十三条 [非法出售增值税专用发票案(刑法第二百零七条)]非法出售增值税专用发票二十五份以上或者票面额累计在十万元以上的,应予立案追诉。

第九十条 本规定中的立案追诉标准,除法律、司法解释、本规定中另有规定的以外,适用于相应的单位犯罪。

第九十一条 本规定中的"以上",包括本数。

◀ 定 罪 ▶

▶ 入罪数额

★最高人民法院《关于适用〈全国人民代表大会常务委员会关于惩治虚开、伪造和非法出售增值专用发票犯罪的决定〉的若干问题的解释》(1996 年 10 月 17 日)(节录)

三、……

非法出售增值税专用发票案件的定罪量刑数量标准按照本解释第二条第二、三、四款的规定执行。

二、……

伪造或者出售伪造的增值税专用发票25份以上或者票面额（百元版以每份100元，千元版以每份1000元，万元版以每份1万元计算，以此类推。下同）累计10万元以上的应当依法定罪处罚。

伪造或者出售伪造的增值税专用发票100份以上或者票面额累计50万元以上的，属于"数量较大"；具有下列情形之一的，属于"有其他严重情节"：（1）违法所得数额在1万元以上的；（2）伪造并出售伪造的增值税专用发票60份以上或者票面额累计30万元以上的；（3）造成严重后果或者具有其他严重情节的。

伪造或者出售伪造的增值税专用发票500份以上或者票面额累计250万元以上的，属于"数量巨大"；具有下列情形之一的，属于"有其他特别严重情节"：（1）违法所得数额在5万元以上的；（2）伪造并出售伪造的增值税专用发票300份以上或者票面额累计200万元以上的；（3）伪造或者出售伪造的增值税专用发票接近"数量巨大"并有其他严重情节的；（4）造成特别严重后果或者具有其他特别严重情节的。

……

第二百零八条【非法购买增值税专用发票、购买伪造的增值税专用发票罪】 非法购买增值税专用发票或者购买伪造的增值税专用发票的，处五年以下有期徒刑或者拘役，并处或者单处二万元以上二十万元以下罚金。

非法购买增值税专用发票或者购买伪造的增值税专用发票又虚开或者出售的，分别依照本法第二百零五条、第二百零六条、第二百零七条的规定定罪处罚。

关联法条：第二百一十一条

◀ 立案追诉标准 ▶

★最高人民检察院、公安部《关于公安机关管辖的刑事案件立案追诉标准的规定（二）》（2010年5月7日）（节录）

第六十四条 [非法购买增值税专用发票、购买伪造的增值税专用发票案（刑法第二百零八条第一款）] 非法购买增值税专用发票或者购买伪造的增值税专用发票二十五份以上或者票面额累计在十万元以上的，应予立案追诉。

第九十条 本规定中的立案追诉标准，除法律、司法解释、本规定中另有规定的以外，适用于相应的单位犯罪。

第九十一条 本规定中的"以上"，包括本数。

◀ 定　　罪 ▶

▶ **入罪数额**

★最高人民法院《关于适用〈全国人民代表大会常务委员会关于惩治虚开、伪造和非法出售增值专用发票犯罪的决定〉的若干问题的解释》（1996年10月17日）（节录）

四、……

非法购买增值税专用发票或者购买伪造的增值税专用发票 25 份以上或者票面额累计 10 万元以上的，应当依法定罪处罚。

非法购买真、伪两种增值税专用发票的，数量累计计算，不实行数罪并罚。

第二百零九条【非法制造、出售非法制造的用于骗取出口退税、抵扣税款发票罪】伪造、擅自制造或者出售伪造、擅自制造的可以用于骗取出口退税、抵扣税款的其他发票的，处三年以下有期徒刑、拘役或者管制，并处二万元以上二十万元以下罚金；数量巨大的，处三年以上七年以下有期徒刑，并处五万元以上五十万元以下罚金；数量特别巨大的，处七年以上有期徒刑，并处五万元以上五十万元以下罚金或者没收财产。

【非法制造、出售非法制造的发票罪】伪造、擅自制造或者出售伪造、擅自制造的前款规定以外的其他发票的，处二年以下有期徒刑、拘役或者管制，并处或者单处一万元以上五万元以下罚金；情节严重的，处二年以上七年以下有期徒刑，并处五万元以上五十万元以下罚金。

【非法出售用于骗取出口退税、抵扣税款发票罪】非法出售可以用于骗取出口退税、抵扣税款的其他发票的，依照第一款的规定处罚。

【非法出售发票罪】非法出售第三款规定以外的其他发票的，依照第二款的规定处罚。

立案追诉标准

★最高人民检察院、公安部《关于公安机关管辖的刑事案件立案追诉标准的规定（二）》（2010 年 5 月 7 日）（节录）

第六十五条 ［非法制造、出售非法制造的用于骗取出口退税、抵扣税款发票案（刑法第二百零九条第一款）］伪造、擅自制造或者出售伪造、擅自制造的可以用于骗取出口退税、抵扣税款的非增值税专用发票五十份以上或者票面额累计在二十万元以上的，应予立案追诉。

第六十六条 ［非法制造、出售非法制造的发票案（刑法第二百零九条第二款）］伪造、擅自制造或者出售伪造、擅自制造的不具有骗取出口退税、抵扣税款功能的普通发票一百份以上或者票面额累计在四十万元以上的，应予立案追诉。

第六十七条 ［非法出售用于骗取出口退税、抵扣税款发票案（刑法第二百零九条第三款）］非法出售可以用于骗取出口退税、抵扣税款的非增值税专用发票五十份以上或者票面额累计在二十万元以上的，应予立案追诉。

第六十八条 ［非法出售发票案（刑法第二百零九条第四款）］非法出售普通发票一百份以上或者票面额累计在四十万元以上的，应予立案追诉。

第九十条 本规定中的立案追诉标准，除法律、司法解释、本规定中另有规定的以外，适用于相应的单位犯罪。

第九十一条 本规定中的"以上"，包括本数。

定　　罪

▶1 入罪数额

★最高人民法院《关于适用〈全国人民代表大会常务委员会关于惩治虚开、伪造和非法出售增值专用发票犯罪的决定〉的若干问题的解释》（1996年10月17日）（节录）

六、……

伪造、擅自制造或者出售伪造、擅自制造的可以用于骗取出口退税、抵扣税款的其他发票50份以上的，应当依法定罪处罚……

▶2 "出口退税、抵扣税款的其他发票"的认定

★全国人民代表大会常务委员会《关于〈中华人民共和国刑法〉有关出口退税、抵扣税款的其他发票规定的解释》（2005年12月30日）（节录）

刑法规定的"出口退税、抵扣税款的其他发票"，是指除增值税专用发票以外的，具有出口退税、抵扣税款功能的收付款凭证或者完税凭证。

▶3 "数量巨大"、"数量特别巨大"的认定

★最高人民法院《关于适用〈全国人民代表大会常务委员会关于惩治虚开、伪造和非法出售增值专用发票犯罪的决定〉的若干问题的解释》（1996年10月17日）（节录）

六、……

……伪造、擅自制造或者出售伪造、擅自制造的可以用于骗取出口退税、抵扣税款的其他发票200份以上的，属于"数量巨大"；伪造、擅自制造或者出售伪造、擅自制造的可以用于骗取出口退税、抵扣税款的其他发票1000份以上的，属于"数量特别巨大"。

▶4 非法出售，或伪造、自制或出售伪造、自制的机动车有关发票行为的定性

★最高人民法院、最高人民检察院、公安部、国家工商行政管理局《关于依法查处盗窃、抢劫机动车案件的规定》（1998年5月8日）（节录）

六、非法出售机动车有关发票的，或者伪造、擅自制造或者出售伪造、擅自制造的机动车有关发票的，依照《刑法》第二百零九条的规定处罚。

▶5 变造、出售变造的普通发票行为的定性

★全国人民代表大会常务委员会法制工作委员会刑法室《关于对变造、出售变造普通发票行为的定性问题的意见》（2005年1月17日）（节录）

刑法第二百零九条第二款规定的"伪造、擅自制造或者出售伪造、擅自制造的前款规定以外的其他发票"的行为，包括变造、出售变造的普通发票的行为。

第二百一十条【盗窃罪】 盗窃增值税专用发票或者可以用于骗取出口退税、抵扣税款的其他发票的，依照本法第二百六十四条的规定定罪处罚。

【诈骗罪】 使用欺骗手段骗取增值税专用发票或者可以用于骗取出口退税、抵扣税款的其他发票的，依照本法第二百六十六条的规定定罪处罚。

第二百一十条之一 【持有伪造的发票罪】 明知是伪造的发票而持有,数量较大的,处二年以下有期徒刑、拘役或者管制,并处罚金;数量巨大的,处二年以上七年以下有期徒刑,并处罚金。

单位犯前款罪的,对单位判处罚金,并对其直接负责的主管人员和其他直接责任人员,依照前款的规定处罚。

◆ 立案追诉标准 ◆

★最高人民检察院、公安部《关于公安机关管辖的刑事案件立案追诉标准的规定(二)的补充规定》(2011年11月21日)(节录)

三、在《立案追诉标准(二)》中增加第六十八条之一:[持有伪造的发票案(刑法第二百一十条之一)] 明知是伪造的发票而持有,具有下列情形之一的,应予立案追诉:

(一)持有伪造的增值税专用发票五十份以上或者票面额累计在二十万元以上的,应予立案追诉;

(二)持有伪造的可以用于骗取出口退税、抵扣税款的其他发票一百份以上或者票面额累计在四十万元以上的,应予立案追诉;

(三)持有伪造的第(一)项、第(二)项规定以外的其他发票二百份以上或者票面额累计在八十万元以上的,应予立案追诉。

第九十条 本规定中的立案追诉标准,除法律、司法解释、本规定中另有规定的以外,适用于相应的单位犯罪。

第九十一条 本规定中的"以上",包括本数。

第二百一十一条 【单位犯本节之罪的处罚】 单位犯本节第二百零一条、第二百零三条、第二百零四条、第二百零七条、第二百零八条、第二百零九条规定之罪的,对单位判处罚金,并对其直接负责的主管人员和其他直接责任人员,依照各该条的规定处罚。

第二百一十二条 【追缴税款、所骗取的出口退税款优先】 犯本节第二百零一条至第二百零五条规定之罪,被判处罚金、没收财产的,在执行前,应当先由税务机关追缴税款和所骗取的出口退税款。

第七节 侵犯知识产权罪

◆ 本节罪名定罪问题的总体规定 ◆

▶ 利用互联网侵犯他人知识产权行为的定性

★全国人民代表大会常务委员会《关于维护互联网安全的决定》(2000年12月28日)(节录)

三、为了维护社会主义市场经济秩序和社会管理秩序,对有下列行为之一,构成犯罪的,依照刑法有关规定追究刑事责任:

(三) 利用互联网侵犯他人知识产权；

▶2 管辖

★最高人民法院、最高人民检察院《关于办理侵犯知识产权刑事案件具体应用法律若干问题的解释（二）》（2007年4月5日）（节录）

第五条 被害人有证据证明的侵犯知识产权刑事案件，直接向人民法院起诉的，人民法院应当依法受理；严重危害社会秩序和国家利益的侵犯知识产权刑事案件，由人民检察院依法提起公诉。

★最高人民法院、最高人民检察院、公安部《关于办理侵犯知识产权刑事案件适用法律若干问题的意见》（2011年1月10日）（节录）

一、关于侵犯知识产权犯罪案件的管辖问题

侵犯知识产权犯罪案件由犯罪地公安机关立案侦查。必要时，可以由犯罪嫌疑人居住地公安机关立案侦查。侵犯知识产权犯罪案件的犯罪地，包括侵权产品制造地、储存地、运输地、销售地，传播侵权作品、销售侵权产品的网站服务器所在地、网络接入地、网站建立者或者管理者所在地，侵权作品上传者所在地，权利人受到实际侵害的犯罪结果发生地。对有多个侵犯知识产权犯罪地的，由最初受理的公安机关或者主要犯罪地公安机关管辖。多个侵犯知识产权犯罪地的公安机关对管辖有争议的，由共同的上级公安机关指定管辖，需要提请批准逮捕、移送审查起诉、提起公诉的，由该公安机关所在地的同级人民检察院、人民法院受理。

对于不同犯罪嫌疑人、犯罪团伙跨地区实施的涉及同一批侵权产品的制造、储存、运输、销售等侵犯知识产权犯罪行为，符合并案处理要求的，有关公安机关可以一并立案侦查，需要提请批准逮捕、移送审查起诉、提起公诉的，由该公安机关所在地的同级人民检察院、人民法院受理。

▶3 单位犯罪

★最高人民法院、最高人民检察院《关于办理侵犯知识产权刑事案件具体应用法律若干问题的解释》（2004年12月22日）（节录）

第十五条 单位实施刑法第二百一十三条至第二百一十九条规定的行为，按照本解释规定的相应个人犯罪的定罪量刑标准的三倍定罪量刑。

★最高人民法院、最高人民检察院《关于办理侵犯知识产权刑事案件具体应用法律若干问题的解释（二）》（2007年4月5日）（节录）

第六条 单位实施刑法第二百一十三条至第二百一十九条规定的行为，按照《最高人民法院、最高人民检察院关于办理侵犯知识产权刑事案件具体应用法律若干问题的解释》和本解释规定的相应个人犯罪的定罪量刑标准定罪处罚。

▶4 行政执法部门收集的证据的效力

★最高人民法院、最高人民检察院、公安部《关于办理侵犯知识产权刑事案件适用法律若干问题的意见》（2011年1月10日）（节录）

二、关于办理侵犯知识产权刑事案件中行政执法部门收集、调取证据的效力问题

行政执法部门依法收集、调取、制作的物证、书证、视听资料、检验报告、鉴定结论、

勘验笔录、现场笔录，经公安机关、人民检察院审查，人民法院庭审质证确认，可以作为刑事证据使用。

行政执法部门制作的证人证言、当事人陈述等调查笔录，公安机关认为有必要作为刑事证据使用的，应当依法重新收集、制作。

5 侵犯知识产权案件的抽样取证、委托鉴定

★最高人民法院、最高人民检察院、公安部《关于办理侵犯知识产权刑事案件适用法律若干问题的意见》（2011年1月10日）（节录）

三、关于办理侵犯知识产权刑事案件的抽样取证问题和委托鉴定问题

公安机关在办理侵犯知识产权刑事案件时，可以根据工作需要抽样取证，或者商请同级行政执法部门、有关检验机构协助抽样取证。法律、法规对抽样机构或者抽样方法有规定的，应当委托规定的机构并按照规定方法抽取样品。

公安机关、人民检察院、人民法院在办理侵犯知识产权刑事案件时，对于需要鉴定的事项，应当委托国家认可的有鉴定资质的鉴定机构进行鉴定。

公安机关、人民检察院、人民法院应当对鉴定结论进行审查，听取权利人、犯罪嫌疑人、被告人对鉴定结论的意见，可以要求鉴定机构作出相应说明。

6 自诉案件的证据收集

★最高人民法院、最高人民检察院、公安部《关于办理侵犯知识产权刑事案件适用法律若干问题的意见》（2011年1月10日）（节录）

四、关于侵犯知识产权犯罪自诉案件的证据收集问题

人民法院依法受理侵犯知识产权刑事自诉案件，对于当事人因客观原因不能取得的证据，在提起自诉时能够提供有关线索，申请人民法院调取的，人民法院应当依法调取。

7 犯罪数额的累计计算

★最高人民法院、最高人民检察院、公安部《关于办理侵犯知识产权刑事案件适用法律若干问题的意见》（2011年1月10日）（节录）

十四、关于多次实施侵犯知识产权行为累计计算数额问题

依照《最高人民法院、最高人民检察院关于办理侵犯知识产权刑事案件具体应用法律若干问题的解释》第十二条第二款的规定，多次实施侵犯知识产权行为，未经行政处理或者刑事处罚的，非法经营数额、违法所得数额或者销售金额累计计算。

二年内多次实施侵犯知识产权违法行为，未经行政处理，累计数额构成犯罪的，应当依法定罪处罚。实施侵犯知识产权犯罪行为的追诉期限，适用刑法的有关规定，不受前述二年的限制。

8 共同犯罪

★最高人民法院、最高人民检察院《关于办理侵犯知识产权刑事案件具体应用法律若干问题的解释》（2004年12月22日）（节录）

第十六条 明知他人实施侵犯知识产权犯罪，而为其提供贷款、资金、账号、发票、证明、许可证件，或者提供生产、经营场所或者运输、储存、代理进出口等便利条件、帮助的，以侵犯知识产权犯罪的共犯论处。

★最高人民法院、最高人民检察院、公安部《关于办理侵犯知识产权刑事案件适用法律若干问题的意见》(2011年1月10日)(节录)

十五、关于为他人实施侵犯知识产权犯罪提供原材料、机械设备等行为的定性问题

明知他人实施侵犯知识产权犯罪，而为其提供生产、制造侵权产品的主要原材料、辅助材料、半成品、包装材料、机械设备、标签标识、生产技术、配方等帮助，或者提供互联网接入、服务器托管、网络存储空间、通讯传输通道、代收费、费用结算等服务的，以侵犯知识产权犯罪的共犯论处。

9 一罪与数罪

★最高人民法院、最高人民检察院、公安部《关于办理侵犯知识产权刑事案件适用法律若干问题的意见》(2011年1月10日)(节录)

十六、关于侵犯知识产权犯罪竞合的处理问题

行为人实施侵犯知识产权犯罪，同时构成生产、销售伪劣商品犯罪的，依照侵犯知识产权犯罪与生产、销售伪劣商品犯罪中处罚较重的规定定罪处罚。

本节罪名量刑问题的总体规定

1 缓刑的适用

★最高人民法院、最高人民检察院《关于办理侵犯知识产权刑事案件具体应用法律若干问题的解释（二）》(2007年4月5日)(节录)

第三条 侵犯知识产权犯罪，符合刑法规定的缓刑条件的，依法适用缓刑。有下列情形之一的，一般不适用缓刑：

（一）因侵犯知识产权被刑事处罚或者行政处罚后，再次侵犯知识产权构成犯罪的；

（二）不具有悔罪表现的；

（三）拒不交出违法所得的；

（四）其他不宜适用缓刑的情形。

2 罚金数额的确定

★最高人民法院、最高人民检察院《关于办理侵犯知识产权刑事案件具体应用法律若干问题的解释（二）》(2007年4月5日)(节录)

第四条 对于侵犯知识产权犯罪的，人民法院应当综合考虑犯罪的违法所得、非法经营数额、给权利人造成的损失、社会危害性等情节，依法判处罚金。罚金数额一般在违法所得的一倍以上五倍以下，或者按照非法经营数额的50%以上一倍以下确定。

第二百一十三条【假冒注册商标罪】 未经注册商标所有人许可，在同一种商品上使用与其注册商标相同的商标，情节严重的，处三年以下有期徒刑或者拘役，并处或者单处罚金；情节特别严重的，处三年以上七年以下有期徒刑，并处罚金。

关联法条： 第二百二十条

第二编 分　　则

◀ 立案追诉标准 ▶

★最高人民检察院、公安部《关于公安机关管辖的刑事案件立案追诉标准的规定（二）》（2010年5月7日）（节录）

第六十九条　[假冒注册商标案（刑法第二百一十三条）]　未经注册商标所有人许可，在同一种商品上使用与其注册商标相同的商标，涉嫌下列情形之一的，应予立案追诉：

（一）非法经营数额在五万元以上或者违法所得数额在三万元以上的；

（二）假冒两种以上注册商标，非法经营数额在三万元以上或者违法所得数额在二万元以上的；

（三）其他情节严重的情形。

第九十一条　本规定中的"以上"，包括本数。

◀ 定　　罪 ▶

❶ 参见【本节罪名定罪问题的总体规定】，P330

❷ "使用"、"相同的商标"的认定

★最高人民法院、最高人民检察院《关于办理侵犯知识产权刑事案件具体应用法律若干问题的解释》（2004年12月22日）（节录）

第八条　刑法第二百一十三条规定的"相同的商标"，是指与被假冒的注册商标完全相同，或者与被假冒的注册商标在视觉上基本无差别、足以对公众产生误导的商标。

刑法第二百一十三条规定的"使用"，是指将注册商标或者假冒的注册商标用于商品、商品包装或者容器以及产品说明书、商品交易文书，或者将注册商标或者假冒的注册商标用于广告宣传、展览以及其他商业活动等行为。

❸ "同一种商品"、"与其注册商标相同的商标"的认定

★最高人民法院、最高人民检察院、公安部《关于办理侵犯知识产权刑事案件适用法律若干问题的意见》（2011年1月10日）（节录）

五、关于刑法第二百一十三条规定的"同一种商品"的认定问题

名称相同的商品以及名称不同但指同一事物的商品，可以认定为"同一种商品"。"名称"是指国家工商行政管理总局商标局在商标注册工作中对商品使用的名称，通常即《商标注册用商品和服务国际分类》中规定的商品名称。"名称不同但指同一事物的商品"是指在功能、用途、主要原料、消费对象、销售渠道等方面相同或者基本相同，相关公众一般认为是同一种事物的商品。

认定"同一种商品"，应当在权利人注册商标核定使用的商品和行为人实际生产销售的商品之间进行比较。

六、关于刑法第二百一十三条规定的"与其注册商标相同的商标"的认定问题

具有下列情形之一，可以认定为"与其注册商标相同的商标"：

（一）改变注册商标的字体、字母大小写或者文字横竖排列，与注册商标之间仅有细微差别的；

（二）改变注册商标的文字、字母、数字等之间的间距，不影响体现注册商标显著特征的；

（三）改变注册商标颜色的；

（四）其他与注册商标在视觉上基本无差别、足以对公众产生误导的商标。

4 "情节严重"、"情节特别严重"的认定

★最高人民法院、最高人民检察院《关于办理侵犯知识产权刑事案件具体应用法律若干问题的解释》（2004年12月22日）（节录）

第一条 未经注册商标所有人许可，在同一种商品上使用与其注册商标相同的商标，具有下列情形之一的，属于刑法第二百一十三条规定的"情节严重"，应当以假冒注册商标罪判处三年以下有期徒刑或者拘役，并处或者单处罚金：

（一）非法经营数额在五万元以上或者违法所得数额在三万元以上的；

（二）假冒两种以上注册商标，非法经营数额在三万元以上或者违法所得数额在二万元以上的；

（三）其他情节严重的情形。

具有下列情形之一的，属于刑法第二百一十三条规定的"情节特别严重"，应当以假冒注册商标罪判处三年以上七年以下有期徒刑，并处罚金：

（一）非法经营数额在二十五万元以上或者违法所得数额在十五万元以上的；

（二）假冒两种以上注册商标，非法经营数额在十五万元以上或者违法所得数额在十万元以上的；

（三）其他情节特别严重的情形。

第十二条 本解释所称"非法经营数额"，是指行为人在实施侵犯知识产权行为过程中，制造、储存、运输、销售侵权产品的价值。已销售的侵权产品的价值，按照实际销售的价格计算。制造、储存、运输和未销售的侵权产品的价值，按照标价或者已经查清的侵权产品的实际销售平均价格计算。侵权产品没有标价或者无法查清其实际销售价格的，按照被侵权产品的市场中间价格计算。

多次实施侵犯知识产权行为，未经行政处理或者刑事处罚的，非法经营数额、违法所得数额或者销售金额累计计算。

5 犯罪数额的确定

★最高人民法院、最高人民检察院、公安部《关于办理侵犯知识产权刑事案件适用法律若干问题的意见》（2011年1月10日）（节录）

七、关于尚未附着或者尚未全部附着假冒注册商标标识的侵权产品价值是否计入非法经营数额的问题

在计算制造、储存、运输和未销售的假冒注册商标侵权产品价值时，对于已经制作完成但尚未附着（含加贴）或者尚未全部附着（含加贴）假冒注册商标标识的产品，如果有确实、充分证据证明该产品将假冒他人注册商标，其价值计入非法经营数额。

6 在烟草上使用与他人注册商标相同的商标的定性

★最高人民法院、最高人民检察院《关于办理非法生产、销售烟草专卖品等刑事案件

具体应用法律若干问题的解释》（2010年3月26日）（节录）

第一条（第2款） 未经卷烟、雪茄烟等烟草专卖品注册商标所有人许可，在卷烟、雪茄烟等烟草专卖品上使用与其注册商标相同的商标，情节严重的，依照刑法第二百一十三条的规定，以假冒注册商标罪定罪处罚。

7 一罪与数罪

★最高人民法院、最高人民检察院《关于办理侵犯知识产权刑事案件具体应用法律若干问题的解释》（2004年12月22日）（节录）

第十三条 实施刑法第二百一十三条规定的假冒注册商标犯罪，又销售该假冒注册商标的商品，构成犯罪的，应当依照刑法第二百一十三条的规定，以假冒注册商标罪定罪处罚。

实施刑法第二百一十三条规定的假冒注册商标犯罪，又销售明知是他人的假冒注册商标的商品，构成犯罪的，应当实行数罪并罚。

★最高人民法院、最高人民检察院《关于办理非法生产、销售烟草专卖品等刑事案件具体应用法律若干问题的解释》（2010年3月26日）（节录）

第五条 行为人实施非法生产、销售烟草专卖品犯罪，同时构成生产、销售伪劣产品罪、侵犯知识产权犯罪、非法经营罪的，依照处罚较重的规定定罪处罚。

8 共同犯罪

★最高人民法院、最高人民检察院《关于办理侵犯知识产权刑事案件具体应用法律若干问题的解释》（2004年12月22日）（节录）

第十六条 明知他人实施侵犯知识产权犯罪，而为其提供贷款、资金、账号、发票、证明、许可证件，或者提供生产、经营场所或运输、储存、代理进出口等便利条件、帮助的，以侵犯知识产权犯罪的共犯论处。

量　　刑

1 参见【本节罪名量刑问题的总体规定】，P330

第二百一十四条【销售假冒注册商标的商品罪】销售明知是假冒注册商标的商品，销售金额数额较大的，处三年以下有期徒刑或者拘役，并处或者单处罚金；销售金额数额巨大的，处三年以上七年以下有期徒刑，并处罚金。

关联法条：第二百二十条

立案追诉标准

★最高人民检察院、公安部《关于公安机关管辖的刑事案件立案追诉标准的规定（二）》（2010年5月7日）（节录）

第七十条［销售假冒注册商标的商品案（刑法第二百一十四条）］销售明知是假冒注册商标的商品，涉嫌下列情形之一的，应予立案追诉：

（一）销售金额在五万元以上的；

（二）尚未销售，货值金额在十五万元以上的；

（三）销售金额不满五万元，但已销售金额与尚未销售的货值金额合计在十五万元以上的。

第九十条　本规定中的立案追诉标准，除法律、司法解释、本规定中另有规定的以外，适用于相应的单位犯罪。

第九十一条　本规定中的"以上"，包括本数。

◆━━━━定　　罪━━━━◆

▶① 参见【本节罪名定罪问题的总体规定】，P330

▶② "销售金额"的认定

★最高人民法院、最高人民检察院《关于办理侵犯知识产权刑事案件具体应用法律若干问题的解释》（2004年12月22日）（节录）

第九条　刑法第二百一十四条规定的"销售金额"，是指销售假冒注册商标的商品后所得和应得的全部违法收入。

具有下列情形之一的，应当认定为属于刑法第二百一十四条规定的"明知"：

（一）知道自己销售的商品上的注册商标被涂改、调换或者覆盖的；

（二）因销售假冒注册商标的商品受到过行政处罚或者承担过民事责任、又销售同一种假冒注册商标的商品的；

（三）伪造、涂改商标注册人授权文件或者知道该文件被伪造、涂改的；

（四）其他知道或者应当知道是假冒注册商标的商品的情形。

▶③ "数额较大"、"数额巨大"的认定

★最高人民法院、最高人民检察院《关于办理侵犯知识产权刑事案件具体应用法律若干问题的解释》（2004年12月22日）（节录）

第二条　销售明知是假冒注册商标的商品，销售金额在五万元以上的，属于刑法第二百一十四条规定的"数额较大"，应当以销售假冒注册商标的商品罪判处三年以下有期徒刑或者拘役，并处或者单处罚金。

销售金额在二十五万元以上的，属于刑法第二百一十四条规定的"数额巨大"，应当以销售假冒注册商标的商品罪判处三年以上七年以下有期徒刑，并处罚金。

▶④ 销售假冒他人注册商标的烟草专卖品的定性

★最高人民法院、最高人民检察院《关于办理非法生产、销售烟草专卖品等刑事案件具体应用法律若干问题的解释》（2010年3月26日）（节录）

第一条（第3款）　销售明知是假冒他人注册商标的卷烟、雪茄烟等烟草专卖品，销售金额较大的，依照刑法第二百一十四条的规定，以销售假冒注册商标的商品罪定罪处罚。

▶⑤ 明知是假冒烟用注册商标的烟草制品而予以销售行为的定性

★最高人民法院、最高人民检察院、公安部、国家烟草专卖局《关于办理假冒伪劣烟草制品等刑事案件适用法律问题座谈会纪要》（2003年12月30日）（节录）

二、关于销售明知是假冒烟用注册商标的烟草制品行为中的"明知"问题

根据刑法第二百一十四条的规定，销售明知是假冒烟用注册商标的烟草制品，销售金额较大的，构成销售假冒注册商标的商品罪。

"明知",是指知道或应当知道。有下列情形之一的,可以认定为"明知":

1. 以明显低于市场价格进货的;
2. 以明显低于市场价格销售的;
3. 销售假冒烟用注册商标的烟草制品被发现后转移、销毁物证或者提供虚假证明、虚假情况的;
4. 其他可以认定为明知的情形。

五、国家机关工作人员参与实施本《纪要》第一条至第三条规定的犯罪行为的处罚问题

根据《最高人民法院、最高人民检察院关于办理生产、销售伪劣商品刑事案件具体应用法律若干问题的解释》的规定,国家机关工作人员参与实施本《纪要》第一条至第三条规定的犯罪行为的,从重处罚。

6 犯罪未遂

★最高人民法院、最高人民检察院、公安部《关于办理侵犯知识产权刑事案件适用法律若干问题的意见》(2011年1月10日)(节录)

八、关于销售假冒注册商标的商品犯罪案件中尚未销售或者部分销售情形的定罪量刑问题

销售明知是假冒注册商标的商品,具有下列情形之一的,依照刑法第二百一十四条的规定,以销售假冒注册商标的商品罪(未遂)定罪处罚:

(一)假冒注册商标的商品尚未销售,货值金额在十五万元以上的;

(二)假冒注册商标的商品部分销售,已销售金额不满五万元,但与尚未销售的假冒注册商标的商品的货值金额合计在十五万元以上的。

假冒注册商标的商品尚未销售,货值金额分别达到十五万元以上不满二十五万元、二十五万元以上的,分别依照刑法第二百一十四条规定的各法定刑幅度定罪处罚。

销售金额和未销售货值金额分别达到不同的法定刑幅度或者均达到同一法定刑幅度的,在处罚较重的法定刑或者同一法定刑幅度内酌情从重处罚。

7 共同犯罪

★最高人民法院、最高人民检察院、公安部、国家烟草专卖局《关于办理假冒伪劣烟草制品等刑事案件适用法律问题座谈会纪要》(2003年12月30日)(节录)

四、关于共犯问题

知道或者应当知道他人实施本《纪要》第一条至第三条规定的犯罪行为,仍实施下列行为之一的,应认定为共犯,依法追究刑事责任:

1. 直接参与生产、销售假冒伪劣烟草制品或者销售假冒烟用注册商标的烟草制品或者直接参与非法经营烟草制品并在其中起主要作用的;

2. 提供房屋、场地、设备、车辆、贷款、资金、账号、发票、证明、技术等设施和条件,用于帮助生产、销售、储存、运输假冒伪劣烟草制品、非法经营烟草制品的;

3. 运输假冒伪劣烟草制品的。上述人员中有检举他人犯罪经查证属实,或者提供重要线索,有立功表现的,可以从轻或减轻处罚;有重大立功表现的,可以减轻或者免除处罚。

8 一罪与数罪

★最高人民法院、最高人民检察院、公安部、国家烟草专卖局《关于办理假冒伪劣烟草制品等刑事案件适用法律问题座谈会纪要》（2003年12月30日）（节录）

六、关于一罪与数罪问题

行为人的犯罪行为同时构成生产、销售伪劣产品罪、销售假冒注册商标的商品罪、非法经营罪等罪的，依照处罚较重的规定定罪处罚。

★最高人民法院、最高人民检察院《关于办理侵犯知识产权刑事案件具体应用法律若干问题的解释》（2004年12月22日）（节录）

第十三条　实施刑法第二百一十三条规定的假冒注册商标犯罪，又销售该假冒注册商标的商品，构成犯罪的，应当依照刑法第二百一十三条的规定，以假冒注册商标罪定罪处罚。

实施刑法第二百一十三条规定的假冒注册商标犯罪，又销售明知是他人的假冒注册商标的商品，构成犯罪的，应当实行数罪并罚。

◁ 量　　刑 ▷

1 参见【本节罪名量刑问题的总体规定】，P333

2 从重处罚

★最高人民法院、最高人民检察院、公安部、国家烟草专卖局《关于办理假冒伪劣烟草制品等刑事案件适用法律问题座谈会纪要》（2003年12月30日）（节录）

五、国家机关工作人员参与实施本《纪要》第一条至第三条规定的犯罪行为的处罚问题

根据《最高人民法院、最高人民检察院关于办理生产、销售伪劣商品刑事案件具体应用法律若干问题的解释》的规定，国家机关工作人员参与实施本《纪要》第一条至第三条规定的犯罪行为的，从重处罚。

第二百一十五条【非法制造、销售非法制造的注册商标标识罪】伪造、擅自制造他人注册商标标识或者销售伪造、擅自制造的注册商标标识，情节严重的，处三年以下有期徒刑、拘役或者管制，并处或者单处罚金；情节特别严重的，处三年以上七年以下有期徒刑，并处罚金。

关联法条：第二百二十条

◁ 立案追诉标准 ▷

★最高人民检察院、公安部《关于公安机关管辖的刑事案件立案追诉标准的规定（二）》（2010年5月7日）（节录）

第七十一条　[非法制造、销售非法制造的注册商标标识案（刑法第二百一十五条）]伪造、擅自制造他人注册商标标识或者销售伪造、擅自制造的注册商标标识，涉嫌下列情形之一的，应予立案追诉：

（一）伪造、擅自制造或者销售伪造、擅自制造的注册商标标识数量在二万件以上，

或者非法经营数额在五万元以上,或者违法所得数额在三万元以上的;

(二)伪造、擅自制造或者销售伪造、擅自制造两种以上注册商标标识数量在一万件以上,或者非法经营数额在三万元以上,或者违法所得数额在二万元以上的;

(三)其他情节严重的情形。

第九十条 本规定中的立案追诉标准,除法律、司法解释、本规定中另有规定的以外,适用于相应的单位犯罪。

第九十一条 本规定中的"以上",包括本数。

━━━━━◆ 定　　罪 ◆━━━━━

❶ 参见【本节罪名定罪问题的总体规定】,P330

❷ "情节严重"、"情节特别严重"的认定

★最高人民法院、最高人民检察院《关于办理侵犯知识产权刑事案件具体应用法律若干问题的解释》(2004年12月12日)(节录)

第三条 伪造、擅自制造他人注册商标标识或者销售伪造、擅自制造的注册商标标识,具有下列情形之一的,属于刑法第二百一十五条规定的"情节严重",应当以非法制造、销售非法制造的注册商标标识罪判处三年以下有期徒刑、拘役或者管制,并处或者单处罚金:

(一)伪造、擅自制造或者销售伪造、擅自制造的注册商标标识数量在二万件以上,或者非法经营数额在五万元以上,或者违法所得数额在三万元以上的;

(二)伪造、擅自制造或者销售伪造、擅自制造两种以上注册商标标识数量在一万件以上,或者非法经营数额在三万元以上,或者违法所得数额在二万元以上的;

(三)其他情节严重的情形。

具有下列情形之一的,属于刑法第二百一十五条规定的"情节特别严重",应当以非法制造、销售非法制造的注册商标标识罪判处三年以上七年以下有期徒刑,并处罚金:

(一)伪造、擅自制造或者销售伪造、擅自制造的注册商标标识数量在十万件以上,或者非法经营数额在二十五万元以上,或者违法所得数额在十五万元以上的;

(二)伪造、擅自制造或者销售伪造、擅自制造两种以上注册商标标识数量在五万件以上,或者非法经营数额在十五万元以上,或者违法所得数额在十万元以上的;

(三)其他情节特别严重的情形。

第十二条 本解释所称"非法经营数额",是指行为人在实施侵犯知识产权行为过程中,制造、储存、运输、销售侵权产品的价值。已销售的侵权产品的价值,按照实际销售的价格计算。制造、储存、运输和未销售的侵权产品的价值,按照标价或者已经查清的侵权产品的实际销售平均价格计算。侵权产品没有标价或者无法查清其实际销售价格的,按照被侵权产品的市场中间价格计算。

多次实施侵犯知识产权行为,未经行政处理或者刑事处罚的,非法经营数额、违法所得数额或者销售金额累计计算。

本解释第三条所规定的"件",是指标有完整商标图样的一份标识。

3 伪造、擅自制造卷烟、雪茄烟注册商标标识或者销售以上标识行为的定性

★最高人民法院、最高人民检察院《关于办理非法生产、销售烟草专卖品等刑事案件具体应用法律若干问题的解释》(2010年3月26日)(节录)

第一条(第4款) 伪造、擅自制造他人卷烟、雪茄烟注册商标标识或者销售伪造、擅自制造的卷烟、雪茄烟注册商标标识,情节严重的,依照刑法第二百一十五条的规定,以非法制造、销售非法制造的注册商标标识罪定罪处罚。

4 犯罪未遂

★最高人民法院、最高人民检察院、公安部《关于办理侵犯知识产权刑事案件适用法律若干问题的意见》(2011年1月10日)(节录)

九、关于销售他人非法制造的注册商标标识犯罪案件中尚未销售或者部分销售情形的定罪问题

销售他人伪造、擅自制造的注册商标标识,具有下列情形之一的,依照刑法第二百一十五条的规定,以销售非法制造的注册商标标识罪(未遂)定罪处罚:

(一)尚未销售他人伪造、擅自制造的注册商标标识数量在六万件以上的;

(二)尚未销售他人伪造、擅自制造的两种以上注册商标标识数量在三万件以上的;

(三)部分销售他人伪造、擅自制造的注册商标标识,已销售标识数量不满二万件,但与尚未销售标识数量合计在六万件以上的;

(四)部分销售他人伪造、擅自制造的两种以上注册商标标识,已销售标识数量不满一万件,但与尚未销售标识数量合计在三万件以上的。

5 共同犯罪

★最高人民法院、最高人民检察院《关于办理非法生产、销售烟草专卖品等刑事案件具体应用法律若干问题的解释》(2010年3月26日)(节录)

第六条 明知他人实施本解释第一条所列犯罪,而为其提供贷款、资金、账号、发票、证明、许可证件,或者提供生产、经营场所、设备、运输、仓储、保管、邮寄、代理进出口等便利条件,或者提供生产技术、卷烟配方的,应当按照共犯追究刑事责任。

★最高人民法院、最高人民检察院《关于办理侵犯知识产权刑事案件具体应用法律若干问题的解释》(2004年12月12日)(节录)

第十六条 明知他人实施侵犯知识产权犯罪,而为其提供贷款、资金、账号、发票、证明、许可证件,或者提供生产、经营场所或运输、储存、代理进出口等便利条件、帮助的,以侵犯知识产权犯罪的共犯论处。

6 一罪与数罪

★最高人民法院、最高人民检察院《关于办理非法生产、销售烟草专卖品等刑事案件具体应用法律若干问题的解释》(2010年3月26日)(节录)

第五条 行为人实施非法生产、销售烟草专卖品犯罪,同时构成生产、销售伪劣产品罪、侵犯知识产权犯罪、非法经营罪的,依照处罚较重的规定定罪处罚。

第二编 分　则

◥ 量　刑 ◣

▶¹ 参见【本节罪名量刑问题的总体规定】，P333

> **第二百一十六条　【假冒专利罪】** 假冒他人专利，情节严重的，处三年以下有期徒刑或者拘役，并处或者单处罚金。

关联法条：第二百二十条

◥ 立案追诉标准 ◣

★最高人民检察院、公安部《关于公安机关管辖的刑事案件立案追诉标准的规定（二）》（2010年5月7日）（节录）

第七十二条 ［假冒专利案（刑法第二百一十六条）］ 假冒他人专利，涉嫌下列情形之一的，应予立案追诉：

（一）非法经营数额在二十万元以上或者违法所得数额在十万元以上的；

（二）给专利权人造成直接经济损失在五十万元以上的；

（三）假冒两项以上他人专利，非法经营数额在十万元以上或者违法所得数额在五万元以上的；

（四）其他情节严重的情形。

第九十条　本规定中的立案追诉标准，除法律、司法解释、本规定中另有规定的以外，适用于相应的单位犯罪。

第九十一条　本规定中的"以上"，包括本数。

◥ 定　罪 ◣

▶¹ 参见【本节罪名定罪问题的总体规定】，P330

▶² "假冒他人专利"的认定

★最高人民法院、最高人民检察院《关于办理侵犯知识产权刑事案件具体应用法律若干问题的解释》（2004年12月12日）（节录）

第十条　实施下列行为之一的，属于刑法第二百一十六条规定的"假冒他人专利"的行为：

（一）未经许可，在其制造或者销售的产品、产品的包装上标注他人专利号的；

（二）未经许可，在广告或者其他宣传材料中使用他人的专利号，使人将所涉及的技术误认为是他人专利技术的；

（三）未经许可，在合同中使用他人的专利号，使人将合同涉及的技术误认为是他人专利技术的；

（四）伪造或者变造他人的专利证书、专利文件或者专利申请文件的。

▶³ "情节严重"的认定

★最高人民法院、最高人民检察院《关于办理侵犯知识产权刑事案件具体应用法律若干问题的解释》（2004年12月12日）（节录）

第四条　假冒他人专利，具有下列情形之一的，属于刑法第二百一十六条规定的"情节严重"，应当以假冒专利罪判处三年以下有期徒刑或者拘役，并处或者单处罚金：

（一）非法经营数额在二十万元以上或者违法所得数额在十万元以上的；

（二）给专利权人造成直接经济损失五十万元以上的；

（三）假冒两项以上他人专利，非法经营数额在十万元以上或者违法所得数额在五万元以上的；

（四）其他情节严重的情形。

量　　刑

▶ 参见【本节罪名量刑问题的总体规定】，P333

第二百一十七条【侵犯著作权罪】 以营利为目的，有下列侵犯著作权情形之一，违法所得数额较大或者有其他严重情节的，处三年以下有期徒刑或者拘役，并处或者单处罚金；违法所得数额巨大或者有其他特别严重情节的，处三年以上七年以下有期徒刑，并处罚金：

（一）未经著作权人许可，复制发行其文字作品、音乐、电影、电视、录像作品、计算机软件及其他作品的；

（二）出版他人享有专有出版权的图书的；

（三）未经录音录像制作者许可，复制发行其制作的录音录像的；

（四）制作、出售假冒他人署名的美术作品的。

关联法条： 第二百二十条

立案追诉标准

★最高人民检察院、公安部《关于公安机关管辖的刑事案件立案追诉标准的规定（一）》（2008年6月25日）（节录）

第二十六条［侵犯著作权案（刑法第二百一十七条）］以营利为目的，未经著作权人许可，复制发行其文字作品、音乐、电影、电视、录像作品、计算机软件及其他作品，或者出版他人享有专有出版权的图书，或者未经录音、录像制作者许可，复制发行其制作的录音、录像，或者制作、出售假冒他人署名的美术作品，涉嫌下列情形之一的，应予立案追诉：

（一）违法所得数额三万元以上的；

（二）非法经营数额五万元以上的；

（三）未经著作权人许可，复制发行其文字作品、音乐、电影、电视、录像作品、计算机软件及其他作品，复制品数量合计五百张（份）以上的；

（四）未经录音录像制作者许可，复制发行其制作的录音录像制品，复制品数量合计五百张（份）以上的；

（五）其他情节严重的情形。

以刊登收费广告等方式直接或者间接收取费用的情形，属于本条规定的"以营利为目的"。

本条规定的"未经著作权人许可"，是指没有得到著作权人授权或者伪造、涂改著作权人授权许可文件或者超出授权许可范围的情形。

本条规定的"复制发行",包括复制、发行或者既复制又发行的行为。

通过信息网络向公众传播他人文字作品、音乐、电影、电视、录像作品、计算机软件及其他作品,或者通过信息网络传播他人制作的录音录像制品的行为,应当视为本条规定的"复制发行"。

侵权产品的持有人通过广告、征订等方式推销侵权产品的,属于本条规定的"发行"。

本条规定的"非法经营数额",是指行为人在实施侵犯知识产权行为过程中,制造、储存、运输、销售侵权产品的价值。已销售的侵权产品的价值,按照实际销售的价格计算。制造、储存、运输和未销售的侵权产品的价值,按照标价或者已经查清的侵权产品的实际销售平均价格计算。侵权产品没有标价或者无法查清其实际销售价格的,按照被侵权产品的市场中间价格计算。

第一百条 本规定中的立案追诉标准,除法律、司法解释另有规定的以外,适用于相关的单位犯罪。

第一百零一条 本规定中的"以上",包括本数。

◀ 定 罪 ▶

❶ 参见【本节罪名定罪问题的总体规定】,P330

❷ "以营利为目的"的认定

★最高人民法院、最高人民检察院、公安部《关于办理侵犯知识产权刑事案件适用法律若干问题的意见》(2011年1月10日)(节录)

十、关于侵犯著作权犯罪案件"以营利为目的"的认定问题

除销售外,具有下列情形之一的,可以认定为"以营利为目的":

(一)以在他人作品中刊登收费广告、捆绑第三方作品等方式直接或者间接收取费用的;

(二)通过信息网络传播他人作品,或者利用他人上传的侵权作品,在网站或者网页上提供刊登收费广告服务,直接或者间接收取费用的;

(三)以会员制方式通过信息网络传播他人作品,收取会员注册费或者其他费用的;

(四)其他利用他人作品牟利的情形。

❸ "违法所得数额较大或者有其他严重情节"的认定

★最高人民法院《关于审理非法出版物刑事案件具体应用法律若干问题的解释》(1998年12月23日)(节录)

第二条 以营利为目的,实施刑法第二百一十七条所列侵犯著作权行为之一,个人违法所得数额在五万元以上,单位违法所得数额在二十万元以上的,属于"违法所得数额较大";具有下列情形之一的,属于"有其他严重情节":

(一)因侵犯著作权曾经两次以上被追究行政责任或者民事责任,两年内又实施刑法第二百一十七条所列侵犯著作权行为之一的;

(二)个人非法经营数额在二十万元以上,单位非法经营数额在一百万元以上的;

(三)造成其他严重后果的。

以营利为目的，实施刑法第二百一十七条所列侵犯著作权行为之一，个人违法所得数额在二十万元以上，单位违法所得数额在一百万元以上的，属于"违法所得数额巨大"；具有下列情形之一的，属于"有其他特别严重情节"：

（一）个人非法经营数额在一百万元以上，单位非法经营数额在五百万元以上的；

（二）造成其他特别严重后果的。

第十七条 本解释所称"经营数额"，是指以非法出版物的定价数额乘以行为人经营的非法出版物数量所得的数额。

本解释所称"违法所得数额"，是指获利数额。

非法出版物没有定价或者以境外货币定价的，其单价数额应当按照行为人实际出售的价格认定。

★最高人民法院、最高人民检察院《关于办理侵犯知识产权刑事案件具体应用法律若干问题的解释》（2004年12月12日）（节录）

第五条 以营利为目的，实施刑法第二百一十七条所列侵犯著作权行为之一，违法所得数额在三万元以上的，属于"违法所得数额较大"；具有下列情形之一的，属于"有其他严重情节"，应当以侵犯著作权罪判处三年以下有期徒刑或者拘役，并处或者单处罚金：

（一）非法经营数额在五万元以上的；

（二）未经著作权人许可，复制发行其文字作品、音乐、电影、电视、录像作品、计算机软件及其他作品，复制品数量合计在一千张（份）以上的；

（三）其他严重情节的情形。

以营利为目的，实施刑法第二百一十七条所列侵犯著作权行为之一，违法所得数额在十五万元以上的，属于"违法所得数额巨大"；具有下列情形之一的，属于"有其他特别严重情节"，应当以侵犯著作权罪判处三年以上七年以下有期徒刑，并处罚金：

（一）非法经营数额在二十五万元以上的；

（二）未经著作权人许可，复制发行其文字作品、音乐、电影、电视、录像作品、计算机软件及其他作品，复制品数量合计在五千张（份）以上的；

（三）其他特别严重情节的情形。

第十二条 本解释所称"非法经营数额"，是指行为人在实施侵犯知识产权行为过程中，制造、储存、运输、销售侵权产品的价值。已销售的侵权产品的价值，按照实际销售的价格计算。制造、储存、运输和未销售的侵权产品的价值，按照标价或者已经查清的侵权产品的实际销售平均价格计算。侵权产品没有标价或者无法查清其实际销售价格的，按照被侵权产品的市场中间价格计算。

多次实施侵犯知识产权行为，未经行政处理或者刑事处罚的，非法经营数额、违法所得数额或者销售金额累计计算。

本解释第三条所规定的"件"，是指标有完整商标图样的一份标识。

★最高人民法院、最高人民检察院《关于办理侵犯知识产权刑事案件具体应用法律若干问题的解释（二）》（2007年4月5日）（节录）

第一条 以营利为目的，未经著作权人许可，复制发行其文字作品、音乐、电影、电视、录像作品、计算机软件及其他作品,复制品数量合计在五百张(份)以上的,属于刑法第二百一十七条规定的"有其他严重情节";复制品数量在二千五百张(份)以上的,属于刑法第二百一十七条规定的"有其他特别严重情节"。

4 "未经著作权人许可"的认定

★最高人民法院、最高人民检察院《关于办理侵犯知识产权刑事案件具体应用法律若干问题的解释》(2004年12月22日)(节录)

第十一条(第2款) 刑法第二百一十七条规定的"未经著作权人许可",是指没有得到著作权人授权或者伪造、涂改著作权人授权许可文件或者超出授权许可范围的情形。

★最高人民法院、最高人民检察院、公安部《关于办理侵犯知识产权刑事案件适用法律若干问题的意见》(2011年1月10日)(节录)

十一、关于侵犯著作权犯罪案件"未经著作权人许可"的认定问题

"未经著作权人许可"一般应当依据著作权人或者其授权的代理人、著作权集体管理组织、国家著作权行政管理部门指定的著作权认证机构出具的涉案作品版权认证文书,或者证明出版者、复制发行者伪造、涂改授权许可文件或者超出授权许可范围的证据,结合其他证据综合予以认定。

在涉案作品种类众多且权利人分散的案件中,上述证据确实难以一一取得,但有证据证明涉案复制品系非法出版、复制发行的,且出版者、复制发行者不能提供获得著作权人许可的相关证明材料的,可以认定为"未经著作权人许可"。但是,有证据证明权利人放弃权利、涉案作品的著作权不受我国著作权法保护,或者著作权保护期限已经届满的除外。

5 "复制发行"的认定

★最高人民法院《关于审理非法出版物刑事案件具体应用法律若干问题的解释》(1998年12月23日)(节录)

第三条 刑法第二百一十七条第(一)项中规定的"复制发行",是指行为人以营利为目的,未经著作权人许可而实施的复制、发行或者既复制又发行其文字作品、音乐、电影、电视、录像作品、计算机软件及其他作品的行为。

★最高人民法院、最高人民检察院《关于办理侵犯知识产权刑事案件具体应用法律若干问题的解释(二)》(2007年4月5日)(节录)

第二条 刑法第二百一十七条侵犯著作权罪中的"复制发行",包括复制、发行或者既复制又发行的行为。

侵权产品的持有人通过广告、征订等方式推销侵权产品的,属于刑法第二百一十七条规定的"发行"。

非法出版、复制、发行他人作品,侵犯著作权构成犯罪的,按照侵犯著作权罪定罪处罚。

★最高人民法院、最高人民检察院、公安部《关于办理侵犯知识产权刑事案件适用法律若干问题的意见》(2011年1月10日)(节录)

十二、关于刑法第二百一十七条规定的"发行"的认定及相关问题

"发行",包括总发行、批发、零售、通过信息网络传播以及出租、展销等活动。

非法出版、复制、发行他人作品，侵犯著作权构成犯罪的，按照侵犯著作权罪定罪处罚，不认定为非法经营罪等其他犯罪。

▶6 以刊登广告方式收取费用的定性

★最高人民法院、最高人民检察院《关于办理侵犯知识产权刑事案件具体应用法律若干问题的解释》（2004年12月22日）（节录）

第十一条（第1款） 以刊登收费广告等方式直接或者间接收取费用的情形，属于刑法第二百一十七条规定的"以营利为目的"。

▶7 通过信息网络向公众传播他人作品行为的定性

★最高人民法院、最高人民检察院《关于办理侵犯知识产权刑事案件具体应用法律若干问题的解释》（2004年12月22日）（节录）

第十一条（第3款） 通过信息网络向公众传播他人文字作品、音乐、电影、电视、录像作品、计算机软件及其他作品的行为，应当视为刑法第二百一十七条规定的"复制发行"。

★最高人民法院、最高人民检察院《关于办理侵犯著作权刑事案件中涉及录音录像制品有关问题的批复》（2005年10月13日）（节录）

以营利为目的，未经录音录像制作者许可，复制发行其制作的录音录像制品的行为，复制品的数量标准分别适用《最高人民法院、最高人民检察院关于办理侵犯知识产权刑事案件具体应用法律若干问题的解释》第五条第一款第（二）项、第二款第（二）项的规定。

未经录音录像制作者许可，通过信息网络传播其制作的录音录像制品的行为，应当视为刑法第二百一十七条第（三）项规定的"复制发行"。

★最高人民法院、最高人民检察院、公安部《关于办理侵犯知识产权刑事案件适用法律若干问题的意见》（2011年1月10日）（节录）

十三、关于通过信息网络传播侵权作品行为的定罪处罚标准问题

以营利为目的，未经著作权人许可，通过信息网络向公众传播他人文字作品、音乐、电影、电视、美术、摄影、录像作品、录音录像制品、计算机软件及其他作品，具有下列情形之一的，属于刑法第二百一十七条规定的"其他严重情节"：

（一）非法经营数额在五万元以上的；

（二）传播他人作品的数量合计在五百件（部）以上的；

（三）传播他人作品的实际被点击数达到五万次以上的；

（四）以会员制方式传播他人作品，注册会员达到一千人以上的；

（五）数额或者数量虽未达到第（一）项至第（四）项规定标准，但分别达到其中两项以上标准一半以上的；

（六）其他严重情节的情形。

实施前款规定的行为，数额或者数量达到前款第（一）项至第（五）项规定标准五倍以上的，属于刑法第二百一十七条规定的"其他特别严重情节"。

▶8 共同犯罪

★最高人民法院《关于审理非法出版物刑事案件具体应用法律若干问题的解释》

(1998年12月23日)（节录）

第十六条　出版单位与他人事前通谋，向其出售、出租或者以其他形式转让该出版单位的名称、书号、刊号、版号，他人实施本解释第二条、第四条、第八条、第九条、第十条、第十一条规定的行为，构成犯罪的，对该出版单位应当以共犯论处。

★最高人民法院、最高人民检察院、公安部《关于办理侵犯知识产权刑事案件适用法律若干问题的意见》(2011年1月10日)（节录）

十五、关于为他人实施侵犯知识产权犯罪提供原材料、机械设备等行为的定性问题

明知他人实施侵犯知识产权犯罪，而为其提供生产、制造侵权产品的主要原材料、辅助材料、半成品、包装材料、机械设备、标签标识、生产技术、配方等帮助，或者提供互联网接入、服务器托管、网络存储空间、通讯传输通道、代收费、费用结算等服务的，以侵犯知识产权犯罪的共犯论处。

一罪与数罪

★最高人民法院《关于审理非法出版物刑事案件具体应用法律若干问题的解释》(1998年12月23日)（节录）

第五条　实施刑法第二百一十七条规定的侵犯著作权行为，又销售该侵权复制品，违法所得数额巨大的，只定侵犯著作权罪，不实行数罪并罚。

实施刑法第二百一十七条规定的侵犯著作权的犯罪行为，又明知是他人的侵权复制品而予以销售，构成犯罪的，应当实行数罪并罚。

★最高人民法院、最高人民检察院《关于办理侵犯知识产权刑事案件具体应用法律若干问题的解释》(2004年12月22日)（节录）

第十四条　实施刑法第二百一十七条规定的侵犯著作权犯罪，又销售该侵权复制品，构成犯罪的，应当依照刑法第二百一十七条的规定，以侵犯著作权罪定罪处罚。

实施刑法第二百一十七条规定的侵犯著作权犯罪，又销售明知是他人的侵权复制品，构成犯罪的，应当实行数罪并罚。

★最高人民法院、最高人民检察院、公安部《关于办理侵犯知识产权刑事案件适用法律若干问题的意见》(2011年1月10日)（节录）

十六、关于侵犯知识产权犯罪竞合的处理问题

行为人实施侵犯知识产权犯罪，同时构成生产、销售伪劣商品犯罪的，依照侵犯知识产权犯罪与生产、销售伪劣商品犯罪中处罚较重的规定定罪处罚。

量　刑

参见【本节罪名量刑问题的总体规定】，P333

第二百一十八条【销售侵权复制品罪】 以营利为目的，销售明知是本法第二百一十七条规定的侵权复制品，违法所得数额巨大的，处三年以下有期徒刑或者拘役，并处或者单处罚金。

关联法条：第二百二十条

第三章　破坏社会主义市场经济秩序罪·第七节　侵犯知识产权罪

◀ 立案追诉标准 ▶

★最高人民检察院、公安部《关于公安机关管辖的刑事案件立案追诉标准的规定（一）》（2008年6月25日）（节录）

第二十七条　[销售侵权复制品案（刑法第二百一十八条）] 以营利为目的，销售明知是刑法第二百一十七条规定的侵权复制品，涉嫌下列情形之一的，应予立案追诉：

（一）违法所得数额十万元以上的；

（二）违法所得数额虽未达到上述数额标准，但尚未销售的侵权复制品货值金额达到三十万元以上的。

第一百条　本规定中的立案追诉标准，除法律、司法解释另有规定的以外，适用于相关的单位犯罪。

第一百零一条　本规定中的"以上"，包括本数。

◀ 定　罪 ▶

① 参见【本节罪名定罪问题的总体规定】，P330

② 入罪数额

★最高人民法院《关于审理非法出版物刑事案件具体应用法律若干问题的解释》（1998年12月23日）（节录）

第四条　以营利为目的，实施刑法第二百一十八条规定的行为，个人违法所得数额在十万元以上，单位违法所得数额在五十万元以上的，依照刑法第二百一十八条的规定，以销售侵权复制品罪定罪处罚。

第十六条　出版单位与他人事前通谋，向其出售、出租或者以其他形式转让该出版单位的名称、书号、刊号、版号，他人实施本解释第二条、第四条、第八条、第九条、第十条、第十一条规定的行为，构成犯罪的，对该出版单位应当以共犯论处。

第十七条　本解释所称"经营数额"，是指以非法出版物的定价数额乘以行为人经营的非法出版物数量所得的数额。

本解释所称"违法所得数额"，是指获利数额。

非法出版物没有定价或者以境外货币定价的，其单价数额应当按照行为人实际出售的价格认定。

③ "违法所得数额巨大"的认定

★最高人民法院、最高人民检察院《关于办理侵犯知识产权刑事案件具体应用法律若干问题的解释》（2004年12月22日）（节录）

第六条　以营利为目的，实施刑法第二百一十八条规定的行为，违法所得数额在十万元以上的，属于"违法所得数额巨大"，应当以销售侵权复制品罪判处三年以下有期徒刑或者拘役，并处或者单处罚金。

④ 一罪与数罪

★最高人民法院《关于审理非法出版物刑事案件具体应用法律若干问题的解释》（1998年12月23日）（节录）

第五条 实施刑法第二百一十七条规定的侵犯著作权行为,又销售该侵权复制品,违法所得数额巨大的,只定侵犯著作权罪,不实行数罪并罚。

实施刑法第二百一十七条规定的侵犯著作权的犯罪行为,又明知是他人的侵权复制品而予以销售,构成犯罪的,应当实行数罪并罚。

★最高人民法院、最高人民检察院《关于办理侵犯知识产权刑事案件具体应用法律若干问题的解释》(2004年12月22日)(节录)

第十四条 实施刑法第二百一十七条规定的侵犯著作权犯罪,又销售该侵权复制品,构成犯罪的,应当依照刑法第二百一十七条的规定,以侵犯著作权罪定罪处罚。

实施刑法第二百一十七条规定的侵犯著作权犯罪,又销售明知是他人的侵权复制品,构成犯罪的,应当实行数罪并罚。

量 刑

> 参见【本节罪名量刑问题的总体规定】,P333

第二百一十九条【侵犯商业秘密罪】 有下列侵犯商业秘密行为之一,给商业秘密的权利人造成重大损失的,处三年以下有期徒刑或者拘役,并处或者单处罚金;造成特别严重后果的,处三年以上七年以下有期徒刑,并处罚金:

(一)以盗窃、利诱、胁迫或者其他不正当手段获取权利人的商业秘密的;

(二)披露、使用或者允许他人使用以前项手段获取的权利人的商业秘密的;

(三)违反约定或者违反权利人有关保守商业秘密的要求,披露、使用或者允许他人使用其所掌握的商业秘密的。

明知或者应知前款所列行为,获取、使用或者披露他人的商业秘密的,以侵犯商业秘密论。

本条所称商业秘密,是指不为公众所知悉,能为权利人带来经济利益,具有实用性并经权利人采取保密措施的技术信息和经营信息。

本条所称权利人,是指商业秘密的所有人和经商业秘密所有人许可的商业秘密使用人。

关联法条:第二百二十条

立案追诉标准

★最高人民检察院、公安部《关于公安机关管辖的刑事案件立案追诉标准的规定(二)》(2010年5月7日)(节录)

第七十三条[侵犯商业秘密案(刑法第二百一十九条)] 侵犯商业秘密,涉嫌下列情形之一的,应予立案追诉:

(一)给商业秘密权利人造成损失数额在五十万元以上的;

(二)因侵犯商业秘密违法所得数额在五十万元以上的;

（三）致使商业秘密权利人破产的；
（四）其他给商业秘密权利人造成重大损失的情形。

第九十条　本规定中的立案追诉标准，除法律、司法解释、本规定中另有规定的以外，适用于相应的单位犯罪。

第九十一条　本规定中的"以上"，包括本数。

◁　定　　罪　▷

▶① 参见【本节罪名定罪问题的总体规定】，P330

▶② "给权利人造成重大损失"、"造成特别严重后果"的认定

★最高人民法院、最高人民检察院《关于办理侵犯知识产权刑事案件具体应用法律若干问题的解释》（2004年12月22日）（节录）

第七条　实施刑法第二百一十九条规定的行为之一，给商业秘密的权利人造成损失数额在五十万元以上的，属于"给权利人造成重大损失"，应当以侵犯商业秘密罪判处三年以下有期徒刑或者拘役，并处或者单处罚金。

给商业秘密的权利人造成损失数额在二百五十万元以上的，属于刑法第二百一十九条规定的"造成特别严重后果"，应当以侵犯商业秘密罪判处三年以上七年以下有期徒刑，并处罚金。

▶③ 利用职务上的便利条件窃取技术资料转让获利行为的处理

★最高人民法院研究室《关于利用职务上的便利条件窃取技术资料转让获利是否构成犯罪问题的电话答复》（1992年5月19日）（节录）

科技人员参与单位科研项目，在未取得研制单位同意的情况下，擅自以个人设计的名义与其他单位签订技术转让协议，获取转让费的，可以作为民事侵权行为处理。

◁　量　　刑　▷

▶① 参见【本节罪名量刑问题的总体规定】，P333

第二百二十条【单位犯本节之罪的处罚】　单位犯本节第二百一十三条至第二百一十九条规定之罪的，对单位判处罚金，并对其直接负责的主管人员和其他直接责任人员，依照本节各该条的规定处罚。

第八节　扰乱市场秩序罪

第二百二十一条【损害商业信誉、商品声誉罪】　捏造并散布虚伪事实，损害他人的商业信誉、商品声誉，给他人造成重大损失或者有其他严重情节的，处二年以下有期徒刑或者拘役，并处或者单处罚金。

关联法条：第二百三十一条

◁　立案追诉标准　▷

★最高人民检察院、公安部《关于公安机关管辖的刑事案件立案追诉标准的规定

(二)》(2010年5月7日)(节录)

第七十四条 [损害商业信誉、商品声誉案(刑法第二百二十一条)] 捏造并散布虚伪事实,损害他人的商业信誉、商品声誉,涉嫌下列情形之一的,应予立案追诉:

(一) 给他人造成直接经济损失数额在五十万元以上的;

(二) 虽未达到上述数额标准,但具有下列情形之一的:

1. 利用互联网或者其他媒体公开损害他人商业信誉、商品声誉的;

2. 造成公司、企业等单位停业、停产六个月以上,或者破产的。

(三) 其他给他人造成重大损失或者有其他严重情节的情形。

第九十条 本规定中的立案追诉标准,除法律、司法解释、本规定中另有规定的以外,适用于相应的单位犯罪。

第九十一条 本规定中的"以上",包括本数。

◀ 定　罪 ▶

1 利用互联网损害他人商业信誉、商品声誉行为的定性

★全国人民代表大会常务委员会《关于维护互联网安全的决定》(2000年12月28日)(节录)

三、为了维护社会主义市场经济秩序和社会管理秩序,对有下列行为之一,构成犯罪的,依照刑法有关规定追究刑事责任:

(二) 利用互联网损害他人商业信誉和商品声誉;

2 一罪与数罪

★最高人民法院、最高人民检察院《关于办理利用信息网络实施诽谤等刑事案件适用法律若干问题的解释》(2013年9月10日)(节录)

第九条 利用信息网络实施诽谤、寻衅滋事、敲诈勒索、非法经营犯罪,同时又构成刑法第二百二十一条规定的损害商业信誉、商品声誉罪,第二百七十八条规定的煽动暴力抗拒法律实施罪,第二百九十一条之一规定的编造、故意传播虚假恐怖信息罪等犯罪的,依照处罚较重的规定定罪处罚。

第二百二十二条【虚假广告罪】广告主、广告经营者、广告发布者违反国家规定,利用广告对商品或者服务作虚假宣传,情节严重的,处二年以下有期徒刑或者拘役,并处或者单处罚金。

关联法条:第九十六条、第二百三十一条

◀ 立案追诉标准 ▶

★最高人民检察院、公安部《关于公安机关管辖的刑事案件立案追诉标准的规定(二)》(2010年5月7日)(节录)

第七十五条 [虚假广告案(刑法第二百二十二条)] 广告主、广告经营者、广告发布者违反国家规定,利用广告对商品或者服务作虚假宣传,涉嫌下列情形之一的,应予立案追诉:

（一）违法所得数额在十万元以上的；

（二）给单个消费者造成直接经济损失数额在五万元以上的，或者给多个消费者造成直接经济损失数额累计在二十万元以上的；

（三）假借预防、控制突发事件的名义，利用广告作虚假宣传，致使多人上当受骗，违法所得数额在三万元以上的；

（四）虽未达到上述数额标准，但两年内因利用广告作虚假宣传，受过行政处罚二次以上，又利用广告作虚假宣传的；

（五）造成人身伤残的；

（六）其他情节严重的情形。

第九十条　本规定中的立案追诉标准，除法律、司法解释、本规定中另有规定的以外，适用于相应的单位犯罪。

第九十一条　本规定中的"以上"，包括本数。

定　罪

1 假借灾害名义利用广告虚假宣传行为的定性

★最高人民法院、最高人民检察院《关于办理妨害预防、控制突发传染病疫情等灾害的刑事案件具体应用法律若干问题的解释》（2003年5月15日）（节录）

第五条　广告主、广告经营者、广告发布者违反国家规定，假借预防、控制突发传染病疫情等灾害的名义，利用广告对所推销的商品或者服务作虚假宣传，致使多人上当受骗，违法所得数额较大或者有其他严重情节的，依照刑法第二百二十二条的规定，以虚假广告罪定罪处罚。

2 利用广告为非法集资作虚假宣传行为的定性

★最高人民法院《关于审理非法集资刑事案件具体应用法律若干问题的解释》（2011年1月4日）（节录）

第八条　广告经营者、广告发布者违反国家规定，利用广告为非法集资活动相关的商品或者服务作虚假宣传，具有下列情形之一的，依照刑法第二百二十二条的规定，以虚假广告罪定罪处罚：

（一）违法所得数额在10万元以上的；

（二）造成严重危害后果或者恶劣社会影响的；

（三）二年内利用广告作虚假宣传，受过行政处罚二次以上的；

（四）其他情节严重的情形。

明知他人从事欺诈发行股票、债券，非法吸收公众存款，擅自发行股票、债券，集资诈骗或者组织、领导传销活动等集资犯罪活动，为其提供广告等宣传的，以相关犯罪的共犯论处。

3 利用广告为保健品作虚假宣传行为的定性

★最高人民法院、最高人民检察院《关于办理危害食品安全刑事案件适用法律若干问题的解释》（2013年5月4日）（节录）

第十五条　广告主、广告经营者、广告发布者违反国家规定，利用广告对保健食品或者其他食品作虚假宣传，情节严重的，依照刑法第二百二十二条的规定以虚假广告罪定罪处罚。

▶4 利用广告为药品作虚假宣传行为的定性

★**最高人民法院、最高人民检察院《关于办理危害药品安全刑事案件适用法律若干问题的解释》**（2014年12月1日）（节录）

第九条　广告主、广告经营者、广告发布者违反国家规定，利用广告对药品作虚假宣传，情节严重的，依照刑法第二百二十二条的规定以虚假广告罪定罪处罚。

▶5 共同犯罪

★**最高人民检察院《关于认真执行〈中华人民共和国广告法〉的通知》**（1995年1月28日）（节录）

三、各级人民检察院在办理违反《广告法》的刑事案件中，要注意根据案件情况，分清广告主、广告经营者和广告发布者各自的责任。对广告经营者或广告发布者明知广告的行为是违反《广告法》的犯罪行为，而仍予经营或发布广告的，应当以共犯追究刑事责任……

第二百二十三条　【串通投标罪】 投标人相互串通投标报价，损害招标人或者其他投标人利益，情节严重的，处三年以下有期徒刑或者拘役，并处或者单处罚金。

投标人与招标人串通投标，损害国家、集体、公民的合法利益的，依照前款的规定处罚。

关联法条：第二百三十一条

◀ 立案追诉标准 ▶

★**最高人民检察院、公安部《关于公安机关管辖的刑事案件立案追诉标准的规定（二）》**（2010年5月7日）（节录）

第七十六条　[串通投标案（刑法第二百二十三条）]　投标人相互串通投标报价，或者投标人与招标人串通投标，涉嫌下列情形之一的，应予立案追诉：

（一）损害招标人、投标人或者国家、集体、公民的合法利益，造成直接经济损失数额在五十万元以上的；

（二）违法所得数额在十万元以上的；

（三）中标项目金额在二百万元以上的；

（四）采取威胁、欺骗或者贿赂等非法手段的；

（五）虽未达到上述数额标准，但两年内因串通投标，受过行政处罚二次以上，又串通投标的；

（六）其他情节严重的情形。

第九十条　本规定中的立案追诉标准，除法律、司法解释、本规定中另有规定的以外，适用于相应的单位犯罪。

第九十一条　本规定中的"以上"，包括本数。

第二百二十四条【合同诈骗罪】 有下列情形之一，以非法占有为目的，在签订、履行合同过程中，骗取对方当事人财物，数额较大的，处三年以下有期徒刑或者拘役，并处或者单处罚金；数额巨大或者有其他严重情节的，处三年以上十年以下有期徒刑，并处罚金；数额特别巨大或者有其他特别严重情节的，处十年以上有期徒刑或者无期徒刑，并处罚金或者没收财产：

（一）以虚构的单位或者冒用他人名义签订合同的；

（二）以伪造、变造、作废的票据或者其他虚假的产权证明作担保的；

（三）没有实际履行能力，以先履行小额合同或者部分履行合同的方法，诱骗对方当事人继续签订和履行合同的；

（四）收受对方当事人给付的货物、货款、预付款或者担保财产后逃匿的；

（五）以其他方法骗取对方当事人财物的。

关联法条：第二百三十一条

立案追诉标准

★最高人民检察院、公安部《关于公安机关管辖的刑事案件立案追诉标准的规定（二）》（2010年5月7日）（节录）

第七十七条 ［合同诈骗案（刑法第二百二十四条）］以非法占有为目的，在签订、履行合同过程中，骗取对方当事人财物，数额在二万元以上的，应予立案追诉。

第九十条 本规定中的立案追诉标准，除法律、司法解释、本规定中另有规定的以外，适用于相应的单位犯罪。

第九十一条 本规定中的"以上"，包括本数。

定　罪

1 本罪定义

★最高人民检察院侦查监督厅《关于印发部分罪案〈审查逮捕证据参考标准（试行）〉的通知》（2003年11月27日）（节录）

八、合同诈骗罪案审查逮捕证据参考标准

合同诈骗罪，是指触犯（刑法）第224条的规定，以非法占有为目的，在签订合同、履行合同过程中，骗取对方当事人财物，数额较大的行为。

……

2 单位实施贷款诈骗的处理

★最高人民法院《全国法院审理金融犯罪案件工作座谈会纪要》（2001年1月21日）（节录）

二、（三）关于金融诈骗罪

2. 贷款诈骗罪的认定和处理。贷款诈骗犯罪是目前案发较多的金融诈骗犯罪之一。审理贷款诈骗犯罪案件，应当注意以下两个问题：

一是单位不能构成贷款诈骗罪。根据刑法第三十条和第一百九十三条的规定，单位不构成贷款诈骗罪。对于单位实施的贷款诈骗行为,不能以贷款诈骗罪定罪处罚,也不能以贷款诈骗罪追究直接负责的主管人员和其他直接责任人员的刑事责任①。但是,在司法实践中,对于单位十分明显地以非法占有为目的,利用签订、履行借款合同诈骗银行或其他金融机构贷款符合刑法第二百二十四条规定的合同诈骗罪构成要件的,应当以合同诈骗罪定罪处罚。

……

第二百二十四条之一【组织、领导传销活动罪】 组织、领导以推销商品、提供服务等经营活动为名,要求参加者以缴纳费用或者购买商品、服务等方式获得加入资格,并按照一定顺序组成层级,直接或者间接以发展人员的数量作为计酬或者返利依据,引诱、胁迫参加者继续发展他人参加,骗取财物,扰乱经济社会秩序的传销活动的,处五年以下有期徒刑或者拘役,并处罚金;情节严重的,处五年以上有期徒刑,并处罚金。

关联法条:第二百三十一条

立案追诉标准

★最高人民检察院、公安部《关于公安机关管辖的刑事案件立案追诉标准的规定(二)》(2010年5月7日)(节录)

第七十八条 [组织、领导传销活动案(刑法第二百二十四条之一)] 组织、领导以推销商品、提供服务等经营活动为名,要求参加者以缴纳费用或者购买商品、服务等方式获得加入资格,并按照一定顺序组成层级,直接或者间接以发展人员的数量作为计酬或者返利依据,引诱、胁迫参加者继续发展他人参加,骗取财物,扰乱经济社会秩序的传销活动,涉嫌组织、领导的传销活动人员在三十人以上且层级在三级以上的,对组织者、领导者,应予立案追诉。

本条所指的传销活动的组织者、领导者,是指在传销活动中起组织、领导作用的发起人、决策人、操纵人,以及在传销活动中担负策划、指挥、布置、协调等重要职责,或者在传销活动实施中起到关键作用的人员。

第九十条 本规定中的立案追诉标准,除法律、司法解释、本规定中另有规定的以外,适用于相应的单位犯罪。

第九十一条 本规定中的"以上",包括本数。

---

① 全国人民代表大会常务委员会《关于〈中华人民共和国刑法〉第三十条的解释》(2014年4月24日)规定:"公司、企业、事业单位、机关、团体等单位实施刑法规定的危害社会的行为,刑法分则和其他法律未规定追究单位的刑事责任的,对组织、策划、实施该危害社会行为的人依法追究刑事责任。""不能以贷款诈骗罪追究直接负责的主管人员和其他直接责任人员的刑事责任"与上述立法解释矛盾。

第三章 破坏社会主义市场经济秩序罪·第八节 扰乱市场秩序罪

◆ 定 罪 ◆

▶1 传销组织层级、人数、人员的认定

★最高人民法院、最高人民检察院、公安部《关于办理组织领导传销活动刑事案件适用法律若干问题的意见》（2013年11月14日）（节录）

一、关于传销组织层级及人数的认定问题

以推销商品、提供服务等经营活动为名，要求参加者以缴纳费用或者购买商品、服务等方式获得加入资格，并按照一定顺序组成层级，直接或者间接以发展人员的数量作为计酬或者返利依据，引诱、胁迫参加者继续发展他人参加，骗取财物，扰乱经济社会秩序的传销组织，其组织内部参与传销活动人员在三十人以上且层级在三级以上的，应当对组织者、领导者追究刑事责任。

组织、领导多个传销组织，单个或者多个组织中的层级已达三级以上的，可将在各个组织中发展的人数合并计算。

组织者、领导者形式上脱离原传销组织后，继续从原传销组织获取报酬或者返利的，原传销组织在其脱离后发展人员的层级数和人数，应当计算为其发展的层级数和人数。

办理组织、领导传销活动刑事案件中，确因客观条件的限制无法逐一收集参与传销活动人员的言词证据的，可以结合依法收集并查证属实的缴纳、支付费用及计酬、返利记录，视听资料，传销人员关系图，银行账户交易记录，互联网电子数据，鉴定意见等证据，综合认定参与传销的人数、层级数等犯罪事实。

二、关于传销活动有关人员的认定和处理问题

下列人员可以认定为传销活动的组织者、领导者：

（一）在传销活动中起发起、策划、操纵作用的人员；

（二）在传销活动中承担管理、协调等职责的人员；

（三）在传销活动中承担宣传、培训等职责的人员；

（四）曾因组织、领导传销活动受过刑事处罚，或者一年以内因组织、领导传销活动受过行政处罚，又直接或者间接发展参与传销活动人员在十五人以上且层级在三级以上的人员；

（五）其他对传销活动的实施、传销组织的建立、扩大等起关键作用的人员。

以单位名义实施组织、领导传销活动犯罪的，对于受单位指派，仅从事劳务性工作的人员，一般不予追究刑事责任。

七、其他问题

本意见所称"以上"、"以内"，包括本数。

本意见所称"层级"和"级"，系指组织者、领导者与参与传销活动人员之间的上下线关系层次，而非组织者、领导者在传销组织中的身份等级。

对传销组织内部人数和层级数的计算，以及对组织者、领导者直接或者间接发展参与传销活动人员人数和层级数的计算，包括组织者、领导者本人及其本层级在内。

▶2 "骗取财物"的认定

★最高人民法院、最高人民检察院、公安部《关于办理组织领导传销活动刑事案件适用法律若干问题的意见》（2013年11月14日）（节录）

三、关于"骗取财物"的认定问题

传销活动的组织者、领导者采取编造、歪曲国家政策,虚构、夸大经营、投资、服务项目及盈利前景,掩饰计酬、返利真实来源或者其他欺诈手段,实施刑法第二百二十四条之一规定的行为,从参与传销活动人员缴纳的费用或者购买商品、服务的费用中非法获利的,应当认定为骗取财物。参与传销活动人员是否认为被骗,不影响骗取财物的认定。

▶3 "情节严重"的认定

★最高人民法院、最高人民检察院、公安部《关于办理组织领导传销活动刑事案件适用法律若干问题的意见》(2013年11月14日)(节录)

四、关于"情节严重"的认定问题

对符合本意见第一条第一款规定的传销组织的组织者、领导者,具有下列情形之一的,应当认定为刑法第二百二十四条之一规定的"情节严重":

(一)组织、领导的参与传销活动人员累计达一百二十人以上的;

(二)直接或者间接收取参与传销活动人员缴纳的传销资金数额累计达二百五十万元以上的;

(三)曾因组织、领导传销活动受过刑事处罚,或者一年以内因组织、领导传销活动受过行政处罚,又直接或者间接发展参与传销活动人员累计达六十人以上的;

(四)造成参与传销活动人员精神失常、自杀等严重后果的;

(五)造成其他严重后果或者恶劣社会影响的。

▶4 涉及"团队计酬"行为的定性

★最高人民法院、最高人民检察院、公安部《关于办理组织领导传销活动刑事案件适用法律若干问题的意见》(2013年11月14日)(节录)

五、关于"团队计酬"行为的处理问题

传销活动的组织者或者领导者通过发展人员,要求传销活动的被发展人员发展其他人员加入,形成上下线关系,并以下线的销售业绩为依据计算和给付上线报酬,牟取非法利益的,是"团队计酬"式传销活动。

以销售商品为目的、以销售业绩为计酬依据的单纯的"团队计酬"式传销活动,不作为犯罪处理。形式上采取"团队计酬"方式,但实质上属于"以发展人员的数量作为计酬或者返利依据"的传销活动,应当依照刑法第二百二十四条之一的规定,以组织、领导传销活动罪定罪处罚。

▶5 一罪与数罪

★最高人民法院、最高人民检察院、公安部《关于办理组织领导传销活动刑事案件适用法律若干问题的意见》(2013年11月14日)(节录)

六、关于罪名的适用问题

以非法占有为目的,组织、领导传销活动,同时构成组织、领导传销活动罪和集资诈骗罪的,依照处罚较重的规定定罪处罚。

犯组织、领导传销活动罪,并实施故意伤害、非法拘禁、敲诈勒索、妨害公务、聚众扰乱社会秩序、聚众冲击国家机关、聚众扰乱公共场所秩序、交通秩序等行为,构成犯罪的，依照数罪并罚的规定处罚。

第二百二十五条【非法经营罪】 违反国家规定，有下列非法经营行为之一，扰乱市场秩序，情节严重的，处五年以下有期徒刑或者拘役，并处或者单处违法所得一倍以上五倍以下罚金；情节特别严重的，处五年以上有期徒刑，并处违法所得一倍以上五倍以下罚金或者没收财产：

（一）未经许可经营法律、行政法规规定的专营、专卖物品或者其他限制买卖的物品的；

（二）买卖进出口许可证、进出口原产地证明以及其他法律、行政法规规定的经营许可证或者批准文件的；

（三）未经国家有关主管部门批准非法经营证券、期货、保险业务的，或者非法从事资金支付结算业务的；

（四）其他严重扰乱市场秩序的非法经营行为。

关联法条： 第九十六条、第二百三十一条

◀ 立案追诉标准 ▶

★最高人民检察院、公安部《关于公安机关管辖的刑事案件立案追诉标准的规定（二）》（2010年5月7日）（节录）

第七十九条 ［非法经营案（刑法第二百二十五条）］违反国家规定，进行非法经营活动，扰乱市场秩序，涉嫌下列情形之一的，应予立案追诉：

（一）违反国家有关盐业管理规定，非法生产、储运、销售食盐，扰乱市场秩序，具有下列情形之一的：

1. 非法经营食盐数量在二十吨以上的；

2. 曾因非法经营食盐行为受过二次以上行政处罚又非法经营食盐，数量在十吨以上的。

（二）违反国家烟草专卖管理法律法规，未经烟草专卖行政主管部门许可，无烟草专卖生产企业许可证、烟草专卖批发企业许可证、特种烟草专卖经营企业许可证、烟草专卖零售许可证等许可证明，非法经营烟草专卖品，具有下列情形之一的：

1. 非法经营数额在五万元以上，或者违法所得数额在二万元以上的；

2. 非法经营卷烟二十万支以上的；

3. 曾因非法经营烟草专卖品三年内受过二次以上行政处罚，又非法经营烟草专卖品且数额在三万元以上的。

（三）未经国家有关主管部门批准，非法经营证券、期货、保险业务，或者非法从事资金支付结算业务，具有下列情形之一的：

1. 非法经营证券、期货、保险业务，数额在三十万元以上的；

2. 非法从事资金支付结算业务，数额在二百万元以上的；

3. 违反国家规定，使用销售点终端机具（POS机）等方法，以虚构交易、虚开价格、现金退货等方式向信用卡持卡人直接支付现金，数额在一百万元以上的，或者造成金融机

构资金二十万元以上逾期未还的,或者造成金融机构经济损失十万元以上的;

4. 违法所得数额在五万元以上的。

(四)非法经营外汇,具有下列情形之一的:

1. 在外汇指定银行和中国外汇交易中心及其分中心以外买卖外汇,数额在二十万美元以上的,或者违法所得数额在五万元以上的;

2. 公司、企业或者其他单位违反有关外贸代理业务的规定,采用非法手段,或者明知是伪造、变造的凭证、商业单据,为他人向外汇指定银行骗购外汇,数额在五百万美元以上或者违法所得数额在五十万元以上的;

3. 居间介绍骗购外汇,数额在一百万美元以上或者违法所得数额在十万元以上的。

(五)出版、印刷、复制、发行严重危害社会秩序和扰乱市场秩序的非法出版物,具有下列情形之一的:

1. 个人非法经营数额在五万元以上的,单位非法经营数额在十五万元以上的;

2. 个人违法所得数额在二万元以上的,单位违法所得数额在五万元以上的;

3. 个人非法经营报纸五千份或者期刊五千本或者图书二千册或者音像制品、电子出版物五百张(盒)以上的,单位非法经营报纸一万五千份或者期刊一万五千本或者图书五千册或者音像制品、电子出版物一千五百张(盒)以上的;

4. 虽未达到上述数额标准,但具有下列情形之一的:

(1)两年内因出版、印刷、复制、发行非法出版物受过行政处罚二次以上的,又出版、印刷、复制、发行非法出版物的;

(2)因出版、印刷、复制、发行非法出版物造成恶劣社会影响或者其他严重后果的。

(六)非法从事出版物的出版、印刷、复制、发行业务,严重扰乱市场秩序,具有下列情形之一的:

1. 个人非法经营数额在十五万元以上的,单位非法经营数额在五十万元以上的;

2. 个人违法所得数额在五万元以上的,单位违法所得数额在十五万元以上的;

3. 个人非法经营报纸一万五千份或者期刊一万五千本或者图书五千册或者音像制品、电子出版物一千五百张(盒)以上的,单位非法经营报纸五万份或者期刊五万本或者图书一万五千册或者音像制品、电子出版物五千张(盒)以上的;

4. 虽未达到上述数额标准,两年内因非法从事出版物的出版、印刷、复制、发行业务受过行政处罚二次以上的,又非法从事出版物的出版、印刷、复制、发行业务的。

(七)采取租用国际专线、私设转接设备或者其他方法,擅自经营国际电信业务或者涉港澳台电信业务进行营利活动,扰乱电信市场管理秩序,具有下列情形之一的:

1. 经营去话业务数额在一百万元以上的;

2. 经营来话业务造成电信资费损失数额在一百万元以上的;

3. 虽未达到上述数额标准,但具有下列情形之一的:

(1)两年内因非法经营国际电信业务或者涉港澳台电信业务行为受过行政处罚二次以上,又非法经营国际电信业务或者涉港澳台电信业务的;

(2)因非法经营国际电信业务或者涉港澳台电信业务行为造成其他严重后果的。

（八）从事其他非法经营活动，具有下列情形之一的：

1. 个人非法经营数额在五万元以上，或者违法所得数额在一万元以上的；
2. 单位非法经营数额在五十万元以上，或者违法所得数额在十万元以上的；
3. 虽未达到上述数额标准，但两年内因同种非法经营行为受过二次以上行政处罚，又进行同种非法经营行为的；
4. 其他情节严重的情形。

第九十条 本规定中的立案追诉标准，除法律、司法解释、本规定中另有规定的以外，适用于相应的单位犯罪。

第九十一条 本规定中的"以上"，包括本数。

◆ 定　　罪 ◆

1 非法买卖外汇行为的定性

★最高人民法院《关于审理骗购外汇、非法买卖外汇刑事案件具体应用法律若干问题的解释》（1998年9月1日）（节录）

第三条 在外汇指定银行和中国外汇交易中心及其分中心以外买卖外汇，扰乱金融市场秩序，具有下列情形之一的，按照刑法第二百二十五条第（三）项的规定定罪处罚：

（一）非法买卖外汇二十万美元以上的；
（二）违法所得五万元人民币以上的。

★全国人民代表大会常务委员会《关于惩治骗购外汇、逃汇和非法买卖外汇犯罪的决定》（1998年12月29日）（节录）

四、在国家规定的交易场所以外非法买卖外汇，扰乱市场秩序，情节严重的，依照刑法第二百二十五条的规定定罪处罚。

单位犯前款罪的，依照刑法第二百三十一条的规定处罚。

2 出版、印刷、复制、发行、销售非法出版物行为的处罚

★最高人民法院《关于审理非法出版物刑事案件具体应用法律若干问题的解释》（1998年12月23日）

第一条 明知出版物中载有煽动分裂国家、破坏国家统一或者煽动颠覆国家政权、推翻社会主义制度的内容，而予以出版、印刷、复制、发行、传播的，依照刑法第一百零三条第二款或者第一百零五条第二款的规定，以煽动分裂国家罪或者煽动颠覆国家政权罪定罪处罚。

第二条 以营利为目的，实施刑法第二百一十七条所列侵犯著作权行为之一，个人违法所得数额在五万元以上，单位违法所得数额在二十万元以上的，属于"违法所得数额较大"；具有下列情形之一的，属于"有其他严重情节"：

（一）因侵犯著作权曾经两次以上被追究行政责任或者民事责任，两年内又实施刑法第二百一十七条所列侵犯著作权行为之一的；
（二）个人非法经营数额在二十万元以上，单位非法经营数额在一百万元以上的；
（三）造成其他严重后果的。

以营利为目的，实施刑法第二百一十七条所列侵犯著作权行为之一，个人违法所得数

额在二十万元以上,单位违法所得数额在一百万元以上的,属于"违法所得数额巨大";具有下列情形之一的,属于"有其他特别严重情节":

(一)个人非法经营数额在一百万元以上,单位非法经营数额在五百万元以上的;

(二)造成其他特别严重后果的。

第三条 刑法第二百一十七条第(一)项中规定的"复制发行",是指行为人以营利为目的,未经著作权人许可而实施的复制、发行或者既复制又发行其文字作品、音乐、电影、电视、录像作品、计算机软件及其他作品的行为。

第四条 以营利为目的,实施刑法第二百一十八条规定的行为,个人违法所得数额在十万元以上,单位违法所得数额在五十万元以上的,依照刑法第二百一十八条的规定,以销售侵权复制品罪定罪处罚。

第五条 实施刑法第二百一十七条规定的侵犯著作权行为,又销售该侵权复制品,违法所得数额巨大的,只定侵犯著作权罪,不实行数罪并罚。

实施刑法第二百一十七条规定的侵犯著作权的犯罪行为,又明知是他人的侵权复制品而予以销售,构成犯罪的,应当实行数罪并罚。

第六条 在出版物中公然侮辱他人或者捏造事实诽谤他人,情节严重的,依照刑法第二百四十六条的规定,分别以侮辱罪或者诽谤罪定罪处罚。

第七条 出版刊载歧视、侮辱少数民族内容的作品,情节恶劣,造成严重后果的,依照刑法第二百五十条的规定,以出版歧视、侮辱少数民族作品罪定罪处罚。

第八条 以牟利为目的,实施刑法第三百六十三条第一款规定的行为,具有下列情形之一的,以制作、复制、出版、贩卖、传播淫秽物品牟利罪定罪处罚:

(一)制作、复制、出版淫秽影碟、软件、录像带五十至一百张(盒)以上,淫秽音碟、录音带一百至二百张(盒)以上,淫秽扑克、书刊、画册一百至二百副(册)以上,淫秽照片、画片五百至一千张以上的;

(二)贩卖淫秽影碟、软件、录像带一百至二百张(盒)以上,淫秽音碟、录音带二百至四百张(盒)以上,淫秽扑克、书刊、画册二百至四百副(册)以上,淫秽照片、画片一千至二千张以上的;

(三)向他人传播淫秽物品达二百至五百人次以上,或者组织播放淫秽影、像达十至二十场次以上的;

(四)制作、复制、出版、贩卖、传播淫秽物品,获利五千至一万元以上的。

以牟利为目的,实施刑法第三百六十三条第一款规定的行为,具有下列情形之一的,应当认定为制作、复制、出版、贩卖、传播淫秽物品牟利罪"情节严重":

(一)制作、复制、出版淫秽影碟、软件、录像带二百五十至五百张(盒)以上,淫秽音碟、录音带五百至一千张(盒)以上,淫秽扑克、书刊、画册五百至一千副(册)以上,淫秽照片、画片二千五百至五千张以上的;

(二)贩卖淫秽影碟、软件、录像带五百至一千张(盒)以上,淫秽音碟、录音带一千至二千张(盒)以上,淫秽扑克、书刊、画册一千至二千副(册)以上,淫秽照片、画片五千至一万张以上的;

（三）向他人传播淫秽物品达一千至二千人次以上，或者组织播放淫秽影、像达五十至一百场次以上的；

（四）制作、复制、出版、贩卖、传播淫秽物品，获利三万至五万元以上的。

以牟利为目的，实施刑法第三百六十三条第一款规定的行为，其数量（数额）达到前款规定的数量（数额）五倍以上的，应当认定为制作、复制、出版、贩卖、传播淫秽物品牟利罪"情节特别严重"。

第九条 为他人提供书号、刊号，出版淫秽书刊的，依照刑法第三百六十三条第二款的规定，以为他人提供书号出版淫秽书刊罪定罪处罚。

为他人提供版号，出版淫秽音像制品的，依照前款规定定罪处罚。

明知他人用于出版淫秽书刊而提供书号、刊号的，依照刑法第三百六十三条第一款的规定，以出版淫秽物品牟利罪定罪处罚。

第十条 向他人传播淫秽的书刊、影片、音像、图片等出版物达三百至六百人次以上或者造成恶劣社会影响的，属于"情节严重"，依照刑法第三百六十四条第一款的规定，以传播淫秽物品罪定罪处罚。

组织播放淫秽的电影、录像等音像制品达十五至三十场次以上或者造成恶劣社会影响的，依照刑法第三百六十四条第二款的规定，以组织播放淫秽音像制品罪定罪处罚。

第十一条 违反国家规定，出版、印刷、复制、发行本解释第一条至第十条规定以外的其他严重危害社会秩序和扰乱市场秩序的非法出版物，情节严重的，依照刑法第二百二十五条第（三）项［现行法第（四）项］① 的规定，以非法经营罪定罪处罚。

第十二条 个人实施本解释第十一条规定的行为，具有下列情形之一的，属于非法经营行为"情节严重"：

（一）经营数额在五万元至十万元以上的；

（二）违法所得数额在二万元至三万元以上的；

（三）经营报纸五千份或者期刊五千本或者图书二千册或者音像制品、电子出版物五百张（盒）以上的。

具有下列情形之一的，属于非法经营行为"情节特别严重"：

（一）经营数额在十五万元至三十万元以上的；

（二）违法所得数额在五万元至十万元以上的；

（三）经营报纸一万五千份或者期刊一万五千本或者图书五千册或者音像制品、电子出版物一千五百张（盒）以上的。

第十三条 单位实施本解释第十一条规定的行为，具有下列情形之一的，属于非法经营行为"情节严重"：

（一）经营数额在十五万元至三十万元以上的；

（二）违法所得数额在五万元至十万元以上的；

---

① 《刑法修正案（七）》修改了刑法第二百二十五条第（三）项，此处所指为现行刑法第二百二十五条第（四）项，以下此情况均作此表述。

（三）经营报纸一万五千份或者期刊一万五千本或者图书五千册或者音像制品、电子出版物一千五百张（盒）以上的。

具有下列情形之一的，属于非法经营行为"情节特别严重"：

（一）经营数额在五十万元至一百万元以上的；

（二）违法所得数额在十五万元至三十万元以上的；

（三）经营报纸五万份或者期刊五万本或者图书一万五千册或者音像制品、电子出版物五千张（盒）以上的。

第十四条 实施本解释第十一条规定的行为，经营数额、违法所得数额或者经营数量接近非法经营行为"情节严重"、"情节特别严重"的数额、数量起点标准，并具有下列情形之一的，可以认定为非法经营行为"情节严重"、"情节特别严重"：

（一）两年内因出版、印刷、复制、发行非法出版物受过行政处罚两次以上的；

（二）因出版、印刷、复制、发行非法出版物造成恶劣社会影响或者其他严重后果的。

第十五条 非法从事出版物的出版、印刷、复制、发行业务，严重扰乱市场秩序，情节特别严重，构成犯罪的，可以依照刑法第二百二十五条第（三）项［现行法第（四）项］的规定，以非法经营罪定罪处罚。

第十六条 出版单位与他人事前通谋，向其出售、出租或者以其他形式转让该出版单位的名称、书号、刊号、版号，他人实施本解释第二条、第四条、第八条、第九条、第十条、第十一条规定的行为，构成犯罪的，对该出版单位应当以共犯论处。

第十七条 本解释所称"经营数额"，是指以非法出版物的定价数额乘以行为人经营的非法出版物数量所得的数额。

本解释所称"违法所得数额"，是指获利数额。

非法出版物没有定价或者以境外货币定价的，其单价数额应当按照行为人实际出售的价格认定。

第十八条 各省、自治区、直辖市高级人民法院可以根据本地的情况和社会治安状况，在本解释第八条、第十条、第十二条、第十三条规定的有关数额、数量标准的幅度内，确定本地执行的具体标准，并报最高人民法院备案。

▶3 骗购外汇行为的处罚

★最高人民法院《关于审理骗购外汇、非法买卖外汇刑事案件具体应用法律若干问题的解释》（1998年9月1日）（节录）

第四条 公司、企业或者其他单位，违反有关外贸代理业务的规定，采用非法手段，或者明知是伪造、变造的凭证、商业单据，为他人向外汇指定银行骗购外汇，数额在五百万美元以上或者违法所得五十万元人民币以上的，按照刑法第二百二十五条第（三）项［现行法第（四）项］的规定定罪处罚。

居间介绍骗购外汇一百万美元以上或者违法所得十万元人民币以上的，按照刑法第二百二十五条第（三）项［现行法第（四）项］的规定定罪处罚。

第五条 海关、银行、外汇管理机关工作人员与骗购外汇的行为人通谋，为其提供购买外汇的有关凭证，或者明知是伪造、变造的凭证和商业单据而出售外汇，构成犯罪的，按照刑法的有关规定从重处罚。

第六条 实施本解释规定的行为，同时触犯二个以上罪名的，择一重罪从重处罚。

第七条 根据刑法第六十四条规定，骗购外汇、非法买卖外汇的，其违法所得予以追缴，用于骗购外汇、非法买卖外汇的资金予以没收，上缴国库。

第八条 骗购、非法买卖不同币种的外汇的，以案发时国家外汇管理机关制定的统一折算率折合后依照本解释处罚。

★最高人民法院、最高人民检察院、公安部《办理骗汇、逃汇犯罪案件联席会议纪要》（1999年3月16日）（节录）

二、全国人大常委会《关于惩治骗购外汇、逃汇和非法买卖外汇犯罪的决定》（以下简称《决定》）公布施行后发生的犯罪行为，应当依照《决定》办理；对于《决定》公布施行前发生的公布后尚未处理或者正在处理的行为，依照修订后的刑法第十二条第一款规定的原则办理。

最高人民法院1998年8月28日发布的《关于审理骗购外汇、非法买卖外汇刑事案件具体应用法律若干问题的解释》（以下简称《解释》），是对具体应用修订后的刑法有关问题的司法解释，适用于依照修订后的刑法判处的案件。各执法部门对于《解释》应当准确理解，严格执行。[①]

《解释》第四条规定："公司、企业或者其他单位，违反有关外贸代理业务的规定，采用非法手段，或者明知是伪造、变造的凭证、商业单据，为他人向外汇指定银行骗购外汇，数额在五百万美元以上或者违法所得五十万元人民币以上的，按照刑法第二百二十五条第（三）项的规定定罪处罚；居间介绍骗购外汇一百万美元以上或者违法所得十万元人民币以上的，按照刑法第二百二十五条第（三）项的规定定罪处罚。"上述所称"采用非法手段"，是指有国家批准的进出口经营权的外贸代理企业在经营代理进口业务时，不按国家经济主管部门有关规定履行职责，放任被代理方自带客户、自带货源、自带汇票、自行报关，在不见进口产品、不见供货货主、不见外商的情况下代理进口业务，或者采取法律、行政法规和部门规章禁止的其他手段代理进口业务。

认定《解释》第四条所称的"明知"，要结合案件的具体情节予以综合考虑，不能仅仅因为行为人不供述就不予认定。报关行为先于签订外贸代理协议的，或者委托方提供的购汇凭证明显与真实凭证、商业单据不符的，应当认定为明知。

《解释》第四条所称"居间介绍骗购外汇"，是指收取他人人民币、以虚假购汇凭证委托外贸公司、企业骗购外汇，获取非法收益的行为。

四、公安机关侦查骗汇、逃汇犯罪案件，要及时全面收集和固定犯罪证据，抓紧缉捕犯罪分子。人民检察院和人民法院对正在办理的骗汇、逃汇犯罪案件，只要基本犯罪事实

[①] 即对于《解释》第四条中的行为，如果发生在《决定》公布之后，应按照《决定》第一条骗购外汇处理；如发生在《决定》公布之前，则应按照刑法第二百二十五条第（四）项非法经营罪处理；如发生在《决定》公布施行前发生、公布后尚未处理或者正在处理的，按照刑法第十二条第一款规定处理。

清楚，基本证据确实充分，应当及时依法起诉、审判。主犯在逃或者骗购外汇所需人民币资金的来源无法彻底查清，但证明在案的其他犯罪嫌疑人实施犯罪的基本证据确实充分的，为在法定时限内结案，可以对在案的其他犯罪嫌疑人先行处理。对于已收集到外汇指定银行汇出凭证和境外收汇银行收款凭证等证据，能够证明所骗购外汇确已汇至港澳台地区或国外的，应视为骗购外汇既遂。

五、坚持"惩办与宽大相结合"的政策。对骗购外汇共同犯罪的主犯，或者参与伪造、变造购汇凭证的骗汇人员，以及与骗购外汇的犯罪分子相勾结的国家工作人员，要从严惩处。对具有自首、立功或者其他法定从轻、减轻情节的，依法从轻、减轻处理。

4 擅自经营国际、港澳电信业务台行为的定性

★**最高人民法院《关于审理扰乱电信市场管理秩序案件具体应用法律若干问题的解释》**（2000年5月24日）（节录）

第一条 违反国家规定，采取租用国际专线、私设转接设备或者其他方法，擅自经营国际电信业务或者涉港澳台电信业务进行营利活动，扰乱电信市场管理秩序，情节严重的，依照刑法第二百二十五条第（四）项的规定，以非法经营罪定罪处罚。

第二条 实施本解释第一条规定的行为，具有下列情形之一的，属于非法经营行为"情节严重"：

（一）经营去话业务数额在一百万元以上的；

（二）经营来话业务造成电信资费损失数额在一百万元以上的。

具有下列情形之一的，属于非法经营行为"情节特别严重"：

（一）经营去话业务数额在五百万元以上的；

（二）经营来话业务造成电信资费损失数额在五百万元以上的。

第三条 实施本解释第一条规定的行为，经营数额或者造成电信资费损失数额接近非法经营行为"情节严重"、"情节特别严重"的数额起点标准，并具有下列情形之一的，可以分别认定为非法经营行为"情节严重"、"情节特别严重"：

（一）两年内因非法经营国际电信业务或者涉港澳台电信业务行为受过行政处罚两次以上的；

（二）因非法经营国际电信业务或者涉港澳台电信业务行为造成其他严重后果的。

第四条 单位实施本解释第一条规定的行为构成犯罪的，对单位判处罚金，并对其直接负责的主管人员和其他直接责任人员，依照本解释第二条、第三条的规定处罚。

第五条 违反国家规定，擅自设置、使用无线电台（站），或者擅自占用频率，非法经营国际电信业务或者涉港澳台电信业务进行营利活动，同时构成非法经营罪和刑法第二百八十八条规定的扰乱无线电通讯管理秩序罪的，依照处罚较重的规定定罪处罚。

第十条 本解释所称"经营去话业务数额"，是指以行为人非法经营国际电信业务或者涉港澳台电信业务的总时长（分钟数）乘以行为人每分钟收取的用户使用费所得的数额。

本解释所称"电信资费损失数额"，是指以行为人非法经营国际电信业务或者涉港澳

台电信业务的总时长（分钟数）乘以在合法电信业务中我国应当得到的每分钟国际结算价格所得的数额。

★最高人民检察院《关于非法经营国际或港澳台地区电信业务行为法律适用问题的批复》（2002年2月11日）（节录）

违反《中华人民共和国电信条例》规定，采取租用电信国际专线、私设转接设备或者其他方法，擅自经营国际或者香港特别行政区、澳门特别行政区和台湾地区电信业务进行营利活动，扰乱电信市场管理秩序，情节严重的，应当依照《刑法》第二百二十五条第（四）项的规定，以非法经营罪追究刑事责任。

★最高人民法院、最高人民检察院、公安部《办理非法经营国际电信业务犯罪案件联席会议纪要》（2003年4月22日）（节录）

二、《解释》① 第一条规定："违反国家规定，采取租用国际专线、私设转接设备或者其他方法，擅自经营国际电信业务或者涉港澳台电信业务进行营利活动，扰乱电信市场管理秩序，情节严重的，依照刑法第二百二十五条第（四）项的规定，以非法经营罪定罪处罚。"对于未取得国际电信业务（会涉港澳台电信业务，下同）经营许可证而经营，或被终止国际电信业务经营资格后继续经营，应认定为"擅自经营国际电信业务或者涉港澳台电信业务"；情节严重的，应按上述规定以非法经营罪追究刑事责任。

《解释》第一条所称"其他方法"，是指在边境地区私自架设跨境通信线路；利用互联网跨境传送IP话音并设立转接设备，将国际话务转接至我境内公用电话网或转接至其他国家或地区；在境内以租用、托管、代维等方式设立转接平台；私自设置国际通信出入口等方法。

三、获得国际电信业务经营许可的经营者（含涉港澳台电信业务经营者）明知他人非法从事国际电信业务，仍违反国家规定，采取出租、合作、授权等手段，为他人提供经营和技术条件，利用现有设备或另设国际话务转接设备并从中营利，情节严重的，应以非法经营罪的共犯追究刑事责任。

▶5 非法生产、销售禁止在饲料、动物饮用水中使用的药品的行为的定性

★最高人民法院、最高人民检察院《关于办理非法生产、销售、使用禁止在饲料和动物饮用水中使用的药品等刑事案件具体应用法律若干问题的解释》（2002年8月23日）（节录）

第一条 未取得药品生产、经营许可证件和批准文号，非法生产、销售盐酸克仑特罗等禁止在饲料和动物饮用水中使用的药品，扰乱药品市场秩序，情节严重的，依照刑法第二百二十五条第（一）项的规定，以非法经营罪追究刑事责任。

第二条 在生产、销售的饲料中添加盐酸克仑特罗等禁止在饲料和动物饮用水中使用的药品，或者销售明知是添加有该类药品的饲料，情节严重的，依照刑法第二百二十五条第（四）项的规定，以非法经营罪追究刑事责任。

---

① 即最高人民法院《关于审理扰乱电信市场管理秩序案件具体应用法律若干问题的解释》（2000年5月24日）。

6 非法经营食盐行为的定性

★最高人民检察院《关于办理非法经营食盐刑事案件具体应用法律若干问题的解释》（2002年9月13日）

为保护公民身体健康，维护社会主义市场经济秩序，根据刑法的有关规定，现对办理非法经营食盐刑事案件具体应用法律的若干问题解释如下：

第一条 违反国家有关盐业管理规定，非法生产、储运、销售食盐，扰乱市场秩序，情节严重的，应当依照刑法第二百二十五条的规定，以非法经营罪追究刑事责任。

第二条 非法经营食盐，具有下列情形之一的，应当依法追究刑事责任：

（一）非法经营食盐数量在二十吨以上的；

（二）曾因非法经营食盐行为受过二次以上行政处罚又非法经营食盐，数量在十吨以上的。

第三条 非法经营食盐行为未经处理的，其非法经营的数量累计计算；行为人非法经营行为是否盈利，不影响犯罪的构成。

第四条 以非碘盐充当碘盐或者以工业用盐等非食盐充当食盐进行非法经营，同时构成非法经营罪和生产、销售伪劣产品罪、生产、销售不符合卫生标准的食品罪①、生产、销售有毒、有害食品罪等其他犯罪的，依照处罚较重的规定追究刑事责任。

第五条 以暴力、威胁方法阻碍行政执法人员依法行使盐业管理职务的，依照刑法第二百七十七条的规定，以妨害公务罪追究刑事责任；其非法经营行为已构成犯罪的，依照数罪并罚的规定追究刑事责任。

7 灾害期间违反规定哄抬物价行为的定性

★最高人民法院、最高人民检察院《关于办理妨害预防、控制突发传染病疫情等灾害的刑事案件具体应用法律若干问题的解释》（2003年5月15日）（节录）

第六条 违反国家在预防、控制突发传染病疫情等灾害期间有关市场经营、价格管理等规定，哄抬物价、牟取暴利，严重扰乱市场秩序，违法所得数额较大或者有其他严重情节的，依照刑法第二百二十五条第（四）项的规定，以非法经营罪定罪，依法从重处罚。

第十七条 人民法院、人民检察院办理有关妨害预防、控制突发传染病疫情等灾害的刑事案件，对于有自首、立功等悔罪表现的，依法从轻、减轻、免除处罚或者依法作出不起诉决定。

8 1998年4月18日前的传销、变相传销行为的定性

★最高人民检察院《关于1998年4月18日以前的传销或者变相传销行为如何处理的答复》（2003年3月21日）（节录）

对1998年4月18日国务院发布《关于禁止传销经营活动的通知》以前的传销或者变相传销行为，不宜以非法经营罪追究刑事责任。行为人在传销或者变相传销活动中实施销售假冒伪劣产品、诈骗、非法集资、虚报注册资本、偷税等行为，构成犯罪的，应当依照

---

① 该罪名现已变更为"生产、销售不符合安全标准的食品罪"。

9 非法经营烟草制品行为的定性

★最高人民法院、最高人民检察院、公安部、国家烟草专卖局《关于办理假冒伪劣烟草制品等刑事案件适用法律问题座谈会纪要》（2003年12月23日）（节录）

三、关于非法经营烟草制品行为适用法律问题

未经烟草专卖行政主管部门许可，无生产许可证、批发许可证、零售许可证，而生产、批发、零售烟草制品，具有下列情形之一的，依照刑法第二百二十五条的规定定罪处罚：

1. 个人非法经营数额在五万元以上的，或者违法所得数额在一万元以上的；
2. 单位非法经营数额在五十万元以上的，或者违法所得数额在十万元以上的；
3. 曾因非法经营烟草制品行为受过二次以上行政处罚又非法经营的，非法经营数额在二万元以上的。

四、关于共犯问题

知道或者应当知道他人实施本《纪要》第一条至第三条规定的犯罪行为，仍实施下列行为之一的，应认定为共犯，依法追究刑事责任：

1. 直接参与生产、销售假冒伪劣烟草制品或者销售假冒用注册商标的烟草制品或者直接参与非法经营烟草制品并在其中起主要作用的；
2. 提供房屋、场地、设备、车辆、贷款、资金、账号、发票、证明、技术等设施和条件，用于帮助生产、销售、储存、运输假冒伪劣烟草制品、非法经营烟草制品的；
3. 运输假冒伪劣烟草制品的。

上述人员中有检举他人犯罪经查证属实，或者提供重要线索，有立功表现的，可以从轻或减轻处罚；有重大立功表现的，可以减轻或者免除处罚。

五、国家机关工作人员参与实施本《纪要》第一条至第三条规定的犯罪行为的处罚问题

根据《最高人民法院、最高人民检察院关于办理生产、销售伪劣商品刑事案件具体应用法律若干问题的解释》的规定，国家机关工作人员参与实施本《纪要》第一条至第三条规定的犯罪行为的，从重处罚。

六、关于一罪与数罪问题

行为人的犯罪行为同时构成生产、销售伪劣产品罪、销售假冒注册商标的商品罪、非法经营罪等罪的，依照处罚较重的规定定罪处罚。

★最高人民法院、最高人民检察院《关于办理非法生产、销售烟草专卖品等刑事案件具体应用法律若干问题的解释》①（2010年3月26日）（节录）

第一条（第5款） 违反国家烟草专卖管理法律法规，未经烟草专卖行政主管部门许

---

① 该解释第十条规定："以前发布的有关规定与本解释不一致的，以本解释为准。"因此，最高人民法院、最高人民检察院、公安部、国家烟草专卖局《关于办理假冒伪劣烟草制品等刑事案件适用法律问题座谈会纪要》（2003年12月23日）第三条关于单位犯罪、自然人犯罪不同入罪门槛的规定实际上已无效。

可，无烟草专卖生产企业许可证、烟草专卖批发企业许可证、特种烟草专卖经营企业许可证、烟草专卖零售许可证等许可证明，非法经营烟草专卖品，情节严重的，依照刑法第二百二十五条的规定，以非法经营罪定罪处罚。

第三条 非法经营烟草专卖品，具有下列情形之一的，应当认定为刑法第二百二十五条规定的"情节严重"：

（一）非法经营数额在五万元以上的，或者违法所得数额在二万元以上的；

（二）非法经营卷烟二十万支以上的；

（三）曾因非法经营烟草专卖品三年内受过二次以上行政处罚，又非法经营烟草专卖品且数额在三万元以上的。

具有下列情形之一的，应当认定为刑法第二百二十五条规定的"情节特别严重"：

（一）非法经营数额在二十五万元以上，或者违法所得数额在十万元以上的；

（二）非法经营卷烟一百万支以上的。

第四条 非法经营烟草专卖品，能够查清销售或者购买价格的，按照其销售或者购买的价格计算非法经营数额。无法查清销售或者购买价格的，按照下列方法计算非法经营数额：

（一）查获的卷烟、雪茄烟的价格，有品牌的，按照该品牌卷烟、雪茄烟的查获地省级烟草专卖行政主管部门出具的零售价格计算；无品牌的，按照查获地省级烟草专卖行政主管部门出具的上年度卷烟平均零售价格计算；

（二）查获的复烤烟叶、烟叶的价格按照查获地省级烟草专卖行政主管部门出具的上年度烤烟调拨平均基准价格计算；

（三）烟丝的价格按照第（二）项规定价格计算标准的一点五倍计算；

（四）卷烟辅料的价格，有品牌的，按照该品牌辅料的查获地省级烟草专卖行政主管部门出具的价格计算；无品牌的，按照查获地省级烟草专卖行政主管部门出具的上年度烟草行业生产卷烟所需该类卷烟辅料的平均价格计算；

（五）非法生产、销售、购买烟草专用机械的价格按照国务院烟草专卖行政主管部门下发的全国烟草专用机械产品指导价格目录进行计算；目录中没有该烟草专用机械的，按照省级以上烟草专卖行政主管部门出具的目录中同类烟草专用机械的平均价格计算。

第五条 行为人实施非法生产、销售烟草专卖品犯罪，同时构成生产、销售伪劣产品罪、侵犯知识产权犯罪、非法经营罪的，依照处罚较重的规定定罪处罚。

⑩ 擅自设立上网服务营业场所或从事上网服务经营活动的定性

★最高人民法院、最高人民检察院、公安部《关于依法开展打击淫秽色情网站专项行动有关工作的通知》（2004年7月19日）（节录）

二、……对于违反国家规定，擅自设立互联网上网服务营业场所，或者擅自从事互联网上网服务经营活动，情节严重，构成犯罪的，以非法经营罪追究刑事责任。……

⑪ 擅自发行、销售彩票行为的定性

★最高人民法院、最高人民检察院《关于办理赌博刑事案件具体应用法律若干问题的

解释》（2005年5月13日）（节录）

第六条 未经国家批准擅自发行、销售彩票，构成犯罪的，依照刑法第二百二十五条第（四）项的规定，以非法经营罪定罪处罚。

12 非法经营证券业务的定性

★最高人民法院、最高人民检察院、公安部、中国证券监督管理委员会《关于整治非法证券活动有关问题的通知》（2008年1月2日）（节录）

二、明确法律政策界限，依法打击非法证券活动

（三）关于非法经营证券业务的责任追究。任何单位和个人经营证券业务，必须经证监会批准。未经批准的，属于非法经营证券业务，应予以取缔；涉嫌犯罪的，依照《刑法》第二百二十五条之规定，以非法经营罪追究刑事责任。对于中介机构非法代理买卖非上市公司股票，涉嫌犯罪的，应当依照《刑法》第二百二十五条之规定，以非法经营罪追究刑事责任。……

13 擅自发行基金份额募集基金行为的定性

★最高人民法院《关于审理非法集资刑事案件具体应用法律若干问题的解释》（2011年1月4日）（节录）

第七条 违反国家规定，未经依法核准擅自发行基金份额募集基金，情节严重的，依照刑法第二百二十五条的规定，以非法经营罪定罪处罚。

14 非法进行信用卡套现的定性

★最高人民法院、最高人民检察院《关于办理妨害信用卡管理刑事案件具体应用法律若干问题的解释》（2009年12月16日）（节录）

第七条 违反国家规定，使用销售点终端机具（POS机）等方法，以虚构交易、虚开价格、现金退货等方式向信用卡持卡人直接支付现金，情节严重的，应当依据刑法第二百二十五条的规定，以非法经营罪定罪处罚。

实施前款行为，数额在100万元以上的，或者造成金融机构资金20万元以上逾期未还的，或者造成金融机构经济损失10万元以上的，应当认定为刑法第二百二十五条规定的"情节严重"；数额在500万元以上的，或者造成金融机构资金100万元以上逾期未还的，或者造成金融机构经济损失50万元以上的，应当认定为刑法第二百二十五条规定的"情节特别严重"。

持卡人以非法占有为目的，采用上述方式恶意透支，应当追究刑事责任的，依照刑法第一百九十六条的规定，以信用卡诈骗罪定罪处罚。

15 非法生产经营烟花爆竹行为的定性

（参见第一百四十条：【定罪】：7. 生产、经营烟花爆竹行为的定性，P192）

16 生产、销售禁用非食品原料、农药、兽药、饲料、饲料添加剂行为的定性

★最高人民法院、最高人民检察院《关于办理危害食品安全刑事案件适用法律若干问题的解释》（2013年5月4日）（节录）

第十一条 以提供给他人生产、销售食品为目的，违反国家规定，生产、销售国家禁止用于食品生产、销售的非食品原料，情节严重的，依照刑法第二百二十五条的规定以非

· 371 ·

法经营罪定罪处罚。

违反国家规定，生产、销售国家禁止生产、销售、使用的农药、兽药、饲料、饲料添加剂，或者饲料原料、饲料添加剂原料，情节严重的，依照前款的规定定罪处罚。

实施前两款行为，同时又构成生产、销售伪劣产品罪，生产、销售伪劣农药、兽药罪等其他犯罪的，依照处罚较重的规定定罪处罚。

17 私设生猪屠宰场行为的定性

★最高人民法院、最高人民检察院《关于办理危害食品安全刑事案件适用法律若干问题的解释》（2013年5月4日）（节录）

第十二条　违反国家规定，私设生猪屠宰厂（场），从事生猪屠宰、销售等经营活动，情节严重的，依照刑法第二百二十五条的规定以非法经营罪定罪处罚。

实施前款行为，同时又构成生产、销售不符合安全标准的食品罪，生产、销售有毒、有害食品罪等其他犯罪的，依照处罚较重的规定定罪处罚。

18 违规采挖、销售、收购麻黄草行为的定性

★最高人民法院、最高人民检察院、公安部、农业部、国家食品药品监管总局《关于进一步加强麻黄草管理严厉打击非法买卖麻黄草等违法犯罪活动的通知》（2013年5月21日）（节录）

三、依法查处非法采挖、买卖麻黄草等犯罪行为

（四）违反国家规定采挖、销售、收购麻黄草，没有证据证明以制造毒品或者走私、非法买卖制毒物品为目的，依照刑法第二百二十五条的规定构成犯罪的，以非法经营罪定罪处罚。

19 有偿删除信息、发布虚假信息行为的定性

★最高人民法院、最高人民检察院《关于办理利用信息网络实施诽谤等刑事案件适用法律若干问题的解释》（2013年9月10日）（节录）

第七条　违反国家规定，以营利为目的，通过信息网络有偿提供删除信息服务，或者明知是虚假信息，通过信息网络有偿提供发布信息等服务，扰乱市场秩序，具有下列情形之一的，属于非法经营行为"情节严重"，依照刑法第二百二十五条第（四）项的规定，以非法经营罪定罪处罚：

（一）个人非法经营数额在五万元以上，或者违法所得数额在二万元以上的；

（二）单位非法经营数额在十五万元以上，或者违法所得数额在五万元以上的。

实施前款规定的行为，数额达到前款规定的数额五倍以上的，应当认定为刑法第二百二十五条规定的"情节特别严重"。

20 生产、销售赌博机行为的定性

★最高人民法院、最高人民检察院、公安部《关于办理利用赌博机开设赌场案件适用法律若干问题的意见》（2014年3月26日）（节录）

四、关于生产、销售赌博机的定罪量刑标准

以提供给他人开设赌场为目的，违反国家规定，非法生产、销售具有退币、退分、退钢珠等赌博功能的电子游戏设施设备或者其专用软件，情节严重的，依照刑法第二百二十

五条的规定,以非法经营罪定罪处罚。

实施前款规定的行为,具有下列情形之一的,属于非法经营行为"情节严重":

(一)个人非法经营数额在五万元以上,或者违法所得数额在一万元以上的;

(二)单位非法经营数额在五十万元以上,或者违法所得数额在十万元以上的;

(三)虽未达到上述数额标准,但两年内因非法生产、销售赌博机行为受过二次以上行政处罚,又进行同种非法经营行为的;

(四)其他情节严重的情形。

具有下列情形之一的,属于非法经营行为"情节特别严重":

(一)个人非法经营数额在二十五万元以上,或者违法所得数额在五万元以上的;

(二)单位非法经营数额在二百五十万元以上,或者违法所得数额在五十万元以上的。

21 非法生产、销售"伪基站"设备行为的处理

★最高人民法院、最高人民检察院、公安部、国家安全部《关于依法办理非法生产销售使用"伪基站"设备案件的意见》(2014年3月14日)(节录)

……"伪基站"设备是未取得电信设备进网许可和无线电发射设备型号核准的非法无线电通信设备,具有搜取手机用户信息,强行向不特定用户手机发送短信息等功能,使用过程中会非法占用公众移动通信频率,局部阻断公众移动通信网络信号。非法生产、销售、使用"伪基站"设备,不仅破坏正常电信秩序,影响电信运营商正常经营活动,危害公共安全,扰乱市场秩序,而且严重影响用户手机使用,损害公民财产权益,侵犯公民隐私,社会危害性严重。为依法办理非法生产、销售、使用"伪基站"设备案件,保障国家正常电信秩序,维护市场经济秩序,保护公民合法权益,根据有关法律规定,制定本意见。

一、准确认定行为性质

(一)非法生产、销售"伪基站"设备,具有以下情形之一的,依照《刑法》第二百二十五条的规定,以非法经营罪追究刑事责任:

1. 个人非法生产、销售"伪基站"设备三套以上,或者非法经营数额五万元以上,或者违法所得数额二万元以上的;

2. 单位非法生产、销售"伪基站"设备十套以上,或者非法经营数额十五万元以上,或者违法所得数额五万元以上的;

3. 虽未达到上述数额标准,但两年内曾因非法生产、销售"伪基站"设备受过两次以上行政处罚,又非法生产、销售"伪基站"设备的。

实施前款规定的行为,数量、数额达到前款规定的数量、数额五倍以上的,应当认定为《刑法》第二百二十五条规定的"情节特别严重"。

非法生产、销售"伪基站"设备,经鉴定为专用间谍器材的,依照《刑法》第二百八十三条的规定,以非法生产、销售间谍专用器材罪追究刑事责任;同时构成非法经营罪的,以非法经营罪追究刑事责任。

(二)非法使用"伪基站"设备干扰公用电信网络信号,危害公共安全的,依照《刑法》第一百二十四条第一款的规定,以破坏公用电信设施罪追究刑事责任;同时构成虚假广告罪、非法获取公民个人信息罪、破坏计算机信息系统罪、扰乱无线电通讯管理秩序罪

的，依照处罚较重的规定追究刑事责任。

除法律、司法解释另有规定外，利用"伪基站"设备实施诈骗等其他犯罪行为，同时构成破坏公用电信设施罪的，依照处罚较重的规定追究刑事责任。

（三）明知他人实施非法生产、销售"伪基站"设备，或者非法使用"伪基站"设备干扰公用电信网络信号等犯罪，为其提供资金、场所、技术、设备等帮助的，以共同犯罪论处。

（四）对于非法使用"伪基站"设备扰乱公共秩序，侵犯他人人身权利、财产权利，情节较轻，尚不构成犯罪，但构成违反治安管理行为的，依法予以治安管理处罚。

二、严格贯彻宽严相济刑事政策

对犯罪嫌疑人、被告人的处理，应当结合其主观恶性大小、行为危害程度以及在案件中所起的作用等因素，切实做到区别对待。对组织指挥、实施非法生产、销售、使用"伪基站"设备的首要分子、积极参加的犯罪分子，以及曾因非法生产、销售、使用"伪基站"设备受到行政处罚或者刑事处罚，又实施非法生产、销售、使用"伪基站"设备的犯罪分子，应当作为打击重点依法予以严惩；对具有自首、立功、从犯等法定情节的犯罪分子，可以依法从宽处理。对情节显著轻微、危害不大的，依法不作为犯罪处理。

三、合理确定管辖

（一）案件一般由犯罪地公安机关管辖，犯罪嫌疑人居住地公安机关管辖更为适宜的，也可以由犯罪嫌疑人居住地公安机关管辖。对案件管辖有争议的，可以由共同的上级公安机关指定管辖；情况特殊的，上级公安机关可以指定其他公安机关管辖。

22 非法经营药品或不符合药用要求的非药品原料、辅料行为的定性

★最高人民法院、最高人民检察院《关于办理危害药品安全刑事案件适用法律若干问题的解释》（2014年12月1日）（节录）

第七条 违反国家药品管理法律法规，未取得或者使用伪造、变造的药品经营许可证，非法经营药品，情节严重的，依照刑法第二百二十五条的规定以非法经营罪定罪处罚。

以提供给他人生产、销售药品为目的，违反国家规定，生产、销售不符合药用要求的非药品原料、辅料，情节严重的，依照刑法第二百二十五条的规定以非法经营罪定罪处罚。

实施前两款行为，非法经营数额在十万元以上，或者违法所得数额在五万元以上的，应当认定为刑法第二百二十五条规定的"情节严重"；非法经营数额在五十万元以上，或者违法所得数额在二十五万元以上的，应当认定为刑法第二百二十五条规定的"情节特别严重"。

实施本条第二款行为，同时又构成生产、销售伪劣产品罪、以危险方法危害公共安全罪等犯罪的，依照处罚较重的规定定罪处罚。

23 个人违法建房出售行为的处理

★最高人民法院《关于个人违法建房出售行为如何适用法律问题的答复理解与适用》（2010年11月2日）

贵州省高级人民法院：

你院〔2010〕黔高法研请字第2号《关于个人违法建房出售行为如何适用法律的请

示》收悉。经研究，并征求相关部门意见，答复如下：

一、你院请示的在农村宅基地、责任田上违法建房出售如何处理的问题，涉及面广，法律、政策性强。据了解，有关部门正在研究制定政策意见和处理办法，在相关文件出台前，不宜以犯罪追究有关人员的刑事责任。

二、从来函反映的情况看，此类案件在你省部分地区发案较多。案件处理更应当十分慎重。要积极争取在党委统一领导下，有效协调有关方面，切实做好案件处理的善后工作，确保法律效果与社会效果的有机统一。

三、办理案件中，发现负有监管职责的国家机关工作人员有渎职、受贿等涉嫌违法犯罪的，要依法移交相关部门处理；发现有关部门在履行监管职责方面存在问题的，要结合案件处理，提出司法建议，促进完善社会管理。

24 为医疗目的，非法贩卖麻醉药品、精神药品行为的定性

★最高人民法院《全国法院毒品犯罪审判工作座谈会纪要》（2015年5月18日）（节录）

二、关于毒品犯罪法律适用的若干具体问题

（七）非法贩卖麻醉药品、精神药品行为的定性问题

行为人向走私、贩卖毒品的犯罪分子或者吸食、注射毒品的人员贩卖国家规定管制的能够使人形成瘾癖的麻醉药品或者精神药品的，以贩卖毒品罪定罪处罚。

行为人出于医疗目的，违反有关药品管理的国家规定，非法贩卖上述麻醉药品或者精神药品，扰乱市场秩序，情节严重的，以非法经营罪定罪处罚。

25 此罪与彼罪

★最高人民法院、最高人民检察院《关于办理利用信息网络实施诽谤等刑事案件适用法律若干问题的解释》（2013年9月10日）（节录）

第九条　利用信息网络实施诽谤、寻衅滋事、敲诈勒索、非法经营犯罪，同时又构成刑法第二百二十一条规定的损害商业信誉、商品声誉罪，第二百七十八条规定的煽动暴力抗拒法律实施罪，第二百九十一条之一规定的编造、故意传播虚假恐怖信息罪等犯罪的，依照处罚较重的规定定罪处罚。

第二百二十六条【强迫交易罪】 以暴力、威胁手段，实施下列行为之一，情节严重的，处三年以下有期徒刑或者拘役，并处或者单处罚金；情节特别严重的，处三年以上七年以下有期徒刑，并处罚金：

（一）强买强卖商品的；

（二）强迫他人提供或者接受服务的；

（三）强迫他人参与或者退出投标、拍卖的；

（四）强迫他人转让或者收购公司、企业的股份、债券或者其他资产的；

（五）强迫他人参与或者退出特定的经营活动的。

关联法条： 第二百三十一条

第二编 分 则

立案追诉标准

★最高人民检察院、公安部《关于公安机关管辖的刑事案件立案追诉标准的规定（一）》（2008年6月25日）（节录）

第二十八条 [强迫交易案（刑法第二百二十六条）] 以暴力、威胁手段强买强卖商品、强迫他人提供服务或者强迫他人接受服务，涉嫌下列情形之一的，应予立案追诉：

（一）造成被害人轻微伤或者其他严重后果的；
（二）造成直接经济损失二千元以上的；
（三）强迫交易三次以上或者强迫三人以上交易的；
（四）强迫交易数额一万元以上，或者违法所得数额二千元以上的；
（五）强迫他人购买伪劣商品数额五千元以上，或者违法所得数额一千元以上的；
（六）其他情节严重的情形。

第九十条 本规定中的立案追诉标准，除法律、司法解释、本规定中另有规定的以外，适用于相应的单位犯罪。

第九十一条 本规定中的"以上"，包括本数。

定 罪

1 以暴力、胁迫手段索取超出正常交易价钱、费用的钱财的行为的定性

★最高人民法院《关于审理抢劫、抢夺刑事案件适用法律若干问题的意见》（2005年6月8日）（节录）

九、关于抢劫罪与相似犯罪的界限

2. 以暴力、胁迫手段索取超出正常交易价钱、费用的钱财的行为定性

从事正常商品买卖、交易或者劳动服务的人，以暴力、胁迫手段迫使他人交出与合理价钱、费用相差不大钱物，情节严重的，以强迫交易罪定罪处罚；以非法占有为目的，以买卖、交易、服务为幌子采用暴力、胁迫手段迫使他人交出与合理价钱、费用相差悬殊的钱物的，以抢劫罪定罪处罚。在具体认定时，既要考虑超出合理价钱、费用的绝对数额，还要考虑超出合理价钱、费用的比例，加以综合判断。

2 强迫借贷行为的定性

★最高人民检察院《关于强迫借贷行为适用法律问题的批复》（2014年4月17日）（节录）

以暴力、胁迫手段强迫他人借贷，属于刑法第二百二十六条第二项规定的"强迫他人提供或者接受服务"，情节严重的，以强迫交易罪追究刑事责任；同时构成故意伤害罪等其他犯罪的，依照处罚较重的规定定罪处罚。以非法占有为目的，以借贷为名采用暴力、胁迫手段获取他人财物，符合刑法第二百六十三条或者第二百七十四条规定的，以抢劫罪或者敲诈勒索罪追究刑事责任。

第三章　破坏社会主义市场经济秩序罪·第八节　扰乱市场秩序罪

第二百二十七条【伪造、倒卖伪造的有价票证罪】 伪造或者倒卖伪造的车票、船票、邮票或者其他有价票证，数额较大的，处二年以下有期徒刑、拘役或者管制，并处或者单处票证价额一倍以上五倍以下罚金；数额巨大的，处二年以上七年以下有期徒刑，并处票证价额一倍以上五倍以下罚金。

【倒卖车票、船票罪】 倒卖车票、船票，情节严重的，处三年以下有期徒刑、拘役或者管制，并处或者单处票证价额一倍以上五倍以下罚金。

关联法条：第二百三十一条

◀ 立案追诉标准 ▶

★最高人民检察院、公安部《关于公安机关管辖的刑事案件立案追诉标准的规定（一）》（2008年6月25日）（节录）

第二十九条 [伪造、倒卖伪造的有价票证案（刑法第二百二十七条第一款）] 伪造或者倒卖伪造的车票、船票、邮票或者其他有价票证，涉嫌下列情形之一的，应予立案追诉：

（一）车票、船票票面数额累计二千元以上，或者数量累计五十张以上的；

（二）邮票票面数额累计五千元以上，或者数量累计一千枚以上的；

（三）其他有价票证价额累计五千元以上，或者数量累计一百张以上的；

（四）非法获利累计一千元以上的；

（五）其他数额较大的情形。

第三十条 [倒卖车票、船票案（刑法第二百二十七条第二款）] 倒卖车票、船票或者倒卖车票坐席、卧铺签字号以及订购车票、船票凭证，涉嫌下列情形之一的，应予立案追诉：

（一）票面数额累计五千元以上的；

（二）非法获利累计二千元以上的；

（三）其他情节严重的情形。

第九十条 本规定中的立案追诉标准，除法律、司法解释、本规定中另有规定的以外，适用于相应的单位犯罪。

第九十一条 本规定中的"以上"，包括本数。

◀ 定　　罪 ▶

1 "倒卖车票情节严重"的认定

★最高人民法院《关于审理倒卖车票刑事案件有关问题的解释》（1999年9月14日）（节录）

第一条 变价、变相加价倒卖车票或者倒卖坐席、卧铺签字号及订购车票凭证，票面数额在五千元以上，或者非法获利数额在二千元以上的，构成刑法第二百二十七条第二款规定的"倒卖车票情节严重"。

2 变造、倒卖变造邮票行为的定性

★最高人民法院《关于对变造、倒卖变造邮票行为如何适用法律问题的解释》（2000

年12月9日)（节录）

对变造或者倒卖变造的邮票数额较大的，应当依照刑法第二百二十七条第一款的规定定罪处罚。

3 非法制作或者出售非法制作的IC电话卡的定性

★最高人民检察院《关于非法制作、出售、使用IC电话卡行为如何适用法律问题的答复》(2003年4月2日)（节录）

非法制作或者出售非法制作的IC电话卡，数额较大的，应当依照刑法第二百二十七条第一款的规定，以伪造、倒卖伪造的有价票证罪追究刑事责任，犯罪数额可以根据销售数额认定；明知是非法制作的IC电话卡而使用或者购买并使用，造成电信资费损失数额较大的，应当依照刑法第二百六十四条的规定，以盗窃罪追究刑事责任。

量　　刑

1 从重处罚

★最高人民法院《关于审理倒卖车票刑事案件有关问题的解释》(1999年9月14日)（节录）

第二条　对于铁路职工倒卖车票或者与其他人员勾结倒卖车票；组织倒卖车票的首要分子；曾因倒卖车票受过治安处罚两次以上或者被劳动教养一次以上，两年内又倒卖车票，构成倒卖车票罪的，依法从重处罚。

第二百二十八条【非法转让、倒卖土地使用权罪】以牟利为目的，违反土地管理法规，非法转让、倒卖土地使用权，情节严重的，处三年以下有期徒刑或者拘役，并处或者单处非法转让、倒卖土地使用权价额百分之五以上百分之二十以下罚金；情节特别严重的，处三年以上七年以下有期徒刑，并处非法转让、倒卖土地使用权价额百分之五以上百分之二十以下罚金。

关联法条：第二百三十一条

立案追诉标准

★最高人民检察院、公安部《关于公安机关管辖的刑事案件立案追诉标准的规定（二）》(2010年5月7日)（节录）

第八十条［非法转让、倒卖土地使用权案（刑法第二百二十八条)］以牟利为目的，违反土地管理法规，非法转让、倒卖土地使用权，涉嫌下列情形之一的，应予立案追诉：

（一）非法转让、倒卖基本农田五亩以上的；

（二）非法转让、倒卖基本农田以外的耕地十亩以上的；

（三）非法转让、倒卖其他土地二十亩以上的；

（四）违法所得数额在五十万元以上的；

（五）虽未达到上述数额标准，但因非法转让、倒卖土地使用权受过行政处罚，又非法转让、倒卖土地的；

（六）其他情节严重的情形。

第九十条 本规定中的立案追诉标准，除法律、司法解释、本规定中另有规定的以外，适用于相应的单位犯罪。

第九十一条 本规定中的"以上"，包括本数。

━━━━◆ 定　罪 ◆━━━━

1 "违反土地管理法规"的认定

★全国人民代表大会常务委员会《关于〈中华人民共和国刑法〉第二百二十八条、第三百四十二条、第四百一十条的解释》（2009年8月27日）（节录）

刑法第二百二十八条、第三百四十二条、第四百一十条规定的"违反土地管理法规"，是指违反土地管理法、森林法、草原法等法律以及有关行政法规中关于土地管理的规定。

2 "情节严重"的认定

★最高人民法院《关于审理破坏土地资源刑事案件具体应用法律若干问题的解释》（2000年6月22日）（节录）

第一条 以牟利为目的，违反土地管理法规，非法转让、倒卖土地使用权，具有下列情形之一的，属于非法转让、倒卖土地使用权"情节严重"，依照刑法第二百二十八条的规定，以非法转让、倒卖土地使用权罪定罪处罚：

（一）非法转让、倒卖基本农田五亩以上的；

（二）非法转让、倒卖基本农田以外的耕地十亩以上的；

（三）非法转让、倒卖其他土地二十亩以上的；

（四）非法获利五十万元以上的；

（五）非法转让、倒卖土地接近上述数量标准并具有其他恶劣情节的，如曾因非法转让、倒卖土地使用权受过行政处罚或者造成严重后果等。

3 "情节特别严重"的认定

★最高人民法院《关于审理破坏土地资源刑事案件具体应用法律若干问题的解释》（2000年6月22日）（节录）

第二条 实施第一条规定的行为，具有下列情形之一的，属于非法转让、倒卖土地使用权"情节特别严重"：

（一）非法转让、倒卖基本农田十亩以上的；

（二）非法转让、倒卖基本农田以外的耕地二十亩以上的；

（三）非法转让、倒卖其他土地四十亩以上的；

（四）非法获利一百万元以上的；

（五）非法转让、倒卖土地接近上述数量标准并具有其他恶劣情节的，如造成严重后果等。

4 单位犯罪

★最高人民法院《关于审理破坏土地资源刑事案件具体应用法律若干问题的解释》（2000年6月22日）（节录）

第八条　单位犯非法转让、倒卖土地使用权罪、非法占有耕地罪的定罪量刑标准,依照本解释第一条、第二条、第三条的规定执行。

5 犯罪数额的计算

★最高人民法院《关于审理破坏土地资源刑事案件具体应用法律若干问题的解释》(2000年6月22日)(节录)

第九条　多次实施本解释规定的行为依法应当追诉的,或者一年内多次实施本解释规定的行为未经处理的,按照累计的数量、数额处罚。

6 个人违法建房出售行为的处理

★最高人民法院《关于个人违法建房出售行为如何适用法律问题的答复理解与适用》(2010年11月2日)

贵州省高级人民法院:

你院〔2010〕黔高法研请字第2号《关于个人违法建房出售行为如何适用法律的请示》收悉。经研究,并征求相关部门意见,答复如下:

一、你院请示的在农村宅基地、责任田上违法建房出售如何处理的问题,涉及面广,法律、政策性强。据了解,有关部门正在研究制定政策意见和处理办法,在相关文件出台前,不宜以犯罪追究有关人员的刑事责任。

二、从来函反映的情况看,此类案件在你省部分地区发案较多。案件处理更应当十分慎重。要积极争取在党委统一领导下,有效协调有关方面,切实做好案件处理的善后工作,确保法律效果与社会效果的有机统一。

三、办理案件中,发现负有监管职责的国家机关工作人员有渎职、受贿等涉嫌违法犯罪的,要依法移交相关部门处理;发现有关部门在履行监管职责方面存在问题的,要结合案件处理,提出司法建议,促进完善社会管理。

第二百二十九条【提供虚假证明文件罪】 承担资产评估、验资、验证、会计、审计、法律服务等职责的中介组织的人员故意提供虚假证明文件,情节严重的,处五年以下有期徒刑或者拘役,并处罚金。

前款规定的人员,索取他人财物或者非法收受他人财物,犯前款罪的,处五年以上十年以下有期徒刑,并处罚金。

【出具证明文件重大失实罪】 第一款规定的人员,严重不负责任,出具的证明文件有重大失实,造成严重后果的,处三年以下有期徒刑或者拘役,并处或者单处罚金。

关联法条:第二百三十一条

── 立案追诉标准 ──

★最高人民检察院、公安部《关于公安机关管辖的刑事案件立案追诉标准的规定(一)》(2008年6月25日)(节录)

第八十一条　[提供虚假证明文件案(刑法第二百二十九条第一款、第二款)]　承担资产评估、验资、验证、会计、审计、法律服务等职责的中介组织的人员故意提供虚假证明文件，涉嫌下列情形之一的，应予立案追诉：

（一）给国家、公众或者其他投资者造成直接经济损失数额在五十万元以上的；

（二）违法所得数额在十万元以上的；

（三）虚假证明文件虚构数额在一百万元且占实际数额百分之三十以上的；

（四）虽未达到上述数额标准，但具有下列情形之一的：

1. 在提供虚假证明文件过程中索取或者非法接受他人财物的；

2. 两年内因提供虚假证明文件，受过行政处罚二次以上，又提供虚假证明文件的。

（五）其他情节严重的情形。

第八十二条　[出具证明文件重大失实案（刑法第二百二十九条第三款）]　承担资产评估、验资、验证、会计、审计、法律服务等职责的中介组织的人员严重不负责任，出具的证明文件有重大失实，涉嫌下列情形之一的，应予立案追诉：

（一）给国家、公众或者其他投资者造成直接经济损失数额在一百万元以上的；

（二）其他造成严重后果的情形。

第九十条　本规定中的立案追诉标准，除法律、司法解释、本规定中另有规定的以外，适用于相应的单位犯罪。

第九十一条　本规定中的"以上"，包括本数。

◁　定　罪　▷

▶1 公证员出具公证书重大失实行为的定性

★最高人民检察院《关于公证员出具公证书有重大失实行为如何适用法律问题的批复》（2009年1月15日）（节录）

《中华人民共和国公证法》施行以后，公证员在履行公证职责过程中，严重不负责任，出具的公证书有重大失实，造成严重后果的，依照刑法第二百二十九条第三款的规定，以出具证明文件重大失实罪追究刑事责任。

▶2 为信用卡申请人提供虚假资信证明材料行为的定性

★最高人民法院、最高人民检察院《关于办理妨害信用卡管理刑事案件具体应用法律若干问题的解释》（2009年12月16日）（节录）

第四条（第2款）　承担资产评估、验资、验证、会计、审计、法律服务等职责的中介组织或其人员，为信用卡申请人提供虚假的财产状况、收入、职务等资信证明材料，应当追究刑事责任的，依照刑法第二百二十九条的规定，分别以提供虚假证明文件罪和出具证明文件重大失实罪定罪处罚。

▶3 提供虚假工程地质勘察报告等证明文件行为的定性

★最高人民检察院《关于地质工程勘测院和其他履行勘测职责的单位及其工作人员能否成为刑法第二百二十九条规定的有关犯罪主体的批复》（2015年10月27日）（节录）

地质工程勘测院和其他履行勘测职责的单位及其工作人员在履行勘察、勘查、测绘职责过程中，故意提供虚假工程地质勘察报告等证明文件，情节严重的，依照刑法第二百二十九条第一款和第二百三十一条的规定，以提供虚假证明文件罪追究刑事责任；地质工程勘测院和其他履行勘测职责的单位及其工作人员在履行勘察、勘查、测绘职责过程中，严重不负责任，出具的工程地质勘察报告等证明文件有重大失实，造成严重后果的，依照刑法第二百二十九条第三款和第二百三十一条的规定，以出具证明文件重大失实罪追究刑事责任。

4 故意提供虚假环境影响评价文件行为的定性

★最高人民法院、最高人民检察院《关于办理环境污染刑事案件适用法律若干问题的解释》（2017年1月1日）（节录）

第九条　环境影响评价机构或其人员，故意提供虚假环境影响评价文件，情节严重的，或者严重不负责任，出具的环境影响评价文件存在重大失实，造成严重后果的，应当依照刑法第二百二十九条、第二百三十一条的规定，以提供虚假证明文件罪或者出具证明文件重大失实罪定罪处罚。

第二百三十条【逃避商检罪】 违反进出口商品检验法的规定，逃避商品检验，将必须经商检机构检验的进口商品未报经检验而擅自销售、使用，或者将必须经商检机构检验的出口商品未报经检验合格而擅自出口，情节严重的，处三年以下有期徒刑或者拘役，并处或者单处罚金。

关联法条：第二百三十一条

立案追诉标准

★最高人民检察院、公安部《关于公安机关管辖的刑事案件立案追诉标准的规定（二）》（2010年5月7日）（节录）

第八十三条 [逃避商检案（刑法第二百三十条）] 违反进出口商品检验法的规定，逃避商品检验，将必须经商检机构检验的进口商品未报经检验而擅自销售、使用，或者将必须经商检机构检验的出口商品未报经检验合格而擅自出口，涉嫌下列情形之一的，应予立案追诉：

（一）给国家、单位或者个人造成直接经济损失数额在五十万元以上的；

（二）逃避商检的进出口货物货值金额在三百万元以上的；

（三）导致病疫流行、灾害事故的；

（四）多次逃避商检的；

（五）引起国际经济贸易纠纷，严重影响国家对外贸易关系，或者严重损害国家声誉的；

（六）其他情节严重的情形。

第九十条　本规定中的立案追诉标准，除法律、司法解释、本规定中另有规定的以外，适用于相应的单位犯罪。

第九十一条　本规定中的"以上"，包括本数。

第二百三十一条【单位犯本节之罪的处罚】 单位犯本节第二百二十一条至第二百三十条规定之罪的，对单位判处罚金，并对其直接负责的主管人员和其他直接责任人员，依照本节各该条的规定处罚。

第四章 侵犯公民人身权利、民主权利罪

第二百三十二条【故意杀人罪】 故意杀人的,处死刑、无期徒刑或者十年以上有期徒刑;情节较轻的,处三年以上十年以下有期徒刑。

关联法条: 第二百三十四条之一(第2款)、第二百三十八条、第二百四十七条、第二百四十八条、第二百八十九条、第二百九十二条(第2款)

定 罪

▶1 本罪定义

★最高人民检察院《关于印发部分罪案〈审查逮捕证据参考标准(试行)〉的通知》(2003年11月27日)(节录)

三、故意杀人罪案审查逮捕证据参考标准

故意杀人罪,是指触犯《刑法》第232条的规定,故意非法剥夺他人生命权利的行为。其他以故意杀人罪定罪处罚的有:(1)非法拘禁使用暴力致人死亡的;(2)使用暴力刑讯逼供致人死亡的;(3)体罚虐待被监管人致人死亡的;(4)聚众斗殴致人死亡的;(5)聚众"打砸抢"致人死亡的;(6)组织和利用邪教组织制造、散布迷信邪说,指使、胁迫其成员或者其他人实施自杀行为的;(7)组织、策划、煽动、教唆、帮助邪教组织人员自杀的;(8)行为人实施抢劫后,为灭口而故意杀人的;(9)行为人在交通肇事后为逃避法律追究,将被害人带离事故现场后隐藏或遗弃,致使被害人无法得到救助而死亡的。

……

▶2 限制行为能力人盗窃、诈骗、抢夺他人财物,故意伤害致人死亡行为的定性

★最高人民法院《关于审理未成年人刑事案件具体应用法律若干问题的解释》(2006年1月23日)(节录)

第十条(第1款) 已满十四周岁不满十六周岁的人盗窃、诈骗、抢夺他人财物,为窝藏赃物、抗拒抓捕或者毁灭罪证,当场使用暴力,故意伤害致人重伤或者死亡,或者故意杀人的,应当分别以故意伤害罪或者故意杀人罪定罪处罚。

▶3 抗税致人死亡行为的定性

★最高人民法院《关于审理偷税抗税刑事案件具体应用法律若干问题的解释》(2002年11月7日)(节录)

第六条(第1款) 实施抗税行为致人重伤、死亡,构成故意伤害罪、故意杀人罪的,分别依照刑法第二百三十四条第二款、第二百三十二条的规定定罪处罚。

第二编 分　　则

▶4 组织、策划、煽动、教唆、帮助邪教组织人员自杀行为的定性

★最高人民法院、最高人民检察院《关于办理组织和利用邪教组织犯罪案件具体应用法律若干问题的解释（二）》（2001年6月11日）（节录）

第九条　组织、策划、煽动、教唆、帮助邪教组织人员自杀、自残的，依照刑法第二百三十二条、第二百三十四条的规定，以故意杀人罪、故意伤害罪定罪处罚。

▶5 利用邪教组织制造、散布迷信邪说，指使、胁迫其成员或其他人实施自杀行为的定性

★最高人民法院、最高人民检察院《关于办理组织和利用邪教组织犯罪案件具体应用法律若干问题的解释》（1999年10月30日）（节录）

第四条　组织和利用邪教组织制造、散布迷信邪说，指使、胁迫其成员或者其他人实施自杀、自伤行为的，分别依照刑法第二百三十二条、第二百三十四条的规定，以故意杀人罪或者故意伤害罪定罪处罚。

▶6 在医疗机构内故意杀害医务人员行为的定性

★最高人民法院、最高人民检察院、公安部、司法部、国家卫生和计划生育委员会《关于依法惩处涉医违法犯罪维护正常医疗秩序的意见》（2014年4月22日）（节录）

二、严格依法惩处涉医违法犯罪

（一）在医疗机构内……故意杀害医务人员……构成故意杀人罪……的，依照刑法的有关规定定罪处罚。

▶7 肇事后为逃避法律追究，将被害人带离后隐藏或遗弃，致使其无法得到救助而死亡行为的定性

★最高人民法院《关于审理交通肇事刑事案件具体应用法律若干问题的解释》（2000年11月21日）（节录）

第六条　行为人在交通肇事后为逃避法律追究，将被害人带离事故现场后隐藏或者遗弃，致使被害人无法得到救助而死亡或者严重残疾的，应当分别依照刑法第二百三十二条、第二百三十四条第二款的规定，以故意杀人罪或者故意伤害罪定罪处罚。

▶8 对未成年男性实施猥亵，造成轻伤以上后果行为的定性

★最高人民法院、最高人民检察院、公安部、司法部《关于依法惩治性侵害未成年人犯罪的意见》（2013年10月23日）（节录）

22.……

对已满十四周岁的未成年男性实施猥亵，造成被害人轻伤以上后果，符合刑法第二百三十四条或者第二百三十二条规定的，以故意伤害罪或者故意杀人罪定罪处罚。[1]

---

[1]　根据《刑法修正案（九）》第十三条的规定，这一情形构成强制猥亵罪与故意杀人罪的想象竞合犯，应从一重罪处理。

9 安全事故发生后，直接负责的主管人员和其他直接责任人员故意阻挠开展抢救，导致人员死亡，或者为了逃避法律追究，对被害人进行隐藏、遗弃，致使被害人因无法得到救助而死亡行为的定性

★最高人民法院、最高人民检察院《关于办理危害生产安全刑事案件适用法律若干问题的解释》（2015年12月16日）（节录）

第十条 在安全事故发生后，直接负责的主管人员和其他直接责任人员故意阻挠开展抢救，导致人员死亡或者重伤，或者为了逃避法律追究，对被害人进行隐藏、遗弃，致使被害人因无法得到救助而死亡或者重度残疾的，分别依照刑法第二百三十二条、第二百三十四条的规定，以故意杀人罪或者故意伤害罪定罪处罚。

10 一罪与数罪

★最高人民法院《关于对设置圈套诱骗他人参赌又向索还钱财的受骗者施以暴力或暴力威胁的行为应如何定罪问题的批复》（1995年11月6日）（节录）

行为人设置圈套诱骗他人参赌获取钱财，属赌博行为，构成犯罪的，应当以赌博罪定罪处罚。参赌者识破骗局要求退还所输钱财，设骗者又使用暴力或者以暴力相威胁，拒绝退还的，应以赌博罪从重处罚；致参赌者伤害或者死亡的，应以赌博罪和故意伤害罪或者故意杀人罪，依法实行数罪并罚。

★最高人民法院《全国法院维护农村稳定刑事审判工作座谈会纪要》（1999年10月27日）（节录）

二、（三）关于农村恶势力犯罪案件

……对于团伙成员相对固定，以暴力、威胁手段称霸一方，欺压百姓，采取收取"保护费"、代人强行收债、违规强行承包等手段，公然与政府对抗的，应按照黑社会性质组织犯罪处罚；其中，又有故意杀人、故意伤害等犯罪行为的，按数罪并罚的规定处罚。

★公安部《关于妨害国（边）境管理犯罪案件立案标准及有关问题的通知》（2000年3月31日）（节录）

一、立案标准

……

在组织、运送他人偷越国（边）境中，对被组织人、被运送人有杀害、伤害、强奸、拐卖等犯罪行为，或者对检查人员有杀害、伤害等犯罪行为的，应当分别依照杀人、伤害、强奸、拐卖等案件一并立案侦查。

……

★最高人民法院《关于抢劫过程中故意杀人案件如何定罪问题的批复》（2001年5月22日）（节录）

行为人为劫取财物而预谋故意杀人，或者劫取财物过程中，为制服被害人反抗而故意杀人的，以抢劫罪定罪处罚。

行为人实施抢劫后，为灭口而故意杀人的，以抢劫罪和故意杀人罪定罪，实行数罪并罚。

★最高人民法院《关于审理抢劫、抢夺刑事案件适用法律若干问题的意见》（2005 年 6 月 8 日）（节录）

八、关于抢劫一罪与数罪

行为人实施伤害、强奸等犯罪行为，在被害人未失去知觉，利用被害人不能反抗、不敢反抗的处境，临时起意劫取他人财物的，应以此前所实施的具体犯罪与抢劫罪实行数罪并罚；在被害人失去知觉或者没有发觉的情形下，以及实施故意杀人犯罪行为之后，临时起意拿走他人财物的，应以此前所实施的具体犯罪与盗窃罪实行数罪并罚。

★最高人民法院、最高人民检察院、公安部、司法部《关于依法惩治拐卖妇女儿童犯罪的意见》（2010 年 3 月 15 日）（节录）

五、定性

20. 明知是被拐卖的妇女、儿童而收买，具有下列情形之一的，以收买被拐卖的妇女、儿童罪论处；同时构成其他犯罪的，依照数罪并罚的规定处罚：

（6）造成被收买妇女、儿童或者其亲属重伤、死亡以及其他严重后果的；

七、一罪与数罪

25. 拐卖妇女、儿童，又对被拐卖的妇女、儿童实施故意杀害、伤害、猥亵、侮辱等行为，构成其他犯罪的，依照数罪并罚的规定处罚。

★最高人民法院、最高人民检察院《关于办理寻衅滋事刑事案件适用法律若干问题的解释》（2013 年 5 月 27 日）（节录）

第七条 实施寻衅滋事行为，同时符合寻衅滋事罪和故意杀人罪、故意伤害罪、故意毁坏财物罪、敲诈勒索罪、抢夺罪、抢劫罪等罪的构成要件的，依照处罚较重的犯罪定罪处罚。

★最高人民法院、最高人民检察院、公安部、司法部《关于依法惩治性侵害未成年人犯罪的意见》（2013 年 10 月 23 日）（节录）

22. 实施猥亵儿童犯罪，造成儿童轻伤以上后果，同时符合刑法第二百三十四条或者第二百三十二条的规定，构成故意伤害罪、故意杀人罪的，依照处罚较重的规定定罪处罚。

……

★最高人民法院、最高人民检察院、公安部《关于办理暴力恐怖和宗教极端刑事案件适用法律若干问题的意见》（2014 年 9 月 9 日）（节录）

二、准确认定案件性质

（一）……

组织、领导、参加恐怖活动组织，同时实施杀人、放火、爆炸、非法制造爆炸物、绑架、抢劫等犯罪的，以组织、领导、参加恐怖组织罪和故意杀人罪、放火罪、爆炸罪、非法制造爆炸物罪、绑架罪、抢劫罪等数罪并罚。

★最高人民法院、最高人民检察院、公安部、司法部《关于依法办理家庭暴力犯罪案件的意见》（2015 年 3 月 2 日）（节录）

三、定罪处罚

16. 依法准确定罪处罚。对故意杀人、故意伤害、强奸、猥亵儿童、非法拘禁、侮辱、

第四章　侵犯公民人身权利、民主权利罪

暴力干涉婚姻自由、虐待、遗弃等侵害公民人身权利的家庭暴力犯罪，应当根据犯罪的事实、犯罪的性质、情节和对社会的危害程度，严格依照刑法的有关规定判处。对于同一行为同时触犯多个罪名的，依照处罚较重的规定定罪处罚。

■ 此罪与彼罪

★最高人民法院《关于执行刑法中若干问题的初步经验总结》（1981年11月1日）（节录）

十一、关于杀人罪与伤害罪的问题

（一）如何分清故意杀人罪与故意伤害罪

区别故意杀人罪与故意伤害罪，关键在于区别故意的内容，要看是杀人的故意还是伤害的故意。杀人的故意是指行为人明知自己的行为会发生他人死亡的结果，并且希望或者放任这种结果的发生。伤害的故意是指行为人明知自己的行为会发生损害他人身体健康的结果，并且希望或者放任这种结果的发生。

判断故意的内容，不能单凭犯罪分子的口供或犯罪行为与结果等某一方面的情况，主要是考虑案件的起因和发展过程、犯罪的工具、打击的部位和强度、犯罪的后果、犯罪后的态度，以及作案的时间、地点、环境、犯罪分子与被害人的关系等，以案件的全部事实为根据，综合地进行分析。

在审判实践中，应当注意区分以下几种情况：

1. 间接故意杀人与故意伤害致人死亡的区别。

间接故意杀人主要是犯罪分子对他人死亡结果的发生采取放任的态度，即满不在乎，听之任之。而故意伤害致人死亡，犯罪分子只有伤害的故意，没有杀人的故意。

2. 故意杀人未遂与故意伤害的区别。

故意杀人未遂，犯罪分子具有杀人的故意，只是由于犯罪分子意志以外的原因（如被害人的反抗、他人对被害人的援助和及时抢救等等），而没有发生被害人死亡的结果。故意伤害，指犯罪分子只有伤害的故意，没有杀人的故意。

3. 动辄行凶，不计后果的杀人与伤害的区别。

当前有极少数青少年目无法纪，寻衅滋事，动辄持械行凶，不计后果，造成他人伤害、死亡。审判这类案件，应当具体分析。

对突然决意实施犯罪行为，而犯罪的故意内容（即伤害的故意和杀人的故意）不易确定的，一般按其实际造成的结果定罪。在这种情况下，犯罪行为在客观上造成的死亡或者伤残的结果，都在犯罪分子的犯意之内，因此，造成死亡结果的，一般按故意杀人定罪；造成伤残的，一般按故意伤害定罪。

互相斗殴出了人命的，除明显具有杀人故意的按故意杀人罪判处外，一般按故意伤害致人死亡处理。

★最高人民法院、最高人民检察院、公安部、司法部《关于依法办理家庭暴力犯罪案件的意见》（2015年3月2日）（节录）

三、定罪处罚

17. 依法惩处虐待犯罪。准确区分虐待犯罪致人重伤、死亡与故意伤害、故意杀人犯

罪致人重伤、死亡的界限，要根据被告人的主观故意、所实施的暴力手段与方式、是否立即或者直接造成被害人伤亡后果等进行综合判断。对于被告人主观上不具有侵害被害人健康或者剥夺被害人生命的故意，而是出于追求被害人肉体和精神上的痛苦，长期或者多次实施虐待行为，逐渐造成被害人身体损害，过失导致被害人重伤或者死亡的；或者因虐待致使被害人不堪忍受而自残、自杀，导致重伤或者死亡的，属于刑法第二百六十条第二款规定的虐待"致使被害人重伤、死亡"，应当以虐待罪定罪处罚。对于被告人虽然实施家庭暴力呈现出经常性、持续性、反复性的特点，但其主观上具有希望或者放任被害人重伤或者死亡的故意，持凶器实施暴力，暴力手段残忍，暴力程度较强，直接或者立即造成被害人重伤或者死亡的，应当以故意伤害罪或者故意杀人罪定罪处罚。

准确区分遗弃罪与故意杀人罪的界限，要根据被告人的主观故意、所实施行为的时间与地点、是否立即造成被害人死亡，以及被害人对被告人的依赖程度等进行综合判断。对于只是为了逃避扶养义务，并不希望或者放任被害人死亡，将生活不能自理的被害人弃置在福利院、医院、派出所等单位或者广场、车站等行人较多的场所，希望被害人得到他人救助的，一般以遗弃罪定罪处罚。对于希望或者放任被害人死亡，不履行必要的扶养义务，致使被害人因缺乏生活照料而死亡，或者将生活不能自理的被害人带至荒山野岭等人迹罕至的场所扔弃，使被害人难以得到他人救助的，应当以故意杀人罪定罪处罚。

……

12 混合过错责任原则的适用

★最高人民法院研究室《关于对参加聚众斗殴受重伤或者死亡的人及其家属提出的民事赔偿请求能否予以支持问题的答复》（2004年11月11日）（节录）

根据《刑法》第二百九十二条第一款的规定，聚众斗殴的参加者，无论是否首要分子，均明知自己的行为有可能产生伤害他人以及自己被他人的行为伤害的后果，其仍然参加聚众斗殴的，应当自行承担相应的刑事和民事责任。根据《刑法》第二百九十二条第二款的规定，对于参加聚众斗殴，造成他人重伤或者死亡的，行为性质发生变化，应认定为故意伤害罪或者故意杀人罪。聚众斗殴中受重伤或者死亡的人，既是故意伤害罪或者故意杀人罪的受害人，又是聚众斗殴犯罪的行为人。对于参加聚众斗殴受重伤或者死亡的人或其家属提出的民事赔偿请求，依法应予支持，并适用混合过错责任原则。

▶ 量 刑 ◀

1 宽严相济刑事政策

★最高人民法院《关于贯彻宽严相济刑事政策的若干意见》（2010年2月8日）（节录）

二、准确把握和正确适用依法从"严"的政策要求

7. 贯彻宽严相济刑事政策，必须毫不动摇地坚持依法严惩严重刑事犯罪的方针。对于危害国家安全犯罪、恐怖组织犯罪、邪教组织犯罪、黑社会性质组织犯罪、恶势力犯罪、故意危害公共安全犯罪等严重危害国家政权稳固和社会治安的犯罪，故意杀人、故意伤害致人死亡、强奸、绑架、拐卖妇女儿童、抢劫、重大抢劫、重大盗窃等严重暴力犯罪和严重影响人民群众安全感的犯罪，走私、贩卖、运输、制造毒品等毒害人民健康的犯罪，要

第四章 侵犯公民人身权利、民主权利罪

作为严惩的重点，依法从重处罚。……

★最高人民法院刑三庭《在审理故意杀人、伤害及黑社会性质组织犯罪案件中切实贯彻宽严相济刑事政策》（2010年4月14日）（节录）

2010年2月8日印发的《最高人民法院关于贯彻宽严相济刑事政策的若干意见》（以下简称《意见》），对于有效打击犯罪，增强人民群众安全感，减少社会对立面，促进社会和谐稳定，维护国家长治久安具有重要意义，是人民法院刑事审判工作的重要指南。现结合审判实践，就故意杀人、伤害及黑社会性质组织犯罪案件审判中如何贯彻《意见》的精神作简要阐释。

一、在三类案件中贯彻宽严相济刑事政策的总体要求

在故意杀人、伤害及黑社会性质组织犯罪案件的审判中贯彻宽严相济刑事政策，要落实《意见》第1条规定：根据犯罪的具体情况，实行区别对待，做到该宽则宽，当严则严，宽严相济，罚当其罪。落实这个总体要求，要注意把握以下几点：

1. 正确把握宽与严的对象。故意杀人和故意伤害犯罪的发案率高，社会危害大，是各级法院刑事审判工作的重点。黑社会性质组织犯罪在我国自二十世纪八十年代末出现以来，长时间保持快速发展势头，严厉打击黑社会性质组织犯罪，是法院刑事审判在当前乃至今后相当长一段时期内的重要任务。因此，对这三类犯罪总体上应坚持从严惩处的方针。但是在具体案件的处理上，也要分别案件的性质、情节和行为人的主观恶性、人身危险性等情况，把握宽严的范围。在确定从宽与从严的对象时，还应当注意审时度势，对经济社会的发展和治安形势的变化作出准确判断，为构建社会主义和谐社会的目标服务。

2. 坚持严格依法办案。三类案件的审判中，无论是从宽还是从严，都必须严格依照法律规定进行，做到宽严有据，罚当其罪，不能为追求打击效果，突破法律界限。比如在黑社会性质组织犯罪的审理中，黑社会性质组织的认定必须符合法律和立法解释规定的标准，既不能降格处理，也不能拔高认定。

3. 注重法律效果与社会效果的统一。严格依法办案，确保良好法律效果的同时，还应当充分考虑案件的处理是否有利于赢得人民群众的支持和社会稳定，是否有利于瓦解犯罪，化解矛盾，是否有利于罪犯的教育改造和回归社会，是否有利于减少社会对抗，促进社会和谐，争取更好的社会效果。比如在刑罚执行过程中，对于故意杀人、伤害犯罪及黑社会性质组织犯罪的领导者、组织者和骨干成员就应当从严掌握减刑、假释的适用，其他主观恶性不深、人身危险性不大的罪犯则可以从宽把握。

二、故意杀人、伤害案件审判中宽严相济的把握

1. 注意区分两类不同性质的案件。故意杀人、故意伤害侵犯的是人的生命和身体健康，社会危害大，直接影响到人民群众的安全感，《意见》第7条将故意杀人、故意伤害致人死亡犯罪作为严惩的重点是十分必要的。但是，实践中的故意杀人、伤害案件复杂多样，处理时要注意分别案件的不同性质，做到区别对待。

实践中，故意杀人、伤害案件从性质上通常可分为两类：一类是严重危害社会治安、严重影响人民群众安全感的案件，如极端仇视国家和社会，以不特定人为行凶对象的；一类是因婚姻家庭、邻里纠纷等民间矛盾激化引发的案件。对于前者应当作为严惩的重点，

第二编 分 则

依法判处被告人重刑直至判处死刑。对于后者处理时应注意体现从严的精神,在判处重刑尤其是适用死刑时应特别慎重,除犯罪情节特别恶劣、犯罪后果特别严重、人身危险性极大的被告人外,一般不应当判处死刑。对于被害人在起因上存在过错,或者是被告人案发后积极赔偿,真诚悔罪,取得被害人或其家属谅解的,应依法从宽处罚,对同时有法定从轻、减轻处罚情节的,应考虑在无期徒刑以下裁量刑罚。同时应重视此类案件中的附带民事调解工作,努力化解双方矛盾,实现积极的"案结事了",增进社会和谐,达成法律效果与社会效果的有机统一。《意见》第 23 条是对此审判经验的总结。

此外,实践中一些致人死亡的犯罪是故意杀人还是故意伤害往往难以区分,在认定时除从作案工具、打击的部位、力度等方面进行判断外,也要注意考虑犯罪的起因等因素。对于民间纠纷引发的案件,如果难以区分是故意杀人还是故意伤害时,一般可考虑定故意伤害罪。

2. 充分考虑各种犯罪情节。犯罪情节包括犯罪的动机、手段、对象、场所及造成的后果等,不同的犯罪情节反映不同的社会危害性。犯罪情节多属酌定量刑情节,法律往往未作明确的规定,但犯罪情节是适用刑罚的基础,是具体案件决定从严或从宽处罚的基本依据,需要在案件审理中进行仔细甄别,以准确判断犯罪的社会危害性。有的案件犯罪动机特别卑劣,比如为了铲除政治对手而雇凶杀人的,也有一些人犯罪是出于义愤,甚至是"大义灭亲"、"为民除害"的动机杀人。有的案件犯罪手段特别残忍,比如采取放火、泼硫酸等方法把人活活烧死的故意杀人行为。犯罪后果也可以分为一般、严重和特别严重几档。在实际中一般认为故意杀人、故意伤害一人死亡的为后果严重,致二人以上死亡的为犯罪后果特别严重。特定的犯罪对象和场所也反映社会危害性的不同,如针对妇女、儿童等弱势群体或在公共场所实施的杀人、伤害,就具有较大的社会危害性。以上犯罪动机卑劣,或者犯罪手段残忍,或者犯罪后果严重,或者针对妇女、儿童等弱势群体作案等情节恶劣的,又无其他法定或酌定从轻情节应当依法从重判处。如果犯罪情节一般,被告人真诚悔罪,或有立功、自首等法定从轻情节的,一般应考虑从宽处罚。

实践中,故意杀人、伤害案件的被告人既有法定或酌定的从宽情节,又有法定或酌定从严情节的情形比较常见,此时,就应当根据《意见》第 28 条,在全面考察犯罪的事实、性质、情节和对社会危害程度的基础上,结合被告人的主观恶性、人身危险性、社会治安状况等因素,综合作出分析判断。

3. 充分考虑主观恶性和人身危险性。《意见》第 10 条、第 16 条明确了被告人的主观恶性和人身危险性是从严和从宽的重要依据,在适用刑罚时必须充分考虑。主观恶性是被告人对自己行为及社会危害性所抱的心理态度,在一定程度上反映了被告人的改造可能性。一般来说,经过精心策划的、有长时间计划的杀人、伤害,显示被告人的主观恶性深;激情犯罪,临时起意的犯罪,因被害人的过错行为引发的犯罪,显示的主观恶性较小。对主观恶性深的被告人要从严惩处,主观恶性较小的被告人则可考虑适用较轻的刑罚。

人身危险性即再犯可能性,可从被告人有无前科、平时表现及悔罪情况等方面综合判断。人身危险性大的被告人,要依法从重处罚。如累犯中前罪系暴力犯罪,或者曾因暴力犯罪被判重刑后又犯故意杀人、故意伤害致人死亡的;平时横行乡里,寻衅滋事杀人、伤害致人死亡的,应依法从重判处。人身危险性小的被告人,应依法体现从宽精神。如被告人平时表现较好,激情犯罪,系初犯、偶犯的;被告人杀人或伤人后有抢救被害人行为的,在量刑时应该酌情予以从宽处罚。

未成年人及老年人的故意杀人、伤害犯罪与一般人犯罪相比,主观恶性和人身危险性等方面有一定特殊性,在处理时应当依据《意见》的第 20 条、第 21 条考虑从宽。对犯故意杀人、伤害罪的未成年人,要坚持"教育为主,惩罚为辅"的原则和"教育、感化、挽救"的方针进行处罚。对于情节较轻、后果不重的伤害案件,可以依法适用缓刑,或者判处管制、单处罚金等非监禁刑。对于情节严重的未成年人,也应当从轻或减轻处罚。对于已满十四周岁不满十六周岁的未成年人,一般不判处无期徒刑。对于七十周岁以上的老年人犯故意杀人、伤害罪的,由于其已没有再犯罪的可能,在综合考虑其犯罪情节和主观恶性、人身危险性的基础上,一般也应酌情从宽处罚。

4. 严格控制和慎重适用死刑。故意杀人和故意伤害犯罪在判处死刑的案件中所占比例最高,审判中要按照《意见》第 29 条的规定,准确理解和严格执行"保留死刑,严格控制和慎重适用死刑"的死刑政策,坚持统一的死刑适用标准,确保死刑只适用于极少数罪行极其严重的犯罪分子;坚持严格的证据标准,确保把每一起判处死刑的案件都办成铁案。对于罪行极其严重,但只要有法定、酌定从轻情节,依法可不立即执行的,就不应当判处死刑立即执行。

对于自首的故意杀人、故意伤害致人死亡的被告人,除犯罪情节特别恶劣,犯罪后果特别严重的,一般不应考虑判处死刑立即执行。对亲属送被告人归案或协助抓获被告人的,也应视为自首,原则上应当从宽处罚。对具有立功表现的故意杀人、故意伤害致死的被告人,一般也应当体现从宽,可考虑不判处死刑立即执行。但如果犯罪情节特别恶劣,犯罪后果特别严重的,即使有立功情节,也可以不予从轻处罚。

共同犯罪中,多名被告人共同致死一名被害人的,原则上只判处一人死刑。处理时,根据案件的事实和证据能分清主从犯的,都应当认定主从犯;有多名主犯的,应当在主犯中进一步区分出罪行最为严重者和较为严重者,不能以分不清主次为由,简单地一律判处死刑。

2 从严、从重处罚

★最高人民法院、最高人民检察院《关于办理妨害预防、控制突发传染病疫情等灾害的刑事案件具体应用法律若干问题的解释》(2003 年 5 月 15 日)(节录)

第九条 在预防、控制突发传染病疫情等灾害期间,聚众"打砸抢",致人伤残、死亡的,依照刑法第二百八十九条、第二百三十四条、第二百三十二条的规定,以故意伤害罪或者故意杀人罪定罪,依法从重处罚。

★最高人民法院、最高人民检察院、公安部、司法部《关于依法惩治拐卖妇女儿童犯罪的意见》(2010 年 3 月 15 日)(节录)

八、刑罚适用

28. ……

拐卖妇女、儿童,并对被拐卖的妇女、儿童实施故意杀害、伤害、猥亵、侮辱等行为,数罪并罚决定执行的刑罚应当依法体现从严。

★最高人民检察院《关于强制隔离戒毒所工作人员能否成为虐待被监管人罪主体问题的批复》（2015年1月29日）（节录）

对于强制隔离戒毒所监管人员殴打或者体罚虐待戒毒人员，或者指使戒毒人员殴打、体罚虐待其他戒毒人员……造成戒毒人员伤残、死亡后果的，应当依照刑法第二百三十四条、第二百三十二条的规定，以故意伤害罪、故意杀人罪从重处罚。

▶3 从宽处罚

★最高人民法院、最高人民检察院、公安部、司法部《关于依法办理家庭暴力犯罪案件的意见》（2015年3月2日）（节录）

三、定罪处罚

20. 充分考虑案件中的防卫因素和过错责任。对于长期遭受家庭暴力后，在激愤、恐惧状态下为了防止再次遭受家庭暴力，或者为了摆脱家庭暴力而故意杀害、伤害施暴人，被告人的行为具有防卫因素，施暴人在案件起因上具有明显过错或者直接责任的，可以酌情从宽处罚。……

▶4 剥夺政治权利

★最高人民法院《关于对故意伤害、盗窃等严重破坏社会秩序的犯罪分子能否附加剥夺政治权利问题的批复》（1998年1月13日）（节录）

根据刑法第五十六条规定，对于故意杀人、强奸放火、爆炸、投毒、抢劫等严重破坏社会秩序的犯罪分子，可以附加剥夺政治权利。对故意伤害、盗窃等其他严重破坏社会秩序的犯罪，犯罪分子主观恶性较深、犯罪情节恶劣、罪行严重的，也可以依法附加剥夺政治权利。

▶5 减刑、假释

★最高人民法院《关于办理减刑、假释案件具体应用法律若干问题的规定》（2012年7月1日）（节录）

第十八条（第1款） 对累犯以及因故意杀人、强奸、抢劫、绑架、放火、爆炸、投放危险物质或者有组织的暴力性犯罪被判处十年以上有期徒刑、无期徒刑的罪犯，不得假释。

★最高人民法院、最高人民检察院、公安部、司法部《关于依法办理家庭暴力犯罪案件的意见》（2015年3月2日）（节录）

三、定罪处罚

20. 充分考虑案件中的防卫因素和过错责任……对于因遭受严重家庭暴力，身体、精神受到重大损害而故意杀害施暴人；或者因不堪忍受长期家庭暴力而故意杀害施暴人，犯罪情节不是特别恶劣，手段不是特别残忍的，可以认定为刑法第二百三十二条规定的故意杀人"情节较轻"。在服刑期间确有悔改表现的，可以根据其家庭情况，依法放宽减刑的幅度，缩短减刑的起始时间与间隔时间；符合假释条件的，应当假释。被杀害施暴人的近亲属表示谅解的，在量刑、减刑、假释时应当予以充分考虑。

▶6 死刑

★最高人民法院《全国法院维护农村稳定刑事审判工作座谈会纪要》（1999年10月

第四章 侵犯公民人身权利、民主权利罪

27日)(节录)

二、(一)关于故意杀人、故意伤害案件

要准确把握故意杀人犯罪适用死刑的标准。对故意杀人犯罪是否判处死刑,不仅要看是否造成了被害人死亡结果,还要综合考虑案件的全部情况。对于因婚姻家庭、邻里纠纷等民间矛盾激化引发的故意杀人犯罪,适用死刑一定要十分慎重,应当与发生在社会上的严重危害社会治安的其他故意杀人犯罪案件有所区别。对于被害人一方有明显过错或对矛盾激化负有直接责任,或者被告人有法定从轻处罚情节的,一般不应判处死刑立即执行。

……

★最高人民法院《关于发布第一批指导性案例的通知》(2011年12月20日)(节录)

王志才故意杀人案(指导案例4号)

裁判要点:因恋爱、婚姻矛盾激化引发的故意杀人案件,被告人犯罪手段残忍,论罪应当判处死刑,但被告人具有坦白悔罪、积极赔偿等从轻处罚情节,同时被害人亲属要求严惩的,人民法院根据案件性质、犯罪情节、危害后果和被告人的主观恶性及人身危险性,可以依法判处被告人死刑,缓期二年执行,同时决定限制减刑,以有效化解社会矛盾,促进社会和谐。

★最高人民法院《关于发布第三批指导性案例的通知》(2012年9月18日)(节录)

李飞故意杀人案(指导案例12号)

裁判要点:对于因民间矛盾引发的故意杀人案件,被告人犯罪手段残忍,且系累犯,论罪应当判处死刑,但被告人亲属主动协助公安机关将其抓捕归案,并积极赔偿的,人民法院根据案件具体情节,从尽量化解社会矛盾角度考虑,可以依法判处被告人死刑,缓期二年执行,同时决定限制减刑。

第二百三十三条【过失致人死亡罪】 过失致人死亡的,处三年以上七年以下有期徒刑;情节较轻的,处三年以下有期徒刑。本法另有规定的,依照规定。

―――― 定　　罪 ――――

1 在公共交通管理的范围外,驾驶交通工具致人伤亡行为的定性

★最高人民法院《关于审理交通肇事刑事案件具体应用法律若干问题的解释》(2000年11月21日)(节录)

第八条(第2款) 在公共交通管理的范围外,驾驶机动车辆或者使用其他交通工具致人伤亡或者致使公共财产或者他人财产遭受重大损失,构成犯罪的,分别依照刑法第一百三十四条、第一百三十五条、第二百三十三条等规定定罪处罚。

2 此罪与彼罪

★最高人民法院《关于执行刑法中若干问题的初步经验总结》(1981年11月1日)(节录)

十一、关于杀人罪与伤害罪的问题

(二)如何分清过失杀人罪与故意伤害致人死亡

区别过失杀人罪与故意伤害致人死亡的关键,是查清行为人有无伤害的故意。过失杀

人罪是过失地造成他人死亡的行为，行为人不仅没有杀人的故意，也没有伤害的故意。故意伤害致人死亡的行为行为人虽然没有杀人的故意，但有伤害的故意，应按伤害罪的相应规定处罚。

处理过失杀人罪的案件时应当注意：

1. 要把过失杀人罪同刑法分则另有规定的过失造成他人死亡的犯罪区别开来，刑法第一百零六条第二款、第一百一十三条、第一百一十四条等条所规定的过失犯罪行为致人死亡的，都不能以过失杀人罪论处，而必须依照刑法分则直接规定的条文论处。

2. 要把过失杀人罪同意外事件区别开来。过失杀人罪，在客观方面，犯罪行为与死亡结果之间存在着直接的因果关系；在主观方面，行为人是出于过失。如果行为在客观上虽然造成了他人死亡的结果；但不是出于行为人的过失，而是由于不能预见或者不能抗拒的原因所引起的，属于意外事件，行为人不负刑事责任。

第二百三十四条【故意伤害罪】 故意伤害他人身体的，处三年以下有期徒刑、拘役或者管制。

犯前款罪，致人重伤的，处三年以上十年以下有期徒刑；致人死亡或者以特别残忍手段致人重伤造成严重残疾的，处十年以上有期徒刑、无期徒刑或者死刑。本法另有规定的，依照规定。

关联法条： 第九十五条、第二百三十四条之一（第2款）、第二百三十八条、第二百四十一条（第3、4款）、第二百四十七条、第二百四十八条、第二百八十九条、第二百九十二条（第2款）、第三百三十三条

◆ 定　　罪 ◆

▶1 本罪定义

★最高人民检察院《关于印发部分罪案〈审查逮捕证据参考标准（试行）〉的通知》（2003年11月27日）（节录）

四、故意伤害罪案查逮捕证据参考标准

故意伤害罪，是指触犯《刑法》第234条的规定，非法故意损害他人身体健康的行为。其他以故意伤害罪定罪处罚的有：（1）非法拘禁使用暴力致人伤残的；（2）使用暴力刑讯逼供致人伤残的；（3）体罚虐待被监管人致人伤残的；（4）聚众斗殴致人重伤的；（5）聚众"打砸抢"致人伤残的；（6）组织和利用邪教组织制造、散布迷信邪说，指使、胁迫其成员或者共他人实施自伤行为的；（7）组织、策划、煽动、教唆、帮助邪教组织人员自残的；（8）行为人在交通肇事后为逃避法律追究，将被害人带离事故现场后隐藏或遗弃，致使被害人无法得到救助而严重残疾的。

……

▶2 第二款"严重残疾"的认定

★最高人民法院《全国法院维护农村稳定刑事审判工作座谈会纪要》（1999年10月27日）（节录）

第四章 侵犯公民人身权利、民主权利罪

二、(一) 关于故意杀人、故意伤害案件

……

要准确把握故意伤害致人重伤造成"严重残疾"的标准。参照 1996 年国家技术监督局颁布的《职工工伤与职业病致残程度鉴定标准》(以下简称"工伤标准"),刑法第二百三十四条第二款规定的"严重残疾"是指下列情形之一:被害人身体器官大部缺损、器官明显畸形、身体器官有中等功能障碍、造成严重并发症等。残疾程序可以分为一般残疾(十至七级)、严重残疾(六至三级)、特别严重残疾(二至一级),六级以上视为"严重残疾"。在有关司法解释出台前,可统一参照"工伤标准"确定残疾等级。实践中,并不是只要达到"严重残疾"就判处死刑,还要根据伤害致人"严重残疾"的具体情况,综合考虑犯罪情节和危害后果来决定刑罚。故意伤害致重伤造成严重残疾,只有犯罪手段特别残忍,后果特别严重的,才能考虑适用死刑(包括死刑,缓期二年执行)。

③ 肇事后为逃避法律追究,将被害人带离后隐藏或遗弃,致使其无法得到救助而严重残疾行为的定性

★ 最高人民法院《关于审理交通肇事刑事案件具体应用法律若干问题的解释》(2000 年 11 月 21 日)(节录)

第六条 行为人在交通肇事后为逃避法律追究,将被害人带离事故现场后隐藏或者遗弃,致使被害人无法得到救助而死亡或者严重残疾的,应当分别依照刑法第二百三十二条、第二百三十四条第二款的规定,以故意杀人罪或者故意伤害罪定罪处罚。

④ 抗税致人重伤行为的定性

★ 最高人民法院《关于审理偷税抗税刑事案件具体应用法律若干问题的解释》(2002 年 11 月 7 日)(节录)

第六条 实施抗税行为致人重伤、死亡,构成故意伤害罪、故意杀人罪的,分别依照刑法第二百三十四条第二款、第二百三十二条的规定定罪处罚。

⑤ 利用邪教组织制造、散布迷信邪说,指使、胁迫他人实施自伤行为的定性

★ 最高人民法院、最高人民检察院《关于办理组织和利用邪教组织犯罪案件具体应用法律若干问题的解释》(1999 年 10 月 30 日)(节录)

第四条 组织和利用邪教组织制造、散布迷信邪说,指使、胁迫其成员或者其他人实施自杀、自伤行为的,分别依照刑法第二百三十二条、第二百三十四条的规定,以故意杀人罪或者故意伤害罪定罪处罚。

⑥ 限制行为能力人盗窃抢他人财物,故意伤害致人重伤行为的定性

★ 最高人民法院《关于审理未成年人刑事案件具体应用法律若干问题的解释》(2006 年 1 月 23 日)(节录)

第十条(第 1 款) 已满十四周岁不满十六周岁的人盗窃、诈骗、抢夺他人财物,为窝藏赃物、抗拒抓捕或者毁灭罪证,当场使用暴力,故意伤害致人重伤或者死亡,或者故意杀人的,应当分别以故意伤害罪或者故意杀人罪定罪处罚。

第二编 分　则

▶7 组织、策划、煽动、教唆、帮助邪教组织人员自残行为的定性

★最高人民法院、最高人民检察院《关于办理组织和利用邪教组织犯罪案件具体应用法律若干问题的解释（二）》（2001年6月11日）（节录）

第九条　组织、策划、煽动、教唆、帮助邪教组织人员自杀、自残的，依照刑法第二百三十二条、第二百三十四条的规定，以故意杀人罪、故意伤害罪定罪处罚。

▶8 对未成年男性实施猥亵，造成轻伤以上后果行为的定性

★最高人民法院、最高人民检察院、公安部、司法部《关于依法惩治性侵害未成年人犯罪的意见》（2013年10月23日）（节录）

22.……

对已满十四周岁的未成年男性实施猥亵，造成被害人轻伤以上后果，符合刑法第二百三十四条或者第二百三十二条规定的，以故意伤害罪或者故意杀人罪定罪处罚。①

▶9 在医疗机构内故意伤害医务人员造成轻伤以上严重后果行为的定性

★最高人民法院、最高人民检察院、公安部、司法部、国家卫生和计划生育委员会《关于依法惩处涉医违法犯罪维护正常医疗秩序的意见》（2014年4月22日）（节录）

二、严格依法惩处涉医违法犯罪

（一）在医疗机构内……故意伤害医务人员造成轻伤以上严重后果……构成……故意伤害罪……的，依照刑法的有关规定定罪处罚。

▶10 安全事故发生后，领导人员故意阻挠抢救，致人重伤、重残行为的定性

★最高人民法院、最高人民检察院《关于办理危害生产安全刑事案件适用法律若干问题的解释》（2015年12月16日）（节录）

第十条　在安全事故发生后，直接负责的主管人员和其他直接责任人员故意阻挠开展抢救，导致人员死亡或者重伤，或者为了逃避法律追究，对被害人进行隐藏、遗弃，致使被害人因无法得到救助而死亡或者重度残疾的，分别依照刑法第二百三十二条、第二百三十四条的规定，以故意杀人罪或者故意伤害罪定罪处罚。

▶11 一罪与数罪

★最高人民法院《关于对设置圈套诱骗他人参赌又向索还钱财的受骗者施以暴力或暴力威胁的行为应如何定罪问题的批复》（1995年11月6日）（节录）

行为人设置圈套诱骗他人参赌获取钱财……参赌者识破骗局要求退还所输钱财，设赌者又使用暴力或者以暴力相威胁，拒绝退还的……致参赌者伤害或者死亡的，应以赌博罪和故意伤害罪或者故意杀人罪，依法实行数罪并罚。

★最高人民法院《全国法院维护农村稳定刑事审判工作座谈会纪要》（1999年10月27日）（节录）

---

①　根据《刑法修正案（九）》第十三条的规定，该情形构成强制猥亵罪与故意伤害罪的想象竞合犯，应从一重罪处理。

二、（三）关于农村恶势力犯罪案件

……对于团伙成员相对固定，以暴力、威胁手段称霸一方，欺压百姓，采取收取"保护费"、代人强行收债、违规强行承包等手段，公然与政府对抗，应按照黑社会性质组织犯罪处理；其中，又有故意杀人、故意伤害等犯罪行为的，按数罪并罚的规定处罚。

★公安部《关于妨害国（边）境管理犯罪案件立案标准及有关问题的通知》（2000年3月31日）（节录）

一、立案标准

……

在组织、运送他人偷越国（边）境中，对被组织人、被运送人有杀害、伤害、强奸、拐卖等犯罪行为，或者对检查人员有杀害、伤害等犯罪行为的，应当分别依照杀人、伤害、强奸、拐卖等案件一并立案侦查。

★最高人民法院、最高人民检察院、公安部、司法部《关于依法惩治拐卖妇女儿童犯罪的意见》（2010年3月15日）（节录）

五、定性

20. 明知是被拐卖的妇女、儿童而收买，具有下列情形之一的，以收买被拐卖的妇女、儿童罪论处；同时构成其他犯罪的，依照数罪并罚的规定处罚：

（3）非法剥夺、限制被收买妇女、儿童的人身自由，情节严重，或者对被收买妇女、儿童有强奸、伤害、侮辱、虐待等行为的；

（6）造成被收买妇女、儿童或者其亲属重伤、死亡以及其他严重后果的；

七、一罪与数罪

25. 拐卖妇女、儿童，又对被拐卖的妇女、儿童实施故意杀害、伤害、猥亵、侮辱等行为，构成其他犯罪的，依照数罪并罚的规定处罚。

★最高人民法院、最高人民检察院《关于办理寻衅滋事刑事案件适用法律若干问题的解释》（2013年5月27日）（节录）

第七条　实施寻衅滋事行为，同时符合寻衅滋事罪和故意杀人罪、故意伤害罪、故意毁坏财物罪、敲诈勒索罪、抢夺罪、抢劫罪等罪的构成要件的，依照处罚较重的犯罪定罪处罚。

★最高人民法院、最高人民检察院、公安部、司法部《关于依法惩治性侵害未成年人犯罪的意见》（2013年10月23日）（节录）

22. 实施猥亵儿童犯罪，造成儿童轻伤以上后果，同时符合刑法第二百三十四条或者第二百三十二条的规定，构成故意伤害罪、故意杀人罪的，依照处罚较重的规定定罪处罚。

……

★最高人民法院、最高人民检察院、公安部《关于办理组织领导传销活动刑事案件适用法律若干问题的意见》（2013年11月14日）（节录）

六、关于罪名的适用问题

……

犯组织、领导传销活动罪，并实施故意伤害、非法拘禁、敲诈勒索、妨害公务、聚众扰乱社会秩序、聚众冲击国家机关、聚众扰乱公共场所秩序、交通秩序等行为，构成犯罪的，依照数罪并罚的规定处罚。

★最高人民检察院《关于强迫借贷行为适用法律问题的批复》（2014年4月17日）（节录）

以暴力、胁迫手段强迫他人借贷，属于刑法第二百二十六条第二项规定的"强迫他人提供或者接受服务"，情节严重的，以强迫交易罪追究刑事责任；同时构成故意伤害罪等其他犯罪的，依照处罚较重的规定定罪处罚。……

★最高人民法院、最高人民检察院、公安部《关于办理暴力恐怖和宗教极端刑事案件适用法律若干问题的意见》（2014年9月9日）（节录）

二、准确认定案件性质

（八）以"异教徒"、"宗教叛徒"等为由，随意殴打、追逐、拦截、辱骂他人，扰乱社会秩序，情节恶劣的，以寻衅滋事罪定罪处罚。

实施前款行为，同时又构成故意伤害罪、妨害公务罪等其他犯罪的，依照处罚较重的规定定罪处罚。

★最高人民法院、最高人民检察院、公安部、司法部《关于依法办理家庭暴力犯罪案件的意见》（2015年3月2日）（节录）

三、定罪处罚

16. 依法准确定罪处罚。对故意杀人、故意伤害、强奸、猥亵儿童、非法拘禁、侮辱、暴力干涉婚姻自由、虐待、遗弃等侵害公民人身权利的家庭暴力犯罪，应当根据犯罪的事实、犯罪的性质、情节和对社会的危害程度，严格依照刑法的有关规定判处。对于同一行为同时触犯多个罪名的，依照处罚较重的规定定罪处罚。

12 此罪与彼罪

（1）故意伤害犯罪致人重伤、死亡与虐待犯罪致人重伤、死亡的界限

（参见第二百三十二条：【定罪】：11. 此罪与彼罪：最高人民法院、最高人民检察院、公安部、司法部《关于依法办理家庭暴力犯罪案件的意见》，P387）

（2）故意伤害罪与抢劫罪的界限

★最高人民法院《关于审理抢劫、抢夺刑事案件适用法律若干问题的意见》（2005年6月8日）（节录）

九、关于抢劫罪与相似犯罪的界限

5. 抢劫罪与故意伤害罪的界限

行为人为索取债务，使用暴力、暴力威胁等手段的，一般不以抢劫罪定罪处罚。构成故意伤害等其他犯罪的，依照刑法第二百三十四条等规定处罚。

（3）故意伤害罪与故意杀人罪的界限

（参见第二百三十二条：【定罪】：11. 此罪与彼罪：最高人民法院《关于执行刑法中若干问题的初步经验总结》，P387）

（4）故意伤害致人死亡与过失致人死亡罪的界限

（参见第二百三十三条：【定罪】：2. 此罪与彼罪：最高人民法院《关于执行刑法中若干问题的初步经验总结》，P393）

13 混合过错责任原则的适用

（参见第二百三十二条：【定罪】：12. 混合过错责任原则的适用，P388）

◆ 量　刑 ◆

1 量刑起点、基准刑的确定

★最高人民法院《关于常见犯罪的量刑指导意见》（2014年1月1日）（节录）

四、常见犯罪的量刑

（二）故意伤害罪

1. 构成故意伤害罪的，可以根据下列不同情形在相应的幅度内确定量刑起点：

（1）故意伤害致一人轻伤的，可以在二年以下有期徒刑、拘役幅度内确定量刑起点。

（2）故意伤害致一人重伤的，可以在三年至五年有期徒刑幅度内确定量刑起点。

（3）以特别残忍手段故意伤害致一人重伤，造成六级严重残疾的，可以在十年至十三年有期徒刑幅度内确定量刑起点。依法应当判处无期徒刑以上刑罚的除外。

2. 在量刑起点的基础上，可以根据伤害后果、伤残等级、手段残忍程度等其他影响犯罪构成的犯罪事实增加刑罚量，确定基准刑。

故意伤害致人轻伤的，伤残程度可在确定量刑起点时考虑，或者作为调节基准刑的量刑情节。

2 从严、从重处罚

★公安部、最高人民法院、最高人民检察院《关于坚决取缔"牢头狱霸"维护看守所秩序的通知》（1988年4月16日）（节录）

一、各地公安机关都要组织力量，集中一段时间对看守所是否存在人犯管人犯的情况进行认真的检查。对于发现的"牢头狱霸"，在查清其罪行，取得证据后，要予以严惩。其中，对于动手折磨殴打人犯，或指使他人折磨殴打人犯造成伤残、死亡的，均应以故意伤害罪从重处罚……

★最高人民法院、最高人民检察院《关于办理妨害预防、控制突发传染病疫情等灾害的刑事案件具体应用法律若干问题的解释》（2003年5月15日）（节录）

第九条　在预防、控制突发传染病疫情等灾害期间，聚众"打砸抢"，致人伤残、死亡的，依照刑法第二百八十九条、第二百三十四条、第二百三十二条的规定，以故意伤害罪或者故意杀人罪定罪，依法从重处罚。

★最高人民法院《关于贯彻宽严相济刑事政策的若干意见》（2010年2月8日）（节录）

二、准确把握和正确适用依法从"严"的政策要求

7. 贯彻宽严相济刑事政策，必须毫不动摇地坚持依法严惩严重刑事犯罪的方针。对于

危害国家安全犯罪、恐怖组织犯罪、邪教组织犯罪、黑社会性质组织犯罪、恶势力犯罪、故意危害公共安全犯罪等严重危害国家政权稳固和社会治安的犯罪,故意杀人、故意伤害致人死亡、强奸、绑架、拐卖妇女儿童、抢劫、重大抢夺、重大盗窃等严重暴力犯罪和严重影响人民群众安全感的犯罪,走私、贩卖、运输、制造毒品等毒害人民健康的犯罪,要作为严惩的重点,依法从重处罚。……

★最高人民法院、最高人民检察院、公安部、司法部《关于依法惩治拐卖妇女儿童犯罪的意见》(2010年3月15日)(节录)

八、刑罚适用

28.……

拐卖妇女、儿童,并对被拐卖的妇女、儿童实施故意杀害、伤害、猥亵、侮辱等行为,数罪并罚决定执行的刑罚应当依法体现从严。

★最高人民检察院《关于强制隔离戒毒所工作人员能否成为虐待被监管人罪主体问题的批复》(2015年1月29日)(节录)

对于强制隔离戒毒所监管人员殴打或者体罚虐待戒毒人员,或者指使戒毒人员殴打、体罚虐待其他戒毒人员,情节严重的,应当适用刑法第二百四十八条的规定,以虐待被监管人罪追究刑事责任;造成戒毒人员伤残、死亡后果的,应当依照刑法第二百三十四条、第二百三十二条的规定,以故意伤害罪、故意杀人罪从重处罚。

▶3 剥夺政治权利

★最高人民法院《关于对故意伤害、盗窃等严重破坏社会秩序的犯罪分子能否附加剥夺政治权利问题的批复》(1998年1月13日)(节录)

根据刑法第五十六条规定,对于故意杀人、强奸放火、爆炸、投毒、抢劫等严重破坏社会秩序的犯罪分子,可以附加剥夺政治权利。对故意伤害、盗窃等其他严重破坏社会秩序的犯罪,犯罪分子主观恶性较深、犯罪情节恶劣、罪行严重的,也可以依法附加剥夺政治权利。

▶4 死刑

★最高人民法院《全国法院维护农村稳定刑事审判工作座谈会纪要》(1999年10月27日)(节录)

二、(一)关于故意杀人、故意伤害案件

……

要注意严格区分故意杀人罪与故意伤害罪的界限。在直接故意杀人与间接故意杀人案件中,犯罪人的主观恶性程度是不同的,在处刑上也应有所区别。间接故意杀人与故意伤害致人死亡,虽然都造成了死亡后果,但行为人故意的性质和内容是截然不同的。不注意区分犯罪的性质和故意的内容,只要有死亡后果就判处死刑的做法是错误的,这在今后的工作中,应当予以纠正。对于故意伤害致人死亡,手段特别残忍,情节特别恶劣的,才可以判处死刑。

· 400 ·

第四章 侵犯公民人身权利、民主权利罪

第二百三十四条之一 【组织出卖人体器官罪】 组织他人出卖人体器官的,处五年以下有期徒刑,并处罚金;情节严重的,处五年以上有期徒刑,并处罚金或者没收财产。

未经本人同意摘取其器官,或者摘取不满十八周岁的人的器官,或者强迫、欺骗他人捐献器官的,依照本法第二百三十四条、第二百三十二条的规定定罪处罚。

违背本人生前意愿摘取其尸体器官,或者本人生前未表示同意,违反国家规定,违背其近亲属意愿摘取其尸体器官的,依照本法第三百零二条的规定定罪处罚。

第二百三十五条 【过失致人重伤罪】 过失伤害他人致人重伤的,处三年以下有期徒刑或者拘役。本法另有规定的,依照规定。

关联法条: 第九十五条

第二百三十六条 【强奸罪】 以暴力、胁迫或者其他手段强奸妇女的,处三年以上十年以下有期徒刑。

奸淫不满十四周岁的幼女的,以强奸论,从重处罚。

强奸妇女、奸淫幼女,有下列情形之一的,处十年以上有期徒刑、无期徒刑或者死刑:

(一)强奸妇女、奸淫幼女情节恶劣的;

(二)强奸妇女、奸淫幼女多人的;

(三)在公共场所当众强奸妇女的;

(四)二人以上轮奸的;

(五)致使被害人重伤、死亡或者造成其他严重后果的。

关联法条: 第九十五条、第二百四十一条(第2、4款)、第二百五十九条(第2款)、第三百条(第3款)

———◁ 定 罪 ▷———

▶ **本罪定义**

★最高人民法院《关于执行刑法中若干问题的初步经验总结》(1981年11月1日)(节录)

十二、关于强奸罪的问题

(一)如何认定强奸罪

强奸罪是指使用暴力、胁迫或者其他手段,违背妇女意志强行与之性交的行为……

★最高人民检察院《关于印发部分罪案〈审查逮捕证据参考标准(试行)〉的通知》(2003年11月27日)(节录)

五、强奸罪案审查逮捕证据参考标准

强奸罪，是指触犯《刑法》第236条的规定，违背妇女意志，使用暴力、胁迫或者其他手段，强行与妇女性交的行为。其他以强奸罪定罪处罚的有：（1）奸淫不满14周岁幼女的；（2）收买被拐卖的妇女，强行与其发生性关系的；（3）利用职权、从属关系，以胁迫手段奸淫现役军人的妻子的；（4）明知被害人是精神病患者或者痴呆者（程度严重）而与其发生性关系的；（5）组织和利用邪教组织，以迷信邪说引诱、胁迫、欺骗或者其他手段，奸淫妇女、幼女的。

……

❷ 第一款"使用暴力、胁迫或者其他手段"的认定

★最高人民法院《关于执行刑法中若干问题的初步经验总结》（1981年11月1日）（节录）

十二、关于强奸罪的问题

（一）如何认定强奸罪

……认定强奸罪，一般认为应当具备两个基本条件：

1. 使用暴力、胁迫或者其他手段。这些手段通常是指：

（1）使用暴力手段，即行为人对受害妇女实施危及人身安全的殴打、捆绑、堵嘴、强行按倒等暴力行为，致使妇女不能抗拒的。

（2）使用胁迫手段，即行为人对受害妇女以杀害、殴打、揭发阴私、毁坏名誉、加害亲属等相威胁；或者利用迷信、谣言进行恐吓或利用妇女处于孤立无援的境地进行恫吓，从而造成受害妇女精神极度惊恐，不敢抗拒的；或者利用教养关系、从属关系而又进行胁迫，使受害妇女违背自己意志屈从的。

（3）使用其他手段，即行为人利用受害妇女处于重病、昏睡的状态，或者使用醉酒、药物麻醉等方法，使受害妇女不知抗拒或不能抗拒的。

❸ 第三款第（三）项"在公共场所当众"的认定

★最高人民法院、最高人民检察院、公安部、司法部《关于依法惩治性侵害未成年人犯罪的意见》（2013年10月23日）（节录）

三、准确适用法律

23. 在校园、游泳馆、儿童游乐场等公共场所对未成年人实施强奸、猥亵犯罪，只要有其他多人在场，不论在场人员是否实际看到，均可以依照刑法第二百三十六条第三款、第二百三十七条的规定，认定为在公共场所"当众"强奸妇女、强制猥亵、侮辱妇女、猥亵儿童。

❹ 第三款第（五）项"致使被害人重伤、死亡"的认定

★最高人民法院《关于执行刑法中若干问题的初步经验总结》（1981年11月1日）（节录）

十二、关于强奸罪的问题

（一）如何认定强奸罪

……"强奸致人重伤、死亡的"，是指在强奸过程中，直接导致被害人重伤或者死亡以及重伤后经治疗无效死亡的。

第四章 侵犯公民人身权利、民主权利罪

5 奸淫幼女行为的认定

★最高人民法院、最高人民检察院、公安部、司法部《关于依法惩治性侵害未成年人犯罪的意见》(2013年10月23日)(节录)

三、准确适用法律

19. 知道或者应当知道对方是不满十四周岁的幼女，而实施奸淫等性侵害行为的，应当认定行为人"明知"对方是幼女。对于不满十二周岁的被害人实施奸淫等性侵害行为的，应当认定行为人"明知"对方是幼女。

对于已满十二周岁不满十四周岁的被害人，从其身体发育状况、言谈举止、衣着特征、生活作息规律等观察可能是幼女，而实施奸淫等性侵害行为的，应当认定行为人"明知"对方是幼女。

20. 以金钱财物等方式引诱幼女与自己发生性关系的；知道或者应当知道幼女被他人强迫卖淫而仍与其发生性关系的，均以强奸罪论处。

21. 对幼女负有特殊职责的人员与幼女发生性关系的，以强奸罪论处。对已满十四周岁的未成年女性负有特殊职责的人员，利用其优势地位或者被害人孤立无援的境地，迫使未成年被害人就范，而与其发生性关系的，以强奸罪定罪处罚。

6 利用迷信邪说引诱、胁迫、欺骗奸淫妇女行为的定性

★最高人民法院、最高人民检察院《关于办理组织和利用邪教组织犯罪案件具体应用法律若干问题的解释》(1999年10月30日)(节录)

第五条 组织和利用邪教组织，以迷信邪说引诱、胁迫、欺骗或者其他手段，奸淫妇女、幼女的，依照刑法第二百三十六条的规定，以强奸罪或者奸淫幼女罪定罪处罚。

7 收买被拐卖、绑架的妇女，强行与其发生性关系行为的定性

★全国人民代表大会常务委员会《关于严惩拐卖、绑架妇女、儿童的犯罪分子的决定》(1991年9月4日通过，2009年修订)(节录)

三、……

收买被拐卖、绑架的妇女，强行与其发生性关系的，依照刑法关于强奸罪的规定处罚。

8 拐卖妇女过程中强奸行为的认定

★公安部《关于打击拐卖妇女儿童犯罪适用法律和政策有关问题的意见》(2000年3月24日)(节录)

二、关于拐卖妇女、儿童犯罪

(四)对拐卖过程中奸淫被拐卖妇女的……以拐卖妇女、儿童罪立案侦查。

三、关于收买被拐卖的妇女、儿童犯罪

(二)……

1. 违背被拐卖妇女的意志，强行与其发生性关系的，以强奸罪立案侦查。

· 403 ·

2. 明知收买的妇女是精神病患者（间歇性精神病患者在发病期间）或者痴呆者（程度严重的）而与其发生性关系的，以强奸罪立案侦查。

3. 与收买的不满十四周岁的幼女发生性关系的，不论被害人是否同意，均以奸淫幼女罪①立案侦查。

9 共同犯罪

★公安部《关于打击拐卖妇女儿童犯罪适用法律和政策有关问题的意见》（2000年3月24日）（节录）

三、关于收买被拐卖的妇女、儿童犯罪

（四）凡是帮助买主实施强奸、伤害、非法拘禁被拐卖的妇女、儿童等犯罪行为的，应当分别以强奸罪、伤害罪、非法拘禁罪等犯罪的共犯立案侦查。

★最高人民法院、最高人民检察院、公安部、司法部《关于依法惩治性侵害未成年人犯罪的意见》（2013年10月23日）（节录）

三、准确适用法律

24. 介绍、帮助他人奸淫幼女、猥亵儿童的，以强奸罪、猥亵儿童罪的共犯论处。

10 一罪与数罪

★最高人民法院《关于执行刑法中若干问题的初步经验总结》（1981年11月1日）（节录）

十二、关于强奸罪的问题

……

在处理强奸犯罪案件时，对出于报复、灭口等动机或者任意凌辱、草菅人命而重伤或者杀害被害人又构成故意伤害罪或者杀人罪的，按数罪并罚原则处罚。

★公安部《关于妨害国（边）境管理犯罪案件立案标准及有关问题的通知》（2000年3月31日）（节录）

一、立案标准

……

在组织、运送他人偷越国（边）境中，对被组织人、被运送人有杀害、伤害、强奸、拐卖等犯罪行为，或者对检查人员有杀害、伤害等犯罪行为的，应分别依照杀人、伤害、强奸、拐卖等案件一并立案侦查。

★最高人民法院《关于审理抢劫、抢夺刑事案件适用法律若干问题的意见》（2005年6月8日）（节录）

八、关于抢劫一罪与数罪

行为人实施伤害、强奸等犯罪行为，在被害人未失去知觉，利用被害人不能反抗、不敢反抗的处境，临时起意劫取他人财物的，应以此前所实施的具体犯罪与抢劫罪实行数罪

---

① 该罪名已取消，对于奸淫幼女的行为应按照强奸罪定罪处罚。

并罚；在被害人失去知觉或者没有发觉的情形下，以及实施故意杀人犯罪行为之后，临时起意拿走他人财物的，应以此前所实施的具体犯罪与盗窃罪实行数罪并罚。

★最高人民法院、最高人民检察院、公安部、司法部《关于依法惩治拐卖妇女儿童犯罪的意见》（2010年3月15日）（节录）

五、定性

20. 明知是被拐卖的妇女、儿童而收买，具有下列情形之一的，以收买被拐卖的妇女、儿童罪论处；同时构成其他犯罪的，依照数罪并罚的规定处罚：

（3）非法剥夺、限制被收买妇女、儿童的人身自由，情节严重，或者对被收买妇女、儿童有强奸、伤害、侮辱、虐待等行为的；

★最高人民法院、最高人民检察院、公安部、司法部《关于依法办理家庭暴力犯罪案件的意见》（2015年3月2日）（节录）

三、定罪处罚

16. 依法准确定罪处罚。对故意杀人、故意伤害、强奸、猥亵儿童、非法拘禁、侮辱、暴力干涉婚姻自由、虐待、遗弃等侵害公民人身权利的家庭暴力犯罪，应当根据犯罪的事实、犯罪的性质、情节和对社会的危害程度，严格依照刑法的有关规定判处。对于同一行为同时触犯多个罪名的，依照处罚较重的规定定罪处罚。

🔸 罪与非罪

★最高人民法院《关于执行刑法中若干问题的初步经验总结》（1981年11月1日）（节录）

十二、关于强奸罪的问题

（一）如何认定强奸罪

2. 违背妇女意志强行与之性交。违背妇女意志是指违背具有责任能力的妇女的意志。对明知妇女是不能真正表达自己意志的呆傻者或者精神病患者，而与其发生性交行为的，不管采取什么手段，均应以强奸罪论处。与患有间歇性精神病但处于未发病期间的妇女发生性交行为，妇女本人同意的，不构成强奸罪。

（二）如何分清强奸罪与通奸行为及其他不法行为

1. 在审判实践中，对于行为人未实施暴力、胁迫行为，妇女也无明显的反抗，而发生了性交行为，事后女方告发的，应当着重分析双方关系如何，他们的行为是在什么环境发生的、发生多久，在什么情况下告发的，行为人是否采取了暴力、胁迫等手段，以判明是否违背了妇女意志，从而确定案件的性质。

2. 对原来有通奸关系，后来女方反悔又告发强奸的，不能认定强奸罪；原来有通奸关系，后来女方坚决与男方断绝来往，男方仍纠缠不休，而采用暴力、胁迫等手段与女方发生性交行为的，应当以强奸罪论处。

3. 对于同生活淫乱的妇女发生性交行为的，如果行为人确实是采取暴力、胁迫等手段，违背妇女意志的，应当以强奸罪论处。

4. 根据审判实践，对违背妇女意志，采取暴力手段抢婚的，应按照刑法第一百七十九条暴力干涉婚姻自由罪论处；对把女方抢去以后，采取暴力手段，强行发生性交行为的，以强奸罪论处;对少数地区沿袭落后的风俗习惯而抢婚的,应进行教育劝止,一般不宜作为犯罪处理。

★最高人民法院《关于审理未成年人刑事案件具体应用法律若干问题的解释》(2006年1月23日)(节录)

第六条 已满十四周岁不满十六周岁的人偶尔与幼女发生性行为,情节轻微、未造成严重后果的,不认为是犯罪。

★最高人民法院、最高人民检察院、公安部、司法部《关于依法惩治性侵害未成年人犯罪的意见》(2013年10月23日)(节录)

三、准确适用法律

27. 已满十四周岁不满十六周岁的人偶尔与幼女发生性关系,情节轻微、未造成严重后果的,不认为是犯罪。

量　　刑

1 量刑起点、基准刑的确定

★最高人民法院《关于常见犯罪的量刑指导意见》(2014年1月1日)(节录)

四、常见犯罪的量刑

(三)强奸罪

1. 构成强奸罪的,可以根据下列不同情形在相应的幅度内确定量刑起点:

(1)强奸妇女一人的,可以在三年至五年有期徒刑幅度内确定量刑起点。

奸淫幼女一人的,可以在四年至七年有期徒刑幅度内确定量刑起点。

(2)有下列情形之一的,可以在十年至十三年有期徒刑幅度内确定量刑起点:强奸妇女、奸淫幼女情节恶劣的;强奸妇女、奸淫幼女三人的;在公共场所当众强奸妇女的;二人以上轮奸妇女的;强奸致被害人重伤或者造成其他严重后果的。依法应当判处无期徒刑以上刑罚的除外。

2. 在量刑起点的基础上,可以根据强奸妇女、奸淫幼女情节恶劣程度、强奸人数、致人伤害后果等其他影响犯罪构成的犯罪事实增加刑罚量,确定基准刑。

强奸多人多次的,以强奸人数作为增加刑罚量的事实,强奸次数作为调节基准刑的量刑情节。

2 从严、从重处罚

★最高人民法院《关于贯彻宽严相济刑事政策的若干意见》(2010年2月8日)(节录)

二、准确把握和正确适用依法从"严"的政策要求

7. 贯彻宽严相济刑事政策,必须毫不动摇地坚持依法严惩严重刑事犯罪的方针。对于危害国家安全犯罪、恐怖组织犯罪、邪教组织犯罪、黑社会性质组织犯罪、恶势力犯罪、故意危害公共安全犯罪等严重危害国家政权稳固和社会治安的犯罪,故意杀人、故意伤害致人死亡、强奸、绑架、拐卖妇女儿童、抢劫、重大抢夺、重大盗窃等严重暴力犯罪和严

重影响人民群众安全感的犯罪,走私、贩卖、运输、制造毒品等毒害人民健康的犯罪,要作为严惩的重点,依法从重处罚。……

★**最高人民法院、最高人民检察院、公安部、司法部《关于依法惩治性侵害未成年人犯罪的意见》**(2013年10月23日)(节录)

一、基本要求

1. 本意见所称性侵害未成年人犯罪,包括刑法第二百三十六条、第二百三十七条、第三百五十八条、第三百五十九条、第三百六十条第二款规定的针对未成年人实施的强奸罪,强制猥亵、侮辱妇女罪,猥亵儿童罪,组织卖淫罪,强迫卖淫罪,引诱、容留、介绍卖淫罪,引诱幼女卖淫罪,嫖宿幼女罪等。

2. 对于性侵害未成年人犯罪,应当依法从严惩治。

3. 办理性侵害未成年人犯罪案件,应当充分考虑未成年被害人身心发育尚未成熟、易受伤害等特点,贯彻特殊、优先保护原则,切实保障未成年人的合法权益。

4. 对于未成年人实施性侵害未成年人犯罪的,应当坚持双向保护原则,在依法保护未成年被害人的合法权益时,也要依法保护未成年犯罪嫌疑人、未成年被告人的合法权益。

5. 办理性侵害未成年人犯罪案件,对于涉及未成年被害人、未成年犯罪嫌疑人和未成年被告人的身份信息及可能推断出其身份信息的资料和涉及性侵害的细节等内容,审判人员、检察人员、侦查人员、律师及其他诉讼参与人应当予以保密。

对外公开的诉讼文书,不得披露未成年被害人的身份信息及可能推断出其身份信息的其他资料,对性侵害的事实注意以适当的方式叙述。

6. 性侵害未成年人犯罪案件,应当由熟悉未成年人身心特点的审判人员、检察人员、侦查人员办理,未成年被害人系女性的,应当有女性工作人员参与。

人民法院、人民检察院、公安机关设有办理未成年人刑事案件专门工作机构或者专门工作小组的,可以优先由专门工作机构或者专门工作小组办理性侵害未成年人犯罪案件。

三、准确适用法律

25. 针对未成年人实施强奸、猥亵犯罪的,应当从重处罚,具有下列情形之一的,更要依法从严惩处:

(1)对未成年人负有特殊职责的人员、与未成年人有共同家庭生活关系的人员、国家工作人员或者冒充国家工作人员,实施强奸、猥亵犯罪的;

(2)进入未成年人住所、学生集体宿舍实施强奸、猥亵犯罪的;

(3)采取暴力、胁迫、麻醉等强制手段实施奸淫幼女、猥亵儿童犯罪的;

(4)对不满十二周岁的儿童、农村留守儿童、严重残疾或者精神智力发育迟滞的未成年人,实施强奸、猥亵犯罪的;

(5)猥亵多名未成年人,或者多次实施强奸、猥亵犯罪的;

(6)造成未成年被害人轻伤、怀孕、感染性病等后果的;

(7)有强奸、猥亵犯罪前科劣迹的。

3 刑罚适用

★最高人民法院《关于对故意伤害、盗窃等严重破坏社会秩序的犯罪分子能否附加剥夺政治权利问题的批复》（1998年1月13日）（节录）

根据刑法第五十六条规定，对于故意杀人、强奸放火、爆炸、投毒、抢劫等严重破坏社会秩序的犯罪分子，可以附加剥夺政治权利。对故意伤害、盗窃等其他严重破坏社会秩序的犯罪，犯罪分子主观恶性较深、犯罪情节恶劣、罪行严重的，也可以依法附加剥夺政治权利。

★最高人民法院《关于办理减刑、假释案件具体应用法律若干问题的规定》（2012年7月1日）（节录）

第十八条（第1款） 对累犯以及因故意杀人、强奸、抢劫、绑架、放火、爆炸、投放危险物质或者有组织的暴力性犯罪被判处十年以上有期徒刑、无期徒刑的罪犯，不得假释。

★最高人民法院、最高人民检察院、公安部、司法部《关于依法惩治性侵害未成年人犯罪的意见》（2013年10月23日）（节录）

四、其他事项

28. 对于强奸未成年人的成年犯罪分子判处刑罚时，一般不适用缓刑。

对于性侵害未成年人的犯罪分子确定是否适用缓刑，人民法院、人民检察院可以委托犯罪分子居住地的社区矫正机构，就对其宣告缓刑对所居住社区是否有重大不良影响进行调查。受委托的社区矫正机构应当及时组织调查，在规定的期限内将调查评估意见提交委托机关。

对于判处刑罚同时宣告缓刑的，可以根据犯罪情况，同时宣告禁止令，禁止犯罪分子在缓刑考验期内从事与未成年人有关的工作、活动，禁止其进入中小学校区、幼儿园园区及其他未成年人集中的场所，确因本人就学、居住等原因，经执行机关批准的除外。

29. 外国人在我国领域内实施强奸、猥亵未成年人等犯罪的，应当依法判处，在判处刑罚时，可以独立适用或者附加适用驱逐出境。对于尚不构成犯罪但构成违反治安管理行为的，或者因实施性侵害未成年人犯罪不适宜在中国境内继续停留居留的，公安机关可以依法适用限期出境或者驱逐出境。

4 其他规定

★最高人民法院、最高人民检察院、公安部、司法部《关于依法惩治性侵害未成年人犯罪的意见》（2013年10月23日）（节录）

四、其他事项

30. 对于判决已生效的强奸、猥亵未成年人犯罪案件，人民法院在依法保护被害人隐私的前提下，可以在互联网公布相关裁判文书，未成年人犯罪的除外。

31. 对于未成年人因被性侵害而造成的人身损害，为进行康复治疗所支付的医疗费、护理费、交通费、误工费等合理费用，未成年被害人及其法定代理人、近亲属提出赔偿请求的，人民法院依法予以支持。

32. 未成年人在幼儿园、学校或者其他教育机构学习、生活期间被性侵害而造成人身

第四章 侵犯公民人身权利、民主权利罪

损害，被害人及其法定代理人、近亲属据此向人民法院起诉要求上述单位承担赔偿责任的，人民法院依法予以支持。

33. 未成年人受到监护人性侵害，其他具有监护资格的人员、民政部门等有关单位和组织向人民法院提出申请，要求撤销监护人资格，另行指定监护人的，人民法院依法予以支持。

34. 对未成年被害人因性侵害犯罪而造成人身损害，不能及时获得有效赔偿，生活困难的，各级人民法院、人民检察院、公安机关可会同有关部门，优先考虑予以司法救助。

第二百三十七条①【强制猥亵、侮辱罪】以暴力、胁迫或者其他方法强制猥亵他人或者侮辱妇女的，处五年以下有期徒刑或者拘役。

聚众或者在公共场所当众犯前款罪的，或者有其他恶劣情节的，处五年以上有期徒刑。

【猥亵儿童罪】猥亵儿童的，依照前两款的规定从重处罚。

◁ 定　　罪 ▷

▶ ❶ 第二款"在公共场所当众"的认定

★最高人民法院、最高人民检察院、公安部、司法部《关于依法惩治性侵害未成年人犯罪的意见》（2013年10月23日）（节录）

三、准确适用法律

23. 在校园、游泳馆、儿童游乐场等公共场所对未成年人实施强奸、猥亵犯罪，只要有其他多人在场，不论在场人员是否实际看到，均可以依照刑法第二百三十六条第三款、第二百三十七条的规定，认定为在公共场所"当众"强奸妇女，强制猥亵、侮辱妇女，猥亵儿童。

▶ ❷ 共同犯罪

★最高人民法院、最高人民检察院、公安部、司法部《关于依法惩治性侵害未成年人犯罪的意见》（2013年10月23日）（节录）

三、准确适用法律

24. 介绍、帮助他人奸淫幼女、猥亵儿童的，以强奸罪、猥亵儿童罪的共犯论处。

▶ ❸ 一罪与数罪

★公安部《关于打击拐卖妇女儿童犯罪适用法律和政策有关问题的意见》（2000年3月24日）（节录）

三、关于收买被拐卖的妇女、儿童犯罪

（二）收买被拐卖的妇女、儿童，并有下列犯罪行为的，同时以收买被拐卖的妇女、儿童罪和下列罪名立案侦查：

---

① 2015年8月29日《刑法修正案（九）》第十三条将本条第一款强制猥亵的对象"妇女"改为"他人"，增设了第二款中的"或者有其他恶劣情节的"。

· 409 ·

第二编 分 则

4. 非法剥夺、限制被拐卖的妇女、儿童人身自由的,或者对其实施伤害、侮辱、猥亵等犯罪行为的,以非法拘禁罪,或者伤害罪、侮辱罪、强制猥亵妇女罪、猥亵儿童罪等犯罪立案侦查。

★最高人民法院、最高人民检察院、公安部、司法部《关于依法惩治拐卖妇女儿童犯罪的意见》(2010年3月15日)(节录)

五、定性

20. 明知是被拐卖的妇女、儿童而收买,具有下列情形之一的,以收买被拐卖的妇女、儿童罪论处;同时构成其他犯罪的,依照数罪并罚的规定处罚:

(3) 非法剥夺、限制被收买妇女、儿童的人身自由,情节严重,或者对被收买妇女、儿童有强奸、伤害、侮辱、虐待等行为的;

七、一罪与数罪

25. 拐卖妇女、儿童,又对被拐卖的妇女、儿童实施故意杀害、伤害、猥亵、侮辱等行为,构成其他犯罪的,依照数罪并罚的规定处罚。

★最高人民法院、最高人民检察院、公安部、司法部《关于依法惩治性侵害未成年人犯罪的意见》(2013年10月23日)(节录)

三、准确适用法律

22. 实施猥亵儿童犯罪,造成儿童轻伤以上后果,同时符合刑法第二百三十四条或者第二百三十二条的规定,构成故意伤害罪、故意杀人罪的,依照处罚较重的规定定罪处罚。

对已满十四周岁的未成年男性实施猥亵,造成被害人轻伤以上后果,符合刑法第二百三十四条或者第二百三十二条规定的,以故意伤害罪或者故意杀人罪定罪处罚。[①]

★最高人民法院、最高人民检察院、公安部、司法部《关于依法办理家庭暴力犯罪案件的意见》(2015年3月2日)(节录)

三、定罪处罚

16. 依法准确定罪处罚。对故意杀人、故意伤害、强奸、猥亵儿童、非法拘禁、侮辱、暴力干涉婚姻自由、虐待、遗弃等侵害公民人身权利的家庭暴力犯罪,应当根据犯罪的事实、犯罪的性质、情节和对社会的危害程度,严格依照刑法的有关规定判处。对于同一行为同时触犯多个罪名的,依照处罚较重的规定定罪处罚。

◆ 量 刑 ◆

▶ **从重处罚**

★最高人民法院、最高人民检察院、公安部、司法部《关于依法惩治性侵害未成年人犯罪的意见》(2013年10月23日)(节录)

三、准确适用法律

25. 针对未成年人实施强奸、猥亵犯罪的,应当从重处罚,具有下列情形之一的,更

---

① 根据《刑法修正案(九)》第十三条,这一情形构成强制猥亵罪与故意杀人罪或者故意伤害罪的想象竞合犯,应从一重罪处理。

第四章 侵犯公民人身权利、民主权利罪

要依法从严惩处：

（1）对未成年人负有特殊职责的人员、与未成年人有共同家庭生活关系的人员、国家工作人员或者冒充国家工作人员，实施强奸、猥亵犯罪的；

（2）进入未成年人住所、学生集体宿舍实施强奸、猥亵犯罪的；

（3）采取暴力、胁迫、麻醉等强制手段实施奸淫幼女、猥亵儿童犯罪的；

（4）对不满十二周岁的儿童、农村留守儿童、严重残疾或者精神智力发育迟滞的未成年人，实施强奸、猥亵犯罪的；

（5）猥亵多名未成年人，或者多次实施强奸、猥亵犯罪的；

（6）造成未成年被害人轻伤、怀孕、感染性病等后果的；

（7）有强奸、猥亵犯罪前科劣迹的。

★最高人民法院、最高人民检察院、公安部、司法部《关于依法惩治拐卖妇女儿童犯罪的意见》（2010年3月15日）（节录）

八、刑罚适用

28.……

拐卖妇女、儿童，并对被拐卖的妇女、儿童实施故意杀害、伤害、猥亵、侮辱等行为，数罪并罚决定执行的刑罚应当依法体现从严。

第二百三十八条【非法拘禁罪】 非法拘禁他人或者以其他方法非法剥夺他人人身自由的，处三年以下有期徒刑、拘役、管制或者剥夺政治权利。具有殴打、侮辱情节的，从重处罚。

犯前款罪，致人重伤的，处三年以上十年以下有期徒刑；致人死亡的，处十年以上有期徒刑。使用暴力致人伤残、死亡的，依照本法第二百三十四条、第二百三十二条的规定定罪处罚。

为索取债务非法扣押、拘禁他人的，依照前两款的规定处罚。

国家机关工作人员利用职权犯前三款罪的，依照前三款的规定从重处罚。

关联法条：第九十五条、第二百四十一条（第3、4款）

◁ 立案追诉标准 ▷

★最高人民检察院《关于渎职侵权犯罪案件立案标准的规定》（2006年7月26日）（节录）

二、国家机关工作人员利用职权实施的侵犯公民人身权利、民主权利犯罪案件

（一）国家机关工作人员利用职权实施的非法拘禁案（第二百三十八条）

……

国家机关工作人员利用职权非法拘禁，涉嫌下列情形之一的，应予立案：

1. 非法剥夺他人人身自由24小时以上的；

2. 非法剥夺他人人身自由，并使用械具或者捆绑等恶劣手段，或者实施殴打、侮辱、

· 411 ·

虐待行为的；

3. 非法拘禁，造成被拘禁人轻伤、重伤、死亡的；

4. 非法拘禁，情节严重，导致被拘禁人自杀、自残造成重伤、死亡，或者精神失常的；

5. 非法拘禁3人次以上的；

6. 司法工作人员对明知是没有违法犯罪事实的人而非法拘禁的；

7. 其他非法拘禁应予追究刑事责任的情形。

三、附则

（二）本规定所称"以上"包括本数；有关犯罪数额"不满"，是指已达到该数额百分之八十以上的。

（三）本规定中的"国家机关工作人员"，是指在国家机关中从事公务的人员，包括在各级国家权力机关、行政机关、司法机关和军事机关中从事公务的人员。在依照法律、法规规定行使国家行政管理职权的组织中从事公务的人员，或者在受国家机关委托代表国家行使职权的组织中从事公务的人员，或者虽未列入国家机关人员编制但在国家机关中从事公务的人员，在代表国家机关行使职权时，视为国家机关工作人员。在乡（镇）以上中国共产党机关、人民政协机关中从事公务的人员，视为国家机关工作人员。

★最高人民检察院《人民检察院直接受理立案侦查的渎职侵权重特大案件标准（试行）》（2002年1月1日）（节录）

三十四、国家机关工作人员利用职权实施的非法拘禁案

（一）重大案件

1. 致人重伤或者精神失常的；

2. 明知是人大代表而非法拘禁的，或者明知是无辜的人而非法拘禁的；

3. 非法拘禁持续时间超过一个月，或者一次非法拘禁十人以上的。

（二）特大案件

非法拘禁致人死亡的。

◆ 定 罪 ◆

▶ 本罪定义

★最高人民检察院《关于印发部分罪案〈审查逮捕证据参考标准（试行）〉的通知》（2003年11月27日）（节录）

七、非法拘禁罪案审查逮捕证据参考标准

非法拘禁罪，是指触犯《刑法》第238条的规定，以拘禁或者其他强制方法，非法剥夺他人人身自由的行为。其他以非法拘禁罪定罪处罚的有：收买被拐卖的妇女、儿童，非法剥夺、限制其人身自由的。

......

★最高人民检察院《关于渎职侵权犯罪案件立案标准的规定》（2006年7月26日）（节录）

二、国家机关工作人员利用职权实施的侵犯公民人身权利、民主权利犯罪案件

（一）国家机关工作人员利用职权实施的非法拘禁案（第二百三十八条）

非法拘禁罪是指以拘禁或者其他方法非法剥夺他人人身自由的行为。

第四章 侵犯公民人身权利、民主权利罪

……

▶2 以不准离开工作场所等方式非法限制医务人员人身自由行为的定性

★最高人民法院、最高人民检察院、公安部、司法部、国家卫生和计划生育委员会《关于依法惩处涉医违法犯罪维护正常医疗秩序的意见的通知》（2014年4月22日）（节录）

二、严格依法惩处涉医违法犯罪

（三）以不准离开工作场所等方式非法限制医务人员人身自由的，依照治安管理处罚法第四十条的规定处罚；构成非法拘禁罪的，依照刑法的有关规定定罪处罚。

▶3 为索取高利贷、赌债非法拘禁他人行为的定性

★最高人民法院《关于对为索取法律不予保护的债务非法拘禁他人行为如何定罪问题的解释》（2000年7月19日）（节录）

行为人为索取高利贷、赌债等法律不予保护的债务，非法扣押、拘禁他人的，依照刑法第二百三十八条的规定定罪处罚。

▶4 共同犯罪

★公安部《关于打击拐卖妇女儿童犯罪适用法律和政策有关问题的意见》（2000年3月24日）（节录）

三、关于收买被拐卖的妇女、儿童犯罪

（四）凡是帮助买主实施强奸、伤害、非法拘禁被拐卖的妇女、儿童等犯罪行为的，应当分别以强奸罪、伤害罪、非法拘禁罪等犯罪的共犯立案侦查。

▶5 一罪与数罪

★全国人民代表大会常务委员会《关于严惩拐卖、绑架妇女、儿童的犯罪分子的决定》（1991年9月4日）（节录）

三、严禁收买被拐卖、绑架的妇女、儿童。收买被拐卖、绑架的妇女、儿童的，处三年以下有期徒刑、拘役或者管制。

……

收买被拐卖、绑架的妇女、儿童，非法剥夺、限制其人身自由或者有伤害、侮辱、虐待等犯罪行为的，依照刑法的有关规定处罚。

收买被拐卖、绑架的妇女、儿童，并有本条第二款、第三款规定的犯罪行为的，依照刑法关于数罪并罚的规定处罚。

★最高人民法院、最高人民检察院、公安部《关于办理组织领导传销活动刑事案件适用法律若干问题的意见》（2013年11月14日）（节录）

六、关于罪名的适用问题

……

犯组织、领导传销活动罪，并实施故意伤害、非法拘禁、敲诈勒索、妨害公务、聚众

413

扰乱社会秩序、聚众冲击国家机关、聚众扰乱公共场所秩序、交通秩序等行为，构成犯罪的，依照数罪并罚的规定处罚。

★**最高人民法院、最高人民检察院、公安部、司法部《关于依法办理家庭暴力犯罪案件的意见》**（2015年3月2日）（节录）

三、定罪处罚

16. 依法准确定罪处罚。对故意杀人、故意伤害、强奸、猥亵儿童、非法拘禁、侮辱、暴力干涉婚姻自由、虐待、遗弃等侵害公民人身权利的家庭暴力犯罪，应当根据犯罪的事实、犯罪的性质、情节和对社会的危害程度，严格依照刑法的有关规定判处。对于同一行为同时触犯多个罪名的，依照处罚较重的规定定罪处罚。

量　　刑

▌量刑起点、基准刑的确定

★**最高人民法院《关于常见犯罪的量刑指导意见》**（2014年1月1日）

四、常见犯罪的量刑

（四）非法拘禁罪

1. 构成非法拘禁罪的，可以根据下列不同情形在相应的幅度内确定量刑起点：

（1）犯罪情节一般的，可以在一年以下有期徒刑、拘役幅度内确定量刑起点。

（2）致一人重伤的，可以在三年至五年有期徒刑幅度内确定量刑起点。

（3）致一人死亡的，可以在十年至十三年有期徒刑幅度内确定量刑起点。

2. 在量刑起点的基础上，可以根据非法拘禁人数、拘禁时间、致人伤亡后果等其他影响犯罪构成的犯罪事实增加刑罚量，确定基准刑。

非法拘禁多人多次的，以非法拘禁人数作为增加刑罚量的事实，非法拘禁次数作为调节基准刑的量刑情节。

3. 有下列情节之一的，可以增加基准刑的10%—20%：

（1）具有殴打、侮辱情节的（致人重伤、死亡的除外）；

（2）国家机关工作人员利用职权非法扣押、拘禁他人的。

第二百三十九条【绑架罪】以勒索财物为目的绑架他人的，或者绑架他人作为人质的，处十年以上有期徒刑或者无期徒刑，并处罚金或者没收财产；情节较轻的，处五年以上十年以下有期徒刑，并处罚金。

犯前款罪，杀害被绑架人的，或者故意伤害被绑架人，致人重伤、死亡的，处无期徒刑或者死刑，并处没收财产。①

以勒索财物为目的偷盗婴幼儿的，依照前两款的规定处罚。

---

① 本条第二款系根据2015年8月29日《刑法修正案（九）》第十四条修订，原文为："犯前款罪，致使被绑架人死亡或者杀害被绑架人的，处死刑，并处没收财产。"

第四章 侵犯公民人身权利、民主权利罪

◀ 定 罪 ▶

1 拐卖妇女、儿童过程中绑架行为的定性

★最高人民法院、最高人民检察院、公安部、民政部、司法部、全国妇联《关于打击拐卖妇女儿童犯罪有关问题的通知》(2000年3月20日)(节录)

四、正确适用法律，依法严厉打击拐卖妇女、儿童的犯罪活动……凡是拐卖妇女、儿童的，不论是哪个环节，只要是以出卖为目的，有拐骗、绑架、收买、贩卖、接送、中转、窝藏妇女、儿童的行为之一的，不论拐卖人数多少，是否获利，均应以拐卖妇女、儿童罪追究刑事责任。……

★公安部《关于打击拐卖妇女儿童犯罪适用法律和政策有关问题的意见》(2000年3月24日)(节录)

二、关于拐卖妇女、儿童犯罪

(九)以勒索财物为目的，偷盗婴幼儿的，以绑架罪立案侦查。

2 限制行为能力人构成本罪的认定

★全国人民代表大会常务委员会法制工作委员会《关于已满十四周岁不满十六周岁的人承担刑事责任范围问题的答复意见》(2002年7月24日)(节录)

刑法第十七条第二款规定的八种犯罪，是指具体犯罪行为而不是具体罪名。对于刑法第十七条中规定的"犯故意杀人、故意伤害致人重伤或者死亡"，是指只要故意实施了杀人、伤害行为并且造成了致人重伤、死亡后果的，都应负刑事责任。而不是指只有犯故意杀人罪、故意伤害罪的，才负刑事责任，绑架撕票的，不负刑事责任。对司法实践中出现的已满十四周岁不满十六周岁的人绑架人质后杀害被绑架人、拐卖妇女、儿童而故意造成被拐卖妇女、儿童重伤或死亡的行为，依据刑法是应当追究其刑事责任的。

★最高人民检察院法律政策研究室《关于相对刑事责任年龄的人承担刑事责任范围有关问题的答复》(2003年4月18日)(节录)

一、相对刑事责任年龄的人实施了刑法第十七条第二款规定的行为，应当追究刑事责任，其罪名应当根据所触犯的刑法分则具体条文认定。对于绑架后杀害被绑架人的，其罪名应认定为绑架罪。

3 一罪与数罪

★最高人民法院研究室《关于对在绑架勒索犯罪过程中对同一受害人又有抢劫行为应如何定罪问题的答复》(1995年5月30日)(节录)

行为人在绑架勒索犯罪过程中，又抢劫同一人被害人财物的，应以绑架勒索罪定罪，从重处罚；同时又抢劫他人财物的，应分别以绑架勒索罪、抢劫罪定罪，实行数罪并罚。

★最高人民法院《关于对在绑架过程中以暴力、胁迫等手段当场劫取被害人财物的行为如何适用法律问题的答复》(2001年11月8日)(节录)

行为人在绑架过程中，又以暴力、胁迫等手段当场劫取被害人财物，构成犯罪的，择一重罪处罚。

★最高人民法院《关于审理抢劫、抢夺刑事案件适用法律若干问题的意见》(2005年

6月8日)(节录)

九、关于抢劫罪与相似犯罪的界限

3. 抢劫罪与绑架罪的界限……绑架过程中又当场劫取被害人随身携带财物的,同时触犯绑架罪和抢劫罪两罪名,应择一重罪定罪处罚。

★**最高人民法院、最高人民检察院、公安部《关于办理暴力恐怖和宗教极端刑事案件适用法律若干问题的意见》**(2014年9月9日)(节录)

二、准确认定案件性质

(一)……组织、领导、参加恐怖活动组织,同时实施杀人、放火、爆炸、非法制造爆炸物、绑架、抢劫等罪的,以组织、领导、参加恐怖组织罪和故意杀人罪、放火罪、爆炸罪、非法制造爆炸物罪、绑架罪、抢劫罪等数罪并罚。

4 此罪与彼罪

★**最高人民法院《关于审理抢劫、抢夺刑事案件适用法律若干问题的意见》**(2005年6月8日)(节录)

九、关于抢劫罪与相似犯罪的界限

3. 抢劫罪与绑架罪的界限

绑架罪是侵害他人人身自由权利的犯罪,其与抢劫罪的区别在于:第一,主观方面不尽相同。抢劫罪中,行为人一般出于非法占有他人财物的故意实施抢劫行为,绑架罪中,行为人既可能为勒索他人财物而实施绑架行为,也可能出于其他非经济目的实施绑架行为;第二,行为手段不尽相同。抢劫罪表现为行为人劫取财物一般应在同一时间、同一地点,具有"当场性";绑架罪表现为行为人以杀害、伤害等方式向被绑架人的亲属或其他人或单位发出威胁,索取赎金或提出其他非法要求,劫取财物一般不具有"当场性"。

绑架过程中又当场劫取被害人随身携带财物的,同时触犯绑架罪和抢劫罪两罪名,应择一重罪定罪处罚。

─── 量 刑 ───

1 从重处罚

★**最高人民法院《关于贯彻宽严相济刑事政策的若干意见》**(2010年2月8日)(节录)

二、准确把握和正确适用依法从"严"的政策要求

7. 贯彻宽严相济刑事政策,必须毫不动摇地坚持依法严惩严重刑事犯罪的方针。对于危害国家安全犯罪、恐怖组织犯罪、邪教组织犯罪、黑社会性质组织犯罪、恶势力犯罪、故意危害公共安全犯罪等严重危害国家政权稳固和社会治安的犯罪,故意杀人、故意伤害致人死亡、强奸、绑架、拐卖妇女儿童、抢劫、重大抢夺、重大盗窃等严重暴力犯罪和严重影响人民群众安全感的犯罪,走私、贩卖、运输、制造毒品等毒害人民健康的犯罪,要作为严惩的重点,依法从重处罚。

第四章 侵犯公民人身权利、民主权利罪

第二百四十条【拐卖妇女、儿童罪】 拐卖妇女、儿童的，处五年以上十年以下有期徒刑，并处罚金；有下列情形之一的，处十年以上有期徒刑或者无期徒刑，并处罚金或者没收财产；情节特别严重的，处死刑，并处没收财产：

（一）拐卖妇女、儿童集团的首要分子；

（二）拐卖妇女、儿童三人以上的；

（三）奸淫被拐卖的妇女的；

（四）诱骗、强迫被拐卖的妇女卖淫或者将被拐卖的妇女卖给他人迫使其卖淫的；

（五）以出卖为目的，使用暴力、胁迫或者麻醉方法绑架妇女、儿童的；

（六）以出卖为目的，偷盗婴幼儿的；

（七）造成被拐卖的妇女、儿童或者其亲属重伤、死亡或者其他严重后果的；

（八）将妇女、儿童卖往境外的。

拐卖妇女、儿童是指以出卖为目的，有拐骗、绑架、收买、贩卖、接送、中转妇女、儿童的行为之一的。

关联法条：第九十五条、第二百四十一条（第5款）

◀ 定　　罪 ▶

▶1 本罪定义

★全国人民代表大会常务委员会《关于严惩拐卖、绑架妇女、儿童的犯罪分子的决定》（1991年9月4日，2009年修订）（节录）

一、……

拐卖妇女、儿童是指以出卖为目的，有拐骗、收买、贩卖、接送、中转妇女、儿童的行为之一的。

▶2 "妇女"的认定

★最高人民法院《关于审理拐卖妇女案件适用法律有关问题的解释》（2000年1月25日）（节录）

第一条　刑法第二百四十条规定的拐卖妇女罪中的"妇女"，既包括具有中国国籍的妇女，也包括具有外国国籍和无国籍的妇女。被拐卖的外国妇女没有身份证明的，不影响对犯罪分子的定罪处罚。

★公安部《关于打击拐卖妇女儿童犯罪适用法律和政策有关问题的意见》（2000年3月24日）（节录）

八、关于办理涉外案件

（二）拐卖妇女犯罪中的"妇女"，既包括具有中国国籍的妇女，也包括具有外国国籍和无国籍的妇女。被拐卖的外国妇女没有身份证明的，不影响对犯罪分子的立案侦查。

3 "儿童"、"婴儿"、"幼儿"的界定

★最高人民法院《关于审理拐卖妇女儿童犯罪案件具体应用法律若干问题的解释》(2017年1月1日)(节录)

第九条 刑法第二百四十条、第二百四十一条规定的儿童,是指不满十四周岁的人。其中,不满一周岁的为婴儿,一周岁以上不满六周岁的为幼儿。

4 "偷盗婴幼儿"的认定

★最高人民法院《关于审理拐卖妇女儿童犯罪案件具体应用法律若干问题的解释》(2017年1月1日)(节录)

第一条 对婴幼儿采取欺骗、利诱等手段使其脱离监护人或者看护人的,视为刑法第二百四十条第一款第(六)项规定的"偷盗婴幼儿"。

5 以介绍婚姻为名拐卖妇女行为的认定

★最高人民法院《关于审理拐卖妇女儿童犯罪案件具体应用法律若干问题的解释》(2017年1月1日)(节录)

第三条 以介绍婚姻为名,采取非法扣押身份证件、限制人身自由等方式,或者利用妇女人地生疏、语言不通、孤立无援等境况,违背妇女意志,将其出卖给他人的,应当以拐卖妇女罪追究刑事责任。

以介绍婚姻为名,与被介绍妇女串通骗取他人钱财,数额较大的,应当以诈骗罪追究刑事责任。

6 以出卖为目的,倒卖外国妇女行为的定性

★最高人民检察院法律政策研究室《关于以出卖为目的的倒卖外国妇女的行为是否构成拐卖妇女罪的答复》(1998年12月24日)(节录)

刑法第二百四十条明确规定:"拐卖妇女、儿童是以出卖为目的,有拐骗、绑架、收买、贩卖、接送、中转妇女、儿童的行为之一的。"其中作为"收买"对象的妇女、儿童并不要求必须是"被拐骗、绑架的妇女、儿童"。因此,以出卖为目的,收买、贩卖外国妇女,从中牟取非法利益的,应以拐卖妇女罪追究刑事责任。但确属为他人介绍婚姻收取介绍费,而非以出卖为目的的,不能追究刑事责任。

7 外国人拐卖外国妇女、儿童到我国境内被查获行为的处理

★公安部《关于如何处理无法查清身份的外国籍犯罪嫌疑人问题的批复》(1999年1月11日)(节录)

公安机关在办理刑事案件过程中,需要确认外国籍犯罪嫌疑人身份的,如果我国与该犯罪嫌疑人所称的国籍国签订的有关司法协助条约或者共同缔结或参加的国际公约有规定,可以按照有关司法协助条约或者国际公约的规定,请求该国协助查明其身份。如果没有司法协助条约或者国际公约规定,可以通过外交途径或者国际刑警组织渠道办理。

公安机关应当尽可能地查明外国籍犯罪嫌疑人的身份,避免引起外交交涉。如果确实无法查清或者有关国家拒绝协助,可以根据《刑事诉讼法》第一百二十八条第二款的规定处理,即犯罪嫌疑人不讲真实姓名、住址,身份不明,但犯罪事实清楚,证据确实、充分的,也可以按其自报的姓名移送人民检察院审查起诉。

★最高人民法院《关于审理拐卖妇女案件适用法律有关问题的解释》(2000年1月25日)(节录)

第二条 外国人或者无国籍人拐卖外国妇女到我国境内被查获的,应当根据刑法第六条的规定,适用我国刑法定罪处罚。

第三条 对于外国籍被告人身份无法查明或者其国籍国拒绝提供有关身份证明,人民检察院根据刑事诉讼法第一百二十八条第二款①的规定起诉的案件,人民法院应当依法受理。

★公安部《关于打击拐卖妇女儿童犯罪适用法律和政策有关问题的意见》(2000年3月24日)(节录)

八、关于办理涉外案件

(一)外国人或者无国籍人拐卖外国妇女、儿童到我国境内被查获的,应当适用我国刑法,以拐卖妇女、儿童罪立案侦查。

8 以出卖为目的强抢儿童,或捡拾后予以出卖行为的定性

★最高人民法院、最高人民检察院、公安部、民政部、司法部、全国妇联《关于打击拐卖妇女儿童犯罪有关问题的通知》(2000年3月20日)(节录)

四、正确适用法律,依法严厉打击拐卖妇女、儿童的犯罪活动……以营利为目的……出卖不满十四周岁子女,情节恶劣的,借收养名义拐卖儿童的,以及出卖捡拾的儿童的,均应以拐卖儿童罪追究刑事责任。

……

★公安部《关于打击拐卖妇女儿童犯罪适用法律和政策有关问题的意见》(2000年3月24日)(节录)

二、关于拐卖妇女、儿童犯罪

(八)借收养名义拐卖儿童的,出卖捡拾的儿童的,均以拐卖儿童罪立案侦查。

★最高人民法院、最高人民检察院、公安部、司法部《关于依法惩治拐卖妇女儿童犯罪的意见》(2010年3月15日)(节录)

15. 以出卖为目的强抢儿童,或者捡拾儿童后予以出卖,符合刑法第二百四十条第二款规定的,应当以拐卖儿童罪论处。

……

9 以抚养为目的偷盗或拐骗后出卖行为的定性

★最高人民法院、最高人民检察院、公安部、司法部《关于依法惩治拐卖妇女儿童犯罪的意见》(2010年3月15日)(节录)

15. ……

以抚养为目的偷盗婴幼儿或者拐骗儿童,之后予以出卖的,以拐卖儿童罪论处。

10 出卖女性亲属、亲生子女行为的定性

★最高人民法院、最高人民检察院、公安部、民政部、司法部、全国妇联《关于打击

---

① 《刑事诉讼法》(2012年修订)第一百五十八条第二款。

拐卖妇女儿童犯罪有关问题的通知》(2000年3月20日)(节录)

四、正确适用法律,依法严厉打击拐卖妇女、儿童的犯罪活动……出卖亲生子女的,由公安机关依法没收非法所得,并处以罚款;以营利为目的,出卖不满十四周岁子女,情节恶劣的,借收养名义拐卖儿童的,以及出卖捡拾的儿童的,均应以拐卖儿童罪追究刑事责任。出卖十四周岁以上女性亲属或者其他不满十四周岁亲属的,以拐卖妇女、儿童罪追究刑事责任。

……

★公安部《关于打击拐卖妇女儿童犯罪适用法律和政策有关问题的意见》(2000年3月24日)(节录)

二、关于拐卖妇女、儿童犯罪

(六)出卖亲生子女的,由公安机关依法没收非法所得,并处以罚款;以营利为目的,出卖不满十四周岁子女,情节恶劣的,以拐卖儿童罪立案侦查。

(七)出卖十四周岁以上女性亲属或者其他不满十四周岁亲属的,以拐卖妇女、儿童罪立案侦查。

★最高人民法院、最高人民检察院、公安部、司法部《关于依法惩治拐卖妇女儿童犯罪的意见》(2010年3月15日)(节录)

16. 以非法获利为目的,出卖亲生子女的,应当以拐卖妇女、儿童罪论处。

11 将妇女拐卖给有关场所,致使其被迫从事色情服务行为的定性

★最高人民法院、最高人民检察院、公安部、司法部《关于依法惩治拐卖妇女儿童犯罪的意见》(2010年3月15日)(节录)

18. 将妇女拐卖给有关场所,致使被拐卖的妇女被迫卖淫或者从事其他色情服务的,以拐卖妇女罪论处。

……

12 以非法获利为目的,医疗机构、社会福利机构等单位的工作人员将所诊疗、护理、抚养的儿童贩卖给他人行为的定性

★最高人民法院、最高人民检察院、公安部、司法部《关于依法惩治拐卖妇女儿童犯罪的意见》(2010年3月15日)(节录)

19. 医疗机构、社会福利机构等单位的工作人员以非法获利为目的,将所诊疗、护理、抚养的儿童贩卖给他人的,以拐卖儿童罪论处。

★最高人民法院《关于审理拐卖妇女儿童犯罪案件具体应用法律若干问题的解释》(2017年1月1日)(节录)

第二条 医疗机构、社会福利机构等单位的工作人员以非法获利为目的,将所诊疗、护理、抚养的儿童出卖给他人的,以拐卖儿童罪论处。

13 限制行为能力人构成本罪的认定

★全国人民代表大会常务委员会法制工作委员会《关于已满十四周岁不满十六周岁的人承担刑事责任范围问题的答复意见》(2002年7月24日)(节录)

刑法第十七条第二款规定的八种犯罪,是指具体犯罪行为而不是具体罪名。对于刑法

第四章 侵犯公民人身权利、民主权利罪

第十七条中规定的"犯故意杀人、故意伤害致人重伤或者死亡",是指只要故意实施了杀人、伤害行为并且造成了致人重伤、死亡后果的,都应负刑事责任。而不是指只有犯故意杀人罪、故意伤害罪的,才负刑事责任,绑架撕票的,不负刑事责任。对司法实践中出现的已满十四周岁不满十六周岁的人绑架人质后杀害被绑架人、拐卖妇女、儿童而故意造成被拐卖妇女、儿童重伤或死亡的行为,依据刑法是应当追究其刑事责任的。

14 共同犯罪

★公安部《关于打击拐卖妇女儿童犯罪适用法律和政策有关问题的意见》(2000 年 3 月 24 日)(节录)

二、关于拐卖妇女、儿童犯罪

(三) 明知是拐卖妇女、儿童的犯罪分子而事先通谋,为其拐卖行为提供资助或者其他便利条件的,应当以拐卖妇女、儿童罪的共犯立案侦查。

(五) 教唆他人实施拐卖妇女、儿童犯罪的,以拐卖妇女、儿童罪的共犯立案侦查。向他人传授拐卖妇女、儿童的犯罪方法的,以传授犯罪方法罪立案侦查。明知是拐卖妇女、儿童的犯罪分子,而在其实施犯罪后为其提供隐藏处所、财物,帮助其逃匿或者作假证明包庇的,以窝藏、包庇罪立案侦查。

★最高人民法院、最高人民检察院、公安部、司法部《关于依法惩治拐卖妇女儿童犯罪的意见》(2010 年 3 月 15 日)(节录)

六、共同犯罪

21. 明知他人拐卖妇女、儿童,仍然向其提供被拐卖妇女、儿童的健康证明、出生证明或者其他帮助的,以拐卖妇女、儿童罪的共犯论处。

明知他人收买被拐卖的妇女、儿童,仍然向其提供被收买的妇女、儿童的户籍证明、出生证明或者其他帮助的,以收买被拐卖的妇女、儿童罪的共犯论处,但是,收买人未被追究刑事责任的除外。

认定是否"明知",应当根据证人证言、犯罪嫌疑人、被告人及其同案人供述和辩解,结合提供帮助的人次,以及是否明显违反相关规章制度、工作流程等,予以综合判断。

22. 明知他人系拐卖儿童的"人贩子",仍然利用从事诊疗、福利救助等工作的便利或者了解被拐卖方情况的条件,居间介绍的,以拐卖儿童罪的共犯论处。

23. 对于拐卖妇女、儿童犯罪的共犯,应当根据各被告人在共同犯罪中的分工、地位、作用,参与拐卖的人数、次数,以及分赃数额等,准确区分主从犯。

对于组织、领导、指挥拐卖妇女、儿童的某一个或者某几个犯罪环节,或者积极参与实施拐骗、绑架、收买、贩卖、接送、中转妇女、儿童等犯罪行为的,起主要作用的,应当认定为主犯。

对于仅提供被拐卖妇女、儿童信息或者相关证明文件,或者进行居间介绍,起辅助或者次要作用,没有获利或者获利较少的,一般可认定为从犯。

对于各被告人在共同犯罪中的地位、作用区别不明显的,可以不区分主从犯。

15 一罪与数罪

★最高人民法院、最高人民检察院、公安部、民政部、司法部、全国妇联《关于打击

拐卖妇女儿童犯罪有关问题的通知》(2000年3月20日)(节录)

四、正确适用法律,依法严厉打击拐卖妇女、儿童的犯罪活动……凡是拐卖妇女、儿童的,不论是哪个环节,只要是以出卖为目的,有拐骗、绑架、收买、贩卖、接送、中转、窝藏妇女、儿童的行为之一的,不论拐卖人数多少,是否获利,均应以拐卖妇女、儿童罪追究刑事责任……

★公安部《关于打击拐卖妇女儿童犯罪适用法律和政策有关问题的意见》(2000年3月24日)(节录)

二、关于拐卖妇女、儿童犯罪

(一)要正确认定拐卖妇女、儿童罪。凡是拐卖妇女、儿童的,不论是哪个环节,只要是以出卖为目的,有拐骗、绑架、收买、贩卖、接送、中转妇女、儿童的行为之一的,均以拐卖妇女、儿童罪立案侦查。

(二)在办理拐卖妇女、儿童案件中,不论拐卖人数多少,是否获利,只要实施拐卖妇女、儿童行为的,均应当以拐卖妇女、儿童罪立案侦查。

(四)对拐卖过程中奸淫被拐卖妇女的;诱骗、强迫被拐卖的妇女卖淫或者将被拐卖的妇女卖给他人迫使其卖淫的;以出卖为目的使用暴力、胁迫、麻醉等方法绑架妇女、儿童的;以出卖为目的,偷盗婴幼儿的;造成被拐卖的妇女、儿童或者其亲属重伤、死亡或者其他严重后果的,均以拐卖妇女、儿童罪立案侦查。

(十)犯组织他人偷越国(边)境罪,对被组织的妇女、儿童有拐卖犯罪行为的,以组织他人偷越国(边)境罪和拐卖妇女、儿童罪立案侦查。

★公安部《关于妨害国(边)境管理犯罪案件立案标准及有关问题的通知》(2000年3月31日)(节录)

一、立案标准

……

在组织、运送他人偷越国(边)境中,对被组织人、被运送人有杀害、伤害、强奸、拐卖等犯罪行为的,或者对检查人员有杀害、伤害等犯罪行为的,应当分别依照杀人、伤害、强奸、拐卖等案件一并立案侦查。

★最高人民法院、最高人民检察院、公安部、司法部《关于依法惩治拐卖妇女儿童犯罪的意见》(2010年3月15日)(节录)

五、定性

18. 将妇女拐卖给有关场所,致使被拐卖的妇女被迫卖淫或者从事其他色情服务的,以拐卖妇女罪论处。

有关场所的经营管理人员事前与拐卖妇女的犯罪人通谋的,对该经营管理人员以拐卖妇女罪的共犯论处;同时构成拐卖妇女罪和组织卖淫罪的,择一重罪论处。

七、一罪与数罪

24. 拐卖妇女、儿童,又奸淫被拐卖的妇女、儿童,或者诱骗、强迫被拐卖的妇女、儿童卖淫的,以拐卖妇女、儿童罪处罚。

25. 拐卖妇女、儿童,又对被拐卖的妇女、儿童实施故意杀害、伤害、猥亵、侮辱等

第四章　侵犯公民人身权利、民主权利罪

行为，构成其他犯罪的，依照数罪并罚的规定处罚。

26. 拐卖妇女、儿童或者收买被拐卖的妇女、儿童，又组织、教唆被拐卖、收买的妇女、儿童进行犯罪的，以拐卖妇女、儿童罪或者收买被拐卖的妇女、儿童罪与其所组织、教唆的罪数罪并罚。

27. 拐卖妇女、儿童或者收买被拐卖的妇女、儿童，又组织、教唆被拐卖、收买的未成年妇女、儿童进行盗窃、诈骗、抢夺、敲诈勒索等违反治安管理活动的，以拐卖妇女、儿童罪或者收买被拐卖的妇女、儿童罪与组织未成年人进行违反治安管理活动罪数罪并罚。

16 罪与非罪

★最高人民法院、最高人民检察院、公安部、民政部、司法部、全国妇联《关于坚决打击拐卖妇女儿童犯罪活动的通知》（1986年11月27日）（节录）

三、……

要注意区分罪与非罪的界限。把在青年男女双方自愿基础上介绍婚姻，收受部分钱物的牵线人，与拐卖妇女的犯罪分子严格加以区别。

……

★最高人民法院《全国法院维护农村稳定刑事审判工作座谈会纪要》（1999年10月27日）（节录）

二、（六）关于拐卖妇女、儿童犯罪案件

……

要严格把握此类案件罪与非罪的界限。对于买卖至亲的案件，要区别对待：以贩卖牟利为目的"收养"子女的，应以拐卖儿童罪处理；对那些迫于生活困难、受重男轻女思想影响而出卖亲生子女或收养子女，可不作为犯罪处理；对于出卖子女确属情节恶劣的，可按遗弃罪处罚；对于那些确属介绍婚姻，且被介绍的男女双方相互了解对方的基本情况，或者确属介绍收养，并经被收养人父母同意的，尽管介绍的人数较多，从中收取财物较多，也不应作犯罪处理。

★最高人民法院、最高人民检察院、公安部、司法部《关于依法惩治拐卖妇女儿童犯罪的意见》（2010年3月15日）（节录）

17. 要严格区分借送养之名出卖亲生子女与民间送养行为的界限。区分的关键在于行为人是否具有非法获利的目的。应当通过审查对子女"送"人的背景和原因、有无收取钱财及收取钱财的多少、对方是否具有抚养目的及有无抚养能力等事实，综合判断行为人是否具有非法获利的目的。

具有下列情形之一的，可以认定属于出卖亲生子女，应当以拐卖妇女、儿童罪论处：

（1）将生育作为非法获利手段，生育后即出卖子女的；

（2）明知对方不具有抚养目的，或者根本不考虑对方是否具有抚养目的，为收取钱财将子女"送"给他人的；

（3）为收取明显不属于"营养费"、"感谢费"的巨额钱财将子女"送"给他人的；

（4）其他足以反映行为人具有非法获利目的的"送养"行为的。

不是出于非法获利目的，而是迫于生活困难，或者受重男轻女思想影响，私自将没有

· 423 ·

独立生活能力的子女送给他人抚养，包括收取少量"营养费"、"感谢费"的，属于民间送养行为，不能以拐卖妇女、儿童罪论处。对私自送养导致子女身心健康受到严重损害，或者具有其他恶劣情节，符合遗弃罪特征的，可以遗弃罪论处；情节显著轻微危害不大的，可由公安机关依法予以行政处罚。

17 解救、善后安置

★最高人民法院、最高人民检察院、公安部、民政部、司法部、全国妇联《关于打击拐卖妇女儿童犯罪有关问题的通知》（2000年3月20日）（节录）

六、切实做好解救和善后安置工作，保护被拐卖妇女、儿童的合法权益。解救被拐卖的妇女、儿童，是人民政府和政法机关的重要职责。公安、司法行政、民政、妇联等有关部门和组织要明确责任，各司其职，相互配合，通力合作。解救工作要充分依靠当地党委、政府的支持，做好对基层干部和群众的说服教育工作，注意方式、方法，慎用警械、武器，避免激化矛盾，防止出现围攻执法人员、聚众阻碍解救等突发事件。

对于被拐卖的未成年女性、现役军人配偶、遭受摧残虐待、被强迫卖淫或者从事其他色情服务的妇女，以及本人要求解救的妇女，要立即解救。对于自愿继续留在现住地生活的成年女性，应尊重本人意愿，愿在现住地结婚且符合法定结婚条件的，应当依法办理结婚登记手续。被拐卖妇女与买主所生子女的抚养问题，可由双方协商解决或由人民法院裁决。对于遭受摧残虐待的、被强迫乞讨或从事违法犯罪活动的，以及本人要求解救的被拐卖儿童，应当立即解救。对于解救的被拐卖儿童，由其父母或者其他监护人户口所在地公安机关负责接回。

公安、民政、妇联等有关部门和组织应当密切配合，做好被解救妇女、儿童的善后安置工作。任何单位和个人不得歧视被拐卖的妇女、儿童。对被解救回的未成年人，其父母及其他监护人应当接收并认真履行抚养义务。拒绝接收，拒不履行抚养义务，构成犯罪的，以遗弃罪追究刑事责任。

◆ 量　刑 ◆

1 从严处罚、从重处罚

★最高人民法院、最高人民检察院、公安部、民政部、司法部、全国妇联《关于坚决打击拐卖妇女儿童犯罪活动的通知》（1986年11月27日）（节录）

三、……对构成拐卖人口罪的，不管是直接拐卖、间接拐卖……都要坚决打击。对其中的惯犯、累犯、犯罪集团的主犯，对用劫持、绑架等手段拐卖妇女、儿童，摧残、虐待被拐卖妇女、儿童的犯罪分子，必须依法从重从快惩处。

……

★全国人民代表大会常务委员会《关于严惩拐卖、绑架妇女、儿童的犯罪分子的决定》（1991年9月4日，2009年修订）（节录）

一、拐卖妇女、儿童的，处五年以上十年以下有期徒刑，并处一万元以下罚金；有下列情形之一的，处十年以上有期徒刑或者无期徒刑，并处一万元以下罚金或者没收财产；情节特别严重的，处死刑，并处没收财产：

（一）拐卖妇女、儿童集团的首要分子；

第四章 侵犯公民人身权利、民主权利罪

（二）拐卖妇女、儿童三人以上的；
（三）奸淫被拐卖的妇女的；
（四）诱骗、强迫被拐卖的妇女卖淫或者将被拐卖的妇女卖给他人迫使其卖淫的；
（五）造成被拐卖的妇女、儿童或者其亲属重伤、死亡或者其他严重后果的；
（六）将妇女、儿童卖往境外的。

二、以出卖为目的，使用暴力、胁迫或者麻醉方法绑架妇女、儿童的，处十年以上有期徒刑或者无期徒刑，并处一万元以下罚金或者没收财产；情节特别严重的，处死刑，并处没收财产。

以出卖或者勒索财物为目的，偷盗婴幼儿的，依照本条第一款的规定处罚。

以勒索财物为目的绑架他人的，依照本条第一款的规定处罚。

三、严禁收买被拐卖、绑架的妇女、儿童。收买被拐卖、绑架的妇女、儿童的，处三年以下有期徒刑、拘役或者管制。

收买被拐卖、绑架的妇女，强行与其发生性关系的，依照刑法关于强奸罪的规定处罚。

收买被拐卖、绑架的妇女、儿童，非法剥夺、限制其人身自由或者有伤害、侮辱、虐待等犯罪行为的，依照刑法的有关规定处罚。

收买被拐卖、绑架的妇女、儿童，并有本条第二款、第三款规定的犯罪行为的，依照刑法关于数罪并罚的规定处罚。

收买被拐卖、绑架的妇女、儿童又出卖的，依照本决定第一条的规定处罚。

收买被拐卖、绑架的妇女、儿童，按照被买妇女的意愿，不阻碍其返回原居住地的，对被买儿童没有虐待行为，不阻碍对其进行解救的，可以不追究刑事责任。

★最高人民法院《全国法院维护农村稳定刑事审判工作座谈会纪要》（1999年10月27日）（节录）

二、（六）关于拐卖妇女、儿童犯罪案件

要从严惩处拐卖妇女、儿童犯罪团伙的首要分子和以拐卖妇女、儿童为常业的"人贩子"。

……

★最高人民法院《关于贯彻宽严相济刑事政策的若干意见》（2010年2月8日）（节录）

二、准确把握和正确适用依法从"严"的政策要求

7. 贯彻宽严相济刑事政策，必须毫不动摇地坚持依法严惩严重刑事犯罪的方针。对于危害国家安全犯罪、恐怖组织犯罪、邪教组织犯罪、黑社会性质组织犯罪、恶势力犯罪、故意危害公共安全犯罪等严重危害国家政权稳固和社会治安的犯罪，故意杀人、故意伤害致人死亡、强奸、绑架、拐卖妇女儿童、抢劫、重大抢夺、重大盗窃等严重暴力犯罪和严重影响人民群众安全感的犯罪，走私、贩卖、运输、制造毒品等毒害人民健康的犯罪，要作为严惩的重点，依法从重处罚。尤其对于极端仇视国家和社会，以不特定人为侵害对象，所犯罪行特别严重的犯罪分子，该重判的要坚决依法重判，该判处死刑的要坚决依法判处

· 425 ·

死刑。

★最高人民法院、最高人民检察院、公安部、司法部《关于依法惩治拐卖妇女儿童犯罪的意见》(2010 年 3 月 15 日)(节录)

八、刑罚适用

28. 对于拐卖妇女、儿童犯罪集团的首要分子,情节严重的主犯,累犯,偷盗婴幼儿、强抢儿童情节严重,将妇女、儿童卖往境外情节严重,拐卖妇女、儿童多人多次、造成伤亡后果,或者具有其他严重情节的,依法从重处罚;情节特别严重的,依法判处死刑。

拐卖妇女、儿童,并对被拐卖的妇女、儿童实施故意杀害、伤害、猥亵、侮辱等行为,数罪并罚决定执行的刑罚应当依法体现从严。

29. 对于拐卖妇女、儿童的犯罪分子,应当注重依法适用财产刑,并切实加大执行力度,以强化刑罚的特殊预防与一般预防效果。

▶2 从轻、减轻、免予处罚

★最高人民法院、最高人民检察院、公安部、司法部《关于依法惩治拐卖妇女儿童罪的意见》(2010 年 3 月 15 日)(节录)

八、刑罚适用

31. 多名家庭成员或者亲友共同参与出卖亲生子女,或者"买人为妻"、"买人为子"构成收买被拐卖的妇女、儿童罪的,一般应当在综合考察犯意提起、各行为人在犯罪中所起作用等情节的基础上,依法追究其中罪责较重者的刑事责任。对于其他情节显著轻微危害不大,不认为是犯罪的,依法不追究刑事责任;必要时可以由公安机关予以行政处罚。

32. 具有从犯、自首、立功等法定从宽处罚情节的,依法从轻、减轻或者免除处罚。

对被拐卖的妇女、儿童没有实施摧残、虐待等违法犯罪行为,或者能够协助解救被拐卖的妇女、儿童,或者具有其他酌定从宽处罚情节的,可以依法酌情从轻处罚。

33. 同时具有从严和从宽处罚情节的,要在综合考察拐卖妇女、儿童的手段、拐卖妇女、儿童或者收买被拐卖妇女、儿童的人次、危害后果以及被告人主观恶性、人身危险性等因素的基础上,结合当地此类犯罪发案情况和社会治安状况,决定对被告人总体从严或者从宽处罚。

▶3 自首、立功

★最高人民法院、最高人民检察院、公安部、司法部《关于限令拐卖妇女儿童犯罪人员投案自首的通告》(2011 年 1 月 1 日)

一、限令实施或者参与拐卖妇女、儿童,收买被拐卖的妇女、儿童,聚众阻碍解救被拐卖的妇女、儿童的犯罪人员,自 2011 年 1 月 1 日起至 2011 年 3 月 31 日到公安机关等有关单位、组织投案自首。

二、亲友应当积极规劝犯罪人员尽快投案自首,经亲友规劝、陪同投案的,或者亲友主动报案后将犯罪人员送去投案的,均视为自动投案。

三、在限令期限内自动投案的犯罪人员,如实供述自己罪行的,依法可以从轻或者减轻处罚;犯罪情节较轻的,可以免除处罚。被采取强制措施或正在服刑期间,如实供述司

第四章 侵犯公民人身权利、民主权利罪

法机关尚未掌握的拐卖犯罪行为的，如果该罪行与司法机关已掌握的或者判决确定的罪行属不同种罪行的，以自首论；如果该罪行系司法机关尚未掌握的同种拐卖犯罪的，一般应当从轻处罚。

被追诉前主动向公安机关报案或者向有关单位反映，愿意让被收买妇女返回原居住地，或者将被收买儿童送回其家庭，或者将被收买妇女、儿童交给公安、民政、妇联等机关、组织，没有其他严重情节的，可以依法免予刑事处罚。

四、犯罪人员有检举、揭发他人拐卖妇女、儿童犯罪行为，经查证属实的，以及提供重要线索，从而得以侦破其他犯罪案件等立功表现的，或者协助司法机关抓获其他犯罪嫌疑人的，可以依法从轻或者减轻处罚；有重大立功表现的，可以依法减轻或者免除处罚。

犯罪后自首又有重大立功表现的，应当依法减轻或者免除处罚。

五、逾期拒不投案自首的，或者转移、藏匿被收买的妇女、儿童，阻碍其返回原居住地或者阻碍解救的，经查实，依法从严惩处。

六、鼓励广大人民群众积极举报、控告拐卖妇女、儿童犯罪。司法机关对举报人、控告人依法予以保护。对威胁、报复举报人、控告人的，应当依法追究刑事责任。

七、窝藏、包庇犯罪分子，帮助犯罪分子毁灭、伪造证据的，应当依法追究刑事责任。

第二百四十一条【收买被拐卖的妇女、儿童罪】 收买被拐卖的妇女、儿童的，处三年以下有期徒刑、拘役或者管制。

【强奸罪】 收买被拐卖的妇女，强行与其发生性关系的，依照本法第二百三十六条的规定定罪处罚。

收买被拐卖的妇女、儿童，非法剥夺、限制其人身自由或者有伤害、侮辱等犯罪行为的，依照本法的有关规定定罪处罚。

收买被拐卖的妇女、儿童，并有第二款、第三款规定的犯罪行为的，依照数罪并罚的规定处罚。

【拐卖妇女、儿童罪】 收买被拐卖的妇女、儿童又出卖的，依照本法第二百四十条的规定定罪处罚。

收买被拐卖的妇女、儿童，对被买儿童没有虐待行为，不阻碍对其进行解救的，可以从轻处罚；按照被买妇女的意愿，不阻碍其返回原居住地的，可以从轻或者减轻处罚。①

◀ 定　　罪 ▶

1 "阻碍对其进行解救"的认定

★最高人民法院《关于审理拐卖妇女儿童犯罪案件具体应用法律若干问题的解释》

---

① 2015年8月29日《刑法修正案（九）》第十五条删除了本条原第六款"可以不追究刑事责任"的规定，相应提高了收买行为的刑罚。

(2017年1月1日)(节录)

第四条 在国家机关工作人员排查来历不明儿童或者进行解救时,将所收买的儿童藏匿、转移或者实施其他妨碍解救行为,经说服教育仍不配合的,属于刑法第二百四十一条第六款规定的"阻碍对其进行解救"。

▶2 "按照被买妇女的意愿,不阻碍其返回原居住地"的认定

★最高人民法院《关于审理拐卖妇女儿童犯罪案件具体应用法律若干问题的解释》(2017年1月1日)(节录)

第五条 收买被拐卖的妇女,业已形成稳定的婚姻家庭关系,解救时被买妇女自愿继续留在当地共同生活的,可以视为"按照被买妇女的意愿,不阻碍其返回原居住地"。

▶3 共同犯罪

★公安部《关于打击拐卖妇女儿童犯罪适用法律和政策有关问题的意见》(2000年3月24日)(节录)

三、关于收买被拐卖的妇女、儿童犯罪

(四)凡是帮助买主实施强奸、伤害、非法拘禁被拐卖的妇女、儿童等犯罪行为的,应当分别以强奸罪、伤害罪、非法拘禁罪等犯罪的共犯立案侦查。

★最高人民法院、最高人民检察院、公安部、司法部《关于依法惩治拐卖妇女儿童犯罪的意见》(2010年3月15日)

六、共同犯罪

21.……

明知他人收买被拐卖的妇女、儿童,仍然向其提供被收买妇女、儿童的户籍证明、出生证明或者其他帮助的,以收买被拐卖的妇女、儿童罪的共犯论处,但是,收买人未被追究刑事责任的除外。

认定是否"明知",应当根据证人证言、犯罪嫌疑人、被告人及其同案人供述和辩解,结合提供帮助的人次,以及是否明显违反相关规章制度、工作流程等,予以综合判断。

★最高人民法院《关于审理拐卖妇女儿童犯罪案件具体应用法律若干问题的解释》(2017年1月1日)(节录)

第八条 出于结婚目的收买被拐卖的妇女,或者出于抚养目的收买被拐卖的儿童,涉及多名家庭成员、亲友参与的,对其中起主要作用的人员应当依法追究刑事责任。

▶4 一罪与数罪

★公安部《关于打击拐卖妇女儿童犯罪适用法律和政策有关问题的意见》(2000年3月24日)(节录)

三、关于收买被拐卖的妇女、儿童犯罪

(一)收买被拐卖的妇女、儿童的,以收买被拐卖的妇女、儿童罪立案侦查。

(二)收买被拐卖的妇女、儿童,并有下列犯罪行为的,同时以收买被拐卖的妇女、儿童罪和下列罪名立案侦查:

1. 违背被拐卖妇女的意志,强行与其发生性关系的,以强奸罪立案侦查。

2. 明知收买的妇女是精神病患者(间歇性精神病患者在发病期间)或者痴呆者(程度

第四章 侵犯公民人身权利、民主权利罪

严重的)而与其发生性关系的,以强奸罪立案侦查。

3. 与收买的不满十四周岁的幼女发生性关系的,不论被害人是否同意,均以奸淫幼女罪立案侦查。

4. 非法剥夺、限制被拐卖的妇女、儿童人身自由的,或者对其实施伤害、侮辱、猥亵等犯罪行为的,以非法拘禁罪,或者伤害罪、侮辱罪、强制猥亵妇女罪、猥亵儿童罪等犯罪立案侦查。

5. 明知被拐卖的妇女是现役军人的妻子而与之同居或者结婚的,以破坏军婚罪立案侦查。

★最高人民法院、最高人民检察院、公安部、司法部《关于依法惩治拐卖妇女儿童犯罪的意见》(2010 年 3 月 15 日)(节录)

五、定性

20. 明知是被拐卖的妇女、儿童而收买,具有下列情形之一的,以收买被拐卖的妇女、儿童罪论处;同时构成其他犯罪的,依照数罪并罚的规定处罚:

(1) 收买被拐卖的妇女后,违背被收买妇女的意愿,阻碍其返回原居住地的;

(2) 阻碍对被收买妇女、儿童进行解救的;

(3) 非法剥夺、限制收买妇女、儿童的人身自由,情节严重,或者对被收买妇女、儿童有强奸、伤害、侮辱、虐待等行为的;

(4) 所收买的妇女、儿童被解救后又再次收买,或者收买多名被拐卖的妇女、儿童的;

(5) 组织、诱骗、强迫被收买的妇女、儿童从事乞讨、苦役,或者盗窃、传销、卖淫等违法犯罪活动的;

(6) 造成被收买妇女、儿童或者其亲属重伤、死亡以及其他严重后果的;

(7) 具有其他严重情节的。

七、一罪与数罪

26. 拐卖妇女、儿童或者收买被拐卖的妇女、儿童,又组织、教唆被拐卖、收买的妇女、儿童进行犯罪的,以拐卖妇女、儿童罪或者收买被拐卖的妇女、儿童罪与其所组织、教唆的罪数罪并罚。

27. 拐卖妇女、儿童或者收买被拐卖的妇女、儿童,又组织、教唆被拐卖、收买的未成年妇女、儿童进行盗窃、诈骗、抢夺、敲诈勒索等违反治安管理活动的,以拐卖妇女、儿童罪或者收买被拐卖的妇女、儿童罪与组织未成年人进行违反治安管理活动罪数罪并罚。

★最高人民法院《关于审理拐卖妇女儿童犯罪案件具体应用法律若干问题的解释》(2017 年 1 月 1 日)(节录)

第六条 收买被拐卖的妇女、儿童后又组织、强迫卖淫或者组织乞讨、进行违反治安管理活动等构成其他犯罪的,依照数罪并罚的规定处罚。

第七条 收买被拐卖的妇女、儿童,又以暴力、威胁方法阻碍国家机关工作人员解救被收买的妇女、儿童,或者聚众阻碍国家机关工作人员解救被收买的妇女、儿童,构成妨害公务罪、聚众阻碍解救被收买的妇女、儿童罪的,依照数罪并罚的规定处罚。

━━━━◢ 量 刑 ◣━━━━

1 刑罚适用

★最高人民法院、最高人民检察院、公安部、司法部《关于依法惩治拐卖妇女儿童犯罪的意见》(2010 年 3 月 15 日)(节录)

第二编 分　　则

八、刑罚适用

30. 犯收买被拐卖的妇女、儿童罪，对被收买妇女、儿童实施违法犯罪活动或者将其作为牟利工具的，处罚时应当依法体现从严。

收买被拐卖的妇女、儿童，对被收买妇女、儿童没有实施摧残、虐待行为或者与其已形成稳定的婚姻家庭关系，但仍应依法追究刑事责任的，一般应当从轻处罚；符合缓刑条件的，可以依法适用缓刑。

33. 同时具有从严和从宽处罚情节的，要在综合考察拐卖妇女、儿童的手段、拐卖妇女、儿童或者收买被拐卖妇女、儿童的人次、危害后果以及被告人主观恶性、人身危险性等因素的基础上，结合当地此类犯罪发案情况和社会治安状况，决定对被告人总体从严或者从宽处罚。

▶2 免予处罚

★最高人民法院、最高人民检察院、公安部、司法部《关于依法惩治拐卖妇女儿童犯罪的意见》（2010年3月15日）（节录）

八、刑罚适用

30. ……

收买被拐卖的妇女、儿童，犯罪情节轻微的，可以依法免予刑事处罚。

31. 多名家庭成员或者亲友共同参与出卖亲生子女，或者"买人为妻"、"买人为子"构成收买被拐卖的妇女、儿童罪的，一般应当在综合考察犯意提起、各行为人在犯罪中所起作用等情节的基础上，依法追究其中罪责较重者的刑事责任。对于其他情节显著轻微危害不大，不认为是犯罪的，依法不追究刑事责任；必要时可以由公安机关予以行政处罚。

★最高人民法院、最高人民检察院、公安部、司法部《关于限令拐卖妇女儿童犯罪人员投案自首的通告》（2011年1月1日）

（参见第二百四十条：【量刑】：3. 自首、立功，P426）

第二百四十二条【妨害公务罪】以暴力、威胁方法阻碍国家机关工作人员解救被收买的妇女、儿童的，依照本法第二百七十七条的规定定罪处罚。

【聚众阻碍解救被收买的妇女、儿童罪】聚众阻碍国家机关工作人员解救被收买的妇女、儿童的首要分子，处五年以下有期徒刑或者拘役；其他参与者使用暴力、威胁方法的，依照前款的规定处罚。

◀　定　　罪　▶

▶1 阻挠解救被害妇女、儿童工作，围攻、殴打前来解救的工作人员或亲属行为的定性

★最高人民法院、最高人民检察院、公安部、民政部、司法部、全国妇联《关于坚决打击拐卖妇女儿童犯罪活动的通知》（1986年11月27日）（节录）

三、坚决打击拐卖妇女、儿童的犯罪分子……对阻挠解救被害妇女、儿童工作，围攻、殴打前来解救的工作人员或亲属的，经教育无效，要依照治安管理处罚条例有关规定给予处罚；情节严重，构成妨害公务罪或者故意伤害罪的，依法追究刑事责任。

▶2 一罪与数罪

★公安部《关于打击拐卖妇女儿童犯罪适用法律和政策有关问题的意见》（2000年3

月 24 日）（节录）

五、关于解救工作

（二）……以暴力、威胁方法阻碍国家机关工作人员解救被收买的妇女、儿童的，以妨害公务罪立案侦查。对聚众阻碍国家机关工作人员解救被收买的妇女、儿童的首要分子，以聚众阻碍解救被收买的妇女、儿童罪立案侦查。其他使用暴力、威胁方法的参与者，以妨害公务罪立案侦查……

★最高人民法院、最高人民检察院、公安部、司法部《关于依法惩治拐卖妇女儿童犯罪的意见》（2010 年 3 月 15 日）（节录）

五、定性

20. 明知是被拐卖的妇女、儿童而收买，具有下列情形之一的，以收买被拐卖的妇女、儿童罪论处；同时构成其他犯罪的，依照数罪并罚的规定处罚：

（2）阻碍对被收买妇女、儿童进行解救的；

第二百四十三条【诬告陷害罪】 捏造事实诬告陷害他人，意图使他人受刑事追究，情节严重的，处三年以下有期徒刑、拘役或者管制；造成严重后果的，处三年以上十年以下有期徒刑。

国家机关工作人员犯前款罪的，从重处罚。

不是有意诬陷，而是错告，或者检举失实的，不适用前两款的规定。

第二百四十四条【强迫劳动罪】 以暴力、威胁或者限制人身自由的方法强迫他人劳动的，处三年以下有期徒刑或者拘役，并处罚金；情节严重的，处三年以上十年以下有期徒刑，并处罚金。

明知他人实施前款行为，为其招募、运送人员或者有其他协助强迫他人劳动行为的，依照前款的规定处罚。

单位犯前两款罪的，对单位判处罚金，并对其直接负责的主管人员和其他直接责任人员，依照第一款的规定处罚。

立案追诉标准

★最高人民检察院、公安部《关于公安机关管辖的刑事案件立案追诉标准的规定（一）》（2008 年 6 月 25 日）（节录）

第三十一条 [强迫职工劳动案（刑法第二百四十四条）] 用人单位违反劳动管理法规，以限制人身自由方法强迫职工劳动，涉嫌下列情形之一的，应予立案追诉：

（一）强迫他人劳动，造成人员伤亡或者患职业病的；

（二）采用殴打、胁迫、扣发工资、扣留身份证件等手段限制人身自由，强迫他人劳动的；

（三）强迫妇女从事井下劳动、国家规定的第四级体力劳动强度的劳动或者其他禁忌从事的劳动，或者强迫处于经期、孕期和哺乳期妇女从事国家规定的第三级体力劳动强度以上的劳动或者其他禁忌从事的劳动的；

（四）强迫已满十六周岁未满十八周岁的未成年人从事国家规定的第四级体力劳动强

度的劳动，或者从事高空、井下劳动，或者在爆炸性、易燃性、放射性、毒害性等危险环境下从事劳动的；

（五）其他情节严重的情形。

第二百四十四条之一【雇用童工从事危重劳动罪】 违反劳动管理法规，雇用未满十六周岁的未成年人从事超强度体力劳动的，或者从事高空、井下作业的，或者在爆炸性、易燃性、放射性、毒害性等危险环境下从事劳动，情节严重的，对直接责任人员，处三年以下有期徒刑或者拘役，并处罚金；情节特别严重的，处三年以上七年以下有期徒刑，并处罚金。

有前款行为，造成事故，又构成其他犯罪的，依照数罪并罚的规定处罚。

◀ 立案追诉标准 ▶

★最高人民检察院、公安部《关于公安机关管辖的刑事案件立案追诉标准的规定（一）》（2008年6月25日）（节录）

第三十二条［雇用童工从事危重劳动案（刑法第二百四十四条之一）］违反劳动管理法规，雇用未满十六周岁的未成年人从事国家规定的第四级体力劳动强度的劳动，或者从事高空、井下劳动，或者在爆炸性、易燃性、放射性、毒害性等危险环境下从事劳动，涉嫌下列情形之一的，应予立案追诉：

（一）造成未满十六周岁的未成年人伤亡或者对其身体健康造成严重危害的；

（二）雇用未满十六周岁的未成年人三人以上的；

（三）以强迫、欺骗等手段雇用未满十六周岁的未成年人从事危重劳动的；

（四）其他情节严重的情形。

第二百四十五条【非法搜查罪】【非法侵入住宅罪】 非法搜查他人身体、住宅，或者非法侵入他人住宅的，处三年以下有期徒刑或者拘役。

司法工作人员滥用职权，犯前款罪的，从重处罚。

关联法条：【第九十四条】

◀ 立案追诉标准 ▶

★最高人民检察院《关于渎职侵权犯罪案件立案标准的规定》（2006年7月26日）（节录）

二、国家机关工作人员利用职权实施的侵犯公民人身权利、民主权利犯罪案件

（二）国家机关工作人员利用职权实施的非法搜查案（第二百四十五条）

非法搜查罪是指非法搜查他人身体、住宅的行为。

国家机关工作人员利用职权非法搜查，涉嫌下列情形之一的，应予立案：

1. 非法搜查他人身体、住宅，并实施殴打、侮辱等行为的；

2. 非法搜查，情节严重，导致被搜查人或者其近亲属自杀、自残造成重伤、死亡，或者精神失常的；

3. 非法搜查，造成财物严重损坏的；

第四章 侵犯公民人身权利、民主权利罪

4. 非法搜查3人（户）次以上的；

5. 司法工作人员对明知是与涉嫌犯罪无关的人身、住宅非法搜查的；

6. 其他非法搜查应予追究刑事责任的情形。

三、附则

（二）本规定所称"以上"包括本数；有关犯罪数额"不满"，是指已达到该数额百分之八十以上的。

（三）本规定中的"国家机关工作人员"，是指在国家机关中从事公务的人员，包括在各级国家权力机关、行政机关、司法机关和军事机关中从事公务的人员。在依照法律、法规规定行使国家行政管理职权的组织中从事公务的人员，或者在受国家机关委托代表国家行使职权的组织中从事公务的人员，或者虽未列入国家机关人员编制但在国家机关中从事公务的人员，在代表国家机关行使职权时，视为国家机关工作人员。在乡（镇）以上中国共产党机关、人民政协机关中从事公务的人员，视为国家机关工作人员。

★最高人民检察院《人民检察院直接受理立案侦查的渎职侵权重特大案件标准（试行）》（2002年1月1日）（节录）

三十五、国家机关工作人员利用职权实施的非法搜查案

（一）重大案件

1. 五次以上或者一次对五人（户）以上非法搜查的；

2. 引起被搜查人精神失常的。

（二）特大案件

1. 七次以上或者一次对七人（户）以上非法搜查的；

2. 引起被搜查人自杀的。

第二百四十六条【侮辱罪】【诽谤罪】以暴力或者其他方法公然侮辱他人或者捏造事实诽谤他人，情节严重的，处三年以下有期徒刑、拘役、管制或者剥夺政治权利。

前款罪，告诉的才处理，但是严重危害社会秩序和国家利益的除外。

通过信息网络实施第一款规定的行为，被害人向人民法院告诉，但提供证据确有困难的，人民法院可以要求公安机关提供协助。[①]

——— ▶ 定　　罪 ◀ ———

1 第一款"捏造事实诽谤他人"、"情节严重"的认定

★最高人民法院、最高人民检察院《关于办理利用信息网络实施诽谤等刑事案件适用法律若干问题的解释》（2013年9月10日）（节录）

第一条　具有下列情形之一的，应当认定为刑法第二百四十六条第一款规定的"捏造事实诽谤他人"：

（一）捏造损害他人名誉的事实，在信息网络上散布，或者组织、指使人员在信息网

---

① 本条第三款系2015年8月29日《刑法修正案（九）》第十六条增设。

络上散布的；

（二）将信息网络上涉及他人的原始信息内容篡改为损害他人名誉的事实，在信息网络上散布，或者组织、指使人员在信息网络上散布的；

明知是捏造的损害他人名誉的事实，在信息网络上散布，情节恶劣的，以"捏造事实诽谤他人"论。

第二条 利用信息网络诽谤他人，具有下列情形之一的，应当认定为刑法第二百四十六条第一款规定的"情节严重"：

（一）同一诽谤信息实际被点击、浏览次数达到五千次以上，或者被转发次数达到五百次以上的；

（二）造成被害人或者其近亲属精神失常、自残、自杀等严重后果的；

（三）二年内曾因诽谤受过行政处罚，又诽谤他人的；

（四）其他情节严重的情形。

第十条 本解释所称信息网络，包括以计算机、电视机、固定电话机、移动电话机等电子设备为终端的计算机互联网、广播电视网、固定通信网、移动通信网等信息网络，以及向公众开放的局域网络。

▶2 第二款"严重危害社会秩序和国家利益"的认定

★公安部《关于严格依法办理侮辱诽谤案件的通知》（2009年4月3日）（节录）

二、准确把握侮辱、诽谤公诉案件的管辖范围及基本要件。根据《刑法》第二百四十六条的规定，侮辱、诽谤案件一般属于自诉案件，应当由公民个人自行向人民法院提起诉讼，只有在侮辱、诽谤行为"严重危害社会秩序和国家利益"时，公安机关才能按照公诉程序立案侦查……对于具有下列情形之一的侮辱、诽谤行为，应当认定为"严重危害社会秩序和国家利益"，以侮辱罪、诽谤罪立案侦查，作为公诉案件办理：（一）因侮辱、诽谤行为导致群体性事件，严重影响社会秩序的；（二）因侮辱、诽谤外交使节、来访的外国国家元首、政府首脑等人员，造成恶劣国际影响的；（三）因侮辱、诽谤行为给国家利益造成严重危害的其他情形。……

★最高人民法院、最高人民检察院《关于办理利用信息网络实施诽谤等刑事案件适用法律若干问题的解释》（2013年9月10日）（节录）

第三条 利用信息网络诽谤他人，具有下列情形之一的，应当认定为刑法第二百四十六条第二款规定的"严重危害社会秩序和国家利益"：

（一）引发群体性事件的；

（二）引发公共秩序混乱的；

（三）引发民族、宗教冲突的；

（四）诽谤多人，造成恶劣社会影响的；

（五）损害国家形象，严重危害国家利益的；

（六）造成恶劣国际影响的；

（七）其他严重危害社会秩序和国家利益的情形。

▶3 在出版物中公然侮辱或捏造事实诽谤他人行为的定性

★最高人民法院《关于审理非法出版物刑事案件具体应用法律若干问题的解释》（1998年12月23日）（节录）

第六条 在出版物中公然侮辱他人或者捏造事实诽谤他人,情节严重的,依照刑法第二百四十六条的规定,分别以侮辱罪或者诽谤罪定罪处罚。

4 利用互联网侮辱或捏造事实诽谤他人行为的定性

★全国人民代表大会常务委员会《关于维护互联网安全的决定》(2000年12月28日,2009年修订)(节录)

四、为了保护个人、法人和其他组织的人身、财产等合法权利,对有下列行为之一,构成犯罪的,依照刑法有关规定追究刑事责任:

(一)利用互联网侮辱他人或者捏造事实诽谤他人;

5 以暴力或者其他方法公然侮辱、恐吓医务人员情节严重行为的定性

★最高人民法院、最高人民检察院、公安部、司法部、国家卫生和计划生育委员会《关于依法惩处涉医违法犯罪维护正常医疗秩序的意见》(2014年4月22日)(节录)

二、严格依法惩处涉医违法犯罪

(四)公然侮辱、恐吓医务人员的,依照治安管理处罚法第四十二条的规定处罚;采取暴力或者其他方法公然侮辱、恐吓医务人员情节严重(恶劣),构成侮辱罪、寻衅滋事罪的,依照刑法的有关规定定罪处罚。

6 制作、传播邪教宣传品,公然侮辱捏造事实诽谤他人行为的定性

★最高人民法院、最高人民检察院《关于办理组织和利用邪教组织犯罪案件具体应用法律若干问题的解释(二)》(2001年6月11日)(节录)

第三条 制作、传播邪教宣传品,公然侮辱他人或者捏造事实诽谤他人的,依照刑法第二百四十六条的规定,以侮辱罪或者诽谤罪定罪处罚。

第十三条 本规定下列用语的含义是:

(一)"宣传品",是指传单、标语、喷图、图片、书籍、报刊、录音带、录像带、光盘及其母盘或者其他有宣传作用的物品。

(二)"制作",是指编写、印制、复制、绘画、出版、录制、摄制、洗印等行为。

(三)"传播",是指散发、张贴、邮寄、上载、播放以及发送电子信息等行为。

7 数额累计计算

★最高人民法院、最高人民检察院《关于办理利用信息网络实施诽谤等刑事案件适用法律若干问题的解释》(2013年9月10日)(节录)

第四条 一年内多次实施利用信息网络诽谤他人行为未经处理,诽谤信息实际被点击、浏览、转发次数累计计算构成犯罪的,应当依法定罪处罚。

8 共同犯罪

★最高人民法院、最高人民检察院《关于办理利用信息网络实施诽谤等刑事案件适用法律若干问题的解释》(2013年9月10日)(节录)

第八条 明知他人利用信息网络实施诽谤、寻衅滋事、敲诈勒索、非法经营等犯罪,为其提供资金、场所、技术支持等帮助的,以共同犯罪论处。

9 一罪与数罪

★最高人民法院、最高人民检察院《关于办理组织和利用邪教组织犯罪案件具体应用

法律若干问题的解释（二）》（2001年6月11日）（节录）

第四条　制作、传播的邪教宣传品具有煽动分裂国家、破坏国家统一，煽动颠覆国家政权、推翻社会主义制度，侮辱、诽谤他人，严重危害社会秩序和国家利益，或者破坏国家法律、行政法规实施等内容，其行为同时触犯刑法第一百零三条第二款、第一百零五条第二款、第二百四十六条、第三百条第一款等规定的，依照处罚较重的规定定罪处罚。

★最高人民法院、最高人民检察院、公安部、司法部《关于依法惩治拐卖妇女儿童犯罪的意见》（2010年3月15日）（节录）

五、定性

20. 明知是被拐卖的妇女、儿童而收买，具有下列情形之一的，以收买被拐卖的妇女、儿童罪论处；同时构成其他犯罪的，依照数罪并罚的规定处罚：

（3）非法剥夺、限制被收买妇女、儿童的人身自由，情节严重，或者对被收买妇女、儿童有强奸、伤害、侮辱、虐待等行为的；

七、一罪与数罪

25. 拐卖妇女、儿童，又对被拐卖的妇女、儿童实施故意杀害、伤害、猥亵、侮辱等行为，构成其他犯罪的，依照数罪并罚的规定处罚。

★最高人民法院、最高人民检察院《关于办理利用信息网络实施诽谤等刑事案件适用法律若干问题的解释》（2013年9月10日）（节录）

第九条　利用信息网络实施诽谤、寻衅滋事、敲诈勒索、非法经营犯罪，同时又构成刑法第二百二十一条规定的损害商业信誉、商品声誉罪，第二百七十八条规定的煽动暴力抗拒法律实施罪，第二百九十一条之一规定的编造、故意传播虚假恐怖信息罪等犯罪的，依照处罚较重的规定定罪处罚。

★最高人民法院、最高人民检察院、公安部、司法部《关于依法办理家庭暴力犯罪案件的意见》（2015年3月2日）（节录）

三、定罪处罚

16. 依法准确定罪处罚。对故意杀人、故意伤害、强奸、猥亵儿童、非法拘禁、侮辱、暴力干涉婚姻自由、虐待、遗弃等侵害公民人身权利的家庭暴力犯罪，应当根据犯罪的事实、犯罪的性质、情节和对社会的危害程度，严格依照刑法的有关规定判处。对于同一行为同时触犯多个罪名的，依照处罚较重的规定定罪处罚。

⑩ 溯及力

★最高人民法院《关于〈中华人民共和国刑法修正案（九）〉时间效力问题的解释》（2015年11月1日）（节录）

第四条　对于2015年10月31日以前通过信息网络实施的刑法第二百四十六条第一款规定的侮辱、诽谤行为，被害人向人民法院告诉，但提供证据确有困难的，适用修正后刑法第二百四十六条第三款的规定。

◀━━━ 量　　刑 ━━━▶

① 从严处罚

★最高人民法院、最高人民检察院、公安部、司法部《关于依法惩治拐卖妇女儿童犯

第四章　侵犯公民人身权利、民主权利罪

罪的意见》（2010年3月15日）（节录）

八、刑罚适用

28.……

拐卖妇女、儿童，并对被拐卖的妇女、儿童实施故意杀害、伤害、猥亵、侮辱等行为，数罪并罚决定执行的刑罚应当依法体现从严。

第二百四十七条【刑讯逼供罪】【暴力取证罪】 司法工作人员对犯罪嫌疑人、被告人实行刑讯逼供或者使用暴力逼取证人证言的，处三年以下有期徒刑或者拘役。致人伤残、死亡的，依照本法第二百三十四条、第二百三十二条的规定定罪从重处罚。

关联法条： 第九十四条

◆立案追诉标准◆

★最高人民检察院《关于渎职侵权犯罪案件立案标准的规定》（2006年7月26日）（节录）

二、国家机关工作人员利用职权实施的侵犯公民人身权利、民主权利犯罪案件

（三）刑讯逼供案（第二百四十七条）

刑讯逼供罪是指司法工作人员对犯罪嫌疑人、被告人使用肉刑或者变相肉刑逼取口供的行为。

涉嫌下列情形之一的，应予立案：

1. 以殴打、捆绑、违法使用械具等恶劣手段逼取口供的；

2. 以较长时间冻、饿、晒、烤等手段逼取口供，严重损害犯罪嫌疑人、被告人身体健康的；

3. 刑讯逼供造成犯罪嫌疑人、被告人轻伤、重伤、死亡的；

4. 刑讯逼供，情节严重，导致犯罪嫌疑人、被告人自杀、自残造成重伤、死亡，或者精神失常的；

5. 刑讯逼供，造成错案的；

6. 刑讯逼供3人次以上的；

7. 纵容、授意、指使、强迫他人刑讯逼供，具有上述情形之一的；

8. 其他刑讯逼供应予追究刑事责任的情形。

（四）暴力取证案（第二百四十七条）

暴力取证罪是指司法工作人员以暴力逼取证人证言的行为。

涉嫌下列情形之一的，应予立案：

1. 以殴打、捆绑、违法使用械具等恶劣手段逼取证人证言的；

2. 暴力取证造成证人轻伤、重伤、死亡的；

3. 暴力取证，情节严重，导致证人自杀、自残造成重伤、死亡，或者精神失常的；

4. 暴力取证，造成错案的；

5. 暴力取证3人次以上的；

6. 纵容、授意、指使、强迫他人暴力取证，具有上述情形之一的；

7. 其他暴力取证应予追究刑事责任的情形。

三、附则

（二）本规定所称"以上"包括本数；有关犯罪数额"不满"，是指已达到该数额百分之八十以上的。

★最高人民检察院《人民检察院直接受理立案侦查的渎职侵权重特大案件标准（试行）》（2002年1月1日）（节录）

三十六、刑讯逼供案

（一）重大案件

1. 致人重伤或者精神失常的；

2. 五次以上或者对五人以上刑讯逼供的；

3. 造成冤、假、错案的。

（二）特大案件

1. 致人死亡的；

2. 七次以上或者对七人以上刑讯逼供的；

3. 致使无辜的人被判处十年以上有期徒刑、无期徒刑、死刑的。

三十七、暴力取证案

（一）重大案件

1. 致人重伤或者精神失常的；

2. 五次以上或者对五人以上暴力取证的。

（二）特大案件

1. 致人死亡的；

2. 七次以上或者对七人以上暴力取证的。

定　　罪

犯罪主体的认定

★最高人民检察院《关于企业事业单位的公安机构在机构改革过程中其工作人员能否构成渎职侵权犯罪主体问题的批复》（2002年4月24日）（节录）

企业事业单位的公安机构在机构改革过程中虽尚未列入公安机关建制，其工作人员在行使侦查职责时，实施渎职侵权行为的，可以成为渎职侵权犯罪的主体。

第二百四十八条【虐待被监管人员罪】 监狱、拘留所、看守所等监管机构的监管人员对被监管人进行殴打或者体罚虐待，情节严重的，处三年以下有期徒刑或者拘役；情节特别严重的，处三年以上十年以下有期徒刑。致人伤残、死亡的，依照本法第二百三十四条、第二百三十二条的规定定罪从重处罚。

监管人员指使被监管人殴打或者体罚虐待其他被监管人的，依照前款的规定处罚。

第四章 侵犯公民人身权利、民主权利罪

立案追诉标准

★最高人民检察院《关于渎职侵权犯罪案件立案标准的规定》（2006年7月26日）（节录）

二、国家机关工作人员利用职权实施的侵犯公民人身权利、民主权利犯罪案件

（五）虐待被监管人案（第二百四十八条）

虐待被监管人罪是指监狱、拘留所、看守所、拘役所、劳教所等监管机构的监管人员对被监管人进行殴打或者体罚虐待，情节严重的行为。

涉嫌下列情形之一的，应予立案：

1. 以殴打、捆绑、违法使用械具等恶劣手段虐待被监管人的；
2. 以较长时间冻、饿、晒、烤等手段虐待被监管人，严重损害其身体健康的；
3. 虐待造成被监管人轻伤、重伤、死亡的；
4. 虐待被监管人，情节严重，导致被监管人自杀、自残造成重伤、死亡，或者精神失常的；
5. 殴打或者体罚虐待3人次以上的；
6. 指使被监管人殴打、体罚虐待其他被监管人，具有上述情形之一的；
7. 其他情节严重的情形。

三、附则

（二）本规定所称"以上"包括本数；有关犯罪数额"不满"，是指已达到该数额百分之八十以上的。

★最高人民检察院《人民检察院直接受理立案侦查的渎职侵权重特大案件标准（试行）》（2002年1月1日）（节录）

三十八、虐待被监管人案

（一）重大案件

1. 致使被监管人重伤或者精神失常的；
2. 对被监管人五人以上或五次以上实施虐待的。

（二）特大案件

1. 致使被监管人死亡的；
2. 对被监管人七人以上或七次以上实施虐待的。

定　　罪

1 强制隔离戒毒所工作人员殴打或体罚虐待戒毒人员行为的定性

★最高人民检察院《关于强制隔离戒毒所工作人员能否成为虐待被监管人罪主体问题的批复》（2015年2月15日）（节录）

根据有关法律规定，强制隔离戒毒所是对符合特定条件的吸毒成瘾人员限制人身自由，进行强制隔离戒毒的监管机构，其履行监管职责的工作人员属于刑法第二百四十八条规定的监管人员。

对于强制隔离戒毒所监管人员殴打或者体罚虐待戒毒人员，或者指使戒毒人员殴打、体罚虐待其他戒毒人员，情节严重的，应当适用刑法第二百四十八条的规定，以虐待被监管人罪追究刑事责任；造成戒毒人员伤残、死亡后果的，应当依照刑法第二百三十四条、

第二百三十二条的规定,以故意伤害罪、故意杀人罪从重处罚。

▶2 劳教工作干警违反监管法规,体罚虐待劳教人员行为的定性

★全国人民代表大会常务委员会法制工作委员会、最高人民法院、最高人民检察院、司法部《关于劳教工作干警适用刑法关于司法工作人员规定的通知》(1986年7月10日)(节录)

劳教工作干警担负着对劳教人员的管理、教育、改造工作,可适用刑法关于司法工作人员的规定。劳教工作干警违反监管法规,体罚虐待劳教人员,情节严重的,依照《刑法》第一百八十九条的规定处理。

过去对这类案件已经过处理,与本通知规定不符的,不再变更。

第二百四十九条【煽动民族仇恨、民族歧视罪】煽动民族仇恨、民族歧视,情节严重的,处三年以下有期徒刑、拘役、管制或者剥夺政治权利;情节特别严重的,处三年以上十年以下有期徒刑。

◀ 定 罪 ▶

▶1 利用互联网煽动民族仇恨、民族歧视行为的定性

★全国人民代表大会常务委员会《关于维护互联网安全的决定》(2000年12月28日,2009的年修订)(节录)

二、为了维护国家安全和社会稳定,对有下列行为之一,构成犯罪的,依照刑法有关规定追究刑事责任:

(三)利用互联网煽动民族仇恨、民族歧视,破坏民族团结;

▶2 共同犯罪

★最高人民法院、最高人民检察院、公安部《关于办理暴力恐怖和宗教极端刑事案件适用法律若干问题的意见》(2014年9月9日)(节录)

二、准确认定案件性质

(六)明知图书、文稿、图片、音像制品、移动存储介质、电子阅读器中载有利用宗教极端、暴力恐怖思想煽动分裂国家、破坏国家统一或者煽动民族仇恨、民族歧视的内容,而提供仓储、邮寄、投递、运输、传输及其他服务的,以煽动分裂国家罪或者煽动民族仇恨、民族歧视罪的共同犯罪定罪处罚。

(七)网站、网页、论坛、电子邮件、博客、微博、即时通讯工具、群组、聊天室、网络硬盘、网络电话、手机应用软件及其他网络应用服务的建立、开办、经营、管理者,明知他人散布、宣扬利用宗教极端、暴力恐怖思想煽动分裂国家、破坏国家统一或者煽动民族仇恨、民族歧视的内容,允许或者放任他人在其网站、网页、论坛、电子邮件、博客、微博、即时通讯工具、群组、聊天室、网络硬盘、网络电话、手机应用软件及其他网络应用服务上发布的,以煽动分裂国家罪或者煽动民族仇恨、民族歧视罪的共同犯罪定罪处罚。

三、明确认定标准

(一)对涉案宣传品的内容不作鉴定,由公安机关全面审查并逐一标注或者摘录,与扣押、移交物品清单及涉案宣传品原件一并移送人民检察院审查。因涉及宗教专门知识或者语言文字等原因无法自行审查的,可商请宗教、民族、新闻出版等部门提供审读意见,

经审查后与涉案宣传品原件一并移送人民检察院审查。需要对涉案宣传品出版、印刷、制作、发行的合法性进行鉴定的，由公安机关委托新闻出版主管部门出具鉴定意见。人民检察院、人民法院应当全面审查作为证据使用的涉案宣传品的内容。

（二）对是否"明知"的认定，应当结合案件具体情况，坚持重证据，重调查研究，以行为人实施的客观行为为基础，结合其一贯表现、具体行为、程度、手段、事后态度，以及年龄、认知和受教育程度、所从事的职业等综合判断。曾因实施暴力恐怖、宗教极端违法犯罪行为受到行政、刑事处罚、免予刑事处罚，或者被责令改正后又实施的，应当认定为明知。其他共同犯罪嫌疑人、被告人或者其他知情人供认、指证，行为人不承认其主观上"明知"，但又不能作出合理解释的，依据其行为本身和认知程度，足以认定其确实"明知"或者应当"明知"的，应当认定为明知。

3 一罪与数罪

★最高人民法院《关于审理破坏广播电视设施等刑事案件具体应用法律若干问题的解释》（2011年6月13日）（节录）

第七条 实施破坏广播电视设施犯罪，并利用广播电视设施实施煽动分裂国家、煽动颠覆国家政权、煽动民族仇恨、民族歧视或者宣扬邪教等行为，同时构成其他犯罪的，依照处罚较重的规定定罪处罚。

★最高人民法院、最高人民检察院、公安部《关于办理暴力恐怖和宗教极端刑事案件适用法律若干问题的意见》（2014年9月9日）（节录）

二、准确认定案件性质

（三）实施下列行为之一，煽动分裂国家、破坏国家统一的，以煽动分裂国家罪定罪处罚：

1. 组织、纠集他人，宣扬、散布、传播宗教极端、暴力恐怖思想的；

2. 出版、印刷、复制、发行载有宣扬宗教极端、暴力恐怖思想内容的图书、期刊、音像制品、电子出版物或者制作、印刷、复制载有宣扬宗教极端、暴力恐怖思想内容的传单、图片、标语、报纸的；

3. 通过建立、开办、经营、管理网站、网页、论坛、电子邮件、博客、微博、即时通讯工具、群组、聊天室、网络硬盘、网络电话、手机应用软件及其他网络应用服务，或者利用手机、移动存储介质、电子阅读器等登载、张贴、复制、发送、播放、演示载有宗教极端、暴力恐怖思想内容的图书、文稿、图片、音频、视频、音像制品及相关网址，宣扬、散布、传播宗教极端、暴力恐怖思想的；

4. 制作、编译、编撰、编辑、汇编或者从境外组织、机构、个人、网站直接获取载有宣扬宗教极端、暴力恐怖思想内容的图书、文稿、图片、音像制品等，供他人阅读、观看、收听、出版、印刷、复制、发行、传播的；

5. 设计、制造、散发、邮寄、销售、展示含有宗教极端、暴力恐怖思想内容的标识、标志物、旗帜、徽章、服饰、器物、纪念品的；

6. 以其他方式宣扬宗教极端、暴力恐怖思想的。

实施上述行为，煽动民族仇恨、民族歧视，情节严重的，以煽动民族仇恨、民族歧视

第二编 分 则

罪定罪处罚。同时构成煽动分裂国家罪的，依照处罚较重的规定定罪处罚。

（六）……虽不明知图书、文稿、图片、音像制品、移动存储介质、电子阅读器中载有利用宗教极端、暴力恐怖思想煽动分裂国家、破坏国家统一或者煽动民族仇恨、民族歧视的内容，但出于营利或其他目的，违反国家规定，予以出版、印刷、复制、发行、传播或者提供仓储、邮寄、投递、运输、传输等服务的，按照其行为所触犯的具体罪名定罪处罚。

第二百五十条【出版歧视、侮辱少数民族作品罪】 在出版物中刊载歧视、侮辱少数民族的内容，情节恶劣，造成严重后果的，对直接责任人员，处三年以下有期徒刑、拘役或者管制。

◀ 定　　罪 ▶

▶ 出版刊载歧视、侮辱少数民族内容的作品行为的定性

★最高人民法院《关于审理非法出版物刑事案件具体应用法律若干问题的解释》（1998年12月23日）（节录）

第七条 出版刊载歧视、侮辱少数民族内容的作品，情节恶劣，造成严重后果的，依照刑法第二百五十条的规定，以出版歧视、侮辱少数民族作品罪定罪处罚。

第二百五十一条【非法剥夺公民宗教信仰自由罪】【侵犯少数民族风俗习惯罪】 国家机关工作人员非法剥夺公民的宗教信仰自由和侵犯少数民族风俗习惯，情节严重的，处二年以下有期徒刑或者拘役。

第二百五十二条【侵犯通信自由罪】 隐匿、毁弃或者非法开拆他人信件，侵犯公民通信自由权利，情节严重的，处一年以下有期徒刑或者拘役。

◀ 定　　罪 ▶

▶ 非法截获、篡改、删除他人电子邮件或其他数据资料行为的定性

★全国人民代表大会常务委员会《关于维护互联网安全的决定》（2000年12月28日，2009年修订）（节录）

四、为了保护个人、法人和其他组织的人身、财产等合法权利，对有下列行为之一，构成犯罪的，依照刑法有关规定追究刑事责任：

（二）非法截获、篡改、删除他人电子邮件或者其他数据资料，侵犯公民通信自由和通信秘密；

第二百五十三条【私自开拆、隐匿、毁弃邮件、电报罪】 邮政工作人员私自开拆或者隐匿、毁弃邮件、电报的，处二年以下有期徒刑或者拘役。

【盗窃罪】 犯前款罪而窃取财物的，依照本法第二百六十四条的规定定罪从重处罚。

第四章 侵犯公民人身权利、民主权利罪

━━◀ 定　　罪 ▶━━

▶1 犯罪情节的把握

★最高人民法院、最高人民检察院、公安部、邮电部《关于加强查处破坏邮政通信案件工作的通知》(1983年11月17日)(节录)

二、关于查处破坏邮政通信案件工作中需要注意的几个问题

1. 私拆、隐匿、毁弃邮件、电报等破坏邮政通信的案件，是违法犯罪行为。因此，对这种案件的定性、处理或量刑，必须重视对邮政通信的破坏所造成的社会危害后果，不能仅以数量多少处理。

> 第二百五十三条之一【侵犯公民个人信息罪】违反国家有关规定，向他人出售或者提供公民个人信息，情节严重的，处三年以下有期徒刑或者拘役，并处或者单处罚金；情节特别严重的，处三年以上七年以下有期徒刑，并处罚金。
>
> 违反国家有关规定，将在履行职责或者提供服务过程中获得的公民个人信息，出售或者提供给他人的，依照前款的规定从重处罚。
>
> 窃取或者以其他方法非法获取公民个人信息的，依照第一款的规定处罚。
>
> 单位犯前三款罪的，对单位判处罚金，并对其直接负责的主管人员和其他直接责任人员，依照各该款的规定处罚。①

━━◀ 定　　罪 ▶━━

▶1 管辖

★最高人民法院、最高人民检察院、公安部《关于依法惩处侵害公民个人信息犯罪活动的通知》(2013年4月23日)(节录)

三、加强协作配合，确保执法司法及时高效。侵害公民个人信息犯罪网络覆盖面大，关系错综复杂。犯罪行为发生地、犯罪结果发生地、犯罪分子所在地等往往不在一地。同时，由于犯罪行为大多依托互联网、移动电子设备，通过即时通讯工具、电子邮件等多种方式实施，调查取证难度很大。各级公安机关、人民检察院、人民法院要在分工负责、依法高效履行职责的基础上，进一步加强沟通协调，通力配合，密切协作，保证立案、侦查、批捕、审查起诉、审判等各个环节顺利进行。对查获的侵害公民个人信息犯罪案件，公安机关要按照属地管辖原则，及时立案侦查，及时移送审查起诉。对于几个公安机关都有权管辖的案件，由最初受理的公安机关管辖。必要时，可以由主要犯罪地的公安机关管辖。对管辖不明确或者有争议的刑事案件，可以由有关公安机关协商。协商不成的，由共同的上级公安机关指定管辖。对于指定管辖的案件，需要逮捕犯罪嫌疑人的，由被指定管辖的公安机关提请同级人民检察院审查批准；需要提起公诉的，由该公安机关移送同级人民检察院审查决定；人民检察院对于审查起诉的案件，按照刑事诉讼法的管辖规定，认为应当

---

① 本条系根据2015年8月29日《刑法修正案(九)》第十七条修订，主要是将原条文前两款中的犯罪主体由特殊主体改为一般主体，并规定对特殊主体从重处罚。

· 443 ·

由上级人民检察院或者同级其他人民检察院起诉的,应当将案件移交有管辖权的人民检察院;人民检察院认为需要依照刑事诉讼法的规定指定审判管辖的,应当协商同级人民法院办理指定管辖有关事宜。在办理侵害公民个人信息犯罪案件的过程中,对于疑难、复杂案件,人民检察院可以适时派员会同公安机关共同就证据收集等方面进行研究和沟通协调。人民检察院对于公安机关提请批准逮捕、移送审查起诉的相关案件,符合批捕、起诉条件的,要依法尽快予以批捕、起诉;对于确需补充侦查的,要制作具体、详细的补充侦查提纲。人民法院要加强审判力量,准确定性,依法快审快结。

2 "公民个人信息"的认定

★最高人民法院、最高人民检察院、公安部《关于依法惩处侵害公民个人信息犯罪活动的通知》(2013年4月23日)(节录)

二、正确适用法律,实现法律效果与社会效果的有机统一……公民个人信息包括公民的姓名、年龄、有效证件号码、婚姻状况、工作单位、学历、履历、家庭住址、电话号码等能够识别公民个人身份或者涉及公民个人隐私的信息、数据资料。……

3 犯罪主体的认定

★最高人民法院、最高人民检察院、公安部《关于依法惩处侵害公民个人信息犯罪活动的通知》(2013年4月23日)(节录)

二、正确适用法律,实现法律效果与社会效果的有机统一……出售、非法提供公民个人信息罪的犯罪主体,除国家机关或金融、电信、交通、教育、医疗单位的工作人员之外,还包括在履行职责或者提供服务过程中获得公民个人信息的商业、房地产业等服务业中其他企事业单位的工作人员。……

4 将获得的公民个人信息出售或非法提供给他人,被他人用以实施犯罪行为的定性

★最高人民法院、最高人民检察院、公安部《关于依法惩处侵害公民个人信息犯罪活动的通知》(2013年4月23日)(节录)

二、正确适用法律,实现法律效果与社会效果的有机统一……对于在履行职责或者提供服务过程中,将获得的公民个人信息出售或者非法提供给他人,被他人用以实施犯罪,造成受害人人身伤害或者死亡,或者造成重大经济损失、恶劣社会影响的,或者出售、非法提供公民个人信息数量较大,或者违法所得数额较大的,均应当依法以出售、非法提供公民个人信息罪追究刑事责任。……

5 窃取或非法获取公民个人行为的定性

★最高人民法院、最高人民检察院、公安部《关于依法惩处侵害公民个人信息犯罪活动的通知》(2013年4月23日)(节录)

二、正确适用法律,实现法律效果与社会效果的有机统一……对于窃取或者以购买等方法非法获取公民个人信息数量较大,或者违法所得数额较大,或者造成其他严重后果的,应当依法以非法获取公民个人信息罪追究刑事责任。……

第四章　侵犯公民人身权利、民主权利罪

6 一罪与数罪

★最高人民法院、最高人民检察院、公安部《关于依法惩处侵害公民个人信息犯罪活动的通知》（2013年4月23日）（节录）

二、正确适用法律，实现法律效果与社会效果的有机统一……对使用非法获取的个人信息，实施其他犯罪行为，构成数罪的，应当依法予以并罚。……

★最高人民法院、最高人民检察院、国家安全部、公安部《关于依法办理非法生产销售使用"伪基站"设备案件的意见》（2014年3月14日）（节录）

一、准确认定行为性质

（二）非法使用"伪基站"设备干扰公用电信网络信号，危害公共安全的，依照《刑法》第一百二十四条第一款的规定，以破坏公用电信设施罪追究刑事责任；同时构成虚假广告罪、非法获取公民个人信息罪、破坏计算机信息系统罪、扰乱无线电通讯管理秩序罪的，依照处罚较重的规定追究刑事责任。……

7 单位犯罪

★最高人民法院、最高人民检察院、公安部《关于依法惩处侵害公民个人信息犯罪活动的通知》（2013年4月23日）（节录）

二、正确适用法律，实现法律效果与社会效果的有机统一……单位实施侵害公民个人信息犯罪的，应当追究直接负责的主管人员和其他直接责任人员的刑事责任。……

◆ 量　刑 ◆

1 财产刑

★最高人民法院、最高人民检察院、公安部《关于依法惩处侵害公民个人信息犯罪活动的通知》（2013年4月23日）（节录）

二、正确适用法律，实现法律效果与社会效果的有机统一……要依法加大对财产的适用力度，剥夺犯罪分子非法获利和再次犯罪的资本。

第二百五十四条【报复陷害罪】国家机关工作人员滥用职权、假公济私，对控告人、申诉人、批评人、举报人实行报复陷害的，处二年以下有期徒刑或者拘役；情节严重的，处二年以上七年以下有期徒刑。

◆ 立案追诉标准 ◆

★最高人民检察院《关于渎职侵权犯罪案件立案标准的规定》（2006年7月26日）（节录）

二、国家机关工作人员利用职权实施的侵犯公民人身权利、民主权利犯罪案件

（六）报复陷害案（第二百五十四条）

报复陷害罪是指国家机关工作人员滥用职权、假公济私，对控告人、申诉人、批评人、举报人实行报复陷害的行为。

涉嫌下列情形之一的，应予立案：

1. 报复陷害，情节严重，导致控告人、申诉人、批评人、举报人或者其近亲属自杀、

自残造成重伤、死亡,或者精神失常的;

2. 致使控告人、申诉人、批评人、举报人或者其近亲属的其他合法权利受到严重损害的;

3. 其他报复陷害应予追究刑事责任的情形。

三、附则

(三)本规定中的"国家机关工作人员",是指国家机关中从事公务的人员,包括在各级国家权力机关、行政机关、司法机关和军事机关中从事公务的人员。在依照法律、法规规定行使国家行政管理职权的组织中从事公务的人员,或者在受国家机关委托代表国家行使职权的组织中从事公务的人员,或者虽未列入国家机关人员编制但在国家机关中从事公务的人员,在代表国家机关行使职权时,视为国家机关工作人员。在乡(镇)以上中国共产党机关、人民政协机关中从事公务的人员,视为国家机关工作人员。

★最高人民检察院《人民检察院直接受理立案侦查的渎职侵权重特大案件标准(试行)》(2002年1月1日)(节录)

三十九、报复陷害案

(一)重大案件

1. 致人精神失常的;

2. 致人其他合法权益受到损害,后果严重的。

(二)特大案件

1. 致人自杀死亡的;

2. 后果特别严重,影响特别恶劣的。

第二百五十五条【打击报复会计、统计人员罪】公司、企业、事业单位、机关、团体的领导人,对依法履行职责、抵制违反会计法、统计法行为的会计、统计人员实行打击报复,情节恶劣的,处三年以下有期徒刑或者拘役。

第二百五十六条【破坏选举罪】在选举各级人民代表大会代表和国家机关领导人员时,以暴力、威胁、欺骗、贿赂、伪造选举文件、虚报选举票数等手段破坏选举或者妨害选民和代表自由行使选举权和被选举权,情节严重的,处三年以下有期徒刑、拘役或者剥夺政治权利。

◆ 立案追诉标准 ◆

★最高人民检察院《关于渎职侵权犯罪案件立案标准的规定》(2006年7月26日)(节录)

二、国家机关工作人员利用职权实施的侵犯公民人身权利、民主权利犯罪案件

(七)国家机关工作人员利用职权实施的破坏选举案(第二百五十六条)

破坏选举罪是指在选举各级人民代表大会代表和国家机关领导人员时,以暴力、威胁、欺骗、贿赂、伪造选举文件、虚报选举票数或者编造选举结果等手段破坏选举或者妨害选民和代表自由行使选举权和被选举权,情节严重的行为。

第四章 侵犯公民人身权利、民主权利罪

国家机关工作人员利用职权破坏选举，涉嫌下列情形之一的，应予立案：

1. 以暴力、威胁、欺骗、贿赂等手段，妨害选民、各级人民代表大会代表自由行使选举权和被选举权，致使选举无法正常进行，或者选举无效，或者选举结果不真实的；
2. 以暴力破坏选举场所或者选举设备，致使选举无法正常进行的；
3. 伪造选民证、选票等选举文件，虚报选举票数，产生不真实的选举结果或者强行宣布合法选举无效、非法选举有效的；
4. 聚众冲击选举场所或者故意扰乱选举场所秩序，使选举工作无法进行的；
5. 其他情节严重的情形。

三、附则

（三）本规定中的"国家机关工作人员"，是指在国家机关中从事公务的人员，包括在各级国家权力机关、行政机关、司法机关和军事机关中从事公务的人员。在依照法律、法规规定行使国家行政管理职权的组织中从事公务的人员，或者在受国家机关委托代表国家行使职权的组织中从事公务的人员，或者虽未列入国家机关人员编制但在国家机关中从事公务的人员，在代表国家机关行使职权时，视为国家机关工作人员。在乡（镇）以上中国共产党机关、人民政协机关中从事公务的人员，视为国家机关工作人员。

★最高人民检察院《人民检察院直接受理立案侦查的渎职侵权重特大案件标准（试行）》（2002年1月1日）（节录）

四十、国家机关工作人员利用职权实施的破坏选举案

（一）重大案件

1. 导致乡镇级选举无法进行或者选举无效的；
2. 实施破坏选举行为，取得县级领导职务或者人大代表资格的。

（二）特大案件

1. 导致县级以上选举无法进行或者选举无效的；
2. 实施破坏选举行为，取得市级以上领导职务或者人大代表资格的。

第二百五十七条【暴力干涉婚姻自由罪】以暴力干涉他人婚姻自由的，处二年以下有期徒刑或者拘役。

犯前款罪，致使被害人死亡的，处二年以上七年以下有期徒刑。

第一款罪，告诉的才处理。

◀ 定 罪 ▶

▶ 违背妇女意志，采取暴力手段抢婚行为的定性

★最高人民法院《关于执行刑法中若干问题的初步经验总结》（1981年11月1日）（节录）

十二、关于强奸罪的问题

（二）如何分清强奸罪与通奸行为及其他不法行为

4. 根据审判实践，对违背妇女意志，采取暴力手段抢婚的，应按照刑法第一百七十九条暴力干涉婚姻自由罪论处；对把女方抢去以后，采取暴力手段，强行发生性交行为的，

· 447 ·

第二编 分 则

以强奸罪论处;对少数地区沿袭落后的风俗习惯而抢婚的,应进行教育劝止,一般不宜作为犯罪处理。

▶2 一罪与数罪

★最高人民法院、最高人民检察院、公安部、司法部《关于依法办理家庭暴力犯罪案件的意见》(2015年3月2日)(节录)

三、定罪处罚

16. 依法准确定罪处罚。对故意杀人、故意伤害、强奸、猥亵儿童、非法拘禁、侮辱、暴力干涉婚姻自由、虐待、遗弃等侵害公民人身权利的家庭暴力犯罪,应当根据犯罪的事实、犯罪的性质、情节和对社会的危害程度,严格依照刑法的有关规定判处。对于同一行为同时触犯多个罪名的,依照处罚较重的规定定罪处罚。

第二百五十八条【重婚罪】有配偶而重婚的,或者明知他人有配偶而与之结婚的,处二年以下有期徒刑或者拘役。

◀ 定 罪 ▶

▶1 重婚案件中受骗的一方当事人能否作为被害人向法院提起诉讼的把握

★最高人民法院研究室《关于重婚案件中受骗的一方当事人能否作为被害人向法院提起诉讼问题的电话答复》(1992年11月7日)(节录)

重婚案件中的被害人,既包括重婚者在原合法婚姻关系中的配偶,也包括后来受欺骗而与重婚者结婚的人。鉴于受骗一方当事人在主观上不具有重婚的故意,因此,根据你院《请示》中介绍的案情,陈若容可以作为本案的被害人。根据最高人民法院、最高人民检察院1983年7月26日《关于重婚案件管辖问题的通知》中关于"由被害人提出控告的重婚案件……由人民法院直接受理"的规定,陈若容可以作为自诉人,直接向人民法院提起诉讼。

▶2 重婚案件的被告人长期外逃,法院是否受追诉时效限制的把握

★最高人民法院研究室《关于重婚案件的被告人长期外逃法院能否中止审理和是否受追诉时效限制问题的电话答复》(1989年8月16日)(节录)

胡应亭诉焦有枝、赵炳信重婚一案,在人民法院对焦有枝采取取保候审的强制措施后,焦有枝潜逃并和赵炳信一直在外流窜,下落不明的情况下,可参照最高人民法院法(研)复〔1988〕29号《关于刑事案件取保候审的被告人在法院审理期间潜逃应宣告中止审理的批复》的规定,中止审理,俟被告人追捕归案后,再恢复审理。关于追诉时效问题,根据刑法第七十七条的规定,对焦有枝追究刑事责任不受追诉期限的限制。对于赵炳信,只要他同焦有枝的非法婚姻关系不解除,他们的重婚犯罪行为就处于一种继续状态,根据刑法第七十八条的规定,人民法院随时都可以对他追究刑事责任。此外,如果公安机关已对赵炳信发布了通缉令,也可以根据刑法第七十七条的规定,对他追究刑事责任,不受追诉期限的限制。

▶3 刑事判决书中应一并写明解除非法婚姻

★最高人民法院研究室《关于军事法院判处的重婚案件其非法婚姻部分由谁判决问题

第四章 侵犯公民人身权利、民主权利罪

的电话答复》（1980年11月27日）（节录）

非法婚姻是构成重婚罪的前提，法院在判决重婚案件的同时，判决书中应一并写明解除非法婚姻，这不属于刑事诉讼附带民事诉讼的问题。

兰州军区空军军事法院判处林文远重婚时，未宣告解除林与鲁菊荣的非法婚姻关系，我们认为，林以不法手段骗取与鲁的结婚证是无效的，从判决生效之日起，林与鲁的非法婚姻从法律上说已当然解除。兰州军区空军军事法院应将林文远重婚罪的判决书副本送达关系人鲁菊荣，可补充向鲁宣告，她与林的非法婚姻关系已解除，宣告事项在送达证上记明归档备查。

第二百五十九条【破坏军婚罪】 明知是现役军人的配偶而与之同居或者结婚的，处三年以下有期徒刑或者拘役。

【强奸罪】 利用职权、从属关系，以胁迫手段奸淫现役军人的妻子的，依照本法第二百三十六条的规定定罪处罚。

◆ 定 罪 ◆

1 本罪定义

★最高人民法院《关于执行刑法中若干问题的初步经验总结》（1981年11月1日）（节录）

十七、关于破坏军人婚姻罪的问题

根据刑法第一百八十一条的规定，破坏军人婚姻罪是指明知是现役军人的配偶而与之同居或者结婚的行为。

……

2 "现役军人"的认定

★最高人民法院《关于执行刑法中若干问题的初步经验总结》（1981年11月1日）（节录）

十七、关于破坏军人婚姻罪的问题

（二）1. 所谓"现役军人"，是指正在中国人民解放军或者人民武装警察部队服兵役的军人，包括有军籍的指挥人员、战斗人员和技术人员，而不包括退役军人、转业军人、残废军人和军事机关没有军籍的工作人员以及被判刑正在执行刑罚期间而仍保留军籍的犯人。

3 "现役军人的配偶"的认定

★最高人民法院《关于执行刑法中若干问题的初步经验总结》（1981年11月1日）（节录）

十七、关于破坏军人婚姻罪的问题

（二）2. 所谓现役军人的"配偶"，是指与现役军人已经结合为夫妻关系的人，包括已经登记结婚的人和虽未履行婚姻登记手续但已以夫妻关系共同生活的人，而不包括与军人仅订有"婚约"关系或者仅有恋爱关系的人。

4 与现役军人的配偶结婚的认定

★最高人民法院《关于执行刑法中若干问题的初步经验总结》（1981年11月1日）（节录）

十七、关于破坏军人婚姻罪的问题

（二）3. 所谓与现役军人的配偶"结婚"是指与军人配偶采取欺骗手段向政府登记结婚的行为。

5 与现役军人的配偶同居的认定

★最高人民法院《关于执行刑法中若干问题的初步经验总结》（1981年11月1日）（节录）

十七、关于破坏军人婚姻罪的问题

（二）4. 所谓与现役军人的配偶"同居"，是指行为人明知是现役军人的配偶而以夫妻关系公开地共同生活；或者虽未公开，但长期共同生活而成为事实上的夫妻关系的行为。

6 明知被拐卖的妇女是现役军人的妻子而与之同居或结婚行为的定性

★公安部《关于打击拐卖妇女儿童犯罪适用法律和政策有关问题的意见》（2000年3月24日）（节录）

三、关于收买被拐卖的妇女、儿童犯罪

（二）收买被拐卖的妇女、儿童，并有下列犯罪行为的，同时以收买被拐卖的妇女、儿童罪和下列罪名立案侦查：

5. 明知被拐卖的妇女是现役军人的妻子而与之同居或者结婚的，以破坏军婚罪立案侦查。

7 罪与非罪

★最高人民法院《关于执行刑法中若干问题的初步经验总结》（1981年11月1日）（节录）

十七、关于破坏军人婚姻罪的问题

……

构成破坏军人婚姻罪必须具备下述条件：

（一）行为人主观上必须具有直接的故意。即行为人明知对方是现役军人的配偶而与之同居或者结婚的。如果行为人并不知道对方是现役军人的配偶，而与之同居或者结婚的，则不能以破坏军人婚姻罪论处。

（二）行为人客观上必须具有与现役军人的配偶同居或者结婚的行为。如果与现役军人的配偶仅有不正当的两性关系，而没有与现役军人的配偶同居或者结婚的行为，则不能以破坏军人婚姻罪论处。

……

第四章 侵犯公民人身权利、民主权利罪

第二百六十条【虐待罪】 虐待家庭成员，情节恶劣的，处二年以下有期徒刑、拘役或者管制。

犯前款罪，致使被害人重伤、死亡的，处二年以上七年以下有期徒刑。

第一款罪，告诉的才处理，但被害人没有能力告诉，或者因受到强制、威吓无法告诉的除外。①

关联法条：第九十五条

━━━━◆ 定　罪 ◆━━━━

1 一罪与数罪

★最高人民法院、最高人民检察院、公安部、司法部《关于依法办理家庭暴力犯罪案件的意见》（2015年3月2日）（节录）

16. 依法准确定罪处罚。对故意杀人、故意伤害、强奸、猥亵儿童、非法拘禁、侮辱、暴力干涉婚姻自由、虐待、遗弃等侵害公民人身权利的家庭暴力犯罪，应当根据犯罪的事实、犯罪的性质、情节和对社会的危害程度，严格依照刑法的有关规定判处。对于同一行为同时触犯多个罪名的，依照处罚较重的规定定罪处罚。

17. （第1款）依法惩处虐待犯罪。采取殴打、冻饿、强迫过度劳动、限制人身自由、恐吓、侮辱、谩骂等手段，对家庭成员的身体和精神进行摧残、折磨，是实践中较为多发的虐待性质的家庭暴力。根据司法实践，具有虐待持续时间较长、次数较多；虐待手段残忍；虐待造成被害人轻微伤或者患较严重疾病；对未成年人、老年人、残疾人、孕妇、哺乳期妇女、重病患者实施较为严重的虐待行为等情形，属于刑法第二百六十条第一款规定的虐待"情节恶劣"，应当依法以虐待罪定罪处罚。

★最高人民法院、最高人民检察院、公安部、司法部《关于依法惩治拐卖妇女儿童犯罪的意见》（2010年3月15日）（节录）

五、定性

20. 明知是被拐卖的妇女、儿童而收买，具有下列情形之一的，以收买被拐卖的妇女、儿童罪论处；同时构成其他犯罪的，依照数罪并罚的规定处罚：

（3）非法剥夺、限制被收买妇女、儿童的人身自由，情节严重，或者对被收买妇女、儿童有强奸、伤害、侮辱、虐待等行为的；

七、一罪与数罪

25. 拐卖妇女、儿童，又对被拐卖的妇女、儿童实施故意杀害、伤害、猥亵、侮辱等行为，构成其他犯罪的，依照数罪并罚的规定处罚。

2 此罪与彼罪

★最高人民法院、最高人民检察院、公安部、司法部《关于依法办理家庭暴力犯罪案

---

① 2015年8月29日《刑法修正案（九）》第十八条增设了本条第三款中"但被害人没有能力告诉，或者因受到强制、威吓无法告诉的除外"的规定。

件的意见》（2015 年 3 月 2 日）（节录）

17.（第 2 款）准确区分虐待犯罪致人重伤、死亡与故意伤害、故意杀人犯罪致人重伤、死亡的界限，要根据被告人的主观故意、所实施的暴力手段与方式、是否立即或者直接造成被害人伤亡后果等进行综合判断。对于被告人主观上不具有侵害被害人健康或者剥夺被害人生命的故意，而是出于追求被害人肉体和精神上的痛苦，长期或者多次实施虐待行为，逐渐造成被害人身体损害，过失导致被害人重伤或者死亡的；或者因虐待致使被害人不堪忍受而自残、自杀，导致重伤或者死亡的，属于刑法第二百六十条第二款规定的虐待"致使被害人重伤、死亡"，应当以虐待罪定罪处罚。对于被告人虽然实施家庭暴力呈现出经常性、持续性、反复性的特点，但其主观上具有希望或者放任被害人重伤或者死亡的故意，持凶器实施暴力，暴力手段残忍，暴力程度较强，直接或者立即造成被害人重伤或者死亡的，应当以故意伤害罪或者故意杀人罪定罪处罚。

3 溯及力

★最高人民法院《关于〈中华人民共和国刑法修正案（九）〉时间效力问题的解释》（2015 年 11 月 1 日）（节录）

第五条 对于 2015 年 10 月 31 日以前实施的刑法第二百六十条第一款规定的虐待行为，被害人没有能力告诉，或者因受到强制、威吓无法告诉的，适用修正后刑法第二百六十条第三款的规定。

量 刑

1 从严、从重处罚

★最高人民法院、最高人民检察院、公安部、司法部《关于依法惩治拐卖妇女儿童犯罪的意见》（2010 年 3 月 15 日）（节录）

八、刑罚适用

28. 对于拐卖妇女、儿童犯罪集团的首要分子，情节严重的主犯，累犯，偷盗婴幼儿、强抢儿童情节严重，将妇女、儿童卖往境外情节严重，拐卖妇女、儿童多人多次，造成伤亡后果，或者具有其他严重情节的，依法从重处罚；情节特别严重的，依法判处死刑。

拐卖妇女、儿童，并对被拐卖的妇女、儿童实施故意杀害、伤害、猥亵、侮辱等行为，数罪并罚决定执行的刑罚应当依法体现从严。

★最高人民法院、最高人民检察院、公安部、司法部《关于依法办理家庭暴力犯罪案件的意见》（2015 年 3 月 2 日）（节录）

18. 切实贯彻宽严相济刑事政策。对于实施家庭暴力构成犯罪的，应当根据罪刑法定、罪刑相适应原则，兼顾维护家庭稳定、尊重被害人意愿等因素综合考虑，宽严并用，区别对待。根据司法实践，对于实施家庭暴力手段残忍或者造成严重后果；出于恶意侵占财产等卑劣动机实施家庭暴力；因酗酒、吸毒、赌博等恶习而长期或者多次实施家庭暴力；曾因实施家庭暴力受到刑事处罚、行政处罚；或者具有其他恶劣情形的，可以酌情从重处罚……

2 从轻、免予处罚

★最高人民法院、最高人民检察院、公安部、司法部《关于依法办理家庭暴力犯罪案

件的意见》（2015 年 3 月 2 日）（节录）

18. 切实贯彻宽严相济刑事政策。对于实施家庭暴力构成犯罪的，应当根据罪刑法定、罪刑相适应原则，兼顾维护家庭稳定、尊重被害人意愿等因素综合考虑，宽严并用，区别对待。根据司法实践……对于实施家庭暴力犯罪情节较轻，或者被告人真诚悔罪，获得被害人谅解，从轻处罚有利于被扶养人的，可以酌情从轻处罚；对于情节轻微不需要判处刑罚的，人民检察院可以不起诉，人民法院可以判处免予刑事处罚。

对于实施家庭暴力情节显著轻微危害不大不构成犯罪的，应当撤销案件、不起诉，或者宣告无罪。

人民法院、人民检察院、公安机关应当充分运用训诫，责令施暴人保证不再实施家庭暴力，或者向被害人赔礼道歉、赔偿损失等非刑罚处罚措施，加强对施暴人的教育与惩戒。

★最高人民法院、最高人民检察院、公安部、司法部《关于依法惩治拐卖妇女儿童犯罪的意见》（2010 年 3 月 15 日）（节录）

八、刑罚适用

32. 具有从犯、自首、立功等法定从宽处罚情节的，依法从轻、减轻或者免除处罚。

对被拐卖的妇女、儿童没有实施摧残、虐待等违法犯罪行为，或者能够协助解救被拐卖的妇女、儿童，或者具有其他酌定从宽处罚情节的，可以依法酌情从轻处罚。

▶③ 禁止令

★最高人民法院、最高人民检察院、公安部、司法部《关于依法办理家庭暴力犯罪案件的意见》（2015 年 3 月 2 日）（节录）

21. 充分运用禁止令措施。人民法院对实施家庭暴力构成犯罪被判处管制或者宣告缓刑的犯罪分子，为了确保被害人及其子女和特定亲属的人身安全，可以依照刑法第三十八条第二款、第七十二条第二款的规定，同时禁止犯罪分子再次实施家庭暴力，侵扰被害人的生活、工作、学习，进行酗酒、赌博等活动；经被害人申请且有必要的，禁止接近被害人及其未成年子女。

第二百六十条之一 ①**【虐待被监护、看护人罪】** 对未成年人、老年人、患病的人、残疾人等负有监护、看护职责的人虐待被监护、看护的人，情节恶劣的，处三年以下有期徒刑或者拘役。

单位犯前款罪的，对单位判处罚金，并对其直接负责的主管人员和其他直接责任人员，依照前款的规定处罚。

有第一款行为，同时构成其他犯罪的，依照处罚较重的规定定罪处罚。

第二百六十一条【遗弃罪】 对于年老、年幼、患病或者其他没有独立生活能力的人，负有扶养义务而拒绝扶养，情节恶劣的，处五年以下有期徒刑、拘役或者管制。

---

① 本条系 2015 年 8 月 29 日《刑法修正案（九）》第十九条增设。

第二编 分 则

◆ 定 罪 ◆

1 "情节恶劣"的认定

★最高人民法院、最高人民检察院、公安部、司法部《关于依法办理家庭暴力犯罪案件的意见》（2015年3月2日）（节录）

17.（第3款）依法惩处遗弃犯罪。负有扶养义务且有扶养能力的人，拒绝扶养年幼、年老、患病或者其他没有独立生活能力的家庭成员，是危害严重的遗弃性质的家庭暴力。根据司法实践，具有对被害人长期不予照顾、不提供生活来源；驱赶、逼迫被害人离家，致使被害人流离失所或者生存困难；遗弃患严重疾病或者生活不能自理的被害人；遗弃致使被害人身体严重损害或者造成其他严重后果等情形，属于刑法第二百六十一条规定的遗弃"情节恶劣"，应当依法以遗弃罪定罪处罚。

2 私自将没有独立生活能力的子女送给他人抚养导致子女身心健康受到严重损害行为的定性

★最高人民法院、最高人民检察院、公安部、司法部《关于依法惩治拐卖妇女儿童犯罪的意见》（2010年3月15日）（节录）

五、定性

17.……不是出于非法获利目的，而是迫于生活困难，或者受重男轻女思想影响，私自将没有独立生活能力的子女送给他人抚养……对私自送养导致子女身心健康受到严重损害，或者具有其他恶劣情节，符合遗弃罪特征的，可以遗弃罪论处……

3 对被解救回的未成年人，其父母及其他监护人拒绝接收，拒不履行抚养义务行为的定性

★最高人民法院、最高人民检察院、公安部、民政部、司法部、全国妇联《关于打击拐卖妇女儿童犯罪有关问题的通知》（2000年3月20日）（节录）

六、……对被解救回的未成年人，其父母及其他监护人应当接收并认真履行抚养义务。拒绝接收，拒不履行抚养义务，构成犯罪的，以遗弃罪追究刑事责任。

4 一罪与数罪

★最高人民法院、最高人民检察院、公安部、司法部《关于依法办理家庭暴力犯罪案件的意见》（2015年3月2日）（节录）

16.依法准确定罪处罚。对故意杀人、故意伤害、强奸、猥亵儿童、非法拘禁、侮辱、暴力干涉婚姻自由、虐待、遗弃等侵害公民人身权利的家庭暴力犯罪，应当根据犯罪的事实、犯罪的性质、情节和对社会的危害程度，严格依照刑法的有关规定判处。对于同一行为同时触犯多个罪名的，依照处罚较重的规定定罪处罚。

5 此罪与彼罪

★最高人民法院、最高人民检察院、公安部、司法部《关于依法办理家庭暴力犯罪案件的意见》（2015年3月2日）（节录）

17.（第4款）准确区分遗弃罪与故意杀人罪的界限，要根据被告人的主观故意、所实施行为的时间与地点、是否立即造成被害人死亡，以及被害人对被告人的依赖程度等进

第四章 侵犯公民人身权利、民主权利罪

行综合判断。对于只是为了逃避扶养义务，并不希望或者放任被害人死亡，将生活不能自理的被害人弃置在福利院、医院、派出所等单位或者广场、车站等行人较多的场所，希望被害人得到他人救助的，一般以遗弃罪定罪处罚。对于希望或者放任被害人死亡，不履行必要的扶养义务，致使被害人因缺乏生活照料而死亡，或者将生活不能自理的被害人带至荒山野岭等人迹罕至的场所扔弃，使被害人难以得到他人救助的，应当以故意杀人罪定罪处罚。

◆━━━▶ 量　刑 ◀━━━◆

★最高人民法院、最高人民检察院、公安部、司法部《关于依法办理家庭暴力犯罪案件的意见》（2015年3月2日）

（参见第二百六十条：【量刑】，P452）

第二百六十二条【拐骗儿童罪】拐骗不满十四周岁的未成年人，脱离家庭或者监护人的，处五年以下有期徒刑或者拘役。

◆━━━▶ 立案追诉标准 ◀━━━◆

★公安部《关于打击拐卖妇女儿童犯罪适用法律和政策有关问题的意见》（2000年3月24日）（节录）

二、关于拐卖妇女、儿童犯罪

（十一）非以出卖为目的，拐骗不满十四周岁的未成年人脱离家庭或者监护人的，以拐骗儿童罪立案侦查。

第二百六十二条之一【组织残疾人、儿童乞讨罪】以暴力、胁迫手段组织残疾人或者不满十四周岁的未成年人乞讨的，处三年以下有期徒刑或者拘役，并处罚金；情节严重的，处三年以上七年以下有期徒刑，并处罚金。

◆━━━▶ 定　罪 ◀━━━◆

▌一罪与数罪

★最高人民法院、最高人民检察院、公安部、司法部《关于依法惩治拐卖妇女儿童犯罪的意见》（2010年3月15日）（节录）

五、定性

20. 明知是被拐卖的妇女、儿童而收买，具有下列情形之一的，以收买被拐卖的妇女、儿童罪论处；同时构成其他犯罪的，依照数罪并罚的规定处罚：

（5）组织、诱骗、强迫被收买的妇女、儿童从事乞讨、苦役，或者盗窃、传销、卖淫等违法犯罪活动的；

第二百六十二条之二【组织未成年人进行违反治安管理活动罪】组织未成年人进行盗窃、诈骗、抢夺、敲诈勒索等违反治安管理活动的，处三年以下有期徒刑或者拘役，并处罚金；情节严重的，处三年以上七年以下有期徒刑，并处罚金。

定　罪

一罪与数罪

★最高人民法院、最高人民检察院、公安部、司法部《关于依法惩治拐卖妇女儿童犯罪的意见》（2010年3月15日）（节录）

五、定性

20. 明知是被拐卖的妇女、儿童而收买，具有下列情形之一的，以收买被拐卖的妇女、儿童罪论处；同时构成其他犯罪的，依照数罪并罚的规定处罚：

（5）组织、诱骗、强迫被收买的妇女、儿童从事乞讨、苦役，或者盗窃、传销、卖淫等违法犯罪活动的；

七、一罪与数罪

27. 拐卖妇女、儿童或者收买被拐卖的妇女、儿童，又组织、教唆被拐卖、收买的未成年妇女、儿童进行盗窃、诈骗、抢夺、敲诈勒索等违反治安管理活动的，以拐卖妇女、儿童罪或者收买被拐卖的妇女、儿童罪与组织未成年人进行违反治安管理活动罪数罪并罚。

第五章 侵犯财产罪

第二百六十三条【抢劫罪】以暴力、胁迫或者其他方法抢劫公私财物的，处三年以上十年以下有期徒刑，并处罚金；有下列情形之一的，处十年以上有期徒刑、无期徒刑或者死刑，并处罚金或者没收财产：

（一）入户抢劫的；
（二）在公共交通工具上抢劫的；
（三）抢劫银行或者其他金融机构的；
（四）多次抢劫或者抢劫数额巨大的；
（五）抢劫致人重伤、死亡的；
（六）冒充军警人员抢劫的；
（七）持枪抢劫的；
（八）抢劫军用物资或者抢险、救灾、救济物资的。

关联法条：第九十五条、第二百六十七条（第2款）、第二百六十九条、第二百八十九条

━━━━◀ 立案追诉标准 ▶━━━━

★国家林业局、公安部《关于森林和陆生野生动物刑事案件管辖及立案标准》（2011年5月9日）（节录）

一、森林公安机关管辖在其辖区内发生的刑法规定的下列森林和陆生野生动物刑事案件

（十七）抢劫案件中，抢劫国家重点保护陆生野生动物或其制品的案件（第二百六十三条）；

二、森林和陆生野生动物刑事案件的立案标准

（十二）盗窃、抢夺、抢劫案、窝藏、转移、收购、销售赃物案、破坏生产经营案、聚众哄抢案、非法经营案、伪造变造买卖国家机关公文、证件案，执行相应的立案标准。

━━━━◀ 定　　罪 ▶━━━━

▶**1 本罪定义**

★最高人民检察院《关于印发部分罪案〈审查逮捕证据参考标准（试行）〉的通知》（2003年11月27日）（节录）

六、抢劫罪案审查逮捕证据参考标准

抢劫罪，是指触犯《刑法》第263条的规定，以非法占有为目的，当场使用暴力、胁迫或者其他方法强行夺取公私财物的行为。其他以抢劫罪定罪处罚的有：（1）携带凶器抢

· 457 ·

夺的；(2) 犯盗窃、诈骗、抢夺罪，为窝藏赃物、抗拒抓捕或者毁灭罪证而当场使用暴力或者以暴力相威胁的；(3) 聚众打砸抢，毁坏或抢走公私财物的首要分子。
……

2 "入户抢劫"的认定

★最高人民法院《关于审理抢劫案件具体应用法律若干问题的解释》（2000 年 11 月 28 日）（节录）

第一条 刑法第二百六十三条第（一）项规定的"入户抢劫"，是指为实施抢劫行为而进入他人生活的与外界相对隔离的住所，包括封闭的院落、牧民的帐篷、渔民作为家庭生活场所的渔船、为生活租用的房屋等进行抢劫的行为。

对于入户盗窃，因被发现而当场使用暴力或者以暴力相威胁的行为，应当认定为入户抢劫。

★最高人民法院《关于审理抢劫、抢夺刑事案件适用法律若干问题的意见》（2005 年 7 月 16 日）（节录）

一、关于"入户抢劫"的认定①

根据《抢劫解释》第一条规定，认定"入户抢劫"时，应当注意以下三个问题：一是"户"的范围。"户"在这里是指住所，其特征表现为供他人家庭生活和与外界相对隔离两个方面，前者为功能特征，后者为场所特征。一般情况下，集体宿舍、旅店宾馆、临时搭建工棚等不应认定为"户"，但在特定情况下，如果确实具有上述两个特征的，也可以认定为"户"。二是"入户"目的的非法性。进入他人住所须以实施抢劫等犯罪为目的。抢劫行为虽然发生在户内，但行为人不以实施抢劫等犯罪为目的进入他人住所，而是在户内临时起意实施抢劫的，不属于"入户抢劫"。三是暴力或者暴力胁迫行为必须发生在户内。入户实施盗窃被发现，行为人为窝藏赃物、抗拒抓捕或者毁灭罪证而当场使用暴力或者以暴力相威胁的，如果暴力或者暴力胁迫行为发生在户内，可以认定为"入户抢劫"；如果发生在户外，不能认定为"入户抢劫"。

★最高人民检察院《关于印发第五批指导性案例的通知》（2014 年 9 月 10 日）（节录）

陈邓昌抢劫、盗窃，付志强盗窃案（检例第 17 号）

要旨：

1. 对于入户盗窃，因被发现而当场使用暴力或者以暴力相威胁的行为，应当认定为

---

① 关于"入户抢劫"的入户目的问题。最高人民法院《关于审理抢劫案件具体应用法律若干问题的解释》（2000 年 11 月 28 日）规定，必须是"为实施抢劫行为而进入他人生活的与外界相对隔离的住所"；最高人民法院《关于审理抢劫、抢夺刑事案件适用法律若干问题的意见》（2005 年 7 月 16 日）的解释则更为宽泛，"进入他人住所须以实施抢劫等犯罪为目的"。对于"入户"的认定，应遵循最高人民法院、最高人民检察院联合发布的《关于适用刑事司法解释时间效力问题的规定》（2001 年 12 月 7 日）第 3 条的规定，即"对于新的司法解释实施前发生的行为，行为时已有相关司法解释，依照行为时的司法解释办理，但适用新的司法解释对犯罪嫌疑人、被告人有利的，适用新的司法解释"。

"入户抢劫"。

2. 在人民法院宣告判决前,人民检察院发现被告人有遗漏的罪行可以一并起诉和审理的,可以补充起诉。

3. 人民检察院认为同级人民法院第一审判决重罪轻判,适用刑罚明显不当的,应当提出抗诉。

★最高人民法院《关于审理抢劫刑事案件适用法律若干问题的指导意见》(2016年1月6日)(节录)

二、关于抢劫犯罪部分加重处罚情节的认定

1. 认定"入户抢劫",要注重审查行为人"入户"的目的,将"入户抢劫"与"在户内抢劫"区别开来。以侵害户内人员的人身、财产为目的,入户后实施抢劫,包括入户实施盗窃、诈骗等犯罪而转化为抢劫的,应当认定为"入户抢劫"。因访友办事等原因经户内人员允许入户后,临时起意实施抢劫,或者临时起意实施盗窃、诈骗等犯罪而转化为抢劫的,不应认定为"入户抢劫"。

对于部分时间从事经营、部分时间用于生活起居的场所,行为人在非营业时间强行入内抢劫或者以购物等为名骗开房门入内抢劫的,应认定为"入户抢劫"。对于部分用于经营、部分用于生活且之间有明确隔离的场所,行为人进入生活场所实施抢劫的,应认定为"入户抢劫";如场所之间没有明确隔离,行为人在营业时间入内实施抢劫的,不认定为"入户抢劫",但在非营业时间入内实施抢劫的,应认定为"入户抢劫"。

3 "在公共交通工具上抢劫"的认定

★最高人民法院《关于审理抢劫案件具体应用法律若干问题的解释》(2000年11月28日)(节录)

第二条 刑法第二百六十三条第(二)项规定的"在公共交通工具上抢劫",既包括在从事旅客运输的各种公共汽车、大、中型出租车、火车、船只、飞机等正在运营中的机动公共交通工具上对旅客、司售、乘务人员实施的抢劫,也包括对运行途中的机动公共交通工具加以拦截后,对公共交通工具上的人员实施的抢劫。

★最高人民法院《关于审理抢劫、抢夺刑事案件适用法律若干问题的意见》(2005年7月16日)(节录)

二、关于"在公共交通工具上抢劫"的认定

公共交通工具承载的旅客具有不特定多数人的特点。根据《抢劫解释》第二条规定,"在公共交通工具上抢劫"主要是指在从事旅客运输的各种公共汽车、大、中型出租车、火车、船只、飞机等正在运营中的机动公共交通工具上对旅客、司售、乘务人员实施的抢劫。在未运营中的大、中型公共交通工具上针对司售、乘务人员抢劫的,或者在小型出租车上抢劫的,不属于"在公共交通工具上抢劫"。

★最高人民法院《关于审理抢劫刑事案件适用法律若干问题的指导意见》(2016年1月6日)(节录)

二、关于抢劫犯罪部分加重处罚情节的认定

2. "公共交通工具",包括从事旅客运输的各种公共汽车、大、中型出租车、火车、地铁、轻轨、轮船、飞机等，不含小型出租车。对于虽不具有商业营运执照，但实际从事旅客运输的大、中型交通工具，可认定为"公共交通工具"。接送职工的单位班车、接送师生的校车等大、中型交通工具，视为"公共交通工具"。

"在公共交通工具上抢劫"，既包括在处于运营状态的公共交通工具上对旅客及司售、乘务人员实施抢劫，也包括拦截运营途中的公共交通工具对旅客及司售、乘务人员实施抢劫，但不包括在未运营的公共交通工具上针对司售、乘务人员实施抢劫。以暴力、胁迫或者麻醉等手段对公共交通工具上的特定人员实施抢劫的，一般应认定为"在公共交通工具上抢劫"。

▶4 "抢劫银行或者其他金融机构"的认定

★最高人民法院《关于审理抢劫案件具体应用法律若干问题的解释》（2000 年 11 月 28 日）（节录）

第三条　刑法第二百六十三条第（三）项规定的"抢劫银行或者其他金融机构"，是指抢劫银行或者其他金融机构的经营资金、有价证券和客户的资金等。

抢劫正在使用中的银行或者其他金融机构的运钞车的，视为"抢劫银行或者其他金融机构"。

▶5 "多次抢劫"的认定

★最高人民法院《关于审理抢劫、抢夺刑事案件适用法律若干问题的意见》（2005 年 7 月 16 日）（节录）

三、关于"多次抢劫"的认定

刑法第二百六十三条第（四）项中的"多次抢劫"是指抢劫三次以上。

对于"多次"的认定，应以行为人实施的每一次抢劫行为均已构成犯罪为前提，综合考虑犯罪故意的产生、犯罪行为实施的时间、地点等因素，客观分析、认定。对于行为人基于一个犯意实施犯罪的，如在同一地点同时对在场的多人实施抢劫的；或基于同一犯意在同一地点实施连续抢劫犯罪的，如在同一地点连续地对途经此地的多人进行抢劫的；或在一次犯罪中对一栋居民楼房中的几户居民连续实施入户抢劫的，一般应认定为一次犯罪。

▶6 "抢劫数额巨大"的认定

★最高人民法院《关于审理抢劫案件具体应用法律若干问题的解释》（2000 年 11 月 28 日）（节录）

第四条　刑法第二百六十三条第（四）项规定的"抢劫数额巨大"的认定标准，参照各地确定的盗窃罪数额巨大的认定标准执行。

★最高人民法院《关于审理抢劫刑事案件适用法律若干问题的指导意见》（2016 年 1 月 6 日）（节录）

二、关于抢劫罪部分加重处罚情节的认定

3. 认定"抢劫数额巨大"，参照各地认定盗窃罪数额巨大的标准执行。抢劫数额以实际抢劫到的财物数额为依据。对以数额巨大的财物为明确目标，由于意志以外的原因，未能抢到财物或实际抢得的财物数额不大的，应同时认定"抢劫数额巨大"和犯罪未遂的情节，根据刑法有关规定，结合未遂犯的处理原则量刑。

7 "冒充军警人员抢劫"的认定

★最高人民法院《关于审理抢劫刑事案件适用法律若干问题的指导意见》（2016 年 1 月 6 日）（节录）

二、关于抢劫罪部分加重处罚情节的认定

4. 认定"冒充军警人员抢劫"，要注重对行为人是否穿着军警制服、携带枪支、是否出示军警证件等情节进行综合审查，判断是否足以使他人误以为是军警人员。对于行为人仅穿着类似军警的服装或仅以言语宣称系军警人员但未携带枪支、也未出示军警证件而实施抢劫的，要结合抢劫地点、时间、暴力或威胁的具体情形，依照常人判断标准，确定是否认定为"冒充军警人员抢劫"。

军警人员利用自身的真实身份实施抢劫的，不认定为"冒充军警人员抢劫"，应依法从重处罚。

8 "持枪抢劫"的认定

★最高人民法院《关于审理抢劫案件具体应用法律若干问题的解释》（2000 年 11 月 28 日）（节录）

第五条　刑法第二百六十三条第（七）项规定的"持枪抢劫"，是指行为人使用枪支或者向被害人显示持有、佩带的枪支进行抢劫的行为。"枪支"的概念和范围，适用《中华人民共和国枪支管理法》的规定。

9 抢劫数额的认定

★最高人民法院《全国法院审理毒品犯罪案件工作座谈会纪要》（2000 年 4 月 4 日）（节录）

（六）关于盗窃、抢劫毒品犯罪的定性问题

盗窃、抢劫毒品的，应当分别以盗窃罪或者抢劫罪定罪。认定盗窃犯罪数额，可以参见当地毒品非法交易的价格。认定抢劫罪的数额，即是抢劫毒品的实际数量。

★最高人民法院《关于审理抢劫、抢夺刑事案件适用法律若干问题的意见》（2005 年 7 月 16 日）（节录）

六、关于抢劫犯罪数额的计算

抢劫信用卡后使用、消费的，其实际使用、消费的数额为抢劫数额；抢劫信用卡后未实际使用、消费的，不计数额，根据情节轻重量刑。所抢信用卡数额巨大，但未实际使用、消费或者实际使用、消费的数额未达到巨大标准的，不适用"抢劫数额巨大"的法定刑。

为抢劫其他财物，劫取机动车辆当作犯罪工具或者逃跑工具使用的，被劫取机动车辆的价值计入抢劫数额；为实施抢劫以外的其他犯罪劫取机动车辆的，以抢劫罪和实施的其他犯罪实行数罪并罚。

★最高人民法院《全国部分法院审理毒品犯罪案件工作座谈会纪要》（2008 年 12 月 22 日）（节录）

一、毒品案件的罪名确定和数量认定问题

……

盗窃、抢夺、抢劫毒品的，应当分别以盗窃罪、抢夺罪或者抢劫罪定罪，但不计犯罪数额，根据情节轻重予以定罪量刑。……

★最高人民法院《关于审理抢劫刑事案件适用法律若干问题的指导意见》（2016年1月6日）（节录）

3.……

根据《两抢意见》① 第六条第一款规定，抢劫信用卡后使用、消费的，以行为人实际使用、消费的数额为抢劫数额。由于行为人意志以外的原因无法实际使用、消费的部分，虽不计入抢劫数额，但应作为量刑情节考虑。通过银行转账或者电子支付、手机银行等支付平台获取抢劫财物的，以行为人实际获取的财物为抢劫数额。

⑩ 抢劫特定财物行为的定性

★最高人民法院《关于审理抢劫、抢夺刑事案件适用法律若干问题的意见》（2005年7月16日）（节录）

七、关于抢劫特定财物行为的定性

以毒品、假币、淫秽物品等违禁品为对象，实施抢劫的，以抢劫罪定罪；抢劫的违禁品数量作为量刑情节予以考虑。抢劫违禁品后又以违禁品实施其他犯罪的，应以抢劫罪与具体实施的其他犯罪实行数罪并罚。

抢劫赌资、犯罪所得的赃款赃物的，以抢劫罪定罪，但行为人仅以其所输赌资或所赢赌债为抢劫对象，一般不以抢劫罪定罪处罚。构成其他犯罪的，依照刑法的相关规定处罚。

为个人使用，以暴力、胁迫等手段取得家庭成员或近亲属财产的，一般不以抢劫罪定罪处罚，构成其他犯罪的，依照刑法的相关规定处理；教唆或者伙同他人采取暴力、胁迫等手段劫取家庭成员或近亲属财产的，可以抢劫罪定罪处罚。

★最高人民法院《关于审理掩饰、隐瞒犯罪所得、犯罪所得收益刑事案件适用法律若干问题的解释》（2015年6月1日）（节录）

第六条　对犯罪所得及其产生的收益实施盗窃、抢劫、诈骗、抢夺等行为，构成犯罪的，分别以盗窃罪、抢劫罪、诈骗罪、抢夺罪等定罪处罚。

⑪ 涉及机动车抢劫行为的定性

★最高人民法院、最高人民检察院、公安部、国家工商行政管理局《关于依法查处盗窃、抢劫机动车案件的规定》（1998年5月8日）（节录）

二、明知是盗窃、抢劫所得机动车而予以窝藏、转移、收购或者代为销售的，依照《刑法》第三百一十二条的规定处罚。

对明知是盗窃、抢劫所得机动车而予以拆解、改装、拼装、典当、倒卖，视为窝藏、转移、收购或者代为销售，依照《刑法》第三百一十二条的规定处罚。

三、国家指定的车辆交易市场、机动车经营企业（含典当、拍卖行）以及从事机动车修理、零部件销售企业的主管人员或者其他直接责任人员，明知是盗窃、抢劫的机动车而予以窝藏、转移、拆解、拼装、收购或者代为销售的，依照《刑法》第三百一十二条的规定处罚。单位组织实施上述行为的，由工商行政管理机关予以处罚。

---

① 即最高人民法院《关于审理抢劫、抢夺刑事案件适用法律问题的意见》（2005年6月8日）。

四、本规定第二条和第三条中的行为人事先与盗窃、抢劫机动车辆的犯罪分子通谋的，分别以盗窃、抢劫犯罪的共犯论处。

★最高人民法院《关于审理抢劫、抢夺刑事案件适用法律若干问题的意见》（2005年7月16日）（节录）

十一、驾驶机动车、非机动车夺取他人财物行为的定性

对于驾驶机动车、非机动车（以下简称"驾驶车辆"）夺取他人财物的，一般以抢夺罪从重处罚。但具有下列情形之一的，应当以抢劫罪定罪处罚：

（1）驾驶车辆，逼挤、撞击或强行逼倒他人以排除他人反抗，乘机夺取财物的；

（2）驾驶车辆强抢财物时，因被害人不放手而采取强拉硬拽方法劫取财物的；

（3）行为人明知其驾驶车辆强行夺取他人财物的手段会造成他人伤亡的后果，仍然强行夺取并放任造成财物持有人轻伤以上后果的。

★最高人民法院、最高人民检察院《关于办理抢夺刑事案件适用法律若干问题的解释》（2013年11月18日）（节录）

第六条 驾驶机动车、非机动车夺取他人财物，具有下列情形之一的，应当以抢劫罪定罪处罚：

（一）夺取他人财物时因被害人不放手而强行夺取的；

（二）驾驶车辆逼挤、撞击或者强行逼倒他人夺取财物的；

（三）明知会致人伤亡仍然强行夺取并放任造成财物持有人轻伤以上后果的。

12 以借贷为名采用暴力手段获取他人财物行为的定性

★最高人民检察院《关于强迫借贷行为适用法律问题的批复》（2014年4月17日）（节录）

……以非法占有为目的，以借贷为名采用暴力、胁迫手段获取他人财物，符合刑法第二百六十三条或者第二百七十四条规定的，以抢劫罪或者敲诈勒索罪追究刑事责任。

13 非法占有强迫他人卖血所得款物行为的定性

★最高人民法院研究室《关于对非法占有强迫他人卖血所得款物案件如何定性问题的意见函》（1995年10月23日）（节录）

被告人以非法占有为目的，强迫被害人卖血后占有卖血所得款物的行为，构成抢劫罪；其间实施的非法剥夺被害人人身自由的行为，应作为抢劫罪从重处罚的情节予以考虑。

14 既遂与未遂

★最高人民法院《关于审理抢劫、抢夺刑事案件适用法律若干问题的意见》（2005年7月16日）（节录）

十、抢劫罪的既遂、未遂的认定

抢劫罪侵犯的是复杂客体，既侵犯财产权利又侵犯人身权利，具备劫取财物或者造成他人轻伤以上后果两者之一的，均属抢劫既遂；既未劫取财物，又未造成他人人身伤害后果的，属抢劫未遂。据此，刑法第二百六十三条规定的八种处罚情节中除"抢劫致人重伤、死亡的"这一结果加重情节之外，其余七种处罚情节同样存在既遂、未遂问题，其中属抢劫未遂的，应当根据刑法关于加重情节的法定刑规定，结合未遂犯的处理原则量刑。

★最高人民法院《关于审理抢劫刑事案件适用法律若干问题的指导意见》（2016年1

月 6 日）（节录）

3. 认定"抢劫数额巨大"，参照各地认定盗窃罪数额巨大的标准执行。抢劫数额以实际抢劫到的财物数额为依据。对以数额巨大的财物为明确目标，由于意志以外的原因，未能抢到财物或实际抢得的财物数额不大的，应同时认定"抢劫数额巨大"和犯罪未遂的情节，根据刑法有关规定，结合未遂犯的处理原则量刑。

15 共同犯罪

★最高人民法院、最高人民检察院《关于办理与盗窃、抢劫、诈骗、抢夺机动车相关刑事案件具体应用法律若干问题的解释》（2007 年 5 月 11 日）（节录）

第一条 明知是盗窃、抢劫、诈骗、抢夺的机动车，实施下列行为之一的，依照刑法第三百一十二条的规定，以掩饰、隐瞒犯罪所得、犯罪所得收益罪定罪，处三年以下有期徒刑、拘役或者管制，并处或者单处罚金：

（一）买卖、介绍买卖、典当、拍卖、抵押或者用其抵债的；

（二）拆解、拼装或者组装的；

（三）修改发动机号、车辆识别代号的；

（四）更改车身颜色或者车辆外形的；

（五）提供或者出售机动车来历凭证、整车合格证、号牌以及有关机动车的其他证明和凭证的；

（六）提供或者出售伪造、变造的机动车来历凭证、整车合格证、号牌以及有关机动车的其他证明和凭证的。

实施第一款规定的行为涉及盗窃、抢劫、诈骗、抢夺的机动车五辆以上或者价值总额达到五十万元以上的，属于刑法第三百一十二条规定的"情节严重"，处三年以上七年以下有期徒刑，并处罚金。

第二条 伪造、变造、买卖机动车行驶证、登记证书，累计三本以上的，依照刑法第二百八十条第一款的规定，以伪造、变造、买卖国家机关证件罪定罪，处三年以下有期徒刑、拘役、管制或者剥夺政治权利。

伪造、变造、买卖机动车行驶证、登记证书，累计达到第一款规定数量标准五倍以上的，属于刑法第二百八十条第一款规定中的"情节严重"，处三年以上十年以下有期徒刑。

第三条（第 1 款） 国家机关工作人员滥用职权，有下列情形之一，致使盗窃、抢劫、诈骗、抢夺的机动车被办理登记手续，数量达到三辆以上或者价值总额达到三十万元以上的，依照刑法第三百九十七条第一款的规定，以滥用职权罪定罪，处三年以下有期徒刑或者拘役：

（一）明知是登记手续不全或者不符合规定的机动车而办理登记手续的；

（二）指使他人为明知是登记手续不全或者不符合规定的机动车办理登记手续的；

（三）违规或者指使他人违规更改、调换车辆档案的；

（四）其他滥用职权的行为。

（第 3 款） 国家机关工作人员实施前两款规定的行为，致使盗窃、抢劫、诈骗、抢夺的机动车被办理登记手续，分别达到前两款规定数量、数额标准五倍以上的，或者明知是盗窃、抢劫、诈骗、抢夺的机动车而办理登记手续的,属于刑法第三百九十七条第一款规定的"情节特别严重",处三年以上七年以下有期徒刑。

第四条 实施本解释第一条、第二条、第三条第一款或者第三款规定的行为,事前与盗窃、抢劫、诈骗、抢夺机动车的犯罪分子通谋的,以盗窃罪、抢劫罪、诈骗罪、抢夺罪的共犯论处。

★最高人民法院《关于审理抢劫刑事案件适用法律若干问题的指导意见》(2016年1月6日)(节录)

三、关于转化型抢劫犯罪的认定

两人以上共同实施盗窃、诈骗、抢夺犯罪,其中部分行为人为窝藏赃物、抗拒抓捕或者毁灭罪证而当场使用暴力或者以暴力相威胁,对于其余行为人是否以抢劫罪共犯论处,主要看其对实施暴力或者以暴力相威胁的行为人是否形成共同犯意、提供帮助。基于一定意思联络,对实施暴力或者以暴力相威胁的行为人提供帮助或实际成为帮凶的,可以抢劫共犯论处。

16 一罪与数罪

★最高人民法院研究室《关于对在绑架勒索犯罪过程中对同一受害人又有抢劫行为应如何定罪问题的答复》(1995年5月30日)(节录)

行为人在绑架勒索犯罪过程中,又抢劫同一人被害人财物的,应以绑架勒索罪定罪,从重处罚;同时又抢劫他人财物的,应分别以绑架勒索罪、抢劫罪定罪,实行数罪并罚。

★最高人民法院《全国法院审理毒品犯罪案件工作座谈会纪要》(2000年4月4日)(节录)

(六)关于盗窃、抢劫毒品犯罪的定性问题

盗窃、抢劫毒品后又实施其他毒品犯罪的,则以盗窃罪、抢劫罪与实施的具体毒品犯罪,依法实行数罪并罚。

★最高人民法院《关于抢劫过程中故意杀人案件如何定罪问题的批复》(2001年5月26日)(节录)

行为人为劫取财物而预谋故意杀人,或者在劫取财物过程中,为制服被害人反抗而故意杀人的,以抢劫罪定罪处罚。

行为人实施抢劫后,为灭口而故意杀人的,以抢劫罪和故意杀人罪定罪,实行数罪并罚。

★最高人民法院《关于对在绑架过程中以暴力、胁迫等手段当场劫取被害人财物的行为如何适用法律问题的答复》(2001年11月8日)(节录)

行为人在绑架过程中,又以暴力、胁迫等手段当场劫取被害人财物,构成犯罪的,择一重罪处罚。……

★最高人民法院《关于审理抢劫、抢夺刑事案件适用法律若干问题的意见》(2005年7月16日)(节录)

八、关于抢劫罪数的认定

行为人实施伤害、强奸等犯罪行为,在被害人未失去知觉,利用被害人不能反抗、不敢反抗的处境，临时起意劫取他人财物的，应以此前所实施的具体犯罪与抢劫罪实行数罪并罚；在被害人失去知觉或者没有发觉的情形下，以及实施故意杀人犯罪行为之后，临时起意拿走他人财物的，应以此前所实施的具体犯罪与盗窃罪实行数罪并罚。

★最高人民法院《全国部分法院审理毒品犯罪案件工作座谈会纪要》（2008年12月22日）（节录）

一、毒品案件的罪名确定和数量认定问题

盗窃、抢夺、抢劫毒品后又实施其他毒品犯罪的，对盗窃罪、抢夺罪、抢劫罪和所犯的具体毒品犯罪分别定罪，依法数罪并罚。

此罪与彼罪

★最高人民法院《关于审理抢劫、抢夺刑事案件适用法律若干问题的意见》（2005年7月16日）（节录）

九、关于抢劫罪与相似犯罪的界限

1. 冒充正在执行公务的人民警察、联防人员，以抓卖淫嫖娼、赌博等违法行为为名非法占有财物的行为定性

行为人冒充正在执行公务的人民警察"抓赌"、"抓嫖"，没收赌资或者罚款的行为，构成犯罪的，以招摇撞骗罪从重处罚；在实施上述行为中使用暴力或者暴力威胁的，以抢劫罪定罪处罚。行为人冒充治安联防队员"抓赌"、"抓嫖"，没收赌资或者罚款的行为，构成犯罪的，以敲诈勒索罪定罪处罚；在实施上述行为中使用暴力或者暴力威胁的，以抢劫罪定罪处罚。

2. 以暴力、胁迫手段索取超出正常交易价钱、费用的钱财的行为定性

从事正常商品买卖、交易或者劳动服务的人，以暴力、胁迫手段迫使他人交出与合理价钱、费用相差不大钱物，情节严重的，以强迫交易罪定罪处罚；以非法占有为目的，以买卖、交易、服务为幌子采用暴力、胁迫手段迫使他人交出与合理价钱、费用相差悬殊的钱物，以抢劫罪定罪处刑。在具体认定时，既要考虑超出合理价钱、费用的绝对数额，还要考虑超出合理价钱、费用的比例，加以综合判断。

3. 抢劫罪与绑架罪的界限

绑架罪是侵害他人人身自由权利的犯罪，其与抢劫罪的区别在于：第一，主观方面不尽相同。抢劫罪中，行为人一般出于非法占有他人财物的故意实施抢劫行为，绑架罪中，行为人既可能为勒索他人财物而实施绑架行为，也可能出于其他非经济目的实施绑架行为；第二，行为手段不尽相同。抢劫罪表现为行为人劫取财物一般应在同一时间、同一地点，具有"当场性"；绑架罪表现为行为人以杀害、伤害等方式向被绑架人的亲属或其他人或单位发出威胁，索取赎金或提出其他非法要求，劫取财物一般不具有"当场性"。

绑架过程中又当场劫取被害人随身携带财物的，同时触犯绑架罪和抢劫罪两罪名，应择一重罪定罪处罚。

4. 抢劫罪与寻衅滋事罪的界限

寻衅滋事罪是严重扰乱社会秩序的犯罪，行为人实施寻衅滋事的行为时，客观上也可能表现为强拿硬要公私财物的特征。这种强拿硬要的行为与抢劫罪的区别在于：前者行为

人主观上还具有逞强好胜和通过强拿硬要来填补其精神空虚等目的，后者行为人一般只具有非法占有他人财物的目的；前者行为人客观上一般不以严重侵犯他人人身权利的方法强拿硬要财物，而后者行为人则以暴力、胁迫等方式作为劫取他人财物的手段。司法实践中，对于未成年人使用或威胁使用轻微暴力强抢少量财物的行为，一般不宜以抢劫罪定罪处罚。其行为符合寻衅滋事罪特征的，可以寻衅滋事罪定罪处罚。

5. 抢劫罪与故意伤害罪的界限

行为人为索取债务，使用暴力、暴力威胁等手段的，一般不以抢劫罪定罪处罚。构成故意伤害等其他犯罪的，依照刑法第二百三十四条等规定处罚。

18 罪与非罪

★最高人民法院《关于审理未成年人刑事案件具体应用法律若干问题的解释》（2006年1月23日）（节录）

第七条 已满十四周岁不满十六周岁的人使用轻微暴力或者威胁，强行索要其他未成年人随身携带的生活、学习用品或者钱财数量不大，且未造成被害人轻微伤以上或者不敢正常到校学习、生活等危害后果的，不认为是犯罪。

已满十六周岁不满十八周岁的人具有前款规定情形的，一般也不认为是犯罪。

19 房产能否成为抢劫对象的问题

★最高人民法院《关于如何处理"反攻倒算"案件的答复》（1991年7月12日）（节录）

河南省高级人民法院：

你院豫法（研）请〔1991〕16号《关于"反攻倒算"活动处理意见的请示》收悉。近几年来，你省部分地方发生了一些在土改、镇反中被没收财产或被镇压的人的亲属公然向当地政府或当年的干部、积极分子反攻倒算的事件，值得引起高度重视，应予认真对待。经与有关部门共同研究，现对你们《关于"反攻倒算"活动处理意见的请示》，答复如下：

四、你省的"请示"中，对抢占土改、镇反中被没收的房产，提出按"抢劫"定罪。这个问题因涉及对不动产能否按抢劫定罪的问题，刑法没有明确规定，请你们再作进一步研究，根据不同情况，具体案件具体处理。

量　刑

1 量刑起点、基准刑的确定

★最高人民法院《关于常见犯罪的量刑指导意见》（2014年1月1日）（节录）

四、常见犯罪的量刑

（五）抢劫罪

1. 构成抢劫罪的，可以根据下列不同情形在相应的幅度内确定量刑起点：

（1）抢劫一次的，可以在三年至六年有期徒刑幅度内确定量刑起点。

（2）有下列情形之一的，可以在十年至十三年有期徒刑幅度内确定量刑起点：入户抢劫的；在公共交通工具上抢劫的；抢劫银行或者其他金融机构的；抢劫三次或者抢劫数额达到数额巨大起点的；抢劫致一人重伤的；冒充军警人员抢劫的；持枪抢劫的；抢劫军用物资或者抢险、救灾、救济物资的。依法应当判处无期徒刑以上刑罚的除外。

2. 在量刑起点的基础上，可以根据抢劫情节严重程度、抢劫次数、数额、致人伤害后果等其他影响犯罪构成的犯罪事实增加刑罚量，确定基准刑。

▶2 从重处罚

★最高人民法院、最高人民检察院《关于办理妨害预防、控制突发传染病疫情等灾害的刑事案件具体应用法律若干问题的解释》（2003年5月15日）（节录）

第九条　在预防、控制突发传染病疫情等灾害期间，聚众"打砸抢"，致人伤残、死亡的，依照刑法第二百八十九条、第二百三十四条、第二百三十二条的规定，以故意伤害罪或者故意杀人罪定罪，依法从重处罚。对毁坏或者抢走公私财物的首要分子，依照刑法第二百八十九条、第二百六十三条的规定，以抢劫罪定罪，依法从重处罚。

★最高人民法院《关于审理抢劫刑事案件适用法律若干问题的指导意见》（2016年1月6日）（节录）

一、关于审理抢劫刑事案件的基本要求

坚持贯彻宽严相济刑事政策。对于多次结伙抢劫，针对农村留守妇女、儿童及老人等弱势群体实施抢劫，在抢劫中实施强奸等暴力犯罪的，要在法律规定的量刑幅度内从重判处。

六、累犯等情节的适用

根据刑法第六十五条第一款的规定，对累犯应当从重处罚。抢劫犯罪被告人具有累犯情节的，适用刑罚时要综合考虑犯罪的情节和后果，所犯前后罪的性质、间隔时间及判刑轻重等情况，决定从重处罚的力度。对于前罪系抢劫等严重暴力犯罪的累犯，应当依法加大从重处罚的力度。对于虽不构成累犯，但具有抢劫犯罪前科的，一般不适用减轻处罚和缓刑。对于可能判处死刑的罪犯具有累犯情节的也应慎重，不能只要是累犯就一律判处死刑立即执行；被告人同时具有累犯和法定从宽处罚情节的，判处死刑立即执行应当综合考虑，从严掌握。

▶3 从宽处理

★最高人民法院《关于审理抢劫刑事案件适用法律若干问题的指导意见》（2016年1月6日）（节录）

一、关于审理抢劫刑事案件的基本要求

对于罪行严重或者具有累犯情节的抢劫犯罪分子，减刑、假释时应当从严掌握，严格控制减刑的幅度和频度。对因家庭成员就医等特定原因初次实施抢劫，主观恶性和犯罪情节相对较轻的，要与多次抢劫以及为了挥霍、赌博、吸毒等实施抢劫的案件在量刑上有所区分。对于犯罪情节较轻，或者具有法定、酌定从轻、减轻处罚情节的，坚持依法从宽处理。

▶4 法定八种加重处罚情节的刑罚适用

★最高人民法院《关于审理抢劫刑事案件适用法律若干问题的指导意见》（2016年1月6日）（节录）

四、具有法定八种加重处罚情节的刑罚适用

1. 根据刑法第二百六十三条的规定，具有"抢劫致人重伤、死亡"等八种法定加重处

第五章 侵犯财产罪

罚情节的，处十年以上有期徒刑、无期徒刑或者死刑，并处罚金或者没收财产。应当根据抢劫的次数及数额、抢劫对人身的损害、对社会治安的危害等情况，结合被告人的主观恶性及人身危险程度，并根据量刑规范化的有关规定，确定具体的刑罚。判处无期徒刑以上刑罚的，一般应并处没收财产。

2. 具有下列情形之一的，可以判处无期徒刑以上刑罚：
（1）抢劫致三人以上重伤，或者致人重伤造成严重残疾的；
（2）在抢劫过程中故意杀害他人，或者故意伤害他人，致人死亡的；
（3）具有除"抢劫致人重伤、死亡"外的两种以上加重处罚情节，或者抢劫次数特别多、抢劫数额特别巨大的。

3. 为劫取财物而预谋故意杀人，或者在劫取财物过程中为制服被害人反抗、抗拒抓捕而杀害被害人，且被告人无法定从宽处罚情节的，可依法判处死刑立即执行。对具有自首、立功等法定从轻处罚情节的，判处死刑立即执行应当慎重。对于采取故意杀人以外的其他手段实施抢劫并致人死亡的案件，要从犯罪的动机、预谋、实行行为等方面分析被告人主观恶性的大小，并从有无前科及平时表现、认罪悔罪情况等方面判断被告人的人身危险程度，不能不加区别，仅以出现被害人死亡的后果，一律判处死刑立即执行。

4. 抢劫致人重伤案件适用死刑，应当更加慎重、更加严格，除非具有采取极其残忍的手段造成被害人严重残疾等特别恶劣的情节或者造成特别严重后果的，一般不判处死刑立即执行。

5. 具有刑法第二百六十三条规定的"抢劫致人重伤、死亡"以外其他七种加重处罚情节，且犯罪情节特别恶劣、危害后果特别严重的，可依法判处死刑立即执行。认定"情节特别恶劣、危害后果特别严重"，应当从严掌握，适用死刑必须非常慎重、非常严格。

▶5 抢劫共同犯罪的刑罚适用

★最高人民法院《关于审理抢劫刑事案件适用法律若干问题的指导意见》（2016年1月6日）（节录）

五、抢劫共同犯罪的刑罚适用

1. 审理抢劫共同犯罪案件，应当充分考虑共同犯罪的情节及后果、共同犯罪人在抢劫中的作用以及被告人的主观恶性、人身危险性等情节，做到准确认定主从犯，分清罪责，以责定刑，罚当其罪。一案中有两名以上主犯的，要从犯罪提意、预谋、准备、行为实施、赃物处理等方面区分出罪责最大者和较大者；有两名以上从犯的，要在从犯中区分出罪责相对更轻者和较轻者。对从犯的处罚，要根据案件的具体事实、从犯的罪责，确定从轻还是减轻处罚。对具有自首、立功或者未成年人且初次抢劫等情节的从犯，可以依法免除处罚。

2. 对于共同抢劫致一人死亡的案件，依法应当判处死刑的，除犯罪手段特别残忍、情节及后果特别严重、社会影响特别恶劣、严重危害社会治安的外，一般只对共同抢劫犯罪中作用最突出、罪行最严重的那名主犯判处死刑立即执行。罪行最严重的主犯如因系未成年人而不适用死刑，或者因具有自首、立功等法定从宽处罚情节而不判处死刑立即执行的，不能不加区别地对其他主犯判处死刑立即执行。

· 469 ·

第二编 分　　则

3. 在抢劫共同犯罪案件中，有同案犯在逃的，应当根据现有证据尽量分清在押犯与在逃犯的罪责，对在押犯应按其罪责处刑。罪责确实难以分清，或者不排除在押犯的罪责可能轻于在逃犯的，对在押犯适用刑罚应当留有余地，判处死刑立即执行要格外慎重。

▶6 死刑的适用

★最高人民法院《关于审理抢劫刑事案件适用法律若干问题的指导意见》（2016年1月6日）（节录）

一、关于审理抢劫刑事案件的基本要求

确保案件审判质量。审理抢劫刑事案件，要严格遵守证据裁判原则，确保事实清楚，证据确实、充分。特别是对因抢劫可能判处死刑的案件，更要切实贯彻执行刑事诉讼法及相关司法解释、司法文件，严格依法审查判断和运用证据，坚决防止冤错案件的发生。

对抢劫刑事案件适用死刑，应当坚持"保留死刑，严格控制和慎重适用死刑"的刑事政策，以最严格的标准和最审慎的态度，确保死刑只适用于极少数罪行极其严重的犯罪分子。对被判处死刑缓期二年执行的抢劫犯罪分子，根据犯罪情节等情况，可以同时决定对其限制减刑。

▶7 抢劫案件附带民事赔偿的处理原则

★最高人民法院《关于审理抢劫刑事案件适用法律若干问题的指导意见》（2016年1月6日）（节录）

七、关于抢劫案件附带民事赔偿的处理原则

要妥善处理抢劫案件附带民事赔偿工作。审理抢劫刑事案件，一般情况下人民法院不主动开展附带民事调解工作。但是，对于犯罪情节不是特别恶劣或者被害方生活、医疗陷入困境，被告人与被害方自行达成民事赔偿和解协议的，民事赔偿情况可作为评价被告人悔罪态度的依据之一，在量刑上酌情予以考虑。

第二百六十四条【盗窃罪】 盗窃公私财物，数额较大的，或者多次盗窃、入户盗窃、携带凶器盗窃、扒窃的，处三年以下有期徒刑、拘役或者管制，并处或者单处罚金；数额巨大或者有其他严重情节的，处三年以上十年以下有期徒刑，并处罚金；数额特别巨大或者有其他特别严重情节的，处十年以上有期徒刑或者无期徒刑，并处罚金或者没收财产。

关联法条：第一百九十六条（第3款）、第二百一十条（第1款）、第二百五十三条、第二百六十五条、第二百八十七条

◁ 立案追诉标准 ▷

★国家林业局、公安部《关于森林和陆生野生动物刑事案件管辖及立案标准》（2001年5月9日）（节录）

一、森林公安机关管辖在其辖区内发生的刑法规定的下列森林和陆生野生动物刑事案件

（十六）盗窃案件中，盗窃国家、集体、他人所有并已经伐倒的树木、偷砍他人房前屋后、自留地种植的零星树木、以谋取经济利益为目的非法实施采种、采脂、挖笋、掘根、剥树皮等以及盗窃国家重点保护陆生野生动物或其制品的案件（第二百六十四条）；

第五章 侵犯财产罪

二、森林和陆生野生动物刑事案件的立案标准

（十二）盗窃、抢夺、抢劫案、窝藏、转移、收购、销售赃物案、破坏生产经营案、聚众哄抢案、非法经营案、伪造变造买卖国家机关公文、证件案，执行相应的立案标准。

——— 定　　罪 ———

1 本罪定义

★最高人民法院《关于执行刑法中若干问题的初步经验总结》（1981年11月1日）（节录）

十四、关于盗窃罪的问题

（一）如何认定盗窃罪

刑法第一百五十一条、第一百五十条所规定的盗窃罪，是指以非法占有为目的，秘密地窃取数额较大的公私财物的行为。

★最高人民检察院《关于印发部分罪案〈审查逮捕证据参考标准（试行）〉的通知》（2003年11月27日）（节录）

二、盗窃罪案审查逮捕证据参考标准

盗窃罪，是指触犯《刑法》第264条的规定，以非法占有为目的，秘密窃取公私财物，数额较大或者多次盗窃公私财物的行为。其他以盗窃罪定罪处罚的有：（1）盗窃信用卡并使用的；（2）盗窃增值税专用发票或者可以用于骗取出口退税、抵扣税款的其他发票的；（3）以牟利为目的，盗接他人通信线路、复制他人电信码号或者明知是盗接、复制的电信设备、设施而使用的；（4）邮政工作人员私自开拆邮件、电报，盗窃财物的；（5）利用计算机盗窃的；（6）单位有关人员为谋取单位利益组织实施盗窃行为，情节严重的；（7）将电信卡非法充值后使用，造成电信资费损失数额较大的，盗用他人密码上网，造成他人电信资费损失数额较大的。

……

2 "数额较大"、"数额巨大"、"数额特别巨大"的认定

★最高人民法院、最高人民检察院《关于办理盗窃刑事案件适用法律若干问题的解释》（2013年4月4日）（节录）

第一条　盗窃公私财物价值一千元至三千元以上、三万元至十万元以上、三十万元至五十万元以上的，应当分别认定为刑法第二百六十四条规定的"数额较大"、"数额巨大"、"数额特别巨大"。

各省、自治区、直辖市高级人民法院、人民检察院可以根据本地区经济发展状况，并考虑社会治安状况，在前款规定的数额幅度内，确定本地区执行的具体数额标准，报最高人民法院、最高人民检察院批准。

在跨地区运行的公共交通工具上盗窃，盗窃地点无法查证的，盗窃数额是否达到"数额较大"、"数额巨大"、"数额特别巨大"，应当根据受理案件所在地省、自治区、直辖市高级人民法院、人民检察院确定的有关数额标准认定。

盗窃毒品等违禁品，应当按照盗窃罪处理的，根据情节轻重量刑。

第二条　盗窃公私财物，具有下列情形之一的，"数额较大"的标准可以按照前条规

定标准的百分之五十确定：

（一）曾因盗窃受过刑事处罚的；

（二）一年内曾因盗窃受过行政处罚的；

（三）组织、控制未成年人盗窃的；

（四）自然灾害、事故灾害、社会安全事件等突发事件期间，在事件发生地盗窃的；

（五）盗窃残疾人、孤寡老人、丧失劳动能力人的财物的；

（六）在医院盗窃病人或者其亲友财物的；

（七）盗窃救灾、抢险、防汛、优抚、扶贫、移民、救济款物的；

（八）因盗窃造成严重后果的。

第九条　盗窃国有馆藏一般文物、三级文物、二级以上文物的，应当分别认定为刑法第二百六十四条规定的"数额较大"、"数额巨大"、"数额特别巨大"。

盗窃多件不同等级国有馆藏文物的，三件同级文物可以视为一件高一级文物。

盗窃民间收藏的文物的，根据本解释第四条第一款第一项的规定认定盗窃数额。

★最高人民法院、最高人民检察院《关于办理妨害文物管理等刑事案件适用法律若干问题的解释》（2016年1月1日）（节录）

第二条　盗窃一般文物、三级文物、二级以上文物的，应当分别认定为刑法第二百六十四条规定的"数额较大"、"数额巨大"、"数额特别巨大"。

盗窃文物，无法确定文物等级，或者按照文物等级定罪量刑明显过轻或者过重的，按照盗窃的文物价值定罪量刑。

▶3 "多次盗窃"、"入户盗窃"、"携带凶器盗窃"、"扒窃"的认定

★最高人民法院、最高人民检察院《关于办理盗窃刑事案件适用法律若干问题的解释》（2013年4月4日）（节录）

第三条　二年内盗窃三次以上的，应当认定为"多次盗窃"。

非法进入供他人家庭生活，与外界相对隔离的住所盗窃的，应当认定为"入户盗窃"。

携带枪支、爆炸物、管制刀具等国家禁止个人携带的器械盗窃，或者为了实施违法犯罪携带其他足以危害他人人身安全的器械盗窃的，应当认定为"携带凶器盗窃"。

在公共场所或者公共交通工具上盗窃他人随身携带的财物的，应当认定为"扒窃"。

▶4 "其他严重情节"、"其他特别严重情节"的认定

★最高人民法院、最高人民检察院《关于办理盗窃刑事案件适用法律若干问题的解释》（2013年4月4日）（节录）

第六条　盗窃公私财物，具有本解释第二条第三项至第八项规定情形之一，或者入户盗窃、携带凶器盗窃，数额达到本解释第一条规定的"数额巨大"、"数额特别巨大"百分之五十的，可以分别认定为刑法第二百六十四条规定的"其他严重情节"或者"其他特别严重情节"。

▶5 盗窃数额的认定

★最高人民法院、最高人民检察院《关于办理盗窃刑事案件适用法律若干问题的解释》（2013年4月4日）（节录）

第四条 盗窃的数额，按照下列方法认定：

（一）被盗财物有有效价格证明的，根据有效价格证明认定；无有效价格证明，或者根据价格证明认定盗窃数额明显不合理的，应当按照有关规定委托估价机构估价；

（二）盗窃外币的，按照盗窃时中国外汇交易中心或者中国人民银行授权机构公布的人民币对该货币的中间价折合成人民币计算；中国外汇交易中心或者中国人民银行授权机构未公布汇率中间价的外币，按照盗窃时境内银行人民币对该货币的中间价折算成人民币，或者该货币在境内银行、国际外汇市场对美元汇率，与人民币对美元汇率中间价进行套算；

（三）盗窃电力、燃气、自来水等财物，盗窃数量能够查实的，按照查实的数量计算盗窃数额；盗窃数量无法查实的，以盗窃前六个月月均正常用量减去盗窃后计量仪表显示的月均用量推算盗窃数额；盗窃前正常使用不足六个月的，按照正常使用期间的月均用量减去盗窃后计量仪表显示的月均用量推算盗窃数额；

（四）明知是盗接他人通信线路、复制他人电信码号的电信设备、设施而使用的，按照合法用户为其支付的费用认定盗窃数额；无法直接确认的，以合法用户的电信设备、设施被盗接、复制后的月缴费额减去被盗接、复制前六个月的月均电话费推算盗窃数额；合法用户使用电信设备、设施不足六个月的，按照实际使用的月均电话费推算盗窃数额；

（五）盗接他人通信线路、复制他人电信码号出售的，按照销赃数额认定盗窃数额。

盗窃行为给失主造成的损失大于盗窃数额的，损失数额可以作为量刑情节考虑。

第五条 盗窃有价支付凭证、有价证券、有价票证的，按照下列方法认定盗窃数额：

（一）盗窃不记名、不挂失的有价支付凭证、有价证券、有价票证的，应当按票面数额和盗窃时应得的孳息、奖金或者奖品等可得收益一并计算盗窃数额；

（二）盗窃记名的有价支付凭证、有价证券、有价票证，已经兑现的，按照兑现部分的财物价值计算盗窃数额；没有兑现，但失主无法通过挂失、补领、补办手续等方式避免损失的，按照给失主造成的实际损失计算盗窃数额。

6 将电信卡非法充值后使用、盗用他人上网密码账号行为的定性

★最高人民法院《关于审理扰乱电信市场管理秩序案件具体应用法律若干问题的解释》（2000年5月24日）（节录）

第七条 将电信卡非法充值后使用，造成电信资费损失数额较大的，依照刑法第二百六十四条的规定，以盗窃罪定罪处罚。

第八条 盗用他人公共信息网络上网帐号、密码上网，造成他人电信资费损失数额较大的，依照刑法第二百六十四条的规定，以盗窃罪定罪处罚。

7 偷开机动车过程中盗窃行为的定性

★最高人民法院《关于执行刑法中若干问题的初步经验总结》（1981年11月1日）（节录）

十四、关于盗窃罪的问题

（四）有关盗窃罪的其他问题

3. 对于盗窃汽车构成犯罪的行为，要作具体分析，根据其具体情况定罪。如果行为人盗窃汽车是变卖或长期使用的，应当以盗窃罪论处。如果行为人盗窃汽车是把汽车当作犯

罪工具进行其他犯罪活动的，可按其所实施的犯罪中的一个重罪判处。如果行为人偷开汽车的目的只是为了游玩的，其情节轻微，没有造成严重危害后果的，可不以犯罪论。偷开汽车的行为，情节严重并造成危害后果的，可按刑法第一百五十八条扰乱社会秩序论处，行为如果具备构成流氓罪特征的，可按刑法第一百六十条的规定，以流氓罪论处。如果偷开汽车撞了人或撞坏汽车的，应当按交通肇事罪处理。

★**最高人民法院、最高人民检察院《关于办理盗窃刑事案件适用法律若干问题的解释》**（2013年4月4日）（节录）

第十条　偷开他人机动车的，按照下列规定处理：

（一）偷开机动车，导致车辆丢失的，以盗窃罪定罪处罚；

（二）为盗窃其他财物，偷开机动车作为犯罪工具使用后非法占有车辆，或者将车辆遗弃导致丢失的，被盗车辆的价值计入盗窃数额；

（三）为实施其他犯罪，偷开机动车作为犯罪工具使用后非法占有车辆，或者将车辆遗弃导致丢失的，以盗窃罪和其他犯罪数罪并罚；将车辆送回未造成丢失的，按照其所实施的其他犯罪从重处罚。

8 明知是非法制作的IC电话卡而使用或购买并使用行为的定性

★**最高人民检察院《关于非法制作、出售、使用IC电话卡行为如何适用法律问题的答复》**（2003年4月2日）（节录）

非法制作或者出售非法制作的IC电话卡，数额较大的，应当依照刑法第二百二十七条第一款的规定，以伪造、倒卖伪造的有价票证罪追究刑事责任，犯罪数额可以根据销售数额认定；明知是非法制作的IC电话卡而使用或者购买并使用，造成电信资费损失数额较大的，应当依照刑法第二百六十四条的规定，以盗窃罪追究刑事责任。

9 盗窃油气或正在使用的油气设备行为的定性

★**最高人民法院、最高人民检察院《关于办理盗窃油气、破坏油气设备等刑事案件具体应用法律若干问题的解释》**（2007年1月19日）（节录）

第三条（第1款）　盗窃油气或者正在使用的油气设备，构成犯罪，但未危害公共安全的，依照刑法第二百六十四条的规定，以盗窃罪定罪处罚。

第八条　本解释所称的"油气"，是指石油、天然气。其中，石油包括原油、成品油；天然气包括煤层气。

本解释所称"油气设备"，是指用于石油、天然气生产、储存、运输等易燃易爆设备。

10 盗窃毒品行为的定性

★**最高人民法院《全国部分法院审理毒品犯罪案件工作座谈会纪要》**（2008年12月1日）（节录）

一、毒品案件的罪名确定和数量认定问题

盗窃、抢夺、抢劫毒品的，应当分别以盗窃罪、抢夺罪或者抢劫罪定罪，但不计犯罪数额，根据情节轻重予以定罪量刑。

11 对犯罪所得及其收益实施盗窃行为的定性

★**最高人民法院《关于审理掩饰、隐瞒犯罪所得、犯罪所得收益刑事案件适用法律若

干问题的解释》(2015年6月1日)(节录)

第六条　对犯罪所得及其产生的收益实施盗窃、抢劫、诈骗、抢夺等行为，构成犯罪的，分别以盗窃罪、抢劫罪、诈骗罪、抢夺罪等定罪处罚。

12 将他人已伐倒的树木窃为己有或偷砍他人树木行为的定性

★最高人民法院《关于审理破坏森林资源刑事案件具体应用法律若干问题的解释》(2000年12月11日)(节录)

第九条　将国家、集体、他人所有并已经伐倒的树木窃为己有，以及偷砍他人房前屋后、自留地种植的零星树木，数额较大的，依照刑法第二百六十四条的规定，以盗窃罪定罪处罚。

13 非法实施采种、掘根等破坏森林资源行为的定性

★最高人民法院《关于审理破坏森林资源刑事案件具体应用法律若干问题的解释》(2000年12月11日)(节录)

第十五条　非法实施采种、采脂、挖笋、掘根、剥树皮等行为，牟取经济利益数额较大的，依照刑法第二百六十四条的规定，以盗窃罪定罪处罚。同时构成其他犯罪的，依照处罚较重的规定定罪处罚。

14 盗用他人电话拨打境外色情电话行为的定性

★公安部《关于对拨打境外色情电话定性处理的批复》(1996年2月14日)(节录)

对盗用他人或单位电话打境外色情电话的以盗窃论处，构成犯罪的，依照1992年12月11日最高人民法院、最高人民检察院《关于办理盗窃案件具体应用法律的若干问题的解释》第一条第四项的规定按盗窃罪追究刑事责任。……

15 盗窃文物行为的定性

★最高人民法院《关于执行刑法中若干问题的初步经验总结》(1981年11月1日)(节录)

十四、关于盗窃罪的问题

(四) 有关盗窃罪的其他问题

2. 挖掘古墓，盗窃珍贵文物，情节严重的，应当以盗窃罪论处。

★全国人民代表大会常务委员会《关于〈中华人民共和国刑法〉有关文物的规定适用于具有科学价值的古脊椎动物化石、古人类化石的解释》(2005年12月29日)(节录)

刑法有关文物的规定，适用于具有科学价值的古脊椎动物化石、古人类化石。

★最高人民法院、最高人民检察院《关于办理妨害文物管理等刑事案件适用法律若干问题的解释》(2016年1月1日)(节录)

第二条(第2款)　盗窃文物，无法确定文物等级，或者按照文物等级定罪量刑明显过轻或者过重的，按照盗窃的文物价值定罪量刑。

第八条(第3款)　采用破坏性手段盗窃古文化遗址、古墓葬以外的古建筑、石窟寺、石刻、壁画、近代现代重要史迹和代表性建筑等其他不可移动文物的，依照刑法第二百六十四条的规定，以盗窃罪追究刑事责任。

第十二条　针对不可移动文物整体实施走私、盗窃、倒卖等行为的，根据所属不可移

动文物的等级，依照本解释第一条、第二条、第六条的规定定罪量刑：

（一）尚未被确定为文物保护单位的不可移动文物，适用一般文物的定罪量刑标准；

（二）市、县级文物保护单位，适用三级文物的定罪量刑标准；

（三）全国重点文物保护单位、省级文物保护单位，适用二级以上文物的定罪量刑标准。

针对不可移动文物中的建筑构件、壁画、雕塑、石刻等实施走私、盗窃、倒卖等行为的，根据建筑构件、壁画、雕塑、石刻等文物本身的等级或者价值，依照本解释第一条、第二条、第六条的规定定罪量刑。建筑构件、壁画、雕塑、石刻等所属不可移动文物的等级，应当作为量刑情节予以考虑。

第十三条 案件涉及不同等级的文物的，按照高级别文物的量刑幅度量刑；有多件同级文物的，五件同级文物视为一件高一级文物，但是价值明显不相当的除外。

第十四条 依照文物价值定罪量刑的，根据涉案文物的有效价格证明认定文物价值；无有效价格证明，或者根据价格证明认定明显不合理的，根据销赃数额认定，或者结合本解释第十五条规定的鉴定意见、报告认定。

第十五条 在行为人实施有关行为前，文物行政部门已对涉案文物及其等级作出认定的，可以直接对有关案件事实作出认定。

对案件涉及的有关文物鉴定、价值认定等专门性问题难以确定的，由司法鉴定机构出具鉴定意见，或者由国务院文物行政部门指定的机构出具报告。其中，对于文物价值，也可以由有关价格认证机构作出价格认证并出具报告。

第十七条 走私、盗窃、损毁、倒卖、盗掘或者非法转让具有科学价值的古脊椎动物化石、古人类化石的，依照刑法和本解释的有关规定定罪量刑。

16 盗窃发票行为的定性

★最高人民法院《关于适用〈全国人民代表大会常务委员会关于惩治虚开、伪造和非法出售增值税专用发票犯罪的决定〉的若干问题的解释》（1996年10月17日）（节录）

七、（第1款）盗窃增值税专用发票或者可以用于骗取出口退税、抵扣税款的其他发票25份以上，或者其他发票50份以上的……依照刑法第一百五十一条①的规定处罚。盗窃增值税专用发票或者可以用于骗取出口退税、抵扣税款的其他发票250份以上，或者其他发票500份以上的……依照刑法第一百五十二条②的规定处罚。

（第3款）盗窃、诈骗增值税专用发票或者其他发票后，又实施《决定》规定的虚开、出售等犯罪的，按照其中的重罪定罪处罚，不实行数罪并罚。

17 利用信息网络，诱骗他人点击虚假链接而实际通过预先植入的计算机程序窃取财物行为的定性

★全国人民代表大会常务委员会《关于维护互联网安全的决定》（2000年12月28日）（节录）

---

① 1979年《刑法》第一百五十一条为盗窃罪。
② 1979年《刑法》第一百五十一条为盗窃罪。

第五章 侵犯财产罪

四、为了保护个人、法人和其他组织的人身、财产等合法权利，对有下列行为之一，构成犯罪的，依照刑法有关规定追究刑事责任：

（三）利用互联网进行盗窃、诈骗、敲诈勒索。

★最高人民法院《关于发布第七批指导性案例的通知》（2014年6月23日）（节录）

臧进泉等盗窃、诈骗案（指导案例27号）

裁判要点：行为人利用信息网络，诱骗他人点击虚假链接而实际通过预先植入的计算机程序窃取财物构成犯罪的，以盗窃罪定罪处罚；虚构可供交易的商品或者服务，欺骗他人点击付款链接而骗取财物构成犯罪的，以诈骗罪定罪处罚。

18 既遂与未遂

★最高人民法院、最高人民检察院《关于办理盗窃油气、破坏油气设备等刑事案件具体应用法律若干问题的解释》（2007年1月19日）（节录）

第三条（第2款） 盗窃油气，数额巨大但尚未运离现场的，以盗窃未遂定罪处罚。

19 共同犯罪

★最高人民法院、最高人民检察院、公安部、国家工商行政管理局《关于依法查处盗窃、抢劫机动车案件的规定》（1998年5月8日）（节录）

二、明知是盗窃、抢劫所得机动车而予以窝藏、转移、收购或者代为销售的，依照《刑法》第三百一十二条的规定处罚。

对明知是盗窃、抢劫所得机动车而予以拆解、改装、拼装、典当、倒卖的，视为窝藏、转移、收购或者代为销售，依照《刑法》第三百一十二条的规定处罚。

三、国家指定的车辆交易市场、机动车经营企业（含典当、拍卖行）以及从事机动车修理、零部件销售企业的主管人员或者其他直接责任人员，明知是盗窃、抢劫的机动车而予以窝藏、转移、拆解、拼装、收购或者代为销售的，依照《刑法》第三百一十二条的规定处罚。单位组织实施上述行为的，由工商行政管理机关予以处罚。

四、本规定第二条和第三条中的行为人事先与盗窃、抢劫机动车辆的犯罪分子通谋的，分别以盗窃、抢劫犯罪的共犯论处。

十七、本规定所称的"明知"，是指知道或者应当知道。有下列情形之一的，可视为应当知道，但有证据证明属被蒙骗的除外：

（一）在非法的机动车交易场所和销售单位购买的；

（二）机动车证件手续不全或者明显违反规定的；

（三）机动车发动机号或者车架号有更改痕迹，没有合法证明的；

（四）以明显低于市场价格购买机动车的。

★最高人民法院《关于审理破坏公用电信设施刑事案件具体应用法律若干问题的解释》（2005年1月11日）（节录）

第四条 指使、组织、教唆他人实施本解释规定的故意犯罪行为的，按照共犯定罪处罚。

★最高人民法院、最高人民检察院《关于办理盗窃油气、破坏油气设备等刑事案件具体应用法律若干问题的解释》（2007年1月19日）（节录）

第三条（第 3 款）　为他人盗窃油气而偷开油气井、油气管道等油气设备阀门排放油气或者提供其他帮助的，以盗窃罪的共犯定罪处罚。

第五条　明知是盗窃犯罪所得的油气或者油气设备，而予以窝藏、转移、收购、加工、代为销售或者以其他方法掩饰、隐瞒的，依照刑法第三百一十二条的规定定罪处罚。

实施前款规定的犯罪行为，事前通谋的，以盗窃犯罪的共犯定罪处罚。

★最高人民法院、最高人民检察院《关于办理与盗窃、抢劫、诈骗、抢夺机动车相关刑事案件具体应用法律若干问题的解释》（2007 年 5 月 11 日）（节录）

第一条　明知是盗窃、抢劫、诈骗、抢夺的机动车，实施下列行为之一的，依照刑法第三百一十二条的规定，以掩饰、隐瞒犯罪所得、犯罪所得收益罪定罪，处三年以下有期徒刑、拘役或者管制，并处或者单处罚金：

（一）买卖、介绍买卖、典当、拍卖、抵押或者用其抵债的；

（二）拆解、拼装或者组装的；

（三）修改发动机号、车辆识别代号的；

（四）更改车身颜色或者车辆外形的；

（五）提供或者出售机动车来历凭证、整车合格证、号牌以及有关机动车的其他证明和凭证的；

（六）提供或者出售伪造、变造的机动车来历凭证、整车合格证、号牌以及有关机动车的其他证明和凭证的。

实施第一款规定的行为涉及盗窃、抢劫、诈骗、抢夺的机动车五辆以上或者价值总额达到五十万元以上的，属于刑法第三百一十二条规定的"情节严重"，处三年以上七年以下有期徒刑，并处罚金。

第二条　伪造、变造、买卖机动车行驶证、登记证书，累计三本以上的，依照刑法第二百八十条第一款的规定，以伪造、变造、买卖国家机关证件罪定罪，处三年以下有期徒刑、拘役、管制或者剥夺政治权利。

伪造、变造、买卖机动车行驶证、登记证书，累计达到第一款规定数量标准五倍以上的，属于刑法第二百八十条第一款规定中的"情节严重"，处三年以上十年以下有期徒刑。

第三条（第 1 款）　国家机关工作人员滥用职权，有下列情形之一，致使盗窃、抢劫、诈骗、抢夺的机动车被办理登记手续，数量达到三辆以上或者价值总额达到三十万元以上的，依照刑法第三百九十七条第一款的规定，以滥用职权罪定罪，处三年以下有期徒刑或者拘役：

（一）明知是登记手续不全或者不符合规定的机动车而办理登记手续的；

（二）指使他人为明知是登记手续不全或者不符合规定的机动车办理登记手续的；

（三）违规或者指使他人违规更改、调换车辆档案的；

（四）其他滥用职权的行为。

（第 3 款）　国家机关工作人员实施前两款规定的行为，致使盗窃、抢劫、诈骗、抢夺的机动车被办理登记手续，分别达到前两款规定数量、数额标准五倍以上的，或者明知是盗窃、抢劫、诈骗、抢夺的机动车而办理登记手续的，属于刑法第三百九十七条第一款规定的"情节特别严重"，处三年以上七年以下有期徒刑。

第四条 实施本解释第一条、第二条、第三条第一款或者第三款规定的行为，事前与盗窃、抢劫、诈骗、抢夺机动车的犯罪分子通谋的，以盗窃罪、抢劫罪、诈骗罪、抢夺罪的共犯论处。

★最高人民法院《关于审理掩饰、隐瞒犯罪所得、犯罪所得收益刑事案件适用法律若干问题的解释》（2015年6月1日）（节录）

第五条 事前与盗窃、抢劫、诈骗、抢夺等犯罪分子通谋，掩饰、隐瞒犯罪所得及其产生的收益的，以盗窃、抢劫、诈骗、抢夺等犯罪的共犯论处。

20 一罪与数罪

★最高人民法院《关于审理破坏公用电信设施刑事案件具体应用法律若干问题的解释》（2005年1月11日）（节录）

第三条（第2款） 盗窃公用电信设施价值数额不大，但是构成危害公共安全犯罪的，依照刑法第一百二十四条的规定定罪处罚；盗窃公用电信设施同时构成盗窃罪和破坏公用电信设施罪的，依照处罚较重的规定定罪处罚。

★最高人民法院、最高人民检察院《关于办理盗窃油气、破坏油气设备等刑事案件具体应用法律若干问题的解释》（2007年1月19日）（节录）

第四条 盗窃油气同时构成盗窃罪和破坏易燃易爆设备罪的，依照刑法处罚较重的规定定罪处罚。

★最高人民法院《关于审理危害军事通信刑事案件具体应用法律若干问题的解释》（2007年6月29日）（节录）

第六条（第2款） 盗窃军事通信线路、设备，不构成盗窃罪，但破坏军事通信的，依照刑法第三百六十九条第一款的规定定罪处罚；同时构成刑法第一百二十四条、第二百六十四条和第三百六十九条第一款规定的犯罪的，依照处罚较重的规定定罪处罚。

★最高人民法院《关于审理破坏电力设备刑事案件具体应用法律若干问题的解释》（2007年8月21日）（节录）

第三条 盗窃电力设备，危害公共安全，但不构成盗窃罪的，以破坏电力设备罪定罪处罚；同时构成盗窃罪和破坏电力设备罪的，依照刑法处罚较重的规定定罪处罚。

盗窃电力设备，没有危及公共安全，但应当追究刑事责任的，可以根据案件的不同情况，按照盗窃罪等犯罪处理。

第四条 本解释所称电力设备，是指处于运行、应急等使用中的电力设备；已经通电使用，只是由于枯水季节或电力不足等原因暂停使用的电力设备；已经交付使用但尚未通电的电力设备。不包括尚未安装完毕，或者已经安装完毕但尚未交付使用的电力设备。

本解释中直接经济损失的计算范围，包括电量损失金额，被毁损设备材料的购置、更换、修复费用，以及因停电给用户造成的直接经济损失等。

★最高人民法院《全国部分法院审理毒品犯罪案件工作座谈会纪要》（2008年12月1日）（节录）

第二编 分 则

一、毒品案件的罪名确定和数量认定问题

盗窃、抢夺、抢劫毒品后又实施其他毒品犯罪的，对盗窃罪、抢夺罪、抢劫罪和所犯的具体毒品犯罪分别定罪，依法数罪并罚……

★最高人民法院、最高人民检察院、公安部、司法部《关于依法惩治拐卖妇女儿童犯罪的意见》（2010年3月15日）（节录）

五、定性

20. 明知是被拐卖的妇女、儿童而收买，具有下列情形之一的，以收买被拐卖的妇女、儿童罪论处；同时构成其他犯罪的，依照数罪并罚的规定处罚：

（5）组织、诱骗、强迫被收买的妇女、儿童从事乞讨、苦役，或者盗窃、传销、卖淫等违法犯罪活动的；

★最高人民法院《关于审理破坏广播电视设施等刑事案件具体应用法律若干问题的解释》（2011年6月13日）（节录）

第五条 盗窃正在使用的广播电视设施，尚未构成盗窃罪，但具有本解释第一条、第二条规定情形的，以破坏广播电视设施罪定罪处罚；同时构成盗窃罪和破坏广播电视设施罪的，依照处罚较重的规定定罪处罚。

★最高人民法院、最高人民检察院《关于办理盗窃刑事案件适用法律若干问题的解释》（2013年4月4日）（节录）

第十一条 盗窃公私财物并造成财物损毁的，按照下列规定处理：

（一）采用破坏性手段盗窃公私财物，造成其他财物损毁的，以盗窃罪从重处罚；同时构成盗窃罪和其他犯罪的，择一重罪从重处罚；

（二）实施盗窃犯罪后，为掩盖罪行或者报复等，故意毁坏其他财物构成犯罪的，以盗窃罪和构成的其他犯罪数罪并罚；

（三）盗窃行为未构成犯罪，但损毁财物构成其他犯罪的，以其他犯罪定罪处罚。

第十二条 盗窃未遂，具有下列情形之一的，应当依法追究刑事责任：

（一）以数额巨大的财物为盗窃目标的；

（二）以珍贵文物为盗窃目标的；

（三）其他情节严重的情形。

盗窃既有既遂，又有未遂，分别达到不同量刑幅度的，依照处罚较重的规定处罚；达到同一量刑幅度的，以盗窃罪既遂处罚。

21 罪与非罪

★最高人民法院《关于审理未成年人刑事案件具体应用法律若干问题的解释》（2006年1月23日）（节录）

第九条 已满十六周岁不满十八周岁的人实施盗窃行为未超过三次，盗窃数额虽已达到"数额较大"标准，但案发后能如实供述全部盗窃事实并积极退赃，且具有下列情形之一的，可以认定为"情节显著轻微危害不大"，不认为是犯罪：

（一）系又聋又哑的人或者盲人；

（二）在共同盗窃中起次要或者辅助作用，或者被胁迫；

第五章　侵犯财产罪

（三）具有其他轻微情节的。

已满十六周岁不满十八周岁的人盗窃未遂或者中止的，可不认为是犯罪。

已满十六周岁不满十八周岁的人盗窃自己家庭或者近亲属财物，或者盗窃其他亲属财物但其他亲属要求不予追究的，可不按犯罪处理。

22 单位盗窃的处理

★最高人民法院《关于执行刑法中若干问题的初步经验总结》（1981年11月1日）（节录）

十四、关于盗窃罪的问题

（四）有关盗窃罪的其他问题

1. 企业、事业单位和其他集体所有制的单位，有组织地盗窃公私财物归单位所有，构成犯罪的，对直接责任人员按盗窃罪追究刑事责任。

★最高人民检察院《关于单位有关人员组织实施盗窃行为如何适用法律问题的批复》（2002年8月13日）（节录）

单位有关人员为谋取单位利益组织实施盗窃行为，情节严重的，应当依照刑法第二百六十四条的规定以盗窃罪追究直接责任人员的刑事责任。

★最高人民法院、最高人民检察院《关于办理盗窃刑事案件适用法律若干问题的解释》（2013年4月4日）（节录）

第十三条　单位组织、指使盗窃，符合刑法第二百六十四条及本解释有关规定的，以盗窃罪追究组织者、指使者、直接实施者的刑事责任。

★最高人民法院、最高人民检察院《关于办理妨害文物管理等刑事案件适用法律若干问题的解释》（2016年1月1日）（节录）

第十一条（第2款）　公司、企业、事业单位、机关、团体等单位实施盗窃文物，故意损毁文物、名胜古迹，过失损毁文物，盗掘古文化遗址、古墓葬等行为的，依照本解释规定的相应定罪量刑标准，追究组织者、策划者、实施者的刑事责任。

━━━━━━◆　量　刑　◆━━━━━━

1 量刑起点、基准刑的确定

★最高人民法院《关于常见犯罪的量刑指导意见》（2014年1月1日）（节录）

四、常见犯罪的量刑

（六）盗窃罪

1. 构成盗窃罪的，可以根据下列不同情形在相应的幅度内确定量刑起点：

（1）达到数额较大起点的，两年内三次盗窃的，入户盗窃的，携带凶器盗窃的，或者扒窃的，可以在一年以下有期徒刑、拘役幅度内确定量刑起点。

（2）达到数额巨大起点或者有其他严重情节的，可以在三年至四年有期徒刑幅度内确定量刑起点。

（3）达到数额特别巨大起点或者有其他特别严重情节的，可以在十年至十二年有期徒刑幅度内确定量刑起点。依法应当判处无期徒刑的除外。

2. 在量刑起点的基础上，可以根据盗窃数额、次数、手段等其他影响犯罪构成的犯罪

• 481

第二编 分 则

事实增加刑罚量,确定基准刑。

多次盗窃,数额达到较大以上的,以盗窃数额确定量刑起点,盗窃次数可作为调节基准刑的量刑情节;数额未达到较大的,以盗窃次数确定量刑起点,超过三次的次数作为增加刑罚量的事实。

▶2 从重处罚

★最高人民法院《全国法院维护农村稳定刑事审判工作座谈会纪要》(1999 年 10 月 27 日)(节录)

二、(二)关于盗窃案件

……对盗窃集团的首要分子、盗窃惯犯、累犯,盗窃活动造成特别严重后果的,要依法从严惩处。对于盗窃牛、马、骡、拖拉机等生产经营工具或者生产资料的,应当依法从重处罚……

★最高人民法院《关于贯彻宽严相济刑事政策的若干意见》(2010 年 2 月 8 日)(节录)

二、准确把握和正确适用依法从"严"的政策要求

7. 贯彻宽严相济刑事政策,必须毫不动摇地坚持依法严惩严重刑事犯罪的方针。对于危害国家安全犯罪、恐怖组织犯罪、邪教组织犯罪、黑社会性质组织犯罪、恶势力犯罪、故意危害公共安全犯罪等严重危害国家政权稳固和社会治安的犯罪,故意杀人、故意伤害致人死亡、强奸、绑架、拐卖妇女儿童、抢劫、重大抢夺、重大盗窃等严重暴力犯罪和严重影响人民群众安全感的犯罪,走私、贩卖、运输、制造毒品等毒害人民健康的犯罪,要作为严惩的重点,依法从重处罚。……

▶3 从轻处罚

★最高人民法院《全国法院维护农村稳定刑事审判工作座谈会纪要》(1999 年 10 月 27 日)(节录)

二、(二)关于盗窃案件

……对盗窃犯罪的初犯、未成年犯,或者确因生活困难而实施盗窃犯罪,或积极退赃、赔偿损失的,应当注意体现政策,酌情从轻处罚。其中,具备判处管制、单处罚金或者宣告缓刑条件的,应区分不同情况尽可能适用管制、罚金或者缓刑。

▶4 免除处罚

★最高人民法院《关于贯彻宽严相济刑事政策的若干意见》(2010 年 2 月 8 日)(节录)

三、准确把握和正确适用依法从"宽"的政策要求

20. 对于未成年人犯罪,在具体考虑其实施犯罪的动机和目的、犯罪性质、情节和社会危害程度的同时,还要充分考虑其是否属于初犯,归案后是否悔罪,以及个人成长经历和一贯表现等因素,坚持"教育为主、惩罚为辅"的原则和"教育、感化、挽救"的方针进行处理。对于偶尔盗窃、抢夺、诈骗,数额刚达到较大的标准,案发后能如实交代并积极退赃的,可以认定为情节显著轻微,不作为犯罪处理。对于罪行较轻的,可以依法适当多适用缓刑或者判处管制、单处罚金等非监禁刑;依法可免予刑事处罚的,应当免予刑事

处罚。对于犯罪情节严重的未成年人，也应当依照刑法第十七条第三款的规定予以从轻或者减轻处罚。对于已满十四周岁不满十六周岁的未成年犯罪人，一般不判处无期徒刑。

★最高人民法院、最高人民检察院《关于办理盗窃刑事案件适用法律若干问题的解释》（2013年4月4日）（节录）

第七条 盗窃公私财物数额较大，行为人认罪、悔罪、退赃、退赔，且具有下列情形之一，情节轻微的，可以不起诉或者免予刑事处罚；必要时，由有关部门予以行政处罚：

（一）具有法定从宽处罚情节的；

（二）没有参与分赃或者获赃较少且不是主犯的；

（三）被害人谅解的；

（四）其他情节轻微、危害不大的。

第八条 偷拿家庭成员或者近亲属的财物，获得谅解的，一般可不认为是犯罪；追究刑事责任的，应当酌情从宽。

★最高人民法院、最高人民检察院《关于办理妨害文物管理等刑事案件适用法律若干问题的解释》（2016年1月1日）（节录）

第十六条（第1款） 实施本解释第一条、第二条、第六条至第九条规定的行为，虽已达到应当追究刑事责任的标准，但行为人系初犯，积极退回或者协助追回文物，未造成文物损毁，并确有悔罪表现的，可以认定为犯罪情节轻微，不起诉或者免予刑事处罚。

5 罚金

★最高人民法院、最高人民检察院《关于办理盗窃刑事案件适用法律若干问题的解释》（2013年4月4日）

公安部法制司：

第十四条 因犯盗窃罪，依法判处罚金刑的，应当在一千元以上盗窃数额的二倍以下判处罚金；没有盗窃数额或者盗窃数额无法计算的，应当在一千元以上十万元以下判处罚金。

6 剥夺政治权利

★最高人民法院《关于对故意伤害、盗窃等严重破坏社会秩序的犯罪分子能否附加剥夺政治权利问题的批复》（1998年1月13日）（节录）

根据刑法第五十六条规定，对于故意杀人、强奸放火、爆炸、投毒、抢劫等严重破坏社会秩序的犯罪分子，可以附加剥夺政治权利。对故意伤害、盗窃等其他严重破坏社会秩序的犯罪，犯罪分子主观恶性较深、犯罪情节恶劣、罪行严重的，也可以依法附加剥夺政治权利。

第二百六十五条【盗窃罪】以牟利为目的，盗接他人通信线路、复制他人电信码号或者明知是盗接、复制的电信设备、设施而使用的，依照本法第二百六十四条的规定定罪处罚。

第二编 分　则

◀ 定　罪 ▶

1 盗用他人长话帐号行为的定性

★最高人民法院研究室《关于盗用他人长话帐号如何定性问题的复函》（1991年9月14日）

公安部法制司：

你局8月16日函询我们对盗用他人长话帐号行为的定性意见。经研究，我们认为，这类案件一般来说符合盗窃罪的特征。但是，由于这类案件情况比较复杂，是否都追究刑事责任，还要具体案件具体分析。

★最高人民法院、最高人民检察院、公安部、邮电部、国家工商行政管理局《关于打击盗用电话码号非法并机违法犯罪活动的通知》（1995年10月27日）（节录）

二、加大打击力度……对于非法盗用长途电话帐号、码号偷打电话、偷接他人电话线路并机使用的，要依据1992年12月11日最高人民法院、最高人民检察院《关于办理盗窃案件具体应用法律的若干问题的解释》中"盗用他人长途电话帐号、码号造成损失，盗窃他人非法所得，数额较大的应当以盗窃罪定罪处罚"的规定，依法惩处。对于盗用他人移动电话码号，非法复制、倒卖、使用的，要依据1995年9月13日最高人民法院法复(1995) 6号《关于对非法复制移动电话码号案件如何定性问题的批复》中"对非法复制窃取移动电话码号的行为，应当以盗窃罪从重处罚"，"对明知是他人非法复制的移动电话而倒卖的，应当以销赃罪追究刑事责任"，以及"对明知是非法复制的移动电话而使用，给他人造成损失的。应当以盗窃罪追究刑事责任"的规定，依法惩处。

第二百六十六条【诈骗罪】 诈骗公私财物，数额较大的，处三年以下有期徒刑、拘役或者管制，并处或者单处罚金；数额巨大或者有其他严重情节的，处三年以上十年以下有期徒刑，并处罚金；数额特别巨大或者有其他特别严重情节的，处十年以上有期徒刑或者无期徒刑，并处罚金或者没收财产。本法另有规定的，依照规定。

关联法条：第二百一十条（第2款）、第三百条（第3款）

◀ 定　罪 ▶

1 "数额较大"、"数额巨大"、"数额特别巨大"的认定

★最高人民法院、最高人民检察院《关于办理诈骗刑事案件具体应用法律若干问题的解释》（2011年4月8日）（节录）

第一条 诈骗公私财物价值三千元至一万元以上、三万元至十万元以上、五十万元以上的，应当分别认定为刑法第二百六十六条规定的"数额较大"、"数额巨大"、"数额特别巨大"。

各省、自治区、直辖市高级人民法院、人民检察院可以结合本地区经济社会发展状况，在前款规定的数额幅度内，共同研究确定本地区执行的具体数额标准，报最高人民法院、最高人民检察院备案。

2 "其他严重情节"、"其他特别严重情节"的认定

★最高人民法院、最高人民检察院《关于办理诈骗刑事案件具体应用法律若干问题的解释》(2011年4月8日)(节录)

第二条 诈骗公私财物达到本解释第一条规定的数额标准，具有下列情形之一的，可以依照刑法第二百六十六条的规定酌情从严惩处：

（一）通过发送短信、拨打电话或者利用互联网、广播电视、报刊杂志等发布虚假信息，对不特定多数人实施诈骗的；

（二）诈骗救灾、抢险、防汛、优抚、扶贫、移民、救济、医疗款物的；

（三）以赈灾募捐名义实施诈骗的；

（四）诈骗残疾人、老年人或者丧失劳动能力人的财物的；

（五）造成被害人自杀、精神失常或者其他严重后果的。

诈骗数额接近本解释第一条规定的"数额巨大"、"数额特别巨大"的标准，并具有前款规定的情形之一或者属于诈骗集团首要分子的，应当分别认定为刑法第二百六十六条规定的"其他严重情节"、"其他特别严重情节"。

3 诈骗数额的认定

★最高人民法院研究室《关于申付强诈骗案如何认定诈骗数额问题的电话答复》(1991年4月23日)(节录)

在具体认定诈骗犯罪数额时，应把案发前已被追回的被骗款额扣除，按最后实际诈骗所得数额计算。但在处罚时，对于这种情况应当作为从重情节予以考虑。

4 以欺骗手段骗取社会保险金或其他社会保障待遇行为的定性

★全国人民代表大会常务委员会《关于〈中华人民共和国刑法〉第二百六十六条的解释》(2014年4月24日)(节录)

以欺诈、伪造证明材料或者其他手段骗取养老、医疗、工伤、失业、生育等社会保险金或者其他社会保障待遇的，属于刑法第二百六十六条规定的诈骗公私财物的行为。

5 以虚假、冒用的身份证件办理入网造成电信资费损失行为的定性

★最高人民法院《关于审理扰乱电信市场管理秩序案件具体应用法律若干问题的解释》(2000年5月24日)(节录)

第九条 以虚假、冒用的身份证件办理入网手续并使用移动电话，造成电信资费损失数额较大的，依照刑法第二百六十六条的规定，以诈骗罪定罪处罚。

6 以使用为目的伪造停止流通的货币，或使用伪造的停止流通的货币行为的定性

★最高人民法院《关于审理伪造货币等案件具体应用法律若干问题的解释（二）》(2010年11月3日)(节录)

第五条 以使用为目的，伪造停止流通的货币，或者使用伪造的停止流通的货币的，依照刑法第二百六十六条的规定，以诈骗罪定罪处罚。

7 诈骗发票行为的定性

★最高人民法院《关于适用〈全国人民代表大会常务委员会关于惩治虚开、伪造和非

法出售增值税专用发票犯罪的决定〉的若干问题的解释》(1996年10月17日)(节录)

七、(第1款)……诈骗增值税专用发票或者可以用于骗取出口退税、抵扣税款的其他发票50份以上,或者其他发票100份以上的,依照刑法第一百五十一条①的规定处罚……诈骗增值税专用发票或者可以用于骗取出口退税、抵扣税款的其他发票500份以上,或者其他发票1000份以上的,依照刑法第一百五十二条②的规定处罚。

(第3款)盗窃、诈骗增值税专用发票或者其他发票后,又实施《决定》规定的虚开、出售等犯罪的,按照其中的重罪定罪处罚,不实行数罪并罚。

8 利用邪教组织以欺骗手段收取他人财物行为的定性

★最高人民法院《关于贯彻全国人大常委会〈关于取缔邪教组织、防范和惩治邪教活动的决定〉和"两院"司法解释的通知》(1999年11月5日)(节录)

二、……对于邪教组织以各种欺骗手段敛取钱财的,依照刑法第三百条第三款和第二百六十六条的规定,以诈骗罪定罪处罚……

★最高人民法院、最高人民检察院《关于办理组织和利用邪教组织犯罪案件具体应用法律若干问题的解释》(1999年10月30日)(节录)

第六条 组织和利用邪教组织以各种欺骗手段,收取他人财物的,依照刑法第二百六十六条的规定,以诈骗罪定罪处罚。

9 在传销、变相传销活动中实施诈骗行为的定性

★最高人民检察院《关于1998年4月18日以前的传销或者变相传销行为如何处理的答复》(2003年3月21日)(节录)

对1998年4月18日国务院发布《关于禁止传销经营活动的通知》以前的传销或者变相传销行为,不宜以非法经营罪追究刑事责任。行为人在传销或者变相传销活动中实施销售假冒伪劣产品、诈骗、非法集资、虚报注册资本、偷税等行为,构成犯罪的,应当依照刑法的相关规定追究刑事责任。

10 对犯罪所得及其产生的收益实施诈骗行为的定性

★最高人民法院《关于审理掩饰、隐瞒犯罪所得、犯罪所得收益刑事案件适用法律若干问题的解释》(2015年6月1日)(节录)

第六条 对犯罪所得及其产生的收益实施盗窃、抢劫、诈骗、抢夺等行为,构成犯罪的,分别以盗窃罪、抢劫罪、诈骗罪、抢夺罪等定罪处罚。

11 使用伪造的学生证购买半价火车票行为的定性

★公安部《关于对伪造学生证及贩卖、使用伪造学生证的行为如何处理问题的批复》(2002年6月26日)(节录)

三、对使用伪造的学生证购买半价火车票,数额较大的,应当依照《中华人民共和国刑法》第二百六十六条的规定,以诈骗罪立案侦查。

---

① 1979年《刑法》第一百五十一条为盗窃罪。
② 1979年《刑法》第一百五十二条为盗窃罪。

第五章 侵犯财产罪

12 虚构可供交易的商品或服务，欺骗他人点击付款链接而骗取财物行为的定性

★最高人民法院《关于发布第七批指导性案例的通知》（2014年6月23日）（节录）

臧进泉等盗窃、诈骗案（指导案例27号）

裁判要点：行为人利用信息网络，诱骗他人点击虚假链接而实际通过预先植入的计算机程序窃取财物构成犯罪的，以盗窃罪定罪处罚；虚构可供交易的商品或者服务，欺骗他人点击付款链接而骗取财物构成犯罪的，以诈骗罪定罪处罚。

★全国人民代表大会常务委员会《关于维护互联网安全的决定》（2000年12月28日）（节录）

四、为了保护个人、法人和其他组织的人身、财产等合法权利，对有下列行为之一，构成犯罪的，依照刑法有关规定追究刑事责任：

（三）利用互联网进行盗窃、诈骗、敲诈勒索。

13 犯罪未遂

★最高人民法院、最高人民检察院《关于办理诈骗刑事案件具体应用法律若干问题的解释》（2011年4月8日）（节录）

第五条 诈骗未遂，以数额巨大的财物为诈骗目标的，或者具有其他严重情节的，应当定罪处罚。

利用发送短信、拨打电话、互联网等电信技术手段对不特定多数人实施诈骗，诈骗数额难以查证，但具有下列情形之一的，应当认定为刑法第二百六十六条规定的"其他严重情节"，以诈骗罪（未遂）定罪处罚：

（一）发送诈骗信息五千条以上的；

（二）拨打诈骗电话五百人次以上的；

（三）诈骗手段恶劣、危害严重的。

实施前款规定行为，数量达到前款第（一）、（二）项规定标准十倍以上的，或者诈骗手段特别恶劣、危害特别严重的，应当认定为刑法第二百六十六条规定的"其他特别严重情节"，以诈骗罪（未遂）定罪处罚。

14 共同犯罪

★公安部《关于打击拐卖妇女儿童犯罪适用法律和政策有关问题的意见》（2000年3月24日）（节录）

二、关于拐卖妇女、儿童犯罪

（十二）教唆被拐卖、拐骗、收买的未成年人实施盗窃、诈骗等犯罪行为的，应当以盗窃罪、诈骗罪等犯罪的共犯立案侦查。

★最高人民法院、最高人民检察院《关于办理与盗窃、抢劫、诈骗、抢夺机动车相关刑事案件具体应用法律若干问题的解释》（2007年5月11日）（节录）

第一条 明知是盗窃、抢劫、诈骗、抢夺的机动车，实施下列行为之一的，依照刑法第三百一十二条的规定，以掩饰、隐瞒犯罪所得、犯罪所得收益罪定罪，处三年以下有期徒刑、拘役或者管制，并处或者单处罚金：

（一）买卖、介绍买卖、典当、拍卖、抵押或者用其抵债的；

（二）拆解、拼装或者组装的；

（三）修改发动机号、车辆识别代号的；

（四）更改车身颜色或者车辆外形的；

（五）提供或者出售机动车来历凭证、整车合格证、号牌以及有关机动车的其他证明和凭证的；

（六）提供或者出售伪造、变造的机动车来历凭证、整车合格证、号牌以及有关机动车的其他证明和凭证的。

实施第一款规定的行为涉及盗窃、抢劫、诈骗、抢夺的机动车五辆以上或者价值总额达到五十万元以上的，属于刑法第三百一十二条规定的"情节严重"，处三年以上七年以下有期徒刑，并处罚金。

第二条 伪造、变造、买卖机动车行驶证、登记证书，累计三本以上的，依照刑法第二百八十条第一款的规定，以伪造、变造、买卖国家机关证件罪定罪，处三年以下有期徒刑、拘役、管制或者剥夺政治权利。

伪造、变造、买卖机动车行驶证、登记证书，累计达到第一款规定数量标准五倍以上的，属于刑法第二百八十条第一款规定中的"情节严重"，处三年以上十年以下有期徒刑。

第三条（第1款） 国家机关工作人员滥用职权，有下列情形之一，致使盗窃、抢劫、诈骗、抢夺的机动车被办理登记手续，数量达到三辆以上或者价值总额达到三十万元以上的，依照刑法第三百九十七条第一款的规定，以滥用职权罪定罪，处三年以下有期徒刑或者拘役：

（一）明知是登记手续不全或者不符合规定的机动车而办理登记手续的；

（二）指使他人为明知是登记手续不全或者不符合规定的机动车办理登记手续的；

（三）违规或者指使他人违规更改、调换车辆档案的；

（四）其他滥用职权的行为。

（第3款） 国家机关工作人员实施前两款规定的行为，致使盗窃、抢劫、诈骗、抢夺的机动车被办理登记手续，分别达到前两款规定数量、数额标准五倍以上的，或者明知是盗窃、抢劫、诈骗、抢夺的机动车而办理登记手续的，属于刑法第三百九十七条第一款规定的"情节特别严重"，处三年以上七年以下有期徒刑。

第四条 实施本解释第一条、第二条、第三条第一款或者第三款规定的行为，事前与盗窃、抢劫、诈骗、抢夺机动车的犯罪分子通谋的，以盗窃罪、抢劫罪、诈骗罪、抢夺罪的共犯论处。

★最高人民法院、最高人民检察院《关于办理诈骗刑事案件具体应用法律若干问题的解释》（2011年4月8日）（节录）

第七条 明知他人实施诈骗犯罪，为其提供信用卡、手机卡、通讯工具、通讯传输通道、网络技术支持、费用结算等帮助的，以共同犯罪论处。

★最高人民法院《关于审理掩饰、隐瞒犯罪所得、犯罪所得收益刑事案件适用法律若干问题的解释》（2015年6月1日）（节录）

第五条 事前与盗窃、抢劫、诈骗、抢夺等犯罪分子通谋，掩饰、隐瞒犯罪所得及其产生的收益的，以盗窃、抢劫、诈骗、抢夺等犯罪的共犯论处。

第五章　侵犯财产罪

15 一罪与数罪

★最高人民法院《关于审理非法行医刑事案件具体应用法律若干问题的解释》（2008年5月9日）（节录）

第四条　实施非法行医犯罪，同时构成生产、销售假药罪，生产、销售劣药罪，诈骗罪等其他犯罪的，依照刑法处罚较重的规定定罪处罚。

★最高人民法院、最高人民检察院《关于办理诈骗刑事案件具体应用法律若干问题的解释》（2011年4月8日）（节录）

第八条　冒充国家机关工作人员进行诈骗，同时构成诈骗罪和招摇撞骗罪的，依照处罚较重的规定定罪处罚。

★最高人民法院、最高人民检察院《关于办理妨害武装部队制式服装、车辆号牌管理秩序等刑事案件具体应用法律若干问题的解释》（2011年8月1日）（节录）

第六条　实施刑法第三百七十五条规定的犯罪行为，同时又构成逃税、诈骗、冒充军人招摇撞骗等犯罪的，依照处罚较重的规定定罪处罚。

★最高人民法院、最高人民检察院、国家安全部、公安部《关于依法办理非法生产销售使用"伪基站"设备案件的意见》（2014年3月14日）（节录）

（二）……除法律、司法解释另有规定外，利用"伪基站"设备实施诈骗等其他犯罪行为，同时构成破坏公用电信设施罪的，依照处罚较重的规定追究刑事责任。

16 罪与非罪

★最高人民检察院法律政策研究室《关于通过伪造证据骗取法院民事裁判占有他人财物的行为如何适用法律问题的答复》（2002年10月24日）（节录）

以非法占有为目的，通过伪造证据骗取法院民事裁判占有他人财物的行为所侵害的主要是人民法院正常的审判活动可以由人民法院依照民事诉讼法的有关规定作出处理，不宜以诈骗罪追究行为人的刑事责任。如果行为人伪造证据时，实施了伪造公司、企业、事业单位、人民团体印章的行为，构成犯罪的，应当依照刑法第二百八十条第二款的规定，以伪造公司、企业、事业单位、人民团体印章罪追究刑事责任；如果行为人有指使他人作伪证行为，构成犯罪的应当依照刑法第三百零七条第一款的规定，以妨害作证罪追究刑事责任。[①]

17 诈骗财物的返还、追缴

★最高人民法院研究室《关于对诈骗后抵债的赃款能否判决追缴问题的电话答复》（1992年8月26日）（节录）

犯罪分子以诈骗手段，非法骗取的赃款，即使用以抵债归还了债权人的，也应依法予以追缴。追缴赃款赃物的方式法律规定有多种，判决追缴只是其中一种。根据最高人民法院、最高人民检察院、公安部、财政部1965年12月1日（65）法研字第40号《关于没收和处理赃款赃物若干问题的暂行规定》第三条关于"检察院、公安机关依法移送

[①] 应当按照《刑法修正案（九）》第三十五条，即现行刑法第三百零七条之一的规定处理。

人民法院判处案件的赃款赃物,应该随案移送,由人民法院在判决时一并作出决定"的规定,人民法院对需要追缴的赃款赃物,通过判决予以追缴符合法律规定的原则。赃款赃物的追缴并不限于犯罪分子本人,对犯罪分子转移、隐匿、抵债的,均应顺着赃款赃物的流向,一追到底,即使是享有债权的人善意取得的赃款,也应追缴。刑法并不要求善意取得赃款的债权人一定要参加刑事诉讼,不参加诉讼不影响判令其退出取得的赃款。

另外,华联奎副院长在年初高级法院院长会议上关于协助执行的讲话,不只是针对民事、经济纠纷案件的执行讲的,也应当包括刑事案件中的财产部分的执行在内。

★**最高人民法院、最高人民检察院《关于办理诈骗刑事案件具体应用法律若干问题的解释》**(2011 年 4 月 8 日)(节录)

第九条 案发后查封、扣押、冻结在案的诈骗财物及其孳息,权属明确的,应当发还被害人;权属不明确的,可按被骗款数占查封、扣押、冻结在案的财物及其孳息总额的比例发还被害人,但已获退赔的应予扣除。

第十条 行为人已将诈骗财物用于清偿债务或者转让给他人,具有下列情形之一的,应当依法追缴:

(一) 对方明知是诈骗财物而收取的;

(二) 对方无偿取得诈骗财物的;

(三) 对方以明显低于市场的价格取得诈骗财物的;

(四) 对方取得诈骗财物系源于非法债务或者违法犯罪活动的。

他人善意取得诈骗财物的,不予追缴。

量　刑

1 量刑起点、基准刑的确定

★**最高人民法院《关于常见犯罪的量刑指导意见》**(2014 年 1 月 1 日)(节录)

三、常见量刑情节的适用

(七) 诈骗罪

1. 构成诈骗罪的,可以根据下列不同情形在相应的幅度内确定量刑起点:

(1) 达到数额较大起点的,可以在一年以下有期徒刑、拘役幅度内确定量刑起点。

(2) 达到数额巨大起点或者有其他严重情节的,可以在三年至四年有期徒刑幅度内确定量刑起点。

(3) 达到数额特别巨大起点或者有其他特别严重情节的,可以在十年至十二年有期徒刑幅度内确定量刑起点。依法应当判处无期徒刑的除外。

2. 在量刑起点的基础上,可以根据诈骗数额等其他影响犯罪构成的犯罪事实增加刑罚量,确定基准刑。

2 从严处罚

★**最高人民法院、最高人民检察院《关于办理诈骗刑事案件具体应用法律若干问题的解释》**(2011 年 4 月 8 日)(节录)

(参见【定罪】:2."其他严重情节"、"其他特别严重情节"的认定,P485)

第五章　侵犯财产罪

❸ 从重处罚

★最高人民法院、最高人民检察院《关于办理妨害预防、控制突发传染病疫情等灾害的刑事案件具体应用法律若干问题的解释》（2003年5月15日）（节录）

第七条　在预防、控制突发传染病疫情等灾害期间，假借研制、生产或者销售用于预防、控制突发传染病疫情等灾害用品的名义，诈骗公私财物数额较大的，依照刑法有关诈骗罪的规定定罪，依法从重处罚。

★最高人民法院、最高人民检察院《关于办理诈骗刑事案件具体应用法律若干问题的解释》（2011年4月8日）（节录）

第六条　诈骗既有既遂，又有未遂，分别达到不同量刑幅度的，依照处罚较重的规定处罚；达到同一量刑幅度的，以诈骗罪既遂处罚。

❹ 不起诉、免予处罚、从宽处罚

★最高人民法院、最高人民检察院《关于办理诈骗刑事案件具体应用法律若干问题的解释》（2011年4月8日）（节录）

第三条　诈骗公私财物虽已达到本解释第一条规定的"数额较大"的标准，但具有下列情形之一，且行为人认罪、悔罪的，可以根据刑法第三十七条、刑事诉讼法第一百四十二条①的规定不起诉或者免予刑事处罚：

（一）具有法定从宽处罚情节的；
（二）一审宣判前全部退赃、退赔的；
（三）没有参与分赃或者获赃较少且不是主犯的；
（四）被害人谅解的；
（五）其他情节轻微、危害不大的。

第四条　诈骗近亲属的财物，近亲属谅解的，一般可不按犯罪处理。

诈骗近亲属的财物，确有追究刑事责任必要的，具体处理也应酌情从宽。

第二百六十七条【抢夺罪】 抢夺公私财物，数额较大的，或者多次抢夺②的，处三年以下有期徒刑、拘役或者管制，并处或者单处罚金；数额巨大或者有其他严重情节的，处三年以上十年以下有期徒刑，并处罚金；数额特别巨大或者有其他特别严重情节的，处十年以上有期徒刑或者无期徒刑，并处罚金或者没收财产。

【抢劫罪】 携带凶器抢夺的，依照本法第二百六十三条的规定定罪处罚。

──── 立案追诉标准 ────

★国家林业局、公安部《关于森林和陆生野生动物刑事案件管辖及立案标准》（2001

---

① 2012年《刑事诉讼法》第一百七十三条。
② 2015年8月29日《刑法修正案（九）》第二十条增设了本条第一款中"多次抢夺"的规定。

・491・

年5月9日）（节录）

一、森林公安机关管辖在其辖区内发生的刑法规定的下列森林和陆生野生动物刑事案件

（十八）抢夺案件中，抢夺国家重点保护陆生野生动物或其制品的案件（第二百六十七条）；

二、森林和陆生野生动物刑事案件的立案标准

（十二）盗窃、抢夺、抢劫案、窝藏、转移、收购、销售赃物案、破坏生产经营案、聚众哄抢案、非法经营案、伪造变造买卖国家机关公文、证件案，执行相应的立案标准。

定　　罪

1 "数额较大"、"数额巨大"、"数额特别巨大"的认定

★最高人民法院、最高人民检察院《关于办理抢夺刑事案件适用法律若干问题的解释》（2013年1月18日）（节录）

第一条 抢夺公私财物价值一千元至三千元以上、三万元至八万元以上、二十万元至四十万元以上的，应当分别认定为刑法第二百六十七条规定的"数额较大"、"数额巨大"、"数额特别巨大"。

各省、自治区、直辖市高级人民法院、人民检察院可以根据本地区经济发展状况，并考虑社会治安状况，在前款规定的数额幅度内，确定本地区执行的具体数额标准，报最高人民法院、最高人民检察院批准。

第二条 抢夺公私财物，具有下列情形之一的，"数额较大"的标准按照前条规定标准的百分之五十确定：

（一）曾因抢劫、抢夺或者聚众哄抢受过刑事处罚的；

（二）一年内曾因抢夺或者哄抢受过行政处罚的；

（三）一年内抢夺三次以上的；

（四）驾驶机动车、非机动车抢夺的；

（五）组织、控制未成年人抢夺的；

（六）抢夺老年人、未成年人、孕妇、携带婴幼儿的人、残疾人、丧失劳动能力人的财物的；

（七）在医院抢夺病人或者其亲友财物的；

（八）抢夺救灾、抢险、防汛、优抚、扶贫、移民、救济款物的；

（九）自然灾害、事故灾害、社会安全事件等突发事件期间，在事件发生地抢夺的；

（十）导致他人轻伤或者精神失常等严重后果的。

2 "其他严重情节"的认定

★最高人民法院、最高人民检察院《关于办理抢夺刑事案件适用法律若干问题的解释》（2013年1月18日）（节录）

第三条 抢夺公私财物，具有下列情形之一的，应当认定为刑法第二百六十七条规定的"其他严重情节"：

（一）导致他人重伤的；

（二）导致他人自杀的；

(三)具有本解释第二条第三项至第十项规定的情形之一,数额达到本解释第一条规定的"数额巨大"百分之五十的。

▶3 "其他特别严重情节"的认定

★最高人民法院、最高人民检察院《关于办理抢夺刑事案件适用法律若干问题的解释》(2013年1月18日)(节录)

第四条 抢夺公私财物,具有下列情形之一的,应当认定为刑法第二百六十七条规定的"其他特别严重情节":

(一)导致他人死亡的;

(二)具有本解释第二条第三项至第十项规定的情形之一,数额达到本解释第一条规定的"数额特别巨大"百分之五十的。

▶4 "携带凶器抢夺"的认定

★最高人民法院《关于审理抢劫案件具体应用法律若干问题的解释》(2000年11月28日)(节录)

第六条 刑法第二百六十七条第二款规定的"携带凶器抢夺",是指行为人随身携带枪支、爆炸物、管制刀具等国家禁止个人携带的器械进行抢夺或者为了实施犯罪而携带其他器械进行抢夺的行为。

★最高人民法院《关于审理抢劫、抢夺刑事案件适用法律若干问题的意见》(2005年7月16日)(节录)

四、关于"携带凶器抢夺"的认定

《抢劫解释》第六条规定,"携带凶器抢夺",是指行为人随身携带枪支、爆炸物、管制刀具等国家禁止个人携带的器械进行抢夺或者为了实施犯罪而携带其他器械进行抢夺的行为。行为人随身携带国家禁止个人携带的器械以外的其他器械抢夺,但有证据证明该器械确实不是为了实施犯罪准备的,不以抢劫罪定罪;行为人将随身携带凶器有意加以显示、能为被害人察觉到的,直接适用刑法第二百六十三条的规定定罪处罚;行为人携带凶器抢夺后,在逃跑过程中为窝藏赃物、抗拒抓捕或者毁灭罪证而当场使用暴力或者以暴力相威胁的,适用刑法第二百六十七条第二款的规定定罪处罚。

▶5 涉及机动车抢夺行为的定性

(参见第二百六十三条:【定ятeln罪】:11.涉及机动车抢劫行为的定性,P462)

▶6 对犯罪所得及其收益实施抢夺行为的定性

★最高人民法院《关于审理掩饰、隐瞒犯罪所得、犯罪所得收益刑事案件适用法律若干问题的解释》(2015年6月1日)(节录)

第六条 对犯罪所得及其产生的收益实施盗窃、抢劫、诈骗、抢夺等行为,构成犯罪的,分别以盗窃罪、抢劫罪、诈骗罪、抢夺罪等定罪处罚。

▶7 共同犯罪

★最高人民法院、最高人民检察院《关于办理与盗窃、抢劫、诈骗、抢夺机动车相关刑事案件具体应用法律若干问题的解释》(2007年5月11日)(节录)

第一条 明知是盗窃、抢劫、诈骗、抢夺的机动车,实施下列行为之一的,依照刑法

第三百一十二条的规定，以掩饰、隐瞒犯罪所得、犯罪所得收益罪定罪，处三年以下有期徒刑、拘役或者管制，并处或者单处罚金：

（一）买卖、介绍买卖、典当、拍卖、抵押或者用其抵债的；

（二）拆解、拼装或者组装的；

（三）修改发动机号、车辆识别代号的；

（四）更改车身颜色或者车辆外形的；

（五）提供或者出售机动车来历凭证、整车合格证、号牌以及有关机动车的其他证明和凭证的；

（六）提供或者出售伪造、变造的机动车来历凭证、整车合格证、号牌以及有关机动车的其他证明和凭证的。

实施第一款规定的行为涉及盗窃、抢劫、诈骗、抢夺的机动车五辆以上或者价值总额达到五十万元以上的，属于刑法第三百一十二条规定的"情节严重"，处三年以上七年以下有期徒刑，并处罚金。

第二条 伪造、变造、买卖机动车行驶证、登记证书，累计三本以上的，依照刑法第二百八十条第一款的规定，以伪造、变造、买卖国家机关证件罪定罪，处三年以下有期徒刑、拘役、管制或者剥夺政治权利。

伪造、变造、买卖机动车行驶证、登记证书，累计达到第一款规定数量标准五倍以上的，属于刑法第二百八十条第一款规定中的"情节严重"，处三年以上十年以下有期徒刑。

第三条（第1款） 国家机关工作人员滥用职权，有下列情形之一，致使盗窃、抢劫、诈骗、抢夺的机动车被办理登记手续，数量达到三辆以上或者价值总额达到三十万元以上的，依照刑法第三百九十七条第一款的规定，以滥用职权罪定罪，处三年以下有期徒刑或者拘役：

（一）明知是登记手续不全或者不符合规定的机动车而办理登记手续的；

（二）指使他人为明知是登记手续不全或者不符合规定的机动车办理登记手续的；

（三）违规或者指使他人违规更改、调换车辆档案的；

（四）其他滥用职权的行为。

（第3款） 国家机关工作人员实施前两款规定的行为，致使盗窃、抢劫、诈骗、抢夺的机动车被办理登记手续，分别达到前两款规定数量、数额标准五倍以上的，或者明知是盗窃、抢劫、诈骗、抢夺的机动车而办理登记手续的，属于刑法第三百九十七条第一款规定的"情节特别严重"，处三年以上七年以下有期徒刑。

第四条 实施本解释第一条、第二条、第三条第一款或者第三款规定的行为，事前与盗窃、抢劫、诈骗、抢夺机动车的犯罪分子通谋的，以盗窃罪、抢劫罪、诈骗罪、抢夺罪的共犯论处。

▶ 8 **一罪与数罪**

★最高人民法院《全国部分法院审理毒品犯罪案件工作座谈会纪要》（2008年12月22日）（节录）

第五章 侵犯财产罪

一、毒品案件的罪名确定和数量认定问题

……盗窃、抢夺、抢劫毒品的，应当分别以盗窃罪、抢夺罪或者抢劫罪定罪，但不计犯罪数额，根据情节轻重予以定罪量刑。盗窃、抢夺、抢劫毒品后又实施其他毒品犯罪的，对盗窃罪、抢夺罪、抢劫罪和所犯的具体毒品犯罪分别定罪，依法数罪并罚……

★最高人民法院、最高人民检察院《关于办理寻衅滋事刑事案件适用法律若干问题的解释》(2013年7月22日)（节录）

第七条 实施寻衅滋事行为，同时符合寻衅滋事罪和故意杀人罪、故意伤害罪、故意毁坏财物罪、敲诈勒索罪、抢夺罪、抢劫罪等罪的构成要件的，依照处罚较重的犯罪定罪处罚。

◆━━━◀ 量　刑 ▶━━━◆

▶①量刑起点、基准刑的确定

★最高人民法院《关于常见犯罪的量刑指导意见》(2014年1月1日)（节录）

（八）抢夺罪

1. 构成抢夺罪的，可以根据下列不同情形在相应的幅度内确定量刑起点：

（1）达到数额较大起点的，可以在一年以下有期徒刑、拘役幅度内确定量刑起点。

（2）达到数额巨大起点或者有其他严重情节的，可以在三年至四年有期徒刑幅度内确定量刑起点。

（3）达到数额特别巨大起点或者有其他特别严重情节的，可以在十年至十二年有期徒刑幅度内确定量刑起点。依法应当判处无期徒刑的除外。

2. 在量刑起点的基础上，可以根据抢夺数额等其他影响犯罪构成的犯罪事实增加刑罚量，确定基准刑。

▶②不起诉、免予处罚

★最高人民法院、最高人民检察院《关于办理抢夺刑事案件适用法律若干问题的解释》(2013年1月18日)（节录）

第五条 抢夺公私财物数额较大，但未造成他人轻伤以上伤害，行为人系初犯，认罪、悔罪、退赃、退赔，且具有下列情形之一的，可以认定为犯罪情节轻微，不起诉或者免予刑事处罚；必要时，由有关部门依法予以行政处罚：

（一）具有法定从宽处罚情节的；

（二）没有参与分赃或者获赃较少，且不是主犯的；

（三）被害人谅解的；

（四）其他情节轻微、危害不大的。

第二百六十八条【聚众哄抢罪】聚众哄抢公私财物，数额较大或者有其他严重情节的，对首要分子和积极参加的，处三年以下有期徒刑、拘役或者管制，并处罚金；数额巨大或者有其他特别严重情节的，处三年以上十年以下有期徒刑，并处罚金。

· 495 ·

立案追诉标准

★国家林业局、公安部《关于森林和陆生野生动物刑事案件管辖及立案标准》(2001年5月9日)(节录)(节录)

一、森林公安机关管辖在其辖区内发生的刑法规定的下列森林和陆生野生动物刑事案件

(八)聚众哄抢案件中,哄抢林木的案件(第二百六十八条);

二、森林和陆生野生动物刑事案件的立案标准

(十二)盗窃、抢夺、抢劫案、窝藏、转移、收购、销售赃物案、破坏生产经营案、聚众哄抢案、非法经营案、伪造变造买卖国家机关公文、证件案,执行相应的立案标准。

定 罪

▶聚众哄抢林木行为的定性

★最高人民法院《关于审理破坏森林资源刑事案件具体应用法律若干问题的解释》(2000年12月11日)(节录)

第十四条 聚众哄抢林木五立方米以上的,属于聚众哄抢"数额较大";聚众哄抢林木二十立方米以上的,属于聚众哄抢"数额巨大",对首要分子和积极参加的,依照刑法第二百六十八条的规定,以聚众哄抢罪定罪处罚。

第二百六十九条【转化型抢劫】犯盗窃、诈骗、抢夺罪,为窝藏赃物、抗拒抓捕或者毁灭罪证而当场使用暴力或者以暴力相威胁的,依照本法第二百六十三条的规定定罪处罚。

定 罪

▶转化型抢劫犯罪的认定

★最高人民法院《关于审理抢劫刑事案件适用法律若干问题的指导意见》(2016年1月6日)(节录)

三、关于转化型抢劫犯罪的认定

根据刑法第二百六十九条的规定,"犯盗窃、诈骗、抢夺罪,为窝藏赃物、抗拒抓捕或者毁灭罪证而当场使用暴力或者以暴力相威胁",依照抢劫罪定罪处罚。"犯盗窃、诈骗、抢夺罪",主要是指行为人已经着手实施盗窃、诈骗、抢夺行为,一般不考察盗窃、诈骗、抢夺行为是否既遂。但是所涉财物数额明显低于"数额较大"的标准,又不具有《两抢意见》①第五条所列五种情节之一的,不构成抢劫罪。"当场"是指在盗窃、诈骗、抢夺的现场以及行为人刚离开现场即被他人发现并抓捕的情形。

对于以摆脱的方式逃脱抓捕,暴力强度较小,未造成轻伤以上后果的,可不认定为

---

① 即最高人民法院《关于审理抢劫、抢夺刑事案件适用法律问题的意见》(2005年6月8日)。

"使用暴力",不以抢劫罪论处。

入户或者在公共交通工具上盗窃、诈骗、抢夺后,为了窝藏赃物、抗拒抓捕或者毁灭罪证,在户内或者公共交通工具上当场使用暴力或者以暴力相威胁的,构成"入户抢劫"或者"在公共交通工具上抢劫"。

★最高人民法院《关于审理未成年人刑事案件具体应用法律若干问题的解释》(2006年1月23日)(节录)

第十条 已满十四周岁不满十六周岁的人盗窃、诈骗、抢夺他人财物,为窝藏赃物、抗拒抓捕或者毁灭罪证,当场使用暴力,故意伤害致人重伤或者死亡,或者故意杀人的,应当分别以故意伤害罪或者故意杀人罪定罪处罚。

已满十六周岁不满十八周岁的人犯盗窃、诈骗、抢夺罪,为窝藏赃物、抗拒抓捕或者毁灭罪证而当场使用暴力或者以暴力相威胁的,应当依照刑法第二百六十九条的规定定罪处罚;情节轻微的,可不以抢劫罪定罪处罚。

★最高人民法院《关于审理抢劫、抢夺刑事案件适用法律若干问题的意见》(2005年7月16日)(节录)

五、关于转化抢劫的认定

行为人实施盗窃、诈骗、抢夺行为,未达到"数额较大",为窝藏赃物、抗拒抓捕或者毁灭罪证当场使用暴力或者以暴力相威胁,情节较轻、危害不大的,一般不以犯罪论处;但具有下列情节之一的,可依照刑法第二百六十九条的规定,以抢劫罪定罪处罚:

(1)盗窃、诈骗、抢夺接近"数额较大"标准的;

(2)入户或在公共交通工具上盗窃、诈骗、抢夺后在户外或交通工具外实施上述行为的;

(3)使用暴力致人轻微伤以上后果的;

(4)使用凶器或以凶器相威胁的;

(5)具有其他严重情节的。

★最高人民检察院法律政策研究室《关于相对刑事责任年龄的人承担刑事责任范围有关问题的答复》(2003年4月18日)(节录)

二、相对刑事责任年龄的人实施了刑法第二百六十九条规定的行为的,应当依照刑法第二百六十三条的规定,以抢劫罪追究刑事责任。但对情节显著轻微,危害不大的,可根据刑法第十三条的规定,不予追究刑事责任。

第二百七十条【侵占罪】 将代为保管的他人财物非法占为己有,数额较大,拒不退还的,处二年以下有期徒刑、拘役或者罚金;数额巨大或者有其他严重情节的,处二年以上五年以下有期徒刑,并处罚金。

将他人的遗忘物或者埋藏物非法占为己有,数额较大,拒不交出的,依照前款的规定处罚。

本条罪,告诉的才处理。

第二百七十一条【职务侵占罪】 公司、企业或者其他单位的人员，利用职务上的便利，将本单位财物非法占为己有，数额较大的，处五年以下有期徒刑或者拘役；数额巨大的，处五年以上有期徒刑，可以并处没收财产。

【贪污罪】 国有公司、企业或者其他国有单位中从事公务的人员和国有公司、企业或者其他国有单位委派到非国有公司、企业以及其他单位从事公务的人员有前款行为的，依照本法第三百八十二条、第三百八十三条的规定定罪处罚。

关联法条：第一百八十三条（第1款）

立案追诉标准

★最高人民检察院、公安部《关于公安机关管辖的刑事案件立案追诉标准的规定（二）》（2010年5月7日）（节录）

第八十四条 ［职务侵占案（刑法第二百七十一条第一款）］ 公司、企业或者其他单位的人员，利用职务上的便利，将本单位财物非法占为己有，数额在五千元至一万元以上的，应予立案追诉。

第八十九条 对于预备犯、未遂犯、中止犯，需要追究刑事责任的，应予立案追诉。

第九十一条 本规定中的"以上"，包括本数。

定 罪

1 第一款"数额较大"、"数额巨大"的认定

★最高人民法院、最高人民检察院《关于办理贪污贿赂刑事案件适用法律若干问题的解释》（2016年4月18日）（节录）

第十一条（第1款） 刑法第一百六十三条规定的非国家工作人员受贿罪、第二百七十一条规定的职务侵占罪中的"数额较大"、"数额巨大"的数额起点，按照本解释关于受贿、贪污罪相对应的数额标准规定的二倍、五倍执行。

第一条（第1款） 贪污或者受贿数额在三万元以上不满二十万元的，应当认定为刑法第三百八十三条第一款规定的"数额较大"，依法判处三年以下有期徒刑或者拘役，并处罚金。

第二条（第1款） 贪污或者受贿数额在二十万元以上不满三百万元的，应当认定为刑法第三百八十三条第一款规定的"数额巨大"，依法判处三年以上十年以下有期徒刑，并处罚金或者没收财产。

2 侵占用于预防、控制突发传染病疫情等灾害款物行为的定性

★最高人民法院、最高人民检察院《关于办理妨害预防、控制突发传染病疫情等灾害的刑事案件具体应用法律若干问题的解释》（2003年5月15日）（节录）

第十四条（第1款） 贪污、侵占用于预防、控制突发传染病疫情等灾害的款物或者挪用归个人使用，构成犯罪的，分别依照刑法第三百八十二条、第三百八十三条、第二百七十一条、第三百八十四条、第二百七十二条的规定，以贪污罪、侵占罪、挪用公款罪、挪用资金罪定罪，依法从重处罚。

3 村民小组组长利用职务便利，将小组集体财产非法占为己有行为的定性

★最高人民法院《关于村民小组组长利用职务便利非法占有公共财物行为如何定性问题的批复》（1999年6月18日）（节录）

对村民小组组长利用职务上的便利，将村民小组集体财产非法占为己有，数额较大的行为，应当依照刑法第二百七十一条第一款的规定，以职务侵占罪定罪处罚。

4 村委会和村党支部成员利用职务便利侵吞集体财产行为的定性

★最高人民法院《全国法院维护农村稳定刑事审判工作座谈会纪要》（1999年10月27日）（节录）

三、（三）关于村委会和村党支部成员利用职务便利侵吞集体财产犯罪的定性问题

为了保证案件的及时审理，在没有司法解释规定之前，对于已起诉到法院的这类案件，原则上以职务侵占罪定罪处罚。①

5 在国有股份公司中从事管理人员利用职务便利非法占有本公司财物行为的定性

★最高人民法院《关于在国有资本控股、参股的股份有限公司中从事管理工作的人员利用职务便利非法占有本公司财物如何定罪问题的批复》（2001年5月26日）（节录）

在国有资本控股、参股的股份有限公司中从事管理工作的人员，除受国家机关、国有公司、企业、事业单位委派从事公务的以外，不属于国家工作人员。对其利用职务上的便利，将本单位财物非法占为己有，数额较大的，应当依照刑法第二百七十一条第一款的规定，以职务侵占罪定罪处罚。

6 国家出资企业中非国家工作人员在改制中隐匿企业财产转为个人持股的改制后企业所有行为的定性

★最高人民法院、最高人民检察院《关于办理国家出资企业中职务犯罪案件具体应用法律若干问题的意见》（2010年11月26日）（节录）

一、关于国家出资企业工作人员在改制过程中隐匿公司、企业财产归个人持股的改制后公司、企业所有的行为的处理

（第1款）国家工作人员或者受国家机关、国有公司、企业、事业单位、人民团体委托管理、经营国有财产的人员利用职务上的便利，在国家出资企业改制过程中故意通过低估资产、隐瞒债权、虚设债务、虚构产权交易等方式隐匿公司、企业财产，转为本人持有股份的改制后公司、企业所有，应当依法追究刑事责任的，依照刑法第三百八十二条、第三百八十三条的规定，以贪污罪定罪处罚。贪污数额一般应当以所隐匿财产全额计算；改制后公司、企业仍有国有股份的，按股份比例扣除归于国有的部分。

（第3款）第一款规定以外的人员实施该款行为的，依照刑法第二百七十一条的规定，

---

① 村委会成员利用职务便利侵吞集体财产的，按照全国人民代表大会常务委员会《关于〈中华人民共和国刑法〉第九十三条第二款的解释》（2000年4月29日），应以贪污罪论处。

以职务侵占罪定罪处罚；第一款规定以外的人员与第一款规定的人员共同实施该款行为的，以贪污罪的共犯论处。

▶7 以非法占有他人财物为目的，公司股东之间或被委托人利用职务便利，非法占有公司股东股权行为的定性

★公安部经侦局《关于对非法占有他人股权是否构成职务侵占罪问题的工作意见》（2005年6月24日）（节录）

对于公司股东之间或者被委托人利用职务便利，非法占有公司股东股权的行为，如果能够认定行为人主观上具有非法占有他人财物的目的，则可对其利用职务便利，非法占有公司管理中的股东股权的行为以职务侵占罪论处。

▶8 共同犯罪

★最高人民法院《关于审理贪污、职务侵占案件如何认定共同犯罪几个问题的解释》（2000年7月8日）（节录）

第二条 行为人与公司、企业或者其他单位的人员勾结，利用公司、企业或者其他单位人员的职务便利，共同将该单位财物非法占为己有，数额较大的，以职务侵占罪共犯论处。

第三条 公司、企业或者其他单位中，不具有国家工作人员身份的人与国家工作人员勾结，分别利用各自的职务便利，共同将本单位财物非法占为己有的，按照主犯的犯罪性质定罪。

▶9 一罪与数罪

★最高人民法院、最高人民检察院、公安部《关于开展集中打击赌博违法犯罪活动专项行动有关工作的通知》（2005年1月10日）（节录）

二、突出打击重点，严格依照法律规定打击赌博违法犯罪活动

……对实施……职务侵占……等犯罪，并将犯罪所得的款物用于赌博的……同时构成赌博罪的，应依照刑法规定实行数罪并罚……

◆ 量　刑 ◆

▶1 量刑起点的确定

★最高人民法院《关于常见犯罪的量刑指导意见》（2014年1月1日）（节录）

四、常见犯罪的量刑

（九）职务侵占罪

1. 构成职务侵占罪的，可以根据下列不同情形在相应的幅度内确定量刑起点：

（1）达到数额较大起点的，可以在二年以下有期徒刑、拘役幅度内确定量刑起点。

（2）达到数额巨大起点的，可以在五年至六年有期徒刑幅度内确定量刑起点。

2. 在量刑起点的基础上，可以根据职务侵占数额等其他影响犯罪构成的犯罪事实增加刑罚量，确定基准刑。

▶2 从重处罚

★最高人民法院、最高人民检察院、公安部《关于开展集中打击赌博违法犯罪活动专项行动有关工作的通知》（2005年1月10日）（节录）

二、突出打击重点，严格依照法律规定打击赌博违法犯罪活动

第五章 侵犯财产罪

……对实施……职务侵占……等犯罪,并将犯罪所得的款物用于赌博的,分别依照刑法有关规定从重处罚。

第二百七十二条 【挪用资金罪】 公司、企业或者其他单位的工作人员,利用职务上的便利,挪用本单位资金归个人使用或者借贷给他人,数额较大、超过三个月未还的,或者虽未超过三个月,但数额较大、进行营利活动的,或者进行非法活动的,处三年以下有期徒刑或者拘役;挪用本单位资金数额巨大的,或者数额较大不退还的,处三年以上十年以下有期徒刑。

【挪用公款罪】 国有公司、企业或者其他国有单位中从事公务的人员和国有公司、企业或者其他国有单位委派到非国有公司、企业以及其他单位从事公务的人员有前款行为的,依照本法第三百八十四条的规定定罪处罚。

关联法条:第一百八十五条(第1款)

立案追诉标准

★最高人民检察院、公安部《关于公安机关管辖的刑事案件立案追诉标准的规定(二)》(2010年5月7日)(节录)

第八十五条 [挪用资金案(刑法第二百七十二条第一款)] 公司、企业或者其他单位的工作人员,利用职务上的便利,挪用本单位资金归个人使用或者借贷给他人,涉嫌下列情形之一的,应予立案追诉:

(一)挪用本单位资金数额在一万元至三万元以上,超过三个月未还的;

(二)挪用本单位资金数额在一万元至三万元以上,进行营利活动的;

(三)挪用本单位资金数额在五千元至二万元以上,进行非法活动的。

具有下列情形之一的,属于本条规定的"归个人使用":

(一)将本单位资金供本人、亲友或者其他自然人使用的;

(二)以个人名义将本单位资金供其他单位使用的;

(三)个人决定以单位名义将本单位资金供其他单位使用,谋取个人利益的。

定 罪

1 第一款"挪用本单位资金归个人使用或者借贷给他人"的认定

★最高人民法院《关于如何理解刑法第二百七十二条规定的"挪用本单位资金归个人使用或者借贷给他人"问题的批复》(2000年7月27日)(节录)

公司、企业或者其他单位的非国家工作人员,利用职务上的便利,挪用本单位资金归本人或者其他自然人使用,或者挪用人以个人名义将所挪用的资金借给其他自然人和单位,构成犯罪的,应当依照刑法第二百七十二条第一款的规定定罪处罚。

★公安部经济犯罪侦查局《关于对挪用资金罪有关问题请示的答复》(2002年12月24日)(节录)

对于在经济往来中所涉及的暂收、预收、暂存其他单位或个人的款项、物品,或者对方支付的货款、交付的货物等,如接收人已以单位名义履行接收手续的,所接收的财、物应视为该单位资产。

★全国人民代表大会常务委员会法制工作委员会刑法室《关于挪用资金罪有关问题的答复》(2004年9月8日)(节录)

刑法第二百七十二条规定的挪用资金罪中的"归个人使用"与刑法第三百八十四条规定的挪用公款罪中的"归个人使用"的含义基本相同。97年修改刑法时,针对当时挪用资金中比较突出的情况,在规定"归个人使用时"的同时,进一步明确了"借贷给他人"属于挪用资金罪的一种表现形式。

❷ 第一款"数额较大"、"数额巨大"的认定

★最高人民法院、最高人民检察院《关于办理贪污贿赂刑事案件适用法律若干问题的解释》(2016年4月18日)(节录)

第十一条(第2款) 刑法第二百七十二条规定的挪用资金罪中的"数额较大"、"数额巨大"以及"进行非法活动"情形的数额起点,按照本解释关于挪用公款罪"数额较大"、"情节严重"以及"进行非法活动"的数额标准规定的二倍执行。

第五条 挪用公款归个人使用,进行非法活动,数额在三万元以上的,应当依照刑法第三百八十四条的规定以挪用公款罪追究刑事责任;数额在三百万元以上的,应当认定为刑法第三百八十四条第一款规定的"数额巨大"。具有下列情形之一的,应当认定为刑法第三百八十四条第一款规定的"情节严重":

(一)挪用公款数额在一百万元以上的;

(二)挪用救灾、抢险、防汛、优抚、扶贫、移民、救济特定款物,数额在五十万元以上不满一百万元的;

(三)挪用公款不退还,数额在五十万元以上不满一百万元的;

(四)其他严重的情节。

第六条 挪用公款归个人使用,进行营利活动或者超过三个月未还,数额在五万元以上的,应当认定为刑法第三百八十四条第一款规定的"数额较大";数额在五百万元以上的,应当认定为刑法第三百八十四条第一款规定的"数额巨大"。具有下列情形之一的,应当认定为刑法第三百八十四条第一款规定的"情节严重":

(一)挪用公款数额在二百万元以上的;

(二)挪用救灾、抢险、防汛、优抚、扶贫、移民、救济特定款物,数额在一百万元以上不满二百万元的;

(三)挪用公款不退还,数额在一百万元以上不满二百万元的;

(四)其他严重的情节。

❸ 在公司登记注册前,挪用筹建公司资金行为的定性

★最高人民检察院《关于挪用尚未注册成立公司资金的行为适用法律问题的批复》(2000年10月9日)(节录)

筹建公司的工作人员在公司登记注册前,利用职务上的便利,挪用准备设立的公司在银行开设的临时账户上的资金,归个人使用或者借贷给他人,数额较大、超过三个月未还的,或者虽未超过三个月,但数额较大、进行营利活动的,或者进行非法活动的,应当根

据刑法第二百七十二条的规定，追究刑事责任。

4 受委托管理、经营国有财产的非国家工作人员挪用国有资金归个人使用行为的定性

★最高人民法院《关于对受委托管理、经营国有财产人员挪用国有资金行为如何定罪问题的批复》（2000年2月24日）（节录）

对于受国家机关、国有公司、企业、事业单位、人民团体委托，管理、经营国有财产的非国家工作人员，利用职务上的便利，挪用国有资金归个人使用构成犯罪的，应当依照刑法第二百七十二条第一款的规定定罪处罚。

5 利用职务上的便利，挪用客户资金归个人使用的，或向客户开具银行存单使其认为已存入银行而实际以个人名义借贷给他人行为的定性

★最高人民法院《全国法院审理金融犯罪案件工作座谈会纪要》（2001年1月21日）（节录）

二、（二）关于破金融管理秩序罪

3. 用账外客户资金非法拆借、发放贷款行为的认定和处罚

……

审理银行或者其他金融机构及其工作人员用账外客户资金非法拆借、发放贷款案件，要注意将用账外客户资金非法拆借、发放贷款的行为与挪用公款罪和挪用资金罪区别开来。对于利用职务上的便利，挪用已经记入金融机构法定存款账户的客户资金归个人使用的，或者吸收客户资金不入账，却给客户开具银行存单，客户也认为将款已存入银行，该款却被行为人以个人名义借贷给他人的，均应认定为挪用公款罪或者挪用资金罪。

6 国家出资企业工作人员使用改制公司、企业的资金担保个人贷款，用于购买改制公司、企业股份的行为的定性

★最高人民法院、最高人民检察院《关于办理国家出资企业中职务犯罪案件具体应用法律若干问题的意见》（2010年11月26日）（节录）

三、关于国家出资企业工作人员使用改制公司、企业的资金担保个人贷款，用于购买改制公司、企业股份的行为的处理

国家出资企业的工作人员在公司、企业改制过程中为购买公司、企业股份，利用职务上的便利，将公司、企业的资金或者金融凭证、有价证券等用于个人贷款担保的，依照刑法第二百七十二条或者第三百八十四条的规定，以挪用资金罪或者挪用公款罪定罪处罚。

行为人在改制前的国家出资企业持有股份的，不影响挪用数额的认定，但量刑时应当酌情考虑。

经有关主管部门批准或者按照有关政策规定，国家出资企业的工作人员为购买改制公司、企业股份实施前款行为的，可以视具体情况不作为犯罪处理。

7 村民小组组长利用职务便利以本组资金为他人担保贷款行为的定性

★公安部《关于村民小组组长以本组资金为他人担保贷款如何定性处理问题的批复》（2001年4月26日）（节录）

村民小组组长利用职务上的便利，擅自将村民小组的集体财产为他人担保贷款，并以集体财产承担担保责任的，属于挪用本单位资金归个人使用的行为。构成犯罪的，应当依照刑法第二百七十二条第一款的规定，以挪用资金罪追究行为人的刑事责任。

量 刑

▶ 从重处罚

★最高人民法院、最高人民检察院《关于办理妨害预防、控制突发传染病疫情等灾害的刑事案件具体应用法律若干问题的解释》（2003年5月15日）（节录）

第十四条（第1款） 贪污、侵占用于预防、控制突发传染病疫情等灾害的款物或者挪用归个人使用，构成犯罪的，分别依照刑法第三百八十二条、第三百八十三条、第二百七十一条、第三百八十四条、第二百七十二条的规定，以贪污罪、侵占罪、挪用公款罪、挪用资金罪定罪，依法从重处罚。

第二百七十三条【挪用特定款物罪】挪用用于救灾、抢险、防汛、优抚、扶贫、移民、救济款物，情节严重，致使国家和人民群众利益遭受重大损害的，对直接责任人员，处三年以下有期徒刑或者拘役；情节特别严重的，处三年以上七年以下有期徒刑。

立案追诉标准

★最高人民检察院、公安部《关于公安机关管辖的刑事案件立案追诉标准的规定（二）》（2010年5月7日）（节录）

第八十六条 ［挪用特定款物案（刑法第二百七十三条）］挪用用于救灾、抢险、防汛、优抚、扶贫、移民、救济款物，涉嫌下列情形之一的，应予立案追诉：

（一）挪用特定款物数额在五千元以上的；

（二）造成国家和人民群众直接经济损失数额在五万元以上的；

（三）虽未达到上述数额标准，但多次挪用特定款物的，或者造成人民群众的生产、生活严重困难的；

（四）严重损害国家声誉，或者造成恶劣社会影响的；

（五）其他致使国家和人民群众利益遭受重大损害的情形。

第八十七条 本规定中的"多次"，是指三次以上。

第八十八条 本规定中的"虽未达到上述数额标准"，是指接近上述数额标准且已达到该数额的百分之八十以上的。

第八十九条 对于预备犯、未遂犯、中止犯，需要追究刑事责任的，应予立案追诉。

第九十一条 本规定中的"以上"，包括本数。

定 罪

▶ 挪用用于预防、控制突发传染病疫情等灾害款物行为的定性

★最高人民法院、最高人民检察院《关于办理妨害预防、控制突发传染病疫情等灾害的刑事案件具体应用法律若干问题的解释》（2003年5月15日）（节录）

第五章　侵犯财产罪

第十四条（第2款）　挪用用于预防、控制突发传染病疫情等灾害的救灾、优抚、救济等款物，构成犯罪的，对直接责任人员，依照刑法第二百七十三条的规定，以挪用特定款物罪定罪处罚。

▶2 挪用失业保险基金和下岗职工基本生活保障资金行为的定性

★最高人民检察院《关于挪用失业保险基金和下岗职工基本生活保障资金的行为适用法律问题的批复》（2003年1月30日）（节录）

挪用失业保险基金和下岗职工基本生活保障资金属于挪用救济款物。挪用失业保险基金和下岗职工基本生活保障资金，情节严重，致使国家和人民群众利益遭受重大损害的，对直接责任人员，应当依照刑法第二百七十三条的规定，以挪用特定款物罪追究刑事责任；国家工作人员利用职务上的便利，挪用失业保险基金和下岗职工基本生活保障资金归个人使用，构成犯罪的，应当依照刑法第三百八十四条的规定，以挪用公款罪追究刑事责任。

▶3 罪与非罪

★最高人民法院研究室《关于挪用民族贸易和民族用品生产贷款利息补贴行为如何定性问题的复函》（2003年2月24日）（节录）

中国人民银行给予中国农业银行发放民族贸易和民族用品生产贷款的利息补贴，不属于刑法第二百七十三条规定的特定款物。

第二百七十四条【敲诈勒索罪】 敲诈勒索公私财物，数额较大或者多次敲诈勒索的，处三年以下有期徒刑、拘役或者管制，并处或者单处罚金；数额巨大或者有其他严重情节的，处三年以上十年以下有期徒刑，并处罚金；数额特别巨大或者有其他特别严重情节的，处十年以上有期徒刑，并处罚金。

◀　定　罪　▶

▶1 "数额较大"、"数额巨大"、"数额特别巨大"的认定

★最高人民法院、最高人民检察院《关于办理敲诈勒索刑事案件适用法律若干问题的解释》（2013年4月27日）（节录）

第一条　敲诈勒索公私财物价值二千元至五千元以上、三万元至十万元以上、三十万元至五十万元以上的，应当分别认定为刑法第二百七十四条规定的"数额较大"、"数额巨大"、"数额特别巨大"。

各省、自治区、直辖市高级人民法院、人民检察院可以根据本地区经济发展状况和社会治安状况，在前款规定的数额幅度内，共同研究确定本地区执行的具体数额标准，报最高人民法院、最高人民检察院批准。

第二条　敲诈勒索公私财物，具有下列情形之一的，"数额较大"的标准可以按照本解释第一条规定标准的百分之五十确定：

（一）曾因敲诈勒索受过刑事处罚的；

（二）一年内曾因敲诈勒索受过行政处罚的；

（三）对未成年人、残疾人、老年人或者丧失劳动能力人敲诈勒索的；

（四）以将要实施放火、爆炸等危害公共安全犯罪或者故意杀人、绑架等严重侵犯公

民人身权利犯罪相威胁敲诈勒索的；

（五）以黑恶势力名义敲诈勒索的；

（六）利用或者冒充国家机关工作人员、军人、新闻工作者等特殊身份敲诈勒索的；

（七）造成其他严重后果的。

▶2 "多次敲诈勒索"的认定

★最高人民法院、最高人民检察院《关于办理敲诈勒索刑事案件适用法律若干问题的解释》（2013年4月27日）（节录）

第三条 二年内敲诈勒索三次以上的，应当认定为刑法第二百七十四条规定的"多次敲诈勒索"。

▶3 "其他严重情节"、"其他特别严重情节"的认定

★最高人民法院、最高人民检察院《关于办理敲诈勒索刑事案件适用法律若干问题的解释》（2013年4月27日）（节录）

第四条 敲诈勒索公私财物，具有本解释第二条第三项至第七项规定的情形之一，数额达到本解释第一条规定的"数额巨大"、"数额特别巨大"百分之八十的，可以分别认定为刑法第二百七十四条规定的"其他严重情节"、"其他特别严重情节"。

▶4 以发布、删除网络信息等为由，要挟他人索取财物行为的定性

★最高人民法院、最高人民检察院《关于办理利用信息网络实施诽谤等刑事案件适用法律若干问题的解释》（2013年9月10日）（节录）

第六条 以在信息网络上发布、删除等方式处理网络信息为由，威胁、要挟他人，索取公私财物，数额较大，或者多次实施上述行为的，依照刑法第二百七十四条的规定，以敲诈勒索罪定罪处罚。

第十条 本解释所称信息网络，包括以计算机、电视机、固定电话机、移动电话机等电子设备为终端的计算机互联网、广播电视网、固定通信网、移动通信网等信息网络，以及向公众开放的局域网络。

▶5 冒充治安联防队员"抓赌"、"抓嫖"、没收赌资或罚款行为的定性

★最高人民法院《关于审理抢劫、抢夺刑事案件适用法律若干问题的意见》（2005年6月8日）（节录）

九、关于抢劫罪与相似犯罪的界限

1.……行为人冒充治安联防队员"抓赌"、"抓嫖"、没收赌资或者罚款的行为，构成犯罪的，以敲诈勒索罪定罪处罚……

▶6 以非法占有为目的，以借贷为名采用胁迫手段获取他人财物行为的定性

★最高人民检察院《关于强迫借贷行为适用法律问题的批复》（2014年4月17日）（节录）

以暴力、胁迫手段强迫他人借贷，属于刑法第二百二十六条第二项规定的"强迫他人提供或者接受服务"，情节严重的，以强迫交易罪追究刑事责任；同时构成故意伤害罪等其他犯罪的，依照处罚较重的规定定罪处罚。以非法占有为目的，以借贷为名采用暴力、胁迫手段获取他人财物，符合刑法第二百六十三条或者第二百七十四条规定的，以抢劫罪或者敲诈勒索罪追究刑事责任。

第五章 侵犯财产罪

7 以受他人委托处理医疗纠纷为名实施敲诈勒索行为的定性

★最高人民法院、最高人民检察院、公安部、司法部、国家卫生和计划生育委员会《关于依法惩处涉医违法犯罪维护正常医疗秩序的意见》（2014年4月22日）（节录）

二、严格依法惩处涉医违法犯罪

（六）对于故意扩大事态，教唆他人实施针对医疗机构或者医务人员的违法犯罪行为，或者以受他人委托处理医疗纠纷为名实施敲诈勒索、寻衅滋事等行为的，依照治安管理处罚法和刑法的有关规定从严惩处。

8 利用互联网实施敲诈勒索行为的定性

★全国人民代表大会常务委员会《关于维护互联网安全的决定》（2000年12月28日）（节录）

四、为了保护个人、法人和其他组织的人身、财产等合法权利，对有下列行为之一，构成犯罪的，依照刑法有关规定追究刑事责任：

（三）利用互联网进行盗窃、诈骗、敲诈勒索。

9 共同犯罪

★最高人民法院、最高人民检察院《关于办理敲诈勒索刑事案件适用法律若干问题的解释》（2013年4月27日）（节录）

第七条 明知他人实施敲诈勒索犯罪，为其提供信用卡、手机卡、通讯工具、通讯传输通道、网络技术支持等帮助的，以共同犯罪论处。

★最高人民法院、最高人民检察院《关于办理利用信息网络实施诽谤等刑事案件适用法律若干问题的解释》（2013年9月10日）（节录）

第八条 明知他人利用信息网络实施诽谤、寻衅滋事、敲诈勒索、非法经营等犯罪，为其提供资金、场所、技术支持等帮助的，以共同犯罪论处。

10 一罪与数罪

★最高人民法院、最高人民检察院《关于办理寻衅滋事刑事案件适用法律若干问题的解释》（2013年7月22日）（节录）

第七条 实施寻衅滋事行为，同时符合寻衅滋事罪和故意杀人罪、故意伤害罪、故意毁坏财物罪、敲诈勒索罪、抢夺罪、抢劫罪等罪的构成要件的，依照处罚较重的犯罪定罪处罚。

★最高人民法院、最高人民检察院《关于办理利用信息网络实施诽谤等刑事案件适用法律若干问题的解释》（2013年9月10日）（节录）

第九条 利用信息网络实施诽谤、寻衅滋事、敲诈勒索、非法经营犯罪，同时又构成刑法第二百二十一条规定的损害商业信誉、商品声誉罪，第二百七十八条规定的煽动暴力抗拒法律实施罪，第二百九十一条之一规定的编造、故意传播虚假恐怖信息罪等犯罪的，依照处罚较重的规定定罪处罚。

★最高人民法院、最高人民检察院、公安部《关于办理组织领导传销活动刑事案件适用法律若干问题的意见》（2013年11月14日）（节录）

六、关于罪名的适用问题

……犯组织、领导传销活动罪，并实施故意伤害、非法拘禁、敲诈勒索、妨害公务、

第二编 分　　则

聚众扰乱社会秩序、聚众冲击国家机关、聚众扰乱公共场所秩序、交通秩序等行为，构成犯罪的，依照数罪并罚的规定处罚。

🔢 此罪与彼罪

★最高人民法院《关于审理抢劫、抢夺刑事案件适用法律若干问题的意见》（2005年6月8日）（节录）

九、关于抢劫罪与相似犯罪的界限

1. 冒充正在执行公务的人民警察、联防人员，以抓卖淫嫖娼、赌博等违法行为为名非法占有财物的行为定性

行为人冒充正在执行公务的人民警察"抓赌"、"抓嫖"，没收赌资或者罚款的行为，构成犯罪的，以招摇撞骗罪从重处罚；在实施上述行为中使用暴力或者暴力威胁的，以抢劫罪定罪处罚。行为人冒充治安联防队员"抓赌"、"抓嫖"、没收赌资或者罚款的行为，构成犯罪的，以敲诈勒索罪定罪处罚；在实施上述行为中使用暴力或者暴力威胁的，以抢劫罪定罪处罚。

量　　刑

1 量刑起点、基准刑的确定

★最高人民法院《关于常见犯罪的量刑指导意见》（2014年1月1日）（节录）

四、常见犯罪的量刑

（十）敲诈勒索罪

1. 构成敲诈勒索罪的，可以根据下列不同情形在相应的幅度内确定量刑起点：

（1）达到数额较大起点的，或者两年内三次敲诈勒索的，可以在一年以下有期徒刑、拘役幅度内确定量刑起点。

（2）达到数额巨大起点或者有其他严重情节的，可以在三年至五年有期徒刑幅度内确定量刑起点。

（3）达到数额特别巨大起点或者有其他特别严重情节的，可以在十年至十二年有期徒刑幅度内确定量刑起点。

2. 在量刑起点的基础上，可以根据敲诈勒索数额、次数、犯罪情节严重程度等其他影响犯罪构成的犯罪事实增加刑罚量，确定基准刑。

多次敲诈勒索，数额达到较大以上的，以敲诈勒索数额确定量刑起点，敲诈勒索次数可作为调节基准刑的量刑情节；数额未达到较大的，以敲诈勒索次数确定量刑起点，超过三次的次数作为增加刑罚量的事实。

2 免予处罚

★最高人民法院、最高人民检察院《关于办理敲诈勒索刑事案件适用法律若干问题的解释》（2013年4月27日）（节录）

第五条　敲诈勒索数额较大，行为人认罪、悔罪，退赃、退赔，并具有下列情形之一的，可以认定为犯罪情节轻微，不起诉或者免予刑事处罚，由有关部门依予以行政处罚：

（一）具有法定从宽处罚情节的；

（二）没有参与分赃或者获赃较少且不是主犯的；

（三）被害人谅解的；

（四）其他情节轻微、危害不大的。

第六条 敲诈勒索近亲属的财物，获得谅解的，一般不认为是犯罪；认定为犯罪的，应当酌情从宽处理。

被害人对敲诈勒索的发生存在过错的，根据被害人过错程度和案件其他情况，可以对行为人酌情从宽处理；情节显著轻微危害不大的，不认为是犯罪。

❸ 罚金刑

★最高人民法院、最高人民检察院《关于办理敲诈勒索刑事案件适用法律若干问题的解释》（2013年4月27日）（节录）

第八条 对犯敲诈勒索罪的被告人，应当在二千元以上、敲诈勒索数额的二倍以下判处罚金；被告人没有获得财物的，应当在二千元以上十万元以下判处罚金。

第二百七十五条【故意毁坏财物罪】 故意毁坏公私财物，数额较大或者有其他严重情节的，处三年以下有期徒刑、拘役或者罚金；数额巨大或者有其他特别严重情节的，处三年以上七年以下有期徒刑。

──────◀ 立案追诉标准 ▶──────

★最高人民检察院、公安部《关于公安机关管辖的刑事案件立案追诉标准的规定（一）》（2008年6月25日）（节录）

第三十三条 ［故意毁坏财物案（刑法第二百七十五条）］故意毁坏公私财物，涉嫌下列情形之一的，应予立案追诉：

（一）造成公私财物损失五千元以上的；

（二）毁坏公私财物三次以上的；

（三）纠集三人以上公然毁坏公私财物的；

（四）其他情节严重的情形。

──────◀ 定　　罪 ▶──────

❶ 破坏公用电信设施行为的定性

★最高人民法院《关于审理破坏公用电信设施刑事案件具体应用法律若干问题的解释》（2005年1月11日）（节录）

第三条（第1款） 故意破坏正在使用的公用电信设施尚未危害公共安全，或者故意毁坏尚未投入使用的公用电信设施，造成财物损失，构成犯罪的，依照刑法第二百七十五条规定，以故意毁坏财物罪定罪处罚。

❷ 破坏广播电视设施行为的定性

★最高人民法院《关于审理破坏广播电视设施等刑事案件具体应用法律若干问题的解释》（2011年6月13日）（节录）

第六条 破坏正在使用的广播电视设施未危及公共安全，或者故意毁坏尚未投入使用的广播电视设施,造成财物损失数额较大或者有其他严重情节的,以故意毁坏财物罪定罪处罚。

▶3 在医疗机构内损毁公私财物行为的定性

★最高人民法院、最高人民检察院、公安部、司法部、国家卫生和计划生育委员会《关于依法惩处涉医违法犯罪维护正常医疗秩序的意见》(2014年4月22日)(节录)

二、严格依法惩处涉医违法犯罪

(一)在医疗机构内……故意损毁公私财物,尚未造成严重后果的,分别依照治安管理处罚法第四十三条、第四十九条的规定处罚……任意损毁公私财物情节严重,构成……故意毁坏财物罪……的,依照刑法的有关规定定罪处罚。

▶4 一罪与数罪

★最高人民法院、最高人民检察院《关于办理盗窃刑事案件适用法律若干问题的解释》(2013年4月4日)(节录)

第十一条 盗窃公私财物并造成财物损毁的,按照下列规定处理:

(一)采用破坏性手段盗窃公私财物,造成其他财物损毁的,以盗窃罪从重处罚;同时构成盗窃罪和其他犯罪的,择一重罪从重处罚;

(二)实施盗窃犯罪后,为掩盖罪行或者报复等,故意毁坏其他财物构成犯罪的,以盗窃罪和构成的其他犯罪数罪并罚;

(三)盗窃行为未构成犯罪,但损毁财物构成其他犯罪的,以其他犯罪定罪处罚。

★最高人民法院、最高人民检察院《关于办理寻衅滋事刑事案件适用法律若干问题的解释》(2013年7月22日)(节录)

第七条 实施寻衅滋事行为,同时符合寻衅滋事罪和故意杀人罪、故意伤害罪、故意毁坏财物罪、敲诈勒索罪、抢夺罪、抢劫罪等罪的构成要件的,依照处罚较重的犯罪定罪处罚。

第二百七十六条【破坏生产经营罪】由于泄愤报复或者其他个人目的,毁坏机器设备、残害耕畜或者以其他方法破坏生产经营的,处三年以下有期徒刑、拘役或者管制;情节严重的,处三年以上七年以下有期徒刑。

◆立案追诉标准◆

★最高人民检察院、公安部《关于公安机关管辖的刑事案件立案追诉标准的规定(一)》(2008年6月25日)(节录)

第三十四条 [破坏生产经营案(刑法第二百七十六条)] 由于泄愤报复或者其他个人目的,毁坏机器设备、残害耕畜或者以其他方法破坏生产经营,涉嫌下列情形之一的,应予立案追诉:

(一)造成公私财物损失五千元以上的;

(二)破坏生产经营三次以上的;

(三)纠集三人以上公然破坏生产经营的;

(四)其他破坏生产经营应予追究刑事责任的情形。

第五章 侵犯财产罪

★国家林业局、公安部《关于森林和陆生野生动物刑事案件管辖及立案标准》（2001年5月9日）（节录）

一、森林公安机关管辖在其辖区内发生的刑法规定的下列森林和陆生野生动物刑事案件

（九）破坏生产经营案件中，故意毁坏用于造林、育林、护林和木材生产的机械设备或者以其他方法破坏林业生产经营的案件（第二百七十六条）；

二、森林和陆生野生动物刑事案件的立案标准

（十二）盗窃、抢夺、抢劫案、窝藏、转移、收购、销售赃物案、破坏生产经营案、聚众哄抢案、非法经营案、伪造变造买卖国家机关公文、证件案，执行相应的立案标准。

第二百七十六条之一【拒不支付劳动报酬罪】以转移财产、逃匿等方法逃避支付劳动者的劳动报酬或者有能力支付而不支付劳动者的劳动报酬，数额较大，经政府有关部门责令支付仍不支付的，处三年以下有期徒刑或者拘役，并处或者单处罚金；造成严重后果的，处三年以上七年以下有期徒刑，并处罚金。

单位犯前款罪的，对单位判处罚金，并对其直接负责的主管人员和其他直接责任人员，依照前款的规定处罚。

有前两款行为，尚未造成严重后果，在提起公诉前支付劳动者的劳动报酬，并依法承担相应赔偿责任的，可以减轻或者免除处罚。

◁ 定　罪 ▷

▶第一款"以转移财产、逃匿等方法逃避支付劳动者的劳动报酬"的认定

★最高人民法院《关于审理拒不支付劳动报酬刑事案件适用法律若干问题的解释》（2013年1月23日）（节录）

第二条　以逃避支付劳动者的劳动报酬为目的，具有下列情形之一的，应当认定为刑法第二百七十六条之一第一款规定的"以转移财产、逃匿等方法逃避支付劳动者的劳动报酬"：

（一）隐匿财产、恶意清偿、虚构债务、虚假破产、虚假倒闭或者以其他方法转移、处分财产的；

（二）逃跑、藏匿的；

（三）隐匿、销毁或者篡改账目、职工名册、工资支付记录、考勤记录等与劳动报酬相关的材料的；

（四）以其他方法逃避支付劳动报酬的。

★最高人民法院、最高人民检察院、人力资源和社会保障部、公安部《关于加强涉嫌拒不支付劳动报酬犯罪案件查处衔接工作的通知》（2014年12月23日）（节录）

一、切实加强涉嫌拒不支付劳动报酬违法犯罪案件查处工作

（二）行为人拖欠劳动者劳动报酬后，人力资源社会保障部门通过书面、电话、短信等

能够确认其收悉的方式，通知其在指定的时间内到指定的地点配合解决问题，但其在指定的时间内未到指定的地点配合解决问题或明确表示拒不支付劳动报酬的，视为刑法第二百七十六条之一第一款规定的"以逃匿方法逃避支付劳动者的劳动报酬"。但是，行为人有证据证明因自然灾害、突发重大疾病等非人力所能抗拒的原因造成其无法在指定的时间内到指定的地点配合解决问题的除外。

▶2 第一款"劳动者的劳动报酬"的认定

★最高人民法院《关于审理拒不支付劳动报酬刑事案件适用法律若干问题的解释》（2013年1月23日）（节录）

第一条 劳动者依照《中华人民共和国劳动法》和《中华人民共和国劳动合同法》等法律的规定应得的劳动报酬，包括工资、奖金、津贴、补贴、延长工作时间的工资报酬及特殊情况下支付的工资等，应当认定为刑法第二百七十六条之一第一款规定的"劳动者的劳动报酬"。

▶3 第一款"数额较大"的认定

★最高人民法院《关于审理拒不支付劳动报酬刑事案件适用法律若干问题的解释》（2013年1月23日）（节录）

第三条 具有下列情形之一的，应当认定为刑法第二百七十六条之一第一款规定的"数额较大"：

（一）拒不支付一名劳动者三个月以上的劳动报酬且数额在五千元至二万元以上的；

（二）拒不支付十名以上劳动者的劳动报酬且数额累计在三万元至十万元以上的。

各省、自治区、直辖市高级人民法院可以根据本地区经济社会发展状况，在前款规定的数额幅度内，研究确定本地区执行的具体数额标准，报最高人民法院备案。

▶4 第一款"经政府有关部门责令支付仍不支付"的认定

★最高人民法院《关于审理拒不支付劳动报酬刑事案件适用法律若干问题的解释》（2013年1月23日）（节录）

第四条 经人力资源社会保障部门或者政府其他有关部门依法以限期整改指令书、行政处理决定书等文书责令支付劳动者的劳动报酬后，在指定的期限内仍不支付的，应当认定为刑法第二百七十六条之一第一款规定的"经政府有关部门责令支付仍不支付"，但有证据证明行为人有正当理由未知悉责令支付或者未及时支付劳动报酬的除外。

行为人逃匿，无法将责令支付文书送交其本人、同住成年家属或者所在单位负责收件的人的，如果有关部门已通过在行为人的住所地、生产经营场所等地张贴责令支付文书等方式责令支付，并采用拍照、录像等方式记录的，应当视为"经政府有关部门责令支付"。

▶5 第一款"造成严重后果"的认定

★最高人民法院《关于审理拒不支付劳动报酬刑事案件适用法律若干问题的解释》（2013年1月23日）（节录）

第五条 拒不支付劳动者的劳动报酬，符合本解释第三条的规定，并具有下列情形之一的，应当认定为刑法第二百七十六条之一第一款规定的"造成严重后果"：

（一）造成劳动者或者其被赡养人、被扶养人、被抚养人的基本生活受到严重影响、

第五章 侵犯财产罪

重大疾病无法及时医治或者失学的；

（二）对要求支付劳动报酬的劳动者使用暴力或者进行暴力威胁的；

（三）造成其他严重后果的。

▶6 不具备用工主体资格，违法用工且拒不支付劳动者的劳动报酬行为的定性

★最高人民法院《关于审理拒不支付劳动报酬刑事案件适用法律若干问题的解释》（2013年1月23日）（节录）

第七条 不具备用工主体资格的单位或者个人，违法用工且拒不支付劳动者的劳动报酬，数额较大，经政府有关部门责令支付仍不支付的，应当依照刑法第二百七十六条之一的规定，以拒不支付劳动报酬罪追究刑事责任。

★最高人民法院《关于发布第七批指导性案例的通知》（2014年6月23日）（节录）

胡克金拒不支付劳动报酬案（指导案例28号）

裁判要点：

1. 不具备用工主体资格的单位或者个人（包工头），违法用工且拒不支付劳动者报酬，数额较大，经政府有关部门责令支付仍不支付的，应当以拒不支付劳动报酬罪追究刑事责任。

2. 不具备用工主体资格的单位或者个人（包工头）拒不支付劳动报酬，即使其他单位或者个人在刑事立案前为其垫付了劳动报酬的，也不影响追究该用工单位或者个人（包工头）拒不支付劳动报酬罪的刑事责任。

▶7 用人单位实际控制人拒不支付劳动报酬行为的定性

★最高人民法院《关于审理拒不支付劳动报酬刑事案件适用法律若干问题的解释》（2013年1月23日）（节录）

第八条 用人单位的实际控制人实施拒不支付劳动报酬行为，构成犯罪的，应当依照刑法第二百七十六条之一的规定追究刑事责任。

▶8 单位犯罪的认定

★最高人民法院《关于审理拒不支付劳动报酬刑事案件适用法律若干问题的解释》（2013年1月23日）（节录）

第九条 单位拒不支付劳动报酬，构成犯罪的，依照本解释规定的相应个人犯罪的定罪量刑标准，对直接负责的主管人员和其他直接责任人员定罪处罚，并对单位判处罚金。

——— 量　　刑 ———

▶1 从轻、减轻或免除处罚

★最高人民法院《关于审理拒不支付劳动报酬刑事案件适用法律若干问题的解释》（2013年1月23日）（节录）

第六条 拒不支付劳动者的劳动报酬，尚未造成严重后果，在刑事立案前支付劳动者的劳动报酬，并依法承担相应赔偿责任的，可以认定为情节显著轻微危害不大，不认为是犯罪；在提起公诉前支付劳动者的劳动报酬，并依法承担相应赔偿责任的，可以减轻或者免除刑事处罚；在一审宣判前支付劳动者的劳动报酬，并依法承担相应赔偿责任的，可以

从轻处罚。

对于免除刑事处罚的，可以根据案件的不同情况，予以训诫、责令具结悔过或者赔礼道歉。

拒不支付劳动者的劳动报酬，造成严重后果，但在宣判前支付劳动者的劳动报酬，并依法承担相应赔偿责任的，可以酌情从宽处罚。

第六章 妨害社会管理秩序罪

第一节 扰乱公共秩序罪

第二百七十七条【妨害公务罪】 以暴力、威胁方法阻碍国家机关工作人员依法执行职务的,处三年以下有期徒刑、拘役、管制或者罚金。

以暴力、威胁方法阻碍全国人民代表大会和地方各级人民代表大会代表依法执行代表职务的,依照前款的规定处罚。

在自然灾害和突发事件中,以暴力、威胁方法阻碍红十字会工作人员依法履行职责的,依照第一款的规定处罚。

故意阻碍国家安全机关、公安机关依法执行国家安全工作任务,未使用暴力、威胁方法,造成严重后果的,依照第一款的规定处罚。

暴力袭击正在依法执行职务的人民警察的,依照第一款的规定从重处罚。[①]

关联法条: 第二百四十二条

━━━━◆ 定 罪 ◆━━━━

1 以暴力、威胁方法阻碍司法工作人员办理盗抢机动车案件行为的定性

★最高人民法院、最高人民检察院、中华人民共和国公安部、国家工商行政管理局《关于依法查处盗窃、抢劫机动车案件的规定》(1998年5月8日)(节录)

一、司法机关依法查处盗窃、抢劫机动车案件,任何单位和个人都应当予以协助。以暴力、威胁方法阻碍司法工作人员依法办案的,依照《刑法》第二百七十七条第一款的规定处罚。

2 以暴力、威胁方法阻碍事业编制人员行政执法行为的定性

★最高人民检察院《关于以暴力、威胁方法阻碍事业编制人员依法执行行政执法职务是否可对侵害人以妨害公务罪论处的批复》(2000年4月24日)(节录)

对于以暴力、威胁方法阻碍国有事业单位人员依照法律、行政法规的规定执行行政执法职务的,或者以暴力、威胁方法阻碍国家机关中受委托从事行政执法活动的事业编制人员执行行政执法职务的,可以对侵害人以妨害公务罪追究刑事责任。

3 邪教组织人员以暴力、威胁方法阻碍国家机关工作人员执行职务行为的定性

★最高人民法院、最高人民检察院《关于办理组织和利用邪教组织犯罪案件具体应用法律若干问题的解释(二)》(2001年6月11日)(节录)

第七条 邪教组织人员以暴力、威胁方法阻碍国家机关工作人员依法执行职务的,依

---

① 本条第五款系2015年8月29日《刑法修正案(九)》第二十一条增设。

照刑法第二百七十七条第一款的规定,以妨害公务罪定罪处罚。其行为同时触犯刑法其他规定的,依照处罚较重的规定定罪处罚。

▶4 以暴力、威胁方法阻碍行政执法人员行使盐业管理职务行为的定性

★最高人民检察院《关于办理非法经营食盐刑事案件具体应用法律若干问题的解释》(2002年9月13日)(节录)

第五条 以暴力、威胁方法阻碍行政执法人员依法行使盐业管理职务的,依照刑法第二百七十七条的规定,以妨害公务罪追究刑事责任;其非法经营行为已构成犯罪的,依照数罪并罚的规定追究刑事责任。

▶5 妨害国家机关工作人员、红十字会工作人员为防治突发传染病疫情等灾害而采取防控措施行为的定性

★最高人民法院、最高人民检察院《关于办理妨害预防、控制突发传染病疫情等灾害的刑事案件具体应用法律若干问题的解释》(2003年5月15日)(节录)

第八条 以暴力、威胁方法阻碍国家机关工作人员、红十字会工作人员依法履行为防治突发传染病疫情等灾害而采取的防疫、检疫、强制隔离、隔离治疗等预防、控制措施的,依照刑法第二百七十七条第一款、第三款的规定,以妨害公务罪定罪处罚。

▶6 暴力抗拒执行法院判决、裁定行为的定性

★最高人民法院、最高人民检察院、公安部《关于依法严肃查处拒不执行判决、裁定和暴力抗拒法院执行犯罪行为有关问题的通知》(2007年8月30日)(节录)

二、对下列暴力抗拒执行的行为,依照刑法第二百七十七条的规定,以妨害公务罪论处:

(一)聚众哄闹、冲击执行现场,围困、扣押、殴打执行人员,致使执行工作无法进行的;

(二)毁损、抢夺执行案件材料、执行公务车辆和其他执行器械、执行人员服装以及执行公务证件,造成严重后果的;

(三)其他以暴力、威胁方法妨害或者抗拒执行,致使执行工作无法进行的。

三、负有执行人民法院判决、裁定义务的单位直接负责的主管人员和其他直接责任人员,为了本单位的利益实施本《通知》第一条、第二条所列行为之一的,对该主管人员和其他直接责任人员,依照刑法第三百一十三条和第二百七十七条的规定,分别以拒不执行判决、裁定和妨害公务罪论处。

▶7 以暴力、威胁方法阻碍烟草专卖执法人员执行职务行为的定性

★最高人民法院、最高人民检察院《关于办理非法生产、销售烟草专卖品等刑事案件具体应用法律若干问题的解释》(2010年3月26日)(节录)

第八条(第1款) 以暴力、威胁方法阻碍烟草专卖执法人员依法执行职务,构成犯罪的,以妨害公务罪追究刑事责任。

▶8 以暴力、威胁方法阻碍草原监督检查人员执行职务行为的定性

★最高人民法院《关于审理破坏草原资源刑事案件应用法律若干问题的解释》(2012年11月21日)(节录)

第四条(第1款) 以暴力、威胁方法阻碍草原监督检查人员依法执行职务,构成犯罪的,依照刑法第二百七十七条的规定,以妨害公务罪追究刑事责任。

9 一罪与数罪

最高人民法院《关于审理发生在我国管辖海域相关案件若干问题的规定（二）》（2016年8月2日）（节录）

第八条（第2款） 有破坏海洋资源犯罪行为，又实施走私、妨害公务等犯罪的，依照数罪并罚的规定处理。

◀ 量　　刑 ▶

1 量刑起点、基准刑的确定

★最高人民法院《关于常见犯罪的量刑指导意见》（2013年12月23日）（节录）

四、常见犯罪的量刑

（十一）妨害公务罪

1. 构成妨害公务罪的，可以在二年以下有期徒刑、拘役幅度内确定量刑起点。

2. 在量刑起点的基础上，可以根据妨害公务造成的后果、犯罪情节严重程度等其他影响犯罪构成的犯罪事实增加刑罚量，确定基准刑。

第二百七十八条【煽动暴力抗拒法律实施罪】 煽动群众暴力抗拒国家法律、行政法规实施的，处三年以下有期徒刑、拘役、管制或者剥夺政治权利；造成严重后果的，处三年以上七年以下有期徒刑。

◀ 定　　罪 ▶

1 煽动群众暴力抗拒烟草专卖法律实施行为的定性

★最高人民法院、最高人民检察院《关于办理非法生产、销售烟草专卖品等刑事案件具体应用法律若干问题的解释》（2010年3月26日）（节录）

第八条（第2款） 煽动群众暴力抗拒烟草专卖法律实施，构成犯罪的，以煽动暴力抗拒法律实施罪追究刑事责任。

2 煽动群众暴力抗拒草原法律实施行为的定性

★最高人民法院《关于审理破坏草原资源刑事案件应用法律若干问题的解释》（2012年11月22日）（节录）

第四条（第2款） 煽动群众暴力抗拒草原法律、行政法规实施，构成犯罪的，依照刑法第二百七十八条的规定，以煽动暴力抗拒法律实施罪追究刑事责任。

3 一罪与数罪

★最高人民法院、最高人民检察院《关于办理利用信息网络实施诽谤等刑事案件适用法律若干问题的解释》（2013年9月10日）（节录）

第九条 利用信息网络实施诽谤、寻衅滋事、敲诈勒索、非法经营犯罪，同时又构成刑法第二百二十一条规定的损害商业信誉、商品声誉罪，第二百七十八条规定的煽动暴力抗拒法律实施罪，第二百九十一条之一规定的编造、故意传播虚假恐怖信息罪等犯罪的，依照处罚较重的规定定罪处罚。

第二百七十九条【招摇撞骗罪】冒充国家机关工作人员招摇撞骗的，处三年以下有期徒刑、拘役、管制或者剥夺政治权利；情节严重的，处三年以上十年以下有期徒刑。

冒充人民警察招摇撞骗的，依照前款的规定从重处罚。

◆ 定 罪 ◆

① 冒充警察"抓赌"、"抓嫖"行为的定性

★最高人民法院《关于审理抢劫、抢夺刑事案件适用法律若干问题的意见》（2005年6月8日）（节录）

九、关于抢劫罪与相似犯罪的界限

1. 冒充正在执行公务的人民警察、联防人员，以抓卖淫嫖娼、赌博等违法行为为名非法占有财物的行为定性

行为人冒充正在执行公务的人民警察"抓赌"、"抓嫖"，没收赌资或者罚款的行为，构成犯罪的，以招摇撞骗罪从重处罚；在实施上述行为中使用暴力或者暴力威胁的，以抢劫罪定罪处罚。行为人冒充治安联防队员"抓赌"、"抓嫖"、没收赌资或者罚款的行为，构成犯罪的，以敲诈勒索罪定罪处罚；在实施上述行为中使用暴力或者暴力威胁的，以抢劫罪定罪处罚。

② 一罪与数罪

★最高人民法院、最高人民检察院《关于办理诈骗刑事案件具体应用法律若干问题的解释》（2011年4月8日）（节录）

第八条 冒充国家机关工作人员进行诈骗，同时构成诈骗罪和招摇撞骗罪的，依照处罚较重的规定定罪处罚。

第二百八十条[①]**【伪造、变造、买卖国家机关公文、证件、印章罪】【盗窃、抢夺、毁灭国家机关公文、证件、印章罪】**伪造、变造、买卖或者盗窃、抢夺、毁灭国家机关的公文、证件、印章的，处三年以下有期徒刑、拘役、管制或者剥夺政治权利，并处罚金；情节严重的，处三年以上十年以下有期徒刑，并处罚金。

【伪造公司、企业、事业单位、人民团体印章罪】伪造公司、企业、事业单位、人民团体的印章的，处三年以下有期徒刑、拘役、管制或者剥夺政治权利，并处罚金。

【伪造、变造、买卖身份证件罪】伪造、变造、买卖居民身份证、护照、社会保障卡、驾驶证等依法可以用于证明身份的证件的，处三年以下有期徒刑、拘役、管制或者剥夺政治权利，并处罚金；情节严重的，处三年以上七年以下有期徒刑，并处罚金。

---

① 2015年8月29日《刑法修正案（九）》第二十二条在本条各款增设了罚金刑，在第三款增设了"护照、社会保障卡、驾驶证等依法可以用于证明身份的证件"。

第六章 妨害社会管理秩序罪·第一节 扰乱公共秩序罪

定 罪

1 买卖伪造、变造的报关单、外汇管理部门核准件等凭据行为的定性

★最高人民法院《关于审理骗购外汇、非法买卖外汇刑事案件具体应用法律若干问题的解释》（1998年9月1日）（节录）

第二条 伪造、变造、买卖海关签发的报关单、进口证明、外汇管理机关的核准件等凭证或者购买伪造、变造的上述凭证的，按照刑法第二百八十条第一款的规定定罪处罚。

★全国人民代表大会常务委员会《关于惩治骗购外汇、逃汇和非法买卖外汇犯罪的决定》（1998年12月29日）（节录）

二、买卖伪造、变造的海关签发的报关单、进口证明、外汇管理部门核准件等凭证和单据或者国家机关的其他公文、证件、印章的，依照刑法第二百八十条的规定定罪处罚。

2 伪造、变造、买卖机动车牌证及入户、过户、验证文件行为的定性

★最高人民法院、最高人民检察院、公安部、国家工商行政管理局《关于依法查处盗窃、抢劫机动车案件的规定》（1998年5月8日）（节录）

七、伪造、变造、买卖机动车牌证及机动车入户、过户、验证的有关证明文件的，依照《刑法》第二百八十条第一款的规定处罚。

★最高人民法院、最高人民检察院《关于办理与盗窃、抢劫、诈骗、抢夺机动车相关刑事案件具体应用法律若干问题的解释》（2007年5月11日）（节录）

第二条 伪造、变造、买卖机动车行驶证、登记证书，累计三本以上的，依照刑法第二百八十条第一款的规定，以伪造、变造、买卖国家机关证件罪定罪，处三年以下有期徒刑、拘役、管制或者剥夺政治权利。

伪造、变造、买卖机动车行驶证、登记证书，累计达到第一款规定数量标准五倍以上的，属于刑法第二百八十条第一款规定中的"情节严重"，处三年以上十年以下有期徒刑。

第四条 实施本解释第一条、第二条、第三条第一款或者第三款规定的行为，事前与盗窃、抢劫、诈骗、抢夺机动车的犯罪分子通谋的，以盗窃罪、抢劫罪、诈骗罪、抢夺罪的共犯论处。

3 买卖伪造的国家机关证件行为的定性

★最高人民检察院法律政策研究室《关于买卖伪造的国家机关证件行为是否构成犯罪的问题的答复》（1999年6月21日）（节录）

对于买卖伪造的国家机关证件的行为，依法应当追究刑事责任的，可适用刑法第二百八十条第一款的规定，以买卖国家机关公文、证件罪追究刑事责任。

4 伪造、变造、买卖政府临时行政管理机构公文、证件、印章行为的定性

★最高人民检察院法律政策研究室《关于伪造、变造、买卖政府设立的临时性机构的公文、证件、印章行为如何适用法律问题的答复》（2003年6月3日）（节录）

伪造、变造、买卖各级人民政府设立的行使行政管理权的临时性机构的公文、证件、印章行为，构成犯罪的，应当依照刑法第二百八十条第一款的规定，以伪造、变造、买卖国家机关公文、证件、印章罪追究刑事责任。

5 伪造高等院校印章制作学历证、学位证行为的定性

★最高人民法院、最高人民检察院《关于办理伪造、贩卖伪造的高等院校学历、学位

证明刑事案件如何适用法律问题的解释》(2001年7月5日)(节录)

对于伪造高等院校印章制作学历、学位证明的行为,应当依照刑法第二百八十条第二款的规定,以伪造事业单位印章罪定罪处罚。

明知是伪造高等院校印章制作的学历、学位证明而贩卖的,以伪造事业单位印章罪的共犯论处。

★公安部《关于对伪造学生证及贩卖、使用伪造学生证的行为如何处理问题的批复》(2002年6月26日)(节录)

一、对伪造高等院校印章制作学生证的行为,应当依照《中华人民共和国刑法》第280条第2款的规定,以伪造事业单位印章罪立案侦查。

二、对明知是伪造高等院校印章制作的学生证而贩卖的,应当以伪造事业单位印章罪的共犯立案侦查;对贩卖伪造的学生证,尚不够刑事处罚的,应当就其明知是伪造的学生证而购买的行为,依照《中华人民共和国治安管理处罚条例》第24条第(一)项的规定,以明知是赃物而购买处罚。

三、对使用伪造的学生证购买半价火车票,数额较大的,应当依照《中华人民共和国刑法》第266条的规定,以诈骗罪立案侦查;尚不够刑事处罚的,应当依照《中华人民共和国治安管理处罚条例》第23条第(一)项的规定以诈骗性处罚。

▶6 伪造、变造、买卖林业证件行为的定性

★最高人民法院《关于审理破坏森林资源刑事案件具体应用法律若干问题的解释》(2000年12月11日)(节录)

第十三条 对于伪造、变造、买卖林木采伐许可证、木材运输证件,森林、林木、林地权属证书,占用或者征用林地审核同意书、育林基金等缴费收据以及其他国家机关批准的林业证件构成犯罪的,依照刑法第二百八十条第一款的规定,以伪造、变造、买卖国家机关公文、证件罪定罪处罚。

对于买卖允许进出口证明书等经营许可证明,同时触犯刑法第二百二十五条、第二百八十条规定之罪的,依照处罚较重的规定定罪处罚。

▶7 伪造、变造、买卖野生动物允许进出口证明书、狩猎证、驯养繁殖许可证行为的定性

★最高人民法院《关于审理破坏野生动物资源刑事案件具体应用法律若干问题的解释》(2000年12月11日)(节录)

第九条 伪造、变造、买卖国家机关颁发的野生动物允许进出口证明书、特许猎捕证、狩猎证、驯养繁殖许可证等公文、证件构成犯罪的,依照刑法第二百八十条第一款的规定以伪造、变造、买卖国家机关公文、证件罪定罪处罚。

实施上述行为构成犯罪,同时构成刑法第二百二十五条第(二)项规定的非法经营罪的,依照处罚较重的规定定罪处罚。

▶8 为给信用卡申请人提供虚假资信证明而伪造、变造、买卖国家机关公文、证件、印章行为的定性

★最高人民法院、最高人民检察院《关于办理妨害信用卡管理刑事案件具体应用法律

若干问题的解释》(2009年12月16日)(节录)

第四条（第1款） 为信用卡申请人制作、提供虚假的财产状况、收入、职务等资信证明材料，涉及伪造、变造、买卖国家机关公文、证件、印章，或者涉及伪造公司、企业、事业单位、人民团体印章，应当追究刑事责任的，依照刑法第二百八十条的规定，分别以伪造、变造、买卖国家机关公文、证件、印章罪和伪造公司、企业、事业单位、人民团体印章罪定罪处罚。

⑨ 不能将机动车号牌认定为国家机关证件

★最高人民法院研究室《〈关于伪造、变造、买卖民用机动车号牌行为能否以伪造、变造、买卖国家机关证件罪定罪处罚问题的请示〉的答复》(2009年1月1日)

最近，广东省委政法委要求我院就伪造、变造、买卖民用机动车号牌的行为能否以伪造、变造、买卖国家机关证件罪定罪处罚的问题提出处理意见。我院审判委员会研究时有两种不同意见。多数意见认为不应以伪造、变造、买卖国家机关证件罪定罪处罚。少数意见认为机动车号牌属于国家机关证件，对于伪造、变造、买卖民用机动车号牌且情节严重的行为，可以伪造、变造、买卖国家机关证件罪追究刑事责任。经请示，最高法院研究室作出答复，同意我院审委会多数人意见，伪造、变造、买卖民用机动车号牌行为不能以伪造、变造、买卖国家机关证件罪定罪处罚。最高法院研究室答复全文如下："你院粤高法〔2009〕108号《关于伪造、变造、买卖民用机动车号牌行为能否以伪造、变造、买卖国家机关证件罪定罪处罚问题的请示》收悉。经研究，答复如下：

同意你院审委会讨论中的多数人意见，伪造、变造、买卖民用机动车号牌行为不能以伪造、变造、买卖国家机关证件罪定罪处罚。你院所请示问题的关键在于能否将机动车号牌认定为国家机关证件，从当前我国刑法的规定看，不能将机动车号牌认定为国家机关证件。理由在于：

一、刑法第280条第1款规定了伪造、变造、买卖国家机关公文、证件、印章罪，第281条规定了非法生产、买卖警用装备罪，将警用车辆号牌归属于警察专用标志，属于警用装备的范围。从这一点分析，证件与车辆号牌不具有同一性。如果具有同一性，刑法第280条中的证件就包括了警用车辆号牌，也就没有必要在第281条中单独明确列举警用车辆号牌了。同样的道理适用于刑法第375条的规定（刑法第375条第1款规定了伪造、变造、买卖武装部队公文、证件、印章罪，盗窃、抢夺武装部队公文、证件、印章罪，第2款规定了非法生产、买卖军用标志罪，而军用标志包括武装部队车辆号牌）。刑法规定非法生产、买卖警用装备罪和非法生产、买卖军用标志罪，明确对警用车辆号牌和军用车辆号牌进行保护，目的在于维护警用、军用标志性物品的专用权，而不是将警用和军用车辆号牌作为国家机关证件来保护。如果将机动车号牌认定为证件，那么非法买卖警用机动车号牌的行为，是认定为非法买卖国家机关证件罪还是非法买卖警用装备罪？这会导致刑法适用的混乱。

二、从刑罚处罚上看，如果将机动车号牌认定为国家机关证件，那么非法买卖的机动车号牌如果分别属于人民警察车辆号牌、武装部队车辆号牌、普通机动车号牌，同样一个行为就会得到不同的处理结果：对于前两者，根据刑法第281条、第375条第2款的规定，情节严重的，分别构成非法买卖警用装备罪、非法买卖军用标志罪，法定刑为三年以下有期徒刑、拘役或者管制,并处或者单处罚金。对于非法买卖民用机动车号牌,根据刑法第280条第1款的规定,不论情节是否严重,均构成买卖国家机关证件罪,情节一般的,处三年以下有期徒刑、拘役、管制或者剥夺政治权利;情节严重的,处三年以上十年以下有期徒刑。可见,将机动车号牌认定为证件,将使对非法买卖普通机动车号牌的刑罚处罚重于对非法买卖人民警察、武装部队车辆号牌的刑罚处罚,这显失公平,也有悖立法本意。"

10 通过伪造证据骗取法院民事裁判占有他人财物行为的定性

★最高人民检察院法律政策研究室《关于通过伪造证据骗取法院民事裁判占有他人财物的行为如何适用法律问题的答复》(2002年10月24日)(节录)

以非法占有为目的,通过伪造证据骗取法院民事裁判占有他人财物的行为所侵害的主要是人民法院正常的审判活动可以由人民法院依照民事诉讼法的有关规定作出处理,不宜以诈骗罪追究行为人的刑事责任。如果行为人伪证据时,实施了伪造公司、企业、事业单位、人民团体印章的行为,构成犯罪的,应当依照刑法第二百八十条第二款的规定,以伪造公司、企业、事业单位、人民团体印章罪追究刑事责任;如果行为人有指使他人作伪证行为,构成犯罪的应当依照刑法第三百零七条第一款的规定,以妨害作证罪追究刑事责任。

11 空白护照属于公家机关的证件、出入境证件

★公安部《关于盗窃空白因私护照有关问题的批复》(2000年5月16日)(节录)

一、李博日韦、万明亮等人所盗取的空白护照属于出入境证件。护照不同于一般的身份证件,它是公民国际旅行的身份证件和国籍证明。在我国,公民因私护照的设计、研制、印刷统一由公安部出入境管理局负责。护照上设计了多项防伪措施,每本护照(包括空白护照)都有一个统一编号,空白护照是签发护照的重要构成因素,对空白护照的发放、使用有严格的管理程序。空白护照丢失,与已签发的护照一样,也由公安部出入境管理局宣布作废,空白护照是作为出入境证件加以管理的。因此,空白护照既是国家机关的证件,也是出入境证件。

二、李博日韦、万明亮等人所盗护照不同于一般商品,在认定其盗窃情节时,不能简单依照护照本身的研制、印刷费用计算盗窃数额,而应依照所盗护照的本数计算。一次盗窃2000本护照,在建国以来是第一次,所造成的影响极其恶劣。应当认定为"情节严重",不是一般的盗窃,而应按照刑法第280条规定处理。

三、李博日韦、万明亮等人将盗窃的护照出售,其出售护照的行为也妨害国(边)境管理秩序,触犯刑法第320条,涉嫌构成出售出入境证件罪。

第二百八十条之一[1]**【使用虚假身份证件、盗用身份证件罪】** 在依照国家规定应当提供身份证明的活动中,使用伪造、变造的或者盗用他人的居民身份证、护照、社会保障卡、驾驶证等依法可以用于证明身份的证件,情节严重的,处拘役或者管制,并处或者单处罚金。

有前款行为,同时构成其他犯罪的,依照处罚较重的规定定罪处罚。

---

[1] 本条系2015年8月29日《刑法修正案(九)》第二十三条增设。

第六章　妨害社会管理秩序罪·第一节　扰乱公共秩序罪

第二百八十一条【非法生产、买卖警用装备罪】 非法生产、买卖人民警察制式服装、车辆号牌等专用标志、警械，情节严重的，处三年以下有期徒刑、拘役或者管制，并处或者单处罚金。

单位犯前款罪的，对单位判处罚金，并对其直接负责的主管人员和其他直接责任人员，依照前款的规定处罚。

◁ 立案追诉标准 ▷

★最高人民检察院、公安部《关于公安机关管辖的刑事案件立案追诉标准的规定（一）》（2008年6月25日）（节录）

第三十五条 [非法生产、买卖警用装备案（刑法第二百八十一条）] 非法生产、买卖人民警察制式服装、车辆号牌等专用标志、警械，涉嫌下列情形之一的，应予立案追诉：

（一）成套制式服装三十套以上，或者非成套制式服装一百件以上的；

（二）手铐、脚镣、警用抓捕网、警用催泪喷射器、警灯、警报器单种或者合计十件以上的；

（三）警棍五十根以上的；

（四）警衔、警号、胸章、臂章、帽徽等警用标志单种或者合计一百件以上的；

（五）警车号牌、省级以上公安机关专段民用车辆号牌一副以上，或者其他公安机关专段民用车辆号牌三副以上的；

（六）非法经营数额五千元以上，或者非法获利一千元以上的；

（七）被他人利用进行违法犯罪活动的；

（八）其他情节严重的情形。

第一百条　本规定中的立案追诉标准，除法律、司法解释另有规定的以外，适用于相关的单位犯罪。

第二百八十二条【非法获取国家秘密罪】 以窃取、刺探、收买方法，非法获取国家秘密的，处三年以下有期徒刑、拘役、管制或者剥夺政治权利；情节严重的，处三年以上七年以下有期徒刑。

【非法持有国家绝密、机密文件、资料、物品罪】 非法持有属于国家绝密、机密的文件、资料或者其他物品，拒不说明来源与用途的，处三年以下有期徒刑、拘役或者管制。

关联法条：第二百八十七条

◁ 定　罪 ▷

▶1 邪教组织人员以窃取、刺探、收买方法非法获取国家秘密行为的定性

★最高人民法院、最高人民检察院《关于办理组织和利用邪教组织犯罪案件具体应用法律若干问题的解释（二）》（2001年6月11日）（节录）

第八条　邪教组织人员为境外窃取、刺探、收买、非法提供国家秘密、情报的，以窃取、刺探、收买方法非法获取国家秘密的，非法持有国家绝密、机密文件、资料、物品拒不说明来源与用途的，或者泄露国家秘密情节严重的，分别依照刑法第一百一十一条为境

外窃取、刺探、收买、非法提供国家秘密、情报罪，第二百八十二条第一款非法获取国家秘密罪，第二百八十二条第二款非法持有国家绝密、机密文件、资料、物品罪，第三百九十八条故意泄露国家秘密罪、过失泄露国家秘密罪的规定定罪处罚。

第二百八十三条① 【非法生产、销售专用间谍器材、窃听、窃照专用器材罪】非法生产、销售专用间谍器材或者窃听、窃照专用器材的，处三年以下有期徒刑、拘役或者管制，并处或者单处罚金；情节严重的，处三年以上七年以下有期徒刑，并处罚金。

单位犯前款罪的，对单位判处罚金，并对其直接负责的主管人员和其他直接责任人员，依照前款的规定处罚。

◆ 定 罪 ◆

1 非法生产销售间谍器材型"伪基站"行为的定性

★最高人民法院、最高人民检察院、公安部、国家安全部《关于依法办理非法生产销售使用"伪基站"设备案件的意见》（2014年3月14日）（节录）

一、准确认定行为性质

（一）……非法生产、销售"伪基站"设备，经鉴定为专用间谍器材的，依照《刑法》第二百八十三条的规定，以非法生产、销售间谍专用器材罪追究刑事责任；同时构成非法经营罪的，以非法经营罪追究刑事责任。

第二百八十四条 【非法使用窃听、窃照专用器材罪】非法使用窃听、窃照专用器材，造成严重后果的，处二年以下有期徒刑、拘役或者管制。

第二百八十四条之一② 【组织考试作弊罪】在法律规定的国家考试中，组织作弊的，处三年以下有期徒刑或者拘役，并处或者单处罚金；情节严重的，处三年以上七年以下有期徒刑，并处罚金。

为他人实施前款犯罪提供作弊器材或者其他帮助的，依照前款的规定处罚。

【非法出售、提供试题、答案罪】为实施考试作弊行为，向他人非法出售或者提供第一款规定的考试的试题、答案的，依照第一款的规定处罚。

【代替考试罪】代替他人或者让他人代替自己参加第一款规定的考试的，处拘役或者管制，并处或者单处罚金。

---

① 2015年8月29日《刑法修正案（九）》第二十四条增设了本条第二款，在第一款中增加了罚金刑并区分了量刑档。

② 本条系2015年8月29日《刑法修正案（九）》第二十五条增设。

第六章　妨害社会管理秩序罪·第一节　扰乱公共秩序罪

◆ 定　罪 ◆

▌时间效力问题

★最高人民法院《关于〈中华人民共和国刑法修正案（九）〉时间效力问题的解释》（2015年11月1日）（节录）

第六条　对于2015年10月31日以前组织考试作弊，为他人组织考试作弊提供作弊器材或者其他帮助，以及非法向他人出售或者提供考试试题、答案，根据修正前刑法应当以非法获取国家秘密罪、非法生产、销售间谍专用器材罪或者故意泄露国家秘密罪等追究刑事责任的，适用修正前刑法的有关规定。但是，根据修正后刑法第二百八十四条之一的规定处刑较轻的，适用修正后刑法的有关规定。

第二百八十五条【非法侵入计算机信息系统罪】违反国家规定，侵入国家事务、国防建设、尖端科学技术领域的计算机信息系统的，处三年以下有期徒刑或者拘役。

【非法获取计算机信息系统数据、非法控制计算机信息系统罪】违反国家规定，侵入前款规定以外的计算机信息系统或者采用其他技术手段，获取该计算机信息系统中存储、处理或者传输的数据，或者对该计算机信息系统实施非法控制，情节严重的，处三年以下有期徒刑或者拘役，并处或者单处罚金；情节特别严重的，处三年以上七年以下有期徒刑，并处罚金。

【提供侵入、非法控制计算机信息系统程序、工具罪】提供专门用于侵入、非法控制计算机信息系统的程序、工具，或者明知他人实施侵入、非法控制计算机信息系统的违法犯罪行为而为其提供程序、工具，情节严重的，依照前款的规定处罚。

单位犯前三款罪的，对单位判处罚金，并对其直接负责的主管人员和其他直接责任人员，依照各该款的规定处罚。①

关联法条：第九十六条

◆ 定　罪 ◆

▌第二款"情节严重"、"情节特别严重"的认定

★最高人民法院、最高人民检察院《关于办理危害计算机信息系统安全刑事案件应用法律若干问题的解释》（2011年9月1日）（节录）

第一条　非法获取计算机信息系统数据或者非法控制计算机信息系统，具有下列情形之一的，应当认定为刑法第二百八十五条第二款规定的"情节严重"：

（一）获取支付结算、证券交易、期货交易等网络金融服务的身份认证信息十组以上的；

（二）获取第（一）项以外的身份认证信息五百组以上的；

---

① 本条第四款系2015年8月29日《刑法修正案（九）》第二十六条增设。

(三) 非法控制计算机信息系统二十台以上的；

(四) 违法所得五千元以上或者造成经济损失一万元以上的；

(五) 其他情节严重的情形。

实施前款规定行为，具有下列情形之一的，应当认定为刑法第二百八十五条第二款规定的"情节特别严重"：

(一) 数量或者数额达到前款第（一）项至第（四）项规定标准五倍以上的；

(二) 其他情节特别严重的情形。

明知是他人非法控制的计算机信息系统，而对该计算机信息系统的控制权加以利用的，依照前两款的规定定罪处罚。

第十一条 本解释所称"计算机信息系统"和"计算机系统"，是指具备自动处理数据功能的系统，包括计算机、网络设备、通信设备、自动化控制设备等。

本解释所称"身份认证信息"，是指用于确认用户在计算机信息系统上操作权限的数据，包括账号、口令、密码、数字证书等。

本解释所称"经济损失"，包括危害计算机信息系统犯罪行为给用户直接造成的经济损失，以及用户为恢复数据、功能而支出的必要费用。

❷ 第三款"专门用于侵入、非法控制计算机信息系统的程序、工具"的认定

★最高人民法院、最高人民检察院《关于办理危害计算机信息系统安全刑事案件应用法律若干问题的解释》（2011年9月1日）（节录）

第二条 具有下列情形之一的程序、工具，应当认定为刑法第二百八十五条第三款规定的"专门用于侵入、非法控制计算机信息系统的程序、工具"：

(一) 具有避开或者突破计算机信息系统安全保护措施，未经授权或者超越授权获取计算机信息系统数据的功能的；

(二) 具有避开或者突破计算机信息系统安全保护措施，未经授权或者超越授权对计算机信息系统实施控制的功能的；

(三) 其他专门设计用于侵入、非法控制计算机信息系统、非法获取计算机信息系统数据的程序、工具。

第十一条（第1款） 本解释所称"计算机信息系统"和"计算机系统"，是指具备自动处理数据功能的系统，包括计算机、网络设备、通信设备、自动化控制设备等。

❸ 第三款"情节严重"、"情节特别严重"的认定

★最高人民法院、最高人民检察院《关于办理危害计算机信息系统安全刑事案件应用法律若干问题的解释》（2011年9月1日）（节录）

第三条 提供侵入、非法控制计算机信息系统的程序、工具，具有下列情形之一的，应当认定为刑法第二百八十五条第三款规定的"情节严重"：

(一) 提供能够用于非法获取支付结算、证券交易、期货交易等网络金融服务身份认证信息的专门性程序、工具五人次以上的；

(二) 提供第（一）项以外的专门用于侵入、非法控制计算机信息系统的程序、工具二十人次以上的；

（三）明知他人实施非法获取支付结算、证券交易、期货交易等网络金融服务身份认证信息的违法犯罪行为而为其提供程序、工具五人次以上的；

（四）明知他人实施第（三）项以外的侵入、非法控制计算机信息系统的违法犯罪行为而为其提供程序、工具二十人次以上的；

（五）违法所得五千元以上或者造成经济损失一万元以上的；

（六）其他情节严重的情形。

实施前款规定行为，具有下列情形之一的，应当认定为提供侵入、非法控制计算机信息系统的程序、工具"情节特别严重"：

（一）数量或者数额达到前款第（一）项至第（五）项规定标准五倍以上的；

（二）其他情节特别严重的情形。

第十一条 本解释所称"计算机信息系统"和"计算机系统"，是指具备自动处理数据功能的系统，包括计算机、网络设备、通信设备、自动化控制设备等。

本解释所称"身份认证信息"，是指用于确认用户在计算机信息系统上操作权限的数据，包括账号、口令、密码、数字证书等。

本解释所称"经济损失"，包括危害计算机信息系统犯罪行为给用户直接造成的经济损失，以及用户为恢复数据、功能而支出的必要费用。

4 "国家事务、国防建设、尖端科学技术领域的计算机信息系统"、"专门用于侵入、非法控制计算机信息系统的程序、工具"的认定

★最高人民法院、最高人民检察院《关于办理危害计算机信息系统安全刑事案件应用法律若干问题的解释》（2011年9月1日）（节录）

第十条 对于是否属于刑法第二百八十五条、第二百八十六条规定的"国家事务、国防建设、尖端科学技术领域的计算机信息系统"、"专门用于侵入、非法控制计算机信息系统的程序、工具"、"计算机病毒等破坏性程序"难以确定的，应当委托省级以上负责计算机信息系统安全保护管理工作的部门检验。司法机关根据检验结论，并结合案件具体情况认定。

5 网络侵入国家事务、国防建设、尖端科技领域计算机信息系统行为的定性

★全国人民代表大会常务委员会《关于维护互联网安全的决定》（2000年12月28日）（节录）

一、为了保障互联网的运行安全，对有下列行为之一，构成犯罪的，依照刑法有关规定追究刑事责任：

（一）侵入国家事务、国防建设、尖端科学技术领域的计算机信息系统；

6 以单位名义、形式实施危害计算机信息系统安全犯罪行为的处罚

★最高人民法院、最高人民检察院《关于办理危害计算机信息系统安全刑事案件应用法律若干问题的解释》（2011年9月1日）（节录）

第八条 以单位名义或者单位形式实施危害计算机信息系统安全犯罪，达到本解释规定的定罪量刑标准的，应当依照刑法第二百八十五条、第二百八十六条的规定追究直接负责的主管人员和其他直接责任人员的刑事责任。

第十一条（第1款） 本解释所称"计算机信息系统"和"计算机系统"，是指具备

· 527 ·

自动处理数据功能的系统,包括计算机、网络设备、通信设备、自动化控制设备等。

7 共同犯罪

★最高人民法院、最高人民检察院《关于办理危害计算机信息系统安全刑事案件应用法律若干问题的解释》(2011年9月1日)(节录)

第九条 明知他人实施刑法第二百八十五条、第二百八十六条规定的行为,具有下列情形之一的,应当认定为共同犯罪,依照刑法第二百八十五条、第二百八十六条的规定处罚:

(一)为其提供用于破坏计算机信息系统功能、数据或者应用程序的程序、工具,违法所得五千元以上或者提供十人次以上的;

(二)为其提供互联网接入、服务器托管、网络存储空间、通讯传输通道、费用结算、交易服务、广告服务、技术培训、技术支持等帮助,违法所得五千元以上的;

(三)通过委托推广软件、投放广告等方式向其提供资金五千元以上的。

实施前款规定行为,数量或者数额达到前款规定标准五倍以上的,应当认定为刑法第二百八十五条、第二百八十六条规定的"情节特别严重"或者"后果特别严重"。

第十一条(第1款) 本解释所称"计算机信息系统"和"计算机系统",是指具备自动处理数据功能的系统,包括计算机、网络设备、通信设备、自动化控制设备等。

8 一罪与数罪

★最高人民法院《关于审理危害军事通信刑事案件具体应用法律若干问题的解释》(2007年6月29日)(节录)

第六条(第3款) 违反国家规定,侵入国防建设、尖端科学技术领域的军事通信计算机信息系统,尚未对军事通信造成破坏的,依照刑法第二百八十五条的规定定罪处罚;对军事通信造成破坏,同时构成刑法第二百八十五条、第二百八十六条、第三百六十九条第一款规定的犯罪的,依照处罚较重的规定定罪处罚。

第二百八十六条【破坏计算机信息系统罪】 违反国家规定,对计算机信息系统功能进行删除、修改、增加、干扰,造成计算机信息系统不能正常运行,后果严重的,处五年以下有期徒刑或者拘役;后果特别严重的,处五年以上有期徒刑。

违反国家规定,对计算机信息系统中存储、处理或者传输的数据和应用程序进行删除、修改、增加的操作,后果严重的,依照前款的规定处罚。

故意制作、传播计算机病毒等破坏性程序,影响计算机系统正常运行,后果严重的,依照第一款的规定处罚。

单位犯前三款罪的,对单位判处罚金,并对其直接负责的主管人员和其他直接责任人员,依照第一款的规定处罚。[①]

关联法条:第九十六条

[①] 本条第四款系2015年8月29日《刑法修正案(九)》第二十七条增设。

定　罪

1 "违反国家规定"的认定

★公安部《关于对破坏未联网的微型计算机信息系统是否适用〈刑法〉第286条的请示的批复》（1998年11月25日）（节录）

《刑法》第286条中的"违反国家规定"是指包括《中华人民共和国计算机信息系统安全保护条例》（以下简称《条例》）在内的有关行政法规、部门规章的规定。《条例》第5条第2款规定的"未联网的微型计算机的安全保护办法，另行规定"，主要是考虑到未联入网络的单台微型计算机系统所处环境和使用情况比较复杂，且基本无安全功能，需针对这些特点另外制定相应的安全管理措施。然而，未联网的计算机信息系统也属计算机信息系统，《条例》第2、3、7条的安全保护原则、规定，对未联网的微型计算机系统完全适用。因此破坏未联网的微型计算机信息系统适用《刑法》第286条。

2 第一款、第二款"后果严重"、"后果特别严重"的认定

★最高人民法院、最高人民检察院《关于办理危害计算机信息系统安全刑事案件应用法律若干问题的解释》（2011年9月1日）（节录）

第四条　破坏计算机信息系统功能、数据或者应用程序，具有下列情形之一的，应当认定为刑法第二百八十六条第一款和第二款规定的"后果严重"：

（一）造成十台以上计算机信息系统的主要软件或者硬件不能正常运行的；

（二）对二十台以上计算机信息系统中存储、处理或者传输的数据进行删除、修改、增加操作的；

（三）违法所得五千元以上或者造成经济损失一万元以上的；

（四）造成为一百台以上计算机信息系统提供域名解析、身份认证、计费等基础服务或者为一万以上用户提供服务的计算机信息系统不能正常运行累计一小时以上的；

（五）造成其他严重后果的。

实施前款规定行为，具有下列情形之一的，应当认定为破坏计算机信息系统"后果特别严重"：

（一）数量或者数额达到前款第（一）项至第（三）项规定标准五倍以上的；

（二）造成为五百台以上计算机信息系统提供域名解析、身份认证、计费等基础服务或者为五万以上用户提供服务的计算机信息系统不能正常运行累计一小时以上的；

（三）破坏国家机关或者金融、电信、交通、教育、医疗、能源等领域提供公共服务的计算机信息系统的功能、数据或者应用程序，致使生产、生活受到严重影响或者造成恶劣社会影响的；

（四）造成其他特别严重后果的。

第十一条　本解释所称"计算机信息系统"和"计算机系统"，是指具备自动处理数据功能的系统，包括计算机、网络设备、通信设备、自动化控制设备等。

本解释所称"身份认证信息"，是指用于确认用户在计算机信息系统上操作权限的数据，包括账号、口令、密码、数字证书等。

本解释所称"经济损失"，包括危害计算机信息系统犯罪行为给用户直接造成的经济损失，以及用户为恢复数据、功能而支出的必要费用。

3 第三款"计算机病毒等破坏性程序"的认定

★最高人民法院、最高人民检察院《关于办理危害计算机信息系统安全刑事案件应用法律若干问题的解释》(2011年9月1日)(节录)

第五条 具有下列情形之一的程序,应当认定为刑法第二百八十六条第三款规定的"计算机病毒等破坏性程序":

(一)能够通过网络、存储介质、文件等媒介,将自身的部分、全部或者变种进行复制、传播,并破坏计算机系统功能、数据或者应用程序的;

(二)能够在预先设定条件下自动触发,并破坏计算机系统功能、数据或者应用程序的;

(三)其他专门设计用于破坏计算机系统功能、数据或者应用程序的程序。

第十一条(第1款) 本解释所称"计算机信息系统"和"计算机系统",是指具备自动处理数据功能的系统,包括计算机、网络设备、通信设备、自动化控制设备等。

4 第三款"后果严重"、"后果特别严重"的认定

★最高人民法院、最高人民检察院《关于办理危害计算机信息系统安全刑事案件应用法律若干问题的解释》(2011年9月1日)(节录)

第六条 故意制作、传播计算机病毒等破坏性程序,影响计算机系统正常运行,具有下列情形之一的,应当认定为刑法第二百八十六条第三款规定的"后果严重":

(一)制作、提供、传输第五条第(一)项规定的程序,导致该程序通过网络、存储介质、文件等媒介传播的;

(二)造成二十台以上计算机系统被植入第五条第(二)、(三)项规定的程序的;

(三)提供计算机病毒等破坏性程序十人次以上的;

(四)违法所得五千元以上或者造成经济损失一万元以上的;

(五)造成其他严重后果的。

实施前款规定行为,具有下列情形之一的,应当认定为破坏计算机信息系统"后果特别严重":

(一)制作、提供、传输第五条第(一)项规定的程序,导致该程序通过网络、存储介质、文件等媒介传播,致使生产、生活受到严重影响或者造成恶劣社会影响的;

(二)数量或者数额达到前款第(二)项至第(四)项规定标准五倍以上的;

(三)造成其他特别严重后果的。

第十一条 本解释所称"计算机信息系统"和"计算机系统",是指具备自动处理数据功能的系统,包括计算机、网络设备、通信设备、自动化控制设备等。

本解释所称"身份认证信息",是指用于确认用户在计算机信息系统上操作权限的数据,包括账号、口令、密码、数字证书等。

本解释所称"经济损失",包括危害计算机信息系统犯罪行为给用户直接造成的经济损失,以及用户为恢复数据、功能而支出的必要费用。

5 第四款"计算机病毒等破坏性程序"的认定

★最高人民法院、最高人民检察院《关于办理危害计算机信息系统安全刑事案件应用法律若干问题的解释》(2011年9月1日)(节录)

第十条 对于是否属于刑法第二百八十五条、第二百八十六条规定的"国家事务、国防

第六章 妨害社会管理秩序罪·第一节 扰乱公共秩序罪

建设、尖端科学技术领域的计算机信息系统"、"专门用于侵入、非法控制计算机信息系统的程序、工具"、"计算机病毒等破坏性程序"难以确定的,应当委托省级以上负责计算机信息系统安全保护管理工作的部门检验。司法机关根据检验结论,并结合案件具体情况认定。

6 以单位名义、形式实施危害计算机信息系统安全犯罪行为的处罚

★最高人民法院、最高人民检察院《关于办理危害计算机信息系统安全刑事案件应用法律若干问题的解释》(2011年9月1日)(节录)

第八条 以单位名义或者单位形式实施危害计算机信息系统安全犯罪,达到本解释规定的定罪量刑标准的,应当依照刑法第二百八十五条、第二百八十六条的规定追究直接负责的主管人员和其他直接责任人员的刑事责任。

第十一条(第1款) 本解释所称"计算机信息系统"和"计算机系统",是指具备自动处理数据功能的系统,包括计算机、网络设备、通信设备、自动化控制设备等。

7 破坏环境质量计算机信息监测系统行为的处罚

★最高人民法院、最高人民检察院《关于办理环境污染刑事案件适用法律若干问题的解释》(2017年1月1日)(节录)

第十条 违反国家规定,针对环境质量监测系统实施下列行为,或者强令、指使、授意他人实施下列行为的,应当依照刑法第二百八十六条的规定,以破坏计算机信息系统罪论处:

(一)修改参数或者监测数据的;

(二)干扰采样,致使监测数据严重失真的;

(三)其他破坏环境质量监测系统的行为。

重点排污单位篡改、伪造自动监测数据或者干扰自动监测设施,排放化学需氧量、氨氮、二氧化硫、氮氧化物等污染物,同时构成污染环境罪和破坏计算机信息系统罪的,依照处罚较重的规定定罪处罚。

从事环境监测设施维护、运营的人员实施或者参与实施篡改、伪造自动监测数据、干扰自动监测设施、破坏环境质量监测系统等行为的,应当从重处罚。

8 共同犯罪

(参见第二百八十五条:【定罪】: 7. 共同犯罪, P528)

9 一罪与数罪

(参见第二百八十五条:【定罪】: 8. 一罪与数罪, P528)

10 其他法律规定

★全国人民代表大会常务委员会《关于维护互联网安全的决定》(2000年12月28日)(节录)

一、为了保障互联网的运行安全,对有下列行为之一,构成犯罪的,依照刑法有关规定追究刑事责任:

(二)故意制作、传播计算机病毒等破坏性程序,攻击计算机系统及通信网络,致使计算机系统及通信网络遭受损害;

(三)违反国家规定,擅自中断计算机网络或者通信服务,造成计算机网络或者通信系统不能正常运行。

第二编 分　　则

第二百八十六条之一①【拒不履行信息网络安全管理义务罪】网络服务提供者不履行法律、行政法规规定的信息网络安全管理义务，经监管部门责令采取改正措施而拒不改正，有下列情形之一的，处三年以下有期徒刑、拘役或者管制，并处或者单处罚金：

（一）致使违法信息大量传播的；

（二）致使用户信息泄露，造成严重后果的；

（三）致使刑事案件证据灭失，情节严重的；

（四）有其他严重情节的。

单位犯前款罪的，对单位判处罚金，并对其直接负责的主管人员和其他直接责任人员，依照前款的规定处罚。

有前两款行为，同时构成其他犯罪的，依照处罚较重的规定定罪处罚。

第二百八十七条【利用计算机实施犯罪的提示性规定】利用计算机实施金融诈骗、盗窃、贪污、挪用公款、窃取国家秘密或者其他犯罪的，依照本法有关规定定罪处罚。

第二百八十七条之一②【非法利用信息网络罪】利用信息网络实施下列行为之一，情节严重的，处三年以下有期徒刑或者拘役，并处或者单处罚金：

（一）设立用于实施诈骗、传授犯罪方法、制作或者销售违禁物品、管制物品等违法犯罪活动的网站、通讯群组的；

（二）发布有关制作或者销售毒品、枪支、淫秽物品等违禁物品、管制物品或者其他违法犯罪信息的；

（三）为实施诈骗等违法犯罪活动发布信息的。

单位犯前款罪的，对单位判处罚金，并对其直接负责的主管人员和其他直接责任人员，依照第一款的规定处罚。

有前两款行为，同时构成其他犯罪的，依照处罚较重的规定定罪处罚。

━━━━◆ 定　　罪 ◆━━━━

1 开设"涉毒"网站、通讯群组，或者网络发布"涉毒"信息，情节严重行为的定性

★最高人民法院《关于审理毒品犯罪案件适用法律若干问题的解释》（2016年4月11日）（节录）

第十四条（第1款）　利用信息网络，设立用于实施传授制造毒品、非法生产制毒物

---

① 本条系2015年8月29日《刑法修正案（九）》第二十八条增设。

② 本条系2015年8月29日《刑法修正案（九）》第二十九条增设。

第六章 妨害社会管理秩序罪·第一节 扰乱公共秩序罪

品的方法，贩卖毒品，非法买卖制毒物品或者组织他人吸食、注射毒品等违法犯罪活动的网站、通讯群组，或者发布实施前述违法犯罪活动的信息，情节严重的，应当依照刑法第二百八十七条之一的规定，以非法利用信息网络罪定罪处罚。

2 一罪与数罪

★最高人民法院《关于审理毒品犯罪案件适用法律若干问题的解释》（2016 年 4 月 11 日）（节录）

第十四条（第2款） 实施刑法第二百八十七条之一、第二百八十七条之二规定的行为，同时构成贩卖毒品罪、非法买卖制毒物品罪、传授犯罪方法罪等犯罪的，依照处罚较重的规定定罪处罚。

第二百八十七条之二① 【帮助信息网络犯罪活动罪】明知他人利用信息网络实施犯罪，为其犯罪提供互联网接入、服务器托管、网络存储、通讯传输等技术支持，或者提供广告推广、支付结算等帮助，情节严重的，处三年以下有期徒刑或者拘役，并处或者单处罚金。

单位犯前款罪的，对单位判处罚金，并对其直接负责的主管人员和其他直接责任人员，依照第一款的规定处罚。

有前两款行为，同时构成其他犯罪的，依照处罚较重的规定定罪处罚。

◆ 定 罪 ◆

1 一罪与数罪

（参见第二百八十七条之一：【定罪】：2. 一罪与数罪，P533）

第二百八十八条【扰乱无线电通讯管理秩序罪】 违反国家规定，擅自设置、使用无线电台（站），或者擅自使用无线电频率，干扰无线电通讯秩序，情节严重的，处三年以下有期徒刑、拘役或者管制，并处或者单处罚金；情节特别严重的，处三年以上七年以下有期徒刑，并处罚金。②

单位犯前款罪的，对单位判处罚金，并对其直接负责的主管人员和其他直接责任人员，依照前款的规定处罚。

关联法条：第九十六条

◆ 定 罪 ◆

1 一罪与数罪

★最高人民法院《关于审理扰乱电信市场管理秩序案件具体应用法律若干问题的解释》（2000 年 5 月 24 日）（节录）

---

① 本条系 2015 年 8 月 29 日《刑法修正案（九）》第二十九条增设。
② 2015 年 8 月 29 日《刑法修正案（九）》第三十条修订了本条第一款。

第五条 违反国家规定，擅自设置、使用无线电台（站），或者擅自占用频率，非法经营国际电信业务或者涉港澳台电信业务进行营利活动，同时构成非法经营罪和刑法第二百八十八条规定的扰乱无线电通讯管理秩序罪的，依照处罚较重的规定定罪处罚。

★最高人民法院《关于审理危害军事通信刑事案件具体应用法律若干问题的解释》（2007年6月29日）（节录）

第六条（第4款） 违反国家规定，擅自设置、使用无线电台、站，或者擅自占用频率，经责令停止使用后拒不停止使用，干扰无线电通讯正常进行，构成犯罪的，依照刑法第二百八十八条的规定定罪处罚；造成军事通信中断或者严重障碍，同时构成刑法第二百八十八条、第三百六十九条第一款规定的犯罪的，依照处罚较重的规定定罪处罚。

第二百八十九条【对聚众"打砸抢"定罪处刑的规定】 聚众"打砸抢"，致人伤残、死亡的，依照本法第二百三十四条、第二百三十二条的规定定罪处罚。毁坏或者抢走公私财物的，除判令退赔外，对首要分子，依照本法第二百六十三条的规定定罪处罚。

◆ 定　　罪 ◆

▶ **在防控突发传染病疫情等灾害期间，聚众"打砸抢"行为的处罚**

★最高人民法院、最高人民检察院《关于办理妨害预防、控制突发传染病疫情等灾害的刑事案件具体应用法律若干问题的解释》（2003年5月15日）（节录）

第九条 在预防、控制突发传染病疫情等灾害期间，聚众"打砸抢"，致人伤残、死亡的，依照刑法第二百八十九条、第二百三十四条、第二百三十二条的规定，以故意伤害罪或者故意杀人罪定罪，依法从重处罚。对毁坏或者抢走公私财物的首要分子，依照刑法第二百八十九条、第二百六十三条的规定，以抢劫罪定罪，依法从重处罚。

第二百九十条[①]**【聚众扰乱社会秩序罪】** 聚众扰乱社会秩序，情节严重，致使工作、生产、营业和教学、科研、医疗无法进行，造成严重损失的，对首要分子，处三年以上七年以下有期徒刑；对其他积极参加的，处三年以下有期徒刑、拘役、管制或者剥夺政治权利。

【聚众冲击国家机关罪】 聚众冲击国家机关，致使国家机关工作无法进行，造成严重损失的，对首要分子，处五年以上十年以下有期徒刑；对其他积极参加的，处五年以下有期徒刑、拘役、管制或者剥夺政治权利。

【扰乱国家机关工作秩序罪】 多次扰乱国家机关工作秩序，经行政处罚后仍不改正，造成严重后果的，处三年以下有期徒刑、拘役或者管制。

【组织、资助非法聚集罪】 多次组织、资助他人非法聚集，扰乱社会秩序，情节严重的，依照前款的规定处罚。

---

① 2015年8月29日《刑法修正案（九）》第三十一条增设了本条第一款中的"医疗"二字，增设了第三款、第四款。

第六章 妨害社会管理秩序罪·第一节 扰乱公共秩序罪

▶ 定　罪 ◀

① 在医疗机构设灵堂、挂横幅、堵大门、违规停尸等扰乱社会秩序行为的处理

★最高人民法院、最高人民检察院、公安部、司法部、国家卫生和计划生育委员会《关于依法惩处涉医违法犯罪维护正常医疗秩序的意见》（2014年4月22日）（节录）

二、严格依法惩处涉医违法犯罪

（二）在医疗机构私设灵堂、摆放花圈、焚烧纸钱、悬挂横幅、堵塞大门或者以其他方式扰乱医疗秩序，尚未造成严重损失，经劝说、警告无效的，要依法驱散，对拒不服从的人员要依法带离现场，依照治安管理处罚法第二十三条的规定处罚；聚众实施的，对首要分子和其他积极参加者依法予以治安处罚；造成严重损失或者扰乱其他公共秩序情节严重，构成寻衅滋事罪、聚众扰乱社会秩序罪、聚众扰乱公共场所秩序、交通秩序罪的，依照刑法的有关规定定罪处罚。

在医疗机构的病房、抢救室、重症监护室等场所及医疗机构的公共开放区域违规停放尸体，影响医疗秩序，经劝说、警告无效的，依照治安管理处罚法第六十五条的规定处罚；严重扰乱医疗秩序或其他公共秩序，构成犯罪的，依照前款的规定定罪处罚。

第二百九十一条【聚众扰乱公共场所秩序、交通秩序罪】聚众扰乱车站、码头、民用航空站、商场、公园、影剧院、展览会、运动场或者其他公共场所秩序，聚众堵塞交通或者破坏交通秩序，抗拒、阻碍国家治安管理工作人员依法执行职务，情节严重的，对首要分子，处五年以下有期徒刑、拘役或者管制。

▶ 定　罪 ◀

① 在医疗机构设灵堂、挂横幅、堵大门、违规停尸等扰乱公共场所秩序、交通秩序行为的处理

（参见第二百九十条：【定罪】：1. 在医疗机构设灵堂、挂横幅、堵大门、违规停尸等扰乱社会秩序行为的处理，P535）

第二百九十一条之一①【投放虚假危险物质罪】【编造、故意传播虚假恐怖信息罪】投放虚假的爆炸性、毒害性、放射性、传染病病原体等物质，或者编造爆炸威胁、生化威胁、放射威胁等恐怖信息，或者明知是编造的恐怖信息而故意传播，严重扰乱社会秩序的，处五年以下有期徒刑、拘役或者管制；造成严重后果的，处五年以上有期徒刑。

【编造、故意传播虚假信息罪】编造虚假的险情、疫情、灾情、警情，在信息网络或者其他媒体上传播，或者明知是上述虚假信息，故意在信息网络或者其他媒体上传播，严重扰乱社会秩序的，处三年以下有期徒刑、拘役或者管制；造成严重后果的，处三年以上七年以下有期徒刑。

---

① 2015年8月29日《刑法修正案（九）》对本条进行了修订，并增设了第2款。

定 罪

1 "严重扰乱社会秩序"的认定

★最高人民法院《关于审理编造、故意传播虚假恐怖信息刑事案件适用法律若干问题的解释》（2013年9月30日）（节录）

第二条 编造、故意传播虚假恐怖信息，具有下列情形之一的，应当认定为刑法第二百九十一条之一的"严重扰乱社会秩序"：

（一）致使机场、车站、码头、商场、影剧院、运动场馆等人员密集场所秩序混乱，或者采取紧急疏散措施的；

（二）影响航空器、列车、船舶等大型客运交通工具正常运行的；

（三）致使国家机关、学校、医院、厂矿企业等单位的工作、生产、经营、教学、科研等活动中断的；

（四）造成行政村或者社区居民生活秩序严重混乱的；

（五）致使公安、武警、消防、卫生检疫等职能部门采取紧急应对措施的；

（六）其他严重扰乱社会秩序的。

第六条 本解释所称的"虚假恐怖信息"，是指以发生爆炸威胁、生化威胁、放射威胁、劫持航空器威胁、重大灾情、重大疫情等严重威胁公共安全的事件为内容，可能引起社会恐慌或者公共安全危机的不真实信息。

★最高人民检察院《关于印发第三批指导性案例的通知》（2013年5月27日）（节录）

卫学臣编造虚假恐怖信息案（检例第10号）

要旨：关于编造虚假恐怖信息造成"严重扰乱社会秩序"的认定，应当结合行为对正常的工作、生产、生活、经营、教学、科研等秩序的影响程度、对公众造成的恐慌程度以及处置情况等因素进行综合分析判断。对于编造、故意传播虚假恐怖信息威胁民航安全，引起公众恐慌，或者致使航班无法正常起降的，应当认定为"严重扰乱社会秩序"。

2 "造成严重后果"的认定

★最高人民法院《关于审理编造、故意传播虚假恐怖信息刑事案件适用法律若干问题的解释》（2013年9月30日）（节录）

第四条 编造、故意传播虚假恐怖信息，严重扰乱社会秩序，具有下列情形之一的，应当认定为刑法第二百九十一条之一的"造成严重后果"，处五年以上有期徒刑：

（一）造成三人以上轻伤或者一人以上重伤的；

（二）造成直接经济损失五十万元以上的；

（三）造成县级以上区域范围居民生活秩序严重混乱的；

（四）妨碍国家重大活动进行的；

（五）造成其他严重后果的。

第六条 本解释所称的"虚假恐怖信息"，是指以发生爆炸威胁、生化威胁、放射威胁、劫持航空器威胁、重大灾情、重大疫情等严重威胁公共安全的事件为内容，可能引起社会恐慌或者公共安全危机的不真实信息。

★最高人民检察院《关于印发第三批指导性案例的通知》（2013年5月27日）（节录）

袁才彦编造虚假恐怖信息案（检例第 11 号）

要旨：对于编造虚假恐怖信息造成有关部门实施人员疏散，引起公众极度恐慌的，或者致使相关单位无法正常营业，造成重大经济损失的，应当认定为"造成严重后果"。

以编造虚假恐怖信息的方式，实施敲诈勒索等其他犯罪的，应当根据案件事实和证据情况，择一重罪处断。

▶3 **编造并传播恐怖信息，或者故意传播虚假恐怖信息行为的定性**

★最高人民法院《关于审理编造、故意传播虚假恐怖信息刑事案件适用法律若干问题的解释》（2013 年 9 月 30 日）（节录）

第一条　编造恐怖信息，传播或者放任传播，严重扰乱社会秩序的，依照刑法第二百九十一条之一的规定，应认定为编造虚假恐怖信息罪。

明知是他人编造的恐怖信息而故意传播，严重扰乱社会秩序的，依照刑法第二百九十一条之一的规定，应认定为故意传播虚假恐怖信息罪。

▶4 **编造突发传染病疫情类恐怖信息，或者明知是此类信息而故意传播行为的定性**

★最高人民法院、最高人民检察院《关于办理妨害预防、控制突发传染病疫情等灾害的刑事案件具体应用法律若干问题的解释》（2003 年 5 月 15 日）（节录）

第十条（第 1 款）　编造与突发传染病疫情等灾害有关的恐怖信息，或者明知是编造的此类恐怖信息而故意传播，严重扰乱社会秩序的，依照刑法第二百九十一条之一的规定，以编造、故意传播虚假恐怖信息罪定罪处罚。

▶5 **编造、故意传播虚假恐怖信息妨害民航正常飞行行为的定性**

★最高人民检察院《关于依法严厉打击编造、故意传播虚假恐怖信息威胁民航飞行安全犯罪活动的通知》（2013 年 5 月 31 日）（节录）

二、准确把握犯罪构成要件，确保从重打击。根据刑法第 291 条之一的有关规定，编造虚假恐怖信息并向特定对象散布，严重扰乱社会秩序的，即构成编造虚假恐怖信息罪。编造虚假恐怖信息以后向不特定对象散布，严重扰乱社会秩序的，构成编造、故意传播虚假恐怖信息罪。对于编造、故意传播虚假恐怖信息，引起公众恐慌，或者致使航班无法正常起降，破坏民航正常运输秩序的，应当认定为"严重扰乱社会秩序"……

▶6 **一罪与数罪**

★最高人民法院、最高人民检察院《关于办理利用信息网络实施诽谤等刑事案件适用法律若干问题的解释》（2013 年 9 月 10 日）（节录）

第九条　利用信息网络实施诽谤、寻衅滋事、敲诈勒索、非法经营犯罪，同时又构成刑法第二百二十一条规定的损害商业信誉、商品声誉罪，第二百七十八条规定的煽动暴力抗拒法律实施罪，第二百九十一条之一规定的编造、故意传播虚假恐怖信息罪等犯罪的，依照处罚较重的规定定罪处罚。

★最高人民法院《关于审理编造、故意传播虚假恐怖信息刑事案件适用法律若干问题的解释》（2013 年 9 月 30 日）（节录）

第五条　编造、故意传播虚假恐怖信息，严重扰乱社会秩序，同时又构成其他犯罪的，择一重罪处罚。

第六条 本解释所称的"虚假恐怖信息",是指以发生爆炸威胁、生化威胁、放射威胁、劫持航空器威胁、重大灾情、重大疫情等严重威胁公共安全的事件为内容,可能引起社会恐慌或者公共安全危机的不真实信息。

★最高人民法院、最高人民检察院、公安部《关于办理暴力恐怖和宗教极端刑事案件适用法律若干问题的意见》(2014年9月9日)(节录)

二、准确认定案件性质

(五)编造以发生爆炸威胁、生化威胁、放射威胁、劫持航空器威胁、重大灾情、重大疫情等严重威胁公共安全的事件为内容的虚假恐怖信息,或者明知是虚假恐怖信息而故意传播、散布,严重扰乱社会秩序的,以编造、故意传播虚假恐怖信息罪定罪处罚。

编造虚假信息,或者明知是编造的虚假信息,在信息网络上散布,或者组织、指使他人在信息网络上散布,造成公共秩序严重混乱,同时构成寻衅滋事罪和编造、故意传播虚假恐怖信息罪的,依照处罚较重的规定定罪处罚。①

▶ 7 此罪与彼罪

★最高人民检察院《关于印发第三批指导性案例的通知》(2013年5月27日)(节录)

李泽强编造、故意传播虚假恐怖信息案(检例第9号)

要旨:编造、故意传播虚假恐怖信息罪是选择性罪名。编造恐怖信息以后向特定对象散布,严重扰乱社会秩序的,构成编造虚假恐怖信息罪。编造恐怖信息以后向不特定对象散布,严重扰乱社会秩序的,构成编造、故意传播虚假恐怖信息罪。

对于实施数个编造、故意传播虚假恐怖信息行为的,不实行数罪并罚,但应当将其作为量刑情节予以考虑。

◆ 量 刑 ◆

▶ 1 酌情从重处罚

★最高人民法院《关于审理编造、故意传播虚假恐怖信息刑事案件适用法律若干问题的解释》(2013年9月30日)(节录)

第三条 编造、故意传播虚假恐怖信息,严重扰乱社会秩序,具有下列情形之一的,应当依照刑法第二百九十一条之一的规定,在五年以下有期徒刑范围内酌情从重处罚:

(一)致使航班备降或返航;或者致使列车、船舶等大型客运交通工具中断运行的;

(二)多次编造、故意传播虚假恐怖信息的;

(三)造成直接经济损失二十万元以上的;

(四)造成乡镇、街道区域范围居民生活秩序严重混乱的;

(五)具有其他酌情从重处罚情节的。

第六条 本解释所称的"虚假恐怖信息",是指以发生爆炸威胁、生化威胁、放射威胁、劫持航空器威胁、重大灾情、重大疫情等严重威胁公共安全的事件为内容,可能引起社会恐慌或者公共安全危机的不真实信息。

---

① 注意该款与《刑法》第二百九十条之一第二款结合适用。

第六章 妨害社会管理秩序罪·第一节 扰乱公共秩序罪

第二百九十二条【聚众斗殴罪】 聚众斗殴的,对首要分子和其他积极参加的,处三年以下有期徒刑、拘役或者管制;有下列情形之一的,对首要分子和其他积极参加的,处三年以上十年以下有期徒刑:

(一)多次聚众斗殴的;
(二)聚众斗殴人数多,规模大,社会影响恶劣的;
(三)在公共场所或者交通要道聚众斗殴,造成社会秩序严重混乱的;
(四)持械聚众斗殴的。

【故意伤害罪】【故意杀人罪】 聚众斗殴,致人重伤、死亡的,依照本法第二百三十四条、第二百三十二条的规定定罪处罚。

◀ 立案追诉标准 ▶

★最高人民检察院、公安部《关于公安机关管辖的刑事案件立案追诉标准的规定(一)》(2008年6月25日)(节录)

第三十六条 [聚众斗殴案(刑法第二百九十二条第一款)] 组织、策划、指挥或者积极参加聚众斗殴的,应予立案追诉。

◀ 定 罪 ▶

▶ **1 法律效果与社会效果的有机统一**

★最高人民检察院《关于印发第一批指导性案例的通知》(2010年12月31日)(节录)
施某等17人聚众斗殴案(检例第1号)

要旨:检察机关办理群体性事件引发的犯罪案件,要从促进社会矛盾化解的角度,深入了解案件背后的各种复杂因素,依法慎重处理,积极参与调处矛盾纠纷,以促进社会和谐,实现法律效果与社会效果的有机统一。

◀ 量 刑 ▶

▶ **1 量刑起点、基准刑的确定**

★最高人民法院《关于常见犯罪的量刑指导意见》(2014年1月1日)(节录)

四、常见犯罪的量刑
(十二)聚众斗殴罪
1. 构成聚众斗殴罪的,可以根据下列不同情形在相应的幅度内确定量刑起点:
(1)犯罪情节一般的,可以在二年以下有期徒刑、拘役幅度内确定量刑起点。
(2)有下列情形之一的,可以在三年至五年有期徒刑幅度内确定量刑起点:聚众斗殴三次的;聚众斗殴人数多,规模大,社会影响恶劣的;在公共场所或者交通要道聚众斗殴,造成社会秩序严重混乱的;持械聚众斗殴的。
2. 在量刑起点的基础上,可以根据聚众斗殴人数、次数、手段严重程度等其他影响犯罪构成的犯罪事实增加刑罚量,确定基准刑。

▶ **2 应当依法支持参加聚众斗殴受伤亡的人或其家属提出的民事赔偿请求**

★最高人民法院研究室《关于对参加聚众斗殴受重伤或者死亡的人及其家属提出的民事赔偿请求能否予以支持问题的答复》(2004年11月11日)(节录)

· 539 ·

根据《刑法》第二百九十二条第一款的规定，聚众斗殴的参加者，无论是否首要分子，均明知自己的行为有可能产生伤害他人以及自己被他人的行为伤害的后果，其仍然参加聚众斗殴的，应当自行承担相应的刑事和民事责任。根据《刑法》第二百九十二条第二款的规定，对于参加聚众斗殴，造成他人重伤或者死亡的，行为性质发生变化，应认定为故意伤害罪或者故意杀人罪。聚众斗殴中受重伤或者死亡的人，既是故意伤害罪或者故意杀人罪的受害人，又是聚众斗殴犯罪的行为人。对于参加聚众斗殴受重伤或者死亡的人或其家属提出的民事赔偿请求，依法应予支持，并适用混合过错责任原则。

第二百九十三条【寻衅滋事罪】 有下列寻衅滋事行为之一，破坏社会秩序的，处五年以下有期徒刑、拘役或者管制：

（一）随意殴打他人，情节恶劣的；

（二）追逐、拦截、辱骂、恐吓他人，情节恶劣的；

（三）强拿硬要或者任意损毁、占用公私财物，情节严重的；

（四）在公共场所起哄闹事，造成公共场所秩序严重混乱的。

纠集他人多次实施前款行为，严重破坏社会秩序的，处五年以上十年以下有期徒刑，可以并处罚金。

◢ 立案追诉标准 ◣

★最高人民检察院、公安部《关于公安机关管辖的刑事案件立案追诉标准的规定（一）》（2008年6月25日）（节录）

第三十七条 [寻衅滋事案（刑法第二百九十三条）] 寻衅滋事，破坏社会秩序，涉嫌下列情形之一的，应予立案追诉：

（一）随意殴打他人造成他人身体伤害、持械随意殴打他人或者具有其他恶劣情节的；

（二）追逐、拦截、辱骂他人，严重影响他人正常工作、生产、生活，或者造成他人精神失常、自杀或者具有其他恶劣情节的；

（三）强拿硬要或者任意损毁、占用公私财物价值二千元以上，强拿硬要或者任意损毁、占用公私财物三次以上或者具有其他严重情节的；

（四）在公共场所起哄闹事，造成公共场所秩序严重混乱的。

◢ 定　　罪 ◣

▶"寻衅滋事"的认定

★最高人民法院、最高人民检察院《关于办理寻衅滋事刑事案件适用法律若干问题的解释》（2013年7月22日）（节录）

第一条 行为人为寻求刺激、发泄情绪、逞强耍横等，无事生非，实施刑法第二百九十三条规定的行为的，应当认定为"寻衅滋事"。

行为人因日常生活中的偶发矛盾纠纷，借故生非，实施刑法第二百九十三条规定的行为的，应当认定为"寻衅滋事"，但矛盾系由被害人故意引发或者被害人对矛盾激化负主要责任的除外。

行为人因婚恋、家庭、邻里、债务等纠纷，实施殴打、辱骂、恐吓他人或者损毁、占用他人财物等行为的，一般不认定为"寻衅滋事"，但经有关部门批评制止或者处理处罚后,继续实施前列行为,破坏社会秩序的除外。

▶2 第一款第(一)项"情节恶劣"的认定

★最高人民法院、最高人民检察院《关于办理寻衅滋事刑事案件适用法律若干问题的解释》(2013年7月22日)(节录)

第二条　随意殴打他人,破坏社会秩序,具有下列情形之一的,应当认定为刑法第二百九十三条第一款第一项规定的"情节恶劣":

(一)致一人以上轻伤或者二人以上轻微伤的;
(二)引起他人精神失常、自杀等严重后果的;
(三)多次随意殴打他人的;
(四)持凶器随意殴打他人的;
(五)随意殴打精神病人、残疾人、流浪乞讨人员、老年人、孕妇、未成年人,造成恶劣社会影响的;
(六)在公共场所随意殴打他人,造成公共场所秩序严重混乱的;
(七)其他情节恶劣的情形。

▶3 第一款第(二)项"情节恶劣"的认定

★最高人民法院、最高人民检察院《关于办理寻衅滋事刑事案件适用法律若干问题的解释》(2013年7月22日)(节录)

第三条　追逐、拦截、辱骂、恐吓他人,破坏社会秩序,具有下列情形之一的,应当认定为刑法第二百九十三条第一款第二项规定的"情节恶劣":

(一)多次追逐、拦截、辱骂、恐吓他人,造成恶劣社会影响的;
(二)持凶器追逐、拦截、辱骂、恐吓他人的;
(三)追逐、拦截、辱骂、恐吓精神病人、残疾人、流浪乞讨人员、老年人、孕妇、未成年人,造成恶劣社会影响的;
(四)引起他人精神失常、自杀等严重后果的;
(五)严重影响他人的工作、生活、生产、经营的;
(六)其他情节恶劣的情形。

▶4 第一款第(三)项"情节严重"的认定

★最高人民法院、最高人民检察院《关于办理寻衅滋事刑事案件适用法律若干问题的解释》(2013年7月22日)(节录)

第四条　强拿硬要或者任意损毁、占用公私财物,破坏社会秩序,具有下列情形之一的,应当认定为刑法第二百九十三条第一款第三项规定的"情节严重":

(一)强拿硬要公私财物价值一千元以上,或者任意损毁、占用公私财物价值二千元以上的;
(二)多次强拿硬要或者任意损毁、占用公私财物,造成恶劣社会影响的;
(三)强拿硬要或者任意损毁、占用精神病人、残疾人、流浪乞讨人员、老年人、孕妇、未成年人的财物,造成恶劣社会影响的;
(四)引起他人精神失常、自杀等严重后果的;
(五)严重影响他人的工作、生活、生产、经营的;

（六）其他情节严重的情形。

▶5 第一款第（四）项"造成公共场所秩序严重混乱"的判断方法

★最高人民法院、最高人民检察院《关于办理寻衅滋事刑事案件适用法律若干问题的解释》（2013年7月22日）（节录）

第五条 在车站、码头、机场、医院、商场、公园、影剧院、展览会、运动场或者其他公共场所起哄闹事，应当根据公共场所的性质、公共活动的重要程度、公共场所的人数、起哄闹事的时间、公共场所受影响的范围与程度等因素，综合判断是否"造成公共场所秩序严重混乱"。

▶6 网络辱骂、恐吓他人，或者编造、传播虚假信息等行为的定性

★最高人民法院、最高人民检察院《关于办理利用信息网络实施诽谤等刑事案件适用法律若干问题的解释》（2013年9月10日）（节录）

第五条 利用信息网络辱骂、恐吓他人，情节恶劣，破坏社会秩序的，依照刑法第二百九十三条第一款第（二）项的规定，以寻衅滋事罪定罪处罚。

编造虚假信息，或者明知是编造的虚假信息，在信息网络上散布，或者组织、指使人员在信息网络上散布，起哄闹事，造成公共秩序严重混乱的，依照刑法第二百九十三条第一款第（四）项的规定，以寻衅滋事罪定罪处罚。①

第十条 本解释所称信息网络，包括以计算机、电视机、固定电话机、移动电话机等电子设备为终端的计算机互联网、广播电视网、固定通信网、移动通信网等信息网络，以及向公众开放的局域网络。

▶7 纠集他人三次以上寻衅滋事，但未经处理的处罚

★最高人民法院、最高人民检察院《关于办理寻衅滋事刑事案件适用法律若干问题的解释》（2013年7月22日）（节录）

第六条 纠集他人三次以上实施寻衅滋事犯罪，未经处理的，应当依照刑法第二百九十三条第二款的规定处罚。

▶8 涉医类寻衅滋事违法犯罪行为的定罪处罚

★最高人民法院、最高人民检察院、公安部、司法部、国家卫生和计划生育委员会《关于依法惩处涉医违法犯罪维护正常医疗秩序的意见》（2014年04月22日）（节录）

二、严格依法惩处涉医违法犯罪

（一）在医疗机构内殴打医务人员或者故意伤害医务人员身体、故意损毁公私财物，尚未造成严重后果的，分别依照治安管理处罚法第四十三条、第四十九条的规定处罚；故意杀害医务人员，或者故意伤害医务人员造成轻伤以上严重后果，或者随意殴打医务人员情节恶劣、任意损毁公私财物情节严重，构成故意杀人罪、故意伤害罪、故意毁坏财物罪、寻衅滋事罪的，依照刑法的有关规定定罪处罚。

（二）在医疗机构私设灵堂、摆放花圈、焚烧纸钱、悬挂横幅、堵塞大门或者以其他

---

① 注意该款与《刑法》第二百九十一条之一第二款结合适用。

方式扰乱医疗秩序，尚未造成严重损失，经劝说、警告无效的，要依法驱散，对拒不服从的人员要依法带离现场，依照治安管理处罚法第二十三条的规定处罚；聚众实施的，对首要分子和其他积极参加者依法予以治安处罚；造成严重损失或者扰乱其他公共秩序情节严重，构成寻衅滋事罪、聚众扰乱社会秩序罪、聚众扰乱公共场所秩序、交通秩序罪的，依照刑法的有关规定定罪处罚。

在医疗机构的病房、抢救室、重症监护室等场所及医疗机构的公共开放区域违规停放尸体，影响医疗秩序，经劝说、警告无效的，依照治安管理处罚法第六十五条的规定处罚；严重扰乱医疗秩序或者其他公共秩序，构成犯罪的，依照前款的规定定罪处罚。

（四）公然侮辱、恐吓医务人员的，依照治安管理处罚法第四十二条的规定处罚；采取暴力或者其他方法公然侮辱、恐吓医务人员情节严重（恶劣），构成侮辱罪、寻衅滋事罪的，依照刑法的有关规定定罪处罚。

（六）对于故意扩大事态，教唆他人实施针对医疗机构或者医务人员的违法犯罪行为，或者以受他人委托处理医疗纠纷为名实施敲诈勒索、寻衅滋事等行为的，依照治安管理处罚法和刑法的有关规定从严惩处。

9 随意殴打、追逐、拦截、辱骂"异教徒"、"宗教叛徒"行为的定性

★最高人民法院、最高人民检察院、公安部《关于办理暴力恐怖和宗教极端刑事案件适用法律若干问题的意见》（2014年9月9日）（节录）

二、准确认定案件性质

（八）以"异教徒"、"宗教叛徒"等为由，随意殴打、追逐、拦截、辱骂他人，扰乱社会秩序，情节恶劣的，以寻衅滋事罪定罪处罚。

实施前款行为，同时又构成故意伤害罪、妨害公务罪等其他犯罪的，依照处罚较重的规定定罪处罚。

10 未成年人以大欺小、随意殴打他人或强拿硬要，扰乱学校秩序行为的定性

★最高人民法院《关于审理未成年人刑事案件具体应用法律若干问题的解释》（2006年1月23日）（节录）

第八条 已满十六周岁不满十八周岁的人出于以大欺小、以强凌弱或者寻求精神刺激，随意殴打其他未成年人、多次对其他未成年人强拿硬要或者任意损毁公私财物，扰乱学校及其他公共场所秩序，情节严重的，以寻衅滋事罪定罪处罚。

11 共同犯罪

★最高人民法院、最高人民检察院《关于办理利用信息网络实施诽谤等刑事案件适用法律若干问题的解释》（2013年9月10日）（节录）

第八条 明知他人利用信息网络实施诽谤、寻衅滋事、敲诈勒索、非法经营等犯罪，为其提供资金、场所、技术支持等帮助的，以共同犯罪论处。

12 一罪与数罪

★最高人民法院、最高人民检察院《关于办理寻衅滋事刑事案件适用法律若干问题的解释》（2013年7月22日）（节录）

第七条 实施寻衅滋事行为，同时符合寻衅滋事罪和故意杀人罪、故意伤害罪、故意

毁坏财物罪、敲诈勒索罪、抢夺罪、抢劫罪等罪的构成要件的，依照处罚较重的犯罪定罪处罚。

★最高人民法院、最高人民检察院《关于办理利用信息网络实施诽谤等刑事案件适用法律若干问题的解释》（2013年9月10日）（节录）

第九条 利用信息网络实施诽谤、寻衅滋事、敲诈勒索、非法经营犯罪，同时又构成刑法第二百二十一条规定的损害商业信誉、商品声誉罪，第二百七十八条规定的煽动暴力抗拒法律实施罪，第二百九十一条之一规定的编造、故意传播虚假恐怖信息罪等犯罪的，依照处罚较重的规定定罪处罚。

★最高人民法院、最高人民检察院、公安部《关于办理暴力恐怖和宗教极端刑事案件适用法律若干问题的意见》（2014年9月9日）（节录）

二、准确认定案件性质

（五）……编造虚假信息，或者明知是编造的虚假信息，在信息网络上散布，或者组织、指使他人在信息网络上散布，造成公共秩序严重混乱，同时构成寻衅滋事罪和编造、故意传播虚假恐怖信息罪的，依照处罚较重的规定定罪处罚。

此罪与彼罪

★最高人民法院《关于审理抢劫、抢夺刑事案件适用法律若干问题的意见》（2005年6月8日）（节录）

九、关于抢劫罪与相似犯罪的界限

4. 抢劫罪与寻衅滋事罪的界限

寻衅滋事罪是严重扰乱社会秩序的犯罪，行为人实施寻衅滋事的行为时，客观上也可能表现为强拿硬要公私财物的特征。这种强拿硬要的行为与抢劫罪的区别在于：前者行为人主观上还具有逞强好胜和通过强拿硬要来填补其精神空虚等目的，后者行为人一般只具有非法占有他人财物的目的；前者行为人客观上一般不以严重侵犯他人人身权利的方法强拿硬要财物，而后者行为人则以暴力、胁迫等方式作为劫取他人财物的手段。司法实践中，对于未成年人使用或威胁使用轻微暴力强抢少量财物的行为，一般不宜以抢劫罪定罪处罚。其行为符合寻衅滋事罪特征的，可以寻衅滋事罪定罪处罚。

—— 量 刑 ——

量刑起点、基准刑的确定

★最高人民法院《关于常见犯罪的量刑指导意见》（2014年1月1日）（节录）

四、常见犯罪的量刑

（十三）寻衅滋事罪

1. 构成寻衅滋事罪的，可以根据下列不同情形在相应的幅度内确定量刑起点：

（1）寻衅滋事一次的，可以在三年以下有期徒刑、拘役幅度内确定量刑起点。

（2）纠集他人三次寻衅滋事（每次都构成犯罪），严重破坏社会秩序的，可以在五年至七年有期徒刑幅度内确定量刑起点。

2. 在量刑起点的基础上，可以根据寻衅滋事次数、伤害后果、强拿硬要他人财物或任意损毁、占用公私财物数额等其他影响犯罪构成的犯罪事实增加刑罚量，确定基准刑。

2 从重处罚

★ 最高人民法院、最高人民检察院《关于办理妨害预防、控制突发传染病疫情等灾害的刑事案件具体应用法律若干问题的解释》(2003年5月15日)(节录)

第十一条 在预防、控制突发传染病疫情等灾害期间,强拿硬要或者任意损毁、占用公私财物情节严重,或者在公共场所起哄闹事,造成公共场所秩序严重混乱的,依照刑法第二百九十三条的规定,以寻衅滋事罪定罪,依法从重处罚。

3 从轻处罚,不起诉或免予刑事处罚

★最高人民法院、最高人民检察院《关于办理寻衅滋事刑事案件适用法律若干问题的解释》(2013年7月22日)(节录)

第八条 行为人认罪、悔罪,积极赔偿被害人损失或者取得被害人谅解的,可以从轻处罚;犯罪情节轻微的,可以不起诉或者免予刑事处罚。

第二百九十四条【组织、领导、参加黑社会性质组织罪】组织、领导黑社会性质的组织的,处七年以上有期徒刑,并处没收财产;积极参加的,处三年以上七年以下有期徒刑,可以并处罚金或者没收财产;其他参加的,处三年以下有期徒刑、拘役、管制或者剥夺政治权利,可以并处罚金。

【入境发展黑社会组织罪】境外的黑社会组织的人员到中华人民共和国境内发展组织成员的,处三年以上十年以下有期徒刑。

【包庇、纵容黑社会性质组织罪】境外的黑社会组织的人员到中华人民共和国境内发展组织成员的,处三年以上十年以下有期徒刑。国家机关工作人员包庇黑社会性质的组织,或者纵容黑社会性质的组织进行违法犯罪活动的,处五年以下有期徒刑;情节严重的,处五年以上有期徒刑。

犯前三款罪又有其他犯罪行为的,依照数罪并罚的规定处罚。

黑社会性质的组织应当同时具备以下特征:

(一)形成较稳定的犯罪组织,人数较多,有明确的组织者、领导者,骨干成员基本固定;

(二)有组织地通过违法犯罪活动或者其他手段获取经济利益,具有一定的经济实力,以支持该组织的活动;

(三)以暴力、威胁或者其他手段,有组织地多次进行违法犯罪活动,为非作恶,欺压、残害群众;

(四)通过实施违法犯罪活动,或者利用国家工作人员的包庇或者纵容,称霸一方,在一定区域或者行业内,形成非法控制或者重大影响,严重破坏经济、社会生活秩序。

关联法条:第九十三条。

第二编 分 则

定 罪

1. 第二款"发展组织成员"的认定

★最高人民法院《关于审理黑社会性质组织犯罪的案件具体应用法律若干问题的解释》(2000年12月10日)(节录)

第二条 刑法第二百九十四条第二款规定的"发展组织成员",是指将境内、外人员吸收为该黑社会组织成员的行为。对黑社会组织成员进行内部调整等行为,可视为"发展组织成员"。

港、澳、台黑社会组织到内地发展组织成员的,适用刑法第二百九十四条第二款的规定定罪处罚。

2. 第三款"包庇"、"纵容"的认定

★最高人民法院《关于审理黑社会性质组织犯罪的案件具体应用法律若干问题的解释》(2000年12月10日)(节录)

第五条 刑法第二百九十四条第四款规定的"包庇",是指国家机关工作人员为使黑社会性质组织及其成员逃避查禁,而通风报信、隐匿、毁灭、伪造证据,阻止他人作证、检举揭发,指使他人作伪证,帮助逃匿,或者阻挠其他国家机关工作人员依法查禁等行为。

刑法第二百九十四条第四款规定的"纵容",是指国家机关工作人员不依法履行职责,放纵黑社会性质组织进行违法犯罪活动的行为。

3. 第三款"情节严重"的认定

★最高人民法院《关于审理黑社会性质组织犯罪的案件具体应用法律若干问题的解释》(2000年12月10日)(节录)

第六条 国家机关工作人员包庇、纵容黑社会性质的组织,有下列情形之一的,属于刑法第二百九十四条第四款规定的"情节严重":

(一)包庇、纵容黑社会性质组织跨境实施违法犯罪活动的;

(二)包庇、纵容境外黑社会组织在境内实施违法犯罪活动的;

(三)多次实施包庇、纵容行为的;

(四)致使某一区域或者行业的经济、社会生活秩序遭受黑社会性质组织特别严重破坏的;

(五)致使黑社会性质组织的组织者、领导者逃匿,或者致使对黑社会性质组织的查禁工作严重受阻的;

(六)具有其他严重情节的。

4. 是否存在国家机关充当"保护伞"不影响对黑社会性质组织的认定

★最高人民检察院《关于认真贯彻执行全国人大常委会〈关于刑法第二百九十四条第一款的解释〉和〈关于刑法第三百八十四条第一款的解释〉的通知》(2002年5月13日)(节录)

……黑社会性质组织是否有国家工作人员充当"保护伞",即是否要有国家工作人员参与犯罪或者为犯罪活动提供非法保护,不影响黑社会性质组织的认定,对于同时具备《解释》规定的黑社会性质组织四个特征的案件,应依法予以严惩,以体现"打早打小"

的立法精神……

5 黑社会性质组织犯罪的认定

★最高人民法院最、高人民检察院、公安部《办理黑社会性质组织犯罪案件座谈会纪要》（2009年12月9日）（节录）

二、会议认为，自1997年刑法增设黑社会性质组织犯罪的规定以来，全国人大常委会、最高人民法院分别作出了《关于〈中华人民共和国刑法〉第二百九十四条第一款的解释》（以下简称《立法解释》）、《关于审理黑社会性质组织犯罪的案件具体应用法律若干问题的解释》（以下简称《司法解释》），对于指导司法实践发挥了重要作用。但由于黑社会性质组织犯罪的构成要件和所涉及的法律关系较为复杂，在办案过程中对法律规定的理解还不尽相同。为了进一步统一司法标准，会议就实践中争议较大的问题进行了深入研讨，并取得了一致意见：

（一）关于黑社会性质组织的认定

黑社会性质组织必须同时具备《立法解释》中规定的"组织特征"、"经济特征"、"行为特征"和"危害性特征"。由于实践中许多黑社会性质组织并非这"四个特征"都很明显，因此，在具体认定时，应根据立法本意，认真审查、分析黑社会性质组织"四个特征"相互间的内在联系，准确评价涉案犯罪组织所造成的社会危害，确保不枉不纵。

1. 关于组织特征。黑社会性质组织不仅有明确的组织者、领导者，骨干成员基本固定，而且组织结构较为稳定，并有比较明确的层级和职责分工。

当前，一些黑社会性质组织为了增强隐蔽性，往往采取各种手段制造"人员频繁更替、组织结构松散"的假象。因此，在办案时，要特别注意审查组织者、领导者，以及对组织运行、活动起着突出作用的积极参加者等骨干成员是否基本固定、联系是否紧密，不要被其组织形式的表象所左右。

关于组织者、领导者、积极参加者和其他参加者的认定。组织者、领导者，是指黑社会性质组织的发起者、创建者，或者在组织中实际处于领导地位，对整个组织及其运行、活动起着决策、指挥、协调、管理作用的犯罪分子，既包括通过一定形式产生的有明确职务、称谓的组织者、领导者，也包括在黑社会性质组织中被公认的事实上的组织者、领导者；积极参加者，是指接受黑社会性质组织的领导和管理，多次积极参与黑社会性质组织的违法犯罪活动，或者积极参与较严重的黑社会性质组织的犯罪活动且作用突出，以及其他在组织中起重要作用的犯罪分子，如具体主管黑社会性质组织的财务、人员管理等事项的犯罪分子；其他参加者，是指除上述组织成员之外，其他接受黑社会性质组织的领导和管理的犯罪分子。根据《司法解释》第三条第二款的规定，对于参加黑社会性质的组织，没有实施其他违法犯罪活动的，或者受蒙蔽、胁迫参加黑社会性质组织，情节轻微的，可以不作为犯罪处理。

关于黑社会性质组织成员的主观明知问题。在认定黑社会性质组织的成员时，并不要求其主观上认为自己参加的是黑社会性质组织，只要其知道或者应当知道该组织具有一定规模，且是以实施违法犯罪为主要活动的，即可认定。

对于黑社会性质组织存在时间、成员人数及组织纪律等问题的把握。黑社会性质组织一般在短时间内难以形成,而且成员人数较多,但鉴于普通犯罪集团、"恶势力"团伙向黑社会性质组织发展是一个渐进的过程,没有明显的性质转变的节点,故对黑社会性质组织存在时间、成员人数问题不宜作出"一刀切"的规定。对于那些已存在一定时间,且成员人数较多的犯罪组织,在定性时要根据其是否已具备一定的经济实力,是否已在一定区域或行业内形成非法控制或重大影响等情况综合分析判断。此外在通常情况下,黑社会性质组织为了维护自身的安全和稳定,一般会有一些约定俗成的纪律、规约,有些甚至还有明确的规定。因此,具有一定的组织纪律、活动规约,也是认定黑社会性质组织特征时的重要参见依据。

2. 关于经济特征。一定的经济实力是黑社会性质组织坐大成势,称霸一方的基础。由于不同地区的经济发展水平、不同行业的利润空间均存在很大差异,加之黑社会性质组织存在、发展的时间也各有不同,因此,在办案时不能一般性地要求黑社会性质组织所具有的经济实力必须达到特定规模或特定数额。此外,黑社会性质组织的敛财方式也具有多样性。实践中,黑社会性质组织不仅会通过实施赌博、敲诈、贩毒等违法犯罪活动攫取经济利益,而且还往往会通过开办公司、企业等方式"以商养黑"、"以黑护商"。因此,无论其财产是通过非法手段聚敛,还是通过合法的方式获取,只要将其中部分或全部用于违法犯罪活动或者维系犯罪组织的生存、发展即可。

"用于违法犯罪活动或者维系犯罪组织的生存、发展",一般是指购买作案工具、提供作案经费,为受伤、死亡的组织成员提供医疗费、丧葬费,为组织成员及其家属提供工资、奖励、福利、生活费用,为组织寻求非法保护以及其他与实施有组织的违法犯罪活动有关的费用支出等。

3. 关于行为特征。暴力性、胁迫性和有组织性是黑社会性质组织行为方式的主要特征,但有时也会采取一些"其他手段"。

根据司法实践经验,《立法解释》中规定的"其他手段"主要包括:以暴力、威胁为基础,在利用组织势力和影响已对他人形成心理强制或威慑的情况下,进行所谓的"谈判"、"协商"、"调解";滋扰、哄闹、聚众等其他干扰、破坏正常经济、社会生活秩序的非暴力手段。

"黑社会性质组织实施的违法犯罪活动"主要包括以下情形:由组织者、领导者直接组织、策划、指挥、参与实施的违法犯罪活动;由组织成员以组织名义实施,并得到组织者、领导者认可或者默许的违法犯罪活动;多名组织成员为逞强争霸、插手纠纷、报复他人、替人行凶、非法敛财而共同实施,并得到组织者、领导者认可或者默许的违法犯罪活动;组织成员为组织争夺势力范围、排除竞争对手、确立强势地位、谋取经济利益、维护非法权威或者按照组织的纪律、惯例、共同遵守的约定而实施的违法犯罪活动;由黑社会性质组织实施的其他违法犯罪活动。

会议认为,在办案时还应准确理解《立法解释》中关于"多次进行违法犯罪活动"的规定。黑社会性质组织实施犯罪活动过程中,往往伴随着大量的违法活动,对此均应作为黑社会性质组织的违法犯罪事实予以认定。但如果仅实施了违法活动,而没有实施犯罪活动的,则不能认定为黑社会性质组织。此外,"多次进行违法犯罪活动"只是认定黑社会性质组织的必要条件之一，最终能否认定为黑社会性质组织，还要结合危害性特征来加以判断。即使有些案件中的违法犯罪活动已符合"多次"的标准，但根据其性质和严重程度，尚不足以形成非法控制或者重大影响的，也不能认定为黑社会性质组织。

4. 关于危害性特征。称霸一方，在一定区域或者行业内，形成非法控制或者重大影响，从而严重破坏经济、社会生活秩序，是黑社会性质组织的本质特征，也是黑社会性质组织区别于一般犯罪集团的关键所在。

对于"一定区域"的理解和把握。区域的大小具有相对性，且黑社会性质组织非法控制和影响的对象并不是区域本身，而是在一定区域中生活的人，以及该区域内的经济、社会生活秩序。因此，不能简单地要求"一定区域"必须达到某一特定的空间范围，而应当根据具体案情，并结合黑社会性质组织对经济、社会生活秩序的危害程度加以综合分析判断。

对于"一定行业"的理解和把握。黑社会性质组织所控制和影响的行业，既包括合法行业，也包括黄、赌、毒等非法行业。这些行业一般涉及生产、流通、交换、消费等一个或多个市场环节。

通过实施违法犯罪活动，或者利用国家工作人员的包庇、纵容，称霸一方，并具有以下情形之一的，可认定为"在一定区域或者行业内，形成非法控制或者重大影响，严重破坏经济、社会生活秩序"：对在一定区域内生活或者在一定行业内从事生产、经营的群众形成心理强制、威慑，致使合法利益受损的群众不敢举报、控告的；对一定行业的生产、经营形成垄断，或者对涉及一定行业的准入、经营、竞争等经济活动形成重要影响的；插手民间纠纷、经济纠纷，在相关区域或者行业内造成严重影响的；干扰、破坏他人正常生产、经营、生活，并在相关区域或者行业内造成严重影响的；干扰、破坏公司、企业、事业单位及社会团体的正常生产、经营、工作秩序，在相关区域、行业内造成严重影响，或者致使其不能正常生产、经营、工作的；多次干扰、破坏国家机关、行业管理部门以及村委会、居委会等基层群众自治组织的工作秩序，或者致使上述单位、组织的职能不能正常行使的；利用组织的势力、影响，使组织成员获取政治地位，或者在党政机关、基层群众自治组织中担任一定职务的；其他形成非法控制或者重大影响，严重破坏经济、社会生活秩序的情形。

★最高人民法院刑三庭《在审理故意杀人、伤害及黑社会性质组织犯罪案件中切实贯彻宽严相济刑事政策》（2010年4月14日）（节录）

三、黑社会性质组织犯罪案件审判中宽严相济的把握

1. 准确认定黑社会性质组织。黑社会性质组织犯罪由于其严重的社会危害性，在打击处理上不能等其坐大后进行，要坚持"严打"的方针，坚持"打早打小"的策略。但黑社会性质组织的认定，必须严格依照刑法和《全国人民代表大会常务委员会关于〈中华人民共和国刑法〉第二百九十四条第一款的解释》的规定，从组织特征、经济特征、行为特征和非法控制特征四个方面进行分析。认定黑社会性质组织犯罪四个特征必须同时具备。当然，实践中许多黑社会性质组织并不是四个特征都很明显，在具体认定时，应根据立法本意，认真审查、分析黑社会性质组织四个特征相互间的内在联系，准确评价涉案犯罪组织

所造成的社会危害。既要防止将已具备黑社会性质组织四个特征的案件"降格"处理,也不能因为强调严厉打击将不具备四个特征的犯罪团伙"拔高"认定为黑社会性质组织。在黑社会性质组织犯罪的审判中贯彻宽严相济刑事政策,要始终坚持严格依法办案,坚持法定标准,这是《意见》①的基本要求。

★最高人民法院《全国部分法院审理黑社会性质组织犯罪案件工作座谈会纪要》(2015年10月13日)(节录)

二、关于黑社会性质组织的认定

(一)认定组织特征的问题

黑社会性质组织存续时间的起点,可以根据涉案犯罪组织举行成立仪式或者进行类似活动的时间来认定。没有前述活动的,可以根据足以反映其初步形成核心利益或强势地位的重大事件发生时间进行审查判断。没有明显标志性事件的,也可以根据涉案犯罪组织为维护、扩大组织势力、实力、影响、经济基础或按照组织惯例、纪律、活动规约而首次实施有组织的犯罪活动的时间进行审查判断。存在、发展时间明显过短、犯罪活动尚不突出的,一般不应认定为黑社会性质组织。

黑社会性质组织应当具有一定规模,人数较多,组织成员一般在10人以上。其中,既包括已有充分证据证明但尚未归案的组织成员,也包括虽有参加黑社会性质组织的行为但因尚未达到刑事责任年龄或因其他法定情形而未被起诉,或者根据具体情节不作为犯罪处理的组织成员。

黑社会性质组织应有明确的组织者、领导者,骨干成员基本固定,并有比较明确的层级和职责分工,一般有三种类型的组织成员,即:组织者、领导者与积极参加者、一般参加者(也即"其他参加者")。骨干成员,是指直接听命于组织者、领导者,并多次指挥或积极参与实施有组织的违法犯罪活动或者其他长时间在犯罪组织中起重要作用的犯罪分子,属于积极参加者的一部分。

对于黑社会性质组织的组织纪律、活动规约,应当结合制定、形成相关纪律、规约的目的与意图来进行审查判断。凡是为了增强实施违法犯罪活动的组织性、隐蔽性而制定或者自发形成,并用以明确组织内部人员管理、职责分工、行为规范、利益分配、行动准则等事项的成文或不成文的规定、约定,均可认定为黑社会性质组织的组织纪律、活动规约。

对于参加黑社会性质组织,没有实施其他违法犯罪活动,或者受蒙蔽、威胁参加黑社会性质组织,情节轻微的,可以不作为犯罪处理。对于参加黑社会性质组织后仅参与少量情节轻微的违法活动的,也可以不作为犯罪处理。

以下人员不属于黑社会性质组织的成员:1. 主观上没有加入社会性质组织的意愿,受雇到黑社会性质组织开办的公司、企业、社团工作,未参与或者仅参与少量黑社会性质组织的违法犯罪活动的人员;2. 因临时被纠集、雇佣或受蒙蔽为黑社会性质组织实施违法犯罪活动或者提供帮助、支持、服务的人员;3. 为维护或扩大自身利益而临时雇佣、收买、利用黑社会性质组织实施违法犯罪活动的人员。上述人员构成其他犯罪的,按照具体犯罪

---

① 即最高人民法院《关于贯彻宽严相济刑事政策的若干意见》(2010年2月8日)。

处理。

对于被起诉的组织成员主要为未成年人的案件，定性时应当结合"四个特征"审慎把握。

（二）认定经济特征的问题

"一定的经济实力"，是指黑社会性质组织在形成、发展过程中获取的，足以支持该组织运行、发展以及实施违法犯罪活动的经济利益。包括：1. 有组织地通过违法犯罪活动或其他不正当手段聚敛的资产；2. 有组织地通过合法的生产、经营活动获取的资产；3. 组织成员以及其他单位、个人资助黑社会性质组织的资产。通过上述方式获取的经济利益，即使是由部分组织成员个人掌控，也应计入黑社会性质组织的"经济实力"。

各高级人民法院可以根据本地区的实际情况，对黑社会性质组织所应具有的"经济实力"在 20—50 万元幅度内，自行划定一般掌握的最低数额标准。

是否将所获经济利益全部或部分用于违法犯罪活动或者维系犯罪组织的生存、发展，是认定经济特征的重要依据。无论获利后的分配与使用形式如何变化，只要在客观上能够起到豢养组织成员、维护组织稳定、壮大组织势力的作用即可认定。

（三）认定行为特征的问题

涉案犯罪组织仅触犯少量具体罪名的，是否应认定为黑社会性质组织要结合组织特征、经济特征和非法控制特征（危害性特征）综合判断，严格把握。

黑社会性质组织实施的违法犯罪活动包括非暴力性的违法犯罪活动，但暴力或以暴力相威胁始终是黑社会性质组织实施违法犯罪活动的基本手段，并随时可能付诸实施。因此，在黑社会性质组织所实施的违法犯罪活动中，一般应有一部分能够较明显地体现出暴力或以暴力相威胁的基本特征。否则，定性时应当特别慎重。

属于 2009 年《座谈会纪要》规定的五种情形之一的，一般应当认定为黑社会性质组织实施的违法犯罪活动，但确与维护和扩大组织势力、实力、影响、经济基础无任何关联，亦不是按照组织惯例、纪律、活动规约而实施，则应作为组织成员个人的违法犯罪活动处理。

组织者、领导者明知组织成员曾多次实施起因、性质类似的违法犯罪活动，但并未明确予以禁止的，如果该类行为对扩大组织影响起到一定作用，可以视为是按照组织惯例实施的违法犯罪活动。

（四）认定非法控制特征（危害性特征）的问题

黑社会性质组织所控制和影响的"一定区域"，应当具备一定空间范围，并承载一定的社会功能。既包括一定数量的自然人共同居住、生活的区域，如乡镇、街道、较大的村庄等，也包括承载一定生产、经营或社会公共服务功能的区域，如矿山、工地、市场、车站、码头等。对此，应当结合一定地域范围内的人口数量、流量、经济规模等因素综合评判。如果涉案犯罪组织的控制和影响仅存在于一座酒店、一处娱乐会所等空间范围有限的场所或者人口数量、流量、经济规模较小的其他区域，则一般不能视为是对"一定区域"的控制和影响。

黑社会性质组织所控制和影响的"一定行业"，是指在一定区域内存在的同类生产、经营活动。黑社会性质组织通过多次有组织地实施违法犯罪活动,对黄、赌、毒等非法行业形成非法控制或重大影响的,同样符合非法控制特征(危害性特征)的要求。

2009年《座谈会纪要》明确了可以认定为"在一定区域或者行业内,形成非法控制或者重大影响,严重破坏经济、社会生活秩序"的八种情形,适用时应当注意以下问题:第1种情形中的"致使合法利益受损的群众不敢举报、控告的",是指致使多名合法利益遭受犯罪或者严重违法活动侵害的群众不敢通过正当途径维护权益;第2种情形中的"形成垄断",是指可以操控、左右、决定与一定行业相关的准入、退出、经营、竞争等经济活动。"形成重要影响",是指对与一定行业相关的准入、退出、经营、竞争等经济活动具有较大的干预和影响能力,或者具有在该行业内占有较大市场份额、通过违法犯罪活动或以其他不正当手段在该行业内敛财数额巨大(最低数额标准由各高院根据本地情况在20~50万元的幅度内自行划定)、给该行业内从事生产、经营活动的其他单位、组织、个人造成直接经济损失100万元以上等情节之一;第3、4、5种情形中的"造成严重影响",是指具有致人重伤或致多人轻伤、通过违法犯罪活动或以其他不正当手段敛财数额巨大(数额标准同上)、造成直接经济损失100万元以上、多次引发群体性事件或引发大规模群体性事件等情节之一;第6种情形中的"多次干扰、破坏国家机关、行业管理部门以及村委会、居委会等基层群众自治组织的工作秩序",包括以拉拢、收买、威胁等手段多次得到国家机关工作人员包庇或纵容,或者多次对前述单位、组织中正常履行职务的工作人员进行打击、报复的情形;第7种情形中的"获取政治地位",是指当选各级人大代表、政协委员。"担任一定职务",是指在各级党政机关及其职能部门、基层群众自治组织中担任具有组织、领导、监督、管理职权的职务。

根据实践经验,在黑社会性质组织犯罪案件中,2009年《座谈会纪要》规定的八种情形一般不会单独存在,往往是两种以上的情形同时并存、相互交织,从而严重破坏经济、社会生活秩序。审判时,应当充分认识这一特点,准确认定该特征。

"四个特征"中其他构成要素均已具备,仅在成员人数、经济实力规模方面未达到本纪要提出的一般性要求,但已较为接近,且在非法控制特征(危害性特征)方面同时具有2009年《座谈会纪要》相关规定中的多种情形,其中至少有一种情形已明显超出认定标准的,也可以认定为黑社会性质组织。

▎6 黑社会性质组织成员刑事责任的认定

★最高人民法院最、高人民检察院、公安部《办理黑社会性质组织犯罪案件座谈会纪要》(2009年12月9日)(节录)

二、(二)关于办理黑社会性质组织犯罪案件的其他问题

2. 关于黑社会性质组织成员的刑事责任。对黑社会性质组织的组织者、领导者,应根据法律规定和本纪要中关于"黑社会性质组织实施的违法犯罪活动"的规定,按照该组织所犯的全部罪行承担刑事责任。组织者、领导者对于具体犯罪所承担的刑事责任,应当根据其在该起犯罪中的具体地位、作用来确定。对黑社会性质组织中的积极参加者和其他参加者,应按照其所参与的犯罪,根据其在具体犯罪中的地位和作用,依照罪责刑相适应的原则,确定应承担的刑事责任。

★最高人民法院刑三庭《在审理故意杀人、伤害及黑社会性质组织犯罪案件中切实贯彻宽严相济刑事政策》（2010年4月14日）（节录）

三、黑社会性质组织犯罪案件审判中宽严相济的把握

2. 区别对待黑社会性质组织的不同成员。《意见》① 第30条明确了黑社会性质组织中不同成员的处理原则：分别情况，区别对待。对于组织者、领导者应依法从严惩处，其承担责任的犯罪不限于自己组织、策划、指挥和实施的犯罪，而应对组织所犯的全部罪行承担责任。实践中，一些黑社会性质组织的组织者、领导者，只是以其直接实施的犯罪起诉、审判，实际上是轻纵了他们的罪行。要在区分组织犯罪和组织成员犯罪的基础上，合理划定组织者、领导者的责任范围，做到不枉不纵。同时，还要注意责任范围和责任程度的区别，不能简单认为组织者、领导者就是具体犯罪中责任最重的主犯。对于组织成员实施的黑社会性质组织犯罪，组织者、领导者只是事后知晓，甚至根本不知晓，其就只应负有一般的责任，直接实施的成员无疑应负最重的责任。

对于积极参加者，应根据其在具体犯罪中的地位、作用，确定其应承担的刑事责任。确属黑社会性质组织骨干成员的，应依法从严处罚。对犯罪情节较轻的其他参加人员以及初犯、偶犯、未成年犯，则要依法从轻、减轻处罚。对于参加黑社会性质的组织，没有实施其他违法犯罪活动的，或者受蒙蔽、胁迫参加黑社会性质的组织，情节轻微的，则可以不作为犯罪处理。

7 "恶势力"团伙的认定和处理

★最高人民法院最、高人民检察院、公安部《办理黑社会性质组织犯罪案件座谈会纪要》（2009年12月9日）（节录）

二、（二）关于办理黑社会性质组织犯罪案件的其他问题

6. 关于对"恶势力"团伙的认定和处理。"恶势力"是黑社会性质组织的雏形，有的最终发展成为了黑社会性质组织。因此，及时严惩"恶势力"团伙犯罪，是遏制黑社会性质组织滋生，防止违法犯罪活动造成更大社会危害的有效途径。

会议认为，"恶势力"是指经常纠集在一起，以暴力、威胁或其他手段，在一定区域或者行业内多次实施违法犯罪活动，为非作恶，扰乱经济、社会生活秩序，造成较为恶劣的社会影响，但尚未形成黑社会性质组织的犯罪团伙。"恶势力"一般为三人以上，纠集者、骨干成员相对固定，违法犯罪活动一般表现为敲诈勒索、强迫交易、欺行霸市、聚众斗殴、寻衅滋事、非法拘禁、故意伤害、抢劫、抢夺或者黄、赌、毒等。各级人民法院、人民检察院和公安机关在办案时应根据本纪要的精神，结合组织化程度的高低、经济实力的强弱、有无追求和实现对社会的非法控制等特征，对黑社会性质组织与"恶势力"团伙加以正确区分。同时，还要本着实事求是的态度，正确理解和把握"打早打小"方针。在准确查明"恶势力"团伙具体违法犯罪事实的基础上，构成什么罪，就按什么罪处理，并充分运用刑法总则关于共同犯罪的规定，依法惩处。对符合犯罪集团特征的，要按照犯罪集团处理，以切实加大对"恶势力"团伙依法惩处的力度。

---

① 即最高人民法院《关于贯彻宽严相济刑事政策的若干意见》（2010年2月8日）。

8 包庇、纵容黑社会性质组织罪主观要件的认定

★最高人民法院最、高人民检察院、公安部《办理黑社会性质组织犯罪案件座谈会纪要》(2009年12月9日)（节录）

二、(二) 关于办理黑社会性质组织犯罪案件的其他问题

1. 关于包庇、纵容黑社会性质组织罪主观要件的认定。本罪主观方面要求必须是出于故意，过失不能构成本罪。会议认为，只要行为人知道或者应当知道是从事违法犯罪活动的组织，仍对该组织及其成员予以包庇，或者纵容其实施违法犯罪活动，即可认定本罪。至于行为人是否明知该组织系黑社会性质组织，不影响本罪的成立。

9 涉黑犯罪财物及其收益的认定、处置

★最高人民法院最、高人民检察院、公安部《办理黑社会性质组织犯罪案件座谈会纪要》(2009年12月9日)（节录）

二、(二) 关于办理黑社会性质组织犯罪案件的其他问题

3. 关于涉黑犯罪财物及其收益的认定和处置。在办案时，要依法运用查封、扣押、冻结、追缴、没收等手段，彻底摧毁黑社会性质组织的经济基础，防止其死灰复燃。对于涉黑犯罪财物及其收益以及犯罪工具，均应按照刑法第六十四条和《司法解释》第七条的规定予以追缴、没收。黑社会性质组织及其成员通过犯罪活动聚敛的财物及其收益，是指在黑社会性质组织的形成、发展过程中，该组织及组织成员通过违法犯罪活动或其他不正当手段聚敛的全部财物、财产性权益及其孳息、收益。在办案工作中，应认真审查涉案财产的来源、性质，对被告人及其他单位、个人的合法财产应依法予以保护。

10 认定黑社会性质组织犯罪的证据要求

★最高人民法院最、高人民检察院、公安部《办理黑社会性质组织犯罪案件座谈会纪要》(2009年12月9日)（节录）

二、(二) 关于办理黑社会性质组织犯罪案件的其他问题

4. 关于认定黑社会性质组织犯罪的证据要求。办理涉黑案件同样应当坚持案件"事实清楚，证据确实、充分"的法定证明标准。但应当注意的是，"事实清楚"是指能够对定罪量刑产生影响的事实必须清楚，而不是指整个案件的所有事实和情节都要一一查证属实；"证据确实、充分"是指能够据以定罪量刑的证据确实、充分，而不是指案件中所涉全部问题的证据都要达到确实、充分的程度。对此，一定要准确理解和把握，不要纠缠那些不影响定罪量刑的枝节问题。比如，在可以认定某犯罪组织已将所获经济利益部分用于组织活动的情况下，即使此部分款项的具体数额难以全部查实，也不影响定案。

11 一罪与数罪

★最高人民法院《关于审理黑社会性质组织犯罪的案件具体应用法律若干问题的解释》(2000年12月10日)（节录）

第三条 [第1款] 组织、领导、参加黑社会性质的组织又有其他犯罪行为的，根据刑法第二百九十四条第三款的规定，依照数罪并罚的规定处罚；对于黑社会性质组织的组织者、领导者，应当按照其所组织、领导的黑社会性质组织所犯的全部罪行处罚；对于黑社会性质组织的参加者，应当按照其所参与的犯罪处罚。

罪与非罪

★最高人民法院《关于审理黑社会性质组织犯罪的案件具体应用法律若干问题的解释》（2000年12月10日）（节录）

第三条（第2款） 对于参加黑社会性质的组织，没有实施其他违法犯罪活动的，或者受蒙蔽、胁迫参加黑社会性质的组织，情节轻微的，可以不作为犯罪处理。

量　　刑

综合规定

★最高人民法院《全国部分法院审理黑社会性质组织犯罪案件工作座谈会纪要》（2015年10月13日）（节录）

一、准确把握形势、任务，坚定不移地在法治轨道上深入推进打黑除恶专项斗争

（一）毫不动摇地贯彻依法严惩方针

会议认为，受国内国际多种因素影响，我国黑社会性质组织犯罪活跃、多发的基本态势在短期内不会改变。此类犯罪组织化程度较高，又与各种社会治安问题相互交织，破坏力成倍增加，严重威胁人民群众的生命、财产安全。而且，黑社会性质组织还具有极强的向经济领域、政治领域渗透的能力，严重侵蚀维系社会和谐稳定的根基。各级人民法院必须切实增强政治意识、大局意识、忧患意识和责任意识，进一步提高思想认识，充分发挥审判职能作用，继续深入推进打黑除恶专项斗争，在严格把握黑社会性质组织认定标准的基础上始终保持对于此类犯罪的严惩高压态势。对于黑社会性质组织犯罪分子要依法加大资格刑、财产刑的适用力度，有效运用刑法中关于禁止令的规定，严格把握减刑、假释适用条件，全方位、全过程地体现从严惩处的精神。

（二）认真贯彻落实宽严相济刑事政策

审理黑社会性质组织犯罪案件应当认真贯彻落实宽严相济刑事政策。要依照法律规定，根据具体的犯罪事实、情节以及人身危险性、主观恶性、认罪悔罪态度等因素充分体现刑罚的个别化。同时要防止片面强调从宽或者从严，切实做到区别对待，宽严有据，罚当其罪。对于黑社会性质组织的组织者、领导者、骨干成员及其"保护伞"，要依法从严惩处。根据所犯具体罪行的严重程度，依法应当判处重刑的要坚决判处重刑。确属罪行极其严重，依法应当判处死刑的，也必须坚决判处。对于不属于骨干成员的积极参加者以及一般参加者，确有自首、立功等法定情节的，要依法从轻、减轻或免除处罚；具有初犯、偶犯等酌定情节的，要依法酌情从宽处理。对于一般参加者，虽然参与实施了少量的违法犯罪活动，但系未成年人或是只起次要、辅助作用的，应当依法从宽处理。符合缓刑条件的，可以适用缓刑。

（三）正确把握"打早打小"与"打准打实"的关系

"打早打小"，是指各级政法机关必须依照法律规定对有可能发展成为黑社会性质组织的犯罪集团、"恶势力"团伙及早打击，绝不能允许其坐大成势，而不应被理解为对尚处于低级形态的犯罪组织可以不加区分地一律按照黑社会性质组织处理。"打准打实"，就是要求审判时应当本着实事求是的态度，在准确查明事实的基础上，构成什么罪，就按什么罪判处刑罚。对于不符合黑社会性质组织认定标准的，应当根据案件事实依照刑法中的相

关条款处理,从而把法律规定落到实处。由于黑社会性质组织的形成、发展一般都会经历一个从小到大、由"恶"到"黑"的渐进过程,因此,"打早打小"不仅是政法机关依法惩治黑恶势力犯罪的一贯方针,而且是将黑社会性质组织及时消灭于雏形或萌芽状态,防止其社会危害进一步扩大的有效手段。而"打准打实"既是刑事审判维护公平正义的必然要求,也是确保打黑除恶工作实现预期目标的基本前提。只有打得准,才能有效摧毁黑社会性质组织;只有打得实,才能最大限度地体现惩治力度。"打早打小"和"打准打实"是分别从惩治策略、审判原则的角度对打黑除恶工作提出的要求,各级人民法院对于二者关系的理解不能简单化、片面化,要严格坚持依法办案原则,准确认定黑社会性质组织,既不能"降格",也不能"拔高",切实防止以"打早打小"替代"打准打实"。

(四)依法加大惩处"保护伞"的力度

个别国家机关工作人员的包庇、纵容,不仅会对黑社会性质组织的滋生、蔓延起到推波助澜的作用,而且会使此类犯罪的社会危害进一步加大。各级人民法院应当充分认识"保护伞"的严重危害,将依法惩处"保护伞"作为深化打黑除恶工作的重点环节和深入开展反腐败斗争的重要内容,正确运用刑法的有关规定,有效加大对于"保护伞"的惩处力度。同时,各级人民法院还应当全面发挥职能作用,对于审判工作中发现的涉及"保护伞"的线索,应当及时转往有关部门查处,确保实现"除恶务尽"的目标。

(五)严格依照法律履行审判职能

《中华人民共和国刑法修正案(八)》的颁布实施以及刑事诉讼法的再次修正,不仅进一步完善了惩处黑恶势力犯罪的相关法律规定,同时也对办理黑社会性质组织犯罪案件提出了更为严格的要求。面对新的形势和任务,各级人民法院应当以审判为中心,进一步增强程序意识和权利保障意识,严格按照法定程序独立行使审判职权,并要坚持罪刑法定、疑罪从无、证据裁判原则,依法排除非法证据,通过充分发挥庭审功能和有效运用证据审查判断规则,切实把好事实、证据与法律适用关,以令人信服的裁判说理来实现审判工作法律效果与社会效果的有机统一。同时,还应当继续加强、完善与公安、检察等机关的配合协作,保证各项长效工作机制运行更为顺畅。

三、关于刑事责任和刑罚适用

(一)已退出或者新接任的组织者、领导者的刑事责任问题

对于在黑社会性质组织形成、发展过程中已经退出的组织者、领导者,或者在加入黑社会性质组织之后逐步发展成为组织者、领导者的犯罪分子,应对其本人参与及其实际担任组织者、领导者期间该组织所犯的全部罪行承担刑事责任。

(二)量刑情节的运用问题

黑社会性质组织的成员虽不具有自首情节,但到案后能够如实供述自己罪行,并具有以下情形之一的,一般应当适用《刑法》第六十七条第三款的规定予以从轻处罚:1. 如实交代大部分尚未被掌握的同种犯罪事实;2. 如实交代尚未被掌握的较重的同种犯罪事实;3. 如实交代犯罪事实,并对收集定案证据、查明案件事实有重要作用的。

积极参加者、一般参加者配合司法机关查办案件,有提供线索、帮助收集证据或者其他协助行为,并在侦破黑社会性质组织犯罪案件、认定黑社会性质组织及其主要成员、追

第六章 妨害社会管理秩序罪·第一节 扰乱公共秩序罪

缴黑社会性质组织违法所得、查处"保护伞"等方面起到较大作用的，即使依法不能认定立功，一般也应酌情对其从轻处罚。

组织者、领导者、骨干成员以及"保护伞"协助抓获同案中其他重要的组织成员，或者骨干成员能够检举揭发其他犯罪案件中罪行同样严重的犯罪分子，原则上依法应予从轻或者减轻处罚。组织者、领导者检举揭发与该黑社会性质组织及其违法犯罪活动有关联的其他犯罪线索，如果在是否认定立功的问题上存在事实、证据或法律适用方面的争议，应当严格把握。依法应认定为立功或者重大立功的，在决定是否从宽处罚、如何从宽处罚时，应当根据罪责刑相一致原则从严掌握。可能导致全案量刑明显失衡的，不予从宽处罚。

审理黑社会性质组织犯罪案件，应当通过判处和执行民事赔偿以及积极开展司法救助来最大限度地弥补被害人及其亲属的损失。被害人及其亲属确有特殊困难，需要接受被认定为黑社会性质组织成员的被告人赔偿并因此表示谅解的，量刑时应当特别慎重。不仅应当查明谅解是否确属真实意思表示以及赔偿款项与黑社会性质组织违法所得有无关联，而且在决定是否从宽处罚、如何从宽处罚时，也应当从严掌握。可能导致全案量刑明显失衡的，不予从宽处罚。

（三）附加剥夺政治权利的适用问题

对于黑社会性质组织的组织者、领导者，可以适用《刑法》第五十六条第一款的规定附加剥夺政治权利。对于因犯参加黑社会性质组织罪被判处5年以上有期徒刑的积极参加者，也可以适用该规定附加剥夺政治权利。

（四）财产刑的适用问题

对于黑社会性质组织的组织者、领导者，依法应当并处没收财产。黑社会性质组织敛财数额特别巨大，但因犯罪分子转移、隐匿、毁灭证据或者拒不交代涉案财产来源、性质，导致违法所得以及其他应当追缴的财产难以准确查清和追缴的，对于组织者、领导者以及为该组织转移、隐匿资产的积极参加者可以并处没收个人全部财产。

对于确属骨干成员的积极参加者一般应当并处罚金或者没收财产。对于其他积极参加者和一般参加者，应当根据所参与实施违法犯罪活动的次数、性质、地位、作用、违法所得数额以及造成损失的数额等情节，依法决定财产刑的适用。

四、关于审判程序和证据审查

（一）分案审理问题

为便宜诉讼，提高审判效率，防止因法庭审理过于拖延而损害当事人的合法权益，对于被告人人数众多，合并审理难以保证庭审质量和庭审效率的黑社会性质组织犯罪案件，可分案进行审理。分案应当遵循有利于案件顺利审判、有利于查明案件事实、有利于公正定罪量刑的基本原则，确保有效质证、事实统一、准确定罪、均衡量刑。对于被作为组织者、领导者、积极参加者起诉的被告人，以及黑社会性质组织重大犯罪的共同作案人，分案审理影响庭审调查的，一般不宜分案审理。

（二）证明标准和证据运用问题

办理黑社会性质组织犯罪案件应当坚持"事实清楚，证据确实、充分"的法定证明标准。黑社会性质组织犯罪案件侦查取证难度大，"四个特征"往往难以通过实物证据来加以证明。审判时,应当严格依照刑事诉讼法及有关司法解释的规定对相关证据进行审查与认定。在确保被告人供述、证人证言、被害人陈述等言词证据取证合法、内容真实,且综合全案证据,已排除合理怀疑的情况下,同样可以认定案件事实。

(三)法庭举证、质证问题

审理黑社会性质组织犯罪案件时,合议庭应当按照刑事诉讼法及有关司法解释的规定有效引导控辩双方举证、质证。不得因为案件事实复杂、证据繁多,而不当限制控辩双方就证据问题进行交叉询问、相互辩论的权利。庭审时,应当根据案件事实繁简、被告人认罪态度等采取适当的举证、质证方式,突出重点;对黑社会性质组织的"四个特征"应单独举证、质证。为减少重复举证、质证,提高审判效率,庭审中可以先就认定具体违法犯罪事实的证据进行举证、质证。对认定黑社会性质组织行为特征的证据进行举证、质证时,之前已经宣读、出示过的证据,可以在归纳、概括之后简要征询控辩双方意见。对于认定组织特征、经济特征、非法控制特征(危害性特征)的证据,举证、质证时一般不宜采取前述方式。

(四)对出庭证人、鉴定人、被害人的保护问题

人民法院受理黑社会性质组织犯罪案件后,应当及时了解在侦查、审查起诉阶段有无对证人、鉴定人、被害人采取保护措施的情况,确保相关保护措施在审判阶段能够紧密衔接。开庭审理时,证人、鉴定人、被害人因出庭作证,本人或其近亲属的人身安全面临危险的,应当采取不暴露外貌、真实声音等出庭作证措施。必要时,可以进行物理隔离,以音频、视频传送的方式作证,并对声音、图像进行技术处理。有必要禁止特定人员接触证人、鉴定人、被害人及其近亲属的,以及需要对证人、鉴定人、被害人及其近亲属的人身和住宅采取专门性保护措施的,应当及时与检察机关、公安机关协调,确保保护措施及时执行到位。依法决定不公开证人、鉴定人、被害人真实姓名、住址和工作单位等个人信息的,应当在开庭前核实其身份。证人、鉴定人签署的如实作证保证书应当列入审判副卷,不得对外公开。

五、关于黑社会性质组织犯罪案件审判工作相关问题

(一)涉案财产的处置问题

审理黑社会性质组织犯罪案件时,对于依法查封、冻结、扣押的涉案财产,应当全面审查证明财产来源、性质、用途、权属及价值大小的有关证据,调查财产的权属情况以及是否属于违法所得或者依法应当追缴的其他财物。属于下列情形的,依法应当予以追缴、没收:1. 黑社会性质组织形成、发展过程中,该组织及其组织成员通过违法犯罪活动或其他不正当手段聚敛的财产及其孳息、收益,以及合法获取的财产中实际用于支持该组织存在、发展和实施违法犯罪活动的部分;2. 其他单位、个人为支持黑社会性质组织存在、发展以及实施违法犯罪活动而资助或提供的财产;3. 组织成员通过个人实施的违法犯罪活动所聚敛的财产及其孳息、收益,以及供个人犯罪所用的本人财物;4. 黑社会性质组织及其组织成员个人非法持有的违禁品;5. 依法应当追缴的其他涉案财物。

(二)发挥庭审功能问题

黑社会性质组织犯罪案件开庭前,应当按照重大案件的审判要求做好从物质保障到人

员配备等各方面的庭审准备，并制定详细的庭审预案和庭审提纲。同时，还要充分发挥庭前会议了解情况、听取意见的应有作用，提前了解控辩双方的主要意见，及时解决可能影响庭审顺利进行的程序性问题。对于庭前会议中出示的证据材料，控辩双方无异议的，庭审举证、质证时可以简化。庭审过程中，合议庭应当针对争议焦点和关键的事实、证据问题，有效引导控辩双方进行法庭调查与法庭辩论。庭审时，还应当全程录音录像，相关音视频资料应当存卷备查。

▶ 2 从重处罚

★最高人民法院《关于审理黑社会性质组织犯罪的案件具体应用法律若干问题的解释》（2000年12月10日）（节录）

第四条　国家机关工作人员组织、领导、参加黑社会性质组织的，从重处罚。

▶ 3 黑社会性质组织成员的立功

★最高人民法院最、高人民检察院、公安部《办理黑社会性质组织犯罪案件座谈会纪要》（2009年12月9日）（节录）

二、（二）关于办理黑社会性质组织犯罪案件的其他问题

5. 关于黑社会性质组织成员的立功问题。积极参加者、其他参加者配合司法机关查办案件，有提供线索、帮助收集证据或者其他协助行为，并对侦破黑社会性质组织犯罪案件起到一定作用的，即使依法不能认定立功，一般也应酌情对其从轻处罚。组织者、领导者检举揭发与该黑社会性质组织及其违法犯罪活动有关联的其他犯罪线索，即使依法构成立功或者重大立功，在量刑时也应从严掌握。

★最高人民法院刑三庭《在审理故意杀人、伤害及黑社会性质组织犯罪案件中切实贯彻宽严相济刑事政策》（2010年04月14日）（节录）

三、黑社会性质组织犯罪案件审判中宽严相济的把握

2.……此外，在处理黑社会性质组织成员间的检举、揭发问题上，既要考虑线索本身的价值，也要考虑检举、揭发者在黑社会性质组织犯罪中的地位、作用，防止出现全案量刑失衡的现象。组织者、领导者检举揭发与该黑社会性质组织及其违法犯罪活动有关联的其他犯罪线索，即使依法构成立功或者重大立功，在考虑是否从轻量刑时也应从严予以掌握。积极参加者、其他参加者配合司法机关查办案件，有提供线索、帮助收集证据或者其他协助行为，并对侦破黑社会性质组织犯罪案件起到一定作用的，即使依法不能认定立功，一般也应酌情对其从轻处罚。

▶ 4 赃款赃物的追缴、没收

★最高人民法院《关于审理黑社会性质组织犯罪的案件具体应用法律若干问题的解释》（2000年12月10日）（节录）

第七条　对黑社会性质组织和组织、领导、参加黑社会性质组织的犯罪分子聚敛的财物及其收益，以及用于犯罪的工具等，应当依法追缴、没收。

第二百九十五条【传授犯罪方法罪】传授犯罪方法的，处五年以下有期徒刑、拘役或者管制；情节严重的，处五年以上十年以下有期徒刑；情节特别严重的，处十年以上有期徒刑或者无期徒刑。

第二编 分 则

定 罪

一罪与数罪

★最高人民法院、最高人民检察院、公安部《关于办理暴力恐怖和宗教极端刑事案件适用法律若干问题的意见》(2014年9月9日)(节录)

二、准确认定案件性质

(九)传授暴力恐怖或者其他犯罪技能、经验,依法不能认定为组织、领导、参加恐怖组织罪的,以传授犯罪方法罪定罪处罚。

为实现所教唆的犯罪,教唆者又传授犯罪方法的,择一重罪定罪处罚。

第二百九十六条【非法集会、游行、示威罪】 举行集会、游行、示威,未依照法律规定申请或者申请未获许可,或者未按照主管机关许可的起止时间、地点、路线进行,又拒不服从解散命令,严重破坏社会秩序的,对集会、游行、示威的负责人和直接责任人员,处五年以下有期徒刑、拘役、管制或者剥夺政治权利。

立案追诉标准

★最高人民检察院、公安部《关于公安机关管辖的刑事案件立案追诉标准的规定(一)》(2008年6月25日)(节录)

第三十八条 [非法集会、游行、示威案(刑法第二百九十六条)] 举行集会、游行、示威,未依照法律规定申请或者申请未获许可,或者未按照主管机关许可的起止时间、地点、路线进行,又拒不服从解散命令,严重破坏社会秩序的,应予立案追诉。

第二百九十七条【非法携带武器、管制刀具、爆炸物参加集会、游行、示威罪】 违反法律规定,携带武器、管制刀具或者爆炸物参加集会、游行、示威的,处三年以下有期徒刑、拘役、管制或者剥夺政治权利。

立案追诉标准

★最高人民检察院、公安部《关于公安机关管辖的刑事案件立案追诉标准的规定(一)》(2008年6月25日)(节录)

第三十九条 [非法携带武器、管制刀具、爆炸物参加集会、游行、示威案(刑法第二百九十七条)] 违反法律规定,携带武器、管制刀具或者爆炸物参加集会、游行、示威的,应予立案追诉。

第二百九十八条【破坏集会、游行、示威罪】 扰乱、冲击或者以其他方法破坏依法举行的集会、游行、示威,造成公共秩序混乱的,处五年以下有期徒刑、拘役、管制或者剥夺政治权利。

立案追诉标准

★最高人民检察院、公安部《关于公安机关管辖的刑事案件立案追诉标准的规定(一)》(2008年6月25日(节录)

第六章 妨害社会管理秩序罪·第一节 扰乱公共秩序罪

第四十条［破坏集会、游行、示威案（刑法第二百九十八条）］扰乱、冲击或者以其他方法破坏依法举行的集会、游行、示威，造成公共秩序混乱的，应予立案追诉。

第二百九十九条【侮辱国旗、国徽罪】 在公众场合故意以焚烧、毁损、涂划、玷污、践踏等方式侮辱中华人民共和国国旗、国徽的，处三年以下有期徒刑、拘役、管制或者剥夺政治权利。

第三百条①【组织、利用会道门、邪教组织、利用迷信破坏法律实施罪】组织、利用会道门、邪教组织或者利用迷信破坏国家法律、行政法规实施的，处三年以上七年以下有期徒刑，并处罚金；情节特别严重的，处七年以上有期徒刑或者无期徒刑，并处罚金或者没收财产；情节较轻的，处三年以下有期徒刑、拘役、管制或者剥夺政治权利，并处或者单处罚金。

【组织、利用会道门、邪教组织、利用迷信致人重伤、死亡罪】组织、利用会道门、邪教组织或者利用迷信蒙骗他人，致人重伤、死亡的，依照前款的规定处罚。

犯第一款罪又有奸淫妇女、诈骗财物等犯罪行为的，依照数罪并罚的规定处罚。

◆ 定　　罪 ◆

1 入罪数额、入罪情节

★最高人民法院、最高人民检察院《关于办理组织和利用邪教组织犯罪案件具体应用法律若干问题的解释（二）》（2001年6月11日）（节录）

第一条　制作、传播邪教宣传品，宣扬邪教，破坏法律、行政法规实施，具有下列情形之一的，依照刑法第三百条第一款的规定，以组织、利用邪教组织破坏法律实施罪定罪处罚：

（一）制作、传播邪教传单、图片、标语、报纸300份以上，书刊100册以上，光盘100张以上，录音、录像带100盒以上的；

（二）制作、传播宣扬邪教的DVD、VCD、CD母盘的；

（三）利用互联网制作、传播邪教组织信息的；

（四）在公共场所悬挂横幅、条幅，或者以书写、喷涂标语等方式宣扬邪教，造成严重社会影响的；

（五）因制作、传播邪教宣传品受过刑事处罚或者行政处罚又制作、传播的；

（六）其他制作、传播邪教宣传品，情节严重的。

---

① 2015年8月29日《刑法修正案（九）》第三十三条增设了第一款中的"情节较轻"，将"情节特别严重"的最高刑提高到无期徒刑；增设了第二款中的"重伤"；修订了第三款。

制作、传播邪教宣传品数量达到前款第（一）项规定的标准五倍以上，或者虽未达到五倍，但造成特别严重社会危害的，属于刑法第三百条第一款规定的"情节特别严重"。

第五条 邪教组织被取缔后，仍聚集滋事、公开进行邪教活动，或者聚众冲击国家机关、新闻机构等单位，人数达到20人以上的，或者虽未达到20人，但具有其他严重情节的，对于组织者、策划者、指挥者和屡教不改的积极参加者，依照刑法第三百条第一款的规定，以组织、利用邪教组织破坏法律实施罪定罪处罚。

第六条 为组织、策划邪教组织人员聚集滋事、公开进行邪教活动而进行聚会、串联等活动，对于组织者、策划者、指挥者和屡教不改的积极参加者，依照刑法第三百条第一款的规定定罪处罚。

第十三条 本规定下列用语的含义是：

（一）"宣传品"，是指传单、标语、喷图、图片、书籍、报刊、录音带、录像带、光盘及其母盘或者其他有宣传作用的物品。

（二）"制作"，是指编写、印制、复制、绘画、出版、录制、摄制、洗印等行为。

（三）"传播"，是指散发、张贴、邮寄、上载、播放以及发送电子信息等行为。

★最高人民法院、最高人民检察院《关于办理组织和利用邪教组织犯罪案件具体应用法律若干问题的解答》（2002年5月20日）（节录）

一、问：怎样认定《解释二》第一条第一款第（六）项规定的"其他制作、传播邪教宣传品，情节严重的"？

答：《解释二》第一条第一款第（六）项规定的"其他制作、传播邪教宣传品，情节严重的"，是指实施该条第一款第（一）项至第（五）项的规定中没有列举的其他制作、传播邪教宣传品情节严重的行为，或者制作、传播该条第一款第（一）项列举的邪教宣传品，虽未达到规定的数量标准，但根据制作、传播邪教宣传品的种类、内容、行为方式、次数、传播范围、社会影响以及行为人的主观恶性等情节综合考虑，必须定罪处罚的情形。如：制作、传播一种邪教宣传品的数量接近《解释二》规定的标准，并具有其他严重情节的；利用互联网以外的计算机网络、广播、电视或者利用手机群发短信息、群发IP录音电话、BP机群呼等形式宣扬邪教、传播邪教信息的；将编辑具有邪教内容的录音带、录像带、计算机硬盘、软盘并用于复制、传播的；制作宣扬邪教的横幅、条幅30条以上或不足30条但具有其他严重情节或者大型横幅、条幅3条以上的；制作、传播两种以上邪教宣传品，每一种邪教宣传品虽未达到《解释二》规定的数量标准，但已造成严重社会危害后果的；制作邪教宣传品的模具、版样、文稿的；为制作、传播邪教宣传品而将其内容进行编辑、拷贝在计算机软盘或者传播包含邪教内容的计算机软盘的；因邪教违法犯罪受过行政处罚（含劳动教养，下同）或刑事处罚之后，又制作、传播邪教宣传品的；国家机关工作人员制作、传播邪教宣传品的，等等。

二、问：《解释二》第一条第二款仅对该条第一款第（一）项规定了"情节特别严重"的标准，未规定其他几项"情节特别严重"的标准。《解释二》第五条、第六条也没有规定何种情形属于"情节特别严重"。对此应如何把握？

答：认定《解释二》第一条第一款第（二）项至第（六）项、第五条、第六条规定的

第六章　妨害社会管理秩序罪·第一节　扰乱公共秩序罪

情形是否达到"情节特别严重",以及如何适用《解释二》第一条第二款关于"或者虽未达到五倍,但造成特别严重社会危害的",应综合考虑案件的具体情况,如犯罪手段、危害程度、社会影响、行为人的主观恶性等因素加以认定。

对于虽已达到《解释二》第一条第二款规定的数量标准,但其他情节较轻,尚未造成特别严重的社会危害后果的,也可不认定为"情节特别严重"。

三、问：如何确定《解释二》第一条第一款第（一）项规定的邪教宣传品的"份数"？

答：传单、图片、标语、报纸等形式的邪教宣传品,以独立的载体为计算份数的标准。对邮件中装有多份邪教宣传品的,应当根据邮件中所包含的实际份数计算总数。

四、问：制作、传播两种以上的邪教宣传品,对不同种类的邪教宣传品能否换算或累计计算？

答：《解释二》第一条第一款第（一）项中规定的邪教宣传品,传单、图片、标语、报纸属同一种类,书籍、刊物属同一种类,光盘（DVD盘、VCD盘、CD盘等）、录音带、录像带等音像制品属同一种类。

制作、传播两种以上邪教宣传品,同一种类的应当累计计算,不同种类的不能换算,也不能累计计算。

八、问：在公共场所书写、喷涂邪教内容标语、图画等过程中,当场被制止的,怎么处理？

答：对上述情形,情节严重的,依照《解释二》第一条第一款第（四）项的规定定罪处罚。

十二、问：如何确定《解释二》第一条第一款第（二）项规定的DVD、VCD、CD母盘？如何确定制作、传播邪教母盘的行为？

答：《解释二》第一条第一款第（二）项规定的DVD、VCD、CD母盘,是指经编辑并用于复制、传播邪教组织信息的DVD、VCD、CD的原始盘。

对于将邪教宣传品内容进行编排、拼接并刻录为光盘用于复制的,属于制作邪教DVD、VCD、CD母盘的行为；以制作为目的,将邪教DVD、VCD、CD母盘交给他人的,属于传播邪教DVD、VCD、CD母盘的行为。

十三、问：对于以播放录音、呼喊口号等方式宣传邪教的行为如何处理？

答：对于在居民区、公园、学校及其他公共场所,以播放录音、录像、光盘或呼喊口号、讲课、演讲、放气球、抛撒乒乓球等方式宣扬邪教,造成严重社会影响的,按照《解释二》第一条第一款第（四）项的规定定罪处罚。

十四、问：从互联网下载邪教组织信息用于制作、传播邪教宣传品的,应如何处理？

答：从互联网下载邪教组织信息,用于制作、传播邪教宣传品的,适用《解释二》第一条第一款第（三）项的规定定罪处罚。

十七、问：《解释二》第五条规定的"聚集滋事、公开进行邪教活动"是否也要求"人数达到20人以上"的,才追究刑事责任？怎样掌握该条中的"其他严重情节"？

答：《解释二》第五条规定的"人数达到20人以上",既是认定"聚众冲击国家机关、新闻机构等单位"的行为构成犯罪的标准,也是认定"聚集滋事、公开进行邪教活动"的

· 563 ·

行为构成犯罪的标准。

判断是否具有《解释二》第五条所规定的"其他严重情节",应当综合考虑聚集滋事的时间、地点、行为方式、造成的后果等因素。对于在重要公共场所、监管场所或国家重大节日、重大活动期间聚集滋事,公开进行邪教活动的,即使人数未达到20人,也可以根据案件的具体情况,对于组织者、策划者、指挥者和屡教不改的积极参加者,依照刑法第三百条第一款和《解释二》第五条的规定,以利用邪教组织破坏法律实施罪定罪处罚。

十八、问:如何理解……《解释二》第五条、第六条中规定的"组织"行为?

答:……《解释二》第五条、第六条规定的"组织"行为,是指邪教组织成立或被依法取缔后,组织他人进行邪教活动的行为。

十九、问:对于非法聚集,以公开"练功"等方式进行"护法"、"弘法"等邪教活动的,如何处理?

答:对于实施上述邪教活动的,依照《解释二》第五条或者第六条的规定,追究组织者、策划者、指挥者和屡教不改的积极参加者的刑事责任。

二十、问:如何理解《解释二》第五条、第六条中关于"屡教不改"的规定,这一规定是否要求前后两种行为均是同种行为?

答:《解释二》第五条、第六条中规定的"屡教不改",是指曾因组织和利用邪教组织从事某种违法犯罪行为受过行政处罚或者刑事处罚,又以相同或者不同的方式进行邪教犯罪活动的情形。

二十一、问:因制作、传播邪教宣传品受过刑事处罚或者行政处罚又制作、传播的,是否不论数量多少,都要根据《解释二》第一条第一款第(五)项的规定定罪处罚?

答:对于上述行为,一般应定罪处刑。但情节轻微,行为人确有悔改表现的,可以不作为犯罪论处。

二十三、问:对邪教组织人员到天安门广场等有重要影响的场所打横幅、喊口号、非法聚集、滋事的行为,是否均应依照《解释二》第一条第一款第(四)项的规定定罪处罚?

答:对实施上述行为的,应当区别不同情形,依照《解释二》第一条第一款第(四)项、第五条和第六条的规定,追究组织者、策划者、指挥者和屡教不改的积极参加者以及其他情节严重的实施者的刑事责任。

二十四、问:对非邪教组织人员为他人印制邪教宣传品的以及对于为邪教活动提供保管、运输、经费、场地、工具、食宿、接送、采购及其他便利条件的,怎么处理?

答:非邪教组织人员与邪教组织人员通谋,为其印制邪教宣传品,且达到《解释二》第一条第一款第(一)项规定的数量标准的,或者为其从事邪教活动提供保管、运输、经费、场地、工具、食宿、接送、采购等便利条件,情节严重的,以利用邪教组织破坏法律实施罪的共犯论处。

▶2 "组织"的认定

★最高人民法院、最高人民检察院《关于办理组织和利用邪教组织犯罪案件具体应用法律若干问题的解答》(2002年5月20日)(节录)

十八、问:如何理解刑法第三百条第一款规定的"组织、利用邪教组织破坏法律实施

第六章 妨害社会管理秩序罪·第一节 扰乱公共秩序罪

罪"中的"组织"行为和《解释二》①第五条、第六条中规定的"组织"行为?

答:刑法第三百条第一款规定的"组织、利用邪教组织破坏法律实施罪"的"组织"行为,是指发起、组建邪教组织的行为。《解释二》第五条、第六条规定的"组织"行为,是指邪教组织成立或被依法取缔后,组织他人进行邪教活动的行为。

3 "邪教组织"的认定

★最高人民法院、最高人民检察院《关于办理组织和利用邪教组织犯罪案件具体应用法律若干问题的解释》(1999年10月30日)(节录)

第一条 刑法第三百条中的"邪教组织",是指冒用宗教、气功或者其他名义建立,神化首要分子,利用制造、散布迷信邪说等手段蛊惑、蒙骗他人,发展、控制成员,危害社会的非法组织。

4 第二款"致人死亡"及其"情节特别严重"的认定

★最高人民法院、最高人民检察院《关于办理组织和利用邪教组织犯罪案件具体应用法律若干问题的解释》(1999年10月30日)(节录)

第三条 刑法第三百条第二款规定的组织和利用邪教组织蒙骗他人,致人死亡,是指组织和利用邪教组织制造、散布迷信邪说,蒙骗其成员或者其他人实施绝食、自残、自虐等行为,或者阻止病人进行正常治疗,致人死亡的情形。

具有下列情形之一的,属于"情节特别严重":

(一)造成3人以上死亡的;

(二)造成死亡人数不满3人,但造成多人重伤的;

(三)曾因邪教活动受过刑事或者行政处罚,又组织和利用邪教组织蒙骗他人,致人死亡的;

(四)造成其他特别严重后果的。

5 组织、利用邪教组织破坏法律实施的典型行为方式

★最高人民法院、最高人民检察院《关于办理组织和利用邪教组织犯罪案件具体应用法律若干问题的解释》(1999年10月30日)(节录)

第二条 组织和利用邪教组织并具有下列情形之一的,依照刑法第三百条第一款的规定定罪处罚:

(一)聚众围攻、冲击国家机关、企业事业单位,扰乱国家机关、企业事业单位的工作、生产、经营、教学和科研秩序的;

(二)非法举行集会、游行、示威,煽动、欺骗、组织其成员或者其他人聚众围攻、冲击、强占、哄闹公共场所及宗教活动场所,扰乱社会秩序的;

(三)抗拒有关部门取缔或者已经被有关部门取缔,又恢复或者另行建立邪教组织,或者继续进行邪教活动的;

(四)煽动、欺骗、组织其成员或者其他人不履行法定义务,情节严重的;

---

① 特指最高人民法院、最高人民检察院《关于办理组织和利用邪教组织犯罪案件具体应用法律若干问题的解释(二)》(2001年6月11日)。

·565·

（五）出版、印刷、复制、发行宣扬邪教内容出版物，以及印制邪教组织标识的；

（六）其他破坏国家法律、行政法规实施行为的。

实施前款所列行为，并具有下列情形之一的，属于"情节特别严重"：

（一）跨省、自治区、直辖市建立组织机构或者发展成员的；

（二）勾结境外机构、组织、人员进行邪教活动的；

（三）出版、印刷、复制、发行宣扬邪教内容出版物以及印制邪教组织标识，数量或者数额巨大的；

（四）煽动、欺骗、组织其成员或者其他人破坏国家法律、行政法规实施，造成严重后果的。

6 利用互联网破坏法律实施行为的定性

★全国人民代表大会常务委员会《关于维护互联网安全的决定》（2000年12月28日）（节录）

二、为了维护国家安全和社会稳定，对有下列行为之一，构成犯罪的，依照刑法有关规定追究刑事责任：

（四）利用互联网组织邪教组织、联络邪教组织成员，破坏国家法律、行政法规实施。

7 散发、提供所谓邪教组织人员"被迫害"材料行为的定性

★最高人民法院、最高人民检察院《关于办理组织和利用邪教组织犯罪案件具体应用法律若干问题的解答》（2002年5月20日）（节录）

九、问：对散发、提供所谓邪教组织人员"被迫害"的材料、信息的行为，如何处理？

答：对于上述行为造成恶劣影响的，依照刑法第三百条第一款的规定定罪处罚。

8 多次非法聚集、滋事，进行邪教活动行为的定性

★最高人民法院、最高人民检察院《关于办理组织和利用邪教组织犯罪案件具体应用法律若干问题的解答》（2002年5月20日）（节录）

二十二、问：对于多次非法聚集、滋事，进行邪教活动的，如何处理？

答：对于上述行为，应追究组织者、策划者、指挥者和屡教不改的积极参加者的刑事责任。

9 邪教组织违法犯罪人员在监管场所继续从事邪教活动的处理

★最高人民法院、最高人民检察院《关于办理组织和利用邪教组织犯罪案件具体应用法律若干问题的解答》（2002年5月20日）（节录）

二十八、问：邪教组织违法犯罪人员在监管场所抗拒改造，仍继续进行邪教活动的，如何处理？

答：邪教组织违法犯罪人员在监管场所抗拒改造，继续从事邪教活动，构成犯罪的，应当依法追究刑事责任。

10 利用信件、电话、互联网等手段恐吓、威胁他人行为的定性

★最高人民法院、最高人民检察院《关于办理组织和利用邪教组织犯罪案件具体应用法律若干问题的解答》（2002年5月20日）（节录）

十六、问：对利用信件、电话、互联网等手段恐吓、威胁他人的行为如何处理？

答：对于实施上述行为情节严重的，依照刑法第三百条第一款的规定定罪处罚。同时触犯其他罪名的，依照处刑较重的罪定罪处罚。

11 犯罪数额的计算

★最高人民法院、最高人民检察院《关于办理组织和利用邪教组织犯罪案件具体应用法律若干问题的解答》(2002年5月20日)(节录)

十一、问：多次制作、传播邪教宣传品未被处理的，能否累计计算其制作、传播的邪教宣传品的数量？

答：多次制作、传播邪教宣传品未被处理，依法应当追诉的，累计计算其制作、传播的邪教宣传品的数量，达到《解释二》第一条第一款第（一）项规定数量标准的，追究其刑事责任。

12 共同犯罪

★最高人民法院、最高人民检察院《关于办理组织和利用邪教组织犯罪案件具体应用法律若干问题的解答》(2002年5月20日)(节录)

十、问：对两人以上共同故意制作、传播邪教宣传品的，怎么处理？

答：对两人以上共同故意制作、传播邪教宣传品，达到《解释二》第一条第一款第（一）项规定数量标准的，或接近《解释二》第一条第一款第（一）项规定的数量标准并具有其他严重情节的，应当认定为共同犯罪，根据共同制作、传播邪教宣传品的数量、情节，依法追究行为人的刑事责任。

13 预备、既遂、未遂的认定

★最高人民法院、最高人民检察院《关于办理组织和利用邪教组织犯罪案件具体应用法律若干问题的解答》(2002年5月20日)(节录)

五、问：对于持有、携带邪教宣传品的行为如何定性？

答：为了传播而持有、携带邪教宣传品，且持有、携带的数量达到《解释二》第一条第一款第（一）项规定的数量标准的，根据具体案情，按犯罪预备或未遂论处。

六、问：对于在传播邪教宣传品之前或者传播过程中被当场抓获的，如何处理？

答：对于在传播邪教宣传品之前或者传播过程中被当场抓获的，应当根据不同情况，分别作出处理：查获的邪教宣传品是行为人制作，且已达到《解释二》第一条第一款第（一）项规定的数量标准的，依照刑法第三百条第一款的规定定罪处罚；查获的邪教宣传品不是其制作，而是准备传播，且数量已达到《解释二》第一条第一款第（一）项规定标准的，属于刑法第三百条第一款组织、利用邪教组织破坏法律实施罪的犯罪预备；查获的邪教宣传品不是其制作，而是准备传播且已传播出去一部分，即被抓获的，尚未传播出去的数量或者已经传播出去与尚未传播出去的数量累计达到《解释二》第一条第一款第（一）项规定的数量标准的，按照犯罪既遂处理，对没有传播的部分，可以酌定从轻处罚。

七、问：对邮寄的邪教宣传品被截获的，怎么处理？

答：被截获的邮寄邪教宣传品数量达到《解释二》第一条第一款第（一）项规定数量

标准的，按犯罪未遂处理。

14 一罪与数罪

★最高人民法院、最高人民检察院《关于办理组织和利用邪教组织犯罪案件具体应用法律若干问题的解释（二）》（2001年6月11日）（节录）

第四条 制作、传播的邪教宣传品具有煽动分裂国家、破坏国家统一，煽动颠覆国家政权、推翻社会主义制度，侮辱、诽谤他人，严重危害社会秩序和国家利益，或者破坏国家法律、行政法规实施等内容，其行为同时触犯刑法第一百零三条第二款、第一百零五条第二款、第二百四十六条、第三百条第一款等规定的，依照处罚较重的规定定罪处罚。

★最高人民法院、最高人民检察院《关于办理组织和利用邪教组织犯罪案件具体应用法律若干问题的解答》（2002年5月20日）（节录）

十五、问： 对利用广播电视设施、公用电信设施制作、传播邪教组织信息的，如何处理？

答： 对利用广播电视设施、公用电信设施制作、传播邪教组织信息的，应分别情形处理：为传播邪教组织信息破坏广播电视设施、公用电信设施，危害公共安全的，依照刑法第一百二十四条的规定，以破坏广播电视设施、公用电信设施罪定罪处罚；利用广播电视设施、公用电信设施制作、传播邪教组织的信息，同时造成广播电视设施、公用电信设施破坏，危害公共安全的，依照刑法第一百二十四条、第三百条第一款的规定，以破坏广播电视设施、公用电信设施罪，利用邪教组织破坏法律实施罪数罪并罚；对利用广播电视设施、公用电信设施制作、传播邪教组织信息，未对广播电视设施、公用电信设施造成破坏的，依照刑法第三百条第一款的规定，以利用邪教组织破坏法律实施罪定罪处罚。

15 此罪与彼罪

★最高人民法院、最高人民检察院《关于办理组织和利用邪教组织犯罪案件具体应用法律若干问题的解释》（1999年10月30日）（节录）

第四条 组织和利用邪教组织制造、散布迷信邪说，指使、胁迫其成员或者其他人实施自杀、自伤行为的，分别依照刑法第二百三十二条、第二百三十四条的规定，以故意杀人罪或者故意伤害罪定罪处罚。

第五条 组织和利用邪教组织，以迷信邪说引诱、胁迫、欺骗或者其他手段，奸淫妇女、幼女的，依照刑法第二百三十六条的规定，以强奸罪或者奸淫幼女罪[①]定罪处罚。

第六条 组织和利用邪教组织以各种欺骗手段，收取他人财物的，依照刑法第二百六十六条的规定，以诈骗罪定罪处罚。

第七条 组织和利用邪教组织，组织、策划、实施、煽动分裂国家、破坏国家统一或者颠覆国家政权、推翻社会主义制度的，分别依照刑法第一百零三条、第一百零五条、第一百一十三条的规定定罪处罚。

★最高人民法院、最高人民检察院《关于办理组织和利用邪教组织犯罪案件具体应用法律若干问题的解释（二）》（2001年6月11日）（节录）

---

① "奸淫幼女罪"已经被2015年8月29日《刑法修正案（九）》取消。

第二条 制作、传播邪教宣传品，煽动分裂国家、破坏国家统一，或者煽动颠覆国家政权、推翻社会主义制度的，依照刑法第一百零三条第二款、第一百零五条第二款的规定，以煽动分裂国家罪或者煽动颠覆国家政权罪定罪处罚。

第三条 制作、传播邪教宣传品，公然侮辱他人或者捏造事实诽谤他人的，依照刑法第二百四十六条的规定，以侮辱罪或者诽谤罪定罪处罚。

第七条 邪教组织人员以暴力、威胁方法阻碍国家机关工作人员依法执行职务的，依照刑法第二百七十七条第一款的规定，以妨害公务罪定罪处罚。其行为同时触犯刑法其他规定的，依照处罚较重的规定定罪处罚。

第八条 邪教组织人员为境外窃取、刺探、收买、非法提供国家秘密、情报的，以窃取、刺探、收买方法非法获取国家秘密的，非法持有国家绝密、机密文件、资料、物品拒不说明来源与用途的，或者泄露国家秘密情节严重的，分别依照刑法第一百一十一条为境外窃取、刺探、收买、非法提供国家秘密、情报罪，第二百八十二条第一款非法获取国家秘密罪，第二百八十二条第二款非法持有国家绝密、机密文件、资料、物品罪，第三百九十八条故意泄露国家秘密罪、过失泄露国家秘密罪的规定定罪处罚。

第九条 组织、策划、煽动、教唆、帮助邪教组织人员自杀、自残的，依照刑法第二百三十二条、第二百三十四条的规定，以故意杀人罪、故意伤害罪定罪处罚。

第十条 邪教组织人员以自焚、自爆或者其他危险方法危害公共安全的，分别依照刑法第一百一十四条、第一百一十五条第一款以危险方法危害公共安全罪等规定定罪处罚。

★最高人民法院《关于贯彻全国人大常委会〈关于取缔邪教组织、防范和惩治邪教活动的决定〉和"两院"司法解释的通知》（1999年11月5日）（节录）

二、依法审理组织和利用邪教组织犯罪案件，明确打击重点。各级人民法院要认真贯彻执行《决定》，按照《解释》的规定要求，严格依法办案，正确适用法律，坚决依法打击"法轮功"等邪教组织的犯罪活动。对于组织和利用邪教组织聚众围攻、冲击国家机关、企事业单位，扰乱国家机关、企事业单位的工作、生产、经营、教学和科研等秩序；非法举行集会、游行、示威，煽动、欺骗、组织其成员或者其他人聚众围攻、冲击、强占、哄闹公共场所及宗教活动场所，扰乱社会秩序；出版、印刷、复制、发行宣扬邪教内容的出版物、印制邪教组织标识的，坚决依照刑法第三百条第一款的规定，以组织、利用邪教组织破坏法律实施罪定罪处罚。对于组织和利用邪教组织制造、散布迷信邪说，蒙骗其成员或者其他人实施绝食、自残、自虐等行为，或者阻止病人进行正常治疗，致人死亡的，坚决依照刑法第三百条第二款的规定，以组织、利用邪教组织致人死亡罪定罪处罚，对造成特别严重后果的，依法从重处罚。对于邪教组织以各种欺骗手段敛取钱财的，依照刑法第三百条第三款和第二百六十六条的规定，以诈骗罪定罪处罚。对于邪教组织和组织、利用邪教组织破坏法律实施的犯罪分子，以各种手段非法聚敛的财物，用于犯罪的工具、宣传品的，应当依法追缴、没收。

━━━━▶ 量　刑 ◀━━━━

▶ **立功**

★最高人民法院、最高人民检察院《关于办理组织和利用邪教组织犯罪案件具体应用

法律若干问题的解答》(2002年5月20日)(节录)

二十五、问：组织和利用邪教组织犯罪的嫌疑人、被告人向司法机关提供线索，对抓获其他组织和利用邪教组织犯罪的嫌疑人（包括同案犯）起了重要作用的，是否属于立功？

答：对上述情形，可以认定为有立功表现。

从宽处罚、不起诉或不作为犯罪处理

★最高人民法院、最高人民检察院《关于办理组织和利用邪教组织犯罪案件具体应用法律若干问题的解释》(1999年10月30日)(节录)

第九条 对组织和利用邪教组织进行犯罪活动的组织、策划、指挥者和屡教不改的积极参加者，依照刑法和本解释的规定追究刑事责任；对有自首、立功表现的，可以依法从轻、减轻或者免除处罚。

对于受蒙蔽、胁迫参加邪教组织并已退出和不再参加邪教组织活动的人员，不作为犯罪处理。

★全国人民代表大会常务委员会《关于取缔邪教组织、防范和惩治邪教活动的决定》(1999年10月30日)(节录)

二、坚持教育与惩罚相结合，团结、教育绝大多数被蒙骗的群众，依法严惩极少数犯罪分子。在依法处理邪教组织的工作中，要把不明真相参与邪教活动人员同组织和利用邪教组织进行非法活动、蓄意破坏社会稳定的犯罪分子区别开来。对受蒙骗的群众不予追究。对构成犯罪的组织者、策划者、指挥者和骨干分子，坚决依法追究刑事责任；对于自首或者有立功表现的，可以依法从轻、减轻或者免除处罚。

★最高人民法院《关于贯彻全国人大常委会〈关于取缔邪教组织、防范和惩治邪教活动的决定〉和"两院"司法解释的通知》(1999年11月5日)(节录)

三、……重点打击组织和利用邪教组织进行犯罪活动的组织、策划、指挥者和屡教不改的骨干分子。对有自首、立功表现的，可以依法从轻、减轻或者免除处罚；对于受蒙蔽、胁迫参加邪教组织并已退出和不再参加邪教组织活动的人员，不作为犯罪处理。

★最高人民法院、最高人民检察院《关于办理组织和利用邪教组织犯罪案件具体应用法律若干问题的解释（二）》(2001年6月11日)(节录)

第十一条 人民检察院审查起诉邪教案件，对于犯罪情节轻微，有悔罪表现，确实不致再危害社会的犯罪嫌疑人，根据中华人民共和国刑事诉讼法第一百四十二条第二款①的规定，可以作出不起诉决定。

第十二条 人民法院审理邪教案件，对于有悔罪表现，不致再危害社会的被告人，可以依法从轻处罚；依法可以判处管制、拘役或者符合适用缓刑条件的，可以判处管制、拘役或者适用缓刑；对于犯罪情节轻微不需要判处刑罚的，可以免予刑事处罚。

★最高人民法院、最高人民检察院《关于办理组织和利用邪教组织犯罪案件具体应用法律若干问题的解答》(2002年5月20日)(节录)

二十六、问：对于实施《解释二》规定的行为，是否一律要定罪处罚？

答：对于实施《解释二》规定的行为，但情节轻微，行为人确有悔改表现，不致再危

---

① 2012年《刑事诉讼法》经修订后，现为第一百七十三条第二款。

害社会的，可以不以犯罪论处。

❸ 附加剥夺政治权利

★最高人民法院、最高人民检察院《关于办理组织和利用邪教组织犯罪案件具体应用法律若干问题的解答》（2002年5月20日）（节录）

二十七、问：对犯组织、利用邪教组织破坏法律实施罪的，是否可以附加剥夺政治权利？

答：对上述犯罪分子，情节特别严重的，依照刑法第五十六条第一款的规定，可以附加剥夺政治权利。

❹ 赃款赃物等的追缴、没收

★最高人民法院、最高人民检察院《关于办理组织和利用邪教组织犯罪案件具体应用法律若干问题的解释》（1999年10月30日）（节录）

第八条 对于邪教组织和组织、利用邪教组织破坏法律实施的犯罪分子，以各种手段非法聚敛的财物，用于犯罪的工具、宣传品等，应当依法追缴、没收。

第三百零一条【聚众淫乱罪】 聚众进行淫乱活动的，对首要分子或者多次参加的，处五年以下有期徒刑、拘役或者管制。

【引诱未成年人聚众淫乱罪】 引诱未成年人参加聚众淫乱活动的，依照前款的规定从重处罚。

◆ 立案追诉标准 ◆

★最高人民检察院、公安部《关于公安机关管辖的刑事案件立案追诉标准的规定（一）》（2008年6月25日）（节录）

第四十一条 [聚众淫乱案（刑法第三百零一条第一款）] 组织、策划、指挥三人以上进行聚众淫乱活动或者参加聚众淫乱活动三次以上的，应予立案追诉。

第四十二条 [引诱未成年人聚众淫乱案（刑法第三百零一条第二款）] 引诱未成年人参加聚众淫乱活动的，应予立案追诉。

第三百零二条[①]**【盗窃、侮辱、故意毁坏尸体、尸骨、骨灰罪】** 盗窃、侮辱、故意毁坏尸体、尸骨、骨灰的，处三年以下有期徒刑、拘役或者管制。

第三百零三条【赌博罪】 以营利为目的，聚众赌博或者以赌博为业的，处三年以下有期徒刑、拘役或者管制，并处罚金。

【开设赌场罪】 开设赌场的，处三年以下有期徒刑、拘役或者管制，并处罚金；情节严重的，处三年以上十年以下有期徒刑，并处罚金。

---

① 2015年8月29日《刑法修正案（九）》第三十四条增设了本条中的"故意毁坏"、"尸骨、骨灰"。

第二编 分 则

▶ 立案追诉标准 ◀

★最高人民检察院、公安部《关于公安机关管辖的刑事案件立案追诉标准的规定（一）》（2008年6月25日）（节录）

第四十三条 ［赌博案（刑法第三百零三条第一款）］ 以营利为目的，聚众赌博，涉嫌下列情形之一的，应予立案追诉：

（一）组织三人以上赌博，抽头渔利数额累计五千元以上的；

（二）组织三人以上赌博，赌资数额累计五万元以上的；

（三）组织三人以上赌博，参赌人数累计二十人以上的；

（四）组织中华人民共和国公民十人以上赴境外赌博，从中收取回扣、介绍费的；

（五）其他聚众赌博应予追究刑事责任的情形。

以营利为目的，以赌博为业的，应予立案追诉。

赌博犯罪中用作赌注的款物、换取筹码的款物和通过赌博赢取的款物属于赌资。通过计算机网络实施赌博犯罪的，赌资数额可以按照在计算机网络上投注或者赢取的点数乘以每一点实际代表的金额认定。

第四十四条 ［开设赌场案（刑法第三百零三条第二款）］ 开设赌场的，应予立案追诉。

在计算机网络上建立赌博网站，或者为赌博网站担任代理，接受投注的，属于本条规定的"开设赌场"。

▶ 定 罪 ◀

▶1 第一款"聚众赌博"的认定

★最高人民法院、最高人民检察院《关于办理赌博刑事案件具体应用法律若干问题的解释》（2005年5月13日）（节录）

第一条 以营利为目的，有下列情形之一的，属于刑法第三百零三条规定的"聚众赌博"：

（一）组织3人以上赌博，抽头渔利数额累计达到5000元以上的；

（二）组织3人以上赌博，赌资数额累计达到5万元以上的；

（三）组织3人以上赌博，参赌人数累计达到20人以上的；

（四）组织中华人民共和国公民10人以上赴境外赌博，从中收取回扣、介绍费的。

▶2 网上"开设赌场"行为的定罪处罚

★最高人民法院、最高人民检察院《关于办理赌博刑事案件具体应用法律若干问题的解释》（2005年5月13日）（节录）

第二条 以营利为目的，在计算机网络上建立赌博网站，或者为赌博网站担任代理，接受投注的，属于刑法第三百零三条规定的"开设赌场"。

★最高人民法院、最高人民检察院、公安部《关于办理网络赌博犯罪案件适用法律若干问题的意见》（2010年8月31日）（节录）

一、关于网上开设赌场犯罪的定罪量刑标准

利用互联网、移动通讯终端等传输赌博视频、数据，组织赌博活动，具有下列情形之一的，属于刑法第三百零三条第二款规定的"开设赌场"行为：

第六章 妨害社会管理秩序罪·第一节 扰乱公共秩序罪

（一）建立赌博网站并接受投注的；
（二）建立赌博网站并提供给他人组织赌博的；
（三）为赌博网站担任代理并接受投注的；
（四）参与赌博网站利润分成的。

实施前款规定的行为，具有下列情形之一的，应当认定为刑法第三百零三条第二款规定的"情节严重"：

（一）抽头渔利数额累计达到3万元以上的；
（二）赌资数额累计达到30万元以上的；
（三）参赌人数累计达到120人以上的；
（四）建立赌博网站后通过提供给他人组织赌博，违法所得数额在3万元以上的；
（五）参与赌博网站利润分成，违法所得数额在3万元以上的；
（六）为赌博网站招募下级代理，由下级代理接受投注的；
（七）招揽未成年人参与网络赌博的；
（八）其他情节严重的情形。

三、关于网络赌博犯罪的参赌人数、赌资数额和网站代理的认定

赌博网站的会员账号数可以认定为参赌人数，如果查实一个账号多人使用或者多个账号一人使用的，应当按照实际使用的人数计算参赌人数。

赌资数额可以按照在网络上投注或者赢取的点数乘以每一点实际代表的金额认定。

对于将资金直接或间接兑换为虚拟货币、游戏道具等虚拟物品，并用其作为筹码投注的，赌资数额按照购买该虚拟物品所需资金数额或者实际支付资金数额认定。

对于开设赌场犯罪中用于接收、流转赌资的银行账户内的资金，犯罪嫌疑人、被告人不能说明合法来源的，可以认定为赌资。向该银行账户转入、转出资金的银行账户数量可以认定为参赌人数。如果查实一个账户多人使用或多个账户一人使用的，应当按照实际使用的人数计算参赌人数。

有证据证明犯罪嫌疑人在赌博网站上的账号设置有下级账号的，应当认定其为赌博网站的代理。

四、关于网络赌博犯罪案件的管辖

网络赌博犯罪案件的地域管辖，应当坚持以犯罪地管辖为主、被告人居住地管辖为辅的原则。

"犯罪地"包括赌博网站服务器所在地、网络接入地，赌博网站建立者、管理者所在地，以及赌博网站代理人、参赌人实施网络赌博行为地等。

公安机关对侦办跨区域网络赌博犯罪案件的管辖权有争议的，应本着有利于查清犯罪事实、有利于诉讼的原则，认真协商解决。经协商无法达成一致的，报共同的上级公安机关指定管辖。对即将侦查终结的跨省（自治区、直辖市）重大网络赌博案件，必要时可由公安部商最高人民法院和最高人民检察院指定管辖。

为保证及时结案，避免超期羁押，人民检察院对于公安机关提请审查逮捕、移送审查起诉的案件，人民法院对于已进入审判程序的案件，犯罪嫌疑人、被告人及其辩护人提出

管辖异议或者办案单位发现没有管辖权的，受案人民检察院、人民法院经审查可以依法报请上级人民检察院、人民法院指定管辖，不再自行移送有管辖权的人民检察院、人民法院。

❸ 利用赌博机开设赌场行为的定罪处罚

★**最高人民法院、最高人民检察院、公安部《关于办理利用赌博机开设赌场案件适用法律若干问题的意见》**（2014年3月26日）（节录）

一、关于利用赌博机组织赌博的性质认定

设置具有退币、退分、退钢珠等赌博功能的电子游戏设施设备，并以现金、有价证券等贵重款物作为奖品，或者以回购奖品方式给予他人现金、有价证券等贵重款物（以下简称设置赌博机）组织赌博活动的，应当认定为刑法第三百零三条第二款规定的"开设赌场"行为。

二、关于利用赌博机开设赌场的定罪处罚标准

设置赌博机组织赌博活动，具有下列情形之一的，应当按照刑法第三百零三条第二款规定的开设赌场罪定罪处罚：

（一）设置赌博机10台以上的；

（二）设置赌博机2台以上，容留未成年人赌博的；

（三）在中小学校附近设置赌博机2台以上的；

（四）违法所得累计达到5000元以上的；

（五）赌资数额累计达到5万元以上的；

（六）参赌人数累计达到20人以上的；

（七）因设置赌博机被行政处罚后，两年内再设置赌博机5台以上的；

（八）因赌博、开设赌场犯罪被刑事处罚后，五年内再设置赌博机5台以上的；

（九）其他应当追究刑事责任的情形。

设置赌博机组织赌博活动，具有下列情形之一的，应当认定为刑法第三百零三条第二款规定的"情节严重"：

（一）数量或者数额达到第二条第一款第一项至第六项规定标准六倍以上的；

（二）因设置赌博机被行政处罚后，两年内再设置赌博机30台以上的；

（三）因赌博、开设赌场犯罪被刑事处罚后，五年内再设置赌博机30台以上的；

（四）其他情节严重的情形。

可同时供多人使用的赌博机，台数按照能够独立供一人进行赌博活动的操作基本单元的数量认定。

在两个以上地点设置赌博机，赌博机的数量、违法所得、赌资数额、参赌人数等均合并计算。

五、关于赌资的认定

本意见所称赌资包括：

（一）当场查获的用于赌博的款物；

（二）代币、有价证券、赌博积分等实际代表的金额；

(三) 在赌博机上投注或赢取的点数实际代表的金额。

六、关于赌博机的认定

对于涉案的赌博机,公安机关应当采取拍照、摄像等方式及时固定证据,并予以认定。对于是否属于赌博机难以确定的,司法机关可以委托地市级以上公安机关出具检验报告。司法机关根据检验报告,并结合案件具体情况作出认定。必要时,人民法院可以依法通知检验人员出庭作出说明。

4 属人管辖

★最高人民法院、最高人民检察院《关于办理赌博刑事案件具体应用法律若干问题的解释》(2005年5月13日)(节录)

第三条 中华人民共和国公民在我国领域外周边地区聚众赌博、开设赌场,以吸引中华人民共和国公民为主要客源,构成赌博罪的,可以依照刑法规定追究刑事责任。

5 设置圈套诱骗他人参赌后,又以暴力拒绝退还钱财行为的定性

★最高人民法院《关于对设置圈套诱骗他人参赌又向索还钱财的受骗者施以暴力或暴力威胁的行为应如何定罪问题的批复》(1995年11月6日)(节录)

行为人设置圈套诱骗他人参赌获取钱财,属赌博行为,构成犯罪的,应当以赌博罪定罪处罚。参赌者识破骗局要求退还所输钱财,设赌者又使用暴力或者以暴力相威胁,拒绝退还的,应以赌博罪从重处罚;致参赌者伤害或者死亡的,应以赌博罪和故意伤害罪或者故意杀人罪,依法实行数罪并罚。

6 共同犯罪

★最高人民法院、最高人民检察院《关于办理赌博刑事案件具体应用法律若干问题的解释》(2005年5月13日)(节录)

第四条 明知他人实施赌博犯罪活动,而为其提供资金、计算机网络、通讯、费用结算等直接帮助的,以赌博罪的共犯论处。

★最高人民法院、最高人民检察院、公安部《关于办理网络赌博犯罪案件适用法律若干问题的意见》(2010年8月31日)(节录)

二、关于网上开设赌场共同犯罪的认定和处罚

明知是赌博网站,而为其提供下列服务或者帮助的,属于开设赌场罪的共同犯罪,依照刑法第三百零三条第二款的规定处罚:

(一) 为赌博网站提供互联网接入、服务器托管、网络存储空间、通讯传输通道、投放广告、发展会员、软件开发、技术支持等服务,收取服务费数额在2万元以上的;

(二) 为赌博网站提供资金支付结算服务,收取服务费数额在1万元以上或者帮助收取赌资20万元以上的;

(三) 为10个以上赌博网站投放与网址、赔率等信息有关的广告或者为赌博网站投放广告累计100条以上的。

实施前款规定的行为,数量或者数额达到前款规定标准5倍以上的,应当认定为刑法第三百零三条第二款规定的"情节严重"。

实施本条第一款规定的行为,具有下列情形之一的,应当认定行为人"明知",但是

有证据证明确实不知道的除外：

（一）收到行政主管机关书面等方式的告知后，仍然实施上述行为的；

（二）为赌博网站提供互联网接入、服务器托管、网络存储空间、通讯传输通道、投放广告、软件开发、技术支持、资金支付结算等服务，收取服务费明显异常的；

（三）在执法人员调查时，通过销毁、修改数据、账本等方式故意规避调查或者向犯罪嫌疑人通风报信的；

（四）其他有证据证明行为人明知的。

如果有开设赌场的犯罪嫌疑人尚未到案，但是不影响对已到案共同犯罪嫌疑人、被告人的犯罪事实认定的，可以依法对已到案者定罪处罚。

★最高人民法院、最高人民检察院、公安部《关于办理利用赌博机开设赌场案件适用法律若干问题的意见》（2014年3月26日）（节录）

三、关于共犯的认定

明知他人利用赌博机开设赌场，具有下列情形之一的，以开设赌场罪的共犯论处：

（一）提供赌博机、资金、场地、技术支持、资金结算服务的；

（二）受雇参与赌场经营管理并分成的；

（三）为开设赌场者组织客源，收取回扣、手续费的；

（四）参与赌场管理并领取高额固定工资的；

（五）提供其他直接帮助的。

7 此罪与彼罪

★最高人民法院、最高人民检察院《关于办理赌博刑事案件具体应用法律若干问题的解释》（2005年5月13日）（节录）

第六条 未经国家批准擅自发行、销售彩票，构成犯罪的，依照刑法第二百二十五条第（四）项的规定，以非法经营罪定罪处罚。

第七条 通过赌博或者为国家工作人员赌博提供资金的形式实施行贿、受贿行为，构成犯罪的，依照刑法关于贿赂犯罪的规定定罪处罚。

★最高人民法院、最高人民检察院、公安部《关于办理利用赌博机开设赌场案件适用法律若干问题的意见》（2014年3月26日）（节录）

八、关于国家机关工作人员渎职犯罪的处理

负有查禁赌博活动职责的国家机关工作人员，徇私枉法，包庇、放纵开设赌场违法犯罪活动，或者为违法犯罪分子通风报信、提供便利、帮助犯罪分子逃避处罚，构成犯罪的，依法追究刑事责任……

8 罪与非罪

★最高人民法院、最高人民检察院、公安部《关于开展集中打击赌博违法犯罪活动专项行动有关工作的通知》（2005年1月10日）（节录）

二、……要严格区分赌博违法犯罪活动与群众正常文娱活动的界限，对不以营利为目的，进行带有少量财物输赢的娱乐活动，以及提供棋牌室等娱乐场所并只收取固定的场所和服务费用的经营行为等，不得以赌博论处。对参赌且赌资较大的，可由公安机关依法给予治安处罚；符合劳动教养条件的，依法给予劳动教养；违反党纪政纪的，由主管机关予以纪律处分。要严格依法办案，对构成犯罪的，决不姑息手软，严禁以罚代刑，降格处理；对不构成犯罪或者不应当给予行政处理的，不得打击、处理，不得以禁赌为名干扰群众的正常文娱活动。

★最高人民法院、最高人民检察院《关于办理赌博刑事案件具体应用法律若干问题的解释》（2005年5月13日）（节录）

第九条 不以营利为目的，进行带有少量财物输赢的娱乐活动，以及提供棋牌室等娱乐场所只收取正常的场所和服务费用的经营行为等，不以赌博论处。

★最高人民法院、最高人民检察院、公安部《关于办理利用赌博机开设赌场案件适用法律若干问题的意见》（2014年3月26日）（节录）

七、关于宽严相济刑事政策的把握

办理利用赌博机开设赌场的案件，应当贯彻宽严相济刑事政策，重点打击赌场的出资者、经营者。对受雇用为赌场从事接送参赌人员、望风看场、发牌坐庄、兑换筹码等活动的人员，除参与赌场利润分成或者领取高额固定工资的以外，一般不追究刑事责任，可由公安机关依法给予治安管理处罚。对设置游戏机，单次换取少量奖品的娱乐活动，不以违法犯罪论处。

综合规范

★最高人民法院、最高人民检察院、公安部《关于开展集中打击赌博违法犯罪活动专项行动有关工作的通知》（2005年1月10日）（节录）

二、突出打击重点，严格依照法律规定打击赌博违法犯罪活动

在专项行动中，要按照刑法和有关司法解释的规定，严格依法办案，准确认定赌博犯罪行为，保证办案质量。对以营利为目的聚众赌博、开设赌场的，无论其是否参与赌博，均应以赌博罪追究刑事责任；对以营利为目的以赌博为业的，无论其是否实际营利，也应以赌博罪追究刑事责任。对通过在中国领域内设立办事处、代表处或者散发广告等形式，招揽、组织中国公民赴境外赌博，构成犯罪的，以赌博罪定罪处罚。对具有教唆他人赌博、组织未成年人聚众赌博或者开设赌场吸引未成年人参与赌博以及国家工作人员犯赌博罪等情形的，应当依法从严处理。对实施贪污、挪用公款、职务侵占、挪用单位资金、挪用特定款物、受贿等犯罪，并将犯罪所得的款物用于赌博的，分别依照刑法有关规定从重处罚；同时构成赌博罪的，应依照刑法规定实行数罪并罚。要充分运用没收财产、罚金等财产刑，以及追缴违法所得、没收用于赌博的本人财物和犯罪工具等措施，从经济上制裁犯罪分子，铲除赌博犯罪行为的经济基础。要坚持惩办与宽大相结合的刑事政策，区别对待，宽严相济，最大限度地分化瓦解犯罪分子。对主动投案自首或者有检举、揭发赌博违法犯罪活动等立功表现的，可依法从宽处罚。

◆ 量 刑 ◆

从重处罚

★最高人民法院、最高人民检察院《关于办理赌博刑事案件具体应用法律若干问题的解释》（2005年5月13日）（节录）

第五条 实施赌博犯罪，有下列情形之一的，依照刑法第三百零三条的规定从重处罚：

（一）具有国家工作人员身份的；

（二）组织国家工作人员赴境外赌博的；

（三）组织未成年人参与赌博，或者开设赌场吸引未成年人参与赌博的。

★最高人民法院、最高人民检察院、公安部《关于办理利用赌博机开设赌场案件适用法律若干问题的意见》（2014年3月26日）（节录）

八、关于国家机关工作人员渎职犯罪的处理

……国家机关工作人员参与利用赌博机开设赌场犯罪的，从重处罚。

❷ 赃款赃物及犯罪工具的追缴、没收

★最高人民法院、最高人民检察院《关于办理赌博刑事案件具体应用法律若干问题的解释》（2005年5月13日）（节录）

第八条 赌博犯罪中用作赌注的款物、换取筹码的款物和通过赌博赢取的款物属于赌资。通过计算机网络实施赌博犯罪的，赌资数额可以按照在计算机网络上投注或者赢取的点数乘以每一点实际代表的金额认定。

赌资应当依法予以追缴；赌博用具、赌博违法所得以及赌博犯罪分子所有的专门用于赌博的资金、交通工具、通讯工具等，应当依法予以没收。

第三百零四条【故意延误投递邮件罪】邮政工作人员严重不负责任，故意延误投递邮件，致使公共财产、国家和人民利益遭受重大损失的，处二年以下有期徒刑或者拘役。

━━━━◁ 立案追诉标准 ▷━━━━

★最高人民检察院、公安部《关于公安机关管辖的刑事案件立案追诉标准的规定（一）》（2008年6月25日）（节录）

第四十五条 [故意延误投递邮件案（刑法第三百零四条）]邮政工作人员严重不负责任，故意延误投递邮件，涉嫌下列情形之一的，应予立案追诉：

（一）造成直接经济损失二万元以上的；

（二）延误高校录取通知书或者其他重要邮件投递，致使他人失去高校录取资格或者造成其他无法挽回的重大损失的；

（三）严重损害国家声誉或者造成恶劣社会影响的；

（四）其他致使公共财产、国家和人民利益遭受重大损失的情形。

第二节 妨害司法罪

第三百零五条【伪证罪】在刑事诉讼中，证人、鉴定人、记录人、翻译人对与案件有重要关系的情节，故意作虚假证明、鉴定、记录、翻译，意图陷害他人或者隐匿罪证的，处三年以下有期徒刑或者拘役；情节严重的，处三年以上七年以下有期徒刑。

第六章　妨害社会管理秩序罪·第二节　妨害司法罪

◀　定　　罪　▶

▮ 本罪定义

★最高人民检察院侦查监督厅《关于印发部分罪案〈审查逮捕证据参考标准（试行）〉的通知》（2003年11月27日）（节录）

十一、伪证罪案审查逮捕证据参考标准

伪证罪，是指触犯《刑法》第305条的规定，在刑事诉讼中，证人、鉴定人、记录人、翻译人对与案件有关的重要情节，故意作虚假证明、鉴定、记录、翻译，意图陷害他人或隐匿罪证的行为。

第三百零六条【辩护人、诉讼代理人毁灭证据、伪造证据、妨害作证罪】 在刑事诉讼中，辩护人、诉讼代理人毁灭、伪造证据，帮助当事人毁灭、伪造证据，威胁、引诱证人违背事实改变证言或者作伪证的，处三年以下有期徒刑或者拘役；情节严重的，处三年以上七年以下有期徒刑。

辩护人、诉讼代理人提供、出示、引用的证人证言或者其他证据失实，不是有意伪造的，不属于伪造证据。

第三百零七条【妨害作证罪】 以暴力、威胁、贿买等方法阻止证人作证或者指使他人作伪证的，处三年以下有期徒刑或者拘役；情节严重的，处三年以上七年以下有期徒刑。

【帮助毁灭、伪造证据罪】 帮助当事人毁灭、伪造证据，情节严重的，处三年以下有期徒刑或者拘役。

司法工作人员犯前两款罪的，从重处罚。

关联法条：第九十四条

◀　定　　罪　▶

▮ 此罪与彼罪

★最高人民检察院法律政策研究室《关于通过伪造证据骗取法院民事裁判占有他人财物的行为如何适用法律问题的答复》（2002年10月24日）（节录）

以非法占有为目的，通过伪造证据骗取法院民事裁判占有他人财物的行为所侵害的主要是人民法院正常的审判活动可以由人民法院依照民事诉讼法的有关规定作出处理，不宜以诈骗罪追究行为人的刑事责任。如果行为人伪造证据时，实施了伪造公司、企业、事业单位、人民团体印章的行为，构成犯罪的，应当依照刑法第二百八十条第二款的规定，以伪造公司、企业、事业单位、人民团体印章罪追究刑事责任；如果行为人有指使他人作伪证行为，构成犯罪的应当依照刑法第三百零七条第一款的规定，以妨害作证罪追究刑事责任。

第三百零七条之一①【虚假诉讼罪】以捏造的事实提起民事诉讼,妨害司法秩序或者严重侵害他人合法权益的,处三年以下有期徒刑、拘役或者管制,并处或者单处罚金;情节严重的,处三年以上七年以下有期徒刑,并处罚金。

单位犯前款罪的,对单位判处罚金,并对其直接负责的主管人员和其他直接责任人员,依照前款的规定处罚。

有第一款行为,非法占有他人财产或者逃避合法债务,又构成其他犯罪的,依照处罚较重的规定定罪从重处罚。

司法工作人员利用职权,与他人共同实施前三款行为的,从重处罚;同时构成其他犯罪的,依照处罚较重的规定定罪从重处罚。

◆ 定　　罪 ◆

▶ **1 溯及力**

★最高人民法院《关于〈中华人民共和国刑法修正案（九）〉时间效力问题的解释》(2015年11月1日)（节录）

第七条 对于2015年10月31日以前以捏造的事实提起民事诉讼,妨害司法秩序或者严重侵害他人合法权益,根据修正前刑法应当以伪造公司、企业、事业单位、人民团体印章罪或者妨害作证罪等追究刑事责任的,适用修正前刑法的有关规定。但是,根据修正后刑法第三百零七条之一的规定处刑较轻的,适用修正后刑法的有关规定。

实施第一款行为,非法占有他人财产或者逃避合法债务,根据修正前刑法应当以诈骗罪、职务侵占罪或者贪污罪等追究刑事责任的,适用修正前刑法的有关规定。

第三百零八条【打击报复证人罪】对证人进行打击报复的,处三年以下有期徒刑或者拘役;情节严重的,处三年以上七年以下有期徒刑。

第三百零八条之一②【泄露不应公开的案件信息罪】司法工作人员、辩护人、诉讼代理人或者其他诉讼参与人,泄露依法不公开审理的案件中不应当公开的信息,造成信息公开传播或者其他严重后果的,处三年以下有期徒刑、拘役或者管制,并处或者单处罚金。

有前款行为,泄露国家秘密的,依照本法第三百九十八条的规定定罪处罚。

【披露、报道不应公开的案件信息罪】公开披露、报道第一款规定的案件信息,情节严重的,依照第一款的规定处罚。

单位犯前款罪的,对单位判处罚金,并对其直接负责的主管人员和其他直接责任人员,依照第一款的规定处罚。

关联法条：第九十四条

---

① 本条系2015年8月29日《刑法修正案（九）》第三十五条增设。
② 本条系2015年8月29日《刑法修正案（九）》第三十六条增设。

第六章 妨害社会管理秩序罪·第二节 妨害司法罪

第三百零九条①【扰乱法庭秩序罪】有下列扰乱法庭秩序情形之一的,处三年以下有期徒刑、拘役、管制或者罚金:

(一)聚众哄闹、冲击法庭的;

(二)殴打司法工作人员或者诉讼参与人的;

(三)侮辱、诽谤、威胁司法工作人员或者诉讼参与人,不听法庭制止,严重扰乱法庭秩序的;

(四)有毁坏法庭设施,抢夺、损毁诉讼文书、证据等扰乱法庭秩序行为,情节严重的。

关联法条: 第九十四条

第三百一十条【窝藏、包庇罪】明知是犯罪的人而为其提供隐藏处所、财物,帮助其逃匿或者作假证明包庇的,处三年以下有期徒刑、拘役或者管制;情节严重的,处三年以上十年以下有期徒刑。

犯前款罪,事前通谋的,以共同犯罪论处。

关联法条: 第三百六十二条

第三百一十一条②【拒绝提供间谍犯罪、恐怖主义犯罪、极端主义犯罪证据罪】明知他人有间谍犯罪或者恐怖主义、极端主义犯罪行为,在司法机关向其调查有关情况、收集有关证据时,拒绝提供,情节严重的,处三年以下有期徒刑、拘役或者管制。

第三百一十二条【掩饰、隐瞒犯罪所得、犯罪所得收益罪】明知是犯罪所得及其产生的收益而予以窝藏、转移、收购、代为销售或者以其他方法掩饰、隐瞒的,处三年以下有期徒刑、拘役或者管制,并处或者单处罚金;情节严重的,处三年以上七年以下有期徒刑,并处罚金。

单位犯前款罪的,对单位判处罚金,并对其直接负责的主管人员和其他直接责任人员,依照前款的规定处罚。

───◆ 定　罪 ◆───

▶ **入罪数额**

★最高人民法院《关于审理掩饰、隐瞒犯罪所得、犯罪所得收益刑事案件适用法律若干问题的解释》(2015年6月1日)(节录)

第一条　明知是犯罪所得及其产生的收益而予以窝藏、转移、收购、代为销售或者以

---

① 2015年8月29日《刑法修正案(九)》第三十七条对本条进行了修订。
② 2015年8月29日《刑法修正案(九)》第三十八条增设了本条"或者恐怖主义、极端主义犯罪"的表述。

其他方法掩饰、隐瞒，具有下列情形之一的，应当依照刑法第三百一十二条第一款的规定，以掩饰、隐瞒犯罪所得、犯罪所得收益罪定罪处罚：

（一）掩饰、隐瞒犯罪所得及其产生的收益价值三千元至一万元以上的；

（二）一年内曾因掩饰、隐瞒犯罪所得及其产生的收益行为受过行政处罚，又实施掩饰、隐瞒犯罪所得及其产生的收益行为的；

（三）掩饰、隐瞒的犯罪所得系电力设备、交通设施、广播电视设施、公用电信设施、军事设施或者救灾、抢险、防汛、优抚、扶贫、移民、救济款物的；

（四）掩饰、隐瞒行为致使上游犯罪无法及时查处，并造成公私财物损失无法挽回的；

（五）实施其他掩饰、隐瞒犯罪所得及其产生的收益行为，妨害司法机关对上游犯罪进行追究的。

各省、自治区、直辖市高级人民法院可以根据本地区经济社会发展状况，并考虑社会治安状况，在本条第一款第（一）项规定的数额幅度内，确定本地执行的具体数额标准，报最高人民法院备案。

司法解释对掩饰、隐瞒涉及计算机信息系统数据、计算机信息系统控制权的犯罪所得及其产生的收益行为构成犯罪已有规定的，审理此类案件依照该规定。

依照全国人民代表大会常务委员会《关于〈中华人民共和国刑法〉第三百四十一条、第三百一十二条的解释》，明知是非法狩猎的野生动物而收购，数量达到五十只以上的，以掩饰、隐瞒犯罪所得罪定罪处罚。

▶2 "明知"的认定

★最高人民法院《关于审理洗钱等刑事案件具体应用法律若干问题的解释》（2009年11月11日）（节录）

第一条 刑法第一百九十一条、第三百一十二条规定的"明知"，应当结合被告人的认知能力，接触他人犯罪所得及其收益的情况，犯罪所得及其收益的种类、数额，犯罪所得及其收益的转换、转移方式以及被告人的供述等主、客观因素进行认定。

具有下列情形之一的，可以认定被告人明知系犯罪所得及其收益，但有证据证明确实不知道的除外：

（一）知道他人从事犯罪活动，协助转换或者转移财物的；

（二）没有正当理由，通过非法途径协助转换或者转移财物的；

（三）没有正当理由，以明显低于市场的价格收购财物的；

（四）没有正当理由，协助转换或者转移财物，收取明显高于市场的"手续费"的；

（五）没有正当理由，协助他人将巨额现金散存于多个银行账户或者在不同银行账户之间频繁划转的；

（六）协助近亲属或者其他关系密切的人转换或者转移与其职业或者财产状况明显不符的财物的；

（七）其他可以认定行为人明知的情形。

▶3 "犯罪所得"、"犯罪所得产生的收益"、"其他方法"的认定

★最高人民法院《关于审理掩饰、隐瞒犯罪所得、犯罪所得收益刑事案件适用法律若

第六章 妨害社会管理秩序罪·第二节 妨害司法罪

干问题的解释》(2015年6月1日)（节录）

第十条 通过犯罪直接得到的赃款、赃物，应当认定为刑法第三百一十二条规定的"犯罪所得"。上游犯罪的行为人对犯罪所得进行处理后得到的孳息、租金等，应当认定为刑法第三百一十二条规定的"犯罪所得产生的收益"。

明知是犯罪所得及其产生的收益而采取窝藏、转移、收购、代为销售以外的方法，如居间介绍买卖，收受，持有，使用，加工，提供资金账户，协助将财物转换为现金、金融票据、有价证券，协助将资金转移、汇往境外等，应当认定为刑法第三百一十二条规定的"其他方法"。

4 "情节严重"的认定

★最高人民法院《关于审理掩饰、隐瞒犯罪所得、犯罪所得收益刑事案件适用法律若干问题的解释》(2015年6月1日)（节录）

第三条 掩饰、隐瞒犯罪所得及其产生的收益，具有下列情形之一的，应当认定为刑法第三百一十二条第一款规定的"情节严重"：

（一）掩饰、隐瞒犯罪所得及其产生的收益价值总额达到十万元以上的；

（二）掩饰、隐瞒犯罪所得及其产生的收益十次以上，或者三次以上且价值总额达到五万元以上的；

（三）掩饰、隐瞒的犯罪所得系电力设备、交通设施、广播电视设施、公用电信设施、军事设施或者救灾、抢险、防汛、优抚、扶贫、移民、救济款物，价值总额达到五万元以上的；

（四）掩饰、隐瞒行为致使上游犯罪无法及时查处，并造成公私财物重大损失无法挽回或其他严重后果的；

（五）实施其他掩饰、隐瞒犯罪所得及其产生的收益行为，严重妨害司法机关对上游犯罪予以追究的。

司法解释对掩饰、隐瞒涉及机动车、计算机信息系统数据、计算机信息系统控制权的犯罪所得及其产生的收益行为认定"情节严重"已有规定的，审理此类案件依照该规定。

5 明知是盗抢骗夺的机动车而予以窝藏、转移、改装或代为销售等行为的定性

★最高人民法院、最高人民检察院、公安部、国家工商行政管理局《关于依法查处盗窃、抢劫机动车案件的规定》(1998年5月8日)（节录）

二、明知是盗窃、抢劫所得机动车而予以窝藏、转移、收购或者代为销售的，依照《刑法》第三百一十二条的规定处罚。

对明知是盗窃、抢劫所得机动车而予以拆解、改装、拼装、典当、倒卖的，视为窝藏、转移、收购或者代为销售，依照《刑法》第三百一十二条的规定处罚。

三、国家指定的车辆交易市场、机动车经营企业（含典当、拍卖行）以及从事机动车修理、零部件销售企业的主管人员或者其他直接责任人员，明知是盗窃、抢劫的机动车而予以窝藏、转移、拆解、改装、拼装、收购或者代为销售的，依照《刑法》第三百一十二条的规定处罚。单位组织实施上述行为的，由工商行政管理机关予以处罚。

十七、本规定所称的"明知"，是指知道或者应当知道。有下列情形之一的，可视为

· 583 ·

应当知道，但有证据证明确属被蒙骗的除外：

（一）在非法的机动车交易场所和销售单位购买的；

（二）机动车证件手续不全或者明显违反规定的；

（三）机动车发动机号或者车架号有更改痕迹，没有合法证明的；

（四）以明显低于市场价格购买机动车的。

★最高人民法院、最高人民检察院《关于办理与盗窃、抢劫、诈骗、抢夺机动车相关刑事案件具体应用法律若干问题的解释》（2007年5月11日）（节录）

第一条　明知是盗窃、抢劫、诈骗、抢夺的机动车，实施下列行为之一的，依照刑法第三百一十二条的规定，以掩饰、隐瞒犯罪所得、犯罪所得收益罪定罪，处三年以下有期徒刑、拘役或者管制，并处或者单处罚金：

（一）买卖、介绍买卖、典当、拍卖、抵押或者用其抵债的；

（二）拆解、拼装或者组装的；

（三）修改发动机号、车辆识别代号的；

（四）更改车身颜色或者车辆外形的；

（五）提供或者出售机动车来历凭证、整车合格证、号牌以及有关机动车的其他证明和凭证的；

（六）提供或者出售伪造、变造的机动车来历凭证、整车合格证、号牌以及有关机动车的其他证明和凭证的。

实施第一款规定的行为涉及盗窃、抢劫、诈骗、抢夺的机动车五辆以上或者价值总额达到五十万元以上的，属于刑法第三百一十二条规定的"情节严重"，处三年以上七年以下有期徒刑，并处罚金。

第六条　行为人实施本解释第一条、第三条第三款规定的行为，涉及的机动车有下列情形之一的，应当认定行为人主观上属于上述条款所称"明知"：

（一）没有合法有效的来历凭证的；

（二）发动机号、车辆识别代号有明显更改痕迹，没有合法证明的。

6 明知是盗窃所得的油气或油气设备，而予以掩饰隐瞒行为的定性

★最高人民法院、最高人民检察院《关于办理盗窃油气、破坏油气设备等刑事案件具体应用法律若干问题的解释》（2007年1月19日）（节录）

第五条　明知是盗窃犯罪所得的油气或者油气设备，而予以窝藏、转移、收购、加工、代为销售或者以其他方法掩饰、隐瞒的，依照刑法第三百一十二条的规定定罪处罚。

实施前款规定的犯罪行为，事前通谋的，以盗窃犯罪的共犯定罪处罚。

第八条　本解释所称的"油气"，是指石油、天然气。其中，石油包括原油、成品油；天然气包括煤层气。

本解释所称"油气设备"，是指用于石油、天然气生产、储存、运输等易燃易爆设备。

7 明知是非法获取的电子数据或计算机信息系统控制权而予以掩饰、隐瞒行为的定性

★最高人民法院、最高人民检察院《关于办理危害计算机信息系统安全刑事案件应用

法律若干问题的解释》(2011年9月1日)(节录)

第七条　明知是非法获取计算机信息系统数据犯罪所获取的数据、非法控制计算机信息系统犯罪所获取的计算机信息系统控制权，而予以转移、收购、代为销售或者以其他方法掩饰、隐瞒，违法所得五千元以上的，应当依照刑法第三百一十二条第一款的规定，以掩饰、隐瞒犯罪所得罪定罪处罚。

实施前款规定行为，违法所得五万元以上的，应当认定为刑法第三百一十二条第一款规定的"情节严重"。

单位实施第一款规定行为的，定罪量刑标准依照第一款、第二款的规定执行。

8 明知是非法狩猎的野生动物而购买行为的定性

★全国人民代表大会常务委员会《关于〈中华人民共和国刑法〉第三百四十一条、第三百一十二条的解释》(2014年4月24日)(节录)

知道或者应当知道是刑法第三百四十一条第二款规定的非法狩猎的野生动物而购买的，属于刑法第三百一十二条第一款规定的明知是犯罪所得而收购的行为。

★最高人民法院《关于审理掩饰、隐瞒犯罪所得、犯罪所得收益刑事案件适用法律若干问题的解释》(2015年6月1日)(节录)

第一条（第4款）　依照全国人民代表大会常务委员会《关于〈中华人民共和国刑法〉第三百四十一条、第三百一十二条的解释》，明知是非法狩猎的野生动物而收购，数量达到五十只以上的，以掩饰、隐瞒犯罪所得罪定罪处罚。

9 掩饰隐瞒通过盗窃、盗墓所得的三级以上文物行为的定性

★最高人民法院、最高人民检察院《关于办理妨害文物管理等刑事案件适用法律若干问题的解释》(2016年1月1日)(节录)

第九条　明知是盗窃文物、盗掘古文化遗址、古墓葬等犯罪所获取的三级以上文物，而予以窝藏、转移、收购、加工、代为销售或者以其他方法掩饰、隐瞒的，依照刑法第三百一十二条的规定，以掩饰、隐瞒犯罪所得罪追究刑事责任。

实施前款规定的行为，事先通谋的，以共同犯罪论处。

10 犯罪数额的计算

★最高人民法院《关于审理掩饰、隐瞒犯罪所得、犯罪所得收益刑事案件适用法律若干问题的解释》(2015年6月1日)(节录)

第四条　掩饰、隐瞒犯罪所得及其产生的收益的数额，应当以实施掩饰、隐瞒行为时为准。收购或者代为销售财物的价格高于其实际价值的，以收购或者代为销售的价格计算。

多次实施掩饰、隐瞒犯罪所得及其产生的收益行为，未经行政处罚，依法应当追诉的，犯罪所得、犯罪所得收益的数额应当累计计算。

11 与上游犯罪的关系

★最高人民法院《关于审理洗钱等刑事案件具体应用法律若干问题的解释》(2009年11月11日)(节录)

第四条　刑法第一百九十一条、第三百一十二条、第三百四十九条规定的犯罪，应当以上游犯罪事实成立为认定前提。上游犯罪尚未依法裁判，但查证属实的，不影响刑法第

一百九十一条、第三百一十二条、第三百四十九条规定的犯罪的审判。

上游犯罪事实可以确认,因行为人死亡等原因依法不予追究刑事责任的,不影响刑法第一百九十一条、第三百一十二条、第三百四十九条规定的犯罪的认定。

上游犯罪事实可以确认,依法以其他罪名定罪处罚的,不影响刑法第一百九十一条、第三百一十二条、第三百四十九条规定的犯罪的认定。

本条所称"上游犯罪",是指产生刑法第一百九十一条、第三百一十二条、第三百四十九条规定的犯罪所得及其收益的各种犯罪行为。

★最高人民法院《关于审理掩饰、隐瞒犯罪所得、犯罪所得收益刑事案件适用法律若干问题的解释》(2015年6月1日)(节录)

第八条 认定掩饰、隐瞒犯罪所得、犯罪所得收益罪,以上游犯罪事实成立为前提。上游犯罪尚未依法裁判,但查证属实的,不影响掩饰、隐瞒犯罪所得、犯罪所得收益罪的认定。

上游犯罪事实经查证属实,但因行为人未达到刑事责任年龄等原因依法不予追究刑事责任的,不影响掩饰、隐瞒犯罪所得、犯罪所得收益罪的认定。

12 名为单位犯罪,实为自然人犯罪的处罚

★最高人民法院《关于审理掩饰、隐瞒犯罪所得、犯罪所得收益刑事案件适用法律若干问题的解释》(2015年6月1日)(节录)

第九条 盗用单位名义实施掩饰、隐瞒犯罪所得及其产生的收益行为,违法所得由行为人私分的,依照刑法和司法解释有关自然人犯罪的规定定罪处罚。

13 选择性罪名的具体适用

★最高人民法院《关于审理掩饰、隐瞒犯罪所得、犯罪所得收益刑事案件适用法律若干问题的解释》(2015年6月1日)(节录)

第十一条 掩饰、隐瞒犯罪所得、犯罪所得收益罪是选择性罪名,审理此类案件,应当根据具体犯罪行为及其指向的对象,确定适用的罪名。

14 共同犯罪

★最高人民法院、最高人民检察院、公安部、国家工商行政管理局《关于依法查处盗窃、抢劫机动车案件的规定》(1998年5月8日)(节录)

二、明知是盗窃、抢劫所得机动车而予以窝藏、转移、收购或者代为销售的,依照《刑法》第三百一十二条的规定处罚。

对明知是盗窃、抢劫所得机动车而予以拆解、改装、拼装、典当、倒卖的,视为窝藏、转移、收购或者代为销售,依照《刑法》第三百一十二条的规定处罚。

三、国家指定的车辆交易市场、机动车经营企业(含典当、拍卖行)以及从事机动车修理、零部件销售企业的主管人员或者其他直接责任人员,明知是盗窃、抢劫的机动车而予以窝藏、转移、拆解、改装、拼装、收购或者代为销售的,依照《刑法》第三百一十二条的规定处罚。单位组织实施上述行为的,由工商行政管理机关予以处罚。

四、本规定第二条和第三条中的行为人事先与盗窃、抢劫机动车辆的犯罪分子通谋的,分别以盗窃、抢劫罪的共犯论处。

★最高人民法院《关于审理掩饰、隐瞒犯罪所得、犯罪所得收益刑事案件适用法律若干问题的解释》（2015年6月1日）

第五条 事前与盗窃、抢劫、诈骗、抢夺等犯罪分子通谋，掩饰、隐瞒犯罪所得及其产生的收益的，以盗窃、抢劫、诈骗、抢夺等犯罪的共犯论处。

15 一罪与数罪

★最高人民法院《关于审理洗钱等刑事案件具体应用法律若干问题的解释》（2009年11月11日）（节录）

第三条 明知是犯罪所得及其产生的收益而予以掩饰、隐瞒，构成刑法第三百一十二条规定的犯罪，同时又构成刑法第一百九十一条或者第三百四十九条规定的犯罪的，依照处罚较重的规定定罪处罚。

★最高人民法院《关于审理掩饰、隐瞒犯罪所得、犯罪所得收益刑事案件适用法律若干问题的解释》（2015年6月1日）（节录）

第七条 明知是犯罪所得及其产生的收益而予以掩饰、隐瞒，构成刑法第三百一十二条规定的犯罪，同时构成其他犯罪的，依照处罚较重的规定定罪处罚。

16 此罪与彼罪

★最高人民法院、最高人民检察院、公安部、国家工商行政管理局《关于依法查处盗窃、抢劫机动车案件的规定》（1998年5月8日）（节录）

五、机动车交易必须在国家指定的交易市场或合法经营企业进行，其交易凭证经工商行政管理机关验证盖章后办理登记或过户手续，私下交易机动车辆属于违法行为，由工商行政管理机关依法处理。

明知是赃车而购买，以收购赃物罪定罪处罚。单位的主管人员或者其他直接责任人员明知是赃车购买的，以收购赃物罪定罪处罚。

明知是赃车而介绍买卖的，以收购、销售赃物罪的共犯论处。

十二、对明知是赃车而购买的，应将车辆无偿追缴；对违反国家规定购买车辆，经查证是赃车的，公安机关可以根据《中华人民共和国刑事诉讼法》第一百一十条和第一百一十四条规定进行追缴和扣押。对不明知是赃车而购买的，结案后予以退还买主。

十三、对购买赃车后使用非法提供的入户、过户手续或者使用伪造、变造的入户、过户手续为赃车入户、过户的，应当吊销牌证，并将车辆无偿追缴；已将入户、过户车辆变卖的，追缴变卖所得并责令赔偿经济损失。

十四、对直接从犯罪分子处追缴的被盗窃、抢劫的机动车辆，经检验鉴定，查证属实后，可依法先行返还失主，移送案件时附清单、照片及其他证据。在返还失主前，按照赃物管理规定管理，任何单位和个人都不得挪用、损毁或者自行处理。

★最高人民法院《关于审理掩饰、隐瞒犯罪所得、犯罪所得收益刑事案件适用法律若干问题的解释》（2015年6月1日）（节录）

第六条 对犯罪所得及其产生的收益实施盗窃、抢劫、诈骗、抢夺等行为，构成犯罪的，分别以盗窃罪、抢劫罪、诈骗罪、抢夺罪等定罪处罚。

17 管辖的确定

★最高人民法院、最高人民检察院《关于办理与盗窃、抢劫、诈骗、抢夺机动车相关刑事案件具体应用法律若干问题的解释》（2007年5月11日）（节录）

第五条 对跨地区实施的涉及同一机动车的盗窃、抢劫、诈骗、抢夺以及掩饰、隐瞒犯罪所得、犯罪所得收益行为，有关公安机关可以依照法律和有关规定一并立案侦查，需要提请批准逮捕、移送审查起诉、提起公诉的，由该公安机关所在地的同级人民检察院、人民法院受理。

量　刑

1 量刑起点、基准刑的确定

★最高人民法院《关于常见犯罪的量刑指导意见》（2014年1月1日）（节录）

四、常见犯罪的量刑

（十四）掩饰、隐瞒犯罪所得、犯罪所得收益罪

1. 构成掩饰、隐瞒犯罪所得、犯罪所得收益罪的，可以根据下列不同情形在相应的幅度内确定量刑起点：

（1）犯罪情节一般的，可以在一年以下有期徒刑、拘役幅度内确定量刑起点。

（2）情节严重的，可以在三年至四年有期徒刑幅度内确定量刑起点。

2. 在量刑起点的基础上，可以根据犯罪数额等其他影响犯罪构成的犯罪事实增加刑罚量，确定基准刑。

2 免予刑事处罚、不认为是犯罪或酌情从宽

★最高人民法院《关于审理掩饰、隐瞒犯罪所得、犯罪所得收益刑事案件适用法律若干问题的解释》（2015年6月1日）（节录）

第一条 明知是犯罪所得及其产生的收益而予以窝藏、转移、收购、代为销售或者以其他方法掩饰、隐瞒，具有下列情形之一的，应当依照刑法第三百一十二条第一款的规定，以掩饰、隐瞒犯罪所得、犯罪所得收益罪定罪处罚：

（一）掩饰、隐瞒犯罪所得及其产生的收益价值三千元至一万元以上的……

第二条 掩饰、隐瞒犯罪所得及其产生的收益行为符合本解释第一条的规定，认罪、悔罪并退赃、退赔，且具有下列情形之一的，可以认定为犯罪情节轻微，免予刑事处罚：

（一）具有法定从宽处罚情节的；

（二）为近亲属掩饰、隐瞒犯罪所得及其产生的收益，且系初犯、偶犯的；

（三）有其他情节轻微情形的。

行为人为自用而掩饰、隐瞒犯罪所得，财物价值刚达到本解释第一条第一款第（一）项规定的标准，认罪、悔罪并退赃、退赔的，一般可不认为是犯罪；依法追究刑事责任的，应当酌情从宽。

第三百一十三条① 【拒不执行判决、裁定罪】 对人民法院的判决、裁定有能力执行而拒不执行，情节严重的，处三年以下有期徒刑、拘役或者罚金；情节特别严重的，处三年以上七年以下有期徒刑，并处罚金。

单位犯前款罪的，对单位判处罚金，并对其直接负责的主管人员和其他直接责任人员，依照前款的规定处罚。

◆ 定 罪 ◆

1 入罪情节

★最高人民法院、最高人民检察院、公安部《关于依法严肃查处拒不执行判决、裁定和暴力抗拒法院执行犯罪行为有关问题的通知》（2007年8月30日）（节录）

一、对下列拒不执行判决、裁定的行为，依照刑法第三百一十三条的规定，以拒不执行判决、裁定罪论处：

（一）被执行人隐藏、转移、故意毁损财产或者无偿转让财产、以明显不合理的低价转让财产，致使判决、裁定无法执行的；

（二）担保人或者被执行人隐藏、转移、故意毁损或者转让已向人民法院提供担保的财产，致使判决、裁定无法执行的；

（三）协助执行义务人接到人民法院协助执行通知书后，拒不协助执行，致使判决、裁定无法执行的；

（四）被执行人、担保人、协助执行义务人与国家机关工作人员通谋，利用国家机关工作人员的职权妨害执行，致使判决、裁定无法执行的；

（五）其他有能力执行而拒不执行，情节严重的情形。

2 "人民法院的判决、裁定"的认定

★最高人民法院研究室《关于拒不执行人民法院调解书的行为是否构成拒不执行判决、裁定罪的答复》（2000年12月14日）（节录）

刑法第三百一十三条规定的"判决、裁定"，不包括人民法院的调解书。对于行为人拒不执行人民法院调解书的行为，不能依照刑法第三百一十三条的规定定罪处罚。

★全国人民代表大会常务委员会《关于〈中华人民共和国刑法〉第三百一十三条的解释》（2002年8月29日）（节录）

刑法第三百一十三条规定的"人民法院的判决、裁定"，是指人民法院依法作出的具有执行内容并已发生法律效力的判决、裁定。人民法院为依法执行支付令、生效的调解书、仲裁裁决、公证债权文书等所作的裁定属于该条规定的裁定。

3 "有能力执行而拒不执行，情节严重"的认定

★全国人民代表大会常务委员会《关于〈中华人民共和国刑法〉第三百一十三条的解释》（2002年8月29日）（节录）

---

① 2015年8月29日《刑法修正案（九）》第三十九条增设了本条第一款中"情节特别严重"量刑档，增设了第二款。

下列情形属于刑法第三百一十三条规定的"有能力执行而拒不执行，情节严重"的情形：

（一）被执行人隐藏、转移、故意毁损财产或者无偿转让财产、以明显不合理的低价转让财产，致使判决、裁定无法执行的；

（二）担保人或者被执行人隐藏、转移、故意毁损或者转让已向人民法院提供担保的财产，致使判决、裁定无法执行的；

（三）协助执行义务人接到人民法院协助执行通知书后，拒不协助执行，致使判决、裁定无法执行的；

（四）被执行人、担保人、协助执行义务人与国家机关工作人员通谋，利用国家机关工作人员的职权妨害执行，致使判决、裁定无法执行的；

（五）其他有能力执行而拒不执行，情节严重的情形。

国家机关工作人员有上述第四项行为的，以拒不执行判决、裁定罪的共犯追究刑事责任。国家机关工作人员收受贿赂或者滥用职权，有上述第四项行为的，同时又构成刑法第三百八十五条、第三百九十七条规定之罪的，依照处罚较重的规定定罪处罚。

★最高人民法院《关于审理拒不执行判决、裁定刑事案件适用法律若干问题的解释》（2015年7月22日）（节录）

第二条 负有执行义务的人有能力执行而实施下列行为之一的，应当认定为全国人民代表大会常务委员会关于刑法第三百一十三条的解释中规定的"其他有能力执行而拒不执行，情节严重的情形"：

（一）具有拒绝报告或者虚假报告财产情况、违反人民法院限制高消费及有关消费令等拒不执行行为，经采取罚款或者拘留等强制措施后仍拒不执行的；

（二）伪造、毁灭有关被执行人履行能力的重要证据，以暴力、威胁、贿买方法阻止他人作证或者指使、贿买、胁迫他人作伪证，妨碍人民法院查明被执行人财产情况，致使判决、裁定无法执行的；

（三）拒不交付法律文书指定交付的财物、票证或者拒不迁出房屋、退出土地，致使判决、裁定无法执行的；

（四）与他人串通，通过虚假诉讼、虚假仲裁、虚假和解等方式妨害执行，致使判决、裁定无法执行的；

（五）以暴力、威胁方法阻碍执行人员进入执行现场或者聚众哄闹、冲击执行现场，致使执行工作无法进行的；

（六）对执行人员进行侮辱、围攻、扣押、殴打，致使执行工作无法进行的；

（七）毁损、抢夺执行案件材料、执行公务车辆和其他执行器械、执行人员服装以及执行公务证件，致使执行工作无法进行的；

（八）拒不执行法院判决、裁定，致使债权人遭受重大损失的。

▶ 4 负有执行义务的人有能力执行而拒不执行判决、裁定行为的定性

★最高人民法院《关于审理拒不执行判决、裁定刑事案件适用法律若干问题的解释》（2015年7月22日）（节录）

第六章　妨害社会管理秩序罪·第二节　妨害司法罪

　　第一条　被执行人、协助执行义务人、担保人等负有执行义务的人对人民法院的判决、裁定有能力执行而拒不执行，情节严重的，应当依照刑法第三百一十三条的规定，以拒不执行判决、裁定罪处罚。

⑤ 有义务协助执行的单位拒不协助，予以罚款后又拒不执行行为的定性

　　★最高人民法院研究室《关于对有义务协助执行单位拒不协助予以罚款后又拒不执行应如何处理问题的答复》（1993年9月27日）（节录）

　　根据《中华人民共和国民事诉讼法》第一百零三条第一款第（二）项和第二款的规定，人民法院依据生效判决、裁定，通知有关银行协助执行划拨被告在银行的存款，而银行拒不划拨的，人民法院可对该银行或者其主要负责人或者直接责任人员予以罚款，并可向同级政府的监察机关或者有关机关提出给予纪律处分的司法建议。被处罚人拒不履行罚款决定的，人民法院可以根据民事诉讼法第二百三十一条的规定，予以强制执行。执行中，被处罚人如以暴力、威胁或者其他方法阻碍司法工作人员执行职务的，依照民事诉讼法第一百零二条第一款第（五）项、第二款规定，人民法院可对被处罚人或对有上述行为的被处罚单位的主要负责人或者直接责任人员予以罚款、拘留，构成犯罪的，依照刑法第一百五十七条的规定追究刑事责任。

　　人民法院在具体执行过程中，应首先注意向有关单位和人员宣传民事诉讼法的有关规定，多做说服教育工作，坚持文明执法、严肃执法。

⑥ 单位犯罪

　　★最高人民法院、最高人民检察院、公安部《关于依法严肃查处拒不执行判决、裁定和暴力抗拒法院执行犯罪行为有关问题的通知》（2007年8月30日）（节录）

　　三、负有执行人民法院判决、裁定义务的单位直接负责的主管人员和其他直接责任人员，为了本单位的利益实施本《通知》第一条、第二条①所列行为之一的，对该主管人员和其他直接责任人员，依照刑法第三百一十三条和第二百七十七条的规定，分别以拒不执行判决、裁定罪和妨害公务罪论处。

⑦ 共同犯罪

　　★最高人民法院、最高人民检察院、公安部《关于依法严肃查处拒不执行判决、裁定和暴力抗拒法院执行犯罪行为有关问题的通知》（2007年8月30日）（节录）

　　一、对下列拒不执行判决、裁定的行为，依照刑法第三百一十三条的规定，以拒不执行判决、裁定罪论处：

　　（四）被执行人、担保人、协助执行义务人与国家机关工作人员通谋，利用国家机关工作人员的职权妨害执行，致使判决、裁定无法执行的；

　　四、国家机关工作人员有本《通知》第一条第四项行为的，以拒不执行判决、裁定罪的共犯追究刑事责任。

　　国家机关工作人员收受贿赂或者滥用职权，有本《通知》第一条第四项行为的，同时

---

　　①　《通知》第二条与最高人民法院《关于审理拒不执行判决、裁定刑事案件适用法律若干问题的解释》（2015年7月20日）第二条的规定不一致，应以最新规定为准。

又构成刑法第三百八十五条、第三百九十七条规定罪的，依照处罚较重的规定定罪处罚。

8 自诉的范围

★最高人民法院《关于审理拒不执行判决、裁定刑事案件适用法律若干问题的解释》（2015年7月22日）（节录）

第三条 申请执行人有证据证明同时具有下列情形，人民法院认为符合刑事诉讼法第二百零四条第三项规定的，以自诉案件立案审理：

（一）负有执行义务的人拒不执行判决、裁定，侵犯了申请执行人的人身、财产权利，应当依法追究刑事责任的；

（二）申请执行人曾经提出控告，而公安机关或者人民检察院对负有执行义务的人不予追究刑事责任的。

第四条 本解释第三条规定的自诉案件，依照刑事诉讼法第二百零六条的规定，自诉人在宣告判决前，可以同被告人自行和解或者撤回自诉。

9 案件管辖

★最高人民法院、最高人民检察院、公安部《关于依法严肃查处拒不执行判决、裁定和暴力抗拒法院执行犯罪行为有关问题的通知》（2007年8月30日）（节录）

七、人民法院在执行判决、裁定过程中，对拒不执行判决、裁定情节严重的人，可以先行司法拘留；拒不执行判决、裁定的行为人涉嫌犯罪的，应当将案件依法移送有管辖权的公安机关立案侦查。

★最高人民法院《关于审理拒不执行判决、裁定刑事案件适用法律若干问题的解释》（2015年7月20日）（节录）

第五条 拒不执行判决、裁定刑事案件，一般由执行法院所在地人民法院管辖。

量　刑

1 可以酌情从重处罚

★最高人民法院《关于审理拒不执行判决、裁定刑事案件适用法律若干问题的解释》（2015年7月22日）（节录）

第七条 拒不执行支付赡养费、扶养费、抚育费、抚恤金、医疗费用、劳动报酬等判决、裁定的，可以酌情从重处罚。

2 可以酌情从宽处罚

★最高人民法院《关于审理拒不执行判决、裁定刑事案件适用法律若干问题的解释》（2015年7月22日）（节录）

第六条 拒不执行判决、裁定的被告人在一审宣告判决前，履行全部或部分执行义务的，可以酌情从宽处罚。

第三百一十四条【非法处置查封、扣押、冻结的财产罪】 隐藏、转移、变卖、故意毁损已被司法机关查封、扣押、冻结的财产，情节严重的，处三年以下有期徒刑、拘役或者罚金。

第六章　妨害社会管理秩序罪·第二节　妨害司法罪

第三百一十五条【破坏监管秩序罪】依法被关押的罪犯，有下列破坏监管秩序行为之一，情节严重的，处三年以下有期徒刑：

（一）殴打监管人员的；

（二）组织其他被监管人破坏监管秩序的；

（三）聚众闹事，扰乱正常监管秩序的；

（四）殴打、体罚或者指使他人殴打、体罚其他被监管人的。

第三百一十六条【脱逃罪】依法被关押的罪犯、被告人、犯罪嫌疑人脱逃的，处五年以下有期徒刑或者拘役。

【劫夺被押解人员罪】劫夺押解途中的罪犯、被告人、犯罪嫌疑人的，处三年以上七年以下有期徒刑；情节严重的，处七年以上有期徒刑。

◆━━━━定　　罪━━━━◆

1 因错判在服刑期间"脱逃"行为的定性

★最高人民法院研究室《关于因错判在服刑期"脱逃"后确有犯罪其错判服刑期限可否与后判刑期折抵问题的电话答复》（1983年8月31日）（节录）

对被错判徒刑的在服刑期间"脱逃"的行为，可不以脱逃论罪判刑；但在脱逃期间犯罪的，应依法定罪判刑；对被错判已服刑的日期与后来犯罪所判处的刑期不宜折抵，可在量刑时酌情考虑从轻或减轻处罚。

2 军人在临时看管期间逃跑行为的定性

★中国人民解放军军事法院《关于审理军人违反职责罪案件中几个具体问题的处理意见》（1988年10月19日）（节录）

五、关于军人在临时看管期间逃跑的，能否以脱逃罪论处问题

脱逃罪是指被依法逮捕、关押的犯罪分子，从羁押，改造场所或者在押解途中逃走的行为。军队的临时看管仅是一项行政防范措施。因此，军人在此期间逃跑的，不构成脱逃罪。但在查明他确有犯罪行为后，他的逃跑行为可以作为情节在处刑时予以考虑。

3 在押罪犯脱逃的管辖

★最高人民法院、最高人民检察院、公安部、司法部《关于监狱办理刑事案件有关问题的规定》（2014年8月11日）（节录）

为依法惩治罪犯在服刑期间的犯罪活动，确保监狱持续安全稳定，根据有关法律规定，结合工作实际，现就监狱办理刑事案件有关问题规定如下：

四、在押罪犯脱逃后未实施其他犯罪的，由监狱立案侦查，公安机关抓获后通知原监狱押回，监狱所在地人民检察院审查起诉。罪犯脱逃期间又实施其他犯罪，在捕回监狱前发现的，由新罪犯罪地公安机关侦查新罪，并通知监狱；监狱对脱逃罪侦查终结后移送管辖新罪的公安机关，由公安机关一并移送当地人民检察院审查起诉，人民法院判决后，送当地监狱服刑，罪犯服刑的原监狱应当配合。

第三百一十七条【组织越狱罪】 组织越狱的首要分子和积极参加的,处五年以上有期徒刑;其他参加的,处五年以下有期徒刑或者拘役。

【暴动越狱罪】【聚众持械劫狱罪】 暴动越狱或者聚众持械劫狱的首要分子和积极参加的,处十年以上有期徒刑或者无期徒刑;情节特别严重的,处死刑;其他参加的,处三年以上十年以下有期徒刑。

第三节 妨害国(边)境管理罪

本节罪名定罪问题的总体规定

1 "偷越国(边)境"的认定

★最高人民法院、最高人民检察院《关于办理妨害国(边)境管理刑事案件应用法律若干问题的解释》(2012年12月20日)(节录)

第六条 具有下列情形之一的,应当认定为刑法第六章第三节规定的"偷越国(边)境"行为:

(一)没有出入境证件出入国(边)境或者逃避接受边防检查的;

(二)使用伪造、变造、无效的出入境证件出入国(边)境的;

(三)使用他人出入境证件出入国(边)境的;

(四)使用以虚假的出入境事由、隐瞒真实身份、冒用他人身份证件等方式骗取的出入境证件出入国(边)境的;

(五)采用其他方式非法出入国(边)境的。

2 一罪与数罪

★最高人民法院、最高人民检察院《关于办理妨害国(边)境管理刑事案件应用法律若干问题的解释》(2012年12月20日)(节录)

第八条 实施组织他人偷越国(边)境犯罪,同时构成骗取出境证件罪、提供伪造、变造的出入境证件罪、出售出入境证件罪、运送他人偷越国(边)境罪的,依照处罚较重的规定定罪处罚。

★最高人民法院《关于审理发生在我国管辖海域相关案件若干问题的规定(二)》(2016年8月2日)(节录)

第八条(第1款) 实施破坏海洋资源犯罪行为,同时构成非法捕捞罪、非法猎捕、杀害珍贵、濒危野生动物罪、组织他人偷越国(边)境罪、偷越国(边)境罪等犯罪的,依照处罚较重的规定定罪处罚。

3 并案处理

★最高人民法院、最高人民检察院《关于办理妨害国(边)境管理刑事案件应用法律若干问题的解释》(2012年12月20日)(节录)

第九条 对跨地区实施的不同妨害国(边)境管理犯罪,符合并案处理要求,有关地方公安机关依照法律和相关规定一并立案侦查,需要提请批准逮捕、移送审查起诉、提起公诉的,由该公安机关所在地的同级人民检察院、人民法院依法受理。

第三百一十八条【组织他人偷越国（边）境罪】组织他人偷越国（边）境的，处二年以上七年以下有期徒刑，并处罚金；有下列情形之一的，处七年以上有期徒刑或者无期徒刑，并处罚金或者没收财产：

（一）组织他人偷越国（边）境集团的首要分子；
（二）多次组织他人偷越国（边）境或者组织他人偷越国（边）境人数众多的；
（三）造成被组织人重伤、死亡的；
（四）剥夺或者限制被组织人人身自由的；
（五）以暴力、威胁方法抗拒检查的；
（六）违法所得数额巨大的；
（七）有其他特别严重情节的。

犯前款罪，对被组织人有杀害、伤害、强奸、拐卖等犯罪行为，或者对检查人员有杀害、伤害等犯罪行为的，依照数罪并罚的规定处罚。

关联法条：第九十五条

◀ 定　　罪 ▶

❶ 参见【本节罪名定罪问题的总体规定】，P594

❷ "组织他人偷越国（边）境"、"人数众多"、"违法所得数额巨大"的认定

★最高人民法院、最高人民检察院《关于办理妨害国（边）境管理刑事案件应用法律若干问题的解释》（2012年12月20日）（节录）

第一条（第1款） 领导、策划、指挥他人偷越国（边）境或者在首要分子指挥下，实施拉拢、引诱、介绍他人偷越国（边）境等行为的，应当认定为刑法第三百一十八条规定的"组织他人偷越国（边）境"。

（第2款） 组织他人偷越国（边）境人数在十人以上的，应当认定为刑法第三百一十八条第一款第（二）项规定的"人数众多"；违法所得数额在二十万元以上的，应当认定为刑法第三百一十八条第一款第（六）项规定的"违法所得数额巨大"。

❸ 以营利为目的，组织、运送他人越境去台行为的定性

★最高人民法院、最高人民检察院、公安部《关于对非法越境去台人员的处理意见》（1982年6月30日）（节录）

三、凡是未经办理签证手续，擅自非法越境去台、澎、金、马、敌占岛屿的，应当区别不同情况，分别处理：

（2）非法越境逃台，情节严重的，或者以营利为目的，组织、运送他人越境逃台的，应当根据刑法第一百七十六条、第一百七十七条的规定惩处。如果尚有走私、贩毒等其他犯罪行为的，应根据刑法的规定，数罪并罚。

❹ 以单位名义、形式实施的犯罪行为的处理

★最高人民法院、最高人民检察院《关于办理妨害国（边）境管理刑事案件应用法律

若干问题的解释》（2012 年 12 月 20 日）（节录）

第七条　以单位名义或者单位形式组织他人偷越国（边）境、为他人提供伪造、变造的出入境证件或者运送他人偷越国（边）境的，应当依照刑法第三百一十八条、第三百二十条、第三百二十一条的规定追究直接负责的主管人员和其他直接责任人员的刑事责任。

5 犯罪未遂

★最高人民法院、最高人民检察院《关于办理妨害国（边）境管理刑事案件应用法律若干问题的解释》（2012 年 12 月 20 日）（节录）

第一条（第 3 款）　以组织他人偷越国（边）境为目的，招募、拉拢、引诱、介绍、培训偷越国（边）境人员，策划、安排偷越国（边）境行为，在他人偷越国（边）境之前或者偷越国（边）境过程中被查获的，应当以组织他人偷越国（边）境罪（未遂）论处；具有刑法第三百一十八条第一款规定的情形之一的，应当在相应的法定刑幅度基础上，结合未遂犯的处罚原则量刑。

第三百一十九条【骗取出境证件罪】以劳务输出、经贸往来或者其他名义，弄虚作假，骗取护照、签证等出境证件，为组织他人偷越国（边）境使用的，处三年以下有期徒刑，并处罚金；情节严重的，处三年以上十年以下有期徒刑，并处罚金。

单位犯前款罪的，对单位判处罚金，并对其直接负责的主管人员和其他直接责任人员，依照前款的规定处罚。

─────◆　定　　罪　◆─────

1 参见【本节罪名定罪问题的总体规定】，P594

2 "弄虚作假"、"出境证件"、"情节严重"的认定

★最高人民法院、最高人民检察院《关于办理妨害国（边）境管理刑事案件应用法律若干问题的解释》（2012 年 12 月 20 日）（节录）

第二条　为组织他人偷越国（边）境，编造出境事由、身份信息或者相关的境外关系证明的，应当认定为刑法第三百一十九条第一款规定的"弄虚作假"。

刑法第三百一十九条第一款规定的"出境证件"，包括护照或者代替护照使用的国际旅行证件，中华人民共和国海员证，中华人民共和国出入境通行证，中华人民共和国旅行证，中国公民往来香港、澳门、台湾地区证件，边境地区出入境通行证，签证、签注，出国（境）证明、名单，以及其他出境时需要查验的资料。

具有下列情形之一的，应当认定为刑法第三百一十九条第一款规定的"情节严重"：

（一）骗取出境证件五份以上的；

（二）非法收取费用三十万元以上的；

（三）明知是国家规定的不准出境的人员而为其骗取出境证件的；

（四）其他情节严重的情形。

第三百二十条【提供伪造、变造的出入境证件罪】【出售出入境证件罪】

为他人提供伪造、变造的护照、签证等出入境证件,或者出售护照、签证等出入境证件的,处五年以下有期徒刑,并处罚金;情节严重的,处五年以上有期徒刑,并处罚金。

◀ 定　罪 ▶

❶ 参见【本节罪名定罪问题的总体规定】,P594

❷ "出入境证件"的认定

★最高人民法院、最高人民检察院《关于办理妨害国(边)境管理刑事案件应用法律若干问题的解释》(2012年12月20日)(节录)

第二条(第2款)　刑法第三百一十九条第一款规定的"出境证件",包括护照或者代替护照使用的国际旅行证件,中华人民共和国海员证,中华人民共和国出入境通行证,中华人民共和国旅行证,中国公民往来香港、澳门、台湾地区证件,边境地区出入境通行证,签证、签注、出国(境)证明、名单,以及其他出境时需要查验的资料。

第三条(第1款)　刑法第三百二十条规定的"出入境证件",包括本解释第二条第二款所列的证件以及其他入境时需要查验的资料。

❸ 将盗窃的他人因私护照出售行为定性

★公安部《关于盗窃空白因私护照有关问题的批复》(2000年5月16日)(节录)

三、李博日韦、万明亮等人将盗窃的护照出售,其出售护照的行为也妨害国(边)境管理秩序,触犯刑法第320条,涉嫌构成出售出入境证件罪。

❹ 以单位名义、形式实施的犯罪行为的处理

(参见第三百一十八条:【定罪】:4.以单位名义、形式实施的犯罪行为的处理,P595)

◀ 量　刑 ▶

❶ "情节严重"的认定

★最高人民法院、最高人民检察院《关于办理妨害国(边)境管理刑事案件应用法律若干问题的解释》(2012年12月20日)(节录)

第三条(第2款)　具有下列情形之一的,应当认定为刑法第三百二十条规定的"情节严重":

(一)为他人提供伪造、变造的出入境证件或者出售出入境证件五份以上的;

(二)非法收取费用三十万元以上的;

(三)明知是国家规定的不准出入境的人员而为其提供伪造、变造的出入境证件或者向其出售出入境证件的;

(四)其他情节严重的情形。

第三百二十一条【运送他人偷越国（边）境罪】 运送他人偷越国（边）境的，处五年以下有期徒刑、拘役或者管制，并处罚金；有下列情形之一的，处五年以上十年以下有期徒刑，并处罚金：

（一）多次实施运送行为或者运送人数众多的；

（二）所使用的船只、车辆等交通工具不具备必要的安全条件，足以造成严重后果的；

（三）违法所得数额巨大的；

（四）有其他特别严重情节的。

在运送他人偷越国（边）境中造成被运送人重伤、死亡，或者以暴力、威胁方法抗拒检查的，处七年以上有期徒刑，并处罚金。

犯前两款罪，对被运送人有杀害、伤害、强奸、拐卖等犯罪行为，或者对检查人员有杀害、伤害等犯罪行为的，依照数罪并罚的规定处罚。

关联法条：第九十五条

◀ 定　　罪 ▶

▶**1** 参见【本节罪名定罪问题的总体规定】，P594

▶**2** "人数众多"、"违法所得数额巨大"的认定

★最高人民法院、最高人民检察院《关于办理妨害国（边）境管理刑事案件应用法律若干问题的解释》（2012年12月20日）（节录）

第四条　运送他人偷越国（边）境人数在十人以上的，应当认定为刑法第三百二十一条第一款第（一）项规定的"人数众多"；违法所得数额在二十万元以上的，应当认定为刑法第三百二十一条第一款第（三）项规定的"违法所得数额巨大"。

▶**3** 以单位名义、形式实施的犯罪行为的处理

（参见第三百一十八条：【定罪】：4. 以单位名义、形式实施的犯罪行为的处理，P595）

第三百二十二条[①]**【偷越国（边）境罪】** 违反国（边）境管理法规，偷越国（边）境，情节严重的，处一年以下有期徒刑、拘役或者管制，并处罚金；为参加恐怖活动组织、接受恐怖活动培训或者实施恐怖活动，偷越国（边）境的，处一年以上三年以下有期徒刑，并处罚金。

◀ 定　　罪 ▶

▶**1** 参见【本节罪名定罪问题的总体规定】，P594

▶**2** "情节严重"的认定

---

① 2015年8月29日《刑法修正案（九）》第四十条增设了本条的后半段。

★最高人民法院、最高人民检察院《关于办理妨害国（边）境管理刑事案件应用法律若干问题的解释》（2012年12月20日）（节录）

第五条 偷越国（边）境，具有下列情形之一的，应当认定为刑法第三百二十二条规定的"情节严重"：

（一）在境外实施损害国家利益行为的；

（二）偷越国（边）境三次以上或者三人以上结伙偷越国（边）境的；

（三）拉拢、引诱他人一起偷越国（边）境的；

（四）勾结境外组织、人员偷越国（边）境的；

（五）因偷越国（边）境被行政处罚后一年内又偷越国（边）境的；

（六）其他情节严重的情形。

★最高人民法院《关于审理发生在我国管辖海域相关案件若干问题的规定（二）》（2016年8月2日）（节录）

第三条 违反我国国（边）境管理法规，非法进入我国领海，具有下列情形之一的，应当认定为刑法第三百二十二条规定的"情节严重"：

（一）经驱赶拒不离开的；

（二）被驱离后又非法进入我国领海的；

（三）因非法进入我国领海被行政处罚或者被刑事处罚后，一年内又非法进入我国领海的；

（四）非法进入我国领海从事捕捞水产品等活动，尚不构成非法捕捞水产品等犯罪的；

（五）其他情节严重的情形。

第三百二十三条【破坏界碑、界桩罪】【破坏永久性测量标志罪】 故意破坏国家边境的界碑、界桩或者永久性测量标志的，处三年以下有期徒刑或者拘役。

▶ 定 罪 ◀

▶ 参见【本节罪名定罪问题的总体规定】，P594

第四节 妨害文物管理罪

▶ 本节罪名定罪问题的总体规定 ◀

▶ **文物的外延（种类）**

★《中华人民共和国文物保护法》（2015年4月24日）（节录）

第二条 在中华人民共和国境内，下列文物受国家保护：

（一）具有历史、艺术、科学价值的古文化遗址、古墓葬、古建筑、石窟寺和石刻、壁画；

（二）与重大历史事件、革命运动或者著名人物有关的以及具有重要纪念意义、教育意义或者史料价值的近代现代重要史迹、实物、代表性建筑；

（三）历史上各时代珍贵的艺术品、工艺美术品；

（四）历史上各时代重要的文献资料以及具有历史、艺术、科学价值的手稿和图书资料等；

（五）反映历史上各时代、各民族社会制度、社会生产、社会生活的代表性实物。

文物认定的标准和办法由国务院文物行政部门制定，并报国务院批准。

具有科学价值的古脊椎动物化石和古人类化石同文物一样受国家保护。

2 文物包含"具有科学价值的古脊椎动物化石、古人类化石"

★最高人民法院、最高人民检察院《关于办理妨害文物管理等刑事案件适用法律若干问题的解释》（2016年1月1日）（节录）

第十七条　走私、盗窃、损毁、倒卖、盗掘或者非法转让具有科学价值的古脊椎动物化石、古人类化石的，依照刑法和本解释的有关规定定罪量刑。

★全国人民代表大会常务委员会《关于〈中华人民共和国刑法〉有关文物的规定适用于具有科学价值的古脊椎动物化石、古人类化石的解释》（2005年12月29日）

全国人民代表大会常务委员会根据司法实践中遇到的情况，讨论了关于走私、盗窃、损毁、倒卖或者非法转让具有科学价值的古脊椎动物化石、古人类化石的行为适用刑法有关规定的问题，解释如下：

刑法有关文物的规定，适用于具有科学价值的古脊椎动物化石、古人类化石。

3 文物价值的确定

★最高人民法院、最高人民检察院《关于办理妨害文物管理等刑事案件适用法律若干问题的解释》（2016年1月1日）（节录）

第十四条　依照文物价值定罪量刑的，根据涉案文物的有效价格证明认定文物价值；无有效价格证明，或者根据价格证明认定明显不合理的，根据销赃数额认定，或者结合本解释第十五条规定的鉴定意见、报告认定。

第十五条　在行为人实施有关行为前，文物行政部门已对涉案文物及其等级作出认定的，可以直接对有关案件事实作出认定。

对案件涉及的有关文物鉴定、价值认定等专门性问题难以确定的，由司法鉴定机构出具鉴定意见，或者由国务院文物行政部门指定的机构出具报告。其中，对于文物价值，也可以由有关价格认证机构作出价格认证并出具报告。

◀ 本节罪名量刑问题的总体规定 ▶

1 不起诉或者免予刑事处罚

★最高人民法院、最高人民检察院《关于办理妨害文物管理等刑事案件适用法律若干问题的解释》（2016年1月1日）（节录）

第十六条　实施本解释第一条、第二条、第六条至第九条规定的行为，虽已达到应当追究刑事责任的标准，但行为人系初犯，积极退回或者协助追回文物，未造成文物损毁，并确有悔罪表现的，可以认定为犯罪情节轻微，不起诉或者免予刑事处罚。

实施本解释第三条至第五条规定的行为，虽已达到应当追究刑事责任的标准，但行为人系初犯，积极赔偿损失，并确有悔罪表现的，可以认定为犯罪情节轻微，不起诉或者免予刑事处罚。

2 同一案件涉及不同级别文物时的量刑

★最高人民法院、最高人民检察院《关于办理妨害文物管理等刑事案件适用法律若干问题的解释》（2016年1月1日）（节录）

第十三条　案件涉及不同等级的文物的，按照高级别文物的量刑幅度量刑；有多件同级文物的，五件同级文物视为一件高一级文物，但是价值明显不相当的除外。

> **第三百二十四条【故意损毁文物罪】** 故意损毁国家保护的珍贵文物或者被确定为全国重点文物保护单位、省级文物保护单位的文物的，处三年以下有期徒刑或者拘役，并处或者单处罚金；情节严重的，处三年以上十年以下有期徒刑，并处罚金。
>
> **【故意损毁名胜古迹罪】** 故意损毁国家保护的名胜古迹，情节严重的，处五年以下有期徒刑或者拘役，并处或者单处罚金。
>
> **【过失损毁文物罪】** 过失损毁国家保护的珍贵文物或者被确定为全国重点文物保护单位、省级文物保护单位的文物，造成严重后果的，处三年以下有期徒刑或者拘役。

立案追诉标准

★最高人民检察院、公安部《关于公安机关管辖的刑事案件立案追诉标准的规定（一）》（2008年6月25日）（节录）

第四十六条　[故意损毁文物案（刑法第三百二十四条第一款）]　故意损毁国家保护的珍贵文物或者被确定为全国重点文物保护单位、省级文物保护单位的文物的，应予立案追诉。

第四十七条　[故意损毁名胜古迹案（刑法第三百二十四条第二款）]　故意损毁国家保护的名胜古迹，涉嫌下列情形之一的，应予立案追诉：

（一）造成国家保护的名胜古迹严重损毁的；

（二）损毁国家保护的名胜古迹三次以上或者三处以上，尚未造成严重毁损后果的；

（三）损毁手段特别恶劣的；

（四）其他情节严重的情形。

第四十八条　[过失损毁文物案（刑法第三百二十四条第三款）]　过失损毁国家保护的珍贵文物或者被确定为全国重点文物保护单位、省级文物保护单位的文物，涉嫌下列情形之一的，应予立案追诉：

（一）造成珍贵文物严重损毁的；

（二）造成被确定为全国重点文物保护单位、省级文物保护单位的文物严重损毁的；

（三）造成珍贵文物损毁三件以上的；

（四）其他造成严重后果的情形。

第二编 分 则

定 罪

1 参见【本节罪名定罪问题的总体规定】，P599

2 第一款"被确定为全国重点文物保护单位、省级文物保护单位的文物"、"情节严重"的认定

★最高人民法院、最高人民检察院《关于办理妨害文物管理等刑事案件适用法律若干问题的解释》（2016年1月1日）（节录）

第三条 全国重点文物保护单位、省级文物保护单位的本体，应当认定为刑法第三百二十四条第一款规定的"被确定为全国重点文物保护单位、省级文物保护单位的文物"。

故意损毁国家保护的珍贵文物或者被确定为全国重点文物保护单位、省级文物保护单位的文物，具有下列情形之一的，应当认定为刑法第三百二十四条第一款规定的"情节严重"：

（一）造成五件以上三级文物损毁的；

（二）造成二级以上文物损毁的；

（三）致使全国重点文物保护单位、省级文物保护单位的本体严重损毁或者灭失的；

（四）多次损毁或者损毁多处全国重点文物保护单位、省级文物保护单位的本体的；

（五）其他情节严重的情形。

实施前款规定的行为，拒不执行国家行政主管部门作出的停止侵害文物的行政决定或者命令的，酌情从重处罚。

3 第二款"国家保护的名胜古迹"、"情节严重"的认定

★最高人民法院、最高人民检察院《关于办理妨害文物管理等刑事案件适用法律若干问题的解释》（2016年1月1日）（节录）

第四条 风景名胜区的核心景区以及未被确定为全国重点文物保护单位、省级文物保护单位的古文化遗址、古墓葬、古建筑、石窟寺、石刻、壁画、近代现代重要史迹和代表性建筑等不可移动文物的本体，应当认定为刑法第三百二十四条第二款规定的"国家保护的名胜古迹"。

故意损毁国家保护的名胜古迹，具有下列情形之一的，应当认定为刑法第三百二十四条第二款规定的"情节严重"：

（一）致使名胜古迹严重损毁或者灭失的；

（二）多次损毁或者损毁多处名胜古迹的；

（三）其他情节严重的情形。

实施前款规定的行为，拒不执行国家行政主管部门作出的停止侵害文物的行政决定或者命令的，酌情从重处罚。

故意损毁风景名胜区内被确定为全国重点文物保护单位、省级文物保护单位的文物的，依照刑法第三百二十四条第一款和本解释第三条的规定定罪量刑。

第六章 妨害社会管理秩序罪·第四节 妨害文物管理罪

4 第三款"造成严重后果"的认定

★最高人民法院、最高人民检察院《关于办理妨害文物管理等刑事案件适用法律若干问题的解释》(2016年1月1日)(节录)

第五条 过失损毁国家保护的珍贵文物或者被确定为全国重点文物保护单位、省级文物保护单位的文物,具有本解释第三条第二款第一项至第三项规定情形之一的,应当认定为刑法第三百二十四条第三款规定的"造成严重后果"。

——◁ 量　刑 ▷——

1 参见【本节罪名量刑问题的总体规定】,P600
2 单位犯罪的处罚

★最高人民法院、最高人民检察院《关于办理妨害文物管理等刑事案件适用法律若干问题的解释》(2016年1月1日)(节录)

第十一条(第2款) 公司、企业、事业单位、机关、团体等单位实施盗窃文物,故意损毁文物、名胜古迹,过失损毁文物,盗掘古文化遗址、古墓葬等行为的,依照本解释规定的相应定罪量刑标准,追究组织者、策划者、实施者的刑事责任。

第三百二十五条【非法向外国人出售、赠送珍贵文物罪】违反文物保护法规,将收藏的国家禁止出口的珍贵文物私自出售或者私自赠送给外国人的,处五年以下有期徒刑或者拘役,可以并处罚金。

单位犯前款罪的,对单位判处罚金,并对其直接负责的主管人员和其他直接责任人员,依照前款的规定处罚。

——◁ 定　罪 ▷——

1 参见【本节罪名定罪问题的总体规定】,P599

——◁ 量　刑 ▷——

1 参见【本节罪名量刑问题的总体规定】,P600

第三百二十六条【倒卖文物罪】以牟利为目的,倒卖国家禁止经营的文物,情节严重的,处五年以下有期徒刑或者拘役,并处罚金;情节特别严重的,处五年以上十年以下有期徒刑,并处罚金。

单位犯前款罪的,对单位判处罚金,并对其直接负责的主管人员和其他直接责任人员,依照前款的规定处罚。

——◁ 定　罪 ▷——

1 参见【本节罪名定罪问题的总体规定】,P599
2 "倒卖国家禁止经营的文物"、"情节严重"、"情节特别严重"的认定

★最高人民法院、最高人民检察院《关于办理妨害文物管理等刑事案件适用法律若干

问题的解释》(2016 年 1 月 1 日)(节录)

第六条 出售或者为出售而收购、运输、储存《中华人民共和国文物保护法》规定的"国家禁止买卖的文物"的,应当认定为刑法第三百二十六条规定的"倒卖国家禁止经营的文物"。

倒卖国家禁止经营的文物,具有下列情形之一的,应当认定为刑法第三百二十六条规定的"情节严重":

(一)倒卖三级文物的;

(二)交易数额在五万元以上的;

(三)其他情节严重的情形。

实施前款规定的行为,具有下列情形之一的,应当认定为刑法第三百二十六条规定的"情节特别严重":

(一)倒卖二级以上文物的;

(二)倒卖三级文物五件以上的;

(三)交易数额在二十五万元以上的;

(四)其他情节特别严重的情形。

❸ 对于将不可移动的文物进行整体倒卖的处理

★最高人民法院、最高人民检察院《关于办理妨害文物管理等刑事案件适用法律若干问题的解释》(2016 年 1 月 1 日)(节录)

第十二条 针对不可移动文物整体实施走私、盗窃、倒卖等行为的,根据所属不可移动文物的等级,依照本解释第一条、第二条、第六条的规定定罪量刑:

(一)尚未被确定为文物保护单位的不可移动文物,适用一般文物的定罪量刑标准;

(二)市、县级文物保护单位,适用三级文物的定罪量刑标准;

(三)全国重点文物保护单位、省级文物保护单位,适用二级以上文物的定罪量刑标准。

针对不可移动文物中的建筑构件、壁画、雕塑、石刻等实施走私、盗窃、倒卖等行为的,根据建筑构件、壁画、雕塑、石刻等文物本身的等级或者价值,依照本解释第一条、第二条、第六条的规定定罪量刑。建筑构件、壁画、雕塑、石刻等所属不可移动文物的等级,应当作为量刑情节予以考虑。

◀ 量 刑 ▶

❶ 参见【本节罪名量刑问题的总体规定】,P600

❷ 单位犯罪的处罚

★最高人民法院、最高人民检察院《关于办理妨害文物管理等刑事案件适用法律若干问题的解释》(2016 年 1 月 1 日)(节录)

第十一条(第 1 款) 单位实施走私文物、倒卖文物等行为,构成犯罪的,依照本解释规定的相应自然人犯罪的定罪量刑标准,对直接负责的主管人员和其他直接责任人员定罪处罚,并对单位判处罚金。

第三百二十七条【非法出售、私赠文物藏品罪】违反文物保护法规,国有博物馆、图书馆等单位将国家保护的文物藏品出售或者私自送给非国有单位或者个人的,对单位判处罚金,并对其直接负责的主管人员和其他直接责任人员,处三年以下有期徒刑或者拘役。

◀ 定　　罪 ▶

① 参见【本节罪名定罪问题的总体规定】,P599
② 国有单位违法向非国有单位或个人出售、私赠藏品行为的定性
　　★最高人民法院、最高人民检察院《关于办理妨害文物管理等刑事案件适用法律若干问题的解释》(2016年1月1日)(节录)
　　第七条　国有博物馆、图书馆以及其他国有单位,违反文物保护法规,将收藏或者管理的国家保护的文物藏品出售或者私自送给非国有单位或者个人的,依照刑法第三百二十七条的规定,以非法出售、私赠文物藏品罪追究刑事责任。

◀ 量　　刑 ▶

① 参见【本节罪名量刑问题的总体规定】,P600

第三百二十八条【盗掘古文化遗址、古墓葬罪】盗掘具有历史、艺术、科学价值的古文化遗址、古墓葬的,处三年以上十年以下有期徒刑,并处罚金;情节较轻的,处三年以下有期徒刑、拘役或者管制,并处罚金;有下列情形之一的,处十年以上有期徒刑或者无期徒刑,并处罚金或者没收财产:

(一)盗掘确定为全国重点文物保护单位和省级文物保护单位的古文化遗址、古墓葬的;
(二)盗掘古文化遗址、古墓葬集团的首要分子;
(三)多次盗掘古文化遗址、古墓葬的;
(四)盗掘古文化遗址、古墓葬,并盗窃珍贵文物或者造成珍贵文物严重破坏的。

【盗掘古人类化石、古脊椎动物化石罪】盗掘国家保护的具有科学价值的古人类化石和古脊椎动物化石的,依照前款的规定处罚。

◀ 定　　罪 ▶

① 参见【本节罪名定罪问题的总体规定】,P599
② "古文化遗址、古墓葬"的理解
　　★最高人民法院、最高人民检察院《关于办理妨害文物管理等刑事案件适用法律若干问题的解释》(2016年1月1日)(节录)

第八条（第1款）　刑法第三百二十八条第一款规定的"古文化遗址、古墓葬"包括水下古文化遗址、古墓葬。"古文化遗址、古墓葬"不以公布为不可移动文物的古文化遗址、古墓葬为限。

▶3 **犯罪既遂**

★最高人民法院、最高人民检察院《关于办理妨害文物管理等刑事案件适用法律若干问题的解释》（2016年1月1日）（节录）

第八条（第2款）　实施盗掘行为，已损害古文化遗址、古墓葬的历史、艺术、科学价值的，应当认定为盗掘古文化遗址、古墓葬罪既遂。

▶4 **此罪与彼罪**

★最高人民法院、最高人民检察院《关于办理妨害文物管理等刑事案件适用法律若干问题的解释》（2016年1月1日）（节录）

第八条（第3款）　采用破坏性手段盗窃古文化遗址、古墓葬以外的古建筑、石窟寺、石刻、壁画、近代现代重要史迹和代表性建筑等其他不可移动文物的，依照刑法第二百六十四条的规定，以盗窃罪追究刑事责任。

◆ 量　　刑 ◆

▶1 参见【本节罪名量刑问题的总体规定】，P600

▶2 **单位犯罪**

★最高人民法院、最高人民检察院《关于办理妨害文物管理等刑事案件适用法律若干问题的解释》（2016年1月1日）（节录）

第十一条（第2款）　公司、企业、事业单位、机关、团体等单位实施盗窃文物、故意损毁文物、名胜古迹，过失损毁文物，盗掘古文化遗址、古墓葬等行为的，依照本解释规定的相应定罪量刑标准，追究组织者、策划者、实施者的刑事责任。

第三百二十九条【抢夺、窃取国有档案罪】 抢夺、窃取国家所有的档案的，处五年以下有期徒刑或者拘役。

【擅自出卖、转让国有档案罪】 违反档案法的规定，擅自出卖、转让国家所有的档案，情节严重的，处三年以下有期徒刑或者拘役。

有前两款行为，同时又构成本法规定的其他犯罪的，依照处罚较重的规定定罪处罚。

第五节　危害公共卫生罪

第三百三十条【妨害传染病防治罪】 违反传染病防治法的规定，有下列情形之一，引起甲类传染病传播或者有传播严重危险的，处三年以下有期徒刑或者拘役；后果特别严重的，处三年以上七年以下有期徒刑：

（一）供水单位供应的饮用水不符合国家规定的卫生标准的；

（二）拒绝按照卫生防疫机构提出的卫生要求，对传染病病原体污染的污水、污物、粪便进行消毒处理的；

（三）准许或者纵容传染病病人、病原携带者和疑似传染病病人从事国务院卫生行政部门规定禁止从事的易使该传染病扩散的工作的；

（四）拒绝执行卫生防疫机构依照传染病防治法提出的预防、控制措施的。

单位犯前款罪的，对单位判处罚金，并对其直接负责的主管人员和其他直接责任人员，依照前款的规定处罚。

甲类传染病的范围，依照《中华人民共和国传染病防治法》和国务院有关规定确定。

◀ 立案追诉标准 ▶

★最高人民检察院、公安部《关于公安机关管辖的刑事案件立案追诉标准的规定（一）》（2008年6月25日）（节录）

第四十九条 [妨害传染病防治案（刑法第三百三十条）] 违反传染病防治法的规定，引起甲类或者按甲类管理的传染病传播或者有传播严重危险，涉嫌下列情形之一的，应予立案追诉：

（一）供水单位供应的饮用水不符合国家规定的卫生标准的；

（二）拒绝按照疾病预防控制机构提出的卫生要求，对传染病病原体污染的污水、污物、粪便进行消毒处理的；

（三）准许或者纵容传染病病人、病原携带者和疑似传染病病人从事国务院卫生行政部门规定禁止从事的易使该传染病扩散的工作的；

（四）拒绝执行疾病预防控制机构依照传染病防治法提出的预防、控制措施的。

本条和本规定第五十条规定的"甲类传染病"，是指鼠疫、霍乱；"按甲类管理的传染病"，是指乙类传染病中传染性非典型肺炎、炭疽中的肺炭疽、人感染高致病性禽流感以及国务院卫生行政部门根据需要报经国务院批准公布实施的其他需要按甲类管理的乙类传染病和突发原因不明的传染病。

第一百条 本规定中的立案追诉标准，除法律、司法解释另有规定的以外，适用于相关的单位犯罪。

第三百三十一条 【传染病菌种、毒种扩散罪】 从事实验、保藏、携带、运输传染病菌种、毒种的人员，违反国务院卫生行政部门的有关规定，造成传染病菌种、毒种扩散，后果严重的，处三年以下有期徒刑或者拘役；后果特别严重的，处三年以上七年以下有期徒刑。

◆ 立案追诉标准 ◆

★最高人民检察院、公安部《关于公安机关管辖的刑事案件立案追诉标准的规定（一）》（2008年6月25日）（节录）

第五十条 ［传染病菌种、毒种扩散案（刑法第三百三十一条）］ 从事实验、保藏、携带、运输传染病菌种、毒种的人员，违反国务院卫生行政部门的有关规定，造成传染病菌种、毒种扩散，涉嫌下列情形之一的，应予立案追诉：

（一）导致甲类和按甲类管理的传染病传播的；
（二）导致乙类、丙类传染病流行、暴发的；
（三）造成人员重伤或者死亡的；
（四）严重影响正常的生产、生活秩序的；
（五）其他造成严重后果的情形。

第三百三十二条 【妨害国境卫生检疫罪】 违反国境卫生检疫规定，引起检疫传染病传播或者有传播严重危险的，处三年以下有期徒刑或者拘役，并处或者单处罚金。

单位犯前款罪的，对单位判处罚金，并对其直接负责的主管人员和其他直接责任人员，依照前款的规定处罚。

◆ 立案追诉标准 ◆

★最高人民检察院、公安部《关于公安机关管辖的刑事案件立案追诉标准的规定（一）》（2008年6月25日）（节录）

第五十一条 ［妨害国境卫生检疫案（刑法第三百三十二条）］ 违反国境卫生检疫规定，引起检疫传染病传播或者有传播严重危险的，应予立案追诉。

本条规定的"检疫传染病"，是指鼠疫、霍乱、黄热病以及国务院确定和公布的其他传染病。

第一百条 本规定中的立案追诉标准，除法律、司法解释另有规定的以外，适用于相关的单位犯罪。

第三百三十三条 【非法组织卖血罪】【强迫卖血罪】 非法组织他人出卖血液的，处五年以下有期徒刑，并处罚金；以暴力、威胁方法强迫他人出卖血液的，处五年以上十年以下有期徒刑，并处罚金。

有前款行为，对他人造成伤害的，依照本法第二百三十四条的规定定罪处罚。

立案追诉标准

★最高人民检察院、公安部《关于公安机关管辖的刑事案件立案追诉标准的规定（一）》（2008年6月25日）（节录）

第五十二条 [非法组织卖血案（刑法第三百三十三条第一款）] 非法组织他人出卖血液，涉嫌下列情形之一的，应予立案追诉：

（一）组织卖血三人次以上的；

（二）组织卖血非法获利累计二千元以上的；

（三）组织未成年人卖血的；

（四）被组织卖血的人的血液含有艾滋病病毒、乙型肝炎病毒、丙型肝炎病毒、梅毒螺旋体等病原微生物的；

（五）其他非法组织卖血应予追究刑事责任的情形。

第五十三条 [强迫卖血案（刑法第三百三十三条第一款）] 以暴力、威胁方法强迫他人出卖血液的，应予立案追诉。

第三百三十四条【非法采集、供应血液、制作、供应血液制品罪】非法采集、供应血液或者制作、供应血液制品，不符合国家规定的标准，足以危害人体健康的，处五年以下有期徒刑或者拘役，并处罚金；对人体健康造成严重危害的，处五年以上十年以下有期徒刑，并处罚金；造成特别严重后果的，处十年以上有期徒刑或者无期徒刑，并处罚金或者没收财产。

【采集、供应血液、制作、供应血液制品事故罪】经国家主管部门批准采集、供应血液或者制作、供应血液制品的部门，不依照规定进行检测或者违背其他操作规定，造成危害他人身体健康后果的，对单位判处罚金，并对其直接负责的主管人员和其他直接责任人员，处五年以下有期徒刑或者拘役。

立案追诉标准

★最高人民检察院、公安部《关于公安机关管辖的刑事案件立案追诉标准的规定（一）》（2008年6月25日）（节录）

第五十四条 [非法采集、供应血液、制作、供应血液制品案（刑法第三百三十四条第一款）] 非法采集、供应血液或者制作、供应血液制品，涉嫌下列情形之一的，应予立案追诉：

（一）采集、供应的血液含有艾滋病病毒、乙型肝炎病毒、丙型肝炎病毒、梅毒螺旋体等病原微生物的；

（二）制作、供应的血液制品含有艾滋病病毒、乙型肝炎病毒、丙型肝炎病毒、梅毒螺旋体等病原微生物，或者将含有上述病原微生物的血液用于制作血液制品的；

（三）使用不符合国家规定的药品、诊断试剂、卫生器材，或者重复使用一次性采血器材采集血液，造成传染病传播危险的；

（四）违反规定对献血者、供血浆者超量、频繁采集血液、血浆，足以危害人体健康的；

（五）其他不符合国家有关采集、供应血液或者制作、供应血液制品的规定，足以危害人体健康或者对人体健康造成严重危害的情形。

未经国家主管部门批准或者超过批准的业务范围，采集、供应血液或者制作、供应血液制品的，属于本条规定的"非法采集、供应血液或者制作、供应血液制品"。

本条和本规定第五十二条、第五十三条、第五十五条规定的"血液"，是指全血、成分血和特殊血液成分。

本条和本规定第五十五条规定的"血液制品"，是指各种人血浆蛋白制品。

第五十五条 ［采集、供应血液、制作、供应血液制品事故案（刑法第三百三十四条第二款）］经国家主管部门批准采集、供应血液或者制作、供应血液制品的部门，不依照规定进行检测或者违背其他操作规定，涉嫌下列情形之一的，应予立案追诉：

（一）造成献血者、供血浆者、受血者感染艾滋病病毒、乙型肝炎病毒、丙型肝炎病毒、梅毒螺旋体或者其他经血液传播的病原微生物的；

（二）造成献血者、供血浆者、受血者重度贫血、造血功能障碍或者其他器官组织损伤导致功能障碍等身体严重危害的；

（三）其他造成危害他人身体健康后果的情形。

经国家主管部门批准的采供血机构和血液制品生产经营单位，属于本条规定的"经国家主管部门批准采集、供应血液或者制作、供应血液制品的部门"。采供血机构包括血液中心、中心血站、中心血库、脐带血造血干细胞库和国家卫生行政主管部门根据医学发展需要批准、设置的其他类型血库、单采血浆站。

具有下列情形之一的，属于本条规定的"不依照规定进行检测或者违背其他操作规定"：

（一）血站未用两个企业生产的试剂对艾滋病病毒抗体、乙型肝炎病毒表面抗原、丙型肝炎病毒抗体、梅毒抗体进行两次检测的；

（二）单采血浆站不依照规定对艾滋病病毒抗体、乙型肝炎病毒表面抗原、丙型肝炎病毒抗体、梅毒抗体进行检测的；

（三）血液制品生产企业在投料生产前未用主管部门批准和检定合格的试剂进行复检的；

（四）血站、单采血浆站和血液制品生产企业使用的诊断试剂没有生产单位名称、生产批准文号或者经检定不合格的；

（五）采供血机构在采集检验标本、采集血液和成分血分离时，使用没有生产单位名称、生产批准文号或者超过有效期的一次性注射器等采血器材的；

（六）不依照国家规定的标准和要求包装、储存、运输血液、原料血浆的；

（七）对国家规定检测项目结果呈阳性的血液未及时按照规定予以清除的；

（八）不具备相应资格的医务人员进行采血、检验操作的；

（九）对献血者、供血浆者超量、频繁采集血液、血浆的；

（十）采供血机构采集血液、血浆前，未对献血者或者供血浆者进行身份识别，采集冒名顶替者、健康检查不合格者血液、血浆的；

第六章　妨害社会管理秩序罪·第五节　危害公共卫生罪

（十一）血站擅自采集原料血浆，单采血浆站擅自采集临床用血或者向医疗机构供应原料血浆的；

（十二）重复使用一次性采血器材的；

（十三）其他不依照规定进行检测或者违背操作规定的。

◆————◆定　　罪◆————◆

1 第一款"非法采集、供应血液或者制作、供应血液制品"的认定

★最高人民法院、最高人民检察院《关于办理非法采供血液等刑事案件具体应用法律若干问题的解释》（2008年9月23日）（节录）

第一条　对未经国家主管部门批准或者超过批准的业务范围，采集、供应血液或者制作、供应血液制品的，应认定为刑法第三百三十四条第一款规定的"非法采集、供应血液或者制作、供应血液制品"。

第八条（第1款）　本解释所称"血液"，是指全血、成分血和特殊血液成分。

（第2款）　本解释所称"血液制品"，是指各种人血浆蛋白制品。

2 第一款"不符合国家规定的标准，足以危害人体健康"的认定

★最高人民法院、最高人民检察院《关于办理非法采供血液等刑事案件具体应用法律若干问题的解释》（2008年9月23日）（节录）

第二条　对非法采集、供应血液或者制作、供应血液制品，具有下列情形之一的，应认定为刑法第三百三十四条第一款规定的"不符合国家规定的标准，足以危害人体健康"，处五年以下有期徒刑或者拘役，并处罚金：

（一）采集、供应的血液含有艾滋病病毒、乙型肝炎病毒、丙型肝炎病毒、梅毒螺旋体等病原微生物的；

（二）制作、供应的血液制品含有艾滋病病毒、乙型肝炎病毒、丙型肝炎病毒、梅毒螺旋体等病原微生物，或者将含有上述病原微生物的血液用于制作血液制品的；

（三）使用不符合国家规定的药品、诊断试剂、卫生器材，或者重复使用一次性采血器材采集血液，造成传染病传播危险的；

（四）违反规定对献血者、供血浆者超量、频繁采集血液、血浆，足以危害人体健康的；

（五）其他不符合国家有关采集、供应血液或者制作、供应血液制品的规定标准，足以危害人体健康的。

3 第一款"对人体健康造成严重危害"的认定

★最高人民法院、最高人民检察院《关于办理非法采供血液等刑事案件具体应用法律若干问题的解释》（2008年9月23日）（节录）

第三条　对非法采集、供应血液或者制作、供应血液制品，具有下列情形之一的，应认定为刑法第三百三十四条第一款规定的"对人体健康造成严重危害"，处五年以上十年以下有期徒刑，并处罚金：

（一）造成献血者、供血浆者、受血者感染乙型肝炎病毒、丙型肝炎病毒、梅毒螺旋

· 611 ·

体或者其他经血液传播的病原微生物的;

（二）造成献血者、供血浆者、受血者重度贫血、造血功能障碍或者其他器官组织损伤导致功能障碍等身体严重危害的;

（三）对人体健康造成其他严重危害的。

▶4 第一款"造成特别严重后果"的认定

★最高人民法院、最高人民检察院《关于办理非法采供血液等刑事案件具体应用法律若干问题的解释》（2008年9月23日）（节录）

第四条 对非法采集、供应血液或者制作、供应血液制品，具有下列情形之一的，应认定为刑法第三百三十四条第一款规定的"造成特别严重后果"，处十年以上有期徒刑或者无期徒刑，并处罚金或者没收财产：

（一）因血液传播疾病导致人员死亡或者感染艾滋病病毒的;

（二）造成五人以上感染乙型肝炎病毒、丙型肝炎病毒、梅毒螺旋体或者其他经血液传播的病原微生物的;

（三）造成五人以上重度贫血、造血功能障碍或者其他器官组织损伤导致功能障碍等身体严重危害的;

（四）造成其他特别严重后果的。

▶5 第二款"经国家主管部门批准采集、供应血液或者制作、供应血液制品的部门"的认定

★最高人民法院、最高人民检察院《关于办理非法采供血液等刑事案件具体应用法律若干问题的解释》（2008年9月23日）（节录）

第七条 经国家主管部门批准的采供血机构和血液制品生产经营单位，应认定为刑法第三百三十四条第二款规定的"经国家主管部门批准采集、供应血液或者制作、供应血液制品的部门"。

▶6 第二款"不依照规定进行检测或者违背其他操作规定"的认定

★最高人民法院、最高人民检察院《关于办理非法采供血液等刑事案件具体应用法律若干问题的解释》（2008年9月23日）（节录）

第五条 对经国家主管部门批准采集、供应血液或者制作、供应血液制品的部门，具有下列情形之一的，应认定为刑法第三百三十四条第二款规定的"不依照规定进行检测或者违背其他操作规定"：

（一）血站未用两个企业生产的试剂对艾滋病病毒抗体、乙型肝炎病毒表面抗原、丙型肝炎病毒抗体、梅毒抗体进行两次检测的;

（二）单采血浆站不依照规定对艾滋病病毒抗体、乙型肝炎病毒表面抗原、丙型肝炎病毒抗体、梅毒抗体进行检测的;

（三）血液制品生产企业在投料生产前未用主管部门批准和检定合格的试剂进行复检的;

（四）血站、单采血浆站和血液制品生产企业使用的诊断试剂没有生产单位名称、生产批准文号或者经检定不合格的;

（五）采供血机构在采集检验标本、采集血液和成分血分离时，使用没有生产单位名

称、生产批准文号或者超过有效期的一次性注射器等采血器材的;

(六)不依照国家规定的标准和要求包装、储存、运输血液、原料血浆的;

(七)对国家规定检测项目结果呈阳性的血液未及时按照规定予以清除的;

(八)不具备相应资格的医务人员进行采血、检验操作的;

(九)对献血者、供血浆者超量、频繁采集血液、血浆的;

(十)采供血机构采集血液、血浆前,未对献血者或供血浆者进行身份识别,采集冒名顶替者、健康检查不合格者血液、血浆的;

(十一)血站擅自采集原料血浆,单采血浆站擅自采集临床用血或者向医疗机构供应原料血浆的;

(十二)重复使用一次性采血器材的;

(十三)其他不依照规定进行检测或者违背操作规定的。

第八条 本解释所称"血液",是指全血、成分血和特殊血液成分。

本解释所称"血液制品",是指各种人血浆蛋白制品。

本解释所称"采供血机构",包括血液中心、中心血站、中心血库、脐带血造血干细胞库和国家卫生行政主管部门根据医学发展需要批准、设置的其他类型血库、单采血浆站。

7 第二款"造成危害他人身体健康后果"的认定

★最高人民法院、最高人民检察院《关于办理非法采供血液等刑事案件具体应用法律若干问题的解释》(2008年9月23日)(节录)

第六条 对经国家主管部门批准采集、供应血液或者制作、供应血液制品的部门,不依照规定进行检测或者违背其他操作规定的,具有下列情形之一的,应认定为刑法第三百三十四条第二款规定的"造成危害他人身体健康后果",对单位判处罚金,并对其直接负责的主管人员和其他直接责任人员,处五年以下有期徒刑或者拘役:

(一)造成献血者、供血浆者、受血者感染艾滋病病毒、乙型肝炎病毒、丙型肝炎病毒、梅毒螺旋体或者其他经血液传播的病原微生物的;

(二)造成献血者、供血浆者、受血者重度贫血、造血功能障碍或者其他器官组织损伤导致功能障碍等身体严重危害的;

(三)造成其他危害他人身体健康后果的。

8 一罪与数罪

★最高人民法院、最高人民检察院《关于办理危害药品安全刑事案件适用法律若干问题的解释》(2014年12月1日)(节录)

第十条 实施生产、销售假药、劣药犯罪,同时构成生产、销售伪劣产品、侵犯知识产权、非法经营、非法行医、非法采供血等犯罪的,依照处罚较重的规定定罪处罚。

第三百三十五条【医疗事故罪】 医务人员由于严重不负责任,造成就诊人死亡或者严重损害就诊人身体健康的,处三年以下有期徒刑或者拘役。

──── ◆ 立案追诉标准 ◆ ────

★最高人民检察院、公安部《关于公安机关管辖的刑事案件立案追诉标准的规定

(一)》(2008年6月25日)(节录)

第五十六条 [医疗事故案(刑法第三百三十五条)] 医务人员由于严重不负责任,造成就诊人死亡或者严重损害就诊人身体健康的,应予立案追诉。

具有下列情形之一的,属于本条规定的"严重不负责任":

(一) 擅离职守的;

(二) 无正当理由拒绝对危急就诊人实行必要的医疗救治的;

(三) 未经批准擅自开展试验性医疗的;

(四) 严重违反查对、复核制度的;

(五) 使用未经批准使用的药品、消毒药剂、医疗器械的;

(六) 严重违反国家法律法规及有明确规定的诊疗技术规范、常规的;

(七) 其他严重不负责任的情形。

本条规定的"严重损害就诊人身体健康",是指造成就诊人严重残疾、重伤、感染艾滋病、病毒性肝炎等难以治愈的疾病或者其他严重损害就诊人身体健康的后果。

第三百三十六条【非法行医罪】未取得医生执业资格的人非法行医,情节严重的,处三年以下有期徒刑、拘役或者管制,并处或者单处罚金;严重损害就诊人身体健康的,处三年以上十年以下有期徒刑,并处罚金;造成就诊人死亡的,处十年以上有期徒刑,并处罚金。

【非法进行节育手术罪】未取得医生执业资格的人擅自为他人进行节育复通手术、假节育手术、终止妊娠手术或者摘取宫内节育器,情节严重的,处三年以下有期徒刑、拘役或者管制,并处或者单处罚金;严重损害就诊人身体健康的,处三年以上十年以下有期徒刑,并处罚金;造成就诊人死亡的,处十年以上有期徒刑,并处罚金。

◀ 立案追诉标准 ▶

★最高人民检察院、公安部《关于公安机关管辖的刑事案件立案追诉标准的规定(一)》(2008年6月25日)(节录)

第五十七条 [非法行医案(刑法第三百三十六条第一款)] 未取得医生执业资格的人非法行医,涉嫌下列情形之一的,应予立案追诉:

(一) 造成就诊人轻度残疾、器官组织损伤导致一般功能障碍,或者中度以上残疾、器官组织损伤导致严重功能障碍,或者死亡的;

(二) 造成甲类传染病传播、流行或者有传播、流行危险的;

(三) 使用假药、劣药或不符合国家规定标准的卫生材料、医疗器械,足以严重危害人体健康的;

(四) 非法行医被卫生行政部门行政处罚两次以后,再次非法行医的;

(五) 其他情节严重的情形。

具有下列情形之一的,属于本条规定的"未取得医生执业资格的人非法行医":

(一) 未取得或者以非法手段取得医师资格从事医疗活动的;

（二）个人未取得《医疗机构执业许可证》开办医疗机构的；

（三）被依法吊销医师执业证书期间从事医疗活动的；

（四）未取得乡村医生执业证书，从事乡村医疗活动的；

（五）家庭接生员实施家庭接生以外的医疗行为的。

本条规定的"轻度残疾、器官组织损伤导致一般功能障碍"、"中度以上残疾、器官组织损伤导致严重功能障碍"，参照卫生部《医疗事故分级标准（试行）》认定。

第五十八条 [非法进行节育手术案（刑法第三百三十六条第二款）] 未取得医生执业资格的人擅自为他人进行节育复通手术、假节育手术、终止妊娠手术或者摘取宫内节育器，涉嫌下列情形之一的，应予立案追诉：

（一）造成就诊人轻伤、重伤、死亡或者感染艾滋病、病毒性肝炎等难以治愈的疾病的；

（二）非法进行节育复通手术、假节育手术、终止妊娠手术或者摘取宫内节育器五人次以上的；

（三）致使他人超计划生育的；

（四）非法进行选择性别的终止妊娠手术的；

（五）非法获利累计五千元以上的；

（六）其他情节严重的情形。

◀ 定 罪 ▶

第一款"未取得医生执业资格的人非法行医"的认定

★**最高人民法院《关于非法行医罪犯罪主体条件征询意见函》**（2001年4月29日）

中华人民共和国卫生部：

非法行医罪是一种严重危害社会医疗卫生秩序，危害群众身体健康和生命安全的犯罪行为，应当依法严惩。但是，由于在审判实践中对刑法规定该罪主体条件的医务专业术语如何理解有争议，影响对该类案件依法进行处理。

《中华人民共和国刑法》第三百三十六条第一款规定："未取得医生执业资格的人非法行医，情节严重的，处三年以下有期徒刑拘役或者管制，并处或者单处罚金；严重损害就诊人身体健康的，处三年以上十年以下有期徒刑，并处罚金；造成就诊人死亡的，处十年以上有期徒刑，并处罚金。"前述法律规定中，是否取得"医生执业资格"是非法行医罪的主体条件。审判实践中的疑问是：（1）医生资格和医生执业资格是不是同一概念？如果不是同一概念，二者的内涵是什么？（2）1997年10月1日《中华人民共和国刑法》施行以后至1999年5月1日《中华人民共和国执业医师法》施行以前，对"未取得医生执业资格的人"应当如何理解？是否包括具有医生资格，并被医院或者其他卫生单位聘为医生，但在未被批准行医的场所行医的人？为了正确适用法律，以及依法惩处非法行医犯罪行为，特征求你部对上述问题的意见，请将你们的意见以及相关的依据函告我院。

★**卫生部《关于对非法行医罪犯罪条件征询意见函的复函》**（2001年8月8日）

最高人民法院：

你院《关于非法行医罪犯罪主体条件征询意见函》（法函〔2001〕23号）收悉。经研

究,现答复如下:

一、关于非法行医罪犯罪主体的概念

1998年6月26日第九届全国人民代表人会常务委员会第三次会议通过《执业医师法》,根据该法规定,医师是取得执业医师资格,经注册在医疗、预防、保健机构中执业的医学专业人员。医师分为执业医师和执业助理医师,《刑法》中的"医生执业资格的人"应当是按照《执业医师法》的规定,取得执业医师资格并经卫生行政部门注册的医学专业人员。

二、关于《执业医师法》颁布以前医师资格认定问题

《执业医师法》第四十三条规定:"本法颁布之日前按照国家有关规定取得医学专业技术职称和医学专业技术职务的人员,由所在机构报请县级以上人民政府卫生行政部门认定,取得相应的医师资格。"

卫生部、人事部下发了《具有医学专业技术职务任职资格人员认定医师资格及执业注册办法》。目前各级卫生行政部门正在对《执业医师法》颁布之前,按照国家有关规定已取得医学专业技术职务任职资格的人员认定医师资格,并为仍在医疗、预防、保健机构执业的医师办理执业注册。

三、关于在"未被批准行医的场所"行医问题

具有医生执业资格的人在"未被批准行医的场所"行医属非法行医。其中,"未被批准行医的场所"是指没有卫生行政部门核发的《医疗机构执业许可证》的场所。但是,下列情况不属于非法行医:

(一)随急救车出诊或随采血车出车采血的;

(二)对病人实施现场急救的;

(三)经医疗、预防、保健机构批准的家庭病床、卫生支农、出诊、承担政府交办的任务和卫生行政部门批准的义诊等。

四、关于乡村医生及家庭接生员的问题

《执业医师法》规定,不具备《执业医师法》规定的执业医师资格或者执业助理医师资格的乡村医生,由国务院另行制定管理办法。经过卫生行政部门审核的乡村医生应当在注册的村卫生室执业。除第三条所列情况外,其他凡超出其申请执业地点的,应视为非法行医。

根据《母婴保健法》的规定"不能住院分娩的孕妇应当经过培训合格的接生人员实行消毒接生","从事家庭接生的人员,必须经过县级以上地方人民政府卫生行政部门的考核,并取得相应的合格证书"。取得合法资格的家庭接生人员为不能住院分娩的孕妇接生,不属于非法行医。

★最高人民法院《关于审理非法行医刑事案件具体应用法律若干问题的解释》(2008年5月9日,2016年12月12日修正)(节录)

第一条 具有下列情形之一的,应认定为刑法第三百三十六条第一款规定的"未取得医生执业资格的人非法行医":

(一)未取得或者以非法手段取得医师资格从事医疗活动的;

（二）被依法吊销医师执业证书期间从事医疗活动的；

（三）未取得乡村医生执业证书，从事乡村医疗活动的；

（四）家庭接生员实施家庭接生以外的医疗行为的。

第六条（第1款） 本解释所称"医疗活动""医疗行为"，参照《医疗机构管理条例实施细则》中的"诊疗活动""医疗美容"认定。

❷ 第一款"情节严重"的认定

★最高人民法院《关于审理非法行医刑事案件具体应用法律若干问题的解释》（2008年5月9日，2016年12月12日修正）（节录）

第二条 具有下列情形之一的，应认定为刑法第三百三十六条第一款规定的"情节严重"：

（一）造成就诊人轻度残疾、器官组织损伤导致一般功能障碍的；

（二）造成甲类传染病传播、流行或者有传播、流行危险的；

（三）使用假药、劣药或不符合国家规定标准的卫生材料、医疗器械，足以严重危害人体健康的；

（四）非法行医被卫生行政部门行政处罚两次以后，再次非法行医的；

（五）其他情节严重的情形。

第六条（第2款） 本解释所称"轻度残疾、器官组织损伤导致一般功能障碍"、"中度以上残疾、器官组织损伤导致严重功能障碍"，参照卫生部《医疗事故分级标准（试行）》认定。

❸ 第一款"严重损害就诊人身体健康"的认定

★最高人民法院《关于审理非法行医刑事案件具体应用法律若干问题的解释》（2008年5月9日，2016年12月12日修正）（节录）

第三条 具有下列情形之一的，应认定为刑法第三百三十六条第一款规定的"严重损害就诊人身体健康"：

（一）造成就诊人中度以上残疾、器官组织损伤导致严重功能障碍的；

（二）造成三名以上就诊人轻度残疾、器官组织损伤导致一般功能障碍的。

❹ 第一款"造成就诊人死亡"的认定

★最高人民法院《关于审理非法行医刑事案件具体应用法律若干问题的解释》（2008年5月9日，2016年12月12日修正）（节录）

第四条 非法行医行为系造成就诊人死亡的直接、主要原因的，应认定为刑法第三百三十六条第一款规定的"造成就诊人死亡"。

非法行医行为并非造成就诊人死亡的直接、主要原因的，可不认定为刑法第三百三十六条第一款规定的"造成就诊人死亡"。但是，根据案件情况，可以认定为刑法第三百三十六条第一款规定的"情节严重"。

❺ 一罪与数罪

★最高人民法院《关于审理非法行医刑事案件具体应用法律若干问题的解释》（2008年5月9日，2016年12月12日修正）（节录）

第五条 实施非法行医犯罪，同时构成生产、销售假药罪，生产、销售劣药罪，诈罪等其他犯罪的，依照刑法处罚较重的规定定罪处罚。

★最高人民法院、最高人民检察院《关于办理危害药品安全刑事案件适用法律若干问题的解释》（2014年12月1日）（节录）

第十条　实施生产、销售假药、劣药犯罪，同时构成生产、销售伪劣产品、侵犯知识产权、非法经营、非法行医、非法采供血等犯罪的，依照处罚较重的规定定罪处罚。

◁　量　刑　▷

▶从重处罚

★最高人民法院、最高人民检察院《关于办理妨害预防、控制突发传染病疫情等灾害的刑事案件具体应用法律若干问题的解释》（2003年5月15日）（节录）

第十二条　未取得医师执业资格非法行医，具有造成突发传染病病人、病原携带者、疑似突发传染病病人贻误诊治或者造成交叉感染等严重情节的，依照刑法第三百三十六条第一款的规定，以非法行医罪定罪，依法从重处罚。

第三百三十七条【妨害动植物防疫、检疫罪】 违反有关动植物防疫、检疫的国家规定，引起重大动植物疫情的，或者有引起重大动植物疫情危险，情节严重的，处三年以下有期徒刑或者拘役，并处或者单处罚金。

单位犯前款罪的，对单位判处罚金，并对其直接负责的主管人员和其他直接责任人员，依照前款的规定处罚。

◁　立案追诉标准　▷

★最高人民检察院、公安部《关于公安机关管辖的刑事案件立案追诉标准的规定（一）》（2008年6月25日）（节录）

第五十九条　[逃避动植物检疫案（刑法第三百三十七条）] 违反进出境动植物检疫法的规定，逃避动植物检疫，涉嫌下列情形之一的，应予立案追诉：

（一）造成国家规定的《进境动物一、二类传染病、寄生虫病名录》中所列的动物疫病传入或者对农、牧、渔业生产以及人体健康、公共安全造成严重危害的其他动物疫病在国内暴发流行的；

（二）造成国家规定的《进境植物检疫性有害生物名录》中所列的有害生物传入或者对农、林业生产、生态环境以及人体健康有严重危害的其他有害生物在国内传播扩散的。

第一百条　本规定中的立案追诉标准，除法律、司法解释另有规定的以外，适用于相关的单位犯罪。

第六节　破坏环境资源保护罪

第三百三十八条【污染环境罪】 违反国家规定，排放、倾倒或者处置有放射性的废物、含传染病病原体的废物、有毒物质或者其他有害物质，严重污染环境的，处三年以下有期徒刑或者拘役，并处或者单处罚金；后果特别严重的，处三年以上七年以下有期徒刑，并处罚金。

关联法条：第九十六条、第三百四十六条

定　罪

1 "有毒物质"的认定

★最高人民法院、最高人民检察院《关于办理环境污染刑事案件适用法律若干问题的解释》（2017年1月1日）（节录）

第十五条　下列物质应当认定为刑法第三百三十八条规定的"有毒物质"：

（一）危险废物，是指列入国家危险废物名录，或者根据国家规定的危险废物鉴别标准和鉴别方法认定的，具有危险特性的废物；

（二）《关于持久性有机污染物的斯德哥尔摩公约》附件所列物质；

（三）含重金属的污染物；

（四）其他具有毒性，可能污染环境的物质。

第十三条　对国家危险废物名录所列的废物，可以依据涉案物质的来源、产生过程、被告人供述、证人证言以及经批准或者备案的环境影响评价文件等证据，结合环境保护主管部门、公安机关等出具的书面意见作出认定。

对于危险废物的数量，可以综合被告人供述、涉案企业的生产工艺、物耗、能耗情况，以及经批准或者备案的环境影响评价文件等证据作出认定。

2 "严重污染环境"的认定

★最高人民法院、最高人民检察院《关于办理环境污染刑事案件适用法律若干问题的解释》（2017年1月1日）（节录）

第一条　实施刑法第三百三十八条规定的行为，具有下列情形之一的，应当认定为"严重污染环境"：

（一）在饮用水水源一级保护区、自然保护区核心区排放、倾倒、处置有放射性的废物、含传染病病原体的废物、有毒物质的；

（二）非法排放、倾倒、处置危险废物三吨以上的；

（三）排放、倾倒、处置含铅、汞、镉、铬、砷、铊、锑的污染物，超过国家或者地方污染物排放标准三倍以上的；

（四）排放、倾倒、处置含镍、铜、锌、银、钒、锰、钴的污染物，超过国家或者地方污染物排放标准十倍以上的；

（五）通过暗管、渗井、渗坑、裂隙、溶洞、灌注等逃避监管的方式排放、倾倒、处置有放射性的废物、含传染病病原体的废物、有毒物质的；

（六）二年内曾因违反国家规定，排放、倾倒、处置有放射性的废物、含传染病病原体的废物、有毒物质受过两次以上行政处罚，又实施前列行为的；

（七）重点排污单位篡改、伪造自动监测数据或者干扰自动监测设施，排放化学需氧量、氨氮、二氧化硫、氮氧化物等污染物的；

（八）违法减少防治污染设施运行支出一百万元以上的；

（九）违法所得或者致使公私财产损失三十万元以上的；

（十）造成生态环境严重损害的；

（十一）致使乡镇以上集中式饮用水水源取水中断十二小时以上的；

第二编 分 则

（十二）致使基本农田、防护林地、特种用途林地五亩以上，其他农用地十亩以上，其他土地二十亩以上基本功能丧失或者遭受永久性破坏的；

（十三）致使森林或者其他林木死亡五十立方米以上，或者幼树死亡二千五百株以上的；

（十四）致使疏散、转移群众五千人以上的；

（十五）致使三十人以上中毒的；

（十六）致使三人以上轻伤、轻度残疾或者器官组织损伤导致一般功能障碍的；

（十七）致使一人以上重伤、中度残疾或者器官组织损伤导致严重功能障碍的；

（十八）其他严重污染环境的情形。

第十六条　无危险废物经营许可证，以营利为目的，从危险废物中提取物质作为原材料或者燃料，并具有超标排放污染物、非法倾倒污染物或者其他违法造成环境污染的情形的行为，应当认定为"非法处置危险废物"。

第十七条（第1款）　本解释所称"二年内"，以第一次违法行为受到行政处罚的生效之日与又实施相应行为之日的时间间隔计算确定。

（第2款）　本解释所称"重点排污单位"，是指设区的市级以上人民政府环境保护主管部门依法确定的应当安装、使用污染物排放自动监测设备的重点监控企业及其他单位。

（第3款）　本解释所称"违法所得"，是指实施刑法第三百三十八条、第三百三十九条规定的行为所得和可得的全部违法收入。

（第4款）　本解释所称"公私财产损失"，包括实施刑法第三百三十八条、第三百三十九条规定的行为直接造成财产损毁、减少的实际价值，为防止污染扩大、消除污染而采取必要合理措施所产生的费用，以及处置突发环境事件的应急监测费用。

（第5款）　本解释所称"生态环境损害"，包括生态环境修复费用，生态环境修复期间服务功能的损失和生态环境功能永久性损害造成的损失，以及其他必要合理费用。

3 "后果特别严重"的认定

★最高人民法院、最高人民检察院《关于办理环境污染刑事案件适用法律若干问题的解释》（2017年1月1日）（节录）

第三条　实施刑法第三百三十八条、第三百三十九条规定的行为，具有下列情形之一的，应当认定为"后果特别严重"：

（一）致使县级以上城区集中式饮用水水源取水中断十二小时以上的；

（二）非法排放、倾倒、处置危险废物一百吨以上的；

（三）致使基本农田、防护林地、特种用途林地十五亩以上，其他农用地三十亩以上，其他土地六十亩以上基本功能丧失或者遭受永久性破坏的；

（四）致使森林或者其他林木死亡一百五十立方米以上，或者幼树死亡七千五百株以上的；

（五）致使公私财产损失一百万元以上的；

（六）造成生态环境特别严重损害的；

（七）致使疏散、转移群众一万五千人以上的；

（八）致使一百人以上中毒的；

（九）致使十人以上轻伤、轻度残疾或者器官组织损伤导致一般功能障碍的；

（十）致使三人以上重伤、中度残疾或者器官组织损伤导致严重功能障碍的；

（十一）致使一人以上重伤、中度残疾或者器官组织损伤导致严重功能障碍，并致使五人以上轻伤、轻度残疾或者器官组织损伤导致一般功能障碍的；

（十二）致使一人以上死亡或者重度残疾的；

（十三）其他后果特别严重的情形。

4 违反传染病防治法，造成重大环境污染事故行为的定性

★最高人民法院、最高人民检察院《关于办理妨害预防、控制突发传染病疫情等灾害的刑事案件具体应用法律若干问题的解释》（2003年5月15日）（节录）

第十三条 违反传染病防治法等国家有关规定，向土地、水体、大气排放、倾倒或者处置含传染病病原体的废物、有毒物质或者其他危险废物，造成突发传染病传播等重大环境污染事故，致使公私财产遭受重大损失或者人身伤亡的严重后果的，依照刑法第三百三十八条的规定，以重大环境污染事故罪①定罪处罚。

5 单位犯罪

★最高人民法院、最高人民检察院《关于办理环境污染刑事案件适用法律若干问题的解释》（2017年1月1日）（节录）

第十一条 单位实施本解释规定的犯罪的，依照本解释规定的定罪量刑标准，对直接负责的主管人员和其他直接责任人员定罪处罚，并对单位判处罚金。

6 共同犯罪

★最高人民法院、最高人民检察院《关于办理环境污染刑事案件适用法律若干问题的解释》（2017年1月1日）（节录）

第七条 明知他人无危险废物经营许可证，向其提供或者委托其收集、贮存、利用、处置危险废物，严重污染环境的，以共同犯罪②论处。

第十七条（第6款） 本解释所称"无危险废物经营许可证"，是指未取得危险废物经营许可证，或者超出危险废物经营许可证的经营范围。

7 一罪与数罪

★最高人民法院《关于进一步加强危害生产安全刑事案件审判工作的意见》（2012年1月10日）（节录）

10.（第2款）违反安全生产管理规定，非法采矿、破坏性采矿或排放、倾倒、处置有害物质严重污染环境，造成重大伤亡事故或者其他严重后果，同时构成危害生产安全犯罪和破坏环境资源保护犯罪的，依照数罪并罚的规定处罚。

★最高人民法院《关于审理发生在我国管辖海域相关案件若干问题的规定（二）》

---

① 目前应为"污染环境罪"。

② 未必是污染环境罪的共同犯罪，也可能是非法经营罪的共同犯罪。

(2016年8月2日)(节录)

第八条 实施破坏海洋资源犯罪行为,同时构成非法捕捞罪、非法猎捕、杀害珍贵、濒危野生动物罪、组织他人偷越国(边)境罪、偷越国(边)境罪等犯罪的,依照处罚较重的规定定罪处罚。

有破坏海洋资源犯罪行为,又实施走私、妨害公务等犯罪的,依照数罪并罚的规定处理。

★最高人民法院、最高人民检察院《关于办理环境污染刑事案件适用法律若干问题的解释》(2017年1月1日)(节录)

第六条 无危险废物经营许可证从事收集、贮存、利用、处置危险废物经营活动,严重污染环境的,按照污染环境罪定罪处罚;同时构成非法经营罪的,依照处罚较重的规定定罪处罚。

实施前款规定的行为,不具有超标排放污染物、非法倾倒污染物或者其他违法造成环境污染的情形的,可以认定为非法经营情节显著轻微危害不大,不认为是犯罪;构成生产、销售伪劣产品等其他犯罪的,以其他犯罪论处。

第八条 违反国家规定,排放、倾倒、处置含有毒害性、放射性、传染病病原体等物质的污染物,同时构成污染环境罪、非法处置进口的固体废物罪、投放危险物质罪等犯罪的,依照处罚较重的规定定罪处罚。

第十七条(第6款) 本解释所称"无危险废物经营许可证",是指未取得危险废物经营许可证,或者超出危险废物经营许可证的经营范围。

8 环境污染专门性问题的确定

★最高人民法院、最高人民检察院《关于办理环境污染刑事案件适用法律若干问题的解释》(2017年1月1日)(节录)

第十二条 环境保护主管部门及其所属监测机构在行政执法过程中收集的监测数据,在刑事诉讼中可以作为证据使用。

公安机关单独或者会同环境保护主管部门,提取污染物样品进行检测获取的数据,在刑事诉讼中可以作为证据使用。

第十四条 对案件所涉的环境污染专门性问题难以确定的,依据司法鉴定机构出具的鉴定意见,或者国务院环境保护主管部门、公安部门指定的机构出具的报告,结合其他证据作出认定。

◀ 量 刑 ▶

1 应当从重处罚

★最高人民法院、最高人民检察院《关于办理环境污染刑事案件适用法律若干问题的解释》(2017年1月1日)(节录)

第四条 实施刑法第三百三十八条、第三百三十九条规定的犯罪行为,具有下列情形之一的,应当从重处罚:

(一)阻挠环境监督检查或者突发环境事件调查,尚不构成妨害公务等犯罪的;

(二)在医院、学校、居民区等人口集中地区及其附近,违反国家规定排放、倾倒、

处置有放射性的废物、含传染病病原体的废物、有毒物质或者其他有害物质的;

(三) 在重污染天气预警期间、突发环境事件处置期间或者被责令限期整改期间,违反国家规定排放、倾倒、处置有放射性的废物、含传染病病原体的废物、有毒物质或者其他有害物质的;

(四) 具有危险废物经营许可证的企业违反国家规定排放、倾倒、处置有放射性的废物、含传染病病原体的废物、有毒物质或者其他有害物质的。

❷ 情节轻微,不起诉或者免予刑事处罚,或者从宽处罚

★最高人民法院、最高人民检察院《关于办理环境污染刑事案件适用法律若干问题的解释》(2017年1月1日)(节录)

第五条　实施刑法第三百三十八条、第三百三十九条规定的行为,刚达到应当追究刑事责任的标准,但行为人及时采取措施,防止损失扩大、消除污染,全部赔偿损失,积极修复生态环境,且系初犯,确有悔罪表现的,可以认定为情节轻微,不起诉或者免予刑事处罚;确有必要判处刑罚的,应当从宽处罚。

第三百三十九条【非法处置进口的固体废物罪】 违反国家规定,将境外的固体废物进境倾倒、堆放、处置的,处五年以下有期徒刑或者拘役,并处罚金;造成重大环境污染事故,致使公私财产遭受重大损失或者严重危害人体健康的,处五年以上十年以下有期徒刑,并处罚金;后果特别严重的,处十年以上有期徒刑,并处罚金。

【擅自进口固体废物罪】 未经国务院有关主管部门许可,擅自进口固体废物用作原料,造成重大环境污染事故,致使公私财产遭受重大损失或者严重危害人体健康的,处五年以下有期徒刑或者拘役,并处罚金;后果特别严重的,处五年以上十年以下有期徒刑,并处罚金。

以原料利用为名,进口不能用作原料的固体废物、液态废物和气态废物的,依照本法第一百五十二条第二款、第三款的规定定罪处罚。

关联法条:第九十六条、第三百四十六条

◀ 立案追诉标准 ▶

★最高人民检察院、公安部《关于公安机关管辖的刑事案件立案追诉标准的规定(一)》(2008年6月25日)(节录)

第六十一条 [非法处置进口的固体废物案(刑法第三百三十九条第一款)] 违反国家规定,将境外的固体废物进境倾倒、堆放、处置的,应予立案追诉。

◀ 定　　罪 ▶

❶ 第一款"后果特别严重"的认定

(参见第三百三十八条:【定罪】:3."后果特别严重"的认定,P620)

❷ "致使公私财产遭受重大损失或者严重危害人体健康"的认定

★最高人民法院、最高人民检察院《关于办理环境污染刑事案件适用法律若干问题的

解释》（2017年1月1日）（节录）

第一条 实施刑法第三百三十八条规定的行为，具有下列情形之一的，应当认定为"严重污染环境"：

（十）造成生态环境严重损害的；

（十一）致使乡镇以上集中式饮用水水源取水中断十二小时以上的；

（十二）致使基本农田、防护林地、特种用途林地五亩以上，其他农用地十亩以上，其他土地二十亩以上基本功能丧失或者遭受永久性破坏的；

（十三）致使森林或者其他林木死亡五十立方米以上，或者幼树死亡二千五百株以上的；

（十四）致使疏散、转移群众五千人以上的；

（十五）致使三十人以上中毒的；

（十六）致使三人以上轻伤、轻度残疾或者器官组织损伤导致一般功能障碍的；

（十七）致使一人以上重伤、中度残疾或者器官组织损伤导致严重功能障碍的；

（十八）其他严重污染环境的情形。

第二条 实施刑法第三百三十九条、第四百零八条规定的行为，致使公私财产损失三十万元以上，或者具有本解释第一条第十项至第十七项规定情形之一的，应当认定为"致使公私财产遭受重大损失或者严重危害人体健康"或者"致使公私财产遭受重大损失或者造成人身伤亡的严重后果"。

第十七条（第4款） 本解释所称"公私财产损失"，包括实施刑法第三百三十八条、第三百三十九条规定的行为直接造成财产损毁、减少的实际价值，为防止污染扩大、消除污染而采取必要合理措施所产生的费用，以及处置突发环境事件的应急监测费用。

❸ 单位犯罪

（参见第三百三十八条：【定罪】：5. 单位犯罪，P621）

❹ 一罪与数罪

★最高人民法院、最高人民检察院《关于办理环境污染刑事案件适用法律若干问题的解释》（2017年1月1日）（节录）

第八条 违反国家规定，排放、倾倒、处置含有毒害性、放射性、传染病病原体等物质的污染物，同时构成污染环境罪、非法处置进口的固体废物罪、投放危险物质罪等犯罪的，依照处罚较重的规定定罪处罚。

―――― 量　　刑 ――――

❶ 从重处罚

（参见第三百三十八条：【量刑】：1. 从重处罚，P622）

❷ 情节轻微，不起诉或者免予刑事处罚，或者从宽处罚

（参见第三百三十八条：【量刑】：2. 情节轻微，不起诉或者免予刑事处罚，或者从宽处罚，P622）

第三百四十条【非法捕捞水产品罪】违反保护水产资源法规，在禁渔区、禁渔期或者使用禁用的工具、方法捕捞水产品，情节严重的，处三年以下有期徒刑、拘役、管制或者罚金。

关联法条：第三百四十六条

―――― ▶ 立案追诉标准 ◀ ――――

★最高人民检察院、公安部《关于公安机关管辖的刑事案件立案追诉标准的规定（一）》（2008年6月25日）（节录）

第六十三条 ［非法捕捞水产品案（刑法第三百四十条）］违反保护水产资源法规，在禁渔区、禁渔期或者使用禁用的工具、方法捕捞水产品，涉嫌下列情形之一的，应予立案追诉：

（一）在内陆水域非法捕捞水产品五百公斤以上或者价值五千元以上，或者在海洋水域非法捕捞水产品二千公斤以上或者价值二万元以上的；

（二）非法捕捞有重要经济价值的水生动物苗种、怀卵亲体或者在水产种质资源保护区内捕捞水产品，在内陆水域五十公斤以上或者价值五百元以上，或者在海洋水域二百公斤以上或者价值二千元以上的；

（三）在禁渔区内使用禁用的工具或者禁用的方法捕捞的；

（四）在禁渔期内使用禁用的工具或者禁用的方法捕捞的；

（五）在公海使用禁用渔具从事捕捞作业，造成严重影响的；

（六）其他情节严重的情形。

第一百条 本规定中的立案追诉标准，除法律、司法解释另有规定的以外，适用于相关的单位犯罪。

―――― ▶ 定　　罪 ◀ ――――

▶1 "情节严重"的认定

★最高人民法院《关于审理发生在我国管辖海域相关案件若干问题的规定（二）》（2016年8月2日）（节录）

第四条 违反保护水产资源法规，在海洋水域，在禁渔区、禁渔期或者使用禁用的工具、方法捕捞水产品，具有下列情形之一的，应当认定为刑法第三百四十条规定的"情节严重"：

（一）非法捕捞水产品一万公斤以上或者价值十万元以上的；

（二）非法捕捞有重要经济价值的水生动物苗种、怀卵亲体二千公斤以上或者价值二万元以上的；

（三）在水产种质资源保护区内捕捞水产品二千公斤以上或者价值二万元以上的；

（四）在禁渔区内使用禁用的工具或者方法捕捞的；

（五）在禁渔期内使用禁用的工具或者方法捕捞的；

（六）在公海使用禁用渔具从事捕捞作业，造成严重影响的；

（七）其他情节严重的情形。

一罪与数罪

★最高人民法院《关于审理发生在我国管辖海域相关案件若干问题的规定（二）》（2016年8月2日）（节录）

第八条 实施破坏海洋资源犯罪行为，同时构成非法捕捞罪、非法猎捕、杀害珍贵、濒危野生动物罪、组织他人偷越国（边）境罪、偷越国（边）境罪等犯罪的，依照处罚较重的规定定罪处罚。

有破坏海洋资源犯罪行为，又实施走私、妨害公务等犯罪的，依照数罪并罚的规定处理。

第三百四十一条【非法猎捕、杀害珍贵、濒危野生动物罪】【非法收购、运输、出售珍贵、濒危野生动物、珍贵、濒危野生动物制品罪】 非法猎捕、杀害国家重点保护的珍贵、濒危野生动物的，或者非法收购、运输、出售国家重点保护的珍贵、濒危野生动物及其制品的，处五年以下有期徒刑或者拘役，并处罚金；情节严重的，处五年以上十年以下有期徒刑，并处罚金；情节特别严重的，处十年以上有期徒刑，并处罚金或者没收财产。

【非法狩猎罪】 违反狩猎法规，在禁猎区、禁猎期或者使用禁用的工具、方法进行狩猎，破坏野生动物资源，情节严重的，处三年以下有期徒刑、拘役、管制或者罚金。

关联法条：第三百四十六条

立案追诉标准

★最高人民检察院、公安部《关于公安机关管辖的刑事案件立案追诉标准的规定（一）》（2008年6月25日）（节录）

第六十四条 [非法猎捕、杀害珍贵、濒危野生动物案（刑法第三百四十一条第一款）] 非法猎捕、杀害国家重点保护的珍贵、濒危野生动物的，应予立案追诉。

本条和本规定第六十五条规定的"珍贵、濒危野生动物"，包括列入《国家重点保护野生动物名录》的国家一、二级保护野生动物，列入《濒危野生动植物种国际贸易公约》附录一、附录二的野生动物以及驯养繁殖的上述物种。

第六十五条 [非法收购、运输、出售珍贵、濒危野生动物、珍贵、濒危野生动物制品案（刑法第三百四十一条第一款）] 非法收购、运输、出售国家重点保护的珍贵、濒危野生动物及其制品的，应予立案追诉。

本条规定的"收购"，包括以营利、自用等为目的的购买行为；"运输"，包括采用携带、邮寄、利用他人、使用交通工具等方法进行运送的行为；"出售"，包括出卖和以营利为目的的加工利用行为。

第六十六条 [非法狩猎案（刑法第三百四十一条第二款）] 违反狩猎法规，在禁猎区、禁猎期或者使用禁用的工具、方法进行狩猎，破坏野生动物资源，涉嫌下列情形之一的，应予立案追诉：

第六章　妨害社会管理秩序罪·第六节　破坏环境资源保护罪

（一）非法狩猎野生动物二十只以上的；
（二）在禁猎区内使用禁用的工具或者禁用的方法狩猎的；
（三）在禁猎期内使用禁用的工具或者禁用的方法狩猎的；
（四）其他情节严重的情形。

第一百条　本规定中的立案追诉标准，除法律、司法解释另有规定的以外，适用于相关的单位犯罪。

◆────　定　　罪　────◆

1 管辖

★最高人民法院《关于审理发生在我国管辖海域相关案件若干问题的规定（一）》(2016年8月2日)（节录）

第三条　中国公民或者外国人在我国管辖海域实施非法猎捕、杀害珍贵濒危野生动物或者非法捕捞水产品等犯罪的，依照我国刑法追究刑事责任。

2 第一款"珍贵、濒危野生动物"的认定

★最高人民法院《关于审理破坏野生动物资源刑事案件具体应用法律若干问题的解释》(2000年12月11日)（节录）

第一条　刑法第三百四十一条第一款规定的"珍贵、濒危野生动物"，包括列入国家重点保护野生动物名录的国家一、二级保护野生动物、列入《濒危野生动植物种国际贸易公约》附录一、附录二的野生动物以及驯养繁殖的上述物种。

3 第一款"收购"、"运输"、"出售"的认定

★最高人民法院《关于审理破坏野生动物资源刑事案件具体应用法律若干问题的解释》(2000年12月11日)（节录）

第二条　刑法第三百四十一条第一款规定的"收购"，包括以营利、自用等为目的的购买行为；"运输"，包括采用携带、邮寄、利用他人、使用交通工具等方法进行运送的行为；"出售"，包括出卖和以营利为目的的加工利用行为。

4 第一款"情节严重"、"情节特别严重"的认定

★最高人民法院《关于审理破坏野生动物资源刑事案件具体应用法律若干问题的解释》(2000年12月11日)（节录）

第三条　非法猎捕、杀害、收购、运输、出售珍贵、濒危野生动物具有下列情形之一的，属于"情节严重"：
（一）达到本解释附表所列相应数量标准的；
（二）非法猎捕、杀害、收购、运输、出售不同种类的珍贵、濒危野生动物，其中两种以上分别达到附表所列"情节严重"数量标准一半以上的。

非法猎捕、杀害、收购、运输、出售珍贵、濒危野生动物具有下列情形之一的，属于"情节特别严重"：
（一）达到本解释附表所列相应数量标准的；
（二）非法猎捕、杀害、收购、运输、出售不同种类的珍贵、濒危野生动物，其中两

种以上分别达到附表所列"情节特别严重"数量标准一半以上的。

第四条 非法猎捕、杀害、收购、运输、出售珍贵、濒危野生动物构成犯罪，具有下列情形之一的，可以认定为"情节严重"；非法猎捕、杀害、收购、运输、出售珍贵、濒危野生动物符合本解释第三条第一款的规定，并具有下列情形之一的，可以认定为"情节特别严重"：

（一）犯罪集团的首要分子；

（二）严重影响对野生动物的科研、养殖等工作顺利进行的；

（三）以武装掩护方法实施犯罪的；

（四）使用特种车、军用车等交通工具实施犯罪的；

（五）造成其他重大损失的。

第五条 非法收购、运输、出售珍贵、濒危野生动物制品具有下列情形之一的，属于"情节严重"：

（一）价值在十万元以上的；

（二）非法获利五万元以上的；

（三）具有其他严重情节的。

非法收购、运输、出售珍贵、濒危野生动物制品具有下列情形之一的，属于"情节特别严重"：

（一）价值在二十万元以上的；

（二）非法获利十万元以上的；

（三）具有其他特别严重情节的。

第十条 非法猎捕、杀害、收购、运输、出售《濒危野生动植物种国际贸易公约》附录一、附录二所列的非原产于我国的野生动物"情节严重"、"情节特别严重"的认定标准，参照本解释第三条、第四条以及附表所列与其同属的国家一、二级保护野生动物的认定标准执行；没有与其同属的国家一、二级保护野生动物的，参照与其同科的国家一、二级保护野生动物的认定标准执行。

★**最高人民法院《关于审理发生在我国管辖海域相关案件若干问题的规定（二）》**
（2016年8月2日）（节录）

第五条 非法采捕珊瑚、砗磲或者其他珍贵、濒危水生野生动物，具有下列情形之一的，应当认定为刑法第三百四十一条第一款规定的"情节严重"：

（一）价值在五十万元以上的；

（二）非法获利二十万元以上的；

（三）造成海域生态环境严重破坏的；

（四）造成严重国际影响的；

（五）其他情节严重的情形。

实施前款规定的行为，具有下列情形之一的，应当认定为刑法第三百四十一条第一款规定的"情节特别严重"：

（一）价值或者非法获利达到本条第一款规定标准五倍以上的；

（二）价值或者非法获利达到本条第一款规定的标准，造成海域生态环境严重破坏的；

（三）造成海域生态环境特别严重破坏的；

（四）造成特别严重国际影响的；

（五）其他情节特别严重的情形。

第六条 非法收购、运输、出售珊瑚、砗磲或者其他珍贵、濒危水生野生动物及其制品，具有下列情形之一的，应当认定为刑法第三百四十一条第一款规定的"情节严重"：

（一）价值在五十万元以上的；

（二）非法获利在二十万元以上的；

（三）具有其他严重情节的。

非法收购、运输、出售珊瑚、砗磲或者其他珍贵、濒危水生野生动物及其制品，具有下列情形之一的，应当认定为刑法第三百四十一条第一款规定的"情节特别严重"：

（一）价值在二百五十万元以上的；

（二）非法获利在一百万元以上的；

（三）具有其他特别严重情节的。

第七条（第3款） 本解释所称珊瑚、砗磲，是指列入《国家重点保护野生动物名录》中国家一、二级保护的，以及列入《濒危野生动植物种国际贸易公约》附录一、附录二中的珊瑚、砗磲的所有种，包括活体和死体。

▶5 第二款"情节严重"、"情节特别严重"的认定

★最高人民法院《关于审理破坏野生动物资源刑事案件具体应用法律若干问题的解释》（2000年12月11日）（节录）

第六条 违反狩猎法规，在禁猎区、禁猎期或者使用禁用的工具、方法狩猎，具有下列情形之一的，属于非法狩猎"情节严重"：

（一）非法狩猎野生动物二十只以上的；

（二）违反狩猎法规，在禁猎区或者禁猎期使用禁用的工具、方法狩猎的；

（三）具有其他严重情节的。

▶6 明知是国家重点保护的珍贵、濒危野生动物及其制品而非法购买行为的定性

★全国人民代表大会常务委员会《关于〈中华人民共和国刑法〉第三百四十一条、第三百一十二条的解释》（2014年4月24日）（节录）

知道或者应当知道是国家重点保护的珍贵、濒危野生动物及其制品，为食用或者其他目的而非法购买的，属于刑法第三百四十一条第一款规定的非法收购国家重点保护的珍贵、濒危野生动物及其制品的行为。

▶7 珍贵、濒危野生动物种属或者其制品价值的认定

★最高人民法院《关于审理破坏野生动物资源刑事案件具体应用法律若干问题的解释》（2000年12月11日）（节录）

第十一条 珍贵、濒危野生动物制品的价值，依照国家野生动物保护主管部门的规定核定；核定价值低于实际交易价格的，以实际交易价格认定。

★最高人民法院、最高人民检察院、国家林业局、公安部、海关总署《关于破坏野生动物资源刑事案件中涉及的CITES附录Ⅰ和附录Ⅱ所列陆生野生动物制品价值核定问题的通知》(2012年9月17日)

各省、自治区、直辖市高级人民法院、人民检察院、林业厅（局）、公安厅（局），解放军军事法院，解放军军事检察院，新疆维吾尔自治区高级人民法院生产建设兵团分院，新疆生产建设兵团人民检察院、林业局、公安局，海关总署广东分署，各直属海关：

我国是《濒危野生动植物种国际贸易公约》（CITES）缔约国，非原产我国的CITES附录Ⅰ和附录Ⅱ所列陆生野生动物已依法被分别核准为国家一级、二级保护野生动物。近年来，各地严格按照CITES和我国野生动物保护法律法规的规定，查获了大量非法收购、运输、出售和走私CITES附录Ⅰ、附录Ⅱ所列陆生野生动物及其制品案件。为确保依法办理上述案件，依据《陆生野生动物保护实施条例》第二十四条、《最高人民法院关于审理走私刑事案件具体应用法律若干问题的解释》①（法释〔2000〕30号）第四条，以及《最高人民法院关于审理破坏野生动物资源刑事案件具体应用法律若干问题的解释》（法释〔2000〕37号）第十条和第十一条的有关规定，结合《林业部关于在野生动物案件中如何确定国家重点保护野生动物及其产品价值标准的通知》（林策通字〔1996〕8号），现将破坏野生动物资源案件中涉及的CITES附录Ⅰ和附录Ⅱ所列陆生野生动物制品的价值标准规定如下：

一、CITES附录Ⅰ、附录Ⅱ所列陆生野生动物制品的价值，参照与其同属的国家重点保护陆生野生动物的同类制品价值标准核定；没有与其同属的国家重点保护陆生野生动物的，参照与其同科的国家重点保护陆生野生动物的同类制品价值标准核定；没有与其同科的国家重点保护陆生野生动物的，参照与其同目的国家重点保护陆生野生动物的同类制品价值标准核定；没有与其同目的国家重点保护陆生野生动物的，参照与其同纲或者同门的国家重点保护陆生野生动物的同类制品价值标准核定。

二、同属、同科、同目、同纲或者同门中，如果存在多种不同保护级别的国家重点保护陆生野生动物的，应当参照该分类单元中相同保护级别的国家重点保护陆生野生动物的同类制品价值标准核定；如果存在多种相同保护级别的国家重点保护陆生野生动物的，应当参照该分类单元中价值标准最低的国家重点保护陆生野生动物的同类制品价值标准核定；如果CITES附录Ⅰ和附录Ⅱ所列陆生野生动物所处分类单元有多种国家重点保护陆生野生动物，但保护级别不同的，应当参照该分类单元中价值标准最低的国家重点保护陆生野生动物的同类制品价值标准核定；如果仅有一种国家重点保护陆生野生动物的，应当参照该种国家重点保护陆生野生动物的同类制品价值标准核定。

三、同一案件中缴获的同一动物个体的不同部分的价值总和，不得超过该种动物个体的价值。

四、核定价值低于非法贸易实际交易价格的，以非法贸易实际交易价格认定。

五、犀牛角、象牙等野生动物制品的价值，继续依照《国家林业局关于发布破坏野生

---

① 本解释已废止。

动物资源刑事案中涉及走私的象牙及其制品价值标准的通知》（林濒发〔2001〕234号），以及《国家林业局关于发布破坏野生动物资源刑事案件中涉及犀牛角价值标准的通知》（林护发〔2002〕130号）的规定核定。

人民法院、人民检察院、公安、海关等办案单位可以依据上述价值标准，核定破坏野生动物资源刑事案件中涉及CITES附录Ⅰ和附录Ⅱ所列陆生野生动物制品的价值。核定有困难的，县级以上林业主管部门、国家濒危物种进出口管理机构或其指定的鉴定单位应该协助。

★最高人民法院《关于审理发生在我国管辖海域相关案件若干问题的规定（二）》（2016年8月2日）（节录）

第七条（第1款） 对案件涉及的珍贵、濒危水生野生动物的种属难以确定的，由司法鉴定机构出具鉴定意见，或者由国务院渔业行政主管部门指定的机构出具报告。

（第2款） 珍贵、濒危水生野生动物或者其制品的价值，依照国务院渔业行政主管部门的规定核定。核定价值低于实际交易价格的，以实际交易价格认定。

8 单位犯罪

★最高人民法院《关于审理破坏野生动物资源刑事案件具体应用法律若干问题的解释》（2000年12月11日）（节录）

第十二条 单位犯刑法第三百四十一条规定之罪，定罪量刑标准依照本解释的有关规定执行。

9 一罪与数罪

★最高人民法院《关于审理破坏野生动物资源刑事案件具体应用法律若干问题的解释》（2000年12月11日）（节录）

第七条 使用爆炸、投毒、设置电网等危险方法破坏野生动物资源，构成非法猎捕、杀害珍贵、濒危野生动物罪或者非法狩猎罪，同时构成刑法第一百一十四条或者第一百一十五条规定之罪的，依照处罚较重的规定定罪处罚。

第八条 实施刑法第三百四十一条规定的犯罪，又以暴力、威胁方法抗拒查处，构成其他犯罪的，依照数罪并罚的规定处罚。

第九条 伪造、变造、买卖国家机关颁发的野生动物允许进出口证明书、特许猎捕证、狩猎证、驯养繁殖许可证等公文、证件构成犯罪的，依照刑法第二百八十条第一款的规定以伪造、变造、买卖国家机关公文、证件罪定罪处罚。

实施上述行为构成犯罪，同时构成刑法第二百二十五条第二项规定的非法经营罪的，依照处罚较重的规定定罪处罚。

★最高人民法院《关于审理发生在我国管辖海域相关案件若干问题的规定（二）》（2016年8月2日）（节录）

第八条 实施破坏海洋资源犯罪行为，同时构成非法捕捞罪、非法猎捕、杀害珍贵、濒危野生动物罪、组织他人偷越国（边）境罪、偷越国（边）境罪等犯罪的，依照处罚较重的规定定罪处罚。

有破坏海洋资源犯罪行为，又实施走私、妨害公务等犯罪的，依照数罪并罚的规定处理。

第三百四十二条【非法占用农用地罪】违反土地管理法规，非法占用耕地、林地等农用地，改变被占用土地用途，数量较大，造成耕地、林地等农用地大量毁坏的，处五年以下有期徒刑或者拘役，并处或者单处罚金。

关联法条：第三百四十六条

立案追诉标准

★最高人民检察院、公安部《关于公安机关管辖的刑事案件立案追诉标准的规定（一）》（2008年6月25日）（节录）

第六十七条 [非法占用农用地案（刑法第三百四十二条）] 违反土地管理法规，非法占用耕地、林地等农用地，改变被占用土地用途，造成耕地、林地等农用地大量毁坏，涉嫌下列情形之一的，应予立案追诉：

（一）非法占用基本农田五亩以上或者基本农田以外的耕地十亩以上的；

（二）非法占用防护林地或者特种用途林地数量单种或者合计五亩以上的；

（三）非法占用其他林地数量十亩以上的；

（四）非法占用本款第（二）项、第（三）项规定的林地，其中一项数量达到相应规定的数量标准的百分之五十以上，且两项数量合计达到该项规定的数量标准的；

（五）非法占用其他农用地数量较大的情形。

违反土地管理法规，非法占用耕地建窑、建坟、建房、挖沙、采石、采矿、取土、堆放固体废弃物或者进行其他非农业建设，造成耕地种植条件严重毁坏或者严重污染，被毁坏耕地数量达到以上规定的，属于本条规定的"造成耕地大量毁坏"。

违反土地管理法规，非法占用林地，改变被占用林地用途，在非法占用的林地上实施建窑、建坟、建房、挖沙、采石、采矿、取土、种植农作物、堆放或者排泄废弃物等行为或者进行其他非林业生产、建设，造成林地的原有植被或者林业种植条件严重毁坏或者严重污染，被毁坏林地数量达到以上规定的，属于本条规定的"造成林地大量毁坏"。

第一百条 本规定中的立案追诉标准，除法律、司法解释另有规定的以外，适用于相关的单位犯罪。

定　　罪

1 "违反土地管理法规"的认定

★全国人民代表大会常务委员会《关于〈中华人民共和国刑法〉第二百二十八条、第三百四十二条、第四百一十条的解释》（2001年8月31日）（节录）

刑法第二百二十八条、第三百四十二条、第四百一十条规定的"违反土地管理法规"是指违反土地管理法、森林法、草原法等法律以及有关行政法规中关于土地管理的规定。

2 "数量较大"、"造成耕地大量毁坏"的认定

第六章 妨害社会管理秩序罪·第六节 破坏环境资源保护罪

★最高人民法院《关于审理破坏土地资源刑事案件具体应用法律若干问题的解释》①
（2000年6月22日）（节录）

第三条 违反土地管理法规，非法占用耕地改作他用，数量较大，造成耕地大量毁坏的，依照刑法第三百四十二条的规定，以非法占用耕地罪定罪处罚：

（一）非法占用耕地"数量较大"，是指非法占用基本农田五亩以上或者非法占用基本农田以外的耕地十亩以上。

（二）非法占用耕地"造成耕地大量毁坏"，是指行为人非法占用耕地建窑、建坟、建房、挖沙、采石、采矿、取土、堆放固体废弃物或者进行其他非农业建设，造成基本农田五亩以上或者基本农田以外的耕地十亩以上种植条件严重毁坏或者严重污染。

第八条 单位犯非法转让、倒卖土地使用权罪，非法占有耕地罪的定罪量刑标准，依照本解释第一条、第二条、第三条的规定执行。

▶3 "数量较大，造成林地大量毁坏"的认定

★最高人民法院《关于审理破坏林地资源刑事案件具体应用法律若干问题的解释》
（2005年12月30日）（节录）

第一条 违反土地管理法规，非法占用林地，改变被占用林地用途，在非法占用的林地上实施建窑、建坟、建房、挖沙、采石、采矿、取土、种植农作物、堆放或排泄废弃物等行为或者进行其他非林业生产、建设，造成林地的原有植被或林业种植条件严重毁坏或者严重污染，并具有下列情形之一的，属于《中华人民共和国刑法修正案（二）》规定的"数量较大，造成林地大量毁坏"，应当以非法占用农用地罪判处五年以下有期徒刑或者拘役，并处或者单处罚金：

（一）非法占用并毁坏防护林地、特种用途林地数量分别或者合计达到五亩以上；

（二）非法占用并毁坏其他林地数量达到十亩以上；

（三）非法占用并毁坏本条第（一）项、第（二）项规定的林地，数量分别达到相应规定的数量标准的百分之五十以上；

（四）非法占用并毁坏本条第（一）项、第（二）项规定的林地，其中一项数量达到相应规定的数量标准的百分之五十以上，且两项数量合计达到该项规定的数量标准。

第六条 单位实施破坏林地资源犯罪的，依照本解释规定的相关定罪量刑标准执行。

▶4 非法占用草原，改变被占用草原用途行为的定性

★最高人民法院《关于审理破坏草原资源刑事案件应用法律若干问题的解释》（2012年11月22日）（节录）

第一条 违反草原法等土地管理法规，非法占用草原，改变被占用草原用途，数量较大，造成草原大量毁坏的，依照刑法第三百四十二条的规定，以非法占用农用地罪定罪处罚。

第二条 非法占用草原，改变被占用草原用途，数量在二十亩以上的，或者曾因非法

---

① 《刑法修正案（二）》已将"非法占用耕地罪"改为"非法占用农用地罪"，对该解释应在此基础上理解。

· 633 ·

占用草原受过行政处罚,在三年内又非法占用草原,改变被占用草原用途,数量在十亩以上的,应当认定为刑法第三百四十二条规定的"数量较大"。

非法占用草原,改变被占用草原用途,数量较大,具有下列情形之一的,应当认定为刑法第三百四十二条规定的"造成耕地、林地等农用地大量毁坏":

(一)开垦草原种植粮食作物、经济作物、林木的;

(二)在草原上建窑、建房、修路、挖砂、采石、采矿、取土、剥取草皮的;

(三)在草原上堆放或者排放废弃物,造成草原的原有植被严重毁坏或者严重污染的;

(四)违反草原保护、建设、利用规划种植牧草和饲料作物,造成草原沙化或者水土严重流失的;

(五)其他造成草原严重毁坏的情形。

第七条 本解释所称"草原",是指天然草原和人工草地,天然草原包括草地、草山和草坡,人工草地包括改良草地和退耕还草地,不包括城镇草地。

5 个人违法建房出售行为的处理

★最高人民法院《关于个人违法建房出售行为如何适用法律问题的答复》(2010年11月1日)

贵州省高级人民法院:

你院《关于个人违法建房出售行为如何适用法律的请示》(〔2010〕黔高法研请字第2号)收悉。经研究,并征求相关部门意见,答复如下:

一、你院请示的在农村宅基地、责任田上违法建房出售如何处理的问题,涉及面广,法律、政策性强。据了解,有关部门正在研究制定政策意见和处理办法,在相关文件出台前,不宜以犯罪追究有关人员的刑事责任。

二、从来函反映的情况看,此类案件在你省部分地区发案较多。案件处理更应当十分慎重。要积极争取在党委统一领导下,有效协调有关方面,切实做好案件处理的善后工作,确保法律效果与社会效果的有机统一。

三、办理案件中,发现负有监管职责的国家机关工作人员有渎职、受贿等涉嫌违法犯罪的,要依法移交相关部门处理;发现有关部门在履行监管职责方面存在问题的,要结合案件处理,提出司法建议,促进完善社会管理。

此复。

6 犯罪数额的计算

★最高人民法院《关于审理破坏土地资源刑事案件具体应用法律若干问题的解释》(2000年6月22日)(节录)

第九条 多次实施本解释规定的行为依法应当追诉的,或者一年内多次实施本解释规定的行为未经处理的,按照累计的数量、数额处罚。

★最高人民法院《关于审理破坏林地资源刑事案件具体应用法律若干问题的解释》(2005年12月30日)(节录)

第七条 多次实施本解释规定的行为依法应当追诉且未经处理的,应当按照累计的数量、数额处罚。

★最高人民法院《关于审理破坏草原资源刑事案件应用法律若干问题的解释》（2012年11月22日）（节录）

第六条 多次实施破坏草原资源的违法犯罪行为，未经处理，应当依法追究刑事责任的，按照累计的数量、数额定罪处罚。

7 单位犯罪

★最高人民法院《关于审理破坏草原资源刑事案件应用法律若干问题的解释》（2012年11月22日）（节录）

第五条 单位实施刑法第三百四十二条规定的行为，对单位判处罚金，并对其直接负责的主管人员和其他直接责任人员，依照本解释规定的定罪量刑标准定罪处罚。

第三百四十三条【非法采矿罪】 违反矿产资源法的规定，未取得采矿许可证擅自采矿，擅自进入国家规划矿区、对国民经济具有重要价值的矿区和他人矿区范围采矿，或者擅自开采国家规定实行保护性开采的特定矿种，情节严重的，处三年以下有期徒刑、拘役或者管制，并处或者单处罚金；情节特别严重的，处三年以上七年以下有期徒刑，并处罚金。

【破坏性采矿罪】 违反矿产资源法的规定，采取破坏性的开采方法开采矿产资源，造成矿产资源严重破坏的，处五年以下有期徒刑或者拘役，并处罚金。

关联法条：第三百四十六条

────── ◆ 立案追诉标准 ◆ ──────

★最高人民检察院、公安部《关于公安机关管辖的刑事案件立案追诉标准的规定（一）》（2008年6月25日）（节录）

第六十八条 [非法采矿案（刑法第三百四十三条第一款）] 违反矿产资源法的规定，未取得采矿许可证擅自采矿的，或者擅自进入国家规划矿区、对国民经济具有重要价值的矿区和他人矿区范围采矿的，或者擅自开采国家规定实行保护性开采的特定矿种，经责令停止开采后拒不停止开采，造成矿产资源破坏的价值数额在五万元至十万元以上的，应予立案追诉。

具有下列情形之一的，属于本条规定的"未取得采矿许可证擅自采矿"：

（一）无采矿许可证开采矿产资源的；
（二）采矿许可证被注销、吊销后继续开采矿产资源的；
（三）超越采矿许可证规定的矿区范围开采矿产资源的；
（四）未按采矿许可证规定的矿种开采矿产资源的（共生、伴生矿种除外）；
（五）其他未取得采矿许可证开采矿产资源的情形。

在采矿许可证被依法暂扣期间擅自开采的，视为本条规定的"未取得采矿许可证擅自采矿"。

造成矿产资源破坏的价值数额，由省级以上地质矿产主管部门出具鉴定结论，经查证属实后予以认定。

第六十九条 [破坏性采矿案（刑法第三百四十三条第二款）] 违反矿产资源法的规定，采取破坏性的开采方法开采矿产资源，造成矿产资源严重破坏，价值数额在三十万元至五十万元以上的，应予立案追诉。

本条规定的"采取破坏性的开采方法开采矿产资源"，是指行为人违反地质矿产主管部门审查批准的矿产资源开发利用方案开采矿产资源，并造成矿产资源严重破坏的行为。

破坏性的开采方法以及造成矿产资源严重破坏的价值数额，由省级以上地质矿产主管部门出具鉴定结论，经查证属实后予以认定。

第一百条 本规定中的立案追诉标准，除法律、司法解释另有规定的以外，适用于相关的单位犯罪。

◆ 定 罪 ◆

1 "违反矿产资源法的规定"的认定

★最高人民法院、最高人民检察院《关于办理非法采矿、破坏性采矿刑事案件适用法律若干问题的解释》（2016年12月1日）（节录）

第一条 违反《中华人民共和国矿产资源法》《中华人民共和国水法》等法律、行政法规有关矿产资源开发、利用、保护和管理的规定的，应当认定为刑法第三百四十三条规定的"违反矿产资源法的规定"。

2 第一款"未取得采矿许可证擅自采矿"的认定

★最高人民法院、最高人民检察院《关于办理非法采矿、破坏性采矿刑事案件适用法律若干问题的解释》（2016年12月1日）（节录）

第二条 具有下列情形之一的，应当认定为刑法第三百四十三条第一款规定的"未取得采矿许可证"：

（一）无许可证的；

（二）许可证被注销、吊销、撤销的；

（三）超越许可证规定的矿区范围或者开采范围的；

（四）超出许可证规定的矿种的（共生、伴生矿种除外）；

（五）其他未取得许可证的情形。

3 第一款"情节严重"、"情节特别严重"的认定

★最高人民法院、最高人民检察院《关于办理非法采矿、破坏性采矿刑事案件适用法律若干问题的解释》（2016年12月1日）（节录）

第三条 实施非法采矿行为，具有下列情形之一的，应当认定为刑法第三百四十三条第一款规定的"情节严重"：

（一）开采的矿产品价值或者造成矿产资源破坏的价值在十万元至三十万元以上的；

（二）在国家规划矿区、对国民经济具有重要价值的矿区采矿，开采国家规定实行保护性开采的特定矿种，或者在禁采区、禁采期内采矿，开采的矿产品价值或者造成矿产资源破坏的价值在五万元至十五万元以上的；

（三）二年内曾因非法采矿受过两次以上行政处罚，又实施非法采矿行为的；
（四）造成生态环境严重损害的；
（五）其他情节严重的情形。

实施非法采矿行为，具有下列情形之一的，应当认定为刑法第三百四十三条第一款规定的"情节特别严重"：
（一）数额达到前款第一项、第二项规定标准五倍以上的；
（二）造成生态环境特别严重损害的；
（三）其他情节特别严重的情形。

4 非法采挖河砂、海砂行为的定性

★最高人民法院、最高人民检察院《关于办理非法采矿、破坏性采矿刑事案件适用法律若干问题的解释》（2016年12月1日）（节录）

第四条 在河道管理范围内采砂，具有下列情形之一，符合刑法第三百四十三条第一款和本解释第二条、第三条规定的，以非法采矿罪定罪处罚：
（一）依据相关规定应当办理河道采砂许可证，未取得河道采砂许可证的；
（二）依据相关规定应当办理河道采砂许可证和采矿许可证，既未取得河道采砂许可证，又未取得采矿许可证的。

实施前款规定行为，虽不具有本解释第三条第一款规定的情形，但严重影响河势稳定、危害防洪安全的，应当认定为刑法第三百四十三条第一款规定的"情节严重"。

第五条 未取得海砂开采海域使用权证，且未取得采矿许可证，采挖海砂，符合刑法第三百四十三条第一款和本解释第二条、第三条规定的，以非法采矿罪定罪处罚。

实施前款规定行为，虽不具有本解释第三条第一款规定的情形，但造成海岸线严重破坏的，应当认定为刑法第三百四十三条第一款规定的"情节严重"。

5 第二款"造成矿产资源严重破坏"的认定

★最高人民法院、最高人民检察院《关于办理非法采矿、破坏性采矿刑事案件适用法律若干问题的解释》（2016年12月1日）（节录）

第六条 造成矿产资源破坏的价值在五十万元至一百万元以上，或者造成国家规划矿区、对国民经济具有重要价值的矿区和国家规定实行保护性开采的特定矿种资源破坏的价值在二十五万元至五十万元以上的，应当认定为刑法第三百四十三条第二款规定的"造成矿产资源严重破坏"。

6 非法开采或者破坏性开采石油、天然气资源行为的定性

★最高人民法院、最高人民检察院《关于办理盗窃油气、破坏油气设备等刑事案件具体应用法律若干问题的解释》（2007年1月19日）（节录）

第六条 违反矿产资源法的规定，非法开采或者破坏性开采石油、天然气资源的，依照刑法第三百四十三条以及《最高人民法院关于审理非法采矿、破坏性采矿刑事案件具体

应用法律若干问题的解释》①的规定追究刑事责任。

7 共同犯罪

★最高人民法院、最高人民检察院《关于办理非法采矿、破坏性采矿刑事案件适用法律若干问题的解释》(2016年12月1日)（节录）

第七条 明知是犯罪所得的矿产品及其产生的收益，而予以窝藏、转移、收购、代为销售或者以其他方法掩饰、隐瞒的，依照刑法第三百一十二条的规定，以掩饰、隐瞒犯罪所得、犯罪所得收益罪定罪处罚。

实施前款规定的犯罪行为，事前通谋的，以共同犯罪论处。

8 矿产品价值数额的计算

★最高人民法院、最高人民检察院《关于办理非法采矿、破坏性采矿刑事案件适用法律若干问题的解释》(2016年12月1日)（节录）

第八条 多次非法采矿、破坏性采矿构成犯罪，依法应当追诉的，或者二年内多次非法采矿、破坏性采矿未经处理的，价值数额累计计算。

第十三条 非法开采的矿产品价值，根据销赃数额认定；无销赃数额，销赃数额难以查证，或者根据销赃数额认定明显不合理的，根据矿产品价格和数量认定。

矿产品价值难以确定的，依据下列机构出具的报告，结合其他证据作出认定：

（一）价格认证机构出具的报告；

（二）省级以上人民政府国土资源、水行政、海洋等主管部门出具的报告；

（三）国务院水行政主管部门在国家确定的重要江河、湖泊设立的流域管理机构出具的报告。

第十四条 对案件所涉的有关专门性问题难以确定的，依据下列机构出具的鉴定意见或者报告，结合其他证据作出认定：

（一）司法鉴定机构就生态环境损害出具的鉴定意见；

（二）省级以上人民政府国土资源主管部门就造成矿产资源破坏的价值、是否属于破坏性开采方法出具的报告；

（三）省级以上人民政府水行政主管部门或者国务院水行政主管部门在国家确定的重要江河、湖泊设立的流域管理机构就是否危害防洪安全出具的报告；

（四）省级以上人民政府海洋主管部门就是否造成海岸线严重破坏出具的报告。

9 一罪与数罪

★最高人民法院《关于进一步加强危害生产安全刑事案件审判工作的意见》(2012年1月10日)（节录）

10.（第2款）违反安全生产管理规定，非法采矿、破坏性采矿或排放、倾倒、处置

---

① 本司法解释已废除。最高人民法院、最高人民检察院《关于办理非法采矿、破坏性采矿刑事案件适用法律若干问题的解释》（2016年12月1日）第十六条："本解释自2016年12月1日起施行。本解释施行后，《最高人民法院关于审理非法采矿、破坏性采矿刑事案件具体应用法律若干问题的解释》（法释〔2003〕9号）同时废止。"

有害物质严重污染环境,造成重大伤亡事故或者其他严重后果,同时构成危害生产安全犯罪和破坏环境资源保护犯罪的,依照数罪并罚的规定处罚。

量 刑

1 从宽处罚、不以犯罪论处

★最高人民法院、最高人民检察院《关于办理非法采矿、破坏性采矿刑事案件适用法律若干问题的解释》(2016年12月1日)(节录)

第十条 实施非法采矿犯罪,不属于"情节特别严重",或者实施破坏性采矿犯罪,行为人系初犯,全部退赃退赔,积极修复环境,并确有悔改表现的,可以认定为犯罪情节轻微,不起诉或者免予刑事处罚。

第十一条 对受雇佣为非法采矿、破坏性采矿犯罪提供劳务的人员,除参与利润分成或者领取高额固定工资的以外,一般不以犯罪论处,但曾因非法采矿、破坏性采矿受过处罚的除外。

2 单位犯罪的处罚

★最高人民法院、最高人民检察院《关于办理非法采矿、破坏性采矿刑事案件适用法律若干问题的解释》(2016年12月1日)(节录)

第九条 单位犯刑法第三百四十三条规定之罪的,依照本解释规定的相应自然人犯罪的定罪量刑标准,对直接负责的主管人员和其他直接责任人员定罪处罚,并对单位判处罚金。

3 责令退赔、依法没收

★最高人民法院、最高人民检察院《关于办理非法采矿、破坏性采矿刑事案件适用法律若干问题的解释》(2016年12月1日)(节录)

第十二条 对非法采矿、破坏性采矿犯罪的违法所得及其收益,应当依法追缴或者责令退赔。

对用于非法采矿、破坏性采矿犯罪的专门工具和供犯罪所用的本人财物,应当依法没收。

第三百四十四条【非法采伐、毁坏国家重点保护植物罪】【非法收购、运输、加工、出售国家重点保护植物、国家重点保护植物制品罪】违反国家规定,非法采伐、毁坏珍贵树木或者国家重点保护的其他植物的,或者非法收购、运输、加工、出售珍贵树木或者国家重点保护的其他植物及其制品的,处三年以下有期徒刑、拘役或者管制,并处罚金;情节严重的,处三年以上七年以下有期徒刑,并处罚金。

关联法条:第九十六条、第三百四十六条

立案追诉标准

★最高人民检察院、公安部《关于公安机关管辖的刑事案件立案追诉标准的规定(一)》(2008年6月25日)(节录)

第七十条 [非法采伐、毁坏国家重点保护植物案（刑法第三百四十四条）] 违反国家规定，非法采伐、毁坏珍贵树木或者国家重点保护的其他植物的，应予立案追诉。

本条和本规定第七十一条规定的"珍贵树木或者国家重点保护的其他植物"，包括由省级以上林业主管部门或者其他部门确定的具有重大历史纪念意义、科学研究价值或者年代久远的古树名木，国家禁止、限制出口的珍贵树木以及列入《国家重点保护野生植物名录》的树木或者其他植物。

第七十一条 [非法收购、运输、加工、出售国家重点保护植物、国家重点保护植物制品案（刑法第三百四十四条）] 违反国家规定，非法收购、运输、加工、出售珍贵树木或者国家重点保护的其他植物及其制品的，应予立案追诉。

第一百条 本规定中的立案追诉标准，除法律、司法解释另有规定的以外，适用于相关的单位犯罪。

★**国家林业局、公安部《关于森林和陆生野生动物刑事案件管辖及立案标准》**（2001年5月9日）（节录）

一、森林公安机关管辖在其辖区内发生的刑法规定的下列森林和陆生野生动物刑事案件
（四）非法采伐、毁坏珍贵树木案件（第三百四十四条）；

二、森林和陆生野生动物刑事案件的立案标准
（四）非法采伐、毁坏珍贵树木案

非法采伐、毁坏珍贵树木的应当立案；采伐珍贵树木2株、2立方米以上或者毁坏珍贵树木致死3株以上的，为重大案件；采伐珍贵树木10株、10立方米以上或者毁坏珍贵树木致死15株以上的，为特别重大案件。

▶ 定　　罪

❶ "珍贵树木"的认定

★**最高人民法院《关于审理破坏森林资源刑事案件具体应用法律若干问题的解释》**（2000年12月11日）（节录）

第一条 刑法第三百四十四条规定的"珍贵树木"，包括由省级以上林业主管部门或者其他部门确定的具有重大历史纪念意义、科学研究价值或者年代久远的古树名木，国家禁止、限制出口的珍贵树木以及列入国家重点保护野生植物名录的树木。

❷ "情节严重"的认定

★**最高人民法院《关于审理破坏森林资源刑事案件具体应用法律若干问题的解释》**（2000年12月11日）（节录）

第二条 具有下列情形之一的，属于非法采伐、毁坏珍贵树木行为"情节严重"：

（一）非法采伐珍贵树木二株以上或者毁坏珍贵树木致使珍贵树木死亡三株以上的；

（二）非法采伐珍贵树木二立方米以上的；

（三）为首组织、策划、指挥非法采伐或者毁坏珍贵树木的；

（四）其他情节严重的情形。

第十七条 本解释规定的林木数量以立木蓄积计算，计算方法为：原木材积除以该树

种的出材率。

本解释所称"幼树",是指胸径五厘米以下的树木。

滥伐林木的数量,应在伐区调查设计允许的误差额以上计算。

3 单位犯罪

★最高人民法院《关于审理破坏森林资源刑事案件具体应用法律若干问题的解释》(2000年12月11日)(节录)

第十六条 单位犯刑法第三百四十四条、第三百四十五条规定之罪,定罪量刑标准按照本解释的规定执行。

4 一罪与数罪

★最高人民法院《关于审理破坏森林资源刑事案件具体应用法律若干问题的解释》(2000年12月11日)(节录)

第八条 盗伐、滥伐珍贵树木,同时触犯刑法第三百四十四条、第三百四十五条规定的,依照处罚较重的规定定罪处罚。

第三百四十五条【盗伐林木罪】 盗伐森林或者其他林木,数量较大的,处三年以下有期徒刑、拘役或者管制,并处或者单处罚金;数量巨大的,处三年以上七年以下有期徒刑,并处罚金;数量特别巨大的,处七年以上有期徒刑,并处罚金。

【滥伐林木罪】 违反森林法的规定,滥伐森林或者其他林木,数量较大的,处三年以下有期徒刑、拘役或者管制,并处或者单处罚金;数量巨大的,处三年以上七年以下有期徒刑,并处罚金。

【非法收购、运输盗伐、滥伐的林木罪】 非法收购、运输明知是盗伐、滥伐的林木,情节严重的,处三年以下有期徒刑、拘役或者管制,并处或者单处罚金;情节特别严重的,处三年以上七年以下有期徒刑,并处罚金。

盗伐、滥伐国家级自然保护区内的森林或者其他林木的,从重处罚。

关联法条:第三百四十六条

◁ 立案追诉标准 ▷

★最高人民检察院、公安部《关于公安机关管辖的刑事案件立案追诉标准的规定(一)》(2008年6月25日)(节录)

第七十二条 [盗伐林木案(刑法第三百四十五条第一款)] 盗伐森林或者其他林木,涉嫌下列情形之一的,应予立案追诉:

(一)盗伐二至五立方米以上的;

(二)盗伐幼树一百至二百株以上的。

以非法占有为目的,具有下列情形之一的,属于本条规定的"盗伐森林或者其他林木":

（一）擅自砍伐国家、集体、他人所有或者他人承包经营管理的森林或者其他林木的；

（二）擅自砍伐本单位或者本人承包经营管理的森林或者其他林木的；

（三）在林木采伐许可证规定的地点以外采伐国家、集体、他人所有或者他人承包经营管理的森林或者其他林木的。

本条和本规定第七十三条、第七十四条规定的林木数量以立木蓄积计算，计算方法为：原木材积除以该树种的出材率；"幼树"，是指胸径五厘米以下的树木。

第七十三条 [滥伐林木案（刑法第三百四十五条第二款）] 违反森林法的规定，滥伐森林或者其他林木，涉嫌下列情形之一的，应予立案追诉：

（一）滥伐十至二十立方米以上的；

（二）滥伐幼树五百至一千株以上的。

违反森林法的规定，具有下列情形之一的，属于本条规定的"滥伐森林或者其他林木"：

（一）未经林业行政主管部门及法律规定的其他主管部门批准并核发林木采伐许可证，或者虽持有林木采伐许可证，但违反林木采伐许可证规定的时间、数量、树种或者方式，任意采伐本单位所有或者本人所有的森林或者其他林木的；

（二）超过林木采伐许可证规定的数量采伐他人所有的森林或者其他林木的。

违反森林法的规定，在林木采伐许可证规定的地点以外，采伐本单位或者本人所有的森林或者其他林木的，除农村居民采伐自留地和房前屋后个人所有的零星林木以外，属于本条第二款第（一）项"未经林业行政主管部门及法律规定的其他主管部门批准并核发林木采伐许可证"规定的情形。

林木权属争议一方在林木权属确权之前，擅自砍伐森林或者其他林木的，属于本条规定的"滥伐森林或者其他林木"。

滥伐林木的数量，应在伐区调查设计允许的误差额以上计算。

第七十四条 [非法收购、运输盗伐、滥伐的林木案（刑法第三百四十五条第三款）] 非法收购、运输明知是盗伐、滥伐的林木，涉嫌下列情形之一的，应予立案追诉：

（一）非法收购、运输盗伐、滥伐的林木二十立方米以上或者幼树一千株以上的；

（二）其他情节严重的情形。

本条规定的"非法收购"的"明知"，是指知道或者应当知道。具有下列情形之一的，可以视为应当知道，但是有证据证明确属被蒙骗的除外：

（一）在非法的木材交易场所或者销售单位收购木材的；

（二）收购以明显低于市场价格出售的木材的；

（三）收购违反规定出售的木材的。

第一百条 本规定中的立案追诉标准，除法律、司法解释另有规定的以外，适用于相关的单位犯罪。

★国家林业局、公安部《关于森林和陆生野生动物刑事案件管辖及立案标准》（2001年5月9日）（节录）

第六章 妨害社会管理秩序罪·第六节 破坏环境资源保护罪

二、森林和陆生野生动物刑事案件的立案标准

（一）盗伐林木案

盗伐森林或者其他林木，立案起点为2立方米至5立方米或者幼树100至200株；盗伐林木20立方米至50立方米或者幼树1000株至2000株，为重大案件立案起点；盗伐林木100立方米至200立方米或者幼树5000株至10000株，为特别重大案件立案起点。

（二）滥伐林木案

滥伐森林或者其他林木，立案起点为10立方米至20立方米或者幼树500至1000株；滥伐林木50立方米以上或者幼树2500株以上，为重大案件；滥伐林木100立方米以上或者幼树5000株以上，为特别重大案件。

（三）非法收购盗伐、滥伐的林木案

以牟利为目的，在林区非法收购明知是盗伐、滥伐的林木在20立方米或者幼树1000株以上的，以及非法收购盗伐、滥伐的珍贵树木2立方米以上或者5株以上的应当立案；非法收购林木100立方米或者幼树5000株以上的，以及非法收购盗伐、滥伐的珍贵树木5立方米以上或者10株以上的为重大案件；非法收购林木200立方米或者幼树1000株以上的，以及非法收购盗伐、滥伐的珍贵树木10立方米以上或者20株以上的为特别重大案件。

◆ 定　　罪 ◆

❶ 第一款"数量较大"、"数量巨大"、"数量特别巨大"的计算

★最高人民法院《关于审理破坏森林资源刑事案件具体应用法律若干问题的解释》（2000年12月11日）（节录）

第三条　以非法占有为目的，具有下列情形之一，数量较大的，依照刑法第三百四十五条第一款的规定，以盗伐林木罪定罪处罚：

（一）擅自砍伐国家、集体、他人所有或者他人承包经营管理的森林或者其他林木的；

（二）擅自砍伐本单位或者本人承包经营管理的森林或者其他林木的；

（三）在林木采伐许可证规定的地点以外采伐国家、集体、他人所有或者他人承包经营管理的森林或者其他林木的。

第四条　盗伐林木"数量较大"，以二至五立方米或者幼树一百至二百株为起点；盗伐林木"数量巨大"，以二十至五十立方米或者幼树一千至二千株为起点；盗伐林木"数量特别巨大"，以一百至二百立方米或者幼树五千至一万株为起点。

第十七条　本解释规定的林木数量以立木蓄积计算，计算方法为：原木材积除以该树种的出材率。

本解释所称"幼树"，是指胸径五厘米以下的树木。

滥伐林木的数量，应在伐区调查设计允许的误差额以上计算。

❷ 第二款"数量较大"、"数量巨大"的计算

★最高人民法院《关于审理破坏森林资源刑事案件具体应用法律若干问题的解释》（2000年12月11日）（节录）

第五条　违反森林法的规定，具有下列情形之一，数量较大的，依照刑法第三百四十五条第二款的规定，以滥伐林木罪定罪处罚：

· 643 ·

（一）未经林业行政主管部门及法律规定的其他主管部门批准并核发林木采伐许可证，或者虽持有林木采伐许可证，但违反林木采伐许可证规定的时间、数量、树种或者方式，任意采伐本单位所有或者本人所有的森林或者其他林木的；

（二）超过林木采伐许可证规定的数量采伐他人所有的森林或者其他林木的。

林木权属争议一方在林木权属确权之前，擅自砍伐森林或者其他林木，数量较大的，以滥伐林木罪论处。

第六条 滥伐林木"数量较大"，以十至二十立方米或者幼树五百至一千株为起点；滥伐林木"数量巨大"，以五十至一百立方米或者幼树二千五百至五千株为起点。

▶3 第三款"明知"的认定

★最高人民法院《关于审理破坏森林资源刑事案件具体应用法律若干问题的解释》（2000年12月11日）（节录）

第十条 刑法第三百四十五条规定的"非法收购明知是盗伐、滥伐的林木"中的"明知"，是指知道或者应当知道。具有下列情形之一的，可以视为应当知道，但是有证据证明确属被蒙骗的除外：

（一）在非法的木材交易场所或者销售单位收购木材的；

（二）收购以明显低于市场价格出售的木材的；

（三）收购违反规定出售的木材的。

▶4 第三款在林区非法收购盗伐、滥伐林木"情节严重"的认定

★最高人民法院《关于审理破坏森林资源刑事案件具体应用法律若干问题的解释》（2000年12月11日）（节录）

第十一条 具有下列情形之一的，属于在林区非法收购盗伐、滥伐的林木"情节严重"：

（一）非法收购盗伐、滥伐的林木二十立方米以上或者幼树一千株以上的；

（二）非法收购盗伐、滥伐的珍贵树木二立方米以上或者五株以上的；

（三）其他情节严重的情形。

具有下列情形之一的，属于在林区非法收购盗伐、滥伐的林木"情节特别严重"：

（一）非法收购盗伐、滥伐的林木一百立方米以上或者幼树五千株以上的；

（二）非法收购盗伐、滥伐的珍贵树木五立方米以上或者十株以上的；

（三）其他情节特别严重的情形。

▶5 滥伐自己林木行为的处理

★最高人民法院《关于滥伐自己所有权的林木其林木应如何处理的问题的批复》（1993年7月24日）（节录）

属于个人所有的林木，也是国家森林资源的一部分。被告人滥伐属于自己所有权的林木，构成滥伐林木罪的，其行为已违反国家保护森林法规，破坏了国家的森林资源，所滥伐的林木即不再是个人的合法财产，而应当作为犯罪分子违法所得的财物，依照刑法第六十条①的规定予以追缴。

---

① 指1979年《刑法》条文。

★最高人民法院《关于在林木采伐许可证规定的地点以外采伐本单位或者本人所有的森林或者其他林木的行为如何适用法律问题的批复》（2004年4月1日）（节录）

违反森林法的规定，在林木采伐许可证规定的地点以外，采伐本单位或者本人所有的森林或者其他林木的，除农村居民采伐自留地和房前屋后个人所有的零星林木以外，属于《最高人民法院关于审理破坏森林资源刑事案件具体应用法律若干问题的解释》第五条第一款第（一）项"未经林业行政主管部门及法律规定的其他主管部门批准并核发林木采伐许可证"规定的情形，数量较大的，应当依照刑法第三百四十五条第二款的规定，以滥伐林木罪定罪处罚。

6 林木数量、价值的计算

★最高人民法院《关于审理破坏森林资源刑事案件具体应用法律若干问题的解释》（2000年12月11日）（节录）

第七条 对于一年内多次盗伐、滥伐少量林木未经处罚的，累计其盗伐、滥伐林木的数量，构成犯罪的，依法追究刑事责任。

★国家林业局、公安部《关于森林和陆生野生动物刑事案件管辖及立案标准》（2001年5月9日）（节录）

三、其他规定

（一）林区与非林区的划分，执行各省、自治区、直辖市人民政府的规定。

（二）林木的数量，以立木蓄积计算。

（三）对于一年内多次盗伐、滥伐少量林木未经处罚的，累计其盗伐林木、滥伐林木的数量。

（四）被盗伐、滥伐林木的价值，有国家规定价格的，按国家规定价格计算；没有国家规定价格的，按主管部门规定的价格计算；没有国家或者主管部门规定价格的，按市场价格计算；进入流通领域的，按实际销售价格计算；实际销售价格低于国家或者主管部门规定价格的，按国家或者主管部门规定的价格计算；实际销售价格低于市场价格，又没有国家或者主管部门规定价格的，按市场价格计算，不能按低价销赃的价格计算。

7 单位犯罪

★最高人民法院《关于审理破坏森林资源刑事案件具体应用法律若干问题的解释》（2000年12月11日）（节录）

第十六条 单位犯刑法第三百四十四条、第三百四十五条规定之罪，定罪量刑标准按照本解释的规定执行。

8 一罪与数罪

★最高人民法院《关于审理破坏森林资源刑事案件具体应用法律若干问题的解释》（2000年12月11日）（节录）

第八条 盗伐、滥伐珍贵树木，同时触犯刑法第三百四十四条、第三百四十五条规定的，依照处罚较重的规定定罪处罚。

第三百四十六条【单位犯本节之罪的处罚】 单位犯本节第三百三十八条至第三百四十五条规定之罪的，对单位判处罚金，并对其直接负责的主管人员和其他直接责任人员，依照本节各该条的规定处罚。

第七节 走私、贩卖、运输、制造毒品罪

本节罪名定罪问题的总体规定

1 管辖问题

★最高人民法院、最高人民检察院、公安部《办理毒品犯罪案件适用法律若干问题的意见》(2007年12月18日)(节录)

一、关于毒品犯罪案件的管辖问题

根据刑事诉讼法的规定,毒品犯罪案件的地域管辖,应当坚持以犯罪地管辖为主、被告人居住地管辖为辅的原则。

"犯罪地"包括犯罪预谋地,毒资筹集地,交易进行地,毒品生产地,毒资、毒赃和毒品的藏匿地、转移地,走私或者贩运毒品的目的地以及犯罪嫌疑人被抓获地等。

"被告人居住地"包括被告人常住地、户籍地及其临时居住地。

对怀孕、哺乳期妇女走私、贩卖、运输毒品案件,查获地公安机关认为移交其居住地管辖更有利于采取强制措施和查清犯罪事实的,可以报请共同的上级公安机关批准,移送犯罪嫌疑人居住地公安机关办理,查获地公安机关应继续配合。

公安机关对侦办跨区域毒品犯罪案件的管辖权有争议的,应本着有利于查清犯罪事实,有利于诉讼,有利于保障案件侦查安全的原则,认真协商解决。经协商无法达成一致的,报共同的上级公安机关指定管辖。对即将侦查终结的跨省(自治区、直辖市)重大毒品案件,必要时可由公安部商最高人民法院和最高人民检察院指定管辖。

为保证及时结案,避免超期羁押,人民检察院对于公安机关移送审查起诉的案件,人民法院对于已进入审判程序的案件,被告人及其辩护人提出管辖异议或者办案单位发现没有管辖权的,受案人民检察院、人民法院经审可以依法报请上级人民检察院、人民法院指定管辖,不再自行移送有管辖权的人民检察院、人民法院。

★最高人民法院《全国部分法院审理毒品犯罪案件工作座谈会纪要》(2008年12月22日)(节录)

十一、毒品案件的管辖问题

毒品犯罪的地域管辖,应当依照刑事诉讼法的有关规定,实行以犯罪地管辖为主、被告人居住地管辖为辅的原则。考虑到毒品犯罪的特殊性和毒品犯罪侦查体制,"犯罪地"不仅可以包括犯罪预谋地、毒资筹集地、交易进行地、运输途经地以及毒品生产地,也包括毒资、毒赃和毒品藏匿地、转移地、走私或者贩运毒品目的地等。"被告人居住地",不仅包括被告人常住地和户籍所在地,也包括其临时居住地。

对于已进入审判程序的案件,被告人及其辩护人提出管辖异议,经审查异议成立的,或者受案法院发现没有管辖权,而案件由本院管辖更适宜的,受案法院应当报请与有管辖权的法院共同的上级法院依法指定本院管辖。

2 主观明知的认定

★最高人民法院、最高人民检察院、公安部《办理毒品犯罪案件适用法律若干问题的意见》(2007年12月18日)(节录)

二、关于毒品犯罪嫌疑人、被告人主观明知的认定问题

走私、贩卖、运输、非法持有毒品主观故意中的"明知",是指行为人知道或者应当

知道所实施的行为是走私、贩卖、运输、非法持有毒品行为。具有下列情形之一，并且犯罪嫌疑人、被告人不能做出合理解释的，可以认定其"应当知道"，但有证据证明确属被蒙骗的除外：

（一）执法人员在口岸、机场、车站、港口和其他检查站检查时，要求行为人申报为他人携带的物品和其他疑似毒品物，并告知其法律责任，而行为人未如实申报，在其所携带的物品内查获毒品的；

（二）以伪报、藏匿、伪装等蒙蔽手段逃避海关、边防等检查，在其携带、运输、邮寄的物品中查获毒品的；

（三）执法人员检查时，有逃跑、丢弃携带物品或逃避、抗拒检查等行为，在其携带或丢弃的物品中查获毒品的；

（四）体内藏匿毒品的；

（五）为获取不同寻常的高额或不等值的报酬而携带、运输毒品的；

（六）采用高度隐蔽的方式携带、运输毒品的；

（七）采用高度隐蔽的方式交接毒品，明显违背合法物品惯常交接方式的；

（八）其他有证据足以证明行为人应当知道的。

★最高人民法院《全国部分法院审理毒品犯罪案件工作座谈会纪要》（2008年12月22日）（节录）

十、主观明知的认定问题

毒品犯罪中，判断被告人对涉案毒品是否明知，不能仅凭被告人供述，而应当依据被告人实施毒品犯罪行为的过程、方式、毒品被查获时的情形等证据，结合被告人的年龄、阅历、智力等情况，进行综合分析判断。

具有下列情形之一，被告人不能做出合理解释的，可以认定其"明知"是毒品，但有证据证明确属被蒙骗的除外：（1）执法人员在口岸、机场、车站、港口和其他检查站点检查时，要求行为人申报为他人携带的物品和其他疑似毒品物，并告知其法律责任，而行为人未如实申报，在其携带的物品中查获毒品的；（2）以伪报、藏匿、伪装等蒙蔽手段，逃避海关、边防等检查，在其携带、运输、邮寄的物品中查获毒品的；（3）执法人员检查时，有逃跑、丢弃携带物品或者逃避、抗拒检查等行为，在其携带或者丢弃的物品中查获毒品的；（4）体内或者贴身隐秘处藏匿毒品的；（5）为获取不同寻常的高额、不等值报酬为他人携带、运输物品，从中查获毒品的；（6）采用高度隐蔽的方式携带、运输物品，从中查获毒品的；（7）采用高度隐蔽的方式交接物品，明显违背合法物品惯常交接方式，从中查获毒品的；（8）行程路线故意绕开检查站点，在其携带、运输的物品中查获毒品的；（9）以虚假身份或者地址办理托运手续，在其托运的物品中查获毒品的；（10）有其他证据足以认定行为人应当知道的。

▶3 罪名确定、犯罪数量认定

★最高人民法院《全国部分法院审理毒品犯罪案件工作座谈会纪要》（2008年12月22日）（节录）

一、毒品案件的罪名确定和数量认定问题

· 647 ·

刑法第三百四十七条规定的走私、贩卖、运输、制造毒品罪是选择性罪名，对同一宗毒品实施了两种以上犯罪行为并有相应确凿证据的，应当按照所实施的犯罪行为的性质并列确定罪名，毒品数量不重复计算，不实行数罪并罚。对同一宗毒品可能实施了两种以上犯罪行为，但相应证据只能认定其中一种或者几种行为，认定其他行为的证据不够确实充分的，则只按照依法能够认定的行为的性质定罪。如涉嫌为贩卖而运输毒品，认定贩卖的证据不够确实充分的，则只定运输毒品罪。对不同宗毒品分别实施了不同种犯罪行为的，应对不同行为并列确定罪名，累计毒品数量，不实行数罪并罚。对被告人一人走私、贩卖、运输、制造两种以上毒品的，不实行数罪并罚，量刑时可综合考虑毒品的种类、数量及危害，依法处理。

罪名不以行为实施的先后、毒品数量或者危害大小排列，一律以刑法条文规定的顺序表述。如对同一宗毒品制造后又走私的，以走私、制造毒品罪定罪。下级法院在判决中确定罪名不准确的，上级法院可以减少选择性罪名中的部分罪名或者改动罪名顺序，在不加重原判刑罚的情况下，也可以改变罪名，但不得增加罪名。

对于吸毒者实施的毒品犯罪，在认定犯罪事实和确定罪名时要慎重。吸毒者在购买、运输、存储毒品过程中被查获的，如没有证据证明其是为了实施贩卖等其他毒品犯罪行为，毒品数量未超过刑法第三百四十八条规定的最低数量标准的，一般不定罪处罚；查获毒品数量达到较大以上的，应以其实际实施的毒品犯罪行为定罪处罚。

对于以贩养吸的被告人，其被查获的毒品数量应认定为其犯罪的数量，但量刑时应考虑被告人吸食毒品的情节，酌情处理；被告人购买了一定数量的毒品后，部分已被其吸食的，应当按能够证明的贩卖数量及查获的毒品数量认定其贩毒的数量，已被吸食部分不计入在内。

有证据证明行为人不以牟利为目的，为他人代购仅用于吸食的毒品，毒品数量超过刑法第三百四十八条规定的最低数量标准的，对托购者、代购者应以非法持有毒品罪定罪。代购者从中牟利，变相加价贩卖毒品的，对代购者应以贩卖毒品罪定罪。明知他人实施毒品犯罪而为其居间介绍、代购代卖的，无论是否牟利，都应以相关毒品犯罪的共犯论处。

盗窃、抢夺、抢劫毒品的，应当分别以盗窃罪、抢夺罪或者抢劫罪定罪，但不计犯罪数额，根据情节轻重予以定罪量刑。盗窃、抢夺、抢劫毒品后又实施其他毒品犯罪的，对盗窃罪、抢夺罪、抢劫罪和所犯的具体毒品犯罪分别定罪，依法数罪并罚。走私毒品，又走私其他物品构成犯罪的，以走私毒品罪和其所犯的其他走私罪分别定罪，依法数罪并罚。

★最高人民法院《全国法院毒品犯罪审判工作座谈会纪要》（2015年5月18日）（节录）

二、关于毒品犯罪法律适用的若干具体问题

（一）罪名认定问题

贩毒人员被抓获后，对于从其住所、车辆等处查获的毒品，一般均应认定为其贩卖的毒品。确有证据证明查获的毒品并非贩毒人员用于贩卖，其行为另构成非法持有毒品罪、窝藏毒品罪等其他犯罪的，依法定罪处罚。

吸毒者在购买、存储毒品过程中被查获，没有证据证明其是为了实施贩卖毒品等其他

第六章　妨害社会管理秩序罪·第七节　走私、贩卖、运输、制造毒品罪

犯罪，毒品数量达到刑法第三百四十八条规定的最低数量标准的，以非法持有毒品罪定罪处罚。吸毒者在运输毒品过程中被查获，没有证据证明其是为了实施贩卖毒品等其他犯罪，毒品数量达到较大以上的，以运输毒品罪定罪处罚。

行为人为吸毒者代购毒品，在运输过程中被查获，没有证据证明托购者、代购者是为了实施贩卖毒品等其他犯罪，毒品数量达到较大以上的，对托购者、代购者以运输毒品罪的共犯论处。行为人为他人代购仅用于吸食的毒品，在交通、食宿等必要开销之外收取"介绍费"、"劳务费"，或者以贩卖为目的收取部分毒品作为酬劳的，应视为从中牟利，属于变相加价贩卖毒品，以贩卖毒品罪定罪处罚。

购毒者接收贩毒者通过物流寄递方式交付的毒品，没有证据证明其是为了实施贩卖毒品等其他犯罪，毒品数量达到刑法第三百四十八条规定的最低数量标准的，一般以非法持有毒品罪定罪处罚。代收者明知是物流寄递的毒品而代购毒者接收，没有证据证明其与购毒者有实施贩卖、运输毒品等犯罪的共同故意，毒品数量达到刑法第三百四十八条规定的最低数量标准的，对代收者以非法持有毒品罪定罪处罚。

行为人利用信息网络贩卖毒品、在境内非法买卖用于制造毒品的原料或者配剂、传授制造毒品等犯罪的方法，构成贩卖毒品罪、非法买卖制毒物品罪、传授犯罪方法罪等犯罪的，依法定罪处罚。行为人开设网站、利用网络聊天室等组织他人共同吸毒，构成引诱、教唆、欺骗他人吸毒罪等犯罪的，依法定罪处罚。

（三）毒品数量认定问题

走私、贩卖、运输、制造、非法持有两种以上毒品的，可以将不同种类的毒品分别折算为海洛因的数量，以折算后累加的毒品总量作为量刑的根据。对于刑法、司法解释或者其他规范性文件明确规定了定罪量刑数量标准的毒品，应当按照该毒品与海洛因定罪量刑数量标准的比例进行折算后累加。对于刑法、司法解释及其他规范性文件没有规定定罪量刑数量标准，但《非法药物折算表》规定了与海洛因的折算比例的毒品，可以按照《非法药物折算表》折算为海洛因后进行累加。对于既未规定定罪量刑数量标准，又不具备折算条件的毒品，综合考虑其致瘾癖性、社会危害性、数量、纯度等因素依法量刑。在裁判文书中，应当客观表述涉案毒品的种类和数量，并综合认定为数量大、数量较大或者少量毒品等，不明确表述将不同种类毒品进行折算后累加的毒品总量。

对于未查获实物的甲基苯丙胺片剂（俗称"麻古"等）、MDMA 片剂（俗称"摇头丸"）等混合型毒品，可以根据在案证据证明的毒品粒数，参见本案或者本地区查获的同类毒品的平均重量计算出毒品数量。在裁判文书中，应当客观表述根据在案证据认定的毒品粒数。

对于有吸毒情节的贩毒人员，一般应当按照其购买的毒品数量认定其贩卖毒品的数量，量刑时酌情考虑其吸食毒品的情节；购买的毒品数量无法查明的，按照能够证明的贩卖数量及查获的毒品数量认定其贩毒数量；确有证据证明其购买的部分毒品并非用于贩卖的，不应计入其贩毒数量。

办理毒品犯罪案件，无论毒品纯度高低，一般均应将查证属实的毒品数量认定为毒品犯罪的数量，并据此确定适用的法定刑幅度，但司法解释另有规定或者为了隐蔽运输而临时改变毒品常规形态的除外。涉案毒品纯度明显低于同类毒品的正常纯度的，量刑时可以

· 649 ·

酌情考虑。

制造毒品案件中,毒品成品、半成品的数量应当全部认定为制造毒品的数量,对于无法再加工出成品、半成品的废液、废料则不应计入制造毒品的数量。对于废液、废料的认定,可以根据其毒品成分的含量、外观形态,结合被告人对制毒过程的供述等证据进行分析判断,必要时可以听取鉴定机构的意见。

4 毒品含量鉴定和混合型、新类型毒品案件处理

★最高人民法院、最高人民检察院、公安部《办理毒品犯罪案件适用法律若干问题的意见》(2007年12月18日)(节录)

四、关于死刑案件的毒品含量鉴定问题

可能判处死刑的毒品犯罪案件,毒品鉴定结论中应有含量鉴定的结论。

★最高人民法院《全国部分法院审理毒品犯罪案件工作座谈会纪要》(2008年12月22日)(节录)

五、毒品含量鉴定和混合型、新类型毒品案件处理问题

鉴于大量掺假毒品和成分复杂的新类型毒品不断出现,为做到罪刑相当、罚当其罪,保证毒品案件的审判质量,并考虑目前毒品鉴定的条件和现状,对可能判处被告人死刑的毒品犯罪案件,应当根据最高人民法院、最高人民检察院、公安部2007年12月颁布的《办理毒品犯罪案件适用法律若干问题的意见》,作出毒品含量鉴定;对涉案毒品可能大量掺假或者系成分复杂的新类型毒品的,亦应当作出毒品含量鉴定。

对于含有二种以上毒品成分的毒品混合物,应进一步作成分鉴定,确定所含的不同毒品成分及比例。对于毒品中含有海洛因、甲基苯丙胺的,应以海洛因、甲基苯丙胺分别确定其毒品种类;不含海洛因、甲基苯丙胺的,应以其中毒性较大的毒品成分确定其毒品种类;如果毒性相当或者难以确定毒性大小的,以其中比例较大的毒品成分确定其毒品种类,并在量刑时综合考虑其他毒品成分、含量和全案所涉毒品数量。对于刑法、司法解释等已规定了量刑数量标准的毒品,按照刑法、司法解释等规定适用刑罚;对于刑法、司法解释等没有规定量刑数量标准的毒品,有条件折算为海洛因的,参照国家食品药品监督管理局制定的《非法药物折算表》,折算成海洛因的数量后适用刑罚。

对于国家管制的精神药品和麻醉药品,刑法、司法解释等尚未明确规定量刑数量标准,也不具备折算条件的,应由有关专业部门确定涉案毒品毒效的大小、有毒成分的多少、吸毒者对该毒品的依赖程度,综合考虑其致瘾癖性、戒断性、社会危害性等依法量刑。因条件限制不能确定的,可以参见涉案毒品非法交易的价格因素等,决定对被告人适用的刑罚,但一般不宜判处死刑立即执行。

5 毒品名称的规范表述

★最高人民法院、最高人民检察院、公安部《关于规范毒品名称表述若干问题的意见》(2014年8月20日)

为进一步规范毒品犯罪案件办理工作,现对毒品犯罪案件起诉意见书、起诉书、刑事判决书、刑事裁定书中的毒品名称表述问题提出如下规范意见。

一、规范毒品名称表述的基本原则

第六章 妨害社会管理秩序罪·第七节 走私、贩卖、运输、制造毒品罪

（一）毒品名称表述应当以毒品的化学名称为依据，并与刑法、司法解释及相关规范性文件中的毒品名称保持一致。刑法、司法解释等没有规定的，可以参照《麻醉药品品种目录》《精神药品品种目录》中的毒品名称进行表述。

（二）对于含有二种以上毒品成分的混合型毒品，应当根据其主要毒品成分和具体形态认定毒品种类、确定名称。混合型毒品中含有海洛因、甲基苯丙胺的，一般应当以海洛因、甲基苯丙胺确定其毒品种类；不含海洛因、甲基苯丙胺，或者海洛因、甲基苯丙胺的含量极低的，可以根据其中定罪量刑数量标准较低且所占比例较大的毒品成分确定其毒品种类。混合型毒品成分复杂的，可以用括号注明其中所含的一至二种其他毒品成分。

（三）为体现与犯罪嫌疑人、被告人供述的对应性，对于犯罪嫌疑人、被告人供述的毒品常见俗称，可以在文书中第一次表述该类毒品时用括号注明。

二、几类毒品的名称表述

（一）含甲基苯丙胺成分的毒品

1. 对于含甲基苯丙胺成分的晶体状毒品，应当统一表述为甲基苯丙胺（冰毒），在下文中再次出现时可以直接表述为甲基苯丙胺。

2. 对于以甲基苯丙胺为主要毒品成分的片剂状毒品，应当统一表述为甲基苯丙胺片剂。如果犯罪嫌疑人、被告人供述为"麻古"、"麻果"或者其他俗称的，可以在文书中第一次表述该类毒品时用括号注明，如表述为甲基苯丙胺片剂（俗称"麻古"）等。

3. 对于含甲基苯丙胺成分的液体、固液混合物、粉末等，应当根据其毒品成分和具体形态进行表述，如表述为含甲基苯丙胺成分的液体、含甲基苯丙胺成分的粉末等。

（二）含氯胺酮成分的毒品

1. 对于含氯胺酮成分的粉末状毒品，应当统一表述为氯胺酮。如果犯罪嫌疑人、被告人供述为"K粉"等俗称的，可以在文书中第一次表述该类毒品时用括号注明，如表述为氯胺酮（俗称"K粉"）等。

2. 对于以氯胺酮为主要毒品成分的片剂状毒品，应当统一表述为氯胺酮片剂。

3. 对于含氯胺酮成分的液体、固液混合物等，应当根据其毒品成分和具体形态进行表述，如表述为含氯胺酮成分的液体、含氯胺酮成分的固液混合物等。

（三）含MDMA等成分的毒品

对于以MDMA、MDA、MDEA等致幻性苯丙胺类兴奋剂为主要毒品成分的丸状、片剂状毒品，应当根据其主要毒品成分的中文化学名称和具体形态进行表述，并在文书中第一次表述该类毒品时用括号注明下文中使用的英文缩写简称，如表述为3,4-亚甲二氧基甲基苯丙胺片剂（以下简称MDMA片剂）、3,4-亚甲二氧基苯丙胺片剂（以下简称MDA片剂）、3,4-亚甲二氧基乙基苯丙胺片剂（以下简称MDEA片剂）等。如果犯罪嫌疑人、被告人供述为"摇头丸"等俗称的，可以在文书中第一次表述该类毒品时用括号注明，如表述为3,4-亚甲二氧基甲基苯丙胺片剂（以下简称MDMA片剂，俗称"摇头丸"）等。

（四）"神仙水"类毒品

对于俗称"神仙水"的液体状毒品，应当根据其主要毒品成分和具体形态进行表述。毒品成分复杂的，可以用括号注明其中所含的一至二种其他毒品成分，如表述为含氯胺酮

（咖啡因、地西泮等）成分的液体等。如果犯罪嫌疑人、被告人供述为"神仙水"等俗称的，可以在文书中第一次表述该类毒品时用括号注明，如表述为含氯胺酮（咖啡因、地西泮等）成分的液体（俗称"神仙水"）等。

（五）大麻类毒品

对于含四氢大麻酚、大麻二酚、大麻酚等天然大麻素类成分的毒品，应当根据其外形特征分别表述为大麻叶、大麻脂、大麻油或者大麻烟等。

6 共同犯罪

★最高人民法院《全国部分法院审理毒品犯罪案件工作座谈会纪要》（2008年12月22日）（节录）

九、毒品案件的共同犯罪问题

毒品犯罪中，部分共同犯罪人未到案，如现有证据能够认定已到案被告人为共同犯罪，或者能够认定为主犯或者从犯的，应当依法认定。没有实施毒品犯罪的共同故意，仅在客观上为相互关联的毒品犯罪上下家，不构成共同犯罪，但为了诉讼便利可并案审理。审理毒品共同犯罪案件应当注意以下几个方面的问题：

一是要正确区分主犯和从犯。区分主犯和从犯，应当以各共同犯罪人在毒品共同犯罪中的地位和作用为根据。要从犯意提起、具体行为分工、出资和实际分得毒赃多少以及共犯之间相互关系等方面，比较各个共同犯罪人在共同犯罪中的地位和作用。在毒品共同犯罪中，为主出资者、毒品所有者或者起意、策划、纠集、组织、雇佣、指使他人参与犯罪以及其他起主要作用的是主犯；起次要或者辅助作用的是从犯。受雇佣、受指使实施毒品犯罪的，应根据其在犯罪中实际发挥的作用具体认定为主犯或者从犯。对于确有证据证明在共同犯罪中起次要或者辅助作用的，不能因为其他共同犯罪人未到案而不认定为从犯，甚至将其认定为主犯或者按主犯处罚。只要认定为从犯，无论主犯是否到案，均应依照刑法关于从犯的规定从轻、减轻或者免除处罚。

二是要正确认定共同犯罪案件中主犯和从犯的毒品犯罪数量。对于毒品犯罪集团的首要分子，应按集团毒品犯罪的总数量处罚；对一般共同犯罪的主犯，应按其所参与的或者组织、指挥的毒品犯罪数量处罚；对于从犯，应当按照其所参与的毒品犯罪的数量处罚。

三是要根据行为人在共同犯罪中的作用和罪责大小确定刑罚。不同案件不能简单类比，一个案件的从犯参与犯罪的毒品数量可能比另一案件的主犯参与犯罪的毒品数量大，但对这一案件从犯的处罚不是必然重于另一案件的主犯。共同犯罪中能分清主从犯的，不能因为涉案的毒品数量特别巨大，就不分主从犯而一律将被告人认定为主犯或者实际上都按主犯处罚，一律判处重刑甚至死刑。对于共同犯罪中有多个主犯或者共同犯罪人的，处罚上也应做到区别对待。应当全面考察各主犯或者共同犯罪人在共同犯罪中实际发挥作用的差别，主观恶性和人身危险性方面的差异，对罪责或者人身危险性更大的主犯或者共同犯罪人依法判处更重的刑罚。

★最高人民法院《全国法院毒品犯罪审判工作座谈会纪要》（2015年5月18日）（节录）

二、关于毒品犯罪法律适用的若干具体问题

(二) 共同犯罪认定问题

办理贩卖毒品案件,应当准确认定居间介绍买卖毒品行为,并与居中倒卖毒品行为相区别。居间介绍者在毒品交易中处于中间人地位,发挥介绍联络作用,通常与交易一方构成共同犯罪,但不以牟利为要件;居中倒卖者属于毒品交易主体,与前后环节的交易对象是上下家关系,直接参与毒品交易并从中获利。居间介绍者受贩毒者委托,为其介绍联络购毒者的,与贩毒者构成贩卖毒品罪的共同犯罪;明知购毒者以贩卖为目的购买毒品,受委托为其介绍联络贩毒者的,与购毒者构成贩卖毒品罪的共同犯罪;受以吸食为目的的购毒者委托,为其介绍联络贩毒者,毒品数量达到刑法第三百四十八条规定的最低数量标准的,一般与购毒者构成非法持有毒品罪的共同犯罪;同时与贩毒者、购毒者共谋,联络促成双方交易的,通常认定与贩毒者构成贩卖毒品罪的共同犯罪。居间介绍者实施为毒品交易主体提供交易信息、介绍交易对象等帮助行为,对促成交易起次要、辅助作用的,应当认定为从犯;对于以居间介绍者的身份介入毒品交易,但在交易中超出居间介绍者的地位,对交易的发起和达成起重要作用的被告人,可以认定为主犯。

两人以上同行运输毒品的,应当从是否明知他人带有毒品,有无共同运输毒品的意思联络,有无实施配合、掩护他人运输毒品的行为等方面综合审查认定是否构成共同犯罪。受雇于同一雇主同行运输毒品,但受雇者之间没有共同犯罪故意,或者虽然明知他人受雇运输毒品,但各自的运输行为相对独立,既没有实施配合、掩护他人运输毒品的行为,又分别按各自运输的毒品数量领取报酬的,不应认定为共同犯罪。受雇于同一雇主分段运输同一宗毒品,但受雇者之间没有犯罪共谋的,也不应认定为共同犯罪。雇他人运输毒品的雇主,及其他对受雇者起到一定组织、指挥作用的人员,与各受雇者分别构成运输毒品罪的共同犯罪,对运输的全部毒品数量承担刑事责任。

7 从严惩处毒品犯罪

★最高人民法院《全国法院毒品犯罪审判工作座谈会纪要》(2015 年 5 月 18 日) (节录)

一、关于进一步加强人民法院禁毒工作的总体要求

一是毫不动摇地坚持依法从严惩处毒品犯罪。充分发挥审判职能作用,依法运用刑罚惩治毒品犯罪,是治理毒品问题的重要手段,也是人民法院参与禁毒斗争的主要方式。面对严峻的毒品犯罪形势,各级人民法院要继续坚持依法从严惩处毒品犯罪的指导思想。要继续依法严惩走私、制造毒品和大宗贩卖毒品等源头性犯罪,严厉打击毒枭、职业毒犯、累犯、毒品再犯等主观恶性深、人身危险性大的毒品犯罪分子,该判处重刑和死刑的坚决依法判处。要加大对制毒物品犯罪、多次零包贩卖毒品、引诱、教唆、欺骗、强迫他人吸毒及非法持有毒品等犯罪的惩处力度,严惩向农村地区贩卖毒品及国家工作人员实施的毒品犯罪。要更加注重从经济上制裁毒品犯罪,依法追缴犯罪分子违法所得,充分适用罚金刑、没收财产刑并加大执行力度,依法从严惩处涉毒洗钱犯罪和为毒品犯罪提供资金的犯罪。要严厉打击因吸毒诱发的杀人、伤害、抢劫、以危险方法危害公共安全等次生犯罪。要规范和限制毒品犯罪的缓刑适用,从严把握毒品罪犯减刑条件,严格限制严重毒品罪犯

假释，确保刑罚执行效果。同时，为全面发挥刑罚功能，也要贯彻好宽严相济刑事政策，突出打击重点，体现区别对待。对于罪行较轻，或者具有从犯、自首、立功、初犯等法定、酌定从宽处罚情节的毒品犯罪分子，根据罪刑相适应原则，依法给予从宽处罚，以分化瓦解毒品犯罪分子，预防和减少毒品犯罪。要牢牢把握案件质量这条生命线，既要考虑到毒品犯罪隐蔽性强、侦查取证难度大的现实情况，也要严格贯彻证据裁判原则，引导取证、举证工作围绕审判工作的要求展开，切实发挥每一级审判程序的职能作用，确保案件办理质量。对于拟判处被告人死刑的毒品犯罪案件，在证据质量上要始终坚持最高的标准和最严的要求。

本节罪名量刑问题的总体规定

1 立功问题

★最高人民法院《全国部分法院审理毒品犯罪案件工作座谈会纪要》（2008年12月22日）（节录）

七、毒品案件的立功问题

共同犯罪中同案犯的基本情况，包括同案犯姓名、住址、体貌特征、联络方式等信息，属于被告人应当供述的范围。公安机关根据被告人供述抓获同案犯的，不应认定其有立功表现。被告人在公安机关抓获同案犯过程中确实起到协助作用的，例如，经被告人现场指认、辨认抓获了同案犯；被告人带领公安人员抓获了同案犯；被告人提供了不为有关机关掌握或者有关机关按照正常工作程序无法掌握的同案犯藏匿的线索，有关机关据此抓获了同案犯；被告人交代了与同案犯的联系方式，又按要求与对方联络，积极协助公安机关抓获了同案犯等，属于协助司法机关抓获同案犯，应认定为立功。

关于立功从宽处罚的把握，应以功是否足以抵罪为标准。在毒品共同犯罪案件中，毒枭、毒品犯罪集团首要分子、共同犯罪的主犯、职业毒犯、毒品惯犯等，由于掌握同案犯、从犯、马仔的犯罪情况和个人信息，被抓获后往往能协助抓捕同案犯，获得立功或者重大立功。对其是否从宽处罚以及从宽幅度的大小，应当主要看功是否足以抵罪，即应结合被告人罪行的严重程度、立功大小综合考虑。要充分注意毒品共同犯罪人以及上、下家之间的量刑平衡。对于毒枭等严重毒品犯罪分子立功的，从轻或者减轻处罚应当从严掌握。如果其罪行极其严重，只有一般立功表现，功不足以抵罪的，可不予从轻处罚；如果其检举、揭发的是其他犯罪案件中罪行同样严重的犯罪分子，或者协助抓获的是同案中的其他首要分子、主犯，功足以抵罪的，原则上可以从轻或者减轻处罚；如果协助抓获的只是同案中的从犯或者马仔，功不足以抵罪，或者从轻处罚后全案处刑明显失衡的，不予从轻处罚。相反，对于从犯、马仔立功，特别是协助抓获毒枭、首要分子、主犯的，应当从轻处罚，直至依法减轻或者免除处罚。

被告人亲属为了使被告人得到从轻处罚，检举、揭发他人犯罪或者协助司法机关抓捕其他犯罪人的，不能视为被告人立功。同监犯将本人或者他人尚未被司法机关掌握的犯罪事实告知被告人，由被告人检举揭发的，如经查证属实，虽可认定被告人立功，但是否从宽处罚、从宽幅度大小，应与通常的立功有所区别。通过非法手段或者非法途径获取他人犯罪信息，如从国家工作人员处贿买他人犯罪信息，通过律师、看守人员等非法途径获取

第六章 妨害社会管理秩序罪·第七节 走私、贩卖、运输、制造毒品罪

他人犯罪信息,由被告人检举揭发的,不能认定为立功,也不能作为酌情从轻处罚情节。

▶2 累犯、毒品再犯

★最高人民法院《全国部分法院审理毒品犯罪案件工作座谈会纪要》(2008年12月22日)(节录)

八、毒品再犯问题

根据刑法第三百五十六条规定,只要因走私、贩卖、运输、制造、非法持有毒品罪被判过刑,不论是在刑罚执行完毕后,还是在缓刑、假释或者暂予监外执行期间,又犯刑法分则第六章第七节规定的犯罪的,都是毒品再犯,应当从重处罚。

因走私、贩卖、运输、制造、非法持有毒品罪被判刑的犯罪分子,在缓刑、假释或者暂予监外执行期间又犯刑法分则第六章第七节规定的犯罪的,应当在对其所犯新的毒品犯罪适用刑法第三百五十六条从重处罚的规定确定刑罚后,再依法数罪并罚。

对同时构成累犯和毒品再犯的被告人,应当同时引用刑法关于累犯和毒品再犯的条款从重处罚。

★最高人民法院《关于贯彻宽严相济刑事政策的若干意见》(2010年2月8日)(节录)

二、准确把握和正确适用依法从"严"的政策要求

11. 要依法从严惩处累犯和毒品再犯。凡是依法构成累犯和毒品再犯的,即使犯罪情节较轻,也要体现从严惩处的精神。尤其是对于前罪为暴力犯罪或被判处重刑的累犯,更要依法从严惩处。

★最高人民法院《全国法院毒品犯罪审判工作座谈会纪要》(2015年5月18日)(节录)

二、关于毒品犯罪法律适用的若干具体问题

(六)累犯、毒品再犯问题

累犯、毒品再犯是法定从重处罚情节,即使本次毒品犯罪情节较轻,也要体现从严惩处的精神。尤其对于曾因实施严重暴力犯罪被判刑的累犯、刑满释放后短期内又实施毒品犯罪的再犯,以及在缓刑、假释、暂予监外执行期间又实施毒品犯罪的再犯,应当严格体现从重处罚。

对于因同一毒品犯罪前科同时构成累犯和毒品再犯的被告人,在裁判文书中应当同时引用刑法关于累犯和毒品再犯的条款,但在量刑时不得重复予以从重处罚。对于因不同犯罪前科同时构成累犯和毒品再犯的被告人,量刑时的从重处罚幅度一般应大于前述情形。

▶3 死刑适用

★最高人民法院《全国部分法院审理毒品犯罪案件工作座谈会纪要》(2008年12月22日)(节录)

二、毒品犯罪的死刑适用问题

审理毒品犯罪案件,应当切实贯彻宽严相济的刑事政策,突出毒品犯罪的打击重点。必须依法严惩毒枭、职业毒贩、再犯、累犯、惯犯、主犯等主观恶性深、人身危险性大、危害严重的毒品犯罪分子,以及具有将毒品走私入境、多次、大量或者向多人贩卖,诱使多人吸毒,武装掩护、暴力抗拒检查、拘留或者逮捕,或者参与有组织的国际贩毒活动等情节的毒品犯罪分子。对其中罪行极其严重依法应当判处死刑的,必须坚决依法判处死刑。

· 655 ·

毒品数量是毒品犯罪案件量刑的重要情节，但不是唯一情节。对被告人量刑时，特别是在考虑是否适用死刑时，应当综合考虑毒品数量、犯罪情节、危害后果、被告人的主观恶性、人身危险性以及当地禁毒形势等各种因素，做到区别对待。近期，审理毒品犯罪案件掌握的死刑数量标准，应当结合本地毒品犯罪的实际情况和依法惩治、预防毒品犯罪的需要，并参照最高人民法院复核的毒品死刑案件的典型案例，恰当把握。量刑既不能只片面考虑毒品数量，不考虑犯罪的其他情节，也不能只片面考虑其他情节，而忽视毒品数量。

对虽然已达到实际掌握的判处死刑的毒品数量标准，但是具有法定、酌定从宽处罚情节的被告人，可以不判处死刑；反之，对毒品数量接近实际掌握的判处死刑的数量标准，但具有从重处罚情节的被告人，也可以判处死刑。毒品数量达到实际掌握的死刑数量标准，既有从重处罚情节，又有从宽处罚情节的，应当综合考虑各方面因素决定刑罚，判处死刑立即执行应当慎重。

具有下列情形之一的，可以判处被告人死刑：（1）具有毒品犯罪集团首要分子、武装掩护毒品犯罪、暴力抗拒检查、拘留或者逮捕、参与有组织的国际贩毒活动等严重情节的；（2）毒品数量达到实际掌握的死刑数量标准，并具有毒品再犯、累犯，利用、教唆未成年人走私、贩卖、运输、制造毒品，或者向未成年人出售毒品等法定从重处罚情节的；（3）毒品数量达到实际掌握的死刑数量标准，并具有多次走私、贩卖、运输、制造毒品，向多人贩毒，在毒品犯罪中诱使、容留多人吸毒，在戒毒监管场所贩毒，国家工作人员利用职务便利实施毒品犯罪，或者职业犯、惯犯、主犯等情节的；（4）毒品数量达到实际掌握的死刑数量标准，并具有其他从重处罚情节的；（5）毒品数量超过实际掌握的死刑数量标准，且没有法定、酌定从轻处罚情节的。

毒品数量达到实际掌握的死刑数量标准，具有下列情形之一的，可以不判处被告人死刑立即执行：（1）具有自首、立功等法定从宽处罚情节的；（2）已查获的毒品数量未达到实际掌握的死刑数量标准，到案后坦白尚未被司法机关掌握的其他毒品犯罪，累计数量超过实际掌握的死刑数量标准的；（3）经鉴定毒品含量极低，掺假之后的数量才达到实际掌握的死刑数量标准的，或者有证据表明可能大量掺假但因故不能鉴定的；（4）因特情引诱毒品数量才达到实际掌握的死刑数量标准的；（5）以贩养吸的被告人，被查获的毒品数量刚达到实际掌握的死刑数量标准的；（6）毒品数量刚达到实际掌握的死刑数量标准，确属初次毒品犯罪即被查获，未造成严重危害后果的；（7）共同犯罪毒品数量刚达到实际掌握的死刑数量标准，但各共同犯罪人作用相当，或者责任大小难以区分的；（8）家庭成员共同实施毒品犯罪，其中起主要作用的被告人已被判处死刑立即执行，其他被告人罪行相对较轻的；（9）其他不是必须判处死刑立即执行的。

有些毒品犯罪案件，往往由于毒品、毒资等证据已不存在，导致审查证据和认定事实困难。在处理这类案件时，只有被告人的口供与同案其他被告人供述吻合，并且完全排除诱供、逼供、串供等情形，被告人的口供与同案被告人的供述才可以作为定案的证据。仅有被告人口供与同案被告人供述作为定案证据的，对被告人判处死刑立即执行要特别慎重。

★最高人民法院《全国法院毒品犯罪审判工作座谈会纪要》（2015年5月18日）（节录）

二、关于毒品犯罪法律适用的若干具体问题

（四）死刑适用问题

当前，我国毒品犯罪形势严峻，审判工作中应当继续坚持依法从严惩处毒品犯罪的指导思想，充分发挥死刑对于预防和惩治毒品犯罪的重要作用。要继续按照《大连会议纪要》的要求，突出打击重点，对罪行极其严重、依法应当判处死刑的被告人，坚决依法判处。同时，应当全面、准确贯彻宽严相济刑事政策，体现区别对待，做到罚当其罪，量刑时综合考虑毒品数量、犯罪性质、情节、危害后果、被告人的主观恶性、人身危险性及当地的禁毒形势等因素，严格审慎地决定死刑适用，确保死刑只适用于极少数罪行极其严重的犯罪分子。

2. 毒品共同犯罪、上下家犯罪的死刑适用

毒品共同犯罪案件的死刑适用应当与该案的毒品数量、社会危害及被告人的犯罪情节、主观恶性、人身危险性相适应。涉案毒品数量刚超过实际掌握的死刑数量标准，依法应当适用死刑的，要尽量区分主犯间的罪责大小，一般只对其罪责最大的一名主犯判处死刑；各共同犯罪人地位作用相当，或者罪责大小难以区分的，可以不判处被告人死刑；二名主犯的罪责均很突出，且均具有法定从重处罚情节的，也要尽可能比较其主观恶性、人身危险性方面的差异，判处二人死刑要特别慎重。涉案毒品数量达到巨大以上，二名以上主犯的罪责均很突出，或者罪责稍次的主犯具有法定、重大酌定从重处罚情节，判处二人以上死刑符合罪刑相适应原则，并有利于全案量刑平衡的，可以依法判处。

对于部分共同犯罪人未到案的案件，在案被告人与未到案共同犯罪人均属罪行极其严重，即使共同犯罪人到案也不影响对在案被告人适用死刑的，可以依法判处在案被告人死刑；在案被告人的罪行不足以判处死刑，或者共同犯罪人归案后全案只宜判处其一人死刑的，不能因为共同犯罪人未到案而对在案被告人适用死刑；在案被告人与未到案共同犯罪人的罪责大小难以准确认定，进而影响准确适用死刑的，不应对在案被告人判处死刑。

对于贩卖毒品案件中的上下家，要结合其贩毒数量、次数及对象范围，犯罪的主动性，对促成交易所发挥的作用，犯罪行为的危害后果等因素，综合考虑其主观恶性和人身危险性，慎重、稳妥地决定死刑适用。对于买卖同宗毒品的上下家，涉案毒品数量刚超过实际掌握的死刑数量标准的，一般不能同时判处死刑；上家主动联络销售毒品，积极促成毒品交易的，通常可以判处上家死刑；下家积极筹资，主动向上家约购毒品，对促成毒品交易起更大作用的，可以考虑判处下家死刑。涉案毒品数量达到巨大以上的，也要综合上述因素决定死刑适用，同时判处上下家死刑符合罪刑相适应原则，并有利于全案量刑平衡的，可以依法判处。

一案中有多名共同犯罪人、上下家针对同宗毒品实施犯罪的，可以综合运用上述毒品共同犯罪、上下家犯罪的死刑适用原则予以处理。

办理毒品犯罪案件，应当尽量将共同犯罪案件或者密切关联的上下游案件进行并案审理；因客观原因造成分案处理的，办案时应当及时了解关联案件的审理进展和处理结果，注重量刑平衡。

3. 新类型、混合型毒品犯罪的死刑适用

甲基苯丙胺片剂（俗称"麻古"等）是以甲基苯丙胺为主要毒品成分的混合型毒品，

其甲基苯丙胺含量相对较低,危害性亦有所不同。为体现罚当其罪,甲基苯丙胺片剂的死刑数量标准一般可以按照甲基苯丙胺(冰毒)的2倍左右掌握,具体可以根据当地的毒品犯罪形势和涉案毒品含量等因素确定。

涉案毒品为氯胺酮(俗称"K粉")的,结合毒品数量、犯罪性质、情节及危害后果等因素,对符合死刑适用条件的被告人可以依法判处死刑。综合考虑氯胺酮的致瘾癖性、滥用范围和危害性等因素,其死刑数量标准一般可以按照海洛因的10倍掌握。

涉案毒品为其他滥用范围和危害性相对较小的新类型、混合型毒品的,一般不宜判处被告人死刑。但对于司法解释、规范性文件明确规定了定罪量刑数量标准,且涉案毒品数量特别巨大,社会危害大,不判处死刑难以体现罚当其罪,必要时可以判处被告人死刑。

缓刑、财产刑适用及减刑、假释

★最高人民法院《全国部分法院审理毒品犯罪案件工作座谈会纪要》(2008年12月22日)(节录)

十三、毒品案件财产刑的适用和执行问题

刑法对毒品犯罪规定了并处罚金或者没收财产刑,司法实践中应当依法充分适用。不仅要依法追缴被告人的违法所得及其收益,还要严格依法判处被告人罚金刑或者没收财产刑,不能因为被告人没有财产,或者其财产难以查清、难以分割或者难以执行,就不依法判处财产刑。

要采取有力措施,加大财产刑执行力度。要加强与公安机关、检察机关的协作,对毒品犯罪分子来源不明的巨额财产,依法及时采取查封、扣押、冻结等措施,防止犯罪分子及其亲属转移、隐匿、变卖或者洗钱,逃避依法追缴。要加强不同地区法院之间的相互协作配合。毒品犯罪分子的财产在异地的,第一审人民法院可以委托财产所在地人民法院代为执行。要落实和运用有关国际禁毒公约规定,充分利用国际刑警组织等渠道,最大限度地做好境外追赃工作。

★最高人民法院《全国法院毒品犯罪审判工作座谈会纪要》(2015年5月18日)(节录)

二、关于毒品犯罪法律适用的若干具体问题

(五)缓刑、财产刑适用及减刑、假释问题

对于毒品犯罪应当从严掌握缓刑适用条件。对于毒品再犯,一般不得适用缓刑。对于不能排除多次贩毒嫌疑的零包贩毒被告人,因认定构成贩卖毒品等犯罪的证据不足而认定为非法持有毒品罪的被告人,实施引诱、教唆、欺骗、强迫他人吸毒犯罪及制毒物品犯罪的被告人,应当严格限制缓刑适用。

办理毒品犯罪案件,应当依法追缴犯罪分子的违法所得,充分发挥财产刑的作用,切实加大对犯罪分子的经济制裁力度。对查封、扣押、冻结的涉案财物及其孳息,经查确属违法所得或者依法应当追缴的其他涉案财物的,如购毒款、供犯罪所用的本人财物、毒品犯罪所得的财物及其收益等,应当判决没收,但法律另有规定的除外。判处罚金刑时,应当结合毒品犯罪的性质、情节、危害后果及被告人的获利情况、经济状况等因素合理确定罚金数额。对于决定并处没收财产的毒品犯罪,判处被告人有期徒刑的,应当按照上述确定罚金数额的原则确定没收个人部分财产的数额;判处无期徒刑的,可以并处没收个人全部财产;判处死缓或者死刑的,应当并处没收个人全部财产。

第六章 妨害社会管理秩序罪·第七节 走私、贩卖、运输、制造毒品罪

对于具有毒枭、职业毒犯、累犯、毒品再犯等情节的毒品罪犯，应当从严掌握减刑条件，适当延长减刑起始时间、间隔时间，严格控制减刑幅度，延长实际执行刑期。对刑法未禁止假释的前述毒品罪犯，应当严格掌握假释条件。

5 特情介入问题

★最高人民法院《全国部分法院审理毒品犯罪案件工作座谈会纪要》（2008年12月22日）（节录）

六、特情介入案件的处理问题

运用特情侦破毒品案件，是依法打击毒品犯罪的有效手段。对特情介入侦破的毒品案件，要区别不同情形予以分别处理。

对已持有毒品待售或者有证据证明已准备实施大宗毒品犯罪者，采取特情贴靠、接洽而破获的案件，不存在犯罪引诱，应当依法处理。

行为人本没有实施毒品犯罪的主观意图，而是在特情诱惑和促成下形成犯意，进而实施毒品犯罪的，属于"犯意引诱"。对因"犯意引诱"实施毒品犯罪的被告人，根据罪刑相适应原则，应当依法从轻处罚，无论涉案毒品数量多大，都不应判处死刑立即执行。行为人在特情既为其安排上线，又提供下线的双重引诱，即"双套引诱"下实施毒品犯罪的，处刑时可予以更大幅度的从宽处罚或者依法免予刑事处罚。

行为人本来只有实施数量较小的毒品犯罪的故意，在特情引诱下实施了数量较大甚至达到实际掌握的死刑数量标准的毒品犯罪的，属于"数量引诱"。对因"数量引诱"实施毒品犯罪的被告人，应当依法从轻处罚，即使毒品数量超过实际掌握的死刑数量标准，一般也不判处死刑立即执行。

对不能排除"犯意引诱"和"数量引诱"的案件，在考虑是否对被告人判处死刑立即执行时，要留有余地。

对被告人受特情间接引诱实施毒品犯罪的，参照上述原则依法处理。

6 特定人员参与毒品犯罪问题

★最高人民法院《全国部分法院审理毒品犯罪案件工作座谈会纪要》（2008年12月22日）（节录）

十二、特定人员参与毒品犯罪问题

近年来，一些毒品犯罪分子为了逃避打击，雇用孕妇、哺乳期妇女、急性传染病人、残疾人或者未成年人等特定人员进行毒品犯罪活动，成为影响我国禁毒工作成效的突出问题。对利用、教唆特定人员进行毒品犯罪活动的组织、策划、指挥和教唆者，要依法严厉打击，该判处重刑直至死刑的，坚决依法判处重刑直至死刑。对于被利用、被诱骗参与毒品犯罪的特定人员，可以从宽处理。

要积极与检察机关、公安机关沟通协调，妥善解决涉及特定人员的案件管辖、强制措施、刑罚执行等问题。对因特殊情况依法不予羁押的，可以依法采取取保候审、监视居住等强制措施，并根据被告人具体情况和案情变化及时变更强制措施；对于被判处有期徒刑或者拘役的罪犯，符合刑事诉讼法第二百一十四条规定情形的，可以暂予监外执行。

第三百四十七条【走私、贩卖、运输、制造毒品罪】走私、贩卖、运输、制造毒品，无论数量多少，都应当追究刑事责任，予以刑事处罚。

走私、贩卖、运输、制造毒品，有下列情形之一的，处十五年有期徒刑、无期徒刑或者死刑，并处没收财产：

（一）走私、贩卖、运输、制造鸦片一千克以上、海洛因或者甲基苯丙胺五十克以上或者其他毒品数量大的；

（二）走私、贩卖、运输、制造毒品集团的首要分子；

（三）武装掩护走私、贩卖、运输、制造毒品的；

（四）以暴力抗拒检查、拘留、逮捕，情节严重的；

（五）参与有组织的国际贩毒活动的。

走私、贩卖、运输、制造鸦片二百克以上不满一千克、海洛因或者甲基苯丙胺十克以上不满五十克或者其他毒品数量较大的，处七年以上有期徒刑，并处罚金。

走私、贩卖、运输、制造鸦片不满二百克、海洛因或者甲基苯丙胺不满十克或者其他少量毒品的，处三年以下有期徒刑、拘役或者管制，并处罚金；情节严重的，处三年以上七年以下有期徒刑，并处罚金。

单位犯第二款、第三款、第四款罪的，对单位判处罚金，并对其直接负责的主管人员和其他直接责任人员，依照各该款的规定处罚。

利用、教唆未成年人走私、贩卖、运输、制造毒品，或者向未成年人出售毒品的，从重处罚。

对多次走私、贩卖、运输、制造毒品，未经处理的，毒品数量累计计算。

关联法条：第三百四十九条、第三百五十条、第三百五十五条、第三百五十六条、第三百五十七条

立案追诉标准

★最高人民检察院、公安部《关于公安机关管辖的刑事案件立案追诉标准的规定（三）》（2012 年 5 月 16 日）（节录）

第一条［走私、贩卖、运输、制造毒品案（刑法第三百四十七条）］走私、贩卖、运输、制造毒品，无论数量多少，都应予立案追诉。

本条规定的"走私"是指明知是毒品而非法将其运输、携带、寄递进出国（边）境的行为。直接向走私人非法收购走私进口的毒品，或者在内海、领海、界河、界湖运输、收购、贩卖毒品的，以走私毒品罪立案追诉。

本条规定的"贩卖"是指明知是毒品而非法销售或者以贩卖为目的而非法收买的行为。

有证据证明行为人以牟利为目的，为他人代购仅用于吸食、注射的毒品，对代购者以贩卖毒品罪立案追诉。不以牟利为目的，为他人代购仅用于吸食、注射的毒品，毒品数量

第六章　妨害社会管理秩序罪·第七节　走私、贩卖、运输、制造毒品罪

达到本规定第二条规定的数量标准的，对托购者和代购者以非法持有毒品罪立案追诉。明知他人实施毒品犯罪而为其居间介绍、代购代卖的，无论是否牟利，都应以相关毒品犯罪的共犯立案追诉。

本条规定的"运输"是指明知是毒品而采用携带、寄递、托运、利用他人或者使用交通工具等方法非法运送毒品的行为。

本条规定的"制造"是指非法利用毒品原植物直接提炼或者用化学方法加工、配制毒品，或者以改变毒品成分和效用为目的，用混合等物理方法加工、配制毒品的行为。为了便于隐蔽运输、销售、使用、欺骗购买者，或者为了增重，对毒品掺杂使假，添加或者去除其他非毒品物质，不属于制造毒品的行为。

为了制造毒品而采用生产、加工、提炼等方法非法制造易制毒化学品的，以制造毒品罪（预备）立案追诉。购进制造毒品的设备和原材料，开始着手制造毒品，尚未制造出毒品或者半成品的，以制造毒品罪（未遂）立案追诉。明知他人制造毒品而为其生产、加工、提炼、提供醋酸酐、乙醚、三氯甲烷等制毒物品的，以制造毒品罪的共犯追诉。

走私、贩卖、运输毒品主观故意中的"明知"，是指行为人知道或者应当知道所实施的是走私、贩卖、运输毒品行为。具有下列情形之一，结合行为人的供述和其他证据综合审查判断，可以认定其"应当知道"，但有证据证明确属被蒙骗的除外：

（一）执法人员在口岸、机场、车站、港口、邮局和其他检查站点检查时，要求行为人申报携带、运输、寄递的物品和其他疑似毒品物，并告知其法律责任，而行为人未如实申报，在其携带、运输、寄递的物品中查获毒品的；

（二）以伪报、藏匿、伪装等蒙蔽手段逃避海关、边防等检查，在其携带、运输、寄递的物品中查获毒品的；

（三）执法人员检查时，有逃跑、丢弃携带物品或者逃避、抗拒检查等行为，在其携带、藏匿或者丢弃的物品中查获毒品的；

（四）体内或者贴身隐秘处藏匿毒品的；

（五）为获取不同寻常的高额或者不等值的报酬为他人携带、运输、寄递、收取物品，从中查获毒品的；

（六）采用高度隐蔽的方式携带、运输物品，从中查获毒品的；

（七）采用高度隐蔽的方式交接物品，明显违背合法物品惯常交接方式，从中查获毒品的；

（八）行程路线故意绕开检查站点，在其携带、运输的物品中查获毒品的；

（九）以虚假身份、地址或者其他虚假方式办理托运、寄递手续，在托运、寄递的物品中查获毒品的；

（十）有其他证据足以证明行为人应当知道的。

制造毒品主观故意中的"明知"，是指行为人知道或者应当知道所实施的是制造毒品行为。有下列情形之一，结合行为人的供述和其他证据综合审查判断，可以认定其"应当知道"，但有证据证明确属被蒙骗的除外：

（一）购置了专门用于制造毒品的设备、工具、制毒物品或者配制方案的；

（二）为获取不同寻常的高额或者不等值的报酬为他人制造物品，经检验是毒品的；

（三）在偏远、隐蔽场所制造，或者采取对制造设备进行伪装等方式制造物品，经检验是毒品的；

（四）制造人员在执法人员检查时，有逃跑、抗拒检查等行为，在现场查获制造出的物品，经检验是毒品的；

（五）有其他证据足以证明行为人应当知道的。

走私、贩卖、运输、制造毒品罪是选择性罪名，对同一宗毒品实施了两种以上犯罪行为，并有相应确凿证据的，应当按照所实施的犯罪行为的性质并列适用罪名，毒品数量不重复计算。对同一宗毒品可能实施了两种以上犯罪行为，但相应证据只能认定其中一种或者几种行为，认定其他行为的证据不够确实充分的，只按照依法能够认定的行为的性质适用罪名。对不同宗毒品分别实施了不同种犯罪行为的，应对不同行为并列适用罪名，累计计算毒品数量。

第十三条 本规定中的毒品是指鸦片、海洛因、甲基苯丙胺（冰毒）、吗啡、大麻、可卡因以及国家规定管制的其他能够使人形成瘾癖的麻醉药品和精神药品。具体品种以国家食品药品监督管理局、公安部、卫生部发布的《麻醉药品品种目录》、《精神药品品种目录》为依据。

本规定中的"制毒物品"是指刑法第三百五十条第一款规定的醋酸酐、乙醚、三氯甲烷或者其他用于制造毒品的原料或者配剂，具体品种范围按照国家关于易制毒化学品管理的规定确定。

第十四条 本规定中未明确立案追诉标准的毒品，有条件折算为海洛因的，参照有关麻醉药品和精神药品折算标准进行折算。

第十五条 本规定中的立案追诉标准，除法律、司法解释另有规定的以外，适用于相关的单位犯罪。

第十六条 本规定中的"以上"，包括本数。

━━━━━▶ 定　　罪 ◀━━━━━

❶ 参见【本节罪名定罪问题的总体规定】，P646

❷ 第二款第（一）项"其他毒品数量大"的认定

★最高人民法院《关于审理毒品犯罪案件适用法律若干问题的解释》（2016年4月11日）（节录）

第一条 走私、贩卖、运输、制造、非法持有下列毒品，应当认定为刑法第三百四十七条第二款第一项、第三百四十八条规定的"其他毒品数量大"：

（一）可卡因五十克以上；

（二）3，4-亚甲二氧基甲基苯丙胺（MDMA）等苯丙胺类毒品（甲基苯丙胺除外）、吗啡一百克以上；

（三）芬太尼一百二十五克以上；

（四）甲卡西酮二百克以上；

（五）二氢埃托啡十毫克以上；

（六）哌替啶（度冷丁）二百五十克以上；

（七）氯胺酮五百克以上；

（八）美沙酮一千克以上；

（九）曲马多、γ-羟丁酸二千克以上；

（十）大麻油五千克、大麻脂十千克、大麻叶及大麻烟一百五十千克以上；

（十一）可待因、丁丙诺啡五千克以上；

（十二）三唑仑、安眠酮五十千克以上；

（十三）阿普唑仑、恰特草一百千克以上；

（十四）咖啡因、罂粟壳二百千克以上；

（十五）巴比妥、苯巴比妥、安钠咖、尼美西泮二百五十千克以上；

（十六）氯氮卓、艾司唑仑、地西泮、溴西泮五百千克以上；

（十七）上述毒品以外的其他毒品数量大的。

国家定点生产企业按照标准规格生产的麻醉药品或者精神药品被用于毒品犯罪的，根据药品中毒品成分的含量认定涉案毒品数量。

▶③ **第二款第（三）项"武装掩护走私、贩卖、运输、制造毒品"、第四项"以暴力抗拒检查、拘留、逮捕，情节严重"的认定**

★最高人民法院《关于审理毒品犯罪案件适用法律若干问题的解释》（2016年4月11日）（节录）

第三条 在实施走私、贩卖、运输、制造毒品犯罪的过程中，携带枪支、弹药或者爆炸物用于掩护的，应当认定为刑法第三百四十七条第二款第三项规定的"武装掩护走私、贩卖、运输、制造毒品"。枪支、弹药、爆炸物种类的认定，依照相关司法解释的规定执行。

在实施走私、贩卖、运输、制造毒品犯罪的过程中，以暴力抗拒检查、拘留、逮捕，造成执法人员死亡、重伤、多人轻伤或者具有其他严重情节的，应当认定为刑法第三百四十七条第二款第四项规定的"以暴力抗拒检查、拘留、逮捕，情节严重"。

▶④ **第三款"其他毒品数量较大"的认定**

★最高人民法院《关于审理毒品犯罪案件适用法律若干问题的解释》（2016年4月11日）（节录）

第二条 走私、贩卖、运输、制造、非法持有下列毒品，应当认定为刑法第三百四十七条第三款、第三百四十八条规定的"其他毒品数量较大"：

（一）可卡因十克以上不满五十克；

（二）3,4-亚甲二氧基甲基苯丙胺（MDMA）等苯丙胺类毒品（甲基苯丙胺除外）、吗啡二十克以上不满一百克；

（三）芬太尼二十五克以上不满一百二十五克；

（四）甲卡西酮四十克以上不满二百克；

（五）二氢埃托啡二毫克以上不满十毫克；

（六）哌替啶（度冷丁）五十克以上不满二百五十克；

（七）氯胺酮一百克以上不满五百克；

（八）美沙酮二百克以上不满一千克；

（九）曲马多、γ-羟丁酸四百克以上不满二千克；

（十）大麻油一千克以上不满五千克、大麻脂二千克以上不满十千克、大麻叶及大麻烟三十千克以上不满一百五十千克；

（十一）可待因、丁丙诺啡一千克以上不满五千克；

（十二）三唑仑、安眠酮十千克以上不满五十千克；

（十三）阿普唑仑、恰特草二十千克以上不满一百千克；

（十四）咖啡因、罂粟壳四十千克以上不满二百千克；

（十五）巴比妥、苯巴比妥、安钠咖、尼美西泮五十千克以上不满二百五十千克；

（十六）氯氮䓬、艾司唑仑、地西泮、溴西泮一百千克以上不满五百千克；

（十七）上述毒品以外的其他毒品数量较大的。

5 第四款"其他少量毒品"的认定

★最高人民法院、最高人民检察院、公安部《办理毒品犯罪案件适用法律若干问题的意见》（2007年11月8日）（节录）

三、关于办理氯胺酮等毒品案件定罪量刑标准问题

（三）走私、贩卖、运输、制造下列毒品，应当认定为刑法第三百四十七条第四款规定的"其他少量毒品"：

1. 二亚甲基双氧安非他明（MDMA）等苯丙胺类毒品（甲基苯丙胺除外）不满20克的；

2. 氯胺酮、美沙酮不满200克的；

3. 三唑仑、安眠酮不满10千克的；

4. 氯氮䓬、艾司唑仑、地西泮、溴西泮不满100千克的；

5. 上述毒品以外的其他少量毒品的。

（四）上述毒品品种包括其盐和制剂。毒品鉴定结论中毒品品名的认定应当以国家食品药品监督管理局、公安部、卫生部最新发布的《麻醉药品品种目录》、《精神药品品种目录》为依据。

6 第四款"情节严重"的认定

★最高人民法院《关于审理毒品犯罪案件适用法律若干问题的解释》（2016年4月11日）（节录）

第四条　走私、贩卖、运输、制造毒品，具有下列情形之一的，应当认定为刑法第三百四十七条第四款规定的"情节严重"：

（一）向多人贩卖毒品或者多次走私、贩卖、运输、制造毒品的；

（二）在戒毒场所、监管场所贩卖毒品的；

（三）向在校学生贩卖毒品的；

（四）组织、利用残疾人、严重疾病患者、怀孕或者正在哺乳自己婴儿的妇女走私、贩卖、运输、制造毒品的；

（五）国家工作人员走私、贩卖、运输、制造毒品的；

（六）其他情节严重的情形。

第六章 妨害社会管理秩序罪·第七节 走私、贩卖、运输、制造毒品罪

▶7 制造毒品的认定、处罚

★最高人民法院《全国部分法院审理毒品犯罪案件工作座谈会纪要》（2008年12月22日）（节录）

四、制造毒品的认定与处罚问题

鉴于毒品犯罪分子制造毒品的手段复杂多样、不断翻新，采用物理方法加工、配制毒品的情况大量出现，有必要进一步准确界定制造毒品的行为、方法。制造毒品不仅包括非法用毒品原植物直接提炼和用化学方法加工、配制毒品的行为，也包括以改变毒品成分和效用为目的，用混合等物理方法加工、配制毒品的行为，如将甲基苯丙胺或者其他苯丙胺类毒品与其他毒品混合成麻古或者摇头丸。为便于隐蔽运输、销售、使用、欺骗购买者，或者为了增重，对毒品掺杂使假，添加或者去除其他非毒品物质，不属于制造毒品的行为。

已经制成毒品，达到实际掌握的死刑数量标准的，可以判处死刑；数量特别巨大的，应当判处死刑。已经制造出粗制毒品或者半成品的，以制造毒品罪的既遂论处。购进制造毒品的设备和原材料，开始着手制造毒品，但尚未制造出粗制毒品或者半成品的，以制造毒品罪的未遂论处。

▶8 非法贩卖麻醉药品、精神药品行为的定性

★最高人民法院《全国法院毒品犯罪审判工作座谈会纪要》（2015年5月18日）（节录）

二、关于毒品犯罪法律适用的若干具体问题

（七）非法贩卖麻醉药品、精神药品行为的定性问题

行为人向走私、贩卖毒品的犯罪分子或者吸食、注射毒品的人员贩卖国家规定管制的能够使人形成瘾癖的麻醉药品或者精神药品的，以贩卖毒品罪定罪处罚。

行为人出于医疗目的，违反有关药品管理的国家规定，非法贩卖上述麻醉药品或者精神药品，扰乱市场秩序，情节严重的，以非法经营罪定罪处罚。

▶9 为制造毒品，利用麻黄碱类复方制剂提炼、加工制毒物品行为的处理

★最高人民法院、最高人民检察院、公安部《关于办理走私、非法买卖麻黄碱类复方制剂等刑事案件适用法律若干问题的意见》（2012年6月18日）（节录）

一、关于走私、非法买卖麻黄碱类复方制剂等行为的定性

（第1款）以加工、提炼制毒物品制造毒品为目的，购买麻黄碱类复方制剂，或者运输、携带、寄递麻黄碱类复方制剂进出境的，依照刑法第三百四十七条的规定，以制造毒品罪定罪处罚。

（第4款）非法买卖麻黄碱类复方制剂或者运输、携带、寄递麻黄碱类复方制剂进出境，没有证据证明系用于制造毒品或者走私、非法买卖制毒物品，或者未达到走私制毒物品罪、非法买卖制毒物品罪的定罪数量标准，构成非法经营罪、走私普通货物、物品罪等其他犯罪的，依法定罪处罚。

（第5款）实施第一款、第二款规定的行为，同时构成其他犯罪的，依照处罚较重的规定定罪处罚。

二、关于利用麻黄碱类复方制剂加工、提炼制毒物品行为的定性

（第1款）以制造毒品为目的，利用麻黄碱类复方制剂加工、提炼制毒物品的，依照

刑法第三百四十七条的规定,以制造毒品罪定罪处罚。

三、关于共同犯罪的认定

(第1款)明知他人利用麻黄碱类制毒物品制造毒品,向其提供麻黄碱类复方制剂,为其利用麻黄碱类复方制剂加工、提炼制毒物品,或者为其获取、利用麻黄碱类复方制剂提供其他帮助的,以制造毒品罪的共犯论处。

四、关于犯罪预备、未遂的认定

实施本意见规定的行为,符合犯罪预备或者未遂情形的,依照法律规定处罚。

五、关于犯罪嫌疑人、被告人主观目的与明知的认定

对于本意见规定的犯罪嫌疑人、被告人的主观目的与明知,应当根据物证、书证、证人证言以及犯罪嫌疑人、被告人供述和辩解等在案证据,结合犯罪嫌疑人、被告人的行为表现,重点考虑以下因素综合予以认定:

1. 购买、销售麻黄碱类复方制剂的价格是否明显高于市场交易价格;
2. 是否采用虚假信息、隐蔽手段运输、寄递、存储麻黄碱类复方制剂;
3. 是否采用伪报、伪装、藏匿或者绕行进出境等手段逃避海关、边防等检查;
4. 提供相关帮助行为获得的报酬是否合理;
5. 此前是否实施过同类违法犯罪行为;
6. 其他相关因素。

六、关于制毒物品数量的认定

(第2款)实施本意见规定的行为,以制造毒品罪定罪处罚的,应当将涉案麻黄碱类复方制剂所含的麻黄碱类物质可以制成的毒品数量作为量刑情节考虑。

(第3款)多次实施本意见规定的行为未经处理的,涉案制毒物品的数量累计计算。

七、关于定罪量刑的数量标准

(第2款)实施本意见规定的行为,以制造毒品罪定罪处罚的,无论涉案麻黄碱类复方制剂所含的麻黄碱类物质数量多少,都应当追究刑事责任。

八、关于麻黄碱类复方制剂的范围

本意见所称麻黄碱类复方制剂是指含有《易制毒化学品管理条例》(国务院令第445号)品种目录所列的麻黄碱(麻黄素)、伪麻黄碱(伪麻黄素)、消旋麻黄碱(消旋麻黄素)、去甲麻黄碱(去甲麻黄素)、甲基麻黄碱(甲基麻黄素)及其盐类,或者麻黄浸膏、麻黄浸膏粉等麻黄碱类物质的药品复方制剂。

★**最高人民法院、最高人民检察院、公安部、农业部、食品药品监管总局《关于进一步加强麻黄草管理严厉打击非法买卖麻黄草等违法犯罪活动的通知》(2013年5月21日)**(节录)

三、依法查处非法采挖、买卖麻黄草等犯罪行为

(一)以制造毒品为目的,采挖、收购麻黄草的,依照刑法第三百四十七条的规定,以制造毒品罪定罪处罚。

(二)以提取麻黄碱类制毒物品后进行走私或者非法贩卖为目的,采挖、收购麻黄草,涉案麻黄草所含的麻黄碱类制毒物品达到相应定罪数量标准的,依照刑法第三百五十条第

一款、第三款的规定，分别以走私制毒物品罪、非法买卖制毒物品罪定罪处罚。

（三）明知他人制造毒品或者走私、非法买卖制毒物品，向其提供麻黄草或者提供运输、储存麻黄草等帮助的，分别以制造毒品罪、走私制毒物品罪、非法买卖制毒物品罪的共犯论处。

（四）违反国家规定采挖、销售、收购麻黄草，没有证据证明以制造毒品或者走私、非法买卖制毒物品为目的，依照刑法第二百二十五条的规定构成犯罪的，以非法经营罪定罪处罚。

（五）实施以上行为，以制造毒品罪、走私制毒物品罪、非法买卖制毒物品罪定罪处罚的，涉案制毒物品的数量按照三百千克麻黄草折合一千克麻黄碱计算；以制造毒品罪定罪处罚的，无论涉案麻黄草数量多少，均应追究刑事责任。

10 贩卖、运输经过取汁的罂粟壳废渣行为的定性

★最高人民法院研究室《关于贩卖、运输经过取汁的罂粟壳废渣是否构成贩卖、运输毒品罪的答复》（2010年9月27日）

四川省高级人民法院：

你院川高法〔2010〕438号《关于被告人贩卖、运输经过取汁的罂粟壳废渣是否构成贩卖、运输毒品罪的请示》收悉。经研究，答复如下：

最高人民法院研究室认为，根据你院提供的情况，对本案被告人不宜以贩卖、运输毒品罪论处。主要考虑：（1）被告人贩卖、运输的是经过取汁的罂粟壳废渣，吗啡含量只有0.01%，含量极低，从技术和成本看，基本不可能用于提取吗啡；（2）国家对经过取汁的罂粟壳并无明文规定予以管制，实践中有关药厂也未按照管制药品对其进行相应处理；（3）无证据证明被告人购买、加工经过取汁的罂粟壳废渣是为了将其当作毒品出售，具有贩卖、运输毒品的故意。如果查明行为人有将罂粟壳废渣作为制售毒品原料予以利用的故意，可建议由公安机关予以治安处罚。

11 在成品药中非法添加阿普唑仑、曲马多进行销售行为的定性

★公安部《关于在成品药中非法添加阿普唑仑和曲马多进行销售能否认定为制造贩卖毒品有关问题的批复》（2009年3月19日）（节录）

一、阿普唑仑和曲马多为国家管制的二类精神药品。根据《中华人民共和国刑法》第三百五十五条的规定，如果行为人具有生产、管理、使用阿普唑仑和曲马多的资质，却将其掺加在其他药品中，违反国家规定向吸食、注射毒品的人提供的，构成非法提供精神药品罪；向走私、贩卖毒品的犯罪分子或以牟利为目的向吸食、注射毒品的人提供的，构成走私、贩卖毒品罪。根据《中华人民共和国刑法》第三百四十七条的规定，如果行为人没有生产、管理、使用阿普唑仑和曲马多的资质，而将其掺加在其他药品中予以贩卖，构成贩卖、制造毒品罪。

二、在办案中应当注意区别为治疗、戒毒依法合理使用的行为与上述犯罪行为的界限。只有违反国家规定，明知是走私、贩卖毒品的人员而向其提供阿普唑仑和曲马多，或者明知是吸毒人员而向其贩卖或超出规定的次数、数量向其提供阿普唑仑和曲马多的，才可以认定为犯罪。

第二编 分 则

12 一罪与数罪

★最高人民法院《关于审理毒品犯罪案件适用法律若干问题的解释》（2016年4月11日）（节录）

第十二条（第2款） 向他人贩卖毒品后又容留其吸食、注射毒品，或者容留他人吸食、注射毒品并向其贩卖毒品，符合前款规定的容留他人吸毒罪的定罪条件的，以贩卖毒品罪和容留他人吸毒罪数罪并罚。

量 刑

1 参见【本节罪名量刑问题的总体规定】，P654

2 量刑起点、基准刑的确定

★最高人民法院《关于常见犯罪的量刑指导意见》（2014年1月1日）（节录）

四、常见犯罪的量刑

（十五）走私、贩卖、运输、制造毒品罪

1. 构成走私、贩卖、运输、制造毒品罪的，可以根据下列不同情形在相应的幅度内确定量刑起点：

（1）走私、贩卖、运输、制造鸦片一千克、海洛因、甲基苯丙胺五十克或者其他毒品数量达到数量大起点的，量刑起点为十五年有期徒刑。依法应当判处无期徒刑以上刑罚的除外。

（2）走私、贩卖、运输、制造鸦片二百克、海洛因、甲基苯丙胺十克或者其他毒品数量达到数量较大起点的，可以在七年至八年有期徒刑幅度内确定量刑起点。

（3）走私、贩卖、运输、制造鸦片不满二百克，海洛因、甲基苯丙胺不满十克或者其他少量毒品的，可以在三年以下有期徒刑、拘役幅度内确定量刑起点；情节严重的，可以在三年至四年有期徒刑幅度内确定量刑起点。

2. 在量刑起点的基础上，可以根据毒品犯罪次数、人次、毒品数量等其他影响犯罪构成的犯罪事实增加刑罚量，确定基准刑。

3. 有下列情节之一的，可以增加基准刑的10%~30%：

（1）利用、教唆未成年人走私、贩卖、运输、制造毒品的；

（2）向未成年人出售毒品的；

（3）毒品再犯。

4. 有下列情节之一的，可以减少基准刑的30%以下：

（1）受雇运输毒品的；

（2）毒品含量明显偏低的；

（3）存在数量引诱情形的。

3 运输毒品罪的刑罚适用

★最高人民法院《全国部分法院审理毒品犯罪案件工作座谈会纪要》（2008年12月22日）（节录）

三、运输毒品罪的刑罚适用问题

对于运输毒品犯罪，要注意重点打击指使、雇佣他人运输毒品的犯罪分子和接应、接货的毒品所有者、买家或者卖家。对于运输毒品犯罪集团首要分子，组织、指使、雇佣他人运输毒品的主犯或者毒枭、职业毒犯、毒品再犯，以及具有武装掩护、暴力抗拒检查、拘留或者逮捕、参与有组织的国际毒品犯罪、以运输毒品为业、多次运输毒品或者其他严重情节的，应当按照刑法、有关司法解释和司法实践实际掌握的数量标准，从严惩处，依法应判处死刑的必须坚决判处死刑。

毒品犯罪中，单纯的运输毒品行为具有从属性、辅助性特点，且情况复杂多样。部分涉案人员系受指使、雇佣的贫民、边民或者无业人员，只是为了赚取少量运费而为他人运输毒品，他们不是毒品的所有者、买家或者卖家，与幕后的组织、指使、雇佣者相比，在整个毒品犯罪环节中处于从属、辅助和被支配地位，所起作用和主观恶性相对较小，社会危害性也相对较小。因此，对于运输毒品犯罪中的这部分人员，在量刑标准的把握上，应当与走私、贩卖、制造毒品和前述具有严重情节的运输毒品犯罪分子有所区别，不应单纯以涉案毒品数量的大小决定刑罚适用的轻重。

对有证据证明被告人确属受人指使、雇佣参与运输毒品犯罪，又系初犯、偶犯的，可以从轻处罚，即使毒品数量超过实际掌握的死刑数量标准，也可以不判处死刑立即执行。

毒品数量超过实际掌握的死刑数量标准，不能证明被告人系受人指使、雇佣参与运输毒品犯罪的，可以依法判处重刑直至死刑。

涉嫌为贩卖而自行运输毒品，由于认定贩卖毒品的证据不足，因而认定为运输毒品罪的，不同于单纯的受指使为他人运输毒品行为，其量刑标准应当与单纯的运输毒品行为有所区别。

4 运输毒品犯罪的死刑适用

★最高人民法院《全国法院毒品犯罪审判工作座谈会纪要》（2015年5月18日）（节录）

二、关于毒品犯罪法律适用的若干具体问题

（四）死刑适用问题

1. 运输毒品犯罪的死刑适用

对于运输毒品犯罪，应当继续按照《大连会议纪要》的有关精神，重点打击运输毒品犯罪集团首要分子，组织、指使、雇用他人运输毒品的主犯或者毒枭、职业毒犯、毒品再犯，以及具有武装掩护运输毒品、以运输毒品为业、多次运输毒品等严重情节的被告人，对其中依法应当判处死刑的，坚决依法判处。

对于受人指使、雇用参与运输毒品的被告人，应当综合考虑毒品数量、犯罪次数、犯罪的主动性和独立性、在共同犯罪中的地位作用、获利程度和方式及其主观恶性、人身危险性等因素，予以区别对待，慎重适用死刑。对于有证据证明确属受人指使、雇用运输毒品，又系初犯、偶犯的被告人，即使毒品数量超过实际掌握的死刑数量标准，也可以不判处死刑；尤其对于其中被动参与犯罪，从属性、辅助性较强，获利程度较低的被告人，一般不应当判处死刑。对于不能排除受人指使、雇用初次运输毒品的被告人，毒品数量超过实际掌握的死刑数量标准，但尚不属数量巨大的，一般也可以不判处死刑。

一案中有多人受雇运输毒品的,在决定死刑适用时,除各被告人运输毒品的数量外,还应结合其具体犯罪情节、参与犯罪程度、与雇用者关系的紧密性及其主观恶性、人身危险性等因素综合考虑,同时判处二人以上死刑要特别慎重。

5 针对不同种毒品实施同一犯罪行为时的量刑

★四川省高级人民法院《关于被告人对不同种毒品实施同一犯罪行为是否按比例折算成一种毒品予以累加后量刑的请示》(2009年7月27日)

最高人民法院:

我省成都铁路运输法院在审理毒品案件中,就被告人对不同种毒品实施同一犯罪行为的情形如何量刑,是否可以将不同种毒品按比例折算成一种毒品予以累加后量刑,形成了不同意见,特向我院请示。我院审判委员会讨论后一致认为,处理该类案件应当将案件涉及的不同种毒品按一定比例折算后予以累加进行量刑。

鉴于该请示涉及的问题在刑事审判领域具有普遍性,其处理意见已超出省法院答复范围,特向你院请示,请予批复。

★最高人民法院研究室《关于被告人对不同种毒品实施同一犯罪行为是否按比例折算成一种毒品予以累加后量刑的答复》(2009年8月17日)

四川省高级人民法院:

你院川高法〔2009〕390号《关于被告人对不同种毒品实施同一犯罪行为是否按比例折算成一种毒品予以累加后量刑的请示》收悉。经研究,答复如下:

根据《全国部分法院审理毒品犯罪案件工作座谈会纪要》的规定,对被告人一人走私、贩卖、运输、制造两种以上毒品的,不实行数罪并罚,量刑时可综合考虑毒品的种类、数量及危害,依法处理。故同意你院处理意见。

第三百四十八条【非法持有毒品罪】 非法持有鸦片一千克以上、海洛因或者甲基苯丙胺五十克以上或者其他毒品数量大的,处七年以上有期徒刑或者无期徒刑,并处罚金;非法持有鸦片二百克以上不满一千克、海洛因或者甲基苯丙胺十克以上不满五十克或者其他毒品数量较大的,处三年以下有期徒刑、拘役或者管制,并处罚金;情节严重的,处三年以上七年以下有期徒刑,并处罚金。

关联法条:第三百五十六条、第三百五十七条

立案追诉标准

★最高人民检察院、公安部《关于公安机关管辖的刑事案件立案追诉标准的规定(三)》(2012年5月16日)(节录)

第二条 [非法持有毒品案(刑法第三百四十八条)] 明知是毒品而非法持有,涉嫌下列情形之一的,应予立案追诉:

(一)鸦片二百克以上、海洛因、可卡因或者甲基苯丙胺十克以上;

(二)二亚甲基双氧安非他明(MDMA)等苯丙胺类毒品(甲基苯丙胺除外)、吗啡二十克以上;

（三）度冷丁（杜冷丁）五十克以上（针剂100mg/支规格的五百支以上，50mg/支规格的一千支以上；片剂25mg/片规格的二千片以上，50mg/片规格的一千片以上）；

（四）盐酸二氢埃托啡二毫克以上（针剂或者片剂20mg/支、片规格的一百支、片以上）；

（五）氯胺酮、美沙酮二百克以上；

（六）三唑仑、安眠酮十千克以上；

（七）咖啡因五十千克以上；

（八）氯氮卓、艾司唑仑、地西泮、溴西泮一百千克以上；

（九）大麻油一千克以上，大麻脂二千克以上，大麻叶及大麻烟三十千克以上；

（十）罂粟壳五十千克以上；

（十一）上述毒品以外的其他毒品数量较大的。①

非法持有两种以上毒品，每种毒品均没有达到本条第一款规定的数量标准，但按前款规定的立案追诉数量比例折算成海洛因后累计相加达到十克以上的，应予立案追诉。

本条规定的"非法持有"，是指违反国家法律和国家主管部门的规定，占有、携带、藏有或者以其他方式持有毒品。

非法持有毒品主观故意中的"明知"，依照本规定第一条第八款的有关规定予以认定。

第十三条（第1款） 本规定中的毒品是指鸦片、海洛因、甲基苯丙胺（冰毒）、吗啡、大麻、可卡因以及国家规定管制的其他能够使人形成瘾癖的麻醉药品和精神药品。具体品种以国家食品药品监督管理局、公安部、卫生部发布的《麻醉药品品种目录》、《精神药品品种目录》为依据。

第十四条 本规定中未明确立案追诉标准的毒品，有条件折算为海洛因的，参照有关麻醉药品和精神药品折算标准进行折算。

第十六条 本规定中的"以上"，包括本数。

━━━━◆ 定　　罪 ◆━━━━

▶**1** 参见【本节罪名定罪问题的总体规定】，P646

▶**2** "其他毒品数量大"、"其他毒品数量较大"的认定

★最高人民法院《关于审理毒品犯罪案件适用法律若干问题的解释》（2016年4月11日）

（参见第三百四十七条：【定罪】：2. 第二款第（一）项"其他毒品数量大"的认定，P662）

★最高人民法院《关于审理毒品犯罪案件适用法律若干问题的解释》（2016年4月11日）

---

① 本条第一款中涉及氯胺酮、咖啡因、罂粟壳的追诉标准与最高人民法院《关于审理毒品犯罪案件适用法律若干问题的解释》（2016年4月11日）第二条不一致，应以后者为准。

（参见第三百四十七条：【定罪】：4.第三款"其他毒品数量较大"的认定，P663）

3 "情节严重"的认定

★最高人民法院《关于审理毒品犯罪案件适用法律若干问题的解释》（2016年4月11日）（节录）

第五条 非法持有毒品达到刑法第三百四十八条或者本解释第二条规定的"数量较大"标准，且具有下列情形之一的，应当认定为刑法第三百四十八条规定的"情节严重"：

（一）在戒毒场所、监管场所非法持有毒品的；
（二）利用、教唆未成年人非法持有毒品的；
（三）国家工作人员非法持有毒品的；
（四）其他情节严重的情形。

量 刑

▶ 参见【本节罪名量刑问题的总体规定】，P654

第三百四十九条【包庇毒品犯罪分子罪】【窝藏、转移、隐瞒毒品、毒赃罪】 包庇走私、贩卖、运输、制造毒品的犯罪分子的，为犯罪分子窝藏、转移、隐瞒毒品或者犯罪所得的财物的，处三年以下有期徒刑、拘役或者管制；情节严重的，处三年以上十年以下有期徒刑。

【包庇毒品犯罪分子罪】 缉毒人员或者其他国家机关工作人员掩护、包庇走私、贩卖、运输、制造毒品的犯罪分子的，依照前款的规定从重处罚。

犯前两款罪，事先通谋的，以走私、贩卖、运输、制造毒品罪的共犯论处。

关联法条： 第三百五十六条、第三百五十七条

立案追诉标准

★最高人民检察院、公安部《关于公安机关管辖的刑事案件立案追诉标准的规定（三）》（2012年5月16日）（节录）

第三条 [包庇毒品犯罪分子案（刑法第三百四十九条）] 包庇走私、贩卖、运输、制造毒品的犯罪分子，涉嫌下列情形之一的，应予立案追诉：

（一）作虚假证明，帮助掩盖罪行的；
（二）帮助隐藏、转移或者毁灭证据的；
（三）帮助取得虚假身份或者身份证件的；
（四）以其他方式包庇犯罪分子的。

实施前款规定的行为，事先通谋的，以走私、贩卖、运输、制造毒品罪的共犯立案追诉。

第四条 [窝藏、转移、隐瞒毒品、毒赃案（刑法第三百四十九条）] 为走私、贩卖、运输、制造毒品的犯罪分子窝藏、转移、隐瞒毒品或者犯罪所得的财物的，应予立案追诉。

实施前款规定的行为，事先通谋的，以走私、贩卖、运输、制造毒品罪的共犯立案

追诉。

第十三条（第 1 款） 本规定中的毒品是指鸦片、海洛因、甲基苯丙胺（冰毒）、吗啡、大麻、可卡因以及国家规定管制的其他能够使人形成瘾癖的麻醉药品和精神药品。具体品种以国家食品药品监督管理局、公安部、卫生部发布的《麻醉药品品种目录》、《精神药品品种目录》为依据。

第十六条 本规定中的"以上"，包括本数。

━━━━━◆ 定　罪 ◆━━━━━

▶ 1 参见【本节罪名定罪问题的总体规定】，P646

▶ 2 "情节严重"的认定

★最高人民法院《关于审理毒品犯罪案件适用法律若干问题的解释》（2016 年 4 月 11 日）（节录）

第六条 包庇走私、贩卖、运输、制造毒品的犯罪分子，具有下列情形之一的，应当认定为刑法第三百四十九条第一款规定的"情节严重"：

（一）被包庇的犯罪分子依法应当判处十五年有期徒刑以上刑罚的；

（二）包庇多名或者多次包庇走私、贩卖、运输、制造毒品的犯罪分子的；

（三）严重妨害司法机关对被包庇的犯罪分子实施的毒品犯罪进行追究的；

（四）其他情节严重的情形。

为走私、贩卖、运输、制造毒品的犯罪分子窝藏、转移、隐瞒毒品或者毒品犯罪所得的财物，具有下列情形之一的，应当认定为刑法第三百四十九条第一款规定的"情节严重"：

（一）为犯罪分子窝藏、转移、隐瞒毒品达到刑法第三百四十七条第二款第一项或者本解释第一条第一款规定的"数量大"标准的；

（二）为犯罪分子窝藏、转移、隐瞒毒品犯罪所得的财物价值达到五万元以上的；

（三）为多人或者多次为他人窝藏、转移、隐瞒毒品或者毒品犯罪所得的财物的；

（四）严重妨害司法机关对该犯罪分子实施的毒品犯罪进行追究的；

（五）其他情节严重的情形。

包庇走私、贩卖、运输、制造毒品的近亲属，或者为其窝藏、转移、隐瞒毒品或者毒品犯罪所得的财物，不具有本条前两款规定的"情节严重"情形，归案后认罪、悔罪、积极退赃，且系初犯、偶犯，犯罪情节轻微不需要判处刑罚的，可以免予刑事处罚。

▶ 3 一罪与数罪

★最高人民法院《关于审理洗钱等刑事案件具体应用法律若干问题的解释》（2009 年 11 月 11 日）（节录）

第三条 明知是犯罪所得及其产生的收益而予以掩饰、隐瞒，构成刑法第三百一十二条规定的犯罪，同时又构成刑法第一百九十一条或者第三百四十九条规定的犯罪的，依照处罚较重的规定定罪处罚。

第四条 刑法第一百九十一条、第三百一十二条、第三百四十九条规定的犯罪，应当以上游犯罪事实成立为认定前提。上游犯罪尚未依法裁判,但查证属实的,不影响刑法第一百九十一条、第三百一十二条、第三百四十九条规定的犯罪的审判。

上游犯罪事实可以确认,因行为人死亡等原因依法不予追究刑事责任的,不影响刑法第一百九十一条、第三百一十二条、第三百四十九条规定的犯罪的认定。

上游犯罪事实可以确认,依法以其他罪名定罪处罚的,不影响刑法第一百九十一条、第三百一十二条、第三百四十九条规定的犯罪的认定。

本条所称"上游犯罪",是指产生刑法第一百九十一条、第三百一十二条、第三百四十九条规定的犯罪所得及其收益的各种犯罪行为。

◀ 量 刑 ▶

▶ 参见【本节罪名量刑问题的总体规定】,P654

第三百五十条[1] 【**非法生产、买卖、运输制毒物品、走私制毒物品罪**】违反国家规定,非法生产、买卖、运输醋酸酐、乙醚、三氯甲烷或者其他用于制造毒品的原料、配剂,或者携带上述物品进出境,情节较重的,处三年以下有期徒刑、拘役或者管制,并处罚金;情节严重的,处三年以上七年以下有期徒刑,并处罚金;情节特别严重的,处七年以上有期徒刑,并处罚金或者没收财产。

明知他人制造毒品而为其生产、买卖、运输前款规定的物品的,以制造毒品罪的共犯论处。

单位犯前两款罪的,对单位判处罚金,并对其直接负责的主管人员和其他直接责任人员,依照前两款的规定处罚。

关联法条:第九十六条、第三百五十六条、第三百五十七条

◀ 立案追诉标准 ▶

★最高人民检察院、公安部《关于公安机关管辖的刑事案件立案追诉标准的规定(三)》(2012年5月16日)(节录)

第五条[走私制毒物品案(刑法第三百五十条)]

(第2款) 非法运输、携带两种以上制毒物品进出国(边)境,每种制毒物品均没有达到本条第一款规定的数量标准,但按前款规定的立案追诉数量比例折算成一种制毒物品后累计相加达到上述数量标准的,应予立案追诉。

(第3款) 为了走私制毒物品而采用生产、加工、提炼等方法非法制造易制毒化学品的,以走私制毒物品罪(预备)立案追诉。

(第4款) 实施走私制毒物品行为,有下列情形之一,且查获了易制毒化学品,结

---

[1] 2015年8月29日《刑法修正案(九)》第四十一条增设了本条非法生产、运输制毒物品的情形,按照"情节较重"、"情节严重"、"情节特别严重"重新设定了量刑档。

第六章 妨害社会管理秩序罪·第七节 走私、贩卖、运输、制造毒品罪

合行为人的供述和其他证据综合审查判断，可以认定其"明知"是制毒物品而走私或者非法买卖，但有证据证明确属被蒙骗的除外：

（一）改变产品形状、包装或者使用虚假标签、商标等产品标志的；

（二）以藏匿、夹带、伪装或者其他隐蔽方式运输、携带易制毒化学品逃避检查的；

（三）抗拒检查或者在检查时丢弃货物逃跑的；

（四）以伪报、藏匿、伪装等蒙蔽手段逃避海关、边防等检查的；

（五）选择不设海关或者边防检查站的路段绕行出入境的；

（六）以虚假身份、地址或者其他虚假方式办理托运、寄递手续的；

（七）以其他方法隐瞒真相，逃避对易制毒化学品依法监管的。

（第5款） 明知他人实施走私制毒物品犯罪，而为其运输、储存、代理进出口或者以其他方式提供便利的，以走私制毒物品罪的共犯立案追诉。

第六条〔非法买卖制毒物品案（刑法第三百五十条）〕

（第2款） 非法买卖两种以上制毒物品，每种制毒物品均没有达到本条第一款规定的数量标准，但按前款规定的立案追诉数量比例折算成一种制毒物品后累计相加达到上述数量标准的，应予立案追诉。

（第3款） 违反国家规定，实施下列行为之一的，认定为本条规定的非法买卖制毒物品行为：

（一）未经许可或者备案，擅自购买、销售易制毒化学品的；

（二）超出许可证明或者备案证明的品种、数量范围购买、销售易制毒化学品的；

（三）使用他人的或者伪造、变造、失效的许可证明或者备案证明购买、销售易制毒化学品的；

（四）经营单位违反规定，向无购买许可证明、备案证明的单位、个人销售易制毒化学品的，或者明知购买者使用他人的或者伪造、变造、失效的许可证明或者备案证明，向其销售易制毒化学品的；

（五）以其他方式非法买卖易制毒化学品的。

（第4款） 易制毒化学品生产、经营、使用单位或者个人未办理许可证明或者备案证明，购买、销售易制毒化学品，如果有证据证明确实用于合法生产、生活需要，依法能够办理只是未及时办理许可证明或者备案证明，且未造成严重社会危害的，可不以非法买卖制毒物品罪立案追诉。

（第5款） 为了非法买卖制毒物品而采用生产、加工、提炼等方法非法制造易制毒化学品的，以非法买卖制毒物品罪（预备）立案追诉。

（第6款） 非法买卖制毒物品主观故意中的"明知"，依照本规定第五条第四款的有关规定予以认定。

（第7款） 明知他人实施非法买卖制毒物品犯罪，而为其运输、储存、代理进出口或者以其他方式提供便利的，以非法买卖制毒物品罪的共犯立案追诉。

第十三条（第2款） 本规定中的"制毒物品"是指刑法第三百五十条第一款规定的醋酸酐、乙醚、三氯甲烷或者其他用于制造毒品的原料或者配剂，具体品种范围按照国家

关于易制毒化学品管理的规定确定。

第十五条 本规定中的立案追诉标准，除法律、司法解释另有规定的以外，适用于相关的单位犯罪。

定　　罪

▶1 参见【本节罪名定罪问题的总体规定】，P646

▶2 入罪数量标准

★最高人民法院、最高人民检察院、公安部《关于办理邻氯苯基环戊酮等三种制毒物品犯罪案件定罪量刑数量标准的通知》(2014年9月5日)

各省、自治区、直辖市高级人民法院，人民检察院，公安厅、局，解放军军事法院、军事检察院，新疆维吾尔自治区高级人民法院生产建设兵团分院，新疆生产建设兵团人民检察院、公安局：

近年来，随着制造合成毒品犯罪的迅速增长，制毒物品流入非法渠道形势严峻。利用邻氯苯基环戊酮合成羟亚胺进而制造氯胺酮，利用1-苯基-2-溴-1-丙酮（又名溴代苯丙酮、2-溴基苯丙酮、α-溴代苯丙酮等）合成麻黄素和利用3-氧-2-苯基丁腈（又名α-氰基苯丙酮、α-苯乙酰基乙腈、2-苯乙酰基乙腈等）合成1-苯基-2-丙酮进而制造甲基苯丙胺（冰毒）等犯罪尤为突出。2012年9月和2014年5月，国务院先后将邻氯苯基环戊酮、1-苯基-2-溴-1-丙酮和3-氧-2-苯基丁腈增列为第一类易制毒化学品管制。为遏制上述物品流入非法渠道被用于制造毒品，根据刑法和《最高人民法院关于审理毒品案件定罪量刑标准有关问题的解释》①、《最高人民法院、最高人民检察院、公安部关于办理制毒物品犯罪案件适用法律若干问题的意见》等相关规定，现就办理上述三种制毒物品犯罪案件的定罪量刑数量标准通知如下：

一、违反国家规定，非法运输、携带邻氯苯基环戊酮、1-苯基-2-溴-1-丙酮或者3-氧-2-苯基丁腈进出境，或者在境内非法买卖上述物品，达到下列数量标准的，依照刑法第三百五十条第一款的规定，处三年以下有期徒刑、拘役或者管制，并处罚金：

（一）邻氯苯基环戊酮二十千克以上不满二百千克；

（二）1-苯基-2-溴-1-丙酮、3-氧-2-苯基丁腈十五千克以上不满一百五十千克。

二、违反国家规定，实施上述行为，达到或者超过第一条所列最高数量标准的，应当认定为刑法第三百五十条第一款规定的"数量大"，处三年以上十年以下有期徒刑，并处罚金。

▶3 "情节较重"、"情节严重"、"情节特别严重"的认定

★最高人民法院《关于审理毒品犯罪案件适用法律若干问题的解释》（2016年4月11

---

① 最高人民法院《关于审理毒品犯罪案件适用法律若干问题的解释》（2016年4月11）第十五条："本解释自2016年4月11日起施行。《最高人民法院关于审理毒品案件定罪量刑标准有关问题的解释》（法释〔2000〕13号）同时废止；之前发布的司法解释和规范性文件与本解释不一致的，以本解释为准。"

日)(节录)

第七条 违反国家规定,非法生产、买卖、运输制毒物品、走私制毒物品,达到下列数量标准的,应当认定为刑法第三百五十条第一款规定的"情节较重":

(一)麻黄碱(麻黄素)、伪麻黄碱(伪麻黄素)、消旋麻黄碱(消旋麻黄素)一千克以上不满五千克;

(二)1-苯基-2-丙酮、1-苯基-2-溴-1-丙酮、3,4-亚甲基二氧苯基-2-丙酮、羟亚胺二千克以上不满十千克;

(三)3-氧-2-苯基丁腈、邻氯苯基环戊酮、去甲麻黄碱(去甲麻黄素)、甲基麻黄碱(甲基麻黄素)四千克以上不满二十千克;

(四)醋酸酐十千克以上不满五十千克;

(五)麻黄浸膏、麻黄浸膏粉、胡椒醛、黄樟素、黄樟油、异黄樟素、麦角酸、麦角胺、麦角新碱、苯乙酸二十千克以上不满一百千克;

(六)N-乙酰邻氨基苯酸、邻氨基苯甲酸、三氯甲烷、乙醚、哌啶五十千克以上不满二百五十千克;

(七)甲苯、丙酮、甲基乙基酮、高锰酸钾、硫酸、盐酸一百千克以上不满五百千克;

(八)其他制毒物品数量相当的。

违反国家规定,非法生产、买卖、运输制毒物品、走私制毒物品,达到前款规定的数量标准最低值的百分之五十,且具有下列情形之一的,应当认定为刑法第三百五十条第一款规定的"情节较重":

(一)曾因非法生产、买卖、运输制毒物品、走私制毒物品受过刑事处罚的;

(二)二年内曾因非法生产、买卖、运输制毒物品、走私制毒物品受过行政处罚的;

(三)一次组织五人以上或者多次非法生产、买卖、运输制毒物品、走私制毒物品,或者在多个地点非法生产制毒物品的;

(四)利用、教唆未成年人非法生产、买卖、运输制毒物品、走私制毒物品的;

(五)国家工作人员非法生产、买卖、运输制毒物品、走私制毒物品的;

(六)严重影响群众正常生产、生活秩序的;

(七)其他情节较重的情形。

易制毒化学品生产、经营、购买、运输单位或者个人未办理许可证明或者备案证明,生产、销售、购买、运输易制毒化学品,确实用于合法生产、生活需要的,不以制毒物品犯罪论处。

第八条 违反国家规定,非法生产、买卖、运输制毒物品、走私制毒物品,具有下列情形之一的,应当认定为刑法第三百五十条第一款规定的"情节严重":

(一)制毒物品数量在本解释第七条第一款规定的最高数量标准以上,不满最高数量标准五倍的;

(二)达到本解释第七条第一款规定的数量标准,且具有本解释第七条第二款第三项至第六项规定的情形之一的;

(三)其他情节严重的情形。

违反国家规定，非法生产、买卖、运输制毒物品、走私制毒物品，具有下列情形之一的，应当认定为刑法第三百五十条第一款规定的"情节特别严重"：

（一）制毒物品数量在本解释第七条第一款规定的最高数量标准五倍以上的；

（二）达到前款第一项规定的数量标准，且具有本解释第七条第二款第三项至第六项规定的情形之一的；

（三）其他情节特别严重的情形。

4 非法买卖制毒物品行为的认定

★最高人民法院、最高人民检察院、公安部《关于办理制毒物品犯罪案件适用法律若干问题的意见》（2009年6月23日）（节录）

一、关于制毒物品犯罪的认定

（一）本意见中的"制毒物品"，是指刑法第三百五十条第一款规定的醋酸酐、乙醚、三氯甲烷或者其他用于制造毒品的原料或者配剂，具体品种范围按照国家关于易制毒化学品管理的规定确定。

（二）违反国家规定，实施下列行为之一的，认定为刑法第三百五十条规定的非法买卖制毒物品行为：

1. 未经许可或者备案，擅自购买、销售易制毒化学品的；
2. 超出许可证明或者备案证明的品种、数量范围购买、销售易制毒化学品的；
3. 使用他人的或者伪造、变造、失效的许可证明或者备案证明购买、销售易制毒化学品的；
4. 经营单位违反规定，向无购买许可证明、备案证明的单位、个人销售易制毒化学品的，或者明知购买者使用他人的或者伪造、变造、失效的购买许可证明、备案证明，向其销售易制毒化学品的；
5. 以其他方式非法买卖易制毒化学品的。

（三）易制毒化学品生产、经营、使用单位或者个人未办理许可证明或者备案证明，购买、销售易制毒化学品，如果有证据证明确实用于合法生产、生活需要，依法能够办理只是未及时办理许可证明或者备案证明，且未造成严重社会危害的，可不以非法买卖制毒物品罪论处。

（四）为了制造毒品或者走私、非法买卖制毒物品犯罪而采用生产、加工、提炼等方法非法制造易制毒化学品的，根据刑法第二十二条的规定，按照其制造易制毒化学品的不同目的，分别以制造毒品、走私制毒物品、非法买卖制毒物品的预备行为论处。

（五）明知他人实施走私或者非法买卖制毒物品犯罪，而为其运输、储存、代理进出口或者以其他方式提供便利的，以走私或者非法买卖制毒物品罪的共犯论处。

（六）走私、非法买卖制毒物品行为同时构成其他犯罪的，依照处罚较重的规定定罪处罚。

5 制毒物品犯罪嫌疑人、被告人主观明知的认定

★最高人民法院、最高人民检察院、公安部《关于办理制毒物品犯罪案件适用法律若干问题的意见》（2009年6月23日）（节录）

二、关于制毒物品犯罪嫌疑人、被告人主观明知的认定

对于走私或者非法买卖制毒物品行为，有下列情形之一，且查获了易制毒化学品，结合犯罪嫌疑人、被告人的供述和其他证据，经综合审查判断，可以认定其"明知"是制毒物品而走私或者非法买卖，但有证据证明确属被蒙骗的除外：

1. 改变产品形状、包装或者使用虚假标签、商标等产品标志的；
2. 以藏匿、夹带或者其他隐蔽方式运输、携带易制毒化学品逃避检查的；
3. 抗拒检查或者在检查时丢弃货物逃跑的；
4. 以伪报、藏匿、伪装等蒙蔽手段逃避海关、边防等检查的；
5. 选择不设海关或者边防检查站的路段绕行出入境的；
6. 以虚假身份、地址办理托运、邮寄手续的；
7. 以其他方法隐瞒真相，逃避对易制毒化学品依法监管的。

▶6 为了走私或非法买卖，利用麻黄碱类复方制剂加工、提炼制毒物品行为的定性

★最高人民法院、最高人民检察院、公安部《关于办理走私、非法买卖麻黄碱类复方制剂等刑事案件适用法律若干问题的意见》（2012年6月18日）（节录）

一、关于走私、非法买卖麻黄碱类复方制剂等行为的定性

（第2款）以加工、提炼制毒物品为目的，购买麻黄碱类复方制剂，或者运输、携带、寄递麻黄碱类复方制剂进出境的，依照刑法第三百五十条第一款、第三款的规定，分别以非法买卖制毒物品罪、走私制毒物品罪定罪处罚。

（第3款）将麻黄碱类复方制剂拆除包装、改变形态后进行走私或者非法买卖，或者明知是已拆除包装、改变形态的麻黄碱类复方制剂而进行走私或者非法买卖的，依照刑法第三百五十条第一款、第三款的规定，分别以走私制毒物品罪、非法买卖制毒物品罪定罪处罚。

（第4款）非法买卖麻黄碱类复方制剂或者运输、携带、寄递麻黄碱类复方制剂进出境，没有证据证明系用于制造毒品或者走私、非法买卖制毒物品，或者未达到走私制毒物品罪、非法买卖制毒物品罪的定罪数量标准，构成非法经营罪、走私普通货物、物品罪等其他犯罪的，依法定罪处罚。

（第5款）实施第一款、第二款规定的行为，同时构成其他犯罪的，依照处罚较重的规定定罪处罚。

二、关于利用麻黄碱类复方制剂加工、提炼制毒物品行为的定性

（第2款）以走私或者非法买卖为目的，利用麻黄碱类复方制剂加工、提炼制毒物品的，依照刑法第三百五十条第一款、第三款的规定，分别以走私制毒物品罪、非法买卖制毒物品罪定罪处罚。

三、关于共同犯罪的认定

明知他人利用麻黄碱类制毒物品制造毒品，向其提供麻黄碱类复方制剂，为其利用麻黄碱类复方制剂加工、提炼制毒物品，或者为其获取、利用麻黄碱类复方制剂提供其他帮助的，以制造毒品罪的共犯论处。

明知他人走私或者非法买卖麻黄碱类制毒物品，向其提供麻黄碱类复方制剂，为其利用麻黄碱类复方制剂加工、提炼制毒物品，或者为其获取、利用麻黄碱类复方制剂提供其他帮助的，分别以走私制毒物品罪、非法买卖制毒物品罪的共犯论处。

四、关于犯罪预备、未遂的认定

实施本意见规定的行为，符合犯罪预备或者未遂情形的，依照法律规定处罚。

五、关于犯罪嫌疑人、被告人主观目的与明知的认定

对于本意见规定的犯罪嫌疑人、被告人的主观目的与明知，应当根据物证、书证、证人证言以及犯罪嫌疑人、被告人供述和辩解等在案证据，结合犯罪嫌疑人、被告人的行为表现，重点考虑以下因素综合予以认定：

1. 购买、销售麻黄碱类复方制剂的价格是否明显高于市场交易价格；
2. 是否采用虚假信息、隐蔽手段运输、寄递、存储麻黄碱类复方制剂；
3. 是否采用伪报、伪装、藏匿或者绕行进出境等手段逃避海关、边防等检查；
4. 提供相关帮助行为获得的报酬是否合理；
5. 此前是否实施过同类违法犯罪行为；
6. 其他相关因素。

六、关于制毒物品数量的认定

（第1款）实施本意见规定的行为，以走私制毒物品罪、非法买卖制毒物品罪定罪处罚的，应当以涉案麻黄碱类复方制剂中麻黄碱类物质的含量作为涉案制毒物品的数量。

（第3款）多次实施本意见规定的行为未经处理的，涉案制毒物品的数量累计计算。

八、关于麻黄碱类复方制剂的范围

本意见所称麻黄碱类复方制剂是指含有《易制毒化学品管理条例》（国务院令第445号）品种目录所列的麻黄碱（麻黄素）、伪麻黄碱（伪麻黄素）、消旋麻黄碱（消旋麻黄素）、去甲麻黄碱（去甲麻黄素）、甲基麻黄碱（甲基麻黄素）及其盐类，或者麻黄浸膏、麻黄浸膏粉等麻黄碱类物质的药品复方制剂。

★ **最高人民法院、最高人民检察院、公安部、农业部、食品药品监管总局《关于进一步加强麻黄草管理严厉打击非法买卖麻黄草等违法犯罪活动的通知》**（2013年5月21日）（节录）

三、依法查处非法采挖、买卖麻黄草等犯罪行为

各地人民法院、人民检察院、公安机关要依法查处非法采挖、买卖麻黄草等犯罪行为，区别情形予以处罚：

（二）以提取麻黄碱类制毒物品后进行走私或者非法贩卖为目的，采挖、收购麻黄草，涉案麻黄草所含的麻黄碱类制毒物品达到相应定罪数量标准的，依照刑法第三百五十条第一款、第三款的规定，分别以走私制毒物品罪、非法买卖制毒物品罪定罪处罚。

（三）明知他人制造毒品或者走私、非法买卖制毒物品，向其提供麻黄草或者提供运输、储存麻黄草等帮助的，分别以制造毒品罪、走私制毒物品罪、非法买卖制毒物品罪的共犯论处。

（五）实施以上行为，以制造毒品罪、走私制毒物品罪、非法买卖制毒物品罪定罪处罚的，涉案制毒物品的数量按照三百千克麻黄草折合一千克麻黄碱计算；以制造毒品罪定

罪处罚的,无论涉案麻黄草数量多少,均应追究刑事责任。

━━━◀ 量　刑 ▶━━━

▶1 参见【本节罪名量刑问题的总体规定】,P654

第三百五十一条【非法种植毒品原植物罪】非法种植罂粟、大麻等毒品原植物的,一律强制铲除。有下列情形之一的,处五年以下有期徒刑、拘役或者管制,并处罚金:
（一）种植罂粟五百株以上不满三千株或者其他毒品原植物数量较大的;
（二）经公安机关处理后又种植的;
（三）抗拒铲除的。
非法种植罂粟三千株以上或者其他毒品原植物数量大的,处五年以上有期徒刑,并处罚金或者没收财产。
非法种植罂粟或者其他毒品原植物,在收获前自动铲除的,可以免除处罚。

关联法条:第三百五十六条、第三百五十七条

━━━◀ 立案追诉标准 ▶━━━

★最高人民检察院、公安部《关于公安机关管辖的刑事案件立案追诉标准的规定（三）》（2012年5月16日）（节录）

第七条 [非法种植毒品原植物案（刑法第三百五十一条）] 非法种植罂粟、大麻等毒品原植物,涉嫌下列情形之一的,应予立案追诉:
（一）非法种植罂粟五百株以上的;
（二）非法种植大麻五千株以上的;
（三）非法种植其他毒品原植物数量较大的;
（四）非法种植罂粟二百平方米以上、大麻二千平方米以上或者其他毒品原植物面积较大,尚未出苗的;
（五）经公安机关处理后又种植的;
（六）抗拒铲除的。
本条所规定的"种植",是指播种、育苗、移栽、插苗、施肥、灌溉、割取津液或者收取种子等行为。非法种植毒品原植物的株数一般应以实际查获的数量为准。因种植面积较大,难以逐株清点数目,可以抽样测算每平方米平均株数后按实际种植面积测算出种植总株数。
非法种植罂粟或者其他毒品原植物,在收获前自动铲除的,可以不予立案追诉。
第十六条 本规定中的"以上",包括本数。

━━━◀ 定　罪 ▶━━━

▶1 参见【本节罪名定罪问题的总体规定】,P646
▶2 第一款第一项"数量较大"、第二款"数量大"的认定
★最高人民法院《关于审理毒品犯罪案件适用法律若干问题的解释》（2016年4月11日）（节录）
第九条 非法种植毒品原植物,具有下列情形之一的,应当认定为刑法第三百五十一

条第一款第一项规定的"数量较大":

（一）非法种植大麻五千株以上不满三万株的;

（二）非法种植罂粟二百平方米以上不满一千二百平方米、大麻二千平方米以上不满一万二千平方米，尚未出苗的;

（三）非法种植其他毒品原植物数量较大的。

非法种植毒品原植物，达到前款规定的最高数量标准的，应当认定为刑法第三百五十一条第二款规定的"数量大"。

量　刑

▶1 参见【本节罪名量刑问题的总体规定】，P654

第三百五十二条【非法买卖、运输、携带、持有毒品原植物种子、幼苗罪】 非法买卖、运输、携带、持有未经灭活的罂粟等毒品原植物种子或者幼苗，数量较大的，处三年以下有期徒刑、拘役或者管制，并处或者单处罚金。

关联法条： 第三百五十六条、第三百五十七条

立案追诉标准

★最高人民检察院、公安部《关于公安机关管辖的刑事案件立案追诉标准的规定（三）》（2012年5月16日）（节录）

第八条[非法买卖、运输、携带、持有毒品原植物种子、幼苗案（刑法第三百五十二条）] 非法买卖、运输、携带、持有未经灭活的罂粟等毒品原植物种子或者幼苗，涉嫌下列情形之一的，应予立案追诉:

（一）罂粟种子五十克以上、罂粟幼苗五千株以上;

（二）大麻种子五十千克以上、大麻幼苗五万株以上;

（三）其他毒品原植物种子、幼苗数量较大的。

第十六条　本规定中的"以上"，包括本数。

定　罪

▶1 参见【本节罪名定罪问题的总体规定】，P646

▶2 "数量较大"的认定

★最高人民法院《关于审理毒品犯罪案件适用法律若干问题的解释》（2016年4月11日）（节录）

第十条　非法买卖、运输、携带、持有未经灭活的毒品原植物种子或者幼苗，具有下列情形之一的，应当认定为刑法第三百五十二条规定的"数量较大":

（一）罂粟种子五十克以上、罂粟幼苗五千株以上的;

（二）大麻种子五十千克以上、大麻幼苗五万株以上的;

（三）其他毒品原植物种子或者幼苗数量较大的。

量　刑

▶1 参见【本节罪名量刑问题的总体规定】，P654

第六章 妨害社会管理秩序罪·第七节 走私、贩卖、运输、制造毒品罪

第三百五十三条【引诱、教唆、欺骗他人吸毒罪】 引诱、教唆、欺骗他人吸食、注射毒品的，处三年以下有期徒刑、拘役或者管制，并处罚金；情节严重的，处三年以上七年以下有期徒刑，并处罚金。

【强迫他人吸毒罪】 强迫他人吸食、注射毒品的，处三年以上十年以下有期徒刑，并处罚金。

引诱、教唆、欺骗或者强迫未成年人吸食、注射毒品的，从重处罚。

关联法条：第三百五十六条、第三百五十七条

◀ 立案追诉标准 ▶

★最高人民检察院、公安部《关于公安机关管辖的刑事案件立案追诉标准的规定（三）》（2012年5月16日）（节录）

第九条 [引诱、教唆、欺骗他人吸毒案（刑法第三百五十三条）] 引诱、教唆、欺骗他人吸食、注射毒品的，应予立案追诉。

第十条 [强迫他人吸毒案（刑法第三百五十三条）] 违背他人意志，以暴力、胁迫或者其他强制手段，迫使他人吸食、注射毒品的，应予立案追诉。

第十三条（第1款） 本规定中的毒品是指鸦片、海洛因、甲基苯丙胺（冰毒）、吗啡、大麻、可卡因以及国家规定管制的其他能够使人形成瘾癖的麻醉药品和精神药品。具体品种以国家食品药品监督管理局、公安部、卫生部发布的《麻醉药品品种目录》、《精神药品品种目录》为依据。

◀ 定 罪 ▶

▶**1** 参见【本节罪名定罪问题的总体规定】，P646

▶**2** "情节严重"的认定

★最高人民法院《关于审理毒品犯罪案件适用法律若干问题的解释》（2016年4月11日）（节录）

第十一条 引诱、教唆、欺骗他人吸食、注射毒品，具有下列情形之一的，应当认定为刑法第三百五十三条第一款规定的"情节严重"：

（一）引诱、教唆、欺骗多人或者多次引诱、教唆、欺骗他人吸食、注射毒品的；
（二）对他人身体健康造成严重危害的；
（三）导致他人实施故意杀人、故意伤害、交通肇事等犯罪行为的；
（四）国家工作人员引诱、教唆、欺骗他人吸食、注射毒品的；
（五）其他情节严重的情形。

◀ 量 刑 ▶

▶**1** 参见【本节罪名量刑问题的总体规定】，P654

第三百五十四条【容留他人吸毒罪】 容留他人吸食、注射毒品的，处三年以下有期徒刑、拘役或者管制，并处罚金。

关联法条：第三百五十六条、第三百五十七条

◀ 定 罪 ▶

▶**1** 参见【本节罪名定罪问题的总体规定】，P646

第二编 分　　则

▶2 入罪数额

★最高人民法院《关于审理毒品犯罪案件适用法律若干问题的解释》（2016年4月11日）（节录）

第十二条（第1款）　容留他人吸食、注射毒品，具有下列情形之一的，应当依照刑法第三百五十四条的规定，以容留他人吸毒罪定罪处罚：

（一）一次容留多人吸食、注射毒品的；

（二）二年内多次容留他人吸食、注射毒品的；

（三）二年内曾因容留他人吸食、注射毒品受过行政处罚的；

（四）容留未成年人吸食、注射毒品的；

（五）以牟利为目的容留他人吸食、注射毒品的；

（六）容留他人吸食、注射毒品造成严重后果的；

（七）其他应当追究刑事责任的情形。

第十六条　本规定中的"以上"，包括本数。

▶3 数罪并罚

★最高人民法院《关于审理毒品犯罪案件适用法律若干问题的解释》（2016年4月11日）（节录）

第十二条（第2款）　向他人贩卖毒品后又容留其吸食、注射毒品，或者容留他人吸食、注射毒品并向其贩卖毒品，符合前款规定的容留他人吸毒罪的定罪条件的，以贩卖毒品罪和容留他人吸毒罪数罪并罚。

◆━━━━━━━〈 量　　刑 〉━━━━━━━◆

▶1 参见【本节罪名量刑问题的总体规定】，P654

▶2 不作为犯罪、酌情从宽处罚

★最高人民法院《关于审理毒品犯罪案件适用法律若干问题的解释》（2016年4月11日）（节录）

第十二条（第3款）　容留近亲属吸食、注射毒品，情节显著轻微危害不大的，不作为犯罪处理；需要追究刑事责任的，可以酌情从宽处罚。

第三百五十五条【非法提供麻醉药品、精神药品罪】 依法从事生产、运输、管理、使用国家管制的麻醉药品、精神药品的人员，违反国家规定，向吸食、注射毒品的人提供国家规定管制的能够使人形成瘾癖的麻醉药品、精神药品的，处三年以下有期徒刑或者拘役，并处罚金；情节严重的，处三年以上七年以下有期徒刑，并处罚金。向走私、贩卖毒品的犯罪分子或者以牟利为目的，向吸食、注射毒品的人提供国家规定管制的能够使人形成瘾癖的麻醉药品、精神药品的，依照本法第三百四十七条的规定定罪处罚。

单位犯前款罪的，对单位判处罚金，并对其直接负责的主管人员和其他直接责任人员，依照前款的规定处罚。

关联法条： 第九十六条、第三百五十六条、第三百五十七条

第六章 妨害社会管理秩序罪·第七节 走私、贩卖、运输、制造毒品罪

━━━━◆ 定　　罪 ◆━━━━

1 参见【本节罪名定罪问题的总体规定】，P646

2 入罪标准、"情节严重"的认定

★最高人民法院《关于审理毒品犯罪案件适用法律若干问题的解释》（2016 年 4 月 11 日）（节录）

第十三条　依法从事生产、运输、管理、使用国家管制的麻醉药品、精神药品的人员，违反国家规定，向吸食、注射毒品的人提供国家规定管制的能够使人形成瘾癖的麻醉药品、精神药品，具有下列情形之一的，应当依照刑法第三百五十五条第一款的规定，以非法提供麻醉药品、精神药品罪定罪处罚：

（一）非法提供麻醉药品、精神药品达到刑法第三百四十七条第三款或者本解释第二条规定的"数量较大"标准最低值的百分之五十，不满"数量较大"标准的；

（二）二年内曾因非法提供麻醉药品、精神药品受过行政处罚的；

（三）向多人或者多次非法提供麻醉药品、精神药品的；

（四）向吸食、注射毒品的未成年人非法提供麻醉药品、精神药品的；

（五）非法提供麻醉药品、精神药品造成严重后果的；

（六）其他应当追究刑事责任的情形。

具有下列情形之一的，应当认定为刑法第三百五十五条第一款规定的"情节严重"：

（一）非法提供麻醉药品、精神药品达到刑法第三百四十七条第三款或者本解释第二条规定的"数量较大"标准的；

（二）非法提供麻醉药品、精神药品达到前款第一项规定的数量标准，且具有前款第三项至第五项规定的情形之一的；

（三）其他情节严重的情形。

3 安定注射液属于精神药品

★最高人民检察院法律政策研究室《关于安定注射液是否属于刑法第三百五十五条规定的精神药品问题的答复》（2002 年 10 月 24 日）（节录）

根据《精神药品管理办法》等国家有关规定，"能够使人形成瘾癖"的精神药品，是指使用后能使人的中枢神经系统兴奋或者抑制连续使用能使人产生依赖性的药品。安定注射液属于刑法第三百五十五条第一款规定的"国家规定管制的能够使人形成瘾癖的"精神药品。鉴于安定注射液属于《精神药品管理办法》规定的第二类精神药品，医疗实践中使用较多，在处理此类案件时，应当慎重掌握罪与非罪的界限。对于明知他人是吸毒人员而多次向其出售安定注射液，或者贩卖安定注射液数量较大的，可以依法追究行为人的刑事责任。

4 在成品药中非法添加阿普唑仑、曲马多进行销售行为的定性

（参见第三百四十七条：【定罪】：11. 在成品药中非法添加阿普唑仑、曲马多进行销售行为的定性，P667）

> ◀ 量　刑 ▶

▶ 参见【本节罪名量刑问题的总体规定】，P654

> 第三百五十六条 【毒品犯罪的再犯】因走私、贩卖、运输、制造、非法持有毒品罪被判过刑，又犯本节规定之罪的，从重处罚。

> ◀ 量　刑 ▶

▶ 参见【本节罪名量刑问题的总体规定】：2. 累犯、毒品再犯，P655

> 第三百五十七条 【毒品的范围、数量计算】本法所称的毒品，是指鸦片、海洛因、甲基苯丙胺（冰毒）、吗啡、大麻、可卡因以及国家规定管制的其他能够使人形成瘾癖的麻醉药品和精神药品。
>
> 毒品的数量以查证属实的走私、贩卖、运输、制造、非法持有毒品的数量计算，不以纯度折算。

> ◀ 定　罪 ▶

▶ **毒品的范围、数量计算**

★最高人民检察院、公安部《关于公安机关管辖的刑事案件立案追诉标准的规定（三）》（2012年5月28日）（节录）

第十三条　本规定中的毒品是指鸦片、海洛因、甲基苯丙胺（冰毒）、吗啡、大麻、可卡因以及国家规定管制的其他能够使人形成瘾癖的麻醉药品和精神药品。具体品种以国家食品药品监督管理局、公安部、卫生部发布的《麻醉药品品种目录》、《精神药品品种目录》为依据。

本规定中的"制毒物品"是指刑法第三百五十条第一款规定的醋酸酐、乙醚、三氯甲烷或者其他用于制造毒品的原料或者配剂，具体品种范围按照国家关于易制毒化学品管理的规定确定。

第十四条　本规定中未明确立案追诉标准的毒品，有条件折算为海洛因的，参照有关麻醉药品和精神药品折算标准进行折算。

第八节　组织、强迫、引诱、容留、介绍卖淫罪[①]

第三百五十八条[②] **【组织卖淫罪】【强迫卖淫罪】** 组织、强迫他人卖淫的，处五年以上十年以下有期徒刑，并处罚金；情节严重的，处十年以上有期徒刑或者无期徒刑，并处罚金或者没收财产。

组织、强迫未成年人卖淫的，依照前款的规定从重处罚。

犯前两款罪，并有杀害、伤害、强奸、绑架等犯罪行为的，依照数罪并罚的规定处罚。

【协助组织卖淫罪】 为组织卖淫的人招募、运送人员或者有其他协助组织他人卖淫行为的，处五年以下有期徒刑，并处罚金；情节严重的，处五年以上十年以下有期徒刑，并处罚金。

关联法条：第三百六十一条

◆ 立案追诉标准 ◆

★最高人民检察院、公安部《关于公安机关管辖的刑事案件立案追诉标准的规定（一）》（2008年6月25日）（节录）

第七十五条 [组织卖淫案（刑法第三百五十八条第一款）] 以招募、雇佣、强迫、引诱、容留等手段，组织他人卖淫的，应予立案追诉。

第七十六条 [强迫卖淫案（刑法第三百五十八条第一款）] 以暴力、胁迫等手段强迫他人卖淫的，应予立案追诉。

[①] 1. 同性之间卖淫嫖娼的处理。公安部《关于对同性之间以钱财为媒介的性行为定性处理问题的批复》（2001年2月28日）规定，根据《中华人民共和国治安管理处罚条例》和全国人大常委会《关于严禁卖淫嫖娼的决定》的规定，不特定的异性之间或者同性之间以金钱、财物为媒介发生不正当性关系的行为，包括口淫、手淫、鸡奸等行为，都属于卖淫嫖娼的行为，对行为人应当依法处理。自本批复下发之日起，《公安部关于对以营利为目的的手淫、口淫等行为定性处理问题的批复》（公复字〔1995〕6号）同时废止。

2. 卖淫嫖娼尚未发生性行为，或者已经发生性行为但尚未给付钱财的处理。公安部《关于以钱财为媒介尚未发生性行为或发生性行为尚未给付钱财如何定性问题的批复》（2003年9月24日）规定，卖淫嫖娼是指不特定的异性之间或同性之间以金钱、财物为媒介发生性关系的行为。行为主体之间主观上已经就卖淫嫖娼达成一致，已经谈好价格或者已经给付金钱、财物，并且已经着手实施，但由于其本人主观意志以外的原因，尚未发生性关系的；或者已经发生性关系，但尚未给付金钱、财物的，都可以按卖淫嫖娼行为依法办理。对前一种行为，应当依法从轻处罚。

[②] 2015年8月29日《刑法修正案（九）》第四十二条以"情节严重"替代了原条文第一款中五种具体的加重量刑情节，删除了原第二款中"情节特别严重"及相应最高可判处死刑的规定，增设了目前的第二款、第三款。

第七十七条 ［协助组织卖淫案（刑法第三百五十八条第三款）］ 在组织卖淫的犯罪活动中，充当保镖、打手、管账人等，起帮助作用的，应予立案追诉。

◀ 定　　罪 ▶

1 对性侵未成年人行为的惩治

★最高人民法院、最高人民检察院、公安部、司法部《关于依法惩治性侵害未成年人犯罪的意见》（2013年10月23日）（节录）

1. 本意见所称性侵害未成年人犯罪，包括刑法第二百三十六条、第二百三十七条、第三百五十八条、第三百五十九条、第三百六十条第二款规定的针对未成年人实施的强奸罪、强制猥亵、侮辱妇女罪，猥亵儿童罪，组织卖淫罪，强迫卖淫罪，引诱、容留、介绍卖淫罪，引诱幼女卖淫罪，嫖宿幼女罪等。

19. 知道或者应当知道对方是不满十四周岁的幼女，而实施奸淫等性侵害行为的，应当认定行为人"明知"对方是幼女。

对于不满十二周岁的被害人实施奸淫等性侵害行为的，应当认定行为人"明知"对方是幼女。

对于已满十二周岁不满十四周岁的被害人，从其身体发育状况、言谈举止、衣着特征、生活作息规律等观察可能是幼女，而实施奸淫等性侵害行为的，应当认定行为人"明知"对方是幼女。

26. 组织、强迫、引诱、容留、介绍未成年人卖淫构成犯罪的，应当从重处罚。强迫幼女卖淫、引诱幼女卖淫的，应当分别按照刑法第三百五十八条第一款第（二）项、第三百五十九条第二款的规定定罪处罚。

对未成年人负有特殊职责的人员、与未成年人有共同家庭生活关系的人员、国家工作人员，实施组织、强迫、引诱、容留、介绍未成年人卖淫等性侵害犯罪的，更要依法从严惩处。

2 一罪与数罪

★最高人民法院、最高人民检察院、公安部、司法部《关于依法惩治拐卖妇女儿童犯罪的意见》（2010年3月15日）（节录）

五、定性

18. （第2款）有关场所的经营管理人员事前与拐卖妇女的犯罪人通谋的，对该经营管理人员以拐卖妇女罪的共犯论处；同时构成拐卖妇女罪和组织卖淫罪的，择一重罪论处。

20. （第1款）明知是被拐卖的妇女、儿童而收买，具有下列情形之一的，以收买被拐卖的妇女、儿童罪论处；同时构成其他犯罪的，依照数罪并罚的规定处罚：

（5）组织、诱骗、强迫被收买的妇女、儿童从事乞讨、苦役，或者盗窃、传销、卖淫等违法犯罪活动的。

第六章　妨害社会管理秩序罪·第八节　组织、强迫、引诱、容留、介绍卖淫罪

第三百五十九条【引诱、容留、介绍卖淫罪】引诱、容留、介绍他人卖淫的，处五年以下有期徒刑、拘役或者管制，并处罚金；情节严重的，处五年以上有期徒刑，并处罚金。

【引诱幼女卖淫罪】引诱不满十四周岁的幼女卖淫的，处五年以上有期徒刑，并处罚金。

关联法条：第三百六十一条

◆立案追诉标准◆

★最高人民检察院、公安部《关于公安机关管辖的刑事案件立案追诉标准的规定（一）》（2008年6月25日）（节录）

第七十八条［引诱、容留、介绍卖淫案（刑法第三百五十九条第一款）］引诱、容留、介绍他人卖淫，涉嫌下列情形之一的，应予立案追诉：

（一）引诱、容留、介绍二人次以上卖淫的；

（二）引诱、容留、介绍已满十四周岁未满十八周岁的未成年人卖淫的；

（三）被引诱、容留、介绍卖淫的人患有艾滋病或者患有梅毒、淋病等严重性病的；

（四）其他引诱、容留、介绍卖淫应予追究刑事责任的情形。

第七十九条［引诱幼女卖淫案（刑法第三百五十九条第二款）］引诱不满十四周岁的幼女卖淫的，应予立案追诉。

◆定　　罪◆

▶ **对性侵未成年人的惩治**

（参见第三百五十八条：【定罪】：1. 对性侵未成年人行为的惩治，P688）

第三百六十条[1]【传播性病罪】明知自己患有梅毒、淋病等严重性病卖淫、嫖娼的，处五年以下有期徒刑、拘役或者管制，并处罚金。

◆立案追诉标准◆

★最高人民检察院、公安部《关于公安机关管辖的刑事案件立案追诉标准的规定（一）》（2008年6月25日）（节录）

第八十条［传播性病案（刑法第三百六十条第一款）］明知自己患有梅毒、淋病等严重性病卖淫、嫖娼的，应予立案追诉。

具有下列情形之一的，可以认定为本条规定的"明知"：

（一）有证据证明曾到医疗机构就医，被诊断为患有严重性病的；

（二）根据本人的知识和经验，能够知道自己患有严重性病的；

（三）通过其他方法能够证明是"明知"的。

---

[1] 2015年8月29日《刑法修正案（九）》第四十三条删除了本条原第二款"嫖宿不满十四周岁的幼女的，处五年以上有期徒刑，并处罚金"，从而废除了嫖宿幼女罪。

第二编 分 则

第三百六十一条【特定单位的人员组织、强迫、引诱、容留、介绍卖淫的处罚】旅馆业、饮食服务业、文化娱乐业、出租汽车业等单位的人员,利用本单位的条件,组织、强迫、引诱、容留、介绍他人卖淫的,依照本法第三百五十八条、第三百五十九条的规定定罪处罚。

前款所列单位的主要负责人,犯前款罪的,从重处罚。

第三百六十二条【特定单位人员构成包庇罪的处罚】旅馆业、饮食服务业、文化娱乐业、出租汽车业等单位的人员,在公安机关查处卖淫、嫖娼活动时,为违法犯罪分子通风报信,情节严重的,依照本法第三百一十条的规定定罪处罚。

第九节 制作、贩卖、传播淫秽物品罪

第三百六十三条【制作、复制、出版、贩卖、传播淫秽物品牟利罪】以牟利为目的,制作、复制、出版、贩卖、传播淫秽物品的,处三年以下有期徒刑、拘役或者管制,并处罚金;情节严重的,处三年以上十年以下有期徒刑,并处罚金;情节特别严重的,处十年以上有期徒刑或者无期徒刑,并处罚金或者没收财产。

【为他人提供书号出版淫秽书刊罪】为他人提供书号,出版淫秽书刊的,处三年以下有期徒刑、拘役或者管制,并处或者单处罚金;明知他人用于出版淫秽书刊而提供书号的,依照前款的规定处罚。

关联法条:第三百六十六条、第三百六十七条

◆ 立案追诉标准 ◆

★最高人民检察院、公安部《关于公安机关管辖的刑事案件立案追诉标准的规定(一)》(2008年6月25日)(节录)

第八十二条 [制作、复制、出版、贩卖、传播淫秽物品牟利案(刑法第三百六十三条第一款、第二款)] 以牟利为目的,制作、复制、出版、贩卖、传播淫秽物品,涉嫌下列情形之一的,应予立案追诉:

(一) 制作、复制、出版淫秽影碟、软件、录像带五十至一百张(盒)以上,淫秽音碟、录音带一百至二百张(盒)以上,淫秽扑克、书刊、画册一百至二百副(册)以上,淫秽照片、画片五百至一千张以上的;

(二) 贩卖淫秽影碟、软件、录像带一百至二百张(盒)以上,淫秽音碟、录音带二百至四百张(盒)以上,淫秽扑克、书刊、画册二百至四百副(册)以上,淫秽照片、画片一千至二千张以上的;

(三) 向他人传播淫秽物品达二百至五百人次以上,或者组织播放淫秽影、像达十至二十场次以上的;

第六章 妨害社会管理秩序罪·第九节 制作、贩卖、传播淫秽物品罪

（四）制作、复制、出版、贩卖、传播淫秽物品，获利五千至一万元以上的。

以牟利为目的，利用互联网、移动通讯终端制作、复制、出版、贩卖、传播淫秽电子信息，涉嫌下列情形之一的，应予立案追诉：

（一）制作、复制、出版、贩卖、传播淫秽电影、表演、动画等视频文件二十个以上的；

（二）制作、复制、出版、贩卖、传播淫秽音频文件一百个以上的；

（三）制作、复制、出版、贩卖、传播淫秽电子刊物、图片、文章、短信息等二百件以上的；

（四）制作、复制、出版、贩卖、传播的淫秽电子信息，实际被点击数达到一万次以上的；

（五）以会员制方式出版、贩卖、传播淫秽电子信息，注册会员达二百人以上的；

（六）利用淫秽电子信息收取广告费、会员注册费或者其他费用，违法所得一万元以上的；

（七）数量或者数额虽未达到本款第（一）项至第（六）项规定标准，但分别达到其中两项以上标准的百分之五十以上的；

（八）造成严重后果的。

利用聊天室、论坛、即时通信软件、电子邮件等方式，实施本条第二款规定行为的，应予立案追诉。

以牟利为目的，通过声讯台传播淫秽语音信息，涉嫌下列情形之一的，应予立案追诉：

（一）向一百人次以上传播的；

（二）违法所得一万元以上的；

（三）造成严重后果的。

明知他人用于出版淫秽书刊而提供书号、刊号的，应予立案追诉。

第八十三条 ［为他人提供书号出版淫秽书刊案（刑法第三百六十三条第二款）］为他人提供书号、刊号出版淫秽书刊，或者为他人提供版号出版淫秽音像制品的，应予立案追诉。

第一百条 本规定中的立案追诉标准，除法律、司法解释另有规定的以外，适用于相关的单位犯罪。

━━━━━━━▶ 定　　罪 ◀━━━━━━━

▶ **第一款入罪数额、"情节严重"、"情节特别严重"的认定**

★最高人民法院《关于审理非法出版物刑事案件具体应用法律若干问题的解释》（1998年12月23日）（节录）

第八条 以牟利为目的，实施刑法第三百六十三条第一款规定的行为，具有下列情形之一的，以制作、复制、出版、贩卖、传播淫秽物品牟利罪定罪处罚：

（一）制作、复制、出版淫秽影碟、软件、录像带五十至一百张（盒）以上，淫秽音碟、录音带一百至二百张（盒）以上，淫秽扑克、书刊、画册一百至二百副（册）以上，淫秽照片、画片五百至一千张以上的；

(二) 贩卖淫秽影碟、软件、录像带一百至二百张(盒)以上，淫秽音碟、录音带二百至四百张(盒)以上，淫秽扑克、书刊、画册二百至四百副(册)以上，淫秽照片、画片一千至二千张以上的；

(三) 向他人传播淫秽物品达二百至五百人次以上，或者组织播放淫秽影、像达十至二十场次以上；

(四) 制作、复制、出版、贩卖、传播淫秽物品，获利五千至一万元以上的。

以牟利为目的，实施刑法第三百六十三条第一款规定的行为，具有下列情形之一的，应当认定为制作、复制、出版、贩卖、传播淫秽物品牟利罪"情节严重"：

(一) 制作、复制、出版淫秽影碟、软件、录像带二百五十至五百张(盒)以上，淫秽音碟、录音带五百至一千张(盒)以上，淫秽扑克、书刊、画册五百至一千副(册)以上，淫秽照片、画片二千五百至五千张以上的；

(二) 贩卖淫秽影碟、软件、录像带五百至一千张(盒)以上，淫秽音碟、录音带一千至二千张(盒)以上，淫秽扑克、书刊、画册一千至二千副(册)以上，淫秽照片、画片五千至一万张以上的；

(三) 向他人传播淫秽物品达一千至二千人次以上，或者组织播放淫秽影、像达五十至一百场次以上的；

(四) 制作、复制、出版、贩卖、传播淫秽物品，获利三万至五万元以上的。

以牟利为目的，实施刑法第三百六十三条第一款规定的行为，其数量(数额)达到前款规定的数量(数额)五倍以上的，应当认定为制作、复制、出版、贩卖、传播淫秽物品牟利罪"情节特别严重"。

★最高人民法院、最高人民检察院《关于办理利用互联网、移动通讯终端、声讯台制作、复制、出版、贩卖、传播淫秽电子信息刑事案件具体应用法律若干问题的解释》(2004年9月6日)(节录)

第一条 以牟利为目的，利用互联网、移动通讯终端制作、复制、出版、贩卖、传播淫秽电子信息，具有下列情形之一的，依照刑法第三百六十三条第一款的规定，以制作、复制、出版、贩卖、传播淫秽物品牟利罪定罪处罚。

(一) 制作、复制、出版、贩卖、传播淫秽电影、表演、动画等视频文件二十个以上的；

(二) 制作、复制、出版、贩卖、传播淫秽音频文件一百个以上的；

(三) 制作、复制、出版、贩卖、传播淫秽电子刊物、图片、文章、短信息等二百件以上的；

(四) 制作、复制、出版、贩卖、传播的淫秽电子信息，实际被点击数达到一万次以上的；

(五) 以会员制方式出版、贩卖、传播淫秽电子信息，注册会员达二百人以上的；

(六) 利用淫秽电子信息收取广告费、会员注册费或者其他费用，违法所得一万元以上的；

(七) 数量或者数额虽未达到第(一)项至第(六)项规定标准，但分别达到其中两

项以上标准一半以上的;

(八)造成严重后果的。

利用聊天室、论坛、即时通信软件、电子邮件等方式,实施第一款规定行为的,依照刑法第三百六十三条第一款的规定,以制作、复制、出版、贩卖、传播淫秽物品牟利罪定罪处罚。

第二条 实施第一条规定的行为,数量或者数额达到第一条第一款第(一)项至第(六)项规定标准五倍以上的,应当认定为刑法第三百六十三条第一款规定的"情节严重";达到规定标准二十五倍以上的,应当认定为"情节特别严重"。

第五条 以牟利为目的,通过声讯台传播淫秽语音信息,具有下列情形之一的,依照刑法第三百六十三条第一款的规定,对直接负责的主管人员和其他直接责任人员以传播淫秽物品牟利罪定罪处罚:

(一)向一百人次以上传播的;

(二)违法所得一万元以上的;

(三)造成严重后果的。

实施前款规定行为,数量或者数额达到前款第(一)项至第(二)项规定标准五倍以上的,应当认定为刑法第三百六十三条第一款规定的"情节严重";达到规定标准二十五倍以上的,应当认定为"情节特别严重"。

★**最高人民法院、最高人民检察院《关于办理利用互联网、移动通讯终端、声讯台制作、复制、出版、贩卖、传播淫秽电子信息刑事案件具体应用法律若干问题的解释(二)》**
(2010年2月4日)(节录)

第一条 以牟利为目的,利用互联网、移动通讯终端制作、复制、出版、贩卖、传播淫秽电子信息的,依照《最高人民法院、最高人民检察院关于办理利用互联网、移动通讯终端、声讯台制作、复制、出版、贩卖、传播淫秽电子信息刑事案件具体应用法律若干问题的解释》第一条、第二条的规定定罪处罚。

以牟利为目的,利用互联网、移动通讯终端制作、复制、出版、贩卖、传播内容含有不满十四周岁未成年人的淫秽电子信息,具有下列情形之一的,依照刑法第三百六十三条第一款的规定,以制作、复制、出版、贩卖、传播淫秽物品牟利罪定罪处罚:

(一)制作、复制、出版、贩卖、传播淫秽电影、表演、动画等视频文件十个以上的;

(二)制作、复制、出版、贩卖、传播淫秽音频文件五十个以上的;

(三)制作、复制、出版、贩卖、传播淫秽电子刊物、图片、文章等一百件以上的;

(四)制作、复制、出版、贩卖、传播的淫秽电子信息,实际被点击数达到五千次以上的;

(五)以会员制方式出版、贩卖、传播淫秽电子信息,注册会员达一百人以上的;

(六)利用淫秽电子信息收取广告费、会员注册费或者其他费用,违法所得五千元以上的;

(七)数量或者数额虽未达到第(一)项至第(六)项规定标准,但分别达到其中两项以上标准一半以上的;

（八）造成严重后果的。

实施第二款规定的行为，数量或者数额达到第二款第（一）项至第（七）项规定标准五倍以上的，应当认定为刑法第三百六十三条第一款规定的"情节严重"；达到规定标准二十五倍以上的，应当认定为"情节特别严重"。

第四条 以牟利为目的，网站建立者、直接负责的管理者明知他人制作、复制、出版、贩卖、传播的是淫秽电子信息，允许或者放任他人在自己所有、管理的网站或者网页上发布，具有下列情形之一的，依照刑法第三百六十三条第一款的规定，以传播淫秽物品牟利罪定罪处罚：

（一）数量或者数额达到第一条第二款第（一）项至第（六）项规定标准五倍以上的；

（二）数量或者数额分别达到第一条第二款第（一）项至第（六）项两项以上标准二倍以上的；

（三）造成严重后果的。

实施前款规定的行为，数量或者数额达到第一条第二款第（一）项至第（七）项规定标准二十五倍以上的，应当认定为刑法第三百六十三条第一款规定的"情节严重"；达到规定标准一百倍以上的，应当认定为"情节特别严重"。

第六条 电信业务经营者、互联网信息服务提供者明知是淫秽网站，为其提供互联网接入、服务器托管、网络存储空间、通讯传输通道、代收费等服务，并收取服务费，具有下列情形之一的，对直接负责的主管人员和其他直接责任人员，依照刑法第三百六十三条第一款的规定，以传播淫秽物品牟利罪定罪处罚：

（一）为五个以上淫秽网站提供上述服务的；

（二）为淫秽网站提供互联网接入、服务器托管、网络存储空间、通讯传输通道等服务，收取服务费数额在二万元以上的；

（三）为淫秽网站提供代收费服务，收取服务费数额在五万元以上的；

（四）造成严重后果的。

实施前款规定的行为，数量或者数额达到前款第（一）项至第（三）项规定标准五倍以上的，应当认定为刑法第三百六十三条第一款规定的"情节严重"；达到规定标准二十五倍以上的，应当认定为"情节特别严重"。

第八条 实施第四条至第七条规定的行为，具有下列情形之一的，应当认定行为人"明知"，但是有证据证明确实不知道的除外：

（一）行政主管机关书面告知后仍然实施上述行为的；

（二）接到举报后不履行法定管理职责的；

（三）为淫秽网站提供互联网接入、服务器托管、网络存储空间、通讯传输通道、代收费、费用结算等服务，收取服务费明显高于市场价格的；

（四）向淫秽网站投放广告，广告点击率明显异常的；

（五）其他能够认定行为人明知的情形。

第十二条 《最高人民法院、最高人民检察院关于办理利用互联网、移动通讯终端、声讯台制作、复制、出版、贩卖、传播淫秽电子信息刑事案件具体应用法律若干问题的解释》和本解释所称网站，是指可以通过互联网域名、IP 地址等方式访问的内容提供站点。

以制作、复制、出版、贩卖、传播淫秽电子信息为目的建立或者建立后主要从事制作、复制、出版、贩卖、传播淫秽电子信息活动的网站，为淫秽网站。

2 明知他人用于出版淫秽书刊而提供书号、刊号行为的定性

★最高人民法院《关于审理非法出版物刑事案件具体应用法律若干问题的解释》（1998 年 12 月 23 日）（节录）

第九条　为他人提供书号、刊号，出版淫秽书刊的，依照刑法第三百六十三条第二款的规定，以为他人提供书号出版淫秽书刊罪定罪处罚。

为他人提供版号，出版淫秽音像制品的，依照前款规定定罪处罚。

明知他人用于出版淫秽书刊而提供书号、刊号的，依照刑法第三百六十三条第一款的规定，以出版淫秽物品牟利罪定罪处罚。

3 网络贩卖、传播淫秽书刊、影带等以实物为载体的淫秽物品行为的处理

★最高人民法院、最高人民检察院《关于办理利用互联网、移动通讯终端、声讯台制作、复制、出版、贩卖、传播淫秽电子信息刑事案件具体应用法律若干问题的解释》（2004 年 9 月 6 日）（节录）

第八条　利用互联网、移动通讯终端、声讯台贩卖、传播淫秽书刊、影片、录像带、录音带等以实物为载体的淫秽物品的，依照《最高人民法院关于审理非法出版物刑事案件具体应用法律若干问题的解释》的有关规定定罪处罚。

4 单位犯罪

★最高人民法院、最高人民检察院《关于办理利用互联网、移动通讯终端、声讯台制作、复制、出版、贩卖、传播淫秽电子信息刑事案件具体应用法律若干问题的解释（二）》（2010 年 2 月 4 日）（节录）

第十条　单位实施制作、复制、出版、贩卖、传播淫秽电子信息犯罪的，依照《中华人民共和国刑法》、《最高人民法院、最高人民检察院关于办理利用互联网、移动通讯终端、声讯台制作、复制、出版、贩卖、传播淫秽电子信息刑事案件具体应用法律若干问题的解释》和本解释规定的相应个人犯罪的定罪量刑标准，对直接负责的主管人员和其他直接责任人员定罪处罚，并对单位判处罚金。

5 共同犯罪

★最高人民法院《关于审理非法出版物刑事案件具体应用法律若干问题的解释》（1998 年 12 月 23 日）（节录）

第十六条　出版单位与他人事前通谋，向其出售、出租或者以其他形式转让该出版单位的名称、书号、刊号、版号，他人实施本解释第二条、第四条、第八条、第九条、第十条、第十一条规定的行为，构成犯罪的，对该出版单位应当以共犯论处。

★最高人民法院、最高人民检察院《关于办理利用互联网、移动通讯终端、声讯台制作、复制、出版、贩卖、传播淫秽电子信息刑事案件具体应用法律若干问题的解释（二）》（2010 年 2 月 4 日）（节录）

第七条　明知是淫秽网站，以牟利为目的，通过投放广告等方式向其直接或者间接提

供资金,或者提供费用结算服务,具有下列情形之一的,对直接负责的主管人员和其他直接责任人员,依照刑法第三百六十三条第一款的规定,以制作、复制、出版、贩卖、传播淫秽物品牟利罪的共同犯罪处罚:

(一) 向十个以上淫秽网站投放广告或者以其他方式提供资金的;

(二) 向淫秽网站投放广告二十条以上的;

(三) 向十个以上淫秽网站提供费用结算服务的;

(四) 以投放广告或者其他方式向淫秽网站提供资金数额在五万元以上的;

(五) 为淫秽网站提供费用结算服务,收取服务费数额在二万元以上的;

(六) 造成严重后果的。

实施前款规定的行为,数量或者数额达到前款第(一)项至第(五)项规定标准五倍以上的,应当认定为刑法第三百六十三条第一款规定的"情节严重";达到规定标准二十五倍以上的,应当认定为"情节特别严重"。

第八条 实施第四条至第七条规定的行为,具有下列情形之一的,应当认定行为人"明知",但是有证据证明确实不知道的除外:

(一) 行政主管机关书面告知后仍然实施上述行为的;

(二) 接到举报后不履行法定管理职责的;

(三) 为淫秽网站提供互联网接入、服务器托管、网络存储空间、通讯传输通道、代收费、费用结算等服务,收取服务费明显高于市场价格的;

(四) 向淫秽网站投放广告,广告点击率明显异常的;

(五) 其他能够认定行为人明知的情形。

▶6 犯罪数额的累计计算

★最高人民法院、最高人民检察院《关于办理利用互联网、移动通讯终端、声讯台制作、复制、出版、贩卖、传播淫秽电子信息刑事案件具体应用法律若干问题的解释(二)》(2010年2月4日)(节录)

第九条 一年内多次实施制作、复制、出版、贩卖、传播淫秽电子信息行为未经处理,数量或者数额累计计算构成犯罪的,应当依法定罪处罚。

▶7 公安部光盘生产源鉴定中心具有行政、司法鉴定权

★最高人民法院、最高人民检察院、公安部、司法部、新闻出版署《关于公安部光盘生产源鉴定中心行使行政、司法鉴定权有关问题的通知》(2000年3月9日)(节录)

为适应"扫黄"、"打非"、保护知识产权工作的需要,解决目前各地办案过程中遇到的光盘生产源无法识别的问题,经中央机构编制委员会办公室批准,公安部组建了光盘生产源鉴定中心(设在广东省深圳市,以下简称鉴定中心)。目前,鉴定中心的各项筹备工作已完毕,所开发研制的光盘生产源识别方法已通过由最高人民法院、最高人民检察院、公安部、司法部和国家新闻出版署派员组成的专家委员会的评审鉴定,具备了行政、司法鉴定能力。现将有关问题通知如下:

一、鉴定范围和内容

鉴定中心负责对各地人民法院、人民检察院、公安机关、司法行政机关、新闻出版行

政机关、音像行政管理部门和其他行政执法机关在办理制黄贩黄、侵权盗版案件中所查获的光盘及母盘进行鉴定,确定送检光盘及母盘的生产企业。

企事业单位因业务工作需要,提出鉴定申请的,鉴定中心也可以进行上述鉴定。

二、鉴定程序

办案单位认为需要进行行政、司法鉴定的,应持有本单位所在地县级以上人民法院、人民检察院、公安机关、司法行政机关或其他行政执法机关出具的公函;新闻出版行政机关、音像行政管理部门办案需要鉴定的,由当地省级以上新闻出版机关、音像行政管理部门出具委托鉴定公函。企事业单位需要鉴定的,由本单位向鉴定中心出具委托鉴定公函。鉴定中心在接受鉴定委托后,应立即组织2名以上专业技术人员进行鉴定,在30天以内出具《中华人民共和国公安部光盘生产源鉴定书》(见附件),并报公安部治安管理局备案。

委托鉴定可通过寄递方式提出。

三、鉴定费用

鉴定中心接受人民法院、人民检察院、公安机关、司法行政机关、新闻出版行政机关、音像行政管理部门或其他行政执法机关委托鉴定的,不收取鉴定费用。

鉴定中心接受企事业单位委托鉴定的,按照国家有关规定收取鉴定费用。

四、鉴定的法律效力

鉴定中心出具的鉴定书可以作为定案依据。

量　　刑

1 从重处罚

★最高人民法院、最高人民检察院《关于办理利用互联网、移动通讯终端、声讯台制作、复制、出版、贩卖、传播淫秽电子信息刑事案件具体应用法律若干问题的解释》(2004年9月6日)(节录)

第六条　实施本解释前五条规定的犯罪,具有下列情形之一的,依照刑法第三百六十三条第一款、第三百六十四条第一款的规定从重处罚:

(一)制作、复制、出版、贩卖、传播具体描绘不满十八周岁未成年人性行为的淫秽电子信息的;

(二)明知是具体描绘不满十八周岁的未成年人性行为的淫秽电子信息而在自己所有、管理或者使用的网站或者网页上提供直接链接的;

(三)向不满十八周岁的未成年人贩卖、传播淫秽电子信息和语音信息的;

(四)通过使用破坏性程序、恶意代码修改用户计算机设置等方法,强制用户访问、下载淫秽电子信息的。

2 罚金、没收财产

★最高人民法院、最高人民检察院《关于办理利用互联网、移动通讯终端、声讯台制作、复制、出版、贩卖、传播淫秽电子信息刑事案件具体应用法律若干问题的解释(二)》(2010年2月4日)(节录)

第十一条　对于以牟利为目的,实施制作、复制、出版、贩卖、传播淫秽电子信息犯罪的,人民法院应当综合考虑犯罪的违法所得、社会危害性等情节,依法判处罚金或者没

· 697 ·

收财产。罚金数额一般在违法所得的一倍以上五倍以下。

第三百六十四条【传播淫秽物品罪】 传播淫秽的书刊、影片、音像、图片或者其他淫秽物品,情节严重的,处二年以下有期徒刑、拘役或者管制。

【组织播放淫秽音像制品罪】 组织播放淫秽的电影、录像等音像制品的,处三年以下有期徒刑、拘役或者管制,并处罚金;情节严重的,处三年以上十年以下有期徒刑,并处罚金。

制作、复制淫秽的电影、录像等音像制品组织播放的,依照第二款的规定从重处罚。

向不满十八周岁的未成年人传播淫秽物品的,从重处罚。

关联法条: 第三百六十六条、第三百六十七条

◥ 立案追诉标准 ◤

★最高人民检察院、公安部《关于公安机关管辖的刑事案件立案追诉标准的规定(一)》(2008年6月25日)(节录)

第八十四条[传播淫秽物品案(刑法第三百六十四条第一款)] 传播淫秽的书刊、影片、音像、图片或者其他淫秽物品,涉嫌下列情形之一的,应予立案追诉:

(一)向他人传播三百至六百人次以上的;

(二)造成恶劣社会影响的。

不以牟利为目的,利用互联网、移动通讯终端传播淫秽电子信息,涉嫌下列情形之一的,应予立案追诉:

(一)数量达到本规定第八十二条第二款第(一)项至第(五)项规定标准二倍以上的;

(二)数量分别达到本规定第八十二条第二款第(一)项至第(五)项两项以上标准的;

(三)造成严重后果的。

利用聊天室、论坛、即时通信软件、电子邮件等方式,实施本条第二款规定行为的,应予立案追诉。

第八十五条[组织播放淫秽音像制品案(刑法第三百六十四条第二款)] 组织播放淫秽的电影、录像等音像制品,涉嫌下列情形之一的,应予立案追诉:

(一)组织播放十五至三十场次以上的;

(二)造成恶劣社会影响的。

第一百条 本规定中的立案追诉标准,除法律、司法解释另有规定的以外,适用于相关的单位犯罪。

◥ 定　　罪 ◤

1 入罪数额、入罪情节

★最高人民法院《关于审理非法出版物刑事案件具体应用法律若干问题的解释》

(1998年12月23日)（节录）

第十条　向他人传播淫秽的书刊、影片、音像、图片等出版物达三百至六百人次以上或者造成恶劣社会影响的，属于"情节严重"，依照刑法第三百六十四条第一款的规定，以传播淫秽物品罪定罪处罚。

组织播放淫秽的电影、录像等音像制品达十五至三十场次以上或者造成恶劣社会影响的，依照刑法第三百六十四条第二款的规定，以组织播放淫秽音像制品罪定罪处罚。

★最高人民法院、最高人民检察院《关于办理利用互联网、移动通讯终端、声讯台制作、复制、出版、贩卖、传播淫秽电子信息刑事案件具体应用法律若干问题的解释》
(2004年9月6日)（节录）

第三条　不以牟利为目的，利用互联网或者转移通讯终端传播淫秽电子信息，具有下列情形之一的，依照刑法第三百六十四条第一款的规定，以传播淫秽物品罪定罪处罚：

（一）数量达到第一条第一款第（一）项至第（五）项规定标准二倍以上的；

（二）数量分别达到第一条第一款第（一）项至第（五）项两项以上标准的；

（三）造成严重后果的。

利用聊天室、论坛、即时通信软件、电子邮件等方式，实施第一款规定行为的，依照刑法第三百六十四条第一款的规定，以传播淫秽物品罪定罪处罚。

★最高人民法院、最高人民检察院《关于办理利用互联网、移动通讯终端、声讯台制作、复制、出版、贩卖、传播淫秽电子信息刑事案件具体应用法律若干问题的解释（二）》
(2010年2月4日)（节录）

第二条　利用互联网、移动通讯终端传播淫秽电子信息的，依照《最高人民法院、最高人民检察院关于办理利用互联网、移动通讯终端、声讯台制作、复制、出版、贩卖、传播淫秽电子信息刑事案件具体应用法律若干问题的解释》第三条的规定定罪处罚。

利用互联网、移动通讯终端传播内容含有不满十四周岁未成年人的淫秽电子信息，具有下列情形之一的，依照刑法第三百六十四条第一款的规定，以传播淫秽物品罪定罪处罚：

（一）数量达到第一条第二款第（一）项至第（五）项规定标准二倍以上的；

（二）数量分别达到第一条第二款第（一）项至第（五）项两项以上标准的；

（三）造成严重后果的。

第三条　利用互联网建立主要用于传播淫秽电子信息的群组，成员达三十人以上或者造成严重后果的，对建立者、管理者和主要传播者，依照刑法第三百六十四条第一款的规定，以传播淫秽物品罪定罪处罚。

第五条　网站建立者、直接负责的管理者明知他人制作、复制、出版、贩卖、传播的是淫秽电子信息，允许或者放任他人在自己所有、管理的网站或者网页上发布，具有下列情形之一的，依照刑法第三百六十四条第一款的规定，以传播淫秽物品罪定罪处罚：

（一）数量达到第一条第二款第（一）项至第（五）项规定标准十倍以上的；

（二）数量分别达到第一条第二款第（一）项至第（五）项两项以上标准五倍以上的；

（三）造成严重后果的。

第十二条　《最高人民法院、最高人民检察院关于办理利用互联网、移动通讯终端、声讯台制作、复制、出版、贩卖、传播淫秽电子信息刑事案件具体应用法律若干问题的解释》和本解释所称网站,是指可以通过互联网域名、IP地址等方式访问的内容提供站点。

以制作、复制、出版、贩卖、传播淫秽电子信息为目的建立或者建立后主要从事制作、复制、出版、贩卖、传播淫秽电子信息活动的网站,为淫秽网站。

▶2 利用互联网传播淫秽物品的处罚

★全国人民代表大会常务委员会《关于维护互联网安全的决定》(2000年12月28日)(节录)

三、为了维护社会主义市场经济秩序和社会管理秩序,对有下列行为之一,构成犯罪的,依照刑法有关规定追究刑事责任:

(五)在互联网上建立淫秽网站、网页,提供淫秽站点链接服务,或者传播淫秽书刊、影片、音像、图片。

▶3 携带、藏匿淫秽VCD行为的定性

★公安部《关于携带、藏匿淫秽VCD是否属于传播淫秽物品问题的批复》(1998年11月9日)(节录)

1990年7月6日最高人民法院、最高人民检察院《关于办理淫秽物品刑事案件具体应用法律的规定》,已于1994年8月29日被废止,不再执行。对于携带、藏匿淫秽VCD的行为,不能简单地视为"传播",而应注意广泛搜集证据,根据主客观相统一的原则,来判断是否构成"传播"行为。如果行为人主观上没有"传播"故意,只是为了自己观看,不能认定为"传播淫秽物品",但应当没收淫秽VCD,并对当事人进行必要的法制教育。此外,还应注意扩大线索,挖掘来源,及时查获有关违法犯罪活动。

▶4 通过提供链接传播淫秽物品时,犯罪数量标准的计算

★最高人民法院、最高人民检察院《关于办理利用互联网、移动通讯终端、声讯台制作、复制、出版、贩卖、传播淫秽电子信息刑事案件具体应用法律若干问题的解释》(2004年9月6日)(节录)

第四条 明知是淫秽电子信息而在自己所有、管理或者使用的网站或者网页上提供直接链接的,其数量标准根据所链接的淫秽电子信息的种类计算。

▶5 单位犯罪

★最高人民法院、最高人民检察院《关于办理利用互联网、移动通讯终端、声讯台制作、复制、出版、贩卖、传播淫秽电子信息刑事案件具体应用法律若干问题的解释(二)》(2010年2月4日)(节录)

第十条 单位实施制作、复制、出版、贩卖、传播淫秽电子信息犯罪的,依照《中华人民共和国刑法》、《最高人民法院、最高人民检察院关于办理利用互联网、移动通讯终端、声讯台制作、复制、出版、贩卖、传播淫秽电子信息刑事案件具体应用法律若干问题的解释》和本解释规定的相应个人犯罪的定罪量刑标准,对直接负责的主管人员和其他直接责任人员定罪处罚,并对单位判处罚金。

▶6 共同犯罪

★最高人民法院《关于审理非法出版物刑事案件具体应用法律若干问题的解释》

第六章　妨害社会管理秩序罪・第九节　制作、贩卖、传播淫秽物品罪

（1998年12月23日）（节录）

第十六条　出版单位与他人事前通谋，向其出售、出租或者以其他形式转让该出版单位的名称、书号、刊号、版号，他人实施本解释第二条、第四条、第八条、第九条、第十条、第十一条规定的行为，构成犯罪的，对该出版单位应当以共犯论处。

★最高人民法院、最高人民检察院《关于办理利用互联网、移动通讯终端、声讯台制作、复制、出版、贩卖、传播淫秽电子信息刑事案件具体应用法律若干问题的解释》（2004年9月6日）（节录）

第七条　明知他人实施制作、复制、出版、贩卖、传播淫秽电子信息犯罪，为其提供互联网接入、服务器托管、网络存储空间、通讯传输通道、费用结算等帮助的，对直接负责的主管人员和其他直接责任人员，以共同犯罪论处。

7 犯罪数额的累计计算

★最高人民法院、最高人民检察院《关于办理利用互联网、移动通讯终端、声讯台制作、复制、出版、贩卖、传播淫秽电子信息刑事案件具体应用法律若干问题的解释（二）》（2010年2月4日）（节录）

第九条　一年内多次实施制作、复制、出版、贩卖、传播淫秽电子信息行为未经处理，数量或者数额累计计算构成犯罪的，应当依法定罪处罚。

量　刑

1 罚金、没收财产

★最高人民法院、最高人民检察院《关于办理利用互联网、移动通讯终端、声讯台制作、复制、出版、贩卖、传播淫秽电子信息刑事案件具体应用法律若干问题的解释（二）》（2010年2月4日）（节录）

第十一条　对于以牟利为目的，实施制作、复制、出版、贩卖、传播淫秽电子信息犯罪的，人民法院应当综合考虑犯罪的违法所得、社会危害性等情节，依法判处罚金或者没收财产。罚金数额一般在违法所得的一倍以上五倍以下。

2 从重处罚

★最高人民法院、最高人民检察院《关于办理利用互联网、移动通讯终端、声讯台制作、复制、出版、贩卖、传播淫秽电子信息刑事案件具体应用法律若干问题的解释》（2004年9月6日）（节录）

第六条　实施本解释前五条规定的犯罪，具有下列情形之一的，依照刑法第三百六十三条第一款、第三百六十四条第一款的规定从重处罚：

（一）制作、复制、出版、贩卖、传播具体描绘不满十八周岁未成年人性行为的淫秽电子信息的；

（二）明知是具体描绘不满十八周岁的未成年人性行为的淫秽电子信息而在自己所有、管理或者使用的网站或者网页上提供直接链接的；

（三）向不满十八周岁的未成年人贩卖、传播淫秽电子信息和语音信息的；

（四）通过使用破坏性程序、恶意代码修改用户计算机设置等方法，强制用户访问、

下载淫秽电子信息的。

第三百六十五条【组织淫秽表演罪】 组织进行淫秽表演的，处三年以下有期徒刑、拘役或者管制，并处罚金；情节严重的，处三年以上十年以下有期徒刑，并处罚金。

关联法条：第三百六十六条

◀ 立案追诉标准 ▶

★最高人民检察院、公安部《关于公安机关管辖的刑事案件立案追诉标准的规定（一）》（2008年6月25日）（节录）

第八十六条 ［组织淫秽表演案（刑法第三百六十五条）］以策划、招募、强迫、雇用、引诱、提供场地、提供资金等手段，组织进行淫秽表演，涉嫌下列情形之一的，应予立案追诉：

（一）组织表演者进行裸体表演的；

（二）组织表演者利用性器官进行诲淫性表演的；

（三）组织表演者半裸体或者变相裸体表演并通过语言、动作具体描绘性行为的；

（四）其他组织进行淫秽表演应予追究刑事责任的情形。

第一百条 本规定中的立案追诉标准，除法律、司法解释另有规定的以外，适用于相关的单位犯罪。

第三百六十六条【单位犯本节规定之罪的处罚】 单位犯本节第三百六十三条、第三百六十四条、第三百六十五条规定之罪的，对单位判处罚金，并对其直接负责的主管人员和其他直接责任人员，依照各该条的规定处罚。

第三百六十七条【淫秽物品的范围】 本法所称淫秽物品，是指具体描绘性行为或者露骨宣扬色情的诲淫性的书刊、影片、录像带、录音带、图片及其他淫秽物品。

有关人体生理、医学知识的科学著作不是淫秽物品。

包含有色情内容的有艺术价值的文学、艺术作品不视为淫秽物品。

◀ 定 罪 ▶

1 "其他淫秽物品"的认定

★最高人民法院、最高人民检察院《关于办理利用互联网、移动通讯终端、声讯台制作、复制、出版、贩卖、传播淫秽电子信息刑事案件具体应用法律若干问题的解释》（2004年9月6日）（节录）

第八条 利用互联网、移动通讯终端、声讯台贩卖、传播淫秽书刊、影片、录像带、录音带等以实物为载体的淫秽物品的，依照《最高人民法院关于审理非法出版物刑事案件具体应用法律若干问题的解释》的有关规定定罪处罚。

第九条 刑法第三百六十七条第一款规定的"其他淫秽物品"，包括具体描绘性行为或者露骨宣扬色情的诲淫性的视频文件、音频文件、电子刊物、图片、文章、短信息等互联网、移动通讯终端电子信息和声讯台语音信息。

有关人体生理、医学知识的电子信息和声讯台语音信息不是淫秽物品。包含色情内容的有艺术价值的电子文学、艺术作品不视为淫秽物品。

第七章　危害国防利益罪

第三百六十八条 【阻碍军人执行职务罪】 以暴力、威胁方法阻碍军人依法执行职务的，处三年以下有期徒刑、拘役、管制或者罚金。

【阻碍军事行动罪】 故意阻碍武装部队军事行动，造成严重后果的，处五年以下有期徒刑或者拘役。

第三百六十九条 【破坏武器装备、军事设施、军事通信罪】 破坏武器装备、军事设施、军事通信的，处三年以下有期徒刑、拘役或者管制；破坏重要武器装备、军事设施、军事通信的，处三年以上十年以下有期徒刑；情节特别严重的，处十年以上有期徒刑、无期徒刑或者死刑。

【过失损坏武器装备、军事设施、军事通信罪】 过失犯前款罪，造成严重后果的，处三年以下有期徒刑或者拘役；造成特别严重后果的，处三年以上七年以下有期徒刑。

战时犯前两款罪的，从重处罚。

────── 定　　罪 ──────

❶ 第一款"情节特别严重"的认定

★最高人民法院《关于审理危害军事通信刑事案件具体应用法律若干问题的解释》(2007年6月29日)（节录）

第二条　实施破坏军事通信行为，具有下列情形之一的，属于刑法第三百六十九条第一款规定的"情节特别严重"，以破坏军事通信罪定罪，处十年以上有期徒刑、无期徒刑或者死刑：

（一）造成重要军事通信中断或者严重障碍，严重影响部队完成作战任务或者致使部队在作战中遭受损失的；

（二）造成部队执行抢险救灾、军事演习或者处置突发性事件等任务的通信中断或者严重障碍，并因此贻误部队行动，致使死亡3人以上、重伤10人以上或者财产损失100万元以上的；

（三）破坏重要军事通信三次以上的；

（四）其他情节特别严重的情形。

❷ 第二款"造成严重后果"、"造成特别严重后果"的认定

★最高人民法院《关于审理危害军事通信刑事案件具体应用法律若干问题的解释》(2007年6月29日)（节录）

第三条　过失损坏军事通信，造成重要军事通信中断或者严重障碍的，属于刑法第三百六十九条第二款规定的"造成严重后果"，以过失损坏军事通信罪定罪，处三年以下有期徒刑或者拘役。

第四条 过失损坏军事通信，具有下列情形之一的，属于刑法第三百六十九条第二款规定的"造成特别严重后果"，以过失损坏军事通信罪定罪，处三年以上七年以下有期徒刑：

（一）造成重要军事通信中断或者严重障碍，严重影响部队完成作战任务或者致使部队在作战中遭受损失的；

（二）造成部队执行抢险救灾、军事演习或者处置突发性事件等任务的通信中断或者严重障碍，并因此贻误部队行动，致使死亡3人以上、重伤10人以上或者财产损失100万元以上的；

（三）其他后果特别严重的情形。

3 故意破坏军事通信线路、计算机系统，侵扰军事通信电磁频谱行为的定性

★最高人民法院《关于审理危害军事通信刑事案件具体应用法律若干问题的解释》（2007年6月29日）（节录）

第一条 故意实施损毁军事通信线路、设备，破坏军事通信计算机信息系统，干扰、侵占军事通信电磁频谱等行为的；依照刑法第三百六十九条第一款的规定，以破坏军事通信罪定罪，处三年以下有期徒刑、拘役或者管制；破坏重要军事通信的，处三年以上十年以下有期徒刑。

第七条 本解释所称"重要军事通信"，是指军事首脑机关及重要指挥中心的通信，部队作战中的通信，等级战备通信，飞行航行训练、抢险救灾、军事演习或者处置突发性事件中的通信，以及执行试飞试航、武器装备科研试验或者远洋航行等重要军事任务中的通信。

本解释所称军事通信的具体范围、通信中断和严重障碍的标准，参照中国人民解放军通信主管部门的有关规定确定。

4 建设、施工单位的管理人员破坏、过失损坏军事通信行为的认定

★最高人民法院《关于审理危害军事通信刑事案件具体应用法律若干问题的解释》（2007年6月29日）（节录）

第五条 建设、施工单位直接负责的主管人员、施工管理人员，明知是军事通信线路、设备而指使、强令、纵容他人予以损毁的，或者不听管护人员劝阻，指使、强令、纵容他人违章作业，造成军事通信线路、设备损毁的，以破坏军事通信罪定罪处罚。

建设、施工单位直接负责的主管人员、施工管理人员，忽视军事通信线路、设备保护标志，指使、纵容他人违章作业，致使军事通信线路、设备损毁，构成犯罪的，以过失损坏军事通信罪定罪处罚。

5 一罪与数罪

★最高人民法院《关于审理危害军事通信刑事案件具体应用法律若干问题的解释》（2007年6月29日）（节录）

第六条 破坏、过失损坏军事通信，并造成公用电信设施损毁，危害公共安全，同时构成刑法第一百二十四条和第三百六十九条规定的犯罪的，依照处罚较重的规定定罪处罚。

盗窃军事通信线路、设备，不构成盗窃罪，但破坏军事通信的，依照刑法第三百六十

九条第一款的规定定罪处罚;同时构成刑法第一百二十四条、第二百六十四条和第三百六十九条第一款规定的犯罪的,依照处罚较重的规定定罪处罚。

违反国家规定,侵入国防建设、尖端科学技术领域的军事通信计算机信息系统,尚未对军事通信造成破坏的,依照刑法第二百八十五条的规定定罪处罚;对军事通信造成破坏,同时构成刑法第二百八十五条、第二百八十六条、第三百六十九条第一款规定的犯罪的,依照处罚较重的规定定罪处罚。

违反国家规定,擅自设置、使用无线电台、站,或者擅自占用频率,经责令停止使用后拒不停止使用,干扰无线电通讯正常进行,构成犯罪的,依照刑法第二百八十八条的规定定罪处罚;造成军事通信中断或者严重障碍,同时构成刑法第二百八十八条、第三百六十九条第一款规定的犯罪的,依照处罚较重的规定定罪处罚。

第三百七十条【故意提供不合格武器装备、军事设施罪】明知是不合格的武器装备、军事设施而提供给武装部队的,处五年以下有期徒刑或者拘役;情节严重的,处五年以上十年以下有期徒刑;情节特别严重的,处十年以上有期徒刑、无期徒刑或者死刑。

【过失提供不合格武器装备、军事设施罪】过失犯前款罪,造成严重后果的,处三年以下有期徒刑或者拘役;造成特别严重后果的,处三年以上七年以下有期徒刑。

单位犯第一款罪的,对单位判处罚金,并对其直接负责的主管人员和其他直接责任人员,依照第一款的规定处罚。

◆ 立案追诉标准 ◆

★最高人民检察院、公安部《关于公安机关管辖的刑事案件立案追诉标准的规定(一)》(2008年6月25日)(节录)

第八十七条 [故意提供不合格武器装备、军事设施案(刑法第三百七十条第一款)] 明知是不合格的武器装备、军事设施而提供给武装部队,涉嫌下列情形之一的,应予立案追诉:

(一)造成人员轻伤以上的;

(二)造成直接经济损失十万元以上的;

(三)提供不合格的枪支三支以上、子弹一百发以上、雷管五百枚以上、炸药五千克以上或者其他重要武器装备、军事设施的;

(四)影响作战、演习、抢险救灾等重大任务完成的;

(五)发生在战时的;

(六)其他故意提供不合格武器装备、军事设施应予追究刑事责任的情形。

第八十八条 [过失提供不合格武器装备、军事设施案(刑法第三百七十条第二款)] 过失提供不合格武器装备、军事设施给武装部队,涉嫌下列情形之一的,应予立案追诉:

(一)造成死亡一人或者重伤三人以上的;

(二)造成直接经济损失三十万元以上的;

(三)严重影响作战、演习、抢险救灾等重大任务完成的;

（四）其他造成严重后果的情形。

第三百七十一条【聚众冲击军事禁区罪】 聚众冲击军事禁区，严重扰乱军事禁区秩序的，对首要分子，处五年以上十年以下有期徒刑；对其他积极参加的，处五年以下有期徒刑、拘役、管制或者剥夺政治权利。

【聚众扰乱军事管理区秩序罪】 聚众扰乱军事管理区秩序，情节严重，致使军事管理区工作无法进行，造成严重损失的，对首要分子，处三年以上七年以下有期徒刑；对其他积极参加的，处三年以下有期徒刑、拘役、管制或者剥夺政治权利。

◆ 立案追诉标准 ◆

★最高人民检察院、公安部《关于公安机关管辖的刑事案件立案追诉标准的规定（一）》（2008年6月25日）（节录）

第八十九条 ［聚众冲击军事禁区案（刑法第三百七十一条第一款）］组织、策划、指挥聚众冲击军事禁区或者积极参加聚众冲击军事禁区，严重扰乱军事禁区秩序，涉嫌下列情形之一的，应予立案追诉：

（一）冲击三次以上或者一次冲击持续时间较长的；
（二）持械或者采取暴力手段冲击的；
（三）冲击重要军事禁区的；
（四）发生在战时的；
（五）其他严重扰乱军事禁区秩序应予追究刑事责任的情形。

第九十条 ［聚众扰乱军事管理区秩序案（刑法第三百七十一条第二款）］组织、策划、指挥聚众扰乱军事管理区秩序或者积极参加聚众扰乱军事管理区秩序，致使军事管理区工作无法进行，造成严重损失，涉嫌下列情形之一的，应予立案追诉：

（一）造成人员轻伤以上的；
（二）扰乱三次以上或者一次扰乱持续时间较长的；
（三）造成直接经济损失五万元以上的；
（四）持械或者采取暴力手段的；
（五）扰乱重要军事管理区秩序的；
（六）发生在战时的；
（七）其他聚众扰乱军事管理区秩序应予追究刑事责任的情形。

第三百七十二条【冒充军人招摇撞骗罪】 冒充军人招摇撞骗的，处三年以下有期徒刑、拘役、管制或者剥夺政治权利；情节严重的，处三年以上十年以下有期徒刑。

◆ 定　　罪 ◆

1 一罪与数罪

★最高人民法院、最高人民检察院《关于办理妨害武装部队制式服装、车辆号牌管理

秩序等刑事案件具体应用法律若干问题的解释》（2011年8月1日）（节录）

第六条　实施刑法第三百七十五条规定的犯罪行为，同时又构成逃税、诈骗、冒充军人招摇撞骗等犯罪的，依照处罚较重的规定定罪处罚。

第三百七十三条【煽动军人逃离部队罪】【雇用逃离部队军人罪】

煽动军人逃离部队或者明知是逃离部队的军人而雇用，情节严重的，处三年以下有期徒刑、拘役或者管制。

◀ 立案追诉标准 ▶

★最高人民检察院、公安部《关于公安机关管辖的刑事案件立案追诉标准的规定（一）》（2008年6月25日）（节录）

第九十一条［煽动军人逃离部队案（刑法第三百七十三条）］煽动军人逃离部队，涉嫌下列情形之一的，应予立案追诉：

（一）煽动三人以上逃离部队的；

（二）煽动指挥人员、值班执勤人员或者其他负有重要职责人员逃离部队的；

（三）影响重要军事任务完成的；

（四）发生在战时的；

（五）其他情节严重的情形。

第九十二条［雇用逃离部队军人案（刑法第三百七十三条）］明知是逃离部队的军人而雇用，涉嫌下列情形之一的，应予立案追诉：

（一）雇用一人六个月以上的；

（二）雇用三人以上的；

（三）明知是逃离部队的指挥人员、值班执勤人员或者其他负有重要职责人员而雇用的；

（四）阻碍部队将被雇用军人带回的；

（五）其他情节严重的情形。

第三百七十四条【接送不合格兵员罪】

在征兵工作中徇私舞弊，接送不合格兵员，情节严重的，处三年以下有期徒刑或者拘役；造成特别严重后果的，处三年以上七年以下有期徒刑。

◀ 立案追诉标准 ▶

★最高人民检察院、公安部《关于公安机关管辖的刑事案件立案追诉标准的规定（一）》（2008年6月25日）（节录）

第九十三条［接送不合格兵员案（刑法第三百七十四条）］在征兵工作中徇私舞弊，接送不合格兵员，涉嫌下列情形之一的，应予立案追诉：

（一）接送不合格特种条件兵员一名以上或者普通兵员三名以上的；

（二）发生在战时的；

（三）造成严重后果的；

第七章 危害国防利益罪

（四）其他情节严重的情形。

第三百七十五条【伪造、变造、买卖武装部队公文、证件、印章罪】【盗窃、抢夺武装部队公文、证件、印章罪】伪造、变造、买卖或者盗窃、抢夺武装部队公文、证件、印章的，处三年以下有期徒刑、拘役、管制或者剥夺政治权利；情节严重的，处三年以上十年以下有期徒刑。

【非法生产、买卖武装部队制式服装罪】非法生产、买卖武装部队制式服装，情节严重的，处三年以下有期徒刑、拘役或者管制，并处或者单处罚金。

【伪造、盗窃、买卖、非法提供、非法使用武装部队专用标志罪】伪造、盗窃、买卖或者非法提供、使用武装部队车辆号牌等专用标志，情节严重的，处三年以下有期徒刑、拘役或者管制，并处或者单处罚金；情节特别严重的，处三年以上七年以下有期徒刑，并处罚金。

单位犯第二款、第三款罪的，对单位判处罚金，并对其直接负责的主管人员和其他直接责任人员，依照各该款的规定处罚。

◀ 立案追诉标准 ▶

★最高人民检察院、公安部《关于公安机关管辖的刑事案件立案追诉标准的规定（一）》（2008年6月25日）（节录）

第九十四条［非法生产、买卖军用标志案（刑法第三百七十五条第二款）］非法生产、买卖武装部队制式服装、车辆号牌等军用标志，涉嫌下列情形之一的，应予立案追诉：

（一）成套制式服装三十套以上，或者非成套制式服装一百件以上的；

（二）军徽、军旗、肩章、星徽、帽徽、军种符号或者其他军用标志单种或者合计一百件以上的；

（三）军以上领导机关专用车辆号牌一副以上或者其他军用车辆号牌三副以上的；

（四）非法经营数额五千元以上，或者非法获利一千元以上的；[①]

（五）被他人利用进行违法犯罪活动的；

（六）其他情节严重的情形。

◀ 定　　罪 ▶

▶ 入罪数额、第一款"情节严重"的认定

★最高人民法院、最高人民检察院《关于办理妨害武装部队制式服装、车辆号牌管理秩序等刑事案件具体应用法律若干问题的解释》（2011年8月1日）（节录）

第一条　伪造、变造、买卖或者盗窃、抢夺武装部队公文、证件、印章，具有下列情

[①] 与最高人民法院、最高人民检察院《关于办理妨害武装部队制式服装、车辆号牌管理秩序等刑事案件具体应用法律若干问题的解释》（2011年8月1日）第二条"（三）非法经营数额二万元以上的"不一致。

形之一的，应当依照刑法第三百七十五条第一款的规定，以伪造、变造、买卖武装部队公文、证件、印章罪或者盗窃、抢夺武装部队公文、证件、印章罪定罪处罚：

（一）伪造、变造、买卖或者盗窃、抢夺武装部队公文一件以上的；

（二）伪造、变造、买卖或者盗窃、抢夺武装部队军官证、士兵证、车辆行驶证、车辆驾驶证或者其他证件二本以上的；

（三）伪造、变造、买卖或者盗窃、抢夺武装部队机关印章、车辆牌证印章或者其他印章一枚以上的。

实施前款规定的行为，数量达到第（一）至（三）项规定标准五倍以上或者造成严重后果的，应当认定为刑法第三百七十五条第一款规定的"情节严重"。

❷ 第二款"情节严重"的认定

★最高人民法院、最高人民检察院《关于办理妨害武装部队制式服装、车辆号牌管理秩序等刑事案件具体应用法律若干问题的解释》（2011年8月1日）（节录）

第二条 非法生产、买卖武装部队现行装备的制式服装，具有下列情形之一的，应当认定为刑法第三百七十五条第二款规定的"情节严重"，以非法生产、买卖武装部队制式服装罪定罪处罚：

（一）非法生产、买卖成套制式服装三十套以上，或者非成套制式服装一百件以上的；

（二）非法生产、买卖帽徽、领花、臂章等标志服饰合计一百件（副）以上的；

（三）非法经营数额二万元以上的；

（四）违法所得数额五千元以上的；

（五）具有其他严重情节的。

❸ 第三款"情节严重"、"情节特别严重"的认定

★最高人民法院、最高人民检察院《关于办理妨害武装部队制式服装、车辆号牌管理秩序等刑事案件具体应用法律若干问题的解释》（2011年8月1日）（节录）

第三条 伪造、盗窃、买卖或者非法提供、使用武装部队车辆号牌等专用标志，具有下列情形之一的，应当认定为刑法第三百七十五条第三款规定的"情节严重"，以伪造、盗窃、买卖、非法提供、非法使用武装部队专用标志罪定罪处罚：

（一）伪造、盗窃、买卖或者非法提供、使用武装部队军以上领导机关车辆号牌一副以上或者其他车辆号牌三副以上的；

（二）非法提供、使用军以上领导机关车辆号牌之外的其他车辆号牌累计六个月以上的；

（三）伪造、盗窃、买卖或者非法提供、使用军徽、军旗、军种符号或者其他军用标志合计一百件（副）以上的；

（四）造成严重后果或者恶劣影响的。

实施前款规定的行为，具有下列情形之一的，应当认定为刑法第三百七十五条第三款规定的"情节特别严重"：

（一）数量达到前款第（一）、（三）项规定标准五倍以上的；

（二）非法提供、使用军以上领导机关车辆号牌累计六个月以上或者其他车辆号牌累

计一年以上的；

（三）造成特别严重后果或者特别恶劣影响的。

4 买卖、盗抢伪造的武装部队公文、证章、服装、车牌等行为的定性

★最高人民法院、最高人民检察院《关于办理妨害武装部队制式服装、车辆号牌管理秩序等刑事案件具体应用法律若干问题的解释》（2011年8月1日）（节录）

第四条　买卖、盗窃、抢夺伪造、变造的武装部队公文、证件、印章的，买卖仿制的现行装备的武装部队制式服装情节严重的，盗窃、买卖、提供、使用伪造、变造的武装部队车辆号牌等专用标志情节严重的，应当追究刑事责任。定罪量刑标准适用本解释第一至第三条的规定。

5 单位犯罪

★最高人民法院、最高人民检察院《关于办理妨害武装部队制式服装、车辆号牌管理秩序等刑事案件具体应用法律若干问题的解释》（2011年8月1日）（节录）

第七条　单位实施刑法第三百七十五条第二款、第三款规定的犯罪行为，对单位判处罚金，并对其直接负责的主管人员和其他直接责任人员，分别依照本解释的有关规定处罚。

6 共同犯罪

★最高人民法院、最高人民检察院《关于办理妨害武装部队制式服装、车辆号牌管理秩序等刑事案件具体应用法律若干问题的解释》（2011年8月1日）（节录）

第五条　明知他人实施刑法第三百七十五条规定的犯罪行为，而为其生产、提供专用材料或者提供资金、账号、技术、生产经营场所等帮助的，以共犯论处。

7 一罪与数罪

★最高人民法院、最高人民检察院《关于办理妨害武装部队制式服装、车辆号牌管理秩序等刑事案件具体应用法律若干问题的解释》（2011年8月1日）（节录）

第六条　实施刑法第三百七十五条规定的犯罪行为，同时又构成逃税、诈骗、冒充军人招摇撞骗等犯罪的，依照处罚较重的规定定罪处罚。

第三百七十六条【战时拒绝、逃避征召、军事训练罪】预备役人员战时拒绝、逃避征召或者军事训练，情节严重的，处三年以下有期徒刑或者拘役。

【战时拒绝、逃避服役罪】公民战时拒绝、逃避服役，情节严重的，处二年以下有期徒刑或者拘役。

◀ 立案追诉标准 ▶

★最高人民检察院、公安部《关于公安机关管辖的刑事案件立案追诉标准的规定（一）》（2008年6月25日）（节录）

第九十五条　[战时拒绝、逃避征召、军事训练案（刑法第三百七十六条第一款）]　预备役人员战时拒绝、逃避征召或者军事训练，涉嫌下列情形之一的，应予立案追诉：

（一）无正当理由经教育仍拒绝、逃避征召或者军事训练的；

（二）以暴力、威胁、欺骗等手段，或者采取自伤、自残等方式拒绝、逃避征召或者军事训练的；

（三）联络、煽动他人共同拒绝、逃避征召或者军事训练的；

（四）其他情节严重的情形。

第九十六条［战时拒绝、逃避服役案（刑法第三百七十六条第二款）］公民战时拒绝、逃避服役，涉嫌下列情形之一的，应予立案追诉：

（一）无正当理由经教育仍拒绝、逃避服役的；

（二）以暴力、威胁、欺骗等手段，或者采取自伤、自残等方式拒绝、逃避服役的；

（三）联络、煽动他人共同拒绝、逃避服役的；

（四）其他情节严重的情形。

第三百七十七条【战时故意提供虚假敌情罪】 战时故意向武装部队提供虚假敌情，造成严重后果的，处三年以上十年以下有期徒刑；造成特别严重后果的，处十年以上有期徒刑或者无期徒刑。

第三百七十八条【战时造谣扰乱军心罪】 战时造谣惑众，扰乱军心的，处三年以下有期徒刑、拘役或者管制；情节严重的，处三年以上十年以下有期徒刑。

第三百七十九条【战时窝藏逃离部队军人罪】 战时明知是逃离部队的军人而为其提供隐蔽处所、财物，情节严重的，处三年以下有期徒刑或者拘役。

◀ **立案追诉标准** ▶

★最高人民检察院、公安部《关于公安机关管辖的刑事案件立案追诉标准的规定（一）》（2008年6月25日）（节录）

第九十七条［战时窝藏逃离部队军人案（刑法第三百七十九条）］战时明知是逃离部队的军人而为其提供隐蔽处所、财物，涉嫌下列情形之一的，应予立案追诉：

（一）窝藏三人次以上的；

（二）明知是指挥人员、值班执勤人员或者其他负有重要职责人员而窝藏的；

（三）有关部门查找时拒不交出的；

（四）其他情节严重的情形。

第三百八十条【战时拒绝、故意延误军事订货罪】 战时拒绝或者故意延误军事订货，情节严重的，对单位判处罚金，并对其直接负责的主管人员和其他直接责任人员，处五年以下有期徒刑或者拘役；造成严重后果的，处五年以上有期徒刑。

◀ **立案追诉标准** ▶

★最高人民检察院、公安部《关于公安机关管辖的刑事案件立案追诉标准的规定

（一）》（2008年6月25日）（节录）

第九十八条［战时拒绝、故意延误军事订货案（刑法第三百八十条）］战时拒绝或者故意延误军事订货，涉嫌下列情形之一的，应予立案追诉：

（一）拒绝或者故意延误军事订货三次以上的；

（二）联络、煽动他人共同拒绝或者故意延误军事订货的；

（三）拒绝或者故意延误重要军事订货，影响重要军事任务完成的；

（四）其他情节严重的情形。

第三百八十一条【战时拒绝军事征收、征用罪】战时拒绝军事征收、征用，情节严重的，处三年以下有期徒刑或者拘役。

◀ 立案追诉标准 ▶

★最高人民检察院、公安部《关于公安机关管辖的刑事案件立案追诉标准的规定（一）》（2008年6月25日）（节录）

第九十九条［战时拒绝军事征用案（刑法第三百八十一条）］战时拒绝军事征用，涉嫌下列情形之一的，应予立案追诉：

（一）无正当理由拒绝军事征用三次以上的；

（二）采取暴力、威胁、欺骗等手段拒绝军事征用的；

（三）联络、煽动他人共同拒绝军事征用的；

（四）拒绝重要军事征用，影响重要军事任务完成的；

（五）其他情节严重的情形。

第二编 分 则

第八章 贪污贿赂罪

本章罪名量刑问题的总体规定[①]

1 "确有悔改表现"的不认定

★最高人民法院《关于办理减刑、假释案件具体应用法律的规定》(2017年1月1日)(节录)

第三条(第2款) 对职务犯罪、破坏金融管理秩序和金融诈骗犯罪、组织（领导、参加、包庇、纵容）黑社会性质组织犯罪等罪犯，不积极退赃、协助追缴赃款赃物、赔偿损失，或者服刑期间利用个人影响力和社会关系等不正当手段意图获得减刑、假释的，不认定其"确有悔改表现"。

2 减刑的限制

★最高人民法院《关于办理减刑、假释案件具体应用法律的规定》(2017年1月1日)(节录)

第六条 被判处有期徒刑的罪犯减刑起始时间为：不满五年有期徒刑的，应当执行一年以上方可减刑；五年以上不满十年有期徒刑的，应当执行一年六个月以上方可减刑；十年以上有期徒刑的，应当执行二年以上方可减刑。有期徒刑减刑的起始时间自判决执行之日起计算。

确有悔改表现或者有立功表现的，一次减刑不超过九个月有期徒刑；确有悔改表现并有立功表现的，一次减刑不超过一年有期徒刑；有重大立功表现的，一次减刑不超过一年六个月有期徒刑；确有悔改表现并有重大立功表现的，一次减刑不超过二年有期徒刑。

被判处不满十年有期徒刑的罪犯，两次减刑间隔时间不得少于一年；被判处十年以上有期徒刑的罪犯，两次减刑间隔时间不得少于一年六个月。减刑间隔时间不得低于上次减刑减去的刑期。

罪犯有重大立功表现的，可以不受上述减刑起始时间和间隔时间的限制。

第七条 对符合减刑条件的职务犯罪罪犯，破坏金融管理秩序和金融诈骗犯罪罪犯，组织、领导、参加、包庇、纵容黑社会性质组织犯罪罪犯，危害国家安全犯罪罪犯，恐怖活动犯罪罪犯，毒品犯罪集团的首要分子及毒品再犯，累犯，确有履行能力而不履行或者不全部履行生效裁判中财产性判项的罪犯，被判处十年以下有期徒刑的，执行二年以上方可减刑，减刑幅度应当比照本规定第六条从严掌握，一次减刑不超过一年有期徒刑，两次减刑之间应当间隔一年以上。

[①] 减刑、假释本属于刑罚执行问题，考虑到全书编写体例的协调性，以及读者查阅的便利，依然将该问题收录在【本章罪名量刑问题的总体规定】，特此说明。

第八章 贪污贿赂罪

对被判处十年以上有期徒刑的前款罪犯,以及因故意杀人、强奸、抢劫、绑架、放火、爆炸、投放危险物质或者有组织的暴力性犯罪被判处十年以上有期徒刑的罪犯,数罪并罚且其中两罪以上被判处十年以上有期徒刑的罪犯,执行二年以上方可减刑,减刑幅度应当比照本规定第六条从严掌握,一次减刑不超过一年有期徒刑,两次减刑之间应当间隔一年六个月以上。

罪犯有重大立功表现的,可以不受上述减刑起始时间和间隔时间的限制。

第十一条 对被判处死刑缓期执行的职务犯罪罪犯,破坏金融管理秩序和金融诈骗犯罪罪犯,组织、领导、参加、包庇、纵容黑社会性质组织犯罪罪犯,危害国家安全犯罪罪犯,恐怖活动犯罪罪犯,毒品犯罪集团的首要分子及毒品再犯,累犯以及因故意杀人、强奸、抢劫、绑架、放火、爆炸、投放危险物质或者有组织的暴力性犯罪的罪犯,确有履行能力而不履行或者不全部履行生效裁判中财产性判项的罪犯,数罪并罚被判处死刑缓期执行的罪犯,减为无期徒刑后,符合减刑条件的,执行三年以上方可减刑,一般减为二十五年有期徒刑,有立功表现或者重大立功表现的,可以比照本规定第十条减为二十三年以上二十五年以下有期徒刑;减为有期徒刑后再减刑时,减刑幅度比照本规定第六条从严掌握,一次不超过一年有期徒刑,两次减刑之间应当间隔二年以上。

第三百八十二条 【贪污罪】国家工作人员利用职务上的便利,侵吞、窃取、骗取或者以其他手段非法占有公共财物的,是贪污罪。

受国家机关、国有公司、企业、事业单位、人民团体委托管理、经营国有财产的人员,利用职务上的便利,侵吞、窃取、骗取或者以其他手段非法占有国有财物的,以贪污论。

与前两款所列人员勾结,伙同贪污的,以共犯论处。

关联法条:第九十三条、第一百八十三条(第2款)、第二百七十一条(第2款)、第三百八十三条、第三百九十四条

◀ 定　　罪 ▶

▶ 本罪定义

★最高人民检察院《关于人民检察院直接受理立案侦查案件立案标准的规定(试行)》(1999年9月16日)(节录)

一、贪污贿赂犯罪案件

(一)贪污案(第382条,第383条,第183条第2款,第271条第2款,第394条)

贪污罪是指国家工作人员利用职务上的便利,侵吞、窃取、骗取或者以其他手段非法占有公共财物的行为。

▶ 第一款"利用职务上的便利"的认定

★最高人民检察院《关于人民检察院直接受理立案侦查案件立案标准的规定(试行)》(1999年9月16日)(节录)

一、贪污贿赂犯罪案件

(一)贪污案(第382条,第383条,第183条第2款,第271条第2款,第394条)

· 715 ·

"利用职务上的便利"是指利用职务上主管、管理、经手公共财物的权力及方便条件。

受国家机关、国有公司、企业、事业单位、人民团体委托管理、经营国有财产的人员，利用职务上的便利，侵吞、窃取、骗取或者以其他手段非法占有国有财物的，以贪污罪追究其刑事责任。

★最高人民法院《关于发布第三批指导性案例的通知》（2012年9月18日）（节录）

杨延虎等贪污案〔指导案例11号〕

裁判要点：贪污罪中的"利用职务上的便利"，是指利用职务上主管、管理、经手公共财物的权力及方便条件，既包括利用本人职务上主管、管理公共财物的职务便利，也包括利用职务上有隶属关系的其他国家工作人员的职务便利。

土地使用权具有财产性利益，属于刑法第三百八十二条第一款规定中的"公共财物"，可以成为贪污的对象。

③ 第二款"受委托管理、经营国有财产"的认定

★最高人民检察院《关于人民检察院直接受理立案侦查案件立案标准的规定（试行）》（1999年9月16日）（节录）

一、贪污贿赂犯罪案件

（一）贪污案（第382条，第383条，第183条第2款，第271条第2款，第394条）

"受委托管理、经营国有财产"是指因承包、租赁、聘用等而管理、经营国有财产。

国有保险公司的工作人员和国有保险公司委派到非国有保险公司从事公务的人员利用职务上的便利，故意编造未曾发生的保险事故进行虚假理赔，骗取保险金归自己所有的，以贪污罪追究刑事责任。

国有公司、企业或者其他国有单位中从事公务的人员和国有公司、企业或者其他国有单位委派到非国有公司、企业以及其他非国有单位从事公务的人员，利用职务上的便利，将本单位财物非法占为己有的，以贪污罪追究刑事责任。

★最高人民法院《全国法院审理经济犯罪案件工作座谈会纪要》（2003年11月13日）（节录）

二、关于贪污罪

（二）"受委托管理、经营国有财产"的认定

刑法第382条第2款规定的"受委托管理、经营国有财产"，是指因承包、租赁、临时聘用等管理、经营国有财产。

④ 挪用公款转化为贪污的认定

★最高人民法院《关于审理挪用公款案件具体应用法律若干问题的解释》（1998年5月9日）（节录）

第六条 携带挪用的公款潜逃的，依照刑法第三百八十二条、第三百八十三条的规定定罪处罚。

★最高人民法院《全国法院审理经济犯罪案件工作座谈会纪要》（2003年11月13日）（节录）

四、关于挪用公款罪

（八）挪用公款转化为贪污的认定

挪用公款罪与贪污罪的主要区别在于行为人主观上是否具有非法占有公款的目的。挪用公款是否转化为贪污，应当按照主客观相一致的原则，具体判断和认定行为人主观上是否具有非法占有公款的目的。在司法实践中，具有以下情形之一的，可以认定行为人具有非法占有公款的目的：

1. 根据《最高人民法院关于审理挪用公款案件具体应用法律若干问题的解释》第六条的规定，行为人"携带挪用的公款潜逃的"，对其携带挪用的公款部分，以贪污罪定罪处罚。

2. 行为人挪用公款后采取虚假发票平帐、销毁有关帐目等手段，使所挪用的公款已难以在单位财务帐目上反映出来，且没有归还行为的，应当以贪污罪定罪处罚。

3. 行为人截取单位收入不入帐，非法占有，使所占有的公款难以在单位财务帐目上反映出来，且没有归还行为的，应当以贪污罪定罪处罚。

4. 有证据证明行为人有能力归还所挪用的公款而拒不归还，并隐瞒挪用的公款去向的，应当以贪污罪定罪处罚。

5 赃款赃物用于公务或捐赠不影响案件定性

★最高人民法院、最高人民检察院《关于办理贪污贿赂刑事案件适用法律若干问题的解释》（2016年4月18日）（节录）

第十六条（第1款） 国家工作人员出于贪污、受贿的故意，非法占有公共财物、收受他人财物之后，将赃款赃物用于单位公务支出或者社会捐赠的，不影响贪污罪、受贿罪的认定，但量刑时可以酌情考虑。

6 国家出资企业改制过程中贪污行为的处理

★最高人民法院、最高人民检察院《关于办理国家出资企业中职务犯罪案件具体应用法律若干问题的意见》（2010年11月26日）（节录）

一、关于国家出资企业工作人员在改制过程中隐匿公司、企业财产归个人持股的改制后公司、企业所有的行为的处理

国家工作人员或者受国家机关、国有公司、企业、事业单位、人民团体委托管理、经营国有财产的人员利用职务上的便利，在国家出资企业改制过程中故意通过低估资产、隐瞒债权、虚设债务、虚构产权交易等方式隐匿公司、企业财产，转为本人持有股份的改制后公司、企业所有，应当依法追究刑事责任的，依照刑法第三百八十二条、第三百八十三条的规定，以贪污罪定罪处罚。贪污数额一般应当以所隐匿财产全额计算；改制后公司、企业仍有国有股份的，按股份比例扣除归于国有的部分。

所隐匿财产在改制过程中已为行为人实际控制，或者国家出资企业改制已经完成的，以犯罪既遂处理。

第一款规定以外的人员实施该款行为的，依照刑法第二百七十一条的规定，以职务侵占罪定罪处罚；第一款规定以外的人员与第一款规定的人员共同实施该款行为的，以贪污罪的共犯论处。

在企业改制过程中未采取低估资产、隐瞒债权、虚设债务、虚构产权交易等方式故意隐匿公司、企业财产的，一般不应当认定为贪污；造成国有资产重大损失，依法构成刑法第一百六十八条或者第一百六十九条规定的犯罪的，依照该规定定罪处罚。

二、关于国有公司、企业在改制过程中隐匿公司、企业财产归职工集体持股的改制后公司、企业所有的行为的处理

（第2款）改制后的公司、企业中只有改制前公司、企业的管理人员或者少数职工持股，改制前公司、企业的多数职工未持股的，依照本意见第一条的规定，以贪污罪定罪处罚。

四、关于国家工作人员在企业改制过程中的渎职行为的处理

（第3款）国家出资企业中的国家工作人员在公司、企业改制或者国有资产处置过程中徇私舞弊，将国有资产低价折股或者低价出售给特定关系人持有股份或者本人实际控制的公司、企业，致使国家利益遭受重大损失的，依照刑法第三百八十二条、第三百八十三条的规定，以贪污罪定罪处罚。贪污数额以国有资产的损失数额计算。

五、关于改制前后主体身份发生变化的犯罪的处理

国家工作人员在国家出资企业改制前利用职务上的便利实施犯罪，在其不再具有国家工作人员身份后又实施同种行为，依法构成不同犯罪的，应当分别定罪，实行数罪并罚。

国家工作人员利用职务上的便利，在国家出资企业改制过程中隐匿公司、企业财产，在其不再具有国家工作人员身份后将所隐匿财产据为己有的，依照刑法第三百八十二条、第三百八十三条的规定，以贪污罪定罪处罚。

国家工作人员在国家出资企业改制过程中利用职务上的便利为请托人谋取利益，事先约定在其不再具有国家工作人员身份后收受请托人财物，或者在身份变化前后连续收受请托人财物的，依照刑法第三百八十五条、第三百八十六条的规定，以受贿罪定罪处罚。

六、关于国家出资企业中国家工作人员的认定

经国家机关、国有公司、企业、事业单位提名、推荐、任命、批准等，在国有控股、参股公司及其分支机构中从事公务的人员，应当认定为国家工作人员。具体的任命机构和程序，不影响国家工作人员的认定。

经国家出资企业中负有管理、监督国有资产职责的组织批准或者研究决定，代表其在国有控股、参股公司及其分支机构中从事组织、领导、监督、经营、管理工作的人员，应当认定为国家工作人员。

国家出资企业中的国家工作人员，在国家出资企业中持有个人股份或者同时接受非国有股东委托的，不影响其国家工作人员身份的认定。

七、关于国家出资企业的界定

本意见所称"国家出资企业"，包括国家出资的国有独资公司、国有独资企业，以及国有资本控股公司、国有资本参股公司。

是否属于国家出资企业不清楚的，应遵循"谁投资、谁拥有产权"的原则进行界定。企业注册登记中的资金来源与实际出资不符的，应根据实际出资情况确定企业的性质。企业实际出资情况不清楚的，可以综合工商注册、分配形式、经营管理等因素确定企业的

性质。

八、关于宽严相济刑事政策的具体贯彻

办理国家出资企业中的职务犯罪案件时,要综合考虑历史条件、企业发展、职工就业、社会稳定等因素,注意具体情况具体分析,严格把握犯罪与一般违规行为的区分界限。对于主观恶意明显、社会危害严重、群众反映强烈的严重犯罪,要坚决依法从严惩处;对于特定历史条件下、为了顺利完成企业改制而实施的违反国家政策法律规定的行为,行为人无主观恶意或者主观恶意不明显,情节较轻,危害不大的,可以不作为犯罪处理。

对于国家出资企业中的职务犯罪,要加大经济上的惩罚力度,充分重视财产刑的适用和执行,最大限度地挽回国家和人民利益遭受的损失。不能退赃的,在决定刑罚时,应当作为重要情节予以考虑。

7 共同犯罪

★最高人民法院《全国法院审理经济犯罪案件工作座谈会纪要》(2003年11月13日)(节录)

二、关于贪污罪

(三)国家工作人员与非国家工作人员勾结共同非法占有单位财物行为的认定

对于国家工作人员与他人勾结,共同非法占有单位财物的行为,应当按照《最高人民法院关于审理贪污、职务侵占案件如何认定共同犯罪几个问题的解释》的规定定罪处罚。① 对于在公司、企业或者其他单位中,非国家工作人员与国家工作人员勾结,分别利用各自的职务便利,共同将本单位财物非法占有的,应当尽量区分主从犯,按照主犯的犯罪性质定罪。司法实践中,如果根据案件的实际情况,各共同犯罪人在共同犯罪中的地位、作用相当,难以区分主从犯的,可以贪污罪定罪处罚。

(四)共同贪污犯罪中"个人贪污数额"的认定

刑法第三百八十三条第一款规定的"个人贪污数额",在共同贪污犯罪案件中应理解为个人所参与或者组织、指挥共同贪污的数额,不能只按个人实际分得的赃款数额来认定。对共同贪污犯罪中的从犯,应当按照其所参与的共同贪污的数额确定量刑幅度,并依照刑法第二十七条第二款的规定,从轻、减轻处罚或者免除处罚。

★最高人民法院《关于审理贪污、职务侵占案件如何认定共同犯罪几个问题的解释》(2007年7月8日)(节录)

第一条 行为人与国家工作人员勾结,利用国家工作人员的职务便利,共同侵吞、窃取、骗取或者以其他手段非法占有公共财物的,以贪污罪共犯论处。

---

① 最高人民法院《关于审理贪污、职务侵占案件如何认定共同犯罪几个问题的解释》(2007年7月8日)第二条规定,行为人与公司、企业或者其他单位的人员勾结,利用公司、企业或者其他单位人员的职务便利,共同将该单位财物非法占为己有,数额较大的,以职务侵占罪共犯论处。第三条规定,公司、企业或者其他单位中,不具有国家工作人员身份的人与国家工作人员勾结,分别利用各自的职务便利,共同将本单位财物非法占为己有的,按照主犯的犯罪性质定罪。

第二条 行为人与公司、企业或者其他单位的人员勾结,利用公司、企业或者其他单位人员的职务便利,共同将该单位财物非法占为己有,数额较大的,以职务侵占罪共犯论处。

第三条 公司、企业或者其他单位中,不具有国家工作人员身份的人与国家工作人员勾结,分别利用各自的职务便利,共同将本单位财物非法占为己有的,按照主犯的犯罪性质定罪。

▶8 既遂与未遂

★最高人民法院《全国法院审理经济犯罪案件工作座谈会纪要》(2003年11月13日)(节录)

二、关于贪污罪

(一)贪污罪既遂与未遂的认定

贪污罪是一种以非法占有为目的的财产性职务犯罪,与盗窃、诈骗、抢夺等侵犯财产罪一样,应当以行为人是否实际控制财物作为区分贪污罪既遂与未遂的标准。对于行为人利用职务上的便利,实施了虚假平账等贪污行为,但公共财物尚未实际转移,或者尚未被行为人控制就被查获的,应当认定为贪污未遂。行为人控制公共财物后,是否将财物据为己有,不影响贪污既遂的认定。

▶9 一罪与数罪

★最高人民法院、最高人民检察院《关于办理妨害预防、控制突发传染病疫情等灾害的刑事案件具体应用法律若干问题的解释》(2003年5月15日)(节录)

第十四条(第1款) 贪污、侵占用于预防、控制突发传染病疫情等灾害的款物或者挪用归个人使用,构成犯罪的,分别依照刑法第三百八十二条、第三百八十三条、第二百七十一条、第三百八十四条、第二百七十二条的规定,以贪污罪、侵占罪、① 挪用公款罪、挪用资金罪定罪,依法从重处罚。

★最高人民法院研究室《关于对行为人通过伪造国家机关公文、证件担任国家工作人员职务并利用职务上的便利侵占本单位财物、收受贿赂、挪用本单位资金等行为如何适用法律问题的答复》(2004年3月30日)(节录)

行为人通过伪造国家机关公文、证件担任国家工作人员职务以后,又利用职务上的便利实施侵占本单位财物、收受贿赂、挪用本单位资金等行为,构成犯罪的,应当分别以伪造国家机关公文、证件罪和相应的贪污罪、受贿罪、挪用公款罪等追究刑事责任,实行数罪并罚。

★最高人民法院、最高人民检察院《关于办理危害生产安全刑事案件适用法律若干问题的解释》(2015年12月16日)(节录)

第十四条 国家工作人员违反规定投资入股生产经营,构成本解释规定的有关犯罪的,或者国家工作人员的贪污、受贿犯罪行为与安全事故发生存在关联性的,从重处罚;同时构成贪污、受贿犯罪和危害生产安全犯罪的,依照数罪并罚的规定处罚。

---

① 应为职务侵占罪。

第三百八十三条[①]【贪污罪的处罚】对犯贪污罪的,根据情节轻重,分别依照下列规定处罚:

(一) 贪污数额较大或者有其他较重情节的,处三年以下有期徒刑或者拘役,并处罚金。

(二) 贪污数额巨大或者有其他严重情节的,处三年以上十年以下有期徒刑,并处罚金或者没收财产。

(三) 贪污数额特别巨大或者有其他特别严重情节的,处十年以上有期徒刑或者无期徒刑,并处罚金或者没收财产;数额特别巨大,并使国家和人民利益遭受特别重大损失的,处无期徒刑或者死刑,并处没收财产。

对多次贪污未经处理的,按照累计贪污数额处罚。

犯第一款罪,在提起公诉前如实供述自己罪行、真诚悔罪、积极退赃,避免、减少损害结果的发生,有第一项规定情形的,可以从轻、减轻或者免除处罚;有第二项、第三项规定情形的,可以从轻处罚。

犯第一款罪,有第三项规定情形被判处死刑缓期执行的,人民法院根据犯罪情节等情况可以同时决定在其死刑缓期执行二年期满依法减为无期徒刑后,终身监禁,不得减刑、假释。

---定 罪---

第一款第一项"数额较大"、"其他较重情节"的认定

★最高人民法院、最高人民检察院《关于办理贪污贿赂刑事案件适用法律若干问题的解释》(2016年4月18日)(节录)

第一条(第1款) 贪污或者受贿数额在三万元以上不满二十万元的,应当认定为刑法第三百八十三条第一款规定的"数额较大",依法判处三年以下有期徒刑或者拘役,并处罚金。

(第2款) 贪污数额在一万元以上不满三万元,具有下列情形之一的,应当认定为刑法第三百八十三条第一款规定的"其他较重情节",依法判处三年以下有期徒刑或者拘役,并处罚金:

(一) 贪污救灾、抢险、防汛、优抚、扶贫、移民、救济、防疫、社会捐助等特定款物的;

(二) 曾因贪污、受贿、挪用公款受过党纪、行政处分的;

(三) 曾因故意犯罪受过刑事追究的;

(四) 赃款赃物用于非法活动的;

(五) 拒不交待赃款赃物去向或者拒不配合追缴工作,致使无法追缴的;

(六) 造成恶劣影响或者其他严重后果的。

[①] 2015年8月29日《刑法修正案(九)》第四十四条按照贪污数额、情节充分设定了贪污罪的量刑档,增设了第三款、第四款。

❷ 第一款第二项"数额巨大"、"其他严重情节"的认定

★最高人民法院、最高人民检察院《关于办理贪污贿赂刑事案件适用法律若干问题的解释》(2016年4月18日)(节录)

第二条(第1款) 贪污或者受贿数额在二十万元以上不满三百万元的,应当认定为刑法第三百八十三条第一款规定的"数额巨大",依法判处三年以上十年以下有期徒刑,并处罚金或者没收财产。

(第2款) 贪污数额在十万元以上不满二十万元,具有本解释第一条第二款规定的情形之一的,应当认定为刑法第三百八十三条第一款规定的"其他严重情节",依法判处三年以上十年以下有期徒刑,并处罚金或者没收财产。

❸ 第一款第三项"数额特别巨大"、"其他特别严重情节"的认定

★最高人民法院、最高人民检察院《关于办理贪污贿赂刑事案件适用法律若干问题的解释》(2016年4月18日)(节录)

第三条(第1款) 贪污或者受贿数额在三百万元以上的,应当认定为刑法第三百八十三条第一款规定的"数额特别巨大",依法判处十年以上有期徒刑、无期徒刑或者死刑,并处罚金或者没收财产。

(第2款) 贪污数额在一百五十万元以上不满三百万元,具有本解释第一条第二款规定的情形之一的,应当认定为刑法第三百八十三条第一款规定的"其他特别严重情节",依法判处十年以上有期徒刑、无期徒刑或者死刑,并处罚金或者没收财产。

量　刑

❶ 参见【本章罪名量刑问题的总体规定】,P714

❷ 第四款的溯及力

★最高人民法院《关于〈中华人民共和国刑法修正案(九)〉时间效力问题的解释》(2015年11月1日)(节录)

第八条 对于2015年10月31日以前实施贪污、受贿行为,罪行极其严重,根据修正前刑法判处死刑缓期执行不能体现罪刑相适应原则,而根据修正后刑法判处死刑缓期执行同时决定在其死刑缓期执行二年期满依法减为无期徒刑后,终身监禁,不得减刑、假释可以罚当其罪的,适用修正后刑法第三百八十三条第四款的规定。根据修正前刑法判处死刑缓期执行足以罚当其罪的,不适用修正后刑法第三百八十三条第四款的规定。

❸ 死刑、终身监禁

★最高人民法院、最高人民检察院《关于办理贪污贿赂刑事案件适用法律若干问题的解释》(2016年4月18日)(节录)

第四条 贪污、受贿数额特别巨大,犯罪情节特别严重、社会影响特别恶劣、给国家和人民利益造成特别重大损失的,可以判处死刑。

符合前款规定的情形,但具有自首、立功,如实供述自己罪行、真诚悔罪、积极退赃,或者避免、减少损害结果的发生等情节,不是必须立即执行的,可以判处死刑缓期二年执行。

符合第一款规定情形的,根据犯罪情节等情况可以判处死刑缓期二年执行,同时裁判决定在其死刑缓期执行二年期满依法减为无期徒刑后,终身监禁,不得减刑、假释。

4 罚金、没收财产

★最高人民法院、最高人民检察院《关于办理贪污贿赂刑事案件适用法律若干问题的解释》(2016年4月18日)(节录)

第十九条 对贪污罪、受贿罪判处三年以下有期徒刑或者拘役的,应当并处十万元以上五十万元以下的罚金;判处三年以上十年以下有期徒刑的,应当并处二十万元以上犯罪数额二倍以下的罚金或者没收财产;判处十年以上有期徒刑或者无期徒刑的,应当并处五十万元以上犯罪数额二倍以下的罚金或者没收财产。

对刑法规定并处罚金的其他贪污贿赂犯罪,应当在十万元以上犯罪数额二倍以下判处罚金。

5 不适用缓刑、免予刑事处罚

★最高人民法院、最高人民检察院《关于办理职务犯罪案件严格适用缓刑、免予刑事处罚若干问题的意见》(2012年8月8日)(节录)

二、具有下列情形之一的职务犯罪分子,一般不适用缓刑或者免予刑事处罚:

(一)不如实供述罪行的;

(二)不予退缴赃款赃物或者将赃款赃物用于非法活动的;

(三)属于共同犯罪中情节严重的主犯的;

(四)犯有数个职务犯罪依法实行并罚或者以一罪处理的;

(五)曾因职务违纪违法行为受过行政处分的;

(六)犯罪涉及的财物属于救灾、抢险、防汛、优抚、扶贫、移民、救济、防疫等特定款物的;

(七)受贿犯罪中具有索贿情节的;

(八)渎职犯罪中徇私舞弊情节或者滥用职权情节恶劣的;

(九)其他不应适用缓刑、免予刑事处罚的情形。

三、不具有本意见第二条规定的情形,全部退缴赃款赃物,依法判处三年有期徒刑以下刑罚,符合刑法规定的缓刑适用条件的贪污、受贿犯罪分子,可以适用缓刑;符合刑法第三百八十三条第一款第(三)项的规定,依法不需要判处刑罚的,可以免予刑事处罚。

不具有本意见第二条所列情形,挪用公款进行营利活动或者超过三个月未还构成犯罪,一审宣判前已将公款归还,依法判处三年有期徒刑以下刑罚,符合刑法规定的缓刑适用条件的,可以适用缓刑;在案发前已归还,情节轻微,不需要判处刑罚的,可以免予刑事处罚。

四、人民法院审理职务犯罪案件时应当注意听取检察机关、被告人、辩护人提出的量刑意见,分析影响性案件案发前后的社会反映,必要时可以征求案件查办机关的意见。对于情节恶劣、社会反映强烈的职务犯罪案件,不得适用缓刑、免予刑事处罚。

五、对于具有本意见第二条规定的情形之一,但根据全案事实和量刑情节,检察机关认为确有必要适用缓刑或者免予刑事处罚并据此提出量刑建议的,应经检察委员会讨论决

第二编 分　　则

定；审理法院认为确有必要适用缓刑或者免予刑事处罚的，应经审判委员会讨论决定。

▶**6** **退赃挽损的，从轻处罚**
　　★最高人民法院、最高人民检察院《关于办理职务犯罪案件认定自首、立功等量刑情节若干问题的意见》（2009年3月20日）（节录）
　　四、关于赃款赃物追缴等情形的处理
　　贪污案件中赃款赃物全部或者大部分追缴的，一般应当考虑从轻处罚。
　　受贿案件中赃款赃物全部或者大部分追缴的，视具体情况可以酌定从轻处罚。
　　犯罪分子及其亲友主动退赃或者在办案机关追缴赃款赃物过程中积极配合的，在量刑时应当与办案机关查办案件过程中依职权追缴赃款赃物的有所区别。
　　职务犯罪案件立案后，犯罪分子及其亲友自行挽回的经济损失，司法机关或者犯罪分子所在单位及其上级主管部门挽回的经济损失，或者因客观原因减少的经济损失，不予扣减，但可以作为酌情从轻处罚的情节。

▶**7** **违法所得的处理**
　　★最高人民法院、最高人民检察院《关于办理贪污贿赂刑事案件适用法律若干问题的解释》（2016年4月18日）（节录）
　　第十八条　贪污贿赂犯罪分子违法所得的一切财物，应当依照刑法第六十四条的规定予以追缴或者责令退赔，对被害人的合法财产应当及时返还。对尚未追缴到案或者尚未足额退赔的违法所得，应当继续追缴或者责令退赔。

第三百八十四条　【挪用公款罪】 国家工作人员利用职务上的便利，挪用公款归个人使用，进行非法活动的，或者挪用公款数额较大、进行营利活动的，或者挪用公款数额较大、超过三个月未还的，是挪用公款罪，处五年以下有期徒刑或者拘役；情节严重的，处五年以上有期徒刑。挪用公款数额巨大不退还的，处十年以上有期徒刑或者无期徒刑。
　　挪用用于救灾、抢险、防汛、优抚、扶贫、移民、救济款物归个人使用的，从重处罚。
　　关联法条：第九十三条、第一百八十五条（第2款）、第二百七十二条（第2款）

━━━━▶　定　　罪　◀━━━━

▶**1** **挪用公款转化为贪污的认定**
　　（参见第三百八十二条：【定罪】：4.挪用公款转化为贪污的认定，P716）

▶**2** **本罪定义**
　　★最高人民检察院《关于人民检察院直接受理立案侦查案件立案标准的规定（试行）》（1999年9月16日）（节录）
　　一、贪污贿赂犯罪案件
　　（二）挪用公款案（第384条，第185条第2款，第272条第2款）
　　挪用公款罪是指国家工作人员利用职务上的便利，挪用公款归个人使用，进行非法活

·724·

动的，或者挪用公款数额较大、进行营利活动的，或者挪用公款数额较大、超过三个月未还的行为。

3 挪用公款的三种情形

★最高人民法院《关于审理挪用公款案件具体应用法律若干问题的解释》（1998年5月9日）（节录）

第二条　对挪用公款罪，应区分三种不同情况予以认定：

（一）挪用公款归个人使用，数额较大、超过三个月未还的，构成挪用公款罪。

挪用正在生息或者需要支付利息的公款归个人使用，数额较大，超过三个月但在案发前全部归还本金的，可以从轻处罚或者免除处罚。给国家、集体造成的利息损失应予追缴。挪用公款数额巨大，超过三个月，案发前全部归还的，可以酌情从轻处罚。

（二）挪用公款数额较大，归个人进行营利活动的，构成挪用公款罪，不受挪用时间和是否归还的限制。在案发前部分或者全部归还本息的，可以从轻处罚；情节轻微的，可以免除处罚。

挪用公款存入银行、用于集资、购买股票、国债等，属于挪用公款进行营利活动。所获取的利息、收益等违法所得，应当追缴，但不计入挪用公款的数额。

（三）挪用公款归个人使用，进行赌博、走私等非法活动的，构成挪用公款罪，不受"数额较大"和挪用时间的限制。①

挪用公款给他人使用，不知道使用人用公款进行营利活动或者用于非法活动，数额较大、超过三个月未还的，构成挪用公款罪；明知使用人用于营利活动或者非法活动的，应当认定为挪用人挪用公款进行营利活动或者非法活动。

4 "挪用公款归个人使用"的认定

★最高人民法院《关于审理挪用公款案件具体应用法律若干问题的解释》（1998年5月9日）（节录）

第一条　刑法第三百八十四条规定的"挪用公款归个人使用"，包括挪用者本人使用或者给他人使用。

挪用公款给私有公司、私有企业使用的，属于挪用公款归个人使用。

第三条　……挪用救灾、抢险、防汛、优抚、扶贫、移民、救济款物归个人使用的数额标准，参照挪用公款归个人使用进行非法活动的数额标准。

★最高人民检察院《关于人民检察院直接受理立案侦查案件立案标准的规定（试行）》（1999年9月16日）（节录）

一、贪污贿赂犯罪案件

（二）挪用公款案（第384条，第185条第2款，第272条第2款）

"挪用公款归个人使用"，既包括挪用者本人使用，也包括给他人使用。

★全国人民代表大会常务委员会《关于〈中华人民共和国刑法〉第三百八十四条第一

---

① 根据最高人民法院、最高人民检察院《关于办理贪污贿赂刑事案件适用法律若干问题的解释》（2016年4月18日）第五条的规定，本罪已有入罪数额的限制。

款的解释》（2002年4月28日）

全国人民代表大会常务委员会讨论了刑法第三百八十四条第一款规定的国家工作人员利用职务上的便利，挪用公款"归个人使用"的含义问题，解释如下：有下列情形之一的，属于挪用公款"归个人使用"：

（一）将公款供本人、亲友或者其他自然人使用的；

（二）以个人名义将公款供其他单位使用的；

（三）个人决定以单位名义将公款供其他单位使用，谋取个人利益的。

★最高人民检察院《关于认真贯彻执行全国人大常委会〈关于刑法第二百九十四条第一款的解释〉和〈关于刑法第三百八十四条第一款的解释〉的通知》（2002年5月13日）（节录）

二、要正确适用法律，积极发挥检察职能作用……对于国家工作人员利用职务上的便利，实施《解释》规定的挪用公款"归个人使用"的三种情形之一的，无论使用公款的是个人还是单位以及单位的性质如何，均应认定为挪用公款归个人使用，构成犯罪的，应依法严肃查处。

★最高人民法院《全国法院审理经济犯罪案件工作座谈会纪要》（2003年11月13日）（节录）

四、关于挪用公款罪

（二）挪用公款供其他单位使用行为的认定

根据全国人大常委会《关于〈中华人民共和国刑法〉第三百八十四条第一款的解释》的规定，"以个人名义将公款供其他单位使用的"、"个人决定以单位名义将公款供其他单位使用，谋取个人利益的"，属于挪用公款"归个人使用"。在司法实践中，对于将公款供其他单位使用的，认定是否属于"以个人名义"，不能只看形式，要从实质上把握。对于行为人逃避财务监管，或者与使用人约定以个人名义进行，或者借款、还款都以个人名义进行，将公款给其他单位使用的，应认定为"以个人名义"。"个人决定"既包括行为人在职权范围内决定，也包括超越职权范围决定。"谋取个人利益"，既包括行为人与使用人事先约定谋取个人利益实际尚未获取的情况，也包括虽未事先约定但实际已获取了个人利益的情况。其中的"个人利益"，既包括不正当利益，也包括正当利益；既包括财产性利益，也包括非财产性利益，但这种非财产性利益应当是具体的实际利益，如升学、就业等。

▶ **5** 挪用公款进行非法活动，入罪数额、"数额巨大"、"情节严重"的认定

★最高人民检察院《关于人民检察院直接受理立案侦查案件立案标准的规定（试行）》（1999年9月16日）（节录）

四、附则

（四）本规定中有关挪用公款罪案中的"非法活动"，既包括犯罪活动，也包括其他违法活动。

★最高人民法院、最高人民检察院《关于办理贪污贿赂刑事案件适用法律若干问题的解释》（2016年4月18日）（节录）

第五条 挪用公款归个人使用，进行非法活动，数额在三万元以上的，应当依照刑法

第三百八十四条的规定以挪用公款罪追究刑事责任;数额在三百万元以上的,应当认定为刑法第三百八十四条第一款规定的"数额巨大"。具有下列情形之一的,应当认定为刑法第三百八十四条第一款规定的"情节严重":

(一)挪用公款数额在一百万元以上的;

(二)挪用救灾、抢险、防汛、优抚、扶贫、移民、救济特定款物,数额在五十万元以上不满一百万元的;

(三)挪用公款不退还,数额在五十万元以上不满一百万元的;

(四)其他严重的情节。

6 挪用公款个人进行营利活动或超过三个月未还,"数额较大"、"数额巨大"、"情节严重"的认定

★最高人民法院、最高人民检察院《关于办理贪污贿赂刑事案件适用法律若干问题的解释》(2016年4月18日)(节录)

第六条 挪用公款归个人使用,进行营利活动或者超过三个月未还,数额在五万元以上的,应当认定为刑法第三百八十四条第一款规定的"数额较大";数额在五百万元以上的,应当认定为刑法第三百八十四条第一款规定的"数额巨大"。具有下列情形之一的,应当认定为刑法第三百八十四条第一款规定的"情节严重":

(一)挪用公款数额在二百万元以上的;

(二)挪用救灾、抢险、防汛、优抚、扶贫、移民、救济特定款物,数额在一百万元以上不满二百万元的;

(三)挪用公款不退还,数额在一百万元以上不满二百万元的;

(四)其他严重的情节。

7 "挪用公款数额巨大不退还的"认定

★最高人民法院《关于审理挪用公款案件具体应用法律若干问题的解释》(1998年5月9日)(节录)

第五条 "挪用公款数额巨大不退还的",是指挪用公款数额巨大,因客观原因在一审宣判前不能退还的。

8 挪用公款归还个人欠款、注册公司行为的定性

★最高人民法院《全国法院审理经济犯罪案件工作座谈会纪要》(2003年11月13日)(节录)

四、关于挪用公款罪

(五)挪用公款归还个人欠款行为性质的认定

挪用公款归还个人欠款的,应当根据产生欠款的原因,分别认定属于挪用公款的何种情形。归还个人进行非法活动或者进行营利活动产生的欠款,应当认定为挪用公款进行非法活动或者进行营利活动。

(六)挪用公款用于注册公司、企业行为性质的认定

申报注册资本是为进行生产经营活动作准备,属于成立公司、企业进行营利活动的组成部分。因此,挪用公款归个人用于公司、企业注册资本验资证明的,应当认定为挪用公

款进行营利活动。

9 挪用国库券行为的定性

★最高人民检察院《关于挪用国库券如何定性问题的批复》(1997年10月13日)(节录)

国家工作人员利用职务上的便利，挪用公有或本单位的国库券的行为以挪用公款论；符合刑法第384条、第272条第2款规定的情形构成犯罪的，按挪用公款罪追究刑事责任。

10 挪用非特定公物归个人使用行为的定性

★最高人民检察院《关于国家工作人员挪用非特定公物能否定罪的请示的批复》(2000年3月15日)(节录)

刑法第384条规定的挪用公款罪中未包括挪用非特定公物归个人使用的行为，对该行为不以挪用公款罪论处。如构成其他犯罪的，依照刑法的相关规定定罪处罚。

11 挪用失业保险基金、下岗职工基本生活保障资金行为的定性

★最高人民检察院《关于挪用失业保险基金和下岗职工基本生活保障资金的行为适用法律问题的批复》(2003年1月28日)(节录)

挪用失业保险基金和下岗职工基本生活保障资金属于挪用救济款物。挪用失业保险基金和下岗职工基本生活保障资金，情节严重，致使国家和人民群众利益遭受重大损害的，对直接责任人员，应当依照刑法第二百七十三条的规定，以挪用特定款物罪追究刑事责任；国家工作人员利用职务上的便利，挪用失业保险基金和下岗职工基本生活保障资金归个人使用，构成犯罪的，应当依照刑法第三百八十四条的规定，以挪用公款罪追究刑事责任。

12 挪用公款后尚未投入实际使用行为的定性

★最高人民法院《全国法院审理经济犯罪案件工作座谈会纪要》(2003年11月13日)(节录)

四、关于挪用公款罪

(七)挪用公款后尚未投入实际使用的行为性质的认定

挪用公款后尚未投入实际使用的，只要同时具备"数额较大"和"超过三个月未还"的构成要件，应当认定为挪用公款罪，但可以酌情从轻处罚。

13 国有单位和国有单位委派到非国有单位从事公务的人员挪用资金行为的定性

★最高人民检察院《关于人民检察院直接受理立案侦查案件立案标准的规定(试行)》(1999年9月16日)(节录)

一、贪污贿赂犯罪案件

(二)挪用公款案(第384条、第185条第2款、第272条第2款)

国有金融机构工作人员和国有金融机构委派到非国有金融机构从事公务的人员，利用职务上的便利，挪用本单位或者客户资金的，以挪用公款罪追究刑事责任。

国有公司、企业或者其他国有单位中从事公务的人员和国有公司、企业或者其他国有单位委派到非国有公司、企业以及其他单位从事公务的人员，利用职务上的便利，挪用本单位资金归个人使用或者借贷给他人，数额较大、超过三个月未还的，或者虽未超过三个月，但数额较大，进行营利活动的，或者进行非法活动的，以挪用公款罪追究刑事责任。

14 国家出资企业改制过程中挪用资金担保贷款行为的处理

★最高人民法院、最高人民检察院《关于办理国家出资企业中职务犯罪案件具体应用法律若干问题的意见》（2010年11月26日）（节录）

三、关于国家出资企业工作人员使用改制公司、企业的资金担保个人贷款，用于购买改制公司、企业股份的行为的处理

国家出资企业的工作人员在公司、企业改制过程中为购买公司、企业股份，利用职务上的便利，将公司、企业的资金或者金融凭证、有价证券等用于个人贷款担保的，依照刑法第二百七十二条或者第三百八十四条的规定，以挪用资金罪或者挪用公款罪定罪处罚。

行为人在改制前的国家出资企业持有股份的，不影响挪用数额的认定，但量刑时应当酌情考虑。

经有关主管部门批准或者按照有关政策规定，国家出资企业的工作人员为购买改制公司、企业股份实施前款行为的，可以视具体情况不作为犯罪处理。

15 国有单位上级领导向下级单位借款私用行为的定性

★最高人民法院《全国法院审理经济犯罪案件工作座谈会纪要》（2003年11月13日）（节录）（节录）

四、关于挪用公款罪

（三）国有单位领导向其主管的具有法人资格的下级单位借公款归个人使用的认定

国有单位领导利用职务上的便利指令具有法人资格的下级单位将公款供个人使用的，属于挪用公款行为，构成犯罪的，应以挪用公款罪定罪处罚。

16 挪用有价证券、金融凭证用于质押行为的定性

★最高人民法院《全国法院审理经济犯罪案件工作座谈会纪要》（2003年11月13日）（节录）

四、关于挪用公款罪

（四）挪用有价证券、金融凭证用于质押行为性质的认定

挪用金融凭证、有价证券用于质押，使公款处于风险之中，与挪用公款为他人提供担保没有实质的区别，符合刑法关于挪用公款罪规定的，以挪用公款罪定罪处罚，挪用公款数额以实际或者可能承担的风险数额认定。

17 犯罪数额的计算

★最高人民法院《关于审理挪用公款案件具体应用法律若干问题的解释》（1998年5月9日）（节录）

第四条 多次挪用公款不还，挪用公款数额累计计算；多次挪用公款，并以后次挪用的公款归还前次挪用的公款，挪用公款数额以案发时未还的实际数额认定。

★最高人民检察院《关于人民检察院直接受理立案侦查案件立案标准的规定（试行）》（1999年9月16日）（节录）

一、贪污贿赂犯罪案件

（二）挪用公款案（第384条，第185条第2款，第272条第2款）

多次挪用公款不还的，挪用公款数额累计计算，多次挪用公款并以后次挪用的公款归

还前次挪用的公款,挪用公款数额以案发时未还的数额认定。

18 共同犯罪

★最高人民法院《关于审理挪用公款案件具体应用法律若干问题的解释》(1998年5月9日)(节录)

第八条 挪用公款给他人使用,使用人与挪用人共谋,指使或者参与策划取得挪用款的,以挪用公款罪的共犯定罪处罚。

★最高人民检察院《关于人民检察院直接受理立案侦查案件立案标准的规定(试行)》(1999年9月16日)(节录)

一、贪污贿赂犯罪案件

(二)挪用公款案(第384条,第185条第2款,第272条第2款)

挪用公款给其他个人使用的案件,使用人与挪用人共谋,指使或者参与策划取得挪用款,对使用人以挪用公款罪的共犯追究刑事责任。

19 一罪与数罪

★最高人民法院《关于审理挪用公款案件具体应用法律若干问题的解释》(1998年5月9日)(节录)

第七条 因挪用公款索取、收受贿赂构成犯罪的,依照数罪并罚的规定处罚。

挪用公款进行非法活动构成其他犯罪的,依照数罪并罚的规定处罚。

★最高人民法院、最高人民检察院《关于办理妨害预防、控制突发传染病疫情等灾害的刑事案件具体应用法律若干问题的解释》(2003年5月14日)(节录)

第十四条 贪污、侵占用于预防、控制突发传染病疫情等灾害的款物或者挪用归个人使用,构成犯罪的,分别依照刑法第三百八十二条、第三百八十三条、第二百七十一条、第三百八十四条、第二百七十二条的规定,以贪污罪、侵占罪、挪用公款罪、挪用资金罪定罪,依法从重处罚。

挪用用于预防、控制突发传染病疫情等灾害的救灾、优抚、救济等款物,构成犯罪的,对直接责任人员,依照刑法第二百七十三条的规定,以挪用特定款物罪定罪处罚。

★最高人民法院研究室《关于对行为人通过伪造国家机关公文、证件担任国家工作人员职务并利用职务上的便利侵占本单位财物、收受贿赂、挪用本单位资金等行为如何适用法律问题的答复》(2004年3月30日)(节录)

行为人通过伪造国家机关公文、证件担任国家工作人员职务以后,又利用职务上的便利实施侵占本单位财物、收受贿赂、挪用本单位资金等行为,构成犯罪的,应当分别以伪造国家机关公文、证件罪和相应的贪污罪、受贿罪、挪用公款罪等追究刑事责任,实行数罪并罚。

20 罪与非罪

★最高人民法院《全国法院审理经济犯罪案件工作座谈会纪要》(2003年11月13日)(节录)

四、关于挪用公款罪

(一)单位决定将公款给个人使用行为的认定

经单位领导集体研究决定将公款给个人使用,或者单位负责人为了单位的利益,决定将公款给个人使用的，不以挪用公款罪定罪处罚。上述行为致使单位遭受重大损失，构成其他犯罪的，依照刑法的有关规定对责任人员定罪处罚。

21 追诉时效

★最高人民法院《关于挪用公款犯罪如何计算追诉期限问题的批复》（2003年10月10日）（节录）

根据刑法第八十九条、第三百八十四条的规定，挪用公款归个人使用，进行非法活动的，或者挪用公款数额较大、进行营利活动的，犯罪的追诉期限从挪用行为实施完毕之日起计算；挪用公款数额较大、超过三个月未还的，犯罪的追诉期限从挪用公款罪成立之日起计算。挪用公款行为有连续状态的，犯罪的追诉期限应当从最后一次挪用行为实施完毕之日或者犯罪成立之日起计算。

◆ 量　　刑 ◆

1 参见【本章罪名量刑问题的总体规定】，P714

2 不适用缓刑、免予刑事处罚

（参见第三百八十三条：【量刑】：5. 不适用缓刑、免予刑事处罚，P723）

第三百八十五条【受贿罪】 国家工作人员利用职务上的便利，索取他人财物的，或者非法收受他人财物，为他人谋取利益的，是受贿罪。

国家工作人员在经济往来中，违反国家规定，收受各种名义的回扣、手续费，归个人所有的，以受贿论处。

关联法条：第九十三条、第九十六条、第三百八十六条、第三百八十八条、第一百六十三条（第3款）、第一百八十四条（第2款）

◆ 定　　罪 ◆

1 本罪定义

★最高人民检察院《关于人民检察院直接受理立案侦查案件立案标准的规定（试行）》（1999年9月16日）（节录）

（三）受贿案（第385条，第386条，第388条，第163条第3款，第184条第2款）

受贿罪是指国家工作人员利用职务上的便利，索取他人财物的，或者非法收受他人财物，为他人谋取利益的行为。

2 "利用职务上的便利"的认定

★最高人民检察院《关于人民检察院直接受理立案侦查案件立案标准的规定（试行）》（1999年9月16日）（节录）

一、贪污贿赂犯罪案件

（三）受贿案（第385条，第386条，第388条，第163条第3款，第184条第2款）

"利用职务上的便利"，是指利用本人职务范围内的权力，即自己职务上主管、负责或者承办某项公共事务的职权及其所形成的便利条件。

★最高人民法院《全国法院审理经济犯罪案件工作座谈会纪要》（2003 年 11 月 13 日）（节录）

（一）关于"利用职务上的便利"的认定

刑法第三百八十五条第一款规定的"利用职务上的便利"，既包括利用本人职务上主管、负责、承办某项公共事务的职权，也包括利用职务上有隶属、制约关系的其他国家工作人员的职权。担任单位领导职务的国家工作人员通过不属自己主管的下级部门的国家工作人员的职务为他人谋取利益的，应当认定为"利用职务上的便利"为他人谋取利益。

3 "财物"的认定

★最高人民法院、最高人民检察院《关于办理贪污贿赂刑事案件适用法律若干问题的解释》（2016 年 4 月 18 日）（节录）

第十二条　贿赂犯罪中的"财物"，包括货币、物品和财产性利益。财产性利益包括可以折算为货币的物质利益如房屋装修、债务免除等，以及需要支付货币的其他利益如会员服务、旅游等。后者的犯罪数额，以实际支付或者应当支付的数额计算。

4 "为他人谋取利益"的认定

★最高人民检察院《关于人民检察院直接受理立案侦查案件立案标准的规定（试行）》（1999 年 9 月 16 日）（节录）

一、贪污贿赂犯罪案件

（三）受贿案（第 385 条，第 386 条，第 388 条，第 163 条第 3 款，第 184 条第 2 款）

索取他人财物的，不论是否"为他人谋取利益"，均可构成受贿罪。非法收受他人财物的，必须同时具备"为他人谋取利益"的条件，才能构成受贿罪。但是为他人谋取的利益是否正当，为他人谋取的利益是否实现，不影响受贿罪的认定。

四、附则

（五）本规定中有关贿赂罪案中的"谋取不正当利益"，是指谋取违反法律、法规、国家政策和国务院各部门规章规定的利益，以及谋取违反法律、法规、国家政策和国务院各部门规章规定的帮助或者方便条件。

★最高人民法院《全国法院审理经济犯罪案件工作座谈会纪要》（2003 年 11 月 13 日）

（二）"为他人谋取利益"的认定

为他人谋取利益包括承诺、实施和实现三个阶段的行为。只要具有其中一个阶段的行为，如国家工作人员收受他人财物时，根据他人提出的具体请托事项，承诺为他人谋取利益，就具备了为他人谋取利益的要件。明知他人有具体请托事项而收受其财物的，视为承诺为他人谋取利益。

★最高人民法院《关于发布第一批指导性案例的通知》（2011 年 12 月 20 日）（节录）

潘玉梅、陈宁受贿案（指导案例 3 号）

裁判要点：

2. 国家工作人员明知他人有请托事项而收受其财物，视为承诺"为他人谋取利益"，是否实际为他人谋取利益或谋取到利益，不影响受贿的认定。

★最高人民法院、最高人民检察院《关于办理贪污贿赂刑事案件适用法律若干问题的解释》(2016年4月18日)(节录)

第十三条 具有下列情形之一的,应当认定为"为他人谋取利益",构成犯罪的,应当依照刑法关于受贿犯罪的规定定罪处罚:

(一)实际或者承诺为他人谋取利益的;

(二)明知他人有具体请托事项的;

(三)履职时未被请托,但事后基于该履职事由收受他人财物的。

国家工作人员索取、收受具有上下级关系的下属或者具有行政管理关系的被管理人员的财物价值三万元以上,可能影响职权行使的,视为承诺为他人谋取利益。

5 刑法第三百八十八条"利用职权或地位形成的便利条件"的认定

★最高人民法院《全国法院审理经济犯罪案件工作座谈会纪要》(2003年11月13日)(节录)

(三)"利用职权或地位形成的便利条件"的认定

刑法第三百八十八条规定的"利用本人职权或者地位形成的便利条件",是指行为人与被其利用的国家工作人员之间在职务上虽然没有隶属、制约关系,但是行为人利用了本人职权或者地位产生的影响和一定的工作联系,如单位内不同部门的国家工作人员之间、上下级单位没有职务上隶属、制约关系的国家工作人员之间、有工作联系的不同单位的国家工作人员之间等。

6 收受"回扣、手续费"型受贿行为

★最高人民检察院《关于人民检察院直接受理立案侦查案件立案标准的规定(试行)》(1999年9月16日)(节录)

(三)受贿案(第385条,第386条,第388条,第163条第3款,第184条第2款)

国家工作人员在经济往来中,违反国家规定,收受各种名义的回扣、手续费,归个人所有的,以受贿罪追究刑事责任。

国有公司、企业中从事公务的人员和国有公司、企业委派到非国有公司、企业从事公务的人员利用职务上的便利,索取他人财物或者非法收受他人财物,为他人谋取利益,或者在经济往来中,违反国家规定,收受各种名义的回扣、手续费,归个人所有的,以受贿罪追究刑事责任。

国有金融机构工作人员和国有金融机构委派到非国有金融机构从事公务的人员在金融业务活动中索取他人财物或者非法收受他人财物,为他人谋取利益的,或者违反国家规定,收受各种名义的回扣、手续费归个人所有的,以受贿罪追究刑事责任。

7 "借款"型受贿行为

★最高人民法院《全国法院审理经济犯罪案件工作座谈会纪要》(2003年11月13日)(节录)

(六)以借款为名索取或者非法收受财物行为的认定

国家工作人员利用职务上的便利,以借为名向他人索取财物,或者非法收受财物为他人谋取利益的,应当认定为受贿。具体认定时,不能仅仅看是否有书面借款手续,应当根据以下因素综合判定:(1)有无正当、合理的借款事由;(2)款项的去向;(3)双方平时

关系如何、有无经济往来；(4) 出借方是否要求国家工作人员利用职务上的便利为其谋取利益；(5) 借款后是否有归还的意思表示及行为；(6) 是否有归还的能力；(7) 未归还的原因；等等。

8 "股票"型受贿行为

★最高人民法院《全国法院审理经济犯罪案件工作座谈会纪要》(2003年11月13日)(节录)

(七) 涉及股票受贿案件的认定

在办理涉及股票的受贿案件时，应当注意：(1) 国家工作人员利用职务上的便利，索取或非法收受股票，没有支付股本金，为他人谋取利益，构成受贿罪的，其受贿数额按照收受股票时的实际价格计算。(2) 行为人支付股本金而购买较有可能升值的股票，由于不是无偿收受请托人财物，不以受贿罪论处。(3) 股票已上市且已升值，行为人仅支付股本金，其"购买"股票时的实际价格与股本金的差价部分应认定为受贿。

9 "约定离职后收受财物"型受贿行为

★最高人民法院《关于国家工作人员利用职务上的便利为他人谋取利益离退休后收受财物行为如何处理问题的批复》(2000年7月21日)(节录)

国家工作人员利用职务上的便利为请托人谋取利益，并与请托人事先约定，在其离退休后收受请托人财物，构成犯罪的，以受贿罪定罪处罚。

★最高人民法院《全国法院审理经济犯罪案件工作座谈会纪要》(2003年11月13日)(节录)

(四) 离职国家工作人员收受财物行为的处理

参照《最高人民法院关于国家工作人员利用职务上的便利为他人谋取利益离退休后收受财物行为如何处理问题的批复》规定的精神，国家工作人员利用职务上的便利为请托人谋取利益，并与请托人事先约定，在其离职后收受请托人财物，构成犯罪的，以受贿罪定罪处罚。

★最高人民法院、最高人民检察院《关于办理受贿刑事案件适用法律若干问题的意见》(2007年7月8日)(节录)

十、关于在职时为请托人谋利，离职后收受财物问题

国家工作人员利用职务上的便利为请托人谋取利益之前或者之后，约定在其离职后收受请托人财物，并在离职后收受的，以受贿论处。

国家工作人员利用职务上的便利为请托人谋取利益，离职前后连续收受请托人财物的，离职前后收受部分均应计入受贿数额。

10 "低价交易"型受贿行为

★最高人民法院、最高人民检察院《关于办理受贿刑事案件适用法律若干问题的意见》(2007年7月8日)(节录)

一、关于以交易形式收受贿赂问题

国家工作人员利用职务上的便利为请托人谋取利益，以下列交易形式收受请托人财物的，以受贿论处：

(1) 以明显低于市场的价格向请托人购买房屋、汽车等物品的；

（2）以明显高于市场的价格向请托人出售房屋、汽车等物品的；

（3）以其他交易形式非法收受请托人财物的。

受贿数额按照交易时当地市场价格与实际支付价格的差额计算。

前款所列市场价格包括商品经营者事先设定的不针对特定人的最低优惠价格。根据商品经营者事先设定的各种优惠交易条件，以优惠价格购买商品的，不属于受贿。

★最高人民法院《关于发布第一批指导性案例的通知》（2011年12月20日）（节录）

潘玉梅、陈宁受贿案（指导案例3号）

裁判要点：

3. 国家工作人员利用职务上的便利为请托人谋取利益，以明显低于市场的价格向请托人购买房屋等物品的，以受贿论处，受贿数额按照交易时当地市场价格与实际支付价格的差额计算。

11 "干股"型受贿行为

★最高人民法院、最高人民检察院《关于办理受贿刑事案件适用法律若干问题的意见》（2007年7月8日）（节录）

二、关于收受干股问题

干股是指未出资而获得的股份。国家工作人员利用职务上的便利为请托人谋取利益，收受请托人提供的干股的，以受贿论处。进行了股权转让登记，或者相关证据证明股份发生了实际转让的，受贿数额按转让行为时股份价值计算，所分红利按受贿孳息处理。股份未实际转让，以股份分红名义获取利益的，实际获利数额应当认定为受贿数额。

三、关于以开办公司等合作投资名义收受贿赂问题

国家工作人员利用职务上的便利为请托人谋取利益，由请托人出资，"合作"开办公司或者进行其他"合作"投资的，以受贿论处。受贿数额为请托人给国家工作人员的出资额。

国家工作人员利用职务上的便利为请托人谋取利益，以合作开办公司或者其他合作投资的名义获取"利润"，没有实际出资和参与管理、经营的，以受贿论处。

★最高人民法院《关于发布第一批指导性案例的通知》（2011年12月20日）（节录）

潘玉梅、陈宁受贿案（指导案例3号）

裁判要点：

1. 国家工作人员利用职务上的便利为请托人谋取利益，并与请托人以"合办"公司的名义获取"利润"，没有实际出资和参与经营管理的，以受贿论处。

12 "委托理财"型受贿行为

★最高人民法院、最高人民检察院《关于办理受贿刑事案件适用法律若干问题的意见》（2007年7月8日）（节录）

四、关于以委托请托人投资证券、期货或者其他委托理财的名义收受贿赂问题

国家工作人员利用职务上的便利为请托人谋取利益，以委托请托人投资证券、期货或者其他委托理财的名义，未实际出资而获取"收益"，或者虽然实际出资，但获取"收益"明显高于出资应得收益的，以受贿论处。受贿数额，前一情形，以"收益"额计算；后一

情形,以"收益"额与出资应得收益额的差额计算。

13 "赌博"型受贿行为

★最高人民法院、最高人民检察院《关于办理赌博刑事案件具体应用法律若干问题的解释》(2005年5月13日)(节录)

第七条 通过赌博或者为国家工作人员赌博提供资金的形式实施行贿、受贿行为,构成犯罪的,依照刑法关于贿赂犯罪的规定定罪处罚。

★最高人民法院、最高人民检察院《关于办理受贿刑事案件适用法律若干问题的意见》(2007年7月8日)(节录)

五、关于以赌博形式收受贿赂的认定问题

根据《最高人民法院、最高人民检察院关于办理赌博刑事案件具体应用法律若干问题的解释》第七条规定,国家工作人员利用职务上的便利为请托人谋取利益,通过赌博方式收受请托人财物的,构成受贿。

实践中应注意区分贿赂与赌博活动、娱乐活动的界限。具体认定时,主要应当结合以下因素进行判断:(1)赌博的背景、场合、时间、次数;(2)赌资来源;(3)其他赌博参与者有无事先通谋;(4)输赢钱物的具体情况和金额大小。

14 涉"特定关系人"型受贿行为

★最高人民法院、最高人民检察院《关于办理受贿刑事案件适用法律若干问题的意见》(2007年7月8日)(节录)

六、关于特定关系人"挂名"领取薪酬问题

国家工作人员利用职务上的便利为请托人谋取利益,要求或者接受请托人以给特定关系人安排工作为名,使特定关系人不实际工作却获取所谓薪酬的,以受贿论处。

七、关于由特定关系人收受贿赂问题

国家工作人员利用职务上的便利为请托人谋取利益,授意请托人以本意见所列形式,将有关财物给予特定关系人的,以受贿论处……

十一、关于"特定关系人"的范围

本意见所称"特定关系人",是指与国家工作人员有近亲属、情妇(夫)以及其他共同利益关系的人。

15 退还、上交赃物行为对定罪的影响

★最高人民法院、最高人民检察院《关于办理受贿刑事案件适用法律若干问题的意见》(2007年7月8日)(节录)

九、关于收受财物后退还或者上交问题

国家工作人员收受请托人财物后及时退还或者上交的,不是受贿。

国家工作人员受贿后,因自身或者与其受贿有关联的人、事被查处,为掩饰犯罪而退还或者上交的,不影响认定受贿罪。

★最高人民法院《关于发布第一批指导性案例的通知》(2011年12月20日)(节录)

潘玉梅、陈宁受贿案(指导案例3号)

裁判要点:

4．国家工作人员收受财物后，因与其受贿有关联的人、事被查处，为掩饰犯罪而退还的，不影响认定受贿罪。

16 赃款赃物用于公务或捐赠不影响案件定性

（参见第三百八十二条：【定罪】：5．赃款赃物用于公务或捐赠不影响案件定性，P717）

17 未变更权属登记的"借用"型受贿行为

★最高人民法院、最高人民检察院《关于办理受贿刑事案件适用法律若干问题的意见》（2007年7月8日）（节录）

八、关于收受贿赂物品未办理权属变更问题

国家工作人员利用职务上的便利为请托人谋取利益，收受请托人房屋、汽车等物品，未变更权属登记或者借用他人名义办理权属变更登记的，不影响受贿的认定。

认定以房屋、汽车等物品为对象的受贿，应注意与借用的区分。具体认定时，除双方交代或者书面协议之外，主要应当结合以下因素进行判断：(1) 有无借用的合理事由；(2) 是否实际使用；(3) 借用时间的长短；(4) 有无归还的条件；(5) 有无归还的意思表示及行为。

18 涉赃车入户、过户、验证中的受贿行为

★最高人民法院、最高人民检察院、公安部、国家工商行政管理局《关于依法查处盗窃、抢劫机动车案件的规定》（1998年5月8日）（节录）

八、公安、工商行政管理人员利用职务上的便利，索取或者非法收受他人财物，为赃车入户、过户、验证构成犯罪的，依照《刑法》第三百八十五条、第三百八十六条的规定处罚。

19 国家出资企业改制过程中的受贿行为

★最高人民法院、最高人民检察院《关于办理国家出资企业中职务犯罪案件具体应用法律若干问题的意见》（2010年12月2日）（节录）

五、关于改制前后主体身份发生变化的犯罪的处理

（第1款）国家工作人员在国家初期企业改制前利用职务上的便利实施犯罪，在其不再具有国家工作人员身份后又实施同种行为，依法构成不同犯罪的，应当分别定罪，实行数罪并罚。

（第3款）国家工作人员在国家出资企业改制过程中利用职务上的便利为请托人谋取利益，事先约定在其不再具有国家工作人员身份后收受请托人财物，或者在身份变化前后连续收受请托人财物的，依照刑法第三百八十五条、第三百八十六条的规定，以受贿罪定罪处罚。

20 集体性质的乡镇卫生院院长收受他人财物行为的定性

★最高人民检察院法律政策研究室《关于集体性质的乡镇卫生院院长利用职务之便收受他人财物的行为如何适用法律问题的答复》（2003年4月2日）（节录）

经过乡镇政府或者主管行政机关任命的乡镇卫生院院长，在依法从事本区域卫生工作的管理与业务技术指导，承担医疗预防保健服务工作等公务活动时，属于刑法第九十三条第二款规定的其他依照法律从事公务的人员。对其利用职务上的便利，索取他人财物的，

或者非法收受他人财物，为他人谋取利益的，应当依照刑法第三百八十五条、第三百八十六条的规定，以受贿罪追究刑事责任。

21 佛教协会工作人员收受他人财物行为的定性

★最高人民检察院法律政策研究室《关于佛教协会工作人员能否构成受贿罪或者公司、企业人员受贿罪主体问题的答复》（2003年1月13日）（节录）

佛教协会属于社会团体，其工作人员除符合刑法第九十三条第二款的规定属于受委托从事公务的人员外，既不属于国家工作人员，也不属于公司、企业人员。根据刑法的规定，对非受委托从事公务的佛教协会的工作人员利用职务之便收受他人财物，为他人谋取利益的行为，不能按受贿罪或者公司、企业人员受贿罪追究刑事责任。

22 医疗机构、学校、评标委员会中国家工作人员收受他人财物行为的定性

★最高人民法院、最高人民检察院《关于办理商业贿赂刑事案件适用法律若干问题的意见》（2008年11月20日）（节录）

四、医疗机构中的国家工作人员，在药品、医疗器械、医用卫生材料等医药产品采购活动中，利用职务上的便利，索取销售方财物，或者非法收受销售方财物，为销售方谋取利益，构成犯罪的，依照刑法第三百八十五条的规定，以受贿罪定罪处罚。

五、学校及其他教育机构中的国家工作人员，在教材、教具、校服或者其他物品的采购等活动中，利用职务上的便利，索取销售方财物，或者非法收受销售方财物，为销售方谋取利益，构成犯罪的，依照刑法第三百八十五条的规定，以受贿罪定罪处罚。

六、依法组建的评标委员会、竞争性谈判采购中谈判小组、询价采购中询价小组的组成人员，在招标、政府采购等事项的评标或者采购活动中，索取他人财物或者非法收受他人财物，为他人谋取利益，数额较大的，依照刑法第一百六十三条的规定，以非国家工作人员受贿罪定罪处罚。

依法组建的评标委员会、竞争性谈判采购中谈判小组、询价采购中询价小组中国家机关或者其他国有单位的代表有前款行为的，依照刑法第三百八十五条的规定，以受贿罪定罪处罚。

23 受贿故意的推定

★最高人民法院、最高人民检察院《关于办理贪污贿赂刑事案件适用法律若干问题的解释》（2016年4月18日）（节录）

第十六条（第2款） 特定关系人索取、收受他人财物，国家工作人员知道后未退还或者上交的，应当认定国家工作人员具有受贿故意。

24 受贿数额的计算

★最高人民法院、最高人民检察院《关于办理商业贿赂刑事案件适用法律若干问题的意见》（2008年11月20日）（节录）

七、商业贿赂中的财物，既包括金钱和实物，也包括可以用金钱计算数额的财产性利益，如提供房屋装修、含有金额的会员卡、代币卡（券）、旅游费用等。具体数额以实际支付的资费为准。

八、收受银行卡的，不论受贿人是否实际取出或者消费，卡内的存款数额一般应全额

认定为受贿数额。使用银行卡透支的，如果由给予银行卡的一方承担还款责任，透支数额也应当认定为受贿数额。

★最高人民法院、最高人民检察院《关于办理贪污贿赂刑事案件适用法律若干问题的解释》（2016年4月18日）（节录）

第十五条 对多次受贿未经处理的，累计计算受贿数额。

国家工作人员利用职务上的便利为请托人谋取利益前后多次收受请托人财物，受请托之前收受的财物数额在一万元以上的，应当一并计入受贿数额。

25 共同犯罪

★最高人民法院《全国法院审理经济犯罪案件工作座谈会纪要》（2003年11月13日）（节录）

（五）共同受贿犯罪的认定

根据刑法关于共同犯罪的规定，非国家工作人员与国家工作人员勾结，伙同受贿的，应当以受贿罪的共犯追究刑事责任。非国家工作人员是否构成受贿罪共犯，取决于双方有无共同受贿的故意和行为。国家工作人员的近亲属向国家工作人员代为转达请托事项，收受请托人财物并告知该国家工作人员，或者国家工作人员明知其近亲属收受了他人财物，仍按照近亲属的要求利用职权为他人谋取利益的，对该国家工作人员应认定为受贿罪，其近亲属以受贿罪共犯论处。近亲属以外的其他人与国家工作人员通谋，由国家工作人员利用职务上的便利为请托人谋取利益，收受请托人财物后双方共同占有的，构成受贿罪共犯。国家工作人员利用职务上的便利为他人谋取利益，并指定他人将财物送给其他人，构成犯罪的，应以受贿罪定罪处罚。

★最高人民法院、最高人民检察院《关于办理受贿刑事案件适用法律若干问题的意见》（2007年7月8日）（节录）

七、关于由特定关系人收受贿赂问题

……特定关系人与国家工作人员通谋，共同实施前款行为的，对特定关系人以受贿罪的共犯论处。特定关系人以外的其他人与国家工作人员通谋，由国家工作人员利用职务上的便利为请托人谋取利益，收受请托人财物后双方共同占有的，以受贿罪的共犯论处。

★最高人民法院、最高人民检察院《关于办理商业贿赂刑事案件适用法律若干问题的意见》（2008年11月20日）（节录）

十一、非国家工作人员与国家工作人员通谋，共同收受他人财物，构成共同犯罪的，根据双方利用职务便利的具体情形分别定罪追究刑事责任：

（1）利用国家工作人员的职务便利为他人谋取利益的，以受贿罪追究刑事责任。

（2）利用非国家工作人员的职务便利为他人谋取利益的，以非国家工作人员受贿罪追究刑事责任。

（3）分别利用各自的职务便利为他人谋取利益的，按照主犯的犯罪性质追究刑事责任，不能分清主从犯的，可以受贿罪追究刑事责任。

26 一罪与数罪

★最高人民法院、最高人民检察院、海关总署《关于办理走私刑事案件适用法律若干

问题的意见》(2002年7月8日)(节录)

十六、关于放纵走私罪的认定问题

(第2款) 海关工作人员收受贿赂又放纵走私的,应以受贿罪和放纵走私罪数罪并罚。

★最高人民法院、最高人民检察院《关于办理妨害预防、控制突发传染病疫情等灾害的刑事案件具体应用法律若干问题的解释》(2003年5月15日)(节录)

第十四条(第1款) 贪污、侵占用于预防、控制突发传染病疫情等灾害的款物或者挪用归个人使用,构成犯罪的,分别依照刑法第三百八十二条、第三百八十三条、第二百七十一条、第三百八十四条、第二百七十二条的规定,以贪污罪、侵占罪、[①] 挪用公款罪、挪用资金罪定罪,依法从重处罚。

★最高人民法院研究室《关于对行为人通过伪造国家机关公文、证件担任国家工作人员职务并利用职务上的便利侵占本单位财物、收受贿赂、挪用本单位资金等行为如何适用法律问题的答复》(2004年3月20日)(节录)

行为人通过伪造国家机关公文、证件担任国家工作人员职务以后,又利用职务上的便利实施侵占本单位财物、收受贿赂、挪用本单位资金等行为,构成犯罪的,应当分别以伪造国家机关公文、证件罪和相应的贪污罪、受贿罪、挪用公款罪等追究刑事责任,实行数罪并罚。

★最高人民检察院《关于印发第二批指导性案例的通知》(2012年11月15日)(节录)

杨某玩忽职守、徇私枉法、受贿案(检例第8号)

要旨:本案要旨有两点:……二是渎职犯罪同时受贿的处罚原则。对于国家机关工作人员实施渎职犯罪并收受贿赂,同时构成受贿罪的,除刑法第三百九十九条有特别规定的外,以渎职犯罪和受贿罪数罪并罚。

★最高人民检察院《关于印发第四批指导性案例的通知》(2014年2月20日)(节录)

胡林贵等人生产、销售有毒、有害食品,行贿;骆梅等人销售伪劣产品;朱伟全等人生产、销售伪劣产品;黎达文等人受贿,食品监管渎职案(检例第15号)

要旨:实施生产、销售有毒、有害食品犯罪,为逃避查处向负有食品安全监管职责的国家工作人员行贿的,应当以生产、销售有毒、有害食品罪和行贿罪实行数罪并罚。

负有食品安全监督管理职责的国家机关工作人员,滥用职权,向生产、销售有毒、有害食品的犯罪分子通风报信,帮助逃避处罚的,应当认定为食品监管渎职罪;在渎职过程中受贿的,应当以食品监管渎职罪和受贿罪实行数罪并罚。

★最高人民检察院《关于印发第四批指导性案例的通知》(2014年2月20日)(节录)

赛跃、韩成武受贿、食品监管渎职案(检例第16号)

要旨:负有食品安全监督管理职责的国家机关工作人员,滥用职权或玩忽职守,导致

---

① 应为职务侵占罪。

第八章 贪污贿赂罪

发生重大食品安全事故或者造成其他严重后果的,应当认定为食品监管渎职罪。在渎职过程中受贿的,应当以食品监管渎职罪和受贿罪实行数罪并罚。

★最高人民法院、最高人民检察院《关于办理危害生产安全刑事案件适用法律若干问题的解释》(2015年12月16日)(节录)

第十四条 国家工作人员违反规定投资入股生产经营,构成本解释规定的有关犯罪的,或者国家工作人员的贪污、受贿犯罪行为与安全事故发生存在关联性的,从重处罚;同时构成贪污、受贿犯罪和危害生产安全犯罪的,依照数罪并罚的规定处罚。

★最高人民法院、最高人民检察院《关于办理贪污贿赂刑事案件适用法律若干问题的解释》(2016年4月18日)(节录)

第十七条 国家工作人员利用职务上的便利,收受他人财物,为他人谋取利益,同时构成受贿罪和刑法分则第三章第三节、第九章规定的渎职犯罪的,除刑法另有规定外,以受贿罪和渎职犯罪数罪并罚。

27 罪与非罪

★最高人民法院、最高人民检察院《关于办理商业贿赂刑事案件适用法律若干问题的意见》(2008年11月20日)(节录)

十、办理商业贿赂犯罪案件,要注意区分贿赂与馈赠的界限。主要应当结合以下因素全面分析、综合判断:(1)发生财物往来的背景,如双方是否存在亲友关系及历史上交往的情形和程度;(2)往来财物的价值;(3)财物往来的缘由、时机和方式,提供财物方对于接受方有无职务上的请托;(4)接受方是否利用职务上的便利为提供方谋取利益。

28 追缴、责令退赔违法所得

★最高人民法院、最高人民检察院《关于办理贪污贿赂刑事案件适用法律若干问题的解释》(2016年4月18日)(节录)

第十八条 贪污贿赂犯罪分子违法所得的一切财物,应当依照刑法第六十四条的规定予以追缴或者责令退赔,对被害人的合法财产应当及时返还。对尚未追缴到案或者尚未足额退赔的违法所得,应当继续追缴或者责令退赔。

第三百八十六条【受贿罪的处罚】 对犯受贿罪的,根据受贿所得数额及情节,依照本法第三百八十三条的规定处罚。索贿的从重处罚。

关联法条:第三百八十三条

━━━━ 定　　罪 ━━━━

1 受贿行为"数额较大"、有"其他较重情节"的认定

★最高人民法院、最高人民检察院《关于办理贪污贿赂刑事案件适用法律若干问题的解释》(2016年4月18日)(节录)

第一条 贪污或者受贿数额在三万元以上不满二十万元的,应当认定为刑法第三百八十三条第一款规定的"数额较大",依法判处三年以下有期徒刑或者拘役,并处罚金。

贪污数额在一万元以上不满三万元,具有下列情形之一的,应当认定为刑法第三百八十三条第一款规定的"其他较重情节",依法判处三年以下有期徒刑或者拘役,并处罚金:

(二) 曾因贪污、受贿、挪用公款受过党纪、行政处分的;

(三) 曾因故意犯罪受过刑事追究的;

(四) 赃款赃物用于非法活动的;

(五) 拒不交待赃款赃物去向或者拒不配合追缴工作,致使无法追缴的;

(六) 造成恶劣影响或者其他严重后果的。

受贿数额在一万元以上不满三万元,具有前款第二项至第六项规定的情形之一,或者具有下列情形之一的,应当认定为刑法第三百八十三条第一款规定的"其他较重情节",依法判处三年以下有期徒刑或者拘役,并处罚金:

(一) 多次索贿的;

(二) 为他人谋取不正当利益,致使公共财产、国家和人民利益遭受损失的;

(三) 为他人谋取职务提拔、调整的。

▶2 受贿行为"数额巨大"、有"其他严重情节"的认定

★最高人民法院、最高人民检察院《关于办理贪污贿赂刑事案件适用法律若干问题的解释》(2016年4月18日)(节录)

第二条 (第1款) 贪污或者受贿数额在二十万元以上不满三百万元的,应当认定为刑法第三百八十三条第一款规定的"数额巨大",依法判处三年以上十年以下有期徒刑,并处罚金或者没收财产。

(第3款) 受贿数额在十万元以上不满二十万元,具有本解释第一条第三款规定的情形之一的,应当认定为刑法第三百八十三条第一款规定的"其他严重情节",依法判处三年以上十年以下有期徒刑,并处罚金或者没收财产。

▶3 受贿行为"数额特别巨大"、有"其他特别严重情节"的认定

★最高人民法院、最高人民检察院《关于办理贪污贿赂刑事案件适用法律若干问题的解释》(2016年4月18日)(节录)

第三条 (第1款) 贪污或者受贿数额在三百万元以上的,应当认定为刑法第三百八十三条第一款规定的"数额特别巨大",依法判处十年以上有期徒刑、无期徒刑或者死刑,并处罚金或者没收财产。

(第3款) 受贿数额在一百五十万元以上不满三百万元,具有本解释第一条第三款规定的情形之一的,应当认定为刑法第三百八十三条第一款规定的"其他特别严重情节",依法判处十年以上有期徒刑、无期徒刑或者死刑,并处罚金或者没收财产。

◆ 量 刑 ◆

▶1 参见【本章罪名量刑问题的总体规定】,P714

▶2 死刑、终身监禁

(参见第三百八十三条:【量刑】:3. 死刑、终身监禁,P722)

▶3 罚金、没收财产

(参见第三百八十三条:【量刑】:4. 罚金、没收财产,P723)

第八章 贪污贿赂罪

4 不适用缓刑或免予刑事处罚

（参见第三百八十三条：【量刑】：5. 不适用缓刑、免予刑事处罚，P723）

5 退赃挽损的，从轻处罚

（参见第三百八十三条：【量刑】：6. 退赃挽损的，从轻处罚，P724）

6 违法所得的处理

（参见第三百八十三条：【量刑】：7. 违法所得的处理，P724）

7 宽严相济刑事政策

★最高人民法院、最高人民检察院《关于办理受贿刑事案件适用法律若干问题的意见》（2007年7月8日）（节录）

十二、关于正确贯彻宽严相济刑事政策的问题

依照本意见办理受贿刑事案件，要根据刑法关于受贿罪的有关规定和受贿罪权钱交易的本质特征，准确区分罪与非罪、此罪与彼罪的界限，惩处少数，教育多数。在从严惩处受贿犯罪的同时，对于具有自首、立功等情节的，依法从轻、减轻或者免除处罚。

第三百八十七条【单位受贿罪】 国家机关、国有公司、企业、事业单位、人民团体，索取、非法收受他人财物，为他人谋取利益，情节严重的，对单位判处罚金，并对其直接负责的主管人员和其他直接责任人员，处五年以下有期徒刑或者拘役。

前款所列单位，在经济往来中，在账外暗中收受各种名义的回扣、手续费的，以受贿论，依照前款的规定处罚。

立案追诉标准

★最高人民检察院《关于人民检察院直接受理立案侦查案件立案标准的规定（试行）》（1999年9月16日）（节录）

一、贪污贿赂犯罪案件

（四）单位受贿案（第387条）

单位受贿罪是指国家机关、国有公司、企业、事业单位、人民团体，索取、非法收受他人财物，为他人谋取利益，情节严重的行为。

索取他人财物或者非法收受他人财物，必须同时具备为他人谋取利益的条件，且是情节严重的行为，才能构成单位受贿罪。国家机关、国有公司、企业、事业单位、人民团体，在经济往来中，在账外暗中收受各种名义的回扣、手续费的，以单位受贿罪追究刑事责任。

涉嫌下列情形之一的，应予立案：

1. 单位受贿数额在10万元以上的；

2. 单位受贿数额不满10万元，但具有下列情形之一的：

（1）故意刁难、要挟有关单位、个人，造成恶劣影响的；

（2）强行索取财物的；

（3）致使国家或者社会利益遭受重大损失的。

第二编 分 则

◀ 定 罪 ▶

▶1 国有单位内设机构可以成为本罪主体

★最高人民检察院法律政策研究室《关于国有单位的内设机构能否构成单位受贿罪主体问题的答复》(2006年9月12日)(节录)

国有单位的内设机构利用其行使职权的便利,索取、非法收受他人财物并归该内设机构所有或者支配,为他人谋取利益,情节严重的,依照刑法第三百八十七条的规定以单位受贿罪追究刑事责任。上述内设机构在经济往来中,在账外暗中收受各种名义的回扣、手续费的,以受贿论。

◀ 量 刑 ▶

▶1 参见【本章罪名量刑问题的总体规定】,P714

第三百八十八条 【受贿罪】 国家工作人员利用本人职权或者地位形成的便利条件,通过其他国家工作人员职务上的行为,为请托人谋取不正当利益,索取请托人财物或者收受请托人财物的,以受贿论处。

第三百八十八条之一 【利用影响力受贿罪】 国家工作人员的近亲属或者其他与该国家工作人员关系密切的人,通过该国家工作人员职务上的行为,或者利用该国家工作人员职权或者地位形成的便利条件,通过其他国家工作人员职务上的行为,为请托人谋取不正当利益,索取请托人财物或者收受请托人财物,数额较大或者有其他较重情节的,处三年以下有期徒刑或者拘役,并处罚金;数额巨大或者有其他严重情节的,处三年以上七年以下有期徒刑,并处罚金;数额特别巨大或者有其他特别严重情节的,处七年以上有期徒刑,并处罚金或者没收财产。

离职的国家工作人员或者其近亲属以及其他与其关系密切的人,利用该离职的国家工作人员原职权或者地位形成的便利条件实施前款行为的,依照前款的规定定罪处罚。

关联法条:第九十三条

◀ 定罪量刑 ▶

▶1 参见【本章罪名量刑问题的总体规定】,P714

▶2 定罪量刑适用标准

★最高人民法院、最高人民检察院《关于办理贪污贿赂刑事案件适用法律若干问题的解释》(2016年4月18日)(节录)

第十条(第1款) 刑法第三百八十八条之一规定的利用影响力受贿罪的定罪量刑适用标准,参照本解释关于受贿罪的规定执行。

> **第三百八十九条 【行贿罪】** 为谋取不正当利益,给予国家工作人员以财物的,是行贿罪。
>
> 在经济往来中,违反国家规定,给予国家工作人员以财物,数额较大的,或者违反国家规定,给予国家工作人员以各种名义的回扣、手续费的,以行贿论处。
>
> 因被勒索给予国家工作人员以财物,没有获得不正当利益的,不是行贿。
>
> 关联法条:第九十三条、第九十六条、第三百九十条

◆ 定　　罪 ◆

1 本罪定义

★最高人民检察院《关于人民检察院直接受理立案侦查案件立案标准的规定(试行)》(1999年9月16日)(节录)

(五)行贿案①(第389条、第390条)

行贿罪是指为谋取不正当利益,给予国家工作人员以财物的行为。

在经济往来中,违反国家规定,给予国家工作人员以财物,数额较大的,或者违反国家规定,给予国家工作人员以各种名义的回扣、手续费的,以行贿罪追究刑事责任。

2 入罪数额、入罪情节

★最高人民法院、最高人民检察院《关于办理贪污贿赂刑事案件适用法律若干问题的解释》(2016年4月18日)(节录)

第七条　为谋取不正当利益,向国家工作人员行贿,数额在三万元以上的,应当依照刑法第三百九十条的规定以行贿罪追究刑事责任。

行贿数额在一万元以上不满三万元,具有下列情形之一的,应当依照刑法第三百九十条的规定以行贿罪追究刑事责任:

(一)向三人以上行贿的;

(二)将违法所得用于行贿的;

(三)通过行贿谋取职务提拔、调整的;

(四)向负有食品、药品、安全生产、环境保护等监督管理职责的国家工作人员行贿,实施非法活动的;

(五)向司法工作人员行贿,影响司法公正的;

(六)造成经济损失数额在五十万元以上不满一百万元的。

3 行贿犯罪中"谋取不正当利益"的认定

★最高人民法院、最高人民检察院《关于在办理受贿犯罪大要案的同时要严肃查处严重行贿犯罪分子的通知》(1999年3月4日)(节录)

---

① 最高人民检察院《关于行贿罪立案标准的规定》(2000年12月22日)"一、行贿案(刑法第三百八十九条、第三百九十条)"对本罪的定义作了相同的规定。

第二编 分 则

二、对于为谋取不正当利益而行贿,构成行贿罪,向单位行贿罪,单位行贿罪的,必须依法追究刑事责任。"谋取不正当利益"是指谋取违反法律、法规、国家政策和国务院各部门规章规定的利益,以及要求国家工作人员或者有关单位提供违反法律、法规、国家政策和国务院各部门规章规定的帮助或者方便条件。

对于向国家工作人员介绍贿赂,构成犯罪的案件,也要依法查处。

★最高人民检察院《关于人民检察院直接受理立案侦查案件立案标准的规定(试行)》(1999年9月16日)(节录)

四、附则

(五)本规定中有关贿赂罪案中的"谋取不正当利益",是指谋取违反法律、法规、国家政策和国务院各部门规章规定的利益,以及谋取违反法律、法规、国家政策和国务院各部门规章规定的帮助或者方便条件。

★最高人民法院、最高人民检察院《关于办理商业贿赂刑事案件适用法律若干问题的意见》(2008年11月20日)(节录)

九、在行贿犯罪中,"谋取不正当利益",是指行贿人谋取违反法律、法规、规章或者政策规定的利益,或者要求对方违反法律、法规、规章、政策、行业规范的规定提供帮助或者方便条件。

在招标投标、政府采购等商业活动中,违背公平原则,给予相关人员财物以谋取竞争优势的,属于"谋取不正当利益"。

★最高人民法院、最高人民检察院《关于办理行贿刑事案件具体应用法律若干问题的解释》(2013年1月1日)(节录)

第十二条 行贿犯罪中的"谋取不正当利益",是指行贿人谋取的利益违反法律、法规、规章、政策规定,或者要求国家工作人员违反法律、法规、规章、政策、行业规范的规定,为自己提供帮助或者方便条件。

违背公平、公正原则,在经济、组织人事管理等活动中,谋取竞争优势的,应当认定为"谋取不正当利益"。

▶ 4 "财物"的认定

★最高人民法院、最高人民检察院《关于办理贪污贿赂刑事案件适用法律若干问题的解释》(2016年4月18日)(节录)

第十二条 贿赂犯罪中的"财物",包括货币、物品和财产性利益。财产性利益包括可以折算为货币的物质利益如房屋装修、债务免除等,以及需要支付货币的其他利益如会员服务、旅游等。后者的犯罪数额,以实际支付或者应当支付的数额计算。

▶ 5 行贿数额的计算

★最高人民法院、最高人民检察院《关于办理行贿刑事案件具体应用法律若干问题的解释》(2013年1月1日)(节录)

第五条 多次行贿未经处理的,按照累计行贿数额处罚。

▶ 6 一罪与数罪

★最高人民法院、最高人民检察院《关于办理行贿刑事案件具体应用法律若干问题的

解释》（2013年1月1日）（节录）

第六条　行贿人谋取不正当利益的行为构成犯罪的，应当与行贿犯罪实行数罪并罚。

★最高人民检察院《关于印发第四批指导性案例的通知》（2014年2月20日）（节录）

胡林贵等人生产、销售有毒、有害食品，行贿；骆梅等人销售伪劣产品；朱伟全等人生产、销售伪劣产品；黎达文等人受贿，食品监管渎职案（检例第15号）

要旨：实施生产、销售有毒、有害食品犯罪，为逃避查处向负有食品安全监管职责的国家工作人员行贿的，应当以生产、销售有毒、有害食品罪和行贿罪实行数罪并罚。

负有食品安全监督管理职责的国家机关工作人员，滥用职权，向生产、销售有毒、有害食品的犯罪分子通风报信，帮助逃避处罚的，应当认定为食品监管渎职罪；在渎职过程中受贿的，应当以食品监管渎职罪和受贿罪实行数罪并罚。

★最高人民法院、最高人民检察院《关于办理危害生产安全刑事案件适用法律若干问题的解释》（2015年12月16日）（节录）

第十二条　实施刑法第一百三十二条、第一百三十四条至第一百三十九条之一规定的犯罪行为，具有下列情形之一的，从重处罚：

（一）未依法取得安全许可证件或者安全许可证件过期、被暂扣、吊销、注销后从事生产经营活动的；

（二）关闭、破坏必要的安全监控和报警设备的；

（三）已经发现事故隐患，经有关部门或者个人提出后，仍不采取措施的；

（四）一年内曾因危害生产安全违法犯罪活动受过行政处罚或者刑事处罚的；

（五）采取弄虚作假、行贿等手段，故意逃避、阻挠负有安全监督管理职责的部门实施监督检查的；

（六）安全事故发生后转移财产意图逃避承担责任的；

（七）其他从重处罚的情形。

实施前款第五项规定的行为，同时构成刑法第三百八十九条规定的犯罪的，依照数罪并罚的规定处罚。

7 不正当利益的追缴、责令退赔或者返还被害人

★最高人民法院、最高人民检察院《关于办理行贿刑事案件具体应用法律若干问题的解释》（2013年1月1日）（节录）

第十一条　行贿犯罪取得的不正当财产性利益应当依照刑法第六十四条的规定予以追缴、责令退赔或者返还被害人。

因行贿犯罪取得财产性利益以外的经营资格、资质或者职务晋升等其他不正当利益，建议有关部门依照相关规定予以处理。

★最高人民法院、最高人民检察院《关于办理贪污贿赂刑事案件适用法律若干问题的解释》（2016年4月18日）（节录）

第十八条　贪污贿赂犯罪分子违法所得的一切财物，应当依照刑法第六十四条的规定予以追缴或者责令退赔，对被害人的合法财产应当及时返还。对尚未追缴到案或者尚未足

量　刑

▶① 参见【本章罪名量刑问题的总体规定】，P714

第三百九十条① **【行贿罪的处罚】** 对犯行贿罪的，处五年以下有期徒刑或者拘役，并处罚金；因行贿谋取不正当利益，情节严重的，或者使国家利益遭受重大损失的，处五年以上十年以下有期徒刑，并处罚金；情节特别严重的，或者使国家利益遭受特别重大损失的，处十年以上有期徒刑或者无期徒刑，并处罚金或者没收财产。

行贿人在被追诉前主动交待行贿行为的，可以从轻或者减轻处罚。其中，犯罪较轻的，对侦破重大案件起关键作用的，或者有重大立功表现的，可以减轻或者免除处罚。

定　罪

▶① 第一款"情节严重"、"使国家利益遭受重大损失"的认定

★最高人民法院、最高人民检察院《关于办理贪污贿赂刑事案件适用法律若干问题的解释》（2016年4月18日）（节录）

第八条　犯行贿罪，具有下列情形之一的，应当认定为刑法第三百九十条第一款规定的"情节严重"：

（一）行贿数额在一百万元以上不满五百万元的；

（二）行贿数额在五十万元以上不满一百万元，并具有本解释第七条第二款第一项至第五项规定的情形之一的；

（三）其他严重的情节。

为谋取不正当利益，向国家工作人员行贿，造成经济损失数额在一百万元以上不满五百万元的，应当认定为刑法第三百九十条第一款规定的"使国家利益遭受重大损失"。

▶② 第一款"情节特别严重"、"使国家利益遭受特别重大损失"的认定

★最高人民法院、最高人民检察院《关于办理贪污贿赂刑事案件适用法律若干问题的解释》（2016年4月18日）（节录）

第九条　犯行贿罪，具有下列情形之一的，应当认定为刑法第三百九十条第一款规定的"情节特别严重"：

（一）行贿数额在五百万元以上的；

（二）行贿数额在二百五十万元以上不满五百万元，并具有本解释第七条第二款第一项至第五项规定的情形之一的；

---

① 2015年8月29日《刑法修正案（九）》第四十五条增设了本条第一款的"并处罚金"、最高刑档中的"或者使国家利益遭受特别重大损失"；增设了第二款中的从轻处罚，增加了减轻处罚、免除处罚的情形。

(三) 其他特别严重的情节。

为谋取不正当利益，向国家工作人员行贿，造成经济损失数额在五百万元以上的，应当认定为刑法第三百九十条第一款规定的"使国家利益遭受特别重大损失"。

▶3 第二款"被追诉前"的认定

★最高人民法院、最高人民检察院《关于办理行贿刑事案件具体应用法律若干问题的解释》(2013年1月1日)(节录)

第十三条 刑法第三百九十条第二款规定的"被追诉前"，是指检察机关对行贿人的行贿行为刑事立案前。

▶4 第二款"犯罪较轻"、"重大案件"、"对侦破重大案件起关键作用"的认定

★最高人民法院、最高人民检察院《关于办理贪污贿赂刑事案件适用法律若干问题的解释》(2016年4月18日)(节录)

第十四条 根据行贿犯罪的事实、情节，可能被判处三年有期徒刑以下刑罚的，可以认定为刑法第三百九十条第二款规定的"犯罪较轻"。

根据犯罪的事实、情节，已经或者可能被判处十年有期徒刑以上刑罚的，或者案件在本省、自治区、直辖市或者全国范围内有较大影响的，可以认定为刑法第三百九十条第二款规定的"重大案件"。

具有下列情形之一的，可以认定为刑法第三百九十条第二款规定的"对侦破重大案件起关键作用"：

(一) 主动交待办案机关未掌握的重大案件线索的；

(二) 主动交待的犯罪线索不属于重大案件的线索，但该线索对于重大案件侦破有重要作用的；

(三) 主动交待行贿事实，对于重大案件的证据收集有重要作用的；

(四) 主动交待行贿事实，对于重大案件的追逃、追赃有重要作用的。

◀ 量 刑 ▶

▶1 参见【本章罪名量刑问题的总体规定】，P714

▶2 依法严肃惩处

★最高人民法院、最高人民检察院《关于在办理受贿犯罪大要案的同时要严肃查处严重行贿犯罪分子的通知》(1999年3月4日)(节录)

三、当前要特别注意依法严肃惩处下列严重行贿犯罪行为：

1. 行贿数额巨大、多次行贿或者向多人行贿的；

2. 向党政干部和司法工作人员行贿的；

3. 为进行走私、偷税、骗税、骗汇、逃汇、非法买卖外汇等违法犯罪活动，向海关、工商、税务、外汇管理等行政执法机关工作人员行贿的；

4. 为非法办理金融、证券业务，向银行等金融机构、证券管理机构工作人员行贿，致使国家利益遭受重大损失的；

5. 为非法获取工程、项目的开发、承包、经营权，向有关主管部门及其主管领导行

贿,致使公共财产、国家和人民利益遭受重大损失的;

6. 为制售假冒伪劣产品,向有关国家机关、国有单位及国家工作人员行贿,造成严重后果的;

7. 其他情节严重的行贿犯罪行为。

❸ 从轻、减轻、免除处罚

★最高人民法院、最高人民检察院《关于在办理受贿犯罪大要案的同时要严肃查处严重行贿犯罪分子的通知》(1999年3月4日)(节录)

四、在查处严重行贿、介绍贿赂犯罪案件中,既要坚持从严惩处的方针,又要注意体现政策。行贿人、介绍贿赂人具有刑法第三百九十条第二款、第三百九十二条第二款规定的,在被追诉前主动交代行贿、介绍贿赂犯罪情节的,依法分别可以减轻或者免除处罚;行贿人、介绍贿赂人在被追诉后如实交代行贿、介绍贿赂行为的,也可以酌情从轻处罚。

★最高人民法院、最高人民检察院《关于办理行贿刑事案件具体应用法律若干问题的解释》(2013年1月1日)(节录)

第七条 因行贿人在被追诉前主动交待行贿行为而破获相关受贿案件的,对行贿人不适用刑法第六十八条关于立功的规定,依照刑法第三百九十条第二款的规定,可以减轻或者免除处罚。

单位行贿的,在被追诉前,单位集体决定或者单位负责人决定主动交待单位行贿行为的,依照刑法第三百九十条第二款的规定,对单位及相关责任人员可以减轻处罚或者免除处罚;受委托直接办理单位行贿事项的直接责任人员在被追诉前主动交待自己知道的单位行贿行为的,对该直接责任人员可以依照刑法第三百九十条第二款的规定减轻处罚或者免除处罚。

第八条 行贿人被追诉后如实供述自己罪行的,依照刑法第六十七条第三款的规定,可以从轻处罚;因其如实供述自己罪行,避免特别严重后果发生的,可以减轻处罚。

第九条 行贿人揭发受贿人与其行贿无关的其他犯罪行为,查证属实的,依照刑法第六十八条关于立功的规定,可以从轻、减轻或者免除处罚。

❹ 不适用缓刑、免予刑事处罚

★最高人民法院、最高人民检察院《关于办理行贿刑事案件具体应用法律若干问题的解释》(2013年1月1日)(节录)

第十条 实施行贿犯罪,具有下列情形之一的,一般不适用缓刑和免予刑事处罚:

(一)向三人以上行贿的;

(二)因行贿受过行政处罚或者刑事处罚的;

(三)为实施违法犯罪活动而行贿的;

(四)造成严重危害后果的;

(五)其他不适用缓刑和免予刑事处罚的情形。

具有刑法第三百九十条第二款规定的情形的,不受前款规定的限制。

第三百九十条之一 ①【对有影响力的人行贿罪】为谋取不正当利益,向国家工作人员的近亲属或者其他与该国家工作人员关系密切的人,或者向离职的国家工作人员或者其近亲属以及其他与其关系密切的人行贿的,处三年以下有期徒刑或者拘役,并处罚金;情节严重的,或者使国家利益遭受重大损失的,处三年以上七年以下有期徒刑,并处罚金;情节特别严重的,或者使国家利益遭受特别重大损失的,处七年以上十年以下有期徒刑,并处罚金。

单位犯前款罪的,对单位判处罚金,并对其直接负责的主管人员和其他直接责任人员,处三年以下有期徒刑或者拘役,并处罚金。

关联法条:第九十三条

◀ 定　　罪 ▶

1 入罪数额

★最高人民法院、最高人民检察院《关于办理贪污贿赂刑事案件适用法律若干问题的解释》(2016年4月18日)(节录)

第十条(第2款)　刑法第三百九十条之一规定的对有影响力的人行贿罪的定罪量刑适用标准,参照本解释关于行贿罪的规定执行。

(第3款)　单位对有影响力的人行贿数额在二十万元以上的,应当依照刑法第三百九十条之一的规定以对有影响力的人行贿罪追究刑事责任。

◀ 量　　刑 ▶

1 参见【本章罪名量刑问题的总体规定】,P714

第三百九十一条【对单位行贿罪】为谋取不正当利益,给予国家机关、国有公司、企业、事业单位、人民团体以财物的,或者在经济往来中,违反国家规定,给予各种名义的回扣、手续费的,处三年以下有期徒刑或者拘役,并处罚金。②

单位犯前款罪的,对单位判处罚金,并对其直接负责的主管人员和其他直接责任人员,依照前款的规定处罚。

关联法条:第九十六条

◀ 立案追诉标准 ▶

★最高人民检察院《关于人民检察院直接受理立案侦查案件立案标准的规定(试行)》(1999年9月16日)(节录)

---

① 本条系2015年8月29日《刑法修正案(九)》第四十六条增设。
② 2015年8月29日《刑法修正案(九)》第四十七条增设了本条第一款的"并处罚金"。

一、贪污贿赂犯罪案件

（六）对单位行贿案①（第391条）

对单位行贿罪是指为谋取不正当利益，给予国家机关、国有公司、企业、事业单位、人民团体以财物，或者在经济往来中，违反国家规定，给予上述单位各种名义的回扣、手续费的行为。

涉嫌对单位行贿，有下列情形之一的，应予立案：

1. 个人行贿数额在10万元以上、单位行贿数额在20万元以上的；

2. 个人行贿数额不满10万元、单位行贿数额在10万元以上不满20万元，但具有下列情形之一的：

（1）为谋取非法利益而行贿的；

（2）向3个以上单位行贿的；

（3）向党政机关、司法机关、行政执法机关行贿的；

（4）致使国家或者社会利益遭受重大损失的。

◀━━━ 量　　刑 ━━━▶

▶ 参见【本章罪名量刑问题的总体规定】，P714

第三百九十二条【介绍贿赂罪】向国家工作人员介绍贿赂，情节严重的，处三年以下有期徒刑或者拘役，并处罚金。②

介绍贿赂人在被追诉前主动交待介绍贿赂行为的，可以减轻处罚或者免除处罚。

关联法条：第九十三条

◀━━━ 立案追诉标准 ━━━▶

★最高人民检察院《关于人民检察院直接受理立案侦查案件立案标准的规定（试行）》（1999年9月16日）（节录）

一、贪污贿赂犯罪案件

（七）介绍贿赂案（第392条）

介绍贿赂罪是指向国家工作人员介绍贿赂，情节严重的行为。

"介绍贿赂"是指在行贿人与受贿人之间沟通关系、撮合条件，使贿赂行为得以实现的行为。

涉嫌介绍贿赂，有下列情形之一的，应予立案：

1. 介绍个人向国家工作人员行贿，数额在2万元以上的；介绍单位向国家工作人员行

---

① 最高人民检察院《关于行贿罪立案标准的规定》（2000年12月22日）"二、对单位行贿案（刑法第三百九十一条）"对本罪的定义、立案追诉标准作了相同的规定。

② 2015年8月29日《刑法修正案（九）》第四十八条增设了本条第一款的"并处罚金"。

贿，数额在 20 万元以上的；

2. 介绍贿赂数额不满上述标准，但具有下列情形之一的：

(1) 为使行贿人获取非法利益而介绍贿赂的；

(2) 3 次以上或者为 3 人以上介绍贿赂的；

(3) 向党政领导、司法工作人员、行政执法人员介绍贿赂的；

(4) 致使国家或者社会利益遭受重大损失的。

◆ 量　刑 ◆

参见【本章罪名量刑问题的总体规定】，P714

第三百九十三条① 【单位行贿罪】单位为谋取不正当利益而行贿，或者违反国家规定，给予国家工作人员以回扣、手续费，情节严重的，对单位判处罚金，并对其直接负责的主管人员和其他直接责任人员，处五年以下有期徒刑或者拘役，并处罚金。因行贿取得的违法所得归个人所有的，依照本法第三百八十九条、第三百九十条的规定定罪处罚。

关联法条：第九十三条、第九十六条

◆ 立案追诉标准 ◆

★最高人民检察院《关于人民检察院直接受理立案侦查案件立案标准的规定（试行）》(1999 年 9 月 16 日)（节录）

一、贪污贿赂犯罪案件

（八）单位行贿案（第 393 条）②

单位行贿罪是指公司、企业、事业单位、机关、团体为谋取不正当利益而行贿，或者违反国家规定，给予国家工作人员以回扣、手续费，情节严重的行为。

涉嫌单位行贿，有下列情形之一的，应予立案：

1. 单位行贿数额在 20 万元以上的；

2. 单位为谋取不正当利益而行贿，数额在 10 万元以上不满 20 万元，但具有下列情形之一的：

(1) 为谋取非法利益而行贿的；

(2) 向 3 人以上行贿的；

(3) 向党政领导、司法工作人员、行政执法人员行贿的；

(4) 致使国家或者社会利益遭受重大损失的。

因行贿取得的违法所得归个人所有的，依照本规定关于个人行贿的规定立案，追究其刑事责任。

---

① 2015 年 8 月 29 日《刑法修正案（九）》第四十七条增设了本条的"并处罚金"。

② 最高人民检察院《关于行贿罪立案标准的规定》(2000 年 12 月 22 日) "三、单位行贿案（刑法第三百九十三条）"对本罪的立案追诉标准作了相同的规定。

第二编 分　则

◀ 量　刑 ▶

🔵 参见【本章罪名量刑问题的总体规定】，P714

　　第三百九十四条【贪污罪】 国家工作人员在国内公务活动或者对外交往中接受礼物，依照国家规定应当交公而不交公，数额较大的，依照本法第三百八十二条、第三百八十三条的规定定罪处罚。

◀ 定　罪 ▶

🔵 **不作为形式贪污的特殊规定**①
　　★最高人民检察院《关于人民检察院直接受理立案侦查案件立案标准的规定（试行）》（1999年9月16日）（节录）
　　一、贪污贿赂犯罪案件
　　（一）贪污案（第382条，第383条，第183条第2款，第271条第2款，第394条）
　　国家工作人员在国内公务活动或者对外交往中接受礼物，依照国家规定应当交公而不交公，数额较大的，以贪污罪追究刑事责任。

◀ 量　刑 ▶

🔵 参见【本章罪名量刑问题的总体规定】，P714

　　第三百九十五条【巨额财产来源不明罪】 国家工作人员的财产、支出明显超过合法收入，差额巨大的，可以责令该国家工作人员说明来源，不能说明来源的，差额部分以非法所得论，处五年以下有期徒刑或者拘役；差额特别巨大的，处五年以上十年以下有期徒刑。财产的差额部分予以追缴。
　　【隐瞒境外存款罪】 国家工作人员在境外的存款，应当依照国家规定申报。数额较大、隐瞒不报的，处二年以下有期徒刑或者拘役；情节较轻的，由其所在单位或者上级主管机关酌情给予行政处分。

　　关联法条：第九十三条

◀ 立案追诉标准 ▶

　　★最高人民检察院《关于人民检察院直接受理立案侦查案件立案标准的规定（试行）》（1999年9月16日）（节录）
　　一、贪污贿赂犯罪案件
　　（九）巨额财产来源不明案（第395条第1款）
　　巨额财产来源不明罪是指国家工作人员的财产或者支出明显超出合法收入，差额巨大，而本人又不能说明其来源是合法的行为。
　　涉嫌巨额财产来源不明，数额在30万元以上的，应予立案。

---

① 参见黎宏：《刑法学》，法律出版社2012年版，第930页。

（十）隐瞒境外存款案（第 395 条第 2 款）

隐瞒境外存款罪是指国家工作人员违反国家规定，故意隐瞒不报在境外的存款，数额较大的行为。

涉嫌隐瞒境外存款，折合人民币数额在 30 万元以上的，应予立案。

◆━━━ 定　　罪 ━━━◆

▶1 第一款"不能说明"的认定

★最高人民法院《全国法院审理经济犯罪案件工作座谈会纪要》（2003 年 11 月 13 日）（节录）

五、关于巨额财产来源不明罪

（一）行为人不能说明巨额财产来源合法的认定

刑法第三百九十五条第一款规定的"不能说明"，包括以下情况：（1）行为人拒不说明财产来源；（2）行为人无法说明财产的具体来源；（3）行为人所说的财产来源经司法机关查证并不属实；（4）行为人所说的财产来源因线索不具体等原因，司法机关无法查实，但能排除存在来源合法的可能性和合理性的。

▶2 "非法所得"数额的计算

★最高人民法院《全国法院审理经济犯罪案件工作座谈会纪要》（2003 年 11 月 13 日）（节录）

五、关于巨额财产来源不明罪

（二）"非法所得"的数额计算

刑法第三百九十五条规定的"非法所得"，一般是指行为人的全部财产与能够认定的所有支出的总和减去能够证实的有真实来源的所得。在具体计算时，应注意以下问题：

（1）应把国家工作人员个人财产和与其共同生活的家庭成员的财产、支出等一并计算，而且一并减去他们所有的合法收入以及确与其共同生活的家庭成员个人的非法收入。

（2）行为人所有的财产包括房产、家具、生活用品、学习用品及股票、债券、存款等动产和不动产；行为人的支出包括合法支出和不合法的支出，包括日常生活、工作、学习费用、罚款及向他人行贿的财物等；行为人的合法收入包括工资、奖金、稿酬、继承等法律和政策允许的各种收入。

（3）为了便于计算犯罪数额，对于行为人的财产和合法收入，一般可以从行为人有比较确定的收入和财产时开始计算。

◆━━━ 量　　刑 ━━━◆

▶1 参见【本章罪名量刑问题的总体规定】，P714

第二编 分　　则

第三百九十六条【私分国有资产罪】 国家机关、国有公司、企业、事业单位、人民团体，违反国家规定，以单位名义将国有资产集体私分给个人，数额较大的，对其直接负责的主管人员和其他直接责任人员，处三年以下有期徒刑或者拘役，并处或者单处罚金；数额巨大的，处三年以上七年以下有期徒刑，并处罚金。

【私分罚没财物罪】 司法机关、行政执法机关违反国家规定，将应当上缴国家的罚没财物，以单位名义集体私分给个人的，依照前款的规定处罚。

关联法条：第九十六条

◥ 立案追诉标准 ◤

★最高人民检察院《关于人民检察院直接受理立案侦查案件立案标准的规定（试行）》（1999年9月16日）（节录）

一、贪污贿赂犯罪案件

（十一）私分国有资产案（第396条第1款）

私分国有资产罪是指国家机关、国有公司、企业、事业单位、人民团体，违反国家规定，以单位名义将国有资产集体私分给个人，数额较大的行为。

涉嫌私分国有资产，累计数额在10万元以上的，应予立案。

（十二）私分罚没财物案（第396条第2款）

私分罚没财物罪是指司法机关、行政执法机关违反国家规定，将应当上缴国家的罚没财物，以单位名义集体私分给个人的行为。

涉嫌私分罚没财物，累计数额在10万元以上，应予立案。

◥ 定　　罪 ◤

▋**1** 第一款"国有资产"的认定

★最高人民检察院《关于人民检察院直接受理立案侦查案件立案标准的规定（试行）》（1999年9月16日）（节录）

四、附则

（六）本规定中有关私分国有资产罪案中的"国有资产"，是指国家依法取得和认定的，或者国家以各种形式对企业投资和投资收益、国家向行政事业单位拨款等形成的资产。

▋**2** 企业改制过程中私分国有资产行为的处理

★最高人民法院、最高人民检察院《关于办理国家出资企业中职务犯罪案件具体应用法律若干问题的意见》（2010年11月26日）（节录）

二、关于国有公司、企业在改制过程中隐匿公司、企业财产归职工集体持股的改制后公司、企业所有的行为的处理

国有公司、企业违反国家规定，在改制过程中隐匿公司、企业财产，转为职工集体持股的改制后公司、企业所有的，对其直接负责的主管人员和其他直接责任人员，依照刑法第三百九十六条第一款的规定，以私分国有资产罪定罪处罚。

第八章 贪污贿赂罪

改制后的公司、企业中只有改制前公司、企业的管理人员或者少数职工持股，改制前公司、企业的多数职工未持股的，依照本意见第一条的规定，以贪污罪定罪处罚。

◀ 量　　刑 ▶

[1] 参见【本章罪名量刑问题的总体规定】，P714

第二编 分　则

第九章　渎 职 罪

本章罪名定罪问题的总体规定

1 犯罪主体

★最高人民检察院《关于企业事业单位的公安机构在机构改革过程中其工作人员能否构成渎职侵权犯罪主体问题的批复》（2002年4月29日）（节录）

企业事业单位的公安机构在机构改革过程中虽尚未列入公安机关建制，其工作人员在行使侦查职责时，实施渎职侵权行为的，可以成为渎职侵权犯罪的主体。

★全国人民代表大会常务委员会《关于〈中华人民共和国刑法〉第九章渎职罪主体适用问题的解释》（2002年12月28日）（节录）

在依照法律、法规规定行使国家行政管理职权的组织中从事公务的人员，或者在受国家机关委托代表国家机关行使职权的组织中从事公务的人员，或者虽未列入国家机关人员编制但在国家机关中从事公务的人员，在代表国家机关行使职权时，有渎职行为，构成犯罪的，依照刑法关于渎职罪的规定追究刑事责任。

★最高人民检察院《关于印发第二批指导性案例的通知》（2012年11月15日）（节录）

崔某环境监管失职案（检例第4号）

要旨：实践中，一些国有公司、企业和事业单位经合法授权从事具体的管理市场经济和社会生活的工作，拥有一定管理公共事务和社会事务的职权，这些实际行使国家行政管理职权的公司、企业和事业单位工作人员，符合渎职罪主体要求；对其实施渎职行为构成犯罪的，应当依照刑法关于渎职罪的规定追究刑事责任。

★最高人民法院、最高人民检察院《关于办理渎职刑事案件适用法律若干问题的解释（一）》（2013年1月9日）（节录）

第七条　依法或者受委托行使国家行政管理职权的公司、企业、事业单位的工作人员，在行使行政管理职权时滥用职权或者玩忽职守，构成犯罪的，应当依照《全国人民代表大会常务委员会关于〈中华人民共和国刑法〉第九章渎职罪主体适用问题的解释》的规定，适用渎职罪的规定追究刑事责任。

★最高人民法院、最高人民检察院《关于办理危害生产安全刑事案件适用法律若干问题的解释》（2015年12月16日）（节录）

第十五条（第2款）　公司、企业、事业单位的工作人员在依法或者受委托行使安全监督管理职责时滥用职权或者玩忽职守，构成犯罪的，应当依照《全国人民代表大会常务委员会关于〈中华人民共和国刑法〉第九章渎职罪主体适用问题的解释》的规定，适用渎职罪的规定追究刑事责任。

2 领导强令或者以"集体研究"形式渎职行为的处理

★最高人民法院、最高人民检察院《关于办理渎职刑事案件适用法律若干问题的解释

(一)》（2013 年 1 月 9 日）（节录）

第五条　国家机关负责人员违法决定，或者指使、授意、强令其他国家机关工作人员违法履行职务或者不履行职务，构成刑法分则第九章规定的渎职犯罪的，应当依法追究刑事责任。

以"集体研究"形式实施的渎职犯罪，应当依照刑法分则第九章的规定追究国家机关负有责任的人员的刑事责任。对于具体执行人员，应当在综合认定其行为性质、是否提出反对意见、危害结果大小等情节的基础上决定是否追究刑事责任和应当判处的刑罚。

3 因果关系的认定

★最高人民检察院《关于印发第二批指导性案例的通知》（2012 年 11 月 15 日）（节录）

杨某玩忽职守、徇私枉法、受贿案（检例第 8 号）

要旨：本案要旨有两点：一是渎职犯罪因果关系的认定。如果负有监管职责的国家机关工作人员没有认真履行其监管职责，从而未能有效防止危害结果发生，那么，这些对危害结果具有"原因力"的渎职行为，应认定与危害结果之间具有刑法意义上的因果关系。……

4 公共财产重大损失的认定

★最高人民法院《全国法院审理经济犯罪案件工作座谈会纪要》（2003 年 11 月 13 日）（节录）

六、关于渎职罪

（一）渎职犯罪行为造成的公共财产重大损失的认定

根据刑法规定，玩忽职守、滥用职权等渎职犯罪是以致使公共财产、国家和人民利益遭受重大损失为构成要件的。其中，公共财产的重大损失，通常是指渎职行为已经造成的重大经济损失。在司法实践中，有以下情形之一的，虽然公共财产作为债权存在，但已无法实现债权的，可以认定为行为人的渎职行为造成了经济损失：（1）债务人已经法定程序被宣告破产；（2）债务人潜逃，去向不明；（3）因行为人责任，致使超过诉讼时效；（4）有证据证明债权无法实现的其他情况。

5 一罪与数罪

★最高人民检察院《关于印发第二批指导性案例的通知》（2012 年 11 月 15 日）（节录）

杨某玩忽职守、徇私枉法、受贿案（检例第 8 号）

要旨：本案要旨有两点：……二是渎职犯罪同时受贿的处罚原则。对于国家机关工作人员实施渎职犯罪并收受贿赂，同时构成受贿罪的，除刑法第三百九十九条有特别规定的外，以渎职犯罪和受贿罪数罪并罚。

★最高人民法院、最高人民检察院《关于办理渎职刑事案件适用法律若干问题的解释（一）》（2013 年 1 月 9 日）（节录）

第三条　国家机关工作人员实施渎职犯罪并收受贿赂，同时构成受贿罪的，除刑法另有规定外，以渎职犯罪和受贿罪数罪并罚。

第四条　国家机关工作人员实施渎职行为，放纵他人犯罪或者帮助他人逃避刑事处罚，构成犯罪的，依照渎职罪的规定定罪处罚。

国家机关工作人员与他人共谋，利用其职务行为帮助他人实施其他犯罪行为，同时构成渎职犯罪和共谋实施的其他犯罪共犯的，依照处罚较重的规定定罪处罚。

国家机关工作人员与他人共谋，既利用其职务行为帮助他人实施其他犯罪，又以非职务行为与他人共同实施该其他犯罪行为，同时构成渎职犯罪和其他犯罪的共犯的，依照数罪并罚的规定定罪处罚。

⑥ 此罪与彼罪

★最高人民法院、最高人民检察院《关于办理渎职刑事案件适用法律若干问题的解释（一）》（2013年1月9日）（节录）

第二条 国家机关工作人员实施滥用职权或者玩忽职守犯罪行为，触犯刑法分则第九章第三百九十八条至第四百一十九条规定的，依照该规定定罪处罚。

国家机关工作人员滥用职权或者玩忽职守，因不具备徇私舞弊等情形，不符合刑法分则第九章第三百九十八条至第四百一十九条的规定，但依法构成第三百九十七条规定的犯罪的，以滥用职权罪或者玩忽职守罪定罪处罚。

⑦ 诉讼时效、溯及力

★最高人民法院《全国法院审理经济犯罪案件工作座谈会纪要》（2003年11月13日）（节录）

六、关于渎职罪

（三）国有公司、企业人员渎职犯罪的法律适用

对于1999年12月24日《中华人民共和国刑法修正案》实施以前发生的国有公司、企业人员渎职行为（不包括徇私舞弊行为），尚未处理或者正在处理的，不能按照刑法修正案追究刑事责任。

★最高人民法院、最高人民检察院《关于办理渎职刑事案件适用法律若干问题的解释（一）》（2013年1月9日）（节录）

第六条 以危害结果为条件的渎职犯罪的追诉期限，从危害结果发生之日起计算；有数个危害结果的，从最后一个危害结果发生之日起计算。

▼ 本章罪名量刑问题的总体规定

① "确有悔改表现"的排除

★最高人民法院《关于办理减刑、假释案件具体应用法律的规定》（2017年1月1日）（节录）

第三条（第2款） 对职务犯罪、破坏金融管理秩序和金融诈骗犯罪、组织（领导、参加、包庇、纵容）黑社会性质组织犯罪等罪犯，不积极退赃、协助追缴赃款赃物、赔偿损失，或者服刑期间利用个人影响力和社会关系等不正当手段意图获得减刑、假释的，不认定其"确有悔改表现"。

② 减刑的限制

★最高人民法院《关于办理减刑、假释案件具体应用法律的规定》（2017年1月1日）

第九章 渎职罪

（节录）

第六条 被判处有期徒刑的罪犯减刑起始时间为：不满五年有期徒刑的，应当执行一年以上方可减刑；五年以上不满十年有期徒刑的，应当执行一年六个月以上方可减刑；十年以上有期徒刑的，应当执行二年以上方可减刑。有期徒刑减刑的起始时间自判决执行之日起计算。

确有悔改表现或者有立功表现的，一次减刑不超过九个月有期徒刑；确有悔改表现并有立功表现的，一次减刑不超过一年有期徒刑；有重大立功表现的，一次减刑不超过一年六个月有期徒刑；确有悔改表现并有重大立功表现的，一次减刑不超过二年有期徒刑。

被判处不满十年有期徒刑的罪犯，两次减刑间隔时间不得少于一年；被判处十年以上有期徒刑的罪犯，两次减刑间隔时间不得少于一年六个月。减刑间隔时间不得低于上次减刑减去的刑期。

罪犯有重大立功表现的，可以不受上述减刑起始时间和间隔时间的限制。

第七条 对符合减刑条件的职务犯罪罪犯，破坏金融管理秩序和金融诈骗犯罪罪犯，组织、领导、参加、包庇、纵容黑社会性质组织犯罪罪犯，危害国家安全犯罪罪犯，恐怖活动犯罪罪犯，毒品犯罪集团的首要分子及毒品再犯，累犯，确有履行能力而不履行或者不全部履行生效裁判中财产性判项的罪犯，被判处十年以下有期徒刑的，执行二年以上方可减刑，减刑幅度应当比照本规定第六条从严掌握，一次减刑不超过一年有期徒刑，两次减刑之间应当间隔一年以上。

对被判处十年以上有期徒刑的前款罪犯，以及因故意杀人、强奸、抢劫、绑架、放火、爆炸、投放危险物质或者有组织的暴力性犯罪被判处十年以上有期徒刑的罪犯，数罪并罚且其中两罪以上被判处十年以上有期徒刑的罪犯，执行二年以上方可减刑，减刑幅度应当比照本规定第六条从严掌握，一次减刑不超过一年有期徒刑，两次减刑之间应当间隔一年六个月以上。

罪犯有重大立功表现的，可以不受上述减刑起始时间和间隔时间的限制。

第十一条 对被判处死刑缓期执行的职务犯罪罪犯，破坏金融管理秩序和金融诈骗犯罪罪犯，组织、领导、参加、包庇、纵容黑社会性质组织犯罪罪犯，危害国家安全犯罪罪犯，恐怖活动犯罪罪犯，毒品犯罪集团的首要分子及毒品再犯，累犯以及因故意杀人、强奸、抢劫、绑架、放火、爆炸、投放危险物质或者有组织的暴力性犯罪的罪犯，确有履行能力而不履行或者不全部履行生效裁判中财产性判项的罪犯，数罪并罚被判处死刑缓期执行的罪犯，减为无期徒刑后，符合减刑条件的，执行三年以上方可减刑，一般减为二十五年有期徒刑，有立功表现或者重大立功表现的，可以比照本规定第十条减为二十三年以上二十五年以下有期徒刑；减为有期徒刑后再减刑时，减刑幅度比照本规定第六条从严掌握，一次不超过一年有期徒刑，两次减刑之间应当间隔二年以上。

▶ 3 从严惩处

★最高人民法院、最高人民检察院《关于办理渎职刑事案件适用法律若干问题的解释（一）》（2013年1月9日）（节录）

第九条 负有监督管理职责的国家机关工作人员滥用职权或者玩忽职守，致使不符合安全标准的食品、有毒有害食品、假药、劣药等流入社会，对人民群众生命、健康造成严重危害后果的，依照渎职罪的规定从严惩处。

❹ 酌情从轻处罚

★最高人民法院、最高人民检察院《关于办理职务犯罪案件认定自首、立功等量刑情节若干问题的意见》（2009年3月20日）（节录）

四、关于赃款赃物追缴等情形的处理

（第4款）职务犯罪案件立案后，犯罪分子及其亲友自行挽回的经济损失，司法机关或者犯罪分子所在单位及其上级主管部门挽回的经济损失，或者因客观原因减少的经济损失，不予扣减，但可以作为酌情从轻处罚的情节。

第三百九十七条【滥用职权罪】【玩忽职守罪】 国家机关工作人员滥用职权或者玩忽职守，致使公共财产、国家和人民利益遭受重大损失的，处三年以下有期徒刑或者拘役；情节特别严重的，处三年以上七年以下有期徒刑。本法另有规定的，依照规定。

国家机关工作人员徇私舞弊，犯前款罪的，处五年以下有期徒刑或者拘役；情节特别严重的，处五年以上十年以下有期徒刑。本法另有规定的，依照规定。

立案追诉标准

★最高人民检察院《关于渎职侵权犯罪案件立案标准的规定》（2006年9月21日）（节录）

一、渎职犯罪案件

（一）滥用职权案（第三百九十七条）

滥用职权罪是指国家机关工作人员超越职权，违法决定、处理其无权决定、处理的事项，或者违反规定处理公务，致使公共财产、国家和人民利益遭受重大损失的行为。

（二）玩忽职守案（第三百九十七条）

玩忽职守罪是指国家机关工作人员严重不负责任，不履行或者不认真履行职责，致使公共财产、国家和人民利益遭受重大损失的行为。

三、附则

（三）本规定中的"国家机关工作人员"，是指在国家机关中从事公务的人员，包括在各级国家权力机关、行政机关、司法机关和军事机关中从事公务的人员。在依照法律、法规规定行使国家行政管理职权的组织中从事公务的人员，或者在受国家机关委托代表国家行使职权的组织中从事公务的人员，或者虽未列入国家机关人员编制但在国家机关中从事公务的人员，在代表国家机关行使职权时，视为国家机关工作人员。在乡（镇）以上中国共产党机关、人民政协机关中从事公务的人员，视为国家机关工作人员。

★最高人民检察院《人民检察院直接受理立案侦查的渎职侵权重特大案件标准（试行）》（2002年1月1日）（节录）

一、滥用职权案

（一）重大案件

1. 致人死亡二人以上，或者重伤五人以上，或者轻伤十人以上的；

2. 造成直接经济损失五十万元以上的。

（二）特大案件

1. 致人死亡五人以上。或者重伤十人以上，或者轻伤二十人以上的；

2. 造成直接经济损失一百万元以上的。

二、玩忽职守案

（一）重大案件

1. 致人死亡三人以上。或者重伤十人以上，或者轻伤十五人以上的；

2. 造成直接经济损失一百万元以上的。

（二）特大案件

1. 致人死亡七人以上。或者重伤十五人以上，或者轻伤三十人以上的；

2. 造成直接经济损失二百万元以上的。

▶ 定　　罪 ◀

❶ 参见【本章罪名定罪问题的总体规定】，P758

❷ "致使公共财产、国家和人民利益遭受重大损失"、"情节特别严重"的认定

★最高人民检察院《关于印发第二批指导性案例的通知》（2012年11月15日）（节录）

罗甲、罗乙、朱某、罗丙滥用职权案（检例第6号）

要旨：根据刑法规定，滥用职权罪是指国家机关工作人员滥用职权，致使"公共财产、国家和人民利益遭受重大损失"的行为。实践中，对滥用职权"造成恶劣社会影响的"，应当依法认定为"致使公共财产、国家和人民利益遭受重大损失"。

★最高人民法院、最高人民检察院《关于办理渎职刑事案件适用法律若干问题的解释（一）》（2013年1月9日）（节录）

第一条　国家机关工作人员滥用职权或者玩忽职守，具有下列情形之一的，应当认定为刑法第三百九十七条规定的"致使公共财产、国家和人民利益遭受重大损失"：

（一）造成死亡1人以上，或者重伤3人以上，或者轻伤9人以上，或者重伤2人、轻伤3人以上，或者重伤1人、轻伤6人以上的；

（二）造成经济损失30万元以上的；

（三）造成恶劣社会影响的；

（四）其他致使公共财产、国家和人民利益遭受重大损失的情形。

具有下列情形之一的，应当认定为刑法第三百九十七条规定的"情节特别严重"：

（一）造成伤亡达到前款第（一）项规定人数3倍以上的；

（二）造成经济损失150万元以上的；

（三）造成前款规定的损失后果，不报、迟报、谎报或者授意、指使、强令他人不报、迟报、谎报事故情况，致使损失后果持续、扩大或者抢救工作延误的；

（四）造成特别恶劣社会影响的；

（五）其他特别严重的情节。

第八条　本解释规定的"经济损失"，是指渎职犯罪或者与渎职犯罪相关联的犯罪立

案时已经实际造成的财产损失,包括为挽回渎职犯罪所造成损失而支付的各种开支、费用等。立案后至提起公诉前持续发生的经济损失,应一并计入渎职犯罪造成的经济损失。

债务人经法定程序被宣告破产、债务人潜逃、去向不明,或者因行为人的责任超过诉讼时效等,致使债权已经无法实现的,无法实现的债权部分应当认定为渎职犯罪的经济损失。

渎职犯罪或者与渎职犯罪相关联的犯罪立案后,犯罪分子及其亲友自行挽回的经济损失,司法机关或者犯罪分子所在单位及其上级主管部门挽回的经济损失,或者因客观原因减少的经济损失,不予扣减,但可以作为酌定从轻处罚的情节。

❸ 渎职犯罪中"徇私"的理解

★最高人民法院《全国法院审理经济犯罪案件工作座谈会纪要》(2003年11月13日)(节录)

六、关于渎职罪

(四)关于"徇私"的理解

徇私舞弊型渎职犯罪的"徇私"应理解为徇个人私情、私利。国家机关工作人员为了本单位的利益,实施滥用职权、玩忽职守行为,构成犯罪的,依照刑法第三百九十七条第一款的规定定罪处罚。

❹ 在突发疫害防控工作中滥用职权、玩忽职守行为的处理

★最高人民法院、最高人民检察院《关于办理妨害预防、控制突发传染病疫情等灾害的刑事案件具体应用法律若干问题的解释》(2003年5月14日)(节录)

第十五条 在预防、控制突发传染病疫情等灾害的工作中,负有组织、协调、指挥、灾害调查、控制、医疗救治、信息传递、交通运输、物资保障等职责的国家机关工作人员,滥用职权或者玩忽职守,致使公共财产、国家和人民利益遭受重大损失的,依照刑法第三百九十七条的规定,以滥用职权罪或者玩忽职守罪定罪处罚。

❺ 对禁用剧毒化学品负有查处职责的行为人滥用职权、玩忽职守的处理

★最高人民法院、最高人民检察院《关于办理非法制造、买卖、运输、储存毒鼠强等禁用剧毒化学品刑事案件具体应用法律若干问题的解释》(2003年9月14日)(节录)

第四条 对非法制造、买卖、运输、储存毒鼠强等禁用剧毒化学品行为负有查处职责的国家机关工作人员,滥用职权或者玩忽职守,致使公共财产、国家和人民利益遭受重大损失的,依照刑法第三百九十七条的规定,以滥用职权罪或者玩忽职守罪追究刑事责任。

❻ 盗抢、骗夺的机动车被办理登记手续类渎职行为的处理

★最高人民法院、最高人民检察院《关于办理与盗窃、抢劫、诈骗、抢夺机动车相关刑事案件具体应用法律若干问题的解释》(2007年5月9日)(节录)

第三条 国家机关工作人员滥用职权,有下列情形之一,致使盗窃、抢劫、诈骗、抢夺的机动车被办理登记手续,数量达到三辆以上或者价值总额达到三十万元以上的,依照刑法第三百九十七条第一款的规定,以滥用职权罪定罪,处三年以下有期徒刑或者拘役:

(一)明知是登记手续不全或者不符合规定的机动车而办理登记手续的;

(二)指使他人为明知是登记手续不全或者不符合规定的机动车办理登记手续的;

第九章 渎职罪

（三）违规或者指使他人违规更改、调换车辆档案的；

（四）其他滥用职权的行为。

国家机关工作人员疏于审查或者审查不严，致使盗窃、抢劫、诈骗、抢夺的机动车被办理登记手续，数量达到五辆以上或者价值总额达到五十万元以上的，依照刑法第三百九十七条第一款的规定，以玩忽职守罪定罪，处三年以下有期徒刑或者拘役。

国家机关工作人员实施前两款规定的行为，致使盗窃、抢劫、诈骗、抢夺的机动车被办理登记手续，分别达到前两款规定数量、数额标准五倍以上的，或者明知是盗窃、抢劫、诈骗、抢夺的机动车而办理登记手续的，属于刑法第三百九十七条第一款规定的"情节特别严重"，处三年以上七年以下有期徒刑。

国家机关工作人员徇私舞弊，实施上述行为，构成犯罪的，依照刑法第三百九十七条第二款的规定定罪处罚。

7 国家机关工作人员买卖空白《边境证》行为的定性

★最高人民检察院研究室《关于买卖尚未加盖印章的空白〈边境证〉行为如何适用法律问题的答复》（2002年9月25日）（节录）

对买卖尚未加盖发证机关的行政印章或者通行专用章印鉴的空白《中华人民共和国边境管理区通行证》的行为，不宜以买卖国家机关证件罪追究刑事责任。国家机关工作人员实施上述行为，构成犯罪的，可以按滥用职权等相关犯罪依法追究刑事责任。

8 超期羁押犯罪嫌疑人、被告人行为的处理

★最高人民法院、最高人民检察院、公安部《关于严格执行刑事诉讼法，切实纠防超期羁押的通知》（2003年11月12日）（节录）

五、严格执行超期羁押责任追究制度……本通知发布以后，凡违反刑事诉讼法和本通知的规定，造成犯罪嫌疑人、被告人超期羁押的，对于直接负责的主管人员和其他直接责任人员，由其所在单位或者上级主管机关依照有关规定予以行政或者纪律处分；造成犯罪嫌疑人、被告人超期羁押，情节严重的，对于直接负责的主管人员和其他直接责任人员，依照刑法第三百九十七条的规定，以玩忽职守罪或者滥用职权罪追究刑事责任。

9 违规发放油气许可证、审批项目等过程中滥用职权、徇私舞弊行为的认定

★最高人民法院、最高人民检察院《关于办理盗窃油气、破坏油气设备等刑事案件具体应用法律若干问题的解释》（2007年1月19日）（节录）

第七条　国家机关工作人员滥用职权或者玩忽职守，实施下列行为之一，致使公共财产、国家和人民利益遭受重大损失的，依照刑法第三百九十七条的规定，以滥用职权罪或者玩忽职守罪定罪处罚：

（一）超越职权范围，批准发放石油、天然气勘查、开采、加工、经营等许可证的；

（二）违反国家规定，给不符合法定条件的单位、个人发放石油、天然气勘查、开采、加工、经营等许可证的；

（三）违反《石油天然气管道保护条例》等国家规定，在油气设备安全保护范围内批准建设项目的；

（四）对发现或者经举报查实的未经依法批准、许可擅自从事石油、天然气勘查、开

采、加工、经营等违法活动不予查封、取缔的。

10 安全监管人员在安全监管活动中滥用职权、玩忽职守行为的处理

★最高人民法院、最高人民检察院《关于办理危害生产安全刑事案件适用法律若干问题的解释》（2015年12月16日）（节录）

第十五条 国家机关工作人员在履行安全监督管理职责时滥用职权、玩忽职守，致使公共财产、国家和人民利益遭受重大损失的，或者徇私舞弊，对发现的刑事案件依法应当移交司法机关追究刑事责任而不移交，情节严重的，分别依照刑法第三百九十七条、第四百零二条的规定，以滥用职权罪、玩忽职守罪或者徇私舞弊不移交刑事案件罪定罪处罚。

公司、企业、事业单位的工作人员在依法或者受委托行使安全监督管理职责时滥用职权或者玩忽职守，构成犯罪的，应当依照《全国人民代表大会常务委员会关于〈中华人民共和国刑法〉第九章渎职罪主体适用问题的解释》的规定，适用渎职罪的规定追究刑事责任。

11 工人编制工商所长、合同制民警、财政所所长应"以国家机关工作人员论"

★最高人民检察院《关于属工人编制的乡（镇）工商所所长能否依照刑法第三百九十七条的规定追究刑事责任问题的批复》（2000年10月31日）（节录）

根据刑法第三百九十七条第二款的规定，经人事部门任命，但为工人编制的乡（镇）工商所所长，依法履行工商行政管理职责时，属其他依照法律从事公务的人员，应以国家机关工作人员论。如果玩忽职守，致使公共财产、国家和人民利益遭受重大损失，可适用刑法第三百九十七条的规定，以玩忽职守罪追究刑事责任。

★最高人民检察院《关于合同制民警能否成为玩忽职守罪主体问题的批复》（2000年10月9日）（节录）

根据刑法第九十三条第二款的规定，合同制民警在依法执行公务期间，属其他依照法律从事公务的人员，应以国家机关工作人员论。对合同制民警在依法执行公务活动中的玩忽职守行为，符合刑法第三百九十七条规定的玩忽职守罪构成条件的，依法以玩忽职守罪追究刑事责任。

★最高人民检察院《关于镇财政所所长是否适用国家机关工作人员的批复》（2000年5月4日）（节录）

对于属行政执法事业单位的镇财政所中按国家机关在编干部管理的工作人员，在履行政府行政公务活动中，滥用职权或玩忽职守构成犯罪的，应以国家机关工作人员论。

12 村基层组织人员协助从事行政管理工作时滥用职权、玩忽职守的处理

★最高人民检察院《关于印发第二批指导性案例的通知》（2012年11月15日）（节录）

陈某、林某、李甲滥用职权案（检例第5号）

要旨：随着我国城镇建设和社会主义新农村建设逐步深入推进，村民委员会、居民委员会等基层组织协助人民政府管理社会发挥越来越重要的作用。实践中，对村民委员会、居民委员会等基层组织人员协助人民政府从事行政管理工作时，滥用职权、玩忽职守构成犯罪的，应当依照刑法关于渎职罪的规定追究刑事责任。

第九章 渎 职 罪

13. 林业主管部门工作人员滥用职权、玩忽职守的处理

★最高人民检察院《关于对林业主管部门工作人员在发放林木采伐许可证之外滥用职权玩忽职守致使森林遭受严重破坏的行为适用法律问题的批复》(2007年5月16日)(节录)

林业主管部门工作人员违法发放林木采伐许可证，致使森林遭受严重破坏的，依照刑法第四百零七条的规定，以违法发放林木采伐许可证罪追究刑事责任；以其他方式滥用职权或者玩忽职守，致使森林遭受严重破坏的，依照刑法第三百九十七条的规定，以滥用职权罪或者玩忽职守罪追究刑事责任，立案标准依照《最高人民检察院关于渎职侵权犯罪案件立案标准的规定》第一部分渎职犯罪案件第十八条第三款的规定执行。

14. 海关、外汇管理部门工作人员滥用职权、玩忽职守的处理

★全国人民代表大会常务委员会《关于惩治骗购外汇、逃汇和非法买卖外汇犯罪的决定》(1998年12月29日)(节录)

六、海关、外汇管理部门的工作人员严重不负责任，造成大量外汇被骗购或者逃汇，致使国家利益遭受重大损失的，依照刑法第三百九十七条的规定定罪处罚。

15. 海事局工作人员滥用职权、玩忽职守的处理

★最高人民检察院法律政策研究室《关于对海事局工作人员如何使用法律问题的答复》(2003年1月13日)(节录)

根据国办发〔1999〕90号、中编办函〔2000〕184号等文件的规定，海事局负责行使国家水上安全监督和防止船舶污染及海上设施检验、航海保障的管理职权，是国家执法监督机构。海事局及其分支机构工作人员在从事上述公务活动中，滥用职权或者玩忽职守，致使公共财产、国家和人民利益遭受重大损失的，应当依照刑法第三百九十七条的规定，以滥用职权罪或者玩忽职守罪追究刑事责任。

16. 经济损失不是定罪的唯一依据

★最高人民法院研究室《关于对重大责任事故和玩忽职守案件造成经济损失需追究刑事责任的数额标准应否做出规定问题的电话答复》(1987年10月20日)(节录)

一、重大责任事故和玩忽职守这两类案件的案情往往比较复杂，二者造成经济损失的数额标准只是定罪量刑的重要依据之一，不宜以此作为定罪的唯一依据。在实践中，因重大责任事故和玩忽职守所造成的严重损失，既有经济损失、人身伤亡，也有的还造成政治上的不良影响。其中，有些是不能仅仅用经济数额来衡量的。在审理这两类案件时，应当根据每个案件的情况作具体分析，认定是否构成犯罪。

17. 危害土地资源渎职犯罪的处理

★最高人民检察院《关于加强查办危害土地资源渎职犯罪工作的指导意见》(2008年11月6日)(节录)

二、准确确定损失后果。在查办案件中，对损失后果的认定，既要考虑被破坏的土地资源的经济价值，按照有关部门做出的鉴定结论，以经济损失计算损失后果，也要充分考虑土地作为特殊资源，被破坏土地的性质、地理位置、实际用处等差异所产生的土

地价值,受损后无法用经济价值数额衡量的特殊性,可以采取经济标准或者面积标准认定损失后果,准确适用《中华人民共和国刑法》第397条和第410条的规定以及相关司法解释查处犯罪。

三、严格区分责任。在查办案件中,要分清渎职行为对危害后果所起的作用大小,正确区分主要责任人与次要责任人、直接责任人与间接责任人。对多因一果的有关责任人员,要分清主次,分别根据他们在造成危害土地资源损失结果发生过程中所起的作用,确定其罪责。

要正确区分决策者与实施人员、监管人员的责任。对于决策者滥用职权、玩忽职守、徇私舞弊违法决策,严重破坏土地资源的,或者强令、胁迫其他国家机关工作人员实施破坏土地资源行为的,或者阻挠监管人员执法,导致国家土地资源被严重破坏的,应当区分决策者和实施人员、监管人员的责任大小,重点查处决策者的渎职犯罪;实施人员、监管人员贪赃枉法、徇私舞弊,隐瞒事实真相,提供虚假信息,影响决策者的正确决策,造成危害后果发生的,要严肃追究实施人员和监管人员的责任;实施人员、监管人员明知决策者决策错误,而不提出反对意见,或者不进行纠正、制止、查处,造成国家土地资源被严重破坏的,应当视其情节追究渎职犯罪责任;对于决策者与具体实施人员、监管人员相互勾结,共同实施危害土地资源渎职犯罪的,要依法一并查处。

要严格区分集体行为和个人行为的责任。对集体研究做出的决定违反法律法规的,要具体案件具体分析。对于采取集体研究决策形式,实为个人滥用职权、玩忽职守、贪赃枉法、徇私舞弊等,构成危害土地资源渎职犯罪的,应当依法追究决策者的刑事责任。

四、正确把握法律政策界限。严格区分罪与非罪的界限。要正确把握相关的法律、行政法规及政策,准确把握工作失误与渎职犯罪的界限,坚持具体案件具体分析,严查擅权渎职、徇私舞弊型渎职犯罪案件,找准法律与政策的结合点,确保办案的法律效果、政治效果和社会效果的有机统一。对一时难以区分罪与非罪的,要放到具体时代背景、政策环境中去研究判断,对当时国家有关土地管理法律政策界限不清,以土地资源换取国家和集体经济发展的行为,要慎重对待,一般不作犯罪处理。

五、认真贯彻宽严相济刑事政策。在查办危害土地资源渎职犯罪案件中,要贯彻落实宽严相济刑事政策,对犯罪情节轻微、有悔罪表现的犯罪嫌疑人,要落实教育、感化、挽救方针,可以依法从轻处理;对毁灭、伪造证据,干扰作证,串供,可能存在案中案的犯罪嫌疑人,要依法采取羁押性强制措施,确保办案工作顺利进行。

18 罪与非罪

★最高人民法院、最高人民检察院《关于依法查处盗窃、抢劫机动车案件的规定》(1998年5月8日)(节录)

九、公安、工商行政管理人员或者其他国家机关工作人员滥用职权或者玩忽职守、徇私舞弊,致使赃车入户、过户、验证的,给予行政处分;致使公共财产、国家和人民利益遭受重大损失的,依照《刑法》第三百九十七条的规定处罚。

19 追诉时效

★最高人民法院《全国法院审理经济犯罪案件工作座谈会纪要》(2003年11月13日)

第九章 渎职罪

(节录)

六、关于渎职罪

（二）玩忽职守罪的追诉时效

玩忽职守行为造成的重大损失当时没有发生，而是玩忽职守行为之后一定时间发生的，应从危害结果发生之日起计算玩忽职守罪的追诉期限。

◆ 量　　刑 ◆

▶ ① 参见【本章罪名量刑问题的总体规定】，P760

第三百九十八条【故意泄露国家秘密罪】【过失泄露国家秘密罪】国家机关工作人员违反保守国家秘密法的规定，故意或者过失泄露国家秘密，情节严重的，处三年以下有期徒刑或者拘役；情节特别严重的，处三年以上七年以下有期徒刑。

非国家机关工作人员犯前款罪的，依照前款的规定酌情处罚。

◆ 立案追诉标准 ◆

★最高人民检察院《关于渎职侵权犯罪案件立案标准的规定》（2006年7月26日）(节录)

一、渎职犯罪案件

（三）故意泄露国家秘密案（第三百九十八条）

故意泄露国家秘密罪是指国家机关工作人员或者非国家机关工作人员违反保守国家秘密法，故意使国家秘密被不应知悉者知悉，或者故意使国家秘密超出了限定的接触范围，情节严重的行为。

涉嫌下列情形之一的，应予立案：

1. 泄露绝密级国家秘密1项（件）以上的；
2. 泄露机密级国家秘密2项（件）以上的；
3. 泄露秘密级国家秘密3项（件）以上的；
4. 向非境外机构、组织、人员泄露国家秘密，造成或者可能造成危害社会稳定、经济发展、国防安全或者其他严重危害后果的；
5. 通过口头、书面或者网络等方式向公众散布、传播国家秘密的；
6. 利用职权指使或者强迫他人违反国家保守秘密法的规定泄露国家秘密的；
7. 以牟取私利为目的泄露国家秘密的；
8. 其他情节严重的情形。

（四）过失泄露国家秘密案（第三百九十八条）

过失泄露国家秘密罪是指国家机关工作人员或者非国家机关工作人员违反保守国家秘密法，过失泄露国家秘密，或者遗失国家秘密载体，致使国家秘密被不应知悉者知悉或者超出了限定的接触范围，情节严重的行为。

涉嫌下列情形之一的，应予立案：

1. 泄露绝密级国家秘密1项（件）以上的；

2. 泄露机密级国家秘密 3 项（件）以上的；

3. 泄露秘密级国家秘密 4 项（件）以上的；

4. 违反保密规定，将涉及国家秘密的计算机或者计算机信息系统与互联网相连接，泄露国家秘密的；

5. 泄露国家秘密或者遗失国家秘密载体，隐瞒不报、不如实提供有关情况或者不采取补救措施的；

6. 其他情节严重的情形。

★最高人民检察院《人民检察院直接受理立案侦查的渎职侵权重特大案件标准（试行）》（2002 年 1 月 1 日）（节录）

三、故意泄露国家秘密案

（一）重大案件

1. 故意泄露绝密级国家秘密一项以上，或者泄露机密级国家秘密三项以上，或者泄露秘密级国家秘密五项以上的；

2. 故意泄露国家秘密造成直接经济损失五十万元以上的；

3. 故意泄露国家秘密对国家安全构成严重危害的；

4. 故意泄露国家秘密对社会秩序造成严重危害的。

（二）特大案件

1. 故意泄露绝密级国家秘密二项以上，或者泄露机密级国家秘密五项以上，或者泄露秘密级国家秘密七项以上的；

2. 故意泄露国家秘密造成直接经济损失一百万元以上的；

3. 故意泄露国家秘密对国家安全构成特别严重危害的；

4. 故意泄露国家秘密对社会秩序造成特别严重危害的。

四、过失泄露国家秘密案

（一）重大案件

1. 过失泄露绝密级国家秘密一项以上，或者泄露机密级国家秘密五项以上，或者泄露秘密级国家秘密七项以上并造成严重危害后果的；

2. 过失泄露国家秘密造成直接经济损失一百万元以上的；

3. 过失泄露国家秘密对国家安全构成严重危害的；

4. 过失泄露国家秘密对社会秩序造成严重危害的。

（二）特大案件

1. 过失泄露绝密级国家秘密二项以上，或者泄露机密级国家秘密七项以上，或者泄露秘密级国家秘密十项以上的；

2. 过失泄露国家秘密造成直接经济损失二百万元以上的；

3. 过失泄露国家秘密对国家安全构成特别严重危害的；

4. 过失泄露国家秘密对社会秩序造成特别严重危害的。

▶ 定 罪 ◀

▶ 参见【本章罪名定罪问题的总体规定】，P758

第九章 渎职罪

▶2 "国家秘密"的认定

★《中华人民共和国保守国家秘密法》（2010年4月29日修订）（节录）

第二条 国家秘密是关系国家安全和利益，依照法定程序确定，在一定时间内只限一定范围的人员知悉的事项。

第九条 下列涉及国家安全和利益的事项，泄露后可能损害国家在政治、经济、国防、外交等领域的安全和利益的，应当确定为国家秘密：

（一）国家事务重大决策中的秘密事项；

（二）国防建设和武装力量活动中的秘密事项；

（三）外交和外事活动中的秘密事项以及对外承担保密义务的秘密事项；

（四）国民经济和社会发展中的秘密事项；

（五）科学技术中的秘密事项；

（六）维护国家安全活动和追查刑事犯罪中的秘密事项；

（七）经国家保密行政管理部门确定的其他秘密事项。

政党的秘密事项中符合前款规定的，属于国家秘密。

▶3 通过互联网发布国家秘密、情报行为的定性

★最高人民法院《关于审理为境外窃取、刺探、收买、非法提供国家秘密、情报案件具体应用法律若干问题的解释》（2001年1月22日）（节录）

第六条 通过互联网将国家秘密或者情报非法发送给境外的机构、组织、个人的，依照刑法第一百一十一条的规定定罪处罚；将国家秘密通过互联网予以发布，情节严重的，依照刑法第三百九十八条的规定定罪处罚。

▶4 此罪与彼罪

★最高人民法院、最高人民检察院《关于办理组织和利用邪教组织犯罪案件具体应用法律若干问题的解释（二）》（2001年6月11日）（节录）

第八条 邪教组织人员为境外窃取、刺探、收买、非法提供国家秘密、情报的，以窃取、刺探、收买方法非法获取国家秘密的，非法持有国家绝密、机密文件、资料、物品拒不说明来源与用途的，或者泄露国家秘密情节严重的，分别依照刑法第一百一十一条为境外窃取、刺探、收买、非法提供国家秘密、情报罪，第二百八十二条第一款非法获取国家秘密罪，第二百八十二条第二款非法持有国家绝密、机密文件、资料、物品罪，第三百九十八条故意泄露国家秘密罪、过失泄露国家秘密罪的规定定罪处罚。

量　　刑

▶1 参见【本章罪名量刑问题的总体规定】，P760

第三百九十九条 【徇私枉法罪】 司法工作人员徇私枉法、徇情枉法，对明知是无罪的人而使他受追诉、对明知是有罪的人而故意包庇不使他受追诉，或者在刑事审判活动中故意违背事实和法律作枉法裁判的，处五年以下有期徒刑或者拘役；情节严重的，处五年以上十年以下有期徒刑；情节特别严重的，处十年以上有期徒刑。

【民事、行政枉法裁判罪】 在民事、行政审判活动中故意违背事实和法律作枉法裁判，情节严重的，处五年以下有期徒刑或者拘役；情节特别严重的，处五年以上十年以下有期徒刑。

【执行判决、裁定失职罪】【执行判决、裁定滥用职权罪】 在执行判决、裁定活动中，严重不负责任或者滥用职权，不依法采取诉讼保全措施、不履行法定执行职责，或者违法采取诉讼保全措施、强制执行措施，致使当事人或者其他人的利益遭受重大损失的，处五年以下有期徒刑或者拘役；致使当事人或者其他人的利益遭受特别重大损失的，处五年以上十年以下有期徒刑。

司法工作人员收受贿赂，有前三款行为的，同时又构成本法第三百八十五条规定之罪的，依照处罚较重的规定定罪处罚。

关联法条： 第九十四条

立案追诉标准

★最高人民检察院《关于渎职侵权犯罪案件立案标准的规定》（2006年7月26日）（节录）

一、渎职犯罪案件

（五）徇私枉法案（第三百九十九条第一款）

徇私枉法罪是指司法工作人员徇私枉法、徇情枉法，对明知是无罪的人而使他受追诉、对明知是有罪的人而故意包庇不使他受追诉，或者在刑事审判活动中故意违背事实和法律作枉法裁判的行为。

涉嫌下列情形之一的，应予立案：

1. 对明知是没有犯罪事实或者其他依法不应当追究刑事责任的人，采取伪造、隐匿、毁灭证据或者其他隐瞒事实、违反法律的手段，以追究刑事责任为目的立案、侦查、起诉、审判的；

2. 对明知是有犯罪事实需要追究刑事责任的人，采取伪造、隐匿、毁灭证据或者其他隐瞒事实、违反法律的手段，故意包庇使其不受立案、侦查、起诉、审判的；

3. 采取伪造、隐匿、毁灭证据或者其他隐瞒事实、违反法律的手段，故意使罪重的人受较轻的追诉，或者使罪轻的人受较重的追诉的；

4. 在立案后，采取伪造、隐匿、毁灭证据或者其他隐瞒事实、违反法律的手段，应当采取强制措施而不采取强制措施，或者虽然采取强制措施，但中断侦查或者超过法定期限不采取任何措施，实际放任不管，以及违法撤销、变更强制措施，致使犯罪嫌疑人、被告

第九章 渎职罪

人实际脱离司法机关侦控的；

5. 在刑事审判活动中故意违背事实和法律，作出枉法判决、裁定，即有罪判无罪、无罪判有罪，或者重罪轻判、轻罪重判的；

6. 其他徇私枉法应予追究刑事责任的情形。

（六）民事、行政枉法裁判案（第三百九十九条第二款）

民事、行政枉法裁判罪是指司法工作人员在民事、行政审判活动中，故意违背事实和法律作枉法裁判，情节严重的行为。

涉嫌下列情形之一的，应予立案：

1. 枉法裁判，致使当事人或者其近亲属自杀、自残造成重伤、死亡，或者精神失常的；

2. 枉法裁判，造成个人财产直接经济损失10万元以上，或者直接经济损失不满10万元，但间接经济损失50万元以上的；

3. 枉法裁判，造成法人或者其他组织财产直接经济损失20万元以上，或者直接经济损失不满20万元，但间接经济损失100万元以上的；

4. 伪造、变造有关材料、证据，制造假案枉法裁判的；

5. 串通当事人制造伪证，毁灭证据或者篡改庭审笔录而枉法裁判的；

6. 徇私情、私利，明知是伪造、变造的证据予以采信，或者故意对应当采信的证据不予采信，或者故意违反法定程序，或者故意错误适用法律而枉法裁判的；

7. 其他情节严重的情形。

（七）执行判决、裁定失职案（第三百九十九条第三款）

执行判决、裁定失职罪是指司法工作人员在执行判决、裁定活动中，严重不负责任，不依法采取诉讼保全措施、不履行法定执行职责，或者违法采取保全措施、强制执行措施，致使当事人或者其他人的利益遭受重大损失的行为。

涉嫌下列情形之一的，应予立案：

1. 致使当事人或者其近亲属自杀、自残造成重伤、死亡，或者精神失常的；

2. 造成个人财产直接经济损失15万元以上，或者直接经济损失不满15万元，但间接经济损失75万元以上的；

3. 造成法人或者其他组织财产直接经济损失30万元以上，或者直接经济损失不满30万元，但间接经济损失150万元以上的；

4. 造成公司、企业等单位停业、停产1年以上，或者破产的；

5. 其他致使当事人或者其他人的利益遭受重大损失的情形。

（八）执行判决、裁定滥用职权案（第三百九十九条第三款）

执行判决、裁定滥用职权罪是指司法工作人员在执行判决、裁定活动中，滥用职权，不依法采取诉讼保全措施、不履行法定执行职责，或者违法采取保全措施、强制执行措施，致使当事人或者其他人的利益遭受重大损失的行为。

涉嫌下列情形之一的，应予立案：

1. 致使当事人或者其近亲属自杀、自残造成重伤、死亡，或者精神失常的；

2. 造成个人财产直接经济损失 10 万元以上,或者直接经济损失不满 10 万元,但间接经济损失 50 万元以上的;

3. 造成法人或者其他组织财产直接经济损失 20 万元以上,或者直接经济损失不满 20 万元,但间接经济损失 100 万元以上的;

4. 造成公司、企业等单位停业、停产 6 个月以上,或者破产的;

5. 其他致使当事人或者其他人的利益遭受重大损失的情形。

三、附则

(四)本规定中的"直接经济损失",是指与行为有直接因果关系而造成的财产损毁、减少的实际价值;"间接经济损失",是指由直接经济损失引起和牵连的其他损失,包括失去的在正常情况下可以获得的利益和为恢复正常的管理活动或者挽回所造成的损失所支付的各种开支、费用等。

有下列情形之一的,虽然有债权存在,但已无法实现债权的,可以认定为已经造成了经济损失:(1)债务人已经法定程序被宣告破产,且无法清偿债务;(2)债务人潜逃,去向不明;(3)因行为人责任,致使超过诉讼时效;(4)有证据证明债权无法实现的其他情况。

直接经济损失和间接经济损失,是指立案时确已造成的经济损失。移送审查起诉前,犯罪嫌疑人及其亲友自行挽回的经济损失,以及由司法机关或者犯罪嫌疑人所在单位及其上级主管部门挽回的经济损失,不予扣减,但可作为对犯罪嫌疑人从轻处理的情节考虑。

★最高人民检察院《人民检察院直接受理立案侦查的渎职侵权重特大案件标准(试行)》(2002 年 1 月 1 日)(节录)

五、枉法追诉、裁判案

(一)重大案件

1. 对依法可能判处三年以上七年以下有期徒刑的犯罪分子,故意包庇不使其受追诉的;

2. 致使无罪的人被判处三年以上七年以下有期徒刑的。

(二)特大案件

1. 对依法可能判处七年以上有期徒刑、无期徒刑、死刑的犯罪分子,故意包庇不使其受追诉的;

2. 致使无罪的人被判处七年以上有期徒刑、无期徒刑、死刑的。

六、民事、行政枉法裁判案

(一)重大案件

1. 枉法裁判,致使公民的财产损失十万元以上、法人或者其他组织财产损失五十万元以上的;

2. 枉法裁判,引起当事人及其亲属精神失常或者重伤的。

(二)特大案件

1. 枉法裁判,致使公民的财产损失五十万元以上、法人或者其他组织财产损失一百万

第九章 渎职罪

元以上的；

2. 引起当事人及其亲属自杀死亡的。

◀ 定　　罪 ▶

▶1 参见【本章罪名定罪问题的总体规定】，P758

▶2 共同犯罪

★最高人民检察院法律政策研究室《关于非司法工作人员是否可以构成徇私枉法罪共犯问题的答复》（2003年4月26日）（节录）

非司法工作人员与司法工作人员勾结，共同实施徇私枉法行为，构成犯罪的，应当以徇私枉法罪的共犯追究刑事责任。

◀ 量　　刑 ▶

▶1 参见【本章罪名量刑问题的总体规定】，P760

第三百九十九条之一【枉法仲裁罪】依法承担仲裁职责的人员，在仲裁活动中故意违背事实和法律作枉法裁决，情节严重的，处三年以下有期徒刑或者拘役；情节特别严重的，处三年以上七年以下有期徒刑。

第四百条【私放在押人员罪】司法工作人员私放在押的犯罪嫌疑人、被告人或者罪犯的，处五年以下有期徒刑或者拘役；情节严重的，处五年以上十年以下有期徒刑；情节特别严重的，处十年以上有期徒刑。

【失职致使在押人员脱逃罪】司法工作人员由于严重不负责任，致使在押的犯罪嫌疑人、被告人或者罪犯脱逃，造成严重后果的，处三年以下有期徒刑或者拘役；造成特别严重后果的，处三年以上十年以下有期徒刑。

关联法条：第九十四条

◀ 立案追诉标准 ▶

★最高人民检察院《关于渎职侵权犯罪案件立案标准的规定》（2006年7月26日）（节录）

一、渎职犯罪案件

（九）私放在押人员案（第四百条第一款）

私放在押人员罪是指司法工作人员私放在押（包括在羁押场所和押解途中）的犯罪嫌疑人、被告人或者罪犯的行为。

涉嫌下列情形之一的，应予立案：

1. 私自将在押的犯罪嫌疑人、被告人、罪犯放走，或者授意、指使、强迫他人将在押的犯罪嫌疑人、被告人、罪犯放走的；

2. 伪造、变造有关法律文书、证明材料，以使在押的犯罪嫌疑人、被告人、罪犯逃跑或者被释放的；

3. 为私放在押的犯罪嫌疑人、被告人、罪犯，故意向其通风报信、提供条件，致使该

第二编 分　　则

在押的犯罪嫌疑人、被告人、罪犯脱逃的；

4. 其他私放在押的犯罪嫌疑人、被告人、罪犯应予追究刑事责任的情形。

（十）失职致使在押人员脱逃案（第四百条第二款）

失职致使在押人员脱逃罪是指司法工作人员由于严重不负责任，不履行或者不认真履行职责，致使在押（包括在羁押场所和押解途中）的犯罪嫌疑人、被告人、罪犯脱逃，造成严重后果的行为。

涉嫌下列情形之一的，应予立案：

1. 致使依法可能判处或者已经判处10年以上有期徒刑、无期徒刑、死刑的犯罪嫌疑人、被告人、罪犯脱逃的；

2. 致使犯罪嫌疑人、被告人、罪犯脱逃3人次以上的；

3. 犯罪嫌疑人、被告人、罪犯脱逃以后，打击报复报案人、控告人、举报人、被害人、证人和司法工作人员等，或者继续犯罪的；

4. 其他致使在押的犯罪嫌疑人、被告人、罪犯脱逃，造成严重后果的情形。

★最高人民检察院《人民检察院直接受理立案侦查的渎职侵权重特大案件标准（试行）》（2002年1月1日）（节录）

七、私放在押人员案

（一）重大案件

1. 私放三人以上的；

2. 私放可能判处有期徒刑十年以上或者余刑在五年以上的重大刑事犯罪分子的；

3. 在押人员被私放后又实施重大犯罪的。

（二）特大案件

1. 私放五人以上的；

2. 私放可能判处无期徒刑以上的重大刑事犯罪分子的；

3. 在押人员被私放后又犯罪致人死亡的。

八、失职致使在押人员脱逃案

（一）重大案件

1. 致使脱逃五人以上的；

2. 致使可能判处无期徒刑或者死刑缓期二年执行的重大刑事犯罪分子脱逃的；

3. 在押人员脱逃后实施重大犯罪致人死亡的。

（二）特大案件

1. 致使脱逃十人以上的；

2. 致使可能判处死刑的重大刑事犯罪分子脱逃的；

3. 在押人员脱逃后实施重大犯罪致人死亡二人以上的。

◀　　定　　罪　▶

▶1 参见【本章罪名定罪问题的总体规定】，P758

▶2 未被公安机关正式录用的人员、狱医可能成为本罪主体

★最高人民法院《关于未被公安机关正式录用的人员、狱医能否构成失职致使在押人

员脱逃罪主体问题的批复》（2000年9月22日）（节录）

对于未被公安机关正式录用，受委托履行监管职责的人员，由于严重不负责任，致使在押人员脱逃，造成严重后果的，应当依照刑法第四百条第二款的规定定罪处罚。

不负监管职责的狱医，不构成失职致使在押人员脱逃罪的主体。但是受委派承担了监管职责的狱医，由于严重不负责任，致使在押人员脱逃，造成严重后果的，应当依照刑法第四百条第二款的规定定罪处罚。

3 监管机关的非在编监管人员可以成为本罪主体

★最高人民检察院《关于工人等非监管机关在编监管人员私放在押人员行为和失职致使在押人员脱逃行为适用法律问题的解释》（2001年3月2日）

为依法办理私放在押人员犯罪案件和失职致使在押人员脱逃犯罪案件，对工人等非监管机关在编监管人员私放在押人员行为和失职致使在押人员脱逃行为如何适用法律问题解释如下：

工人等非监管机关在编监管人员在被监管机关聘用受委托履行监管职责的过程中私放在押人员的，应当依照刑法第四百条第一款的规定，以私放在押人员罪追究刑事责任；由于严重不负责任，致使在押人员脱逃，造成严重后果的，应当依照刑法第四百条第二款的规定，以失职致使在押人员脱逃罪追究刑事责任。

◀ 量　　刑 ▶

参见【本章罪名量刑问题的总体规定】，P760

第四百零一条【徇私舞弊减刑、假释、暂予监外执行罪】 司法工作人员徇私舞弊，对不符合减刑、假释、暂予监外执行条件的罪犯，予以减刑、假释或者暂予监外执行的，处三年以下有期徒刑或者拘役；情节严重的，处三年以上七年以下有期徒刑。

关联法条：第九十四条

◀ 立案追诉标准 ▶

★最高人民检察院《关于渎职侵权犯罪案件立案标准的规定》（2006年7月26日）（节录）

一、渎职犯罪案件

（十一）徇私舞弊减刑、假释、暂予监外执行案（第四百零一条）

徇私舞弊减刑、假释、暂予监外执行罪是指司法工作人员徇私舞弊，对不符合减刑、假释、暂予监外执行条件的罪犯予以减刑、假释、暂予监外执行的行为。

涉嫌下列情形之一的，应予立案：

1. 刑罚执行机关的工作人员对不符合减刑、假释、暂予监外执行条件的罪犯，捏造事实，伪造材料，违法报请减刑、假释、暂予监外执行的；

2. 审判人员对不符合减刑、假释、暂予监外执行条件的罪犯，徇私舞弊，违法裁定减刑、假释或者违法决定暂予监外执行的；

3. 监狱管理机关、公安机关的工作人员对不符合暂予监外执行条件的罪犯，徇私舞弊，违法批准暂予监外执行的；

4. 不具有报请、裁定、决定或者批准减刑、假释、暂予监外执行权的司法工作人员利用职务上的便利，伪造有关材料，导致不符合减刑、假释、暂予监外执行条件的罪犯被减刑、假释、暂予监外执行的；

5. 其他徇私舞弊减刑、假释、暂予监外执行应予追究刑事责任的情形。

三、附则

（五）本规定中的"徇私舞弊"，是指国家机关工作人员为徇私情、私利，故意违背事实和法律，伪造材料，隐瞒情况，弄虚作假的行为。

★最高人民检察院《人民检察院直接受理立案侦查的渎职侵权重特大案件标准（试行）》（2002年1月1日）（节录）

九、徇私舞弊减刑、假释、暂予监外执行案

（一）重大案件

1. 办理三次以上或者一次办理三人以上的；

2. 为重大刑事犯罪分子办理减刑、假释、暂予监外执行的。

（二）特大案件

1. 办理五次以上或者一次办理五人以上的；

2. 为特别重大刑事犯罪分子办理减刑、假释、暂予监外执行的。

定　　罪

➊ 参见【本章罪名定罪问题的总体规定】，P758

➋ 此罪与彼罪

★最高人民检察院《关于印发第一批指导性案例的通知》（2010年12月31日）（节录）

林某徇私舞弊暂予监外执行案（检例第3号）

要旨：司法工作人员收受贿赂，对不符合减刑、假释、暂予监外执行条件的罪犯，予以减刑、假释或者暂予监外执行的，应根据案件的具体情况，依法追究刑事责任。

量　　刑

➊ 参见【本章罪名量刑问题的总体规定】，P760

第四百零二条【徇私舞弊不移交刑事案件罪】 行政执法人员徇私舞弊，对依法应当移交司法机关追究刑事责任的不移交，情节严重的，处三年以下有期徒刑或者拘役；造成严重后果的，处三年以上七年以下有期徒刑。

立案追诉标准

★最高人民检察院《关于渎职侵权犯罪案件立案标准的规定》（2006年7月26日）（节录）

一、渎职犯罪案件

（十二）徇私舞弊不移交刑事案件案（第四百零二条）

徇私舞弊不移交刑事案件罪是指工商行政管理、税务、监察等行政执法人员，徇私舞弊，对依法应当移交司法机关追究刑事责任的案件不移交，情节严重的行为。

涉嫌下列情形之一的，应予立案：

1. 对依法可能判处 3 年以上有期徒刑、无期徒刑、死刑的犯罪案件不移交的；
2. 不移交刑事案件涉及 3 人次以上的；
3. 司法机关提出意见后，无正当理由仍然不予移交的；
4. 以罚代刑，放纵犯罪嫌疑人，致使犯罪嫌疑人继续进行违法犯罪活动的；
5. 行政执法部门主管领导阻止移交的；
6. 隐瞒、毁灭证据，伪造材料，改变刑事案件性质的；
7. 直接负责的主管人员和其他直接责任人员为牟取本单位私利而不移交刑事案件，情节严重的；
8. 其他情节严重的情形。

三、附则

（五）本规定中的"徇私舞弊"，是指国家机关工作人员为徇私情、私利，故意违背事实和法律，伪造材料，隐瞒情况，弄虚作假的行为。

★最高人民检察院《人民检察院直接受理立案侦查的渎职侵权重特大案件标准（试行）》（2002 年 1 月 1 日）（节录）

十、徇私舞弊不移交刑事案件案

（一）重大案件

1. 对犯罪嫌疑人依法可能判处五年以上十年以下有期徒刑的重大刑事案件不移交的；
2. 五次以上不移交犯罪案件，或者一次不移交犯罪案件涉及五名以上犯罪嫌疑人的；
3. 以罚代刑，放纵犯罪嫌疑人，致使犯罪嫌疑人继续进行刑事犯罪的。

（二）特大案件

1. 对犯罪嫌疑人依法可能判处十年以上有期徒刑、无期徒刑、死刑的特别重大刑事案件不移交的；
2. 七次以上不移交犯罪案件，或者一次不移交犯罪案件涉及七名以上犯罪嫌疑人的；
3. 以罚代刑，放纵犯罪嫌疑人，致使犯罪嫌疑人继续进行严重刑事犯罪的。

◀ 定　罪 ▶

❶ 参见【本章罪名定罪问题的总体规定】，P758

❷ 安全监管领域徇私舞弊不移交刑事案件行为的处理

★最高人民法院、最高人民检察院《关于办理危害生产安全刑事案件适用法律若干问题的解释》（2015 年 12 月 16 日）（节录）

第十五条　国家机关工作人员在履行安全监督管理职责时滥用职权、玩忽职守，致使公共财产、国家和人民利益遭受重大损失的，或者徇私舞弊，对发现的刑事案件依法应当移交司法机关追究刑事责任而不移交，情节严重的，分别依照刑法第三百九十七条、第四百零二条的规定，以滥用职权罪、玩忽职守罪或者徇私舞弊不移交刑事案件罪定罪处罚。

第二编 分　则

▶3 行政执法人员徇私舞弊，不移送刑事案件的定性

★最高人民检察院《关于印发第二批指导性案例的通知》（2012年11月5日）（节录）

胡某、郑某徇私舞弊不移交刑事案件案（检例第7号）

要旨：诉讼监督，是人民检察院依法履行法律监督的重要内容。实践中，检察机关和办案人员应当坚持办案与监督并重，建立健全行政执法与刑事司法有效衔接的工作机制，善于在办案中发现各种职务犯罪线索；对于行政执法人员徇私舞弊，不移送有关刑事案件构成犯罪的，应当依法追究刑事责任。

◆ 量　刑

▶1 参见【本章罪名量刑问题的总体规定】，P760

> **第四百零三条【滥用管理公司、证券职权罪】** 国家有关主管部门的国家机关工作人员，徇私舞弊，滥用职权，对不符合法律规定条件的公司设立、登记申请或者股票、债券发行、上市申请，予以批准或者登记，致使公共财产、国家和人民利益遭受重大损失的，处五年以下有期徒刑或者拘役。
>
> 上级部门强令登记机关及其工作人员实施前款行为的，对其直接负责的主管人员，依照前款的规定处罚。

◆ 立案追诉标准

★最高人民检察院《关于渎职侵权犯罪案件立案标准的规定》（2006年7月26日）（节录）

一、渎职犯罪案件

（十三）滥用管理公司、证券职权案（第四百零三条）

滥用管理公司、证券职权罪是指工商行政管理、证券管理等国家有关主管部门的工作人员徇私舞弊，滥用职权，对不符合法律规定条件的公司设立、登记申请或者股票、债券发行、上市申请予以批准或者登记，致使公共财产、国家和人民利益遭受重大损失的行为，以及上级部门、当地政府强令登记机关及其工作人员实施上述行为的行为。

涉嫌下列情形之一的，应予立案：

1. 造成直接经济损失50万元以上的；

2. 工商行政管理部门的工作人员对不符合法律规定条件的公司设立、登记申请，违法予以批准、登记，严重扰乱市场秩序的；

3. 金融证券管理机构的工作人员对不符合法律规定条件的股票、债券发行、上市申请，违法予以批准，严重损害公众利益，或者严重扰乱金融秩序的；

4. 工商行政管理部门、金融证券管理机构的工作人员对不符合法律规定条件的公司设立、登记申请或者股票、债券发行、上市申请违法予以批准或者登记，致使犯罪行为得逞的；

5. 上级部门、当地政府直接负责的主管人员强令登记机关及其工作人员，对不符合法

律规定条件的公司设立、登记申请或者股票、债券发行、上市申请予以批准或者登记，致使公共财产、国家或者人民利益遭受重大损失的；

6. 其他致使公共财产、国家和人民利益遭受重大损失的情形。

三、附则

（四）本规定中的"直接经济损失"，是指与行为有直接因果关系而造成的财产损毁、减少的实际价值；"间接经济损失"，是指由直接经济损失引起和牵连的其他损失，包括失去的在正常情况下可以获得的利益和为恢复正常的管理活动或者挽回所造成的损失所支付的各种开支、费用等。

有下列情形之一的，虽然有债权存在，但已无法实现债权的，可以认定为已经造成了经济损失：（1）债务人已经法定程序被宣告破产，且无法清偿债务；（2）债务人潜逃，去向不明；（3）因行为人责任，致使超过诉讼时效；（4）有证据证明债权无法实现的其他情况。

直接经济损失和间接经济损失，是指立案时确已造成的经济损失。移送审查起诉前，犯罪嫌疑人及其亲友自行挽回的经济损失，以及由司法机关或者犯罪嫌疑人所在单位及其上级主管部门挽回的经济损失，不予扣减，但可作为对犯罪嫌疑人从轻处理的情节考虑。

（五）本规定中的"徇私舞弊"，是指国家机关工作人员为徇私情、私利，故意违背事实和法律，伪造材料，隐瞒情况，弄虚作假的行为。

★最高人民检察院《人民检察院直接受理立案侦查的渎职侵权重特大案件标准（试行）》（2002年1月1日）（节录）

十一、滥用管理公司、证券职权案

（一）重大案件

1. 造成直接经济损失五十万元以上的；

2. 因违法批准或者登记致使发生刑事犯罪的。

（二）特大案件

1. 造成直接经济损失一百万元以上的；

2. 因违法批准或者登记致使发生重大刑事犯罪的。

◁ 定　罪 ▷

▶ 参见【本章罪名定罪问题的总体规定】，P758

◁ 量　刑 ▷

▶ 参见【本章罪名量刑问题的总体规定】，P760

第四百零四条【徇私舞弊不征、少征税款罪】税务机关的工作人员徇私舞弊，不征或者少征应征税款，致使国家税收遭受重大损失的，处五年以下有期徒刑或者拘役；造成特别重大损失的，处五年以上有期徒刑。

◁ 立案追诉标准 ▷

★最高人民检察院《关于渎职侵权犯罪案件立案标准的规定》（2006年7月26日）

（节录）

一、渎职犯罪案件

（十四）徇私舞弊不征、少征税款案（第四百零四条）

徇私舞弊不征、少征税款罪是指税务机关工作人员徇私舞弊，不征、少征应征税款，致使国家税收遭受重大损失的行为。

涉嫌下列情形之一的，应予立案：

1. 徇私舞弊不征、少征应征税款，致使国家税收损失累计达10万元以上的；

2. 上级主管部门工作人员指使税务机关工作人员徇私舞弊不征、少征应征税款，致使国家税收损失累计达10万元以上的；

3. 徇私舞弊不征、少征应征税款不满10万元，但具有索取或者收受贿赂或者其他恶劣情节的；

4. 其他致使国家税收遭受重大损失的情形。

三、附则

（五）本规定中的"徇私舞弊"，是指国家机关工作人员为徇私情、私利，故意违背事实和法律，伪造材料，隐瞒情况，弄虚作假的行为。

★最高人民检察院《人民检察院直接受理立案侦查的渎职侵权重特大案件标准（试行）》（2002年1月1日）（节录）

十二、徇私舞弊不征、少征税款案

（一）重大案件

造成国家税收损失累计达三十万元以上的。

（二）特大案件

造成国家税收损失累计达五十万元以上的。

---定　　罪---

▶ 参见【本章罪名定罪问题的总体规定】，P758

---量　　刑---

▶ 参见【本章罪名量刑问题的总体规定】，P760

第四百零五条【徇私舞弊发售发票、抵扣税款、出口退税罪】税务机关的工作人员违反法律、行政法规的规定，在办理发售发票、抵扣税款、出口退税工作中，徇私舞弊，致使国家利益遭受重大损失的，处五年以下有期徒刑或者拘役；致使国家利益遭受特别重大损失的，处五年以上有期徒刑。

【违法提供出口退税凭证罪】其他国家机关工作人员违反国家规定，在提供出口货物报关单、出口收汇核销单等出口退税凭证的工作中，徇私舞弊，致使国家利益遭受重大损失的，依照前款的规定处罚。

关联法条：第九十六条

第九章 渎职罪

立案追诉标准

★最高人民检察院《关于渎职侵权犯罪案件立案标准的规定》(2006年7月26日)(节录)

一、渎职犯罪案件

(十五)徇私舞弊发售发票、抵扣税款、出口退税案(第四百零五条第一款)

徇私舞弊发售发票、抵扣税款、出口退税罪是指税务机关工作人员违反法律、行政法规的规定,在办理发售发票、抵扣税款、出口退税工作中徇私舞弊,致使国家利益遭受重大损失的行为。

涉嫌下列情形之一的,应予立案:

1. 徇私舞弊,致使国家税收损失累计达10万元以上的;

2. 徇私舞弊,致使国家税收损失累计不满10万元,但发售增值税专用发票25份以上或者其他发票50份以上或者增值税专用发票与其他发票合计50份以上,或者具有索取、收受贿赂或者其他恶劣情节的;

3. 其他致使国家利益遭受重大损失的情形。

(十六)违法提供出口退税凭证案(第四百零五条第二款)

违法提供出口退税凭证罪是指海关、外汇管理等国家机关工作人员违反国家规定,在提供出口货物报关单、出口收汇核销单等出口退税凭证的工作中徇私舞弊,致使国家利益遭受重大损失的行为。

涉嫌下列情形之一的,应予立案:

1. 徇私舞弊,致使国家税收损失累计达10万元以上的;

2. 徇私舞弊,致使国家税收损失累计不满10万元,但具有索取、收受贿赂或者其他恶劣情节的;

3. 其他致使国家利益遭受重大损失的情形。

三、附则

(五)本规定中的"徇私舞弊",是指国家机关工作人员为徇私情、私利,故意违背事实和法律,伪造材料,隐瞒情况,弄虚作假的行为。

★最高人民检察院《人民检察院直接受理立案侦查的渎职侵权重特大案件标准(试行)》(2002年1月1日)(节录)

十三、徇私舞弊发售发票、抵扣税款、出口退税案

(一)重大案件

造成国家税收损失累计达三十万元以上的。

(二)特大案件

造成国家税收损失累计达五十万元以上的。

十四、违法提供出口退税凭证案

(一)重大案件

造成国家税收损失累计达三十万元以上的。

(二)特大案件

造成国家税收损失累计达五十万元以上的。

第二编 分　则

◀ 定　罪 ▶

1 参见【本章罪名定罪问题的总体规定】，P758
2 第一款"违反法律、行政法规的规定"的认定

★最高人民法院研究室《关于违反经行政法规授权制定的规范一般纳税人资格的文件应否认定为"违反法律、行政法规的规定"问题的答复》（2012年5月3日）（节录）

国家税务总局《关于加强新办商贸企业增值税征收管理有关问题的紧急通知》（国税发明电〔2004〕37号）和《关于加强新办商贸企业增值税征收管理有关问题的补充通知》（国税发明电〔2004〕62号），是根据1993年制定的《中华人民共和国增值税暂行条例》的规定对一般纳税人资格认定的细化，且2008年修订后的《中华人民共和国增值税暂行条例》第十三条明确规定："小规模纳税人以外的纳税人应当向主管税务机关申请资格认定。具体认定办法由国务院主管部门制定。"因此，违反上述两个通知关于一般纳税人资格的认定标准及相关规定，授予不合格单位一般纳税人资格的，相应违反了《中华人民共和国增值税暂行条例》的有关规定，应当认定为刑法第四百零五条第一款规定的"违反法律、行政法规的规定"。

◀ 量　刑 ▶

1 参见【本章罪名量刑问题的总体规定】，P760

第四百零六条【国家机关工作人员签订、履行合同失职被骗罪】国家机关工作人员在签订、履行合同过程中，因严重不负责任被诈骗，致使国家利益遭受重大损失的，处三年以下有期徒刑或者拘役；致使国家利益遭受特别重大损失的，处三年以上七年以下有期徒刑。

◀ 立案追诉标准 ▶

★最高人民检察院《关于渎职侵权犯罪案件立案标准的规定》（2006年7月26日）（节录）

一、渎职犯罪案件

（十七）国家机关工作人员签订、履行合同失职被骗案（第四百零六条）

国家机关工作人员签订、履行合同失职被骗罪是指国家机关工作人员在签订、履行合同过程中，因严重不负责任，不履行或者不认真履行职责被诈骗，致使国家利益遭受重大损失的行为。

涉嫌下列情形之一的，应予立案：

1. 造成直接经济损失30万元以上，或者直接经济损失不满30万元，但间接经济损失150万元以上的；

2. 其他致使国家利益遭受重大损失的情形。

三、附则

（四）本规定中的"直接经济损失"，是指与行为有直接因果关系而造成的财产毁损、减少的实际价值；"间接经济损失"，是指由直接经济损失引起和牵连的其他损失，包括失

第九章 渎职罪

去的在正常情况下可以获得的利益和为恢复正常的管理活动或者挽回所造成的损失所支付的各种开支、费用等。

有下列情形之一的，虽然有债权存在，但已无法实现债权的，可以认定为已经造成了经济损失：(1) 债务人已经法定程序被宣告破产，且无法清偿债务；(2) 债务人潜逃，去向不明；(3) 因行为人责任，致使超过诉讼时效；(4) 有证据证明债权无法实现的其他情况。

直接经济损失和间接经济损失，是指立案时确已造成的经济损失。移送审查起诉前，犯罪嫌疑人及其亲友自行挽回的经济损失，以及由司法机关或者犯罪嫌疑人所在单位及其上级主管部门挽回的经济损失，不予扣减，但可作为对犯罪嫌疑人从轻处理的情节考虑。

★最高人民检察院《人民检察院直接受理立案侦查的渎职侵权重特大案件标准（试行）》（2002年1月1日）（节录）

十五、国家机关工作人员签订、履行合同失职被骗案

（一）重大案件

造成直接经济损失一百万元以上的。

（二）特大案件

造成直接经济损失二百万元以上的。

◀ 定 罪 ▶

▶ 参见【本章罪名定罪问题的总体规定】，P758

◀ 量 刑 ▶

▶ 参见【本章罪名量刑问题的总体规定】，P760

第四百零七条【违法发放林木采伐许可证罪】 林业主管部门的工作人员违反森林法的规定，超过批准的年采伐限额发放林木采伐许可证或者违反规定滥发林木采伐许可证，情节严重，致使森林遭受严重破坏的，处三年以下有期徒刑或者拘役。

◀ 立案追诉标准 ▶

★最高人民检察院《关于渎职侵权犯罪案件立案标准的规定》（2006年7月26日）（节录）

一、渎职犯罪案件

（十八）违法发放林木采伐许可证案（第四百零七条）

违法发放林木采伐许可证罪是指林业主管部门的工作人员违反森林法的规定，超过批准的年采伐限额发放林木采伐许可证或者违反规定滥发林木采伐许可证，情节严重，致使森林遭受严重破坏的行为。

涉嫌下列情形之一的，应予立案：

1. 发放林木采伐许可证允许采伐数量累计超过批准的年采伐限额，导致林木被超限额采伐10立方米以上的；

· 785 ·

2. 滥发林木采伐许可证,导致林木被滥伐20立方米以上,或者导致幼树被滥伐1000株以上的;

3. 滥发林木采伐许可证,导致防护林、特种用途林被滥伐5立方米以上,或者幼树被滥伐200株以上的;

4. 滥发林木采伐许可证,导致珍贵树木或者国家重点保护的其他树木被滥伐的;

5. 滥发林木采伐许可证,导致国家禁止采伐的林木被采伐的;

6. 其他情节严重,致使森林遭受严重破坏的情形。

林业主管部门工作人员之外的国家机关工作人员,违反森林法的规定,滥用职权或者玩忽职守,致使林木被滥伐40立方米以上或者幼树被滥伐2000株以上,或者致使防护林、特种用途林被滥伐10立方米以上或者幼树被滥伐400株以上,或者致使珍贵树木被采伐、毁坏4立方米或者4株以上,或者致使国家重点保护的其他植物被采伐、毁坏后果严重的,或者致使国家严禁采伐的林木被采伐、毁坏情节恶劣的,按照刑法第397条的规定以滥用职权罪或者玩忽职守罪追究刑事责任。

★最高人民检察院《人民检察院直接受理立案侦查的渎职侵权重特大案件标准(试行)》(2002年1月1日)(节录)

十六、违法发放林木采伐许可证案

(一)重大案件

1. 发放林木采伐许可证允许采伐数量累计超过批准的年采伐限额,导致林木被采伐数量在二十立方米以上的;

2. 滥发林木采伐许可证,导致林木被滥伐四十立方米以上的;

3. 滥发林木采伐许可证,导致珍贵树木被滥伐二株或者二立方米以上的;

4. 批准采伐国家禁止采伐的林木,情节特别恶劣的。

(二)特大案件

1. 发放林木采伐许可证允许采伐数量累计超过批准的年采伐限额,导致林木被采伐数量超过十立方米的;

2. 滥发林木采伐许可证,导致林木被滥伐六十立方米以上的;

3. 滥发林木采伐许可证,导致珍贵树木被滥伐五株或者五立方米以上的;

4. 批准采伐国家禁止采伐的林木,造成严重后果的。

▷ 定 罪 ◁

▶**①【本章罪名定罪问题的总体规定】,P758**

▶**②"情节严重,致使森林遭受严重破坏"的认定**

★最高人民法院《关于审理破坏森林资源刑事案件具体应用法律若干问题的解释》(2000年11月22日)(节录)

第十二条 林业主管部门的工作人员违反森林法的规定,超过批准的年采伐限额发放林木采伐许可证或者违反规定滥发林木采伐许可证,具有下列情形之一的,属于刑法第四百零七条规定的"情节严重,致使森林遭受严重破坏",以违法发放林木采伐许可证罪定罪处罚:

（一）发放林木采伐许可证允许采伐数量累计超过批准的年采伐限额，导致林木被采伐数量在十立方米以上的；

（二）滥发林木采伐许可证，导致林木被滥伐二十立方米以上的；

（三）滥发林木采伐许可证，导致珍贵树木被滥伐的；

（四）批准采伐国家禁止采伐的林木，情节恶劣的；

（五）其他情节严重的情形。

❸ 违法发放林木采伐许可证，致使森林遭受严重破坏行为的定性

★最高人民检察院《关于对林业主管部门工作人员在发放林木采伐许可证之外滥用职权、玩忽职守致使森林遭受严重破坏的行为适用法律问题的批复》（2007年5月16日）（节录）

林业主管部门工作人员违法发放林木采伐许可证，致使森林遭受严重破坏的，依照刑法第四百零七条的规定，以违法发放林木采伐许可证罪追究刑事责任……

◆ 量 刑 ◆

❶ 参见【本章罪名量刑问题的总体规定】，P760

第四百零八条【环境监管失职罪】 负有环境保护监督管理职责的国家机关工作人员严重不负责任，导致发生重大环境污染事故，致使公私财产遭受重大损失或者造成人身伤亡的严重后果的，处三年以下有期徒刑或者拘役。

◆ 立案追诉标准 ◆

★最高人民检察院《人民检察院直接受理立案侦查的渎职侵权重特大案件标准（试行）》（2002年1月1日）（节录）

十七、环境监管失职案

（一）重大案件

1. 造成直接经济损失一百万元以上的；

2. 致人死亡二人以上或者重伤五人以上的；

3. 致使一定区域生态环境受到严重危害的。

（二）特大案件

1. 造成直接经济损失三百万元以上的；

2. 致人死亡五人以上或者重伤十人以上的；

3. 致使一定区域生态环境受到严重破坏的。

◆ 定 罪 ◆

❶ 参见【本章罪名定罪问题的总体规定】，P758

❷ 本罪定义

★最高人民检察院《关于渎职侵权犯罪案件立案标准的规定》（2006年7月26日）（节录）

一、渎职犯罪案件

（十九）环境监管失职案（第四百零八条）

环境监管失职罪是指负有环境保护监督管理职责的国家机关工作人员严重不负责任，不履行或者不认真履行环境保护监管职责导致发生重大环境污染事故，致使公私财产遭受重大损失或者造成人身伤亡的严重后果的行为。

▶③ "致使公私财产遭受重大损失或者造成人身伤亡的严重后果"的认定

★最高人民法院、最高人民检察院《关于办理环境污染刑事案件适用法律若干问题的解释》（2017年1月1日）（节录）

第一条 实施刑法第三百三十八条规定的行为，具有下列情形之一的，应当认定为"严重污染环境"：

（十）造成生态环境严重损害的；

（十一）致使乡镇以上集中式饮用水水源取水中断十二小时以上的；

（十二）致使基本农田、防护林地、特种用途林地五亩以上，其他农用地十亩以上，其他土地二十亩以上基本功能丧失或者遭受永久性破坏的；

（十三）致使森林或者其他林木死亡五十立方米以上，或者幼树死亡二千五百株以上的；

（十四）致使疏散、转移群众五千人以上的；

（十五）致使三十人以上中毒的；

（十六）致使三人以上轻伤、轻度残疾或者器官组织损伤导致一般功能障碍的；

（十七）致使一人以上重伤、中度残疾或者器官组织损伤导致严重功能障碍的；

（十八）其他严重污染环境的情形。

第二条 实施刑法第三百三十九条、第四百零八条规定的行为，致使公私财产损失三十万元以上，或者具有本解释第一条第十项至第十七项规定情形之一的，应当认定为"致使公私财产遭受重大损失或者严重危害人体健康"或者"致使公私财产遭受重大损失或者造成人身伤亡的严重后果"。

第十七条（第4款） 本解释所称"公私财产损失"，包括实施刑法第三百三十八条、第三百三十九条规定的行为直接造成财产损毁、减少的实际价值，为防止污染扩大、消除污染而采取必要合理措施所产生的费用，以及处置突发环境事件的应急监测费用。

◀ 量　刑 ▶

▶① 参见【本章罪名量刑问题的总体规定】，P760

第四百零八条之一【食品监管渎职罪】 负有食品安全监督管理职责的国家机关工作人员，滥用职权或者玩忽职守，导致发生重大食品安全事故或者造成其他严重后果的，处五年以下有期徒刑或者拘役；造成特别严重后果的，处五年以上十年以下有期徒刑。

徇私舞弊犯前款罪的，从重处罚。

第九章 渎职罪

定 罪

▶1 参见【本章罪名定罪问题的总体规定】，P758

▶2 一罪与数罪

★最高人民法院、最高人民检察院《关于办理危害食品安全刑事案件适用法律若干问题的解释》（2013年5月4日）（节录）

第十六条 负有食品安全监督管理职责的国家机关工作人员，滥用职权或者玩忽职守，导致发生重大食品安全事故或者造成其他严重后果，同时构成食品监管渎职罪和徇私舞弊不移交刑事案件罪、商检徇私舞弊罪、动植物检疫徇私舞弊罪、放纵制售伪劣商品犯罪行为罪等其他渎职犯罪的，依照处罚较重的规定定罪处罚。

负有食品安全监督管理职责的国家机关工作人员滥用职权或者玩忽职守，不构成食品监管渎职罪，但构成前款规定的其他渎职犯罪的，依照该其他犯罪定罪处罚。

负有食品安全监督管理职责的国家机关工作人员与他人共谋，利用其职务行为帮助他人实施危害食品安全犯罪行为，同时构成渎职犯罪和危害食品安全犯罪共犯的，依照处罚较重的规定定罪处罚。

★最高人民检察院关于印发第四批指导性案例的通知（2014年2月20日）（节录）

胡林贵等人生产、销售有毒、有害食品，行贿；骆梅等人销售伪劣产品；朱伟全等人生产、销售伪劣产品；黎达文等人受贿，食品监管渎职案（检例第15号）

要旨：实施生产、销售有毒、有害食品犯罪，为逃避查处向负有食品安全监管职责的国家工作人员行贿的，应当以生产、销售有毒、有害食品罪和行贿罪实行数罪并罚。负有食品安全监督管理职责的国家机关工作人员，滥用职权，向生产、销售有毒、有害食品的犯罪分子通风报信，帮助逃避处罚的，应当认定为食品监管渎职罪；在渎职过程中受贿的，应当以食品监管渎职罪和受贿罪实行数罪并罚。

★最高人民检察院关于印发第四批指导性案例的通知（2014年2月20日）（节录）

赛跃、韩成武受贿、食品监管渎职案（检例第16号）

要旨：负有食品安全监督管理职责的国家机关工作人员，滥用职权或玩忽职守，导致发生重大食品安全事故或者造成其他严重后果的，应当认定为食品监管渎职罪。在渎职过程中受贿的，应当以食品监管渎职罪和受贿罪实行数罪并罚。

▶3 此罪与彼罪

★最高人民法院《关于进一步加大力度，依法严惩危害食品安全及相关职务犯罪的通知》（2011年5月27日）（节录）

2011年4月30日以前实施食品安会监管渎职行为，依法构成滥用职权罪、玩忽职守罪或其他渎职犯罪，在5月1日以后审理的，适用修正前刑法的规定定罪处罚。5月1日以后实施食品安全监管渎职行为，未导致发生重大食品安全事故或者造成其他严重后果，不构成食品监管渎职罪，但符合其他渎职犯罪构成要件的，依照刑法相关规定对其定罪处罚。

量 刑

▶1 参见【本章罪名量刑问题的总体规定】，P760

第四百零九条【传染病防治失职罪】 从事传染病防治的政府卫生行政部门的工作人员严重不负责任,导致传染病传播或者流行,情节严重的,处三年以下有期徒刑或者拘役。

立案追诉标准

★最高人民检察院《关于渎职侵权犯罪案件立案标准的规定》(2006年7月26日)(节录)

一、渎职犯罪案件

(二十)传染病防治失职案(第四百零九条)

传染病防治失职罪是指从事传染病防治的政府卫生行政部门的工作人员严重不负责任,不履行或者不认真履行传染病防治监管职责,导致传染病传播或者流行,情节严重的行为。

涉嫌下列情形之一的,应予立案:

1. 导致甲类传染病传播的;
2. 导致乙类、丙类传染病流行的;
3. 因传染病传播或者流行,造成人员重伤或者死亡的;
4. 因传染病传播或者流行,严重影响正常的生产、生活秩序的;
5. 在国家对突发传染病疫情等灾害采取预防、控制措施后,对发生突发传染病疫情等灾害的地区或者突发传染病病人、病原携带者、疑似突发传染病病人,未按照预防、控制突发传染病疫情等灾害工作规范的要求做好防疫、检疫、隔离、防护、救治等工作,或者采取的预防、控制措施不当,造成传染范围扩大或者疫情、灾情加重的;
6. 在国家对突发传染病疫情等灾害采取预防、控制措施后,隐瞒、缓报、谎报或者授意、指使、强令他人隐瞒、缓报、谎报疫情、灾情,造成传染范围扩大或者疫情、灾情加重的;
7. 在国家对突发传染病疫情等灾害采取预防、控制措施后,拒不执行突发传染病疫情等灾害应急处理指挥机构的决定、命令,造成传染范围扩大或者疫情、灾情加重的;
8. 其他情节严重的情形。

★最高人民检察院《人民检察院直接受理立案侦查的渎职侵权重特大案件标准(试行)》(2002年1月1日)(节录)

十八、传染病防治失职案

(一)重大案件

1. 导致乙类、丙类传染病流行的;
2. 致人死亡二人以上或者残疾五人以上的。

(二)特大案件

1. 导致甲类传染病传播的;
2. 致人死亡五人以上或者残疾十人以上的。

定 罪

▶参见【本章罪名定罪问题的总体规定】,P758

第九章 渎职罪

▶2 "情节严重"的认定

★最高人民法院、最高人民检察院《关于办理妨害预防、控制突发传染病疫情等灾害的刑事案件具体应用法律若干问题的解释》（2003年5月14日）（节录）

第十六条（第2款） 在国家对突发传染病疫情等灾害采取预防、控制措施后，具有下列情形之一的，属于刑法第四百零九条规定的"情节严重"：

（一）对发生突发传染病疫情等灾害的地区或者突发传染病病人、病原携带者、疑似突发传染病病人，未按照预防、控制突发传染病疫情等灾害工作规范的要求做好防疫、检疫、隔离、防护、救治等工作，或者采取的预防、控制措施不当，造成传染范围扩大或者疫情、灾情加重的；

（二）隐瞒、缓报、谎报或者授意、指使、强令他人隐瞒、缓报、谎报疫情、灾情，造成传染范围扩大或者疫情、灾情加重的；

（三）拒不执行突发传染病疫情等灾害应急处理指挥机构的决定、命令，造成传染范围扩大或者疫情、灾情加重的；

（四）具有其他严重情节的。

第十八条 本解释所称"突发传染病疫情等灾害"，是指突然发生，造成或者可能造成社会公众健康严重损害的重大传染病疫情、群体性不明原因疾病以及其他严重影响公众健康的灾害。

▶3 疫害防控期间，传染病防治失职主体范围的认定

★最高人民法院、最高人民检察院《关于办理妨害预防、控制突发传染病疫情等灾害的刑事案件具体应用法律若干问题的解释》（2003年5月14日）（节录）

第十六条（第1款） 在预防、控制突发传染病疫情等灾害期间，从事传染病防治的政府卫生行政部门的工作人员，或者在受政府卫生行政部门委托代表政府卫生行政部门行使职权的组织中从事公务的人员，或者虽未列入政府卫生行政部门人员编制但在政府卫生行政部门从事公务的人员，在代表政府卫生行政部门行使职权时，严重不负责任，导致传染病传播或者流行，情节严重的，依照刑法第四百零九条的规定，以传染病防治失职罪定罪处罚。

◀ 量　　刑 ▶

▶1 参见【本章罪名量刑问题的总体规定】，P760

第四百一十条【非法批准征收、征用、占用土地罪】【非法低价出让国有土地使用权罪】 国家机关工作人员徇私舞弊，违反土地管理法规，滥用职权，非法批准征收、征用、占用土地，或者非法低价出让国有土地使用权，情节严重的，处三年以下有期徒刑或者拘役；致使国家或者集体利益遭受特别重大损失的，处三年以上七年以下有期徒刑。

◀ 立案追诉标准 ▶

★最高人民检察院《关于渎职侵权犯罪案件立案标准的规定》（2006年7月26日）（节录）

第二编 分 则

一、渎职犯罪案件

（二十一）非法批准征用、占用土地案（第四百一十条）

非法批准征用、占用土地罪是指国家机关工作人员徇私舞弊，违反土地管理法、森林法、草原法等法律以及有关行政法规中关于土地管理的规定，滥用职权，非法批准征用、占用耕地、林地等农用地以及其他土地，情节严重的行为。

涉嫌下列情形之一的，应予立案：

1. 非法批准征用、占用基本农田10亩以上的；
2. 非法批准征用、占用基本农田以外的耕地30亩以上的；
3. 非法批准征用、占用其他土地50亩以上的；
4. 虽未达到上述数量标准，但造成有关单位、个人直接经济损失30万元以上，或者造成耕地大量毁坏或者植被遭到严重破坏的；
5. 非法批准征用、占用土地，影响群众生产、生活，引起纠纷，造成恶劣影响或者其他严重后果的；
6. 非法批准征用、占用防护林地、特种用途林地分别或者合计10亩以上的；
7. 非法批准征用、占用其他林地20亩以上的；
8. 非法批准征用、占用林地造成直接经济损失30万元以上，或者造成防护林地、特种用途林地分别或者合计5亩以上或者其他林地10亩以上毁坏的；
9. 其他情节严重的情形。

（二十二）非法低价出让国有土地使用权案（第四百一十条）

非法低价出让国有土地使用权罪是指国家机关工作人员徇私舞弊，违反土地管理法、森林法、草原法等法律以及有关行政法规中关于土地管理的规定，滥用职权，非法低价出让国有土地使用权，情节严重的行为。

涉嫌下列情形之一的，应予立案：

1. 非法低价出让国有土地30亩以上，并且出让价额低于国家规定的最低价额标准的百分之六十的；
2. 造成国有土地资产流失价额30万元以上的；
3. 非法低价出让国有土地使用权，影响群众生产、生活，引起纠纷，造成恶劣影响或者其他严重后果的；
4. 非法低价出让林地合计30亩以上，并且出让价额低于国家规定的最低价额标准的百分之六十的；
5. 造成国有资产流失30万元以上的；
6. 其他情节严重的情形。

三、附则

（四）本规定中的"直接经济损失"，是指与行为有直接因果关系而造成的财产毁损、减少的实际价值；"间接经济损失"，是指由直接经济损失引起和牵连的其他损失，包括失去的在正常情况下可以获得的利益和为恢复正常的管理活动或者挽回所造成的损失所支付的各种开支、费用等。

第九章 渎 职 罪

有下列情形之一的，虽然有债权存在，但已无法实现债权的，可以认定为已经造成了经济损失：(1) 债务人已经法定程序被宣告破产，且无法清偿债务；(2) 债务人潜逃，去向不明；(3) 因行为人责任，致使超过诉讼时效；(4) 有证据证明债权无法实现的其他情况。

直接经济损失和间接经济损失，是指立案时确已造成的经济损失。移送审查起诉前，犯罪嫌疑人及其亲友自行挽回的经济损失，以及由司法机关或者犯罪嫌疑人所在单位及其上级主管部门挽回的经济损失，不予扣减，但可作为对犯罪嫌疑人从轻处理的情节考虑。

（五）本规定中的"徇私舞弊"，是指国家机关工作人员为徇私情、私利，故意违背事实和法律，伪造材料，隐瞒情况，弄虚作假的行为。

★最高人民检察院《人民检察院直接受理立案侦查的渎职侵权重特大案件标准（试行）》（2002年1月1日）（节录）

十九、非法批准征用、占用土地案

（一）重大案件

1. 非法批准征用、占用基本农田二十亩以上的；
2. 非法批准征用、占用基本农田以外的耕地六十亩以上的；
3. 非法批准征用、占用其他土地一百亩以上的；
4. 非法批准征用、占用土地，造成基本农田五亩以上，其他耕地十亩以上严重毁坏的；
5. 非法批准征用、占用土地造成直接经济损失五十万元以上的。

（二）特大案件

1. 非法批准征用、占用基本农田三十亩以上的；
2. 非法批准征用、占用基本农田以外的耕地九十亩以上的；
3. 非法批准征用、占用其他土地一百五十亩以上的；
4. 非法批准征用、占用土地，造成基本农田十亩以上，其他耕地二十亩以上严重毁坏的；
5. 非法批准征用、占用土地造成直接经济损失一百万元以上的。

二十、非法低价出让国有土地使用权案

（一）重大案件

1. 出让国有土地使用权面积在六十亩以上，并且出让价额低于国家规定的最低价额标准的百分之六十的；
2. 造成国有土地资产流失价额在五十万元以上的。

（二）特大案件

1. 出让国有土地使用权面积在九十亩以上，并且出让价额低于国家规定的最低价额标准的百分之四十的；
2. 造成国有土地资产流失价额在一百万元以上的。

─────── 定　　罪 ───────

1 参见【本章罪名定罪问题的总体规定】，P758

2 "违反土地管理法规"、"非法批准征收、征用、占用土地"的认定

★全国人民代表大会常务委员会《关于〈中华人民共和国刑法〉第二百二十八条、第三百四十二条、第四百一十条的解释》(2001年8月31日，2009年修正)(节录)

刑法第二百二十八条、第三百四十二条、第四百一十条规定的"违反土地管理法规"，是指违反土地管理法、森林法、草原法等法律以及有关行政法规中关于土地管理的规定。

刑法第四百一十条规定的"非法批准征收、征用、占用土地"，是指非法批准征收、征用、占用耕地、林地等农用地以及其他土地。

3 "情节严重"的认定

★最高人民法院《关于审理破坏土地资源刑事案件具体应用法律若干问题的解释》(2000年6月22日)(节录)

第四条 国家机关工作人员徇私舞弊，违反土地管理法规，滥用职权，非法批准征用、占用土地，具有下列情形之一的，属于非法批准征用、占用土地"情节严重"，依照刑法第四百一十条的规定，以非法批准征用、占用土地罪定罪处罚：

（一）非法批准征用、占用基本农田十亩以上的；

（二）非法批准征用、占用基本农田以外的耕地三十亩以上的；

（三）非法批准征用、占用其他土地五十亩以上的；

（四）虽未达到上述数量标准，但非法批准征用、占用土地造成直接经济损失三十万元以上；造成耕地大量毁坏等恶劣情节的。

第六条 国家机关工作人员徇私舞弊，违反土地管理法规，非法低价出让国有土地使用权，具有下列情形之一的，属于"情节严重"，依照刑法第四百一十条的规定，以非法低价出让国有土地使用权罪定罪处罚：

（一）出让国有土地使用权面积在三十亩以上，并且出让价额低于国家规定的最低价额标准的百分之六十的；

（二）造成国有土地资产流失价额在三十万元以上的。

第七条 本解释所称"草原"，是指天然草原和人工草地，天然草原包括草地、草山和草坡，人工草地包括改良草地和退耕还草地，不包括城镇草地。

★最高人民法院《关于审理破坏林地资源刑事案件具体应用法律若干问题的解释》(2005年12月30日)(节录)

第二条 国家机关工作人员徇私舞弊，违反土地管理法规，滥用职权，非法批准征用、占用林地，具有下列情形之一的，属于刑法第四百一十条规定的"情节严重"，应当以非法批准征用、占用土地罪判处三年以下有期徒刑或者拘役：

（一）非法批准征用、占用防护林地、特种用途林地数量分别或者合计达到十亩以上；

（二）非法批准征用、占用其他林地数量达到二十亩以上；

（三）非法批准征用、占用林地造成直接经济损失数额达到三十万元以上，或者造成本条第（一）项规定的林地数量分别或者合计达到五亩以上或者本条第（二）项规定的林地数量达到十亩以上毁坏。

第四条 国家机关工作人员徇私舞弊，违反土地管理法规，非法低价出让国有林地使用权,具有下列情形之一的,属于刑法第四百一十条规定的"情节严重",应当以非法低价出让国有土地使用权罪判处三年以下有期徒刑或者拘役:

(一)林地数量合计达到三十亩以上,并且出让价额低于国家规定的最低价额标准的百分之六十的;

(二)造成国有资产流失价额达到三十万元以上的。

★最高人民法院《关于审理破坏草原资源刑事案件应用法律若干问题的解释》(2012年11月22日)(节录)

第三条(第1款) 国家机关工作人员徇私舞弊,违反草原法等土地管理法规,具有下列情形之一的,应当认定为刑法第四百一十条规定的"情节严重":

(一)非法批准征收、征用、占用草原四十亩以上的;

(二)非法批准征收、征用、占用草原,造成二十亩以上草原被毁坏的;

(三)非法批准征收、征用、占用草原,造成直接经济损失三十万元以上,或者具有其他恶劣情节的。

4 "致使国家或者集体利益遭受特别重大损失"的认定

★最高人民法院《关于审理破坏土地资源刑事案件具体应用法律若干问题的解释》(2000年6月22日)(节录)

第五条 实施第四条规定的行为,具有下列情形之一的,属于非法批准征用、占用土地"致使国家或者集体利益遭受特别重大损失":

(一)非法批准征用、占用基本农田二十亩以上的;

(二)非法批准征用、占用基本农田以外的耕地六十亩以上的;

(三)非法批准征用、占用其他土地一百亩以上的;

(四)非法批准征用、占用土地,造成基本农田五亩以上,其他耕地十亩以上严重毁坏的;

(五)非法批准征用、占用土地造成直接经济损失五十万元以上等恶劣情节的。

第七条 实施第六条规定的行为,具有下列情形之一的,属于非法低价出让国有土地使用权,"致使国家和集体利益遭受特别重大损失":

(一)非法低价出让国有土地使用权面积在六十亩以上,并且出让价额低于国家规定的最低价额标准的百分之四十的;

(二)造成国有土地资产流失价额在五十万元以上的。

第九条 多次实施本解释规定的行为依法应当追诉的,或者一年内多次实施本解释规定的行为未经处理的,按照累计的数量、数额处罚。

★最高人民法院《关于审理破坏林地资源刑事案件具体应用法律若干问题的解释》(2005年12月30日)(节录)

第三条 实施本解释第二条规定的行为,具有下列情形之一的,属于刑法第四百一十条规定的"致使国家或者集体利益遭受特别重大损失",应当以非法批准征用、占用土地罪判处三年以上七年以下有期徒刑:

(一)非法批准征用、占用防护林地、特种用途林地数量分别或者合计达到二十亩以上,

（二）非法批准征用、占用其他林地数量达到四十亩以上；

（三）非法批准征用、占用林地造成直接经济损失数额达到六十万元以上，或者造成本条第（一）项规定的林地数量分别或者合计达到十亩以上或者本条第（二）项规定的林地数量达到二十亩以上毁坏。

第五条 实施本解释第四条规定的行为，造成国有资产流失价额达到六十万元以上的，属于刑法第四百一十条规定的"致使国家和集体利益遭受特别重大损失"，应当以非法低价出让国有土地使用权罪判处三年以上七年以下有期徒刑。

★最高人民法院《关于审理破坏草原资源刑事案件应用法律若干问题的解释》（2012年11月22日）（节录）

第三条（第1款） 国家机关工作人员徇私舞弊，违反草原法等土地管理法规，具有下列情形之一，应当认定为刑法第四百一十条规定的"致使国家或者集体利益遭受特别重大损失"：

（一）非法批准征收、征用、占用草原八十亩以上的；

（二）非法批准征收、征用、占用草原，造成四十亩以上草原被毁坏的；

（三）非法批准征收、征用、占用草原，造成直接经济损失六十万元以上，或者具有其他特别恶劣情节的。

▶5 犯罪数量、数额的计算

★最高人民法院《关于审理破坏土地资源刑事案件具体应用法律若干问题的解释》（2000年6月22日）（节录）

第九条 多次实施本解释规定的行为依法应当追诉的，或者在一年内多次实施本解释规定的行为未经处理的，按照累计的数量、数额处罚。

★最高人民法院《关于审理破坏林地资源刑事案件具体应用法律若干问题的解释》（2005年12月30日）（节录）

第七条 多次实施本解释规定的行为依法应当追诉且未经处理的，应当按照累计的数量、数额处罚。

★最高人民法院《关于审理破坏草原资源刑事案件应用法律若干问题的解释》（2012年11月22日）（节录）

第六条 多次实施破坏草原资源的违法犯罪行为，未经处理，应当依法追究刑事责任的，按照累计的数量、数额定罪处罚。

◀ 量 刑 ▶

▶1 参见【本章罪名量刑问题的总体规定】，P760

第四百一十一条【放纵走私罪】海关工作人员徇私舞弊，放纵走私，情节严重的，处五年以下有期徒刑或者拘役；情节特别严重的，处五年以上有期徒刑。

◀ 立案追诉标准 ▶

★最高人民检察院《关于渎职侵权犯罪案件立案标准的规定》（2006年7月26日）

第九章 渎职罪

(节录)

一、渎职犯罪案件

(二十三) 放纵走私案 (第四百一十一条)

放纵走私罪是指海关工作人员徇私舞弊，放纵走私，情节严重的行为。

涉嫌下列情形之一的，应予立案：

1. 放纵走私犯罪的；
2. 因放纵走私致使国家应收税额损失累计达10万元以上的；
3. 放纵走私行为3起次以上的；
4. 放纵走私行为，具有索取或者收受贿赂情节的；
5. 其他情节严重的情形。

三、附则

(五) 本规定中的"徇私舞弊"，是指国家机关工作人员为徇私情、私利，故意违背事实和法律，伪造材料，隐瞒情况，弄虚作假的行为。

★最高人民检察院《人民检察院直接受理立案侦查的渎职侵权重特大案件标准（试行）》(2002年1月1日)（节录）

二十一、放纵走私案

(一) 重大案件

造成国家税收损失累计达三十万元以上的。

(二) 特大案件

造成国家税收损失累计达五十万元以上的。

◆ 定　罪 ◆

1 参见【本章罪名定罪问题的总体规定】，P758

2 共同犯罪、一罪与数罪

★最高人民法院、最高人民检察院、海关总署《关于办理走私刑事案件适用法律若干问题的意见》(2002年7月8日)（节录）

十六、关于放纵走私罪的认定问题

依照刑法第四百一十一条的规定，负有特定监管义务的海关工作人员徇私舞弊，利用职权，放任、纵容走私犯罪行为，情节严重的，构成放纵走私罪。放纵走私行为，一般是消极的不作为。如果海关工作人员与走私分子通谋，在放纵走私过程中以积极的行为配合走私分子逃避海关监管或者在放纵走私之后分得赃款的，应以共同走私犯罪追究刑事责任。海关工作人员收受贿赂又放纵走私的，应以受贿罪和放纵走私罪数罪并罚。

◆ 量　刑 ◆

1 参见【本章罪名量刑问题的总体规定】，P760

第四百一十二条 【商检徇私舞弊罪】 国家商检部门、商检机构的工作人员徇私舞弊，伪造检验结果的，处五年以下有期徒刑或者拘役；造成严重后果的，处五年以上十年以下有期徒刑。

【商检失职罪】 前款所列人员严重不负责任，对应当检验的物品不检验，或者延误检验出证、错误出证，致使国家利益遭受重大损失的，处三年以下有期徒刑或者拘役。

◆ 立案追诉标准 ◆

★最高人民检察院《关于渎职侵权犯罪案件立案标准的规定》（2006年7月26日）（节录）

一、渎职犯罪案件

（二十四）商检徇私舞弊案（第四百一十二条第一款）

商检徇私舞弊罪是指出入境检验检疫机关、检验检疫机构工作人员徇私舞弊，伪造检验结果的行为。

涉嫌下列情形之一的，应予立案：

1. 采取伪造、变造的手段对报检的商品的单证、印章、标志、封识、质量认证标志等作虚假的证明或者出具不真实的证明结论的；

2. 将送检的合格商品检验为不合格，或者将不合格商品检验为合格的；

3. 对明知是不合格的商品，不检验而出具合格检验结果的；

4. 其他伪造检验结果应予追究刑事责任的情形。

（二十五）商检失职案（第四百一十二条第二款）

商检失职罪是指出入境检验检疫机关、检验检疫机构工作人员严重不负责任，对应当检验的物品不检验，或者延误检验出证、错误出证，致使国家利益遭受重大损失的行为。

涉嫌下列情形之一的，应予立案：

1. 致使不合格的食品、药品、医疗器械等商品出入境，严重危害生命健康的；

2. 造成个人财产直接经济损失15万元以上，或者直接经济损失不满15万元，但间接经济损失75万元以上的；

3. 造成公共财产、法人或者其他组织财产直接经济损失30万元以上，或者直接经济损失不满30万元，但间接经济损失150万元以上的；

4. 未经检验，出具合格检验结果，致使国家禁止进口的固体废物、液态废物和气态废物等进入境内的；

5. 不检验或者延误检验出证、错误出证，引起国际经济贸易纠纷，严重影响国家对外经贸关系，或者严重损害国家声誉的；

6. 其他致使国家利益遭受重大损失的情形。

三、附则

（四）本规定中的"直接经济损失"，是指与行为有直接因果关系而造成的财产损毁、减少的实际价值；"间接经济损失"，是指由直接经济损失引起和牵连的其他损失，包括失

第九章 渎职罪

去的在正常情况下可以获得的利益和为恢复正常的管理活动或者挽回所造成的损失所支付的各种开支、费用等。

有下列情形之一的,虽然有债权存在,但已无法实现债权的,可以认定为已经造成了经济损失:(1)债务人已经法定程序被宣告破产,且无法清偿债务;(2)债务人潜逃,去向不明;(3)因行为人责任,致使超过诉讼时效;(4)有证据证明债权无法实现的其他情况。

直接经济损失和间接经济损失,是指立案时确已造成的经济损失。移送审查起诉前,犯罪嫌疑人及其亲友自行挽回的经济损失,以及由司法机关或者犯罪嫌疑人所在单位及其上级主管部门挽回的经济损失,不予扣减,但可作为对犯罪嫌疑人从轻处理的情节考虑。

(五)本规定中的"徇私舞弊",是指国家机关工作人员为徇私情、私利,故意违背事实和法律,伪造材料,隐瞒情况,弄虚作假的行为。

★最高人民检察院《人民检察院直接受理立案侦查的渎职侵权重特大案件标准(试行)》(2002年1月1日)(节录)

二十二、商检徇私舞弊案

(一)重大案件

1. 造成直接经济损失五十万元以上的;

2. 徇私舞弊,三次以上伪造检验结果的。

(二)特大案件

1. 造成直接经济损失一百万元以上的;

2. 徇私舞弊,五次以上伪造检验结果的。

二十三、商检失职案

(一)重大案件

1. 造成直接经济损失一百万元以上的;

2. 五次以上不检验或者延误检验出证、错误出证的。

(二)特大案件

1. 造成直接经济损失三百万元以上的;

2. 七次以上不检验或者延误检验出证、错误出证的。

━━━━◆ 定　　罪 ◆━━━━

▶ 参见【本章罪名定罪问题的总体规定】,P758

━━━━◆ 量　　刑 ◆━━━━

▶ 参见【本章罪名量刑问题的总体规定】,P760

第四百一十三条【动植物检疫徇私舞弊罪】动植物检疫机关的检疫人员徇私舞弊,伪造检疫结果的,处五年以下有期徒刑或者拘役;造成严重后果的,处五年以上十年以下有期徒刑。

【动植物检疫失职罪】前款所列人员严重不负责任,对应当检疫的检疫物不检疫,或者延误检疫出证、错误出证,致使国家利益遭受重大损失的,处三年以下有期徒刑或者拘役。

立案追诉标准

★最高人民检察院《关于渎职侵权犯罪案件立案标准的规定》（2006年7月26日）（节录）

一、渎职犯罪案件

（二十六）动植物检疫徇私舞弊案（第四百一十三条第一款）

动植物检疫徇私舞弊罪是指出入境检验检疫机关、检验检疫机构工作人员徇私舞弊，伪造检疫结果的行为。

涉嫌下列情形之一的，应予立案：

1. 采取伪造、变造的手段对检疫的单证、印章、标志、封识等作虚假的证明或者出具不真实的结论的；

2. 将送检的合格动植物检疫为不合格，或者将不合格动植物检疫为合格的；

3. 对明知是不合格的动植物，不检疫而出具合格检疫结果的；

4. 其他伪造检疫结果应予追究刑事责任的情形。

（二十七）动植物检疫失职案（第四百一十三条第二款）

动植物检疫失职罪是指出入境检验检疫机关、检验检疫机构工作人员严重不负责任，对应当检疫的检疫物不检疫，或者延误检疫出证、错误出证，致使国家利益遭受重大损失的行为。

涉嫌下列情形之一的，应予立案：

1. 导致疫情发生，造成人员重伤或者死亡的；

2. 导致重大疫情发生、传播或者流行的；

3. 造成个人财产直接经济损失15万元以上，或者直接经济损失不满15万元，但间接经济损失75万元以上的；

4. 造成公共财产或者法人、其他组织财产直接经济损失30万元以上，或者直接损失不满30万元，但间接经济损失150万元以上的；

5. 不检疫或者延误检疫出证、错误出证，引起国际经济贸易纠纷，严重影响国家对外经贸关系，或者严重损害国家声誉的；

6. 其他致使国家利益遭受重大损失的情形。

三、附则

（四）本规定中的"直接经济损失"，是指与行为有直接因果关系而造成的财产损毁、减少的实际价值；"间接经济损失"，是指由直接经济损失引起和牵连的其他损失，包括失去的在正常情况下可以获得的利益和为恢复正常的管理活动或者挽回所造成的损失所支付的各种开支、费用等。

有下列情形之一的，虽然有债权存在，但已无法实现债权的，可以认定为已经造成了经济损失：（1）债务人已经法定程序被宣告破产，且无法清偿债务；（2）债务人潜逃，去向不明；（3）因行为人责任，致使超过诉讼时效；（4）有证据证明债权无法实现的其他情况。

直接经济损失和间接经济损失，是指立案时确已造成的经济损失。移送审查起诉前，犯罪嫌疑人及其亲友自行挽回的经济损失，以及由司法机关或者犯罪嫌疑人所在单位及其上级主管部门挽回的经济损失，不予扣减，但可作为对犯罪嫌疑人从轻处理的情节考虑。

（五）本规定中的"徇私舞弊"，是指国家机关工作人员为徇私情、私利，故意违背事实和法律，伪造材料，隐瞒情况，弄虚作假的行为。

★最高人民检察院《人民检察院直接受理立案侦查的渎职侵权重特大案件标准（试行）》（2002年1月1日）（节录）

二十四、动植物检疫徇私舞弊案

（一）重大案件

1. 徇私舞弊，三次以上伪造检疫结果的；

2. 造成直接经济损失五十万元以上的。

（二）特大案件

1. 徇私舞弊，五次以上伪造检疫结果的；

2. 造成直接经济损失一百万元以上的。

二十五、动植物检疫失职案

（一）重大案件

1. 造成直接经济损失一百万元以上的；

2. 导致疫情发生，造成人员死亡二人以上的；

3. 五次以上不检疫，或者延误检疫出证、错误出证严重影响国家对外经贸关系和国家声誉的。

（二）特大案件

1. 造成直接经济损失三百万元以上的；

2. 导致疫情发生，造成人员死亡五人以上的；

3. 七次以上不检疫，或者延误检疫出证、错误出证严重影响国家对外经贸关系和国家声誉的。

定　罪

▶参见【本章罪名定罪问题的总体规定】，P758

量　刑

▶参见【本章罪名量刑问题的总体规定】，P760

第四百一十四条【放纵制售伪劣商品犯罪行为罪】 对生产、销售伪劣商品犯罪行为负有追究责任的国家机关工作人员，徇私舞弊，不履行法律规定的追究职责，情节严重的，处五年以下有期徒刑或者拘役。

立案追诉标准

★最高人民检察院《关于渎职侵权犯罪案件立案标准的规定》（2006年7月26日）（节录）

一、渎职犯罪案件

（二十八）放纵制售伪劣商品犯罪行为案（第四百一十四条）

放纵制售伪劣商品犯罪行为罪是指对生产、销售伪劣商品犯罪行为负有追究责任的国家机关工作人员徇私舞弊，不履行法律规定的追究职责，情节严重的行为。

涉嫌下列情形之一的，应予立案：

1. 放纵生产、销售假药或者有毒、有害食品犯罪行为的；

2. 放纵生产、销售伪劣农药、兽药、化肥、种子犯罪行为的；

3. 放纵依法可能判处3年有期徒刑以上刑罚的生产、销售伪劣商品犯罪行为的；

4. 对生产、销售伪劣商品犯罪行为不履行追究职责，致使生产、销售伪劣商品犯罪行为得以继续的；

5. 3次以上不履行追究职责，或者对3个以上有生产、销售伪劣商品犯罪行为的单位或者个人不履行追究职责的；

6. 其他情节严重的情形。

三、附则

（五）本规定中的"徇私舞弊"，是指国家机关工作人员为徇私情、私利，故意违背事实和法律，伪造材料，隐瞒情况，弄虚作假的行为。

★最高人民检察院《人民检察院直接受理立案侦查的渎职侵权重特大案件标准（试行）》（2002年1月1日）（节录）

二十六、放纵制售伪劣商品犯罪行为案

（一）重大案件

1. 放纵生产、销售假药或者有毒、有害食品犯罪行为，情节恶劣或者后果严重的；

2. 放纵依法可能判处五年以上十年以下有期徒刑刑罚的生产、销售伪劣商品犯罪行为的；

3. 五次以上或者对五个以上有生产、销售伪劣商品犯罪行为的单位或者个人不履行追究职责的。

（二）特大案件

1. 放纵生产、销售假药或者有毒、有害食品犯罪行为，造成人员死亡的；

2. 放纵依法可能判处十年以上刑罚的生产、销售伪劣商品犯罪行为的；

3. 七次以上或者对七个以上有生产、销售伪劣商品犯罪行为的单位或者个人不履行追究职责的。

◀ 定　　罪 ▶

▶1 参见【本章罪名定罪问题的总体规定】，P758

▶2 "情节严重"的认定

★最高人民法院、最高人民检察院《关于办理生产、销售伪劣商品刑事案件具体应用法律若干问题的解释》（2001年4月10日）（节录）

第八条　国家机关工作人员徇私舞弊，对生产、销售伪劣商品犯罪不履行法律规定的查处职责，具有下列情形之一的，属于刑法第四百一十四条规定的"情节严重"：

第九章 渎职罪

（一）放纵生产、销售假药或者有毒、有害食品犯罪行为的；
（二）放纵依法可能判处二年有期徒刑以上刑罚的生产、销售伪劣商品犯罪行为的；
（三）对三个以上有生产、销售伪劣商品犯罪行为的单位或者个人不履行追究职责的；
（四）致使国家和人民利益遭受重大损失或者造成恶劣影响的。

◆ 量　　刑 ◆

▶ 参见【本章罪名量刑问题的总体规定】，P760

第四百一十五条【办理偷越国（边）境人员出入境证件罪】【放行偷越国（边）境人员罪】 负责办理护照、签证以及其他出入境证件的国家机关工作人员，对明知是企图偷越国（边）境的人员，予以办理出入境证件的，或者边防、海关等国家机关工作人员，对明知是偷越国（边）境的人员，予以放行的，处三年以下有期徒刑或者拘役；情节严重的，处三年以上七年以下有期徒刑。

◆ 立案追诉标准 ◆

★最高人民检察院《关于渎职侵权犯罪案件立案标准的规定》（2006年7月26日）（节录）

一、渎职犯罪案件

（二十九）办理偷越国（边）境人员出入境证件案（第四百一十五条）

办理偷越国（边）境人员出入境证件罪是指负责办理护照、签证以及其他出入境证件的国家机关工作人员，对明知是企图偷越国（边）境的人员，予以办理出入境证件的行为。

负责办理护照、签证以及其他出入境证件的国家机关工作人员涉嫌在办理护照、签证以及其他出入境证件的过程中，对明知是企图偷越国（边）境的人员而予以办理出入境证件的，应予立案。

（三十）放行偷越国（边）境人员案（第四百一十五条）

放行偷越国（边）境人员罪是指边防、海关等国家机关工作人员，对明知是偷越国（边）境的人员予以放行的行为。

边防、海关等国家机关工作人员涉嫌在履行职务过程中，对明知是偷越国（边）境的人员而予以放行的，应予立案。

★最高人民检察院《人民检察院直接受理立案侦查的渎职侵权重特大案件标准（试行）》（2002年1月1日）（节录）

二十七、办理偷越国（边）境人员出入境证件案

（一）重大案件

1. 违法办理三人以上的；
2. 违法办理三次以上的；
3. 违法为刑事犯罪分子办证的。

（二）特大案件

1. 违法办理五人以上的；
2. 违法办理五次以上的；

3. 违法为严重刑事犯罪分子办证的。

二十八、放行偷越国（边）境人员案

（一）重大案件

1. 违法放行三人以上的；

2. 违法放行三次以上的；

3. 违法放行刑事犯罪分子的。

（二）特大案件

1. 违法放行五人以上的；

2. 违法放行五次以上的；

3. 违法放行严重刑事犯罪分子的。

◀ 定　　罪 ▶

▶ 参见【本章罪名定罪问题的总体规定】，P758

◀ 量　　刑 ▶

▶ 参见【本章罪名量刑问题的总体规定】，P760

第四百一十六条【不解救被拐卖、绑架妇女、儿童罪】对被拐卖、绑架的妇女、儿童负有解救职责的国家机关工作人员，接到被拐卖、绑架的妇女、儿童及其家属的解救要求或者接到其他人的举报，而对被拐卖、绑架的妇女、儿童不进行解救，造成严重后果的，处五年以下有期徒刑或者拘役。

【阻碍解救被拐卖、绑架妇女、儿童罪】负有解救职责的国家机关工作人员利用职务阻碍解救的，处二年以上七年以下有期徒刑；情节较轻的，处二年以下有期徒刑或者拘役。

◀ 立案追诉标准 ▶

★最高人民检察院《关于渎职侵权犯罪案件立案标准的规定》（2006年7月26日）（节录）

一、渎职犯罪案件

（三十一）不解救被拐卖、绑架妇女、儿童案（第四百一十六条第一款）

不解救被拐卖、绑架妇女、儿童罪是指对被拐卖、绑架的妇女、儿童负有解救职责的公安、司法等国家机关工作人员接到被拐卖、绑架的妇女、儿童及其家属的解救要求或者接到其他人的举报，而对被拐卖、绑架的妇女、儿童不进行解救，造成严重后果的行为。

涉嫌下列情形之一的，应予立案：

1. 导致被拐卖、绑架的妇女、儿童或者其家属重伤、死亡或者精神失常的；

2. 导致被拐卖、绑架的妇女、儿童被转移、隐匿、转卖，不能及时进行解救的；

3. 对被拐卖、绑架的妇女、儿童不进行解救3人次以上的；

4. 对被拐卖、绑架的妇女、儿童不进行解救，造成恶劣社会影响的；

5. 其他造成严重后果的情形。

（三十二）阻碍解救被拐卖、绑架妇女、儿童案（第四百一十六条第二款）

阻碍解救被拐卖、绑架妇女、儿童罪是指对被拐卖、绑架的妇女、儿童负有解救职责的公安、司法等国家机关工作人员利用职务阻碍解救被拐卖、绑架的妇女、儿童的行为。

涉嫌下列情形之一的，应予立案：

1. 利用职权，禁止、阻止或者妨碍有关部门、人员解救被拐卖、绑架的妇女、儿童的；

2. 利用职务上的便利，向拐卖、绑架者或者收买者通风报信，妨碍解救工作正常进行的；

3. 其他利用职务阻碍解救被拐卖、绑架的妇女、儿童应予追究刑事责任的情形。

★最高人民检察院《人民检察院直接受理立案侦查的渎职侵权重特大案件标准（试行）》（2002年1月1日）（节录）

二十九、不解救被拐卖、绑架妇女、儿童案

（一）重大案件

1. 五次或者对五名以上被拐卖、绑架的妇女、儿童不进行解救的；

2. 因不解救致人死亡的。

（二）特大案件

1. 七次或者对七名以上被拐卖、绑架的妇女、儿童不进行解救的；

2. 因不解救致人死亡三人以上的。

三十、阻碍解救被拐卖、绑架妇女、儿童案

（一）重大案件

1. 三次或者对三名以上被拐卖、绑架的妇女、儿童阻碍解救的；

2. 阻碍解救致人死亡的。

（二）特大案件

1. 五次或者对五名以上被拐卖、绑架的妇女、儿童阻碍解救的；

2. 阻碍解救致人死亡二人以上的。

◀ 定　　罪 ▶

▶参见【本章罪名定罪问题的总体规定】，P758

◀ 量　　刑 ▶

▶参见【本章罪名量刑问题的总体规定】，P760

第四百一十七条【帮助犯罪分子逃避处罚罪】 有查禁犯罪活动职责的国家机关工作人员，向犯罪分子通风报信、提供便利，帮助犯罪分子逃避处罚的，处三年以下有期徒刑或者拘役；情节严重的，处三年以上十年以下有期徒刑。

◀ 立案追诉标准 ▶

★最高人民检察院《关于渎职侵权犯罪案件立案标准的规定》（2006年7月26日）

第二编 分　则

（节录）

一、渎职犯罪案件

（三十三）帮助犯罪分子逃避处罚案（第四百一十七条）

帮助犯罪分子逃避处罚罪是指有查禁犯罪活动职责的司法及公安、国家安全、海关、税务等国家机关工作人员，向犯罪分子通风报信、提供便利，帮助犯罪分子逃避处罚的行为。

涉嫌下列情形之一的，应予立案：

1. 向犯罪分子泄露有关部门查禁犯罪活动的部署、人员、措施、时间、地点等情况的；

2. 向犯罪分子提供钱物、交通工具、通讯设备、隐藏处所等便利条件的；

3. 向犯罪分子泄露案情的；

4. 帮助、示意犯罪分子隐匿、毁灭、伪造证据，或者串供、翻供的；

5. 其他帮助犯罪分子逃避处罚应予追究刑事责任的情形。

★最高人民检察院《人民检察院直接受理立案侦查的渎职侵权重特大案件标准（试行）》（2002年1月1日）（节录）

三十一、帮助犯罪分子逃避处罚案

（一）重大案件

1. 三次或者使三名以上犯罪分子逃避处罚的；

2. 帮助重大刑事犯罪分子逃避处罚的。

（二）特大案件

1. 五次或者使五名以上犯罪分子逃避处罚的；

2. 帮助二名以上重大刑事犯罪分子逃避处罚的。

◆ 定　罪 ◆

▶1 参见【本章罪名定罪问题的总体规定】，P758

▶2 帮助犯罪分子逃避处罚的认定

★最高人民法院、最高人民检察院《关于依法查处盗窃、抢劫机动车案件的规定》（1998年5月8日）（节录）

十、公安人员对盗窃、抢劫的机动车辆，非法提供机动车牌证或者为其取得机动车牌证提供便利，帮助犯罪分子逃避处罚的，依照《刑法》第四百一十七条规定处罚。

◆ 量　刑 ◆

▶1 参见【本章罪名量刑问题的总体规定】，P760

第四百一十八条【招收公务员、学生徇私舞弊罪】国家机关工作人员在招收公务员、学生工作中徇私舞弊，情节严重的，处三年以下有期徒刑或者拘役。

◆ 立案追诉标准 ◆

★最高人民检察院《关于渎职侵权犯罪案件立案标准的规定》（2006年7月26日）

第九章 渎职罪

(节录)

一、渎职犯罪案件

(三十四) 招收公务员、学生徇私舞弊案 (第四百一十八条)

招收公务员、学生徇私舞弊罪是指国家机关工作人员在招收公务员、省级以上教育行政部门组织招收的学生工作中徇私舞弊,情节严重的行为。

涉嫌下列情形之一的,应予立案:

1. 徇私舞弊,利用职务便利,伪造、变造人事、户口档案、考试成绩或者其他影响招收工作的有关资料,或者明知是伪造、变造的上述材料而予以认可的;

2. 徇私舞弊,利用职务便利,帮助5名以上考生作弊的;

3. 徇私舞弊招收不合格的公务员、学生3人次以上的;

4. 因徇私舞弊招收不合格的公务员、学生,导致被排挤的合格人员或者其近亲属自杀、自残造成重伤、死亡,或者精神失常的;

5. 因徇私舞弊招收公务员、学生,导致该项招收工作重新进行的;

6. 其他情节严重的情形。

三、附则

(五) 本规定中的"徇私舞弊",是指国家机关工作人员为徇私情、私利,故意违背事实和法律,伪造材料,隐瞒情况,弄虚作假的行为。

★最高人民检察院《人民检察院直接受理立案侦查的渎职侵权重特大案件标准(试行)》(2002年1月1日) (节录)

三十二、招收公务员、学生徇私舞弊案

(一) 重大案件

1. 五次以上招收不合格公务员、学生或者一次招收五名以上不合格公务员、学生的;

2. 造成县区范围内招收公务员、学生工作重新进行的;

3. 因招收不合格公务员、学生,导致被排挤的合格人员或者其亲属精神失常的。

(二) 特大案件

1. 七次以上招收不合格公务员、学生或者一次招收七名以上不合格公务员、学生的;

2. 造成地市范围内招收公务员、学生工作重新进行的;

3. 因招收不合格公务员、学生,导致被排挤的合格人员或者其亲属自杀的。

◀ 定　　罪 ▶

参见【本章罪名定罪问题的总体规定】,P758

◀ 量　　刑 ▶

参见【本章罪名量刑问题的总体规定】,P760

第四百一十九条【失职造成珍贵文物损毁、流失罪】 国家机关工作人员严重不负责任,造成珍贵文物损毁或者流失,后果严重的,处三年以下有期徒刑或者拘役。

立案追诉标准

★最高人民检察院《关于渎职侵权犯罪案件立案标准的规定》（2006年7月26日）（节录）

（三十五）失职造成珍贵文物损毁、流失案（第四百一十九条）

失职造成珍贵文物损毁、流失罪是指文物行政部门、公安机关、工商行政管理部门、海关、城乡建设规划部门等国家机关工作人员严重不负责任，造成珍贵文物损毁或者流失，后果严重的行为。

涉嫌下列情形之一的，应予立案：

1. 导致国家一、二、三级珍贵文物损毁或者流失的；
2. 导致全国重点文物保护单位或者省、自治区、直辖市级文物保护单位损毁的；
3. 其他后果严重的情形。

★最高人民检察院《人民检察院直接受理立案侦查的渎职侵权重特大案件标准（试行）》（2002年1月1日）（节录）

三十三、失职造成珍贵文物损毁、流失案

（一）重大案件

1. 导致国家一级文物损毁或者流失一件以上的；
2. 导致国家二级文物损毁或者流失三件以上的；
3. 导致国家三级文物损毁或者流失五件以上的；
4. 导致省级文物保护单位严重损毁的。

（二）特大案件

1. 导致国家一级文物损毁或者流失三件以上的；
2. 导致国家二级文物损毁或者流失五件以上的；
3. 导致国家三级文物损毁或者流失十件以上的；
4. 导致全国重点文物保护单位严重损毁的。

定　罪

▶**1** 参见【本章罪名定罪问题的总体规定】，P758

▶**2** "后果严重"的认定

★最高人民法院、最高人民检察院《关于办理妨害文物管理等刑事案件适用法律若干问题的解释》（2016年1月1日）（节录）

第十条　国家机关工作人员严重不负责任，造成珍贵文物损毁或者流失，具有下列情形之一的，应当认定为刑法第四百一十九条规定的"后果严重"：

（一）导致二级以上文物或者五件以上三级文物损毁或者流失的；
（二）导致全国重点文物保护单位、省级文物保护单位的本体严重损毁或者灭失的；
（三）其他后果严重的情形。

量　刑

▶**1** 参见【本章罪名量刑问题的总体规定】，P760

第十章　军人违反职责罪

第四百二十条【军人违反职责罪的定义】 军人违反职责，危害国家军事利益，依照法律应当受刑罚处罚的行为，是军人违反职责罪。

定　罪

▶ "军人"的范围

★最高人民检察院、解放军总政治部《军人违反职责罪案件立案标准的规定》（2013年3月28日）（节录）

第三十二条　本规定适用于中国人民解放军的现役军官、文职干部、士兵及具有军籍的学员和中国人民武装警察部队的现役警官、文职干部、士兵及具有军籍的学员以及执行军事任务的预备役人员和其他人员涉嫌军人违反职责犯罪的案件。

第四百二十一条【战时违抗命令罪】 战时违抗命令，对作战造成危害的，处三年以上十年以下有期徒刑；致使战斗、战役遭受重大损失的，处十年以上有期徒刑、无期徒刑或者死刑。

立案追诉标准

★最高人民检察院、解放军总政治部《军人违反职责罪案件立案标准的规定》（2013年3月28日）（节录）

第一条　战时违抗命令案（刑法第四百二十一条）

战时违抗命令罪是指战时违抗命令，对作战造成危害的行为。

违抗命令，是指主观上出于故意，客观上违背、抗拒首长、上级职权范围内的命令，包括拒绝接受命令、拒不执行命令，或者不按照命令的具体要求行动等。

战时涉嫌下列情形之一的，应予立案：

（一）扰乱作战部署或者贻误战机的；
（二）造成作战任务不能完成或者迟缓完成的；
（三）造成我方人员死亡一人以上，或者重伤二人以上，或者轻伤三人以上的；
（四）造成武器装备、军事设施、军用物资损毁，直接影响作战任务完成的；
（五）对作战造成其他危害的。

第三十三条　本规定所称"战时"，是指国家宣布进入战争状态、部队受领作战任务或者遭敌突然袭击时。部队执行戒严任务或者处置突发性暴力事件时，以战时论。

第三十五条　本规定所称"以上"，包括本数；有关犯罪数额"不满"，是指已达到该数额百分之八十以上。

第三十七条　本规定中的"武器装备"，是实施和保障军事行动的武器、武器系统和

第二编 分 则

军事技术器材的统称。

第三十八条 本规定中的"军用物资",是除武器装备以外专供武装力量使用的各种物资的统称,包括装备器材、军需物资、医疗物资、油料物资、营房物资等。

第四百二十二条【隐瞒、谎报军情罪】【拒传、假传军令罪】 故意隐瞒、谎报军情或者拒传、假传军令,对作战造成危害的,处三年以上十年以下有期徒刑;致使战斗、战役遭受重大损失的,处十年以上有期徒刑、无期徒刑或者死刑。

立案追诉标准

★最高人民检察院、解放军总政治部《军人违反职责罪案件立案标准的规定》(2013年3月28日)(节录)

第二条 隐瞒、谎报军情案(刑法第四百二十二条)

隐瞒、谎报军情罪是指故意隐瞒、谎报军情,对作战造成危害的行为。

涉嫌下列情形之一的,应予立案:

(一)造成首长、上级决策失误的;

(二)造成作战任务不能完成或者迟缓完成的;

(三)造成我方人员死亡一人以上,或者重伤二人以上,或者轻伤三人以上的;

(四)造成武器装备、军事设施、军用物资损毁,直接影响作战任务完成的;

(五)对作战造成其他危害的。

第三条 拒传、假传军令案(刑法第四百二十二条)

拒传军令罪是指负有传递军令职责的军人,明知军令而故意拒绝传递或者拖延传递,对作战造成危害的行为。

假传军令罪是指故意伪造、篡改军令,或者明知是伪造、篡改的军令而予以传达或者发布,对作战造成危害的行为。

涉嫌下列情形之一的,应予立案:

(一)造成首长、上级决策失误的;

(二)造成作战任务不能完成或者迟缓完成的;

(三)造成我方人员死亡一人以上,或者重伤二人以上,或者轻伤三人以上的;

(四)造成武器装备、军事设施、军用物资损毁,直接影响作战任务完成的;

(五)对作战造成其他危害的。

第三十五条 本规定所称"以上",包括本数;有关犯罪数额"不满",是指已达到该数额百分之八十以上。

第三十七条 本规定中的"武器装备",是实施和保障军事行动的武器、武器系统和军事技术器材的统称。

第三十八条 本规定中的"军用物资",是除武器装备以外专供武装力量使用的各种物资的统称,包括装备器材、军需物资、医疗物资、油料物资、营房物资等。

第十章　军人违反职责罪

第四百二十三条【投降罪】 在战场上贪生怕死，自动放下武器投降敌人的，处三年以上十年以下有期徒刑；情节严重的，处十年以上有期徒刑或者无期徒刑。

投降后为敌人效劳的，处十年以上有期徒刑、无期徒刑或者死刑。

◀ 立案追诉标准 ▶

★最高人民检察院、解放军总政治部《军人违反职责罪案件立案标准的规定》（2013年3月28日）（节录）

第四条　投降案（刑法第四百二十三条）

投降罪是指在战场上贪生怕死，自动放下武器投降敌人的行为。

凡涉嫌投降敌人的，应予立案。

第四百二十四条【战时临阵脱逃罪】 战时临阵脱逃的，处三年以下有期徒刑；情节严重的，处三年以上十年以下有期徒刑；致使战斗、战役遭受重大损失的，处十年以上有期徒刑、无期徒刑或者死刑。

◀ 立案追诉标准 ▶

★最高人民检察院、解放军总政治部《军人违反职责罪案件立案标准的规定》（2013年3月28日）（节录）

第五条　战时临阵脱逃案（刑法第四百二十四条）

战时临阵脱逃罪是指在战斗中或者在接受作战任务后，逃离战斗岗位的行为。

凡战时涉嫌临阵脱逃的，应予立案。

第三十三条　本规定所称"战时"，是指国家宣布进入战争状态、部队受领作战任务或者遭敌突然袭击时。部队执行戒严任务或者处置突发性暴力事件时，以战时论。

第四百二十五条【擅离、玩忽军事职守罪】 指挥人员和值班、值勤人员擅离职守或者玩忽职守，造成严重后果的，处三年以下有期徒刑或者拘役；造成特别严重后果的，处三年以上七年以下有期徒刑。

战时犯前款罪的，处五年以上有期徒刑。

◀ 立案追诉标准 ▶

★最高人民检察院、解放军总政治部《军人违反职责罪案件立案标准的规定》（2013年3月28日）（节录）

第六条　擅离、玩忽军事职守案（刑法第四百二十五条）

擅离、玩忽军事职守罪是指指挥人员和值班、值勤人员擅自离开正在履行职责的岗位，或者在履行职责的岗位上，严重不负责任，不履行或者不正确履行职责，造成严重后果的行为。

指挥人员，是指对部队或者部属负有组织、领导、管理职责的人员。专业主管人员在其业务管理范围内，视为指挥人员。

值班人员，是指军队各单位、各部门为保持指挥或者履行职责不间断而设立的、负责处理本单位、本部门特定事务的人员。

值勤人员,是指正在担任警卫、巡逻、观察、纠察、押运等勤务,或者作战勤务工作的人员。

涉嫌下列情形之一的,应予立案:

(一)造成重大任务不能完成或者迟缓完成的;

(二)造成死亡一人以上,或者重伤三人以上,或者重伤二人、轻伤四人以上,或者重伤一人、轻伤七人以上,或者轻伤十人以上的;

(三)造成枪支、手榴弹、爆炸装置或者子弹十发,雷管三十枚,导火索或者导爆索三十米,炸药一千克以上丢失、被盗,或者不满规定数量,但后果严重的,或者造成其他重要武器装备、器材丢失、被盗的;

(四)造成武器装备、军事设施、军用物资或者其他财产损毁,直接经济损失三十万元以上,或者直接经济损失、间接经济损失合计一百五十万元以上的;

(五)造成其他严重后果的。

第三十五条 本规定所称"以上",包括本数;有关犯罪数额"不满",是指已达到该数额百分之八十以上。

第三十六条 本规定中的"直接经济损失",是指与行为有直接因果关系而造成的财产损毁、减少的实际价值;"间接经济损失",是指由直接经济损失引起和牵连的其他损失,包括失去在正常情况下可能获得的利益和为恢复正常管理活动或者为挽回已经造成的损失所支付的各种费用等。

第三十七条 本规定中的"武器装备",是实施和保障军事行动的武器、武器系统和军事技术器材的统称。

第三十八条 本规定中的"军用物资",是除武器装备以外专供武装力量使用的各种物资的统称,包括装备器材、军需物资、医疗物资、油料物资、营房物资等。

第三十九条 本规定中财物价值和损失的确定,由部队驻地人民法院、人民检察院和公安机关指定的价格事务机构进行估价。武器装备、军事设施、军用物资的价值和损失,由部队军以上单位的主管部门确定;有条件的,也可以由部队驻地人民法院、人民检察院和公安机关指定的价格事务机构进行估价。

第四百二十六条【阻碍执行军事职务罪】以暴力、威胁方法,阻碍指挥人员或者值班、值勤人员执行职务的,处五年以下有期徒刑或者拘役;情节严重的,处五年以上十年以下有期徒刑;情节特别严重的,处十年以上有期徒刑或者无期徒刑。① 战时从重处罚。

---

① 2015 年 8 月 29 日《刑法修正案(九)》第五十条将本条原"致人重伤死亡的,或者有其他特别严重情节的,处无期徒刑或者死刑"的规定修改为目前的"情节特别严重的,处十年以上有期徒刑或者无期徒刑",废除了本条中的死刑。

第十章 军人违反职责罪

立案追诉标准

★最高人民检察院、解放军总政治部《军人违反职责罪案件立案标准的规定》(2013年3月28日)(节录)

第七条 阻碍执行军事职务案(刑法第四百二十六条)

阻碍执行军事职务罪是指以暴力、威胁方法,阻碍指挥人员或者值班、值勤人员执行职务的行为。

凡涉嫌阻碍执行军事职务的,应予立案。

第四百二十七条【指使部属违反职责罪】 滥用职权,指使部属进行违反职责的活动,造成严重后果的,处五年以下有期徒刑或者拘役;情节特别严重的,处五年以上十年以下有期徒刑。

立案追诉标准

★最高人民检察院、解放军总政治部《军人违反职责罪案件立案标准的规定》(2013年3月28日)(节录)

第八条 指使部属违反职责案(刑法第四百二十七条)

指使部属违反职责罪是指指挥人员滥用职权,指使部属进行违反职责的活动,造成严重后果的行为。涉嫌下列情形之一的,应予立案:

(一)造成重大任务不能完成或者迟缓完成的;

(二)造成死亡一人以上,或者重伤二人以上,或者重伤一人、轻伤三人以上,或者轻伤五人以上的;

(三)造成武器装备、军事设施、军用物资或者其他财产损毁,直接经济损失二十万元以上,或者直接经济损失、间接经济损失合计一百万元以上的;

(四)造成其他严重后果的。

第三十四条 本规定中的"违反职责",是指违反国家法律、法规,军事法规、军事规章所规定的军人职责,包括军人的共同职责,士兵、军官和首长的一般职责,各类主管人员和其他从事专门工作的军人的专业职责等。

第三十五条 本规定所称"以上",包括本数;有关犯罪数额"不满",是指已达到该数额百分之八十以上。

第三十六条 本规定中的"直接经济损失",是指与行为有直接因果关系而造成的财产损毁、减少的实际价值;"间接经济损失",是指由直接经济损失引起和牵连的其他损失,包括失去在正常情况下可能获得的利益和为恢复正常管理活动或者为挽回已经造成的损失所支付的各种费用等。

第三十七条 本规定中的"武器装备",是实施和保障军事行动的武器、武器系统和军事技术器材的统称。

第三十八条 本规定中的"军用物资",是除武器装备以外专供武装力量使用的各种物资的统称,包括装备器材、军需物资、医疗物资、油料物资、营房物资等。

第三十九条 本规定中财物价值和损失的确定,由部队驻地人民法院、人民检察院和

第二编 分 则

公安机关指定的价格事务机构进行估价。武器装备、军事设施、军用物资的价值和损失，由部队军以上单位的主管部门确定；有条件的，也可以由部队驻地人民法院、人民检察院和公安机关指定的价格事务机构进行估价。

第四百二十八条【违令作战消极罪】指挥人员违抗命令，临阵畏缩，作战消极，造成严重后果的，处五年以下有期徒刑；致使战斗、战役遭受重大损失或者有其他特别严重情节的，处五年以上有期徒刑。

立案追诉标准

★最高人民检察院、解放军总政治部《军人违反职责罪案件立案标准的规定》（2013年3月28日）（节录）

第九条　违令作战消极案（刑法第四百二十八条）

违令作战消极罪是指指挥人员违抗命令，临阵畏缩，作战消极，造成严重后果的行为。

违抗命令，临阵畏缩，作战消极，是指在作战中故意违背、抗拒执行首长、上级的命令，面临战斗任务而畏难怕险，怯战急战，行动消极。

涉嫌下列情形之一的，应予立案：

（一）扰乱作战部署或者贻误战机的；

（二）造成作战任务不能完成或者迟缓完成的；

（三）造成我方人员死亡一人以上，或者重伤二人以上，或者轻伤三人以上的；

（四）造成武器装备、军事设施、军用物资或者其他财产损毁，直接经济损失二十万元以上，或者直接经济损失、间接经济损失合计一百万元以上的；

（五）造成其他严重后果的。

第三十五条　本规定所称"以上"，包括本数；有关犯罪数额"不满"，是指已达到该数额百分之八十以上。

第三十六条　本规定中的"直接经济损失"，是指与行为有直接因果关系而造成的财产损毁、减少的实际价值；"间接经济损失"，是指由直接经济损失引起和牵连的其他损失，包括失去在正常情况下可能获得的利益和为恢复正常管理活动或者为挽回已经造成的损失所支付的各种费用等。

第三十七条　本规定中的"武器装备"，是实施和保障军事行动的武器、武器系统和军事技术器材的统称。

第三十八条　本规定中的"军用物资"，是除武器装备以外专供武装力量使用的各种物资的统称，包括装备器材、军需物资、医疗物资、油料物资、营房物资等。

第三十九条　本规定中财物价值和损失的确定，由部队驻地人民法院、人民检察院和公安机关指定的价格事务机构进行估价。武器装备、军事设施、军用物资的价值和损失，由部队军以上单位的主管部门确定；有条件的，也可以由部队驻地人民法院、人民检察院和公安机关指定的价格事务机构进行估价。

第十章 军人违反职责罪

第四百二十九条【拒不救援友邻部队罪】 在战场上明知友邻部队处境危急请求救援,能救援而不救援,致使友邻部队遭受重大损失的,对指挥人员,处五年以下有期徒刑。

◀ 立案追诉标准 ▶

★最高人民检察院、解放军总政治部《军人违反职责罪案件立案标准的规定》(2013年3月28日)(节录)

第十条 拒不救援友邻部队案(刑法第四百二十九条)

拒不救援友邻部队罪是指指挥人员在战场上,明知友邻部队面临被敌人包围、追击或者阵地将被攻陷等危急情况请求救援,能救援而不救援,致使友邻部队遭受重大损失的行为。

能救援而不救援,是指根据当时自己部队(分队)所处的环境、作战能力及所担负的任务,有条件组织救援却没有组织救援。

涉嫌下列情形之一的,应予立案:

(一)造成战斗失利的;
(二)造成阵地失陷的;
(三)造成突围严重受挫的;
(四)造成我方人员死亡三人以上,或者重伤十人以上,或者轻伤十五人以上的;
(五)造成武器装备、军事设施、军用物资损毁,直接经济损失一百万元以上的;
(六)造成其他重大损失的。

第三十五条 本规定所称"以上",包括本数;有关犯罪数额"不满",是指已达到该数额百分之八十以上。

第三十六条 本规定中的"直接经济损失",是指与行为有直接因果关系而造成的财产损毁、减少的实际价值;"间接经济损失",是指由直接经济损失引起和牵连的其他损失,包括失去在正常情况下可能获得的利益和为恢复正常管理活动或者为挽回已经造成的损失所支付的各种费用等。

第三十七条 本规定中的"武器装备",是实施和保障军事行动的武器、武器系统和军事技术器材的统称。

第三十九条 本规定中财物价值和损失的确定,由部队驻地人民法院、人民检察院和公安机关指定的价格事务机构进行估价。武器装备、军事设施、军用物资的价值和损失,由部队军以上单位的主管部门确定;有条件的,也可以由部队驻地人民法院、人民检察院和公安机关指定的价格事务机构进行估价。

第四百三十条【军人叛逃罪】 在履行公务期间,擅离岗位,叛逃境外或者在境外叛逃,危害国家军事利益的,处五年以下有期徒刑或者拘役;情节严重的,处五年以上有期徒刑。

驾驶航空器、舰船叛逃的,或者有其他特别严重情节的,处十年以上有期徒刑、无期徒刑或者死刑。

第二编 分　　则

◀ 立案追诉标准 ▶

★最高人民检察院、解放军总政治部《军人违反职责罪案件立案标准的规定》（2013年3月28日）（节录）

第十一条　军人叛逃案（刑法第四百三十条）

军人叛逃罪是指军人在履行公务期间，擅离岗位，叛逃境外或者在境外叛逃，危害国家军事利益的行为。

涉嫌下列情形之一的，应予立案：

（一）因反对国家政权和社会主义制度而出逃的；

（二）掌握、携带军事秘密出境后滞留不归的；

（三）申请政治避难的；

（四）公开发表叛国言论的；

（五）投靠境外反动机构或者组织的；

（六）出逃至交战对方区域的；

（七）进行其他危害国家军事利益活动的。

第四百三十一条【非法获取军事秘密罪】 以窃取、刺探、收买方法，非法获取军事秘密的，处五年以下有期徒刑；情节严重的，处五年以上十年以下有期徒刑；情节特别严重的，处十年以上有期徒刑。

【为境外窃取、刺探、收买、非法提供军事秘密罪】 为境外的机构、组织、人员窃取、刺探、收买、非法提供军事秘密的，处十年以上有期徒刑、无期徒刑或者死刑。

◀ 立案追诉标准 ▶

★最高人民检察院、解放军总政治部《军人违反职责罪案件立案标准的规定》（2013年3月28日）（节录）

第十二条　非法获取军事秘密案（刑法第四百三十一条第一款）

获取军事秘密罪是指违反国家和军队的保密规定，采取窃取、刺探、收买方法，非法获取军事秘密的行为。

军事秘密，是关系国防安全和军事利益，依照规定的权限和程序确定，在一定时间内只限一定范围的人员知悉的事项。内容包括：

（一）国防和武装力量建设规划及其实施情况；

（二）军事部署，作战、训练以及处置突发事件等军事行动中需要控制知悉范围的事项；

（三）军事情报及其来源，军事通信、信息对抗以及其他特种业务的手段、能力，密码以及有关资料；

（四）武装力量的组织编制，部队的任务、实力、状态等情况中需要控制知悉范围的事项，特殊单位以及师级以下部队的番号；

（五）国防动员计划及其实施情况；

（六）武器装备的研制、生产、配备情况和补充、维修能力，特种军事装备的战术技术性能；

（七）军事学术和国防科学技术研究的重要项目、成果及其应用情况中需要控制知悉范围的事项；

（八）军队政治工作中不宜公开的事项；

（九）国防费分配和使用的具体事项，军事物资的筹措、生产、供应和储备等情况中需要控制知悉范围的事项；

（十）军事设施及其保护情况中不宜公开的事项；

（十一）对外军事交流与合作中不宜公开的事项；

（十二）其他需要保密的事项。

凡涉嫌非法获取军事秘密的，应予立案。

第十三条 为境外窃取、刺探、收买、非法提供军事秘密案（刑法第四百三十一条第二款）

为境外窃取、刺探、收买、非法提供军事秘密罪是指违反国家和军队的保密规定，为境外的机构、组织、人员窃取、刺探、收买、非法提供军事秘密的行为。

凡涉嫌为境外窃取、刺探、收买、非法提供军事秘密的，应予立案。

第三十七条 本规定中的"武器装备"，是实施和保障军事行动的武器、武器系统和军事技术器材的统称。

第四百三十二条【故意泄露军事秘密罪】【过失泄露军事秘密罪】 违反保守国家秘密法规，故意或者过失泄露军事秘密，情节严重的，处五年以下有期徒刑或者拘役；情节特别严重的，处五年以上十年以下有期徒刑。

战时犯前款罪的，处五年以上十年以下有期徒刑；情节特别严重的，处十年以上有期徒刑或者无期徒刑。

◀ 立案追诉标准 ▶

★最高人民检察院、解放军总政治部《军人违反职责罪案件立案标准的规定》（2013年3月28日）（节录）

第十四条 故意泄露军事秘密案（刑法第四百三十二条）

故意泄露军事秘密罪是指违反国家和军队的保密规定，故意使军事秘密被不应知悉者知悉或者超出了限定的接触范围，情节严重的行为。

涉嫌下列情形之一的，应予立案：

（一）泄露绝密级或者机密级军事秘密一项（件）以上的；

（二）泄露秘密级军事秘密三项（件）以上的；

（三）向公众散布、传播军事秘密的；

（四）泄露军事秘密造成严重危害后果的；

（五）利用职权指使或者强迫他人泄露军事秘密的；

（六）负有特殊保密义务的人员泄露的；

（七）以牟取私利为目的泄露军事秘密的；

（八）执行重大任务时泄密的；

（九）有其他情节严重行为的。

第十五条　过失泄露军事秘密案（刑法第四百三十二条）

过失泄露军事秘密罪是指违反国家和军队的保密规定，过失泄露军事秘密，致使军事秘密被不应知悉者知悉或者超出了限定的接触范围，情节严重的行为。

涉嫌下列情形之一的，应予立案：

（一）泄露绝密级军事秘密一项（件）以上的；

（二）泄露机密级军事秘密三项（件）以上的；

（三）泄露秘密级军事秘密四项（件）以上的；

（四）负有特殊保密义务的人员泄密的；

（五）泄露军事秘密或者遗失军事秘密载体，不按照规定报告，或者不如实提供有关情况，或者未及时采取补救措施的；

（六）有其他情节严重行为的。

第三十五条　本规定所称"以上"，包括本数；有关犯罪数额"不满"，是指已达到该数额百分之八十以上。

第四百三十三条①【战时造谣惑众罪】战时造谣惑众，动摇军心的，处三年以下有期徒刑；情节严重的，处三年以上十年以下有期徒刑；情节特别严重的，处十年以上有期徒刑或者无期徒刑。

▶ 立案追诉标准 ◀

★最高人民检察院、解放军总政治部《军人违反职责罪案件立案标准的规定》（2013年3月28日）（节录）

第十六条　战时造谣惑众案（刑法第四百三十三条）

战时造谣惑众罪是指在战时造谣惑众，动摇军心的行为。

造谣惑众，动摇军心，是指故意编造、散布谣言，煽动怯战、厌战或者恐怖情绪，蛊惑官兵，造成或者足以造成部队情绪恐慌、士气不振、军心涣散的行为。

凡战时涉嫌造谣惑众，动摇军心的，应予立案。

第三十三条　本规定所称"战时"，是指国家宣布进入战争状态、部队受领作战任务或者遭敌突然袭击时。部队执行戒严任务或者处置突发性暴力事件时，以战时论。

第四百三十四条【战时自伤罪】战时自伤身体，逃避军事义务的，处三年以下有期徒刑；情节严重的，处三年以上七年以下有期徒刑。

---

① 2015年8月29日《刑法修正案（九）》第五十一条将本条原第二款的规定"勾结敌人造谣惑众，动摇军心，处十年以上有期徒刑或者无期徒刑；情节特别严重的，可以判处死刑"修改为"情节特别严重的，处十年以上有期徒刑或者无期徒刑"，并将其位置提前，与原第一款合并为连续的刑法条文。

· 818 ·

第十章 军人违反职责罪

──── 立案追诉标准 ────

★最高人民检察院、解放军总政治部《军人违反职责罪案件立案标准的规定》（2013年3月28日）（节录）

第十七条 战时自伤案（刑法第四百三十四条）

战时自伤罪是指在战时为了逃避军事义务，故意伤害自己身体的行为。

逃避军事义务，是指逃避临战准备、作战行动、战场勤务和其他作战保障任务等与作战有关的义务。

凡战时涉嫌自伤致使不能履行军事义务的，应予立案。

第三十三条 本规定所称"战时"，是指国家宣布进入战争状态、部队受领作战任务或者遭敌突然袭击时。部队执行戒严任务或者处置突发性暴力事件时，以战时论。

第四百三十五条【逃离部队罪】 违反兵役法规，逃离部队，情节严重的，处三年以下有期徒刑或者拘役。

战时犯前款罪的，处三年以上七年以下有期徒刑。

──── 立案追诉标准 ────

★最高人民检察院、解放军总政治部《军人违反职责罪案件立案标准的规定》（2013年3月28日）（节录）

第十八条 逃离部队罪是指违反兵役法规，逃离部队，情节严重的行为。

违反兵役法规，是指违反国防法、兵役法和军队条令条例以及其他有关兵役方面的法律规定。

逃离部队，是指擅自离开部队或者经批准外出逾期拒不归队。

涉嫌下列情形之一的，应予立案：

（一）逃离部队持续时间达三个月以上或者三次以上或者累计时间达六个月以上的；

（二）担负重要职责的人员逃离部队的；

（三）策动三人以上或者胁迫他人逃离部队的；

（四）在执行重大任务期间逃离部队的；

（五）携带武器装备逃离部队的；

（六）有其他情节严重行为的。

第三十五条 本规定所称"以上"，包括本数；有关犯罪数额"不满"，是指已达到该数额百分之八十以上。

第三十七条 本规定中的"武器装备"，是实施和保障军事行动的武器、武器系统和军事技术器材的统称。

──── 定　　罪 ────

▶ **非战时逃离部队行为的处理**

★最高人民法院、最高人民检察院《关于对军人非战时逃离部队的行为能否定罪处罚问题的批复》（2000年12月8日）（节录）

军人违反兵役法规，在非战时逃离部队，情节严重的，应当依照刑法第四百三十五条

第二编 分　　则

第一款的规定定罪处罚。

第四百三十六条【武器装备肇事罪】 违反武器装备使用规定，情节严重，因而发生责任事故，致人重伤、死亡或者造成其他严重后果的，处三年以下有期徒刑或者拘役；后果特别严重的，处三年以上七年以下有期徒刑。

关联法条：第九十五条

◀ 立案追诉标准 ▶

★最高人民检察院、解放军总政治部《军人违反职责罪案件立案标准的规定》（2013年3月28日）（节录）

第十九条　武器装备肇事案（刑法第四百三十六条）

武器装备肇事罪是指违反武器装备使用规定，情节严重，因而发生责任事故，致人重伤、死亡或者造成其他严重后果的行为。

情节严重，是指故意违反武器装备使用规定，或者在使用过程中严重不负责任。

涉嫌下列情形之一的，应予立案：

（一）影响重大任务完成的；

（二）造成死亡一人以上，或者重伤二人以上，或者轻伤三人以上的；

（三）造成武器装备、军事设施、军用物资或者其他财产损毁，直接经济损失三十万元以上，或者直接经济损失、间接经济损失合计一百五十万元以上的；

（四）严重损害国家和军队声誉，造成恶劣影响的；

（五）造成其他严重后果的。

第三十五条　本规定所称"以上"，包括本数；有关犯罪数额"不满"，是指已达到该数额百分之八十以上。

第三十六条　本规定中的"直接经济损失"，是指与行为有直接因果关系而造成的财产损毁、减少的实际价值；"间接经济损失"，是指由直接经济损失引起和牵连的其他损失，包括失去在正常情况下可能获得的利益和为恢复正常管理活动或者为挽回已经造成的损失所支付的各种费用等。

第三十七条　本规定中的"武器装备"，是实施和保障军事行动的武器、武器系统和军事技术器材的统称。

第三十八条　本规定中的"军用物资"，是除武器装备以外专供武装力量使用的各种物资的统称，包括装备器材、军需物资、医疗物资、油料物资、营房物资等。

第三十九条　本规定中财物价值和损失的确定，由部队驻地人民法院、人民检察院和公安机关指定的价格事务机构进行估价。武器装备、军事设施、军用物资的价值和损失，由部队军以上单位的主管部门确定；有条件的，也可以由部队驻地人民法院、人民检察院和公安机关指定的价格事务机构进行估价。

◀ 定　　罪 ▶

▶ **此罪与彼罪**

★中国人民解放军军事法院《关于审理军人违反职责罪案件中几个具体问题的处理意见》（1988年10月19日）（节录）

第十章 军人违反职责罪

一、关于军职人员玩弄枪支、弹药走火或者爆炸，致人重伤、死亡或者造成其他严重后果的案件，是否一概以武器装备肇事罪论处的问题

军职人员在执勤、训练、作战时使用、操作武器装备，或者在管理、维修、保养武器装备的过程中，违反武器装备使用规定和操作规程，情节严重，因而发生重大责任事故，致人重伤、死亡或者造成其他严重后果的，以武器装备肇事罪论处；凡违反枪支、弹药管理使用规定，私自携带枪支、弹药外出，因玩弄而造成走火或者爆炸，致人重伤、死亡或者使公私财产遭受重大损失的，分别以过失重伤罪、过失杀人罪或者过失爆炸罪论处。

四、关于军职人员驾驶军用装备车辆肇事的，是定交通肇事罪还是定武器装备肇事罪的问题

军职人员驾驶军用装备车辆，违反武器装备使用规定和操作规程，情节严重，因而发生重大责任事故，致人重伤、死亡或者造成其他严重后果的，即使同时违反交通运输规章制度，也应当以武器装备肇事罪论处；如果仅因违反交通运输规章制度而发生重大事故，致人重伤、死亡或者使公私财产遭受重大损失的，则以交通肇事罪论处。

第四百三十七条【擅自改变武器装备编配用途罪】违反武器装备管理规定，擅自改变武器装备的编配用途，造成严重后果的，处三年以下有期徒刑或者拘役；造成特别严重后果的，处三年以上七年以下有期徒刑。

立案追诉标准

★最高人民检察院、解放军总政治部《军人违反职责罪案件立案标准的规定》（2013年3月28日）（节录）

第二十条 擅自改变武器装备编配用途案（刑法第四百三十七条）

擅自改变武器装备编配用途罪是指违反武器装备管理规定，未经有权机关批准，擅自将编配的武器装备改作其他用途，造成严重后果的行为。

涉嫌下列情形之一的，应予立案：

（一）造成重大任务不能完成或者迟缓完成的；

（二）造成死亡一人以上，或者重伤三人以上，或者重伤二人、轻伤四人以上，或者重伤一人、轻伤七人以上，或者轻伤十人以上的；

（三）造成武器装备、军事设施、军用物资或者其他财产损毁，直接经济损失三十万元以上，或者直接经济损失、间接经济损失合计一百五十万元以上的；

（四）造成其他严重后果的。

第三十五条 本规定所称"以上"，包括本数；有关犯罪数额"不满"，是指已达到该数额百分之八十以上。

第三十六条 本规定中的"直接经济损失"，是指与行为有直接因果关系而造成的财产损毁、减少的实际价值；"间接经济损失"，是指由直接经济损失引起和牵连的其他损失，包括失去在正常情况下可能获得的利益和为恢复正常管理活动或者为挽回已经造成的损失所支付的各种费用等。

第三十七条 本规定中的"武器装备"，是实施和保障军事行动的武器、武器系统和

军事技术器材的统称。

第三十八条 本规定中的"军用物资",是除武器装备以外专供武装力量使用的各种物资的统称,包括装备器材、军需物资、医疗物资、油料物资、营房物资等。

第三十九条 本规定中财物价值和损失的确定,由部队驻地人民法院、人民检察院和公安机关指定的价格事务机构进行估价。武器装备、军事设施、军用物资的价值和损失,由部队军以上单位的主管部门确定;有条件的,也可以由部队驻地人民法院、人民检察院和公安机关指定的价格事务机构进行估价。

第四百三十八条【盗窃、抢夺武器装备、军用物资罪】盗窃、抢夺武器装备或者军用物资的,处五年以下有期徒刑或者拘役;情节严重的,处五年以上十年以下有期徒刑;情节特别严重的,处十年以上有期徒刑、无期徒刑或者死刑。

【盗窃、抢夺枪支、弹药、爆炸物罪】盗窃、抢夺枪支、弹药、爆炸物的,依照本法第一百二十七条的规定处罚。

◁ 立案追诉标准 ▷

★最高人民检察院、解放军总政治部《军人违反职责罪案件立案标准的规定》(2013年3月28日)(节录)

第二十一条 盗窃、抢夺武器装备、军用物资案(刑法第四百三十八条)

盗窃武器装备罪是指以非法占有为目的,秘密窃取武器装备的行为。

抢夺武器装备罪是指以非法占有为目的,乘人不备,公然夺取武器装备的行为。

凡涉嫌盗窃、抢夺武器装备的,应予立案。

盗窃军用物资罪是指以非法占有为目的,秘密窃取军用物资的行为。

抢夺军用物资罪是指以非法占有为目的,乘人不备,公然夺取军用物资的行为。

凡涉嫌盗窃、抢夺军用物资价值二千元以上,或者不满规定数额,但后果严重的,应予立案。

第三十五条 本规定所称"以上",包括本数;有关犯罪数额"不满",是指已达到该数额百分之八十以上。

第三十七条 本规定中的"武器装备",是实施和保障军事行动的武器、武器系统和军事技术器材的统称。

第三十八条 本规定中的"军用物资",是除武器装备以外专供武装力量使用的各种物资的统称,包括装备器材、军需物资、医疗物资、油料物资、营房物资等。

第四百三十九条【非法出卖、转让武器装备罪】非法出卖、转让军队武器装备的,处三年以上十年以下有期徒刑;出卖、转让大量武器装备或者有其他特别严重情节的,处十年以上有期徒刑、无期徒刑或者死刑。

◁ 立案追诉标准 ▷

★最高人民检察院、解放军总政治部《军人违反职责罪案件立案标准的规定》(2013

年3月28日）（节录）

第二十二条 非法出卖、转让武器装备案（刑法第四百三十九条）

非法出卖、转让武器装备罪是指非法出卖、转让武器装备的行为。

出卖、转让，是指违反武器装备管理规定，未经有权机关批准，擅自用武器装备换取金钱、财物或者其他利益，或者将武器装备馈赠他人的行为。

涉嫌下列情形之一的，应予立案：

（一）非法出卖、转让枪支、手榴弹、爆炸装置的；

（二）非法出卖、转让子弹十发、雷管三十枚、导火索或者导爆索三十米、炸药一千克以上，或者不满规定数量，但后果严重的；

（三）非法出卖、转让武器装备零部件或者维修器材、设备，致使武器装备报废或者直接经济损失三十万元以上的；

（四）非法出卖、转让其他重要武器装备的。

第三十五条 本规定所称"以上"，包括本数；有关犯罪数额"不满"，是指已达到该数额百分之八十以上。

第三十六条 本规定中的"直接经济损失"，是指与行为有直接因果关系而造成的财产损毁、减少的实际价值；"间接经济损失"，是指由直接经济损失引起和牵连的其他损失，包括失去在正常情况下可能获得的利益和为恢复正常管理活动或者为挽回已经造成的损失所支付的各种费用等。

第三十七条 本规定中的"武器装备"，是实施和保障军事行动的武器、武器系统和军事技术器材的统称。

第三十九条 本规定中财物价值和损失的确定，由部队驻地人民法院、人民检察院和公安机关指定的价格事务机构进行估价。武器装备、军事设施、军用物资的价值和损失，由部队军以上单位的主管部门确定；有条件的，也可以由部队驻地人民法院、人民检察院和公安机关指定的价格事务机构进行估价。

第四百四十条【遗弃武器装备罪】违抗命令，遗弃武器装备的，处五年以下有期徒刑或者拘役；遗弃重要或者大量武器装备的，或者有其他严重情节的，处五年以上有期徒刑。

◆◆◆◆ 立案追诉标准 ◆◆◆◆

★最高人民检察院、解放军总政治部《军人违反职责罪案件立案标准的规定》（2013年3月28日）（节录）

第二十三条 遗弃武器装备案（刑法第四百四十条）

遗弃武器装备罪是指负有保管、使用武器装备义务的军人，违抗命令，故意遗弃武器装备的行为。

涉嫌下列情形之一的，应予立案：

（一）遗弃枪支、手榴弹、爆炸装置的；

（二）遗弃子弹十发、雷管三十枚、导火索或者导爆索三十米、炸药一千克以上，或

者不满规定数量,但后果严重的;

(三)遗弃武器装备零部件或者维修器材、设备,致使武器装备报废或者直接经济损失三十万元以上的;

(四)遗弃其他重要武器装备的。

第三十五条 本规定所称"以上",包括本数;有关犯罪数额"不满",是指已达到该数额百分之八十以上。

第三十六条 本规定中的"直接经济损失",是指与行为有直接因果关系而造成的财产损毁、减少的实际价值;"间接经济损失",是指由直接经济损失引起和牵连的其他损失,包括失去在正常情况下可能获得的利益和为恢复正常管理活动或者为挽回已经造成的损失所支付的各种费用等。

第三十七条 本规定中的"武器装备",是实施和保障军事行动的武器、武器系统和军事技术器材的统称。

第三十九条 本规定中财物价值和损失的确定,由部队驻地人民法院、人民检察院和公安机关指定的价格事务机构进行估价。武器装备、军事设施、军用物资的价值和损失,由部队军以上单位的主管部门确定;有条件的,也可以由部队驻地人民法院、人民检察院和公安机关指定的价格事务机构进行估价。

第四百四十一条【遗失武器装备罪】 遗失武器装备,不及时报告或者有其他严重情节的,处三年以下有期徒刑或者拘役。

◆ 立案追诉标准 ◆

★最高人民检察院、解放军总政治部《军人违反职责罪案件立案标准的规定》(2013年3月28日)(节录)

第二十四条 遗失武器装备案(刑法第四百四十一条)

遗失武器装备罪是指遗失武器装备,不及时报告或者有其他严重情节的行为。

其他严重情节,是指遗失武器装备严重影响重大任务完成的;给人民群众生命财产安全造成严重危害的;遗失的武器装备被敌人或者境外的机构、组织和人员或者国内恐怖组织和人员利用,造成严重后果或者恶劣影响的;遗失的武器装备数量多、价值高的;战时遗失的,等等。

凡涉嫌遗失武器装备不及时报告或者有其他严重情节的,应予立案。

第三十三条 本规定所称"战时",是指国家宣布进入战争状态、部队受领作战任务或者遭敌突然袭击时。部队执行戒严任务或者处置突发性暴力事件时,以战时论。

第三十七条 本规定中的"武器装备",是实施和保障军事行动的武器、武器系统和军事技术器材的统称。

第四百四十二条【擅自出卖、转让军队房地产罪】 违反规定,擅自出卖、转让军队房地产,情节严重的,对直接责任人员,处三年以下有期徒刑或者拘役;情节特别严重的,处三年以上十年以下有期徒刑。

第十章 军人违反职责罪

◆ 立案追诉标准 ◆

★最高人民检察院、解放军总政治部《军人违反职责罪案件立案标准的规定》（2013年3月28日）（节录）

第二十五条 擅自出卖、转让军队房地产案（刑法第四百四十二条）

擅自出卖、转让军队房地产罪是指违反军队房地产管理和使用规定，未经有权机关批准，擅自出卖、转让军队房地产，情节严重的行为。

军队房地产，是指依法由军队使用管理的土地及其地上地下用于营房保障的建筑物、构筑物、附属设施设备，以及其他附着物。

涉嫌下列情形之一的，应予立案：

（一）擅自出卖、转让军队房地产价值三十万元以上的；

（二）擅自出卖、转让军队房地产给境外的机构、组织、人员的；

（三）擅自出卖、转让军队房地产严重影响部队正常战备、训练、工作、生活和完成军事任务的；

（四）擅自出卖、转让军队房地产给军事设施安全造成严重危害的；

（五）有其他情节严重行为的。

第三十五条 本规定所称"以上"，包括本数；有关犯罪数额"不满"，是指已达到该数额百分之八十以上。

第四百四十三条【虐待部属罪】滥用职权，虐待部属，情节恶劣，致人重伤或者造成其他严重后果的，处五年以下有期徒刑或者拘役；致人死亡的，处五年以上有期徒刑。

关联法条：第九十五条

◆ 立案追诉标准 ◆

★最高人民检察院、解放军总政治部《军人违反职责罪案件立案标准的规定》（2013年3月28日）（节录）

第二十六条 虐待部属案（刑法第四百四十三条）

虐待部属罪是指滥用职权，虐待部属，情节恶劣，致人重伤、死亡或者造成其他严重后果的行为。

虐待部属，是指采取殴打、体罚、冻饿或者其他有损身心健康的手段，折磨、摧残部属的行为。

情节恶劣，是指虐待手段残酷的；虐待三人以上的；虐待部属三次以上的；虐待伤病残部属的，等等。

其他严重后果，是指部属不堪忍受虐待而自杀、自残造成重伤或者精神失常的；诱发其他案件、事故的；导致部属一人逃离部队三次以上，或者二人以上逃离部队的；造成恶劣影响的，等等。

凡涉嫌虐待部属，情节恶劣，致人重伤、死亡或者造成其他严重后果的，应予立案。

第三十五条 本规定所称"以上"，包括本数；有关犯罪数额"不满"，是指已达到该数额百分之八十以上。

第四百四十四条【遗弃伤病军人罪】 在战场上故意遗弃伤病军人,情节恶劣的,对直接责任人员,处五年以下有期徒刑。

◆ 立案追诉标准 ◆

★最高人民检察院、解放军总政治部《军人违反职责罪案件立案标准的规定》(2013年3月28日)(节录)

第二十七条 遗弃伤病军人案(刑法第四百四十四条)

遗弃伤病军人罪是指在战场上故意遗弃我方伤病军人,情节恶劣的行为。

涉嫌下列情形之一的,应予立案:

(一)为挟嫌报复而遗弃伤病军人的;
(二)遗弃伤病军人三人以上的;
(三)导致伤病军人死亡、失踪、被俘的;
(四)有其他恶劣情节的。

第三十五条 本规定所称"以上",包括本数;有关犯罪数额"不满",是指已达到该数额百分之八十以上。

第四百四十五条【战时拒不救治伤病军人罪】 战时在救护治疗职位上,有条件救治而拒不救治危重伤病军人的,处五年以下有期徒刑或者拘役;造成伤病军人重残、死亡或者有其他严重情节的,处五年以上十年以下有期徒刑。

◆ 立案追诉标准 ◆

★最高人民检察院、解放军总政治部《军人违反职责罪案件立案标准的规定》(2013年3月28日)(节录)

第二十八条 战时拒不救治伤病军人案(刑法第四百四十五条)

战时拒不救治伤病军人罪是指战时在救护治疗职位上,有条件救治而拒不救治危重伤病军人的行为。

有条件救治而拒不救治,是指根据伤病军人的伤情或者病情,结合救护人员的技术水平、医疗单位的医疗条件及当时的客观环境等因素,能够给予救治而拒绝抢救、治疗。

凡战时涉嫌拒不救治伤病军人的,应予立案。

第三十三条 本规定所称"战时",是指国家宣布进入战争状态、部队受领作战任务或者遭敌突然袭击时。部队执行戒严任务或者处置突发性暴力事件时,以战时论。

第四百四十六条【战时残害居民、掠夺居民财物罪】 战时在军事行动地区,残害无辜居民或者掠夺无辜居民财物的,处五年以下有期徒刑;情节严重的,处五年以上十年以下有期徒刑;情节特别严重的,处十年以上有期徒刑、无期徒刑或者死刑。

立案追诉标准

★最高人民检察院、解放军总政治部《军人违反职责罪案件立案标准的规定》（2013年3月28日）（节录）

第二十九条　战时残害居民、掠夺居民财物案（刑法第四百四十六条）

战时残害居民罪是指战时在军事行动地区残害无辜居民的行为。

无辜居民，是指对我军无敌对行动的平民。

战时残害居民涉嫌下列情形之一的，应予立案：

（一）故意造成无辜居民死亡、重伤或者轻伤三人以上的；

（二）强奸无辜居民的；

（三）故意损毁无辜居民财物价值五千元以上，或者不满规定数额，但手段恶劣、后果严重的。

战时掠夺居民财物罪是指战时在军事行动地区抢劫、抢夺无辜居民财物的行为。

战时掠夺居民财物涉嫌下列情形之一的，应予立案：

（一）抢劫无辜居民财物的；

（二）抢夺无辜居民财物价值二千元以上，或者不满规定数额，但手段恶劣、后果严重的。

第三十三条　本规定所称"战时"，是指国家宣布进入战争状态、部队受领作战任务或者遭敌突然袭击时。部队执行戒严任务或者处置突发性暴力事件时，以战时论。

第三十五条　本规定所称"以上"，包括本数；有关犯罪数额"不满"，是指已达到该数额百分之八十以上。

第三十九条　本规定中财物价值和损失的确定，由部队驻地人民法院、人民检察院和公安机关指定的价格事务机构进行估价。武器装备、军事设施、军用物资的价值和损失，由部队军以上单位的主管部门确定；有条件的，也可以由部队驻地人民法院、人民检察院和公安机关指定的价格事务机构进行估价。

第四百四十七条【私放俘虏罪】 私放俘虏的，处五年以下有期徒刑；私放重要俘虏、私放俘虏多人或者有其他严重情节的，处五年以上有期徒刑。

立案追诉标准

★最高人民检察院、解放军总政治部《军人违反职责罪案件立案标准的规定》（2013年3月28日）（节录）

第三十条　私放俘虏案（刑法第四百四十七条）

私放俘虏罪是指擅自将俘虏放走的行为。

凡涉嫌私放俘虏的，应予立案。

第四百四十八条【虐待俘虏罪】 虐待俘虏，情节恶劣的，处三年以下有期徒刑。

第二编 分 则

立案追诉标准

★最高人民检察院、解放军总政治部《军人违反职责罪案件立案标准的规定》(2013年3月28日)(节录)

第三十一条 虐待俘虏案(刑法第四百四十八条)

虐待俘虏罪是指虐待俘虏,情节恶劣的行为。

涉嫌下列情形之一的,应予立案:

(一)指挥人员虐待俘虏的;

(二)虐待俘虏三人以上,或者虐待俘虏三次以上的;

(三)虐待俘虏手段特别残忍的;

(四)虐待伤病俘虏的;

(五)导致俘虏自杀、逃跑等严重后果的;

(六)造成恶劣影响的;

(七)有其他恶劣情节的。

第三十五条 本规定所称"以上",包括本数;有关犯罪数额"不满",是指已达到该数额百分之八十以上。

第四百四十九条【战时缓刑】在战时,对被判处三年以下有期徒刑没有现实危险宣告缓刑的犯罪军人,允许其戴罪立功,确有立功表现时,可以撤销原判刑罚,不以犯罪论处。

第四百五十条【本章适用对象】本章适用于中国人民解放军的现役军官、文职干部、士兵及具有军籍的学员和中国人民武装警察部队的现役警官、文职干部、士兵及具有军籍的学员以及执行军事任务的预备役人员和其他人员。

第四百五十一条【战时的界定】本章所称战时,是指国家宣布进入战争状态、部队受领作战任务或者遭敌突然袭击时。

部队执行戒严任务或者处置突发性暴力事件时,以战时论。

附 则

第四百五十二条【生效日期】 本法自 1997 年 10 月 1 日起施行。

列于本法附件一的全国人民代表大会常务委员会制定的条例、补充规定和决定，已纳入本法或者已不适用，自本法施行之日起，予以废止。

列于本法附件二的全国人民代表大会常务委员会制定的补充规定和决定予以保留。其中，有关行政处罚和行政措施的规定继续有效；有关刑事责任的规定已纳入本法，自本法施行之日起，适用本法规定。

━━━━ 其他规范 ━━━━

★最高人民法院《关于认真学习宣传贯彻修订的〈中华人民共和国刑法〉的通知》（1997年3月25日）（节录）

五、修订的刑法实施后，对已明令废止的全国人大常委会有关决定和补充规定，最高人民法院原作出的有关司法解释不再适用。但是如果修订的刑法有关条文实质内容没有变化的，人民法院在刑事审判工作中，在没有新的司法解释前，可参照执行。其他对于与修订的刑法规定相抵触的司法解释，不再适用。

附件一

全国人民代表大会常务委员会制定的下列条例、补充规定和决定，已纳入本法或者已不适用，自本法施行之日起，予以废止：

1. 中华人民共和国惩治军人违反职责罪暂行条例
2. 关于严惩严重破坏经济的罪犯的决定
3. 关于严惩严重危害社会治安的犯罪分子的决定
4. 关于惩治走私罪的补充规定
5. 关于惩治贪污罪贿赂罪的补充规定
6. 关于惩治泄露国家秘密犯罪的补充规定
7. 关于惩治捕杀国家重点保护的珍贵、濒危野生动物犯罪的补充规定
8. 关于惩治侮辱中华人民共和国国旗国徽罪的决定
9. 关于惩治盗掘古文化遗址古墓葬犯罪的补充规定
10. 关于惩治劫持航空器犯罪分子的决定
11. 关于惩治假冒注册商标犯罪的补充规定
12. 关于惩治生产、销售伪劣商品犯罪的决定
13. 关于惩治侵犯著作权的犯罪的决定
14. 关于惩治违反公司法的犯罪的决定
15. 关于处理逃跑或者重新犯罪的劳改犯和劳教人员的决定

附 件 二

全国人民代表大会常务委员会制定的下列补充规定和决定予以保留,其中,有关行政处罚和行政措施的规定继续有效;有关刑事责任的规定已纳入本法,自本法施行之日起,适用本法规定:①

1. 关于禁毒的决定
2. 关于惩治走私、制作、贩卖、传播淫秽物品的犯罪分子的决定
3. 关于严惩拐卖、绑架妇女、儿童的犯罪分子的决定
4. 关于严禁卖淫嫖娼的决定
5. 关于惩治偷税、抗税犯罪的补充规定
6. 关于严惩组织、运送他人偷越国(边)境犯罪的补充规定
7. 关于惩治破坏金融秩序犯罪的决定
8. 关于惩治虚开、伪造和非法出售增值税专用发票犯罪的决定

---

① 《关于禁毒的决定》已被《中华人民共和国禁毒法》(2008年6月1日)第七十一条明确废止;《关于惩治偷税、抗税犯罪的补充规定》、《关于严惩组织、运送他人偷越国(边)境犯罪的补充规定》已被全国人民代表大会常务委员会《关于废止部分法律的决定》(2009年6月27日)废止,前者有关行政处罚、行政措施的规定被纳入2001年修订的《税收征收管理法》,后者有关行政处罚的规定被纳入2005年制定的《治安管理处罚法》。

参考文献

1. 高铭暄、马克昌主编：《刑法学》（第七版），北京大学出版社、高等教育出版社 2016 年版。
2. 张明楷：《刑法学》（第四版），法律出版社 2011 年版。
3. 陈兴良主编：《刑法各论精释》，人民法院出版社 2015 年版。
4. 陈兴良：《规范刑法学》（教学版），中国人民大学出版社 2015 年版。
5. 黎宏：《刑法学》，法律出版社 2012 年版。
6. 林东茂：《刑法综览》（修订五版），中国人民大学出版社 2009 年版。
7. 阮齐林：《刑法学》（第 3 版），中国政法大学出版社 2011 年版。
8. 于志刚主编：《案例刑法学·总论》，中国法制出版社 2010 年版。
9. 于志刚主编：《案例刑法学·分论》，中国法制出版社 2010 年版。
10. 高铭暄：《中华人民共和国刑法的孕育诞生和发展完善》，北京大学出版社 2012 年版。
11. 王作富主编：《刑法分则实务研究（上·中·下）》（第五版），中国方正出版社 2013 年版。
12. 周道鸾：《中国刑法罪名解释：原由、发展与司法适用》，法律出版社 2011 年版。
13. 沈德咏主编：《〈刑法修正案（九）〉条文及配套司法解释理解与适用》，人民法院出版社 2015 年版。
14. 黄太云：《刑法修正案解读全编》，人民法院出版社 2015 年版。
15. 喻海松：《刑法的扩张〈刑法修正案（九）〉及新近刑法立法解释司法适用解读》，人民法院出版社 2015 年版。
16. 全国人大常委会法制工作委员会刑法室编：《中华人民共和国刑法条文说明立法理由及相关规定》，北京大学出版社 2009 年版。
17. 王爱立主编：《中华人民共和国刑法解读》（第四版），中国法制出版社 2015 年版。
18. 郎胜主编：《中华人民共和国刑法释义》（第六版），法律出版社 2015 年版。
19. 陈国庆主编：《刑事法律手册》，中国人民公安大学出版社 2013 年版。
20. 李立众编：《刑法一本通》（第 11 版），法律出版社 2015 年版。

21. 刘志伟编：《刑法规范总整理》（第八版），法律出版社 2015 年版。

22. 谭淼编著：《刑法规范精解集成》（第三版），法律出版社 2015 年版。

23. 江海昌编著：《刑法应用一本通》（第六版），中国检察出版社 2015 年版。

24. 最高人民法院刑事审判第一庭编：《刑法办案实用速查手册》（第二版），法律出版社 2015 年版。

25. 冯江：《刑法解释与适用全书》，中国法制出版社 2014 年版。

26. 李翔主编：《刑法案例与图表》，法律出版社 2010 年版。

27. 刘莹：《刑法罪名与定罪量刑标准精解（第三版）》，法律出版社 2016 年版。

28. 全国人大常委会法制工作委员会刑法室编：《刑法历次修改条文对照表》，人民法院出版社 2015 年版。

29. 赵英武编：《刑法直查：刑法条文与相关法规"三元分解、五栏贯通"全解》，法律出版社 2011 年版。

30. 柏浪涛：《刑法攻略》（讲义卷），法律出版社 2015 年版。

31. 刘凤科编著：《2016 年国家司法考试：刘凤科讲刑法之理论卷》，中国政法大学出版社 2015 年版。

索　引

B

办理偷越国（边）境人员出入境证
　件罪　803
帮助恐怖活动罪　144
帮助信息网络犯罪活动罪　533
帮助毁灭、伪造证据罪　579
帮助犯罪分子逃避处罚罪　805
绑架罪　414
包庇、纵容黑社会性质组织罪　545
包庇毒品犯罪分子罪　672，672
保护管辖　3
保险诈骗罪　315
爆炸罪　134，138
暴力危及飞行安全罪　146
暴力取证罪　437
暴力干涉婚姻自由罪　447
暴动越狱罪　594
报复陷害罪　445
背叛国家罪　126
背信损害上市公司利益罪　263
背信运用受托财产罪　294
编造并传播证券、期货交易虚假信息
　罪　291
编造、故意传播虚假恐怖信息罪　535
编造、故意传播虚假信息罪　535
变造货币罪　271

辩护人、诉讼代理人毁灭证据、伪造
　证据、妨害作证罪　579
剥夺政治权利的范围　53
剥夺政治权利的期限　53
剥夺政治权利的适用　53
剥夺政治权利的刑期计算、效力与执
　行　54
不可抗力　12
不适用缓刑的对象　89
不受追诉期限制的情形　117
不报、谎报安全事故罪　184
不解救被拐卖、绑架妇女、儿童
　罪　804

C

采集、供应血液、制作、供应血液制
　品事故罪　609
操纵证券、期货市场罪　292
持有、使用假币罪　271
持有伪造的发票罪　330
出售、购买、运输假币罪　268
出售出入境证件罪　597
出具证明文件重大失实罪　380
出版歧视、侮辱少数民族作品罪　442
传授犯罪方法罪　559
传染病菌种、毒种扩散罪　608
传染病防治失职罪　790

索 引

传播性病罪　689
传播淫秽物品罪　698
串通投标罪　354
从犯　24
从业禁止　33
从重处罚　69
从轻处罚　69
重婚罪　448

D

打击报复会计、统计人员罪　446
打击报复证人罪　580
大型群众性活动重大安全事故罪　178
贷款诈骗罪　308
代替考试罪　524
单位负刑事责任的范围　24
单位犯罪的处罚　26
单位犯集资诈骗罪、票据诈骗罪、信用证诈骗罪的处罚　316
单位受贿罪　743
单位行贿罪　753
倒卖车票、船票罪　377
倒卖文物罪　603
盗窃、抢夺枪支、弹药、爆炸物、危险物质罪　159，822
盗窃罪　329，442，470，483
盗窃、抢夺、毁灭国家机关公文、证件、印章罪　518
盗窃、侮辱、故意毁坏尸体、尸骨、骨灰罪　571
盗窃、抢夺武装部队公文、证件、印章罪　709

盗窃、抢夺武器装备、军用物资罪　822
盗掘古文化遗址、古墓葬罪　605
盗掘古人类化石、古脊椎动物化石罪　605
盗伐林木罪　641
颠覆国家政权罪　129
丢失枪支不报罪　162
动植物检疫徇私舞弊罪　799
动植物检疫失职罪　799
对死刑、无期徒刑罪犯剥夺政治权利的适用　54
对非国家工作人员行贿罪　255
对外国公职人员、国际公共组织官员行贿罪　255
对违法票据承兑、付款、保证罪　298
对聚众"打砸抢"定罪处刑的规定　534
对有影响力的人行贿罪　751
对单位行贿罪　751
赌博罪　571
毒品犯罪的再犯　686
毒品的范围、数量计算　686

F

罚金数额的确定根据　50
罚金的缴纳、减免　52
犯罪概念　9
犯罪预备　21
犯罪未遂　21
犯罪中止　21
犯罪所得之物、所用之物的处理　69

妨害清算罪 250
妨害信用卡管理罪 282
妨害公务罪 430，515
妨害作证罪 579
妨害传染病防治罪 607
妨害国境卫生检疫罪 608
妨害动植物防疫、检疫罪 618
放火罪 134，138
放纵走私罪 796
放纵制售伪劣商品犯罪行为罪 801
放行偷越国（边）境人员罪 803
非法持有宣扬恐怖主义、极端主义物品罪 146
非法制造、买卖、运输、邮寄、储存枪支、弹药、爆炸物罪 152
非法制造、买卖、运输、储存危险物质罪 152
非法持有、私藏枪支、弹药罪 160
非法出租、出借枪支罪 160，160
非法携带枪支、弹药、管制刀具、危险物品危及公共安全罪 163
非法经营同类营业罪 257
非法吸收公众存款罪 274
非法出售增值税专用发票罪 326
非法购买增值税专用发票、购买伪造的增值税专用发票罪 327
非法制造、出售非法制造的用于骗取出口退税、抵扣税款发票罪 328
非法制造、出售非法制造的发票罪 328
非法出售用于骗取出口退税、抵扣税款发票罪 328
非法出售发票罪 328
非法制造、销售非法制造的注册商标标识罪 339
非法经营罪 359
非法转让、倒卖土地使用权罪 378
非法拘禁罪 411
非法搜查罪 432
非法侵入住宅罪 432
非法剥夺公民宗教信仰自由罪 442
非法生产、买卖警用装备罪 523
非法获取国家秘密罪 523
非法持有国家绝密、机密文件、资料、物品罪 523
非法生产、销售专用间谍器材、窃听、窃照专用器材罪 524
非法使用窃听、窃照专用器材罪 524
非法出售、提供试题、答案罪 524
非法侵入计算机信息系统罪 525
非法获取计算机信息系统数据、非法控制计算机信息系统罪 525
非法利用信息网络罪 532
非法集会、游行、示威罪 560
非法携带武器、管制刀具、爆炸物参加集会、游行、示威罪 560
非法处置查封、扣押、冻结的财产罪 592
非法向外国人出售、赠送珍贵文物罪 603
非法出售、私赠文物藏品罪 605
非法组织卖血罪 608
非法采集、供应血液、制作、供应血液制品罪 609
非法行医罪 614
非法进行节育手术罪 614
非法处置进口的固体废物罪 623
非法捕捞水产品罪 625

索 引

非法猎捕、杀害珍贵、濒危野生动物
罪 626
非法收购、运输、出售珍贵、濒危
野生动物、珍贵、濒危野生动物
制品罪 626
非法狩猎罪 626
非法占用农用地罪 632
非法采矿罪 635
非法采伐、毁坏国家重点保护植物
罪 639
非法收购、运输、加工、出售国家重
点保护植物、国家重点保护植物制
品罪 639
非法收购、运输盗伐、滥伐的林木
罪 641
非法持有毒品罪 670
非法生产、买卖、运输制毒物品、走
私制毒物品罪 674
非法种植毒品原植物罪 681
非法买卖、运输、携带、持有毒品原
植物种子、幼苗罪 682
非法提供麻醉药品、精神药品罪 684
非法生产、买卖武装部队制式服装
罪 709
非法批准征收、征用、占用土地
罪 791
非法低价出让国有土地使用权罪 791
非法获取军事秘密罪 816
非法出卖、转让武器装备罪 822
非国家工作人员受贿罪 252，293
诽谤罪 433
分裂国家罪 126
附加刑种类 28

G

高利转贷罪 273
告诉才处理的含义 122
公共财产的范围 118
公民私人所有财产的范围 118
工程重大安全事故罪 180
共同犯罪概念 21
故意犯罪 12
故意杀人罪 383，539
故意伤害罪 394，539
故意毁坏财物罪 509
故意延误投递邮件罪 578
故意损毁文物罪 601
故意损毁名胜古迹罪 601
故意提供不合格武器装备、军事设施
罪 706
故意泄露国家秘密罪 769
故意泄露军事秘密罪 817
雇用童工从事危重劳动罪 432
雇用逃离部队军人罪 708
拐卖妇女、儿童罪 417，427
拐骗儿童罪 455
管制的期限、禁止令与社区矫正 34
管制犯的义务、劳动报酬 42
管制期满解除 42
管制刑期的计算、折抵 42
国家工作人员的含义 118
国家机关工作人员签订、履行合同失
职被骗罪 784
国有公司、企业、事业单位人员失职
罪 259
国有公司、企业、事业单位人员滥用

职权罪 259

过失犯罪 12

过失决水罪 138

过失爆炸罪 138

过失投放危险物质罪 138

过失以危险方法危害公共安全罪 138

过失损坏交通工具罪 139

过失损坏交通设施罪 139

过失损坏电力设备罪 139

过失损坏易燃易爆设备罪 139

过失损坏广播电视设施、公用电信设施罪 147

过失致人死亡罪 393

过失致人重伤罪 401

过失损毁文物罪 601

过失损坏武器装备、军事设施、军事通信罪 704

过失提供不合格武器装备、军事设施罪 706

过失泄露国家秘密罪 769

过失泄露军事秘密罪 817

H

合同诈骗罪 355

环境监管失职罪 787

缓刑的条件、禁止令与附加刑的执行 86

缓刑考验期限 189

缓刑犯应遵守的规定 189

缓刑考验不合格的处理 90

J

集资诈骗罪 305

假释的条件 109

假释的程序 112

假释考验期限与计算 113

假释犯应遵守的规定 113

假释考验不合格的处理 113

假冒注册商标罪 333

假冒专利罪 342

减轻处罚 69

减刑的条件、限度 91

减刑的程序 99

间谍罪 131

间接走私 244

交通肇事罪 166

教唆犯 24

教育设施重大安全事故罪 181

劫持航空器罪 146

劫持船只、汽车罪 146

劫夺被押解人员罪 593

接送不合格兵员罪 708

介绍贿赂罪 752

精神障碍与刑事责任 18

金融工作人员购买假币、以假币换取货币罪 268

金融凭证诈骗罪 309

紧急避险 20

拘役的期限 44

拘役的执行 44

拘役刑期的计算、折抵 44

聚众阻碍解救被收买的妇女、儿童罪 430

聚众哄抢罪　495
聚众扰乱社会秩序罪　534
聚众冲击国家机关罪　534
聚众扰乱公共场所秩序、交通秩序
　　罪　535
聚众斗殴罪　539
聚众淫乱罪　571
聚众持械劫狱罪　594
聚众冲击军事禁区罪　707
聚众扰乱军事管理区秩序罪　707
拒不支付劳动报酬罪　511
拒不履行信息网络安全管理义务
　　罪　532
拒绝提供间谍犯罪、恐怖主义犯罪、
　　极端主义犯罪证据罪　581
拒不执行判决、裁定罪　589
拒传、假传军令罪　810
拒不救援友邻部队罪　815
巨额财产来源不明罪　754
决水罪　134，138
军人违反职责罪的定义　809
军人叛逃罪　815

K

开设赌场罪　571
抗税罪　318

L

滥伐林木罪　641
滥用职权罪　762

滥用管理公司、证券职权罪　780
老年人犯罪的刑事责任　18
立法目的与根据　2
立功　78
利用极端主义破坏法律实施罪　146
利用未公开信息交易罪　286
利用计算机实施犯罪的提示性规
　　定　532
利用影响力受贿罪　744
量刑根据　68

M

冒充军人招摇撞骗罪　707
免予刑事处罚、非刑罚处罚措施　32
民族自治地方刑法适用的变通、补
　　充　118
民事、行政枉法裁判罪　772
没收财产的范围　54

N

内幕交易、泄露内幕信息罪　286
虐待被监管人员罪　438
虐待罪　451
虐待被监护、看护人罪　453
虐待部属罪　825
虐待俘虏罪　827
挪用资金罪　294，501
挪用公款罪　294，501，724
挪用特定款物罪　504

P

叛逃罪　130
判决宣告前一人犯数罪的并罚　83
判决宣告后发现漏罪的并罚　83
判决宣告后又犯新罪的并罚　85
赔偿经济损失、民事优先原则　31
披露、报道不应公开的案件信息
　罪　580
骗购外汇罪　300
骗取贷款、票据承兑、金融票证
　罪　273
骗取出口退税罪　320，320
骗取出境证件罪　596
票据诈骗罪　309
破坏交通工具罪　139，139
破坏交通设施罪　139，139
破坏电力设备罪　139，139
破坏易燃易爆设备罪　139，139
破坏广播电视设施、公用电信设施
　罪　147
破坏选举罪　446
破坏军婚罪　449
破坏生产经营罪　510
破坏计算机信息系统罪　528
破坏集会、游行、示威罪　560
破坏监管秩序罪　593
破坏界碑、界桩罪　599
破坏永久性测量标志罪　599
破坏性采矿罪　635
破坏武器装备、军事设施、军事通信
　罪　704
普遍管辖　4

Q

欺诈发行股票、债券罪　248
前科报告制度　122
签订、履行合同失职被骗罪　258
强奸罪　401，427，449
强令违章冒险作业罪　171
强迫交易罪　375
强迫劳动罪　431
强迫卖血罪　608
强迫他人吸毒罪　683
强迫卖淫罪　687
强制穿戴宣扬恐怖主义、极端主义服
　饰、标志罪　146
强制猥亵、侮辱罪　409
抢劫枪支、弹药、爆炸物、危险物质
　罪　159
抢劫罪　457，491
抢夺罪　491
抢夺、窃取国有档案罪　606
敲诈勒索罪　505
窃取、收买、非法提供信用卡信息
　罪　282
侵犯著作权罪　343
侵犯商业秘密罪　350
侵犯少数民族风俗习惯罪　442
侵犯通信自由罪　442
侵犯公民个人信息罪　443
侵占罪　497
驱逐出境　29

R

扰乱无线电通讯管理秩序罪　533
扰乱国家机关工作秩序罪　534
扰乱法庭秩序罪　581
容留他人吸毒罪　683
入境发展黑社会组织罪　545

S

煽动分裂国家罪　126
煽动颠覆国家政权罪　129
煽动民族仇恨、民族歧视罪　440
煽动暴力抗拒法律实施罪　517
煽动军人逃离部队罪　708
擅离、玩忽军事职守罪　811
擅自设立金融机构罪　272
擅自发行股票、公司、企业债券罪　284
擅自出卖、转让国有档案罪　606
擅自进口固体废物罪　623
擅自改变武器装备编配用途罪　821
擅自出卖、转让军队房地产罪　824
商检徇私舞弊罪　798
商检失职罪　798
失火罪　138
失职致使在押人员脱逃罪　775
失职造成珍贵文物损毁、流失罪　807
私自开拆、隐匿、毁弃邮件、电报罪　442
私分国有资产罪　756

私分罚没财物罪　756
私放在押人员罪　775
私放俘虏罪　827
食品监管渎职罪　788
使用虚假身份证件、盗用身份证件罪　522
适用刑法人人平等原则　3
社区矫正、缓刑考验合格的处理　89
社区矫正、假释考验合格的处理　113
生产、销售伪劣产品罪　187
生产、销售假药罪　196
生产、销售劣药罪　201
生产、销售不符合安全标准的食品罪　204
生产、销售有毒、有害食品罪　208
生产、销售不符合标准的医用器材罪　216
生产、销售不符合安全标准的产品罪　219
生产、销售伪劣农药、兽药、化肥、种子罪　220
生产、销售不符合卫生标准的化妆品罪　221
收买被拐卖的妇女、儿童罪　427
首要分子的含义　122
受贿罪　293，713，725
属地管辖　3
属人管辖　3
损害商业信誉、商品声誉罪　351
司法工作人员的含义　121
死刑的适用对象、核准程序　45
死刑适用对象的限制　47
死缓的法律后果　48

死缓期间及减为有期徒刑的刑期计
算 50

T

贪污罪 293，498，715，754
贪污罪的处罚 721
逃汇罪 298
逃税罪 316，320
逃避追缴欠税罪 319
逃避商检罪 382
逃离部队罪 819
特别累犯 72
提供虚假证明文件罪 380
提供侵入、非法控制计算机信息系统
　　程序、工具罪 525
提供伪造、变造的出入境证件罪 597
铁路运营安全事故罪 164
偷越国（边）境罪 598
投敌叛变罪 130
投放危险物质罪 134，138
投放虚假危险物质罪 535
投降罪 811
脱逃罪 593

W

外交豁免 4
玩忽职守罪 762
枉法仲裁罪 775
危险驾驶罪 169
危险物品肇事罪 179

违反国家规定的含义 121
违法运用资金罪 294
违法发放贷款罪 295
违法提供出口退税凭证罪 782
违法发放林木采伐许可证罪 785
违规制造、销售枪支罪 158
违规披露、不披露重要信息罪 249
违规出具金融票证罪 297
违令作战消极罪 814
猥亵儿童罪 409
伪造货币罪 264，268
伪造、变造、转让金融机构经营许可
　　证、批准文件罪 272
伪造、变造金融票证罪 280
伪造、变造国家有价证券罪 284
伪造、变造股票、公司、企业债券
　　罪 284
伪造、出售伪造的增值税专用发票
　　罪 325
伪造、倒卖伪造的有价票证罪 377
伪造、变造、买卖国家机关公文、证
　　件、印章罪 518
伪造公司、企业、事业单位、人民团
　　体印章罪 578
伪造、变造、买卖身份证件罪 518
伪造、变造、买卖武装部队公文、证
　　件、印章罪 709
伪造、盗窃、买卖、非法提供、非法
　　使用武装部队专用标志罪 709
伪证罪 578
为境外窃取、刺探、收买、非法提供
　　国家秘密、情报罪 131
为亲友非法牟利罪 257
为他人提供书号出版淫秽书刊罪 690

为境外窃取、刺探、收买、非法提供
　军事秘密罪　816
窝藏、包庇罪　581
窝藏、转移、隐瞒毒品、毒赃罪　672
诬告陷害罪　431
污染环境罪　618
无期徒刑减刑的刑期计算　108
侮辱罪　433
侮辱国旗、国徽罪　561
武装叛乱、暴乱罪　129
武装掩护走私、抗拒缉私的处罚　245
武器装备肇事罪　820

X

吸收客户资金不入账罪　296
洗钱罪　301
消防责任事故罪　183
胁从犯　24
协助组织卖淫罪　687
泄露不应公开的案件信息罪　580
刑法的任务　2
刑法的溯及力　4
刑事责任年龄　12
刑罚种类　28
刑讯逼供罪　437
行贿罪　745
行贿罪的处罚　748
信用证诈骗罪　310
信用卡诈骗罪　311
销售假冒注册商标的商品罪　336
销售侵权复制品罪　348
虚报注册资本罪　246

虚假出资、抽逃出资罪　247
虚假破产罪　251
虚假广告罪　352
虚假诉讼罪　580
虚开增值税专用发票、用于骗取出口
　退税、抵扣税款发票罪　322
虚开发票罪　324
宣扬恐怖主义、极端主义、煽动实施
　恐怖活动罪　146
徇私舞弊低价折股、出售国有资产
　罪　261
徇私枉法罪　772
徇私舞弊减刑、假释、暂予监外执行
　罪　777
徇私舞弊不移交刑事案件罪　778
徇私舞弊不征、少征税款罪　781
徇私舞弊发售发票、抵扣税款、出口
　退税罪　782
寻衅滋事罪　540

Y

掩饰、隐瞒犯罪所得、犯罪所得收益
　罪　581
一般累犯　71
医疗事故罪　613
以上、以下、以内的界定　122
以危险方法危害公共安全
　罪　134,138
遗弃罪　453
遗弃武器装备罪　823
遗弃伤病军人罪　826
遗失武器装备罪　824

意外事件　12
淫秽物品的范围　702
隐匿、故意销毁会计凭证、会计账
　　簿、财务会计报告罪　250
隐瞒境外存款罪　754
隐瞒、谎报军情罪　810
引诱未成年人聚众淫乱罪　571
引诱、教唆、欺骗他人吸毒罪　683
引诱、容留、介绍卖淫罪　689
引诱幼女卖淫罪　689
有期徒刑的期限　44
有期徒刑、无期徒刑的执行　44
有期徒刑刑期的计算、折抵　44
有价证券诈骗罪　314
又聋又哑的人、盲人犯罪的刑事责
　　任　19
诱骗投资者买卖证券、期货合约
　　罪　291
与境外勾结的从重处罚　130
域外刑事判决的消极承认　4
运送他人偷越国（边）境罪　598

Z

诈骗罪　329，484
战时拒绝、逃避征召、军事训练
　　罪　711
战时拒绝、逃避服役罪　711
战时故意提供虚假敌情罪　712
战时造谣扰乱军心罪　712
战时窝藏逃离部队军人罪　712
战时拒绝、故意延误军事订货
　　罪　712

战时拒绝军事征收、征用罪　713
战时违抗命令罪　809
战时临阵脱逃罪　811
战时造谣惑众罪　818
战时自伤罪　818
战时拒不救治伤病军人罪　826
战时残害居民、掠夺居民财物罪　826
战时缓刑　828
战时的界定　828
招摇撞骗罪　518
正当防卫　19
正当债务的偿还　55
职务侵占罪　293，498
执行判决、裁定失职罪　772
执行判决、裁定滥用职权罪　772
招收公务员、学生徇私舞弊罪　806
指使部属违反职责罪　813
制作、复制、出版、贩卖、传播淫秽
　　物品牟利罪　690
总则的效力　125
重伤的含义　121
重大飞行事故罪　164
重大责任事故罪　171
重大劳动安全事故罪　177
阻碍军人执行职务罪　704
阻碍军事行动罪　704
阻碍解救被拐卖、绑架妇女、儿童
　　罪　804
阻碍执行军事职务罪　812
组织、领导、参加恐怖组织罪　141
组织、领导传销活动罪　356
组织出卖人体器官罪　401
组织残疾人、儿童乞讨罪　455
组织未成年人进行违反治安管理活动

罪 455
组织考试作弊罪 524
组织、资助非法聚集罪 534
组织、领导、参加黑社会性质组织
　罪 545
组织、利用会道门、邪教组织、利用
　迷信破坏法律实施罪 561
组织、利用会道门、邪教组织、利用
　迷信致人重伤、死亡罪 561
组织越狱罪 594
组织他人偷越国（边）境罪 595
组织卖淫罪 687
组织播放淫秽音像制品罪 698
组织淫秽表演罪 702
主犯 21
主刑种类 28
转化型抢劫 496
追诉期限 114
追诉期限的计算与中断 117
准备实施恐怖活动罪 145

资助危害国家安全犯罪活动罪 130
资敌罪 133
自首与坦白 73
走私武器、弹药罪 228
走私核材料罪 228
走私假币罪 228
走私文物罪 228
走私贵重金属罪 228
走私珍贵动物、珍贵动物制品
　罪 228
走私国家禁止进出口的货物、物品
　罪 228
走私淫秽物品罪 236
走私废物罪 236
走私普通货物、物品罪 239,243
走私罪的共犯 245
走私、贩卖、运输、制造毒品罪 660
罪刑法定原则 3
罪责刑相适应原则 3

图书在版编目（CIP）数据

刑法要义指引：中华人民共和国刑法规范逻辑整理/最高人民检察院《法律手册》编委会编．—北京：中国检察出版社，2017.2
ISBN 978－7－5102－1711－1

Ⅰ.①刑…　Ⅱ.①最…　Ⅲ.①刑法－基本知识－中国　Ⅳ.①D924

中国版本图书馆 CIP 数据核字（2016）第 177777 号

刑法要义指引：中华人民共和国刑法规范逻辑整理
最高人民检察院《法律手册》编委会　编

出版发行：	中国检察出版社
社　　址：	北京市石景山区香山南路 111 号（100144）
网　　址：	中国检察出版社（www.zgjccbs.com）
编辑电话：	（010）68630385
发行电话：	（010）88954291　88953175　68686531
	（010）68650015　68650016
经　　销：	新华书店
印　　刷：	三河市西华印务有限公司
开　　本：	710 mm×960 mm　16 开
印　　张：	55.25
字　　数：	1266 千字
版　　次：	2017 年 2 月第一版　2017 年 2 月第一次印刷
书　　号：	ISBN 978－7－5102－1711－1
定　　价：	128.00 元

检察版图书，版权所有，侵权必究
如遇图书印装质量问题本社负责调换